Privatversicherungsrecht

dtv

Alphabetische Schnellübersicht

Privatversicherungsrecht

Textausgabe mit
einer ausführlichen Einführung
von Professorin Dr. Petra Pohlmann (Münster)

27. Auflage
Stand: 1. November 2020

dtv

www.dtv.de
www.beck.de

Sonderausgabe
dtv Verlagsgesellschaft mbH & Co. KG,
Tumblingerstraße 21, 80337 München

Gesamtherstellung: Druckerei C. H. Beck, Nördlingen
(Adresse der Druckerei: Wilhelmstraße 9, 80801 München)
Umschlagtypographie auf der Grundlage
der Gestaltung von Celestino Piatti

CO_2
neutral

chbeck.de/nachhaltig

ISBN 978-3-423-53040-8 (dtv)
ISBN 978-3-406-75355-8 (C. H. Beck)

9 783406 753558

Inhaltsverzeichnis

Abkürzungsverzeichnis

ABl.	Amtsblatt
Abs.	Absatz
AEUV	Vertrag über die Arbeitsweise der Europäischen Union
aF	alte Fassung
AG	Aktiengesellschaft
AGB	Allgemeine Geschäftsbedingungen
AktuarV	Aktuarverordnung
AltZertG	Altersvorsorgeverträge-Zertifizierungsgesetz
amtl.	amtlich
angef.	angefügt
Anh.	Anhang
Anl.	Anlage
AnlV	Anlageverordnung
Anm.	Anmerkung
arg.	argumentum
Art.	Artikel
AVAD	Auskunftsstelle bei dem Versicherungs-/Bausparkassenaußendienst und Versicherungsmakler in Deutschland e.V.
AVB	Allgemeine Versicherungsbedingungen
BaFin	Bundesanstalt für Finanzdienstleistungsaufsicht
BAnz.	Bundesanzeiger
Bek.	Bekanntmachung
ber.	berichtigt
BerVersV	Versicherungsberichterstattungs-Verordnung
Beschl.	Beschluss
betr.	betrifft
BetrAVG	Betriebsrentengesetz
BGB	Bürgerliches Gesetzbuch
BGBl.	Bundesgesetzblatt
BoS	Board of Supervisors
BR-Drs.	Bundesrats-Drucksache
BSIG	Gesetz über das Bundesamt für Sicherheit in der Informationstechnik
BSI-KritisV	Verordnung zur Bestimmung Kritischer Infrastrukturen nach dem BSI-Gesetz
BVerfG	Bundesverfassungsgericht
BWV	Berufsbildungswerk der Deutschen Versicherungswirtschaft e.V.

DeckRV ...... Deckungsrückstellungsverordnung
Dok. .... Dokument

EBA .... European Banking Authority
EbAV .... Einrichtungen der betrieblichen Altersversorgung
EG .... Europäische Gemeinschaft
EGBGB ...... Einführungsgesetz zum Bürgerlichen Gesetzbuche
EGVVG ...... Einführungsgesetz zum Versicherungsvertragsgesetz
EIOPA .... European Insurance and Occupational Pensions Authority
EIOPA-VO .. Verordnung (EU) Nr. 1094/2010 des Europäischen Parlaments und des Rates vom 24. November 2010 zur Errichtung einer Europäischen Aufsichtsbehörde
EMIR .... European Market Infrastructure Regulation
ESFS .... European System of Financial Supervision
ESMA .... European Securities and Markets Authority
EU .... Europäische Union
EUR .... Euro
e.V. .... eingetragener Verein
EWR .... Europäischer Wirtschaftsraum

f. .... folgende
ff. .... fortfolgende
FinDAG ...... Gesetz über die Bundesanstalt für Finanzdienstleistungsaufsicht
FinDAG-KostV .... Verordnung über die Erhebung von Gebühren und die Umlegung von Kosten nach dem Finanzdienstleistungsaufsichtsgesetz
FinRVV ...... Finanzrückversicherungsverordnung
FKAG .... Finanzkonglomerate-Aufsichtsgesetz
FNA .... Fundstellennachweis

G .... Gesetz
GDV .... Gesamtverband der Deutschen Versicherungswirtschaft e.V.
geänd. .... geändert
gef. .... gefasst
gem. .... gemäß
GewO .... Gewerbeordnung
GG .... Grundgesetz für die Bundesrepublik Deutschland
GWB .... Gesetz gegen Wettbewerbsbeschränkungen

HGB .... Handelsgesetzbuch

IDD .... Insurance Distribution Directive
idF .... in der Fassung
InhKontrollV Inhaberkontrollverordnung
iSv .... im Sinne von
iVm .... in Verbindung mit

KapAusstV ... Kapitalausstattungs-Verordnung
KfzPflVV .... Kraftfahrzeug-Pflichtversicherungsverordnung
KVAV .... Krankenversicherungsaufsichtsverordnung
KWG .... Kreditwesengesetz

ME .... Mutual Europaea
MindZV ..... Mindestzuführungsverordnung
mWv .... mit Wirkung vom

NatCAT ..... Natural Catastrophes
nF .... neue Fassung
Nr(n). .... Nummer(n)

OGAW ...... Organismen für gemeinsame Anlagen in Wertpapieren
ORSA .... Own Risk and Solvency Assessment
OWiG .... Gesetz über Ordnungswidrigkeiten

PEICL .... Principles of European Insurance Contract Law
PEPP .... Paneuropäisches Privates Pensionsprodukt
PFAV .... Pensionsfonds-Aufsichtsverordnung
PflVG .... Pflichtversicherungsgesetz
PKV .... Private Krankenversicherung
PRIIP .... Packaged Retail and Insurance-based Investment Products
PrüfV .... Prüfungsberichteverordnung

RDG .... Rechtsdienstleistungsgesetz
RechPensV .. Pensionsfonds-Rechnungslegungsverordnung
RechVersV .. Versicherungsunternehmens-Rechnungslegungsverordnung
RGBl. .... Reichsgesetzblatt
RL .... Richtlinie
Rom I-VO .. Verordnung (EG) Nr. 593/2008 des Europäischen Parlaments und des Rates vom 17. Juni 2008 über das auf vertragliche Schuldverhältnisse anzuwendende Recht

S. .... Satz; Seite
SachvPrüfV .. Sachverständigenprüfverordnung

SCR	Solvency Capital Requirement
SE	Societas Europaea
SGB	Sozialgesetzbuch
SichLVFinV	Sicherungsfonds-Finanzierungs-Verordnung (Leben)
sog.	sogenannt
Solvabilität II-RL	Richtlinie 2009/138/EG des Europäischen Parlaments und des Rates vom 25. November 2009 betreffend die Aufnahme und Ausübung der Versicherungs- und der Rückversicherungstätigkeit (Solvabilität II)
Solvabilität II-VO	Delegierte Verordnung (EU) 2015/35 der Kommission vom 10. Oktober 2014 zur Ergänzung der Richtlinie 2009/138/EG des Europäischen Parlaments und des Rates betreffend die Aufnahme und Ausübung der Versicherungs- und der Rückversicherungstätigkeit (Solvabilität II)
SStellV-VVG	VVG-Schlichtungsstellenverordnung
Statut	Statut des Ombudsmanns Private Kranken- und Pflegeversicherung
ua	unter anderem
UStG	Umsatzsteuergesetz
UWG	Gesetz gegen den unlauteren Wettbewerb
v.	vom
V/VO	Verordnung
VA	Versicherungsaufsicht
VAG	Versicherungsaufsichtsgesetz
VAG-InfoV ..	VAG-Informationspflichtenverordnung
VermVO	Verfahrensordnung für Beschwerden im Zusammenhang mit der Vermittlung von Versicherungsverträgen
Versicherungsvertriebs-RL	Richtlinie (EU) 2016/97 des Europäischen Parlaments und des Rates vom 20. Januar 2016 über Versicherungsvertrieb
VersMeldeV ..	Versicherungs-Meldeverordnung
VersImmoDarlSachkV ..	Verordnung über die Anforderungen an die Sachkunde der mit der Vergabe von Immobiliar-Verbraucherdarlehen befassten internen und externen Mitarbeiter von Versicherungsunternehmen und Pensionsfonds
VersStG	Versicherungssteuergesetz
VersVergV	Versicherungsvergütungsverordnung
VersVermV ...	Versicherungsvermittlungsverordnung

Vfg.	Verfügung
VomVO	Verfahrensordnung des Versicherungsombudsmanns
vs.	versus
VSBG	Verbraucherstreitbeilegungsgesetz
vt.	versicherungstechnisch
VVaG	Versicherungsverein auf Gegenseitigkeit
VVG	Versicherungsvertragsgesetz
VVG-InfoV	VVG-Informationspflichtenverordnung
WettbRiLi	Wettbewerbsrichtlinien der Versicherungswirtschaft
ZAG	Zahlungsdiensteaufsichtsgesetz
zB	zum Beispiel
ZPO	Zivilprozessordnung
zT	zum Teil

Einführung

Von Professorin Dr. Petra Pohlmann (Münster)

Übersicht

I. Die Versicherungswirtschaft und ihre Regulierung

Die Versicherungswirtschaft bietet Schutz gegen private und gewerbliche Risiken. In Gestalt der **Privatversicherung** (auch Individualversicherung) steht sie der Sozialversicherung gegenüber. Als dritter Bereich kommt ein – nicht zur Sozialversicherung zählender – Bereich des öffentlich-rechtlichen Versicherungswesens hinzu. In der **Sozialversicherung** wird das Versicherungsverhältnis kraft Gesetzes begründet, die versicherten Risiken sind gesetzlich festgelegt, und die Beiträge bemessen sich nach dem Einkommen. In der Privatversicherung entsteht das Versicherungsverhältnis aufgrund vertraglicher Vereinbarung. Die Versicherungsleistung ist durch Allgemeine Versicherungsbedingungen (AVB) festgelegt, und die Versicherungsprämie ist nach dem versicherten Risiko und der Höhe der Leistung im Versicherungsfall kalkuliert. Zum **öffentlich-rechtlichen Versicherungswesen** gehören diejenigen Versicherer, die Versicherungsverhältnisse öffentlich-rechtlich begründen. Hierunter fallen nur noch die berufsständischen Versorgungswerke, bei denen kraft Satzungsrechts Versicherungsverhältnisse entstehen.

Die Privatversicherung in Gestalt der **Erstversicherung** (Versicherung des – privaten oder gewerblichen – Versicherungsnehmers) und der **Rückversicherung** (Versicherung der Versicherer) ermöglicht es den einzelnen Wirtschaftssubjekten, Risiken abzuwälzen und Ausgleich für Schäden zu erhalten;

auch erleichtert sie ihnen Finanzierungen. Sie fördert auch den gesamten Wirtschaftsprozess, indem sie die Störanfälligkeit der Wirtschaft reduziert, zur Schadensverhütung beiträgt, den Staat entlastet und schließlich als „Kapitalsammelbecken“ durch die eingenommenen Prämien der Wirtschaft ein erhebliches Kapital zur Verfügung stellt.

Die private Versicherung ist ein stark regulierter Dienstleistungssektor. Das Privatversicherungsrecht umfasst daher einen ständig wachsenden Korpus von versicherungsspezifischen Vorschriften des öffentlichen Rechts und des Privatrechts, der in die allgemeinen Vorschriften eingebettet ist. Zu nennen sind das Versicherungsunternehmensrecht (siehe unten II.), das Versicherungsaufsichtsrecht (siehe unten III.), das Versicherungsvertragsrecht (siehe unten IV.), das Recht der Versicherungsvermittlung (siehe unten V.) sowie das Wettbewerbsrecht der Versicherer (siehe unten VI.). Sämtliche Materien sind heute in erheblichem Maße vom Recht der Europäischen Union beeinflusst.

II. Versicherungsunternehmen

Die Organisation von Versicherungsunternehmen wird durch das Versicherungsunternehmensrecht geregelt, das gesellschafts- und aufsichtsrechtliche Züge aufweist.

1. Unternehmensgegenstand

Versicherungsunternehmen haben den Betrieb von **Versicherungsgeschäften** zum Gegenstand. Andere Geschäfte dürfen Erstversicherer nur betreiben, soweit diese mit der Versicherungstätigkeit in unmittelbarem Zusammenhang stehen, Rückversicherer nur, wenn sie mit dem Rückversicherungsgeschäft verbunden sind (§ 15 Abs. 1–3 VAG [Nr. **1**]). Damit soll verhindert werden, dass Risiken aus anderen Geschäften die Ansprüche der Versicherten gefährden.

Aus demselben Grund dürfen die Lebensversicherung und die substitutive Krankenversicherung (also diejenige, die den im gesetzlichen Sozialversicherungssystem vorgesehenen Krankenversicherungsschutz ganz oder teilweise ersetzt, § 146 Abs. 1 VAG) jeweils nicht mit anderen Sparten zusammen betrieben werden. Diese Sparten dürfen also nur von rechtlich selbstständigen Unternehmen angeboten werden. Diese Regelung wird als **Spartentrennung** bezeichnet (§ 8 Abs. 4 S. 2 VAG). In den genannten beiden Sparten ist das Schutzbedürfnis der Versicherten wegen der existenziellen Bedeutung der Versicherungen noch einmal gesteigert, sodass nicht nur versicherungsfremde Geschäfte, sondern auch alle anderen Versicherungssparten nicht gleichzeitig betrieben werden dürfen.

Alle übrigen Versicherungssparten (sog. Schadens- und Unfallversicherung) können von einem Versicherungsunternehmen zusammen betrieben werden. Man nennt solche Versicherer auch Kompositversicherer. Es gibt aber auch Versicherungsunternehmen, die sich auf den Betrieb einer Sparte oder Geschäftsart spezialisieren, beispielsweise im Bereich der Rechtsschutz-, Kredit- und Rückversicherung.

Eine weitere Vorgabe für den Unternehmensgegenstand besagt, dass ein Versicherungsunternehmen, das die Rechtsschutzversicherung zusammen mit anderen Sparten betreibt, die Leistungsbearbeitung in der Rechtsschutzversicherung einem Schadensabwicklungsunternehmen zu übertragen hat (§ 164 Abs. 1

S. 1 VAG). So können keine Interessenkollisionen auftreten, wenn ein Versicherer für einen bestimmten Versicherungsnehmer sowohl als Rechtsschutzversicherer als auch als Schadensversicherer in den Versicherungsfall involviert ist.

2. Zulässige Rechtsformen

Die aufsichtsrechtliche Erlaubnis zum Geschäftsbetrieb darf nach § 8 Abs. 2 VAG nur Aktiengesellschaften einschließlich der Europäischen Aktiengesellschaft (Societas Europaea – SE), Versicherungsvereinen auf Gegenseitigkeit (VVaG) sowie Körperschaften und Anstalten des öffentlichen Rechts erteilt werden. Von der Möglichkeit, auch Europäischen Genossenschaften die Erlaubnis zu erteilen (Art. 17 Abs. 1 Solvabilität II-Richtlinie iVm Anh. III A. Nr. 29, B. Nr. 29 und C. Nr. 29) hat der deutsche Gesetzgeber nicht Gebrauch gemacht. Über ein EU-Statut für eine Europäische Gegenseitigkeitsgesellschaft (Mutual Europaea – ME) wird auf EU-Ebene seit Längerem diskutiert (siehe die Stellungnahme des Europäischen Wirtschafts- und Sozialausschusses vom 16.7.2014, ABl. EU C 226/17). Die Bezeichnungen „(Rück-)Versicherung“, „Assekuranz“ und Verwandtes dürfen nach § 6 Abs. 1 S. 1 VAG nur von Versicherungsunternehmen und deren Verbänden geführt werden. Versicherungsvermittler dürfen sie führen, wenn ein Zusatz die Vermittlereigenschaft klarstellt (§ 6 Abs. 1 S. 2 VAG).

a) Versicherungs-Aktiengesellschaft

Die Versicherungs-Aktiengesellschaft ist eine Kapitalgesellschaft, die über ein in Aktien zerlegtes Grundkapital verfügt. Auf sie finden die allgemeinen Vorschriften des Aktiengesetzes Anwendung. Ein wesentlicher Unterschied besteht jedoch insofern, als das Aufsichtsrecht einen gewissen Bestand an sog. anrechnungsfähigen Eigenmitteln vorschreibt (§ 89 VAG), der die Erfüllbarkeit der Versicherungsverträge sicherstellen soll. Daraus kann sich ergeben, dass das Grundkapital deutlich höher sein muss als aktienrechtlich vorgeschrieben.

b) Versicherungsverein auf Gegenseitigkeit

Der Versicherungsverein auf Gegenseitigkeit ist eine Sonderform des wirtschaftlichen Vereins und eine spezielle **versicherungsrechtliche Unternehmensform,** die in den §§ 171–210 VAG geregelt ist. Es handelt sich um einen rechtsfähigen Verein, der die Versicherung seiner Mitglieder nach dem Prinzip der Gegenseitigkeit betreibt. Die Rechtsfähigkeit erlangt er durch die aufsichtsbehördliche Erlaubnis (§ 171 VAG). Handelsrechtliche Vorschriften finden Anwendung. Insbesondere führt er eine Firma und ist in das Handelsregister einzutragen. Auch eine Reihe aktienrechtlicher Normen ist entsprechend anwendbar.

Die **Mitgliedschaft** wird zugleich mit der Begründung eines Versicherungsverhältnisses erworben, sodass der Beginn der Mitgliedschaft mit dem Versicherungsbeginn zusammenfällt. Infolgedessen sind die Versicherungsnehmer gleichzeitig Vereinsmitglieder. Es besteht aber auch die Möglichkeit, in gewissem, aufsichtsrechtlich begrenztem Umfang Nichtmitglieder gegen feste Prämien zu versichern, falls es die Satzung gestattet. Umgekehrt können aber Personen, die kein Versicherungsverhältnis mit dem Verein begründen, nicht Vereinsmitglied werden (§ 176 S. 2 VAG). Alle Mitglieder haben ein Recht auf Gleichbehandlung, das heißt, Mitgliedsbeiträge und Vereinsleistungen müssen nach gleichen Gesichtspunkten bemessen sein (§ 177 Abs. 1 VAG). Verlieren Versicherungsnehmer durch eine Bestandsübertragung ihre Rechte als Vereinsmitglieder, erhalten sie eine angemessene Abfindung (§§ 13 Abs. 3, 201 VAG).

Als Entgelt haben die Mitglieder Beiträge zu entrichten, die entweder im Vorhinein oder als Umlagen erhoben werden. Sofern die Satzung eine Nachschusspflicht ausschließt, wie es insbesondere bei größeren Versicherungsvereinen auf Gegenseitigkeit der Fall ist, um Versicherungsgeschäft gegen feste Beiträge zu ermöglichen, besteht im Ergebnis kein Unterschied gegenüber der Prämienversicherung.

Organe des Versicherungsvereins auf Gegenseitigkeit sind der Vorstand, der Aufsichtsrat und die Oberste Vertretung. Die Oberste Vertretung ist vom Aufgabenbereich her der Hauptversammlung der Aktiengesellschaft vergleichbar. Sie kann als Versammlung der Mitglieder oder als Mitgliedervertretung organisiert sein (§ 184 VAG). Es überwiegt praktisch die Mitgliedervertreterversammlung, die in der Regel durch Kooptation (Zuwahl) ergänzt wird.

c) Öffentlich-rechtliche Versicherungsunternehmen

Privatversicherung kann auch durch öffentlich-rechtliche Körperschaften oder Anstalten betrieben werden. Historisch wurzelt diese Möglichkeit in den öffentlich-rechtlichen Monopolen für Gebäudeversicherungen, die wegen Verstoßes gegen die Grundfreiheiten des europäischen Rechts abgeschafft wurden. Vielfach wurden daraufhin die in öffentlich-rechtlichen Rechtsformen organisierten Unternehmen in Aktiengesellschaften, also eine private Rechtsform, umgewandelt. Ihr Aktienkapital steht weiterhin im Eigentum der öffentlichen Hand, meist der Sparkassen und ihrer Verbände. Teilweise wurde die öffentlichrechtliche Rechtsform aber beibehalten. Man nennt diese Unternehmen **öffentlich-rechtliche Wettbewerbs-Versicherungsunternehmen,** was klarstellen soll, dass sie ebenso wie die in privater Rechtsform organisierten Versicherer privates Versicherungsgeschäft betreiben. Sie haben teilweise ihren räumlich begrenzten Wirkungsbereich beibehalten (Regionalitätsprinzip) und unterliegen dann der Landesaufsicht (arg. e § 320 Abs. 1 Nr. 3 VAG).

3. Geschäftsorganisation

Das Aufsichtsrecht stellt an die Geschäftsorganisation von Versicherungsunternehmen detaillierte Anforderungen, die über diejenigen nach allgemeinem Gesellschaftsrecht hinausgehen (§§ 23–34 VAG, Art. 258–275 Delegierte Verordnung (EU) 2015/35 der Kommission [Solvabilität II-Verordnung – Nr. **4**]).

Der **Vorstand** oder das ihm entsprechende Organ eines öffentlich-rechtlichen Versicherers hat bei Versicherungsunternehmen stets aus mindestens zwei Personen zu bestehen (§ 33 Abs. 1, Abs. 2 S. 1, § 188 Abs. 1 S. 1 VAG). Personen, die ein Versicherungsunternehmen tatsächlich leiten oder andere Schlüsselaufgaben wahrnehmen, müssen gemäß § 24 Abs. 1 S. 1 VAG fachlich geeignet und zuverlässig sein (fit and proper). Darunter fallen neben dem Vorstand die **Aufsichtsratsmitglieder** sowie insbesondere die Leiter der vier zentralen Schlüsselfunktionen Risikomanagement, Compliance, interne Revision und Versicherungsmathematik. Diese vier **Schlüsselfunktionen** müssen in jedem Versicherungsunternehmen eingerichtet werden. Die an sie gestellten Anforderungen sind im Aufsichtsrecht näher spezifiziert (§§ 26–31 VAG, Art. 268–273 Solvabilität II-VO), ebenso wie die generellen Anforderungen an die Geschäftsorganisation (§ 23 VAG, Art. 258 Solvabilität II-VO) und die Voraussetzungen der Ausgliederung von Funktionen oder Tätigkeiten (§ 32 VAG, Art. 274 Solvabilität II-VO). Auch für die Vergütungssysteme für Geschäftsleiter, Mitarbeiter und Aufsichtsratsmitglieder existieren Vorgaben. Sie müssen angemessen, transparent und auf eine nachhaltige Entwicklung des Unternehmens ausgerichtet sein (siehe § 25 VAG, Art. 275 Solvabilität II-VO und die VersVergV [Nr. **5**]).

4. Finanzverfassung

Versicherungsunternehmen sind vor allem deshalb streng reguliert, weil sichergestellt werden soll, dass sie ihre Verpflichtungen gegenüber den Versicherungsnehmern und Versicherten erfüllen können. Ihre Finanzverfassung ist deshalb im Aufsichtsrecht näher geregelt. Auch gelten für sie Sonderregeln bei der Rechnungslegung.

a) Solvabilitätsanforderungen

Versicherungsunternehmen müssen stets über sog. anrechnungsfähige Eigenmittel mindestens in Höhe der **Solvabilitätskapitalanforderung** verfügen (§ 89 Abs. 1 S. 1 VAG). Diese Anforderung – also die Höhe des geforderten Solvabilitätskapitals – wird anhand des Risikoprofils des Unternehmens mithilfe entweder einer Standardformel oder eines internen, das heißt unternehmensspezifischen Modells, ermittelt (§ 96 Abs. 1 VAG). Eine weitere Anforderung an die Kapitalausstattung ist die sog. **Mindestkapitalanforderung,** in deren Höhe sog. Basiseigenmittel vorhanden sein müssen (§ 89 Abs. 1 S. 2 VAG). An die Unterschreitung der Schwellen knüpfen sich auch spezifische aufsichtsrechtliche Pflichten und Sanktionen (§§ 134, 135, 304 Abs. 1 Nr. 2 VAG).

b) Anforderungen an Kapitalanlagen

Die Unternehmen legen die eingenommenen Versicherungsprämien an. Da diese Kapitalanlagen die jederzeitige Erfüllbarkeit der Versicherungsleistungen sicherstellen sollen, gibt das Aufsichtsrecht vor, wie Versicherungsunternehmen ihr Kapital anlegen dürfen. Die gesamten Vermögenswerte sind nach dem Grundsatz der **unternehmerischen Vorsicht** anzulegen (§ 124 Abs. 1 S. 1 VAG). Dieser Grundsatz wird durch detailliertere Anforderungen konkretisiert (§ 124 Abs. 1 S. 2 VAG). Bestimmte Anlagen sind bis zu einer bestimmten Höhe dem sog. **Sicherungsvermögen** zuzuführen (§ 125 VAG), das primär für die Begleichung von Ansprüchen der Versicherungsnehmer gedacht ist, insbesondere auch in der Insolvenz des Versicherers (§§ 130, 315 VAG).

c) Rechnungslegung

Die Rechnungslegung der Versicherungsunternehmen unterliegt Sondervorschriften aufsichts- und handelsrechtlicher Art (insbesondere §§ 35 ff. VAG, §§ 330 Abs. 3, 341–341p HGB [Nr. **16**]), die den Besonderheiten des Versicherungsgeschäftes Rechnung tragen. Der Jahresabschluss ist auf Formblättern zu erstellen. Für die Bewertung der Kapitalanlagen bestehen zum Teil spezielle Regelungen. Von besonderer Bedeutung sind die **versicherungstechnischen Rückstellungen** zur Gewährleistung des Versicherungsschutzes. Zu ihnen gehören gemäß §§ 341e–341h HGB insbesondere die Beitragsüberträge als der auf die Zeit nach dem Abschlussstichtag entfallende Teil der vereinnahmten Prämien, die Rückstellung für Beitragsrückerstattung, die Rückstellung für drohende Verluste aus dem Versicherungsgeschäft, die Deckungsrückstellung für die Verpflichtungen aus der Lebensversicherung, die Rückstellung für noch nicht abgewickelte Versicherungsfälle sowie die Schwankungsrückstellung zum Ausgleich der Schwankungen im Schadensverlauf künftiger Jahre.

Der Abschlussprüfer wird bei Versicherungsunternehmen vom Aufsichtsrat bestimmt (§ 341k Abs. 2 S. 1 HGB). Nach § 37 Abs. 5 S. 1 VAG ist der Prüfungsbericht der Aufsichtsbehörde vorzulegen.

III. Versicherungsaufsicht

1. Ziele und Rechtsgrundlagen

Die Versicherungsunternehmen unterliegen einer staatlichen Versicherungsaufsicht. Diese dient in erster Linie dem **Schutz der Versicherungsnehmer und Anspruchsberechtigten** (§ 294 Abs. 1 VAG), erst in zweiter Linie der Finanzstabilität sowie dem Erhalt fairer und stabiler Märkte. Das zweitgenannte Ziel darf das erstgenannte nicht beeinträchtigen (Erwägungsgrund 16 zur Solvabilität II-Richtlinie).

Rechtsgrundlagen unseres nationalen Aufsichtsrechts sind das **Versicherungsaufsichtsgesetz** (VAG) und das **Finanzdienstleistungsaufsichtsgesetz** (FinDAG [Nr. **2**]). Diese Regeln sind zum allergrößten Teil vorgegeben durch die Richtlinie 2009/138/EG des Europäischen Parlaments und des Rates vom 25. November 2009 betreffend die Aufnahme und Ausübung der Versicherungs- und Rückversicherungstätigkeit (Solvabilität II), sog. **Solvabilität II-Richtlinie.** Das VAG ist durch das Gesetz zur Modernisierung der Finanzaufsicht über Versicherungen vom 1.4.2015 aufgrund dieser Richtlinie vollständig novelliert worden. Diese Gesetzesfassung trat am 1.1.2016 in Kraft. Die deutschen Regeln sind also vor dem Hintergrund der Solvabilität II-Richtlinie auszulegen (richtlinienkonforme Auslegung). Die nationalen Vorschriften werden außerdem ergänzt durch die in den Mitgliedstaaten unmittelbar geltende Delegierte Verordnung (EU) 2015/35 der Kommission **(Solvabilität II-Verordnung)** zur Ergänzung der Solvabilität II-Richtlinie, die eine Reihe von Einzelfragen vor allem zur Finanzverfassung der Versicherungsunternehmen regelt. Hinzu kommen als unmittelbar geltende Vorschriften die sog. **Technischen Regulierungsstandards** und die **Technischen Durchführungsstandards,** die die EU-Kommission im ersten Fall gemäß Art. 290 AEUV und im zweiten Fall gemäß Art. 291 AEUV erlässt, und sonstige bindende Durchführungsrechtsakte, konkret die Festlegung technischer Informationen, nach Art. 291 AEUV. Für die Unternehmen nicht unmittelbar rechtlich bindend, aber faktisch maßgeblich sind Leitlinien und Empfehlungen der europäischen Aufsichtsbehörde EIOPA sowie Verlautbarungen der deutschen Aufsichtsbehörde, der Bundesanstalt für Finanzdienstleistungsaufsicht (BaFin). Auch andere Gesetze, die nicht primär die Versicherungsaufsicht betreffen, enthalten zum Teil aufsichtsrechtliche Vorgaben für Versicherungsunternehmen, wie zB das Gesetz über die Sicherheit in der Informationstechnik (BSIG). Ein Überblick über die weiteren aufsichtsrechtlichen Quellen findet sich unter Nr. **24.**

Die Neuerungen aufgrund der Solvabilität II-Richtlinie sind grundlegender Art und betreffen erstens die Finanzverfassung, insbesondere Solvenzanforderungen, zweitens das Governance-System sowie drittens die Berichts- und Offenlegungspflichten der Versicherer (sog. Drei-Säulen-Modell, ähnlich wie es im Bankenbereich durch Basel II eingeführt wurde).

2. Aufsichtspflichtige Unternehmen

Die Adressaten der Versicherungsaufsicht sind in §§ 1 und 2 VAG aufgezählt. Ausnahmetatbestände finden sich in § 3 Abs. 1 VAG. Über das Bestehen der Aufsichtspflicht entscheidet die Aufsichtsbehörde unter Umständen durch einen feststellenden Verwaltungsakt (§ 4 VAG).

a) Versicherungsunternehmen

Der Versicherungsaufsicht unterliegen nach § 1 Abs. 1 Nr. 1, § 7 Nr. 33 VAG Erst- und Rückversicherungsunternehmen, die den Betrieb von Versicherungsgeschäften zum Gegenstand haben und nicht Träger der Sozialversicherung sind. **Versicherungsgeschäfte** betreibt ein Unternehmen, wenn es sich gegen Entgelt für den Fall eines unbestimmten Ereignisses zu bestimmten Leistungen verpflichtet, wobei das Risiko auf eine Vielzahl durch die gleiche Gefahr bedrohter Personen verteilt und nach dem Gesetz der großen Zahl kalkuliert wird. Die Kontrolle der Erstversicherungsunternehmen und diejenige der Rückversicherungsunternehmen sind inzwischen weitgehend angeglichen. Einzelne Sonderregeln für Rückversicherer finden sich an verschiedenen Stellen des VAG, unter anderem in § 166 VAG für Bestandsübertragungen.

Ausländische Erstversicherer aus **Drittstaaten** (das sind alle Staaten außer den EU- und EWR-Staaten) bedürfen in Deutschland nach § 1 Abs. 1 Nr. 1, § 7 Nr. 34, § 67 VAG der Erlaubnis zur Aufnahme des Geschäftsbetriebes. Erstversicherungsunternehmen aus EU- oder EWR-Mitgliedstaaten können das Versicherungsgeschäft über eine Niederlassung oder im Wege der Dienstleistungsfreiheit betreiben, nachdem sie das sog. Notifikationsverfahren durchlaufen haben (§ 61 VAG).

b) Versicherungs-Holdinggesellschaften

Über Versicherungs-Holdinggesellschaften im Sinne von § 7 Nr. 31 VAG wird gemäß § 293 VAG nur eine eingeschränkte Aufsicht ausgeübt. Dasselbe gilt für Unternehmen im Sinne von § 293 Abs. 4 VAG, die ebenso wie die Versicherungs-Holdinggesellschaften hauptsächlich Beteiligungen an Versicherungsunternehmen erwerben und halten, aber nicht die weiteren Voraussetzungen des § 7 Nr. 31 VAG erfüllen.

c) Versicherungs-Zweckgesellschaften

Der Aufsicht unterliegen nach § 1 Abs. 1 Nr. 3 VAG auch Versicherungs-Zweckgesellschaften, die keine Versicherungsunternehmen sind, die Risiken von Erst- oder Rückversicherern übernehmen und sie vollständig über die Emission von Schuldtiteln oder einen anderen Finanzierungsmechanismus absichern. Diese Absicherung muss dadurch gekennzeichnet sein, dass die Rückzahlungsansprüche der Darlehensgeber oder des Finanzierungsmechanismus den Rückversicherungsverpflichtungen der Gesellschaft nachgeordnet sind (§ 168 VAG).

d) Sicherungsfonds

Für die Lebensversicherung und die substitutive Krankenversicherung schreibt § 221 Abs. 1 VAG vor, dass sie einem Sicherungsfonds angehören müssen. Diese Sicherungseinrichtungen gewährleisten im Falle der drohenden oder bereits eingetretenen Insolvenz eines Versicherungsunternehmens, dass die Ansprüche aus den Versicherungsverträgen erfüllt werden. Damit wird der existenziellen Bedeutung Rechnung getragen, die die genannten Versicherungen für die Versicherungsnehmer und Anspruchsberechtigten haben. Das Bundesministerium der Finanzen hat auf der Grundlage von § 224 VAG zwei Aktiengesellschaften mit den Geschäften der Sicherungsfonds beliehen, die **Protektor Lebensversicherungs-AG** und die **Medicator AG** für die substitutive Krankenversicherung. Sie unterliegen nach § 1 Abs. 1 Nr. 4 VAG der Versicherungsaufsicht gemäß §§ 225–231 VAG und einigen weiteren Normen des VAG (siehe § 225 VAG).

e) Pensionsfonds und Pensionskassen

Auch Pensionsfonds im Sinne von § 236 Abs. 1 VAG fallen unter die Versicherungsaufsicht (§ 1 Abs. 1 Nr. 5 VAG). Seit sie im Jahr 2002 als ein Durchführungsweg für die **betriebliche Altersversorgung** anerkannt worden sind, benötigen auch sie für ihre Geschäftstätigkeit einer Erlaubnis der Aufsichtsbehörde (§ 236 Abs. 5 VAG). Zulässig sind ausschließlich die Rechtsformen der AG oder SE und des Pensionsfondsvereins auf Gegenseitigkeit (§ 237 Abs. 3 S. 1 VAG). Pensionsfonds sind mangels einer versicherungsförmigen Garantie keine Versicherungsunternehmen. Für die Aufsicht der Pensionsfonds gelten die speziellen Regelungen der §§ 236–240 VAG sowie die meisten Regelungen, die auch für Lebensversicherungsunternehmen Anwendung finden.

Anders als bei den Pensionsfonds wird bei den **Pensionskassen** der versicherten Person ein Rechtsanspruch auf die Leistung gewährt. Pensionskassen sind damit rechtlich selbstständige Lebensversicherungsunternehmen, deren Zweck die Absicherung wegfallenden Erwerbseinkommens wegen Alters, Invalidität oder Tod im Wege des Kapitaldeckungsverfahrens ist und die ihre Leistungen erst ab dem Zeitpunkt des Wegfalls des Erwerbseinkommens und im Todesfall nur an Hinterbliebene erbringen (§ 232 VAG). Die Pensionskassen sind als Durchführungsweg der betrieblichen Altersversorgung stark in das nationale Sozialsystem eingebunden. Sie unterfallen deshalb nicht der Solvabilität II-Richtlinie (Art. 9 Nr. 2 Solvabilität II-RL), sondern der Richtlinie (EU) 2016/2341 über die Tätigkeiten und die Beaufsichtigung von Einrichtungen der betrieblichen Altersversorgung (EbAV II-Richtlinie). Sie sind dennoch im VAG geregelt (§§ 232–235a VAG), dessen übrige Normen für sie zum Teil in modifizierter Form gelten.

3. Träger der Versicherungsaufsicht

Zuständig für die Versicherungsaufsicht sind Behörden auf europäischer Ebene, auf Bundes- und auf Landesebene. Dabei liegt der Schwerpunkt der Tätigkeit der europäischen Behörde auf der weiteren Konkretisierung der europäischen Aufsichtsregeln und ihrer einheitlichen Anwendung in den Mitgliedstaaten, wohingegen die nationale Bundesaufsicht die Einhaltung der aufsichtsrechtlichen Vorgaben durch die Unternehmen sicherstellt. In den Fällen von regionaler Bedeutung obliegt dies der Landesaufsicht.

a) European Insurance and Occupational Pensions Authority (EIOPA)

Seit 2011 ist die EIOPA mit Sitz in Frankfurt am Main tätig. Die Behörde wurde durch die Verordnung (EU) Nr. 1094/2010 des Europäischen Parlaments und des Rates vom 24. November 2010 zur Errichtung einer Europäischen Aufsichtsbehörde (EIOPA-VO) geschaffen und ist Bestandteil des einheitlichen **Europäischen Finanzaufsichtssystems** (ESFS). Ihm gehören für den Bankenbereich die European Banking Authority (EBA) und für den Wertpapierbereich die European Securities and Markets Authority (ESMA) an. EIOPA entwirft die Technischen Regulierungsstandards, die Technischen Durchführungsstandards sowie die Festlegung der Technischen Informationen, die die Regelungen der Solvabilität II-Richtlinie und der Solvabilität II-Verordnung konkretisieren. Außerdem veröffentlicht sie Leitlinien und Empfehlungen, die eine einheitliche und kohärente Anwendung des Unionsrechts sicherstellen sollen. Die BaFin hat in einer Meldung vom 15.2.2018 erklärt, dass sie die Leitlinien der EIOPA mit wenigen Ausnahmen in ihre Verwaltungspraxis übernimmt. Schließlich hat die EIOPA in gewissem Umfang Entscheidungsbefugnisse: So kann sie im Krisenfall gegenüber den nationalen Aufsichtsbehörden verbindliche Entscheidungen erlassen und bei Untätigkeit der nationalen Behörde auch direkt gegenüber dem jeweiligen Finanzinstitut verpflichtende Maßnahmen anordnen (Art. 18 Abs. 3 EIOPA-VO). Ähnlich kann sie bei Gefahren für die einheitliche Anwendung des Aufsichtsrechts zunächst gegenüber der Aufsichtsbehörde, schließlich dann aber auch gegenüber dem Finanzinstitut verbindliche Anordnungen treffen (Art. 17 EIOPA-VO). Die Zusammenarbeit der EIOPA mit der deutschen Aufsichtsbehörde ist in der EIOPA-VO sowie in § 329 VAG geregelt.

b) Bundesanstalt für Finanzdienstleistungsaufsicht (BaFin)

Die BaFin hat einen Doppelsitz in Bonn und Frankfurt am Main. In der BaFin ist im Jahr 2002 das frühere Bundesaufsichtsamt für das Versicherungswesen ebenso aufgegangen wie die Bundesaufsichtsämter für das Kreditwesen und für den Wertpapierhandel. Auch die Bundesanstalt für Finanzmarktstabilisierung, gegründet 2008 in der Finanzkrise, wurde 2018 zum Teil in die BaFin integriert. Die BaFin ist eine bundesunmittelbare, rechtsfähige Anstalt des öffentlichen Rechts, die der Rechts- und Fachaufsicht des Bundesministeriums der Finanzen unterstellt ist. Rechtsgrundlage für ihre Tätigkeit ist das FinDAG. Ihre Aufgaben und Befugnisse nimmt sie nach § 4 Abs. 4 FinDAG, § 294 Abs. 8 VAG nur im öffentlichen Interesse wahr. Diese Regelungen stellen klar, dass einzelne Versicherungsnehmer aus dem Aufsichtsrecht keine subjektiven Rechte herleiten können, obwohl der Schutz der Belange der Versicherungsnehmer und der Anspruchsberechtigten das Hauptziel der Aufsicht ist. Organe sind das Direktorium, der Präsident oder die Präsidentin und der Verwaltungsrat. Der Präsident oder die Präsidentin vertritt die Bundesanstalt gerichtlich und außergerichtlich (§ 6 Abs. 5 FinDAG).

Der **Geschäftsbereich Versicherungsaufsicht** wird von dem beziehungsweise der zuständigen Exekutivdirektor(in) geleitet. Zur Beratung der Bundesanstalt bei der Versicherungsaufsicht besteht ein Versicherungsbeirat aus Sachverständigen des Versicherungswesens, die vom Bundesministerium der Finanzen auf die Dauer von fünf Jahren berufen werden (§ 325 VAG). Die Bundesanstalt erhebt für Amtshandlungen im Rahmen der ihr gesetzlich zugewiesenen Aufgaben Gebühren und deckt ihre Kosten darüber hinaus durch Umlagen, deren Maßstäbe in einer Verordnung geregelt sind. Sie kann ihre Verfügungen mit Zwangsmitteln durchsetzen (§ 17 FinDAG). Gegen Entscheidungen der Bundesanstalt steht dem Betroffenen nach erfolglosem Widerspruch gegenüber der Behörde die Möglichkeit der Klage zu, für die Frankfurt am Main – nicht Bonn – als Sitz der Anstalt gilt (§ 1 Abs. 3 S. 1 FinDAG).

Die BaFin ist zuständig für die Beaufsichtigung der privaten Versicherungsunternehmen und Pensionsfonds, die im Inland ihren Sitz oder eine Niederlassung haben oder auf andere Weise das Versicherungsgeschäft betreiben, die Versicherungs-Holdinggesellschaften, die Versicherungs-Zweckgesellschaften und die Sicherungsfonds sowie die öffentlich-rechtlichen Wettbewerbs-Versicherungsunternehmen, die über das Gebiet eines Bundeslandes hinaus tätig sind, sowie schließlich für die Aufsicht über solche an sich der Landesaufsicht unterliegenden Erstversicherungsunternehmen, die einem Finanzkonglomerat angehören (§ 320 Abs. 1 und 2 VAG).

c) Landesaufsichtsbehörden

Den Landesaufsichtsbehörden verbleibt danach im Wesentlichen die Aufsicht über die öffentlich-rechtlichen Wettbewerbs-Versicherungsunternehmen, deren Tätigkeit sich auf das Gebiet eines Landes beschränkt (arg. e § 320 Abs. 1 Nr. 3 und § 322 Abs. 1 VAG). Hinzu kommt die Möglichkeit, Zuständigkeiten von der BaFin auf die Landesbehörden zu übertragen (§ 321 Abs. 1 VAG), zB die Aufsicht über private Versicherungsunternehmen von geringerer wirtschaftlicher Bedeutung. In den Bundesländern sind die obersten Versicherungsaufsichtsbehörden in der Regel die Finanz- oder Wirtschaftsministerien der Länder; die Aufsicht selbst wird regelmäßig durch nachgeordnete Behörden, wie beispielsweise in Nordrhein-Westfalen die Bezirksregierungen, ausgeübt.

4. Erlaubnis

a) Erlaubnispflicht

Versicherungsunternehmen bedürfen nach § 8 Abs. 1 VAG zum Geschäftsbetrieb der aufsichtsbehördlichen Erlaubnis. Der Betrieb von Versicherungsgeschäften ohne Erlaubnis stellt einen Straftatbestand dar (§ 331 Abs. 1 Nr. 1 VAG). Die Erlaubnis wird auf Antrag und für jede Sparte gesondert erteilt. Weitere mit Strafe sanktionierte Erlaubnispflichten gelten für Versicherungs-Holdinggesellschaften, die das Erst- oder Rückversicherungsgeschäft betreiben, für Versicherungs-Zweckgesellschaften sowie für Pensionsfonds.

b) Verfahren

Mit dem Antrag auf Erlaubnis sind der sog. **Geschäftsplan** sowie weitere Unterlagen bei der Aufsichtsbehörde einzureichen (§ 9 VAG). Der Geschäftsplan, dessen Bestandteile in § 9 VAG näher beschrieben sind, gibt über die rechtlichen, versicherungstechnischen und finanziellen Grundlagen des Versicherungsunternehmens Auskunft. Bestimmte Änderungen des Geschäftsplans müssen durch die Aufsichtsbehörde genehmigt werden (§ 12 VAG). Im Gegensatz zum früheren Recht sind die AVB und Tarife grundsätzlich nicht mehr einzureichen (Ausnahmen: substitutive Krankenversicherung und Pflichtversicherungen). Sie müssen daher im Erlaubnisverfahren grundsätzlich nicht vorgelegt und ihre Änderungen später nicht genehmigt werden.

c) Erteilung und Versagung der Erlaubnis

Wenn kein Grund zur Versagung der Erlaubnis gegeben ist, muss sie erteilt werden (§ 11 Abs. 3 VAG). Damit wird den Grundrechten aus Art. 12 GG (Berufsfreiheit) und Art. 14 GG (Eigentumsgarantie) Rechnung getragen. In bestimmten Fällen ist die Erlaubnis zwingend zu versagen (§ 11 Abs. 1 VAG), so etwa dann, wenn die dauernde Erfüllbarkeit der Verpflichtungen aus den Versicherungen nicht hinreichend dargetan ist. In anderen Fällen hat die Aufsichtsbehörde Ermessen, ob sie die Erlaubnis versagt (§ 11 Abs. 2 VAG), so etwa dann, wenn wegen fehlender Transparenz in einem Unternehmensverbund eine wirksame Aufsicht über das Unternehmen beeinträchtigt ist.

d) Rechtsfolgen der Erlaubnis

Die erteilte Erlaubnis erstreckt sich auf alle Mitgliedstaaten der EU und der anderen Vertragsstaaten des EWR-Abkommens („Single-Licence-Prinzip" oder „Europäischer Pass" gemäß § 10 Abs. 1 S. 2, § 57 Abs. 1 VAG). Das Versicherungsunternehmen kann seine Tätigkeit in einem anderen Mitglied- oder Vertragsstaat über dortige Niederlassungen oder im Dienstleistungsverkehr von seinem Sitz aus ausüben. Nach dem Sitzlandprinzip ist für die Finanzaufsicht allein die Aufsichtsbehörde am Sitz des Versicherungsunternehmens zuständig, also bei inländischen Unternehmen regelmäßig die BaFin, wohingegen die Aufsicht im Übrigen durch die Behörden des Sitzlandes und des Tätigkeitslandes gemeinsam ausgeübt wird. Es findet hier eine Zusammenarbeit zwischen den Aufsichtsbehörden statt (§ 294 Abs. 6 VAG).

5. Laufende Aufsicht

a) Finanzaufsicht und Aufsicht im Übrigen

Ist die Erlaubnis einmal erteilt, wird der gesamte Geschäftsbetrieb eines Versicherungsunternehmens weiterhin laufend beaufsichtigt, um das Hauptziel der Aufsicht – den Schutz der Versicherungsnehmer und der Begünstigten von Versicherungsleistungen – zu erreichen (§ 294 Abs. 1 VAG). Dabei unterscheidet das VAG zwischen einer rechtlichen Aufsicht im Allgemeinen und einer Finanzaufsicht im Besonderen. Auch die Letztgenannte ist allerdings eine reine Rechtsaufsicht, sodass terminologisch besser zwischen der **Finanzaufsicht** und der **Aufsicht im Übrigen** zu unterscheiden ist (so auch § 62 Abs. 1 S. 1 VAG).

Die Finanzaufsicht erstreckt sich auf die finanziellen Grundlagen des Versicherungsunternehmens, insbesondere die Solvabilität und die Kapitalanlagen, aber auch auf das Governance-System und die Berichts- und Offenlegungspflichten (§ 294 Abs. 4 VAG). Die Aufsicht im Übrigen umfasst das gesamte Verhalten des Unternehmens, auch seine Zusammenarbeit mit Versicherungsvermittlern. Es wird die Einhaltung der aufsichtsrechtlichen, der das Versicherungsverhältnis betreffenden und aller sonstigen die Versicherten betreffenden Vorschriften ebenso überwacht wie die Einhaltung der rechtlichen Grundlagen des Geschäftsplans (§ 294 Abs. 3 VAG). Im Rahmen der laufenden Aufsicht sind auch strukturelle Veränderungen des beaufsichtigten Unternehmens, wie etwa Bestandsübertragungen (§ 13 VAG) und Umwandlungen (§ 14 VAG), zu prüfen und zu genehmigen.

b) Personenaufsicht

Im Rahmen der Versicherungsaufsicht werden auf verschiedenen Ebenen auch natürliche Personen daraufhin überwacht, ob man ihnen bestimmte Funktionen im Versicherungsunternehmen anvertrauen kann. Diese Kontrolle ist der Finanzaufsicht zuzuordnen. Selbstverständlich werden die entsprechenden Anforderungen auch bereits im Erlaubnisverfahren geprüft. Angesichts der Fluktuation sind sie aber für die laufende Aufsicht von erheblicher praktischer Bedeutung. Im Einzelnen gilt:

Nach §§ 16 ff. VAG müssen Personen, die mittelbar oder unmittelbar eine **bedeutende Beteiligung** an einem Versicherungsunternehmen halten oder erwerben wollen (mindestens zehn Prozent des Kapitals oder der Stimmrechte), den Ansprüchen genügen, die im Interesse einer soliden umsichtigen Leitung des Unternehmens zu stellen sind. Insbesondere müssen sie zuverlässig sein.

Personen, die ein Erst- oder Rückversicherungsunternehmen **tatsächlich leiten** oder andere **Schlüsselaufgaben innehaben,** müssen zuverlässig und fachlich geeignet sein. Das gilt ebenso für die Hauptbevollmächtigten einer Niederlassung (§ 24 VAG). Auch auf die Personen, die die Geschäfte einer Versicherungs-Holdinggesellschaft oder einer gemischten Finanzholdinggesellschaft tatsächlich führen, finden nach § 293 Abs. 1 VAG die Vorgaben des § 24 VAG Anwendung.

Nach § 164 Abs. 3 S. 1 VAG gilt § 24 Abs. 1 VAG auch für den Geschäftsleiter eines Schadensabwicklungsunternehmens. Ebenso müssen Verantwortliche Aktuare in der Lebensversicherung und in der Krankenversicherung zuverlässig und fachlich geeignet sein (§ 141 Abs. 1 S. 2, § 156 Abs. 1 S. 2 VAG) sowie Treuhänder, die zudem unabhängig sein müssen (siehe zB § 157 Abs. 1 VAG). Dem Verantwortlichen Aktuar obliegen wesentliche Sicherstellungs-, Kontroll- und Bestätigungsaufgaben in der Lebensversicherung und der substitutiven Krankenversicherung. Der Treuhänder hat in diesen Sparten bei Änderungen der Prämie (§§ 163, 203 VVG [Nr. **6**]) oder – nur in der Krankenversicherung (§ 203 VVG) – der Versicherungsbedingungen für bestehende Versicherungsverhältnisse mitzuwirken.

c) Aufsicht über Versicherungsgruppen und Finanzkonglomerate

Versicherungsunternehmen einer Gruppe unterliegen neben der Einzelaufsicht einer Aufsicht auf Ebene der **Gruppe** (§§ 245 ff. VAG). Diese zusätzliche Aufsicht soll verhindern, dass innerhalb einer Unternehmensgruppe Eigenmittel mehrfach belegt werden (double gearing), also zur Abdeckung von Verbindlichkeiten verschiedener Gruppenmitglieder genutzt werden, aber tatsächlich nur einmal zur Verfügung stehen.

Aus demselben Grund gibt es eine vergleichbare zusätzliche Beaufsichtigung für Versicherungsunternehmen, die einem **Finanzkonglomerat** angehören. Die entsprechenden Aufsichtsregeln befinden sich im Finanzkonglomerate-Aufsichtsgesetz (FKAG). Diese zusätzliche Aufsicht wurde als Reaktion auf die zunehmenden Verflechtungen zwischen Versicherungs-, Banken- und Wertpapierdienstleistungsunternehmen eingeführt. Auf der Ebene des Konglomerats werden die Solvabilität, die Risikokonzentration, die gruppeninternen Transaktionen, das interne Risikomanagement und schließlich die Zuverlässigkeit und fachliche Eignung der Geschäftsleiter geprüft. Wann ein Konzern ein Finanzkonglomerat ist, legt die Aufsichtsbehörde durch einen feststellenden Verwaltungsakt fest. In der EU/im EWR gab es laut der neuesten, aus dem Jahr 2019 verfügbaren Liste 77 Finanzkonglomerate, davon sechs aus Deutschland.

d) Befugnisse der Aufsichtsbehörden

Die einzelnen Handlungsbefugnisse der Aufsichtsbehörden sind in den Ermächtigungsgrundlagen der §§ 298 ff. VAG sowie einzelnen über das VAG verstreuten Vorschriften (zB §§ 134, 135 VAG) geregelt. Allen voran ist die wichtige Generalklausel des § 298 Abs. 1 S. 1 VAG zu nennen, die die Aufsichtsbehörde ermächtigt, alle Maßnahmen zu ergreifen, die geeignet und erforderlich sind, um Missstände zu vermeiden oder zu beseitigen (sog. **Missstandsaufsicht**). „Missstände" sind dabei alle Verhaltensweisen eines Versicherungsunternehmens, die den in § 294 Abs. 2 VAG erläuterten Aufsichtszielen widersprechen (§ 298 Abs. 1 S. 2 VAG), sowie Schwächen oder Mängel, die die Aufsichtsbehörde im Rahmen des aufsichtlichen Überprüfungsverfahrens festgestellt hat (§ 298 Abs. 1 S. 3 VAG). Diese Generalklausel kommt nur gegenüber Erstversicherungsunternehmen, den Mitgliedern ihres Vorstands sowie sonstigen Geschäftsleitern und den das Unternehmen kontrollierenden Personen zur Anwendung. Gegenüber Rückversicherungsunternehmen findet nicht die Generalklausel Anwendung, sondern die konkreter gefasste Norm des § 298 Abs. 2 VAG. Trotz der Weite der Generalklausel darf die Aufsicht sie nur nutzen, um Rechtsverstöße der Unternehmen zu ahnden.

Vorrang vor der Generalklausel haben die **speziellen Befugnisse** in §§ 299–308 VAG, wie etwa diejenige, eine Änderung des Geschäftsplans oder einen Kapitalaufschlag zu verlangen, eine Beteiligung zu untersagen, Personen mit Schlüsselaufgaben abzuberufen, die Befugnisse eines Organs auf einen Sonderbeauftragten zu übertragen, die Erlaubnis zu widerrufen oder die Einstellung unerlaubter Versicherungsgeschäfte zu verlangen.

Darüber hinaus ist die Aufsichtsbehörde befugt, die Vorlage von Geschäftsunterlagen zu verlangen und örtliche Prüfungen in den Räumen des Versicherungsunternehmens vorzunehmen (§§ 305, 306 VAG).

Der Insolvenzantrag für ein Versicherungsunternehmen kann nach § 312 Abs. 1 VAG nur von der Aufsichtsbehörde gestellt werden. Für das Insolvenzverfahren über das Vermögen eines Versicherungsunternehmens gibt es eine Reihe spezieller Regeln.

e) Beschwerde

Kunden der beaufsichtigten Unternehmen (Versicherungsnehmer) und Verbraucherschutzeinrichtungen können wegen behaupteter Verstöße gegen aufsichtsrechtliche Bestimmungen Beschwerde bei der BaFin einlegen (§ 4b FinDAG). Sie hat in Schrift- oder Textform zu erfolgen und soll den Sachverhalt sowie den Beschwerdegrund enthalten. Die Bundesanstalt kann das betroffene Versicherungsunternehmen zur Stellungnahme auffordern und es um Mitteilung bitten, ob die Stellungnahme an den Beschwerdeführer übermittelt werden darf. Zu der Beschwerde hat die Aufsichtsbehörde in angemessener Frist Stellung zu nehmen. Privatrechtliche Streitigkeiten kann sie nicht entscheiden, wohl aber auf Möglichkeiten außergerichtlicher Streitbeilegung hinweisen.

IV. Versicherungsvertrag

Der Versicherungsvertrag ist das Rechtsverhältnis zwischen Versicherer und Versicherungsnehmer, wie das Gesetz die Vertragspartner bezeichnet. Er ist ein gegenseitiger schuldrechtlicher Vertrag. Durch ihn verpflichtet sich der Versicherer, ein bestimmtes Risiko des Versicherungsnehmers oder eines Dritten durch eine Leistung abzusichern, die er bei Eintritt des vereinbarten Versicherungsfalles zu erbringen hat (§ 1 VVG). Der Versicherungsnehmer muss im Gegenzug die vereinbarte Prämie zahlen. Bei einer Verschmelzung nach dem Umwandlungsgesetz oder einer Bestandsübertragung, die gemäß §§ 13 Abs. 1, 14 Abs. 1 VAG der aufsichtsbehördlichen Genehmigung bedürfen, gehen die Versicherungsverhältnisse kraft Gesetzes auf das übernehmende Versicherungsunternehmen über.

1. Rechtsgrundlagen

Der Versicherungsvertrag beruht auf den allgemeinen privatrechtlichen Vorschriften, dem VVG und den jeweils einschlägigen AVB. Auch zahlreiche aufsichtsrechtliche Bestimmungen sind für den Versicherungsvertrag von Bedeutung.

a) Versicherungsvertragsgesetz

Das Versicherungsvertragsgesetz vom 30.5.1908 wurde durch das Gesetz über den Versicherungsvertrag (Versicherungsvertragsgesetz – VVG) vom 23.11.2007 grundlegend novelliert. Das geänderte Recht gilt seit dem 1.1.2008 für Neuverträge und seit dem 1.1.2009 für alle Versicherungsverhältnisse (Art. 1 Abs. 1 EGVVG [Nr. **7**]). Es trägt dem Wandel in den sozialen, wirtschaftlichen und politischen Verhältnissen Rechnung und entspricht den Bedürfnissen eines modernen Verbraucherschutzes. Sein wesentliches Ziel ist die Stärkung der Rechtsstellung des Versicherungsnehmers unter Betonung seiner Entscheidungsfreiheit auf der Grundlage einer umfassenden Information bei Vertragsschluss. Beratungs-, Informations- und Hinweispflichten des Versicherers sind daher ein wesentliches Merkmal des neuen Gesetzes.

Das VVG geht als **Spezialgesetz** den allgemeinen Rechtsvorschriften vor und ergänzt sie. Es gliedert sich in einen Allgemeinen Teil und Vorschriften für acht speziell geregelte Sparten. Im Allgemeinen Teil wird zwischen Vorschriften unterschieden, die für sämtliche Versicherungszweige gelten, und Bestimmungen, die sich nur auf die Schadensversicherung, vor allem auf die Sachversicherung, beziehen. Das Gesetz gilt für alle Sparten, auch für diejenigen, die es nicht behandelt, findet jedoch keine Anwendung auf die Rück- und Seeversicherung (§ 209 VVG).

Inhaltlich setzt das VVG die Verwendung **Allgemeiner Versicherungsbedingungen (AVB)** voraus und setzt ihr – zusätzlich zu den allgemeinen Regeln der §§ 305–310 BGB (Nr. **13**) – Schranken. Seine Vorschriften sind zwingend, halbzwingend oder abdingbar. Zwingende Vorschriften dürfen weder zugunsten noch zuungunsten des Versicherungsnehmers geändert werden. Entgegenstehende Regelungen, wie zB eine Vereinbarung, nach welcher der Versicherer bei Verletzung einer vertraglichen Obliegenheit zum Rücktritt berechtigt ist, sind unwirksam (§ 28 Abs. 5 VVG). Halbzwingende Vorschriften können nicht zum Nachteil des Versicherungsnehmers geändert werden. Dementsprechend kann das Kündigungsrecht des Versicherungsnehmers in bestimmten Fällen nicht ausgeschlossen werden (§ 11 Abs. 4 iVm § 18, § 40 iVm § 42 VVG). Von abdingbaren Vorschriften kann demgegenüber abgewichen werden, soweit nicht die Regelungen der §§ 305–310 BGB entgegenstehen.

b) Pflichtversicherungsgesetz

Für die Kraftfahrzeug-Haftpflichtversicherung ist darüber hinaus das Gesetz über die Pflichtversicherung für Kraftfahrzeughalter (PflVG [Nr. **11**]) maßgebend. Nach diesem Gesetz ist jeder Kraftfahrzeughalter zum Abschluss einer Haftpflichtversicherung verpflichtet (§ 1 PflVG). Alle zum Betrieb der Kraftfahrtversicherung zugelassenen Versicherungsunternehmen haben die Haftpflichtversicherung zu gewähren. Dieser Kontrahierungszwang ist durch einige Ausnahmen modifiziert (§ 5 PflVG). Die Position des Geschädigten wird auch dadurch gestärkt, dass er seinen Anspruch auf Schadensersatz nicht nur gegen den Unfallverursacher, sondern auch direkt gegen den Versicherer geltend machen kann (§ 115 Abs. 1 S. 1 Nr. 1 VVG).

c) Allgemeine Versicherungsbedingungen

Allen Versicherungsverträgen liegen Allgemeine Versicherungsbedingungen (AVB) zugrunde. Sie sind ein Unterfall der auch in anderen Wirtschaftszweigen gebräuchlichen Allgemeinen Geschäftsbedingungen (AGB). Es handelt sich um die für eine Vielzahl von Versicherungsverträgen vorformulierten Vertragsbedingungen, die eine Vertragspartei (Verwender = Versicherer) der anderen (Versicherungsnehmer) bei Abschluss des Vertrages stellt (§ 305 Abs. 1 S. 1 BGB). AVB werden den Verträgen ohne Rücksicht auf individuelle Verschiedenheiten des einzelnen Wagnisses zugrunde gelegt. Sie regeln die Rechte und Pflichten der Vertragspartner sowie den Umfang des Versicherungsschutzes in den einzelnen Sparten. Da sie auf diese Weise die Eigenschaften des Produkts Versicherung festlegen, spricht man auch davon, dass eine Versicherung ein **Rechtsprodukt** sei.

Für den einzelnen Versicherungsvertrag gelten AVB gemäß § 305 Abs. 2 BGB nur unter der Voraussetzung, dass sie dessen Bestandteil geworden sind. Der Versicherer hat nach § 7 Abs. 1 VVG dem Versicherungsnehmer rechtzeitig vor dessen Vertragserklärung die AVB mitzuteilen.

Bestimmungen in AVB sind unwirksam, wenn sie den Versicherungsnehmer entgegen den Geboten von Treu und Glauben unangemessen benachteiligen (§ 307 Abs. 1 S. 1 BGB). Ziel dieser Inhaltskontrolle ist es, die AVB am jeweils gesetzlich geregelten Grundtypus zu messen und eine Aushöhlung des Versicherungsschutzes zu vermeiden. Insbesondere hat der Versicherer die Rechte und Pflichten der Versicherungsnehmer eindeutig und für einen Durchschnittskunden verständlich darzustellen, damit dieser sich hinreichend über die rechtliche Tragweite der Vertragsbedingungen klar werden kann (Transparenzgebot). Infolgedessen kann sich eine unangemessene Benachteiligung auch daraus ergeben, dass eine Bestimmung nicht klar und verständlich ist (§ 307 Abs. 1 S. 2 BGB). Eine Überprüfung der AVB am Maßstab dieser Vorschriften hat in der Rechtsprechung nach dem Wegfall der aufsichtsbehördlichen Genehmigungsbedürftigkeit zunehmende Bedeutung gewonnen.

Für die Kraftfahrzeug-Haftpflichtversicherung bestimmt sich der Mindestinhalt der AVB nach der Kraftfahrzeug-Pflichtversicherungsverordnung (Kfz-PflVV [Nr. **12**]).

d) Europäisches Versicherungsvertragsrecht

Das europäische Recht hat über seine Richtlinien das materielle Versicherungsvertragsrecht schon in einzelnen Aspekten vereinheitlicht. Eine Gruppe europäischer Rechtswissenschaftler hat in den **Principles of European Insurance Contract Law (PEICL)** den Grundstein zu einem einheitlichen materiellen europäischen Versicherungsvertragsrecht gelegt. Die PEICL zielen darauf ab, neben den Rechtsordnungen der Mitgliedstaaten ein optionales Instrument zur Verfügung zu stellen, auf dessen Geltung die Parteien sich einigen können. Die Kommission hat im Januar 2013 eine Expertengruppe eingesetzt, die untersucht hat, inwiefern die unterschiedlichen nationalen Versicherungsvertragsrechte den grenzüberschreitenden Verkauf von Versicherungen erschweren. Im Februar 2014 legte die Expertengruppe ihren Bericht vor. Sie kommt darin zu dem Ergebnis, dass Unterschiede im Vertragsrecht das grenzüberschreitende Angebot von Versicherungsprodukten durch höhere Kosten behindern, außerdem Rechtsunsicherheit verursachen und es Verbrauchern und Unternehmen erschweren, eine Versicherung in anderen EU-Mitgliedstaaten abzuschließen (Kommission, IP/14/194). Die 2. Auflage der PEICL ist im Jahr 2016 auf dem Stand vom 1.11.2015 veröffentlicht worden.

e) Internationales Versicherungsvertragsrecht

Das Internationale Versicherungsvertragsrecht regelt die Frage, welche Rechtsordnung bei Fällen mit Auslandsberührung für ein Versicherungsverhältnis gilt. In der EU ist das Internationale Versicherungsvertragsrecht durch die Verordnung (EG) Nr. 593/2008 des Europäischen Parlaments und des Rates vom 17. Juni 2008 über das auf vertragliche Schuldverhältnisse anzuwendende Recht (Rom I) – sog. Rom I-Verordnung (Nr. **15**) – harmonisiert worden. Die Regeln finden auch im EWR Anwendung. Sie gelten für Verträge, die ab dem 17.12.2009 geschlossen wurden. Für ältere Verträge greifen Art. 7 ff. EGVVG aF (hier nicht abgedruckt) oder Art. 27 ff. EGBGB aF (hier nicht abgedruckt).

Artikel 7 Rom I-VO, der bestimmte Möglichkeiten der **Rechtswahl** vorsieht, ist auf Erstversicherungsverträge anwendbar, auch wenn Verbraucher beteiligt sind. Bei Verträgen über sog. Massenrisiken (andere als Großrisiken) findet Art. 7 Rom I-VO Anwendung, wenn das versicherte Risiko innerhalb des Gebietes der Mitgliedstaaten belegen ist. Die Vorschrift eröffnet in diesen Fällen in Absatz 3 eine eingeschränkte Rechtswahl. Für Verbraucher folgt im Falle des Fernabsatzes ein ergänzender Schutz aus Art. 46b EGBGB (Nr. **14**). Für Großrisiken im Sinne von Art. 7 Abs. 2 Rom I-VO gilt die Vorschrift unabhängig davon, ob das gedeckte Risiko in einem Mitgliedstaat belegen ist. Für diese Risiken sieht Art. 7 Rom I-VO die Möglichkeit einer Rechtswahl durch die Parteien vor. Außerhalb des Anwendungsbereiches von Art. 7 Rom I-VO – also bei Rückversicherungsverträgen und Massenversicherungen mit einem außerhalb der Mitgliedstaaten belegenen Risiko – ist zur Bestimmung des anwendbaren Rechts die Rechtswahlmöglichkeit nach Art. 3 Rom I-VO eröffnet.

Wurde **keine Rechtswahl** getroffen, richtet sich die Anknüpfung des Versicherungsvertrages nach Art. 4 und 6 Rom I-VO. Der Versicherungsvertrag unterliegt dann grundsätzlich dem Recht des Staates, in dem der Versicherer seinen gewöhnlichen Aufenthalt hat, es sei denn, es handelt sich um einen Verbrauchervertrag – dann ist der gewöhnliche Aufenthalt des Verbrauchers maßgeblich.

2. Befragungs-, Beratungs-, Dokumentations- und Informationspflichten des Versicherers

Der Versicherer ist verpflichtet, den Versicherungsnehmer vor Abschluss des Vertrages nach seinen Wünschen und Bedürfnissen zu fragen und ihn über die in Betracht kommenden Versicherungen zu beraten und die Gründe für seine Empfehlung anzugeben. Die Befragung und Beratung mit der dazu angegebenen Begründung sind zu dokumentieren und dem Versicherungsnehmer zu übermitteln. Darüber hinaus hat der Versicherer dem Versicherungsnehmer rechtzeitig vor Abgabe seiner Vertragserklärung die Vertragsbestimmungen sowie weitere Informationen über die jeweiligen Versicherungen mitzuteilen.

a) Beratung und Dokumentation

Die nach § 6 Abs. 1 VVG vorgeschriebene Befragung und Beratung sind im Online-Vertrieb ebenso geschuldet wie im klassischen Vertrieb. Sie setzen einen **Anlass** voraus, der sich aus der Schwierigkeit der angebotenen Versicherung, der Person des Versicherungsnehmers oder seiner Situation ergeben kann. Der Versicherungsnehmer ist nach seinen (subjektiven) Wünschen und (objektiven) Bedürfnissen zu befragen. Der Umfang der Fragepflicht beruht auf den Umständen des Einzelfalles und der Auskunftsbereitschaft des Kunden. Dabei braucht die Beratung nicht unwirtschaftlich zu sein, weil der Versicherer den Beratungsaufwand und die vom Versicherungsnehmer zu zahlende Prämie zueinander ins Verhältnis setzen und mit der Gewichtigkeit des Beratungsanlasses abwägen darf. Praktisch spielt diese Begrenzung der Beratungspflicht bisher keine Rolle.

Die gesetzliche Beratungspflicht des Versicherers besteht auch **nach Vertragsschluss** während der Dauer des Versicherungsverhältnisses (§ 6 Abs. 4 S. 1 VVG). Voraussetzung hierfür ist, dass der Versicherer einen Anlass für eine Nachfrage und Beratung des Versicherungsnehmers erkennt. Ein solcher Anlass kann sich aus der Veränderung rechtlicher oder wirtschaftlicher Rahmenbedingungen des Vertrages in der Weise ergeben, dass der Versicherungsnehmer ein Interesse daran hat, auf diese Situation hingewiesen zu werden, um entsprechende Maßnahmen zu ergreifen.

Im Falle einer **schuldhaften Verletzung der Beratungspflicht** haftet der Versicherer dem Versicherungsnehmer nach § 6 Abs. 5 VVG auf Schadensersatz. Soweit der Versicherer einen Versicherungsvertreter für die Vermittlung der Verträge und die Betreuung der Versicherungsnehmer einsetzt, erfüllt der Vertreter die Verpflichtung des Versicherers als sein Erfüllungsgehilfe (§ 278 BGB). Bei einem Verstoß sind er und der Versicherer dem Versicherungsnehmer daher als Gesamtschuldner gemäß § 421 BGB verantwortlich.

Der Versicherungsnehmer kann auf die Beratung vor Vertragsschluss durch eine gesonderte schriftliche Erklärung **verzichten,** in der er auf etwaige Nachteile hinsichtlich eines Schadensersatzanspruchs hinzuweisen ist (§ 6 Abs. 3 S. 1 VVG). Diese Erklärung kann auch formularmäßig abgegeben, muss aber unterschrieben werden. Im Fernabsatz kann der Versicherungsnehmer in Textform verzichten (§ 6 Abs. 3 S. 2 VVG). Auch auf die Beratung während der Laufzeit des Vertrages kann der Versicherungsnehmer verzichten, aber nur für den konkreten Einzelfall im Zusammenhang mit einem Beratungsanlass (§ 6 Abs. 4 S. 2 VVG).

Keine Beratungspflicht des Versicherers besteht gemäß § 6 Abs. 6 VVG bei gewerblichen oder industriellen Großrisiken im Sinne von § 210 Abs. 2 VVG und bei der Vermittlung des Versicherungsvertrages durch einen Versicherungsmakler.

Über das Ergebnis der Beratung ist eine **Dokumentation** von erteiltem Rat und Gründen unter Berücksichtigung der Komplexität des angebotenen Versicherungsvertrages zu erteilen, und zwar in Papierform, auf einem Datenträger oder einer Website (§ 6 Abs. 1 S. 2 und Abs. 2 VVG iVm § 6a VVG).

b) Information

Der Versicherer hat dem Versicherungsnehmer gemäß § 7 Abs. 1 VVG rechtzeitig vor Abgabe von dessen Vertragserklärung seine Vertragsbestimmungen einschließlich der AVB sowie die in der VVG-Informationspflichtenverordnung (VVG-InfoV [Nr. **8**]) bestimmten Informationen in Textform mitzuteilen. Unter einer **Vertragserklärung** in diesem Sinne ist die auf den Abschluss des Versicherungsvertrages gerichtete Willenserklärung des Versicherungsnehmers zu verstehen. **Rechtzeitig** bedeutet, dass ihm Gelegenheit gegeben werden muss, sich anhand des ihm zur Verfügung gestellten Materials über den Versicherer und den abzuschließenden Versicherungsvertrag zu informieren. Die gesetzliche Informationspflicht besteht gegenüber allen Versicherungsnehmern. Ausgenommen sind lediglich Versicherungsverträge über ein Großrisiko gemäß § 210 Abs. 2 VVG (§ 7 Abs. 5 VVG).

Der Versicherungsnehmer kann auf die Informationen durch eine gesonderte schriftliche Erklärung **verzichten.** Die Informationen sind dann unverzüglich nach Vertragsschluss nachzuholen (§ 7 Abs. 1 S. 3 VVG).

Die Informationen sind in einer Urkunde (Papier) oder auf andere zur dauerhaften Wiedergabe in Schriftzeichen geeignete Weise (Datenträger oder Websites, jeweils unter bestimmten Voraussetzungen) festzuhalten. Sie müssen in einer dem eingesetzten Kommunikationsmittel entsprechenden Weise klar und verständlich übermittelt werden. Inhaltlich gliedern sie sich in Informationen für alle Versicherungszweige, Informationen für bestimmte Personenversicherungssparten und ein Produktinformationsblatt. Die Informationen für alle Versicherungszweige sind in Informationen zum Versicherer, zur angebotenen Leistung sowie zum Rechtsweg unterteilt. Spezielle Informationen sind für die Lebens- und Krankenversicherung mitzuteilen. Besondere Regeln gelten für Versicherungsanlageprodukte nach der Verordnung (EU) 2017/1286 über Basisinformationsblätter für verpackte Anlageprodukte für Kleinanleger und Versicherungsanlageprodukte und Versicherungsanlageprodukte sowie nach der Delegierten Verordnung (EU) 2017/2359 in Bezug auf Informationspflichten und Wohlverhalten.

Das **Produktinformationsblatt** muss nicht allen Versicherungsnehmern, sondern nur Verbrauchern im Sinne von § 13 BGB ausgehändigt werden (§ 4 VVG-InfoV). Für seinen Inhalt sind die Vorgaben des EU-Rechts zu beachten (Durchführungsverordnung (EU) 2017/1469 zu Art. 20 Abs. 8 Versicherungsvertriebs-Richtlinie [Nr. **9**]). Es hat diejenigen Informationen zu enthalten, die für den Abschluss oder die Erfüllung des Versicherungsvertrages von besonderer Bedeutung sind. Es soll dem Versicherungsnehmer ermöglichen, sich anhand einer knappen, verständlichen, nicht abschließenden Darstellung einen Überblick über die wesentlichen Merkmale des Vertrages zu verschaffen. Für Altersvorsorge- und Basisrentenverträge sieht § 7 AltZertG (Nr. **3**) ein individuelles Produktinformationsblatt vor.

3. Abschluss des Versicherungsvertrages

Der Versicherungsvertrag kommt wie jeder andere Vertrag nach den Vorschriften des BGB durch Antrag und Annahme zustande. Maßgebend sind daher für ihn die allgemeinen Bestimmungen über die Geschäftsfähigkeit, die Willenserklärung, den Vertragsschluss sowie die Vertretung und Vollmacht.

a) Antrag und Annahme

Der Versicherungsantrag wird in der Praxis regelmäßig vom Kunden auf einem Vordruck des Versicherers gestellt. Der Antrag ist in der Regel seine Vertragserklärung, also die auf den Abschluss des Versicherungsvertrages gerichtete Willenserklärung (= Angebot). Rechtzeitig vor Abgabe dieser Vertragserklärung hat der Versicherer dem Versicherungsnehmer die gesetzlich vorgeschriebenen Informationen gemäß § 7 Abs. 1 S. 1 VVG mitzuteilen. Der Vertrag kommt dann durch die Annahme des Antrages seitens des Versicherers, in der Regel durch Übermittlung des Versicherungsscheins, zustande. Man spricht bei diesem Ablauf vom sog. **Antragsmodell,** bei dem es sich um den gesetzlichen Regelfall handelt. Der Antragsteller ist nur während der Dauer der Annahmefrist, die sich aus den Vertragsinformationen ergibt, an seinen Antrag gebunden.

Für zulässig wird vielfach auch das **Invitatiomodell** gehalten, bei dem der Versicherungsnehmer zunächst einen Versicherungsantrag ausfüllt und diesen dann als Aufforderung an den Versicherer übermittelt, seinerseits ein Angebot abzugeben (invitatio ad offerendum). Der Versicherer gibt dann ein bindendes Angebot ab, mit dem er zugleich alle erforderlichen Unterlagen an den Versicherungsnehmer übersendet. Der Versicherungsnehmer muss das Angebot noch annehmen. Dieses Vertragsschlussmodell wirft jedoch praktische Schwierigkeiten auf, insbesondere auch im Hinblick auf das Widerrufsrecht.

Das früher übliche **Policenmodell,** bei dem der Versicherungsnehmer seinen Antrag stellte und die AVB und sonstigen Informationen erst zusammen mit dem Versicherungsschein (der Police), also mit der Annahme durch den Versicherer erhielt, ist nicht mehr zulässig.

b) Versicherungspflichten

Grundsätzlich ist es jedermann freigestellt, ob er einen Antrag auf Abschluss eines Versicherungsvertrages stellen will. Gesetzliche Versicherungspflichten zum Abschluss einer Haftpflichtversicherung sind zum Schutz des geschädigten Dritten angeordnet, namentlich für Kraftfahrzeughalter, Jäger, im gewerblichen Bereich sowie für freie Berufe. Wer in der privaten Krankenversicherung voll versichert ist, hat eine private Pflege-Pflichtversicherung abzuschließen. Eine allgemeine Krankenversicherungspflicht besteht für alle Personen, die nicht Mitglied der gesetzlichen Krankenversicherung sind (§ 193 Abs. 3 VVG). Umgekehrt ist auch der Krankenversicherer zum Vertragsabschluss verpflichtet (§ 193 Abs. 5 VVG).

c) Vorläufige Deckung

Bereits bei Stellung des Antrages kann eine vorläufige Deckung gewährt werden. Sie begründet vor der vollständigen Einigung der Parteien einen eigenständigen Versicherungsvertrag. Er ist von dem sich in aller Regel anschließenden Hauptvertrag rechtlich unabhängig (§ 49 Abs. 1 VVG). Sein Inhalt besteht darin, dass der Versicherer das Risiko des Versicherungsnehmers für einen vorübergehenden Zeitraum bis zum endgültigen Versicherungsschutz absichert. Verwirklicht sich dieses während der Laufzeit des vorläufigen Vertrages, ist der Versicherer leistungspflichtig. Die vorläufige Deckung endet mit dem Abschluss oder dem Nichtzustandekommen des Hauptvertrages (§§ 50, 52 VVG). Für den Fall, dass der Hauptvertrag nicht zustande kommt, kann der Versicherer mit dem Versicherungsnehmer eine Prämie für die vorläufige Deckung vereinbaren. Aber auch ohne eine solche Vereinbarung folgt aus § 50 VVG ein gesetzlicher Anspruch auf Prämienzahlung.

d) Versicherungsschein

Der Versicherer hat dem Versicherungsnehmer einen Versicherungsschein **(Police)** in Textform (§ 126b BGB) zu übermitteln, sodass die elektronische Übermittlung zulässig ist. Der Versicherungsnehmer kann jedoch die Ausstellung als Urkunde – also in Schriftform – verlangen (§ 3 Abs. 1 VVG). Der Versicherungsschein ist Beweisurkunde über den Abschluss und Inhalt des Versicherungsvertrages, nicht aber Wirksamkeitsvoraussetzung für den Vertragsabschluss. Darüber hinaus kann der Versicherungsschein auf den Inhaber ausgestellt werden (§ 4 Abs. 1 VVG). In diesem Fall ist er ein qualifiziertes Legitimationspapier nach § 808 BGB. Solche Urkunden spielen in der Lebensversicherung, in der Transportversicherung und auch in der Seeversicherung eine Rolle.

Weicht der Inhalt des Versicherungsscheins vom Antrag ab, so gilt die Abweichung nach der Billigungsklausel des § 5 VVG als genehmigt, wenn der Versicherungsnehmer nicht innerhalb eines Monats nach Empfang des Versicherungsscheins schriftlich widerspricht. Voraussetzung ist jedoch, dass der Versicherer den Versicherungsnehmer über die Abweichung und die Rechtsfolgen eines unterbliebenen Widerspruchs ordnungsgemäß belehrt hat.

e) Widerruf

Nach § 8 Abs. 1 S. 1 VVG kann der Versicherungsnehmer seine Vertragserklärung widerrufen. Das Widerrufsrecht erstreckt sich auf alle Versicherungszweige. Es steht allen Versicherungsnehmern, also nicht nur Verbrauchern, sondern auch Gewerbetreibenden und Selbstständigen zu. Das Widerrufsrecht besteht nicht bei Versicherungsverträgen mit einer Laufzeit von weniger als einem Monat, Verträgen über vorläufige Deckung, bei Pensionskassen im Rahmen der betrieblichen Altersversorgung sowie Versicherungen eines Großrisikos (§ 8 Abs. 3 VVG).

Der Widerruf ist in Textform gegenüber dem Versicherer zu erklären und muss keine Begründung enthalten (§ 8 Abs. 1 S. 2 VVG). Die **Widerrufsfrist,** zu deren Einhaltung die rechtzeitige Absendung ausreicht, beträgt 14 Tage, bei der Lebensversicherung 30 Tage (§ 152 Abs. 1 VVG). Sie beginnt zu dem Zeitpunkt, in dem dem Versicherungsnehmer der Versicherungsschein, die Vertragsbestimmungen einschließlich der AVB, die weiteren Informationen nach § 7 Abs. 1 und 2 VVG sowie eine ordnungsgemäße Belehrung über das Widerrufsrecht zugegangen sind. Den gesetzlichen Anforderungen genügt Letztere, wenn sie dem Muster der Anlage zu § 8 Abs. 5 VVG entspricht.

Die Rechtsfolgen der Ausübung des Widerrufsrechts bestimmen sich vorrangig nach § 9 Abs. 1 VVG. Wo diese speziellen Regelungen nicht eingreifen, insbesondere dann, wenn der Versicherungsschutz erst nach Ablauf der Widerrufsfrist beginnen soll, sind die §§ 355, 357 BGB anwendbar.

In dem Zeitraum bis zum Ablauf der Widerrufsfrist ist der Vertrag bereits in vollem Umfang wirksam. Widerruft der Versicherungsnehmer seine Willenserklärung, wandelt sich der Vertrag in ein Rückgewährschuldverhältnis um. Der Widerruf erstreckt sich nach § 9 Abs. 2 VVG auch auf einen mit dem Versicherungsvertrag zusammenhängenden Vertrag.

4. Dauer des Versicherungsvertrages

a) Versicherungsbeginn

Es sind drei Arten des Versicherungsbeginns zu unterscheiden: Unter dem **formellen Versicherungsbeginn** versteht man den Zeitpunkt des Vertragsabschlusses, der regelmäßig mit Zugang des Versicherungsscheins (= Annahme des Versicherers) erfolgt. Wegen des Widerrufsrechts des Versicherungsnehmers kann der Vertrag seine rechtliche Bindung allerdings wieder verlieren. **Materieller Versicherungsbeginn** ist der vertraglich vereinbarte Zeitpunkt, von dem an der Versicherungsschutz wirksam ist, also die Leistungspflicht des Versicherers beginnt. Er ist an die Zahlung der Erstprämie geknüpft. Für die private Krankenversicherung (§ 197 VVG) und bestimmte Leistungsarten der Rechtsschutzversicherung bestehen häufig Wartezeiten. **Technischer Versicherungsbeginn** ist der Beginn des prämienbelasteten Zeitraums, also des Zeitabschnitts, von dem an die Prämie berechnet wird. Er gliedert sich in Versicherungsperioden, die grundsätzlich ein Jahr betragen, sofern die Prämie nicht nach kürzeren Zeitabschnitten bemessen ist. Bei der Rückwärtsversicherung beginnt der Versicherungsschutz bereits vor dem Vertragsabschluss (§ 2 Abs. 1 VVG).

b) Veräußerung der versicherten Sache
In der Sachversicherung geht im Falle einer Veräußerung der versicherten Sache das Versicherungsverhältnis nach § 95 Abs. 1 VVG auf den Erwerber über. Die Veräußerung ist dem Versicherer unverzüglich anzuzeigen (§ 97 Abs. 1 S. 1 VVG). Der Erwerber kann den Vertrag mit sofortiger Wirkung oder für den Schluss der laufenden Versicherungsperiode kündigen, der Versicherer unter Einhaltung einer Frist von einem Monat. Maßgebender Zeitpunkt ist der rechtliche Eigentumswechsel, bei einem Grundstück also Auflassung und Eintragung im Grundbuch. Bei der Kraftfahrzeug-Haftpflichtversicherung gilt der Abschluss eines neuen Vertrages durch den Erwerber des veräußerten Fahrzeuges als Kündigung des auf ihn übergegangenen Versicherungsverhältnisses (§ 3b PflVG).

c) Versicherungsende
Ein Versicherungsvertrag endet grundsätzlich mit dem **Ablauf der vereinbarten Vertragsdauer.** Die meisten AVB enthalten für ein- und mehrjährige Verträge eine sog. Verlängerungsklausel. Danach verlängert sich der Vertrag stillschweigend von Jahr zu Jahr, wenn er nicht unter Einhaltung der bedingungsgemäß vorgesehenen Frist, die nicht weniger als einen Monat und nicht mehr als drei Monate betragen darf, zum Ende der Versicherungsperiode gekündigt wird. Längerfristige Versicherungsverträge kann der Versicherungsnehmer zum Schluss des dritten und jeden folgenden Jahres mit einer Frist von drei Monaten kündigen (§ 11 VVG). Für die Kraftfahrzeug-Haftpflichtversicherung beträgt die Kündigungsfrist nach § 5 Abs. 5 S. 2 PflVG einen Monat zum Ablauf des Vertrages am Jahresende. Neben dieser ordentlichen Kündigung kann eine **außerordentliche Kündigung** insbesondere nach Eintritt des Versicherungsfalles (§§ 92, 111 VVG) und bei einer Prämienerhöhung (§§ 40, 205 Abs. 4 VVG) erfolgen.

Das Versicherungsverhältnis endet auch bei Wegfall des versicherten Interesses, beispielsweise bei vollständiger Auflösung des versicherten Hausrats (§ 80 Abs. 2 VVG). Beim Tod des Versicherungsnehmers gehen sachbezogene Versicherungen auf die Erben über; personenbezogene Verträge enden. Bei ihnen bedeutet der Tod aber nicht nur den Wegfall des Risikos, sondern häufig auch den Eintritt des Versicherungsfalles, der den Anspruch auf die Versicherungsleistung auslöst, wie bei der Lebensversicherung.

5. Pflichten des Versicherungsnehmers

Aus dem Versicherungsvertrag ergeben sich für den Versicherungsnehmer echte Rechtspflichten und Obliegenheiten.

a) Prämienzahlung
Hauptpflicht des Versicherungsnehmers ist die Prämienzahlung. Die Prämie stellt das Entgelt für den Versicherungsschutz dar (§ 1 S. 2 VVG). Sie ist entweder eine einmalige, bei Vertragsschluss zu zahlende (Einmalprämie) oder eine laufende Leistung. Die laufenden Prämien gliedern sich in Erst- und Folgeprämien. In der Praxis wird zunehmend die Bezeichnung „Beitrag" anstelle des Wortes „Prämie" verwendet.

Der Versicherungsnehmer hat sowohl die Einmalprämie als auch im Falle laufender Prämien die Erstprämie gemäß § 33 Abs. 1 VVG unverzüglich nach Ablauf von 14 Tagen nach Zugang des Versicherungsscheins zu zahlen. Die Zahlungsfrist beläuft sich auf einen Monat bei Abweichung des Versicherungsscheins vom Antrag (§ 5 VVG) und bei der Lebensversicherung (§ 152 Abs. 3 VVG). Im Falle vorzeitiger Vertragsbeendigung steht dem Versicherer die Prämie nach § 39 VVG zeitanteilig (pro rata temporis) zu.

Hinsichtlich des Prämienzahlungsverzuges ist zwischen Erst- und Folgeprämie zu unterscheiden. Bei Nichtzahlung der Erstprämie besteht Leistungsfreiheit des Versicherers, sofern er den Versicherungsnehmer auf diese Rechtsfolge hingewiesen hat. Er kann auch vom Vertrag zurücktreten (§ 37 VVG). Im Falle der Nichtzahlung einer Folgeprämie tritt Leistungsfreiheit nur ein, sofern der Versicherer den Versicherungsnehmer unter genauer Bezifferung der rückständigen Prämie, Zinsen und Kosten sowie Angabe der eintretenden Rechtsfolgen gemahnt hat (qualifizierte Mahnung) und eine ihm gesetzte Zahlungsfrist von mindestens zwei Wochen ergebnislos verstrichen ist (§ 38 VVG). Der Versicherer kann das Versicherungsverhältnis auch kündigen. Kommt der Versicherungsnehmer bei einer Krankenversicherung, die der gesetzlichen Versicherungspflicht genügt, mit zwei Monatsbeiträgen in Rückstand, ruht der Vertrag nach vorangegangener Mahnung, und es besteht nur noch Versicherungsschutz im Rahmen des Notlagentarifs nach § 153 VAG mit eingeschränkten Leistungen (§ 193 Abs. 6 und 7 VVG).

b) Versicherungsteuer

Die Prämienzahlungen der Versicherungsnehmer einschließlich der Nebengebühren unterliegen nicht der Umsatzsteuer (§ 4 Nr. 10 UStG), sondern der Versicherungsteuer als einer öffentlichen Abgabe. Rechtsgrundlage ist das Versicherungsteuergesetz (VersStG [Nr. **19**]). Es handelt sich um eine Verkehrsteuer, die an das Versicherungsentgelt für Versicherungsverhältnisse anknüpft.

Der allgemeine Steuersatz beträgt nach § 6 Abs. 1 VersStG 19 Prozent des Versicherungsentgelts. Abweichungen gelten insbesondere für Feuer-, Wohngebäude-, Hausrat- und landwirtschaftliche Elementarversicherungen. Ausgenommen sind die Rückversicherung sowie die Lebens-, Kranken- und Pflegeversicherung. Angehörige diplomatischer Vertretungen auswärtiger Staaten sind von der Versicherungsteuer befreit, sofern Gegenseitigkeit gewährt wird (§ 4 VersStG).

Geschuldet wird die Versicherungsteuer vom Versicherungsnehmer. Der Versicherer hat die Steuer jedoch zu erheben und an sein zuständiges Finanzamt abzuführen (Steuerentrichtungsschuldner). Im Verhältnis zum Versicherungsnehmer wird sie wie die Prämie behandelt.

c) Obliegenheiten

Neben der Prämienzahlungspflicht hat der Versicherungsnehmer die versicherungsrechtlichen Obliegenheiten zu erfüllen. Sie erlegen dem Versicherungsnehmer ein bestimmtes Verhalten gegenüber dem Versicherer auf, das allerdings nicht positiv erzwungen, insbesondere nicht eingeklagt werden kann. Vielmehr führen Verletzungen der Obliegenheiten durch den Versicherungsnehmer zu Nachteilen für ihn, insbesondere zu Rechtsverlust, konkret dem Verlust des Versicherungsschutzes.

Obliegenheiten können sich aus Gesetz oder Vertrag ergeben. Sie können sich auf das Verhalten vor oder nach dem Versicherungsfall beziehen. Ihre materiellen Inhalte lassen sich wie folgt unterscheiden: Viele Obliegenheiten sollen sicherstellen, dass der Versicherer das zu übernehmende Risiko kennt und auch von seinen Veränderungen erfährt. Sie sollen den Informationsvorsprung, den der Versicherungsnehmer hinsichtlich der Einschätzung des Risikos hat, ausgleichen. Sie stellen sicher, dass Leistung und Gegenleistung im Versicherungsvertrag einander entsprechen. Deshalb nennt man sie auch **äquivalenzsichernde Obliegenheiten.** Dazu gehören vor allem Anzeige- und Informationspflichten sowie Vorgaben für den Umgang mit dem versicherten Risiko. Andere Obliegenheiten sollen die **Erfüllung und Durchführung des Vertrages sicherstellen,** wie zB die Obliegenheit zur Anzeige des Versicherungsfalles (§ 30 VVG).

Bis zur Abgabe seiner Vertragserklärung hat der Versicherungsnehmer die ihm bekannten Gefahrumstände, die für den Entschluss des Versicherers, den Vertrag mit dem vereinbarten Inhalt zu schließen, erheblich sind und nach denen dieser in Textform gefragt hat, anzuzeigen (vorvertragliche Anzeigeobliegenheit gemäß § 19 VVG). Die dem Versicherer bei einer Verletzung zustehenden Rechte erlöschen nach Ablauf von fünf Jahren, bei Vorsatz oder Arglist nach zehn Jahren (§ 21 Abs. 3 S. 2 VVG). Während der Laufzeit des Vertrages darf der Versicherungsnehmer keine Gefahrerhöhung vornehmen oder deren Vornahme durch einen Dritten gestatten (§ 23 VVG). Er darf den Versicherungsfall auch nicht vorsätzlich oder fahrlässig herbeiführen. Bei und nach Eintritt des Versicherungsfalles obliegt es dem Versicherungsnehmer, den Schaden durch geeignete Maßnahmen so gering wie möglich zu halten (Rettungspflicht im Sinne von § 82 VVG), außerdem treffen ihn eine Anzeige-, Auskunfts- und Belegpflicht (§§ 30, 31 VVG).

Gefahrerhöhungen, Obliegenheitsverletzungen und die Herbeiführung des Versicherungsfalles führen nur bei vorsätzlichem Verhalten des Versicherungsnehmers zur uneingeschränkten Leistungsfreiheit des Versicherers. Im Falle grober Fahrlässigkeit wird die Versicherungsleistung nach der Schwere des Verschuldens des Versicherungsnehmers gekürzt (§§ 26, 28, 81, 82 VVG). Man spricht von einer **Quotelung,** die nach Abwägung der Umstände des Einzelfalles zu erfolgen hat. Hierbei sind theoretisch Quoten zwischen einer Kürzung auf Null – etwa bei absoluter Fahruntüchtigkeit – und keinerlei Kürzung möglich.

Im betrieblichen Bereich stellt sich die Frage, inwieweit dem Versicherungsnehmer das Verschulden von Hilfspersonen hinsichtlich der Erfüllung von Obliegenheiten zuzurechnen ist. Die Rechtsprechung wendet die allgemeine Haftung für Erfüllungsgehilfen nach § 278 BGB nicht an, sondern nimmt eine Zurechnung nur bei sog. **Repräsentanten** vor, die einen besonderen Bezug zu dem versicherten Risiko haben, weil sie in dem Geschäftsbereich, zu dem das versicherte Risiko gehört, aufgrund eines Vertretungs- oder ähnlichen Verhältnisses an die Stelle des Versicherungsnehmers getreten sind.

6. Leistung des Versicherers

Hauptpflicht des Versicherers ist die Gewährung des Versicherungsschutzes. Er besteht in der Übernahme des Risikos und konkretisiert sich bei Eintritt des Versicherungsfalles in der Erbringung der vereinbarten Leistung (§ 1 S. 1 VVG).

a) Versicherungsfall

Der Versicherungsfall ist das Ereignis, für dessen Eintritt die Versicherung abgeschlossen wurde. In ihm verwirklicht sich die versicherte Gefahr. Seine Voraussetzungen sind für die einzelnen Sparten im Versicherungsvertragsgesetz oder den jeweiligen AVB definiert.

Inhaltlich richtet sich die Versicherungsleistung danach, ob es sich um einen Zweig der Summen- oder der Schadensversicherung handelt. In der **Summenversicherung** bezeichnet die vereinbarte Versicherungssumme die vom Versicherer nach Eintritt des Versicherungsfalles zu erbringende Leistung (Beispiel: Lebensversicherung). Demgegenüber hat der Versicherer bei der **Schadensversicherung** grundsätzlich den entstandenen Schaden bis zur Grenze der vereinbarten Versicherungssumme zu ersetzen. Ist die Versicherungssumme erheblich niedriger als der Versicherungswert (Unterversicherung), hat der Versicherer nach § 75 VVG die Leistung nur nach dem Verhältnis der Versicherungssumme zu diesem Wert zu erbringen. Wann Erheblichkeit in diesem Sinne anzunehmen ist, regeln zum Teil die AVB; unter zehn Prozent Abweichung dürfte es in der Regel daran fehlen.

b) Schadensermittlung

Die Kosten der Ermittlung und Feststellung des ihm zur Last fallenden Schadens hat der Versicherer nach § 85 VVG zu tragen, auch wenn sie zusammen mit der sonstigen Entschädigung die Versicherungssumme übersteigen.

In AVB kann vereinbart werden, dass die Prüfung der Anspruchsvoraussetzungen und der Schadenshöhe einer Sachverständigenkommission übertragen wird. An deren Feststellungen sind die Beteiligten gebunden, es sei denn, dass sie offenbar von der tatsächlichen Sachlage erheblich abweichen (§ 84 VVG).

c) Versicherungsleistung

Die Versicherungsleistung ist mit Beendigung der zur Feststellung des Versicherungsfalles und des Leistungsumfangs nötigen Erhebungen fällig (§ 14 Abs. 1 VVG). Nach Ablauf eines Monats seit Anzeige des **Versicherungsfalles** kann der Versicherungsnehmer, wenn die Feststellungen noch nicht abgeschlossen sind, Abschlagszahlungen in Höhe des vom Versicherer mindestens zu zahlenden Betrages beanspruchen.

Die Ansprüche aus dem Versicherungsvertrag unterliegen der allgemeinen dreijährigen **Verjährungsfrist** des § 195 BGB. Für Ansprüche auf die Versicherungsleistung ist die Verjährung bis zum Zugang der Entscheidung des Versicherers in Textform (§ 15 VVG) sowie zB auch während der Dauer eines Beschwerdeverfahrens beim Versicherungsombudsmann gehemmt.

Für **Klagen** aus dem Versicherungsvertrag oder der Versicherungsvermittlung ist auch das Gericht örtlich zuständig, in dessen Bezirk der Versicherungsnehmer zur Zeit der Klageerhebung seinen Wohnsitz oder seinen gewöhnlichen Aufenthalt hat. Für Klagen gegen den Versicherungsnehmer ist dieses Gericht ausschließlich zuständig (§ 215 VVG).

d) Nebenpflichten

Neben der Hauptpflicht bestehen zahlreiche Nebenpflichten des Versicherers, die zu den einzelnen Tatbeständen speziell geregelt sind. Inhaltlich handelt es sich um Aufklärungs-, Belehrungs- und Hinweispflichten unterschiedlicher Art, in der Regel über bestimmte Rechtsfolgen, während der verschiedenen Phasen des Versicherungsvertrages.

7. Schlichtung von Streitigkeiten

Zur Schlichtung von Streitigkeiten zwischen Versicherungsnehmern als Verbrauchern im Sinne von § 13 BGB und Versicherern sowie zwischen Versicherungsnehmern und Versicherungsvermittlern oder Versicherungsberatern im Zusammenhang mit der Vermittlung von Versicherungsverträgen sind zwei Schlichtungsstellen eingerichtet worden. Der Gesamtverband der Deutschen Versicherungswirtschaft e. V. hat den Verein **Versicherungsombudsmann e. V.** gegründet, der als allgemeine Beschwerdestelle den Versicherungsombudsmann eingerichtet hat. Der Verband der Privaten Krankenversicherung e. V. hat wegen der Sonderstellung der **Kranken- und Pflegeversicherung** im gegliederten Gesundheitssystem einen eigenen **Ombudsmann** geschaffen. Beide Ombudsmänner haben ihren Sitz in Berlin. Beide sind anerkannte Schlichtungsstellen im Sinne von § 214 VVG und dem Verbraucherstreitbeilegungsgesetz. Sie erfüllen die Voraussetzungen der Richtlinie 2013/11/EU über alternative Streitbeilegung in Verbraucherangelegenheiten. Sie sind auch zuständig für die Schlichtung von Verbraucherstreitigkeiten bei Fernabsatzverträgen über Versicherungen (siehe die VVG- Schlichtungsstellenverordnung [SStellV-VVG – Nr. **10**])

Die Versicherungsombudsmänner behandeln **Beschwerden,** sofern der Beschwerdeführer den Anspruch erfolglos bei dem Versicherungsunternehmen geltend gemacht hat (§ 2 Abs. 3 Verfahrensordnung des Versicherungsombudsmanns [VomVO – Nr. **21**], § 5 Abs. 1 Buchst. b Statut des Ombudsmanns Private Kranken- und Pflegeversicherung [Statut – Nr. **23**]). Unstatthaft ist die Beschwerde insbesondere, wenn die Sache anderweitig anhängig gemacht wurde. Während des Verfahrens gilt die Verjährung als gehemmt (§ 12 Abs. 1 S. 1 VomVO, § 5 Abs. 2 S. 1 Statut), nicht aber bei Verfahren gegen Vermittler (Verfahrensordnung für Beschwerden im Zusammenhang mit der Vermittlung von Versicherungsverträgen [VermVO – Nr. **22**]).

Der Ombudsmann der PKV trifft keine bindenden Entscheidungen, sondern hat eine Einigungs- und Schlichtungsfunktion. Beschwerdewertgrenzen bestehen nicht. Dagegen kann der Versicherungsombudsmann bis zu einem Beschwerdewert von 10 000 EUR entscheiden. Eine solche Entscheidung ist, wenn sie zu Lasten des Versicherungsunternehmens geht, für dieses bindend (§ 11 VomVO). Bei Beträgen zwischen 10 000 und 100 000 EUR spricht der Ombudsmann Empfehlungen aus, an die beide Parteien nicht gebunden sind. Bei einem Beschwerdewert von über 100 000 EUR findet kein Verfahren vor dem Ombudsmann statt. Der Versicherungsombudsmann kann auch Beschwerden von anderen Personen behandeln, die sich in verbraucherähnlicher Lage befinden. Dem Beschwerdeführer steht immer der Weg zu den ordentlichen Gerichten offen.

V. Versicherungsvermittlung

1. Allgemeines

Bei dem Abschluss und der Betreuung von Versicherungsverträgen wirken in erheblichem Umfang Versicherungsvermittler unterschiedlicher Art mit. Ihre Aufgabe besteht unter anderem darin, den Kunden über Inhalt und Umfang des Versicherungsschutzes aufzuklären. Um unlautere Personen von der Versicherungsvermittlung fernzuhalten, besteht der Verein „Auskunftsstelle über Versicherungs-/Bausparkassenaußendienst und Versicherungsmakler in Deutschland e. V." (AVAD). Er wurde unter anderem von Versicherungs- und Vermittlerverbänden gegründet und ermöglicht den Unternehmen, vor der Zusammenarbeit Auskünfte über Vermittler einzuholen.

Das Vermittlerrecht ist unter europäischem Einfluss inzwischen in weiten Teilen reguliert. Die **Versicherungsvertriebs-Richtlinie** (EU) 2016/97 (Insurance Distribution Directive – IDD), deren Vorgängerrichtlinie 2002/92/EG nur Vermittler betraf, regelt den Versicherungsvertrieb durch Versicherer und Vermittler weitgehend parallel. Sie wurde in Deutschland zum 23.2.2018 in nationales Recht umgesetzt. Neben den §§ 59 ff. VVG, den §§ 48 ff. VAG und der GewO (Nr. **17**) war hiervon die VersVermV (Nr. **18**) betroffen.

Die Mehrzahl der Versicherungsunternehmen unterwirft sich dem Verhaltenskodex des Gesamtverbandes der Deutschen Versicherungswirtschaft e. V. für den Vertrieb von Versicherungsprodukten vom 25.9.2018, dessen Einhaltung und Praktizierung Gegenstand der Wirtschaftsprüfung in zweijährigem Abstand ist. Der Bundesverband Deutscher Versicherungskaufleute e. V. und der Verband Deutscher Versicherungsmakler e. V. haben Verhaltenskodizes mit Compliance- und Verhaltensregeln für Versicherungsmakler und Mehrfachvertreter entwickelt.

2. Arten der Versicherungsvermittler

Gewerbliche Versicherungsvermittler sind entweder Versicherungsvertreter oder Versicherungsmakler. Ihnen in vielerlei Hinsicht gleichgestellt werden die Versicherungsberater. Seit der Umsetzung der Versicherungsvertriebs-Richtlinie (EU) 2016/97 wird als Vermittler auch derjenige angesehen, der weder Versicherungsvertreter noch Versicherungsmakler ist, aber eine Website betreibt, die den Abschluss eines Versicherungsvertrages ermöglicht (§ 59 Abs. 1 S. 3 VVG iVm § 1a Abs. 2 VVG).

a) Versicherungsvertreter

Versicherungsvertreter ist, wer von einem Versicherer oder einem Versicherungsvertreter ständig damit betraut ist, gewerbsmäßig Versicherungsverträge zu vermitteln oder abzuschließen (§§ 92, 84 HGB, § 59 Abs. 2 VVG). Von besonderer Bedeutung ist die Unterscheidung zwischen **hauptberuflichen** und **nebenberuflichen** Versicherungsvertretern (§ 92b HGB). Teilweise unterliegt die nebenberufliche Versicherungsvermittlung Einschränkungen aufgrund der Haupttätigkeit (beispielsweise für Rechtsanwälte und Steuerberater nach Standesrecht). Auf den nebenberuflichen Versicherungsvertreter sind nicht alle Vorschriften des Handelsvertreterrechts anzuwenden. Ein Versicherungsvertreter kann für ein oder mehrere Versicherungsunternehmen tätig sein. In der Regel beschränkt sich sein Wirkungsbereich auf eine Gesellschaft oder einen Versicherungskonzern. Er wird dann als Einfirmen-, **Ausschließlichkeits-** oder Konzernvertreter bezeichnet. Ihm steht der echte **Mehrfachvertreter** gegenüber, der in einer Sparte für mehrere Versicherungsunternehmen tätig werden darf, während der unechte Mehrfachvertreter für mehrere Unternehmen in verschiedenen Sparten tätig wird.

Der Versicherungsvertreter erhält für seine Vermittlungstätigkeit vom Versicherer eine **Provision.** Diese ist in der Regel als Bestandteil der Kosten in die Versicherungsprämie eingerechnet.

b) Versicherungsmakler

Versicherungsmakler ist, wer gewerbsmäßig für den Auftraggeber die Vermittlung oder den Abschluss von Versicherungsverträgen übernimmt, ohne von einem Versicherer oder von einem Versicherungsvertreter damit betraut zu sein. Als Versicherungsmakler gilt auch derjenige, der gegenüber dem Versicherungsnehmer den Anschein erweckt, er erbringe seine Leistungen als Versicherungsmakler (§ 59 Abs. 3 VVG).

Wirtschaftlich steht er auf der Seite des Versicherungsnehmers, dessen Interessen er als sein **„Sachwalter"** wahrzunehmen hat. Im Unterschied zum allgemeinen Handelsmakler trifft ihn eine Tätigkeitspflicht, weil er seine Kunden zu beraten und den erforderlichen Versicherungsschutz zu beschaffen hat. Der Anspruch des Versicherungsmaklers auf Vergütung **(Courtage)** besteht aufgrund entsprechender Abreden nicht gegenüber seinem Auftraggeber, sondern ausschließlich gegenüber dem Versicherungsunternehmen.

c) Versicherungsberater

Versicherungsberater ist, wer gewerbsmäßig Dritte bei der Vereinbarung, Änderung oder Prüfung von Versicherungsverträgen oder bei der Wahrnehmung von Ansprüchen aus Versicherungsverträgen im Versicherungsfall berät oder gegenüber dem Versicherer außergerichtlich vertritt, ohne von einem Versicherer einen wirtschaftlichen Vorteil zu erhalten oder in anderer Weise von ihm abhängig zu sein (§ 59 Abs. 4 VVG). Der Versicherungsberater erhält für seine Tätigkeit vom Versicherungsnehmer – nicht vom Versicherer – ein Honorar.

In neuerer Zeit wird verstärkt diskutiert, ob ein System der Vermittlung von Versicherungen gegen vom Versicherungsnehmer zu zahlendes Honorar **(Honorarvermittlung)** dem bisherigen System einer Vermittlung gegen Provision oder Courtage vorzuziehen ist. Bei der Honorarvermittlung bezahlt, wie beim Versicherungsberater, der Versicherungsnehmer den Vermittler aufgrund einer entsprechenden Vereinbarung zwischen diesen Parteien. An das Versicherungsunternehmen leistet er lediglich die auf die Versicherung selbst entfallende (Netto-)Prämie, das heißt eine Prämie ohne darin enthaltene Provisions- oder Courtagekosten. Damit entfällt der mögliche negative Einfluss, den Provisionen oder Courtagen auf die Qualität des Vertriebs haben können. Die Versicherungsvertriebs-Richtlinie (EU) 2016/97 (IDD) überlässt es weiterhin den Mitgliedstaaten, ob sie Provisionen und Courtage beibehalten oder diese Systeme verbieten.

3. Öffentlich-rechtliche Stellung

Die Versicherungsvermittlung ist ein erlaubnispflichtiges Gewerbe (§ 34d GewO). Sie liegt vor, wenn eine Tätigkeit auf den Abschluss konkreter Versicherungsverträge gerichtet ist. Demgegenüber beschränkt sich das Wirken eines „stillen" Vermittlers oder Tippgebers darauf, Möglichkeiten zum Eingehen von Versicherungsverträgen namhaft zu machen oder Kontakte zwischen potenziellen Versicherungsnehmern und einem Vermittler oder Versicherer herzustellen.

Erteilt wird die **Erlaubnis** von der zuständigen Industrie- und Handelskammer für Versicherungsvertreter und Versicherungsmakler (§ 34d Abs. 1 GewO) sowie Versicherungsberater (§ 34d Abs. 2 GewO). Die einem Versicherungsmakler erteilte Erlaubnis umfasst die Befugnis, Dritte, die nicht Verbraucher im Sinne von § 13 BGB sind, versicherungsrechtlich gegen Honorar zu beraten (§ 34d Abs. 1 S. 8 GewO). Voraussetzungen für die Erteilung der Erlaubnis sind

Zuverlässigkeit, geordnete Vermöge[...] haftpflichtversicherung und der Nac[...] notwendigen Sachkunde (§ 34d Ab[...]

Erlaubnisfrei sind Ausschließlichke[...] oder die Versicherer für sie die uneingeschrän[...] tätigkeit übernehmen (§ 34d Abs. 7 GewO). [...] können Gewerbetreibende beantragen, die Versic[...] von ihnen im Rahmen ihrer Haupttätigkeit angebote[...] leistungen vermitteln (produktakzessorische Versicher[...] weise Kraftfahrzeughändler (§ 34d Abs. 6 GewO).

Die Versicherungsvermittler sind verpflichtet, sich in das bei [...] und Handelskammern geführte **Vermittlerregister** eintragen zu las[...] GewO). Ausschließlichkeits- und Konzernvertreter können sich durch [...] ihnen vertretenen Versicherungsunternehmen registrieren lassen.

4. Rechtsbeziehungen

Rechtsbeziehungen der Versicherungsvermittler bestehen zu den Versicherern und zu den Kunden.

a) Beziehungen zum Versicherungsunternehmen

Versicherungsunternehmen sind aufsichtsrechtlich (§ 48 VAG) verpflichtet, nur mit solchen gewerbsmäßig tätigen Vermittlern zusammenzuarbeiten, die bestimmte Anforderungen erfüllen. Insbesondere ist grundsätzlich eine gewerberechtliche Erlaubnis des Vermittlers erforderlich. Auch sind Begrenzungen hinsichtlich der Provisionshöhe in der substitutiven Krankenversicherung (§ 50 VAG) sowie die Stornohaftung in der Lebens- und der substitutiven Krankenversicherung (§ 49 VAG) zu beachten. Die Versicherungsunternehmen müssen zudem ihre Vertriebsvergütung so gestalten, dass sie nicht mit ihrer Pflicht kollidiert, im bestmöglichen Interesse des Kunden zu handeln (§ 48a VAG).

Der Versicherungsvertreter hat sich im Interesse des Versicherungsunternehmens um die Vermittlung und den Abschluss von Versicherungsverträgen ständig zu bemühen (§ 86 Abs. 1 HGB). Diese Bemühungspflicht umfasst nicht nur die Gewinnung neuer Kunden, sondern auch die Pflege des Bestandes durch regelmäßige Betreuung der Versicherungsnehmer. Seine Interessenwahrnehmungspflicht gebietet es, bei der Werbung und Bestandspflege die Belange des Versicherers zu beachten und keine Tätigkeit zu seinem Nachteil auszuüben. Als Gegenleistung für seine Tätigkeiten stehen dem Versicherungsvertreter Vergütungsansprüche zu. Zu ihnen gehören in erster Linie die Provision, sonstige vereinbarte Leistungen sowie der Ausgleichsanspruch bei Beendigung des Vertretungsverhältnisses (§ 89b HGB).

Der Versicherungsmakler steht zwar, wie oben ausgeführt, als Sachwalter im Lager des Versicherungsnehmers, dennoch bestehen in der Regel Kooperationsvereinbarungen zwischen Makler und Versicherer. Insbesondere verpflichtet sich der Versicherer, eine Courtage zu zahlen. Der Makler übernimmt gegebenenfalls besondere Dienstleistungen für den Versicherer wie etwa das Prämieninkasso. Es ist ihm jedoch nicht erlaubt, für den Versicherer Schäden zu regulieren, da dies die Grenzen des § 5 Abs. 1 RDG überschreitet und zudem zu einem Interessenwiderstreit führt.

…cherungsnehmer

…ierungsnehmer treffen die Versicherungsvermittler …s-, Beratungs- und Dokumentationspflichten. Für ne…erungsvertreter bestehen sie nicht. Versicherungsmakler …g eine gewisse Marktanalyse zugrunde zu legen (§§ 60, 61 …ierungsvertreter erfüllen die Beratungspflicht zugleich als Er… für den Versicherer.

…ngsvertreter sind gesetzlich bevollmächtigt, Versicherungsanträge …Anzeigen und Erklärungen des Versicherungsnehmers entgegenzu…, Versicherungsscheine auszuhändigen und Zahlungen des Versiche…nehmers im Zusammenhang mit dem vermittelten oder abgeschlossenen …icherungsvertrag (Erstprämie) anzunehmen (§ 69 VVG). Die Versiche…ngsvermittler bedürfen zur Annahme von Versicherungsleistungen einer gesonderten Vollmacht des Versicherungsnehmers. Ein Versicherungsmakler darf im Rahmen der Schadensregulierung für den Versicherungsnehmer tätig werden, da es sich um eine erlaubte Nebenleistung zur Vermittlerleistung handelt.

Alle Kenntnisse, die Versicherungsvertreter bei der Aufnahme des Versicherungsantrages erlangen, stehen denjenigen des Versicherers gleich (§ 70 VVG). Da sie von den Versicherungsunternehmen zur Beratung der Kunden eingesetzt werden, haben die Versicherer für die Erteilung falscher Auskünfte durch ihre Vertreter weitgehend einzustehen. Dagegen werden die Kenntnisse eines Versicherungsmaklers dem Versicherer nicht zugerechnet, da der Makler im Interesse des Kunden tätig wird.

Eine schuldhafte Verletzung der gesetzlichen Beratungs- und Dokumentationspflichten verpflichtet den Versicherungsvermittler nach § 63 VVG zum Schadensersatz. Gemäß § 67 VVG ist eine vertragliche Einschränkung dieser Pflicht unwirksam.

VI. Wettbewerb

Die Versicherungswirtschaft ist den Regeln gegen unlauteren Wettbewerb (UWG) ebenso unterworfen wie dem deutschen Kartellrecht (GWB) und dem europäischen Kartellrecht im AEUV.

1. Recht des unlauteren Wettbewerbs

Die Verbände der Versicherungswirtschaft einschließlich der Vermittlerschaft wollen einen unlauteren Wettbewerb und Missstände auf dem Versicherungsmarkt verhindern. Zu diesem Zweck wurden Wettbewerbsrichtlinien (Nr. **20**) geschaffen, die darüber Auskunft geben, was im Vorsorge- und Versicherungsbereich als gute Sitten gilt. Sie konkretisieren somit das allgemeine Wettbewerbsrecht für Versicherungsunternehmen und Versicherungsvermittler. Maßgebend sind sie in ihrer Fassung vom 1.9.2006. Sie sind nach §§ 24 ff. GWB vom Bundeskartellamt anerkannt worden. Damit ist sichergestellt, dass sie sich auf die Beschreibung unlauteren Verhaltens beschränken und nicht dazu missbraucht werden, Wettbewerbsvorstöße der Unternehmen zu unterdrücken.

Der Wettbewerb darf nur sachlich mit ehrlichen und anständigen Mitteln geführt werden. Da die Versicherungswirtschaft auf Vertrauen angewiesen ist, muss alles unterlassen werden, was geeignet sein könnte, dieses Vertrauen zu stören. Die **Versicherungsunternehmen** und ihre Mitarbeiter haben deshalb darauf zu achten, dass die guten kaufmännischen Sitten und damit das Ansehen der gesamten Versicherungswirtschaft und des einzelnen Berufsangehörigen gewahrt bleiben. Unwahre oder abschätzige Äußerungen über andere Versicherungsunternehmen oder Vertreter haben zu unterbleiben. Das Publikum darf auch nicht durch **unrichtige Angaben** getäuscht werden. Eine solche Täuschung kann auch in der Werbung mit Selbstverständlichkeiten liegen. Ein schlichter Hinweis auf die Tatsache, dass ein Unternehmen durch die BaFin beaufsichtigt wird, wird mittlerweile als zulässig angesehen, blickfangartige Herausstellungen dieser Tatsache allerdings nicht.

Von **Versicherungsvertretern** werden Zuverlässigkeit und Vertrauenswürdigkeit gefordert. Deshalb gelten besondere Regelungen für die Anwerbung von Vertretern und die Voraussetzungen für ihre Einstellung. Mit Versicherungsmaklern sowie Angehörigen der rechts- und steuerberatenden Berufe dürfen keine Agenturverträge abgeschlossen werden.

Versicherungsvermittler dürfen anderen Personen keine Zuwendungen, Geschenke oder sonstigen Vorteile anbieten, versprechen oder gewähren, die geeignet sind, geschäftliche Entscheidungen in unlauterer Weise zu beeinflussen. Verboten ist nicht nur nach den Wettbewerbsrichtlinien, sondern auch nach § 48b VAG immer noch die **Provisionsabgabe.** Umgekehrt dürfen Vermittler auch keine Zuwendungen für sich oder einen Dritten fordern, sich versprechen lassen oder annehmen.

In der Lebens- und Krankenversicherung ist es unzulässig, den Versicherungsnehmer anzuhalten, einen bereits bestehenden Versicherungsvertrag vorzeitig zu lösen **(Ausspannungsverbot).** Das zweite Unternehmen ist unter bestimmten Voraussetzungen verpflichtet, den neuen Versicherungsvertrag freizugeben.

2. Kartellrecht

Während die Versicherungsunternehmen früher in verschiedener Hinsicht von der Anwendung des Kartellrechts ausgenommen waren, ist ihre Sonderbehandlung mittlerweile beendet. Die bis zum 31.3.2017 durch die Verordnung (EU) Nr. 267/2010 der Kommission vom Kartellverbot freigestellten **gemeinsamen Erhebungen, Tabellen und Studien** sowie **Mitversicherungs- und Mit-Rückversicherungsgemeinschaften** unterfallen heute den allgemeinen Regeln. Dies sind die gesetzliche Freistellung (Legalausnahme) nach Art. 101 Abs. 3 AEUV und die diese konkretisierenden Horizontalleitlinien der Kommission (ABl. EU 2011 C 11/1), dort insbesondere die Regeln über den Informationsaustausch (unter 2.) und über die gemeinsame Produktion (unter 4.). Auch die Gruppenfreistellungsverordnung Nr. 1218/2010/EU über Spezialisierungsvereinbarungen kann einschlägig sein. Die Kommission geht davon aus, dass die neue Rechtslage weder zur Unzulässigkeit der bisherigen Gestaltungen noch zu Rechtsunsicherheit führe. Die gemeinsamen Erhebungen, Tabellen und Studien seien bereits nach allgemeinen Regeln zulässig. Die Regeln über Mit(-Rück)versicherungsgemeinschaften seien ohnehin nur in geringem Umfang genutzt worden. Die Versicherungsunternehmen müssen nun ohne die Hilfe der Gruppenfreistellungsverordnung selbst einschätzen, ob ihre Kooperationen mit dem Kartellverbot vereinbar sind.

1. Gesetz über die Beaufsichtigung der Versicherungsunternehmen (Versicherungsaufsichtsgesetz – VAG)[1)]

Vom 1. April 2015
(BGBl. I S. 434)

FNA 7631-11

zuletzt geänd. durch Art. 6 Gesetz v. 19.3.2020 (BGBl. I S. 529)

Inhaltsübersicht

[1)] Verkündet als Art. 1 G zur Modernisierung der Finanzaufsicht über Versicherungen v. 1.4.2015 (BGBl. I S. 434); Inkrafttreten gem. Art. 3 Abs. 1 Satz 1 dieses G am 1.1.2016, mit Ausnahme des § 355, der gem. Art. 3 Abs. 1 Satz 2 am 11.4.2015 in Kraft getreten ist.

Teil 1. Allgemeine Vorschriften

§ 1 Geltungsbereich. (1) Der Aufsicht nach diesem Gesetz unterliegen

1. Versicherungsunternehmen im Sinne des § 7 Nummer 33 und 34,
2. Versicherungs-Holdinggesellschaften im Sinne des § 7 Nummer 31 sowie Unternehmen im Sinne des § 293 Absatz 4,
3. Versicherungs-Zweckgesellschaften im Sinne des § 168,
4. Sicherungsfonds im Sinne des § 223 und
5. Pensionsfonds im Sinne des § 236 Absatz 1.

(2) [1] Die in der Anlage 1 Nummer 22 bis 24 genannten Geschäfte fallen nur dann in den Anwendungsbereich dieses Gesetzes, wenn sie von Versicherungsunternehmen betrieben werden, denen die Erlaubnis für eine der in der Anlage 1 Nummer 19 bis 21 genannten Versicherungssparten erteilt wurde; in diesem Fall werden diese Geschäfte Lebensversicherungsgeschäften gleichgestellt. [2] Als Kapitalisierungsgeschäfte (Anlage 1 Nummer 23) gelten Geschäfte, bei denen unter Anwendung eines mathematischen Verfahrens die im Voraus festgesetzten einmaligen oder wiederkehrenden Prämien und die übernommenen Verpflichtungen nach Dauer und Höhe festgelegt sind. [3] Geschäfte nach der Anlage 1 Nummer 24 bestehen in der Verwaltung von Versorgungseinrichtungen, die Leistungen im Todes- oder Erlebensfall oder bei Arbeitseinstellung oder bei Minderung der Erwerbsfähigkeit vorsehen; dazu gehören auch die Anlage und

Verwaltung der Vermögenswerte. [4]Bei Geschäften nach Satz 3 dürfen die Versicherungsunternehmen im Zusammenhang mit der Verwaltung auch Garantiezusagen für die Erhaltung des verwalteten Kapitals und das Erreichen einer Mindestverzinsung abgeben.

(3) [1]Für öffentlich-rechtliche Versicherungsunternehmen des öffentlichen Dienstes oder der Kirchen, die ausschließlich die Alters-, Invaliditäts- oder Hinterbliebenenversorgung zum Gegenstand haben, gelten nur § 12 Absatz 1, die §§ 13, 37 Absatz 1, § 38 Absatz 1, die §§ 39, 47 Nummer 12 sowie die §§ 294 bis 298, 300, 302, 305 bis 307, §§ 310 bis 312 und 314. [2]Für die nach Landesrecht errichteten und der Landesaufsicht unterliegenden Versicherungsunternehmen kann das Landesrecht Abweichendes bestimmen.

(4) [1]Für Einrichtungen der in § 140 Absatz 1 des Siebten Buches Sozialgesetzbuch bezeichneten Art gelten § 12 Absatz 1, die §§ 13, 37 Absatz 1, § 38 Absatz 1, § 39 sowie die §§ 294 bis 298, 300, 302, 305 bis 307, 310, 312 und 314 entsprechend. [2]Beschlüsse der Vertreterversammlung über diese Einrichtungen sowie über deren Satzungen und Geschäftspläne bedürfen der Genehmigung der Aufsichtsbehörde; § 8 Absatz 1, § 9 Absatz 1 bis 4 und § 11 gelten hierfür entsprechend.

§ 2 Öffentlich-rechtliche Versorgungseinrichtungen. (1) [1]Soweit öffentlich-rechtliche Einrichtungen einschließlich der rechtlich unselbständigen kommunalen und kirchlichen Zusatzversorgungskassen und der Versorgungsanstalt des Bundes und der Länder im Wege der freiwilligen Versicherung Leistungen der Altersvorsorge anbieten, ist für die diesen Geschäften entsprechenden Verbindlichkeiten und Vermögenswerte ein separater Abrechnungsverband einzurichten. [2]Die Verbindlichkeiten und Vermögenswerte werden ohne die Möglichkeit einer Übertragung getrennt von den anderen Geschäften der Einrichtung verwaltet und organisiert. [3]Auf den Abrechnungsverband sind die Vorschriften dieses Gesetzes über die Geschäfte der Pensionskassen entsprechend anzuwenden; die Einrichtungen unterliegen insoweit auch der Versicherungsaufsicht.

(2) Für die nach Landesrecht errichteten und der Landesaufsicht unterliegenden öffentlich-rechtlichen Einrichtungen kann das Landesrecht Abweichendes bestimmen.

§ 3 Ausnahmen von der Aufsichtspflicht, Verordnungsermächtigung.

(1) Der Aufsicht nach diesem Gesetz unterliegen nicht

1. Personenvereinigungen, die ihren Mitgliedern, ohne dass diese einen Rechtsanspruch haben, Unterstützungen gewähren, insbesondere die Unterstützungseinrichtungen und Unterstützungsvereine der Berufsverbände;
2. die auf Grund der Handwerksordnung von Innungen errichteten Unterstützungskassen;
3. rechtsfähige Zusammenschlüsse von Industrie- und Handelskammern mit Verbänden der Wirtschaft, wenn diese Zusammenschlüsse den Zweck verfolgen, die Versorgungslasten, die ihren Mitgliedern aus Versorgungszusagen erwachsen, im Wege der Umlegung auszugleichen und wenn diese Zusammenschlüsse ihre Rechtsfähigkeit durch staatliche Verleihung erlangt haben;
4. nicht rechtsfähige Zusammenschlüsse von Gemeinden und Gemeindeverbänden, soweit sie bezwecken, durch Umlegung Schäden folgender Art aus Risiken ihrer Mitglieder und solcher zur Erfüllung öffentlicher Aufgaben

betriebener Unternehmen auszugleichen, an denen ein Mitglied oder mehrere kommunale Mitglieder oder, in den Fällen des Buchstabens b, sonstige Gebietskörperschaften mit mindestens 50 Prozent beteiligt sind:

a) Schäden, für welche die Mitglieder oder ihre Bediensteten auf Grund gesetzlicher Haftpflichtbestimmungen von Dritten verantwortlich gemacht werden können,

b) Schäden aus der Haltung von Kraftfahrzeugen,

c) Leistungen aus der kommunalen Unfallfürsorge;

5. Körperschaften und Anstalten des öffentlichen Rechts, bei denen Versicherungsverhältnisse unmittelbar kraft Gesetzes entstehen oder infolge eines gesetzlichen Zwangs eingegangen werden müssen;

6. die öffentlich-rechtlichen Krankenversorgungseinrichtungen des Bundeseisenbahnvermögens und die Postbeamtenkrankenkasse;

7. die Versorgungsanstalt des Bundes und der Länder, die Deutsche Rentenversicherung Knappschaft-Bahn-See und die Versorgungsanstalt der Deutschen Bundespost sowie

8. Unternehmen mit örtlich eng begrenztem Wirkungsbereich, die für den Fall eines ungewissen Ereignisses gegen Pauschalentgelt Leistungen übernehmen, sofern diese nicht in einer Geldleistung, einer Kostenübernahme oder einer Haftungsfreistellung gegenüber Dritten bestehen.

(2) Das Bundesministerium der Finanzen wird ermächtigt, durch Rechtsverordnung, die nicht der Zustimmung des Bundesrates bedarf, zu bestimmen, dass der Betrieb aller Versicherungsgeschäfte oder einzelner Arten von Versicherungsgeschäften mit dem in Artikel I Absatz 1 Buchstabe a bis c des Abkommens vom 19. Juni 1951 zwischen den Parteien des Nordatlantikvertrags über die Rechtsstellung ihrer Truppen (BGBl. 1961 II S. 1183, 1190) bezeichneten Personenkreis ganz oder teilweise nicht den Vorschriften dieses Gesetzes unterliegt, soweit hierdurch im Geltungsbereich dieses Gesetzes die Belange anderer Versicherter und die dauernde Erfüllbarkeit der sonstigen Versicherungsverträge nicht gefährdet werden.

§ 4 Feststellung der Aufsichtspflicht. [1] Ob ein Unternehmen der Aufsicht unterliegt, entscheidet die Aufsichtsbehörde. [2] Die Entscheidung bindet die Verwaltungsbehörden. [3] Eine vor dem 1. April 1931 ergangene Entscheidung eines Gerichts oder einer Verwaltungsbehörde steht einer erneuten Entscheidung der Aufsichtsbehörde nicht entgegen.

§ 5 Freistellung von der Aufsicht. (1) [1] Die Aufsichtsbehörde kann Versicherungsvereine auf Gegenseitigkeit, die nicht eingetragen zu werden brauchen, von der laufenden Aufsicht nach diesem Gesetz freistellen, wenn nach der Art der betriebenen Geschäfte und den sonstigen Umständen eine Beaufsichtigung zur Wahrung der Belange der Versicherten nicht erforderlich erscheint. [2] Diese Voraussetzungen können insbesondere bei Sterbekassen und bei Vereinen mit örtlich begrenztem Wirkungskreis, geringer Mitgliederzahl und geringem Beitragsaufkommen vorliegen. [3] Die Freistellung ist zu widerrufen, wenn der Aufsichtsbehörde bekannt wird, dass die Voraussetzungen der Freistellung entfallen sind.

(2) Hat die Aufsichtsbehörde eine Freistellung nach Absatz 1 vorgenommen, so sind nicht anzuwenden die §§ 12, 13, 178 Absatz 4, die §§ 193, 213 bis 217,

220 sowie 234j Absatz 1 und 3, die §§ 234g und 235, Teil 2 Kapitel 2, Teil 3 und Teil 6 mit Ausnahme der §§ 305, 306 und 310, soweit Nebenbestimmungen zur Freistellung oder die genannten Rechte der Aufsichtsbehörde nach den §§ 305 und 306 durchgesetzt werden sollen; eine Umwandlung nach dem Umwandlungsgesetz ist nicht zulässig.

(3) Das Bundesministerium der Finanzen wird ermächtigt, durch Rechtsverordnung, die nicht der Zustimmung des Bundesrates bedarf, öffentlich-rechtliche Versicherungsunternehmen im Sinne des § 1 Absatz 3 und Versorgungseinrichtungen im Sinne des § 2, die nicht der Landesaufsicht unterliegen, von der Aufsicht nach diesem Gesetz freizustellen, wenn nach den gesetzlichen Vorschriften über die Errichtung der Unternehmen oder den zwischen den Unternehmen und ihren Trägern bestehenden Vereinbarungen eine Beaufsichtigung zur Wahrung der Belange der Versicherten nicht erforderlich erscheint.

§ 6 Bezeichnungsschutz. (1) [1] Die Bezeichnungen „Versicherung", „Versicherer", „Assekuranz", „Rückversicherung", „Rückversicherer" und entsprechende fremdsprachliche Bezeichnungen oder eine Bezeichnung, in der eines dieser Worte enthalten ist, dürfen in der Firma, als Zusatz zur Firma, zur Bezeichnung des Geschäftszwecks oder zu Werbezwecken nur von Versicherungsunternehmen im Sinne des § 1 Absatz 1 und 3 sowie von deren Verbänden geführt werden, soweit durch Gesetz nichts anderes bestimmt ist. [2] Versicherungsvermittler dürfen die in Satz 1 genannten Bezeichnungen nur führen, wenn diese mit einem Zusatz versehen sind, der die Vermittlereigenschaft klarstellt.

(2) [1] In Zweifelsfällen entscheidet die Bundesanstalt für Finanzdienstleistungsaufsicht (Bundesanstalt), ob ein Unternehmen zur Führung der in Absatz 1 genannten Bezeichnungen befugt ist. [2] Sie hat ihre Entscheidung dem Registergericht mitzuteilen.

(3) Die Bundesanstalt ist berechtigt, in Verfahren des Registergerichts, die sich auf die Eintragung oder Änderung der Rechtsverhältnisse oder der Firma von Unternehmen beziehen, die nach Absatz 1 unzulässige Bezeichnungen verwenden, Anträge zu stellen und die nach dem Gesetz über das Verfahren in Familiensachen und in den Angelegenheiten der freiwilligen Gerichtsbarkeit zulässigen Rechtsmittel einzulegen.

(4) [1] Führt ein Unternehmen eine Firma oder einen Zusatz zur Firma, deren Gebrauch nach Absatz 1 unzulässig ist oder verwendet ein Unternehmen eine solche Bezeichnung, so hat das Registergericht die Firma, den Zusatz zur Firma oder den Unternehmensgegenstand von Amts wegen zu löschen; § 395 des Gesetzes über das Verfahren in Familiensachen und in den Angelegenheiten der freiwilligen Gerichtsbarkeit ist entsprechend anzuwenden. [2] Das Unternehmen ist zur Unterlassung des Gebrauchs der Firma, des Zusatzes zur Firma oder des Unternehmensgegenstandes durch Festsetzung von Ordnungsgeld anzuhalten; § 392 des Gesetzes über das Verfahren in Familiensachen und in den Angelegenheiten der freiwilligen Gerichtsbarkeit ist entsprechend anzuwenden.

§ 7 Begriffsbestimmungen. Für dieses Gesetz gelten die folgenden Begriffsbestimmungen:

1. Aufsichtsbehörde: diejenige Behörde oder diejenigen Behörden, die auf Grund der §§ 320 bis 322 dieses Gesetzes oder anderer Rechts- oder

Verwaltungsvorschriften für die Beaufsichtigung der in § 1 Absatz 1 genannten Unternehmen zuständig sind.

2. Ausgliederung: eine Vereinbarung jeglicher Form zwischen einem Versicherungsunternehmen und einem Dienstleister, auf Grund derer der Dienstleister direkt oder durch weitere Ausgliederung einen Prozess, eine Dienstleistung oder eine Tätigkeit erbringt, die ansonsten vom Versicherungsunternehmen selbst erbracht werden würde; bei dem Dienstleister kann es sich um ein beaufsichtigtes oder nicht beaufsichtigtes Unternehmen handeln.
3. Bedeutende Beteiligung: das direkte oder indirekte Halten von mindestens 10 Prozent des Kapitals oder der Stimmrechte eines Unternehmens oder eine andere Möglichkeit der Wahrnehmung eines maßgeblichen Einflusses auf die Geschäftsführung dieses Unternehmens; bei der Berechnung des Anteils der Stimmrechte sind § 33 Absatz 1 in Verbindung mit einer Rechtsverordnung nach Absatz 5, § 34 Absatz 1 und 2, § 35 Absatz 1 bis 3 in Verbindung mit einer Rechtsverordnung nach Absatz 6 sowie § 36 des Wertpapierhandelsgesetzes entsprechend anzuwenden; unberücksichtigt bleiben die Stimmrechte oder Kapitalanteile, die Wertpapierfirmen oder Kreditinstitute im Rahmen des Emissionsgeschäfts nach § 1 Absatz 1 Satz 2 Nummer 10 des Kreditwesengesetzes halten, vorausgesetzt, diese Rechte werden nicht ausgeübt oder sie werden nicht anderweitig benutzt, um in die Geschäftsführung des Emittenten einzugreifen, und sie werden innerhalb eines Jahres nach dem Zeitpunkt des Erwerbs veräußert.
4. Beteiligtes Unternehmen: ein Mutterunternehmen oder ein anderes Unternehmen, das eine Beteiligung hält oder mit einem anderen Unternehmen durch eine in § 271 Absatz 1 des Handelsgesetzbuchs beschriebene Beziehung verbunden ist; als Beteiligung gilt das unmittelbare oder mittelbare Halten von mindestens 20 Prozent der Stimmrechte oder des Kapitals an einem Unternehmen; für die Zwecke der Aufsicht nach den §§ 245 bis 287 gilt als Beteiligung auch das unmittelbare oder mittelbare Halten von Stimmrechten oder Kapital an einem Unternehmen, auf das nach Ansicht der Aufsichtsbehörden ein maßgeblicher Einfluss tatsächlich ausgeübt wird; als beteiligtes Unternehmen gilt für die Zwecke der Aufsicht nach den §§ 245 bis 287 auch ein Unternehmen, das Bestandteil einer horizontalen Unternehmensgruppe im Sinne der Nummer 15 ist.
5. Diversifikationseffekte: eine Reduzierung des Gefährdungspotenzials von Versicherungsunternehmen und -gruppen durch die Diversifizierung ihrer Geschäftstätigkeit, die sich aus der Tatsache ergibt, dass das negative Resultat eines Risikos durch das günstigere Resultat eines anderen Risikos ausgeglichen werden kann, wenn diese Risiken nicht voll korreliert sind.
6. Drittstaat: jeder Staat, der nicht Mitglied- oder Vertragsstaat im Sinne der Nummer 22 ist; als Drittstaat gilt auch eine staatsähnliche Verwaltungseinheit mit selbständigen aufsichtsrechtlichen Befugnissen, soweit die Bestimmungen des Rechts der Europäischen Union über die Freizügigkeit, das Niederlassungsrecht und die Dienstleistungsfreiheit nicht anzuwenden sind.
7. Enge Verbindungen: eine Situation, in der mindestens zwei natürliche oder juristische Personen durch Kontrolle oder Beteiligung verbunden sind oder eine Situation, in der mindestens zwei natürliche oder juristische

Personen mit derselben Person durch ein Kontrollverhältnis dauerhaft verbunden sind.

8. Externe Ratingagentur: eine Ratingagentur, die gemäß der Verordnung (EG) Nr. 1060/2009 des Europäischen Parlaments und des Rates vom 16. September 2009 über Ratingagenturen (ABl. L 302 vom 17.11.2009, S. 1), die zuletzt durch die Verordnung (EU) Nr. 462/2013 (ABl. L 146 vom 31.5.2013, S. 1) geändert worden ist, zugelassen oder zertifiziert ist, oder eine Zentralbank, die Ratings abgibt und von der Anwendung der genannten Verordnung ausgenommen ist.

9. Funktion: eine interne Kapazität innerhalb der Geschäftsorganisation zur Übernahme praktischer Aufgaben; Schlüsselfunktionen sind dabei:
   a) unabhängige Risikocontrollingfunktion,
   b) Compliance-Funktion,
   c) interne Revisionsfunktion,
   d) versicherungsmathematische Funktion.

10. Gemischte Finanzholding-Gesellschaft: Mutterunternehmen, das kein beaufsichtigtes Unternehmen eines Finanzkonglomerats im Sinne des § 2 Absatz 1 des Finanzkonglomerate-Aufsichtsgesetzes ist und das zusammen mit seinen Tochterunternehmen, von denen mindestens eines ein beaufsichtigtes Unternehmen eines Finanzkonglomerats mit Sitz im Inland oder in einem anderen Mitglied- oder Vertragsstaat ist, und mit anderen Unternehmen ein Finanzkonglomerat bildet.

11. Gemischte Versicherungs-Holdinggesellschaft: Mutterunternehmen,
   a) das weder Versicherungsunternehmen, noch Versicherungsunternehmen eines Drittstaats, noch Versicherungs-Holdinggesellschaft im Sinne der Nummer 31, noch gemischte Finanzholding-Gesellschaft im Sinne der Nummer 10 ist und
   b) zu dessen Tochterunternehmen mindestens ein Versicherungsunternehmen zählt.

12. Grundlegender Spread: der Spread, der von der Europäischen Aufsichtsbehörde für das Versicherungswesen und die betriebliche Altersversorgung für jede maßgebliche Laufzeit, Kreditqualität und Kategorie der Vermögenswerte zur Berechnung der Matching-Anpassung gemäß Artikel 77e Absatz 1 Buchstabe b der Richtlinie 2009/138/EG des Europäischen Parlaments und des Rates vom 25. November 2009 betreffend die Aufnahme und Ausübung der Versicherungs- und der Rückversicherungstätigkeit (ABl. L 335 vom 17.12.2009, S. 1), die zuletzt durch die Richtlinie 2014/51/EU (ABl. L 153 vom 22.5.2014, S. 1) geändert worden ist, mindestens einmal im Quartal beschlossen und veröffentlicht wird.

13. Gruppe: ein Zusammenschluss von Unternehmen, der
   a) aus einem beteiligten Unternehmen, dessen Tochterunternehmen und den Unternehmen, an denen das beteiligte Unternehmen oder dessen Tochterunternehmen eine Beteiligung halten, sowie Unternehmen, die Bestandteil einer horizontalen Unternehmensgruppe im Sinne der Nummer 15 sind, besteht oder
   b) auf der Einrichtung von vertraglichen oder sonstigen starken und nachhaltigen finanziellen Beziehungen zwischen allen diesen Unternehmen beruht und zu dem Versicherungsvereine auf Gegenseitigkeit oder diesen ähnliche Vereine gehören können, sofern

aa) eines dieser Unternehmen durch zentrale Koordination einen beherrschenden Einfluss auf die Entscheidungen aller der Gruppe angehörenden Unternehmen ausübt, darunter auch auf die Finanzentscheidungen, und

bb) die Einrichtung und Auflösung dieser Beziehungen für die Zwecke dieses Titels der vorherigen Genehmigung durch die Gruppenaufsichtsbehörde bedarf;

das Unternehmen, das die zentrale Koordination ausübt, wird als Mutterunternehmen und die anderen Unternehmen werden als Tochterunternehmen betrachtet.

14. Gruppeninterne Transaktionen: Transaktionen, bei denen sich ein Versicherungsunternehmen zur Erfüllung einer Verbindlichkeit direkt oder indirekt auf andere Unternehmen innerhalb derselben Gruppe oder auf natürliche oder juristische Personen stützt, die mit den Unternehmen der Gruppe durch enge Verbindungen verbunden sind, unabhängig davon, ob dies auf vertraglicher oder nicht vertraglicher oder auf entgeltlicher oder unentgeltlicher Grundlage geschieht.

15. Horizontale Unternehmensgruppe: eine Gruppe, in der ein Unternehmen mit einem oder mehreren anderen Unternehmen in der Weise verbunden ist, dass

a) sie gemeinsam auf Grund einer Satzungsbestimmung oder eines Vertrags unter einheitlicher Leitung stehen oder

b) sich ihre Verwaltungs-, Leitungs- oder Aufsichtsorgane mehrheitlich aus denselben Personen zusammensetzen, die während des Geschäftsjahres und bis zum Ablauf der in § 290 Absatz 1 des Handelsgesetzbuchs jeweils bestimmten Zeiträume im Amt sind, unabhängig davon, ob sie einen konsolidierten Abschluss aufzustellen haben oder nicht.

16. Kontrolle: die Ausübung eines beherrschenden Einflusses im Sinne des § 290 des Handelsgesetzbuchs.

17. Konzentrationsrisiko: sämtliche mit Risiken behafteten Engagements mit einem Ausfallpotenzial, das umfangreich genug ist, um die Solvabilität oder die Finanzlage der Versicherungsunternehmen zu gefährden.

18. Kreditrisiko: das Risiko eines Verlusts oder nachteiliger Veränderungen der Finanzlage, das sich aus Fluktuationen bei der Bonität von Wertpapieremittenten, Gegenparteien und anderen Schuldnern ergibt, gegenüber denen die Versicherungsunternehmen Forderungen haben, und das in Form von Gegenparteiausfallrisiken, Spread-Risiken oder Marktrisikokonzentrationen auftritt.

19. Liquiditätsrisiko: das Risiko, dass Versicherungsunternehmen nicht in der Lage sind, Anlagen und andere Vermögenswerte zu realisieren, um ihren finanziellen Verpflichtungen bei Fälligkeit nachzukommen.

20. Marktrisiko: das Risiko eines Verlusts oder nachteiliger Veränderungen der Finanzlage, das sich direkt oder indirekt aus Schwankungen in der Höhe und in der Volatilität der Marktpreise für die Vermögenswerte, Verbindlichkeiten und Finanzinstrumente ergibt.

21. Maßgebliche risikofreie Zinskurve: die Zinskurve, die von der Europäischen Aufsichtsbehörde für das Versicherungswesen und die betriebliche Altersversorgung gemäß Artikel 77e Absatz 1 Buchstabe a der Richtlinie

2009/138/EG mindestens einmal im Quartal beschlossen und veröffentlicht wird.

22. Mitglied- oder Vertragsstaat: ein Mitgliedstaat der Europäischen Union oder ein anderer Vertragsstaat des Abkommens über den Europäischen Wirtschaftsraum.
23. Mutterunternehmen: ein Mutterunternehmen im Sinne des Artikels 1 der Richtlinie 83/349/EWG; für die Zwecke der Aufsicht nach den §§ 245 bis 287 gilt als Mutterunternehmen auch jedes Unternehmen, das nach Ansicht der Aufsichtsbehörden einen beherrschenden Einfluss tatsächlich ausübt.
24. Operationelles Risiko: das Verlustrisiko, das sich aus der Unangemessenheit oder dem Versagen von internen Prozessen, Mitarbeitern oder Systemen oder durch externe Ereignisse ergibt.
25. Qualifizierte zentrale Gegenpartei: eine zentrale Gegenpartei, die entweder nach Artikel 14 der Verordnung (EU) Nr. 648/2012 des Europäischen Parlaments und des Rates vom 4. Juli 2012 über OTC-Derivate, zentrale Gegenparteien und Transaktionsregister (ABl. L 201 vom 27.7.2012, S. 1) zugelassen oder nach Artikel 25 jener Verordnung anerkannt wurde.
26. Risikokonzentrationen: alle mit einem Ausfallrisiko behafteten Engagements der Unternehmen einer Gruppe oder eines Finanzkonglomerats im Sinne des § 1 Absatz 2 des Finanzkonglomerate-Aufsichtsgesetzes, die groß genug sind, um die Solvabilität oder die allgemeine Finanzlage eines oder mehrerer der beaufsichtigten Finanzkonglomeratsunternehmen oder beaufsichtigten Gruppenunternehmen zu gefährden, wobei die Ausfallgefahr auf einem Adressenausfallrisiko, einem Kreditrisiko, einem Anlagerisiko, einem Versicherungsrisiko, einem Marktrisiko, einem sonstigen Risiko, einer Kombination dieser Risiken oder auf Wechselwirkungen zwischen diesen Risiken beruht oder beruhen kann.
27. Risikomaß: eine mathematische Funktion, die unter einer bestimmten Wahrscheinlichkeitsverteilungsprognose einen monetären Betrag bestimmt und monoton mit dem Risikopotenzial steigt, das der Wahrscheinlichkeitsverteilungsprognose zugrunde liegt.
28. Risikominderungstechniken: sämtliche Techniken, die die Versicherungsunternehmen in die Lage versetzen, einen Teil oder die Gesamtheit ihrer Risiken auf eine andere Partei zu übertragen.
29. Tochterunternehmen: ein Tochterunternehmen im Sinne des § 290 des Handelsgesetzbuchs, einschließlich seiner eigenen Tochterunternehmen; für die Zwecke der Aufsicht nach den §§ 245 bis 287 gilt als Tochterunternehmen auch jedes Unternehmen, auf das ein Mutterunternehmen nach Ansicht der betroffenen Aufsichtsbehörden einen beherrschenden Einfluss tatsächlich ausübt.
30. Verbundenes Unternehmen: ein Tochterunternehmen oder ein anderes Unternehmen, an dem eine Beteiligung gehalten wird, oder ein Unternehmen, das Bestandteil einer horizontalen Unternehmensgruppe im Sinne der Nummer 15 ist.
31. Versicherungs-Holdinggesellschaften: Mutterunternehmen, die keine gemischte Finanzholding-Gesellschaft im Sinne der Nummer 10 sind und deren Haupttätigkeit der Erwerb und das Halten von Beteiligungen an Tochterunternehmen ist; dabei sind diese Tochterunternehmen ausschließ-

lich oder hauptsächlich Versicherungsunternehmen oder Versicherungsunternehmen eines Drittstaats; mindestens eines dieser Tochterunternehmen ist ein Versicherungsunternehmen.

32. Versicherungstechnisches Risiko: das Risiko eines Verlusts oder einer nachteiligen Veränderung des Wertes der Versicherungsverbindlichkeiten, das sich aus einer unangemessenen Preisfestlegung und nicht angemessenen Rückstellungsannahmen ergibt.

33. Versicherungsunternehmen: Erst- oder Rückversicherungsunternehmen, die den Betrieb von Versicherungsgeschäften zum Gegenstand haben und nicht Träger der Sozialversicherung sind, wobei der Gegenstand eines Rückversicherungsunternehmens ausschließlich die Rückversicherung ist.

34. Versicherungsunternehmen eines Drittstaats: Erst- oder Rückversicherungsunternehmen, die ihren Sitz in einem Drittstaat haben und eine behördliche Zulassung gemäß Artikel 14 Absatz 1 der Richtlinie 2009/138/EG benötigen würden, wenn sie ihren Sitz in einem Staat innerhalb des Europäischen Wirtschaftsraums hätten.

34a. Versicherungsvertrieb: Versicherungsvertriebstätigkeiten und Rückversicherungsvertriebstätigkeiten im Sinne des Artikels 2 Absatz 1 Nummer 1 und 2 der Richtlinie (EU) 2016/97 des Europäischen Parlaments und des Rates vom 20. Januar 2016 über Versicherungsvertrieb (Neufassung) (ABl. L 26 vom 2.2.2016, S. 19).

34b. Vertriebsvergütung: alle Arten von Provisionen, Gebühren, Entgelten oder sonstigen Zahlungen, einschließlich wirtschaftlicher Vorteile jeglicher Art, oder finanzielle oder nichtfinanzielle Vorteile oder Anreize, die in Bezug auf Versicherungsvertriebstätigkeiten angeboten oder gewährt werden, ausgenommen solcher aus Rückversicherungsvertriebstätigkeiten.

35. Volatilitätsanpassung: Anpassung der maßgeblichen risikofreien Zinskurve, die von der Europäischen Aufsichtsbehörde für das Versicherungswesen und die betriebliche Altersversorgung gemäß Artikel 77e Absatz 1 Buchstabe c der Richtlinie 2009/138/EG mindestens einmal im Quartal beschlossen und veröffentlicht wird.

36. Wahrscheinlichkeitsverteilungsprognose: eine mathematische Funktion, die einer ausreichenden Reihe von einander ausschließenden zukünftigen Ereignissen eine Eintrittswahrscheinlichkeit zuweist.

37. Herkunftsstaat: der Mitglied- oder Vertragsstaat, in dem
    a) ein Versicherungsunternehmen, auf das die Richtlinie 2009/138/EG Anwendung findet, seinen Sitz hat,
    b) eine Einrichtung der betrieblichen Altersversorgung zugelassen oder in ein nationales Register eingetragen ist gemäß Artikel 9 Absatz 1 der Richtlinie (EU) 2016/2341 des Europäischen Parlaments und des Rates vom 14. Dezember 2016 über die Tätigkeiten und die Beaufsichtigung von Einrichtungen der betrieblichen Altersversorgung (EbAV) (Neufassung) (ABl. L 354 vom 23.12.2016, S. 37).

Teil 2. Vorschriften für die Erstversicherung und die Rückversicherung

Kapitel 1. Geschäftstätigkeit

Abschnitt 1. Zulassung und Ausübung der Geschäftstätigkeit

§ 8 Erlaubnis; Spartentrennung. (1) Versicherungsunternehmen bedürfen zum Geschäftsbetrieb der Erlaubnis der Aufsichtsbehörde.

(2) Die Erlaubnis darf nur Aktiengesellschaften einschließlich der Europäischen Gesellschaft, Versicherungsvereinen auf Gegenseitigkeit sowie Körperschaften und Anstalten des öffentlichen Rechts erteilt werden.

(3) Der Ort der Hauptverwaltung muss im Inland liegen.

(4) [1] Ein Rückversicherungsunternehmen wird nur zum Betrieb der Rückversicherung zugelassen. [2] Bei Erstversicherungsunternehmen schließen die Erlaubnis zum Betrieb der Lebensversicherung im Sinne der Anlage 1 Nummer 19 bis 24 und die Erlaubnis zum Betrieb anderer Versicherungssparten einander aus; das Gleiche gilt für die Erlaubnis zum Betrieb der Krankenversicherung im Sinne des § 146 Absatz 1 und die Erlaubnis zum Betrieb anderer Versicherungssparten.

(5) [1] Die Aufsichtsbehörde macht die Erteilung und den Widerruf der Erlaubnis im elektronischen Informationsmedium nach § 318 Absatz 3 bekannt und meldet sie der Europäischen Aufsichtsbehörde für das Versicherungswesen und die betriebliche Altersversorgung. [2] Ist ein gemäß § 221 sicherungspflichtiges Versicherungsunternehmen betroffen, informiert sie zusätzlich den Sicherungsfonds.

§ 9 Antrag. (1) Mit dem Antrag auf Erlaubnis ist der Geschäftsplan einzureichen; er hat den Zweck und die Einrichtung des Unternehmens, das Gebiet des beabsichtigten Geschäftsbetriebs sowie die Verhältnisse darzulegen, aus denen sich die künftigen Verpflichtungen des Unternehmens als dauernd erfüllbar ergeben sollen.

(2) Als Bestandteil des Geschäftsplans sind einzureichen:

1. die Satzung, soweit sie sich nicht auf allgemeine Versicherungsbedingungen bezieht;
2. Angaben darüber, welche Versicherungssparten betrieben und welche Risiken einer Versicherungssparte gedeckt werden sollen; bei Unternehmen, die ausschließlich die Rückversicherung betreiben wollen, stattdessen Angaben darüber, welche Risiken im Wege der Rückversicherung gedeckt werden sollen, und über die Arten von Rückversicherungsverträgen, die das Rückversicherungsunternehmen mit den Vorversicherern zu schließen beabsichtigt;
3. die Grundzüge der Rückversicherung und Retrozession;
4. Angaben über die Basiseigenmittelbestandteile, die die absolute Grenze der Mindestkapitalanforderung bedecken sollen sowie
5. eine Schätzung der für den Aufbau der Verwaltung und des Vertreternetzes erforderlichen Aufwendungen; das Unternehmen hat nachzuweisen, dass die dafür erforderlichen Mittel (Organisationsfonds) zur Verfügung stehen; wenn die Erlaubnis zum Geschäftsbetrieb der in der Anlage 1 Nummer 18 genann-

ten Versicherungssparte beantragt wird, Angaben über die Mittel, über die das Unternehmen verfügt, um die zugesagte Beistandsleistung zu erfüllen.

(3) [1] Zusätzlich hat das Versicherungsunternehmen als Bestandteil des Geschäftsplans für die ersten drei Geschäftsjahre vorzulegen:

1. eine Plan-Bilanz und eine Plan-Gewinn-und-Verlustrechnung;
2. Schätzungen der künftigen Solvabilitätskapitalanforderung auf der Grundlage der in Nummer 1 genannten Plan-Bilanz und Plan-Gewinn-und-Verlustrechnung sowie die Berechnungsmethode, aus der sich die Schätzungen ableiten;
3. Schätzungen der künftigen Mindestkapitalanforderung auf der Grundlage der in Nummer 1 genannten Plan-Bilanz und Plan-Gewinn-und-Verlustrechnung sowie die Berechnungsmethode, aus der sich die Schätzungen ableiten;
4. eine Schätzung der jeweiligen finanziellen Mittel, die voraussichtlich zur Verfügung stehen,
   a) um die versicherungstechnischen Rückstellungen zu bedecken,
   b) um die Mindestkapitalanforderung und die Solvabilitätskapitalanforderung einzuhalten;
5. für Nichtlebensversicherungen und Rückversicherungen
   a) eine Übersicht über die voraussichtlichen Verwaltungskosten, insbesondere die laufenden Gemeinkosten und Provisionen, ohne die Aufwendungen für den Aufbau der Verwaltung,
   b) eine Übersicht über die voraussichtlichen Beitragsaufkommen und die voraussichtliche Schadenbelastung sowie
6. für Lebensversicherungen einen Plan, aus dem die Schätzungen der Einnahmen und Ausgaben bei Erstversicherungsgeschäften wie auch im aktiven und passiven Rückversicherungsgeschäft im Einzelnen hervorgehen.

[2] Muss das Unternehmen eine Solvabilitätsübersicht nach Kapitel 2 Abschnitt 2 nicht erstellen, ist die Einschätzung nach Satz 1 Nummer 4 Buchstabe a ausschließlich für die versicherungstechnischen Rückstellungen nach dem Handelsgesetzbuch abzugeben.

(4) Zusätzlich sind einzureichen:

1. Angaben über Art und Umfang der Geschäftsorganisation einschließlich
   a) der Angaben, die für die Beurteilung der in § 24 genannten Voraussetzungen wesentlich sind; dies gilt für Geschäftsleiter, andere Personen, die das Unternehmen tatsächlich leiten, die Mitglieder des Aufsichtsrats, den Verantwortlichen Aktuar sowie für die weiteren Personen, die für andere Schlüsselaufgaben verantwortlich sind,
   b) der Angaben zu Unternehmensverträgen der in den §§ 291 und 292 des Aktiengesetzes bezeichneten Art und
   c) der Angaben zu Verträgen über die Ausgliederung wichtiger Funktionen oder Tätigkeiten;
2. sofern an dem Versicherungsunternehmen bedeutende Beteiligungen gehalten werden,
   a) die Angabe der Inhaber und der Höhe der Beteiligungen,
   b) Angaben zu den Tatsachen, die für die Beurteilung der in § 16 genannten Anforderungen erforderlich sind,

c) sofern die Inhaber der bedeutenden Beteiligungen Jahresabschlüsse aufzustellen haben: die Jahresabschlüsse der letzten drei Geschäftsjahre nebst Prüfungsberichten von unabhängigen Abschlussprüfern, sofern solche zu erstellen sind, und

d) sofern diese Inhaber einem Konzern angehören: die Angabe der Konzernstruktur und, sofern solche Abschlüsse aufzustellen sind, die konsolidierten Konzernabschlüsse der letzten drei Geschäftsjahre nebst Prüfungsberichten von unabhängigen Abschlussprüfern, sofern solche Prüfungsberichte zu erstellen sind und der Herausgabe an den Antragsteller nach deutschem Recht keine Hindernisse entgegenstehen;

3. Angaben zu den Tatsachen, die auf eine enge Verbindung zwischen dem Versicherungsunternehmen und anderen natürlichen Personen oder Unternehmen hinweisen;
4. für Pflichtversicherungen die allgemeinen Versicherungsbedingungen;
5. für die Krankenversicherung im Sinne des § 146 Absatz 1
   a) die Grundsätze für die Berechnung der Prämien und der versicherungstechnischen Rückstellungen im Sinne der §§ 341e bis 341h des Handelsgesetzbuchs[1)] einschließlich der verwendeten Rechnungsgrundlagen, mathematischen Formeln, kalkulatorischen Herleitungen und statistischen Nachweise und
   b) die allgemeinen Versicherungsbedingungen sowie
6. bei Deckung der in der Anlage 1 Nummer 10 Buchstabe a genannten Risiken die Angabe von Namen und Anschriften der gemäß § 163 zu bestellenden Schadenregulierungsbeauftragten.

(5) [1] Außer bei Anträgen auf Erteilung der Erlaubnis zum Betrieb von Versicherungsgeschäften als Sterbekasse oder als eine der in § 1 Absatz 4 genannten Einrichtungen hat die Aufsichtsbehörde vor Erteilung der Erlaubnis die zuständigen Stellen der anderen Mitglied- oder Vertragsstaaten anzuhören, wenn das Unternehmen

1. Tochter- oder Schwesterunternehmen eines Versicherungsunternehmens, eines CRR-Kreditinstituts im Sinne des § 1 Absatz 3d Satz 1 des Kreditwesengesetzes, eines E-Geld-Instituts im Sinne des § 1 Absatz 3d Satz 6 des Kreditwesengesetzes oder eines Wertpapierhandelsunternehmens im Sinne des § 1 Absatz 3d Satz 4 des Kreditwesengesetzes ist und wenn das Mutterunternehmen oder das andere Schwesterunternehmen bereits in einem anderen Mitglied- oder Vertragsstaat zugelassen ist oder
2. durch dieselben natürlichen Personen oder Unternehmen kontrolliert wird, die ein Versicherungsunternehmen, CRR-Kreditinstitut, E-Geld-Institut oder Wertpapierhandelsunternehmen mit Sitz in einem anderen Mitgliedoder Vertragsstaat kontrollieren.

[2] Zuständig sind die Behörden der Mitglied- oder Vertragsstaaten, in denen das Mutterunternehmen, das Schwesterunternehmen oder das kontrollierende Unternehmen seine Hauptniederlassung hat oder die kontrollierenden Personen ihren gewöhnlichen Aufenthalt haben. [3] Schwesterunternehmen im Sinne des Satzes 1 Nummer 1 sind Unternehmen, die ein gemeinsames Mutterunternehmen haben. [4] Die Anhörung erstreckt sich insbesondere auf die Angaben, die

[1)] Nr. **16**.

für die Beurteilung der Zuverlässigkeit und fachlichen Eignung der in § 24 genannten Personen sowie für die Beurteilung der Zuverlässigkeit der Inhaber einer bedeutenden Beteiligung an Unternehmen derselben Gruppe im Sinne des Satzes 1 mit Sitz in dem betreffenden Mitglied- oder Vertragsstaat erforderlich sind sowie auf die Angaben zu den Eigenmitteln.

§ 10 Umfang der Erlaubnis. (1) [1]Die Aufsichtsbehörde erteilt die Erlaubnis unbefristet, wenn sich nicht aus dem Geschäftsplan etwas anderes ergibt. [2]Die Erlaubnis gilt für das Gebiet aller Mitglied- oder Vertragsstaaten.

(2) [1]Unternehmen, die nur die Erstversicherung oder die Erst- und Rückversicherung betreiben wollen, wird die Erlaubnis für jede der in der Anlage 1 genannten Versicherungssparten gesondert erteilt. [2]Sie bezieht sich jeweils auf die ganze Sparte, es sei denn, dass das Unternehmen nach seinem Geschäftsplan nur einen Teil der Risiken dieser Versicherungssparte decken will. [3]Die Erlaubnis kann auch für mehrere Versicherungssparten gemeinsam unter den in der Anlage 2 genannten Bezeichnungen erteilt werden.

(3) [1]Unternehmen, die ausschließlich die Rückversicherung betreiben wollen, wird die Erlaubnis für die Schaden- und Unfall-Rückversicherung einschließlich der Personen-Rückversicherung, soweit sie nicht Lebens-Rückversicherung ist (Nichtlebens-Rückversicherung), die Lebens-Rückversicherung oder für alle Arten der Rückversicherung erteilt. [2]Die Erlaubnis wird für alle Arten der Rückversicherung erteilt, wenn sich nicht aus Antrag oder Geschäftsplan etwas anderes ergibt.

(4) [1]Eine für eine oder mehrere Sparten erteilte Erlaubnis umfasst auch die Deckung zusätzlicher Risiken aus anderen Versicherungssparten, wenn diese Risiken im Zusammenhang mit einem Risiko einer betriebenen Versicherungssparte stehen, denselben Gegenstand betreffen und durch denselben Vertrag gedeckt werden. [2]Risiken, die unter die in der Anlage 1 Nummer 14, 15 und 17 genannten Versicherungssparten fallen, werden nicht als zusätzliche Risiken von der Erlaubnis zum Betrieb anderer Sparten umfasst. [3]Risiken, die unter die in der Anlage 1 Nummer 17 genannte Versicherungssparte fallen, werden jedoch unter den Voraussetzungen des Satzes 1 von der Erlaubnis für andere Sparten umfasst, wenn sie sich auf Streitigkeiten oder Ansprüche beziehen, die aus dem Einsatz von Schiffen auf See entstehen oder mit deren Einsatz verbunden sind, oder wenn die Erlaubnis zum Betrieb der in der Anlage 1 Nummer 18 Buchstabe a genannten Sparte erteilt wird.

§ 11 Versagung und Beschränkung der Erlaubnis. (1) Die Aufsichtsbehörde versagt die Erlaubnis, wenn

1. nach dem Geschäftsplan und den nach § 9 Absatz 2 bis 4 vorgelegten Unterlagen die Verpflichtungen aus den Versicherungen nicht genügend als dauernd erfüllbar dargetan sind,
2. Tatsachen vorliegen, die die Annahme rechtfertigen, dass die Geschäftsleiter oder die Mitglieder des Aufsichtsrats die Voraussetzungen des § 24 nicht erfüllen, oder
3. Tatsachen vorliegen, die die Annahme rechtfertigen, dass der Inhaber einer bedeutenden Beteiligung an dem Versicherungsunternehmen oder, wenn der Inhaber eine juristische Person ist, auch ein gesetzlicher oder satzungsmäßiger Vertreter oder, wenn der Inhaber eine Personenhandelsgesellschaft ist, auch ein Gesellschafter des Inhabers, nicht zuverlässig ist oder aus anderen

Gründen nicht den im Interesse einer soliden und umsichtigen Leitung des Unternehmens zu stellenden Ansprüchen genügt; dies gilt im Zweifel auch dann, wenn Tatsachen die Annahme rechtfertigen, dass er die von ihm aufgebrachten Mittel für den Erwerb der bedeutenden Beteiligung durch eine Handlung erbracht hat, die objektiv einen Straftatbestand erfüllt,

4. bei Erstversicherungsunternehmen über einen der in den Nummern 1 bis 3 genannten Fälle hinaus auch, wenn
   a) nach dem Geschäftsplan und den nach § 9 Absatz 2 bis 4 vorgelegten Unterlagen die Belange der Versicherten nicht ausreichend gewahrt sind,
   b) im Fall der Erteilung der Erlaubnis das Versicherungsunternehmen Tochterunternehmen einer Versicherungs-Holdinggesellschaft oder einer gemischten Finanzholding-Gesellschaft wird und Tatsachen die Annahme rechtfertigen, dass eine Person, die die Versicherungs-Holdinggesellschaft oder die gemischte Finanzholding-Gesellschaft tatsächlich leitet, nicht zuverlässig ist oder nicht die zur Führung der Geschäfte der Versicherungs-Holdinggesellschaft oder der gemischten Finanzholding-Gesellschaft erforderliche fachliche Eignung besitzt oder
   c) im Fall des Betriebs der Krankenversicherung Tatsachen vorliegen, die die Annahme rechtfertigen, dass das Unternehmen Tarife einführen wird, die im Sinne des § 204 des Versicherungsvertragsgesetzes[1)] einen gleichartigen Versicherungsschutz gewähren wie die Tarife eines anderen mit ihm konzernmäßig verbundenen Versicherungsunternehmens, sofern durch die Einführung solcher Tarife die Belange der Versicherten nicht ausreichend gewahrt werden.

(2) [1] Die Erlaubnis kann versagt werden, wenn Tatsachen die Annahme rechtfertigen, dass eine wirksame Aufsicht über das Versicherungsunternehmen beeinträchtigt wird. [2] Dies ist insbesondere der Fall, wenn

1. das Versicherungsunternehmen mit anderen Personen oder Unternehmen in einen Unternehmensverbund eingebunden ist oder in einer engen Verbindung zu einem solchen steht und dieser durch die Struktur des Beteiligungsgeflechts oder durch mangelhafte wirtschaftliche Transparenz eine wirksame Aufsicht über das Versicherungsunternehmen beeinträchtigt,
2. eine wirksame Aufsicht über das Versicherungsunternehmen auf Grund der für Personen oder Unternehmen nach Nummer 1 geltenden Rechts- oder Verwaltungsvorschriften eines Drittstaats beeinträchtigt wird oder
3. eine wirksame Aufsicht über das Versicherungsunternehmen dadurch beeinträchtigt wird, dass Personen oder Unternehmen nach Nummer 1 im Staat ihres Sitzes oder ihrer Hauptverwaltung nicht wirksam beaufsichtigt werden oder die für die Aufsicht über diese Personen oder Unternehmen zuständige Behörde nicht zu einer befriedigenden Zusammenarbeit mit der Aufsichtsbehörde bereit ist.

[3] Die Erlaubnis kann ferner versagt werden, wenn entgegen § 9 Absatz 4 der Antrag keine ausreichenden Angaben oder Unterlagen enthält.

(3) Aus anderen als den in den Absätzen 1 und 2 genannten Gründen darf die Erlaubnis nicht versagt werden.

---

1) Nr. **6**.

§ 12 Änderungen des Geschäftsplans und von Unternehmensverträgen. (1) [1]Jede Änderung der in § 9 Absatz 2 Nummer 1 und 2 genannten Bestandteile des Geschäftsplans eines Erstversicherungsunternehmens, jede Erweiterung seines Geschäftsbetriebs auf ein Gebiet außerhalb der Mitglied- und Vertragsstaaten sowie die Unternehmensverträge eines Erstversicherungsunternehmens im Sinne des § 9 Absatz 4 Nummer 1 Buchstabe b und deren Änderung, Aufhebung, Kündigung oder Beendigung durch Rücktritt dürfen erst in Kraft gesetzt werden, wenn sie von der Aufsichtsbehörde genehmigt worden sind. [2]Dasselbe gilt für jede Ausdehnung des Geschäftsbetriebs eines Rückversicherungsunternehmens auf ein Gebiet außerhalb der Mitglied- oder Vertragsstaaten oder auf andere Arten der Rückversicherung. [3]Satz 1 gilt nicht für Satzungsänderungen, die eine Kapitalerhöhung zum Gegenstand haben. [4]§ 11 ist entsprechend anzuwenden.

(2) Soll der Geschäftsbetrieb auf andere Versicherungssparten oder auf andere Arten der Rückversicherung ausgedehnt werden, so sind hierfür die Nachweise entsprechend § 9 Absatz 2 bis 4 vorzulegen.

(3) Soll der Geschäftsbetrieb auf ein Gebiet außerhalb der Mitglied- oder Vertragsstaaten ausgedehnt werden, ist

1. anzugeben, welche Versicherungszweige und -arten oder Arten der Rückversicherung betrieben werden sollen, und
2. nachzuweisen, dass das Versicherungsunternehmen
   a) auch nach der beabsichtigten Ausdehnung des Gebiets des Geschäftsbetriebs die Vorschriften über die Kapitalausstattung in den Mitglied- oder Vertragsstaaten erfüllt und
   b) im Falle der Errichtung einer Niederlassung in einem Gebiet außerhalb der Mitglied- und Vertragsstaaten eine dort erforderliche Erlaubnis zum Geschäftsbetrieb erhalten hat oder eine solche Erlaubnis nicht erforderlich ist.

§ 13 Bestandsübertragungen. (1) [1]Jeder Vertrag, durch den der Versicherungsbestand eines Erstversicherungsunternehmens ganz oder teilweise auf ein anderes Versicherungsunternehmen übertragen werden soll, bedarf der Genehmigung der Aufsichtsbehörden, die für die beteiligten Unternehmen zuständig sind. [2]Die Genehmigung ist zu erteilen, wenn die Belange der Versicherten gewahrt sind und die Verpflichtungen aus den Versicherungen als dauernd erfüllbar dargetan sind; § 9 Absatz 5 über die Anhörung der zuständigen Stellen eines anderen Mitglied- oder Vertragsstaats und § 8 Absatz 4 sind entsprechend anzuwenden.

(2) [1]Überträgt ein inländisches Erstversicherungsunternehmen einen Bestand an Versicherungsverträgen, die es nach § 57 durch eine Niederlassung oder im Dienstleistungsverkehr abgeschlossen hat, ganz oder teilweise auf ein Versicherungsunternehmen mit Sitz in einem Mitglied- oder Vertragsstaat, ist abweichend von Absatz 1 Satz 1 lediglich die Genehmigung der für das übertragende Versicherungsunternehmen zuständigen Aufsichtsbehörde erforderlich. [2]Die Genehmigung wird erteilt, wenn die Voraussetzungen des Absatzes 1 Satz 2 vorliegen und wenn

1. durch eine Bescheinigung der Aufsichtsbehörde des Sitzstaats des übernehmenden Versicherungsunternehmens der Nachweis geführt wird, dass dieses

nach der Übertragung ausreichende anrechnungsfähige Eigenmittel zur Einhaltung der Solvabilitätskapitalanforderung hat,
2. die Aufsichtsbehörden der Mitglied- oder Vertragsstaaten, in denen die Risiken des Versicherungsbestandes belegen sind, zustimmen und
3. bei Übertragung des Versicherungsbestandes einer Niederlassung die Aufsichtsbehörde dieses Mitglied- oder Vertragsstaats angehört worden ist.

[3] Die Sätze 1 und 2 Nummer 1 gelten auch für die Übertragung eines im Inland erworbenen Versicherungsbestandes. [4] In den Fällen der Sätze 1 und 3 ist Absatz 5 entsprechend anzuwenden; die Absätze 3 und 4 bleiben unberührt.

(3) Verlieren durch die Bestandsübertragung Mitglieder eines Versicherungsvereins auf Gegenseitigkeit ganz oder zum Teil ihre Rechte als Vereinsmitglied, darf die Genehmigung nur erteilt werden, wenn der Bestandsübertragungsvertrag ein angemessenes Entgelt vorsieht, es sei denn, das übernehmende Versicherungsunternehmen ist ebenfalls ein Versicherungsverein auf Gegenseitigkeit und die von der Bestandsübertragung betroffenen Mitglieder des übertragenden Vereins werden Mitglieder des übernehmenden Vereins.

(4) [1] Sind Versicherungsverhältnisse mit Überschussbeteiligung betroffen, darf die Übertragung nur genehmigt werden, wenn der Wert der Überschussbeteiligung der Versicherten des übertragenden und des übernehmenden Versicherungsunternehmens nach der Übertragung nicht niedriger ist als vorher. [2] Dabei sind die Aktiva und Passiva des übertragenden Versicherungsunternehmens unter der Annahme, die betroffenen Versicherungsverhältnisse würden bei diesem Versicherungsunternehmen fortgesetzt, und die Aktiva und Passiva des übernehmenden Versicherungsunternehmens unter der Annahme, dass es die Versicherungsverhältnisse entsprechend dem Vertrag übernimmt, dessen Genehmigung beantragt wird, zu ihrem beizulegenden Zeitwert zu vergleichen, soweit sie Einfluss auf die Überschussbeteiligung haben können.

(5) Die Rechte und Pflichten des übertragenden Versicherungsunternehmens aus den Versicherungsverträgen gehen mit der Bestandsübertragung auch im Verhältnis zu den Versicherungsnehmern auf das übernehmende Versicherungsunternehmen über; § 415 des Bürgerlichen Gesetzbuchs ist nicht anzuwenden.

(6) Der Bestandsübertragungsvertrag bedarf der Schriftform; § 311b Absatz 3 des Bürgerlichen Gesetzbuchs ist nicht anzuwenden.

(7) [1] Die Genehmigung der Bestandsübertragung ist im Bundesanzeiger zu veröffentlichen. [2] Sobald die Bestandsübertragung wirksam geworden ist, hat das übernehmende Versicherungsunternehmen die Versicherungsnehmer über Anlass, Ausgestaltung und Folgen der Bestandsübertragung zu informieren, insbesondere über einen mit der Bestandsübertragung verbundenen Wechsel der für die Rechts- oder Finanzaufsicht zuständigen Behörde und eine Änderung hinsichtlich eines Anspruchs gegen eine Sicherungseinrichtung im Fall der Insolvenz des Versicherers. [3] Ändert sich die für die Finanzaufsicht zuständige Behörde, so kann der Versicherungsnehmer den Vertrag innerhalb eines Monats nach Zugang der Mitteilung des Versicherers mit sofortiger Wirkung kündigen. [4] Der Versicherer hat den Versicherungsnehmer in der Mitteilung auf das Kündigungsrecht hinzuweisen.

§ 14 Umwandlungen. (1) [1] Jede Umwandlung eines Erstversicherungsunternehmens nach den §§ 1 und 122a des Umwandlungsgesetzes bedarf der

Genehmigung der Aufsichtsbehörde. [2] § 13 Absatz 1 Satz 2 und Absatz 2, 4 und 5 ist entsprechend anzuwenden.

(2) Die Aufsichtsbehörde kann die Genehmigung auch versagen, wenn die Vorschriften über die Umwandlung nicht beachtet worden sind.

§ 15 Versicherungsfremde Geschäfte. (1) [1] Erstversicherungsunternehmen dürfen neben Versicherungsgeschäften nur solche Geschäfte betreiben, die mit Versicherungsgeschäften in unmittelbarem Zusammenhang stehen. [2] Bei Termingeschäften und Geschäften mit Optionen und ähnlichen Finanzinstrumenten ist ein solcher Zusammenhang anzunehmen, wenn sie der Absicherung gegen Kurs- oder Zinsänderungsrisiken bei vorhandenen Vermögenswerten oder dem späteren Erwerb von Wertpapieren dienen sollen oder wenn aus vorhandenen Wertpapieren ein zusätzlicher Ertrag erzielt werden soll, ohne dass bei Erfüllung von Lieferverpflichtungen eine Unterdeckung des Sicherungsvermögens eintreten kann. [3] Bei einer Aufnahme von Fremdmitteln besteht regelmäßig kein unmittelbarer Zusammenhang im Sinne des Satzes 1. [4] Bei einem anderen Geschäft ist ein solcher Zusammenhang nur anzunehmen, wenn es nicht mit einem zusätzlichen finanziellen Risiko verbunden ist.

(2) [1] Rückversicherungsunternehmen dürfen nur Rückversicherungsgeschäfte sowie damit verbundene Geschäfte und Dienstleistungen betreiben. [2] Als mit einem Rückversicherungsgeschäft verbundenes Geschäft gelten auch die Funktion und die Tätigkeiten als Holdinggesellschaft in Bezug auf Unternehmen der Finanzbranche im Sinne des § 2 Absatz 3 des Finanzkonglomerate-Aufsichtsgesetzes.

(3) Der Versicherungsvertrieb im Sinne von § 7 Nummer 34a gehört zum Geschäftsbetrieb eines Versicherungsunternehmens.

§ 15a Immobiliar-Verbraucherdarlehen; Verordnungsermächtigung. (1) [1] Für die Vergabe von Immobiliar-Verbraucherdarlehen gilt § 18a Absatz 1 bis 10 des Kreditwesengesetzes entsprechend. [2] Bei der Kreditwürdigkeitsprüfung durch Unternehmen, die nicht der Aufsicht durch die Aufsichtsbehörden der Länder unterliegen, gelten die Leitlinien der gemäß § 18a Absatz 10a des Kreditwesengesetzes erlassenen Rechtsverordnung entsprechend.

(2) [1] Das Bundesministerium der Finanzen wird ermächtigt, durch Rechtsverordnung mit Zustimmung des Bundesrates nähere Bestimmungen über die nach Absatz 1 in Verbindung mit § 18a Absatz 6 des Kreditwesengesetzes erforderlichen Kenntnisse und Fähigkeiten der mit der Vergabe von Immobiliar-Verbraucherdarlehen befassten internen und externen Mitarbeiter zu erlassen. [2] Das Bundesministerium der Finanzen kann die Ermächtigung nach Satz 1 durch Rechtsverordnung mit Zustimmung des Bundesrates auf die Bundesanstalt übertragen.

Abschnitt 2. Bedeutende Beteiligungen

§ 16 Inhaber bedeutender Beteiligungen. [1] Die Inhaber einer bedeutenden Beteiligung im Sinne des § 7 Nummer 3 am Versicherungsunternehmen müssen den Ansprüchen genügen, die im Interesse einer soliden und umsichtigen Leitung des Unternehmens zu stellen sind; insbesondere müssen sie zuverlässig sein. [2] Wird die Beteiligung von juristischen Personen oder Personenhandelsgesellschaften gehalten, gilt das Gleiche für diejenigen natürlichen Personen, die nach Gesetz, Satzung oder Gesellschaftsvertrag zur Führung der

Geschäfte und zur Vertretung berufen sind, sowie für die persönlich haftenden Gesellschafter.

§ 17 Anzeige bedeutender Beteiligungen. (1) Jede natürliche oder juristische Person und jede Personenhandelsgesellschaft hat der Aufsichtsbehörde unverzüglich schriftlich anzuzeigen, wenn sie beabsichtigt,

1. allein oder im Zusammenwirken mit anderen Personen oder Unternehmen eine bedeutende Beteiligung an einem Versicherungsunternehmen zu erwerben (interessierter Erwerber); in der Anzeige hat der interessierte Erwerber die für die Höhe der Beteiligung und die für die Begründung des maßgeblichen Einflusses, die Beurteilung seiner Zuverlässigkeit und die Prüfung der weiteren Untersagungsgründe nach § 18 Absatz 1 wesentlichen Unterlagen vorzulegen und Tatsachen sowie die Personen und Unternehmen anzugeben, von denen er die entsprechenden Anteile erwerben will; ist der interessierte Erwerber eine juristische Person oder Personenhandelsgesellschaft, hat er in der Anzeige die für die Beurteilung der Zuverlässigkeit seiner gesetzlichen oder satzungsmäßigen Vertreter oder persönlich haftenden Gesellschafter wesentlichen Tatsachen anzugeben;
2. allein oder im Zusammenwirken mit anderen Personen oder Unternehmen den Betrag der bedeutenden Beteiligung so zu erhöhen, dass die Schwelle von 20 Prozent, 30 Prozent oder 50 Prozent der Stimmrechte oder des Nennkapitals erreicht oder überschritten wird oder dass über das Versicherungsunternehmen Kontrolle im Sinne des § 7 Nummer 16 ausgeübt wird oder
3. eine bedeutende Beteiligung an einem Versicherungsunternehmen aufzugeben oder den Betrag der bedeutenden Beteiligung unter die Schwelle von 20 Prozent, 30 Prozent oder 50 Prozent der Stimmrechte oder des Kapitals abzusenken oder die Beteiligung so zu verändern, dass über das Versicherungsunternehmen keine Kontrolle ausgeübt wird; dabei hat sie die verbleibende Höhe der Beteiligung anzugeben; die Aufsichtsbehörde kann eine Frist setzen, innerhalb derer ihr die Person oder Personenhandelsgesellschaft, welche die Anzeige erstattet hat, den Vollzug oder den Nichtvollzug der beabsichtigten Absenkung oder Veränderung anzuzeigen hat.

(2) Der Inhaber einer bedeutenden Beteiligung hat der Aufsichtsbehörde jeden neu bestellten gesetzlichen oder satzungsmäßigen Vertreter und jeden neuen persönlich haftenden Gesellschafter mit den für die Beurteilung von dessen Zuverlässigkeit wesentlichen Tatsachen unverzüglich schriftlich anzuzeigen.

(3) Die Aufsichtsbehörde hat den Eingang einer vollständigen Anzeige nach Absatz 1 Nummer 1 oder 2 unverzüglich, spätestens jedoch innerhalb von zwei Arbeitstagen nach deren Zugang, schriftlich gegenüber dem Anzeigepflichtigen zu bestätigen.

(4) [1] Die Aufsichtsbehörde hat die Anzeige nach Absatz 1 Nummer 1 oder 2 innerhalb von 60 Arbeitstagen ab dem Datum des Schreibens, mit dem sie den Eingang der vollständigen Anzeige schriftlich bestätigt hat (Beurteilungszeitraum), zu beurteilen. [2] In der Bestätigung nach Absatz 3 hat die Aufsichtsbehörde dem Anzeigepflichtigen den Tag mitzuteilen, an dem der Beurteilungszeitraum endet. [3] Bis zum 50. Arbeitstag innerhalb des Beurteilungszeitraums kann die Aufsichtsbehörde weitere Informationen anfordern, die für den

Abschluss der Beurteilung notwendig sind. [4] Die Anforderung ergeht schriftlich unter Angabe der zusätzlich benötigten Informationen. [5] Die Aufsichtsbehörde hat den Eingang der weiteren Informationen innerhalb von zwei Arbeitstagen nach deren Zugang schriftlich gegenüber dem Anzeigepflichtigen zu bestätigen. [6] Der Beurteilungszeitraum ist vom Zeitpunkt der Anforderung der weiteren Informationen bis zu deren Eingang bei der Aufsichtsbehörde gehemmt. [7] Der Beurteilungszeitraum beträgt im Fall der Hemmung nach Satz 6 höchstens 80 Arbeitstage. [8] Die Aufsichtsbehörde kann Ergänzungen oder Klarstellungen zu diesen Informationen anfordern; dies führt nicht zu einer erneuten Hemmung des Beurteilungszeitraums. [9] Abweichend von Satz 7 kann der Beurteilungszeitraum im Fall einer Hemmung auf höchstens 90 Arbeitstage ausgedehnt werden, wenn der Anzeigepflichtige

1. außerhalb des Europäischen Wirtschaftsraums ansässig ist oder beaufsichtigt wird oder
2. eine natürliche Person oder ein Unternehmen ist, die oder das nicht der Beaufsichtigung nach einer der folgenden Richtlinien unterliegt:
   a) 2009/65/EG des Europäischen Parlaments und des Rates vom 13. Juli 2009 zur Koordinierung der Rechts- und Verwaltungsvorschriften betreffend bestimmte Organismen für gemeinsame Anlagen in Wertpapieren (OGAW) (ABl. L 302 vom 17.11.2009, S. 32),
   b) 2004/39/EG des Europäischen Parlaments und des Rates vom 21. April 2004 über Märkte für Finanzinstrumente, zur Änderung der Richtlinien 85/611/EWG und 93/6/EWG des Rates und der Richtlinie 2000/12/EG des Europäischen Parlaments und des Rates und zur Aufhebung der Richtlinie 93/22/EWG des Rates (ABl. L 145 vom 30.4.2004, S. 1, L 45 vom 16.2.2005, S. 18),
   c) 2006/48/EG des Europäischen Parlaments und des Rates vom 14. Juni 2006 über die Aufnahme und Ausübung der Tätigkeit der Kreditinstitute (ABl. L 177 vom 30.6.2006, S. 1) oder
   d) 2009/138/EG.

§ 18 Untersagung oder Beschränkung einer bedeutenden Beteiligung.

(1) Die Aufsichtsbehörde kann innerhalb des Beurteilungszeitraums den beabsichtigten Erwerb der bedeutenden Beteiligung oder deren Erhöhung untersagen, wenn Tatsachen die Annahme rechtfertigen, dass

1. der Anzeigepflichtige oder, wenn es sich bei dem Anzeigepflichtigen um eine juristische Person handelt, ein gesetzlicher oder satzungsmäßiger Vertreter oder, wenn es sich um eine Personenhandelsgesellschaft handelt, ein Gesellschafter nicht zuverlässig ist oder aus anderen Gründen nicht den Ansprüchen genügt, die im Interesse einer soliden und umsichtigen Leitung des Versicherungsunternehmens zu stellen sind; dies ist auch der Fall, wenn der Erwerber der bedeutenden Beteiligung nicht darlegen kann, dass er über angemessene geschäftliche Pläne für die Fortsetzung und die Entwicklung der Geschäfte des Versicherungsunternehmens verfügt und die Belange der Versicherten oder die berechtigten Interessen der Vorversicherer ausreichend gewahrt sind; ferner gilt § 11 Absatz 1 Nummer 3 zweiter Halbsatz entsprechend;
2. das Versicherungsunternehmen nicht in der Lage ist oder bleiben wird, den Aufsichtsanforderungen zu genügen oder dass das Versicherungsunterneh-

men durch die Begründung oder Erhöhung der Beteiligung mit dem Inhaber der bedeutenden Beteiligung in einen Unternehmensverbund eingebunden würde, der durch die Struktur des Beteiligungsgeflechts oder durch mangelhafte wirtschaftliche Transparenz eine wirksame Aufsicht über das Versicherungsunternehmen oder einen wirksamen Austausch von Informationen zwischen den zuständigen Stellen oder die Festlegung der Aufteilung der Zuständigkeiten zwischen diesen Stellen beeinträchtigen kann;

3. das Versicherungsunternehmen durch die Begründung oder Erhöhung der bedeutenden Beteiligung Tochterunternehmen eines Versicherungsunternehmens eines Drittstaats würde, das im Staat seines Sitzes oder seiner Hauptverwaltung nicht wirksam beaufsichtigt wird oder dessen zuständige Aufsichtsstelle zu einer befriedigenden Zusammenarbeit nicht bereit ist;
4. der künftige Geschäftsleiter nicht zuverlässig oder nicht fachlich geeignet ist;
5. im Zusammenhang mit dem beabsichtigten Erwerb oder der Erhöhung der Beteiligung Geldwäsche oder Terrorismusfinanzierung im Sinne des Artikels 1 der Richtlinie 2005/60/EG des Europäischen Parlaments und des Rates vom 26. Oktober 2005 zur Verhinderung der Nutzung des Finanzsystems zum Zwecke der Geldwäsche und der Terrorismusfinanzierung (ABl. L 309 vom 25.11.2005, S. 15) stattfindet, stattgefunden hat, diese Straftaten versucht wurden oder der beabsichtigte Erwerb oder die Erhöhung das Risiko eines solchen Verhaltens vergrößern könnte oder
6. der Anzeigepflichtige nicht über die notwendige finanzielle Solidität verfügt, insbesondere in Bezug auf die Art der tatsächlichen und geplanten Geschäfte des Versicherungsunternehmens; dies ist insbesondere dann der Fall, wenn der Anzeigepflichtige auf Grund seiner Kapitalausstattung oder Vermögenssituation nicht den besonderen Anforderungen des Versicherungsunternehmens gerecht werden kann, die sich aus dessen Kapitalausstattung oder liquiden Mitteln ergeben, um die dauernde Erfüllbarkeit der Verpflichtungen aus den Versicherungsverträgen zu gewährleisten oder um Liquiditätsengpässe zu vermeiden.

(2) Die Aufsichtsbehörde kann den Erwerb oder die Erhöhung der Beteiligung auch untersagen, wenn die Angaben nach § 17 Absatz 1 Nummer 1 und 2 oder die zusätzlich nach § 17 Absatz 4 Satz 3 angeforderten Informationen unvollständig oder nicht richtig sind; die Aufsichtsbehörde darf weder Vorbedingungen an die Höhe der zu erwerbenden Beteiligung oder der beabsichtigten Erhöhung der Beteiligung stellen, noch darf sie bei ihrer Prüfung auf die wirtschaftlichen Bedürfnisse des Marktes abstellen.

(3) [1] Entscheidet die Aufsichtsbehörde nach Abschluss der Beurteilung, den Erwerb oder die Erhöhung der Beteiligung zu untersagen, teilt sie dem Anzeigepflichtigen die Entscheidung innerhalb von zwei Arbeitstagen und unter Einhaltung des Beurteilungszeitraums schriftlich unter Angabe der Gründe mit. [2] Bemerkungen und Vorbehalte der für den Anzeigepflichtigen zuständigen Behörde sind in der Entscheidung wiederzugeben; die Untersagung darf nur auf Grund der in den Absätzen 1 und 2 genannten Gründe erfolgen. [3] Wird der Erwerb oder die Erhöhung der Beteiligung nicht innerhalb des Beurteilungszeitraums schriftlich untersagt, kann der Erwerb oder die Erhöhung vollzogen werden; die Rechte der Aufsichtsbehörde nach § 20 bleiben davon unberührt. [4] Wird der Erwerb oder die Erhöhung der Beteiligung nicht untersagt, kann die Aufsichtsbehörde eine Frist festsetzen, nach deren Ablauf der Anzeigepflichtige

ihr den Vollzug oder den Nichtvollzug des beabsichtigten Erwerbs oder der Erhöhung unverzüglich anzuzeigen hat.

§ 19 Untersagung der Ausübung der Stimmrechte. (1) Die Aufsichtsbehörde kann dem Inhaber einer bedeutenden Beteiligung sowie den von ihm kontrollierten Unternehmen die Ausübung der Stimmrechte untersagen und anordnen, dass über die Anteile nur mit ihrer Zustimmung verfügt werden darf, wenn

1. die Voraussetzungen für eine Untersagungsverfügung nach § 18 Absatz 1 oder 2 vorliegen,
2. der Inhaber der bedeutenden Beteiligung seiner Pflicht nach § 17 Absatz 1 Nummer 1 oder 2 zur vorherigen Unterrichtung der Aufsichtsbehörde nicht nachgekommen ist und diese Unterrichtung innerhalb einer von der Aufsichtsbehörde gesetzten Frist nicht nachgeholt hat oder
3. die Beteiligung nicht innerhalb der gemäß § 18 Absatz 3 Satz 4 festgesetzten Frist oder trotz einer vollziehbaren Untersagung nach § 18 Absatz 1 oder 2 erworben oder erhöht worden ist.

(2) [1] Im Fall einer Untersagung nach Absatz 1 hat das Gericht am Sitz des Versicherungsunternehmens auf Antrag der Aufsichtsbehörde, des Versicherungsunternehmens oder eines an diesem Beteiligten einen Treuhänder zu bestellen, auf den es die Ausübung der Stimmrechte überträgt. [2] Der Treuhänder hat bei der Ausübung der Stimmrechte den Interessen einer soliden und umsichtigen Leitung des Versicherungsunternehmens Rechnung zu tragen. [3] Über die Maßnahmen nach Absatz 1 hinaus kann die Aufsichtsbehörde den Treuhänder mit der Veräußerung der Anteile, soweit sie eine bedeutende Beteiligung begründen, beauftragen, wenn der Inhaber der bedeutenden Beteiligung der Aufsichtsbehörde nicht innerhalb einer von dieser bestimmten angemessenen Frist einen zuverlässigen Erwerber nachweist; die Inhaber der Anteile haben bei der Veräußerung in dem erforderlichen Umfang mitzuwirken. [4] Sind die Voraussetzungen des Absatzes 1 entfallen, hat die Aufsichtsbehörde den Widerruf der Bestellung des Treuhänders zu beantragen. [5] Der Treuhänder hat Anspruch auf Ersatz angemessener Auslagen und auf Vergütung für seine Tätigkeit. [6] Das Gericht setzt auf Antrag des Treuhänders die Auslagen und die Vergütung fest; die Rechtsbeschwerde gegen die Vergütungsfestsetzung ist ausgeschlossen. [7] Für die Kosten, die durch die Bestellung des Treuhänders entstehen, und für die diesem zu gewährenden Auslagen und die Vergütung haften das Versicherungsunternehmen und der betroffene Inhaber einer bedeutenden Beteiligung als Gesamtschuldner. [8] Der Bund schießt die Auslagen und die Vergütung vor.

§ 20 Prüfung des Inhabers. Sofern Tatsachen Anlass zu Zweifeln geben, dass der Inhaber einer bedeutenden Beteiligung den in § 16 genannten Anforderungen genügt oder dass die Verbindung mit anderen Personen oder Unternehmen wegen der Struktur des Beteiligungsgeflechts oder mangelhafter wirtschaftlicher Transparenz eine wirksame Aufsicht über das Versicherungsunternehmen möglich macht, kann die Aufsichtsbehörde anordnen, dass der Inhaber die in § 9 Absatz 4 Nummer 2 Buchstabe c und d genannten Unterlagen vorzulegen und auf seine Kosten durch einen von der Aufsichtsbehörde zu bestimmenden Wirtschaftsprüfer prüfen zu lassen hat.

§ 21 Zusammenarbeit mit den zuständigen Behörden in anderen Mitglied- oder Vertragsstaaten. (1) Bei der Beurteilung des Erwerbs arbeitet die Aufsichtsbehörde mit den zuständigen Behörden in den anderen Mitglied- oder Vertragsstaaten eng zusammen, wenn der Anzeigepflichtige

1. ein CRR-Kreditinstitut, ein E-Geld-Institut oder ein Wertpapierhandelsunternehmen, ein Versicherungsunternehmen oder eine Verwaltungsgesellschaft im Sinne des Artikels 2 Absatz 1 Buchstabe b der Richtlinie 2009/65/EG ist, das oder die in einem anderen Mitgliedstaat oder anderen Sektor als dem, in dem der Erwerb beabsichtigt wird, zugelassen ist,
2. ein Mutterunternehmen eines CRR-Kreditinstituts, eines E-Geld-Instituts oder eines Wertpapierhandelsunternehmens, eines Versicherungsunternehmens oder einer Verwaltungsgesellschaft im Sinne des Artikels 2 Absatz 1 Buchstabe b der Richtlinie 2009/65/EG ist, das oder die in einem anderen Mitgliedstaat oder anderen Sektor als dem, in dem der Erwerb beabsichtigt wird, zugelassen ist, oder
3. eine natürliche oder juristische Person ist, die ein CRR-Kreditinstitut, ein E-Geld-Institut oder ein Wertpapierhandelsunternehmen, ein Versicherungsunternehmen oder eine Verwaltungsgesellschaft im Sinne des Artikels 2 Absatz 1 Buchstabe b der Richtlinie 2009/65/EG kontrolliert, das oder die in einem anderen Mitgliedstaat oder anderen Sektor als dem, in dem der Erwerb beabsichtigt wird, zugelassen ist.

(2) [1] Die zuständigen Behörden tauschen untereinander unverzüglich die Informationen aus, die für die Beurteilung wesentlich oder relevant sind. [2] Dabei teilen die zuständigen Behörden einander alle einschlägigen Informationen auf Anfrage mit und übermitteln alle wesentlichen Informationen von sich aus. [3] In der Entscheidung der zuständigen Behörde, die das Versicherungsunternehmen zugelassen hat, an dem der Erwerb beabsichtigt wird, sind alle Bemerkungen oder Vorbehalte seitens der für den interessierten Erwerber zuständigen Behörde zu vermerken.

§ 22 Verordnungsermächtigung. [1] Das Bundesministerium der Finanzen wird ermächtigt, durch Rechtsverordnung Vorschriften über Art, Umfang, Zeitpunkt und Form der gemäß § 17 Absatz 1 und 2 einzureichenden Angaben zu erlassen, soweit dies zur Erfüllung der Aufgaben der Aufsichtsbehörde erforderlich ist. [2] Für Versicherungsunternehmen, die nicht der Aufsicht der Aufsichtsbehörden der Länder unterliegen, kann in der Rechtsverordnung vorgesehen werden, dass interessierte Erwerber allgemein oder im Einzelfall die in § 9 Absatz 4 Nummer 2 Buchstabe c und d genannten Unterlagen vorzulegen haben und auf ihre Kosten durch einen von der Aufsichtsbehörde zu bestimmenden Wirtschaftsprüfer prüfen zu lassen haben. [3] Die Ermächtigung kann durch Rechtsverordnung auf die Bundesanstalt übertragen werden. [4] Rechtsverordnungen nach den Sätzen 1 bis 3 bedürfen nicht der Zustimmung des Bundesrates.

Abschnitt 3. Geschäftsorganisation

§ 23 Allgemeine Anforderungen an die Geschäftsorganisation, Produktfreigabeverfahren. (1) [1] Versicherungsunternehmen müssen über eine Geschäftsorganisation verfügen, die wirksam und ordnungsgemäß ist und die der Art, dem Umfang und der Komplexität ihrer Tätigkeiten angemessen ist.

[2]Die Geschäftsorganisation muss neben der Einhaltung der von den Versicherungsunternehmen zu beachtenden Gesetze, Verordnungen und aufsichtsbehördlichen Anforderungen eine solide und umsichtige Leitung des Unternehmens gewährleisten. [3]Dazu gehören neben der Einhaltung der Anforderungen dieses Abschnitts insbesondere eine angemessene, transparente Organisationsstruktur mit einer klaren Zuweisung und einer angemessenen Trennung der Zuständigkeiten sowie ein wirksames unternehmensinternes Kommunikationssystem.

(1a) [1]Die Unternehmen, die Versicherungsprodukte zum Verkauf konzipieren, haben ein Verfahren für die interne Freigabe zum Vertrieb jedes einzelnen Versicherungsprodukts oder jeder wesentlichen Änderung bestehender Versicherungsprodukte zu unterhalten, zu betreiben und regelmäßig zu überprüfen (Produktfreigabeverfahren). [2]Das Verfahren muss gewährleisten, dass für jedes Versicherungsprodukt, bevor es an Kunden vertrieben wird, ein bestimmter Zielmarkt festgelegt wird. [3]Bei der Festlegung des Zielmarkts sind alle einschlägigen Risiken für den bestimmten Zielmarkt zu bewerten. [4]Es ist sicherzustellen, dass die beabsichtigte Vertriebsstrategie dem bestimmten Zielmarkt entspricht. [5]Die Unternehmen stellen im Rahmen einer angemessenen Geschäftsorganisation sicher, dass die Versicherungsprodukte an den bestimmten Zielmarkt vertrieben werden.

(1b) [1]Die Unternehmen haben die Versicherungsprodukte regelmäßig zu überprüfen. [2]Dabei haben sie alle Ereignisse zu berücksichtigen, die wesentlichen Einfluss auf das potenzielle Risiko für den bestimmten Zielmarkt haben könnten, und zumindest zu beurteilen, ob das Versicherungsprodukt weiterhin den Bedürfnissen des bestimmten Zielmarkts entspricht und die beabsichtigte Vertriebsstrategie immer noch geeignet ist.

(1c) [1]Unternehmen, die Versicherungsprodukte konzipieren, haben allen Vertreibern sämtliche sachgerechten Informationen zu dem Versicherungsprodukt und dem Produktfreigabeverfahren, einschließlich des bestimmten Zielmarkts des Versicherungsprodukts, zur Verfügung zu stellen. [2]Vertreibt ein Unternehmen Versicherungsprodukte, die es nicht selbst konzipiert, oder berät es über solche Versicherungsprodukte, muss es über angemessene Vorkehrungen verfügen, um sich die in Satz 1 genannten Informationen zu verschaffen und die Merkmale und den bestimmten Zielmarkt zu verstehen.

(1d) Die Absätze 1a bis 1c gelten nicht für Versicherungsprodukte, die aus einer Versicherung für Großrisiken im Sinne des § 210 Absatz 2 des Versicherungsvertragsgesetzes[1)] bestehen, und nicht für Rückversicherungsunternehmen.

(2) Der Vorstand sorgt dafür, dass die Geschäftsorganisation regelmäßig intern überprüft wird.

(3) [1]Die Unternehmen müssen schriftliche interne Leitlinien aufstellen, die der vorherigen Zustimmung durch den Vorstand unterliegen und deren Umsetzung sicherzustellen ist. [2]Die Leitlinien müssen mindestens Vorgaben zum Risikomanagement, zum internen Kontrollsystem, zur internen Revision und, soweit relevant, zur Ausgliederung von Funktionen und Tätigkeiten machen. [3]Sie sind mindestens einmal jährlich zu überprüfen. [4]Bei wesentlichen Ände-

---

[1)] Nr. **6**.

rungen der Bereiche oder Systeme, auf die sie sich beziehen, sind sie entsprechend anzupassen.

(4) Die Unternehmen haben angemessene Vorkehrungen, einschließlich der Entwicklung von Notfallplänen, zu treffen, um die Kontinuität und Ordnungsmäßigkeit ihrer Tätigkeiten zu gewährleisten.

(5) [1] Die aufbau- und ablauforganisatorischen Regelungen sowie das interne Kontrollsystem sind für Dritte nachvollziehbar zu dokumentieren. [2] Die Dokumentation ist sechs Jahre aufzubewahren; § 257 Absatz 3 und 5 des Handelsgesetzbuchs ist entsprechend anzuwenden.

(6) Die Unternehmen haben einen Prozess vorzusehen, der es den Mitarbeitern unter Wahrung der Vertraulichkeit ihrer Identität ermöglicht, potenzielle oder tatsächliche Verstöße

1. gegen dieses Gesetz,
2. gegen auf Grund dieses Gesetzes erlassene Rechtsverordnungen,
3. gegen die Verordnung (EU) Nr. 596/2014 des Europäischen Parlaments und des Rates vom 16. April 2014 über Marktmissbrauch (Marktmissbrauchsverordnung) und zur Aufhebung der Richtlinie 2003/6/EG des Europäischen Parlaments und des Rates und der Richtlinien 2003/124/EG, 2003/125/EG und 2004/72/EG der Kommission (ABl. L 173 vom 12.6.2014, S. 1),
4. gegen die Verordnung (EU) Nr. 1286/2014 des Europäischen Parlaments und des Rates vom 26. November 2014 über Basisinformationsblätter für verpackte Anlageprodukte für Kleinanleger und Versicherungsanlageprodukte (PRIIP) (ABl. L 352 vom 9.12.2014, S. 1, L 358 vom 13.12.2014, S. 50) in der jeweils geltenden Fassung

sowie etwaige strafbare Handlungen innerhalb des Unternehmens an eine geeignete Stelle zu melden.

§ 24 Anforderungen an Personen, die das Unternehmen tatsächlich leiten oder andere Schlüsselaufgaben wahrnehmen. (1) [1] Personen, die ein Versicherungsunternehmen tatsächlich leiten oder andere Schlüsselaufgaben wahrnehmen, müssen zuverlässig und fachlich geeignet sein. [2] Fachliche Eignung setzt berufliche Qualifikationen, Kenntnisse und Erfahrungen voraus, die eine solide und umsichtige Leitung des Unternehmens gewährleisten. [3] Dies erfordert angemessene theoretische und praktische Kenntnisse in Versicherungsgeschäften sowie im Fall der Wahrnehmung von Leitungsaufgaben ausreichende Leitungserfahrung. [4] Eine ausreichende Leitungserfahrung ist in der Regel anzunehmen, wenn eine dreijährige leitende Tätigkeit bei einem Versicherungsunternehmen von vergleichbarer Größe und Geschäftsart nachgewiesen wird.

(2) [1] Personen, die das Unternehmen tatsächlich leiten, sind neben den Geschäftsleitern solche, die für das Unternehmen wesentliche Entscheidungen zu treffen befugt sind. [2] Geschäftsleiter sind diejenigen natürlichen Personen, die nach Gesetz oder Satzung oder als Hauptbevollmächtigte einer Niederlassung in einem Mitglied- oder Vertragsstaat zur Führung der Geschäfte und zur Vertretung des Versicherungsunternehmens berufen sind.

(3) [1] Zum Geschäftsleiter kann nicht bestellt werden, wer bereits bei zwei Versicherungsunternehmen, Pensionsfonds, Versicherungs-Holdinggesellschaften oder Versicherungs-Zweckgesellschaften als Geschäftsleiter tätig ist. [2] Wenn es sich um Unternehmen derselben Versicherungs- oder Unternehmensgruppe

handelt, kann die Aufsichtsbehörde mehr Mandate zulassen. [3]Die Bestellung als Geschäftsleiter hindert nicht die Ausübung einer Funktion im Sinne des § 7 Satz 1 Nummer 9.

(4) [1]Wer Geschäftsleiter eines Unternehmens war, kann nicht zum Mitglied des Verwaltungs- oder Aufsichtsorgans dieses Unternehmens bestellt werden, wenn bereits zwei ehemalige Geschäftsleiter des Unternehmens Mitglied des Verwaltungs- oder Aufsichtsorgans sind. [2]Zum Mitglied des Verwaltungs- oder Aufsichtsorgans kann auch nicht bestellt werden, wer bereits fünf Kontrollmandate bei Unternehmen ausübt, die unter der Aufsicht der Bundesanstalt stehen; Mandate bei Unternehmen derselben Versicherungs- oder Unternehmensgruppe bleiben dabei außer Betracht.

§ 25 Vergütung. (1) Die Vergütungssysteme für Geschäftsleiter, Mitarbeiter und Aufsichtsratsmitglieder von Versicherungsunternehmen müssen angemessen, transparent und auf eine nachhaltige Entwicklung des Unternehmens ausgerichtet sein.

(2) Versicherungsunternehmen dürfen Geschäftsleitern und Aufsichtsratsmitgliedern Vergütungen für andere Tätigkeiten, die sie für das jeweilige Unternehmen erbringen, nur gewähren, soweit dies mit ihren Aufgaben als Organmitglieder vereinbar ist.

(3) [1]Übergeordnete Unternehmen einer Gruppe haben sicherzustellen, dass die Vergütungssysteme für Geschäftsleiter, Mitarbeiter und Aufsichtsratsmitglieder innerhalb der gesamten Gruppe angemessen, transparent und auf eine nachhaltige Entwicklung ausgerichtet sind. [2]Übergeordnetes Unternehmen einer Gruppe im Sinne dieses Absatzes ist das an der Spitze der Gruppe stehende Unternehmen, das entweder selbst Versicherungsunternehmen oder Versicherungs-Holdinggesellschaft ist.

(4) [1]Unter den Voraussetzungen des § 134 Absatz 1 soll die Aufsichtsbehörde anordnen, dass das Versicherungsunternehmen den Jahresgesamtbetrag, den es für die variable Vergütung aller Geschäftsleiter und Mitarbeiter vorsieht (Gesamtbetrag der variablen Vergütungen), auf einen bestimmten Anteil des Jahresergebnisses beschränkt oder vollständig streicht. [2]Unter den Voraussetzungen des § 134 Absatz 1 soll die Aufsichtsbehörde ferner die Auszahlung variabler Vergütungsbestandteile untersagen oder auf einen bestimmten Anteil des Jahresergebnisses beschränken. [3]Die Versicherungsunternehmen müssen der Anordnungs-, Untersagungs- und Beschränkungsbefugnis der Sätze 1 und 2 in entsprechenden vertraglichen Vereinbarungen mit ihren Geschäftsleitern, Mitarbeitern und Aufsichtsratsmitgliedern Rechnung tragen. [4]Soweit vertragliche Vereinbarungen über die Gewährung einer variablen Vergütung einer Anordnung, Untersagung oder Beschränkung nach Satz 1 oder 2 entgegenstehen, können aus ihnen keine Rechte hergeleitet werden.

(5) Die Absätze 1, 3 und 4 gelten nicht, soweit die Vergütung durch Tarifvertrag oder in seinem Geltungsbereich durch Vereinbarung der Arbeitsvertragsparteien über die Anwendung der tarifvertraglichen Regelungen oder in einer Betriebs- oder Dienstvereinbarung auf Grund eines Tarifvertrags vereinbart ist.

(6) Für den Abschluss oder die Vermittlung von Immobiliar-Verbraucherdarlehensverträgen darf die Struktur der Vergütung der Vermittler deren Fähigkeit nicht beeinträchtigen, im besten Interesse des Verbrauchers zu handeln, insbesondere darf sie nicht an Absatzziele gekoppelt sein.

§ 26 Risikomanagement. (1) [1] Versicherungsunternehmen müssen über ein wirksames Risikomanagementsystem verfügen, das gut in die Organisationsstruktur und die Entscheidungsprozesse des Unternehmens integriert ist und dabei die Informationsbedürfnisse der Personen, die das Unternehmen tatsächlich leiten oder andere Schlüsselfunktionen innehaben, durch eine angemessene interne Berichterstattung gebührend berücksichtigt. [2] Das Risikomanagementsystem muss die Strategien, Prozesse und internen Meldeverfahren umfassen, die erforderlich sind, um Risiken, denen das Unternehmen tatsächlich oder möglicherweise ausgesetzt ist, zu identifizieren, zu bewerten, zu überwachen und zu steuern sowie aussagefähig über diese Risiken zu berichten. [3] Es muss einzeln und auf aggregierter Basis eine kontinuierliche Risikosteuerung unter Berücksichtigung der zwischen den Risiken bestehenden Interdependenzen ermöglichen. [4] Auf Verlangen der Aufsichtsbehörde haben die Versicherungsunternehmen einen Sanierungsplan (allgemeiner Sanierungsplan) aufzustellen. [5] Der allgemeine Sanierungsplan muss Szenarien beschreiben, die zu einer Gefährdung des Unternehmens führen können, und darlegen, mit welchen Maßnahmen diesen begegnet werden soll.

(2) Zu den zu entwickelnden Strategien zählt insbesondere eine auf die Steuerung des Unternehmens abgestimmte Risikostrategie, die Art, Umfang und Komplexität des betriebenen Geschäfts und der mit ihm verbundenen Risiken berücksichtigt.

(3) Wenn Versicherungsunternehmen die Matching-Anpassung gemäß § 80 oder die Volatilitätsanpassung gemäß § 82 anwenden, erstellen sie einen Liquiditätsplan, der die eingehenden und ausgehenden Zahlungsströme in Bezug auf die Vermögenswerte und Verbindlichkeiten projiziert, die diesen Anpassungen unterliegen.

(4) Wird die Volatilitätsanpassung gemäß § 82 angewendet, umfassen die schriftlich festgelegten Leitlinien für das Risikomanagement gemäß § 23 Absatz 3 Leitlinien für die Kriterien zur Anwendung der Volatilitätsanpassung.

(5) [1] Das Risikomanagementsystem hat sämtliche Risiken des Versicherungsunternehmens zu umfassen und insbesondere die folgenden Bereiche abzudecken:

1. die Zeichnung von Versicherungsrisiken und die Bildung von Rückstellungen,
2. das Aktiv-Passiv-Management,
3. die Kapitalanlagen, insbesondere Derivate und Instrumente von vergleichbarer Komplexität,
4. die Steuerung des Liquiditäts- und des Konzentrationsrisikos,
5. die Steuerung operationeller Risiken und
6. die Rückversicherung und andere Risikominderungstechniken.

[2] Die innerbetrieblichen Leitlinien zum Risikomanagement müssen mindestens Vorgaben zu den genannten Bereichen machen.

(6) In Bezug auf das Kapitalanlagerisiko müssen Versicherungsunternehmen nachweisen, dass sie die Anforderungen des § 124 einhalten.

(7) [1] In Bezug auf das Aktiv-Passiv-Management bewerten die Versicherungsunternehmen regelmäßig

1. die Sensitivität ihrer versicherungstechnischen Rückstellungen und anrechenbaren Eigenmittel in Bezug auf die Annahmen, die der Extrapolation

der maßgeblichen risikofreien Zinskurve gemäß § 7 Nummer 21 zugrunde liegen;

2. wenn die Matching-Anpassung gemäß § 80 angewendet wird:
   a) die Sensitivität ihrer versicherungstechnischen Rückstellungen und anrechenbaren Eigenmittel in Bezug auf die Annahmen, die der Berechnung der Matching-Anpassung zugrunde liegen, einschließlich der Berechnung des grundlegenden Spreads gemäß § 81 Nummer 2, und die potenziellen Auswirkungen von Zwangsverkäufen von Vermögenswerten auf ihre anrechenbaren Eigenmittel;
   b) die Sensitivität ihrer versicherungstechnischen Rückstellungen und anrechenbaren Eigenmittel in Bezug auf Änderungen der Zusammensetzung des zugeordneten Vermögensportfolios;
   c) die Auswirkung einer Verringerung der Matching-Anpassung auf null;
3. wenn die Volatilitätsanpassung gemäß § 82 angewendet wird:
   a) die Sensitivität ihrer versicherungstechnischen Rückstellungen und anrechenbaren Eigenmittel in Bezug auf die Annahmen, die der Berechnung der Volatilitätsanpassung zugrunde liegen, und die potenziellen Auswirkungen einer erzwungenen Veräußerung von Vermögenswerten auf ihre anrechenbaren Eigenmittel,
   b) die Auswirkung einer Verringerung der Volatilitätsanpassung auf null.

[2] Die Versicherungsunternehmen übermitteln die in Satz 1 genannten Bewertungen der Aufsichtsbehörde jährlich im Rahmen der gemäß § 43 zu übermittelnden Informationen. [3] Falls eine Reduzierung der Matching-Anpassung oder der Volatilitätsanpassung auf null zur Nichteinhaltung der Solvabilitätskapitalanforderung führen würde, legt das Unternehmen darüber hinaus eine Analyse der Maßnahmen vor, die es in einer derartigen Situation anwenden könnte, um die anrechnungsfähigen Eigenmittel in der zur Einhaltung der Solvabilitätskapitalanforderung erforderlichen Höhe wieder aufzubringen oder das Risikoprofil zu senken, sodass die Einhaltung der Solvabilitätskapitalanforderung wiederhergestellt ist.

(8) [1] Die Versicherungsunternehmen müssen eine unabhängige Risikocontrollingfunktion einrichten, die so strukturiert ist, dass sie die Umsetzung des Risikomanagementsystems maßgeblich befördert. [2] Bei Versicherungsunternehmen, die ein internes Modell verwenden, hat die Risikocontrollingfunktion zusätzlich die Aufgabe, das interne Modell zu entwickeln, umzusetzen, zu testen, zu validieren und einschließlich späterer Änderungen zu dokumentieren. [3] Darüber hinaus analysiert sie die Leistungsfähigkeit des internen Modells und berichtet dem Vorstand in zusammengefasster Form über diese Analyse, gibt ihm Anregungen zur Verbesserung des Modells und hält ihn über Korrekturmaßnahmen für festgestellte Schwächen oder Mängel auf dem Laufenden.

§ 27 Risiko- und Solvabilitätsbeurteilung. (1) [1] Zum Risikomanagementsystem gehört eine unternehmenseigene Risiko- und Solvabilitätsbeurteilung, die Versicherungsunternehmen regelmäßig sowie im Fall wesentlicher Änderungen in ihrem Risikoprofil unverzüglich vorzunehmen haben. [2] Die Risiko- und Solvabilitätsbeurteilung muss fester Bestandteil der Geschäftsstrategie des Unternehmens sein und kontinuierlich in die strategischen Entscheidungen einfließen. [3] Die Versicherungsunternehmen informieren die Aufsichtsbehörde innerhalb von 14 Tagen nach Abschluss jeder durchgeführten Risiko- und Solvabilitätsbeurteilung über das Ergebnis.

(2) Die Risiko- und Solvabilitätsbeurteilung umfasst mindestens

1. eine eigenständige Bewertung des Solvabilitätsbedarfs unter Berücksichtigung des spezifischen Risikoprofils, der festgelegten Risikotoleranzlimite und der Geschäftsstrategie des Unternehmens,
2. eine Beurteilung der jederzeitigen Erfüllbarkeit der aufsichtsrechtlichen Eigenmittelanforderungen, der Anforderungen an die versicherungstechnischen Rückstellungen in der Solvabilitätsübersicht und der Risikotragfähigkeit sowie
3. eine Beurteilung der Wesentlichkeit von Abweichungen des Risikoprofils des Unternehmens von den Annahmen, die der Berechnung der Solvabilitätskapitalanforderung mit der Standardformel oder mit dem internen Modell zugrunde liegen.

(3) [1] Die Unternehmen müssen für die Beurteilung nach Absatz 2 Nummer 1 über Prozesse verfügen, die der Art, dem Umfang und der Komplexität ihrer Risiken angemessen sind und es ihnen erlauben, alle Risiken, denen sie kurz- und langfristig ausgesetzt sind oder ausgesetzt sein könnten, ordnungsgemäß zu identifizieren und zu beurteilen. [2] Dazu gehört insbesondere die selbständige Durchführung von Stresstests und Szenarioanalysen.

(4) Die Versicherungsunternehmen sind für die von ihnen zur Bewertung des Solvabilitätsbedarfs nach Absatz 2 Nummer 1 verwendeten Methoden darlegungspflichtig.

(5) Sofern ein internes Modell verwendet wird, hat die Bewertung in den in Absatz 2 Nummer 3 genannten Fällen zusammen mit der Rekalibrierung zu erfolgen, mit der die Ergebnisse des internen Modells auf das Risikomaß und die Kalibrierung der Solvabilitätskapitalanforderung überführt werden.

(6) [1] Unternehmen, die langfristige Garantien geben, müssen als Teil der Beurteilung nach Absatz 2 Nummer 2 auch die langfristige Risikotragfähigkeit des Unternehmens berücksichtigen. [2] Wenn Versicherungsunternehmen die Matching-Anpassung gemäß § 80, die Volatilitätsanpassung gemäß § 82 oder die Übergangsmaßnahmen gemäß den §§ 351 und 352 anwenden, ist die Einhaltung der Kapitalanforderungen gemäß Absatz 2 Nummer 2 mit und ohne Berücksichtigung dieser Anpassungen und Übergangsmaßnahmen zu bewerten.

§ 28 Externe Ratings. (1) Damit ein übermäßiges Vertrauen auf externe Ratingagenturen vermieden wird, überprüfen die Versicherungsunternehmen bei der Nutzung externer Ratings für die Berechnung der versicherungstechnischen Rückstellungen und der Solvabilitätskapitalanforderung im Rahmen ihres Risikomanagements die Angemessenheit dieser externen Ratings, indem sie soweit praktisch möglich zusätzliche Bewertungen vornehmen, um eine automatische Abhängigkeit von externen Ratings zu verhindern.

(2) Die in den Geltungsbereich der Verordnung (EG) Nr. 1060/2009 einbezogenen Unternehmen, die der Aufsicht nach diesem Gesetz unterliegen, haben die sich aus dieser Verordnung in der jeweils geltenden Fassung ergebenden Pflichten einzuhalten.

§ 29 Internes Kontrollsystem. (1) [1] Versicherungsunternehmen müssen über ein wirksames internes Kontrollsystem verfügen, das mindestens Verwaltungs- und Rechnungslegungsverfahren, einen internen Kontrollrahmen und eine angemessene unternehmensinterne Berichterstattung auf allen Unternehmensebenen umfasst. [2] Darüber hinaus muss das interne Kontrollsystem über eine Funktion zur Überwachung der Einhaltung der Anforderungen (Compliance-Funktion) verfügen.

(2) [1] Zu den Aufgaben der Compliance-Funktion gehört die Beratung des Vorstands in Bezug auf die Einhaltung der Gesetze und Verwaltungsvorschriften, die für den Betrieb des Versicherungsgeschäfts gelten. [2] Außerdem hat die Compliance-Funktion die möglichen Auswirkungen von Änderungen des Rechtsumfeldes für das Unternehmen zu beurteilen und das mit der Verletzung der rechtlichen Vorgaben verbundene Risiko (Compliance-Risiko) zu identifizieren und zu beurteilen.

(3) Versicherungsunternehmen müssen über angemessene Systeme und Strukturen verfügen, um die in den §§ 40 bis 42 genannten Anforderungen erfüllen und die Informationen bereitstellen zu können, die den Aufsichtsbehörden nach diesem Gesetz zu übermitteln sind.

(4) Die Unternehmen legen in vom Vorstand genehmigten schriftlichen internen Leitlinien fest, wie die kontinuierliche Angemessenheit der zu veröffentlichenden und der zu übermittelnden Informationen zu gewährleisten ist.

§ 30 Interne Revision. (1) Versicherungsunternehmen müssen über eine wirksame interne Revision verfügen, welche die gesamte Geschäftsorganisation und insbesondere das interne Kontrollsystem auf deren Angemessenheit und Wirksamkeit überprüft.

(2) [1] Die interne Revision muss objektiv und unabhängig von anderen operativen Tätigkeiten sein. [2] Sie berichtet ihre Prüfungsergebnisse und Empfehlungen direkt an den Vorstand. [3] Der Vorstand beschließt, welche Maßnahmen auf Grund der Feststellungen der Revisionsberichte zu ergreifen sind und stellt die Umsetzung dieser Maßnahmen sicher.

§ 31 Versicherungsmathematische Funktion. (1) [1] Versicherungsunternehmen müssen über eine wirksame versicherungsmathematische Funktion verfügen. [2] Die Aufgabe dieser Funktion ist es, in Bezug auf die Berechnung der versicherungstechnischen Rückstellungen

1. die Berechnung zu koordinieren,
2. die Angemessenheit der verwendeten Methoden und der zugrunde liegenden Modelle sowie der getroffenen Annahmen zu gewährleisten,
3. die Hinlänglichkeit und die Qualität der zugrunde gelegten Daten zu bewerten,
4. die besten Schätzwerte mit den Erfahrungswerten zu vergleichen,
5. den Vorstand über die Verlässlichkeit und Angemessenheit der Berechnung zu unterrichten und
6. die Berechnung in den in § 79 genannten Fällen zu überwachen.

(2) [1] Darüber hinaus gibt die versicherungsmathematische Funktion eine Stellungnahme zur allgemeinen Zeichnungs- und Annahmepolitik und zur Angemessenheit der Rückversicherungsvereinbarungen ab. [2] Sie trägt zur wirksamen Umsetzung des Risikomanagementsystems bei. [3] Dies gilt insbesondere

im Hinblick auf die Entwicklung interner Modelle. [4] Außerdem trägt die versicherungsmathematische Funktion zur Risiko- und Solvabilitätsbeurteilung bei.

(3) Wer die versicherungsmathematische Funktion ausübt, muss über Kenntnisse der Versicherungs- und der Finanzmathematik verfügen, die der Art, dem Umfang und der Komplexität der Risiken des Versicherungsunternehmens angemessen sind, und einschlägige Erfahrungen mit den maßgeblichen fachlichen und sonstigen Standards darlegen können.

§ 32 Ausgliederung. (1) Ein Versicherungsunternehmen, das Funktionen oder Versicherungstätigkeiten ausgliedert, bleibt für die Erfüllung aller aufsichtsrechtlichen Vorschriften und Anforderungen verantwortlich.

(2) [1] Durch die Ausgliederung dürfen die ordnungsgemäße Ausführung der ausgegliederten Funktionen und Versicherungstätigkeiten, die Steuerungs- und Kontrollmöglichkeiten des Vorstands sowie die Prüfungs- und Kontrollrechte der Aufsichtsbehörde nicht beeinträchtigt werden. [2] Insbesondere hat das ausgliedernde Unternehmen hinsichtlich der von der Ausgliederung betroffenen Funktionen und Versicherungstätigkeiten sicherzustellen, dass

1. das Unternehmen selbst, seine Abschlussprüfer und die Aufsichtsbehörde auf alle Daten zugreifen können,
2. der Dienstleister mit der Aufsichtsbehörde zusammenarbeitet und
3. die Aufsichtsbehörde Zugangsrechte zu den Räumen des Dienstleisters erhält, die sie selbst oder durch Dritte ausüben kann.

(3) Bei der Ausgliederung wichtiger Funktionen und Versicherungstätigkeiten haben Versicherungsunternehmen außerdem sicherzustellen, dass wesentliche Beeinträchtigungen der Qualität der Geschäftsorganisation, eine übermäßige Steigerung des operationellen Risikos sowie eine Gefährdung der kontinuierlichen und zufriedenstellenden Dienstleistung für die Versicherungsnehmer vermieden werden.

(4) [1] Das ausgliedernde Versicherungsunternehmen hat sich die erforderlichen Auskunfts- und Weisungsrechte vertraglich zu sichern und die ausgegliederten Funktionen und Versicherungstätigkeiten in sein Risikomanagement einzubeziehen. [2] Ein Weisungsrecht ist dann nicht erforderlich, wenn im Rahmen einer steuerlichen Organschaft Funktionen auf eine Muttergesellschaft ausgegliedert werden und diese sich für die Wahrnehmung der Funktionen oder Versicherungstätigkeiten vertraglich den gleichen aufsichtsrechtlichen Anforderungen unterwirft, die für das ausgliedernde Unternehmen gelten.

§ 33 Entsprechende Anwendung gesellschaftsrechtlicher Vorschriften. (1) § 188 Absatz 1 Satz 1 und § 195 Absatz 3 sind entsprechend auch für Versicherungsaktiengesellschaften anzuwenden.

(2) [1] Soweit in diesem Gesetz Vorschriften für den Vorstand oder den Aufsichtsrat getroffen sind und öffentlich-rechtliche Versicherungsunternehmen Organe mit dieser Bezeichnung nicht besitzen, tritt an die Stelle des Vorstands das entsprechende Geschäftsführungsorgan und an die Stelle des Aufsichtsrats das entsprechende Überwachungsorgan. [2] Für das Geschäftsführungsorgan öffentlich-rechtlicher Versicherungsunternehmen gelten die §§ 80 und 91 Absatz 2 des Aktiengesetzes entsprechend. [3] Für das Überwachungsorgan öffent-

lich-rechtlicher Versicherungsunternehmen gilt § 80 des Aktiengesetzes entsprechend.

§ 34 Verordnungsermächtigung. (1) [1]Für Versicherungsunternehmen, die nicht der Aufsicht durch die Aufsichtsbehörden der Länder unterliegen, kann das Bundesministerium der Finanzen durch Rechtsverordnung nähere Bestimmungen über den Inhalt der allgemeinen Sanierungspläne nach § 26 Absatz 1 erlassen. [2]Die Ermächtigung kann durch Rechtsverordnung auf die Bundesanstalt übertragen werden. [3]Vor dem Erlass ist der Versicherungsbeirat zu hören. [4]Die Rechtsverordnungen nach den Sätzen 1 bis 3 bedürfen nicht der Zustimmung des Bundesrates.

(2) [1]Das Bundesministerium der Finanzen wird ermächtigt, durch Rechtsverordnung nähere Einzelheiten festzulegen zur Ausgestaltung, Überwachung, Weiterentwicklung und Transparenz der Vergütungssysteme im Sinne des § 25, einschließlich der Entscheidungsprozesse und Verantwortlichkeiten, der Zusammensetzung der Vergütung, der positiven und negativen Vergütungsparameter, der Leistungszeiträume und der Offenlegung der Ausgestaltung der Vergütungssysteme und der gezahlten Vergütungen, des Offenlegungsmediums und der Häufigkeit der Offenlegung sowie zur Zulässigkeit sonstiger Vergütungen im Sinne des § 25 Absatz 2. [2]Die Regelungen haben sich insbesondere an Größe und Vergütungsstruktur des Unternehmens sowie Art, Umfang, Komplexität, Risikogehalt und Internationalität der Geschäftsaktivitäten insgesamt zu orientieren. [3]Bei Unternehmen, die einer Versicherungsgruppe angehören, haben sich die Regelungen zusätzlich an der Größe der Gruppe sowie an Art, Umfang, Komplexität, Risikogehalt und Internationalität der Geschäftsaktivitäten der Gruppe zu orientieren. [4]Im Rahmen der Bestimmungen nach Satz 1 müssen die auf Offenlegung der Vergütung bezogenen handelsrechtlichen Bestimmungen nach § 341a Absatz 1 und 2 in Verbindung mit § 341l Absatz 1 Satz 1 des Handelsgesetzbuchs[1)] unberührt bleiben. [5]Die Ermächtigung kann durch Rechtsverordnung auf die Bundesanstalt übertragen werden. [6]Rechtsverordnungen nach den Sätzen 1 bis 5 bedürfen nicht der Zustimmung des Bundesrates.

Abschnitt 4. Allgemeine Berichtspflichten

Unterabschnitt 1. Abschlussprüfung

§ 35 Pflichten des Abschlussprüfers. (1) [1]Bei der Prüfung des Jahresabschlusses hat der Prüfer festzustellen, ob das Versicherungsunternehmen folgende Anzeigepflichten und Anforderungen erfüllt hat:

1. die Anzeigepflichten nach § 47 Nummer 1 bis 5 und 7 bis 9, § 58 Absatz 1 und 4 und § 59 Absatz 1 und 4,
2. die Anzeigepflichten nach § 28 Absatz 5 des Finanzkonglomerate-Aufsichtsgesetzes,
3. die Anforderungen nach Artikel 4 Absatz 1, 2 und 3 Unterabsatz 2, nach den Artikeln 4a und 9 Absatz 1 bis 4 sowie Artikel 11 Absatz 1 bis 11 Unterabsatz 1 und Absatz 12 der Verordnung (EU) Nr. 648/2012,

---

1) Nr. **16**.

4. die Anforderungen nach Artikel 4 Absatz 1 Unterabsatz 1, Artikel 5a Absatz 1 sowie den Artikeln 8b bis 8d der Verordnung (EU) Nr. 1060/2009 in der jeweils geltenden Fassung,
5. die Anforderungen nach Artikel 4 Absatz 1 bis 5 und Artikel 15 der Verordnung (EU) 2015/2365 des Europäischen Parlaments und des Rates vom 25. November 2015 über die Transparenz von Wertpapierfinanzierungsgeschäften und der Weiterverwendung sowie zur Änderung der Verordnung (EU) Nr. 648/2012 (ABl. L 337 vom 23.12.2015, S. 1) in der jeweils geltenden Fassung,
6. die Anforderungen nach Artikel 16 Absatz 1 bis 4, Artikel 23 Absatz 3 Satz 1, Absatz 5, 6 und 10, Artikel 28 Absatz 2 sowie Artikel 29 der Verordnung (EU) 2016/1011 des Europäischen Parlaments und des Rates vom 8. Juni 2016 über Indizes, die bei Finanzinstrumenten und Finanzkontrakten als Referenzwert oder zur Messung der Wertentwicklung eines Investmentfonds verwendet werden, und zur Änderung der Richtlinien 2008/48/EG und 2014/17/EU sowie der Verordnung (EU) Nr. 596/2014 (ABl. L 171 vom 29.6.2016, S. 1),
7. die Anforderungen nach Artikel 28 Absatz 1 bis 3 der Verordnung (EU) Nr. 600/2014 des Europäischen Parlaments und des Rates vom 15. Mai 2014 über Märkte für Finanzinstrumente und zur Änderung der Verordnung (EU) Nr. 648/2012 (ABl. L 173 vom 12.6.2014, S. 84; L 6 vom 10.1.2015, S. 6; L 270 vom 15.10.2015, S. 4) und
8. die Anforderungen nach den Artikeln 5 bis 9, 18 bis 26, 27 Absatz 1 und 4 und nach Artikel 43 Absatz 5 und 6 der Verordnung (EU) 2017/2402 des Europäischen Parlaments und des Rates vom 12. Dezember 2017 zur Festlegung eines allgemeinen Rahmens für Verbriefungen und zur Schaffung eines spezifischen Rahmens für einfache, transparente und standardisierte Verbriefungen und zur Änderung der Richtlinien 2009/65/EG, 2009/138/EG, 2011/61/EU und der Verordnungen (EG) Nr. 1060/2009 und (EU) Nr. 648/2012 (ABl. L 347 vom 28.12.2017, S. 35).

[2] Das Ergebnis ist in den Prüfungsbericht aufzunehmen.

(2) Der Prüfer prüft die Solvabilitätsübersicht auf Einzel- und auf Gruppenebene und berichtet gesondert über das Ergebnis.

(3) Die Prüfungspflicht nach § 317 Absatz 4 des Handelsgesetzbuchs besteht bei allen Versicherungsunternehmen, auf die § 91 Absatz 2 des Aktiengesetzes anzuwenden ist.

(4) [1] Der Prüfer ist verpflichtet, der Aufsichtsbehörde unverzüglich alle Tatsachen und Entscheidungen in Bezug auf das geprüfte Unternehmen zu melden, von denen er bei der Wahrnehmung seiner Aufgaben Kenntnis erlangt und die Folgendes betreffen:

1. eine Verletzung der Rechts- und Verwaltungsvorschriften, die die Zulassungsbedingungen regeln oder auf die Ausübung der Tätigkeit der Unternehmen Anwendung finden;
2. die Beeinträchtigung der Fortsetzung der Tätigkeit des Unternehmens;
3. die Ablehnung der Bestätigung ordnungsmäßiger Rechnungslegung oder Vorbehalte;
4. die Nichtbedeckung der Solvabilitätskapitalanforderung oder
5. die Nichtbedeckung der Mindestkapitalanforderung.

[2] Satz 1 ist entsprechend anzuwenden für Tatsachen und Entscheidungen, von denen der Prüfer in Wahrnehmung seiner Aufgaben bei einem Versicherungsunternehmen Kenntnis erlangt, das mit dem geprüften Versicherungsunternehmen eine sich aus einem Kontrollverhältnis ergebende enge Verbindung unterhält. [3] Mitteilungen nach den Sätzen 1 und 2 gelten nicht als Verletzung einer vertraglich oder durch Rechts- oder Verwaltungsvorschriften festgelegten Verschwiegenheitspflicht, es sei denn, sie erfolgen nicht in gutem Glauben.

(5) [1] Bei Versicherungsunternehmen im Sinne des § 52 hat der Prüfer auch zu prüfen, ob diese ihre Pflichten nach den §§ 53 bis 56 sowie nach dem Geldwäschegesetz erfüllt haben. [2] Über die Prüfung ist gesondert zu berichten.

§ 36 Anzeige des Abschlussprüfers gegenüber der Aufsichtsbehörde; Prüfungsauftrag. (1) [1] Der Vorstand hat der Aufsichtsbehörde unverzüglich den vom Aufsichtsrat bestimmten Abschlussprüfer anzuzeigen. [2] Die Aufsichtsbehörde kann, wenn sie gegen den Abschlussprüfer des Jahresabschlusses Bedenken hat, verlangen, dass innerhalb einer angemessenen Frist ein anderer Abschlussprüfer bestimmt wird. [3] Unterbleibt das oder hat die Aufsichtsbehörde auch gegen den neuen Abschlussprüfer Bedenken, so hat sie den Abschlussprüfer selbst zu bestimmen. [4] In diesem Fall gilt § 318 Absatz 1 Satz 4 des Handelsgesetzbuchs mit der Maßgabe, dass die gesetzlichen Vertreter den Prüfungsauftrag unverzüglich dem von der Aufsichtsbehörde bestimmten Prüfer zu erteilen haben.

(2) Absatz 1 gilt nicht für Versicherungsunternehmen, die auf Grund des § 330 Absatz 1, 3 und 4 des Handelsgesetzbuchs[1)] und der auf Grund dieser Ermächtigung erlassenen Rechtsverordnung von der Verpflichtung befreit sind, den Jahresabschluss prüfen zu lassen.

§ 37 Vorlage bei der Aufsichtsbehörde. (1) [1] Versicherungsunternehmen haben den von den gesetzlichen Vertretern aufgestellten sowie später den festgestellten Jahresabschluss und den Lagebericht der Aufsichtsbehörde jeweils unverzüglich einzureichen. [2] Versicherungsunternehmen, die einen Konzernabschluss oder einen Konzernlagebericht aufstellen, haben diese Unterlagen der Aufsichtsbehörde unverzüglich einzureichen.

(2) Versicherungsunternehmen haben der Aufsichtsbehörde die geprüfte Solvabilitätsübersicht und den Prüfungsbericht zur Solvabilitätsübersicht (§ 35 Absatz 2) jeweils unverzüglich einzureichen.

(3) Versicherungsunternehmen haben in dem Geschäftsjahr, das dem Berichtsjahr folgt, jedem Versicherten auf Verlangen den Jahresabschluss und den Lagebericht zu übersenden.

(4) Die Bestimmungen der Absätze 1 und 3 gelten auch für einen Einzelabschluss nach § 325 Absatz 2a des Handelsgesetzbuchs.

(5) [1] Der Vorstand hat der Aufsichtsbehörde eine Ausfertigung des Berichts des Abschlussprüfers mit seinen Bemerkungen und denen des Aufsichtsrats unverzüglich nach der Feststellung vorzulegen. [2] Die Aufsichtsbehörde kann den Bericht mit dem Abschlussprüfer erörtern und, wenn nötig, Ergänzungen der Prüfung und des Berichts auf Kosten des Versicherungsunternehmens veranlassen.

[1)] Nr. **16**.

(6) Absatz 4 gilt nicht für die in § 36 Absatz 2 genannten Unternehmen.

§ 38 Rechnungslegung und Prüfung öffentlich-rechtlicher Versicherungsunternehmen. (1) Die Vorschriften des Zweiten Unterabschnitts des Vierten Abschnitts in Verbindung mit den Vorschriften des Ersten und Zweiten Abschnitts des Dritten Buchs des Handelsgesetzbuchs gelten für öffentlich-rechtliche Unternehmen, die den Betrieb von Versicherungsgeschäften zum Gegenstand haben und nicht Träger der Sozialversicherung sind, entsprechend.

(2) Die §§ 36 und 37 gelten nicht für nach Landesrecht errichtete und der Landesaufsicht unterliegende öffentlich-rechtliche Versicherungsunternehmen, für die zur Prüfung ihrer Jahresabschlüsse nach § 341k des Handelsgesetzbuchs[1] zusätzliche landesrechtliche Vorschriften bestehen.

§ 39 Verordnungsermächtigung. (1) [1] Das Bundesministerium der Finanzen wird ermächtigt, für Versicherungsunternehmen, die nicht der Aufsicht durch die Aufsichtsbehörden der Länder unterliegen, durch Rechtsverordnung Vorschriften zu erlassen über

1. die Buchführung, den Inhalt, die Form, die Frist und die Stückzahl des bei der Aufsichtsbehörde einzureichenden internen Berichts, bestehend aus einer für Aufsichtszwecke gegliederten Bilanz und einer nach Versicherungszweigen und Versicherungsarten gegliederten Gewinn-und-Verlustrechnung sowie besonderen Erläuterungen zur Bilanz und zur Gewinn-und-Verlustrechnung, soweit dies zur Durchführung der Aufsicht nach diesem Gesetz erforderlich ist;
2. den Inhalt, die Form und die Stückzahl des bei der Aufsichtsbehörde vierteljährlich einzureichenden internen Zwischenberichts, bestehend aus einer Zusammenstellung aktueller Buchhaltungs- und Bestandsdaten sowie aus Angaben über die Anzahl der Versicherungsfälle, soweit dies zur Durchführung der Aufsicht nach diesem Gesetz erforderlich ist;
3. den Inhalt, die Form und die Frist der Prüfungsberichte nach § 35 Absatz 1 und 2 sowie § 341k des Handelsgesetzbuchs[1], soweit dies zur Durchführung der Aufsicht nach diesem Gesetz erforderlich ist, insbesondere, um einheitliche Unterlagen zur Beurteilung der von den Versicherungsunternehmen durchgeführten Versicherungsgeschäfte zu erhalten;

3a. den Zeitpunkt der Prüfung nach § 35 Absatz 5 sowie den Inhalt, die Form und die Frist des Berichts über diese Prüfung, soweit dies zur Erfüllung der Aufgaben der Bundesanstalt erforderlich ist;

4. die Prüfung des Jahresabschlusses und des Lageberichts von Versicherungsunternehmen, auf die § 341k des Handelsgesetzbuchs[1] nicht anwendbar ist, durch einen unabhängigen Sachverständigen sowie über den Inhalt und die Frist für die Einreichung eines Sachverständigenberichts, soweit dies zur Durchführung der Aufsicht nach diesem Gesetz erforderlich ist;
5. den Inhalt, die Form und die Stückzahl der zu erstellenden Solvabilitätsübersicht sowie über die Frist für die Einreichung bei der Aufsichtsbehörde;
6. die Fristen für die Übermittlung von Informationen, die auf Grund von delegierten Rechtsakten gemäß Artikel 35 Absatz 9 und technischen

[1] Nr. **16**.

Durchführungsstandards gemäß Artikel 35 Absatz 10 der Richtlinie 2009/138/EG zu übermitteln sind, und

7. die Art und Weise der Datenübermittlung, die zu verwendenden Datenformate, die einzuhaltende Datenqualität sowie über die anzugebende Unternehmenskennung.

[2] Vor dem Erlass ist der Versicherungsbeirat zu hören. [3] Die Ermächtigung kann durch Rechtsverordnung auf die Bundesanstalt übertragen werden. [4] Rechtsverordnungen nach den Sätzen 1 bis 3 bedürfen nicht der Zustimmung des Bundesrates. [5] Rechtsverordnungen nach Satz 1 Nummer 1, 3 und 4 und nach Satz 3, soweit sie die Ermächtigungen nach Satz 1 Nummer 1, 3 und 4 erfassen, ergehen im Einvernehmen mit dem Bundesministerium der Justiz und für Verbraucherschutz.

(2) [1] Für Versicherungsunternehmen, die der Aufsicht durch die Aufsichtsbehörden der Länder unterliegen, können die Landesregierungen im Benehmen mit der Bundesanstalt durch Rechtsverordnung Vorschriften nach Absatz 1 erlassen. [2] Sie können diese Befugnis durch Rechtsverordnung der Aufsichtsbehörde des Landes übertragen.

Unterabschnitt 2. Bericht über Solvabilität und Finanzlage

§ 40 Solvabilitäts- und Finanzbericht. (1) [1] Versicherungsunternehmen haben mindestens einmal jährlich, spätestens 14 Wochen nach Ende des Geschäftsjahres, einen Solvabilitäts- und Finanzbericht zu veröffentlichen. [2] Für den Bericht auf Gruppenebene verlängert sich die Frist um sechs Wochen. [3] Der Bericht ist vor der Veröffentlichung von dem Geschäftsführungsorgan zu genehmigen. [4] Der Bericht ist nach der Veröffentlichung unverzüglich der Aufsichtsbehörde zu übersenden.

(2) [1] In dem Solvabilitäts- und Finanzbericht sind wesentliche Informationen über die Solvabilitäts- und Finanzlage des Versicherungsunternehmens darzulegen. [2] Die Angaben in diesem Bericht müssen sich in Bezug auf den Grad ihrer Detaillierung nach der Art, dem Umfang und der Komplexität der Geschäftstätigkeit und der Risiken des Unternehmens richten sowie allgemein verständlich sein. [3] Dabei sind zu beschreiben:

1. die Geschäftstätigkeit und die Geschäftsergebnisse des Unternehmens,
2. die Geschäftsorganisation unter Bewertung ihrer Angemessenheit für das Risikoprofil des Unternehmens,
3. für jede Risikokategorie gesondert das Gefährdungspotenzial, die Risikokonzentrationen, die Risikominderungsmaßnahmen und die Risikosensitivität,
4. für die Vermögenswerte, versicherungstechnischen Rückstellungen und sonstigen Verbindlichkeiten gemäß der Solvabilitätsübersicht jeweils gesondert die für ihre Bewertung verwendeten Grundlagen und Methoden zusammen mit einer Erklärung der wesentlichen Unterschiede zu den Grundlagen und Methoden, die zu ihrer Bewertung im Jahresabschluss herangezogen wurden, sowie
5. das Kapitalmanagement unter Angabe mindestens der Struktur und des Betrags der Eigenmittel und ihrer Qualität sowie der Beträge der Solvabilitätskapitalanforderung und der Mindestkapitalanforderung.

[4] Haben Versicherungsunternehmen die nach § 134c Absatz 1 bis 3 des Aktiengesetzes erforderlichen Informationen offenzulegen, so können diese im Solvabilitäts- und Finanzbericht bei den Angaben zum Liquiditätsrisiko unter Punkt C.4 des Anhangs XX der Delegierten Verordnung (EU) 2015/35 der Kommission vom 10. Oktober 2014 zur Ergänzung der Richtlinie 2009/138/EG des Europäischen Parlaments und des Rates betreffend die Aufnahme und Ausübung der Versicherungs- und der Rückversicherungstätigkeit (Solvabilität II) (ABl. L 12 vom 17.1.2015, S. 1; L 195 vom 1.8.2018, S. 27), die zuletzt durch die Delegierte Verordnung (EU) 2019/1865 (ABl. L 289 vom 8.11.2019, S. 3) geändert worden ist, offengelegt werden. [5] Den Informationen ist die Überschrift „Informationen nach § 134c Absatz 1 bis 3 des Aktiengesetzes" voranzustellen.

(3) [1] Kommt die in § 80 genannte Matching-Anpassung zur Anwendung, umfasst die in Absatz 2 Nummer 4 genannte Beschreibung eine Beschreibung der Matching-Anpassung, des Portfolios der Verpflichtungen und der zugeordneten Vermögenswerte, auf die die Matching-Anpassung angewendet wird, sowie eine Quantifizierung der Auswirkungen der Änderung der Matching-Anpassung auf null auf die Finanzlage eines Unternehmens. [2] Die in Absatz 2 Nummer 4 genannte Beschreibung enthält auch eine Erklärung darüber, ob die in § 82 genannte Volatilitätsanpassung vom Unternehmen verwendet wird, sowie eine Quantifizierung der Auswirkungen der Änderung der Volatilitätsanpassung auf null auf die Finanzlage eines Unternehmens.

(4) [1] Zur Beschreibung der Eigenmittel gehören

1. eine Analyse aller wesentlichen Veränderungen im Vergleich zum Vorjahresberichtszeitraum,
2. eine Erläuterung aller größeren Unterschiede in Bezug auf den Wert der Eigenmittelbestandteile im Jahresabschluss und
3. eine kurze Darstellung der Übertragbarkeit des Kapitals.

[2] Versicherungsunternehmen, die ein internes oder partielles internes Modell für die Berechnung der Solvabilitätskapitalanforderung verwenden, haben zusätzlich ausreichende Informationen zur Erläuterung der Hauptunterschiede zu geben, die zwischen den Annahmen bestehen, die der Standardformel und ihrem Modell zugrunde liegen.

(5) Sofern während des Berichtszeitraums eine Nichteinhaltung der Mindestkapitalanforderung oder eine wesentliche Nichteinhaltung der Solvabilitätskapitalanforderung eingetreten ist, sind

1. der maximale Betrag der Unterschreitung der jeweiligen Kapitalanforderung anzugeben,
2. die Gründe und Folgen der Nichteinhaltung zu erläutern und
3. die ergriffenen sowie geplanten Abhilfemaßnahmen darzustellen.

(6) [1] Wenn ein Kapitalaufschlag festgesetzt wurde, muss dieser gesondert angegeben werden. [2] Daneben muss in diesem Fall auch der Betrag ausgewiesen werden, der nach den Vorschriften über die Berechnung der Solvabilitätskapitalanforderung ermittelt wurde. [3] Hat das Versicherungsunternehmen auf Verlangen der Aufsichtsbehörde unternehmensspezifische Parameter bei der Berechnung der Solvabilitätskapitalanforderung zu verwenden, sind deren Auswirkungen auf die Berechnung im Einzelnen zu quantifizieren und ebenfalls

gesondert auszuweisen. [4] In beiden Fällen ist auf die von der Aufsichtsbehörde angegebenen Gründe für die getroffene Maßnahme einzugehen.

(7) Sofern die Aufsichtsbehörde den Endbetrag der Solvabilitätskapitalanforderung noch prüft, muss in der Veröffentlichung nach Absatz 1 darauf hingewiesen werden.

(8) [1] In dem Bericht können mit Zustimmung der Aufsichtsbehörde Angaben durch Verweise auf Informationen ersetzt werden, die im Rahmen anderer allgemeiner oder aufsichtsrechtlicher Vorschriften veröffentlicht worden sind. [2] Die Zustimmung wird erteilt, sofern die Informationen, auf die verwiesen werden soll, nach Art und Umfang gleichwertig sind.

§ 41 Nichtveröffentlichung von Informationen. (1) [1] Mit Genehmigung der Aufsichtsbehörde kann auf Angaben im Solvabilitäts- und Finanzbericht verzichtet werden; dies gilt nicht für Angaben gemäß § 40 Absatz 2 Satz 3 Nummer 5, Absatz 4 Satz 2 und Absatz 5. [2] In diesem Fall ist im Solvabilitäts- und Finanzbericht darzulegen, weshalb die Angaben nicht aufgenommen worden sind.

(2) Die Aufsichtsbehörde erteilt die Genehmigung nach Absatz 1, wenn durch die Veröffentlichung

1. Wettbewerber des Unternehmens einen wesentlichen ungerechtfertigten Vorteil erlangen würden oder
2. eine Verpflichtung des Unternehmens zur Geheimhaltung oder Vertraulichkeit gegenüber den Versicherungsnehmern oder auf Grund einer Beziehung zu anderen Gegenparteien verletzt würde.

§ 42 Aktualisierung des Solvabilitäts- und Finanzberichts. (1) [1] Verändert eine wichtige Entwicklung die Bedeutung der im Solvabilitäts- und Finanzbericht veröffentlichten Informationen erheblich, veröffentlicht das betroffene Versicherungsunternehmen angemessene Angaben über Art und Auswirkungen der wichtigen Entwicklung. [2] Eine wichtige Entwicklung liegt insbesondere vor, wenn

1. eine Nichteinhaltung der Mindestkapitalanforderung festgestellt wird und entweder die Aufsichtsbehörde der Ansicht ist, dass das betroffene Versicherungsunternehmen keinen realistischen kurzfristigen Finanzierungsplan vorlegen kann oder ein solcher Plan nicht innerhalb eines Monats nach Feststellung der Nichteinhaltung der Mindestkapitalanforderung eingereicht worden ist;
2. eine wesentliche Nichteinhaltung der Solvabilitätskapitalanforderung festgestellt wird und die Aufsichtsbehörde nicht innerhalb von zwei Monaten nach der Feststellung der Nichteinhaltung einen Sanierungsplan erhält, den sie als realistisch betrachtet.

[3] Unverzüglich zu veröffentlichen sind in den Fällen des Satzes 2 mindestens jeweils der Betrag der Nichteinhaltung, die Erläuterung ihrer Gründe und Auswirkungen sowie ergriffene und geplante Abhilfemaßnahmen.

(2) [1] Eine Veröffentlichung hat auch zu erfolgen, wenn

1. die Nichteinhaltung der Mindestkapitalanforderung nicht innerhalb von drei Monaten nach ihrer Feststellung beseitigt wurde oder

2. die wesentliche Nichteinhaltung der Solvabilitätskapitalanforderung sechs Monate nach ihrer Feststellung nicht behoben wurde.

[2] In der Veröffentlichung ist anzugeben, welche Abhilfemaßnahmen bereits ergriffen wurden und welche noch geplant sind. [3] Die Veröffentlichung ist bei Nichteinhaltung der Mindestkapitalanforderung am Ende des Dreimonats- und ansonsten am Ende des Sechsmonatszeitraums vorzunehmen.

Unterabschnitt 3. Für Aufsichtszwecke beizubringende Informationen

§ 43 Informationspflichten; Berechnungen. (1) Versicherungsunternehmen haben den Aufsichtsbehörden nach Maßgabe dieses Gesetzes diejenigen Informationen zu übermitteln, die sie zur Erfüllung ihrer Aufgaben nach diesem Gesetz (§ 294 Absatz 1) benötigen.

(2) [1] Die Informationen müssen vollständig, aktuell und genau sein. [2] Sie müssen der Art, dem Umfang und der Komplexität der Geschäftstätigkeit des betreffenden Unternehmens und insbesondere den mit dieser Geschäftstätigkeit einhergehenden Risiken Rechnung tragen. [3] Die Unternehmen haben die Informationen fristgerecht und in verständlicher Form bei der Aufsichtsbehörde einzureichen.

§ 43a Berichtspflichten zum Zwecke der Finanzstabilität; Verordnungsermächtigung. (1) Die Aufsichtsbehörde kann von beaufsichtigten Unternehmen und von beaufsichtigten Gruppen Informationen verlangen,

1. die sie zur Erfüllung ihrer Aufgaben nach § 294 Absatz 2 Satz 3 und 4 benötigt oder
2. die sie gemäß Artikel 35 der Verordnung (EU) Nr. 1094/2010 des Europäischen Parlaments und des Rates vom 24. November 2010 zur Errichtung einer Europäischen Aufsichtsbehörde (Europäische Aufsichtsbehörde für das Versicherungswesen und die betriebliche Altersversorgung), zur Änderung des Beschlusses Nr. 716/2009/EG und zur Aufhebung des Beschlusses 2009/79/EG der Kommission (ABl. L 331 vom 15.12.2010, S. 48), die durch die Richtlinie 2014/51/EU (ABl. L 153 vom 22.5.2014, S. 1) geändert worden ist, der Europäischen Aufsichtsbehörde für das Versicherungswesen und die betriebliche Altersversorgung zur Verfügung stellen muss.

(2) [1] Das Bundesministerium der Finanzen wird ermächtigt, für beaufsichtigte Unternehmen und beaufsichtigte Gruppen, die jeweils nicht der Aufsicht durch die Aufsichtsbehörden der Länder unterliegen, durch Rechtsverordnung Vorschriften zu erlassen, die Berichtspflichten nach Absatz 1 begründen und den Inhalt, die Form der zu übermittelnden Informationen sowie die Frist für die Einreichung bei der Bundesanstalt festlegen. [2] Die Ermächtigung kann durch Rechtsverordnung auf die Bundesanstalt übertragen werden. [3] Rechtsverordnungen nach den Sätzen 1 und 2 bedürfen nicht der Zustimmung des Bundesrates.

§ 44 Prognoserechnungen. [1] Die Aufsichtsbehörde kann von den beaufsichtigten Unternehmen die Durchführung von Berechnungen einschließlich Prognoserechnungen verlangen, soweit dies für die Finanzaufsicht erforderlich ist. [2] Prognoserechnungen können insbesondere Folgendes betreffen:

1. das erwartete Geschäftsergebnis zum Ende des laufenden Geschäftsjahres oder zukünftiger Geschäftsjahre, bei Lebensversicherungsunternehmen unter An-

gabe der für zukünftige Geschäftsjahre bereits deklarierten oder erwarteten Überschussbeteiligung,

2. die Risikotragfähigkeit des Versicherungsunternehmens in Stresssituationen.

[3] In diesem Fall bestimmt sie die Parameter, Stichtage und Berechnungsmethoden sowie Form und Frist, in der die Prognoserechnung vorzulegen ist. [4] Die Aufsichtsbehörde gestattet den Versicherungsunternehmen die Verwendung eigener Berechnungsmethoden, soweit dies die Beurteilung des Unternehmens oder des Versicherungsmarktes insgesamt nicht erschwert. [5] Sie kann verlangen, dass dabei bestimmte Rechnungsannahmen zugrunde gelegt werden.

§ 45 Befreiung von Berichtspflichten. (1) [1] Wenn Berichte auf Grund von delegierten Rechtsakten gemäß Artikel 35 Absatz 9 und technischen Durchführungsstandards gemäß Artikel 35 Absatz 10 der Richtlinie 2009/138/EG gegenüber der Aufsichtsbehörde häufiger als einmal pro Jahr zu erstatten sind, kann die Aufsichtsbehörde Versicherungsunternehmen ganz oder teilweise von dieser Berichtspflicht befreien, wenn

1. die Übermittlung dieser Informationen im Verhältnis zu Art, Umfang und Komplexität der mit dem Geschäft verbundenen Risiken mit einem übermäßigen Aufwand verbunden wäre und
2. die Informationen mindestens einmal pro Jahr eingereicht werden.

[2] Im Fall der vierteljährlichen Berichterstattung zur Berechnung der Mindestkapitalanforderung gemäß § 123 Absatz 1 Satz 1 ist eine Befreiung ausgeschlossen. [3] Eine Befreiung ist ferner ausgeschlossen, wenn das Versicherungsunternehmen zu einer Gruppe im Sinne des § 7 Nummer 13 gehört, es sei denn, das Unternehmen weist nach, dass eine regelmäßige unterjährige Berichterstattung nach Art, Umfang und Komplexität der mit dem Geschäft der Gruppe verbundenen Risiken nicht angemessen ist.

(2) [1] Die Aufsichtsbehörde kann Versicherungsunternehmen ganz oder teilweise von der regelmäßigen Berichterstattung auf Grund von delegierten Rechtsakten gemäß Artikel 35 Absatz 9 oder technischen Durchführungsstandards gemäß Artikel 35 Absatz 10 der Richtlinie 2009/138/EG befreien, wenn

1. die Übermittlung der betreffenden Informationen in Anbetracht von Art, Umfang und Komplexität der mit dem Geschäft des Unternehmens verbundenen Risiken mit einem übermäßigen Aufwand verbunden wäre,
2. die Übermittlung der betreffenden Informationen für eine wirksame Beaufsichtigung des Unternehmens nicht erforderlich ist,
3. die Befreiung nicht der Stabilität der betroffenen Finanzsysteme in der Union zuwiderläuft und
4. das Unternehmen in der Lage ist, die Informationen auf Anforderung unverzüglich zu übermitteln.

[2] Eine Befreiung ist ausgeschlossen, wenn das Versicherungsunternehmen zu einer Gruppe im Sinne des § 7 Nummer 13 gehört, es sei denn, das Unternehmen weist nach, dass eine regelmäßige unterjährige Berichterstattung nach Art, Umfang und Komplexität der mit dem Geschäft der Gruppe verbundenen Risiken unter Berücksichtigung des Ziels der Finanzstabilität nicht angemessen ist.

(3) [1] Der Anteil aller Versicherungsunternehmen innerhalb des Nichtlebensversicherungsmarktes, die von Berichtspflichten nach den Absätzen 1 und 2

befreit werden, darf jeweils einen Marktanteil von 20 Prozent nicht überschreiten. [2] Das Gleiche gilt für den Anteil aller Versicherungsunternehmen innerhalb des Lebensversicherungsmarktes. [3] Der Marktanteil ist für den Nichtlebensversicherungsmarkt auf der Basis der gebuchten Bruttoprämien und für den Lebensversicherungsmarkt auf der Basis der versicherungstechnischen Bruttorückstellungen zu ermitteln.

(4) Bei der Befreiung von Unternehmen berücksichtigt die Aufsichtsbehörde die Unternehmen mit den geringsten Marktanteilen vorrangig.

(5) Bei der Prüfung, ob der Aufwand für die Übermittlung von Informationen im Verhältnis zu Art, Umfang und Komplexität der Risiken des Unternehmens übermäßig wäre, berücksichtigt die Aufsichtsbehörde mindestens die folgenden Kriterien:

1. das Volumen der Prämien, versicherungstechnischen Rückstellungen und Vermögenswerte des Unternehmens,
2. die Volatilität der durch das Unternehmen abgedeckten Versicherungsleistungen,
3. die Marktrisiken, die durch die Investitionen des Unternehmens entstehen,
4. die Höhe der Risikokonzentrationen,
5. die Gesamtzahl der Versicherungszweige, für die eine Zulassung erteilt wurde,
6. die potenziellen Auswirkungen der Verwaltung der Vermögenswerte des Unternehmens auf die Finanzstabilität,
7. die Systeme und Strukturen des Unternehmens zur Übermittlung von Informationen für die Zwecke der Beaufsichtigung und die in § 29 Absatz 4 genannten schriftlich festgelegten Leitlinien,
8. die Angemessenheit des Governance-Systems des Unternehmens,
9. die Höhe der Eigenmittel zur Einhaltung der Solvabilitätskapitalanforderung und der Mindestkapitalanforderung und
10. ob es sich bei dem Unternehmen um ein firmeneigenes Versicherungsunternehmen handelt, das nur Risiken abdeckt, die mit dem Industrie- oder Handelskonzern verbunden sind, zu dem es gehört.

§ 46 Informationspflichten gegenüber der Bundesanstalt. (1) [1] Alle Unternehmen, die nach diesem Gesetz der Aufsicht unterliegen, haben der Bundesanstalt die von ihr angeforderten Zählnachweise über ihren Geschäftsbetrieb einzureichen. [2] Über die Art der Nachweise ist der Versicherungsbeirat zu hören.

(2) Öffentlich-rechtliche Versicherungsunternehmen, die nicht der Aufsicht nach diesem Gesetz unterliegen, haben der Bundesanstalt auf Anforderung die gleichen statistischen Angaben über ihren Geschäftsbetrieb einzureichen wie Versicherungsunternehmen, die der Aufsicht nach diesem Gesetz unterliegen.

§ 47 Anzeigepflichten. Versicherungsunternehmen haben der Aufsichtsbehörde unverzüglich Folgendes anzuzeigen:

1. die Bestellung eines Aufsichtsratsmitglieds sowie die vorgesehene Bestellung eines Geschäftsleiters und der weiteren Personen, die für Schlüsselaufgaben verantwortlich sind, unter Angabe der Tatsachen, die für die Beurteilung ihrer Qualifikation (§ 24 Absatz 1) wesentlich sind,

2. das Ausscheiden oder den Entzug der Befugnis zur Vertretung des Versicherungsunternehmens einer der in Nummer 1 genannten Personen, jeweils unter Angabe der Gründe, sofern diese für die Beurteilung ihrer Qualifikation (§ 24 Absatz 1) bedeutsam sind,
3. Satzungsänderungen, die eine Kapitalerhöhung zum Gegenstand haben,
4. wenn es sich um ein Rückversicherungsunternehmen handelt, jede Änderung der in § 9 Absatz 2 Nummer 1 und 2 genannten Teile des Geschäftsplans, jede Änderung des tatsächlichen Geschäftsgebietes, jede Änderung von Unternehmensverträgen der in den §§ 291 und 292 des Aktiengesetzes bezeichneten Art sowie die Absicht der Umwandlung nach den §§ 1 und 122a des Umwandlungsgesetzes, soweit sie nicht der Genehmigungspflicht nach § 166 Absatz 3 unterliegen,
5. den Erwerb oder die Aufgabe einer bedeutenden Beteiligung an dem eigenen Versicherungsunternehmen, das Erreichen sowie das Über- oder das Unterschreiten der Beteiligungsschwellen von 20 Prozent, 30 Prozent und 50 Prozent der Stimmrechte oder des Kapitals sowie die Tatsache, dass das Unternehmen Tochterunternehmen eines anderen Unternehmens wird, sobald das Versicherungsunternehmen von der bevorstehenden Änderung dieser Beteiligungsverhältnisse Kenntnis erlangt,
6. das Bestehen, die Änderung und die Beendigung einer engen Verbindung nach § 7 Nummer 7 zu einer anderen natürlichen Person oder einem anderen Unternehmen,
7. jährlich den Namen und die Anschrift des Inhabers einer bedeutenden Beteiligung am Versicherungsunternehmen und die Höhe dieser Beteiligung, wenn das Unternehmen hiervon Kenntnis erlangt,
8. die Absicht, wichtige Funktionen oder Versicherungstätigkeiten auszugliedern, unter Vorlage des Vertragsentwurfs,
9. nach Vertragsschluss eingetretene wesentliche Umstände in Bezug auf wichtige ausgegliederte Funktionen und Versicherungstätigkeiten,
10. die mittelbare oder unmittelbare Absicherung von Schadenrisiken oder sonstigen Risiken, sofern dies durch die Emission von Schuldtiteln oder anderer Finanzierungsmechanismen und unter Beteiligung einer ausschließlich für diese Zwecke bestehenden Gesellschaft erfolgt; dabei sind der Emissionsprospekt, die dem Risikotransfer zugrunde liegenden vertraglichen Regelungen sowie eine Aufstellung der identifizierten Risiken der Transaktion für das Versicherungsunternehmen beizufügen,
11. wenn es sich um ein Erstversicherungsunternehmen handelt, den Erwerb von Beteiligungen, bei Beteiligungen in Aktien oder sonstigen Anteilen jedoch nur, wenn die Beteiligung 10 Prozent des Nennkapitals der fremden Gesellschaft übersteigt; dabei werden Beteiligungen mehrerer zu einem Konzern im Sinne des § 18 des Aktiengesetzes gehörender Versicherungsunternehmen und des herrschenden Unternehmens an einer Gesellschaft zusammengerechnet,
12. wenn es sich um ein Erstversicherungsunternehmen handelt, Anlagen bei einem im Sinne des § 15 des Aktiengesetzes verbundenen Unternehmen und
13. bei Pflichtversicherungen die beabsichtigte Verwendung neuer oder geänderter allgemeiner Versicherungsbedingungen unter deren Beifügung.

Abschnitt 5. Versicherungsvertrieb

§ 48 Anforderungen an den Versicherungsvertrieb. (1) Versicherungsunternehmen sind verpflichtet, nur mit solchen gewerbsmäßig tätigen Versicherungsvermittlern zusammenzuarbeiten, die

1. im Besitz einer Erlaubnis nach § 34d Absatz 1 der Gewerbeordnung[1] sind, nach § 34d Absatz 6 der Gewerbeordnung[1] von der Erlaubnispflicht befreit sind oder nach § 34d Absatz 7 Satz 1 Nummer 1 oder Absatz 8 der Gewerbeordnung[1] nicht der Erlaubnispflicht unterliegen und
2. bevollmächtigt sind, Vermögenswerte des Versicherungsnehmers oder für diesen bestimmte Vermögenswerte entgegenzunehmen oder, soweit nach einer Rechtsverordnung nach § 34e Absatz 1 Satz 1 Nummer 2 Buchstabe b der Gewerbeordnung[1] erforderlich, eine Sicherheitsleistung nachweisen.

(2) [1] Die Versicherungsunternehmen müssen sicherstellen, dass ihre unmittelbar oder maßgeblich am Versicherungsvertrieb beteiligten Angestellten zuverlässig sind, in geordneten Vermögensverhältnissen leben und über die zur Vermittlung der jeweiligen Versicherung angemessene Qualifikation verfügen und sich regelmäßig fortbilden. [2] Mit gewerbsmäßig tätigen Versicherungsvermittlern, die

1. nach § 34d Absatz 7 Satz 1 Nummer 1 der Gewerbeordnung nicht der Erlaubnispflicht unterliegen oder
2. nach § 34d Absatz 6 der Gewerbeordnung[1] von der Erlaubnispflicht befreit sind und die Tätigkeit als Versicherungsvermittler im Auftrag eines Versicherungsunternehmens oder mehrerer Versicherungsunternehmen ausüben,

dürfen die Versicherungsunternehmen nur zusammenarbeiten, wenn diese Versicherungsvermittler die in Satz 1 genannten Voraussetzungen erfüllen. [3] Die Angemessenheit der Qualifikation richtet sich nach den Anforderungen im Zusammenhang mit den von ihnen vertriebenen Produkten. [4] Die Sätze 1 bis 3 gelten nicht für Personen im Sinne von § 24, soweit diese die dort genannten Anforderungen an die Zuverlässigkeit und fachliche Eignung erfüllen. [5] Inhalt, Umfang sowie Dokumentation von nachzuweisenden Qualifikationsmaßnahmen haben Abschnitt 1 der Versicherungsvermittlungsverordnung zu entsprechen.

(2a) [1] Versicherungsunternehmen stellen durch geeignete Maßnahmen der Geschäftsorganisation sicher, dass die Anforderungen nach den Absätzen 1 und 2 durch ihre Angestellten und Vermittler nach Absatz 1 Nummer 1 und 2 und deren am Versicherungsvertrieb unmittelbar oder maßgeblich beteiligten Angestellten erfüllt, überwacht und dokumentiert werden, soweit die Erfüllung dieser Anforderungen nicht bereits durch Erlaubnisverfahren nach der Gewerbeordnung gewährleistet wird. [2] Zu diesem Zweck erlassen sie entsprechende interne Leitlinien, schaffen angemessene interne Verfahren und richten hierfür eine Funktion ein, die die ordnungsgemäße Umsetzung sicherstellt.

(3) Mit gewerbsmäßig tätigen Versicherungsvermittlern aus anderen Mitglied- oder Vertragsstaaten dürfen Versicherungsunternehmen nur zusammenarbeiten, soweit die Vermittler nach den Vorschriften ihres Herkunftsstaats befugt sind, Versicherungsverträge zu vermitteln.

---

[1] Nr. **17**.

(4) [1] Auf Veranlassung eines Versicherungsvermittlers nach § 34d Absatz 7 Satz 1 Nummer 1 der Gewerbeordnung[1)] haben das oder die Versicherungsunternehmen, für das oder die der Versicherungsvermittler ausschließlich tätig wird, der Registerbehörde die im Register nach § 11a Absatz 1 der Gewerbeordnung[1)] zu speichernden Angaben mitzuteilen. [2] Das oder die Versicherungsunternehmen hat beziehungsweise haben sicherzustellen, dass die Voraussetzungen nach § 34d Absatz 7 Satz 1 Nummer 1 der Gewerbeordnung[1)] vorliegen.

(5) Versicherungsunternehmen sind verpflichtet, der Registerbehörde nach § 11a Absatz 1 der Gewerbeordnung[1)] unverzüglich die Beendigung der Zusammenarbeit mit einem nach § 34d Absatz 7 Satz 1 Nummer 1 der Gewerbeordnung[1)] nicht der Erlaubnispflicht unterliegenden Versicherungsvermittler mitzuteilen und dessen Löschung aus dem Register zu veranlassen.

(6) [1] Die §§ 48a bis 50 gelten nicht für den Rückversicherungsvertrieb. [2] Für den Rückversicherungsvertrieb im Zusammenhang mit Risiken, die nicht in einem Mitglied- oder Vertragsstaat belegen sind, gelten die §§ 48 und 51 nicht.

§ 48a Vertriebsvergütung und Vermeidung von Interessenkonflikten.

(1) [1] Die Vertriebsvergütung von Versicherungsunternehmen und deren Angestellten darf nicht mit ihrer Pflicht, im bestmöglichen Interesse der Kunden zu handeln, kollidieren. [2] Versicherungsunternehmen dürfen keine Vorkehrungen durch die Vertriebsvergütung, Verkaufsziele oder in anderer Weise treffen, durch die Anreize für sie selbst oder Versicherungsvermittler geschaffen werden könnten, einem Kunden ein bestimmtes Versicherungsprodukt zu empfehlen, obwohl sie ein anderes, den Bedürfnissen des Kunden besser entsprechendes Versicherungsprodukt anbieten könnten.

(2) [1] Ein Versicherungsunternehmen, das den Vertrieb von Versicherungsanlageprodukten betreibt, muss auf Dauer wirksame organisatorische und verwaltungsmäßige Vorkehrungen für angemessene Maßnahmen treffen, um zu verhindern, dass Interessenkonflikte den Kundeninteressen schaden. [2] Diese Vorkehrungen müssen den ausgeübten Tätigkeiten und den verkauften Versicherungsprodukten angemessen sein.

(3) Interessenkonflikte nach Absatz 2 sind solche, die bei Versicherungsvertriebstätigkeiten zwischen Versicherungsvermittlern und Versicherungsunternehmen selbst, einschließlich ihrer Geschäftsleitung und ihrer Angestellten, oder anderen Personen, die mit ihnen direkt oder indirekt durch Kontrolle verbunden sind, und ihren Kunden oder zwischen ihren Kunden untereinander entstehen können.

(4) Reichen die von dem Versicherungsunternehmen gemäß Absatz 2 getroffenen organisatorischen oder administrativen Vorkehrungen zur Regelung von Interessenkonflikten nicht aus, um nach vernünftigem Ermessen zu gewährleisten, dass keine Beeinträchtigung der Kundeninteressen riskiert wird, legt das Versicherungsunternehmen dem Kunden die allgemeine Art oder die Quellen von Interessenkonflikten rechtzeitig vor Abschluss eines Versicherungsvertrags eindeutig offen.

[1)] Nr. **17**.

(5) Die Offenlegung der allgemeinen Art oder der Quellen von Interessenkonflikten muss

1. mittels eines dauerhaften Datenträgers erfolgen und
2. je nach Status des Kunden so ausführlich sein, dass dieser seine Entscheidung über die Versicherungsvertriebstätigkeiten, in deren Zusammenhang der Interessenkonflikt auftritt, in voller Kenntnis der Sachlage treffen kann.

(6) Versicherungsunternehmen, die eine Gebühr oder Provision zahlen oder eine Gebühr oder Provision erhalten oder einer Partei einen nichtmonetären Vorteil im Zusammenhang mit dem Vertrieb eines Versicherungsanlageprodukts oder einer Nebendienstleistung gewähren oder einen solchen von einer Partei erhalten, sofern es sich bei dieser Partei nicht um einen Kunden oder eine Person handelt, die im Auftrag des Kunden tätig wird, müssen dafür Sorge tragen, dass die Gebühr oder Provision oder der Vorteil sich nicht nachteilig auf die Qualität der entsprechenden Dienstleistung für den Kunden auswirkt und nicht die Verpflichtung des Versicherungsunternehmens beeinträchtigt, im besten Interesse seiner Kunden ehrlich, redlich und professionell zu handeln.

§ 48b Sondervergütungs- und Provisionsabgabeverbot. (1) [1] Versicherungsunternehmen und Versicherungsvermittlern im Sinne von 59 Absatz 1 des Versicherungsvertragsgesetzes[1)] ist es untersagt, Versicherungsnehmern, versicherten Personen oder Bezugsberechtigten aus einem Versicherungsvertrag Sondervergütungen zu gewähren oder zu versprechen. [2] Dieses Verbot gilt auch für die Angestellten von Versicherungsunternehmen und Versicherungsvermittlern. [3] Eine entgegenstehende vertragliche Vereinbarung ist unwirksam.

(2) [1] Eine Sondervergütung ist jede unmittelbare oder mittelbare Zuwendung neben der im Versicherungsvertrag vereinbarten Leistung, insbesondere jede

1. vollständige oder teilweise Provisionsabgabe,
2. sonstige Sach- oder Dienstleistung, die nicht die Versicherungsleistung betrifft,
3. Rabattierung auf Waren oder Dienstleistungen,

sofern sie nicht geringwertig ist. [2] Als geringwertig gelten Belohnungen oder Geschenke zur Anbahnung oder anlässlich eines Vertragsabschlusses, soweit diese einen Gesamtwert von 15 Euro pro Versicherungsverhältnis und Kalenderjahr nicht überschreiten.

(3) Nicht als Sondervergütung gilt die Gewährung von Provisionen an Versicherungsnehmer, die gleichzeitig Vermittler des betreffenden Versicherungsunternehmens sind, es sei denn, das Vermittlerverhältnis wurde nur begründet, um diesen derartige Zuwendungen für eigene Versicherungen zukommen zu lassen.

(4) [1] Absatz 1 findet keine Anwendung, soweit die Sondervergütung zur dauerhaften Leistungserhöhung oder Prämienreduzierung des vermittelten Vertrags verwendet wird. [2] § 138 Absatz 2, § 146 Absatz 2 Satz 1, § 161 Absatz 1 und § 177 Absatz 1 bleiben unberührt.

[1)] Nr. **6**.

§ 48c Durchleitungsgebot. (1) [1] Sobald der Versicherungsberater das Versicherungsunternehmen nach § 34d Absatz 2 Satz 6 der Gewerbeordnung[1)] darüber informiert, dass er dem Versicherungsnehmer eine Versicherung vermittelt hat, die Zuwendungen enthält, die nicht dem Versicherungsvertrag zugutekommen (Bruttotarif), ist das Versicherungsunternehmen verpflichtet, diese Zuwendung unverzüglich an den Versicherungsnehmer auszukehren. [2] Die Auskehrung hat im Wege der Gutschrift auf einem für den Versicherungsnehmer für den Vertrag zu führenden Prämienkonto zu erfolgen. [3] Die Gutschrift beträgt höchstens 80 Prozent der maßgeblichen Zuwendung bis zum Gegenwert von 80 Prozent der in den ersten fünf Jahren nach Vertragsschluss zu entrichtenden Prämien. [4] Das Guthaben des Prämienkontos ist ausschließlich zur Erfüllung der Pflicht des Versicherungsnehmers zur Prämienzahlung zu verwenden und in Höhe von 80 Prozent auf die Prämie anzurechnen, die für die jeweilige Versicherungsperiode zu leisten ist. [5] Die Auskehrung kann abweichend von den Sätzen 2 bis 4 auch im Wege der Prämienreduzierung des vermittelten Vertrages nach Maßgabe des § 48b Absatz 4 erfolgen. [6] Die Sätze 1 bis 5 gelten entsprechend, wenn der Versicherungsnehmer im Fall einer Beratung im Sinne des § 34d Absatz 2 Satz 2 Nummer 1 der Gewerbeordnung[1)] dem Versicherungsunternehmen vor dem Abschluss des Vertrags eine vom Versicherungsberater auszustellende Bescheinigung über eine Beratung über die Versicherung vorlegt. [7] In der Bescheinigung ist der Tag der Beratung anzugeben. [8] Zwischen dem Tag der Beratung und dem Tag des Antrags auf Abschluss des Versicherungsvertrags dürfen nicht mehr als sechs Monate verstrichen sein.

(2) Das Versicherungsunternehmen hat die Auskehrung der Zuwendung in geeigneter Weise zu dokumentieren und den Versicherungsnehmer von der Auskehrung in Kenntnis zu setzen, im Fall des Absatzes 1 Satz 2 durch mindestens jährliche Übermittlung eines Auszuges des Prämienkontos bis dessen Guthaben nach Maßgabe des Absatzes 1 Satz 4 erloschen ist.

(3) [1] Zuwendungen im Sinne dieser Vorschrift sind die Kosten für die Versicherungsvermittlung, insbesondere Provisionen, Gebühren oder sonstige Geldleistungen sowie alle geldwerten Vorteile, unabhängig vom Zeitpunkt ihrer Fälligkeit. [2] Die Zuwendungen sind mit der Sorgfalt eines ordentlichen Kaufmanns zu schätzen. [3] Soweit gesetzliche Regelungen kalkulatorische Vorgaben zur Berücksichtigung von Kosten des Vertriebs im Rahmen eines Versicherungsproduktes enthalten, können abweichend von den Sätzen 1 und 2 diese zugrunde gelegt werden.

§ 49 Stornohaftung. (1) [1] Die Versicherungsunternehmen müssen sicherstellen, dass zumindest im Fall der Kündigung eines Vertrags durch den Versicherungsnehmer, wenn es sich nicht um eine Kündigung gemäß § 205 Absatz 2 des Versicherungsvertragsgesetzes[2)] handelt, oder im Fall des Ruhendstellens der Leistungen gemäß § 193 Absatz 6 Satz 4 des Versicherungsvertragsgesetzes oder einer Prämienfreistellung gemäß § 165 Absatz 1 des Versicherungsvertragsgesetzes in den ersten fünf Jahren nach Vertragsschluss der Versicherungsvermittler die für die Vermittlung eines Vertrags der substitutiven Krankenversicherung oder der Lebensversicherung angefallene Provision nur

---

[1)] Nr. **17**.
[2)] Nr. **6**.

bis zur Höhe des Betrags einbehält, der bei gleichmäßiger Verteilung der Provision über die ersten fünf Jahre seit Vertragsschluss bis zum Zeitpunkt der Beendigung, des Ruhendstellens oder der Prämienfreistellung angefallen wäre. [2] Ist die vereinbarte Prämienzahlungsdauer kürzer als fünf Jahre, so kann diese zugrunde gelegt werden.

(2) Eine entgegenstehende vertragliche Vereinbarung zwischen dem Versicherungsunternehmen und dem Versicherungsvermittler ist unwirksam.

§ 50 Entgelt bei der Vermittlung substitutiver Krankenversicherungsverträge. (1) [1] Die Versicherungsunternehmen dürfen Versicherungsvermittlern für den Abschluss von substitutiven Krankenversicherungen in einem Geschäftsjahr keine Abschlussprovisionen oder sonstigen Vergütungen gewähren, die insgesamt 3 Prozent der Bruttobeitragssumme des Neuzugangs übersteigen. [2] Die Bruttobeitragssumme entspricht der über 25 Jahre hochgerechneten Erstprämie ohne den Zuschlag gemäß § 149. [3] Die in einem Geschäftsjahr für den Abschluss von substitutiven Krankenversicherungen an einen einzelnen Versicherungsvermittler gewährten Zahlungen und sonstigen geldwerten Vorteile dürfen 3,3 Prozent der Bruttobeitragssumme des von ihm vermittelten Geschäfts nicht übersteigen. [4] Die im Einzelfall für den Abschluss gewährte Abschlussprovision und eine sonstige Vergütung dürfen zusammen 3,3 Prozent der Bruttobeitragssumme des vermittelten Vertrags nicht übersteigen.

(2) [1] Nimmt ein Versicherungsunternehmen über den Vermittlungserfolg hinausgehende Leistungen eines Versicherungsvermittlers in Zusammenhang mit Dienst-, Werk-, Miet- oder Pachtverträgen oder sonstigen Verträgen vergleichbarer Art in Anspruch, ist das Entgelt auf den Betrag zu begrenzen, den ein ordentlicher und gewissenhafter Geschäftsleiter unter Berücksichtigung der Belange der Versicherten mit einem nicht verbundenen Unternehmen vereinbaren würde. [2] Verträge nach Satz 1 bedürfen der Schriftform. [3] Erbringt das Versicherungsunternehmen auf Grund eines solchen Vertrags einen Vorschuss, gilt dieser als sonstige Vergütung im Sinne des Absatzes 1. [4] Eine Vergütung von Leistungen oder ein sonstiger geldwerter Vorteil darf darüber hinaus nur dann gewährt werden, wenn die vereinbarten Leistungen bei dem Versicherungsunternehmen zu einer entsprechenden Ersparnis der Aufwendungen geführt haben.

(3) Eine den Vorgaben des Absatzes 1 Satz 2 bis 4 oder des Absatzes 2 entgegenstehende Vereinbarung zwischen dem Versicherungsunternehmen und dem Versicherungsvermittler ist unwirksam.

§ 51 Beschwerden über Versicherungsvermittler. [1] Versicherungsunternehmen müssen Beschwerden von Kunden über Versicherungsvermittler oder andere Versicherungsunternehmen, die ihre Versicherungen vermitteln, beantworten. [2] Das Recht zur Beschwerde steht auch Verbraucherschutzverbänden zu. [3] Bei wiederholten Beschwerden, die für die Beurteilung der Zuverlässigkeit erheblich sein können, müssen sie die für die Erlaubniserteilung nach § 34d Absatz 1 Satz 1 der Gewerbeordnung[1] zuständige Behörde davon in Kenntnis setzen.

---

[1] Nr. **17**.

Abschnitt 6. Verhinderung von Geldwäsche und von Terrorismusfinanzierung

§ 52 Verpflichtete Unternehmen. Die Vorschriften dieses Abschnitts gelten für alle Versicherungsunternehmen im Sinne von § 2 Absatz 1 Nummer 7 des Geldwäschegesetzes.

§ 53 Interne Sicherungsmaßnahmen. (1) [1] Die verpflichteten Unternehmen dürfen im Einzelfall einander Informationen übermitteln, wenn tatsächliche Anhaltspunkte dafür vorliegen, dass der Empfänger der Informationen diese für die Beurteilung der Frage benötigt, ob ein Sachverhalt nach § 43 Absatz 1 des Geldwäschegesetzes der Zentralstelle für Finanztransaktionsuntersuchungen zu melden oder eine Strafanzeige nach § 158 der Strafprozessordnung zu erstatten ist. [2] Der Empfänger darf die Informationen ausschließlich verwenden, um Geldwäsche, Terrorismusfinanzierung oder sonstige strafbare Handlungen zu verhindern oder nach § 158 der Strafprozessordnung anzuzeigen. [3] Er darf die Informationen nur unter den durch das übermittelnde Versicherungsunternehmen vorgegebenen Bedingungen verwenden.

(2) Sofern die verpflichteten Unternehmen eine interne Revision vorhalten, haben sie sicherzustellen, dass ein Bericht über das Ergebnis einer Prüfung der internen Revision nach § 6 Absatz 2 Nummer 7 des Geldwäschegesetzes jeweils zeitnah der Geschäftsleitung, dem Geldwäschebeauftragten sowie auf Anforderung der Aufsichtsbehörde vorgelegt wird.

§ 54 Allgemeine Sorgfaltspflichten in Bezug auf den Bezugsberechtigten. (1) [1] Ein verpflichtetes Unternehmen ist unbeschadet des § 10 Absatz 1 Nummer 2 des Geldwäschegesetzes bei Begründung der Geschäftsbeziehung auch zur Feststellung der Identität eines vom Versicherungsnehmer abweichenden Bezugsberechtigten aus dem Versicherungsvertrag nach Maßgabe des § 11 Absatz 5 des Geldwäschegesetzes verpflichtet. [2] Soweit Bezugsberechtigte nach Merkmalen oder nach Kategorien oder auf andere Weise bestimmt werden, holt das verpflichtete Unternehmen ausreichende Informationen über diese ein, um sicherzustellen, dass es zum Zeitpunkt der Auszahlung in der Lage sein wird, ihre Identität festzustellen und zu überprüfen. [3] Handelt es sich bei dem Versicherungsnehmer oder bei einem vom Versicherungsnehmer abweichenden Bezugsberechtigten um eine juristische Person oder um eine Personenvereinigung, so haben die verpflichteten Unternehmen gegebenenfalls auch deren wirtschaftlich Berechtigten nach Maßgabe des § 11 Absatz 5 des Geldwäschegesetzes zu identifizieren.

(2) [1] Ein verpflichtetes Unternehmen hat die Pflicht nach § 10 Absatz 1 Nummer 4 des Geldwäschegesetzes auch in Bezug auf den vom Versicherungsnehmer abweichenden Bezugsberechtigten und gegebenenfalls in Bezug auf dessen wirtschaftlich Berechtigten zu erfüllen. [2] Abweichend von § 11 Absatz 1 des Geldwäschegesetzes stellen die verpflichteten Unternehmen im Fall einer ganz oder teilweise an einen Dritten erfolgten Abtretung einer Versicherung, nachdem sie hierüber informiert wurden, die Identität des Dritten und gegebenenfalls die Identität seines wirtschaftlich Berechtigten fest, wenn die Ansprüche aus der übertragenen Police abgetreten werden. [3] Die Überprüfung der Identität eines vom Versicherungsnehmer abweichenden Bezugsberechtigten und gegebenenfalls die Identität von dessen wirtschaftlich Berechtigten kann auch nach Begründung der Geschäftsbeziehung abgeschlossen werden, spätes-

tens jedoch zu dem Zeitpunkt, zu dem die Auszahlung vorgenommen wird oder der Bezugsberechtigte seine Rechte aus dem Versicherungsvertrag in Anspruch zu nehmen beabsichtigt.

(3) [1] Die nach den Absätzen 1 und 2 erhobenen Angaben und eingeholten Informationen sind von dem verpflichteten Unternehmen nach Maßgabe des § 8 des Geldwäschegesetzes aufzuzeichnen und aufzubewahren. [2] § 43 Absatz 1 des Geldwäschegesetzes ist entsprechend anzuwenden.

§ 55 Verstärkte Sorgfaltspflichten. Handelt es sich bei einem vom Vertragspartner abweichenden Bezugsberechtigten oder, sofern vorhanden, um den wirtschaftlich Berechtigten des Bezugsberechtigten, um eine politisch exponierte Person, um deren Familienangehörigen oder um eine ihr bekanntermaßen nahestehende Person nach § 1 Absatz 12, 13 oder 14 des Geldwäschegesetzes, haben die verpflichteten Unternehmen, wenn sie ein höheres Risiko der Geldwäsche oder der Terrorismusfinanzierung feststellen, über die in § 15 Absatz 4 des Geldwäschegesetzes genannten Pflichten hinaus zusätzlich

1. vor einer Auszahlung ein Mitglied der Führungsebene zu informieren,
2. die gesamte Geschäftsbeziehung zu dem Versicherungsnehmer einer verstärkten Überprüfung zu unterziehen,
3. zu prüfen, ob die Voraussetzungen für eine Meldung nach dem Geldwäschegesetz gegeben sind.

§ 56 *(aufgehoben)*

Abschnitt 7. Grenzüberschreitende Geschäftstätigkeit

Unterabschnitt 1. Dienstleistungsverkehr, Niederlassungen

§ 57 Versicherungsgeschäfte über Niederlassungen oder im Dienstleistungsverkehr. (1) Erstversicherungsunternehmen dürfen nach Maßgabe der §§ 58 und 59 das Versicherungsgeschäft in den anderen Mitglied- oder Vertragsstaaten über Niederlassungen oder im Dienstleistungsverkehr betreiben.

(2) [1] Als Niederlassung gilt eine Agentur oder Zweigniederlassung eines Erstversicherungsunternehmens im Hoheitsgebiet eines anderen Mitglied- oder Vertragsstaats. [2] Um eine Niederlassung handelt es sich auch, wenn das Versicherungsgeschäft durch eine zwar selbständige, aber ständig damit betraute Person betrieben wird, die von einer Betriebsstätte in dem anderen Mitglied- oder Vertragsstaat aus tätig wird.

(3) [1] Dienstleistungsverkehr im Sinne dieses Gesetzes liegt vor, wenn das Erstversicherungsunternehmen mit Sitz in einem Mitglied- oder Vertragsstaat von seinem Sitz oder einer Niederlassung in einem Mitglied- oder Vertragsstaat aus Risiken deckt, die in einem anderen Mitglied- oder Vertragsstaat belegen sind, ohne dass das Unternehmen dort von einer Niederlassung Gebrauch macht. [2] Mitglied- oder Vertragsstaat, in dem das Risiko belegen ist, ist

1. bei der Versicherung von Risiken mit Bezug auf unbewegliche Sachen, insbesondere Bauwerke und Anlagen, und den darin befindlichen, durch den gleichen Vertrag gedeckten Sachen der Mitglied- oder Vertragsstaat, in dem diese Gegenstände belegen sind,
2. bei der Versicherung von Risiken mit Bezug auf Fahrzeuge aller Art, die in einem Mitglied- oder Vertragsstaat in ein amtliches oder amtlich anerkanntes

Register einzutragen sind und ein Unterscheidungskennzeichen erhalten, dieser Mitglied- oder Vertragsstaat; abweichend hiervon ist bei einem Fahrzeug, das von einem Mitglied- oder Vertragsstaat in einen anderen überführt wird, während eines Zeitraums von 30 Tagen nach Abnahme des Fahrzeugs durch den Käufer der Bestimmungsmitglied oder Bestimmungsvertragsstaat als der Mitglied- oder Vertragsstaat anzusehen, in dem das Risiko belegen ist,

3. bei der Versicherung von Reise- und Ferienrisiken in Versicherungsverträgen über eine Laufzeit von höchstens vier Monaten der Mitglied- oder Vertragsstaat, in dem der Versicherungsnehmer die zum Abschluss des Vertrags erforderlichen Rechtshandlungen vorgenommen hat, und
4. in allen anderen Fällen,
   a) wenn der Versicherungsnehmer eine natürliche Person ist, der Mitglied- oder Vertragsstaat, in dem er seinen gewöhnlichen Aufenthalt hat, und
   b) wenn der Versicherungsnehmer keine natürliche Person ist, der Mitglied- oder Vertragsstaat, in dem sich das Unternehmen, die Betriebsstätte oder die entsprechende Einrichtung befindet, auf die sich der Vertrag bezieht.

§ 58 Errichtung einer Niederlassung. (1) [1]Erstversicherungsunternehmen haben der Aufsichtsbehörde die beabsichtigte Errichtung einer Niederlassung unter Angabe des betreffenden Mitglied- oder Vertragsstaats anzuzeigen. [2]Die Anzeige muss enthalten:

1. die Angaben und Schätzungen gemäß § 9 Absatz 2 Nummer 1 und 2 und Absatz 3 Nummer 5 und 6; sofern die Krankenversicherung im Sinne des Artikels 206 Absatz 2 der Richtlinie 2009/138/EG betrieben werden soll, zusätzlich die dem § 9 Absatz 4 Nummer 5 Buchstabe a entsprechenden Angaben,
2. Angaben über die Organisationsstruktur,
3. den Namen des vorgesehenen Hauptbevollmächtigten, der mit ausreichender Vollmacht versehen ist, um das Unternehmen Dritten gegenüber zu verpflichten und es bei Verwaltungsbehörden und vor den Gerichten des anderen Mitglied- oder Vertragsstaats zu vertreten,
4. die voraussichtliche Anschrift, welche zugleich die Geschäftsanschrift des Hauptbevollmächtigten sein muss, und
5. bei Deckung der in der Anlage 1 Nummer 10 Buchstabe a genannten Risiken über die Niederlassung eine Erklärung, wonach das Unternehmen in dem anderen Mitglied- oder Vertragsstaat Mitglied des nationalen Garantiefonds zur Entschädigung der Opfer von Unfällen, die von nicht versicherten oder nicht ermittelten Fahrzeugen verursacht werden, und des nationalen Versicherungsbüros geworden ist.

(2) [1]Die Aufsichtsbehörde prüft hinsichtlich des Vorhabens innerhalb einer Frist von drei Monaten nach Eingang der in Absatz 1 Satz 2 bezeichneten Unterlagen neben der rechtlichen Zulässigkeit die Angemessenheit der Geschäftsorganisation und die Finanzlage des Unternehmens sowie die Erfüllung der in § 24 Absatz 1 genannten Voraussetzungen durch den Hauptbevollmächtigten und die für die Niederlassung zuständigen Geschäftsleiter. [2]Bei Unbedenklichkeit übersendet sie vor Ablauf der Frist der Aufsichtsbehörde des anderen Mitglied- oder Vertragsstaats

1. diese Unterlagen und

2. eine Bescheinigung darüber, dass das Unternehmen über anrechnungsfähige Eigenmittel zur Einhaltung der Solvabilitätskapitalanforderung oder des für die betriebenen Versicherungssparten erforderlichen Mindestbetrags der Mindestkapitalanforderung verfügt, falls dieser Mindestbetrag höher ist,

und benachrichtigt hierüber das Unternehmen. [3] Anderenfalls teilt sie dem Unternehmen vor Ablauf der Frist mit, dass und aus welchen Gründen die Zustimmung zur Errichtung der Niederlassung versagt wird. [4] Hat sich die finanzielle Lage des Unternehmens verschlechtert im Sinne des § 132 Absatz 2, steht dies der Ausstellung einer Bescheinigung nach Satz 2 Nummer 2 entgegen, solange die Rechte der Versicherungsnehmer gefährdet sind.

(3) Im Fall des Absatzes 2 Satz 2 kann die Niederlassung errichtet werden und ihre Tätigkeit aufnehmen, wenn seit Zugang der Benachrichtigung beim Unternehmen zwei Monate vergangen sind, es sei denn, dass die Aufsichtsbehörde des anderen Mitglied- oder Vertragsstaats dem Unternehmen einen früheren Zeitpunkt mitteilt.

(4) [1] Änderungen der nach Absatz 1 Satz 2 Nummer 1 bis 4 gemachten Angaben hat das Versicherungsunternehmen der Aufsichtsbehörde spätestens einen Monat vor der beabsichtigten Durchführung der Änderung anzuzeigen. [2] Im Übrigen gilt Absatz 2 entsprechend.

§ 59 Aufnahme des Dienstleistungsverkehrs. (1) [1] Erstversicherungsunternehmen haben der Aufsichtsbehörde die beabsichtigte Aufnahme des Dienstleistungsverkehrs unter Angabe des betreffenden Mitglied- oder Vertragsstaats anzuzeigen. [2] Zugleich ist anzugeben, welche Versicherungssparten dort betrieben und welche Risiken einer Versicherungssparte gedeckt werden sollen; sofern die Krankenversicherung im Sinne des Artikels 206 Absatz 2 der Richtlinie 2009/138/EG betrieben werden soll, sind zusätzlich die dem § 9 Absatz 4 Nummer 5 entsprechenden Angaben zu machen. [3] Bei Deckung der in der Anlage 1 Nummer 10 Buchstabe a genannten Risiken hat die Anzeige außerdem Folgendes zu enthalten:

1. eine Erklärung, wonach das Unternehmen in dem anderen Mitglied- oder Vertragsstaat Mitglied des nationalen Garantiefonds zur Entschädigung der Opfer von Unfällen, die von nicht versicherten oder nicht ermittelten Fahrzeugen verursacht werden, und des nationalen Versicherungsbüros geworden ist, und
2. den Namen und die Geschäftsanschrift eines in dem anderen Mitglied- oder Vertragsstaat ansässigen oder niedergelassenen Vertreters (Vertreter für die Schadenregulierung), für den § 24 Absatz 1 entsprechend gilt, der
   a) alle erforderlichen Informationen über Schadenfälle sammelt und die dafür notwendige Geschäftsausstattung besitzt,
   b) über ausreichende Befugnisse verfügt, um das Unternehmen gegenüber Personen, die Schadenersatzansprüche geltend machen, gerichtlich oder außergerichtlich, insbesondere vor Verwaltungsbehörden, zu vertreten sowie diesbezüglich Vollmachten zu erteilen,
   c) bis zur endgültigen Befriedigung der Schadenersatzansprüche über ausreichende Befugnisse verfügt, um die diesen Ansprüchen entsprechenden Beträge auszuzahlen, und

d) die Befugnis besitzt, das Unternehmen gegenüber den Behörden des anderen Mitglied- oder Vertragsstaats hinsichtlich des Bestehens und der Gültigkeit der Versicherungsverträge zu vertreten.

(2) [1] Die Aufsichtsbehörde prüft innerhalb einer Frist von einem Monat nach Eingang der in Absatz 1 Satz 2 und 3 bezeichneten Unterlagen die rechtliche Zulässigkeit des Vorhabens. [2] Bei Unbedenklichkeit übersendet sie vor Ablauf der Frist der Aufsichtsbehörde des anderen Mitglied- oder Vertragsstaats

1. diese Unterlagen,
2. eine Bescheinigung darüber, welche Versicherungssparten das Unternehmen betreiben und welche Risiken einer Versicherungssparte es decken darf, und
3. eine Bescheinigung darüber, dass das Unternehmen über anrechnungsfähige Eigenmittel zur Einhaltung der Solvabilitätskapitalanforderung oder des für die betriebenen Versicherungssparten erforderlichen Mindestbetrags der Mindestkapitalanforderung verfügt, falls dieser Mindestbetrag höher ist,

und benachrichtigt hierüber das Unternehmen. [3] Anderenfalls teilt sie dem Unternehmen vor Ablauf der Frist mit, dass und aus welchen Gründen die Zustimmung zur Aufnahme des Erstversicherungsgeschäfts im Dienstleistungsverkehr versagt wird. [4] Es gilt als Versagung, wenn sich die Aufsichtsbehörde bis zum Ablauf der Frist nicht geäußert hat. [5] Hat sich die finanzielle Lage des Unternehmens verschlechtert im Sinne des § 132 Absatz 2, steht dies der Ausstellung einer Bescheinigung nach Satz 2 Nummer 3 entgegen, solange die Rechte der Versicherungsnehmer gefährdet sind.

(3) Im Fall des Absatzes 2 Satz 2 kann das Unternehmen seine Tätigkeit ab dem Zugang der genannten Benachrichtigung aufnehmen.

(4) Die Absätze 1 bis 3 gelten auch, wenn das Unternehmen weitere Versicherungssparten betreiben oder Risiken decken oder einen anderen Vertreter für die Schadenregulierung ernennen will.

§ 60 Statistische Angaben über grenzüberschreitende Tätigkeiten.

(1) [1] Jedes Erstversicherungsunternehmen muss der Aufsichtsbehörde für im Rahmen der Niederlassungsfreiheit getätigte Geschäfte und getrennt davon für im Rahmen der Dienstleistungsfreiheit getätigte Geschäfte

1. die gebuchten Prämienbeträge,
2. die Höhe der Erstattungsleistungen und
3. die Höhe der Provisionen

ohne Abzug der Rückversicherung sowie nach Mitgliedstaaten aufgeschlüsselt mitteilen. [2] In Bezug auf die in der Anlage 1 Nummer 10 genannte Sparte – ausgenommen der Haftung des Frachtführers – teilt das Unternehmen der Aufsichtsbehörde zudem die Häufigkeit und die durchschnittlichen Kosten der Erstattungsleistungen mit.

(2) Die Aufsichtsbehörde teilt den Aufsichtsbehörden jedes betroffenen Mitgliedstaats auf Antrag innerhalb einer angemessenen Frist die in Absatz 1 genannten Angaben zusammengefasst mit.

Unterabschnitt 2. Unternehmen mit Sitz in einem Mitgliedstaat der Europäischen Union oder einem anderen Vertragsstaat des Abkommens über den Europäischen Wirtschaftsraum

§ 61 Geschäftstätigkeit durch eine Niederlassung oder im Dienstleistungsverkehr. (1) [1] Erstversicherungsunternehmen mit Sitz in einem anderen Mitglied- oder Vertragsstaat mit Ausnahme der in den §§ 65 und 66 genannten Unternehmen dürfen das Versicherungsgeschäft im Inland durch eine Niederlassung oder im Dienstleistungsverkehr nur nach Maßgabe der Absätze 2 bis 4 betreiben. [2] § 57 Absatz 2 und 3 gilt sinngemäß.

(2) [1] Will das Unternehmen seine Tätigkeit durch eine Niederlassung ausüben, hat die Aufsichtsbehörde des Herkunftsstaats der Bundesanstalt die in Artikel 145 Absatz 2 und 3 der Richtlinie 2009/138/EG bezeichneten Angaben unter Benachrichtigung des Unternehmens zu übermitteln. [2] Die Aufnahme der Geschäftstätigkeit der Niederlassung ist erst zulässig, wenn seit Eingang dieser Benachrichtigung zwei Monate vergangen sind. [3] Dies gilt nur, wenn die Bundesanstalt dem Unternehmen keinen früheren Zeitpunkt mitteilt. [4] Änderungen des Inhalts der in Artikel 145 Absatz 2 Buchstabe b, c oder d der Richtlinie 2009/138/EG bezeichneten Angaben teilt das Unternehmen der Bundesanstalt und der Aufsichtsbehörde seines Sitzes einen Monat vor der beabsichtigten Durchführung der Änderung mit. [5] Sind Erweiterungen der Geschäftstätigkeit damit verbunden, sind diese erst zulässig, wenn seit Eingang der Mitteilung des Unternehmens an die Bundesanstalt ein Monat vergangen ist.

(3) Die Aufnahme oder Änderung der Tätigkeit des Unternehmens im Dienstleistungsverkehr ist erst zulässig, wenn die Aufsichtsbehörde des Herkunftsstaats der Bundesanstalt die in Artikel 148 Absatz 1 und 2 der Richtlinie 2009/138/EG bezeichneten Angaben übermittelt und das Unternehmen hiervon in Kenntnis gesetzt hat.

(4) Der Betrieb der Krankenversicherung im Sinne des § 146 Absatz 1 sowie von Pflichtversicherungen in den in den Absätzen 2 und 3 bezeichneten Fällen ist erst zulässig, wenn das Unternehmen der Bundesanstalt die allgemeinen Versicherungsbedingungen eingereicht hat.

(5) [1] Die Bundesanstalt unterrichtet die Aufsichtsbehörden der anderen Mitglied- oder Vertragsstaaten fortlaufend über solche Rechtsvorschriften, die Versicherungsunternehmen mit Sitz in diesen Staaten bei Ausübung einer Geschäftstätigkeit nach Absatz 1 zu beachten haben und deren Befolgung in Wahrnehmung der Aufsicht mit Ausnahme der Finanzaufsicht überwacht wird. [2] Vorschriften, die nicht gemäß Satz 1 bekannt gegeben wurden, teilt die Bundesanstalt innerhalb von zwei Monaten nach Zugang der in Absatz 2 oder 3 bezeichneten Angaben den Aufsichtsbehörden der Herkunftsstaaten mit.

§ 62 Beaufsichtigung der Geschäftstätigkeit. (1) [1] Die Finanzaufsicht über die Geschäftstätigkeit im Sinne des § 61 obliegt allein der Aufsichtsbehörde des Herkunftsstaats, die Aufsicht im Übrigen auch der Bundesanstalt. [2] Für die Aufsicht der Bundesanstalt nach Satz 1 sind neben § 61 Absatz 1 und 2 entsprechend anzuwenden:

1. von den Allgemeinen Vorschriften § 1 Absatz 1 und 2 sowie die §§ 3 und 4;
2. von den Vorschriften über grenzüberschreitende Geschäftstätigkeit § 68 Absatz 2 Satz 4;

3. von den Vorschriften über die Geschäftstätigkeit die §§ 48 bis 49 und 51 sowie für Unternehmen, die ihre Tätigkeit durch eine Niederlassung ausüben, außerdem § 15a Absatz 1, § 25 Absatz 6;
4. von den Vorschriften über die Verhinderung von Geldwäsche und Terrorismusfinanzierung § 53 Absatz 1 bis 3 sowie die §§ 54 und 55, sofern es sich um Niederlassungen im Sinne des § 57 Absatz 2 handelt, die die in § 52 genannten Geschäfte betreiben;
5. von den Vorschriften für einzelne Zweige die §§ 142, 144, 146, 147, 149 und 150 Absatz 1 bis 3, § 152 Absatz 1 bis 4, die §§ 155 und 156 Absatz 1, § 157 Absatz 1, § 159 mit Ausnahme der Verweisung auf § 160;
6. von den Vorschriften über die Aufsicht § 294 Absatz 2 Satz 2 bis 4, die §§ 298 und 299 Nummer 1, die §§ 303, 305 Absatz 1, 2 Nummer 1 und 2, Absatz 3 bis 5, § 306 Absatz 1 Satz 1 Nummer 1 bis 3, Absatz 2 Satz 1 Nummer 1 und 2, Absatz 4 bis 8 sowie die §§ 308 und 310 sowie
7. § 17 des Finanzdienstleistungsaufsichtsgesetzes[1)].

(2) Hat die Bundesanstalt Gründe für die Annahme, dass die finanzielle Solidität eines nach § 61 Absatz 1 tätigen Unternehmens beeinträchtigt sein könnte, unterrichtet sie hierüber die für die Finanzaufsicht zuständige Behörde des Herkunftsstaats.

(3) [1] Kommt ein Erstversicherungsunternehmen bei einer Geschäftstätigkeit nach § 61 Absatz 1 Aufforderungen oder Anordnungen der Bundesanstalt, einen Missstand (§ 298 Absatz 1) zu beseitigen, nicht nach, so unterrichtet die Bundesanstalt die Aufsichtsbehörde des Herkunftsstaats über die nach Satz 2 beabsichtigten Maßnahmen und ersucht um Zusammenarbeit. [2] Bleibt dieses Ersuchen erfolglos und sind Versuche, Anordnungen mit Zwangsmitteln durchzusetzen oder wegen Zwangsgeld zu vollstrecken, aussichtslos oder erfolglos, kann die Bundesanstalt, wenn andere Maßnahmen nicht zum Ziel führen oder nicht angebracht sind, die weitere Geschäftstätigkeit im Inland ganz oder teilweise untersagen. [3] In dringenden Fällen können die in Satz 2 genannten Anordnungen ohne Unterrichtung der Aufsichtsbehörde des Herkunftsstaats ergehen. [4] Darüber hinaus kann die Bundesanstalt gemäß Artikel 19 der Verordnung (EU) Nr. 1094/2010 die Europäische Aufsichtsbehörde für das Versicherungswesen und die betriebliche Altersversorgung mit der Angelegenheit befassen und um Unterstützung bitten.

(4) Verliert ein nach § 61 Absatz 1 tätiges Unternehmen die Erlaubnis zum Geschäftsbetrieb, so trifft die Bundesanstalt nach Unterrichtung durch die Aufsichtsbehörde des Herkunftsstaats die zur Unterbindung der weiteren inländischen Geschäftstätigkeit geeigneten und erforderlichen Maßnahmen.

§ 63 Bestandsübertragungen. (1) [1] Ein Vertrag, durch den ein Erstversicherungsunternehmen mit Sitz in einem anderen Mitglied- oder Vertragsstaat ganz oder teilweise einen Bestand an Versicherungsverträgen, die es gemäß § 61 Absatz 1 durch eine Niederlassung oder im Dienstleistungsverkehr abgeschlossen hat, auf ein Unternehmen mit Sitz in einem Mitglied- oder Vertragsstaat übertragen will, bedarf zur Genehmigung durch die für das übertragende Unternehmen zuständige Aufsichtsbehörde des Herkunftsstaats der Zustimmung der Bundesanstalt. [2] Die Zustimmung ist zu erteilen, wenn die Belange

[1)] Nr. **2**.

der Versicherten gewahrt sind und die Verpflichtungen aus den Versicherungen als dauernd erfüllbar dargetan sind; § 13 Absatz 4, 5 und 7 Satz 1 ist entsprechend anzuwenden.

(2) Betrifft der Versicherungsbestand einer Niederlassung keine im Inland belegenen Risiken, nimmt die Bundesanstalt zum Vertrag lediglich Stellung.

(3) Äußert sich die Bundesanstalt nicht innerhalb von drei Monaten zu dem Ersuchen um Zustimmung oder Stellungnahme, gilt dies als stillschweigende Zustimmung oder positive Stellungnahme.

(4) Fordert die gemäß Absatz 1 Satz 1 für die Genehmigung zuständige Aufsichtsbehörde von der Bundesanstalt die in § 13 Absatz 2 Satz 2 Nummer 1 genannte Bescheinigung an, sind § 58 Absatz 2 Satz 4 und § 59 Absatz 2 Satz 5 entsprechend anzuwenden.

§ 64 Bei Lloyd's vereinigte Einzelversicherer. (1) Die bei Lloyd's vereinigten Einzelversicherer dürfen eine Geschäftstätigkeit nur ausüben, wenn die Vereinigung im Namen der Einzelversicherer für den Fall der Zwangsvollstreckung in deren im Inland belegene Vermögenswerte darauf verzichtet, Rechte daraus herzuleiten, dass die Zwangsvollstreckung auch in Vermögenswerte von Einzelversicherern erfolgt, gegen die der Titel nicht wirkt; die Verzichtserklärung muss bis zur vollständigen Abwicklung der im Inland abgeschlossenen Versicherungsverträge unwiderruflich sein.

(2) [1] Ansprüche aus dem im Inland über eine Niederlassung betriebenen Versicherungsgeschäft der bei Lloyd's vereinigten Einzelversicherer können nur durch und gegen den Hauptbevollmächtigten gerichtlich geltend gemacht werden. [2] Ein gemäß Satz 1 erzielter Titel wirkt für und gegen die an dem Versicherungsgeschäft beteiligten Einzelversicherer. [3] § 727 der Zivilprozessordnung ist entsprechend anzuwenden. [4] Aus einem gegen den Hauptbevollmächtigten erzielten Titel kann in die von ihm verwalteten, im Inland belegenen Vermögenswerte aller in der Vereinigung zusammengeschlossenen Einzelversicherer vollstreckt werden.

§ 65 Niederlassung. (1) [1] Versicherungsunternehmen mit Sitz in einem anderen Mitglied- oder Vertragsstaat, auf die die Richtlinie 2009/138/EG keine Anwendung findet und die das Versicherungsgeschäft durch eine Niederlassung betreiben wollen, bedürfen der Erlaubnis. [2] Über den Antrag entscheidet die Bundesanstalt.

(2) Auf diese Unternehmen sind § 67 Absatz 2 und 3 sowie § 68 Absatz 2 mit den Maßgaben entsprechend anzuwenden, dass

1. zusätzlich die Satzung des Unternehmens sowie die Bilanz und die Gewinn-und-Verlustrechnung für jedes der drei letzten Geschäftsjahre einzureichen sind; besteht das Unternehmen noch nicht drei Jahre, so hat es diese Unterlagen nur für die bereits abgeschlossenen Geschäftsjahre vorzulegen;
2. die Mitglieder des zur gesetzlichen Vertretung befugten Organs zu benennen sind;
3. die die Niederlassung betreffenden Geschäftsunterlagen dort zur Verfügung zu halten sind und
4. § 13 Absatz 2 nicht anzuwenden ist.

(3) Die Absätze 1 und 2 gelten auch, wenn der Betrieb im Dienstleistungsverkehr erfolgen soll; die in Absatz 2 genannten Vorschriften gelten jedoch insoweit nicht entsprechend, als sie eine Niederlassung voraussetzen.

§ 66 Dienstleistungsverkehr; Mitversicherung. (1) Erstversicherungsunternehmen, die im Dienstleistungsverkehr ausschließlich die in der Anlage 1 Nummer 4 bis 7 und 12 genannten Versicherungssparten sowie die dort in Nummer 10 Buchstabe b genannte Risikoart betreiben, unterliegen nicht den Vorschriften dieses Gesetzes.

(2) Den Vorschriften dieses Gesetzes unterliegen ferner Erstversicherungsunternehmen nicht, die sich an dem in § 210 Absatz 2 des Versicherungsvertragsgesetzes[1)] bezeichneten Versicherungsgeschäft im Wege der Mitversicherung beteiligen, wenn sie hierbei außer über den führenden Versicherer nicht über einen Sitz oder eine Niederlassung im Inland tätig sind und die Mitversicherung nicht die gesetzliche Haftpflichtversicherung im Zusammenhang mit Schäden durch Kernenergie oder Arzneimittel betrifft.

(3) [1] Missbraucht ein Erstversicherungsunternehmen die Möglichkeit nach Absatz 2, als führender Versicherer Versicherungsunternehmen aus anderen Mitglied- oder Vertragsstaaten an Mitversicherungen zu beteiligen, so kann die Aufsichtsbehörde gegenüber diesem Unternehmen die zur Beseitigung des Missbrauchs erforderlichen Anordnungen treffen. [2] In schwerwiegenden Fällen kann die Aufsichtsbehörde ferner dem Unternehmen den Abschluss derartiger Mitversicherungen untersagen oder die in § 304 Absatz 3 bezeichneten Maßnahmen treffen. [3] § 304 Absatz 4 bis 6 ist entsprechend anzuwenden. [4] Als Missbrauch ist es insbesondere anzusehen, wenn ein Unternehmen die einem führenden Versicherer üblicherweise zukommenden Aufgaben nicht wahrnimmt oder an dem Vertrag Versicherungsunternehmen beteiligt, die nach Absatz 2 nicht zu einer solchen Beteiligung befugt sind.

(4) Das Bundesministerium der Finanzen wird ermächtigt, durch Rechtsverordnung, die nicht der Zustimmung des Bundesrates bedarf,

1. die Absätze 1 und 2 auf Versicherungsunternehmen eines Drittstaats für anwendbar zu erklären, wenn die Belange der Versicherten ausreichend gewahrt sind und Interessen der Bundesrepublik Deutschland nicht entgegenstehen, und
2. zu bestimmen, dass die Vorschriften über ausländische Versicherungsunternehmen mit Sitz in einem anderen Mitglied- oder Vertragsstaat auch auf Unternehmen mit Sitz in einem Drittstaat anzuwenden sind, soweit dies auf Grund von Abkommen der Europäischen Union erforderlich ist.

(5) Unter den Voraussetzungen des Absatzes 4 Nummer 1 kann die Bundesanstalt entsprechende Freistellungen auch im Einzelfall durch Verwaltungsakt gewähren.

§ 66a Entsprechende Anwendung des EU-Passregimes. (1) [1] Wird der Austritt des Vereinigten Königreichs Großbritannien und Nordirland aus der Europäischen Union wirksam, ohne dass bis zu diesem Zeitpunkt ein Austrittsabkommen im Sinne von Artikel 50 Absatz 2 Satz 2 des Vertrages über die Europäische Union in Kraft getreten ist, so kann die Bundesanstalt zum Schutz

---

[1)] Nr. **6**.

der Versicherungsnehmer und der Begünstigten von Versicherungsleistungen anordnen, dass die §§ 61 bis 66 und 169 für einen Übergangszeitraum für die Zwecke der Abwicklung der bis zum Austritt abgeschlossenen Versicherungsverträge auf Versicherungsunternehmen mit Sitz im Vereinigten Königreich Großbritannien und Nordirland, die zum Zeitpunkt des Austritts des Vereinigten Königreichs Großbritannien und Nordirland aus der Europäischen Union nach § 61 Absatz 1 Satz 1 und § 169 Absatz 1 Satz 1 über eine Niederlassung oder im Wege des grenzüberschreitenden Dienstleistungsverkehrs im Inland tätig waren, entsprechend anzuwenden sind. [2]Der im Zeitpunkt des Austritts beginnende Übergangszeitraum darf eine Dauer von 21 Monaten nicht überschreiten. [3]Die Anordnung kann auch durch Allgemeinverfügung ohne vorherige Anhörung getroffen und öffentlich bekannt gegeben werden.

(2) Absatz 1 ist auf Einrichtungen der betrieblichen Altersversorgung mit Sitz im Vereinigten Königreich Großbritannien und Nordirland, die zum Zeitpunkt des Austritts des Vereinigten Königreichs Großbritannien und Nordirland aus der Europäischen Union nach § 243 grenzüberschreitend im Inland tätig sind, mit der Maßgabe anzuwenden, dass die §§ 243 und 243a anzuwenden sind.

Unterabschnitt 3. Unternehmen mit Sitz außerhalb des Europäischen Wirtschaftsraums

§ 67 Erlaubnis; Spartentrennung. (1) [1]Versicherungsunternehmen eines Drittstaats, die im Inland das Erst- oder Rückversicherungsgeschäft betreiben wollen, bedürfen zum Geschäftsbetrieb der Erlaubnis der Aufsichtsbehörde. [2]Satz 1 gilt nicht für Versicherungsunternehmen eines Drittstaats, die von ihrem Sitz aus im Inland ausschließlich das Rückversicherungsgeschäft betreiben, wenn

1. die Europäische Kommission gemäß Artikel 172 Absatz 2 oder 4 der Richtlinie 2009/138/EG entschieden hat, dass die Solvabilitätssysteme für Rückversicherungstätigkeiten von Unternehmen in diesem Drittstaat dem in dieser Richtlinie beschriebenen System gleichwertig sind oder
2. auf Grund eines Abkommens der Europäischen Union mit einem Drittstaat Versicherungsunternehmen aus dem jeweiligen Drittstaat ohne das Erfordernis einer Erlaubnis oder einer Niederlassung Rückversicherungsgeschäfte im Inland tätigen dürfen und die im Abkommen geregelten Voraussetzungen erfüllt sind.

[3]Im Fall des Satzes 2 Nummer 1 werden Rückversicherungsverträge mit diesen Unternehmen genauso behandelt wie Rückversicherungsverträge mit Unternehmen, die in einem Mitglied- oder Vertragsstaat zugelassen sind; im Fall des Satzes 2 Nummer 2 erfolgt die Behandlung nach Maßgabe des Abkommens.

(2) [1]Für Unternehmen nach Absatz 1 Satz 1 gelten die besonderen Vorschriften dieses Unterabschnitts sowie ergänzend entsprechend die übrigen Vorschriften dieses Gesetzes und die auf Grund der Richtlinie 2009/138/EG erlassenen delegierten Rechtsakte, technischen Regulierungsstandards und technischen Durchführungsstandards. [2]Die Vorschriften des Teils 2 Kapitel 2 Abschnitt 3 sind auf das gemäß Absatz 1 Satz 1 abgeschlossene Versicherungsgeschäft entsprechend anzuwenden.

(3) [1]Erstversicherungsunternehmen, welche die Lebensversicherung zugleich mit anderen Versicherungssparten betreiben, darf der Geschäftsbetrieb

im Inland nicht für die Lebensversicherung erlaubt werden. [2] Erstversicherungsunternehmen, die die Krankenversicherung zugleich mit anderen Versicherungssparten betreiben, können keine Erlaubnis zum Betrieb der Krankenversicherung nach § 146 Absatz 1 im Inland erhalten.

(4) Für Einrichtungen der betrieblichen Altersversorgung im Sinne des Artikels 6 Nummer 1 der Richtlinie (EU) 2016/2341, die ihren Sitz in einem Drittstaat haben, gelten die Vorschriften dieses Unterabschnitts entsprechend.

§ 68 Niederlassung; Hauptbevollmächtigter. (1) [1] Die Unternehmen, für die § 67 Absatz 1 gilt, haben im Inland eine Niederlassung zu errichten und dort alle die Niederlassung betreffenden Geschäftsunterlagen zur Verfügung zu halten. [2] Die Vorschriften der §§ 13d bis 13f des Handelsgesetzbuchs über die Zweigniederlassung sind entsprechend anzuwenden. [3] Für die Geschäftstätigkeit der Niederlassung ist gesondert Rechnung zu legen. [4] § 37, § 38 Absatz 1 und § 39 sowie § 43 Absatz 1 gelten mit der Maßgabe, dass

1. auch Jahresabschluss und Lagebericht der Hauptniederlassung in deutscher Sprache jedem Versicherten auf Verlangen übersandt werden und
2. zum internen Bericht der im Sitzland des Unternehmens veröffentlichte Jahresabschluss und Lagebericht in der Sprache des Sitzlandes und in deutscher Sprache sowie auch der der Aufsichtsbehörde des Sitzlandes vorgelegte Bericht in der Sprache des Sitzlandes gehören.

(2) [1] Für die Niederlassung ist ein Hauptbevollmächtigter zu bestellen, der seinen Wohnsitz und ständigen Aufenthalt im Inland haben muss. [2] Dieser hat die Pflichten und persönlichen Voraussetzungen zu erfüllen, die dieses Gesetz dem Vorstand eines Unternehmens mit Sitz im Inland auferlegt. [3] Er gilt als ermächtigt, das Unternehmen Dritten gegenüber zu verpflichten, insbesondere Versicherungsverträge mit Versicherungsnehmern im Inland und über dort belegene Grundstücke abzuschließen sowie das Unternehmen bei Verwaltungsbehörden und vor Gerichten zu vertreten. [4] Der Hauptbevollmächtigte ist zur Eintragung in das Handelsregister anzumelden.

(3) Soweit nach den folgenden Vorschriften Sicherheiten gestellt werden müssen, kann sich die Bundesanstalt in den Bedingungen für die Rückgabe vorbehalten, über die Sicherheiten im Interesse der Versicherten zu verfügen.

§ 69 Antrag; Verfahren. (1) [1] Der Antrag nach § 67 ist bei der Bundesanstalt zu stellen. [2] Mit dem Antrag sind einzureichen:

1. der Geschäftsplan nach § 9 Absatz 2 und 3 und die in § 9 Absatz 4 genannten Angaben und Unterlagen für die Niederlassung und die Satzung des Unternehmens; zugleich sind die Mitglieder des zur gesetzlichen Vertretung befugten Organs und eines Aufsichtsorgans zu benennen;
2. eine Bescheinigung der zuständigen Behörde des Sitzlandes darüber,
   a) dass das Unternehmen an seinem Sitz unter seinem Namen Rechte erwerben und Verbindlichkeiten eingehen, vor Gericht klagen und verklagt werden kann sowie
   b) welche Versicherungssparten das Unternehmen zu betreiben befugt ist und welche Arten von Risiken es tatsächlich deckt und
3. die Bilanz sowie die Gewinn-und-Verlustrechnung für jedes der drei letzten Geschäftsjahre; besteht das Unternehmen noch nicht drei Jahre, so hat es

diese Unterlagen nur für die bereits abgeschlossenen Geschäftsjahre vorzulegen.

(2) [1]Die Anforderungen an die finanzielle Ausstattung richten sich nach Teil 2 Kapitel 2 Abschnitt 1 und 2. [2]Sie bemessen sich nach dem Geschäftsumfang der Niederlassung. [3]Die Vermögenswerte, die den Gegenwert der Solvabilitätskapitalanforderung bilden, müssen mindestens in Höhe der Mindestkapitalanforderung im Inland, im Übrigen im Gebiet der Mitglied- oder Vertragsstaaten belegen sein. [4]Sie dürfen 50 Prozent der nach der Rechtsverordnung gemäß § 122 Absatz 2 festgelegten absoluten Untergrenze der Mindestkapitalanforderung nicht unterschreiten. [5]Das Unternehmen hat sich ferner zu verpflichten, eine Sicherheit (feste Kaution) zu stellen. [6]Die feste Kaution beträgt mindestens 25 Prozent der absoluten Untergrenze der Mindestkapitalanforderung. [7]Die feste Kaution wird auf die Eigenmittel angerechnet.

(3) Die Erlaubnis kann erteilt werden, wenn

1. keiner der Gründe des § 11 zum Versagen der Erlaubnis vorliegt,
2. die Voraussetzungen des § 68 Absatz 1 und 2 erfüllt sind und
3. der als feste Kaution geforderte Betrag gestellt ist.

(4) Soll der Geschäftsbetrieb auf andere Versicherungssparten oder ein anderes Gebiet im Inland ausgedehnt werden, so sind die Absätze 1 bis 3 entsprechend anzuwenden.

(5) Absatz 2 Satz 5 und 6, Absatz 3 Nummer 3, Absatz 4, § 70 Absatz 1 Satz 1 Nummer 2 und § 71 Satz 1 Nummer 2 finden keine Anwendung bei inländischen Niederlassungen von Rückversicherungsunternehmen mit Sitz in einem Drittstaat.

§ 70 Erleichterungen für Unternehmen, die bereits in einem anderen Mitglied- oder Vertragsstaat zugelassen sind. (1) [1]Einem Unternehmen, das in einem anderen Mitglied- oder Vertragsstaat die Erlaubnis zum Geschäftsbetrieb erhalten oder beantragt hat, kann auf Antrag widerruflich genehmigt werden, dass

1. die Solvabilitätskapitalanforderung auf der Grundlage seiner gesamten Geschäftstätigkeit in den Mitglied- oder Vertragsstaaten berechnet wird,
2. es von der Verpflichtung befreit wird, im Inland eine Kaution zu stellen oder
3. Vermögenswerte, die den Gegenwert der Mindestkapitalanforderung bilden, in einem anderen Mitglied- oder Vertragsstaat belegen sein können, in dem das Unternehmen seine Tätigkeit ausübt.

[2]Die Erleichterungen können nur zusammen gewährt werden. [3]Der Antrag ist bei den Aufsichtsbehörden aller Mitglied- oder Vertragsstaaten zu stellen, in denen das Versicherungsunternehmen zum Geschäftsbetrieb zugelassen ist oder eine Erlaubnis zum Geschäftsbetrieb beantragt hat. [4]In dem Antrag ist die Behörde anzugeben, die künftig die Kapitalausstattung für die gesamte Geschäftstätigkeit in den Mitglied- oder Vertragsstaaten überwachen soll (gewählte Aufsichtsbehörde); die Wahl der Aufsichtsbehörde ist zu begründen. [5]Die Kaution im Sinne des § 69 Absatz 2 Satz 5 ist in dem Mitgliedstaat der gewählten Aufsichtsbehörde zu hinterlegen. [6]Die Genehmigung kann nur erteilt werden, wenn alle Behörden zustimmen, bei denen der Antrag gestellt wurde. [7]Sie wird zu dem Zeitpunkt erteilt, zu dem sich die gewählte Aufsichtsbehörde gegenüber den anderen Aufsichtsbehörden zur Überwachung der

Kapitalausstattung bereit erklärt hat. [8]Die Erleichterungen sind von allen Aufsichtsbehörden gleichzeitig zu widerrufen, wenn mindestens eine der Behörden, die dem Antrag zugestimmt haben, dies verlangt.

(2) [1]Ist die Bundesanstalt gewählte Aufsichtsbehörde, so unterrichtet sie die zuständigen Behörden der beteiligten Mitglied- oder Vertragsstaaten von den nach § 134 Absatz 7, § 135 Absatz 3 getroffenen Maßnahmen. [2]Sie kann diese Behörden ersuchen, die gleichen Maßnahmen zu treffen. [3]Ist eine andere Behörde gewählte Aufsichtsbehörde, erteilt die Bundesanstalt ihr alle zur Überwachung des Gesamtsolvabilitätsbedarfs notwendigen Auskünfte; hat sie Verfügungsbeschränkungen über Vermögensgegenstände des Unternehmens angeordnet, weil dessen Eigenmittel unzureichend sind, so trifft die Bundesanstalt auf Verlangen dieser Behörde entsprechende Maßnahmen für die im Inland belegenen Vermögensgegenstände. [4]Die §§ 133 bis 137 bleiben unberührt.

§ 71 Widerruf der Erlaubnis. [1]Die Bundesanstalt widerruft die Erlaubnis, wenn

1. das Unternehmen im Sitzland die Erlaubnis zum Geschäftsbetrieb verliert oder
2. im Fall des § 70 die gewählte Aufsichtsbehörde die Erlaubnis zum Geschäftsbetrieb widerruft, weil die nach § 70 Absatz 1 Satz 1 Nummer 1 berechneten Eigenmittel unzureichend sind.

[2]§ 304 bleibt unberührt.

§ 72 Versicherung inländischer Risiken. Erstversicherungsunternehmen eines Drittstaats, denen der Geschäftsbetrieb nach § 67 erlaubt worden ist, dürfen Versicherungsverträge mit Versicherungsnehmern, die ihren gewöhnlichen Aufenthalt im Inland haben, sowie Versicherungsverträge über dort belegene Grundstücke nur durch Bevollmächtigte abschließen, die im Inland wohnen.

§ 73 Bestandsübertragung. (1) [1]Ein Vertrag, durch den der Versicherungsbestand einer inländischen Niederlassung im Sinne des § 68 Absatz 1 ganz oder teilweise übertragen wird auf

1. ein Versicherungsunternehmen mit Sitz in einem Mitglied- oder Vertragsstaat oder
2. die inländische Niederlassung eines Versicherungsunternehmens eines Drittstaats,

bedarf der Genehmigung der Bundesanstalt. [2]Die Genehmigung darf nur erteilt werden, wenn die übernehmende Drittstaatenniederlassung oder das übernehmende Versicherungsunternehmen mit Sitz in einem Mitglied- oder Vertragsstaat nachweist, dass es nach der Übertragung genügend anrechnungsfähige Eigenmittel zur Einhaltung der Solvabilitätskapitalanforderung besitzt. [3]Der Nachweis erfolgt durch eine Bescheinigung

1. der zuständigen Behörde des anderen Mitglied- oder Vertragsstaats, wenn das übernehmende Unternehmen seinen Sitz in einem anderen Mitglied- oder Vertragsstaat hat, oder
2. der gewählten Aufsichtsbehörde im Sinne des § 70 Absatz 1 Satz 4, wenn die Kapitalausstattung der Drittstaatenniederlassung von dieser überwacht wird.

[4]Für Erstversicherungsunternehmen gilt § 63 Absatz 4 entsprechend.

(2) [1] Gehören Erstversicherungsverträge zu den von der Genehmigung erfassten Vermögensgegenständen, darf die Genehmigung nur erteilt werden, wenn die Aufsichtsbehörden der Staaten, in denen die Risiken des Versicherungsbestandes belegen sind, zustimmen. [2] Es gilt als Zustimmung, wenn diese Aufsichtsbehörden sich innerhalb von drei Monaten nach Erhalt des Antrags nicht geäußert haben.

(3) [1] Die Bestandsübertragung bedarf der Schriftform; § 311b Absatz 3 des Bürgerlichen Gesetzbuchs ist nicht anzuwenden. [2] Die Rechte und Pflichten des übertragenden Unternehmens aus den Versicherungs- oder Rückversicherungsverträgen gehen mit der Bestandsübertragung auch im Verhältnis zu den Versicherungsnehmern oder Vorversicherern auf das übernehmende Unternehmen über; § 415 des Bürgerlichen Gesetzbuchs ist nicht anzuwenden. [3] Die Genehmigung der Bestandsübertragung ist im Bundesanzeiger zu veröffentlichen. [4] Sobald die Bestandsübertragung wirksam geworden ist, hat die übernehmende Niederlassung die Versicherungsnehmer oder die Vorversicherer unverzüglich über die Bestandsübertragung schriftlich oder elektronisch zu informieren.

(4) Wird der Versicherungsbestand einer inländischen Niederlassung auf die inländische Niederlassung eines Versicherungsunternehmens eines Drittstaats übertragen und wird die Kapitalausstattung der Niederlassung des letztgenannten Unternehmens von der Aufsichtsbehörde eines anderen Mitglied- oder Vertragsstaats überwacht, so bleiben die von einer Niederlassung für den übertragenen Bestand gestellten Sicherheiten bestehen, sofern die für das übernehmende Unternehmen zuständige Aufsichtsbehörde nichts anderes bestimmt.

Kapitel 2. Finanzielle Ausstattung

Abschnitt 1. Solvabilitätsübersicht

§ 74 Bewertung der Vermögenswerte und Verbindlichkeiten. (1) [1] Versicherungsunternehmen haben nach Maßgabe der Absätze 2 und 3 sowie der §§ 75 bis 87 eine Gegenüberstellung von Aktiva und Passiva zum Zweck der Bestimmung der vorhandenen Eigenmittel zu erstellen (Solvabilitätsübersicht). [2] Die Vorschriften dieses Gesetzes über Eigenmittel sowie die handelsrechtliche Verpflichtung zur Rechnungslegung bleiben unberührt.

(2) Die Vermögenswerte werden in der Solvabilitätsübersicht mit dem Betrag bewertet, zu dem sie zwischen sachverständigen, vertragswilligen und voneinander unabhängigen Geschäftspartnern getauscht werden könnten.

(3) [1] Die Verbindlichkeiten werden mit dem Betrag bewertet, zu dem sie zwischen sachverständigen, vertragswilligen und voneinander unabhängigen Geschäftspartnern übertragen oder beglichen werden könnten. [2] Eine Berichtigung der Bewertung, um die Bonität des Versicherungsunternehmens zu berücksichtigen, findet nicht statt.

§ 75 Allgemeine Vorschriften für die Bildung versicherungstechnischer Rückstellungen. (1) [1] In der Solvabilitätsübersicht sind für sämtliche Versicherungsverpflichtungen gegenüber Versicherungsnehmern und Anspruchsberechtigten versicherungstechnische Rückstellungen zu bilden. [2] Diese sind auf vorsichtige, verlässliche und objektive Art und Weise zu berechnen.

(2) Der Wert der versicherungstechnischen Rückstellungen entspricht dem aktuellen Betrag, den Versicherungsunternehmen zahlen müssten, wenn sie ihre

Versicherungsverpflichtungen unverzüglich auf ein anderes Versicherungsunternehmen übertragen würden.

(3) Bei der Berechnung der versicherungstechnischen Rückstellungen segmentieren die Versicherungsunternehmen ihre Versicherungsverpflichtungen in homogene Risikogruppen, die zumindest nach Geschäftsbereichen getrennt sind.

(4) Die Berechnung der versicherungstechnischen Rückstellungen erfolgt unter Berücksichtigung der von den Finanzmärkten bereitgestellten Informationen sowie allgemein verfügbarer Daten über versicherungstechnische Risiken und hat mit diesen konsistent zu sein (Marktkonsistenz).

(5) Bei der Berechnung der versicherungstechnischen Rückstellungen sind die in § 74 Absatz 3 genannten Grundsätze zu beachten.

§ 76 Wert der versicherungstechnischen Rückstellungen. (1) [1] Der Wert der versicherungstechnischen Rückstellungen entspricht der Summe aus

1. dem nach § 77 berechneten besten Schätzwert und
2. der nach § 78 berechneten Risikomarge.

[2] Der beste Schätzwert und die Risikomarge sind getrennt zu berechnen.

(2) [1] Können künftige Zahlungsströme in Verbindung mit Versicherungsverpflichtungen mit Finanzinstrumenten, für die ein verlässlicher Marktwert zu ermitteln ist, verlässlich nachgebildet werden, so wird der Wert der mit diesen künftigen Zahlungsströmen verbundenen versicherungstechnischen Rückstellungen auf der Grundlage des Marktwerts dieser Finanzinstrumente bestimmt. [2] Absatz 1 Satz 2 gilt in diesem Fall nicht.

§ 77 Bester Schätzwert. (1) Der beste Schätzwert entspricht dem wahrscheinlichkeitsgewichteten Durchschnitt künftiger Zahlungsströme unter Berücksichtigung des Zeitwerts des Geldes (erwarteter Barwert künftiger Zahlungsströme) und unter Verwendung der maßgeblichen risikofreien Zinskurve.

(2) [1] Die Berechnung des besten Schätzwerts hat auf der Grundlage aktueller und glaubhafter Informationen sowie realistischer Annahmen zu erfolgen. [2] Sie stützt sich auf geeignete, passende und angemessene versicherungsmathematische und statistische Methoden.

(3) Bei der Projektion der künftigen Zahlungsströme werden alle ein- und ausgehenden Zahlungsströme berücksichtigt, die zur Abrechnung der Versicherungsverbindlichkeiten während ihrer Laufzeit benötigt werden.

(4) [1] Der beste Schätzwert wird ohne Abzug der aus Rückversicherungsverträgen und von Zweckgesellschaften einforderbaren Beträge berechnet. [2] Diese Beträge werden nach § 86 gesondert berechnet.

(5) Bei Währungen und Binnenmärkten, für die die in Artikel 77e Absatz 1 Buchstabe c der Richtlinie 2009/138/EG genannte Anpassung nicht in den Durchführungsrechtsakten nach Artikel 77e Absatz 2 der Richtlinie 2009/138/EG enthalten ist, wird zur Berechnung des besten Schätzwerts keine Volatilitätsanpassung auf die maßgebliche risikofreie Zinskurve angewandt.

§ 78 Risikomarge. (1) Die Risikomarge stellt sicher, dass der Wert der versicherungstechnischen Rückstellungen dem Betrag entspricht, den die Versicherungsunternehmen fordern würden, um die Versicherungsverpflichtungen übernehmen und erfüllen zu können.

(2) [1]Die Risikomarge wird unter Bestimmung der Kosten, die für die Bereitstellung eines Betrags an anrechnungsfähigen Eigenmitteln erforderlich sind, berechnet. [2]Dieser Betrag hat der Solvabilitätskapitalanforderung zu entsprechen, die für die Bedeckung der Versicherungsverpflichtungen während deren Laufzeit erforderlich ist. [3]Legt die Europäische Kommission gemäß Artikel 86 Buchstabe d der Richtlinie 2009/138/EG einen Kapitalkostensatz für die Bereitstellung an anrechnungsfähigen Eigenmitteln fest, so ist dieser zu verwenden.

§ 79 Allgemeine Grundsätze für die Berechnung der versicherungstechnischen Rückstellungen. (1) Versicherungsunternehmen müssen über interne Prozesse und Verfahren verfügen, um die Genauigkeit, Vollständigkeit und Angemessenheit der bei der Berechnung der versicherungstechnischen Rückstellungen verwendeten Daten zu gewährleisten.

(2) Wenn den Versicherungsunternehmen Daten von angemessener Qualität nicht in genügender Menge zur Verfügung stehen, um eine verlässliche versicherungsmathematische Methode auf eine Gruppe oder Untergruppe ihrer Versicherungsverpflichtungen oder auf einforderbare Beträge aus Rückversicherungsverträgen und gegenüber Zweckgesellschaften anzuwenden, können die Versicherungsunternehmen für die Berechnung des besten Schätzwerts geeignete Näherungswerte einschließlich Einzelfallanalysen verwenden.

§ 80 Matching-Anpassung an die maßgebliche risikofreie Zinskurve.

(1) [1]Mit Genehmigung der Aufsichtsbehörde können Versicherungsunternehmen eine Matching-Anpassung an die maßgebliche risikofreie Zinskurve vornehmen, um den besten Schätzwert des Portfolios der Lebensversicherungs- oder Rückversicherungsverpflichtungen zu berechnen, einschließlich der Rentenversicherungen, die aus Nichtlebensversicherungs- oder Rückversicherungsverträgen stammen. [2]Die Genehmigung wird erteilt, wenn folgende Voraussetzungen erfüllt sind:

1. das Versicherungsunternehmen hat ein Portfolio aus Vermögenswerten, bestehend aus Anleihen und sonstigen Vermögenswerten mit ähnlichen Zahlungsstrom-Eigenschaften, festgelegt, um den besten Schätzwert des Portfolios der Versicherungs- oder Rückversicherungsverpflichtungen zu bedecken und behält diese Festlegung während des Bestehens der Verpflichtungen bei, es sei denn, eine Abweichung erfolgt zu dem Zweck, die Replikation der erwarteten Zahlungsströme zwischen Vermögenswerten und Verbindlichkeiten aufrechtzuerhalten, wenn sich die Zahlungsströme wesentlich verändert haben;
2. das Portfolio der Versicherungs- oder Rückversicherungsverpflichtungen, bei denen die Matching-Anpassung vorgenommen werden soll, und das zugeordnete Vermögensportfolio werden getrennt von den anderen Aktivitäten des Unternehmens identifiziert, organisiert und verwaltet und das zugeordnete Vermögensportfolio kann nicht verwendet werden, um Verluste aus anderen Aktivitäten des Unternehmens abzudecken;
3. die erwarteten Zahlungsströme des zugeordneten Vermögensportfolios replizieren sämtliche künftigen Zahlungsströme des Portfolios der Versicherungs- oder Rückversicherungsverpflichtungen in derselben Währung und Inkongruenzen ziehen keine Risiken nach sich, die im Vergleich zu den inhärenten

Risiken des Versicherungs- oder Rückversicherungsgeschäfts, bei dem eine Matching-Anpassung vorgenommen wird, wesentlich sind;
4. die dem Portfolio der Verpflichtungen zugrunde liegenden Versicherungs- und Rückversicherungsverträge führen nicht zu künftigen Prämienzahlungen;
5. die einzigen versicherungstechnischen Risiken im Zusammenhang mit dem Portfolio der Versicherungs- oder Rückversicherungsverpflichtungen sind das Langlebigkeitsrisiko, das Kostenrisiko, das Revisionsrisiko und das Sterblichkeitsrisiko;
6. das Sterblichkeitsrisiko gehört zu den versicherungstechnischen Risiken im Zusammenhang mit dem Portfolio der Versicherungs- oder Rückversicherungsverpflichtungen und es erhöht sich der beste Schätzwert des Portfolios der Versicherungs- oder Rückversicherungsverpflichtungen nicht um mehr als 5 Prozent unter einem Sterblichkeitsrisikostress, der gemäß § 97 kalibriert wird;
7. die dem Portfolio der Versicherungs- oder Rückversicherungsverpflichtungen zugrunde liegenden Verträge enthalten keine Optionen für den Versicherungsnehmer oder nur eine Rückkaufoption, bei der der Rückkaufwert den Wert der gemäß § 74 bewerteten Vermögenswerte, die im Zeitpunkt der Ausübung der Rückkaufoption die Versicherungs- oder Rückversicherungsverpflichtungen abdecken, nicht übersteigt;
8. die Vermögenswerte des zugeordneten Vermögensportfolios generieren fixe Zahlungsströme, die von den Emittenten der Vermögenswerte oder Dritten nicht verändert werden können, und
9. die Versicherungs- oder Rückversicherungsverpflichtungen eines Versicherungs- oder Rückversicherungsvertrags werden bei der Zusammenstellung des Portfolios der Versicherungs- oder Rückversicherungsverpflichtungen für die Zwecke dieses Absatzes nicht in verschiedene Teile geteilt.

[3]Unbeschadet des Satzes 2 Nummer 8 können Versicherungsunternehmen Vermögenswerte verwenden, deren Zahlungsströme abgesehen von der Inflationsabhängigkeit fix sind, wenn diese Vermögenswerte die in den Zahlungsströmen des Portfolios der inflationsabhängigen Versicherungs- oder Rückversicherungsverpflichtungen enthaltene Inflation replizieren. [4]Haben Emittenten oder Dritte das Recht, Zahlungsströme von Vermögenswerten so zu ändern, dass der Anleger hinreichenden Ausgleich erhält, um den gleichen Zahlungsstrom durch Reinvestitionen in Vermögenswerte gleicher oder besserer Kreditqualität zu erhalten, schließt das Recht, Zahlungsströme zu ändern, den Vermögenswert nicht von der Zulässigkeit für das zugeordnete Portfolio gemäß Satz 2 Nummer 8 aus.

(2) [1]Versicherungs- oder Rückversicherungsunternehmen, die die Matching-Anpassung an einem Portfolio von Versicherungs- oder Rückversicherungsverpflichtungen vornehmen, dürfen nicht zu einem Ansatz zurückkehren, der keine Matching-Anpassung umfasst. [2]Ist ein Versicherungs- oder Rückversicherungsunternehmen, das die Matching-Anpassung vornimmt, nicht mehr in der Lage, die in Absatz 1 genannten Voraussetzungen zu erfüllen, hat es die Aufsichtsbehörde unverzüglich davon in Kenntnis zu setzen und die erforderlichen Maßnahmen zu ergreifen, damit diese Voraussetzungen wieder erfüllt werden. [3]Gelingt es dem Unternehmen nicht, innerhalb von zwei Monaten ab dem Zeitpunkt der Nichteinhaltung die in Absatz 1 genannten

Voraussetzungen wieder zu erfüllen, darf es bei seinen Versicherungs- oder Rückversicherungsverpflichtungen keine Matching-Anpassung mehr vornehmen und die Matching-Anpassung erst nach weiteren 24 Monaten wieder aufnehmen.

(3) Die Matching-Anpassung darf nicht auf Versicherungs- oder Rückversicherungsverpflichtungen angewandt werden, bei denen die maßgebliche risikofreie Zinskurve für die Berechnung des besten Schätzwerts dieser Verpflichtungen eine Volatilitätsanpassung nach § 82 oder eine Übergangsmaßnahme zu den risikofreien Zinssätzen gemäß § 351 enthält.

§ 81 Berechnung der Matching-Anpassung. Die Matching-Anpassung nach § 80 ist für jede Währung nach folgenden Grundsätzen zu berechnen:

1. die Matching-Anpassung entspricht der Differenz zwischen
   a) dem effektiven Jahreszinssatz, der als konstanter Abzinsungssatz berechnet wird, der angewandt auf die Zahlungsströme des Portfolios der Versicherungs- oder Rückversicherungsverpflichtungen zu einem Wert führt, der dem Wert gemäß § 74 des Portfolios der zugeordneten Vermögenswerte entspricht;
   b) dem effektiven Jahreszinssatz, der als ein konstanter Abzinsungssatz berechnet wird, der angewandt auf die Zahlungsströme des Portfolios der Versicherungs- oder Rückversicherungsverpflichtungen zu einem Wert führt, der dem besten Schätzwert des Portfolios der Versicherungs- oder Rückversicherungsverpflichtungen entspricht, wenn der Zeitwert des Geldes unter Verwendung der grundlegenden risikofreien Zinskurve berücksichtigt wird;
2. die Matching-Anpassung umfasst nicht den grundlegenden Spread, der die von dem Versicherungsunternehmen zurückbehaltenen Risiken widerspiegelt;
3. unbeschadet der Nummer 1 wird der grundlegende Spread bei Bedarf erhöht, um sicherzustellen, dass die Matching-Anpassung für Vermögenswerte, deren Kreditqualität unter dem Investment Grade liegt, nicht höher ist als die Matching-Anpassung für Vermögenswerte, deren Kreditqualität als Investment Grade eingestuft wurde, die dieselbe Duration aufweisen und die derselben Kategorie von Vermögenswerten angehören;
4. die Verwendung externer Ratings bei der Berechnung der Matching-Anpassung hat im Einklang mit den von der Europäischen Kommission gemäß Artikel 111 Absatz 1 Buchstabe n der Richtlinie 2009/138/EG erlassenen delegierten Rechtsakten zu stehen.

§ 82 Volatilitätsanpassung. (1) Versicherungsunternehmen können mit Genehmigung der Aufsichtsbehörde eine Volatilitätsanpassung der maßgeblichen risikofreien Zinskurve zur Berechnung des besten Schätzwerts nach § 77 vornehmen.

(2) Die Volatilitätsanpassung darf nicht für Versicherungsverpflichtungen vorgenommen werden, bei denen für die maßgebliche risikofreie Zinskurve zur Berechnung des besten Schätzwerts für diese Verpflichtungen eine Matching-Anpassung nach § 80 erfolgt.

(3) Abweichend von § 97 deckt die Solvabilitätskapitalanforderung nicht das Verlustrisiko für Basiseigenmittel aus Änderungen der Volatilitätsanpassung.

§ 83 Zu berücksichtigende technische Informationen. (1) Wenn Durchführungsrechtsakte mit den in Artikel 77e Absatz 1 genannten technischen Informationen gemäß Artikel 77e Absatz 2 der Richtlinie 2009/138/EG von der Kommission erlassen werden, müssen die Versicherungsunternehmen diese technischen Informationen für die Berechnung des besten Schätzwerts nach § 77, der Matching-Anpassung nach § 80 und der Volatilitätsanpassung nach § 82 nutzen.

(2) Wenn die Kommission eine erhöhte Volatilitätsanpassung für ein Land veröffentlicht, müssen die Versicherungsunternehmen, die von § 82 Gebrauch machen, diese zur Berechnung des besten Schätzwerts für Versicherungs- und Rückversicherungsverpflichtungen aus Verträgen anwenden, die auf dem Versicherungsmarkt dieses Landes vertrieben werden.

§ 84 Weitere Sachverhalte, die bei der Berechnung der versicherungstechnischen Rückstellungen zu berücksichtigen sind. (1) Bei der Berechnung der versicherungstechnischen Rückstellungen sind ferner die folgenden Sachverhalte zu berücksichtigen:

1. sämtliche bei der Bedienung der Versicherungsverpflichtungen anfallenden Aufwendungen,
2. die Inflation einschließlich der Inflation der Aufwendungen und der Versicherungsansprüche sowie
3. sämtliche Zahlungen an Versicherungsnehmer und Anspruchsberechtigte, einschließlich künftiger Überschussbeteiligungen, die die Versicherungsunternehmen erwarten vorzunehmen, unabhängig davon, ob sie vertraglich garantiert sind oder nicht.

(2) Bei Lebensversicherungen, bei nach Art der Lebensversicherung betriebenen Krankenversicherungen und bei Unfallversicherungen mit Prämienrückgewähr sind künftige Zahlungsströme an Versicherungsnehmer und Anspruchsberechtigte aus dem Teil der zum Bewertungsstichtag vorhandenen Rückstellung für Beitragsrückerstattung, der zum Ausgleich von Verlusten verwendet werden darf und nicht auf festgelegte Überschussanteile entfällt, nicht als erwartete Zahlungen im Sinne des Absatzes 1 Nummer 3 anzusehen.

§ 85 Finanzgarantien und vertragliche Optionen in den Versicherungsverträgen. (1) Bei der Berechnung der versicherungstechnischen Rückstellungen ist der Wert der Finanzgarantien und sonstiger vertraglicher Optionen zu berücksichtigen, die Gegenstand der Versicherungsverträge sind.

(2) Die Annahmen in Bezug auf die Wahrscheinlichkeit, dass die Versicherungsnehmer ihre vertraglichen Optionen einschließlich der Storno- und Rückkaufsrechte ausüben werden, sind realistisch zu wählen und müssen sich auf aktuelle und glaubhafte Informationen stützen.

(3) Die Annahmen tragen entweder explizit oder implizit den Auswirkungen Rechnung, die künftige Veränderungen der Finanz- und Nichtfinanzbedingungen auf die Ausübung dieser Optionen haben könnten.

§ 86 Einforderbare Beträge aus Rückversicherungsverträgen und gegenüber Zweckgesellschaften. (1) Die Berechnung der einforderbaren Beträge aus Rückversicherungsverträgen und gegenüber Zweckgesellschaften erfolgt nach Maßgabe der §§ 75 bis 85.

(2) Bei der Berechnung dieser einforderbaren Beträge ist die zeitliche Differenz zwischen dem Erhalt der Beträge und den Auszahlungen an die Anspruchsteller zu berücksichtigen.

(3) [1] Das Ergebnis dieser Berechnung ist anzupassen, um den im Fall des Ausfalls der Gegenpartei zu erwartenden Verlusten Rechnung zu tragen. [2] Die Anpassung gründet sich auf eine Einschätzung der Ausfallwahrscheinlichkeit der Gegenpartei und des sich daraus ergebenden durchschnittlichen Verlusts.

§ 87 Vergleich mit Erfahrungsdaten. (1) Versicherungsunternehmen haben durch geeignete Prozesse und Verfahren sicherzustellen, dass die besten Schätzwerte und die Annahmen, die deren Berechnung zugrunde liegen, regelmäßig mit Erfahrungsdaten verglichen werden.

(2) Zeigt der Vergleich eine systematische Abweichung zwischen den Berechnungen des besten Schätzwerts und den Erfahrungsdaten, hat das betreffende Unternehmen entsprechende Anpassungen der verwendeten versicherungsmathematischen Methoden oder der zugrunde liegenden Annahmen vorzunehmen.

§ 88 Befugnisse der Aufsichtsbehörde in Bezug auf versicherungstechnische Rückstellungen; Verordnungsermächtigung. (1) Auf Verlangen der Aufsichtsbehörde haben ihr die Versicherungsunternehmen Folgendes nachzuweisen:

1. die Angemessenheit der Höhe ihrer versicherungstechnischen Rückstellungen,
2. die Eignung und die Erheblichkeit der verwendeten Methoden sowie
3. die Angemessenheit der verwendeten statistischen Basisdaten.

(2) Soweit die von dem Versicherungsunternehmen vorgenommene Berechnung der versicherungstechnischen Rückstellung nicht den Vorschriften der §§ 75 bis 87 entspricht, kann die Aufsichtsbehörde eine Erhöhung des Betrags der versicherungstechnischen Rückstellungen bis zu der nach den genannten Vorschriften vorgesehenen Höhe anordnen.

(3) [1] Das Bundesministerium der Finanzen wird ermächtigt, im Einvernehmen mit dem Bundesministerium der Justiz und für Verbraucherschutz durch Rechtsverordnung zur Berechnung der Deckungsrückstellung unter Beachtung der Grundsätze ordnungsmäßiger Buchführung

1. bei Versicherungsverträgen mit Zinsgarantie einen oder mehrere Höchstwerte für den Rechnungszins festzusetzen,
2. weitere Vorgaben zur Ermittlung der Diskontierungszinssätze nach § 341f Absatz 2 des Handelsgesetzbuchs[1] festzulegen,
3. die Höchstbeträge für die Zillmerung festzusetzen und
4. die versicherungsmathematischen Rechnungsgrundlagen und die Bewertungsmethoden für die Deckungsrückstellung festzulegen.

[2] Auf Unfallversicherungen der in § 161 genannten Art sowie für Rentenleistungen aus den in § 162 genannten Versicherungen ist Satz 1 entsprechend anzuwenden. [3] Die Ermächtigung kann durch Rechtsverordnung im Einvernehmen mit dem Bundesministerium der Justiz und für Verbraucherschutz auf

---

[1] Nr. **16**.

die Bundesanstalt übertragen werden. [4] Rechtsverordnungen nach den Sätzen 1 bis 3 bedürfen nicht der Zustimmung des Bundesrates.

Abschnitt 2. Solvabilitätsanforderungen

Unterabschnitt 1. Bestimmung der Eigenmittel

§ 89 Eigenmittel. (1) [1] Versicherungsunternehmen haben stets über anrechnungsfähige Eigenmittel mindestens in Höhe der Solvabilitätskapitalanforderung zu verfügen. [2] In Höhe der Mindestkapitalanforderung haben sie stets über anrechnungsfähige Basiseigenmittel zu verfügen. [3] Anrechnungsfähig sind Eigenmittel, die den Anforderungen der §§ 94 und 95 entsprechen.

(2) Die Eigenmittel eines Versicherungsunternehmens umfassen die Basiseigenmittel und die ergänzenden Eigenmittel.

(3) Basiseigenmittel sind:

1. der Überschuss der Vermögenswerte über die Verbindlichkeiten abzüglich des Betrags der eigenen Aktien in der Solvabilitätsübersicht und
2. die nachrangigen Verbindlichkeiten.

(4) [1] Die ergänzenden Eigenmittel sind solche, die nicht zu den Basiseigenmitteln zählen und zum Ausgleich von Verlusten eingefordert werden können. [2] Sie können die folgenden Bestandteile umfassen:

1. denjenigen Teil des nicht eingezahlten Grundkapitals, des Gründungsstocks oder des bei öffentlich-rechtlichen Versicherungsunternehmen dem Grundkapital bei Aktiengesellschaften entsprechenden Postens, der nicht eingefordert wurde,
2. bei Versicherungsvereinen auf Gegenseitigkeit mit variabler Nachschussverpflichtung die künftigen Forderungen, die der Verein gegenüber seinen Mitgliedern hat, wenn er innerhalb der folgenden zwölf Monate Nachschüsse einfordert,
3. Kreditbriefe und Garantien sowie
4. alle sonstigen rechtsverbindlichen Zahlungsverpflichtungen Dritter gegenüber dem Versicherungsunternehmen.

(5) Sobald ein Bestandteil der ergänzenden Eigenmittel eingezahlt oder eingefordert wurde, ist er für die Zwecke der Solvabilitätsübersicht als Vermögenswert zu behandeln und zählt zu den Basiseigenmitteln.

§ 90 Genehmigung ergänzender Eigenmittel. (1) Ergänzende Eigenmittel dürfen nur mit vorheriger Genehmigung der Aufsichtsbehörde angesetzt werden.

(2) [1] Die Aufsichtsbehörde genehmigt entweder einen Betrag für jeden ergänzenden Eigenmittelbestandteil oder eine Methode zur Bestimmung des Betrags eines jeden Eigenmittelbestandteils. [2] Im letztgenannten Fall wird die Genehmigung nur für einen bestimmten Zeitraum erteilt und umfasst auch den nach dieser Methode ermittelten Betrag.

(3) [1] Der den einzelnen ergänzenden Eigenmittelbestandteilen zugeschriebene Betrag spiegelt die Verlustausgleichsfähigkeit des Bestandteils wider und gründet sich auf vorsichtige und realistische Annahmen. [2] Hat ein Eigenmittelbestandteil einen festen Nominalwert, so entspricht der Betrag dieses Bestand-

teils seinem Nominalwert, wenn dieser Betrag seine Verlustausgleichsfähigkeit angemessen widerspiegelt.

(4) Bei der Entscheidung über den Antrag auf Ansetzung ergänzender Eigenmittel berücksichtigt die Aufsichtsbehörde:

1. die Fähigkeit und Bereitschaft der Gegenparteien zur Zahlung,
2. die Einforderbarkeit der Mittel unter Berücksichtigung der rechtlichen Ausgestaltung des Bestandteils und etwaiger sonstiger Umstände, die die erfolgreiche Einzahlung oder Einforderung dieses Bestandteils verhindern können, und
3. etwaige Informationen über das Ergebnis bisheriger Einforderungen des Versicherungsunternehmens für derartige ergänzende Eigenmittel, soweit diese Informationen auf verlässliche Weise verwendet werden können, um das erwartete Ergebnis künftiger Einforderungen zu bewerten.

§ 91 Einstufung der Eigenmittelbestandteile. (1) Die Versicherungsunternehmen haben ihre Eigenmittelbestandteile in drei Qualitätsklassen einzustufen.

(2) Die Einstufung der Eigenmittelbestandteile richtet sich danach, ob es sich um Basiseigenmittel oder um ergänzende Eigenmittel handelt und inwieweit sie

1. verfügbar oder einforderbar sind, um Verluste bei Unternehmensfortführung und im Fall der Liquidation vollständig aufzufangen und
2. im Fall der Liquidation nachrangig gegenüber allen anderen Verbindlichkeiten sind.

(3) [1] Bei der Beurteilung, inwieweit Eigenmittelbestandteile die in Absatz 2 genannten Merkmale gegenwärtig und in Zukunft aufweisen, ist ihre Laufzeit zu berücksichtigen. [2] Im Fall einer befristeten Laufzeit ist ein Vergleich der befristeten Laufzeit mit der durchschnittlichen Laufzeit der Versicherungsverpflichtungen des Unternehmens in die Betrachtung mit einzubeziehen.

(4) Zusätzlich ist zu berücksichtigen, ob und inwieweit ein Eigenmittelbestandteil frei ist von

1. Verpflichtungen oder Anreizen zur Rückzahlung des Nominalbetrags,
2. obligatorischen festen Kosten und
3. sonstigen Belastungen.

(5) [1] Die Einstufung bedarf der Genehmigung durch die Aufsichtsbehörde. [2] Das gilt nicht für Eigenmittelbestandteile, deren Einstufung in delegierten Rechtsakten der Europäischen Kommission bekannt gemacht wird.

§ 92 Kriterien der Einstufung. (1) Basiseigenmittel werden in die Qualitätsklasse 1 eingestuft, wenn sie die in § 91 Absatz 2 Nummer 1 und 2 genannten Merkmale unter zusätzlicher Berücksichtigung des § 91 Absatz 3 und 4 weitgehend aufweisen.

(2) Basiseigenmittel werden in die Qualitätsklasse 2 eingestuft, wenn sie das in § 91 Absatz 2 Nummer 2 genannte Merkmal unter zusätzlicher Berücksichtigung des § 91 Absatz 3 und 4 weitgehend aufweisen.

(3) Ergänzende Eigenmittel werden in die Qualitätsklasse 2 eingestuft, wenn sie die in § 91 Absatz 2 Nummer 1 und 2 genannten Merkmale unter zusätzlicher Berücksichtigung des § 91 Absatz 3 und 4 weitgehend aufweisen.

(4) Alle sonstigen Basiseigenmittel und ergänzenden Eigenmittel, die nicht unter die Absätze 1 bis 3 fallen, werden in die Qualitätsklasse 3 eingestuft.

§ 93 Einstufung bestimmter Eigenmittelbestandteile. (1) In die Qualitätsklasse 1 eingestuft wird der wahrscheinlichkeitsgewichtete Durchschnitt künftiger Zahlungsströme an Versicherungsnehmer und Anspruchsberechtigte unter Berücksichtigung des Zeitwerts des Geldes (erwarteter Barwert künftiger Zahlungsströme) und unter Verwendung der maßgeblichen risikofreien Zinskurve aus dem Teil der zum Bewertungsstichtag vorhandenen Rückstellung für Beitragsrückerstattung, der zur Deckung von Verlusten verwendet werden darf und nicht auf festgelegte Überschussanteile entfällt

1. bei der Lebensversicherung,
2. bei der Krankenversicherung, die nach Art der Lebensversicherung betrieben wird, und
3. bei der Unfallversicherung mit Prämienrückgewähr.

(2) In die Qualitätsklasse 2 werden eingestuft:

1. Kreditbriefe und Garantien, die von einem unabhängigen Treuhänder als Treuhand für die Versicherungsgläubiger gehalten und von gemäß der Richtlinie 2006/48/EG zugelassenen Kreditinstituten bereitgestellt wurden, und
2. alle künftigen Forderungen, die von durch Reeder gegründeten Versicherungsvereinen auf Gegenseitigkeit mit variablen Beitragseinnahmen, die nur die in der Anlage 1 Nummer 6, 12 und 17 genannten Risiken versichern, gegenüber ihren Mitgliedern mittels der Aufforderung zur Beitragsnachzahlung innerhalb der folgenden zwölf Monate geltend gemacht werden können.

§ 94 Eigenmittel zur Einhaltung der Solvabilitätskapitalanforderung.

(1) Für die Einhaltung der Solvabilitätskapitalanforderung setzen sich die anrechnungsfähigen Eigenmittel zusammen aus Eigenmitteln der Qualitätsklasse 1 und aus anrechnungsfähigen Eigenmitteln der Qualitätsklassen 2 und 3.

(2) Die Eigenmittelbestandteile der Qualitätsklassen 2 und 3 sind nur anrechnungsfähig, soweit zumindest folgende Bedingungen erfüllt sind:

1. die Eigenmittelbestandteile der Qualitätsklasse 1 betragen mindestens ein Drittel der Solvabilitätskapitalanforderung und
2. der anrechnungsfähige Betrag der Eigenmittelbestandteile der Qualitätsklasse 3 ist kleiner als ein Drittel der Solvabilitätskapitalanforderung.

§ 95 Eigenmittel zur Einhaltung der Mindestkapitalanforderung.

(1) Für die Einhaltung der Mindestkapitalanforderung setzen sich die anrechnungsfähigen Eigenmittel nur aus Eigenmitteln der Qualitätsklasse 1 und anrechnungsfähigen Basiseigenmitteln der Qualitätsklasse 2 zusammen.

(2) Die Eigenmittelbestandteile der Qualitätsklasse 1 bedecken mindestens die Hälfte der Mindestkapitalanforderung.

Unterabschnitt 2. Solvabilitätskapitalanforderung

§ 96 Ermittlung der Solvabilitätskapitalanforderung. (1) [1]Die Solvabilitätskapitalanforderung kann mit Hilfe einer Standardformel oder eines internen Modells ermittelt werden. [2]In beiden Fällen gelten für die Ermittlung der Solvabilitätskapitalanforderung die Vorschriften des § 97.

(2) Weicht das Risikoprofil des Versicherungsunternehmens wesentlich von den Annahmen ab, die der Berechnung mit der Standardformel zugrunde liegen, kann die Aufsichtsbehörde anordnen, dass das Versicherungsunternehmen ein internes Modell zur Berechnung der Solvabilitätskapitalanforderung oder der relevanten Risikomodule dieser Anforderung innerhalb eines angemessenen Zeitraums entwickelt und verwendet.

§ 97 Berechnung der Solvabilitätskapitalanforderung. (1) Die Berechnung der Solvabilitätskapitalanforderung hat unter der Annahme der Unternehmensfortführung zu erfolgen.

(2) [1]Die Solvabilitätskapitalanforderung muss so kalibriert werden, dass alle quantifizierbaren Risiken, denen ein Versicherungsunternehmen ausgesetzt ist, widergespiegelt werden. [2]Dabei sind sowohl der aktuelle Geschäftsumfang als auch die in den nächsten zwölf Monaten erwarteten neuen Geschäfte zugrunde zu legen. [3]In Bezug auf den aktuellen Geschäftsumfang deckt die Solvabilitätskapitalanforderung nur unerwartete Verluste ab. [4]Sie entspricht dem Value-at-Risk der Basiseigenmittel eines Versicherungsunternehmens zu einem Konfidenzniveau von 99,5 Prozent über einen Zeitraum von einem Jahr.

(3) [1]Der Betrag der Solvabilitätskapitalanforderung hat mindestens die folgenden Risiken abzudecken:

1. das nichtlebensversicherungstechnische Risiko,
2. das lebensversicherungstechnische Risiko,
3. das krankenversicherungstechnische Risiko,
4. das Marktrisiko,
5. das Kreditrisiko und
6. das operationelle Risiko.

[2]Das operationelle Risiko umfasst auch Rechtsrisiken. [3]Es umfasst jedoch weder Reputationsrisiken noch Risiken, die sich aus strategischen Entscheidungen ergeben.

(4) Bei der Ermittlung der Solvabilitätskapitalanforderung sind Auswirkungen von Techniken zur Risikominderung zu berücksichtigen, sofern dem Kreditrisiko und anderen Risiken, die sich aus dem Einsatz dieser Techniken ergeben können, in der Solvabilitätskapitalanforderung angemessen Rechnung getragen wird.

§ 98 Häufigkeit der Berechnung. (1) [1]Die Versicherungsunternehmen müssen die Solvabilitätskapitalanforderung mindestens einmal im Jahr berechnen und das Ergebnis dieser Berechnung der Aufsichtsbehörde melden. [2]Die Versicherungsunternehmen überwachen laufend die Höhe der Solvabilitätskapitalanforderung und den Betrag der vorhandenen anrechnungsfähigen Eigenmittel.

(2) Weicht das Risikoprofil eines Versicherungsunternehmens wesentlich von den Annahmen ab, die Grundlage der zuletzt gemeldeten Solvabilitäts-

kapitalanforderung waren, so hat das Unternehmen die Solvabilitätskapitalanforderung unverzüglich neu zu berechnen und der Aufsichtsbehörde zu melden.

(3) Rechtfertigen Tatsachen die Annahme, dass sich das Risikoprofil des Versicherungsunternehmens seit der letzten Meldung der Solvabilitätskapitalanforderung wesentlich verändert hat, kann die Aufsichtsbehörde von dem Unternehmen die Neuberechnung der Solvabilitätskapitalanforderung verlangen.

§ 99 Struktur der Standardformel. Wird die Solvabilitätskapitalanforderung mit der Standardformel berechnet, so setzt sie sich aus den folgenden Bestandteilen zusammen:

1. der Basissolvabilitätskapitalanforderung gemäß den §§ 100 bis 106,
2. der Kapitalanforderung für das operationelle Risiko gemäß § 107 und
3. der Anpassung für die Verlustausgleichsfähigkeit der versicherungstechnischen Rückstellungen und latenten Steuern gemäß § 108.

§ 100 Aufbau der Basissolvabilitätskapitalanforderung. (1) [1] Die Basissolvabilitätskapitalanforderung umfasst einzelne Risikomodule, die gemäß der Anlage 3 aggregiert werden. [2] Sie umfasst mindestens die folgenden Risikomodule:

1. das nichtlebensversicherungstechnische Risiko,
2. das lebensversicherungstechnische Risiko,
3. das krankenversicherungstechnische Risiko,
4. das Marktrisiko und
5. das Gegenparteiausfallrisiko.

[3] Versicherungsgeschäfte sind demjenigen versicherungstechnischen Risikomodul zuzuweisen, das der technischen Wesensart der zugrunde liegenden Risiken am besten entspricht.

(2) Die Korrelationskoeffizienten für die Aggregation der in Absatz 1 genannten Risikomodule und die Kalibrierung der Kapitalanforderungen für jedes Risikomodul müssen zu einer Gesamtsolvabilitätskapitalanforderung führen, die den in § 97 genannten Prinzipien genügt.

(3) [1] Jedes der in Absatz 1 genannten Risikomodule wird unter Verwendung des Risikomaßes Value-at-Risk zu dem Konfidenzniveau von 99,5 Prozent über den Zeitraum von einem Jahr kalibriert. [2] Gegebenenfalls sind Diversifikationseffekte beim Aufbau der Risikomodule zu berücksichtigen.

(4) Der Aufbau und die Spezifikationen für die Risikomodule müssen für alle Versicherungsunternehmen sowohl im Hinblick auf die Basissolvabilitätskapitalanforderung als auch im Hinblick auf Berechnungsvereinfachungen gemäß § 109 Absatz 1 gleich sein.

(5) Im Hinblick auf Risiken, die aus Katastrophen herrühren, können geographische Besonderheiten bei der Berechnung der lebensversicherungstechnischen, nichtlebensversicherungstechnischen und krankenversicherungstechnischen Module zugrunde gelegt werden.

§ 101 Nichtlebensversicherungstechnisches Risikomodul. (1) [1] Das nichtlebensversicherungstechnische Risikomodul gibt das sich aus Nichtlebensversicherungsverpflichtungen ergebende Risiko in Bezug auf die abgedeckten

Risiken und die verwendeten Prozesse bei der Ausübung des Geschäfts wieder. [2]Das Risikomodul hat die Ungewissheit der Ergebnisse der Versicherungsunternehmen im Hinblick auf die bestehenden Versicherungsverpflichtungen und auf die in den folgenden zwölf Monaten erwarteten neuen Geschäfte zu berücksichtigen.

(2) Das nichtlebensversicherungstechnische Risikomodul wird gemäß der Anlage 3 berechnet als eine Kombination der Kapitalanforderungen für mindestens dasjenige Risiko eines Verlusts oder einer nachteiligen Veränderung des Wertes der Versicherungsverbindlichkeiten, das sich ergibt aus:

1. Schwankungen in Bezug auf das Eintreten, die Häufigkeit und die Schwere der versicherten Ereignisse und in Bezug auf die Dauer und den Betrag der Schadenabwicklung (Nichtlebensversicherungsprämienrisiko und -reserverisiko) sowie
2. einer wesentlichen Ungewissheit in Bezug auf die Preisfestlegung und die Annahmen bei der Bildung der versicherungstechnischen Rückstellungen für extreme oder außergewöhnliche Ereignisse (Nichtlebenskatastrophenrisiko).

§ 102 Lebensversicherungstechnisches Risikomodul. (1) Das lebensversicherungstechnische Risikomodul gibt das sich aus Lebensversicherungsverpflichtungen ergebende Risiko in Bezug auf die abgedeckten Risiken und die verwendeten Prozesse bei der Ausübung des Geschäfts wieder.

(2) Das lebensversicherungstechnische Risikomodul wird gemäß der Anlage 3 berechnet als eine Kombination der Kapitalanforderungen für mindestens dasjenige Risiko eines Verlusts oder einer nachteiligen Veränderung des Wertes der Versicherungsverbindlichkeiten, das sich ergibt aus:

1. Veränderungen in der Höhe, im Trend oder in der Volatilität der Sterblichkeitsraten, wenn der Anstieg der Sterblichkeitsrate zu einem Anstieg des Wertes der Versicherungsverbindlichkeiten führt (Sterblichkeitsrisiko),
2. Veränderungen in der Höhe, im Trend oder in der Volatilität der Sterblichkeitsraten, wenn der Rückgang der Sterblichkeitsrate zu einem Anstieg des Wertes der Versicherungsverbindlichkeiten führt (Langlebigkeitsrisiko),
3. Veränderungen in der Höhe, im Trend oder in der Volatilität der Invaliditäts-, Krankheits- und Morbiditätsraten (Invaliditäts-, Morbiditätsrisiko),
4. Veränderungen in der Höhe, im Trend oder in der Volatilität der bei der Verwaltung von Versicherungsverträgen anfallenden Kosten (Lebensversicherungskostenrisiko),
5. Veränderungen in der Höhe, im Trend oder in der Volatilität der Revisionsraten für Rentenversicherungen auf Grund von Rechtsänderungen oder der gesundheitlichen Verfassung des Versicherten (Revisionsrisiko),
6. Veränderungen in der Höhe oder in der Volatilität der Storno-, Kündigungs-, Verlängerungs- und Rückkaufsraten von Versicherungspolicen (Stornorisiko) und
7. einer wesentlichen Ungewissheit in Bezug auf die Annahmen über extreme oder außergewöhnliche Ereignisse bei der Preisfestlegung und bei der Bildung versicherungstechnischer Rückstellungen (Lebensversicherungskatastrophenrisiko).

§ 103 Krankenversicherungstechnisches Risikomodul. (1) [1]Das krankenversicherungstechnische Risikomodul gibt das sich aus Krankenversicherungsverpflichtungen ergebende Risiko in Bezug auf die abgedeckten Risiken und verwendeten Prozesse bei der Ausübung des Geschäfts wieder. [2]Dies gilt unabhängig davon, ob die Krankenversicherung nach Art der Lebensversicherung betrieben wird.

(2) Das krankenversicherungstechnische Risikomodul umfasst mindestens das Risiko eines Verlusts oder einer nachteiligen Veränderung des Wertes der Versicherungsverbindlichkeiten, das sich ergibt aus

1. Veränderungen in der Höhe, im Trend oder in der Volatilität der bei der Bedienung von Versicherungsverträgen angefallenen Kosten,
2. Schwankungen in Bezug auf das Eintreten, die Häufigkeit und die Schwere der versicherten Ereignisse sowie in Bezug auf die Dauer und den Betrag der Regulierungen zum Zeitpunkt der Bildung der versicherungstechnischen Rückstellungen und
3. einer wesentlichen Ungewissheit der Annahmen in Bezug auf die Preisfestlegung und die Bildung versicherungstechnischer Rückstellungen im Hinblick auf den Ausbruch größerer Epidemien sowie der ungewöhnlichen Häufung der unter diesen extremen Umständen auftretenden Risiken.

§ 104 Marktrisikomodul. (1) [1]Das Marktrisikomodul deckt das Risiko ab, das sich ergibt aus der Höhe oder der Volatilität der Marktpreise von Finanzinstrumenten, die sich auf die Bewertung des Vermögens und der Verbindlichkeiten des Unternehmens auswirken. [2]Es hat die strukturelle Inkongruenz zwischen Vermögenswerten und Verbindlichkeiten, insbesondere bezüglich deren Laufzeit, angemessen widerzuspiegeln.

(2) [1]Das Marktrisikomodul wird gemäß der Anlage 3 berechnet als eine Kombination der Kapitalanforderungen im Hinblick auf die Sensitivität der Werte von Vermögensteilen, Verbindlichkeiten und Finanzinstrumenten in Bezug auf mindestens folgende Veränderungen:

1. Veränderungen der Zinskurve oder der Volatilität der Zinssätze (Zinsänderungsrisiko),
2. Veränderungen der Höhe oder der Volatilität der Marktpreise von Aktien (Aktienrisiko),
3. Veränderungen der Höhe oder der Volatilität der Marktpreise von Immobilien (Immobilienrisiko),
4. Veränderungen der Höhe oder der Volatilität der Kreditspreads über der risikofreien Zinskurve (Spread-Risiko) und
5. Veränderungen der Höhe oder der Volatilität der Wechselkurse (Wechselkursrisiko).

[2]Zusätzliche Risiken, die entweder durch eine mangelnde Diversifikation des Anlageportfolios oder durch eine hohe Exponierung gegenüber dem Ausfallrisiko eines einzelnen Wertpapieremittenten oder einer Gruppe verbundener Emittenten bedingt sind (Marktrisikokonzentrationen), sind ebenfalls zu berechnen.

§ 105 Gegenparteiausfallrisikomodul. (1) Das Gegenparteiausfallrisikomodul trägt möglichen Verlusten Rechnung, die sich aus einem unerwarteten Ausfall oder der Verschlechterung der Bonität von Gegenparteien und Schuldnern des Versicherungsunternehmens während der nächsten zwölf Monate ergeben.

(2) [1] Das Gegenparteiausfallrisikomodul umfasst

1. Verträge zur Risikominderung wie Rückversicherungsvereinbarungen, Verbriefungen und Derivate,
2. Forderungen gegenüber Vermittlern und
3. alle sonstigen Kreditrisiken, die nicht vom Spread-Risiko gemäß § 104 Absatz 2 Satz 1 Nummer 4 abgedeckt werden.

[2] Das Gegenparteiausfallrisikomodul berücksichtigt in angemessener Weise akzessorische und sonstige Sicherheiten zugunsten der Versicherungsunternehmen, einschließlich der mit diesen Sicherheiten verbundenen Risiken.

(3) Das Gegenparteiausfallrisikomodul berücksichtigt für jede Gegenpartei die Gesamtrisikoexponierung des Versicherungsunternehmens in Bezug auf diese Gegenpartei unabhängig von der rechtlichen Ausgestaltung der vertraglichen Verpflichtungen gegenüber der Gegenpartei.

§ 106 Aktienrisikountermodul. (1) Das Aktienrisikountermodul schließt eine symmetrische Anpassung des Faktors im Szenario für Aktienanlagen ein, der das Risiko aus Veränderungen des Aktienkursniveaus erfasst.

(2) [1] Die Anpassung der gemäß § 100 Absatz 3 kalibrierten Standardkapitalanforderung für Aktienanlagen wird als Funktion der aktuellen Höhe eines geeigneten Aktienindexes und eines gewichteten Durchschnitts dieses Indexes berechnet. [2] Der gewichtete Durchschnitt wird über einen angemessenen Zeitraum ermittelt, der für alle Versicherungsunternehmen gleich ist.

(3) Die Anpassung darf nicht zu einem Faktor im Szenario für Aktienanlagen führen, der mehr als 10 Prozentpunkte über oder unter dem Standardfaktor für Aktienanlagen liegt.

§ 107 Kapitalanforderung für das operationelle Risiko. (1) [1] Die Kapitalanforderung für das operationelle Risiko deckt operationelle Risiken ab, soweit diese nicht bereits in den in § 100 genannten Risikomodulen berücksichtigt werden. [2] Sie ist gemäß § 97 Absatz 2 zu kalibrieren.

(2) In Bezug auf Lebensversicherungsverträge, bei denen das Anlagerisiko von den Versicherungsnehmern getragen wird, muss die Berechnung der Kapitalanforderung für das operationelle Risiko den Betrag der Kosten berücksichtigen, die jährlich für die Verpflichtungen aus diesen Versicherungen angefallen sind.

(3) [1] In Bezug auf Versicherungsgeschäfte, die nicht unter Absatz 2 fallen, muss die Berechnung der Kapitalanforderung für das operationelle Risiko das Volumen dieser Geschäfte hinsichtlich der verdienten Prämien und der versicherungstechnischen Rückstellungen berücksichtigen, die für die Verpflichtungen aus diesen Versicherungen gehalten werden. [2] Dabei darf die Kapitalanforderung für die operationellen Risiken 30 Prozent der Basissolvabilitätskapitalanforderung für diese Versicherungsgeschäfte nicht überschreiten.

§ 108 Anpassung für die Verlustausgleichsfähigkeit der versicherungstechnischen Rückstellungen und latenten Steuern. (1) Die in § 99 Nummer 3 genannte Anpassung für die Verlustausgleichsfähigkeit der versicherungstechnischen Rückstellungen und latenten Steuern berücksichtigt den möglichen Ausgleich unerwarteter Verluste durch eine gleichzeitige Verringerung der versicherungstechnischen Rückstellungen, der latenten Steuern oder eine Kombination von beidem.

(2) [1] Diese Anpassung berücksichtigt den risikomindernden Effekt, den künftige Überschussbeteiligungen aus Versicherungsverträgen erzeugen, in dem Maße, wie Versicherungsunternehmen nachweisen können, dass eine Reduzierung dieser Überschussbeteiligungen zum Ausgleich unerwarteter Verluste verwendet werden kann. [2] Der durch künftige Überschussbeteiligungen erzeugte risikomindernde Effekt darf nicht höher sein als die Summe aus versicherungstechnischen Rückstellungen und latenten Steuern, die mit diesen künftigen Überschussbeteiligungen in Verbindung stehen.

(3) Für die Zwecke des Absatzes 2 wird der Wert der künftigen Überschussbeteiligungen unter ungünstigen Umständen mit dem Wert der Überschussbeteiligungen gemäß den Basisannahmen für die Berechnung des besten Schätzwerts verglichen.

§ 109 Abweichungen von der Standardformel. (1) [1] Versicherungsunternehmen können eine vereinfachte Berechnung für ein Untermodul oder Risikomodul verwenden, wenn Art, Umfang und Komplexität der Risiken dies rechtfertigen und es unverhältnismäßig ist, von dem Versicherungsunternehmen insoweit die Anwendung der Standardberechnung zu verlangen. [2] Die vereinfachten Berechnungen müssen gemäß § 97 Absatz 2 kalibriert werden.

(2) [1] Mit Genehmigung der Aufsichtsbehörde können Versicherungsunternehmen bei der Berechnung der versicherungstechnischen Module eine Untergruppe von Parametern durch unternehmensspezifische Parameter ersetzen. [2] Derartige Parameter werden auf der Grundlage interner Daten des Unternehmens oder auf der Grundlage von Daten, die direkt für die Geschäfte dieses Unternehmens relevant sind, unter Verwendung standardisierter Methoden kalibriert. [3] Die verwendeten Daten müssen genau, vollständig und angemessen sein.

§ 110 Wesentliche Abweichungen von den Annahmen, die der Berechnung mit der Standardformel zugrunde liegen. [1] Ist die Berechnung der Solvabilitätskapitalanforderung nach der Standardformel nicht zweckmäßig, weil das Risikoprofil des Versicherungsunternehmens wesentlich von den der Standardformel zugrunde gelegten Annahmen abweicht, kann die Aufsichtsbehörde dem Unternehmen aufgeben, bei der Berechnung der versicherungstechnischen Risikomodule eine Untergruppe der für die Standardformel verwendeten Parameter durch unternehmensspezifische Parameter zu ersetzen. [2] Bei der Berechnung dieser spezifischen Parameter hat das Unternehmen die Anforderungen des § 97 Absatz 2 und des § 109 Absatz 2 Satz 2 und 3 einzuhalten.

Unterabschnitt 3. Interne Modelle

§ 111 Verwendung interner Modelle. (1) Versicherungsunternehmen können für die Berechnung der Solvabilitätskapitalanforderung ein internes Modell in Form eines Voll- oder Partialmodells verwenden.

(2) [1] Zu dem Modell sind schriftliche interne Leitlinien zu erstellen, die bestimmen, welche Änderungen das Versicherungsunternehmen an dem inter-

nen Modell vornehmen kann. [2]Die internen Leitlinien müssen festlegen, wann eine Änderung als kleinere oder größere zu qualifizieren ist.

(3) [1]Die Verwendung eines Modells, die internen Leitlinien sowie ihre Änderungen, Änderungen des Modells sowie die Beendigung der Verwendung des Modells und die vollständige oder teilweise Rückkehr zur Standardformel müssen von der Aufsichtsbehörde genehmigt werden. [2]Satz 1 gilt nicht für kleinere Änderungen des Modells. [3]Die Aufsichtsbehörde genehmigt den Antrag, wenn die Systeme für die Risikoerkennung, die Risikomessung, die Risikoüberwachung, das Risikomanagement und die Risikoberichterstattung angemessen und insbesondere die in Absatz 4 genannten Anforderungen erfüllt sind. [4]Eine vollständige oder teilweise Rückkehr zur Standardformel darf nur genehmigt werden, wenn dafür eine hinreichende Rechtfertigung besteht.

(4) Zusammen mit dem Antrag auf Genehmigung sind die internen Leitlinien nach Absatz 2 sowie Unterlagen einzureichen, aus denen hervorgeht, dass das interne Modell den Anforderungen des § 112 Absatz 2 und der §§ 115 bis 121 genügt.

(5) Die Aufsichtsbehörde entscheidet über den Antrag auf Genehmigung innerhalb von sechs Monaten nach dem Zugang des vollständigen Antrags.

(6) Von Versicherungsunternehmen, denen die Aufsichtsbehörde die Verwendung eines internen Modells genehmigt hat, kann die Aufsichtsbehörde eine Schätzung der Solvabilitätskapitalanforderung gemäß der Standardformel nach den §§ 96 bis 110 verlangen.

§ 112 Interne Modelle in Form von Partialmodellen. (1) [1]Interne Modelle in Form von Partialmodellen werden genehmigt für die Berechnung

1. eines oder mehrerer Risikomodule oder Untermodule der Basissolvabilitätskapitalanforderung gemäß den §§ 101 bis 106,
2. der Kapitalanforderung für das operationelle Risiko gemäß § 107 und
3. der Anpassung gemäß § 108.

[2]Partialmodelle können für die gesamte Geschäftstätigkeit oder nur für einen oder mehrere Hauptgeschäftsbereiche angewendet werden.

(2) [1]Die §§ 115 bis 121 sind entsprechend anzuwenden; dem begrenzten Anwendungsbereich des Modells ist Rechnung zu tragen. [2]Darüber hinaus muss

1. die sich aus dem Modell ergebende Solvabilitätskapitalanforderung dem Risikoprofil des Versicherungsunternehmens besser Rechnung tragen als die nach der Standardformel berechnete Solvabilitätskapitalanforderung und
2. das Modell
   a) den Grundsätzen der §§ 96 bis 98 entsprechen sowie
   b) vollständig in die Standardformel für die Solvabilitätskapitalanforderung integrierbar und in seinem Aufbau mit den §§ 96 bis 98 konsistent sein.

(3) Das Versicherungsunternehmen muss in angemessenem Umfang begründen, dass der begrenzte Anwendungsbereich des Modells gerechtfertigt ist.

(4) Deckt das Partialmodell nur bestimmte Untermodule eines Risikomoduls oder einige Geschäftsbereiche eines Versicherungsunternehmens in Bezug auf ein spezielles Risikomodul oder Teile von beiden ab, kann die Aufsichtsbehörde die Ausdehnung des Anwendungsbereichs des Modells auf weitere Untermo-

dule oder Geschäftsbereiche eines Risikomoduls im Wege eines Übergangsplans verlangen, bis der überwiegende Teil der Versicherungsgeschäfte in Bezug auf dieses Risikomodul abgedeckt ist.

§ 113 Verantwortung des Vorstands; Mitwirkung Dritter. (1) Der Vorstand ist selbst verantwortlich

1. für den Antrag auf Verwendung des internen Modells gemäß § 111 Absatz 3 und den Antrag auf Genehmigung späterer größerer Änderungen des Modells,
2. für die Einführung von Systemen, die sicherstellen, dass das interne Modell durchgehend ordnungsgemäß funktioniert,
3. für die kontinuierliche Angemessenheit des Aufbaus und der Funktionsweise des internen Modells und
4. dafür, dass das interne Modell jederzeit das Risikoprofil des Versicherungsunternehmens angemessen abbildet.

(2) Die vollständige oder teilweise Bereitstellung des Modells oder von Daten durch Dritte entbindet das Versicherungsunternehmen nicht von der Pflicht, die Anforderungen der §§ 115 bis 121 an das interne Modell zu erfüllen.

§ 114 Nichterfüllung der Anforderungen an das interne Modell.

(1) Wenn Versicherungsunternehmen nach der Erteilung der aufsichtsbehördlichen Genehmigung zur Verwendung eines internen Modells nicht mehr die Anforderungen der §§ 115 bis 121 erfüllen, müssen sie der Aufsichtsbehörde unverzüglich einen Plan vorlegen, wie die Anforderungen innerhalb eines angemessenen Zeitraums wieder eingehalten werden können, oder den Nachweis erbringen, dass die Nichteinhaltung der Anforderungen sich nur unwesentlich auswirkt.

(2) Wird der Plan nach Absatz 1 nicht ordnungsgemäß umgesetzt, kann die Aufsichtsbehörde zur Berechnung der Solvabilitätskapitalanforderung die Rückkehr zur Standardformel anordnen.

§ 115 Verwendungstest. (1) Das interne Modell muss in erheblichem Maße zur Unternehmenssteuerung verwendet werden und in der Geschäftsorganisation eine wichtige Rolle spielen, insbesondere

1. im Risikomanagementsystem gemäß § 26 und in den Entscheidungsprozessen sowie
2. in der Beurteilung des ökonomischen Kapitals und Solvabilitätskapitals sowie in den Allokationsprozessen, einschließlich der Beurteilung gemäß § 27.

(2) Die Häufigkeit der Berechnung der Solvabilitätskapitalanforderung unter Verwendung des internen Modells muss mit der Häufigkeit konsistent sein, mit der das interne Modell für die nach Absatz 1 genannten Zwecke genutzt wird.

(3) Das Versicherungsunternehmen trifft die Beweislast dafür, dass die Anforderungen der Absätze 1 und 2 erfüllt sind.

§ 116 Statistische Qualitätsstandards für Wahrscheinlichkeitsverteilungsprognosen. (1) [1]Das interne Modell muss alle wesentlichen Risiken des Versicherungsunternehmens abdecken. [2]Die in § 97 Absatz 3 genannten Risiken sind stets zu berücksichtigen. [3]Ungeachtet der gewählten Berechnungsmethode muss die Risikoeinstufung ausreichend sein, um zu gewährleisten, dass das interne Modell in der Geschäftsorganisation, insbesondere im Risikomanagement, in den Entscheidungsprozessen und der Kapitalallokation in erheblichem Maße verwendet wird und eine wichtige Rolle im Sinne des § 115 Absatz 1 spielt.

(2) Die Versicherungsunternehmen müssen jederzeit in der Lage sein, die Plausibilität der dem internen Modell zugrunde liegenden Annahmen gegenüber der Aufsichtsbehörde nachzuweisen.

(3) [1] Die Methoden zur Berechnung der dem internen Modell zugrunde liegenden Wahrscheinlichkeitsverteilungsprognose sind auf geeignete, passende und angemessene versicherungsmathematische und statistische Verfahren zu stützen. [2] Sie müssen mit den Methoden konsistent sein, die für die Berechnung der versicherungstechnischen Rückstellungen verwendet werden.

(4) Die Berechnung der Wahrscheinlichkeitsverteilungsprognose muss auf aktuellen und zuverlässigen Informationen sowie auf realistischen Annahmen aufbauen.

(5) [1] Die für das interne Modell verwendeten Daten müssen genau, vollständig und angemessen sein. [2] Die für die Berechnung der Wahrscheinlichkeitsverteilungsprognose verwendeten Datenreihen sind mindestens einmal jährlich zu aktualisieren.

§ 117 Sonstige statistische Qualitätsstandards. (1) Abhängigkeiten innerhalb der Risikokategorien sowie zwischen den Risikokategorien in Bezug auf Diversifikationseffekte können im internen Modell berücksichtigt werden, wenn die Systeme zur Messung der Diversifikationseffekte angemessen sind.

(2) Effekte von Risikominderungstechniken können im internen Modell berücksichtigt werden, wenn das Kreditrisiko und andere sich aus der Anwendung der Risikominderungstechniken ergebende Risiken angemessen widergespiegelt werden.

(3) [1] Risiken von wesentlicher Bedeutung aus Finanzgarantien und vertraglichen Optionen sind exakt zu bewerten. [2] Zusätzlich sind Risiken aus Optionen zugunsten der Versicherungsnehmer und anderer Versicherungsunternehmen zu bewerten. [3] Die Auswirkungen künftiger Veränderungen der Finanz- und Nichtfinanzbedingungen auf die Ausübung dieser Optionen sind zu berücksichtigen.

(4) [1] Künftigen Maßnahmen der Geschäftsleitung, die vernünftigerweise unter bestimmten Bedingungen zu erwarten sind, kann im internen Modell Rechnung getragen werden. [2] Die Zeit, die die Umsetzung derartiger Maßnahmen erfordert, ist zu berücksichtigen.

(5) Zu erwartende Zahlungen an Versicherte sind unabhängig davon, ob sie vertraglich garantiert sind oder nicht, im internen Modell zu berücksichtigen.

§ 118 Kalibrierungsstandards. (1) Die Versicherungsunternehmen können abweichend von § 97 Absatz 2 im internen Modell einen anderen Zeitraum oder ein anderes Risikomaß verwenden, wenn sichergestellt ist, dass die Ergebnisse des internen Modells in einer Art und Weise zur Berechnung der Solvabilitätskapitalanforderung verwendet werden, die den Versicherten ein dem § 97 gleichwertiges Schutzniveau gewährt.

(2) [1] Sofern es in der Praxis möglich ist, haben Versicherungsunternehmen die Solvabilitätskapitalanforderung direkt aus der Wahrscheinlichkeitsverteilungsprognose abzuleiten, die durch das interne Modell generiert wird. [2] Das Risikomaß Value-at-Risk gemäß § 97 ist zu verwenden.

(3) Die Aufsichtsbehorde kann Annäherungen für die Berechnung der Solvabilitätskapitalanforderung zulassen, wenn die Solvabilitätskapitalanforderung nicht direkt aus der durch das interne Modell generierten Wahrscheinlichkeitsverteilungsprognose abgeleitet werden kann und die Versicherungsunternehmen der Aufsichtsbehörde nachweisen, dass den Versicherungsnehmern ein Schutzniveau entsprechend § 97 Absatz 2 gewährt wird.

(4) [1] Auf Verlangen der Aufsichtsbehörde ist das interne Modell auf einschlägige Benchmark-Portfolios anzuwenden. [2] Dabei ist auf Verlangen der Aufsichtsbehörde von Annahmen auszugehen, die sich im Wesentlichen auf externe Daten stützen, um die Kalibrierung des internen Modells zu überprüfen und zu ermitteln, ob seine Spezifizierung der allgemein anerkannten Marktpraxis entspricht.

§ 119 Zuordnung von Gewinnen und Verlusten. [1] Die Versicherungsunternehmen haben die Ursachen und Quellen von Gewinnen und Verlusten jedes Hauptgeschäftsbereichs mindestens einmal jährlich zu untersuchen. [2] Dabei prüfen sie, wie die im internen Modell gewählte Risikokategorisierung die Ursachen und Quellen der Gewinne und Verluste erklärt. [3] Die Risikokategorisierung und die Zuweisung von Gewinnen und Verlusten müssen das Risikoprofil der Versicherungsunternehmen widerspiegeln.

§ 120 Validierungsstandards. (1) Versicherungsunternehmen müssen über einen regelmäßigen Modellvalidierungszyklus verfügen, der die Kontrolle des Leistungsvermögens des internen Modells, die Überprüfung der kontinuierlichen Angemessenheit seiner Spezifikation und den Abgleich von Modellergebnissen und Erfahrungswerten umfasst.

(2) Der Modellvalidierungsprozess muss ein wirksames statistisches Verfahren für die Validierung des internen Modells umfassen, mit dem gegenüber der Aufsichtsbehörde nachgewiesen werden kann, dass die mit Hilfe des internen Modells berechneten Kapitalanforderungen angemessen sind.

(3) Die angewendeten statistischen Methoden haben die Angemessenheit der Wahrscheinlichkeitsverteilungsprognose im Vergleich zu beobachteten Verlusten und zu allen wesentlichen neuen Daten und dazugehörigen Informationen zu prüfen.

(4) [1] Der Modellvalidierungsprozess umfasst eine Analyse der Stabilität des internen Modells und insbesondere die Überprüfung der Sensitivität der Ergebnisse des internen Modells in Bezug auf Veränderungen der wichtigsten Annahmen, auf die sich das Modell stützt. [2] Er enthält auch eine Bewertung der Genauigkeit, Vollständigkeit und Angemessenheit der für das interne Modell verwendeten Daten.

§ 121 Dokumentationsstandards. (1) [1] Der Aufbau und die Funktionsweise des internen Modells sind zu dokumentieren. [2] Aus dieser Dokumentation muss hervorgehen, dass die Anforderungen der §§ 115 bis 120 eingehalten werden.

(2) Die Dokumentation enthält eine detaillierte Erläuterung der theoretischen Grundlagen, der Annahmen sowie der mathematischen und der empirischen Basis, auf die sich das interne Modell stützt, und beschreibt alle Konstellationen, in denen das interne Modell nicht wirksam funktioniert.

(3) Versicherungsunternehmen haben alle größeren Veränderungen an ihrem internen Modell (§ 111 Absatz 2) zu dokumentieren.

Unterabschnitt 4. Mindestkapitalanforderung

§ 122 Bestimmung der Mindestkapitalanforderung; Verordnungsermächtigung. (1) Die Mindestkapitalanforderung entspricht dem Betrag anrechnungsfähiger Basiseigenmittel, unterhalb dessen die Versicherungsnehmer und Anspruchsberechtigten bei einer Fortführung der Geschäftstätigkeit des Versicherungsunternehmens einem unannehmbaren Risikoniveau ausgesetzt sind.

(2) [1] Das Bundesministerium der Finanzen wird ermächtigt, durch Rechtsverordnung die Höhe der in Absatz 1 genannten Mindestkapitalanforderung festzulegen; dabei sind Artikel 129 Absatz 1 bis 3 der Richtlinie 2009/138/EG, delegierte Rechtsakte der Europäischen Kommission gemäß Artikel 130 der Richtlinie 2009/138/EG und Veröffentlichungen der Europäischen Kommission gemäß Artikel 300 der Richtlinie 2009/138/EG zu beachten. [2] Die Ermächtigung kann durch Rechtsverordnung auf die Bundesanstalt übertragen werden. [3] Rechtsverordnungen nach den Sätzen 1 und 2 bedürfen nicht der Zustimmung des Bundesrates.

§ 123 Berechnungsturnus; Meldepflichten. (1) [1] Versicherungsunternehmen haben die Mindestkapitalanforderung vierteljährlich zu berechnen und das Berechnungsergebnis der Aufsichtsbehörde zu melden. [2] Für Zwecke der Bestimmung der Grenzwerte der Mindestkapitalanforderung ist keine vierteljährliche Berechnung der Solvabilitätskapitalanforderung erforderlich.

(2) Bestimmt einer der in Artikel 129 Absatz 3 der Richtlinie 2009/138/EG genannten Grenzwerte die Mindestkapitalanforderung eines Versicherungsunternehmens, hat dieses der Aufsichtsbehörde die Gründe dafür zu erläutern.

Abschnitt 3. Anlagen; Sicherungsvermögen

§ 124 Anlagegrundsätze. (1) [1] Versicherungsunternehmen müssen ihre gesamten Vermögenswerte nach dem Grundsatz der unternehmerischen Vorsicht anlegen. [2] Dabei sind folgende Anforderungen einzuhalten:

1. Versicherungsunternehmen dürfen ausschließlich in Vermögenswerte und Instrumente investieren, deren Risiken sie
   a) hinreichend identifizieren, bewerten, überwachen, steuern, kontrollieren und in ihre Berichterstattung einbeziehen können,
   b) bei der Beurteilung ihres Solvabilitätsbedarfs gemäß § 27 Absatz 2 Nummer 1 hinreichend berücksichtigen können;
2. sämtliche Vermögenswerte sind so anzulegen, dass Sicherheit, Qualität, Liquidität und Rentabilität des Portfolios als Ganzes sichergestellt werden; außerdem muss die Belegenheit der Vermögenswerte ihre Verfügbarkeit gewährleisten;
3. Vermögenswerte, die zur Bedeckung der versicherungstechnischen Rückstellungen gehalten werden, sind außerdem in einer der Art und Laufzeit der

Erstversicherungs- und Rückverbindlichkeiten des Unternehmens angemessenen Weise anzulegen; diese Vermögenswerte sind im Interesse aller Versicherungsnehmer und Anspruchsberechtigten unter Berücksichtigung der Anlagepolitik anzulegen, sofern diese offengelegt worden ist;

4. im Fall eines Interessenkonflikts muss sichergestellt werden, dass die Anlage im Interesse der Versicherungsnehmer und Anspruchsberechtigten erfolgt;
5. die Verwendung derivativer Finanzinstrumente ist nur zulässig, sofern diese zur Verringerung von Risiken oder zur Erleichterung einer effizienten Portfolioverwaltung beitragen; diese Voraussetzung wird nicht erfüllt durch Geschäfte mit derivativen Finanzinstrumenten, die lediglich den Aufbau reiner Handelspositionen (Arbitragegeschäfte) bezwecken oder bei denen entsprechende Wertpapierbestände nicht vorhanden sind (Leerverkäufe);
6. Anlagen und Vermögenswerte, die nicht zum Handel an einem geregelten Finanzmarkt zugelassen sind, sind auf einem vorsichtigen Niveau zu halten;
7. Anlagen sind in angemessener Weise so zu mischen und zu streuen, dass eine übermäßige Abhängigkeit von einem bestimmten Vermögenswert oder Emittenten oder von einer bestimmten Unternehmensgruppe oder einem geographischen Raum und eine übermäßige Risikokonzentration im Portfolio als Ganzem vermieden werden und
8. Vermögensanlagen bei demselben Emittenten oder bei Emittenten, die derselben Unternehmensgruppe angehören, dürfen nicht zu einer übermäßigen Risikokonzentration führen.

(2) [1] Absatz 1 Nummer 5 bis 8 findet auf Lebensversicherungsverträge, bei denen das Anlagerisiko vom Versicherungsnehmer getragen wird, vorbehaltlich Satz 2 Nummer 3 keine Anwendung. [2] Über Absatz 1 Nummer 1 bis 4 hinaus sind bei diesen Verträgen für die betroffenen Vermögenswerte,

1. wenn die Leistungen aus einem Vertrag direkt an den Wert von Anteilen an Organismen für gemeinschaftliche Anlagen in Wertpapieren im Sinne der Richtlinie 2009/65/EG oder an den Wert von Vermögenswerten gebunden sind, die in einem von den Versicherungsunternehmen gehaltenen und in der Regel in Anteile aufgeteilten internen Fonds enthalten sind, die versicherungstechnischen Rückstellungen für diese Leistungen so genau wie möglich durch die betreffenden Anteile oder, sofern keine Anteile gebildet wurden, durch die betreffenden Vermögenswerte abzubilden;
2. wenn die Leistungen aus einem Vertrag direkt an einen Aktienindex oder an einen anderen als den in Nummer 1 genannten Referenzwert gebunden sind, die versicherungstechnischen Rückstellungen für diese Leistungen so genau wie möglich durch die Anteile, die den Referenzwert darstellen, abzubilden; sofern keine Anteile gebildet werden, sind die Rückstellungen durch Vermögenswerte mit angemessener Sicherheit und Realisierbarkeit abzubilden, die so genau wie möglich denjenigen Werten entsprechen, auf denen der jeweilige Referenzwert beruht und
3. wenn die in den Nummern 1 und 2 genannten Leistungen eine Garantie in Bezug auf das Anlageergebnis oder eine sonstige garantierte Leistung einschließen, auf die zur Bedeckung der entsprechenden zusätzlichen versicherungstechnischen Rückstellungen gehaltenen Vermögenswerte Absatz 1 Nummer 5 bis 8 anzuwenden.

(3) Gehören Versicherungsverhältnisse zu einem selbständigen Bestand eines Versicherungsunternehmens in einem Staat außerhalb der Mitglied- oder Vertragsstaaten, sind die Absätze 1 und 2 anzuwenden, soweit nicht ausländisches Recht Abweichendes vorschreibt.

§ 125 Sicherungsvermögen. (1) [1]Der Vorstand eines Erstversicherungsunternehmens hat schon im Laufe des Geschäftsjahres Beträge in solcher Höhe dem Sicherungsvermögen zuzuführen und vorschriftsmäßig anzulegen, wie es dem voraussichtlichen Anwachsen des Mindestumfangs nach Absatz 2 entspricht. [2]Wenn Erstversicherungsunternehmen Vermögen in

1. Darlehensforderungen,
2. Schuldverschreibungen und Genussrechten,
3. Schuldbuchforderungen,
4. Aktien,
5. Beteiligungen,
6. Grundstücken und grundstücksgleichen Rechten,
7. Anteilen im Sinne des § 215 Absatz 2 Satz 1 Nummer 6 oder
8. laufenden Guthaben und Einlagen bei Kreditinstituten

anlegen, sind diese Vermögenswerte bis zur Höhe der in Absatz 2 genannten Summe der Bilanzwerte dem Sicherungsvermögen zuzuführen. [3]Die in Satz 2 genannten Vermögenswerte sollen insgesamt im Hinblick auf Sicherheit, Liquidität, Rentabilität und Qualität mindestens dem Niveau des Gesamtportfolios entsprechen.

(2) [1]Der Umfang des Sicherungsvermögens muss mindestens der Summe aus den Bilanzwerten folgender Beträge entsprechen:

1. der Beitragsüberträge,
2. der Deckungsrückstellung,
3. der Rückstellung für
   a) noch nicht abgewickelte Versicherungsfälle und Rückkäufe,
   b) erfolgsunabhängige Beitragsrückerstattung und
   c) unverbrauchte Beiträge aus ruhenden Versicherungsverträgen,
4. der Teile der Rückstellung für erfolgsabhängige Beitragsrückerstattung, die auf bereits festgelegte, aber noch nicht zugeteilte Überschussanteile entfallen,
5. der Verbindlichkeiten aus dem selbst abgeschlossenen Versicherungsgeschäft gegenüber Versicherungsnehmern sowie
6. der als Prämie eingenommenen Beträge, die ein Versicherungsunternehmen zu erstatten hat, wenn ein Versicherungsvertrag oder ein in § 2 Absatz 2 genanntes Geschäft nicht zustande gekommen ist oder aufgehoben wurde.

[2]Bilanzwerte im Sinne des Satzes 1 sind die Bruttobeträge für das selbst abgeschlossene Versicherungsgeschäft vor Abzug der Anteile für das in Rückdeckung gegebene Versicherungsgeschäft.

(3) [1]Unbelastete Grundstücke und grundstücksgleiche Rechte sind für das Sicherungsvermögen mit ihrem Bilanzwert anzusetzen. [2]Ist der Bilanzwert höher als der Verkehrswert, so ist der Verkehrswert anzusetzen. [3]Die Aufsichtsbehörde kann eine angemessene Erhöhung des Wertansatzes zulassen, wenn und soweit durch ein Sachverständigengutachten nachgewiesen ist, dass der Verkehrswert den Bilanzwert um mindestens 100 Prozent überschreitet. [4]Für

belastete Grundstücke und grundstücksgleiche Rechte setzt die Aufsichtsbehörde den Wert im Einzelfall fest.

(4) [1] Das Sicherungsvermögen ist gesondert von jedem anderen Vermögen zu verwalten und im Gebiet der Mitglied- oder Vertragsstaaten aufzubewahren. [2] Die Art der Aufbewahrung ist der Aufsichtsbehörde anzuzeigen. [3] Diese kann genehmigen, dass die Werte des Sicherungsvermögens an einem anderen Ort aufbewahrt werden.

(5) Für jede Anlageart ist eine Abteilung des Sicherungsvermögens (Anlagestock) zu bilden, soweit Lebensversicherungsverträge Versicherungsleistungen

1. in Anteilen an einem offenen Investmentvermögen im Sinne von § 1 Absatz 4 des Kapitalanlagegesetzbuchs anlegen,
2. in von einer Investmentgesellschaft ausgegebenen Anteilen vorsehen,
3. in Vermögensgegenstände im Sinne von § 2 Absatz 4 des Investmentgesetzes in der bis zum 21. Juli 2013 geltenden Fassung, ausgenommen Geld, vorsehen oder
4. direkt an einen Aktienindex oder andere Bezugswerte binden.

(6) [1] Mit Genehmigung der Aufsichtsbehörde können selbständige Abteilungen des Sicherungsvermögens gebildet werden. [2] Was für das Sicherungsvermögen und die Ansprüche daran vorgeschrieben ist, gilt dann entsprechend für jede selbständige Abteilung.

§ 126 Vermögensverzeichnis. (1) [1] Das Versicherungsunternehmen hat dafür zu sorgen, dass die Bestände des Sicherungsvermögens in ein Vermögensverzeichnis einzeln eingetragen werden. [2] Die Vorschriften über das Sicherungsvermögen gelten für alle Vermögensgegenstände, die im Vermögensverzeichnis eingetragen sind. [3] Ansprüche auf Nutzungen, die die zum Sicherungsvermögen gehörenden Vermögensgegenstände gewähren, gehören auch ohne Eintragung in das Vermögensverzeichnis zum Sicherungsvermögen. [4] Forderungen aus Vorauszahlungen oder Darlehen auf die eigenen Versicherungsscheine des Unternehmens, soweit sie zu den Beständen des Sicherungsvermögens gehören, brauchen nur in einer Gesamtsumme nachgewiesen zu werden. [5] Bei Forderungen, die durch eine Grundstücksbelastung gesichert und in Teilbeträgen zurückzuzahlen sind, ist das Vermögensverzeichnis nach näherer Bestimmung der Aufsichtsbehörde zu berichtigen; dasselbe gilt für Grundstücksbelastungen, die keine persönliche Forderung sichern.

(2) [1] Am Schluss eines jeden Geschäftsjahres hat das Versicherungsunternehmen der Aufsichtsbehörde eine Abschrift der im Laufe des Geschäftsjahres vorgenommenen Eintragungen vorzulegen; der Vorstand hat die Richtigkeit der Abschrift zu bescheinigen. [2] Die Aufsichtsbehörde hat die Abschrift aufzubewahren.

(3) [1] Die Anteile der Rückversicherer sowie die Anteile der zum Geschäftsbetrieb zugelassenen Zweckgesellschaften im Sinne des Artikels 211 der Richtlinie 2009/138/EG an den versicherungstechnischen Bruttorückstellungen im Sinne der §§ 341e bis 341h des Handelsgesetzbuchs[1)] des selbst abgeschlossenen Versicherungsgeschäfts gehören auch ohne Eintragung in das Vermögensverzeichnis zum Sicherungsvermögen. [2] Für Forderungen an Versicherungs-Zweckgesellschaften mit Sitz in einem Drittstaat gilt dies nur dann, wenn die

[1)] Nr. **16**.

Versicherungs-Zweckgesellschaft im Sitzland entsprechend den Anforderungen des § 168 zum Geschäftsbetrieb staatlich zugelassen ist und beaufsichtigt wird sowie über eine vergleichbare Ausstattung mit Kapitalanlagen verfügt.

(4) [1] Absatz 3 gilt für die Lebensversicherung, die Krankenversicherung der in § 146 genannten Art, die private Pflegepflichtversicherung nach § 148 und die Unfallversicherung mit Prämienrückgewähr nach § 161, nur für die Beitragsüberträge nach § 341e Absatz 2 Nummer 1 des Handelsgesetzbuchs[1)] und die Rückstellung für noch nicht abgewickelte Versicherungsfälle nach § 341g des Handelsgesetzbuchs[1)]. [2] In den genannten Versicherungszweigen hat das Unternehmen die anteiligen Werte des Sicherungsvermögens mit Ausnahme der Beitragsüberträge nach § 341e Absatz 2 Nummer 1 des Handelsgesetzbuchs[1)] und der Rückstellung für noch nicht abgewickelte Versicherungsfälle nach § 341g des Handelsgesetzbuchs[1)] auch für den in Rückdeckung gegebenen Anteil selbst aufzubewahren und zu verwalten.

§ 127 Zuführungen zum Sicherungsvermögen. (1) [1] Erreicht das Sicherungsvermögen nicht den Mindestumfang nach § 125 Absatz 2, hat der Vorstand den fehlenden Betrag unverzüglich dem Sicherungsvermögen zuzuführen. [2] Die Zuführung zum Sicherungsvermögen darf so weit unterbleiben, wie im Ausland zugunsten bestimmter Versicherungen eine besondere Sicherheit aus den eingenommenen Versicherungsentgelten gestellt werden muss.

(2) [1] Die Aufsichtsbehörde kann anordnen, dass dem Sicherungsvermögen über den Mindestumfang nach § 125 Absatz 2 hinaus Beträge zugeführt werden, wenn dies zur Wahrung der Belange der Versicherten geboten erscheint. [2] Eine Zuführung kann insbesondere unter Berücksichtigung der niedrigeren Zeitwerte der Vermögensgegenstände des Sicherungsvermögens geboten sein.

§ 128 Treuhänder für das Sicherungsvermögen. (1) [1] Zur Überwachung des Sicherungsvermögens für die Lebensversicherung, die Krankenversicherung der in § 146 genannten Art, die private Pflegepflichtversicherung nach § 148 und die Unfallversicherung mit Prämienrückgewähr nach § 161 sind ein Treuhänder und ein Stellvertreter für diesen zu bestellen. [2] Öffentlich-rechtliche Versicherungsunternehmen müssen keinen Treuhänder bestellen. [3] Kleinere Vereine im Sinne des § 210 Absatz 1 Satz 1 müssen einen Treuhänder nur bestellen, wenn es die Aufsichtsbehörde anordnet.

(2) Für den Stellvertreter gelten die Vorschriften über den Treuhänder entsprechend.

(3) [1] Den Treuhänder bestellt der Aufsichtsrat. [2] Hat ein kleinerer Verein keinen Aufsichtsrat, bestellt der Vorstand den Treuhänder.

(4) [1] Wer als Treuhänder vorgesehen ist, muss vor Bestellung der Aufsichtsbehörde benannt werden. [2] Hat diese gegen die Bestellung Bedenken, kann sie verlangen, dass innerhalb einer angemessenen Frist eine andere Person benannt wird. [3] Unterbleibt das oder hat die Aufsichtsbehörde auch gegen die Bestellung dieser neu benannten Person Bedenken, so kann sie den Treuhänder selbst bestellen. [4] Die Sätze 2 und 3 gelten auch, wenn die Aufsichtsbehörde Bedenken dagegen hat, dass ein bestellter Treuhänder sein Amt weiter verwaltet.

---

1) Nr. **16**.

(5) Der Treuhänder hat, ohne dass diese Pflicht die Verantwortlichkeit der zur Vertretung des Unternehmens berufenen Stellen berührt, im Jahresabschluss unter der Bilanz zu bestätigen, dass das Sicherungsvermögen vorschriftsmäßig angelegt und aufbewahrt ist.

(6) Streitigkeiten zwischen dem Treuhänder und dem Versicherungsunternehmen über seine Obliegenheiten entscheidet die Aufsichtsbehörde.

§ 129 Sicherstellung des Sicherungsvermögens. (1) Das Sicherungsvermögen ist so sicherzustellen, dass nur mit Zustimmung des Treuhänders darüber verfügt werden kann.

(2) [1] Der Treuhänder hat insbesondere die Bestände des Sicherungsvermögens unter Mitverschluss des Versicherungsunternehmens zu verwahren. [2] Der Treuhänder darf einen Sicherungsvermögenswert nur herausgeben, wenn die übrigen Werte zur Bedeckung des Mindestumfangs des Sicherungsvermögens gemäß § 125 Absatz 2 ausreichen oder das Versicherungsunternehmen Zug um Zug eine anderweitige Bedeckung des Sicherungsvermögens stellt. [3] Ist das Versicherungsunternehmen zur Herausgabe einer Urkunde verpflichtet, muss der Treuhänder der Herausgabe zustimmen, auch wenn die in Satz 2 genannten Voraussetzungen nicht vorliegen; § 127 Absatz 1 ist entsprechend anzuwenden. [4] Benötigt das Versicherungsunternehmen eine Urkunde zum vorübergehenden Gebrauch, so hat der Treuhänder sie herauszugeben, ohne dass das Versicherungsunternehmen verpflichtet ist, eine anderweitige Bedeckung zu stellen.

(3) Der Treuhänder kann einer Verfügung nur schriftlich zustimmen; soll ein Gegenstand im Vermögensverzeichnis gelöscht werden, so genügt es, dass der Treuhänder neben oder unter den Löschungsvermerk seinen Namen schreibt.

(4) Der Treuhänder kann jederzeit die Bücher und Schriften des Versicherungsunternehmens einsehen, soweit sie sich auf das Sicherungsvermögen beziehen.

§ 130 Entnahme aus dem Sicherungsvermögen. (1) Dem Sicherungsvermögen dürfen außer den Mitteln, die zur Vornahme und Änderung der Kapitalanlagen erforderlich sind, nur die Beträge entnommen werden, die durch Eintritt oder Regulierung des Versicherungsfalls, durch Rückkauf oder dadurch frei werden, dass sonst ein Versicherungsverhältnis beendet oder der Geschäftsplan geändert wird.

(2) [1] Durch Zwangsvollstreckung oder Arrestvollziehung darf über die Bestände des Sicherungsvermögens nur so weit verfügt werden, wie für den Anspruch, zu dessen Gunsten verfügt wird, die Zuführung zum Sicherungsvermögen gemäß § 125 Absatz 1 bis 3, § 126 Absatz 3 und § 127 vorgeschrieben und tatsächlich erfolgt ist. [2] Satz 1 ist entsprechend anzuwenden für die Aufrechnung gegen Ansprüche, die zu den Beständen des Sicherungsvermögens gehören.

§ 131 Verordnungsermächtigung. (1) Das Bundesministerium der Finanzen wird ermächtigt, für Versicherungsunternehmen, die nicht der Aufsicht durch die Aufsichtsbehörden der Länder unterliegen, durch Rechtsverordnung unter Berücksichtigung von delegierten Rechtsakten der Europäischen Kommission gemäß Artikel 135 der Richtlinie 2009/138/EG Vorschriften zu erlassen über

1. die Berichterstattung der Versicherungsunternehmen über ihre gesamten Vermögensanlagen;
2. die Identifikation, Bewertung, Überwachung, Steuerung und Berichterstattung von oder über
   a) Risiken, die aus Kapitalanlagen entstehen, und
   b) spezifische Risiken, die aus Anlagen in derivative Finanzinstrumente entstehen, sowie
3. die Festlegung von Anforderungen im Zusammenhang mit der Verbriefung von Krediten in handelbare Wertpapiere und in andere Finanzinstrumente, und zwar
   a) Anforderungen, die der Originator erfüllen muss, damit es Versicherungsunternehmen gestattet ist, in nach dem 1. Januar 2011 begebene Wertpapiere oder Finanzinstrumente dieser Art zu investieren, einschließlich solcher, die sicherstellen, dass der Originator einen ökonomischen Nettoanteil von nicht weniger als 5 Prozent zurückbehält und
   b) qualitative Anforderungen, die Versicherungsunternehmen erfüllen müssen, die in diese Wertpapiere oder Finanzinstrumente investieren.

(2) Die Ermächtigung nach Absatz 1 kann durch Rechtsverordnung auf die Bundesanstalt übertragen werden.

(3) Rechtsverordnungen nach den Absätzen 1 und 2 bedürfen nicht der Zustimmung des Bundesrates.

Abschnitt 4. Versicherungsunternehmen in besonderen Situationen

§ 132 Feststellung und Anzeige einer sich verschlechternden finanziellen Lage. (1) Ein Versicherungsunternehmen muss über geeignete Verfahren verfügen, um eine Verschlechterung seiner finanziellen Lage festzustellen.

(2) Eine Verschlechterung der finanziellen Lage, die die Erfüllbarkeit der Verpflichtungen aus Versicherungen oder die Zahlungsfähigkeit des Versicherungsunternehmens gefährden könnte, hat das Versicherungsunternehmen unverzüglich der Aufsichtsbehörde anzuzeigen.

§ 133 Unzureichende Höhe versicherungstechnischer Rückstellungen. (1) Sofern ein Versicherungsunternehmen auf Grund einer Verletzung der in den §§ 74 bis 88 geregelten Pflichten nur unzureichende versicherungstechnische Rückstellungen bildet, kann die Aufsichtsbehörde die freie Verfügung über die Vermögenswerte des Unternehmens einschränken oder untersagen.

(2) Absatz 1 ist entsprechend anzuwenden, wenn ein Versicherungsunternehmen keine ausreichenden versicherungstechnischen Rückstellungen im Sinne der §§ 341e bis 341h des Handelsgesetzbuchs[1] bildet.

(3) Hat die Aufsichtsbehörde die Absicht, die freie Verfügung über die Vermögenswerte nach Absatz 1 zu untersagen oder einzuschränken, so hat sie zuvor die Aufsichtsbehörde des Mitglied- oder Vertragsstaats, in dem das Unternehmen eine Zweigniederlassung unterhält oder Dienstleistungen erbringt, davon zu unterrichten und die Vermögenswerte zu bezeichnen, die Gegenstand der beabsichtigten Maßnahme sein sollen.

---

[1] Nr. **16**.

§ 134 Nichtbedeckung der Solvabilitätskapitalanforderung. (1) Ist die Solvabilitätskapitalanforderung nicht mehr bedeckt oder droht dieser Fall innerhalb der nächsten drei Monate einzutreten, hat das Versicherungsunternehmen die Aufsichtsbehörde unverzüglich darüber zu unterrichten.

(2) Innerhalb von zwei Monaten, nachdem das Versicherungsunternehmen festgestellt hat, dass die Solvabilitätskapitalanforderung nicht bedeckt ist, hat es der Aufsichtsbehörde einen realistischen Sanierungsplan zur Genehmigung vorzulegen.

(3) [1] Das Versicherungsunternehmen hat innerhalb von sechs Monaten, nachdem es die Nichtbedeckung der Solvabilitätskapitalanforderung festgestellt hat, durch angemessene Maßnahmen die anrechnungsfähigen Eigenmittel aufzustocken oder das Risikoprofil zu senken, bis die Solvabilitätskapitalanforderung wieder bedeckt ist. [2] Die Aufsichtsbehörde kann die Frist um drei Monate verlängern.

(4) [1] Hat die Europäische Aufsichtsbehörde für das Versicherungswesen und die betriebliche Altersversorgung den Eintritt außergewöhnlicher widriger Umstände im Sinne des Artikels 138 Absatz 4 der Richtlinie 2009/138/EG festgestellt, kann die Aufsichtsbehörde, die in Absatz 3 Satz 2 genannte Frist für betroffene Unternehmen unter Berücksichtigung aller relevanten Faktoren um maximal sieben Jahre verlängern. [2] Die Möglichkeit zur Fristverlängerung endet, sobald die Europäische Aufsichtsbehörde für das Versicherungswesen und die betriebliche Altersversorgung festgestellt hat, dass außergewöhnliche widrige Umstände nicht mehr vorliegen.

(5) [1] Die Europäische Aufsichtsbehörde für das Versicherungswesen und die betriebliche Altersversorgung trifft die Feststellung für das Vorliegen außergewöhnlicher widriger Umstände auf Antrag einer Aufsichtsbehörde. [2] Die Bundesanstalt kann den Antrag stellen, wenn Versicherungsunternehmen, die einen wesentlichen Anteil am Markt oder an den betroffenen Geschäftsbereichen ausmachen, aller Voraussicht nach eine der in Absatz 3 genannten Bedingungen nicht erfüllen werden.

(6) [1] Hat die Aufsichtsbehörde die Frist nach Absatz 3 Satz 1 um mehr als drei Monate verlängert, haben die betroffenen Versicherungsunternehmen der Aufsichtsbehörde alle drei Monate einen Fortschrittsbericht vorzulegen. [2] In diesem sind die Maßnahmen zur Aufstockung der anrechnungsfähigen Eigenmittel zur Einhaltung der Solvabilitätskapitalanforderung oder zur Senkung des Risikoprofils bis zur erneuten Einhaltung der Solvabilitätskapitalanforderung sowie der hierbei erzielte Fortschritt darzustellen. [3] Die Verlängerung der Frist ist zu widerrufen, wenn aus dem Fortschrittsbericht hervorgeht, dass zwischen dem Zeitpunkt der Feststellung der Nichtbedeckung der Solvabilitätskapitalanforderung und dem der Übermittlung des Fortschrittsberichts kein wesentlicher Fortschritt bei der Wiederherstellung der Einhaltung der Solvabilitätskapitalanforderung stattgefunden hat.

(7) Rechtfertigen Tatsachen die Annahme, dass sich die finanzielle Lage des betreffenden Versicherungsunternehmens weiter verschlechtern wird, kann die Aufsichtsbehörde die freie Verfügung über die Vermögenswerte des betreffenden Versicherungsunternehmens einschränken oder untersagen; § 133 Absatz 3 ist entsprechend anzuwenden.

(8) [1] Hat die Aufsichtsbehörde die freie Verfügung über die Vermögenswerte nach Absatz 7 eingeschränkt oder untersagt, unterrichtet sie die Aufsichts-

behörden der Mitglied- oder Vertragsstaaten, in dem das Unternehmen eine Zweigniederlassung unterhält oder Dienstleistungen erbringt, davon. [2] Sie kann diese ersuchen, die gleichen Maßnahmen zu treffen. [3] In diesem Fall bezeichnet sie die Vermögenswerte, die Gegenstand der Maßnahme sein sollen.

§ 135 Nichtbedeckung der Mindestkapitalanforderung. (1) Ist die Mindestkapitalanforderung nicht mehr bedeckt oder droht dieser Fall innerhalb der nächsten drei Monate einzutreten, hat das Versicherungsunternehmen die Aufsichtsbehörde unverzüglich darüber zu unterrichten.

(2) [1] Innerhalb eines Monats, nachdem das Versicherungsunternehmen festgestellt hat, dass die Mindestkapitalanforderung nicht bedeckt ist, legt es der Aufsichtsbehörde einen kurzfristigen und realistischen Finanzierungsplan zur Genehmigung vor. [2] Dieser Plan legt dar, wie die anrechnungsfähigen Basiseigenmittel innerhalb von drei Monaten mindestens auf die Höhe des Betrags der Mindestkapitalanforderung aufgestockt werden sollen oder das Risikoprofil so gesenkt werden soll, dass die Mindestkapitalanforderung wieder bedeckt ist.

(3) Die Aufsichtsbehörde kann die freie Verfügung über die Vermögenswerte des Versicherungsunternehmens einschränken oder untersagen; § 133 Absatz 3 und § 134 Absatz 8 sind entsprechend anzuwenden.

§ 136 Sanierungs- und Finanzierungsplan. (1) Sanierungsplan und Finanzierungsplan umfassen mindestens die folgenden Angaben:

1. Schätzungen der Betriebskosten, insbesondere laufende allgemeine Ausgaben und Provisionen,
2. die geschätzten Einnahmen und Ausgaben für das Erstversicherungsgeschäft sowie das übernommene und übertragene Rückversicherungsgeschäft,
3. eine Prognose der Solvabilitätsübersicht,
4. Schätzungen der Finanzmittel, mit denen die versicherungstechnischen Rückstellungen, die Solvabilitätskapitalanforderung und die Mindestkapitalanforderung bedeckt werden sollen, und
5. die Rückversicherungspolitik insgesamt.

(2) Ist der Aufsichtsbehörde ein Sanierungsplan oder ein Finanzierungsplan vorzulegen, so kann sie eine Bescheinigung nach § 13 Absatz 2 Nummer 1 erst ausstellen, wenn sie der Auffassung ist, dass die Rechte der Versicherungsnehmer nicht mehr gefährdet sind.

§ 137 Fortschreitende Verschlechterung der Solvabilität. (1) [1] Im Fall einer fortschreitenden Verschlechterung der Solvabilität eines Versicherungsunternehmens kann die Aufsichtsbehörde neben den in den §§ 134 und 135 genannten Maßnahmen alle Maßnahmen ergreifen, die zur Wahrung der sich aus den Versicherungsverträgen ergebenden Interessen der Versicherungsnehmer oder zur Erfüllung der Verpflichtungen aus Rückversicherungsverträgen geeignet, erforderlich und angemessen sind. [2] Bei der Auswahl der Maßnahme müssen Grad und Dauer der Verschlechterung der Solvabilitätssituation des Versicherungsunternehmens berücksichtigt werden.

(2) Insbesondere kann die Aufsichtsbehörde

1. verlangen, einen höheren Betrag an anrechungsfähigen Eigenmitteln bereitzustellen als zur Einhaltung der Solvabilitätskapitalanforderung erforderlich ist,

2. Entnahmen aus den Rücklagen sowie die Ausschüttung von Gewinnen untersagen oder beschränken,
3. Maßnahmen untersagen oder beschränken, die dazu dienen, einen Jahresfehlbetrag auszugleichen oder einen Bilanzgewinn auszuweisen.

Kapitel 3. Besondere Vorschriften für einzelne Zweige

Abschnitt 1. Lebensversicherung

§ 138 Prämienkalkulation in der Lebensversicherung; Gleichbehandlung. (1) [1] Die Prämien in der Lebensversicherung müssen unter Zugrundelegung angemessener versicherungsmathematischer Annahmen kalkuliert werden und so hoch sein, dass das Lebensversicherungsunternehmen allen seinen Verpflichtungen nachkommen und insbesondere für die einzelnen Verträge ausreichende Deckungsrückstellungen bilden kann. [2] Hierbei kann der Finanzlage des Versicherungsunternehmens Rechnung getragen werden, ohne dass planmäßig und auf Dauer Mittel eingesetzt werden dürfen, die nicht aus Prämienzahlungen stammen.

(2) Bei gleichen Voraussetzungen dürfen Prämien und Leistungen nur nach gleichen Grundsätzen bemessen werden.

§ 139 Überschussbeteiligung. (1) Die für die Überschussbeteiligung der Versicherten bestimmten Beträge sind, soweit sie den Versicherten nicht unmittelbar zugeteilt wurden, in der Bilanz in eine Rückstellung für Beitragsrückerstattung einzustellen.

(2) [1] Bei Versicherungsaktiengesellschaften bestimmt der Vorstand mit Zustimmung des Aufsichtsrats die Beträge, die für die Überschussbeteiligung der Versicherten zurückzustellen sind. [2] Jedoch dürfen Beträge, die nicht auf Grund eines Rechtsanspruchs der Versicherten zurückzustellen sind, für die Überschussbeteiligung nur bestimmt werden, soweit aus dem verbleibenden Bilanzgewinn noch ein Gewinn in Höhe von mindestens 4 Prozent des Grundkapitals verteilt werden kann. [3] Ein Bilanzgewinn darf nur ausgeschüttet werden, soweit er einen etwaigen Sicherungsbedarf nach Absatz 4 überschreitet.

(3) Bewertungsreserven aus direkt oder indirekt vom Versicherungsunternehmen gehaltenen festverzinslichen Anlagen und Zinsabsicherungsgeschäften sind bei der Beteiligung der Versicherungsnehmer an den Bewertungsreserven gemäß § 153 des Versicherungsvertragsgesetzes[1)] nur insoweit zu berücksichtigen, als sie einen etwaigen Sicherungsbedarf aus den Versicherungsverträgen mit Zinsgarantie gemäß Absatz 4 überschreiten.

(4) [1] Der Sicherungsbedarf aus den Versicherungsverträgen mit Zinsgarantie ist die Summe der Sicherungsbedarfe der Versicherungsverträge, deren maßgeblicher Rechnungszins über dem maßgeblichen Euro-Zinsswapsatz zum Zeitpunkt der Ermittlung der Bewertungsreserven (Bezugszins) liegt. [2] Der Sicherungsbedarf eines Versicherungsvertrags ist die versicherungsmathematisch unter Berücksichtigung des Bezugszinses bewertete Zinssatzverpflichtung des Versicherungsvertrags, vermindert um die Deckungsrückstellung. [3] Sterbekassen können den Sicherungsbedarf aus den Versicherungsverträgen mit Zinsgarantie mit Genehmigung der Aufsichtsbehörde nach einem abweichenden Verfahren berechnen.

[1)] Nr. **6**.

§ 140 Rückstellung für Beitragsrückerstattung. (1) [1]Die der Rückstellung für Beitragsrückerstattung zugewiesenen Beträge dürfen nur für die Überschussbeteiligung der Versicherten einschließlich der durch § 153 des Versicherungsvertragsgesetzes[1)] vorgeschriebenen Beteiligung an den Bewertungsreserven verwendet werden. [2]In Ausnahmefällen kann die Rückstellung für Beitragsrückerstattung, soweit sie nicht auf bereits festgelegte Überschussanteile entfällt, mit Zustimmung der Aufsichtsbehörde im Interesse der Versicherten herangezogen werden, um

1. einen drohenden Notstand abzuwenden,
2. unvorhersehbare Verluste aus den überschussberechtigten Versicherungsverträgen auszugleichen, die auf allgemeine Änderungen der Verhältnisse zurückzuführen sind, oder
3. die Deckungsrückstellung zu erhöhen, wenn die Rechnungsgrundlagen auf Grund einer unvorhersehbaren und nicht nur vorübergehenden Änderung der Verhältnisse angepasst werden müssen.

[3]Bei Maßnahmen nach Satz 2 Nummer 2 oder 3 sind die Versichertenbestände verursachungsorientiert zu belasten.

(2) [1]Ein die Belange der Versicherten gefährdender Missstand liegt vor, wenn bei überschussberechtigten Versicherungen

1. keine angemessene Zuführung zur Rückstellung für Beitragsrückerstattung erfolgt oder
2. keine angemessene Verwendung der Mittel in der Rückstellung für Beitragsrückerstattung erfolgt.

[2]Das ist insbesondere dann anzunehmen, wenn

1. im Fall des Satzes 1 Nummer 1 die Zuführung zur Rückstellung für Beitragsrückerstattung eines Lebensversicherungsunternehmens unter Berücksichtigung der Direktgutschrift und der rechnungsmäßigen Zinsen nicht der gemäß § 145 Absatz 2 durch Rechtsverordnung festgelegten Mindestzuführung entspricht und
2. im Fall des Satzes 1 Nummer 2 der ungebundene Teil der Rückstellung für Beitragsrückerstattung den gemäß § 145 Absatz 3 durch Rechtsverordnung festgelegten Höchstbetrag überschreitet.

(3) Die Aufsichtsbehörde kann verlangen, dass ihr

1. ein Plan zur Sicherstellung angemessener Zuführungen zur Rückstellung für Beitragsrückerstattung (Zuführungsplan) vorgelegt wird, wenn die Zuführung zur Rückstellung nicht den Mindestanforderungen der Rechtsverordnung nach § 145 Absatz 2 entspricht, oder
2. ein Plan zur angemessenen Verwendung der Mittel in der Rückstellung für Beitragsrückerstattung (Ausschüttungsplan) vorgelegt wird, wenn der ungebundene Teil der Rückstellung den Höchstbetrag der Rechtsverordnung nach § 145 Absatz 3 überschreitet.

(4) Lebensversicherungsunternehmen können innerhalb der Rückstellung für Beitragsrückerstattung einen kollektiven Teil oder mehrere kollektive Teile einrichten, der beziehungsweise die den überschussberechtigten Verträgen insgesamt zugeordnet ist beziehungsweise sind.

[1)] Nr. **6**.

§ 141 Verantwortlicher Aktuar in der Lebensversicherung. (1) [1] Jedes Lebensversicherungsunternehmen hat einen Verantwortlichen Aktuar zu bestellen. [2] Er muss zuverlässig und fachlich geeignet sein. [3] Fachliche Eignung setzt ausreichende Kenntnisse in der Versicherungsmathematik und Berufserfahrung voraus. [4] Eine ausreichende Berufserfahrung ist regelmäßig anzunehmen, wenn eine mindestens dreijährige Tätigkeit als Versicherungsmathematiker nachgewiesen wird.

(2) [1] Der in Aussicht genommene Verantwortliche Aktuar muss vor Bestellung der Aufsichtsbehörde unter Angabe der Tatsachen, die für die Beurteilung seiner Zuverlässigkeit und fachlichen Eignung gemäß Absatz 1 wesentlich sind, benannt werden. [2] Wenn Tatsachen vorliegen, aus denen sich ergibt, dass der in Aussicht genommene Verantwortliche Aktuar nicht zuverlässig oder nicht fachlich geeignet ist, so kann die Aufsichtsbehörde verlangen, dass eine andere Person benannt wird. [3] Werden nach der Bestellung Umstände bekannt, die einer Bestellung entgegengestanden hätten oder erfüllt der Verantwortliche Aktuar die ihm nach diesem Gesetz obliegenden Aufgaben nicht ordnungsgemäß, so kann die Aufsichtsbehörde verlangen, dass ein anderer Verantwortlicher Aktuar bestellt wird. [4] Erfüllt in den Fällen der Sätze 2 und 3 auch der in Aussicht genommene oder der neue Verantwortliche Aktuar die Voraussetzungen nicht oder unterbleibt eine neue Bestellung, so kann die Aufsichtsbehörde den Verantwortlichen Aktuar bestellen. [5] Das Ausscheiden des Verantwortlichen Aktuars ist der Aufsichtsbehörde unverzüglich mitzuteilen. [6] Ist die Kündigung des mit dem Verantwortlichen Aktuar geschlossenen Vertrags oder dessen einvernehmliche Aufhebung beabsichtigt, so hat das in Absatz 3 genannte Organ dies der Aufsichtsbehörde vorab unter Darlegung der Gründe mitzuteilen.

(3) Der Verantwortliche Aktuar wird vom Aufsichtsrat oder, wenn ein solcher nicht vorhanden ist, von dem entsprechenden obersten Organ bestellt oder entlassen.

(4) [1] Der Verantwortliche Aktuar hat an der Sitzung des Aufsichtsrats über die Feststellung des Jahresabschlusses teilzunehmen und über die wesentlichen Ergebnisse seines Erläuterungsberichts zur versicherungsmathematischen Bestätigung zu berichten. [2] Der Aufsichtsrat hat in seinem Bericht an die Hauptversammlung zu dem Erläuterungsbericht des Verantwortlichen Aktuars Stellung zu nehmen.

(5) [1] Der Verantwortliche Aktuar

1. hat sicherzustellen, dass bei der Berechnung der Prämien und der Deckungsrückstellungen die Grundsätze des § 138 und des § 341f des Handelsgesetzbuchs[1)] sowie die Grundsätze der auf Grund des § 88 Absatz 3 erlassenen Rechtsverordnung eingehalten werden; dabei muss er die Finanzlage des Unternehmens insbesondere daraufhin überprüfen, ob die dauernde Erfüllbarkeit der sich aus den Versicherungsverträgen ergebenden Verpflichtungen jederzeit gewährleistet ist;
2. hat unter der Bilanz zu bestätigen, dass die Deckungsrückstellung nach § 341f des Handelsgesetzbuchs[1)] sowie der auf Grund des § 88 Absatz 3 erlassenen Rechtsverordnung gebildet ist (versicherungsmathematische Bestätigung); § 341k des Handelsgesetzbuchs[1)] über die Prüfung bleibt unberührt; in einem Bericht an den Vorstand des Unternehmens hat er zu erläutern,

[1)] Nr. **16**.

welche Kalkulationsansätze und weiteren Annahmen der Bestätigung zugrunde liegen;

3. hat, sobald er bei der Erfüllung der ihm obliegenden Aufgaben erkennt, dass er möglicherweise die Bestätigung gemäß Nummer 2 nicht oder nur mit Einschränkungen wird abgeben können, den Vorstand und, wenn dieser der Beanstandung nicht unverzüglich abhilft, sofort die Aufsichtsbehörde zu unterrichten; stellt er bei der Ausübung seiner Tätigkeit Tatsachen fest, die den Bestand des Unternehmens gefährden oder dessen Entwicklung wesentlich beeinträchtigen können, hat er den Vorstand und die Aufsichtsbehörde unverzüglich zu unterrichten und
4. hat für die Versicherungsverträge mit Anspruch auf Überschussbeteiligung dem Vorstand Vorschläge für eine angemessene Beteiligung am Überschuss vorzulegen; dabei hat er die dauernde Erfüllbarkeit der sich aus den Versicherungsverträgen ergebenden Verpflichtungen des Unternehmens zu berücksichtigen; in einem Bericht an den Vorstand des Unternehmens hat er zu erläutern, aus welchen Tatsachen und Annahmen sich die Angemessenheit seines Vorschlags ergibt.

[2] Für den Verantwortlichen Aktuar entfallen die Pflichten nach Satz 1 Nummer 2, wenn das Lebensversicherungsunternehmen ein kleinerer Verein im Sinne des § 210 ist.

(6) Der Vorstand des Unternehmens ist verpflichtet,

1. dem Verantwortlichen Aktuar sämtliche Informationen zugänglich zu machen, die zur ordnungsgemäßen Erledigung seiner Aufgaben gemäß Absatz 5 erforderlich sind,
2. der Aufsichtsbehörde den Erläuterungsbericht zur versicherungsmathematischen Bestätigung gemäß Absatz 5 Nummer 2 sowie den Angemessenheitsbericht nach Absatz 5 Nummer 4 vorzulegen und
3. der Aufsichtsbehörde den Vorschlag des Verantwortlichen Aktuars gemäß Absatz 5 Nummer 4 unverzüglich vorzulegen und mitzuteilen, wenn er beabsichtigt, eine vom Vorschlag des Verantwortlichen Aktuars abweichende Überschussbeteiligung festzusetzen; die Gründe für die Abweichung sind der Aufsichtsbehörde schriftlich oder elektronisch mitzuteilen.

§ 142 Treuhänder in der Lebensversicherung. [1] Soweit bei den nach dem 28. Juli 1994 geschlossenen Lebensversicherungsverträgen die Prämien mit Wirkung für bestehende Versicherungsverträge geändert werden können, dürfen entsprechende Änderungen erst in Kraft gesetzt werden, nachdem ihnen ein unabhängiger Treuhänder zugestimmt hat. [2] Für den Treuhänder gilt § 157 Absatz 1 und 2 entsprechend. [3] Die Mitwirkung des Treuhänders entfällt, wenn Änderungen nach Satz 1 der Genehmigung der Aufsichtsbehörde bedürfen.

§ 143 Besondere Anzeigepflichten in der Lebensversicherung. Nach Erteilung der Erlaubnis zum Betrieb der Lebensversicherung hat das Unternehmen unverzüglich der Aufsichtsbehörde die Grundsätze für die Berechnung der Prämien und Deckungsrückstellungen einschließlich der verwendeten Rechnungsgrundlagen, mathematischen Formeln, kalkulatorischen Herleitungen und statistischen Nachweise unter deren Beifügung anzuzeigen; dies gilt entsprechend bei der Verwendung neuer oder geänderter Grundsätze.

§ 144 Information bei betrieblicher Altersversorgung. (1) Soweit Lebensversicherungsunternehmen Leistungen der betrieblichen Altersversorgung erbringen, gelten für die Information der Versorgungsanwärter und Versorgungsempfänger die §§ 234k bis 234p und 235a entsprechend.

(2) Auf Versicherungsgeschäfte in anderen Mitglied- oder Vertragsstaaten ist Absatz 1 anzuwenden, wenn den Versicherungsverträgen deutsches Recht zugrunde liegt.

§ 145 Verordnungsermächtigung. (1) Das Bundesministerium der Finanzen kann durch Rechtsverordnung nähere Einzelheiten festlegen bezüglich

1. der in das Verfahren gemäß § 139 Absatz 3 einzubeziehenden festverzinslichen Anlagen und Zinsabsicherungsgeschäfte;
2. der Festlegung des maßgeblichen Euro-Zinsswapsatzes gemäß § 139 Absatz 4 Satz 1;
3. der Methode zur Bewertung der Zinssatzverpflichtung eines Versicherungsvertrags gemäß § 139 Absatz 4 Satz 2.

(2) [1] Das Bundesministerium der Finanzen wird ermächtigt, durch Rechtsverordnung zur Wahrung der Belange der Versicherten unter Berücksichtigung der Marktverhältnisse und des Solvabilitätsbedarfs der Lebensversicherungsunternehmen zu § 140 Absatz 2 Vorschriften zu erlassen über die Zuführung zur Rückstellung für Beitragsrückerstattung, insbesondere über die Mindestzuführung in Abhängigkeit von den Kapitalerträgen, dem Risikoergebnis und den übrigen Ergebnissen. [2] Dabei ist zu regeln, ob und wie weit negative Erträge und Ergebnisse mit positiven Erträgen und Ergebnissen verrechnet werden dürfen. [3] Für Versicherungsverhältnisse, denen genehmigte Geschäftspläne zugrunde liegen, ist die Mindestzuführung gesondert zu ermitteln. [4] Wird ein kollektiver Teil der Rückstellung für Beitragsrückerstattung im Sinne des § 140 Absatz 4 eingerichtet, ist auch für diesen die Mindestzuführung gesondert zu ermitteln.

(3) Das Bundesministerium der Finanzen wird ermächtigt, durch Rechtsverordnung einen Höchstbetrag des ungebundenen Teils der Rückstellung für Beitragsrückerstattung festzulegen.

(4) Das Bundesministerium der Finanzen wird ermächtigt, durch Rechtsverordnung den Wortlaut der versicherungsmathematischen Bestätigung und nähere Einzelheiten zum Inhalt und Umfang sowie zur Vorlagefrist des Erläuterungsberichts gemäß § 141 Absatz 5 Satz 1 Nummer 2 sowie nähere Einzelheiten zum Inhalt und Umfang und zur Vorlagefrist des Berichts gemäß § 141 Absatz 5 Satz 1 Nummer 4 festzulegen.

(5) [1] Die Ermächtigungen in den Absätzen 1 bis 4 können durch Rechtsverordnung auf die Bundesanstalt übertragen werden. [2] Rechtsverordnungen nach den Absätzen 1 bis 4 und Satz 1 bedürfen nicht der Zustimmung des Bundesrates.

(6) [1] Das Bundesministerium der Finanzen wird ermächtigt, durch Rechtsverordnung mit Zustimmung des Bundesrates zur Wahrung der Belange der Versicherten nähere Einzelheiten zur Ausgestaltung der kollektiven Teile der Rückstellung für Beitragsrückerstattung zu regeln, insbesondere zur Begrenzung der kollektiven Teile sowie zu Zuführungen zu und Rückführungen aus den kollektiven Teilen an die nichtkollektiven Teile der Rückstellung für Beitragsrückerstattung festzulegen. [2] Das Bundesministerium der Finanzen kann

die Ermächtigung durch Rechtsverordnung mit Zustimmung des Bundesrates auf die Bundesanstalt übertragen. [3]Die Bundesanstalt erlässt die Rechtsverordnung ohne Zustimmung des Bundesrates im Einvernehmen mit den Aufsichtsbehörden der Länder.

Abschnitt 2. Krankenversicherung

§ 146 Substitutive Krankenversicherung. (1) Soweit die Krankenversicherung ganz oder teilweise den im gesetzlichen Sozialversicherungssystem vorgesehenen Kranken- oder Pflegeversicherungsschutz ersetzen kann (substitutive Krankenversicherung), darf sie im Inland vorbehaltlich des Absatzes 3 nur nach Art der Lebensversicherung betrieben werden, wobei

1. die Prämien auf versicherungsmathematischer Grundlage unter Zugrundelegung von Wahrscheinlichkeitstafeln und anderen einschlägigen statistischen Daten zu berechnen sind, insbesondere unter Berücksichtigung der maßgeblichen Annahmen zur Invaliditäts- und Krankheitsgefahr, zur Sterblichkeit, zur Alters- und Geschlechtsabhängigkeit des Risikos und zur Stornowahrscheinlichkeit sowie unter Berücksichtigung von Sicherheits- und sonstigen Zuschlägen sowie eines Rechnungszinses,
2. die Alterungsrückstellung nach § 341f des Handelsgesetzbuchs[1)] zu bilden ist,
3. in dem Versicherungsvertrag das ordentliche Kündigungsrecht des Versicherungsunternehmens ausgeschlossen sein muss, in der Krankentagegeldversicherung spätestens ab dem vierten Versicherungsjahr, sowie eine Erhöhung der Prämien vorbehalten sein muss,
4. dem Versicherungsnehmer in dem Versicherungsvertrag das Recht auf Vertragsänderungen durch Wechsel in andere Tarife mit gleichartigem Versicherungsschutz unter Anrechnung der aus der Vertragslaufzeit erworbenen Rechte und der Alterungsrückstellung einzuräumen ist,
5. in dem Versicherungsvertrag die Mitgabe des Übertragungswerts desjenigen Teils der Versicherung, dessen Leistungen dem Basistarif im Sinne des § 152 Absatz 1 entsprechen, bei Wechsel des Versicherungsnehmers zu einem anderen privaten Krankenversicherungsunternehmen vorzusehen ist; dies gilt nicht für vor dem 1. Januar 2009 abgeschlossene Verträge und
6. dem Interessenten vor Abschluss des Vertrags ein amtliches Informationsblatt der Bundesanstalt auszuhändigen ist, welches über die verschiedenen Prinzipien der gesetzlichen sowie der privaten Krankenversicherung aufklärt; der Empfang des Informationsblattes ist von dem Interessenten zu bestätigen.

(2) [1]Auf die substitutive Krankenversicherung ist § 138 Absatz 2 entsprechend anzuwenden. [2]Die Prämien für das Neugeschäft dürfen nicht niedriger sein als die Prämien, die sich im Altbestand für gleichaltrige Versicherte ohne Berücksichtigung ihrer Alterungsrückstellung ergeben würden. [3]Satz 2 gilt nicht für einen Prämienunterschied, der sich daraus ergibt, dass die Prämien für das Neugeschäft geschlechtsunabhängig berechnet wurden.

(3) Substitutive Krankenversicherungen mit befristeten Vertragslaufzeiten nach § 195 Absatz 2 und 3 des Versicherungsvertragsgesetzes[2)] sowie Krankentagegeldversicherungen nach Vollendung des 65. Lebensjahres des Versicherten

[1)] Nr. **16**.
[2)] Nr. **6**.

nach § 196 des Versicherungsvertragsgesetzes können ohne Alterungsrückstellung kalkuliert werden.

§ 147 Sonstige Krankenversicherung. Sofern die nicht-substitutive Krankenversicherung nach Art der Lebensversicherung betrieben wird, sind § 146 Absatz 1 Nummer 1 bis 4 und Absatz 2 sowie § 156 entsprechend anzuwenden.

§ 148 Pflegeversicherung. [1] Vorbehaltlich der §§ 110 und 111 des Elften Buches Sozialgesetzbuch sind § 146 Absatz 1 Nummer 1 bis 4 und Absatz 2 sowie die §§ 155 bis 157 und 160 auf die private Pflege-Pflichtversicherung und die geförderte Pflegevorsorge entsprechend anzuwenden. [2] In Versicherungsverträgen zur privaten Pflege-Pflichtversicherung ist die Mitgabe des Übertragungswerts bei Wechsel des Versicherungsnehmers zu einem anderen privaten Krankenversicherungsunternehmen vorzusehen.

§ 149 Prämienzuschlag in der substitutiven Krankenversicherung. [1] In der substitutiven Krankheitskostenversicherung ist spätestens mit Beginn des Kalenderjahres, das auf die Vollendung des 21. Lebensjahres des Versicherten folgt und endend in dem Kalenderjahr, in dem die versicherte Person das 60. Lebensjahr vollendet, für die Versicherten ein Zuschlag von 10 Prozent der jährlichen gezillmerten Bruttoprämie zu erheben. [2] Dieser ist der Alterungsrückstellung nach § 341f Absatz 3 des Handelsgesetzbuchs[1)] jährlich direkt zuzuführen und zur Prämienermäßigung im Alter nach § 150 Absatz 3 zu verwenden. [3] Für Versicherungen mit befristeten Vertragslaufzeiten nach § 195 Absatz 2 und 3 des Versicherungsvertragsgesetzes[2)] sowie bei Tarifen, die regelmäßig spätestens mit Erreichen der gesetzlichen Altersgrenze enden, sowie für den Notlagentarif nach § 153 gelten die Sätze 1 und 2 nicht.

§ 150 Gutschrift zur Alterungsrückstellung; Direktgutschrift.

(1) [1] Das Versicherungsunternehmen hat den Versicherten in der nach Art der Lebensversicherung betriebenen Krankheitskosten- und freiwilligen Pflegekrankenversicherung (Pflegekosten- und Pflegetagegeldversicherung) jährlich Zinserträge gutzuschreiben, die auf die Summe der jeweiligen zum Ende des vorherigen Geschäftsjahres vorhandenen positiven Alterungsrückstellung der betroffenen Versicherungen entfallen. [2] Diese Gutschrift beträgt 90 Prozent der durchschnittlichen, über die rechnungsmäßige Verzinsung hinausgehenden Kapitalerträge (Überzins).

(2) [1] Den Versicherten, die den Beitragszuschlag nach § 149 geleistet haben, ist bis zum Ende des Geschäftsjahres, in dem sie das 65. Lebensjahr vollenden, von dem nach Absatz 1 ermittelten Betrag der Anteil, der auf den Teil der Alterungsrückstellung entfällt, der aus diesem Beitragszuschlag entstanden ist, jährlich in voller Höhe direkt gutzuschreiben. [2] Der Alterungsrückstellung aller Versicherten sind von dem verbleibenden Betrag jährlich 50 Prozent direkt gutzuschreiben. [3] Der Prozentsatz nach Satz 2 erhöht sich ab dem Geschäftsjahr des Versicherungsunternehmens, das im Jahr 2001 beginnt, jährlich um 2 Prozent, bis er 100 Prozent erreicht hat.

---

1) Nr. **16**.
2) Nr. **6**.

(3) [1]Die Beträge nach Absatz 2 sind ab der Vollendung des 65. Lebensjahres des Versicherten zur zeitlich unbefristeten Finanzierung der Mehrprämien aus Prämienerhöhungen oder eines Teils der Mehrprämien zu verwenden, soweit die vorhandenen Mittel für eine vollständige Finanzierung der Mehrprämien nicht ausreichen. [2]Nicht verbrauchte Beträge sind mit der Vollendung des 80. Lebensjahres des Versicherten zur Prämiensenkung einzusetzen. [3]Zuschreibungen nach diesem Zeitpunkt sind zur sofortigen Prämiensenkung einzusetzen. [4]In der freiwilligen Pflegetagegeldversicherung können die Versicherungsbedingungen vorsehen, dass anstelle einer Prämienermäßigung eine entsprechende Leistungserhöhung vorgenommen wird.

(4) [1]Der Teil der nach Absatz 1 ermittelten Zinserträge, der nach Abzug der nach Absatz 2 verwendeten Beträge verbleibt, ist für die Versicherten, die am Bilanzstichtag das 65. Lebensjahr vollendet haben, für eine erfolgsunabhängige Beitragsrückerstattung festzulegen und innerhalb von drei Jahren zur Vermeidung oder Begrenzung von Prämienerhöhungen oder zur Prämienermäßigung zu verwenden. [2]Die Prämienermäßigung nach Satz 1 kann so weit beschränkt werden, dass die Prämie des Versicherten nicht unter die des ursprünglichen Eintrittsalters sinkt; der nicht verbrauchte Teil der Gutschrift ist dann zusätzlich gemäß Absatz 2 gutzuschreiben.

§ 151 Überschussbeteiligung der Versicherten. (1) § 139 Absatz 1 und 2 Satz 1 und 2 sowie § 140 Absatz 1 mit Ausnahme von § 140 Absatz 1 Satz 2 Nummer 2 und 3 sind auf Krankenversicherungsverträge, die eine erfolgsabhängige Beitragsrückerstattung der Versicherten vorsehen, entsprechend anzuwenden.

(2) [1]In der nach Art der Lebensversicherung betriebenen Krankenversicherung liegt ein die Belange der Versicherten gefährdender Missstand auch dann vor, wenn keine angemessene Zuführung zur Rückstellung für erfolgsabhängige Beitragsrückerstattung erfolgt. [2]Das ist, soweit nicht eine Überschussbeteiligung nach der Art des Geschäfts ausscheidet, insbesondere dann anzunehmen, wenn die Zuführung zur Rückstellung für erfolgsabhängige Beitragsrückerstattung eines Krankenversicherungsunternehmens nicht dem in der Rechtsverordnung nach § 160 Satz 1 Nummer 6 festgelegten Zuführungssatz entspricht.

(3) Die Aufsichtsbehörde kann verlangen, dass ihr ein Plan zur Sicherstellung angemessener Zuführungen zur Rückstellung für erfolgsabhängige Beitragsrückerstattung (Zuführungsplan) vorgelegt wird, wenn die Zuführung zur Rückstellung nicht den Mindestanforderungen der Rechtsverordnung nach § 160 Satz 1 Nummer 6 entspricht.

§ 152 Basistarif. (1) [1]Versicherungsunternehmen mit Sitz im Inland, die die substitutive Krankenversicherung betreiben, haben einen branchenweit einheitlichen Basistarif anzubieten, dessen Vertragsleistungen in Art, Umfang und Höhe jeweils den Leistungen nach dem Dritten Kapitel des Fünften Buches Sozialgesetzbuch, auf die ein Anspruch besteht, vergleichbar sind. [2]Der Basistarif muss jeweils eine Variante vorsehen für

1. Kinder und Jugendliche; bei dieser Variante werden bis zur Vollendung des 21. Lebensjahres keine Alterungsrückstellungen gebildet und
2. Personen, die nach beamtenrechtlichen Vorschriften oder Grundsätzen bei Krankheit Anspruch auf Beihilfe haben sowie für deren berücksichtigungs-

fähige Angehörige; bei dieser Variante sind die Vertragsleistungen auf die Ergänzung der Beihilfe beschränkt.

[3] Den Versicherten muss die Möglichkeit eingeräumt werden, Selbstbehalte von 300, 600, 900 oder 1 200 Euro zu vereinbaren und die Änderung der Selbstbehaltsstufe zum Ende des vertraglich vereinbarten Zeitraums mit einer Frist von drei Monaten zu verlangen. [4] Die vertragliche Mindestbindungsfrist für Verträge mit Selbstbehalt im Basistarif beträgt drei Jahre; führt der vereinbarte Selbstbehalt nicht zu einer angemessenen Reduzierung der Prämie, kann der Versicherungsnehmer vom Versicherer jederzeit eine Umstellung des Vertrags in den Basistarif ohne Selbstbehalt verlangen; die Umstellung muss innerhalb von drei Monaten erfolgen. [5] Für Beihilfeberechtigte ergeben sich die möglichen Selbstbehalte aus der Anwendung des durch den Beihilfesatz nicht gedeckten Prozentsatzes auf die Werte 300, 600, 900 oder 1 200 Euro. [6] Der Abschluss ergänzender Krankheitskostenversicherungen ist zulässig.

(2) [1] Der Versicherer ist verpflichtet, folgenden Personen eine Versicherung im Basistarif zu gewähren:

1. allen freiwillig in der gesetzlichen Krankenversicherung Versicherten innerhalb von sechs Monaten nach Beginn der im Fünften Buch Sozialgesetzbuch vorgesehenen Wechselmöglichkeit im Rahmen ihres freiwilligen Versicherungsverhältnisses,
2. allen Personen mit Wohnsitz in Deutschland, die nicht in der gesetzlichen Krankenversicherung versicherungspflichtig sind, nicht zum Personenkreis nach Nummer 1 oder § 193 Absatz 3 Satz 2 Nummer 3 und 4 des Versicherungsvertragsgesetzes[1)] gehören und die nicht bereits eine private Krankheitskostenversicherung mit einem in Deutschland zum Geschäftsbetrieb zugelassenen Versicherungsunternehmen vereinbart haben, die der Pflicht nach § 193 Absatz 3 des Versicherungsvertragsgesetzes genügt,
3. allen Personen, die beihilfeberechtigt sind oder vergleichbare Ansprüche haben, soweit sie zur Erfüllung der Pflicht nach § 193 Absatz 3 Satz 1 des Versicherungsvertragsgesetzes ergänzenden Versicherungsschutz benötigen, sowie
4. allen Personen mit Wohnsitz in Deutschland, die eine private Krankheitskostenversicherung mit einem in Deutschland zum Geschäftsbetrieb zugelassenen Versicherungsunternehmen vereinbart haben und deren Vertrag nach dem 31. Dezember 2008 abgeschlossen wurde.

[2] Ist der private Krankheitskostenversicherungsvertrag vor dem 1. Januar 2009 abgeschlossen, kann bei Wechsel oder Kündigung des Vertrags der Abschluss eines Vertrags im Basistarif beim eigenen oder bei einem anderen Versicherungsunternehmen unter Mitnahme der Alterungsrückstellungen gemäß § 204 Absatz 1 des Versicherungsvertragsgesetzes nicht verlangt werden. [3] Der Antrag nach Satz 1 muss bereits dann angenommen werden, wenn bei einer Kündigung eines Vertrags bei einem anderen Versicherer die Kündigung nach § 205 Absatz 1 Satz 1 des Versicherungsvertragsgesetzes noch nicht wirksam geworden ist. [4] Der Antrag darf nur abgelehnt werden, wenn der Antragsteller bereits bei dem Versicherer versichert war und der Versicherer

[1)] Nr. **6**.

1. den Versicherungsvertrag wegen Drohung oder arglistiger Täuschung angefochten hat oder
2. vom Versicherungsvertrag wegen einer vorsätzlichen Verletzung der vorvertraglichen Anzeigepflicht zurückgetreten ist.

(3) [1] Der Beitrag für den Basistarif ohne Selbstbehalt und in allen Selbstbehaltsstufen darf den Höchstbeitrag der gesetzlichen Krankenversicherung nicht überschreiten. [2] Dieser Höchstbeitrag ergibt sich aus der Multiplikation des allgemeinen Beitragssatzes zuzüglich des durchschnittlichen Zusatzbeitragssatzes nach § 242a Absatz 2 des Fünften Buches Sozialgesetzbuch mit der jeweils geltenden Beitragsbemessungsgrenze in der gesetzlichen Krankenversicherung. [3] Für Personen mit Anspruch auf Beihilfe nach beamtenrechtlichen Grundsätzen gelten die Sätze 1 und 2 mit der Maßgabe, dass an die Stelle des Höchstbeitrags der gesetzlichen Krankenversicherung ein Höchstbeitrag tritt, der dem prozentualen Anteil des die Beihilfe ergänzenden Leistungsanspruchs entspricht.

(4) Besteht Hilfebedürftigkeit im Sinne des Zweiten oder des Zwölften Buches Sozialgesetzbuch oder würde allein durch die Zahlung des Beitrags nach Absatz 3 Satz 1 oder 3 Hilfebedürftigkeit entstehen, vermindert sich der Beitrag für die Dauer der Hilfebedürftigkeit oder für die Zeit, in der Hilfebedürftigkeit entstehen würde, um die Hälfte; die Hilfebedürftigkeit ist vom zuständigen Träger nach dem Zweiten oder dem Zwölften Buch Sozialgesetzbuch auf Antrag des Versicherten zu prüfen und zu bescheinigen.

(5) Die Beiträge für den Basistarif ohne die Kosten für den Versicherungsbetrieb werden auf der Basis gemeinsamer Kalkulationsgrundlagen einheitlich für alle beteiligten Unternehmen ermittelt.

§ 153 Notlagentarif. (1) [1] Nichtzahler nach § 193 Absatz 7 des Versicherungsvertragsgesetzes[1)] bilden einen Tarif im Sinne des § 155 Absatz 3 Satz 1. [2] Der Notlagentarif sieht ausschließlich die Aufwendungserstattung für Leistungen vor, die zur Behandlung von akuten Erkrankungen und Schmerzzuständen sowie bei Schwangerschaft und Mutterschaft erforderlich sind. [3] Abweichend davon sind für versicherte Kinder und Jugendliche zudem insbesondere Aufwendungen für Vorsorgeuntersuchungen zur Früherkennung von Krankheiten nach gesetzlich eingeführten Programmen und für Schutzimpfungen, die die Ständige Impfkommission beim Robert Koch-Institut gemäß § 20 Absatz 2 des Infektionsschutzgesetzes empfiehlt, zu erstatten.

(2) [1] Für alle im Notlagentarif Versicherten ist eine einheitliche Prämie zu kalkulieren, im Übrigen gilt § 146 Absatz 1 Nummer 1 und 2. [2] Für Versicherte, deren Vertrag nur die Erstattung eines Prozentsatzes der entstandenen Aufwendungen vorsieht, gewährt der Notlagentarif Leistungen in Höhe von 20, 30 oder 50 Prozent der versicherten Behandlungskosten. [3] § 152 Absatz 3 ist entsprechend anzuwenden. [4] Die kalkulierten Prämien aus dem Notlagentarif dürfen nicht höher sein, als es zur Deckung der Aufwendungen für Versicherungsfälle aus dem Tarif erforderlich ist. [5] Mehraufwendungen, die zur Gewährleistung der in Satz 3 genannten Begrenzungen entstehen, sind gleichmäßig auf alle Versicherungsnehmer des Versicherers mit einer Versicherung, die eine Pflicht aus § 193 Absatz 3 Satz 1 des Versicherungsvertragsgesetzes

---

1) Nr. **6**.

erfüllt, zu verteilen. [6]Auf die im Notlagentarif zu zahlende Prämie ist die Alterungsrückstellung in der Weise anzurechnen, dass bis zu 25 Prozent der monatlichen Prämie durch Entnahme aus der Alterungsrückstellung geleistet werden.

§ 154 Risikoausgleich. (1) [1]Die Versicherungsunternehmen, die einen Basistarif anbieten, müssen sich zur dauerhaften Erfüllbarkeit der Verpflichtungen aus den Versicherungen am Ausgleich der Versicherungsrisiken im Basistarif beteiligen und dazu ein Ausgleichssystem schaffen und erhalten, dem sie angehören. [2]Das Ausgleichssystem muss einen dauerhaften und wirksamen Ausgleich der unterschiedlichen Belastungen gewährleisten. [3]Mehraufwendungen, die im Basistarif auf Grund von Vorerkrankungen entstehen, sind auf alle im Basistarif Versicherten gleichmäßig zu verteilen; Mehraufwendungen, die zur Gewährleistung der in § 152 Absatz 3 und 4 genannten Begrenzungen entstehen, sind auf alle beteiligten Versicherungsunternehmen so zu verteilen, dass eine gleichmäßige Belastung dieser Unternehmen bewirkt wird.

(2) Die Errichtung, die Ausgestaltung, die Änderung und die Durchführung des Ausgleichs unterliegen der Aufsicht der Bundesanstalt.

§ 155 Prämienänderungen. (1) [1]Bei der nach Art der Lebensversicherung betriebenen Krankenversicherung dürfen Prämienänderungen erst in Kraft gesetzt werden, nachdem ein unabhängiger Treuhänder der Prämienänderung zugestimmt hat. [2]Der Treuhänder hat zu prüfen, ob die Berechnung der Prämien mit den dafür bestehenden Rechtsvorschriften in Einklang steht. [3]Dazu sind ihm sämtliche für die Prüfung der Prämienänderungen erforderlichen technischen Berechnungsgrundlagen einschließlich der hierfür benötigten kalkulatorischen Herleitungen und statistischen Nachweise vorzulegen. [4]In den technischen Berechnungsgrundlagen sind die Grundsätze für die Berechnung der Prämien und Alterungsrückstellung einschließlich der verwendeten Rechnungsgrundlagen und mathematischen Formeln vollständig darzustellen. [5]Die Zustimmung ist zu erteilen, wenn die Voraussetzungen des Satzes 2 erfüllt sind.

(2) [1]Der Zustimmung des Treuhänders bedürfen

1. der Zeitpunkt und die Höhe der Entnahme sowie die Verwendung von Mitteln aus der Rückstellung für erfolgsunabhängige Beitragsrückerstattung, soweit sie nach § 150 Absatz 4 zu verwenden sind, und
2. die Verwendung der Mittel aus der Rückstellung für erfolgsabhängige Beitragsrückerstattung.

[2]Der Treuhänder hat in den Fällen des Satzes 1 Nummer 1 und 2 darauf zu achten, dass die in der Satzung und den Versicherungsbedingungen bestimmten Voraussetzungen erfüllt und die Belange der Versicherten ausreichend gewahrt sind. [3]Bei der Verwendung der Mittel zur Begrenzung von Prämienerhöhungen hat er insbesondere auf die Angemessenheit der Verteilung auf die Versichertenbestände mit einem Prämienzuschlag nach § 149 und ohne einen solchen zu achten sowie dem Gesichtspunkt der Zumutbarkeit der prozentualen und absoluten Prämiensteigerungen für die älteren Versicherten ausreichend Rechnung zu tragen.

(3) [1]Das Versicherungsunternehmen hat für jeden nach Art der Lebensversicherung kalkulierten Tarif zumindest jährlich die erforderlichen mit den kalkulierten Versicherungsleistungen zu vergleichen. [2]Ergibt die der Aufsichtsbehörde und dem Treuhänder vorzulegende Gegenüberstellung für einen Tarif

eine Abweichung von mehr als 10 Prozent, sofern nicht in den allgemeinen Versicherungsbedingungen ein geringerer Prozentsatz vorgesehen ist, hat das Unternehmen alle Prämien dieses Tarifs zu überprüfen und, wenn die Abweichung als nicht nur vorübergehend anzusehen ist, mit Zustimmung des Treuhänders anzupassen. [3] Dabei darf auch ein betragsmäßig festgelegter Selbstbehalt angepasst und ein vereinbarter Prämienzuschlag entsprechend geändert werden, soweit der Vertrag dies vorsieht. [4] Eine Anpassung erfolgt insoweit nicht, als die Versicherungsleistungen zum Zeitpunkt der Erst- oder einer Neukalkulation unzureichend kalkuliert waren und ein ordentlicher und gewissenhafter Aktuar dies insbesondere anhand der zu diesem Zeitpunkt verfügbaren statistischen Kalkulationsgrundlagen hätte erkennen müssen. [5] Ist nach Auffassung des Treuhänders eine Erhöhung oder eine Senkung der Prämien für einen Tarif ganz oder teilweise erforderlich und kann hierüber mit dem Unternehmen eine übereinstimmende Beurteilung nicht erzielt werden, hat der Treuhänder die Aufsichtsbehörde unverzüglich zu unterrichten.

(4) [1] Das Versicherungsunternehmen hat für jeden nach Art der Lebensversicherung kalkulierten Tarif jährlich die erforderlichen mit den kalkulierten Sterbewahrscheinlichkeiten durch Betrachtung von Barwerten zu vergleichen. [2] Ergibt die der Aufsichtsbehörde und dem Treuhänder vorzulegende Gegenüberstellung für einen Tarif eine Abweichung von mehr als 5 Prozent, hat das Unternehmen alle Prämien dieses Tarifs zu überprüfen und mit Zustimmung des Treuhänders anzupassen. [3] Absatz 3 Satz 3 bis 5 ist entsprechend anzuwenden.

§ 156 Verantwortlicher Aktuar in der Krankenversicherung. (1) [1] Versicherungsunternehmen, die die substitutive Krankenversicherung betreiben, haben einen Verantwortlichen Aktuar zu bestellen. [2] § 141 Absatz 1 Satz 2 bis 4 und Absatz 2 und 3 ist entsprechend anzuwenden.

(2) [1] Dem Verantwortlichen Aktuar obliegt es,

1. sicherzustellen, dass bei der Berechnung der Prämien und der versicherungstechnischen Rückstellungen im Sinne der §§ 341e bis 341h des Handelsgesetzbuchs[1)], insbesondere der Alterungsrückstellung, die versicherungsmathematischen Methoden gemäß § 146 Absatz 1 Nummer 1 und 2 eingehalten und dabei die Regelungen der nach § 160 erlassenen Rechtsverordnung beachtet werden; dabei muss er die Finanzlage des Unternehmens insbesondere daraufhin überprüfen, ob die dauernde Erfüllbarkeit der sich aus den Versicherungsverträgen ergebenden Verpflichtungen jederzeit gewährleistet ist und
2. unter der Bilanz zu bestätigen, dass die Alterungsrückstellung nach Nummer 1 berechnet ist (versicherungsmathematische Bestätigung); dies gilt nicht für kleinere Vereine im Sinne des § 210.

[2] § 141 Absatz 5 Satz 1 Nummer 3 und Absatz 6 Nummer 1 ist entsprechend anzuwenden.

§ 157 Treuhänder in der Krankenversicherung. (1) [1] Zum Treuhänder darf nur bestellt werden, wer zuverlässig, fachlich geeignet und von dem Versicherungsunternehmen unabhängig ist, insbesondere keinen Anstellungsvertrag oder sonstigen Dienstvertrag mit dem Versicherungsunternehmen oder

[1)] Nr. **16**.

einem mit diesem verbundenen Unternehmen abgeschlossen hat oder aus einem solchen Vertrag noch Ansprüche gegen das Unternehmen besitzt. [2]Die fachliche Eignung setzt ausreichende Kenntnisse auf dem Gebiet der Prämienkalkulation in der Krankenversicherung voraus. [3]Zum Treuhänder kann grundsätzlich nicht bestellt werden, wer bereits bei zehn Versicherungsunternehmen oder Pensionsfonds als Treuhänder oder Verantwortlicher Aktuar tätig ist. [4]Die Aufsichtsbehörde kann eine höhere Zahl von Mandaten zulassen.

(2) [1]Der in Aussicht genommene Treuhänder muss vor seiner Bestellung der Aufsichtsbehörde unter Angabe der Tatsachen, die für die Beurteilung der Anforderungen gemäß Absatz 1 wesentlich sind, benannt werden. [2]Wenn Tatsachen vorliegen, aus denen sich ergibt, dass der in Aussicht genommene Treuhänder die Anforderungen nach Absatz 1 nicht erfüllt, kann die Aufsichtsbehörde verlangen, dass eine andere Person benannt wird. [3]Werden nach der Bestellung Umstände bekannt, die nach Absatz 1 einer Bestellung entgegenstehen würden oder erfüllt der Treuhänder die ihm nach diesem Gesetz obliegenden Aufgaben nicht ordnungsgemäß, insbesondere bei Zustimmung zu einer den Rechtsvorschriften nicht entsprechenden Prämienänderung, kann die Aufsichtsbehörde verlangen, dass ein anderer Treuhänder bestellt wird. [4]Erfüllt in den Fällen der Sätze 2 und 3 der in Aussicht genommene oder der neue Treuhänder die Voraussetzungen nicht oder unterbleibt eine Bestellung, so kann die Aufsichtsbehörde den Treuhänder selbst bestellen. [5]Das Ausscheiden des Treuhänders ist der Aufsichtsbehörde unverzüglich mitzuteilen.

(3) [1]Auf die Bestellung eines Treuhänders im Fall einer Vertragsanpassung nach § 203 Absatz 3 des Versicherungsvertragsgesetzes[1)] sind Absatz 1 Satz 1, 3 und 4 sowie Absatz 2 entsprechend anzuwenden. [2]Die fachliche Eignung setzt ausreichende Rechtskenntnisse, insbesondere auf dem Gebiet der Krankenversicherung, voraus.

§ 158 Besondere Anzeigepflichten in der Krankenversicherung; Leistungen im Basis- und Notlagentarif. (1) Krankenversicherungsunternehmen haben der Aufsichtsbehörde unverzüglich anzuzeigen:

1. in der Krankenversicherung im Sinne des § 146 Absatz 1 die beabsichtigte Verwendung neuer oder geänderter allgemeiner Versicherungsbedingungen unter deren Beifügung;
2. in der Krankenversicherung im Sinne des § 146 Absatz 1 die beabsichtigte Verwendung neuer oder geänderter Grundsätze im Sinne des § 9 Absatz 4 Nummer 5 unter Beifügung aller dort bezeichneten Unterlagen.

(2) [1]Der Verband der privaten Krankenversicherung wird damit beliehen, Art, Umfang und Höhe der Leistungen im Basistarif nach Maßgabe des § 152 Absatz 1 und im Notlagentarif nach Maßgabe des § 153 Absatz 1 festzulegen. [2]Die Fachaufsicht übt das Bundesministerium der Finanzen aus.

§ 159 Statistische Daten. (1) [1]Die Bundesanstalt veröffentlicht nicht tarifspezifische allgemeine Wahrscheinlichkeitstafeln und andere einschlägige statistische Daten für die Krankenversicherung im Sinne des § 146 Absatz 1. [2]§ 318 Absatz 3 ist entsprechend anzuwenden.

[1)] Nr. **6**.

(2) [1] Erstversicherungsunternehmen mit Sitz im Inland, die die Krankenversicherung betreiben, sind verpflichtet, die für die Veröffentlichung nach Absatz 1 benötigten Daten anhand der Daten ihrer Versicherungsbestände der Bundesanstalt jährlich mitzuteilen. [2] In der in § 160 genannten Rechtsverordnung ist festzulegen, welche Versicherungsbestände und Daten hierbei zu berücksichtigen sind.

(3) Die Bundesanstalt übermittelt die gemäß Absatz 1 veröffentlichten Daten zur Krankenversicherung den Aufsichtsbehörden der Herkunftsstaaten.

§ 160 Verordnungsermächtigung. [1] Das Bundesministerium der Finanzen wird ermächtigt, durch Rechtsverordnung für die nach Art der Lebensversicherung betriebene Krankenversicherung

1. die versicherungsmathematischen Methoden zur Berechnung der Prämien einschließlich der Prämienänderungen und der versicherungstechnischen Rückstellungen im Sinne der §§ 341e bis 341h des Handelsgesetzbuchs[1)], namentlich der Alterungsrückstellung, insbesondere zur Berücksichtigung der maßgeblichen Annahmen zur Invaliditäts- und Krankheitsgefahr, zur Pflegebedürftigkeit, zur Sterblichkeit, zur Alters- und Geschlechtsabhängigkeit des Risikos und zur Stornowahrscheinlichkeit sowie die Höhe des Sicherheitszuschlags und des Zinssatzes und die Grundsätze für die Bemessung und Begrenzung der sonstigen Zuschläge festzulegen;
2. nähere Bestimmungen zur Gleichartigkeit des Versicherungsschutzes sowie zur Anrechnung der erworbenen Rechte und der Alterungsrückstellung bei einem Tarifwechsel gemäß § 146 Absatz 1 Nummer 4 zu erlassen;
3. nähere Bestimmungen zur Berechnung des Übertragungswerts nach § 146 Absatz 1 Nummer 5 und § 148 Satz 2 zu erlassen;
4. nähere Bestimmungen zum Wechsel in den Basistarif gemäß § 152 Absatz 2 und zu einem darauf folgenden Wechsel aus dem Basistarif zu erlassen;
5. festzulegen, wie der Überzins nach § 150 Absatz 1 zu ermitteln, wie die Beträge auf die berechtigten Versicherten gemäß § 150 Absatz 2 und 4 zu verteilen sind und wie die Prämie des ursprünglichen Eintrittsalters ermittelt wird;
6. zur Wahrung der Belange der Versicherten Vorschriften über die Mindestzuführung zur Rückstellung für erfolgsabhängige Beitragsrückerstattung gemäß § 151 Absatz 2 zu erlassen, insbesondere über die Höhe und Berechnung des Zuführungssatzes; als Zuführungssatz getrennt für die Krankenversicherung im Sinne des § 146 Absatz 1 Satz 1, für die private Pflege-Pflichtversicherung im Sinne des § 148 und für die geförderte Pflegevorsorge im Sinne des § 148 ist ein Prozentsatz aus der Summe von Jahresüberschuss und den Aufwendungen für die erfolgsabhängige Beitragsrückerstattung festzulegen; hierbei sind eine Direktgutschrift und ein durchschnittlicher Solvabilitätsbedarf der Krankenversicherungsunternehmen zu berücksichtigen;
7. das Verfahren zur Gegenüberstellung der erforderlichen mit den kalkulierten Versicherungsleistungen und den zuletzt veröffentlichten Sterbewahrscheinlichkeiten nach § 155 Absatz 3 sowie die Frist für die Vorlage der Gegenüberstellung an die Aufsichtsbehörde und den Treuhänder festzulegen.

[1)] Nr. **16**.

[2]Die Ermächtigung kann durch Rechtsverordnung auf die Bundesanstalt übertragen werden. [3]Rechtsverordnungen nach den Sätzen 1 und 2 bedürfen nicht der Zustimmung des Bundesrates; sie sind, mit Ausnahme von Satz 1 Nummer 6, im Einvernehmen mit dem Bundesministerium der Justiz und für Verbraucherschutz zu erlassen.

Abschnitt 3. Sonstige Nichtlebensversicherung

§ 161 Unfallversicherung mit Prämienrückgewähr. (1) Soweit Unfallversicherungsunternehmen Versicherungen mit Rückgewähr der Prämie übernehmen, gelten die §§ 138, 139, 140 Absatz 1, die §§ 141, 142 und 145 Absatz 4 sowie § 336 entsprechend.

(2) Unverzüglich nach Aufnahme des Betriebs der Unfallversicherung mit Prämienrückgewähr hat das Versicherungsunternehmen die Grundsätze für die Berechnung der Prämien und Deckungsrückstellungen einschließlich der verwendeten Rechnungsgrundlagen, mathematischen Formeln, kalkulatorischen Herleitungen und statistischen Nachweise unter deren Beifügung der Aufsichtsbehörde anzuzeigen; dies gilt entsprechend bei der Verwendung neuer oder geänderter Grundsätze.

§ 162 Deckungsrückstellung für Haftpflicht- und Unfall-Renten. Für die Berechnung der Deckungsrückstellung von Renten in der Allgemeinen Haftpflichtversicherung, der Kraftfahrzeug-Haftpflichtversicherung, der Kraftfahrt-Unfallversicherung sowie der Allgemeinen Unfallversicherung ohne Rückgewähr der Prämie sind § 141 Absatz 1 bis 3, 5 und 6 sowie § 145 Absatz 4 entsprechend anzuwenden.

§ 163 Schadenregulierungsbeauftragte in der Kraftfahrzeug-Haftpflichtversicherung. (1) [1]Für die Erlaubnis zur Deckung der in der Anlage 1 Nummer 10 Buchstabe a genannten Risiken hat das Versicherungsunternehmen in allen anderen Mitglied- oder Vertragsstaaten einen Schadenregulierungsbeauftragten zu benennen. [2]Dieser hat im Auftrag des Versicherungsunternehmens Ansprüche auf Ersatz von Personen- und Sachschäden zu bearbeiten und zu regulieren, die wegen eines Unfalls entstanden sind, der sich in einem anderen Mitglied- oder Vertragsstaat als dem Wohnsitzmitgliedstaat des Geschädigten ereignet hat und der durch die Nutzung eines Fahrzeugs verursacht wurde, das in einem Mitglied- oder Vertragsstaat versichert ist und dort seinen gewöhnlichen Standort hat.

(2) Die Bestellung jedes Schadenregulierungsbeauftragten ist der Aufsichtsbehörde unter Beifügung der in § 9 Absatz 4 Nummer 6 genannten Unterlagen unverzüglich anzuzeigen.

(3) [1]Der Schadenregulierungsbeauftragte muss in dem Staat ansässig oder niedergelassen sein, für den er benannt ist. [2]Er kann auf Rechnung eines oder mehrerer Versicherungsunternehmen handeln. [3]Er muss über ausreichende Befugnisse verfügen, um das Versicherungsunternehmen gegenüber Geschädigten zu vertreten und um deren Schadenersatzansprüche in vollem Umfang zu befriedigen. [4]Er muss in der Lage sein, den Fall in der Amtssprache oder den Amtssprachen des Staats zu bearbeiten, für den er benannt ist.

(4) [1]Der Schadenregulierungsbeauftragte trägt im Zusammenhang mit Ansprüchen, die durch ein bei diesem Unternehmen versichertes Fahrzeug verursacht worden sind, alle zu deren Regulierung erforderlichen Informationen

zusammen. [2] Hat sich der Unfall in einem Drittstaat ereignet, gilt dies nur, sofern

1. der Geschädigte seinen Wohnsitz in einem Mitglied- oder Vertragsstaat hat,
2. das Fahrzeug, das den Unfall verursacht hat, seinen gewöhnlichen Standort in einem dieser Staaten hat und
3. das nationale Versicherungsbüro im Sinne des Artikels 1 Nummer 3 der Richtlinie 2009/103/EG des Europäischen Parlaments und des Rates vom 16. September 2009 über die Kraftfahrzeug-Haftpflichtversicherung und die Kontrolle der entsprechenden Versicherungspflicht (ABl. L 263 vom 7.10. 2009, S. 11) des Staats, in dem sich der Unfall ereignet hat, dem System der Grünen Karte beigetreten ist.

[3] In diesem Fall gilt § 3a Absatz 1 Nummer 1 und 2 des Pflichtversicherungsgesetzes[1)] entsprechend.

(5) Die Bestellung eines Schadenregulierungsbeauftragten durch ein ausländisches Versicherungsunternehmen im Inland stellt für sich allein keine Errichtung einer Zweigniederlassung dar; der Schadenregulierungsbeauftragte gilt nicht als Niederlassung.

§ 164 Schadenabwicklung in der Rechtsschutzversicherung. (1) [1] Ein Versicherungsunternehmen, das die Rechtsschutzversicherung zusammen mit anderen Versicherungssparten betreibt, hat die Leistungsbearbeitung in der Rechtsschutzversicherung einem anderen Unternehmen mit einer in § 8 Absatz 2 genannten Rechtsform oder der Rechtsform einer sonstigen Kapitalgesellschaft (Schadenabwicklungsunternehmen) zu übertragen. [2] Die Übertragung gilt als Ausgliederung.

(2) Das Schadenabwicklungsunternehmen darf außer der Rechtsschutzversicherung keine anderen Versicherungsgeschäfte betreiben und in anderen Versicherungssparten keine Leistungsbearbeitung durchführen.

(3) [1] Für die Geschäftsleiter des Schadenabwicklungsunternehmens gilt § 24 Absatz 1 entsprechend. [2] Sie dürfen nicht zugleich für ein Versicherungsunternehmen tätig werden, das außer der Rechtsschutzversicherung andere Versicherungsgeschäfte betreibt. [3] Beschäftigte, die mit der Leistungsbearbeitung betraut sind, dürfen eine vergleichbare Tätigkeit nicht für ein solches Versicherungsunternehmen ausüben.

(4) [1] Die Mitglieder des Vorstands und die Beschäftigten eines unter Absatz 1 fallenden Versicherungsunternehmens dürfen dem Schadenabwicklungsunternehmen keine Weisungen für die Bearbeitung einzelner Versicherungsfälle erteilen. [2] Die Geschäftsleiter und die Beschäftigten des Schadenabwicklungsunternehmens dürfen einem solchen Versicherungsunternehmen keine Angaben machen, die zu Interessenkollisionen zum Nachteil der Versicherten führen können.

(5) Die Absätze 1 bis 4 gelten nicht für die Rechtsschutzversicherung, wenn sich diese auf Streitigkeiten oder Ansprüche bezieht, die aus dem Einsatz von Schiffen auf See entstehen oder mit diesem Einsatz verbunden sind.

[1)] Nr. **11**.

Abschnitt 4. Rückversicherung

§ 165 Rückversicherungsunternehmen in Abwicklung. (1) Auf Rückversicherungsunternehmen, die den Abschluss neuer Rückversicherungsverträge bis zum 10. Dezember 2007 eingestellt haben und ausschließlich ihr Portfolio mit dem Ziel verwalten, ihre Tätigkeit einzustellen, finden die nachstehenden Absätze und die für kleine Versicherungsunternehmen geltenden Vorschriften mit Ausnahme des § 215 Anwendung.

(2) [1] Zu den Vermögensbeständen, die der dauernden Erfüllbarkeit der Verpflichtungen aus den Rückversicherungsverhältnissen dienen, gehören Vermögenswerte in Höhe der versicherungstechnischen Rückstellungen im Sinne der §§ 341e bis 341h des Handelsgesetzbuchs[1)] sowie der aus Rückversicherungsverhältnissen entstandenen Verbindlichkeiten und Rechnungsabgrenzungsposten (qualifiziertes Vermögen). [2] Diese Bestände sind unter Berücksichtigung der Art des betriebenen Versicherungsgeschäfts sowie der Unternehmensstruktur so anzulegen, dass möglichst große Sicherheit und Rentabilität bei jederzeitiger Liquidität des Rückversicherungsunternehmens unter Wahrung angemessener Mischung und Streuung erreicht wird. [3] Dies gilt mit der Maßgabe, dass eine ausreichende Währungskongruenz gewährleistet ist und die Angemessenheit der Mischung und Streuung unter Berücksichtigung der Besonderheiten des jeweiligen Rückversicherungsunternehmens zu bewerten ist. [4] Hierbei sind auch die Kapitalausstattung sowie die gesamte Finanzsituation des Unternehmens und seine Konzernstruktur zu beachten. [5] Anlagen in derivativen Finanzinstrumenten sind zulässig, sofern sie zur Verringerung von Anlagerisiken oder zur Erleichterung der Portfolioverwaltung beitragen.

(3) [1] Bei der Ermittlung der sicherzustellenden Verpflichtungen sind solche Verbindlichkeiten nicht zu berücksichtigen, bei denen die Sicherstellung durch beim Vorversicherer gestellte Bardepots erfolgt. [2] Die Anteile, die auf Retrozessionare und auf zum Geschäftsbetrieb zugelassene Zweckgesellschaften im Sinne des Artikels 13 Nummer 26 der Richtlinie 2009/138/EG entfallen, bleiben außer Betracht. [3] Anteile, die auf Zweckgesellschaften mit Sitz in einem Drittstaat entfallen, bleiben nur dann außer Betracht, wenn die Versicherungs-Zweckgesellschaft im Sitzland entsprechend den Anforderungen der nach Artikel 211 Absatz 2 der Richtlinie 2009/138/EG erlassenen delegierten Rechtsakte zum Geschäftsbetrieb staatlich zugelassen ist und beaufsichtigt wird und über eine vergleichbare Ausstattung mit Kapitalanlagen verfügt.

(4) Gehören Rückversicherungsverhältnisse zu einem selbständigen Bestand eines Rückversicherungsunternehmens in einem Drittstaat, so gelten Absatz 2 sowie § 125 Absatz 1 entsprechend auch für die aus diesen Rückversicherungsverhältnissen entstandenen Vermögensbestände, soweit das ausländische Recht nichts Abweichendes vorschreibt.

§ 166 Bestandsübertragungen; Umwandlungen. (1) [1] Jeder Vertrag, durch den ein Versicherungsbestand eines inländischen Rückversicherungsunternehmens ganz oder teilweise auf ein anderes Versicherungsunternehmen mit Sitz in einem Mitglied- oder Vertragsstaat übertragen werden soll, bedarf der Genehmigung der Bundesanstalt. [2] Der Bestandsübertragungsvertrag bedarf der Schriftform; § 311b Absatz 3 des Bürgerlichen Gesetzbuchs ist nicht anzuwenden. [3] Die Genehmigung wird erteilt, wenn durch eine Bescheinigung

[1)] Nr. **16**.

der zuständigen Behörde des Mitglied- oder Vertragsstaats nachgewiesen ist, dass das übernehmende Unternehmen unter Berücksichtigung der Übertragung über anrechnungsfähige Eigenmittel zur Einhaltung der Solvabilitätskapitalanforderung verfügt. [4]Die Rechte und Pflichten des übertragenden Unternehmens aus den Rückversicherungsverträgen gehen mit der Bestandsübertragung auch im Verhältnis zu den Vorversicherern auf das übernehmende Unternehmen über; § 415 des Bürgerlichen Gesetzbuchs ist nicht anzuwenden. [5]Die Genehmigung der Bestandsübertragung ist im Bundesanzeiger zu veröffentlichen. [6]Sobald die Bestandsübertragung wirksam geworden ist, hat das übernehmende Versicherungsunternehmen unverzüglich die Vorversicherer über die Bestandsübertragung schriftlich zu informieren.

(2) [1]Die vollständige oder teilweise Übertragung eines Versicherungsbestandes durch ein inländisches Rückversicherungsunternehmen auf eine Niederlassung eines Versicherungsunternehmens eines Drittstaats bedarf der Genehmigung durch die Bundesanstalt. [2]Die Genehmigung darf nur erteilt werden, wenn die übernehmende Drittstaatenniederlassung nachweist, dass sie nach der Übertragung über anrechnungsfähige Eigenmittel zur Einhaltung der Solvabilitätskapitalanforderung verfügt. [3]Wird die Kapitalausstattung der Drittstaatenniederlassung von der Aufsichtsbehörde eines anderen Mitglied- oder Vertragsstaats überwacht, hat der Nachweis durch eine Bescheinigung der zuständigen Behörde des anderen Mitglied- oder Vertragsstaats zu erfolgen. [4]Absatz 1 Satz 2, 4 bis 6 ist entsprechend anzuwenden.

(3) [1]Jede Umwandlung eines Rückversicherungsunternehmens nach den §§ 1 und 122a des Umwandlungsgesetzes, bei der Rückversicherungsverträge zu den von der Umwandlung erfassten Vermögensgegenständen gehören, bedarf der Genehmigung der Aufsichtsbehörde. [2]Absatz 1 Satz 3 und 4 ist entsprechend anzuwenden. [3]Die Genehmigung kann auch versagt werden, wenn die Vorschriften über die Umwandlung nicht beachtet worden sind. [4]Die Absicht der Umwandlung eines Rückversicherungsunternehmens nach den §§ 1 und 122a des Umwandlungsgesetzes, soweit sie nicht der Genehmigungspflicht nach Satz 1 unterliegt, ist der Aufsichtsbehörde unverzüglich anzuzeigen.

§ 167 Finanzrückversicherung. (1) [1]Eine Finanzrückversicherung ist eine Rückversicherung, bei der das übernommene wirtschaftliche Gesamtrisiko, das sich aus der Übernahme sowohl eines erheblichen versicherungstechnischen Risikos als auch des Risikos hinsichtlich der Abwicklungsdauer ergibt, die Prämiensumme über die Gesamtlaufzeit des Versicherungsvertrags um einen begrenzten, aber erheblichen Betrag übersteigt (hinreichender Risikotransfer), wenn dabei zumindest

1. Verzinsungsfaktoren (Zeitwert des Geldes) ausdrücklich und in erheblichem Umfang berücksichtigt werden oder
2. durch vertragliche Bestimmungen sichergestellt ist, dass die wirtschaftlichen Ergebnisse zwischen den Vertragsparteien über die Gesamtlaufzeit des Vertrags ausgeglichen werden, um einen gezielten Risikotransfer zu ermöglichen.

[2]Die Vorschriften dieses Gesetzes, die an das Bestehen einer Rückversicherung anknüpfen, finden nur auf Verträge mit hinreichendem Risikotransfer Anwen-

dung; Verträge ohne hinreichenden Risikotransfer gehören vorbehaltlich der Vorschriften über versicherungsfremde Geschäfte zum Geschäftsbetrieb.

(2) Versicherungsunternehmen, die Finanzrückversicherungsverträge schließen oder Finanzrückversicherungsgeschäfte tätigen, müssen sicherstellen, dass sie die aus diesen Verträgen oder Geschäften erwachsenden Risiken angemessen identifizieren, bewerten, überwachen, steuern, kontrollieren und über diese berichten können.

§ 168 Versicherungs-Zweckgesellschaften. (1) [1] Eine Versicherungs-Zweckgesellschaft ist eine Kapitalgesellschaft oder eine Personengesellschaft, die kein bestehendes Versicherungsunternehmen ist und Risiken von Versicherungsunternehmen übernimmt, wobei sie die Schadenrisiken vollständig über die Emission von Schuldtiteln oder einen anderen Finanzierungsmechanismus absichert, bei dem die Rückzahlungsansprüche der Darlehensgeber oder der Finanzierungsmechanismus den Rückversicherungsverpflichtungen der Gesellschaft nachgeordnet sind. [2] Die Laufzeit der Schuldtitel oder des anderen Finanzierungsmechanismus muss derjenigen des Rückversicherungsvertrags mindestens entsprechen. [3] Versicherungs-Zweckgesellschaften mit Sitz oder Hauptverwaltung im Inland bedürfen zur Aufnahme des Geschäftsbetriebs der Erlaubnis der Aufsichtsbehörde.

(2) Für Versicherungs-Zweckgesellschaften gelten die §§ 4, 8 Absatz 3, § 9 Absatz 1, § 10 Absatz 1, die §§ 11, 16, 24, 25, 47 Nummer 1, 2, 5, § 294 Absatz 2 Satz 1, 3 und 4 und Absatz 3, 6 und 7, die §§ 305, 306, 307 und 310 bis 315 mit Ausnahme des § 312 Absatz 1 entsprechend.

(3) [1] Sind die Mittel einer Versicherungs-Zweckgesellschaft nicht ausreichend im Sinne der nach Artikel 211 Absatz 2 der Richtlinie 2009/138/EG erlassenen Durchführungsmaßnahme der Europäischen Kommission, hat die Versicherungs-Zweckgesellschaft auf Verlangen der Aufsichtsbehörde dieser einen Plan zur Wiederherstellung gesunder Finanzverhältnisse zur Genehmigung vorzulegen. [2] Die Aufsichtsbehörde kann die Erlaubnis zum Geschäftsbetrieb widerrufen, wenn die Versicherungs-Zweckgesellschaft außerstande ist, innerhalb einer angemessenen, von der Aufsichtsbehörde gesetzten Frist wieder ausreichende Mittel vorzuweisen.

§ 169 Rückversicherungsunternehmen mit Sitz in einem anderen Mitglied- oder Vertragsstaat. (1) [1] Rückversicherungsunternehmen mit Sitz in einem anderen Mitglied- oder Vertragsstaat, die eine behördliche Zulassung nach den Rechtsvorschriften besitzen, die in dem Herkunftsstaat zur Umsetzung des Artikels 14 der Richtlinie 2009/138/EG erlassen worden sind, dürfen das Rückversicherungsgeschäft im Inland durch eine Niederlassung oder im Dienstleistungsverkehr betreiben. [2] Die Aufsicht mit Ausnahme der Finanzaufsicht obliegt der Bundesanstalt, die hierbei mit der zuständigen Aufsichtsbehörde des Herkunftsstaats zusammenzuarbeiten hat.

(2) [1] Stellt die Bundesanstalt fest, dass ein Rückversicherungsunternehmen im Sinne des Absatzes 1 die für die Ausübung seiner Tätigkeiten zu beachtenden Rechtsvorschriften nicht einhält, so fordert sie das Unternehmen auf, diese Unregelmäßigkeiten abzustellen. [2] Gleichzeitig unterrichtet sie die Aufsichtsbehörde des Herkunftsstaats. [3] Die Bundesanstalt unterrichtet die Aufsichtsbehörde des Herkunftsstaats auch, wenn sie Gründe für die Annahme hat, dass die Tätigkeiten des Rückversicherungsunternehmens zu einer Beeinträchti-

gung seiner finanziellen Solidität führen könnten. [4] Auf Antrag der Aufsichtsbehörde des Herkunftsstaats des Rückversicherungsunternehmens trifft die Bundesanstalt in den in den §§ 133, 134 und 135 geregelten Fällen die dort vorgesehenen Maßnahmen. [5] Die Aufsichtsbehörde des Herkunftsstaats hat die Vermögenswerte zu bezeichnen, die Gegenstand dieser Maßnahme sein sollen.

(3) [1] Verstößt das Rückversicherungsunternehmen trotz der eingeleiteten Maßnahmen nach Absatz 2 auch weiterhin gegen die zu beachtenden Rechtsvorschriften, so kann die Bundesanstalt nach erneuter Unterrichtung der zuständigen Behörde des Herkunftsstaats selbst alle erforderlichen Maßnahmen zur Beseitigung früherer und zur Verhütung künftiger Verstöße ergreifen. [2] Sind hierbei Versuche, Anordnungen mit Zwangsmitteln durchzusetzen oder wegen Zwangsgelds zu vollstrecken, aussichtslos oder erfolglos, kann die Bundesanstalt, wenn andere Maßnahmen nicht zum Ziel führen oder nicht angebracht sind, die weitere Geschäftstätigkeit im Inland ganz oder teilweise untersagen. [3] Darüber hinaus kann die Bundesanstalt gemäß Artikel 19 der Verordnung (EU) Nr. 1094/2010 die Europäische Aufsichtsbehörde für das Versicherungswesen und die betriebliche Altersversorgung mit der Angelegenheit befassen und um Unterstützung bitten.

(4) [1] Für die Aufsicht der Bundesanstalt nach Absatz 1 gelten neben den Absätzen 2 und 3 die §§ 4, 68 Absatz 2 Satz 4, die §§ 298, 299 Nummer 1, die §§ 303, 305 Absatz 1 Nummer 2, Absatz 3 und 5, § 306 Absatz 1 Satz 1 Nummer 1 bis 3, Absatz 2 Satz 1 Nummer 2, Absatz 5 bis 8, § 310 und § 17 des Finanzdienstleistungsaufsichtsgesetzes[1)] entsprechend. [2] § 305 Absatz 1 Nummer 1 findet mit der Maßgabe entsprechende Anwendung, dass an die Stelle der Versicherungsnehmer die Vorversicherer treten.

§ 170 Verordnungsermächtigung. [1] Das Bundesministerium der Finanzen wird ermächtigt, durch Rechtsverordnung Vorschriften zu erlassen

1. über die Ausgestaltung der Pflichten nach § 167 Absatz 2, soweit der Bereich nicht durch delegierte Rechtsakte der Kommission gemäß Artikel 210 Absatz 2 der Richtlinie 2009/138/EG geregelt ist, und
2. für die Finanzrückversicherung im Sinne des § 167 Absatz 1 für Finanzrückversicherungsverträge und Verträge ohne hinreichenden Risikotransfer darüber,
   a) unter welchen Voraussetzungen ein Risikotransfer als hinreichend anzusehen ist,
   b) welche Mindestbestimmungen in jedem Finanzrückversicherungsvertrag enthalten sein müssen und
   c) wie Unternehmen durch geeignete interne Verfahren den Risikotransfer unter einem Vertrag zu ermitteln haben.

[2] Die Ermächtigung kann durch Rechtsverordnung auf die Bundesanstalt übertragen werden. [3] Rechtsverordnungen nach den Sätzen 1 und 2 bedürfen nicht der Zustimmung des Bundesrates.

[1)] Nr. 2.

Kapitel 4. Versicherungsvereine auf Gegenseitigkeit

§ 171 Rechtsfähigkeit. Ein Verein, der die Versicherung seiner Mitglieder nach dem Grundsatz der Gegenseitigkeit betreiben will, wird dadurch rechtsfähig, dass ihm die Aufsichtsbehörde erlaubt, als Versicherungsverein auf Gegenseitigkeit Geschäfte zu betreiben.

§ 172 Anwendung handelsrechtlicher Vorschriften. [1] Soweit dieses Gesetz nichts anderes vorschreibt, gelten die Vorschriften des Ersten und Vierten Buchs des Handelsgesetzbuchs über Kaufleute mit Ausnahme der §§ 1 bis 7 entsprechend auch für Versicherungsvereine auf Gegenseitigkeit. [2] Für die Rechnungslegung gelten die Vorschriften des Zweiten Unterabschnitts des Vierten Abschnitts in Verbindung mit den Vorschriften des Ersten und Zweiten Abschnitts des Dritten Buchs des Handelsgesetzbuchs entsprechend.

§ 173 Satzung. (1) Die Verfassung eines Versicherungsvereins auf Gegenseitigkeit wird durch die Satzung bestimmt, soweit sie nicht auf den folgenden Vorschriften beruht.

(2) Die Satzung muss notariell beurkundet sein.

§ 174 Firma. (1) Die Satzung hat den Namen (die Firma) und den Sitz des Vereins zu bestimmen.

(2) [1] Die Firma soll den Sitz des Vereins erkennen lassen. [2] Auch ist in der Firma oder in einem Zusatz auszudrücken, dass Versicherung auf Gegenseitigkeit betrieben wird.

§ 175 Haftung für Verbindlichkeiten. [1] Für alle Verbindlichkeiten des Vereins haftet den Vereinsgläubigern nur das Vereinsvermögen. [2] Die Mitglieder haften den Vereinsgläubigern nicht.

§ 176 Mitgliedschaft. [1] Die Satzung soll Bestimmungen über den Beginn der Mitgliedschaft enthalten. [2] Mitglied kann nur werden, wer ein Versicherungsverhältnis mit dem Verein begründet. [3] Soweit die Satzung nichts anderes bestimmt, endet die Mitgliedschaft, wenn das Versicherungsverhältnis aufhört.

§ 177 Gleichbehandlung. (1) Mitgliedsbeiträge und Vereinsleistungen an die Mitglieder dürfen bei gleichen Voraussetzungen nur nach gleichen Grundsätzen bemessen sein.

(2) Versicherungsgeschäfte gegen feste Entgelte, ohne dass die Versicherungsnehmer Mitglieder werden, darf der Verein nur betreiben, soweit es die Satzung ausdrücklich gestattet.

§ 178 Gründungsstock. (1) [1] In der Satzung ist vorzusehen, dass ein Gründungsstock gebildet wird, der die Kosten der Vereinserrichtung zu decken sowie als Gewähr- und Betriebsstock zu dienen hat. [2] Die Satzung soll die Bedingungen enthalten, unter denen der Gründungsstock dem Verein zur Verfügung steht und besonders bestimmen, wie der Gründungsstock zu tilgen ist sowie ob und in welchem Umfang die Personen, die ihn zur Verfügung gestellt haben, berechtigt sein sollen, an der Vereinsverwaltung teilzunehmen.

(2) [1] Der Gründungsstock kann nur in gesetzlichen Zahlungsmitteln, in von der Deutschen Bundesbank bestätigten Schecks, durch Gutschrift auf ein Konto im Inland bei der Deutschen Bundesbank oder einem Kreditinstitut des Vereins

oder des Vorstands zu seiner freien Verfügung eingezahlt werden. [2] Forderungen des Vorstands aus diesen Einzahlungen gelten als Forderungen des Vereins. [3] Die Satzung kann statt der Einzahlung die Hingabe eigener Wechsel gestatten.

(3) [1] Den Personen, die den Gründungsstock zur Verfügung gestellt haben, darf kein Kündigungsrecht eingeräumt werden. [2] In der Satzung kann ihnen außer einer Verzinsung aus den Jahreseinnahmen eine Beteiligung an dem Überschuss nach der Jahresbilanz zugesichert werden; die Aufsichtsbehörde entscheidet, welchen Prozentsatz des bar eingezahlten Betrags die Zinsen und die gesamten Bezüge nicht überschreiten dürfen. [3] Der Gründungsstock darf in Anteile zerlegt werden, über die Anteilscheine ausgegeben werden können.

(4) Getilgt werden darf der Gründungsstock nur aus den Jahreseinnahmen und nur so weit, wie die Verlustrücklage nach § 193 angewachsen ist; die Tilgung muss beginnen, sobald die aktivierten Aufwendungen für die Ingangsetzung des Geschäftsbetriebs vollständig abgeschrieben sind.

(5) [1] Die Satzung kann zulassen, dass nach Errichtung des Vereins ein weiterer Gründungsstock gebildet wird, der den Zweck hat, die langfristige Risikotragfähigkeit des Vereins zu gewährleisten. [2] Einzahlungen in den weiteren Gründungsstock und seine Tilgung bedürfen der Zustimmung der Aufsichtsbehörde. [3] Absatz 4 findet keine Anwendung.

§ 179 Beiträge. (1) Die Satzung hat zu bestimmen, ob die Ausgaben durch einmalige oder wiederkehrende Beiträge gedeckt werden sollen, die im Voraus erhoben werden, oder durch Beiträge, die je nach Bedarf umgelegt werden.

(2) Sind Beiträge im Voraus zu erheben, so hat die Satzung ferner zu bestimmen, ob Nachschüsse vorbehalten oder ausgeschlossen sind; sollen sie ausgeschlossen sein, so ist außerdem zu bestimmen, ob die Versicherungsansprüche gekürzt werden dürfen.

(3) [1] Die Satzung kann für Nachschüsse und Umlagen einen Höchstbetrag festsetzen. [2] Eine Beschränkung, derzufolge Nachschüsse oder Umlagen nur ausgeschrieben werden dürfen, um Versicherungsansprüche der Mitglieder zu decken, ist unzulässig.

§ 180 Beitragspflicht ausgeschiedener oder eingetretener Mitglieder. (1) [1] Zu den Nachschüssen oder Umlagen haben auch die im Laufe des Geschäftsjahres ausgeschiedenen oder eingetretenen Mitglieder beizutragen. [2] Die Beitragspflicht bemisst sich danach, wie lange sie in dem Geschäftsjahr dem Verein angehört haben.

(2) Bemisst sich der Nachschuss- oder Umlagebetrag eines Mitglieds nach dem im Voraus erhobenen Beitrag oder der Versicherungssumme, so ist, wenn während des Geschäftsjahres der Beitrag oder die Versicherungssumme herauf- oder herabgesetzt worden ist, der höhere Betrag bei der Berechnung zugrunde zu legen.

(3) Die Absätze 1 und 2 gelten nur, soweit die Satzung nichts anderes bestimmt.

§ 181 Aufrechnungsverbot. Gegen eine Forderung des Vereins aus der Beitragspflicht kann das Mitglied nicht aufrechnen.

§ 182 Ausschreibung von Umlagen und Nachschüssen. (1) Die Satzung soll bestimmen, unter welchen Voraussetzungen Nachschüsse oder Umlagen ausgeschrieben werden dürfen, insbesondere, inwieweit zuvor andere Deckungsmittel wie Gründungsstock oder Rücklagen verwendet werden müssen.

(2) Die Satzung soll ferner bestimmen, wie die Nachschüsse oder Umlagen ausgeschrieben und eingezogen werden.

§ 183 Bekanntmachungen. (1) Die Satzung hat zu bestimmen, wie die Vereinsbekanntmachungen erlassen werden.

(2) Vereinsbekanntmachungen sind im Bundesanzeiger zu veröffentlichen.

§ 184 Organe. Die Satzung hat zu bestimmen, wie ein Vorstand, ein Aufsichtsrat und eine oberste Vertretung (oberstes Organ; Versammlung von Mitgliedern oder von Vertretern der Mitglieder) zu bilden sind.

§ 185 Anmeldung zum Handelsregister. (1) [1] Sämtliche Vorstands- und Aufsichtsratsmitglieder haben den Verein bei dem Gericht, in dessen Bezirk er seinen Sitz hat, zur Eintragung ins Handelsregister anzumelden. [2] In der Anmeldung ist anzugeben, welche Vertretungsbefugnis die Vorstandsmitglieder haben.

(2) Die Aufsichtsbehörde hat dem Registergericht jede Erlaubnis zum Geschäftsbetrieb im Sinne des § 171 mitzuteilen.

§ 186 Unterlagen zur Anmeldung. (1) Der Anmeldung zum Handelsregister sind beizufügen:

1. die Urkunde über die Erlaubnis zum Geschäftsbetrieb,
2. die Satzung,
3. die Urkunden über die Bestellung des Vorstands und des Aufsichtsrats,
4. eine von den Anmeldenden unterschriebene Liste der Mitglieder des Aufsichtsrats, aus welcher Name, Vorname, ausgeübter Beruf und Wohnort der Mitglieder ersichtlich sind,
5. die Urkunden über die Bildung des Gründungsstocks mit einer Erklärung des Vorstands und des Aufsichtsrats, in welchem Umfang und in welcher Weise der Gründungsstock eingezahlt ist und dass der eingezahlte Betrag endgültig zur freien Verfügung des Vorstands steht sowie
6. eine Übersicht darüber, ob die Ausgaben durch im Voraus erhobene oder durch nachträglich umgelegte Beiträge gedeckt werden sollen und, wenn im Voraus Beiträge erhoben werden sollen, ob Nachschüsse vorbehalten oder ausgeschlossen sind, ob die Beitragspflicht beschränkt ist und ob die Versicherungsansprüche gekürzt werden dürfen.

(2) Für die Einreichung von Unterlagen nach diesem Gesetz gilt § 12 Absatz 2 des Handelsgesetzbuchs entsprechend.

§ 187 Eintragung. (1) [1] Bei der Eintragung ins Handelsregister sind anzugeben:

1. die Firma und der Sitz des Vereins,
2. die Versicherungszweige, auf die sich der Betrieb erstrecken soll,
3. die Höhe des Gründungsstocks,
4. der Tag, an dem der Geschäftsbetrieb erlaubt worden ist, und
5. die Vorstandsmitglieder.

[2]Ferner ist einzutragen, welche Vertretungsbefugnis die Vorstandsmitglieder haben.

(2) Bestimmt die Satzung etwas über die Dauer des Vereins, so ist auch das einzutragen.

§ 188 Vorstand. (1) [1]Der Vorstand besteht aus mindestens zwei Personen. [2]Für den Vorstand gelten § 76 Absatz 1, 3 und 4, die §§ 77 bis 87, 88 bis 91 und 93 Absatz 1, 2 und 4 bis 6 sowie § 94 des Aktiengesetzes entsprechend mit der Maßgabe, dass an die Stelle der Beschlüsse der Hauptversammlung die Beschlüsse der obersten Vertretung treten. [3]An die Stelle des § 93 Absatz 3 des Aktiengesetzes tritt die Vorschrift des Absatzes 2.

(2) Die Vorstandsmitglieder sind insbesondere zum Ersatz verpflichtet, wenn entgegen dem Gesetz

1. der Gründungsstock verzinst oder getilgt wird,
2. das Vereinsvermögen verteilt wird,
3. Zahlungen geleistet werden, nachdem die Zahlungsunfähigkeit des Vereins eingetreten ist oder sich seine Überschuldung ergeben hat; dies gilt nicht für Zahlungen, die auch nach diesem Zeitpunkt mit der Sorgfalt eines ordentlichen und gewissenhaften Geschäftsleiters vereinbar sind oder
4. Kredit gewährt wird.

§ 189 Aufsichtsrat. (1) [1]Der Aufsichtsrat besteht aus drei Personen. [2]Die Satzung kann eine bestimmte höhere Zahl festsetzen, die durch drei teilbar sein muss. [3]Die Höchstzahl der Aufsichtsratsmitglieder beträgt 21.

(2) [1]Der Aufsichtsrat setzt sich bei Vereinen, für die nach § 1 Absatz 1 Nummer 4 des Drittelbeteiligungsgesetzes das Drittelbeteiligungsgesetz gilt, zusammen aus Aufsichtsratsmitgliedern, die von der obersten Vertretung gewählt werden, und aus Aufsichtsratsmitgliedern der Arbeitnehmer. [2]Bei den übrigen Vereinen setzt sich der Aufsichtsrat nur aus Aufsichtsratsmitgliedern zusammen, die von der obersten Vertretung gewählt werden.

(3) [1]Für den Aufsichtsrat gelten § 30 Absatz 2 und 3 Satz 1 und 2 erster Halbsatz, § 96 Absatz 4, die §§ 97 bis 100, 101 Absatz 1 und 3, die §§ 102 und 103 Absatz 1 und 3 bis 5 sowie die §§ 104 bis 111, 112 bis 116 des Aktiengesetzes entsprechend. [2]Die dort der Hauptversammlung übertragenen Aufgaben hat hier die oberste Vertretung wahrzunehmen. [3]Das Antragsrecht nach § 98 Absatz 2 Nummer 3 und § 104 Absatz 1 Satz 1 des Aktiengesetzes steht jedem Mitglied der obersten Vertretung zu. [4]Neben § 116 des Aktiengesetzes tritt Absatz 4.

(4) Die Aufsichtsratsmitglieder sind insbesondere zum Ersatz verpflichtet, wenn mit ihrem Wissen und ohne ihr Einschreiten die in § 188 Absatz 2 genannten Handlungen vorgenommen werden.

§ 190 Schadenersatzpflicht. § 117 des Aktiengesetzes gilt entsprechend.

§ 191 Oberste Vertretung. [1]Für die oberste Vertretung gelten entsprechend die für die Hauptversammlung geltenden Vorschriften der §§ 118, 119 Absatz 1 Nummer 1, 2, 4, 6, 8 und 9 sowie Absatz 2, von § 120 Absatz 1 bis 3 und § 121 Absatz 1 bis 4, 5 Satz 1 und Absatz 6, der §§ 122 und 123 Absatz 1, der §§ 124 bis 127, 129 Absatz 1 und 4, des § 130 Absatz 1 Satz 1 und 2 sowie Absatz 2 bis 5, der §§ 131 bis 133 und 134 Absatz 4 sowie der §§ 136, 142 bis

149, 241 bis 253 und 257 bis 261 des Aktiengesetzes. [2] § 256 des Aktiengesetzes gilt entsprechend. [3] Ist die oberste Vertretung die Mitgliederversammlung, so gilt auch § 134 Absatz 3 des Aktiengesetzes entsprechend. [4] Genussrechte im Sinne des § 214 Absatz 2 dürfen nur auf Grund eines Beschlusses der obersten Vertretung gewährt werden. [5] Der Beschluss bedarf einer Mehrheit von drei Vierteln der abgegebenen Stimmen. [6] Die Satzung kann eine andere Mehrheit und weitere Erfordernisse bestimmen.

§ 192 Rechte von Minderheiten. Soweit die Vorschriften des Aktiengesetzes, die nach den §§ 188, 190 und 191 entsprechend gelten, einer Minderheit von Aktionären Rechte gewähren (§ 93 Absatz 4 Satz 3, § 117 Absatz 4, § 120 Absatz 1, §§ 122, 142 Absatz 2 und 4, §§ 147, 258 Absatz 2 Satz 3 sowie § 260 Absatz 1 Satz 1 und Absatz 3 Satz 4 des Aktiengesetzes), hat die Satzung die erforderliche Minderheit der Mitglieder der obersten Vertretung zu bestimmen.

§ 193 Verlustrücklage. Die Satzung hat zu bestimmen, dass zur Deckung eines außergewöhnlichen Verlusts aus dem Geschäftsbetrieb eine Rücklage (Verlustrücklage, Reservefonds) zu bilden ist, welche Beträge jährlich zurückzulegen sind und welchen Mindestbetrag die Rücklage erreichen muss.

§ 194 Überschussverwendung. (1) [1] Ein sich nach der Bilanz ergebender Überschuss wird, soweit er nicht nach der Satzung der Verlustrücklage oder anderen Rücklagen zuzuführen oder zur Verteilung von Vergütungen zu verwenden oder auf das nächste Geschäftsjahr zu übertragen ist, an die in der Satzung bestimmten Mitglieder verteilt. [2] § 214 Absatz 2 bleibt unberührt.

(2) Die Satzung hat zu bestimmen, welcher Maßstab der Verteilung zugrunde zu legen ist und ob der Überschuss nur an die am Schluss des Geschäftsjahres vorhandenen oder auch an ausgeschiedene Mitglieder verteilt werden soll.

§ 195 Änderung der Satzung. (1) Nur die oberste Vertretung kann die Satzung ändern.

(2) Die oberste Vertretung kann das Recht zu Änderungen, die nur die Fassung betreffen, dem Aufsichtsrat übertragen.

(3) Die oberste Vertretung kann den Aufsichtsrat ermächtigen, für den Fall, dass die Aufsichtsbehörde, bevor sie den Änderungsbeschluss genehmigt, Änderungen verlangt, dem zu entsprechen.

(4) [1] Ein Beschluss der obersten Vertretung, wonach ein Versicherungszweig aufgegeben oder ein neuer eingeführt werden soll, bedarf einer Mehrheit von drei Vierteln der abgegebenen Stimmen; die Satzung kann noch anderes fordern. [2] Andere Beschlüsse nach den Absätzen 1 bis 3 bedürfen einer solchen Mehrheit nur, wenn die Satzung nichts anderes vorschreibt.

§ 196 Eintragung der Satzungsänderung. (1) [1] Die Satzungsänderung ist zur Eintragung ins Handelsregister anzumelden. [2] Der Anmeldung ist die Genehmigungsurkunde beizufügen. [3] Es ist ferner der vollständige Wortlaut der Satzung beizufügen; er muss mit der Bescheinigung eines Notars versehen sein, dass die geänderten Bestimmungen der Satzung mit dem Beschluss über die Satzungsänderung und die unveränderten Bestimmungen mit dem zuletzt zum Handelsregister eingereichten vollständigen Wortlaut der Satzung übereinstimmen.

(2) Bei der Eintragung kann auf die dem Gericht eingereichten Urkunden über die Änderung verwiesen werden, es sei denn, die Änderung betrifft die Angaben nach § 187.

(3) Die Änderung wirkt nicht, bevor sie bei dem Gericht, in dessen Bezirk der Verein seinen Sitz hat, ins Handelsregister eingetragen worden ist.

§ 197 Änderung der allgemeinen Versicherungsbedingungen.

(1) § 195 Absatz 1 und 2 gilt vorbehaltlich des Absatzes 2 entsprechend auch für Änderungen der allgemeinen Versicherungsbedingungen.

(2) [1]Die Satzung kann den Vorstand ermächtigen, mit Zustimmung des Aufsichtsrats allgemeine Versicherungsbedingungen einzuführen oder zu ändern. [2]Sind Vorstand und Aufsichtsrat nicht durch Satzung zur Änderung von allgemeinen Versicherungsbedingungen ermächtigt, so kann die oberste Vertretung den Aufsichtsrat ermächtigen, bei dringendem Bedarf die allgemeinen Versicherungsbedingungen vorläufig zu ändern; die Änderungen sind der obersten Vertretung bei ihrem nächsten Zusammentritt vorzulegen und außer Kraft zu setzen, wenn diese es verlangt.

(3) [1]Eine Änderung der Satzung oder der allgemeinen Versicherungsbedingungen berührt ein bestehendes Versicherungsverhältnis nur, wenn der Versicherte der Änderung ausdrücklich zustimmt. [2]Dies gilt nicht für solche Bestimmungen, für die die Satzung ausdrücklich vorsieht, dass sie auch mit Wirkung für die bestehenden Versicherungsverhältnisse geändert werden können.

§ 198 Auflösung des Vereins. Der Verein wird aufgelöst:

1. durch Ablauf der in der Satzung bestimmten Zeit,
2. durch Beschluss der obersten Vertretung,
3. durch die Eröffnung des Insolvenzverfahrens über das Vermögen des Vereins oder
4. mit der Rechtskraft des Beschlusses, durch den die Eröffnung des Insolvenzverfahrens mangels Masse abgelehnt wird.

§ 199 Auflösungsbeschluss. (1) [1]Der Beschluss nach § 198 Nummer 2 bedarf einer Mehrheit von drei Vierteln der abgegebenen Stimmen, wenn die Satzung nichts anderes bestimmt. [2]Mitglieder der obersten Vertretung, die gegen die Auflösung gestimmt haben, können dem Auflösungsbeschluss zur Niederschrift widersprechen.

(2) [1]Der Beschluss bedarf der Genehmigung der Aufsichtsbehörde. [2]Diese hat die Genehmigung dem Registergericht mitzuteilen.

(3) [1]Ist der Verein durch einen Beschluss der obersten Vertretung aufgelöst worden, so erlöschen die Versicherungsverhältnisse zwischen den Mitgliedern und dem Verein mit dem Zeitpunkt, den der Beschluss bestimmt, frühestens jedoch mit dem Ablauf von vier Wochen. [2]Versicherungsansprüche, die bis dahin entstanden sind, können geltend gemacht werden; im Übrigen können aber nur die für künftige Versicherungszeitabschnitte im Voraus gezahlten Beiträge nach Abzug der aufgewandten Kosten zurückgefordert werden. [3]Diese Vorschriften gelten nicht für Lebensversicherungsverhältnisse; diese bleiben unberührt, wenn die Satzung nichts anderes bestimmt.

§ 200 Bestandsübertragung. [1] Verträge, durch die der Versicherungsbestand des Vereins ganz oder teilweise auf ein anderes Unternehmen übertragen werden soll, bedürfen zu ihrer Wirksamkeit der Zustimmung der obersten Vertretung. [2] Der Beschluss bedarf einer Mehrheit von drei Vierteln der abgegebenen Stimmen, wenn die Satzung nichts anderes bestimmt. [3] Mit der Zustimmung ist zugleich über die Höhe einer Abfindung nach § 201 zu beschließen. [4] In dem Beschluss sind die Maßstäbe festzusetzen, nach denen die Abfindung auf die Mitglieder zu verteilen ist.

§ 201 Verlust der Mitgliedschaft. (1) [1] Verliert ein Versicherungsnehmer durch eine Bestandsübertragung ganz oder zum Teil seine Rechte als Vereinsmitglied und wird er nicht Mitglied eines übernehmenden Versicherungsvereins auf Gegenseitigkeit, so steht ihm für diesen Verlust eine angemessene Barabfindung zu. [2] Sie muss die Verhältnisse des Vereins zum Zeitpunkt der Beschlussfassung nach § 200 berücksichtigen.

(2) Der Verein kann beschließen, dass dieser Anspruch auf Mitglieder beschränkt wird, die dem Verein seit mindestens drei Monaten vor dem Beschluss angehören.

(3) [1] Jedes berechtigte Mitglied erhält eine Abfindung in gleicher Höhe. [2] Eine andere Verteilung kann nur nach einem oder mehreren der folgenden Maßstäbe festgesetzt werden:

1. der Höhe der Versicherungssumme,
2. der Höhe der Beiträge,
3. der Höhe der Deckungsrückstellung in der Lebensversicherung,
4. dem in der Satzung des Vereins bestimmten Maßstab für die Verteilung des Überschusses,
5. dem in der Satzung des Vereins bestimmten Maßstab für die Verteilung des Vermögens und
6. der Dauer der Mitgliedschaft.

§ 202 Anmeldung der Auflösung. [1] Der Vorstand hat die Auflösung des Vereins zur Eintragung in das Handelsregister anzumelden. [2] Dies gilt nicht in den Fällen des § 198 Nummer 3 und 4. [3] In diesen Fällen hat das Gericht die Auflösung und ihren Grund von Amts wegen einzutragen; die Geschäftsstelle des Insolvenzgerichts hat dem Registergericht eine beglaubigte Abschrift des Eröffnungsbeschlusses oder eine mit der Bescheinigung der Rechtskraft versehene beglaubigte Abschrift des den Eröffnungsantrag ablehnenden Beschlusses zu übersenden.

§ 203 Abwicklung. (1) Nach der Auflösung des Vereins findet die Abwicklung statt, wenn nicht über sein Vermögen das Insolvenzverfahren eröffnet worden ist.

(2) [1] Während der Abwicklung gelten die gleichen Vorschriften wie vor der Abwicklung, soweit sich aus den folgenden Vorschriften oder aus dem Zweck der Abwicklung nichts anderes ergibt. [2] Insbesondere können Nachschüsse oder Umlagen im Sinne des § 179 ausgeschrieben und eingezogen werden. [3] Neue Versicherungen dürfen nicht mehr übernommen, die bestehenden nicht erhöht oder verlängert werden.

§ 204 Abwicklungsverfahren. (1) [1] Die Abwicklung besorgen die Vorstandsmitglieder als Abwickler, wenn nicht die Satzung oder ein Beschluss der obersten Vertretung andere Personen bestellt. [2] Auch eine juristische Person kann Abwickler sein.

(2) [1] Aus wichtigen Gründen hat das Gericht Abwickler zu bestellen und abzuberufen, wenn es der Aufsichtsrat oder eine in der Satzung zu bestimmende Minderheit von Mitgliedern beantragt. [2] § 402 des Gesetzes über das Verfahren in Familiensachen und in den Angelegenheiten der freiwilligen Gerichtsbarkeit gilt entsprechend. [3] Abwickler, die nicht vom Gericht bestellt sind, kann die oberste Vertretung jederzeit abberufen. [4] Für die Ansprüche aus dem Anstellungsvertrag gelten die allgemeinen Vorschriften.

(3) [1] Im Übrigen gelten für die Abwicklung § 265 Absatz 4, die §§ 266 bis 269, 270 Absatz 1 und 2 Satz 1 und die §§ 272, 273 des Aktiengesetzes entsprechend. [2] Unbeschadet des entsprechend anzuwendenden § 270 Absatz 2 Satz 3 und Absatz 3 des Aktiengesetzes gelten für die Eröffnungsbilanz, den erläuternden Bericht, den Jahresabschluss und den Lagebericht die auf die Aufstellung und Prüfung des Jahresabschlusses und des Lageberichts des Vereins anzuwendenden Vorschriften sowie die §§ 175, 176 des Aktiengesetzes und die §§ 325, 328 des Handelsgesetzbuchs sinngemäß.

§ 205 Tilgung des Gründungsstocks; Vermögensverteilung. (1) [1] Der Gründungsstock darf erst getilgt werden, wenn die Ansprüche sämtlicher anderer Gläubiger, insbesondere die der Mitglieder aus Versicherungsverhältnissen, befriedigt sind oder Sicherheit geleistet ist. [2] Für die Tilgung dürfen keine Nachschüsse oder Umlagen erhoben werden.

(2) [1] Das nach der Berichtigung der Schulden verbleibende Vereinsvermögen wird an die Mitglieder verteilt, die zur Zeit der Auflösung des Vereins vorhanden waren. [2] Es wird nach demselben Maßstab verteilt, nach dem der Überschuss verteilt worden ist.

(3) Über die Verteilung des Vermögens kann die Satzung etwas anderes bestimmen; die Bestimmung anderer Anfallberechtigter kann sie der obersten Vertretung übertragen.

§ 206 Fortsetzung des Vereins. (1) [1] Ist ein Verein durch Zeitablauf oder durch Beschluss der obersten Vertretung aufgelöst worden, so kann die oberste Vertretung, solange noch nicht mit der Verteilung des Vermögens unter die Anfallberechtigten begonnen worden ist, die Fortsetzung des Vereins beschließen. [2] Der Beschluss bedarf einer Mehrheit von drei Vierteln der abgegebenen Stimmen, wenn die Satzung nichts anderes bestimmt. [3] Er bedarf der Genehmigung der Aufsichtsbehörde; diese hat die Genehmigung dem Registergericht mitzuteilen.

(2) Gleiches gilt, wenn der Verein durch die Eröffnung des Insolvenzverfahrens aufgelöst, das Verfahren aber auf Antrag des Vereins eingestellt oder nach der Bestätigung eines Insolvenzplans, der den Fortbestand des Vereins vorsieht, aufgehoben worden ist.

(3) Die Abwickler haben die Fortsetzung des Vereins zur Eintragung in das Handelsregister anzumelden; sie haben bei der Anmeldung nachzuweisen, dass noch nicht mit der Verteilung des Vermögens des Vereins unter die Anfallberechtigten begonnen worden ist.

(4) Der Fortsetzungsbeschluss hat keine Wirkung, bevor er in das Handelsregister des Sitzes des Vereins eingetragen worden ist.

§ 207 Beitragspflicht im Insolvenzverfahren. (1) Soweit Mitglieder oder ausgeschiedene Mitglieder nach dem Gesetz oder der Satzung zu Beiträgen verpflichtet sind, haften sie bei Eröffnung des Insolvenzverfahrens dem Verein gegenüber für seine Schulden.

(2) Mitglieder, die im letzten Jahr vor dem Antrag auf Eröffnung des Insolvenzverfahrens oder nach diesem Antrag ausgeschieden sind, haften für die Schulden des Vereins, als ob sie ihm noch angehörten.

§ 208 Rang der Insolvenzforderungen. (1) [1]Die Ansprüche auf Tilgung des Gründungsstocks stehen allen übrigen Insolvenzforderungen nach. [2]Unter den Insolvenzforderungen werden Ansprüche aus einem Versicherungsverhältnis, die den bei Eröffnung des Insolvenzverfahrens dem Verein angehörenden oder im letzten Jahr vor dem Eröffnungsantrag oder nach diesem Antrag ausgeschiedenen Mitgliedern zustehen, im Rang nach den Ansprüchen der anderen Insolvenzgläubiger befriedigt.

(2) Zur Tilgung des Gründungsstocks dürfen keine Nachschüsse oder Umlagen erhoben werden.

§ 209 Nachschüsse und Umlagen im Insolvenzverfahren. (1) [1]Die Nachschüsse oder Umlagen, die das Insolvenzverfahren erfordert, werden vom Insolvenzverwalter festgestellt und ausgeschrieben. [2]Dieser hat sofort, nachdem die Vermögensübersicht nach § 153 der Insolvenzordnung auf der Geschäftsstelle niedergelegt ist, zu berechnen, wie viel die Mitglieder zur Deckung des aus der Vermögensübersicht ersichtlichen Fehlbetrags nach ihrer Beitragspflicht vorzuschießen haben. [3]Für diese Vorschussberechnung und für Zusatzberechnungen gelten § 106 Absatz 1 Satz 2, Absatz 2 und 3 sowie die §§ 107 bis 113 des Genossenschaftsgesetzes entsprechend.

(2) [1]Alsbald nach Beginn der Schlussverteilung nach § 196 der Insolvenzordnung hat der Insolvenzverwalter zu berechnen, welche Beiträge die Mitglieder endgültig zu leisten haben. [2]Dafür und für das weitere Verfahren gelten § 114 Absatz 2 und die §§ 115, 115a, 115c und 115d Absatz 1 sowie die §§ 115e bis 118 des Genossenschaftsgesetzes entsprechend.

§ 210 Kleinere Vereine. (1) [1]Für Vereine, die bestimmungsgemäß einen sachlich, örtlich oder dem Personenkreis nach eng begrenzten Wirkungskreis haben (kleinere Vereine), gelten von den Vorschriften dieses Kapitels nur die §§ 171 und 172 Satz 2, § 173 Absatz 1, § 174 Absatz 1, die §§ 175, 176 und 177 Absatz 1, die §§ 178 bis 182 und 183 Absatz 1, § 188 Absatz 1 Satz 1, die §§ 193, 194 und 195 Absatz 1 bis 3, die §§ 197, 198 und 199 Absatz 1, 2 Satz 1 und Absatz 3 sowie die §§ 200, 205 und 207 bis 209. [2]Versicherungen gegen festes Entgelt, ohne dass der Versicherungsnehmer Mitglied wird, dürfen nicht übernommen werden.

(2) [1]Soweit sich nach Absatz 1 nichts anderes ergibt, gelten für die kleineren Vereine nur die §§ 24 bis 53 des Bürgerlichen Gesetzbuchs. [2]In den Fällen der §§ 29 und 37 Absatz 2 des Bürgerlichen Gesetzbuchs tritt jedoch an die Stelle des Amtsgerichts die Aufsichtsbehörde. [3]Soll nach der Satzung ein Aufsichtsrat bestellt werden, so gelten dafür § 34 Absatz 1 und 2 Satz 1 und Absatz 6, § 36

Absatz 2 und 3 sowie die §§ 37 bis 40 des Genossenschaftsgesetzes entsprechend.

(3) [1] Die Aufsichtsbehörde kann für die Erlaubnis zum Geschäftsbetrieb und die Geschäftsführung kleinerer Vereine Abweichungen von § 39 Absatz 1 sowie von den §§ 125, 138, 141, 146, 147, 149, 152 und 156 gestatten. [2] Soweit sich die Abweichungen auf die Geschäftsführung beziehen, können sie besonders davon abhängig gemacht werden, dass im Abstand von mehreren Jahren auf Kosten des Vereins der Geschäftsbetrieb und die Vermögenslage durch einen Sachverständigen geprüft werden und der Prüfungsbericht der Aufsichtsbehörde eingereicht wird.

(4) Ob ein Verein ein kleinerer Verein ist, entscheidet die Aufsichtsbehörde.

Kapitel 5. Kleine Versicherungsunternehmen und Sterbekassen

Abschnitt 1. Kleine Versicherungsunternehmen

§ 211 Kleine Versicherungsunternehmen. (1) [1] Kleine Versicherungsunternehmen im Sinne dieses Gesetzes sind Erstversicherungsunternehmen,

1. deren jährlich gebuchte Bruttobeitragseinnahmen den in Artikel 4 Absatz 1 Buchstabe a der Richtlinie 2009/138/EG genannten Betrag nicht überschreiten,
2. deren gesamte versicherungstechnischen Rückstellungen im Sinne des § 75 ohne Abzug der einforderbaren Beträge aus Rückversicherungsverträgen und von Zweckgesellschaften den in Artikel 4 Absatz 1 Buchstabe b der Richtlinie 2009/138/EG genannten Betrag nicht überschreiten,
3. deren Geschäftstätigkeit keine Rückversicherungstätigkeiten einschließt, die
   a) die in Artikel 4 Absatz 1 Buchstabe e der Richtlinie 2009/138/EG genannten Beträge bezogen auf ihre gebuchten Bruttobeitragseinnahmen oder ihre versicherungstechnischen Rückstellungen im Sinne des § 75 ohne Abzug der einforderbaren Beträge aus Rückversicherungsverträgen und von Zweckgesellschaften oder
   b) 10 Prozent ihrer gebuchten Bruttobeitragseinnahmen oder
   c) 10 Prozent ihrer versicherungstechnischen Rückstellungen im Sinne des § 75 ohne Abzug der einforderbaren Beträge aus Rückversicherungsverträgen und von Zweckgesellschaften

   überschreiten,
4. deren Geschäftstätigkeit keine Versicherungstätigkeiten zur Abdeckung von Haftpflicht-, Kredit- und Kautionsversicherungsrisiken einschließt, es sei denn, es handelt sich um zusätzliche Risiken im Sinne des § 10 Absatz 4 Satz 1,
5. die keine grenzüberschreitende Geschäftstätigkeit gemäß den §§ 57 bis 59 ausüben und
6. die keine Pensions- oder Sterbekassen sind.

[2] Sofern das Erstversicherungsunternehmen einer Gruppe angehört, dürfen die gesamten versicherungstechnischen Bruttorückstellungen der Gruppe den in Artikel 4 Absatz 1 Buchstabe c der Richtlinie 2009/138/EG genannten Betrag nicht überschreiten. [3] Wenn eine Erlaubnis zum Geschäftsbetrieb als Erstversicherungsunternehmen beantragt wird, ist Satz 1 Nummer 1 bis 3 nicht

anzuwenden, wenn zu erwarten ist, dass einer der dort genannten Beträge innerhalb der nächsten fünf Jahre überschritten wird.

(2) Wenn ein Erstversicherungsunternehmen die Voraussetzungen des Absatzes 1 erfüllt und die in Absatz 1 festgelegten Summengrenzen in den letzten drei aufeinanderfolgenden Jahren nicht überschritten wurden, stellt die Aufsichtsbehörde von Amts wegen fest, dass es als kleines Versicherungsunternehmen anzusehen ist, es sei denn, in den nächsten fünf Jahren wird voraussichtlich eine dieser Summengrenzen überschritten.

(3) [1] Wird eine der in Absatz 1 genannten Summengrenzen in drei aufeinanderfolgenden Jahren überschritten, hebt die Aufsichtsbehörde die Feststellung auf. [2] Das Erstversicherungsunternehmen gilt ab dem vierten Jahr nicht mehr als kleines Versicherungsunternehmen.

(4) Auf Antrag ist ein Erstversicherungsunternehmen, das nach den Absätzen 1 und 2 als kleines Versicherungsunternehmen anzusehen wäre, nicht als ein solches zu behandeln.

§ 212 Anzuwendende Vorschriften. (1) Für kleine Versicherungsunternehmen gelten die auf Erstversicherungsunternehmen, die keine Sterbekassen oder Pensionskassen sind, anwendbaren Vorschriften dieses Gesetzes, soweit dieses Kapitel keine abweichenden Regelungen enthält.

(2) Für kleine Versicherungsunternehmen gelten nicht:

1. von den Vorschriften über die Geschäftsorganisation § 23 Absatz 1a bis 1c, § 26 Absatz 3, 4 und 6 bis 8, die §§ 27, 28 Absatz 1 und § 29 Absatz 2 bis 4 sowie die §§ 30 und 31,
2. von den Vorschriften über die Abschlussprüfung § 35 Absatz 2 und § 37 Absatz 2,
3. die Vorschriften über den Bericht über Solvabilität und Finanzlage, §§ 40 bis 42,

3a. von den Vorschriften über den Versicherungsvertrieb § 48 Absatz 2a,

4. von den Vorschriften über den Dienstleistungs- und Niederlassungsverkehr die §§ 57 bis 59,
5. von den Vorschriften über die finanzielle Ausstattung die §§ 74 bis 124, 125 Absatz 1 Satz 2 und 3 sowie die §§ 131 und 133,
6. *(aufgehoben)*
7. von den Vorschriften über Aufgaben und allgemeine Vorschriften § 301 und
8. von den Übergangs- und Schlussbestimmungen die §§ 340 bis 352.

(3) Die folgenden Vorschriften gelten mit der allgemeinen Maßgabe, dass an die Stelle der anrechnungsfähigen Basiseigenmittel die Eigenmittel treten, und mit folgenden besonderen Maßgaben:

1. § 9 Absatz 2 Nummer 4 mit der Maßgabe, dass als Bestandteil des Geschäftsplans Angaben über die Eigenmittelbestandteile, die die absolute Grenze der Mindestkapitalanforderung darstellen, einzureichen sind,
2. *(aufgehoben)*
3. § 9 Absatz 4 Nummer 1 Buchstabe a mit der Maßgabe, dass Angaben über Art und Umfang der Geschäftsorganisation nur zu machen sind für die Geschäftsleiter, die Mitglieder des Aufsichtsrats und, falls vorhanden, für den Verantwortlichen Aktuar,

4. § 12 Absatz 1 und 3 mit der Maßgabe, dass die Regelung auf jede Ausdehnung des Geschäftsbetriebs auf ein Gebiet im Ausland anzuwenden ist,
5. § 15 Absatz 1 Satz 3 mit der Maßgabe, dass die Aufnahme von Kapital gegen Gewährung von Genussrechten oder gegen Eingehung von nachrangigen Verbindlichkeiten, die mindestens die Anforderungen an die Qualitätsklasse 2 nach § 92 Absatz 2 erfüllen, nicht als Fremdmittelaufnahme gilt,
6. § 23 Absatz 3 mit der Maßgabe, dass die Leitlinien keine Vorgaben zur internen Revision enthalten müssen,
7. § 24 Absatz 1 Satz 1 mit der Maßgabe, dass sich die Regelung nur auf Geschäftsleiter und Mitglieder des Aufsichtsrats bezieht,
8. § 26 Absatz 1 mit der Maßgabe, dass die Risiken, denen das Unternehmen tatsächlich oder möglicherweise ausgesetzt ist, regelmäßig angemessen zu dokumentieren sind,
9. § 29 Absatz 1 mit der Maßgabe, dass keine Compliance-Funktion vorzuhalten ist,
10. § 47 Nummer 1 und 2 mit der Maßgabe, dass nur die vorgesehene Einsetzung eines Geschäftsleiters oder die Bestellung eines Aufsichtsratsmitglieds und das Ausscheiden oder der Entzug der Befugnis zur Vertretung des Versicherungsunternehmens einer dieser Personen anzuzeigen ist,
11. § 141 Absatz 5 mit der Maßgabe, dass an die Stelle der Grundsätze der auf Grund des § 88 Absatz 3 erlassenen Rechtsverordnung die Grundsätze der auf Grund des § 217 Satz 1 Nummer 7 bis 10 erlassenen Rechtsverordnung treten,
12. § 303 Absatz 1 und 2 Nummer 1 mit der Maßgabe, dass die Verwarnung, die Abberufung oder die Untersagung nur hinsichtlich eines Geschäftsleiters oder eines Aufsichtsratsmitglieds möglich ist, und
13. § 304 Absatz 1 Nummer 2 mit der Maßgabe, dass die Aufsichtsbehörde die Erlaubnis widerrufen kann, wenn es dem Unternehmen nicht gelingt, innerhalb von drei Monaten nach Feststellung der Nichtbedeckung der Mindestkapitalanforderung den genehmigten Finanzierungsplan zu erfüllen, und die Erlaubnis zu widerrufen ist, wenn es dem Unternehmen nicht gelingt, innerhalb von neun Monaten nach Feststellung der Nichtbedeckung der Mindestkapitalanforderung den genehmigten Finanzierungsplan zu erfüllen.

§ 213 Solvabilitäts- und Mindestkapitalanforderung. [1]Kleine Versicherungsunternehmen müssen stets über Eigenmittel mindestens in Höhe der Solvabilitätskapitalanforderung verfügen. [2]Die Solvabilitätskapitalanforderung ist nach der Rechtsverordnung zu § 217 Satz 1 Nummer 1 zu berechnen. [3]Ein Drittel der Solvabilitätskapitalanforderung gilt als Mindestkapitalanforderung.

§ 214 Eigenmittel. (1) [1]In die Ermittlung der Eigenmittel gehen ein

1. bei Aktiengesellschaften das eingezahlte Grundkapital abzüglich des Betrags der eigenen Aktien, bei Versicherungsvereinen auf Gegenseitigkeit der eingezahlte Gründungsstock, bei öffentlich-rechtlichen Versicherungsunternehmen die dem eingezahlten Grundkapital bei Aktiengesellschaften entsprechenden Posten,

2. die Kapitalrücklage und die Gewinnrücklagen,
3. der sich nach Abzug der auszuschüttenden Dividenden ergebende Gewinnvortrag,
4. Kapital, das gegen Gewährung von Genussrechten eingezahlt ist, nach Maßgabe der Absätze 2 und 5,
5. Kapital, das auf Grund der Eingehung nachrangiger Verbindlichkeiten eingezahlt ist, nach Maßgabe der Absätze 3 und 5,
6. Kapital, das in Form von Wertpapieren mit unbestimmter Laufzeit aufgenommen worden ist, nach Maßgabe der Absätze 4 und 5,
7. bei Lebensversicherungsunternehmen und bei Krankenversicherungsunternehmen, die die Krankenversicherung nach Art der Lebensversicherung betreiben, die Rückstellung für Beitragsrückerstattung, sofern sie zur Deckung von Verlusten verwendet werden darf und soweit sie nicht auf festgelegte Überschussanteile entfällt, sowie
8. auf Antrag und mit Zustimmung der Aufsichtsbehörde sowie unter Einhaltung der Höchstgrenze nach Absatz 6
   a) die Hälfte des nicht eingezahlten Teils des Grundkapitals, des Gründungsstocks oder der bei öffentlich-rechtlichen Versicherungsunternehmen dem Grundkapital bei Aktiengesellschaften entsprechenden Posten, wenn der eingezahlte Teil 25 Prozent des Grundkapitals, des Gründungsstocks oder der bei öffentlich-rechtlichen Versicherungsunternehmen dem Grundkapital bei Aktiengesellschaften entsprechenden Posten erreicht,
   b) bei Versicherungsunternehmen, die
      aa) Versicherungsvereine auf Gegenseitigkeit oder nach dem Grundsatz der Gegenseitigkeit arbeitende öffentlich-rechtliche Versicherungsunternehmen sind und
      bb) weder die Kranken- noch die Lebensversicherung betreiben,

      die Hälfte der Differenz zwischen den nach der Satzung in einem Geschäftsjahr zulässigen Nachschüssen und den tatsächlich geforderten Nachschüssen,
   c) die stillen Nettoreserven, die sich aus der Bewertung der Aktiva ergeben, soweit diese Reserven nicht Ausnahmecharakter haben, und
   d) bei Lebensversicherungsunternehmen nach Maßgabe der auf Grund des § 217 Satz 1 erlassenen Vorschriften der Wert der in den Beitrag eingerechneten Abschlusskosten, soweit sie bei der Deckungsrückstellung nicht berücksichtigt worden sind.

[2] Die Eigenmittel ergeben sich als Summe der Beträge nach Satz 1 Nummer 1 bis 8 abzüglich

1. des um die auszuschüttende Dividende erhöhten Verlustvortrags,
2. der in der Bilanz ausgewiesenen immateriellen Werte, insbesondere eines aktivierten Geschäfts- oder Firmenwerts nach § 246 Absatz 1 Satz 4 des Handelsgesetzbuchs, und
3. der in Absatz 7 angegebenen Beteiligungen und Forderungen.

(2) [1] Kapital im Sinne des Absatzes 1 Satz 1 Nummer 4 ist den Eigenmitteln nur zuzurechnen, wenn

1. es bis zur vollen Höhe am Verlust teilnimmt und das Versicherungsunternehmen verpflichtet ist, im Fall eines Verlusts die Zinszahlungen aufzuschieben,

2. vereinbart ist, dass es im Fall der Eröffnung des Insolvenzverfahrens oder der Liquidation des Versicherungsunternehmens erst nach Befriedigung aller nicht nachrangigen Gläubiger zurückgezahlt wird,
3. es dem Versicherungsunternehmen mindestens für die Dauer von fünf Jahren zur Verfügung gestellt wird und nach den getroffenen Vereinbarungen
   a) allenfalls im Fall der Liquidation und unter keinen Umständen auf Verlangen des Gläubigers vorzeitig zurückgezahlt werden muss sowie
   b) nur mit Zustimmung der Aufsichtsbehörde vorzeitig zurückgezahlt werden kann und
4. eine Änderung der getroffenen Vereinbarungen voraussetzt, dass die Aufsichtsbehörde erklärt hat, keine Einwände gegen die Änderung zu haben.

[2] Im Fall von Vereinbarungen mit fester Laufzeit haben Versicherungsunternehmen der Aufsichtsbehörde spätestens ein Jahr vor dem Ende der Laufzeit einen Plan zur Genehmigung einzureichen, aus dem hervorgeht, wie die Eigenmittelausstattung erhalten oder bis zum Ende der Laufzeit auf den dann erforderlichen Umfang erhöht wird. [3] Beabsichtigt das Versicherungsunternehmen bei einer Vereinbarung mit oder ohne feste Laufzeit eine vorzeitige Rückzahlung des Kapitals, hat es die Aufsichtsbehörde mindestens sechs Monate vor dem gewählten Rückzahlungstermin um Zustimmung zu bitten. [4] Ein Versicherungsunternehmen darf in Wertpapieren verbriefte eigene Genussrechte nicht erwerben.

(3) [1] Kapital im Sinne des Absatzes 1 Satz 1 Nummer 5 ist den Eigenmitteln nur zuzurechnen, wenn

1. vereinbart ist, dass es im Fall der Eröffnung des Insolvenzverfahrens oder der Liquidation des Versicherungsunternehmens erst nach Befriedigung aller nicht nachrangigen Gläubiger zurückerstattet wird,
2. es dem Versicherungsunternehmen mindestens für die Dauer von fünf Jahren zur Verfügung gestellt wird und nach den getroffenen Vereinbarungen
   a) allenfalls im Rahmen der Liquidation und unter keinen Umständen auf Verlangen des Gläubigers vorzeitig zurückgezahlt werden muss sowie
   b) nur mit Zustimmung der Aufsichtsbehörde vorzeitig zurückgezahlt werden kann,
3. die Aufrechnung des Rückerstattungsanspruchs gegen Forderungen des Versicherungsunternehmens ausgeschlossen ist und für die Verbindlichkeiten keine vertraglichen Sicherheiten durch das Versicherungsunternehmen oder durch Dritte gestellt werden und
4. eine Änderung der getroffenen Vereinbarungen voraussetzt, dass die Aufsichtsbehörde erklärt hat, keine Einwände gegen die Änderung zu haben.

[2] Im Fall von Vereinbarungen mit fester Laufzeit haben Versicherungsunternehmen der Aufsichtsbehörde spätestens ein Jahr vor dem Ende der Laufzeit einen Plan zur Genehmigung einzureichen, aus dem hervorgeht, wie die Eigenmittelausstattung erhalten oder bis zum Ende der Laufzeit auf den dann erforderlichen Umfang erhöht wird. [3] Beabsichtigt das Versicherungsunternehmen bei einer Vereinbarung mit oder ohne feste Laufzeit eine vorzeitige Rückzahlung des Kapitals, hat es die Aufsichtsbehörde mindestens sechs Monate vor dem gewählten Rückzahlungstermin um Zustimmung zu bitten. [4] Ein Versicherungsunternehmen darf in Wertpapieren verbriefte eigene nachrangige Verbindlichkeiten nicht erwerben. [5] Abweichend von Satz 1 Nummer 3 darf ein

Versicherungsunternehmen nachrangige Sicherheiten für nachrangige Verbindlichkeiten stellen, die ein ausschließlich für den Zweck der Kapitalaufnahme gegründetes Tochterunternehmen des Versicherungsunternehmens eingegangen ist.

(4) [1] Kapital im Sinne des Absatzes 1 Satz 1 Nummer 6 ist den Eigenmitteln nur zuzurechnen, wenn

1. die Forderungen aller nicht nachrangigen Gläubiger den Forderungen des Inhabers des Wertpapiers vorgehen,
2. es unter keinen Umständen auf Verlangen des Gläubigers zurückgezahlt werden muss,
3. es nur mit Zustimmung der Aufsicht zurückgezahlt werden kann,
4. der Emissionsvertrag dem Versicherungsunternehmen jederzeit erlaubt, Zinszahlungen aufzuschieben, und
5. nach den Ausgabebedingungen neben dem eingezahlten Kapital auch nicht gezahlte Zinsen an einem Verlust teilnehmen, ohne das Versicherungsunternehmen in der Fortsetzung seiner Tätigkeit einzuschränken.

[2] Beabsichtigt das Versicherungsunternehmen die Rückzahlung des Kapitals, hat es die Aufsichtsbehörde mindestens sechs Monate vor dem gewählten Rückzahlungstermin um Zustimmung zu bitten.

(5) [1] Kapital, das eingezahlt ist

1. gegen Gewährung von Genussrechten nach Absatz 2,
2. auf Grund der Eingehung von nachrangigen Verbindlichkeiten nach Absatz 3 oder
3. in Form von Wertpapieren nach Absatz 4,

kann den Eigenmitteln nur in den Grenzen des Satzes 2 zugerechnet werden. [2] Die Zurechnung ist möglich, soweit

1. der Gesamtbetrag dieses Kapitals nach Aufnahme 50 Prozent der Eigenmittel und 50 Prozent der Solvabilitätskapitalanforderung nicht überschreitet sowie
2. der Teilbetrag des Kapitals, für das feste Laufzeiten vereinbart sind und das den Eigenmitteln zugerechnet wird, nach Aufnahme 25 Prozent der Eigenmittel und 25 Prozent der Solvabilitätskapitalanforderung nicht überschreitet.

(6) Mittel gemäß Absatz 1 Satz 1 Nummer 8 Buchstabe a und b können den Eigenmitteln nur zugerechnet werden bis zu einer Höchstgrenze von 50 Prozent des Betrags, der sich als Minimum der Eigenmittel und der Solvabilitätskapitalanforderung ergibt.

(7) [1] In den Abzugsposten nach Absatz 1 Satz 2 Nummer 3 gehen ein:

1. Beteiligungen des Versicherungsunternehmens im Sinne des § 7 Nummer 4 an
   a) Kreditinstituten im Sinne des § 1 Absatz 1 Satz 2 Nummer 1 bis 5 und 7 bis 10 des Kreditwesengesetzes,
   b) Finanzdienstleistungsinstituten im Sinne des § 1 Absatz 1a Satz 2 Nummer 1 bis 4 des Kreditwesengesetzes,
   c) Finanzunternehmen im Sinne des § 1 Absatz 3 des Kreditwesengesetzes,
   d) Versicherungsunternehmen mit Sitz in einem Mitglied- oder Vertragsstaat,
   e) Versicherungsunternehmen eines Drittstaats,

f) Versicherungs-Holdinggesellschaften sowie

g) Pensionsfonds und

2. Forderungen aus Genussrechten im Sinne des Absatzes 1 Satz 1 Nummer 4 und Forderungen aus nachrangigen Verbindlichkeiten im Sinne des Absatzes 1 Satz 1 Nummer 5 gegenüber den in Nummer 1 Buchstabe a bis g genannten Unternehmen, an denen das Versicherungsunternehmen eine Beteiligung hält oder mit dem zusammen es Mitglied einer horizontalen Unternehmensgruppe ist.

[2] Die Aufsichtsbehörde kann auf Antrag des Versicherungsunternehmens in Bezug auf die Abzugspositionen nach Satz 1 Ausnahmen zulassen, wenn das Versicherungsunternehmen Anteile an den in Satz 1 Nummer 1 Buchstabe a bis g genannten Unternehmen vorübergehend besitzt, um das betreffende Unternehmen zwecks Sanierung und Rettung finanziell zu stützen.

(8) [1] Auf Kapital im Sinne des Absatzes 1 Satz 1 Nummer 4 und 5, das vor dem 13. Januar 2019 eingezahlt worden ist, können die Absätze 2 und 3 in der bis zum 12. Januar 2019 geltenden Fassung weiter angewendet werden. [2] Satz 1 gilt letztmalig in dem Geschäftsjahr, das nach dem 31. Dezember 2027 beginnt.

§ 215 Anlagegrundsätze für das Sicherungsvermögen. (1) Die Bestände des Sicherungsvermögens nach § 125 sind unter Berücksichtigung der Art der betriebenen Versicherungsgeschäfte sowie der Unternehmensstruktur so anzulegen, dass möglichst große Sicherheit und Rentabilität bei jederzeitiger Liquidität des Versicherungsunternehmens unter Wahrung angemessener Mischung und Streuung erreicht werden.

(2) [1] Das Sicherungsvermögen darf nur angelegt werden in

1. Darlehensforderungen, Schuldverschreibungen und Genussrechten,
2. Schuldbuchforderungen,
3. Aktien,
4. Beteiligungen,
5. Grundstücken und grundstücksgleichen Rechten,
6. Anteilen an Organismen für gemeinschaftliche Anlagen in Wertpapieren im Sinne der Richtlinie 2009/65/EG und für andere Anlagen, die nach dem Grundsatz der Risikostreuung angelegt werden, wenn die Organismen einer wirksamen öffentlichen Aufsicht zum Schutz der Anteilinhaber unterliegen,
7. laufenden Guthaben und Einlagen bei Kreditinstituten und
8. sonstigen Anlagen, soweit sie in der auf Grund von § 217 Satz 1 Nummer 6 erlassenen Verordnung zugelassen werden.

[2] Darüber hinaus darf das Sicherungsvermögen nur angelegt werden, soweit dies die Aufsichtsbehörde bei Vorliegen außergewöhnlicher Umstände im Einzelfall auf Antrag vorübergehend gestattet.

§ 216 Anzeigepflichten. (1) Zusammen mit dem nach § 341a Absatz 1 des Handelsgesetzbuchs[1)] vorgeschriebenen Jahresabschluss und Lagebericht ist der Aufsichtsbehörde jährlich eine Berechnung der Solvabilitätskapitalanforderung vorzulegen und sind ihr die Eigenmittel nachzuweisen.

[1)] Nr. **16**.

(2) [1]Die Versicherungsunternehmen haben über ihre gesamten Vermögensanlagen, aufgegliedert in Neuanlagen und Bestände, zu berichten. [2]Die Pflichten nach § 126 Absatz 2 bleiben unberührt.

§ 217 Verordnungsermächtigung. [1]Das Bundesministerium der Finanzen wird ermächtigt, durch Rechtsverordnung Vorschriften für kleine Versicherungsunternehmen zu erlassen

1. über die Berechnung und Höhe der Solvabilitätskapitalanforderung,
2. über den für die einzelnen Versicherungssparten maßgebenden Mindestbetrag der Mindestkapitalanforderung sowie über seine Berechnung,
3. darüber, wie bei Lebensversicherungsunternehmen nicht in der Bilanz ausgewiesene Eigenmittel errechnet werden und in welchem Umfang sie auf die Solvabilitätskapitalanforderung und die Mindestkapitalanforderung angerechnet werden dürfen,
4. über den Inhalt, die Form und die Stückzahl der gemäß § 216 zu erstellenden Solvabilitätsübersicht und des Berichts über die Vermögensanlagen sowie die Frist für die Einreichung bei der Aufsichtsbehörde,
5. über die Art und Weise der Datenübermittlung, die zu verwendenden Datenformate sowie die einzuhaltende Datenqualität,
6. über quantitative und qualitative Vorgaben zur Anlage des Sicherungsvermögens nach Maßgabe des § 215 Absatz 1 und 2 Satz 1; die Verordnung kann die Anlage in sonstigen Anlagen zulassen, wenn diese vergleichbare Sicherheit und Liquidität besitzen wie die in § 215 Absatz 2 Satz 1 Nummer 1 bis 7 genannten Anlagen,
7. über einen oder mehrere Höchstwerte für den Rechnungszins bei Versicherungsverträgen mit Zinsgarantie,
8. über weitere Vorgaben zur Ermittlung der Diskontierungszinssätze nach § 341f Absatz 2 des Handelsgesetzbuchs[1)],
9. über die Höchstbeträge für die Zillmerung und
10. über die versicherungsmathematischen Rechnungsgrundlagen und die Bewertungsansätze für die Deckungsrückstellung.

[2]Das Bundesministerium der Finanzen kann die Ermächtigungen nach Satz 1 Nummer 1 bis 5 durch Rechtsverordnung auf die Bundesanstalt übertragen. [3]Rechtsverordnungen nach den Sätzen 1 und 2 bedürfen nicht der Zustimmung des Bundesrates. [4]Rechtsverordnungen nach Satz 1 Nummer 6 bis 10 sind im Einvernehmen mit dem Bundesministerium der Justiz und für Verbraucherschutz zu erlassen.

Abschnitt 2. Sterbekassen

§ 218 Sterbekassen. (1) Sterbekassen sind Lebensversicherungsunternehmen, die nach ihrem Geschäftsplan nur Todesfallrisiken im Inland versichern, soweit der Betrag ihrer Leistungen den Durchschnittswert der Bestattungskosten bei einem Todesfall nicht übersteigt oder diese Leistungen in Sachwerten erbracht werden.

(2) Sterbekassen dürfen nicht die in § 1 Absatz 2 genannten Geschäfte betreiben.

[1)] Nr. **16**.

§ 219 Anzuwendende Vorschriften. (1) Auf Sterbekassen finden unabhängig von der Höhe ihrer Beitragseinnahmen und ihrer versicherungstechnischen Rückstellungen die nach den §§ 212 bis 217 auf kleine Versicherungsunternehmen anwendbaren Vorschriften dieses Gesetzes Anwendung, soweit sie Lebensversicherungsunternehmen betreffen und dieser Abschnitt keine abweichenden Regelungen enthält.

(2) [1] Von den besonderen Vorschriften über die Lebensversicherung gilt für Sterbekassen § 140 Absatz 2 bis 4 nicht. [2] Der Verantwortliche Aktuar muss die Berichte nach § 141 Absatz 5 Satz 1 Nummer 2 und 4 nicht erstellen; § 141 Absatz 6 Nummer 2 und 3 ist nicht anzuwenden.

(3) Die folgenden Vorschriften gelten für Sterbekassen jeweils mit folgender Maßgabe:

1. § 9 Absatz 2 Nummer 2 mit der Maßgabe, dass zusätzlich einzureichen sind
   a) die allgemeinen Versicherungsbedingungen sowie
   b) die fachlichen Geschäftsunterlagen, insbesondere die Tarife und die Grundsätze für die Berechnung der Prämien und der versicherungstechnischen Rückstellungen nach dem Handelsgesetzbuch einschließlich der verwendeten Rechnungsgrundlagen, mathematischen Formeln, kalkulatorischen Herleitungen und statistischen Nachweise,
2. § 141 Absatz 5 Satz 1 Nummer 1 mit der Maßgabe, dass der Verantwortliche Aktuar nur die Finanzlage des Unternehmens daraufhin überprüfen muss, ob die dauernde Erfüllbarkeit der sich aus den Versicherungsverträgen ergebenden Verpflichtungen jederzeit gewährleistet ist und das Unternehmen über ausreichende Mittel in Höhe der Solvabilitätskapitalanforderung verfügt, und
3. § 141 Absatz 5 Satz 1 Nummer 2 mit der Maßgabe, dass an die Stelle der dort genannten Bestätigung die Bestätigung tritt, dass die Deckungsrückstellung nach dem genehmigten Geschäftsplan gebildet ist (versicherungsmathematische Bestätigung).

§ 220 Verordnungsermächtigung. [1] Das Bundesministerium der Finanzen wird ermächtigt, durch Rechtsverordnung Vorschriften über die Berechnung und die Höhe der Solvabilitätskapitalanforderung von Sterbekassen zu erlassen. [2] Die Ermächtigung kann durch Rechtsverordnung auf die Bundesanstalt übertragen werden. [3] Rechtsverordnungen nach den Sätzen 1 und 2 bedürfen nicht der Zustimmung des Bundesrates.

Teil 3. Sicherungsfonds

§ 221 Pflichtmitgliedschaft. (1) Unternehmen, die gemäß § 8 Absatz 1 oder § 67 Absatz 1 zum Geschäftsbetrieb in den in der Anlage 1 genannten Versicherungssparten Nummer 19 bis 23 oder zum Betrieb der substitutiven Krankenversicherung gemäß § 146 zugelassen sind, mit Ausnahme der Pensions- und Sterbekassen, müssen einem Sicherungsfonds angehören, der dem Schutz der Ansprüche ihrer Versicherungsnehmer, der versicherten Personen, der Bezugsberechtigten und der sonstigen aus dem Versicherungsvertrag begünstigten Personen dient.

(2) [1] Pensionskassen können einem Sicherungsfonds freiwillig beitreten. [2] Zur Gewährleistung vergleichbarer Finanzverhältnisse aller Mitglieder kann

der Sicherungsfonds die Aufnahme von der Erfüllung bestimmter Bedingungen abhängig machen.

§ 222 Aufrechterhaltung der Versicherungsverträge. (1) Stellt die Aufsichtsbehörde fest, dass die Voraussetzungen des § 314 Absatz 1 Satz 1 bei einem Versicherungsunternehmen erfüllt sind, welches Mitglied eines Sicherungsfonds ist, oder liegt eine Anzeige gemäß § 311 Absatz 1 Satz 1 oder 2 eines solchen Versicherungsunternehmens vor, übermittelt sie diese Feststellung dem Sicherungsfonds und informiert hierüber das betroffene Versicherungsunternehmen.

(2) Sofern andere Maßnahmen zur Wahrung der Belange der Versicherten nicht ausreichend sind, ordnet die Aufsichtsbehörde die Übertragung des gesamten Bestandes an Versicherungsverträgen mit den zur Bedeckung der Verbindlichkeiten aus diesen Verträgen erforderlichen Vermögensgegenständen auf den zuständigen Sicherungsfonds an; § 13 ist nicht anzuwenden.

(3) Die Rechte und Pflichten des übertragenden Unternehmens aus den Versicherungsverträgen gehen mit der Bestandsübertragung auch im Verhältnis zu den Versicherungsnehmern auf den Sicherungsfonds über; § 415 des Bürgerlichen Gesetzbuchs ist nicht anzuwenden.

(4) [1]Der Sicherungsfonds verwaltet die übernommenen Verträge gesondert von seinem restlichen Vermögen und legt über sie gesondert Rechnung. [2]Er ermittelt unverzüglich den für die vollständige Bedeckung der Verpflichtungen aus den Versicherungsverträgen erforderlichen Betrag und stellt geeignete qualifizierte Vermögensgegenstände bereit. [3]§ 15 Absatz 1, die §§ 39, 124, 139, 141, 142, 146 bis 158 und 336 gelten insoweit entsprechend; § 140 Absatz 2 und 3 findet auf die von den Sicherungsfonds verwalteten Versicherungsverträge Anwendung, sobald die Aufsichtsbehörde festgestellt hat, dass die Sanierung eines übernommenen Versicherungsbestandes abgeschlossen ist und das dem Sicherungsfonds hierfür zur Verfügung gestellte Kapital an die einzahlenden Versicherungsunternehmen zurückgewährt wurde.

(5) [1]Ergibt die Prüfung nach Absatz 4, dass die Mittel des Sicherungsfonds gemäß § 226 Absatz 4 bis 6 nicht ausreichen, um die Fortführung der Verträge zu gewährleisten, setzt die Aufsichtsbehörde bei Lebensversicherungsunternehmen die Verpflichtungen aus den Verträgen um maximal 5 Prozent der vertraglich garantierten Leistungen herab. [2]Die Aufsichtsbehörde kann außerdem Anordnungen treffen, um einen außergewöhnlichen Anstieg der Zahl vorzeitiger Vertragsbeendigungen zu verhindern.

(6) [1]Der Sicherungsfonds kann den Versicherungsbestand ganz oder teilweise auf in Deutschland zum Versicherungsgeschäft zugelassene Unternehmen übertragen; auf diese Übertragung ist § 13 entsprechend anzuwenden. [2]Der Sicherungsfonds kann die Versicherungsbedingungen und die Tarifbestimmungen der zu übertragenden Verträge bei der Übertragung ändern, um sie an die Verhältnisse des übernehmenden Versicherers anzupassen, wenn es zur Fortführung der Verträge beim übernehmenden Versicherer zweckmäßig und für die versicherten Personen zumutbar ist. [3]Die Änderung wird wirksam, wenn sie unter Wahrung des Vertragsziels die Belange der Versicherten angemessen berücksichtigt und ein unabhängiger Treuhänder bestätigt, dass diese Voraussetzung erfüllt ist. [4]Für den Treuhänder gelten die §§ 142 und 157 Absatz 3 entsprechend.

(7) Mit der Anordnung der Bestandsübertragung auf den Sicherungsfonds erlischt die Erlaubnis zum Geschäftsbetrieb des übertragenden Versicherungsunternehmens.

(8) Widerspruch und Anfechtungsklage gegen die Anordnung der Aufsichtsbehörde haben keine aufschiebende Wirkung.

§ 223 Sicherungsfonds. (1) [1] Bei der Kreditanstalt für Wiederaufbau werden ein Sicherungsfonds für die Lebensversicherer und ein Sicherungsfonds für die Krankenversicherer als nicht rechtsfähige Sondervermögen des Bundes errichtet. [2] Die Sicherungsfonds können im Rechtsverkehr handeln, klagen oder verklagt werden.

(2) [1] Aufgabe der Sicherungsfonds ist der Schutz der Ansprüche der Versicherungsnehmer, der versicherten Personen, der Bezugsberechtigten und der sonstigen aus dem Versicherungsvertrag begünstigten Personen. [2] Zu diesem Zweck sorgen die Sicherungsfonds für die Weiterführung der Verträge eines betroffenen Versicherungsunternehmens.

(3) [1] Die Kreditanstalt für Wiederaufbau verwaltet die Sicherungsfonds. [2] Für die Verwaltung erhält sie eine kostendeckende Vergütung aus den Sondervermögen.

(4) Über den Widerspruch gegen Verwaltungsakte eines Sicherungsfonds entscheidet die Bundesanstalt.

§ 224 Beleihung Privater. (1) [1] Das Bundesministerium der Finanzen wird ermächtigt, durch Rechtsverordnung im Einvernehmen mit dem Bundesministerium der Justiz und für Verbraucherschutz ohne Zustimmung des Bundesrates Aufgaben und Befugnisse eines oder beider Sicherungsfonds einer juristischen Person des Privatrechts zu übertragen, wenn diese bereit ist, die Aufgaben des Sicherungsfonds zu übernehmen und hinreichende Gewähr für die Erfüllung der Ansprüche der Entschädigungsversicherten bietet. [2] Eine juristische Person bietet hinreichende Gewähr, wenn

1. die Personen, die nach Gesetz oder Satzung die Geschäftsführung und Vertretung der juristischen Person ausüben, zuverlässig und geeignet sind,
2. sie über die zur Erfüllung ihrer Aufgaben notwendige Ausstattung und Organisation, insbesondere für die Beitragseinziehung, die Leistungsbearbeitung und die Verwaltung der Mittel, verfügt und dafür eigene Mittel im Gegenwert von mindestens 1 Million Euro vorhält und
3. sie nachweist, dass sie zur Organisation insbesondere der Beitragseinziehung, der Leistungsbearbeitung und der Verwaltung der Mittel im Zeitpunkt der Bestandsübertragung gemäß § 222 Absatz 2 in der Lage ist.

[3] Auch ein nach § 8 zugelassenes Unternehmen kann beliehen werden. [4] Durch die Rechtsverordnung nach Satz 1 kann sich das Bundesministerium der Finanzen die Genehmigung der Satzung und von Satzungsänderungen der juristischen Person vorbehalten.

(2) [1] Im Fall der Beleihung nach Absatz 1 tritt die juristische Person des Privatrechts in die Rechte und Pflichten des jeweiligen Sicherungsfonds ein. [2] § 223 Absatz 4 ist entsprechend anzuwenden. [3] Eine Übertragung der Vermögensmasse erfolgt nicht.

§ 225 Aufsicht. [1] Die Bundesanstalt hat Missständen entgegenzuwirken, welche die ordnungsgemäße Erfüllung der Aufgaben der Sicherungsfonds gefährden können. [2] Die Bundesanstalt kann Anordnungen treffen, die geeignet und erforderlich sind, diese Missstände zu beseitigen oder zu verhindern. [3] Der Bundesanstalt stehen gegenüber den Sicherungsfonds die Auskunfts- und Prüfungsrechte nach den §§ 305 und 306 zu. [4] Im Übrigen gelten für die Sicherungsfonds nur die Vorschriften dieses Kapitels sowie § 332.

§ 226 Finanzierung. (1) [1] Die Versicherungsunternehmen, die einem Sicherungsfonds angehören, sind verpflichtet, Beiträge an den Sicherungsfonds zu leisten. [2] Die Beiträge sollen die Fehlbeträge der übernommenen Versicherungsverträge, die entstehenden Verwaltungskosten und sonstige Kosten, die durch die Tätigkeit des Sicherungsfonds entstehen, decken.

(2) [1] Für die Erfüllung der Verpflichtungen aus übernommenen Versicherungsverträgen haftet der Sicherungsfonds nur mit dem auf Grund der Beitragsleistungen nach Abzug der Kosten nach Absatz 1 Satz 2 zur Verfügung stehenden Vermögen sowie den nach § 222 Absatz 2 Satz 1 übertragenen Vermögensgegenständen. [2] Dieses Vermögen haftet nicht für die sonstigen Verbindlichkeiten des Sicherungsfonds. [3] Ein Sicherungsfonds nach § 224 hat dieses Vermögen getrennt von seinem übrigen Vermögen zu halten und zu verwalten.

(3) Die für die Übernahme von Versicherungsverträgen angesammelten Mittel (Sicherungsvermögen) sind gemäß den Grundsätzen des § 124 Absatz 1 anzulegen.

(4) Der Umfang dieses Vermögens soll 1 Promille der Summe der versicherungstechnischen Netto-Rückstellungen im Sinne der §§ 341e bis 341h des Handelsgesetzbuchs[1)] aller dem Sicherungsfonds angeschlossenen Versicherungsunternehmen nicht unterschreiten.

(5) [1] Die angeschlossenen Versicherungsunternehmen sind verpflichtet, Jahresbeiträge zu leisten. [2] Die Summe der Jahresbeiträge aller dem Sicherungsfonds für die Lebensversicherer angehörenden Versicherungsunternehmen beträgt 0,2 Promille der Summe ihrer versicherungstechnischen Netto-Rückstellungen im Sinne der §§ 341e bis 341h des Handelsgesetzbuchs[1)]. [3] Der individuelle Jahresbeitrag jedes Versicherungsunternehmens wird vom Sicherungsfonds nach dem in der Verordnung nach Absatz 7 festgelegten Verfahren jährlich ermittelt. [4] Erträge des Sicherungsfonds werden an die dem Sicherungsfonds angehörenden Versicherungsunternehmen im Verhältnis ihrer Beiträge ausgeschüttet. [5] Der Sicherungsfonds hat Sonderbeiträge bis zur Höhe von maximal 1 Promille der Summe der versicherungstechnischen Netto-Rückstellungen im Sinne der §§ 341e bis 341h des Handelsgesetzbuchs[1)] der angeschlossenen Versicherungsunternehmen zu erheben, wenn dies zur Durchführung seiner Aufgaben erforderlich ist. [6] Der Anteil eines Versicherungsunternehmens am Fondsvermögen ist zur Bedeckung seiner versicherungstechnischen Rückstellungen im Sinne der §§ 341e bis 341h des Handelsgesetzbuchs[1)] geeignet.

(6) [1] Auf den Sicherungsfonds für die Krankenversicherer sind die Absätze 2 bis 5 nicht anzuwenden. [2] Der Sicherungsfonds erhebt nach der Übernahme der Versicherungsverträge zur Erfüllung seiner Aufgaben Sonderbeiträge bis zur Höhe von maximal 2 Promille der Summe der versicherungstechnischen Net-

---

[1)] Nr. **16**.

to-Rückstellungen im Sinne der §§ 341e bis 341h des Handelsgesetzbuchs[1] der angeschlossenen Krankenversicherungsunternehmen.

(7) [1]Das Nähere über den Mindestbetrag des Sicherungsvermögens, die Jahres- und Sonderbeiträge sowie die Obergrenze für die Zahlungen pro Kalenderjahr regelt das Bundesministerium der Finanzen im Benehmen mit dem Bundesministerium der Justiz und für Verbraucherschutz durch Rechtsverordnung, die nicht der Zustimmung des Bundesrates bedarf. [2]Hinsichtlich der Jahresbeiträge sind Art und Umfang der gesicherten Geschäfte sowie die Anzahl, Größe und Geschäftsstruktur der dem Sicherungsfonds angehörenden Versicherungsunternehmen zu berücksichtigen. [3]Die Höhe der Beiträge soll auch die Finanz- und Risikolage der Beitragszahler berücksichtigen. [4]Die Rechtsverordnung kann auch Bestimmungen zur Anlage der Mittel enthalten.

(8) [1]Aus den Beitragsbescheiden des Sicherungsfonds findet die Vollstreckung nach den Bestimmungen des Verwaltungs-Vollstreckungsgesetzes statt. [2]Die vollstreckbare Ausfertigung erteilt der Sicherungsfonds.

§ 227 Rechnungslegung des Sicherungsfonds. (1) [1]Die Sicherungsfonds haben für den Schluss eines jeden Kalenderjahres jeweils einen Geschäftsbericht aufzustellen und einen unabhängigen Wirtschaftsprüfer oder eine unabhängige Wirtschaftsprüfungsgesellschaft mit der Prüfung der Vollständigkeit des Geschäftsberichts und der Richtigkeit der Angaben zu beauftragen. [2]Die Sicherungsfonds haben der Bundesanstalt den von ihnen bestellten Prüfer unverzüglich nach der Bestellung anzuzeigen. [3]Die Bundesanstalt kann innerhalb eines Monats nach Zugang der Anzeige die Bestellung eines anderen Prüfers verlangen, wenn dies zur Erreichung des Prüfungszwecks geboten ist; Widerspruch und Anfechtungsklage hiergegen haben keine aufschiebende Wirkung. [4]Der Geschäftsbericht muss Angaben zur Tätigkeit und zu den finanziellen Verhältnissen des Sicherungsfonds, insbesondere zur Höhe und Anlage der Mittel, zur Verwendung der Mittel für Entschädigungsfälle, zur Höhe der Beiträge sowie zu den Kosten der Verwaltung, enthalten.

(2) [1]Die Sicherungsfonds haben der Bundesanstalt den festgestellten Geschäftsbericht jeweils bis zum 31. Mai einzureichen. [2]Der Prüfer hat der Bundesanstalt den Bericht über die Prüfung des Geschäftsberichts unverzüglich nach Beendigung der Prüfung einzureichen. [3]Die Bundesanstalt ist auf Anforderung auch über die Angaben nach Absatz 1 Satz 4 näher zu unterrichten.

§ 228 Mitwirkungspflichten. (1) Die Versicherungsunternehmen sind verpflichtet, dem Sicherungsfonds, dem sie angehören, auf Verlangen alle Auskünfte zu erteilen und alle Unterlagen vorzulegen, welche der Sicherungsfonds zur Wahrnehmung seines Auftrags nach diesem Gesetz benötigt.

(2) [1]Der zur Erteilung einer Auskunft Verpflichtete kann die Auskunft zu solchen Fragen verweigern, deren Beantwortung ihn selbst oder einen der in § 383 Absatz 1 Nummer 1 bis 3 der Zivilprozessordnung bezeichneten Angehörigen der Gefahr strafgerichtlicher Verfolgung oder eines Verfahrens nach dem Gesetz über Ordnungswidrigkeiten aussetzen würde. [2]Der Verpflichtete ist über sein Recht zur Verweigerung der Auskunft zu belehren.

(3) [1]Die Mitarbeiter der Sicherungsfonds sowie die Personen, derer sie sich bedienen, können die Geschäftsräume eines Versicherungsunternehmens inner-

---

[1] Nr. **16**.

halb der üblichen Betriebs- und Geschäftszeiten betreten, sobald die Aufsichtsbehörde die Feststellung gemäß § 222 Absatz 1 getroffen hat. [2] Ihnen sind sämtliche Unterlagen vorzulegen, die sie benötigen, um eine Bestandsübertragung vorzubereiten. [3] Sofern Funktionen des Versicherungsunternehmens auf ein anderes Unternehmen ausgegliedert worden sind, gelten die Sätze 1 und 2 gegenüber diesem Unternehmen entsprechend.

(4) [1] Hat das Unternehmen, dessen Bestand übertragen wird, Verträge über eine Ausgliederung, die der Verwaltung des Bestandes dient, abgeschlossen, kann der Sicherungsfonds anstelle des Unternehmens in den Vertrag eintreten. [2] § 415 des Bürgerlichen Gesetzbuchs ist nicht anzuwenden. [3] Eine ordentliche Kündigung des Vertrags durch den Dienstleister ist frühestens zum letzten Tag des zwölften Monats nach dem Eintritt des Sicherungsfonds möglich. [4] Fordert der andere Teil den Sicherungsfonds zur Ausübung seines Wahlrechts auf, so hat der Sicherungsfonds unverzüglich zu erklären, ob er in den Vertrag eintreten will. [5] Unterlässt er dies, kann er auf Erfüllung nicht bestehen.

§ 229 Ausschluss. (1) [1] Erfüllt ein Versicherungsunternehmen die Beitrags- oder Mitwirkungspflichten nach § 226 oder § 228 nicht, nicht richtig, nicht vollständig oder nicht rechtzeitig, so hat der Sicherungsfonds die Bundesanstalt zu unterrichten. [2] Ist die Bundesanstalt nicht die zuständige Aufsichtsbehörde, unterrichtet sie diese unverzüglich. [3] Erfüllt das Versicherungsunternehmen auch innerhalb eines Monats nach Aufforderung durch die Bundesanstalt seine Verpflichtungen nicht, kann der Sicherungsfonds dem Versicherungsunternehmen mit einer Frist von zwölf Monaten den Ausschluss aus dem Sicherungsfonds ankündigen. [4] Nach Ablauf dieser Frist kann der Sicherungsfonds mit Zustimmung der Bundesanstalt das Versicherungsunternehmen von dem Sicherungsfonds ausschließen, wenn die Verpflichtungen von dem Versicherungsunternehmen weiterhin nicht erfüllt werden. [5] Nach dem Ausschluss haftet der Sicherungsfonds nur noch für Verbindlichkeiten des Versicherungsunternehmens, die vor Ablauf dieser Frist begründet wurden.

(2) Für Verbindlichkeiten eines Versicherungsunternehmens, die entstanden sind, nachdem seine Erlaubnis zum Geschäftsbetrieb erloschen ist, haftet der Sicherungsfonds nicht.

§ 230 Verschwiegenheitspflicht. [1] Personen, die bei einem Sicherungsfonds beschäftigt oder für ihn tätig sind, dürfen fremde Geheimnisse, insbesondere Betriebs- oder Geschäftsgeheimnisse, nicht unbefugt offenbaren oder verwerten. [2] Sie sind nach dem Verpflichtungsgesetz vom 2. März 1974 (BGBl. I S. 469, 547) von der Bundesanstalt auf eine gewissenhafte Erfüllung ihrer Obliegenheiten zu verpflichten. [3] Ein unbefugtes Offenbaren oder Verwerten liegt nicht vor, wenn Tatsachen an die Bundesanstalt weitergegeben werden.

§ 231 Zwangsmittel. (1) Der Sicherungsfonds kann seine Anordnungen nach den Bestimmungen des Verwaltungs-Vollstreckungsgesetzes durchsetzen.

(2) Die Höhe des Zwangsgeldes beträgt bei Maßnahmen gemäß § 226 Absatz 1 und 5 Satz 1 sowie § 228 Absatz 1 bis zu fünfzigtausend Euro.

Teil 4. Einrichtungen der betrieblichen Altersversorgung

Kapitel 1. Pensionskassen

Abschnitt 1. Abgrenzung zu anderen Lebensversicherungsunternehmen

§ 232 Pensionskassen. (1) Eine Pensionskasse ist ein rechtlich selbständiges Lebensversicherungsunternehmen, dessen Zweck die Absicherung wegfallenden Erwerbseinkommens wegen Alters, Invalidität oder Todes ist und das

1. das Versicherungsgeschäft im Wege des Kapitaldeckungsverfahrens betreibt,
2. Leistungen grundsätzlich erst ab dem Zeitpunkt des Wegfalls des Erwerbseinkommens vorsieht; soweit das Erwerbseinkommen teilweise wegfällt, können die allgemeinen Versicherungsbedingungen anteilige Leistungen vorsehen,
3. Leistungen im Todesfall nur an Hinterbliebene erbringen darf, wobei für Dritte ein Sterbegeld begrenzt auf die Höhe der gewöhnlichen Bestattungskosten vereinbart werden kann, und
4. der versicherten Person einen eigenen Anspruch auf Leistung gegen die Pensionskasse einräumt oder Leistungen als Rückdeckungsversicherung erbringt.

(2) [1] Pensionskassen dürfen nur Erstversicherungsgeschäft betreiben. [2] Ihnen kann die Erlaubnis ausschließlich in den Versicherungssparten nach Anlage 1 Nummer 19, 21 und 24 erteilt werden.

§ 233 Regulierte Pensionskassen. (1) [1] Pensionskassen können mit Genehmigung der Bundesanstalt reguliert werden (regulierte Pensionskassen). [2] Den Antrag, reguliert zu werden, können stellen

1. Pensionskassen in der Rechtsform des Versicherungsvereins auf Gegenseitigkeit, wenn
   a) die Satzung vorsieht, dass Versicherungsansprüche gekürzt werden dürfen,
   b) nach der Satzung mindestens 50 Prozent der Mitglieder der obersten Vertretung Versicherte oder ihre Vertreter sein sollen oder, wenn nur das Rückdeckungsgeschäft betrieben wird, nach der Satzung ein solches Recht den Versicherungsnehmern eingeräumt wird,
   c) ausschließlich die unter § 17 des Betriebsrentengesetzes fallenden Personen, die Geschäftsleiter oder die Inhaber der Trägerunternehmen versichert werden sowie solche Personen, die der Pensionskasse durch Gesetz zugewiesen werden oder die nach Beendigung des Arbeitsverhältnisses das Versicherungsverhältnis mit der Pensionskasse fortführen, und
   d) keine rechnungsmäßigen Abschlusskosten für die Vermittlung von Versicherungsverträgen erhoben und keine Vergütung für die Vermittlung oder den Abschluss von Versicherungsverträgen gewährt werden und
2. Pensionskassen, bei denen die Bundesanstalt festgestellt hat, dass sie die Voraussetzungen des § 156a Absatz 3 Satz 1 des Versicherungsaufsichtsgesetzes in der Fassung vom 15. Dezember 2004 erfüllen.

[3] Die Bundesanstalt genehmigt den Antrag, wenn die Voraussetzungen des Satzes 2 Nummer 1 oder 2 erfüllt sind.

(2) Separate Abrechnungsverbände nach § 2 Absatz 1, Pensionskassen unter Landesaufsicht und Pensionskassen, die auf Grund eines allgemeinverbindlichen

Tarifvertrags errichtete gemeinsame Einrichtungen im Sinne des § 4 Absatz 2 des Tarifvertragsgesetzes sind, gelten immer als regulierte Pensionskassen.

(3) [1] Für regulierte Pensionskassen gelten nicht § 140 Absatz 2 Satz 2 und Absatz 4, § 145 Absatz 2 und 3 sowie § 234 Absatz 2 Satz 2 und 3 und Absatz 6. [2] Entsprechend anzuwenden sind § 210 Absatz 3 Satz 1, § 219 Absatz 2 Satz 2 und Absatz 3 Nummer 1 Buchstabe b und Nummer 2. [3] Soweit Versicherungsverhältnisse vor der Regulierung der Pensionskassen abgeschlossen worden sind und ihnen kein von der Aufsichtsbehörde genehmigter Geschäftsplan zugrunde liegt, gehören die fachlichen Geschäftsunterlagen im Sinne des § 219 Absatz 3 Nummer 1 Buchstabe b abweichend von Satz 2 nicht zum Geschäftsplan. [4] Entgegen Satz 1 wird in diesem Fall auf die allgemeinen Versicherungsbedingungen § 234 Absatz 2 Satz 2 und 3 weiterhin angewendet.

(4) [1] Auf regulierte Pensionskassen, die mit Genehmigung der Aufsichtsbehörde nach Maßgabe des § 211 Absatz 2 Nummer 2 des Versicherungsvertragsgesetzes[1)] von § 153 des Versicherungsvertragsgesetzes abweichende Bestimmungen getroffen haben, findet § 139 Absatz 3 und 4 keine Anwendung. [2] Regulierte Pensionskassen, die nicht nach Maßgabe des § 211 Absatz 2 Nummer 2 des Versicherungsvertragsgesetzes von § 153 des Versicherungsvertragsgesetzes abweichende Bestimmungen getroffen haben, können mit Genehmigung der Aufsichtsbehörde den Sicherungsbedarf aus den Versicherungsverträgen mit Zinsgarantie gemäß § 139 Absatz 4 nach einem abweichenden Verfahren berechnen.

(5) [1] Erfüllt eine regulierte Pensionskasse nicht mehr die Voraussetzungen des Absatzes 1 oder 2, stellt die Bundesanstalt durch Bescheid fest, dass es sich nicht mehr um eine regulierte Pensionskasse handelt. [2] Auf Versicherungsverhältnisse, die vor dem im Bescheid genannten Zeitpunkt in Kraft getreten sind, ist § 234 Absatz 6 entsprechend anzuwenden.

§ 234 Besonderheiten der Geschäftstätigkeit, die nicht die Geschäftsorganisation betreffen. (1) [1] Für Pensionskassen gilt § 341k des Handelsgesetzbuchs[2)]; § 36 Absatz 2 findet keine Anwendung. [2] § 1 Absatz 2 Satz 4, § 35 Absatz 2, § 37 Absatz 2, die §§ 40 bis 42 und 48 Absatz 2a, die §§ 52 bis 56, 141 Absatz 5 Satz 2 und § 144 gelten nicht.

(2) [1] Die allgemeinen Versicherungsbedingungen gehören zum Geschäftsplan als Bestandteil nach § 9 Absatz 2 Nummer 2. [2] Das Genehmigungserfordernis nach § 12 Absatz 1 Satz 1 gilt für sie nicht. [3] Änderungen und die Einführung neuer allgemeiner Versicherungsbedingungen werden erst drei Monate nach Vorlage bei der Aufsichtsbehörde wirksam, falls die Aufsichtsbehörde nicht vorher die Unbedenklichkeit feststellt.

(3) [1] Von § 138 können Pensionskassen mit Genehmigung der Aufsichtsbehörde abweichen. [2] In § 141 Absatz 5 Satz 1 Nummer 1 und 2 treten die Grundsätze der auf Grund des § 235 Absatz 1 Nummer 4 bis 7 erlassenen Rechtsverordnung an die Stelle der Grundsätze der auf Grund des § 88 Absatz 3 erlassenen Rechtsverordnung. [3] Der Treuhänder nach § 142 muss auch über ausreichende Kenntnisse im Bereich der betrieblichen Altersversorgung verfügen. [4] Ist die Pensionskasse ein kleinerer Verein, hat der Verantwortliche

---

1) Nr. **6**.
2) Nr. **16**.

Aktuar zu bestätigen, dass die Voraussetzungen der nach § 235 Absatz 1 Satz 1 Nummer 8 oder 9 erlassenen Rechtsverordnung erfüllt sind.

(4) Hängt die Höhe der Versorgungsleistungen von der Wertentwicklung eines nach Maßgabe des Geschäftsplans gebildeten Investmentvermögens ab, ist für dieses Investmentvermögen entsprechend den §§ 67, 101, 120, 135, 148 und 158 des Kapitalanlagegesetzbuchs oder entsprechend § 44 des Investmentgesetzes in der bis zum 21. Juli 2013 geltenden Fassung gesondert Rechnung zu legen; § 101 Absatz 2 des Kapitalanlagegesetzbuchs oder § 44 Absatz 2 des Investmentgesetzes in der bis zum 21. Juli 2013 geltenden Fassung ist nicht anzuwenden.

(5) [1] Abweichend von § 210 Absatz 1 Satz 1 ist § 184 auch dann anzuwenden, wenn die Pensionskasse ein kleinerer Verein ist. [2] Dabei hat die Satzung zu bestimmen, dass der Vorstand vom Aufsichtsrat oder vom obersten Organ zu bestellen ist.

(6) [1] Auf Versicherungsverhältnisse, die vor dem 1. Januar 2006 in Kraft getreten sind, ist § 336 entsprechend anzuwenden, soweit ihnen ein von der Aufsichtsbehörde genehmigter Geschäftsplan zugrunde liegt. [2] § 142 gilt in diesen Fällen nicht.

Abschnitt 2. Besonderheiten der Geschäftsorganisation

§ 234a Ergänzende allgemeine Vorschriften. (1) [1] Die Geschäftsorganisation einer Pensionskasse muss über § 23 Absatz 1 hinaus auch der Größenordnung ihrer Tätigkeiten angemessen sein. [2] Die Geschäftsorganisation ist darauf abzustimmen, ob und auf welche Weise ökologische, soziale und die Unternehmensführung betreffende Faktoren in Bezug auf die Vermögenswerte bei Anlageentscheidungen berücksichtigt werden.

(2) Für Pensionskassen gilt § 23 Absatz 1a bis 1c nicht.

(3) [1] Die internen Leitlinien nach § 23 Absatz 3 haben auch Vorgaben zu einer bestehenden versicherungsmathematischen Funktion zu machen. [2] Abweichend von § 23 Absatz 3 Satz 3 genügt es, wenn Pensionskassen die Leitlinien mindestens alle drei Jahre überprüfen.

(4) Besonderheiten im Hinblick auf eine Besetzung des Aufsichtsrats durch Vertreter der Arbeitgeber und der Arbeitnehmer der Trägerunternehmen sind zu berücksichtigen.

(5) Die Vergütungssysteme im Sinne des § 25 müssen der Größe und der internen Organisation der Pensionskasse sowie der Größenordnung, der Art, dem Umfang und der Komplexität ihrer Geschäftstätigkeiten angemessen sein.

(6) § 28 Absatz 1 ist nicht anzuwenden.

(7) Für das interne Kontrollsystem gilt § 29 Absatz 1 Satz 2 und Absatz 2 bis 4 nicht.

§ 234b Besondere Vorschriften zu Schlüsselfunktionen. (1) Pensionskassen ermöglichen der verantwortlichen Person für eine Schlüsselfunktion, ihre Aufgaben effektiv, objektiv, sachgemäß und unabhängig ausüben zu können.

(2) Die für die interne Revisionsfunktion verantwortliche Person darf keine andere Schlüsselfunktion innerhalb der Pensionskasse ausüben.

(3) [1]Die verantwortliche Person für eine Schlüsselfunktion darf im Trägerunternehmen nur dann eine ähnliche Aufgabe ausüben, wenn

1. dies der Größenordnung, der Art, dem Umfang und der Komplexität der Tätigkeiten der Pensionskasse angemessen ist und
2. die Pensionskasse gegenüber der Aufsichtsbehörde darlegt, wie sie Interessenkonflikte mit dem Trägerunternehmen verhindert oder mit ihnen verfährt.

[2]Die Pensionskasse übermittelt der Aufsichtsbehörde unverzüglich eine Stellungnahme nach Satz 1 Nummer 2, wenn die verantwortliche Person für eine Schlüsselfunktion eine ähnliche Aufgabe im Trägerunternehmen ausübt oder übernehmen soll.

(4) [1]Die für eine Schlüsselfunktion verantwortliche Person hat dem Vorstand alle wesentlichen Feststellungen und Empfehlungen aus ihrem Verantwortungsbereich mitzuteilen. [2]Der Vorstand entscheidet, welche Maßnahmen zu treffen sind. [3]Die verantwortliche Person für die Schlüsselfunktion ist verpflichtet, der Aufsichtsbehörde zu melden, dass der Vorstand nicht rechtzeitig geeignete Maßnahmen getroffen hat, wenn die Pensionskasse

1. dem erheblichen Risiko ausgesetzt ist, wesentliche gesetzliche Anforderungen nicht zu erfüllen, und dies
   a) dem Vorstand mitgeteilt wurde sowie
   b) wesentliche Auswirkungen auf die Interessen von Versorgungsanwärtern und Versorgungsempfängern haben könnte, oder
2. in einem der Verantwortung der Schlüsselfunktion unterfallenden Bereich in erheblicher Weise gegen geltende Rechts- oder Verwaltungsvorschriften verstößt und dem Vorstand dies mitgeteilt wurde.

[4]Die Pflicht zur Meldung besteht nicht, wenn die verantwortliche Person für die Schlüsselfunktion sich selbst oder einen der in § 383 Absatz 1 Nummer 1 bis 3 der Zivilprozessordnung bezeichneten Angehörigen der Gefahr strafgerichtlicher Verfolgung oder eines Verfahrens nach dem Gesetz über Ordnungswidrigkeiten aussetzen würde. [5]Wegen einer Meldung nach Satz 3 darf die verantwortliche Person für die Schlüsselfunktion weder nach arbeitsrechtlichen noch nach strafrechtlichen Vorschriften verantwortlich gemacht werden. [6]Sie darf nicht zum Ersatz von Schäden herangezogen werden, es sei denn, die Meldung ist vorsätzlich oder grob fahrlässig unwahr abgegeben worden. [7]Ihre Berechtigung zur Abgabe von Meldungen nach Satz 3 darf vertraglich nicht eingeschränkt werden. [8]Entgegenstehende Vereinbarungen sind unwirksam.

(5) [1]Die versicherungsmathematische Funktion hat die Berechnung der versicherungstechnischen Rückstellungen auch zu überwachen. [2]Abweichend von § 31 Absatz 1 Satz 2 Nummer 2 und 4 hat sie

1. die Angemessenheit der für die Berechnung der versicherungstechnischen Rückstellungen verwendeten Methoden und Basismodelle sowie der zu diesem Zweck zugrunde gelegten Annahmen zu beurteilen,
2. die bei der Berechnung der versicherungstechnischen Rückstellungen zugrunde gelegten Annahmen mit den Erfahrungswerten zu vergleichen.

[3]Außerdem trägt die versicherungsmathematische Funktion zur eigenen Risikobeurteilung nach § 234d bei. [4]§ 31 Absatz 1 Satz 2 Nummer 6 sowie Absatz 2 Satz 3 und 4 ist nicht anzuwenden.

(6) Die versicherungsmathematische Funktion kann entfallen, wenn die Pensionskasse
1. keine biometrischen Risiken selbst abdeckt und
2. weder Anlageergebnisse noch eine bestimmte Höhe der Leistungen garantiert.

(7) Personen oder Stellen, an die eine Schlüsselfunktion ausgegliedert wird, müssen die Anforderungen des § 24 Absatz 1 entsprechend erfüllen.

§ 234c Risikomanagement. (1) [1]Das Risikomanagementsystem einer Pensionskasse muss über § 26 Absatz 5 hinaus auch ökologische und soziale Risiken sowie die Unternehmensführung betreffende Risiken abdecken, soweit diese Risiken mit dem Anlageportfolio und dessen Verwaltung in Verbindung stehen. [2]Die vom Risikomanagementsystem erfassten Risiken werden auf eine Weise behandelt, die der Größe und der internen Organisation der Pensionskasse sowie der Größenordnung, der Art, dem Umfang und der Komplexität ihrer Geschäftstätigkeiten angemessen ist.

(2) Das Risikomanagementsystem hat außerdem die Risiken, die die Versorgungsanwärter und Versorgungsempfänger gemäß den Bedingungen eines Altersversorgungssystems tragen, aus der Sicht der Versorgungsanwärter und Versorgungsempfänger zu berücksichtigen.

(3) [1]Pensionskassen haben die Berichterstattung nach § 26 Absatz 1 Satz 1 und 2, die gegenüber dem Vorstand erfolgt, innerhalb eines Monats nach Vorlage beim Vorstand der Aufsichtsbehörde einzureichen. [2]Diese Pflicht entfällt für die Berichterstattung, die dem Vorstand vorgelegt wird im Zeitraum von sechs Monaten vor und nach dem Abschluss einer eigenen Risikobeurteilung nach § 234d, die für das gesamte Risikoprofil durchgeführt wird. [3]Die Aufsichtsbehörde kann Pensionskassen von der Pflicht nach Satz 1 auch ganz oder teilweise befreien, wenn dies mit den Aufsichtszielen vereinbar ist.

(4) § 26 Absatz 3, 4, 6, 7 sowie 8 Satz 2 und 3 ist nicht anzuwenden.

(5) [1]Zum Risikomanagementsystem der Pensionskasse gehört die eigene Risikobeurteilung nach § 234d. [2]§ 27 ist nicht anzuwenden.

§ 234d Eigene Risikobeurteilung. (1) [1]Zum Risikomanagementsystem einer Pensionskasse gehört eine eigene Risikobeurteilung, die zu dokumentieren ist. [2]Die eigene Risikobeurteilung ist mindestens alle drei Jahre für das gesamte Risikoprofil durchzuführen, auf Verlangen der Aufsichtsbehörde auch häufiger. [3]Die Pensionskasse hat unverzüglich eine eigene Risikobeurteilung vorzunehmen, wenn eine wesentliche Änderung
1. in ihrem Risikoprofil oder
2. im Risikoprofil der von ihr betriebenen Altersversorgungssysteme

eingetreten ist. [4]Ist im Fall des Satzes 3 Nummer 2 nur ein Altersversorgungssystem betroffen, kann die eigene Risikobeurteilung auf dieses Altersversorgungssystem beschränkt werden. [5]Die Pensionskassen informieren die Aufsichtsbehörde innerhalb von 14 Tagen nach Abschluss jeder durchgeführten eigenen Risikobeurteilung über das Ergebnis.

(2) [1]Im Rahmen der eigenen Risikobeurteilung hat die Pensionskasse
1. darzustellen, wie die eigene Risikobeurteilung in die Leitungs- und Entscheidungsprozesse der Pensionskasse einbezogen wird;

2. die Wirksamkeit des Risikomanagementsystems zu beurteilen;
3. darzustellen, wie sie Interessenkonflikte mit dem Trägerunternehmen verhindert oder mit ihnen verfährt, wenn die verantwortliche Person für eine Schlüsselfunktion zugleich eine ähnliche Aufgabe im Trägerunternehmen ausübt;
4. den gesamten Finanzierungsbedarf zu beurteilen und gegebenenfalls Maßnahmen zur Deckung des Finanzierungsbedarfs zu beschreiben;
5. die Risiken zu beurteilen, die für die Versorgungsanwärter und Versorgungsempfänger in Bezug auf die Auszahlung ihrer Altersversorgungsleistungen bestehen, sowie die Wirksamkeit von Gegenmaßnahmen einzuschätzen, wobei in die Betrachtung einzubeziehen sind die gegebenenfalls bestehenden
   a) Indexierungsmechanismen,
   b) Mechanismen zur Minderung der Anwartschaften und Ansprüche auf Versorgungsleistungen, wobei auch anzugeben ist, unter welchen Voraussetzungen und in welchem Umfang die Anwartschaften und Ansprüche gemindert werden können und wer die Minderung vornimmt;
6. eine qualitative Beurteilung der Mechanismen vorzunehmen, die zum Schutz der Anwartschaften und Ansprüche auf Versorgungsleistungen bestehen, einschließlich der zugunsten der Pensionskasse oder zugunsten der Versorgungsanwärter und Versorgungsempfänger gegebenenfalls bestehenden
   a) Garantien, bindenden Verpflichtungen oder finanziellen Unterstützung jeglicher anderer Art durch das Trägerunternehmen,
   b) Versicherungs- oder Rückversicherungsvereinbarungen mit einem Unternehmen, das unter die Richtlinie 2009/138/EG fällt, oder
   c) Abdeckung durch ein Altersversorgungssicherungssystem;
7. die operationellen Risiken qualitativ zu beurteilen;
8. die neu hinzugekommenen und die voraussichtlich hinzukommenden Risiken zu beurteilen, die dadurch bedingt sind, dass die Pensionskasse ökologische, soziale und die Unternehmensführung betreffende Faktoren bei ihren Anlageentscheidungen berücksichtigt.

[2] In die Beurteilung nach Satz 1 Nummer 8 sind unter anderem einzubeziehen Risiken im Zusammenhang mit dem Klimawandel, der Verwendung von Ressourcen und der Umwelt sowie soziale Risiken und Risiken im Zusammenhang mit der durch eine geänderte Regulierung bedingten Wertminderung von Vermögenswerten.

(3) [1] Für die Durchführung der Risikobeurteilung nach Absatz 2 hat die Pensionskasse Methoden zu verwenden, anhand deren sie diejenigen Risiken erkennen und beurteilen kann, die

1. sie kurz- oder langfristig betreffen oder betreffen könnten und
2. sich auf die Fähigkeit der Pensionskasse auswirken könnten, die Verpflichtungen zu erfüllen.

[2] Die Methoden müssen der Größenordnung, der Art, dem Umfang und der Komplexität der Tätigkeiten der Pensionskasse angemessen sein und auch die in Absatz 2 Satz 2 genannten Risiken erfassen. [3] Sie sind in der eigenen Risikobeurteilung darzustellen.

(4) Die eigene Risikobeurteilung fließt in die strategischen Entscheidungen der Pensionskasse ein.

§ 234e Ergänzende Vorschriften zur Ausgliederung. (1) Werden Tätigkeiten ausgegliedert, müssen Pensionskassen einen geeigneten Dienstleister auswählen und kontinuierlich überwachen, dass der Dienstleister die ausgegliederten Tätigkeiten ordnungsgemäß durchführt.

(2) Pensionskassen haben mit dem Dienstleister eine schriftliche, rechtlich bindende Vereinbarung über eine Ausgliederung zu schließen, die die Rechte und Pflichten der Beteiligten festlegt.

(3) § 32 Absatz 3 und § 47 Nummer 8 und 9 sind auch auf die Ausgliederung sonstiger Tätigkeiten, die diesem Gesetz unterliegen, anzuwenden.

Abschnitt 3. Besonderheiten in Bezug auf die finanzielle Ausstattung

§ 234f Allgemeines. (1) Für Pensionskassen gelten nicht die §§ 74 bis 88 und 133, 134 Absatz 4 und 5, die §§ 301 und 304 Absatz 1 Nummer 2 sowie die §§ 341 bis 352.

(2) [1] An die Stelle der §§ 89 bis 123 tritt § 234g Absatz 1 bis 3. [2] Soweit in den auf Pensionskassen anwendbaren Vorschriften auf Basiseigenmittel oder anrechnungsfähige Eigenmittel Bezug genommen wird, treten an deren Stelle die Eigenmittel nach § 234g Absatz 3.

(3) [1] Abweichend von § 134 Absatz 3 Satz 2 kann die Aufsichtsbehörde die Frist nach § 134 Absatz 3 Satz 1 um einen angemessenen Zeitraum verlängern. [2] Sie kann auf Antrag der Pensionskasse die Frist nach § 134 Absatz 2 um einen Monat verlängern. [3] Die Aufsichtsbehörde kann die Frist nach § 135 Absatz 2 Satz 1 um höchstens zwei Monate und die Frist nach § 135 Absatz 2 Satz 2 auf höchstens zwölf Monate verlängern.

(4) [1] Die Aufsichtsbehörde kann die Erlaubnis widerrufen, wenn es der Pensionskasse nicht gelingt, innerhalb von drei Monaten nach Feststellung der Nichtbedeckung der Mindestkapitalanforderung den genehmigten Finanzierungsplan zu erfüllen. [2] Die Aufsichtsbehörde hat die Erlaubnis zu widerrufen, wenn sie der Auffassung ist, dass der vorgelegte Finanzierungsplan offensichtlich unzureichend ist, oder wenn es der Pensionskasse nicht gelingt, innerhalb von zwölf Monaten nach Feststellung der Nichtbedeckung der Mindestkapitalanforderung den genehmigten Finanzierungsplan zu erfüllen.

§ 234g Solvabilitätskapitalanforderung, Mindestkapitalanforderung und Eigenmittel. (1) Pensionskassen müssen stets über Eigenmittel mindestens in Höhe der Solvabilitätskapitalanforderung verfügen.

(2) [1] Die Solvabilitätskapitalanforderung wird durch die Rechtsverordnung zu § 235 Absatz 1 Nummer 1 bestimmt. [2] Ein Drittel der Solvabilitätskapitalanforderung gilt als Mindestkapitalanforderung.

(3) [1] Zur Ermittlung der Eigenmittel ist § 214 mit Ausnahme von Absatz 1 Satz 1 Nummer 8 Buchstabe b anzuwenden. [2] In § 214 Absatz 1 Satz 1 Nummer 8 Buchstabe d treten dabei die nach § 235 Absatz 1 erlassenen Vorschriften an die Stelle der nach § 217 Satz 1 erlassenen Vorschriften.

(4) Pensionskassen haben der Aufsichtsbehörde jährlich eine Berechnung der Solvabilitätskapitalanforderung vorzulegen und ihr die Eigenmittel nachzuweisen.

§ 234h Ergänzende allgemeine Anlagegrundsätze. (1) [1] Pensionskassen haben die Vermögenswerte zum größtmöglichen langfristigen Nutzen der Versorgungsanwärter und Versorgungsempfänger insgesamt anzulegen. [2] Im Fall eines Interessenkonflikts sorgt die Pensionskasse oder die Stelle, die ihr Vermögen verwaltet, dafür, dass die Anlage ausschließlich im Interesse der Versorgungsanwärter und Versorgungsempfänger erfolgt.

(2) Bei Anlagen in derivative Finanzinstrumente ist eine übermäßige Risikokonzentration in Bezug auf eine einzelne Gegenpartei und in Bezug auf andere Derivatgeschäfte zu vermeiden.

(3) Bei ihren Anlageentscheidungen können Pensionskassen im Rahmen des Grundsatzes der unternehmerischen Vorsicht den möglichen langfristigen Auswirkungen auf ökologische, soziale und die Unternehmensführung betreffende Belange Rechnung tragen.

(4) § 124 Absatz 1 Satz 2 Nummer 1 Buchstabe b und Nummer 4 sowie Absatz 2 Satz 1 ist nicht anzuwenden.

§ 234i Anlagepolitik. [1] Pensionskassen haben der Aufsichtsbehörde eine Erklärung zu den Grundsätzen ihrer Anlagepolitik vorzulegen

1. spätestens vier Monate nach Ende eines Geschäftsjahres und
2. unverzüglich nach einer wesentlichen Änderung der Anlagepolitik.

[2] In der Erklärung ist zumindest einzugehen auf das Verfahren der Risikobewertung und der Risikosteuerung, auf die Strategie sowie auf die Frage, wie die Anlagepolitik ökologischen, sozialen und die Unternehmensführung betreffenden Belangen Rechnung trägt. [3] Pensionskassen müssen die Erklärung öffentlich zugänglich machen. [4] Spätestens nach drei Jahren ist die Erklärung zu überprüfen.

§ 234j Besondere Vorschriften zum Sicherungsvermögen. (1) [1] Das Sicherungsvermögen darf nur angelegt werden in

1. den Anlageformen, die in § 215 Absatz 2 Satz 1 Nummer 1 bis 7 genannt sind, und
2. sonstigen Anlagen, die nach der Rechtsverordnung zu § 235 Absatz 1 Nummer 10 zugelassen sind.

[2] Darüber hinaus darf das Sicherungsvermögen nur angelegt werden, soweit dies die Aufsichtsbehörde bei Vorliegen außergewöhnlicher Umstände im Einzelfall auf Antrag vorübergehend gestattet.

(2) § 125 Absatz 1 Satz 2 und 3 und § 131 sind nicht anzuwenden.

(3) [1] Pensionskassen haben über ihre gesamten Vermögensanlagen, aufgegliedert in Neuanlagen und Bestände, zu berichten. [2] Die Pflichten nach § 126 Absatz 2 bleiben unberührt.

Abschnitt 4. Informationspflichten gegenüber Versorgungsanwärtern und Versorgungsempfängern

§ 234k Anforderungen an zu erteilende Informationen. (1) Die nach diesem Abschnitt vorgeschriebenen Informationen über ein Altersversorgungssystem müssen

1. in deutscher Sprache gefasst sein;
2. klar, prägnant und verständlich formuliert sein, wobei fachsprachliche Begriffe oder Wendungen nicht verwendet werden, wenn der Sachverhalt auch in Allgemeinsprache dargestellt werden kann;

3. schlüssig sein, wobei Begriffe und Bezeichnungen einheitlich verwendet und beibehalten werden;
4. in lesefreundlicher Form aufgemacht werden;
5. regelmäßig aktualisiert werden.

(2) Die Informationen dürfen nicht irreführend sein.

(3) Die vorgeschriebenen Informationen werden kostenlos zur Verfügung gestellt.

(4) Die Vorschriften dieses Abschnitts sind nicht anzuwenden auf Altersversorgungssysteme, die von der Pensionskasse grenzüberschreitend im Sinne des § 241 betrieben werden.

§ 234l Allgemeine Informationen zu einem Altersversorgungssystem. (1) Für jedes betriebene Altersversorgungssystem stellt die Pensionskasse den Versorgungsanwärtern und Versorgungsempfängern allgemeine Informationen über das Altersversorgungssystem zur Verfügung.

(2) Die Pensionskasse teilt den Versorgungsanwärtern und Versorgungsempfängern innerhalb einer angemessenen Frist alle für sie maßgeblichen Informationen zu geänderten Bestimmungen des Altersversorgungssystems mit.

(3) Werden die Methoden und Annahmen zur Berechnung der versicherungstechnischen Rückstellungen wesentlich geändert, stellt die Pensionskasse eine Erläuterung zu den damit verbundenen Auswirkungen auf die Versorgungsanwärter und Versorgungsempfänger innerhalb einer angemessenen Frist zur Verfügung.

§ 234m Information der Versorgungsanwärter bei Beginn des Versorgungsverhältnisses. (1) Die Pensionskasse stellt dem Versorgungsanwärter bei Beginn des Versorgungsverhältnisses folgende Informationen zur Verfügung:
1. Name, Anschrift, Rechtsform und Sitz der Pensionskasse,
2. die Vertragsbedingungen einschließlich der Tarifbestimmungen, soweit sie für das Versorgungsverhältnis gelten, sowie die Angabe des auf den Vertrag anwendbaren Rechts,
3. Angaben zur Laufzeit des Versorgungsverhältnisses,
4. allgemeine Angaben über die für das Versorgungsverhältnis geltenden Steuerregeln,
5. die mit dem Altersversorgungssystem verbundenen finanziellen, versicherungstechnischen und sonstigen Risiken sowie die Art und Aufteilung der Risiken,
6. allgemeine Angaben darüber, inwieweit die Leistungen im Versorgungsfall der Beitragspflicht in der gesetzlichen Kranken- und Pflegeversicherung unterliegen.

(2) Wurde der Versorgungsanwärter automatisch in das Altersversorgungssystem aufgenommen, erhält er außerdem folgende Informationen:
1. die ihm zustehenden Wahlmöglichkeiten einschließlich der Anlageoptionen,
2. die wesentlichen Merkmale des Altersversorgungssystems einschließlich der Art der Leistungen,

3. Angaben dazu, ob und inwieweit die Anlagepolitik Belangen aus den Bereichen Umwelt, Klima, Soziales und Unternehmensführung Rechnung trägt,
4. Angaben dazu, wo weitere Informationen erhältlich sind.

§ 234n Information vor dem Beitritt zu einem Altersversorgungssystem. Die Pensionskasse stellt sicher, dass Versorgungsanwärtern, die nicht automatisch in das Altersversorgungssystem aufgenommen werden, die in § 234m Absatz 2 bezeichneten Informationen zur Verfügung gestellt werden, bevor sie dem Altersversorgungssystem beitreten.

§ 234o Information der Versorgungsanwärter während der Anwartschaftsphase. (1) [1] Pensionskassen stellen dem Versorgungsanwärter mindestens alle zwölf Monate die für ihn wesentlichen Informationen über den Stand seines Versorgungsverhältnisses zur Verfügung. [2] Die Informationen werden in knapper, präziser Form zusammengestellt und die Überschrift „Renteninformation" vorangestellt.

(2) Die Renteninformation muss den Besonderheiten der gesetzlichen Altersversorgungssysteme und dem Arbeits-, Sozial- und Steuerrecht Rechnung tragen.

(3) [1] Die Pensionskasse hat in die Renteninformation eine Projektion der Altersversorgungsleistungen bis zum voraussichtlichen Renteneintrittsalter aufzunehmen. [2] Sie muss in deutlicher Form darauf hinweisen, dass
1. die Angaben in der Projektion nicht garantiert sind und die endgültige Höhe der Altersversorgungsleistungen von der Projektion abweichen kann sowie
2. der Versorgungsanwärter aus der Projektion keine Ansprüche gegen die Pensionskasse ableiten kann.

(4) Enthält die Renteninformation wesentliche Änderungen gegenüber den Informationen der vorherigen Renteninformation, werden diese deutlich kenntlich gemacht.

(5) [1] Darüber, in welcher Form die Altersversorgungsleistungen bezogen werden können, informiert die Pensionskasse den Versorgungsanwärter rechtzeitig vor Erreichen des Termins, ab dem voraussichtlich Altersversorgungsleistungen bezogen werden. [2] Sie hat die Informationen auch auf Anfrage des Versorgungsanwärters mitzuteilen.

§ 234p Information der Versorgungsempfänger. (1) Die Pensionskasse unterrichtet den Versorgungsempfänger regelmäßig über die ihm zustehenden Leistungen und über etwaige Wahlrechte, in welcher Form die Leistungen bezogen werden können.

(2) Die Pensionskasse informiert die Versorgungsempfänger über eine Kürzung der ihnen zustehenden Leistungen
1. unverzüglich nach der endgültigen Entscheidung über die Kürzung und
2. drei Monate vor dem Stichtag, an dem die Kürzung wirksam wird.

(3) Tragen die Versorgungsempfänger in der Auszahlungsphase ein wesentliches Anlagerisiko, werden sie von der Pensionskasse regelmäßig angemessen informiert.

Abschnitt 5. Verordnungsermächtigungen

§ 235 Verordnungsermächtigungen zur Finanzaufsicht. (1) Das Bundesministerium der Finanzen wird ermächtigt, für Pensionskassen durch Rechtsverordnung Vorschriften zu erlassen

1. über die Berechnung und die Höhe der Solvabilitätskapitalanforderung;
2. über den maßgebenden Mindestbetrag der Mindestkapitalanforderung sowie über seine Berechnung;
3. darüber, wie nicht in der Bilanz ausgewiesene Eigenmittel errechnet werden und in welchem Umfang sie auf die Solvabilitätskapitalanforderung und die Mindestkapitalanforderung angerechnet werden dürfen;
4. über einen oder mehrere Höchstwerte für den Rechnungszins bei Versicherungsverträgen mit Zinsgarantie;
5. über weitere Vorgaben zur Ermittlung der Diskontierungszinssätze nach § 341f Absatz 2 des Handelsgesetzbuchs[1];
6. über die Höchstbeträge für die Zillmerung;
7. über die versicherungsmathematischen Rechnungsgrundlagen und die Bewertungsansätze für die Deckungsrückstellung;
8. darüber, wie bei Pensionskassen, bei denen vertraglich sowohl Arbeitnehmer als auch Arbeitgeber zur Prämienzahlung verpflichtet sind, für Lebensversicherungsverträge, denen kein genehmigter Geschäftsplan zugrunde liegt, der auf die Arbeitnehmer entfallende Teil der überrechnungsmäßigen Erträge zu bestimmen ist und welche Beteiligung der Arbeitnehmer an diesen Erträgen angemessen im Sinne des § 140 Absatz 2 ist;
9. über die versicherungsmathematischen Methoden zur Berechnung der Prämien einschließlich der Prämienänderungen und der versicherungstechnischen Rückstellungen im Sinne der §§ 341e bis 341h des Handelsgesetzbuchs[1], insbesondere der Deckungsrückstellung, bei Pensionskassen mit kollektiven Finanzierungssystemen für Lebensversicherungsverträge, denen kein genehmigter Geschäftsplan zugrunde liegt, insbesondere darüber wie die maßgeblichen Annahmen zur Sterblichkeit, zur Alters- und Geschlechtsabhängigkeit des Risikos und zur Stornowahrscheinlichkeit, die Annahmen über die Zusammensetzung des Bestandes und des Neuzugangs, der Zinssatz einschließlich der Höhe der Sicherheitszuschläge und die Grundsätze für die Bemessung der sonstigen Zuschläge zu berücksichtigen sind;
10. über Anlagegrundsätze qualitativer und quantitativer Art für das Sicherungsvermögen ergänzend zu § 124 Absatz 1 Satz 1 und 2 Nummer 1 Buchstabe a, Nummer 2, 3, 5 bis 8 sowie § 234h Absatz 1 bis 3, um die Kongruenz sowie die dauernde Erfüllbarkeit des jeweiligen Geschäftsplans sicherzustellen, wobei die Anlageformen des § 215 Absatz 2 Satz 1 Nummer 1 bis 7 und weitere durch diese Verordnung zugelassene Anlageformen sowie die Festlegungen im Geschäftsplan hinsichtlich des Anlagerisikos und des Trägers dieses Risikos zu berücksichtigen sind, sowie über Beschränkungen von Anlagen beim Trägerunternehmen;
11. über den Inhalt der Prüfungsberichte gemäß § 35 Absatz 1, soweit dies zur Erfüllung der Aufgaben der Aufsichtsbehörde erforderlich ist, insbesondere,

---

[1] Nr. **16**.

um einheitliche Unterlagen zur Beurteilung der von den Pensionskassen durchgeführten Versicherungsgeschäfte zu erhalten;
12. über den Inhalt, die Form und die Stückzahl der gemäß § 234g Absatz 4 zu erstellenden Solvabilitätsübersicht und des Berichts über die Vermögensanlagen sowie die Frist für die Einreichung bei der Aufsichtsbehörde und
13. über die Art und Weise der Datenübermittlung, die zu verwendenden Datenformate sowie die einzuhaltende Datenqualität.

(2) [1] Die Ermächtigung kann durch Rechtsverordnung auf die Bundesanstalt übertragen werden. [2] Rechtsverordnungen nach Absatz 1 Satz 1 und nach Satz 1 bedürfen nicht der Zustimmung des Bundesrates. [3] Rechtsverordnungen nach Absatz 1 Satz 1 Nummer 9 und 11 und nach Satz 1, soweit sie die Ermächtigung nach Absatz 1 Satz 1 Nummer 9 und 11 erfassen, ergehen im Einvernehmen mit dem Bundesministerium der Justiz und für Verbraucherschutz.

§ 235a Verordnungsermächtigung zu den Informationspflichten.
[1] Das Bundesministerium der Finanzen wird ermächtigt, im Einvernehmen mit dem Bundesministerium für Arbeit und Soziales für Pensionskassen, die nicht der Aufsicht durch die Aufsichtsbehörden der Länder unterliegen, durch Rechtsverordnung Vorschriften zu erlassen
1. über Inhalt, Aufbau und Gestaltung der Informationen nach § 234l Absatz 1,
2. über Inhalt, Aufbau und Gestaltung der Renteninformation nach § 234o Absatz 1 bis 3,
3. über Inhalt und Frequenz der Unterrichtung nach § 234p Absatz 1 und 3,
4. darüber, welche Informationen über § 234m Absatz 1 oder 2 hinaus bei Beginn des Versorgungsverhältnisses zu erteilen sind,
5. darüber, welche Informationen dem Versorgungsanwärter im Fall des § 234n zusätzlich vor dem Beitritt zum Altersversorgungssystem zu erteilen sind,
6. darüber, welche weiteren Informationen die Pensionskasse dem Versorgungsanwärter oder dem Versorgungsempfänger auf Anfrage zu erteilen hat,
7. darüber, wie Informationen dem Versorgungsanwärter oder dem Versorgungsempfänger zur Verfügung zu stellen sind, und
8. über die Festlegung der Annahmen, die den Projektionen nach § 234o Absatz 3 zugrunde zu legen sind.

[2] Rechtsverordnungen nach Satz 1 bedürfen nicht der Zustimmung des Bundesrates.

Kapitel 2. Pensionsfonds

§ 236 Pensionsfonds. (1) [1] Ein Pensionsfonds im Sinne dieses Gesetzes ist eine rechtsfähige Versorgungseinrichtung, die
1. im Wege des Kapitaldeckungsverfahrens Leistungen der betrieblichen Altersversorgung für einen oder mehrere Arbeitgeber zugunsten von Arbeitnehmern erbringt,
2. die Höhe der Leistungen oder die Höhe der für diese Leistungen zu entrichtenden künftigen Beiträge nicht für alle vorgesehenen Leistungsfälle durch versicherungsförmige Garantien zusagen darf,
3. den Arbeitnehmern einen eigenen Anspruch auf Leistung gegen den Pensionsfonds einräumt und

4. verpflichtet ist, die Altersversorgungsleistung als lebenslange Zahlung oder als Einmalkapitalzahlung zu erbringen.

[2] Eine lebenslange Zahlung im Sinne des Satzes 1 Nummer 4 kann mit einem teilweisen oder vollständigen Kapitalwahlrecht verbunden werden. [3] Pensionsfonds dürfen auch Sterbegeldzahlungen an Hinterbliebene erbringen, wobei das Sterbegeld begrenzt ist auf die Höhe der gewöhnlichen Bestattungskosten.

(2) [1] Pensionsfonds können Altersversorgungsleistungen abweichend von Absatz 1 Satz 1 Nummer 4 erbringen, solange Beitragszahlungen durch den Arbeitgeber auch in der Rentenbezugszeit vorgesehen sind. [2] Ein fester Termin für das Zahlungsende darf nicht vorgesehen werden. [3] Satz 1 gilt nicht für Zusagen im Sinne des § 1 Absatz 2 Nummer 2 des Betriebsrentengesetzes.

(3) [1] Bei Zusagen im Sinne des § 1 Absatz 2 Nummer 2 des Betriebsrentengesetzes können Pensionsfonds lebenslange Zahlungen als Altersversorgungsleistungen abweichend von Absatz 1 Satz 1 Nummer 4 erbringen, wenn

1. die zuständigen Tarifvertragsparteien zustimmen,
2. der Pensionsplan eine lebenslange Zahlung sowie eine Mindesthöhe dieser lebenslangen Zahlung (Mindesthöhe) zur Auszahlung des nach § 1 Absatz 2 Nummer 2 des Betriebsrentengesetzes zur Verfügung zu stellenden Versorgungskapitals vorsieht,
3. eine planmäßige Verwendung dieses Versorgungskapitals sowie der darauf entfallenden Zinsen und Erträge für laufende Leistungen festgelegt ist und
4. der Pensionsfonds die Zusage des Arbeitgebers nachweist, selbst für die Erbringung der Mindesthöhe einzustehen, und die Zustimmung der Tarifvertragsparteien nach Nummer 1 der Aufsichtsbehörde vorlegt.

[2] Absatz 2 Satz 2 gilt entsprechend.

(4) Als Arbeitnehmer im Sinne dieser Vorschrift gelten auch ehemalige Arbeitnehmer sowie die unter § 17 Absatz 1 Satz 2 des Betriebsrentengesetzes fallenden Personen.

(5) Pensionsfonds bedürfen zum Geschäftsbetrieb der Erlaubnis der Aufsichtsbehörde.

(6) [1] Das Bundesministerium der Finanzen wird ermächtigt, durch Rechtsverordnung im Fall des Absatzes 3 nähere Bestimmungen zu erlassen zu

1. einer Auszahlungsbegrenzung des Pensionsfonds für den Fall, dass der Arbeitgeber die Mindesthöhe zu erbringen hat,
2. Vorschriften für die Ermittlung und Anpassung der lebenslangen Zahlung sowie für die Ermittlung der Mindesthöhe,
3. Form und Inhalt der Zusage des Arbeitgebers, selbst für die Erbringung der Mindesthöhe einzustehen, sowie des Nachweises dieser Zusage.

[2] Die Ermächtigung kann durch Rechtsverordnung auf die Bundesanstalt übertragen werden. [3] Diese erlässt die Vorschriften im Benehmen mit den Versicherungsaufsichtsbehörden der Länder. [4] Rechtsverordnungen nach den Sätzen 1 bis 3 bedürfen nicht der Zustimmung des Bundesrates.

§ 237 Anzuwendende Vorschriften. (1) [1] Für Pensionsfonds gelten die auf Lebensversicherungsunternehmen, die Pensionskassen sind, anwendbaren Vorschriften entsprechend, soweit dieser Teil keine abweichenden Regelungen enthält. [2] Dabei treten

1. die Pensionspläne an die Stelle der allgemeinen Versicherungsbedingungen,
2. die Belange der Versorgungsanwärter und Versorgungsempfänger an die Stelle der Belange der Versicherten,
3. die Versorgungsverhältnisse an die Stelle der Versicherungsverhältnisse.

[3] Pensionspläne sind die im Rahmen des Geschäftsplans ausgestalteten Bedingungen zur planmäßigen Leistungserbringung im Versorgungsfall.

(2) Nicht anwendbar sind § 8 Absatz 2, § 10 Absatz 4, § 13 Absatz 2, § 125 Absatz 5 und 6, § 139 Absatz 3 und 4, die §§ 210, 232 und 233, 234 Absatz 3 Satz 1, 2 und 4 sowie Absatz 5 und 6, die §§ 234i und 234j Absatz 1, die §§ 235 und 312 Absatz 4 Satz 1, 3 und 4 sowie Absatz 5 Satz 2 und § 313.

(3) [1] Die Erlaubnis zum Geschäftsbetrieb darf nur Aktiengesellschaften einschließlich der Europäischen Gesellschaft und Pensionsfondsvereinen auf Gegenseitigkeit erteilt werden. [2] Auf Pensionsfondsvereine sind die Vorschriften über Versicherungsvereine auf Gegenseitigkeit entsprechend anzuwenden, soweit nichts anderes bestimmt ist.

(4) [1] In § 140 Absatz 2 tritt die auf Grund des § 240 Satz 1 Nummer 7 erlassene Rechtsverordnung an die Stelle der auf Grund des § 145 Absatz 2 erlassenen Rechtsverordnung. [2] In § 141 Absatz 5 Satz 1 Nummer 1 und 2 treten die Grundsätze der auf Grund des § 240 Satz 1 Nummer 10 bis 12 erlassenen Rechtsverordnung an die Stelle der Grundsätze der auf Grund des § 88 Absatz 3 erlassenen Rechtsverordnung.

§ 238 Finanzielle Ausstattung. (1) [1] Für Pensionsfonds treten die Absätze 2 bis 5 an die Stelle des § 234g. [2] In § 234f Absatz 2 Satz 2 tritt Absatz 4 an die Stelle von § 234g Absatz 3.

(2) Pensionsfonds müssen stets über Eigenmittel mindestens in Höhe der Solvabilitätskapitalanforderung verfügen, die sich nach dem gesamten Geschäftsumfang bemisst.

(3) [1] Die Solvabilitätskapitalanforderung wird durch die Rechtsverordnung zu § 240 Satz 1 Nummer 9 bestimmt. [2] Ein Drittel der Solvabilitätskapitalanforderung gilt als Mindestkapitalanforderung.

(4) Für die Ermittlung der Eigenmittel ist die auf Grund des § 240 Satz 1 Nummer 9 erlassene Rechtsverordnung maßgebend.

(5) Pensionsfonds haben der Aufsichtsbehörde jährlich eine Berechnung der Solvabilitätskapitalanforderung vorzulegen und ihr die Eigenmittel nachzuweisen.

§ 239 Vermögensanlage. (1) [1] Pensionsfonds haben unter Berücksichtigung der jeweiligen Pensionspläne Sicherungsvermögen zu bilden. [2] Sie haben dafür zu sorgen, dass die Bestände der Sicherungsvermögen in einer der Art und Dauer der zu erbringenden Altersversorgung entsprechenden Weise unter Berücksichtigung der Festlegungen des jeweiligen Pensionsplans angelegt werden.

(2) [1] Pensionsfonds haben der Aufsichtsbehörde eine Erklärung zu den Grundsätzen ihrer Anlagepolitik vorzulegen

1. spätestens vier Monate nach Ende eines Geschäftsjahres und
2. unverzüglich nach einer wesentlichen Änderung der Anlagepolitik.

[2]Die Erklärung muss Angaben enthalten über das Verfahren zur Risikobewertung und zur Risikosteuerung sowie zur Strategie in Bezug auf den jeweiligen Pensionsplan, insbesondere die Aufteilung der Vermögenswerte je nach Art und Dauer der Altersversorgungsleistungen. [3]Außerdem ist auf die Frage einzugehen, wie die Anlagepolitik ökologischen, sozialen und die Unternehmensführung betreffenden Belangen Rechnung trägt. [4]Pensionsfonds müssen die Erklärung öffentlich zugänglich machen. [5]Spätestens nach drei Jahren ist die Erklärung zu überprüfen.

(3) [1]Die dauernde Erfüllbarkeit eines Pensionsplans kann auch bei einer vorübergehenden Unterdeckung als gewährleistet angesehen werden, wenn die Unterdeckung 5 Prozent des Betrags der versicherungstechnischen Rückstellungen im Sinne der §§ 341e bis 341h des Handelsgesetzbuchs[1)] nicht übersteigt und die Belange der Versorgungsanwärter und Versorgungsempfänger gewahrt sind. [2]In diesem Fall ist ein zwischen Arbeitgeber und Pensionsfonds vereinbarter Plan zur Wiederherstellung der Bedeckung des Sicherungsvermögens (Bedeckungsplan) erforderlich, der der Genehmigung der Aufsichtsbehörde bedarf. [3]Der Plan muss folgende Bedingungen erfüllen:

1. aus dem Plan muss hervorgehen, wie die zur vollständigen Bedeckung der versicherungstechnischen Rückstellungen im Sinne der §§ 341e bis 341h des Handelsgesetzbuchs[1)] erforderliche Höhe der Vermögenswerte innerhalb eines angemessenen Zeitraums erreicht werden soll; der Zeitraum darf drei Jahre nicht überschreiten, und
2. bei der Erstellung des Plans ist die besondere Situation des Pensionsfonds zu berücksichtigen, insbesondere die Struktur seiner Aktiva und Passiva, sein Risikoprofil, sein Liquiditätsplan, das Altersprofil der Versorgungsberechtigten sowie gegebenenfalls die Tatsache, dass es sich um ein neu geschaffenes System handelt.

[4]Die Genehmigung ist zu erteilen, wenn durch den Arbeitgeber die Erfüllung der Nachschusspflicht zur vollständigen Bedeckung der versicherungstechnischen Rückstellungen im Sinne der §§ 341e bis 341h des Handelsgesetzbuchs[1)] durch Bürgschaft oder Garantie eines geeigneten Kreditinstituts oder in anderer geeigneter Weise sichergestellt ist. [5]Der Pensionsfonds hat dem Pensionssicherungsverein die Vereinbarung unverzüglich zur Kenntnis zu geben.

(4) [1]Für Pensionspläne nach § 236 Absatz 2 ist Absatz 3 mit der Maßgabe anzuwenden, dass die Unterdeckung 10 Prozent des Betrags der versicherungstechnischen Rückstellungen im Sinne der §§ 341e bis 341h des Handelsgesetzbuchs[1)] nicht übersteigt. [2]Die Frist, bis zu der die vollständige Bedeckung wieder erreicht werden muss, kann von der Aufsichtsbehörde verlängert werden; sie darf insgesamt zehn Jahre nicht überschreiten.

§ 240 Verordnungsermächtigung. [1]Das Bundesministerium der Finanzen wird ermächtigt, für Pensionsfonds, die nicht der Aufsicht durch die Aufsichtsbehörden der Länder unterliegen, durch Rechtsverordnung Vorschriften zu erlassen über

1. den Wortlaut der versicherungsmathematischen Bestätigung, den Inhalt, den Umfang und die Vorlagefrist des Erläuterungsberichts gemäß § 141 Absatz 5 Satz 1 Nummer 2 sowie über den Inhalt, den Umfang und die

---

1) Nr. **16**.

Vorlagefrist des Berichts gemäß § 141 Absatz 5 Satz 1 Nummer 4, jeweils in Verbindung mit § 237 Absatz 1;

2. die Buchführung, den Inhalt, die Form und die Stückzahl des bei der Aufsichtsbehörde einzureichenden internen Berichts, bestehend aus einer für Aufsichtszwecke gegliederten Bilanz und einer Gewinn-und-Verlustrechnung sowie besonderen Erläuterungen zur Bilanz und zur Gewinn-und-Verlustrechnung, soweit dies zur Durchführung der Aufsicht nach diesem Gesetz erforderlich ist;
3. den Inhalt, die Form und die Stückzahl des bei der Aufsichtsbehörde vierteljährlich einzureichenden internen Zwischenberichts, bestehend aus einer Zusammenstellung von aktuellen Buchhaltungs- und Bestandsdaten sowie aus Angaben über die Anzahl der Versorgungsfälle, soweit dies zur Durchführung der Aufsicht nach diesem Gesetz erforderlich ist;
4. den Inhalt des Prüfungsberichts nach § 341k des Handelsgesetzbuchs[1], soweit dies zur Durchführung der Aufsicht nach diesem Gesetz erforderlich ist, insbesondere, um einheitliche Unterlagen zur Beurteilung der von den Pensionsfonds durchgeführten Geschäfte zu erhalten;
5. den Inhalt des Prüfungsberichts gemäß § 35 Absatz 1 Satz 1, soweit dies zur Erfüllung der Aufgaben der Aufsichtsbehörde erforderlich ist, insbesondere, um einheitliche Unterlagen zur Beurteilung der von den Pensionsfonds durchgeführten Geschäfte zu erhalten;
6. die Art und Weise der Datenübermittlung, die zu verwendenden Datenformate sowie die einzuhaltende Datenqualität;
7. die Zuführung zur Rückstellung für Beitragsrückerstattung gemäß § 145 Absatz 2 in Verbindung mit § 237 Absatz 1;
8. Anlagegrundsätze qualitativer und quantitativer Art für das Sicherungsvermögen ergänzend zu § 124 Absatz 1 Satz 1 und 2 Nummer 1 Buchstabe a, Nummer 2, 3, 5 bis 8 sowie § 234h Absatz 1 bis 3, um die Kongruenz und die dauernde Erfüllbarkeit des jeweiligen Pensionsplans sicherzustellen, wobei die Anlageformen des § 215 Absatz 2 Satz 1 Nummer 1 bis 7 sowie weitere durch diese Verordnung zugelassene Anlageformen sowie die Festlegungen im Pensionsplan hinsichtlich des Anlagerisikos und des Trägers dieses Risikos zu berücksichtigen sind, sowie über Beschränkungen von Anlagen beim Trägerunternehmen; Artikel 18 der Richtlinie 2003/41/EG ist zu beachten;
9. die Berechnung und die Höhe der Solvabilitätskapitalanforderung, den für Pensionsfonds maßgeblichen Mindestbetrag der Mindestkapitalanforderung sowie damit zusammenhängende Genehmigungsbefugnisse einschließlich des Verfahrens, darüber, was als Eigenmittel im Sinne des § 238 Absatz 2 anzusehen ist, darüber, dass der Aufsichtsbehörde über die Solvabilitätskapitalanforderung und die Eigenmittel zu berichten ist sowie über die Form und den Inhalt und die Frist für die Einreichung dieses Berichts bei der Aufsichtsbehörde;
10. Höchstwerte für den Rechnungszins bei Verträgen mit Zinsgarantie;
11. weitere Vorgaben zur Ermittlung der Diskontierungszinssätze nach § 341f Absatz 2 des Handelsgesetzbuchs[1] sowie

---

[1] Nr. **16**.

12. die versicherungsmathematischen Rechnungsgrundlagen und die Bewertungsansätze für die Deckungsrückstellung.

[2] Die Ermächtigung kann durch Rechtsverordnung auf die Bundesanstalt übertragen werden. [3] Rechtsverordnungen nach den Sätzen 1 und 2 bedürfen nicht der Zustimmung des Bundesrates. [4] Rechtsverordnungen nach Satz 1 Nummer 4 und 10 bis 12 und nach Satz 2, soweit sie die Ermächtigungen nach Satz 1 Nummer 4 und 10 bis 12 erfassen, ergehen im Einvernehmen mit dem Bundesministerium der Justiz und für Verbraucherschutz.

Kapitel 3. Grenzüberschreitende Geschäftstätigkeit von Einrichtungen der betrieblichen Altersversorgung und grenzüberschreitende Übertragung von Beständen

§ 241 Grenzüberschreitende Geschäftstätigkeit. (1) [1] Grenzüberschreitende Geschäftstätigkeit einer Einrichtung der betrieblichen Altersversorgung liegt vor, wenn sie ein Altersversorgungssystem betreibt, bei dem der Tätigkeitsstaat ein anderer Mitglied- oder Vertragsstaat als der Herkunftsstaat der Einrichtung ist. [2] Tätigkeitsstaat ist der Mitglied- oder Vertragsstaat, dessen sozial- und arbeitsrechtliche Vorschriften im Bereich der betrieblichen Altersversorgung auf die Beziehung zwischen dem Trägerunternehmen und seinen Versorgungsanwärtern und Versorgungsempfängern angewendet werden.

(2) [1] Auf Pensionskassen und Pensionsfonds sind die §§ 57 bis 60 nicht anwendbar. [2] Für Einrichtungen der betrieblichen Altersversorgung, deren Herkunftsstaat ein anderer Mitglied- oder Vertragsstaat ist, sind die §§ 61 bis 66 nicht anwendbar.

§ 242 Grenzüberschreitende Geschäftstätigkeit von Pensionskassen und Pensionsfonds. (1) [1] Pensionskassen und Pensionsfonds haben ihre Absicht, für ein Trägerunternehmen die betriebliche Altersversorgung im Wege der grenzüberschreitenden Geschäftstätigkeit durchzuführen, der Aufsichtsbehörde anzuzeigen. [2] Dabei haben sie anzugeben

1. den Tätigkeitsstaat,
2. Name und Standort der Hauptverwaltung des Trägerunternehmens und
3. die Hauptmerkmale des Altersversorgungssystems, das für das Trägerunternehmen betrieben werden soll.

[3] Die Aufsichtsbehörde prüft, ob die beabsichtigte Geschäftstätigkeit rechtlich zulässig ist und ob die Verwaltungsstruktur, die Finanzlage sowie die Zuverlässigkeit und die fachliche Eignung der Geschäftsleiter der beabsichtigten grenzüberschreitenden Geschäftstätigkeit angemessen sind. [4] Sie kann verlangen, dass für das zu betreibende Altersversorgungssystem ein gesondertes Sicherungsvermögen einzurichten ist. [5] Auf die grenzüberschreitende Geschäftstätigkeit einer Pensionskasse ist § 232 Absatz 1 Nummer 2 und 3 nicht anzuwenden. [6] Im Fall eines Pensionsfonds sind § 236 Absatz 1 Satz 1 Nummer 2 bis 4 und Satz 2 sowie Absatz 2 und § 239 Absatz 3 und 4 nicht anzuwenden.

(2) [1] Sobald die Anzeige nach Absatz 1 Satz 1 und 2 vollständig vorliegt, entscheidet die Aufsichtsbehörde innerhalb von drei Monaten, ob die Anforderungen nach Absatz 1 Satz 3 erfüllt sind. [2] Sind die Anforderungen erfüllt, übermittelt sie die Angaben nach Absatz 1 Satz 2 den zuständigen Behörden des Tätigkeitsstaats und teilt der Pensionskasse oder dem Pensionsfonds mit, dass

diese Behörden informiert wurden. [3] Andernfalls untersagt sie der Pensionskasse oder dem Pensionsfonds die Aufnahme der grenzüberschreitenden Geschäftstätigkeit.

(3) [1] Im Fall des Absatzes 2 Satz 2 übermittelt die Aufsichtsbehörde der Pensionskasse oder dem Pensionsfonds die von den zuständigen Behörden des Tätigkeitsstaats erteilten Informationen über

1. die einschlägigen arbeits- und sozialrechtlichen Vorschriften im Bereich der betrieblichen Altersversorgung, die bei der Durchführung des für das Trägerunternehmen betriebenen Altersversorgungssystems einzuhalten sind, sowie
2. die Vorschriften des Tätigkeitsstaats, die nach Titel IV der Richtlinie (EU) 2016/2341 erlassen worden sind.

[2] Pensionskassen und Pensionsfonds sind berechtigt, die grenzüberschreitende Geschäftstätigkeit im Einklang mit den in Satz 1 Nummer 1 und 2 genannten Vorschriften aufzunehmen, sobald ihnen die Mitteilung der Aufsichtsbehörde nach Satz 1 vorliegt, spätestens aber sechs Wochen, nachdem sie die Mitteilung nach Absatz 2 Satz 2 erhalten haben.

(4) Wird die Aufsichtsbehörde von den zuständigen Behörden des Tätigkeitsstaats über wesentliche Änderungen der in Absatz 3 Satz 1 Nummer 1 und 2 genannten Vorschriften benachrichtigt, hat sie diese Informationen an die Pensionskasse oder an den Pensionsfonds weiterzuleiten.

(5) [1] Die Aufsichtsbehörde trifft in Abstimmung mit den zuständigen Behörden des Tätigkeitsstaats die erforderlichen Maßnahmen, um sicherzustellen, dass die Pensionskasse oder der Pensionsfonds die von den zuständigen Behörden des Tätigkeitsstaats festgestellten Verstöße gegen die in Absatz 3 Satz 1 Nummer 1 und 2 genannten Vorschriften unterbindet. [2] Die Aufsichtsbehörde kann die grenzüberschreitende Geschäftstätigkeit untersagen oder einschränken, wenn die Pensionskasse oder der Pensionsfonds die Anforderungen nach Absatz 3 Satz 1 Nummer 1 nicht einhält.

(6) [1] Bei Pensionskassen und Pensionsfonds, die der Landesaufsicht unterliegen, informiert die zuständige Landesaufsichtsbehörde die Bundesanstalt über eine Anzeige nach Absatz 1 Satz 1 und 2. [2] Die Bundesanstalt unterstützt die Landesaufsichtsbehörde auf Anforderung bei der Durchführung des Verfahrens nach den Absätzen 2 und 3 und bei der Durchführung von Maßnahmen nach Absatz 5.

(7) [1] Die Aufsichtsbehörde informiert die Europäische Aufsichtsbehörde für das Versicherungswesen und die betriebliche Altersversorgung darüber, in welchen Mitglied- und Vertragsstaaten die Pensionskasse oder der Pensionsfonds grenzüberschreitend tätig ist. [2] Sie teilt ihr Änderungen dieser Angaben laufend mit.

§ 243 Grenzüberschreitende Geschäftstätigkeit von Einrichtungen, deren Herkunftsstaat ein anderer Mitglied- oder Vertragsstaat ist.

(1) Die Absätze 2 bis 6 sind anzuwenden auf Altersversorgungssysteme,

1. die von einer Einrichtung, deren Herkunftsstaat ein anderer Mitglied- oder Vertragsstaat ist und eine Zulassung im Sinne des Artikels 9 Absatz 1 der Richtlinie (EU) 2016/2341 hat, im Rahmen einer grenzüberschreitenden Geschäftstätigkeit für das Trägerunternehmen betrieben werden und
2. bei denen der Tätigkeitsstaat Deutschland ist.

(2) [1] Hat die Bundesanstalt von den zuständigen Behörden des Herkunftsstaats der Einrichtung die in Artikel 11 Absatz 3 Satz 2 der Richtlinie (EU) 2016/2341 genannten Angaben erhalten, informiert sie innerhalb von sechs Wochen diese Behörden über

1. die einschlägigen arbeits- und sozialrechtlichen Vorschriften im Bereich der betrieblichen Altersversorgung, die einzuhalten sind, wenn in Deutschland Altersversorgungssysteme für ein Trägerunternehmen durchgeführt werden, sowie
2. die Vorschriften, die nach Titel IV der Richtlinie (EU) 2016/2341 erlassen worden sind.

[2] Die Einrichtung ist berechtigt, die grenzüberschreitende Geschäftstätigkeit im Einklang mit den in Satz 1 Nummer 1 und 2 genannten Vorschriften aufzunehmen, sobald sie von den zuständigen Behörden des Herkunftsstaats die von der Bundesanstalt übermittelten Informationen erhalten hat, spätestens aber nach Ablauf der in Satz 1 genannten Frist.

(3) Die Bundesanstalt stellt fest, welchem Durchführungsweg im Sinne des § 1b Absatz 2 bis 4 des Betriebsrentengesetzes die Einrichtung zuzuordnen ist, und übermittelt die Feststellung an die Einrichtung und den Pensions-Sicherungs-Verein Versicherungsverein auf Gegenseitigkeit.

(4) Die Bundesanstalt benachrichtigt die zuständigen Behörden des Herkunftsstaats über wesentliche Änderungen der in Absatz 2 Satz 1 Nummer 1 und 2 genannten Vorschriften.

(5) [1] Die Bundesanstalt überwacht laufend, ob die Einrichtung die in Absatz 2 Satz 1 Nummer 1 und 2 genannten Vorschriften einhält. [2] Bei Verstößen gegen diese Vorschriften unterrichtet sie unverzüglich die zuständigen Behörden des Herkunftsstaats. [3] Verstößt die Einrichtung weiterhin gegen die Vorschriften, kann die Bundesanstalt nach Unterrichtung der zuständigen Behörden des Herkunftsstaats selbst geeignete Maßnahmen ergreifen, um die Verstöße zu beenden oder zu ahnden. [4] Kommt eine andere Lösung nicht in Betracht, kann sie der Einrichtung untersagen, weiter im Inland für das Trägerunternehmen tätig zu sein.

(6) Für die Zwecke des Absatzes 5 Satz 1 ist § 305 Absatz 1 Nummer 1, Absatz 2 Nummer 1 und 2 sowie Absatz 5 entsprechend anwendbar.

(7) Auf Antrag der Aufsichtsbehörde des Herkunftsstaats kann die Bundesanstalt die freie Verfügung über Vermögenswerte untersagen, die sich im Besitz eines Verwahrers oder einer Verwahrstelle mit Standort im Inland befinden.

§ 243a Übertragung von Beständen auf eine Pensionskasse oder einen Pensionsfonds. (1) [1] Jeder Vertrag, durch den der Bestand an Versorgungsverhältnissen eines Altersversorgungssystems, das eine Einrichtung der betrieblichen Altersversorgung mit einem anderen Herkunftsstaat als Deutschland betreibt, ganz oder teilweise auf eine Pensionskasse oder einen Pensionsfonds übertragen werden soll, bedarf der Genehmigung der Aufsichtsbehörde. [2] Der Antrag auf Genehmigung wird von der Pensionskasse oder dem Pensionsfonds gestellt. [3] Die Aufsichtsbehörde leitet den Antrag unverzüglich an die zuständige Behörde im Herkunftsstaat der Einrichtung weiter.

(2) Der Vertrag nach Absatz 1 Satz 1 muss sicherstellen, dass die Kosten der Übertragung weder von den bisherigen Versorgungsanwärtern und Versorgungsempfängern der Pensionskasse oder des Pensionsfonds noch von den ver-

bleibenden Versorgungsanwärtern und Versorgungsempfängern der Einrichtung getragen werden.

(3) Die Übertragung bedarf der Zustimmung

1. der Mehrheit der betroffenen Versorgungsanwärter und der Mehrheit der betroffenen Versorgungsempfänger des Altersversorgungssystems oder der Mehrheit ihrer Vertreter, wobei die jeweilige Mehrheit nach den maßgebenden nationalen Regelungen ermittelt wird, und
2. des Trägerunternehmens der Einrichtung, sofern dessen Zustimmung erforderlich ist.

(4) Der Antrag nach Absatz 1 Satz 2 muss enthalten

1. die schriftliche Vereinbarung zwischen der Einrichtung und der Pensionskasse oder dem Pensionsfonds, in der die Bedingungen für die Übertragung festgelegt sind;
2. eine Beschreibung der Hauptmerkmale des Altersversorgungssystems des zu übertragenden Bestandes;
3. eine Beschreibung der zu übertragenden Verbindlichkeiten oder versicherungstechnischen Rückstellungen und der anderen Rechte und Pflichten sowie die zugehörigen Vermögenswerte oder die flüssigen Mittel, die ihnen entsprechen;
4. für die Einrichtung und die Pensionskasse oder den Pensionsfonds jeweils Angaben zum
   a) Namen,
   b) Ort der Hauptverwaltung,
   c) Herkunftsstaat;
5. den Namen und den Hauptstandort der betroffenen Trägerunternehmen der Einrichtung;
6. den Nachweis der Zustimmung nach Absatz 3;
7. die Angabe der Mitglied- und Vertragsstaaten, deren sozial- und arbeitsrechtliche Vorschriften im Bereich der betrieblichen Altersversorgung für das Altersversorgungssystem des zu übertragenden Bestands maßgeblich sind.

(5) [1] Hat die Aufsichtsbehörde den Antrag nach Absatz 1 Satz 2 erhalten, prüft sie, ob

1. die nach Absatz 4 vorgeschriebenen Informationen enthalten sind,
2. der beantragten Übertragung angemessen sind
   a) die Verwaltungsstruktur und die Finanzlage der Pensionskasse oder des Pensionsfonds,
   b) die Zuverlässigkeit und die fachliche Eignung der Geschäftsleiter der Pensionskasse oder des Pensionsfonds,
3. die langfristigen Interessen der Versorgungsanwärter und Versorgungsempfänger
   a) der Pensionskasse oder des Pensionsfonds,
   b) des zu übertragenden Bestands

   während und nach der Übertragung angemessen geschützt sind,
4. in dem Fall, dass die Übertragung eine grenzüberschreitende Geschäftstätigkeit der Pensionskasse oder des Pensionsfonds zur Folge hat, die versiche-

rungstechnischen Rückstellungen der Pensionskasse oder des Pensionsfonds im Übertragungszeitpunkt vollständig kapitalgedeckt sind, und

5. die zu übertragenden Vermögenswerte ausreichend und angemessen sind, um die Verbindlichkeiten, die versicherungstechnischen Rückstellungen und die sonstigen zu übertragenden Verpflichtungen und Ansprüche nach den für Pensionskassen und Pensionsfonds geltenden Bestimmungen zu decken.

[2] Die Prüfung nach Satz 1 erfolgt auch mit Blick darauf, ob die Belange der Versorgungsanwärter und Versorgungsempfänger gewahrt sind.

(6) [1] Die Aufsichtsbehörde entscheidet auf Grund der Prüfung nach Absatz 5 innerhalb von drei Monaten über einen Antrag nach Absatz 1 Satz 2. [2] Sie unterrichtet die zuständige Behörde im Herkunftsstaat der Einrichtung über die getroffene Entscheidung innerhalb von zwei Wochen. [3] Eine Genehmigung ist ausgeschlossen, wenn diese Behörde der Übertragung nicht zugestimmt hat.

(7) Wird der Antrag nach Absatz 1 Satz 2 genehmigt, findet § 13 Absatz 5 sowie 7 Satz 1 und 2 Anwendung.

(8) [1] Hat die Übertragung eine grenzüberschreitende Geschäftstätigkeit der Pensionskasse oder des Pensionsfonds zur Folge, ist § 242 Absatz 1 bis 3 nicht anzuwenden. [2] Die Aufsichtsbehörde übermittelt die Informationen über die in § 242 Absatz 3 Satz 1 Nummer 1 und 2 genannten Vorschriften, die sie aus Anlass der Übertragung von der zuständigen Behörde im Herkunftsstaat der Einrichtung erhalten hat, innerhalb von einer Woche der Pensionskasse oder dem Pensionsfonds.

(9) Pensionskassen und Pensionsfonds können das übernommene Altersversorgungssystem betreiben,

1. sobald sie die Genehmigung nach Absatz 1 Satz 1 erhalten haben, es sei denn, die Übertragung hat eine grenzüberschreitende Geschäftstätigkeit zur Folge,
2. sobald sie die Genehmigung nach Absatz 1 Satz 1 und die in Absatz 8 Satz 2 genannten Informationen von der Aufsichtsbehörde erhalten haben, spätestens aber sieben Wochen nach Erhalt der Genehmigung.

§ 243b Übertragung von Beständen auf eine Einrichtung, deren Herkunftsstaat ein anderer Mitglied- oder Vertragsstaat ist. (1) [1] Jeder Vertrag, durch den der Bestand an Versorgungsverhältnissen eines von einer Pensionskasse oder einem Pensionsfonds betriebenen Altersversorgungssystems ganz oder teilweise auf eine Einrichtung, deren Herkunftsstaat ein anderer Mitglied- oder Vertragsstaat ist, übertragen werden soll, bedarf der Genehmigung der zuständigen Behörde im Herkunftsstaat der Einrichtung. [2] Der Antrag auf Genehmigung wird von der Einrichtung gestellt.

(2) Die Pensionskasse oder der Pensionsfonds stellt sicher, dass die Versorgungsanwärter und Versorgungsempfänger, die bei der Pensionskasse oder beim Pensionsfonds verbleiben, nicht an den Kosten der Übertragung beteiligt werden.

(3) [1] Die Übertragung bedarf der Zustimmung

1. einer Mehrheit von
   a) jeweils drei Vierteln der betroffenen Versorgungsanwärter und der betroffenen Versorgungsempfänger des Altersversorgungssystems oder

b) drei Vierteln der Mitglieder der Interessenvertretung der Versorgungsanwärter und Versorgungsempfänger, wenn eine Interessenvertretung nach der Satzung der Pensionskasse oder des Pensionsfonds vorgesehen ist, und

2. des Trägerunternehmens der Pensionskasse oder des Pensionsfonds, sofern dessen Interessen berührt sind.

[2] Die Pensionskasse oder der Pensionsfonds hat den betroffenen Versorgungsanwärtern und den betroffenen Versorgungsempfängern oder den Mitgliedern der in Satz 1 Nummer 1 Buchstabe b genannten Interessenvertretung Informationen zu den Bedingungen der Übertragung rechtzeitig zugänglich zu machen, bevor die Einrichtung den Antrag nach Absatz 1 Satz 2 stellt.

(4) [1] Hat die Aufsichtsbehörde von der zuständigen Behörde im Herkunftsstaat der Einrichtung den Antrag nach Absatz 1 Satz 2 erhalten, prüft sie, ob

1. die langfristigen Interessen der Versorgungsanwärter und Versorgungsempfänger, die bei der Pensionskasse oder beim Pensionsfonds verbleiben, angemessen geschützt sind;
2. die individuellen Ansprüche der Versorgungsanwärter und Versorgungsempfänger des zu übertragenden Bestands und des verbleibenden Bestands der Pensionskasse oder des Pensionsfonds nach der Übertragung mindestens so hoch sind wie vorher;
3. die zu übertragenden Vermögenswerte ausreichend und angemessen sind, um die Verbindlichkeiten, die versicherungstechnischen Rückstellungen und die sonstigen Verpflichtungen und Ansprüche nach den inländischen Bestimmungen zu decken.

[2] Die Prüfung nach Satz 1 erfolgt auch mit Blick darauf, ob die Belange der Versorgungsanwärter und Versorgungsempfänger gewahrt sind. [3] Die Aufsichtsbehörde hat innerhalb von acht Wochen der zuständigen Behörde im Herkunftsstaat der Einrichtung mitzuteilen, ob sie auf Grund der Prüfung nach Satz 1 der Übertragung zustimmt oder nicht.

(5) [1] Hat die Übertragung eine grenzüberschreitende Geschäftstätigkeit der Einrichtung zur Folge, informiert die Aufsichtsbehörde die zuständige Behörde im Herkunftsstaat der Einrichtung über die in § 243 Absatz 2 Satz 1 Nummer 1 und 2 genannten Vorschriften. [2] Sie hat die Informationen innerhalb von vier Wochen zu übermitteln, nachdem sie von der zuständigen Behörde über die Genehmigung nach Absatz 1 Satz 1 unterrichtet worden ist. [3] § 243 Absatz 2 ist nicht anzuwenden.

§ 244 *(aufgehoben)*

Teil 4a. Reine Beitragszusagen in der betrieblichen Altersversorgung

§ 244a Geltungsbereich. (1) Bei der Durchführung reiner Beitragszusagen nach § 1 Absatz 2 Nummer 2a des Betriebsrentengesetzes haben Pensionsfonds, Pensionskassen und andere Lebensversicherungsunternehmen die Vorschriften dieses Teils einzuhalten.

(2) Die auf Pensionsfonds, Pensionskassen und andere Lebensversicherungsunternehmen anwendbaren Vorschriften dieses Gesetzes gelten nur insoweit, als dieser Teil keine abweichenden Regelungen enthält.

§ 244b Verpflichtungen. (1) Pensionsfonds, Pensionskassen und andere Lebensversicherungsunternehmen dürfen reine Beitragszusagen nur dann durchführen, wenn

1. sie dafür keine Verpflichtungen eingehen, die garantierte Leistungen beinhalten,
2. die allgemeinen Versicherungsbedingungen oder die Pensionspläne eine lebenslange Zahlung als Altersversorgungsleistung vorsehen und
3. festgelegt ist, dass das planmäßig zuzurechnende Versorgungskapital sowie die darauf entfallenden Zinsen und Erträge planmäßig für laufende Leistungen verwendet werden.

(2) Pensionskassen und andere Lebensversicherungsunternehmen bedürfen der Erlaubnis für die in Nummer 21 der Anlage 1 genannte Sparte.

§ 244c Sicherungsvermögen. Unter Berücksichtigung der jeweiligen Tarifverträge ist

1. im Fall eines Pensionsfonds ein gesondertes Sicherungsvermögen einzurichten und
2. im Fall einer Pensionskasse oder eines anderen Lebensversicherungsunternehmens ein gesonderter Anlagestock im Sinne des § 125 Absatz 5 einzurichten.

§ 244d Verordnungsermächtigung. [1] Das Bundesministerium der Finanzen wird ermächtigt, im Einvernehmen mit dem Bundesministerium für Arbeit und Soziales durch Rechtsverordnung nähere Bestimmungen zu erlassen bezüglich

1. der Ermittlung und Anpassung der lebenslangen Zahlung,
2. der Anforderungen an das Risikomanagement, insbesondere mit dem Ziel, die Volatilität der Höhe der lebenslangen Zahlungen zu begrenzen,
3. der Informationspflichten gegenüber den Versorgungsanwärtern und Rentenempfängern und
4. der Berichterstattung gegenüber der Aufsichtsbehörde.

[2] Die Ermächtigung kann durch Rechtsverordnung im Einvernehmen mit dem Bundesministerium für Arbeit und Soziales auf die Bundesanstalt übertragen werden. [3] Rechtsverordnungen nach den Sätzen 1 und 2 bedürfen nicht der Zustimmung des Bundesrates.

Teil 5. Gruppen

Kapitel 1. Beaufsichtigung von Versicherungsunternehmen in einer Gruppe

§ 245 Anwendungsbereich der Gruppenaufsicht. (1) [1] Versicherungsunternehmen einer Gruppe unterliegen neben der Einzelaufsicht einer Aufsicht auf Ebene der Gruppe nach Maßgabe der Vorschriften dieses Teils. [2] Sofern in diesem Teil nichts anderes bestimmt ist, sind auf diese Unternehmen die Vorschriften für die Einzelbeaufsichtigung von Versicherungsunternehmen weiterhin anwendbar.

(2) Der Gruppenaufsicht unterliegen

1. Versicherungsunternehmen, die bei mindestens einem Versicherungsunternehmen oder mindestens einem Versicherungsunternehmen eines Drittstaats beteiligte Unternehmen sind,
2. Versicherungsunternehmen, deren Mutterunternehmen
   a) eine Versicherungs-Holdinggesellschaft oder
   b) eine gemischte Finanzholding-Gesellschaft
   mit Sitz in einem Mitglied- oder Vertragsstaat ist,
3. Versicherungsunternehmen, deren Mutterunternehmen
   a) eine Versicherungs-Holdinggesellschaft oder
   b) eine gemischte Finanzholding-Gesellschaft oder
   c) ein Versicherungsunternehmen
   mit Sitz in einem Drittstaat ist, und
4. Versicherungsunternehmen, deren Mutterunternehmen eine gemischte Versicherungs-Holdinggesellschaft ist.

(3) Ist das beteiligte Versicherungsunternehmen oder die Versicherungs-Holdinggesellschaft oder die gemischte Finanzholding-Gesellschaft mit Sitz in einem Mitglied- oder Vertragsstaat verbundenes Unternehmen eines beaufsichtigten Unternehmens oder einer gemischten Finanzholding-Gesellschaft, die gemäß Artikel 5 Absatz 2 der Richtlinie 2002/87/EG des Europäischen Parlaments und des Rates vom 16. Dezember 2002 über die zusätzliche Beaufsichtigung der Kreditinstitute, Versicherungsunternehmen und Wertpapierfirmen eines Finanzkonglomerats und zur Änderung der Richtlinien 73/239/EWG, 79/267/EWG, 92/49/EWG, 92/96/EWG, 93/6/EWG und 93/22/EWG des Rates und der Richtlinien 98/78/EG und 2000/12/EG des Europäischen Parlaments und des Rates (ABl. L 35 vom 11.2.2003, S. 1) einer zusätzlichen Beaufsichtigung unterliegt oder selbst ein solches Unternehmen oder eine solche Gesellschaft, kann die Gruppenaufsichtsbehörde in den in Absatz 2 Nummer 1 und 2 genannten Fällen nach Anhörung der anderen betroffenen Aufsichtsbehörden auf der Ebene des beteiligten Versicherungsunternehmens oder der Versicherungs-Holdinggesellschaft oder gemischten Finanzholding-Gesellschaft von der Überwachung der Risikokonzentration gemäß § 273, der Überwachung der gruppeninternen Transaktionen gemäß § 274 oder von beidem absehen.

(4) [1] Unterliegt eine gemischte Finanzholding-Gesellschaft, insbesondere im Hinblick auf die risikobasierte Beaufsichtigung, gleichwertigen Bestimmungen nach Maßgabe der Richtlinie 2009/138/EG und der Richtlinie 2002/87/EG, kann die Gruppenaufsichtsbehörde, nach Anhörung der anderen betroffenen Aufsichtsbehörden, auf der Ebene der gemischten Finanzholding-Gesellschaft nur die entsprechenden Bestimmungen der Richtlinie 2002/87/EG anwenden. [2] Unterliegt die gemischte Finanzholding-Gesellschaft gleichwertigen Bestimmungen nach Maßgabe der Richtlinie 2009/138/EG und der Richtlinie 2006/48/EG, kann die Gruppenaufsichtsbehörde im Einvernehmen mit der konsolidierenden Aufsichtsbehörde für die Banken- und Wertpapierbranche nur die Bestimmungen der Richtlinie zu der am stärksten vertretenen Finanzbranche nach Artikel 3 Absatz 2 der Richtlinie 2002/87/EG anwenden.

(5) Die Vorschriften dieses Teils finden keine Anwendung, wenn eine Gruppe von Unternehmen, die der Versicherungsaufsicht unterliegen, ausschließlich

durch die Einbeziehung von kleinen Versicherungsunternehmen, Sterbekassen, Pensionskassen oder Pensionsfonds entsteht.

§ 246 Umfang der Gruppenaufsicht. (1) [1] Eine gruppenweite Beaufsichtigung gemäß § 245 umfasst nicht die Beaufsichtigung auf Einzelebene des Versicherungsunternehmens eines Drittstaats, der Versicherungs-Holdinggesellschaft, der gemischten Finanzholding-Gesellschaft oder der gemischten Versicherungs-Holdinggesellschaft. [2] § 293 bleibt unberührt.

(2) [1] Die Gruppenaufsichtsbehörde kann bestimmen, dass ein Unternehmen nicht in die Gruppenaufsicht gemäß § 245 einbezogen wird, wenn

1. sich das Unternehmen in einem Drittstaat befindet, in dem der Übermittlung der notwendigen Informationen rechtliche Hindernisse entgegenstehen; § 260 bleibt unberührt,
2. das einzubeziehende Unternehmen im Verhältnis zu den mit der Gruppenaufsicht verfolgten Zielen nur von untergeordneter Bedeutung ist oder
3. die Einbeziehung des Unternehmens im Verhältnis zu den mit der Gruppenaufsicht verfolgten Zielen unangemessen oder irreführend wäre.

[2] Können mehrere Unternehmen derselben Gruppe einzeln betrachtet nach Satz 1 Nummer 2 von der Gruppenaufsicht ausgeschlossen werden, so sind sie dennoch einzubeziehen, wenn sie in der Gesamtbetrachtung nicht von untergeordneter Bedeutung sind. [3] Ist die Gruppenaufsichtsbehörde der Auffassung, dass ein Versicherungsunternehmen gemäß Satz 1 Nummer 2 oder 3 nicht in die Gruppenaufsicht einbezogen werden soll, hört sie vor einer Entscheidung die anderen betroffenen Aufsichtsbehörden an.

(3) Für die Einhaltung der Anforderungen nach Teil 5 dieses Gesetzes sind alle der Gruppenaufsicht unterworfenen Unternehmen der Gruppe verantwortlich, sofern dieses Gesetz nichts anderes bestimmt.

(4) Das an der Spitze einer Gruppe stehende Unternehmen ist verpflichtet, auf Ersuchen der Aufsichtsbehörde, die in dem jeweiligen Mitglied- oder Vertragsstaat für ein gemäß Absatz 2 Satz 1 Nummer 2 oder 3 nicht in die Gruppenaufsicht einbezogenes Versicherungsunternehmen zuständig ist, alle zur Erleichterung der Beaufsichtigung angeforderten Informationen zu geben.

§ 247 Oberstes Mutterunternehmen auf Ebene der Mitglied- oder Vertragsstaaten. (1) Ist das in § 245 Absatz 2 Nummer 1 genannte beteiligte Versicherungsunternehmen oder die in § 245 Absatz 2 Nummer 2 genannte Versicherungs-Holdinggesellschaft oder gemischte Finanzholding-Gesellschaft selbst Tochterunternehmen eines anderen Versicherungsunternehmens oder einer anderen Versicherungs-Holdinggesellschaft oder gemischten Finanzholding-Gesellschaft mit Sitz in einem Mitglied- oder Vertragsstaat, so sind die §§ 250 bis 287 sowie 293 Absatz 1, § 298 Absatz 1 und 2, § 305 Absatz 1 Nummer 1 und § 306 Absatz 1 Nummer 1 nur auf Ebene der obersten Muttergesellschaft anzuwenden, die ein Versicherungsunternehmen oder eine Versicherungs-Holdinggesellschaft oder eine gemischte Finanzholding-Gesellschaft mit Sitz in einem Mitglied- oder Vertragsstaat ist.

(2) Ist die in Absatz 1 genannte oberste Muttergesellschaft, die ein Versicherungsunternehmen oder eine Versicherungs-Holdinggesellschaft oder eine gemischte Finanzholding-Gesellschaft mit Sitz in einem Mitglied- oder Vertragsstaat ist, Tochterunternehmen eines Unternehmens, das nach Artikel 5 Absatz 2

der Richtlinie 2002/87/EG einer zusätzlichen Beaufsichtigung unterliegt, so kann die Gruppenaufsichtsbehörde nach Konsultation der anderen betroffenen Aufsichtsbehörden auf der Ebene dieses obersten Mutterunternehmens von der Überwachung der Risikokonzentration gemäß § 273, der Überwachung der gruppeninternen Transaktionen gemäß § 274 oder von beidem absehen.

§ 248 Oberstes Mutterunternehmen auf nationaler Ebene. (1) [1]Hat das in § 245 Absatz 2 Nummer 1 genannte beteiligte Versicherungsunternehmen oder die in § 245 Absatz 2 Nummer 2 genannte Versicherungs-Holdinggesellschaft oder gemischte Finanzholding-Gesellschaft seinen oder ihren Sitz im Inland und hat das in § 247 genannte oberste Mutterunternehmen seinen Sitz in einem anderen Mitglied- oder Vertragsstaat, so kann die Aufsichtsbehörde nach Konsultation der Gruppenaufsichtsbehörde und dieses obersten Mutterunternehmens anordnen, dass das auf nationaler Ebene oberste Mutterversicherungsunternehmen oder die auf nationaler Ebene oberste Muttergesellschaft, die eine Versicherungs-Holdinggesellschaft oder eine gemischte Finanzholding-Gesellschaft ist, der Gruppenaufsicht unterliegt. [2]Die Aufsichtsbehörde begründet ihre Entscheidung in diesem Fall sowohl gegenüber der Gruppenaufsichtsbehörde als auch gegenüber dem obersten Mutterunternehmen auf Ebene der Mitglied- oder Vertragsstaaten. [3]Die Gruppenaufsichtsbehörde unterrichtet das Aufsichtskollegium (§ 283) gemäß Artikel 248 Absatz 1 Buchstabe a der Richtlinie 2009/138/EG. [4]Vorbehaltlich der Absätze 2 bis 6 sind die §§ 250 bis 287 sowie § 293 Absatz 1, § 298 Absatz 1 und 2, § 305 Absatz 1 Nummer 1 und § 306 Absatz 1 Nummer 1 entsprechend anzuwenden.

(2) Die Aufsichtsbehörde kann eine Beschränkung der Gruppenaufsicht auf einzelne Vorschriften der §§ 250 bis 275 bei dem obersten Mutterunternehmen auf nationaler Ebene feststellen.

(3) Sofern die Aufsichtsbehörde auf das oberste Mutterunternehmen auf nationaler Ebene die §§ 250 bis 272 anwendet, wird die Methode, die von der Gruppenaufsichtsbehörde gemäß § 252 für das in § 247 genannte oberste Mutterunternehmen auf Ebene der Mitglied- oder Vertragsstaaten gewählt worden ist, von der Aufsichtsbehörde als verbindlich anerkannt und angewendet.

(4) [1]Sofern die Aufsichtsbehörde auf das oberste Mutterunternehmen auf nationaler Ebene die §§ 250 bis 272 anwendet und das in § 247 genannte oberste Mutterunternehmen auf Ebene der Mitglied- oder Vertragsstaaten gemäß § 262 oder § 265 Absatz 5 die Erlaubnis erhalten hat, die Solvabilitätskapitalanforderung für die Gruppe sowie die Solvabilitätskapitalanforderung für die Versicherungsunternehmen der Gruppe anhand eines internen Modells zu berechnen, so wird diese Entscheidung von der Aufsichtsbehörde als verbindlich anerkannt und umgesetzt. [2]Ist die Aufsichtsbehörde in einem solchen Fall der Auffassung, dass das auf Ebene der Mitglied- oder Vertragsstaaten genehmigte interne Modell erheblich vom Risikoprofil des obersten Mutterunternehmens auf nationaler Ebene abweicht, so kann sie, wenn das Unternehmen ihre Bedenken nicht angemessen ausräumt, für dieses einen Aufschlag auf die anhand eines solchen Modells berechnete Gruppensolvabilitätskapitalanforderung verlangen. [3]Ist ein solcher Kapitalaufschlag ausnahmsweise nicht angemessen, kann die Aufsichtsbehörde von dem Unternehmen verlangen, seine Gruppensolvabilitätskapitalanforderung anhand der Standardformel zu berechnen. [4]Die Aufsichtsbehörde begründet solche Entscheidungen sowohl gegenüber

dem Unternehmen als auch gegenüber der Gruppenaufsichtsbehörde. [5]Die Gruppenaufsichtsbehörde unterrichtet das Aufsichtskollegium gemäß Artikel 248 Absatz 1 Buchstabe a der Richtlinie 2009/138/EG.

(5) Sofern die Aufsichtsbehörde auf das oberste Mutterunternehmen auf nationaler Ebene die Bestimmungen der §§ 250 bis 272 anwendet, kann nach der Vorschrift des § 267 oder des § 272 diesem Unternehmen nicht die Erlaubnis erteilt werden, auf eines seiner Tochterunternehmen die §§ 269 und 270 anzuwenden.

(6) Eine Anordnung gemäß Absatz 1 kann nicht getroffen oder aufrechterhalten werden, wenn das oberste Mutterunternehmen auf nationaler Ebene ein Tochterunternehmen des in § 247 genannten obersten Mutterunternehmens auf Ebene der Mitglied- oder Vertragsstaaten ist und dieses gemäß der Vorschrift des § 268 oder des § 270 die Erlaubnis erhalten hat, die §§ 269 und 270 auf das Tochterunternehmen anzuwenden.

§ 249 Mutterunternehmen, die mehrere Mitglied- oder Vertragsstaaten umfassen. (1) [1]Die Aufsichtsbehörde kann mit den Aufsichtsbehörden anderer Mitglied- oder Vertragsstaaten, in denen sich ein verbundenes Unternehmen befindet, das ebenfalls oberstes Mutterunternehmen auf nationaler Ebene ist, vereinbaren, auf Ebene einer mehrere Mitglied- oder Vertragsstaaten umspannenden Teilgruppe eine Gruppenaufsicht durchzuführen. [2]Haben die betroffenen Aufsichtsbehörden eine solche Vereinbarung geschlossen, findet auf Ebene eines in einem anderen Mitglied- oder Vertragsstaat als der Teilgruppe gelegenen obersten Mutterunternehmens im Sinne des § 248 keine Gruppenaufsicht statt.

(2) § 248 Absatz 2 bis 6 gilt entsprechend.

Kapitel 2. Finanzlage

Abschnitt 1. Solvabilität der Gruppe

§ 250 Überwachung der Gruppensolvabilität. (1) [1]Die Solvabilität der Gruppe wird nach Maßgabe der Absätze 2 und 3, der §§ 275 bis 287 sowie 293 Absatz 1, § 298 Absatz 1 und 2, § 305 Absatz 1 Nummer 1 und § 306 Absatz 1 Nummer 1 überwacht. [2]Vermögenswerte und Verbindlichkeiten werden nach § 74 bewertet.

(2) In dem in § 245 Absatz 2 Nummer 1 genannten Fall haben die beteiligten Versicherungsunternehmen auf Gruppenebene stets über anrechnungsfähige Eigenmittel mindestens in Höhe der nach den §§ 252 bis 265 berechneten Solvabilitätskapitalanforderung zu verfügen.

(3) In dem in § 245 Absatz 2 Nummer 2 genannten Fall haben die Versicherungsunternehmen einer Gruppe auf Gruppenebene stets über anrechnungsfähige Eigenmittel mindestens in Höhe der nach § 266 berechneten Solvabilitätskapitalanforderung zu verfügen.

(4) Die §§ 132 und 134 Absatz 1 bis 6 gelten entsprechend.

§ 251 Häufigkeit der Berechnung. (1) [1]Die Solvabilitätskapitalanforderung auf Gruppenebene ist von den beteiligten Versicherungsunternehmen, der Versicherungs-Holdinggesellschaft oder der gemischten Finanzholding-Gesellschaft mindestens einmal im Jahr zu berechnen. [2]Sofern das oberste beteiligte Unternehmen ein Versicherungsunternehmen ist, meldet dieses der Gruppenaufsichtsbehörde die für diese Berechnung maßgeblichen Daten und Ergebnisse. [3]Sofern das oberste beteiligte Unternehmen eine Versicherungs-Holdinggesellschaft oder gemischte Finanzholding-Gesellschaft ist, meldet diese die Informationen gemäß Satz 2, sofern nicht die Gruppenaufsichtsbehörde nach Anhörung der anderen betroffenen Aufsichtsbehörden und der Gruppe ein Versicherungsunternehmen als zur Meldung verpflichtetes Unternehmen bestimmt hat.

(2) [1]Die Versicherungsunternehmen, die Versicherungs-Holdinggesellschaft und die gemischte Finanzholding-Gesellschaft im Sinne des Absatzes 1 haben die Solvabilitätskapitalanforderung der Gruppe laufend zu überwachen. [2]Weicht das Risikoprofil der Gruppe erheblich von den Annahmen ab, die der zuletzt gemeldeten Solvabilitätskapitalanforderung für die Gruppe zugrunde liegen, ist die Solvabilitätskapitalanforderung unverzüglich neu zu berechnen und der Gruppenaufsichtsbehörde zu melden. [3]Rechtfertigen Tatsachen die Annahme, dass sich das Risikoprofil der Gruppe seit der letzten Meldung der Solvabilitätskapitalanforderung erheblich geändert hat, so kann die Gruppenaufsichtsbehörde eine Neuberechnung der Solvabilitätskapitalanforderung verlangen.

§ 252 Bestimmung der Methode. (1) Die Solvabilität der Gruppe, an deren Spitze ein beteiligtes Versicherungsunternehmen steht, ist auf der Grundlage eines konsolidierten Abschlusses gemäß den §§ 261 bis 264 (Konsolidierungsmethode) zu berechnen.

(2) Die Gruppenaufsichtsbehörde kann nach Anhörung der anderen betroffenen Aufsichtsbehörden und der Gruppe die Verwendung der in § 265 beschriebenen Methode (Abzugs- und Aggregationsmethode) oder, wenn die Verwendung der Konsolidierungsmethode allein nicht angemessen wäre, eine kombinierte Anwendung beider Methoden festlegen.

§ 253 Berücksichtigung des verhältnismäßigen Anteils. (1) Bei der Berechnung der Gruppensolvabilität ist der verhältnismäßige Anteil, den das beteiligte Unternehmen an seinen verbundenen Unternehmen hält, zu berücksichtigen.

(2) Der verhältnismäßige Anteil im Sinne des Absatzes 1 bezeichnet

1. bei Anwendung der Konsolidierungsmethode die bei Erstellung des konsolidierten Abschlusses zugrunde gelegten Prozentsätze und
2. bei Anwendung der Abzugs- und Aggregationsmethode den Anteil am gezeichneten Kapital, der direkt oder indirekt vom beteiligten Unternehmen gehalten wird.

(3) [1]Ist das verbundene Unternehmen ein Tochterunternehmen, dessen Eigenmittel zur Einhaltung seiner Solvabilitätskapitalanforderung nicht ausreichen, ist diese Solvabilitätslücke unabhängig von der verwendeten Methode bei der Berechnung in voller Höhe zu berücksichtigen. [2]Abweichend von Satz 1 kann die Gruppenaufsichtsbehörde zulassen, dass die Solvabilitätslücke nur anteilig berücksichtigt wird, wenn sich die Haftung des Mutterunternehmens nach Auffassung der betroffenen Aufsichtsbehörden ausschließlich auf den gehaltenen Kapitalanteil beschränkt.

(4) Die Gruppenaufsichtsbehörde legt nach Anhörung der anderen betroffenen Aufsichtsbehörden und der Gruppe den verhältnismäßigen Anteil fest, der zu berücksichtigen ist, wenn

1. zwischen einigen Unternehmen einer Gruppe keine Kapitalbeziehungen bestehen,
2. eine Aufsichtsbehörde entschieden hat, dass auch das direkte oder indirekte Halten von Stimmrechten oder Kapital an einem Unternehmen als Beteiligung anzusehen ist, weil nach Auffassung der Aufsichtsbehörde tatsächlich ein maßgeblicher Einfluss auf dieses Unternehmen ausgeübt wird, oder
3. eine Aufsichtsbehörde entschieden hat, dass ein Unternehmen Mutterunternehmen eines anderen Unternehmens ist, weil es nach Auffassung der Aufsichtsbehörde tatsächlich einen beherrschenden Einfluss auf das andere Unternehmen ausübt.

§ 254 Ausschluss der Mehrfachberücksichtigung anrechnungsfähiger Eigenmittel. (1) [1] Auf die Solvabilitätskapitalanforderung anrechnungsfähige Eigenmittel dürfen bei mehreren in die Berechnung der Gruppensolvabilität einbezogenen Versicherungsunternehmen nicht mehrfach berücksichtigt werden. [2] Bei der Berechnung der Gruppensolvabilität bleiben, sofern die in den §§ 261 bis 265 beschriebenen Methoden nicht etwas anderes vorsehen, die folgenden Beträge unberücksichtigt:

1. der Wert aller Vermögenswerte des beteiligten Versicherungsunternehmens, mit denen Eigenmittel finanziert werden, die auf die Solvabilitätskapitalanforderung eines seiner verbundenen Versicherungsunternehmen angerechnet werden dürfen,
2. der Wert aller Vermögenswerte eines mit dem beteiligten Versicherungsunternehmen verbundenen Versicherungsunternehmens, mit denen Eigenmittel finanziert werden, die auf die Solvabilitätskapitalanforderung dieses beteiligten Versicherungsunternehmens angerechnet werden dürfen, und
3. der Wert aller Vermögenswerte eines mit dem beteiligten Versicherungsunternehmen verbundenen Versicherungsunternehmens, mit denen Eigenmittel finanziert werden, die auf die Solvabilitätskapitalanforderung eines anderen mit diesem beteiligten Versicherungsunternehmen verbundenen Versicherungsunternehmens angerechnet werden dürfen.

(2) Folgende Bestandteile dürfen nur insoweit in die Berechnung einbezogen werden, als sie auf die Solvabilitätskapitalanforderung des betreffenden verbundenen Unternehmens angerechnet werden dürfen:

1. Überschussfonds nach Artikel 91 Absatz 2 der Richtlinie 2009/138/EG eines verbundenen Lebensversicherungsunternehmens des beteiligten Versicherungsunternehmens, für das die Solvabilität auf Gruppenebene berechnet wird, und
2. nicht eingezahltes gezeichnetes Kapital eines verbundenen Versicherungsunternehmens des beteiligten Versicherungsunternehmens, für das die Solvabilität auf Gruppenebene berechnet wird.

(3) Abweichend von Absatz 2 Nummer 2 sind die folgenden Bestandteile von der Berechnung auszunehmen:

1. nicht eingezahltes gezeichnetes Kapital, das für das beteiligte Versicherungsunternehmen zu einer Verbindlichkeit werden kann,

2. nicht eingezahltes gezeichnetes Kapital des beteiligten Versicherungsunternehmens, das für ein verbundenes Versicherungsunternehmen zu einer Verbindlichkeit werden kann, und
3. nicht eingezahltes gezeichnetes Kapital eines verbundenen Versicherungsunternehmens, das für ein anderes mit demselben beteiligten Versicherungsunternehmen verbundenes Versicherungsunternehmen zu einer Verbindlichkeit werden kann.

(4) Sind die betroffenen Aufsichtsbehörden der Auffassung, dass über die in den Absätzen 2 und 3 genannten Bestandteile hinaus bestimmte auf die Solvabilitätskapitalanforderung eines verbundenen Versicherungsunternehmens anrechnungsfähige Eigenmittel zur Einhaltung der Solvabilitätskapitalanforderung des beteiligten Versicherungsunternehmens, für das die Gruppensolvabilität berechnet wird, tatsächlich nicht bereitgestellt werden können, so dürfen diese nur insoweit in die Berechnung einbezogen werden, als sie zur Einhaltung der Solvabilitätskapitalanforderung des verbundenen Unternehmens angerechnet werden dürfen.

(5) Die Summe der Eigenmittel nach den Absätzen 2 bis 4 darf die Solvabilitätskapitalanforderung des verbundenen Versicherungsunternehmens nicht überschreiten.

(6) Wird die Gruppensolvabilität berechnet, sind die anrechnungsfähigen ergänzenden Eigenmittel eines verbundenen Versicherungsunternehmens des beteiligten Versicherungsunternehmens nur in die Berechnung einzubeziehen, wenn die zuständige Aufsichtsbehörde dieses verbundenen Versicherungsunternehmens diese Eigenmittel genehmigt hat.

§ 255 Ausschluss der gruppeninternen Kapitalschöpfung. (1) Bei der Berechnung der Gruppensolvabilität bleiben anrechnungsfähige Eigenmittel unberücksichtigt, die aus einer Gegenfinanzierung stammen zwischen dem beteiligten Versicherungsunternehmen und

1. einem verbundenen Unternehmen,
2. einem beteiligten Unternehmen oder
3. einem anderen verbundenen Unternehmen eines seiner beteiligten Unternehmen.

(2) Darüber hinaus bleiben bei der Berechnung der Gruppensolvabilität die Eigenmittel unberücksichtigt, die für die Solvabilitätskapitalanforderung eines verbundenen Versicherungsunternehmens des beteiligten Versicherungsunternehmens herangezogen werden können, wenn diese Eigenmittel aus einer Gegenfinanzierung mit einem anderen verbundenen Unternehmen dieses beteiligten Versicherungsunternehmens stammen.

(3) Eine Gegenfinanzierung liegt insbesondere vor, wenn ein Versicherungsunternehmen oder eines seiner verbundenen Unternehmen Anteile an einem anderen Unternehmen hält oder einem anderen Unternehmen Darlehen gewährt, das seinerseits direkt oder indirekt Eigenmittel hält, die auf die Solvabilitätskapitalanforderung des Versicherungsunternehmens oder eines seiner verbundenen Unternehmen angerechnet werden können.

§ 256 Verbundene Versicherungsunternehmen. (1) Hat das Versicherungsunternehmen mehr als ein verbundenes Versicherungsunternehmen, umfasst die Berechnung der Gruppensolvabilität sämtliche verbundene Versicherungsunternehmen.

(2) Bei der Berechnung der Gruppensolvabilität werden für ein verbundenes Versicherungsunternehmen, das seinen Sitz in einem anderen Mitglied- oder Vertragsstaat hat als das Versicherungsunternehmen, für das die Gruppensolvabilität berechnet wird, die Solvabilitätskapitalanforderung dieses anderen Mitglied- oder Vertragsstaats und die dort anrechnungsfähigen Eigenmittel berücksichtigt.

§ 257 Zwischengeschaltete Versicherungs-Holdinggesellschaften.

(1) [1] Hält ein Versicherungsunternehmen über eine Versicherungs-Holdinggesellschaft oder eine gemischte Finanzholding-Gesellschaft eine Beteiligung an einem verbundenen Versicherungsunternehmen oder einem Versicherungsunternehmen eines Drittstaats, wird die Versicherungs-Holdinggesellschaft oder gemischte Finanzholding-Gesellschaft in die Berechnung der Gruppensolvabilität einbezogen. [2] Ausschließlich für diese Berechnung wird die zwischengeschaltete Versicherungs-Holdinggesellschaft oder zwischengeschaltete gemischte Finanzholding-Gesellschaft wie ein Versicherungsunternehmen behandelt, für das in Bezug auf die Solvabilitätskapitalanforderung die §§ 96 bis 121 und in Bezug auf die anrechnungsfähigen Eigenmittel die §§ 89 bis 95 gelten.

(2) [1] Nachrangige Verbindlichkeiten und andere nach § 94 nur begrenzt anrechnungsfähige Eigenmittel einer zwischengeschalteten Versicherungs-Holdinggesellschaft oder einer zwischengeschalteten gemischten Finanzholding-Gesellschaft werden nur bis zu der Höhe als anrechnungsfähige Eigenmittel anerkannt, bis zu der sie die auf Gruppenebene geltenden Begrenzungen nicht überschreiten. [2] In die Berechnung der Gruppensolvabilität dürfen anrechnungsfähige ergänzende Eigenmittel einer zwischengeschalteten Versicherungs-Holdinggesellschaft oder zwischengeschalteten gemischten Finanzholding-Gesellschaft nur einbezogen werden, wenn sie zuvor von der Gruppenaufsichtsbehörde genehmigt worden sind.

§ 258 Verbundene Versicherungsunternehmen eines Drittstaats.

(1) [1] Ist ein Versicherungsunternehmen beteiligtes Unternehmen eines Versicherungsunternehmens eines Drittstaats und wird die Gruppensolvabilität nach der Abzugs- und Aggregationsmethode berechnet, ist das Versicherungsunternehmen des Drittstaats für diese Berechnung wie ein verbundenes Versicherungsunternehmen zu behandeln. [2] Unterliegt das Versicherungsunternehmen des Drittstaats in seinem Sitzland der Zulassungspflicht und Solvabilitätsvorschriften, die denen in Titel I Kapitel VI der Richtlinie 2009/138/EG festgelegten zumindest gleichwertig sind, so wird die Berechnung der Solvabilitätskapitalanforderung und der anrechnungsfähigen Eigenmittel nach den Vorschriften dieses Drittstaats vorgenommen.

(2) [1] Jedes beteiligte Unternehmen kann eine Gleichwertigkeitsprüfung nach Absatz 1 Satz 2 beantragen. [2] Die Gruppenaufsichtsbehörde entscheidet über die Gleichwertigkeit nach Anhörung der anderen betroffenen Aufsichtsbehörden und Beteiligung der Europäischen Aufsichtsbehörde für das Versicherungswesen und die betriebliche Altersversorgung. [3] Die Entscheidung wird anhand der durch die Kommission in delegierten Rechtsakten nach Artikel 227 Absatz 3 der Richtlinie 2009/138/EG festgelegten Kriterien getroffen. [4] Die Gruppenaufsichtsbehörde ist an eine zuvor gegenüber einem Drittstaat getrof-

fene Entscheidung gebunden. [5] Dies gilt nicht, wenn eine erneute Prüfung erforderlich ist, weil sich das in Titel I Kapitel VI der Richtlinie 2009/138/EG beschriebene Aufsichtssystem oder das Aufsichtssystem des Drittstaats wesentlich geändert hat. [6] Sind die anderen betroffenen Aufsichtsbehörden mit der von der Gruppenaufsichtsbehörde getroffenen Entscheidung nicht einverstanden, können sie gemäß Artikel 19 der Verordnung (EU) Nr. 1094/2010 innerhalb von drei Monaten nach Mitteilung der Entscheidung durch die Gruppenaufsichtsbehörde die Europäische Aufsichtsbehörde für das Versicherungswesen und die betriebliche Altersversorgung mit der Angelegenheit befassen und um Unterstützung bitten.

(3) [1] Ein delegierter Rechtsakt der Europäischen Kommission gemäß Artikel 227 Absatz 4 der Richtlinie 2009/138/EG darüber, ob die Solvabilitätsvorschriften eines Drittstaats gleichwertig sind oder nicht, ist für die Gruppenaufsichtsbehörde verbindlich und schließt eine Prüfung nach Absatz 2 aus. [2] Das Gleiche gilt, wenn und solange ein delegierter Rechtsakt der Europäischen Kommission gemäß Artikel 227 Absatz 5 der Richtlinie 2009/138/EG über die vorläufige Gleichwertigkeit vorliegt.

§ 259 Verbundene Kreditinstitute, Wertpapierfirmen und Finanzinstitute. (1) [1] Bei der Berechnung der Gruppensolvabilität eines Versicherungsunternehmens, das an einem Kreditinstitut, einem Wertpapierhandelsunternehmen oder einem Finanzinstitut beteiligt ist, können die beteiligten Versicherungsunternehmen die in Anhang I der Richtlinie 2002/87/EG festgelegte Methode 1 oder 2 entsprechend anwenden. [2] Die Konsolidierungsmethode darf nur angewendet werden, wenn das integrierte Management und die interne Kontrolle in Bezug auf die in den Konsolidierungskreis einbezogenen Unternehmen nach Auffassung der Gruppenaufsichtsbehörde angemessen sind. [3] Die gewählte Methode ist auf Dauer einheitlich anzuwenden.

(2) [1] Die Aufsichtsbehörde kann anordnen, dass eine in Absatz 1 genannte Beteiligung von den Eigenmitteln, die auf die Gruppensolvabilität des beteiligten Unternehmens angerechnet werden können, abgezogen wird, wenn sie Gruppenaufsichtsbehörde ist. [2] Das beteiligte Unternehmen kann dies beantragen.

§ 260 Nichtverfügbarkeit der notwendigen Informationen. [1] Sind die für die Berechnung der Gruppensolvabilität eines Versicherungsunternehmens notwendigen Informationen über ein verbundenes Unternehmen mit Sitz in einem Mitglied- oder Vertragsstaat oder Drittstaat nicht verfügbar, wird der Buchwert, den dieses Unternehmen in dem beteiligten Versicherungsunternehmen hat, von den auf die Gruppensolvabilität anrechnungsfähigen Eigenmitteln abgezogen. [2] Die mit dieser Beteiligung verbundenen nicht realisierten Gewinne dürfen nicht als Eigenmittel zur Bedeckung der Gruppensolvabilität herangezogen werden.

§ 261 Konsolidierungsmethode. (1) [1] Nach der Konsolidierungsmethode wird die Gruppensolvabilität des beteiligten Versicherungsunternehmens auf der Grundlage des konsolidierten Abschlusses berechnet. [2] Die Gruppensolvabilität des beteiligten Versicherungsunternehmens ist die Differenz zwischen den auf der Grundlage des konsolidierten Abschlusses errechneten, zur Einhaltung der Solvabilitätskapitalanforderung anrechnungsfähigen Eigenmitteln und der auf der Grundlage des konsolidierten Abschlusses errechneten Gruppensolvabilitätskapitalanforderung. [3]Teil 2 Kapitel 2 Abschnitt 2 gilt für die Berechnung der auf die Solvabilitätskapitalanforderung anrechnungsfähigen Eigenmittel und der Gruppensolvabilitätskapitalanforderung unter Anwendung der Konsolidierungsmethode entsprechend.

(2) Die konsolidierte Gruppensolvabilitätskapitalanforderung wird entweder mit der Standardformel oder mit einem genehmigten internen Modell berechnet.

(3) [1]Der Mindestbetrag der konsolidierten Gruppensolvabilitätskapitalanforderung ist die Summe aus der Mindestkapitalanforderung des beteiligten Versicherungsunternehmens und den der Beteiligungsquote entsprechenden anteiligen Mindestkapitalanforderungen der verbundenen Versicherungsunternehmen. [2]Dieser Mindestbetrag ist mit anrechnungsfähigen Basiseigenmitteln gemäß § 95 zu bedecken. [3]§ 250 Absatz 1 Satz 2, die §§ 253 bis 260 und 135 Absatz 1 und 2 sind entsprechend anzuwenden.

§ 262 Internes Modell für die Gruppe. (1) [1]Ein Versicherungsunternehmen und seine verbundenen Unternehmen oder gemeinsam die verbundenen Unternehmen einer Versicherungs-Holdinggesellschaft oder gemischten Finanzholding-Gesellschaft können beantragen, die konsolidierte Solvabilitätskapitalanforderung auf Gruppenebene sowie die Solvabilitätskapitalanforderungen der Versicherungsunternehmen der Gruppe mit einem internen Modell zu berechnen. [2]Der Antrag ist an die Gruppenaufsichtsbehörde zu richten.

(2) [1]Die Gruppenaufsichtsbehörde informiert unverzüglich die anderen Mitglieder des Aufsichtskollegiums (§ 283) über den Eingang des Antrags. [2]Sobald die Antragsunterlagen vollständig vorliegen, leitet sie diese unverzüglich an die anderen betroffenen Aufsichtsbehörden weiter. [3]Die betroffenen Aufsichtsbehörden arbeiten bei der Entscheidung über die Erteilung der Erlaubnis und bei der Festlegung der Bedingungen, an die die Erteilung der Erlaubnis geknüpft ist, zusammen. [4]Die Entscheidung soll einvernehmlich getroffen werden. [5]Die Aufsichtsbehörden wirken im Rahmen ihrer Befugnisse darauf hin, dass die Entscheidung innerhalb von sechs Monaten nach Eingang des vollständigen Antrags getroffen wird.

(3) Sind die Aufsichtsbehörden einvernehmlich zu einer Entscheidung im Sinne des Absatzes 2 gelangt, erteilt die Gruppenaufsichtsbehörde dem Antragsteller den Bescheid.

(4) [1]Wird innerhalb von sechs Monaten nach Eingang des vollständigen Antrags der Gruppe keine einvernehmliche Entscheidung erzielt, entscheidet die Gruppenaufsichtsbehörde über den Antrag. [2]Die Gruppenaufsichtsbehörde trägt allen Auffassungen und Vorbehalten, die die anderen betroffenen Aufsichtsbehörden innerhalb der Sechsmonatsfrist geäußert haben, angemessen Rechnung. [3]Die Gruppenaufsichtsbehörde erteilt dem Antragsteller den Bescheid und übermittelt diesen den anderen betroffenen Aufsichtsbehörden. [4]Die Entscheidung der Gruppenaufsichtsbehörde wird von den betroffenen Aufsichtsbehörden als verbindlich anerkannt und umgesetzt.

(5) [1]Hat vor Ablauf der in Absatz 2 genannten Sechsmonatsfrist eine der betroffenen Aufsichtsbehörden gemäß Artikel 19 der Verordnung (EU) Nr. 1094/2010 die Europäische Aufsichtsbehörde für das Versicherungswesen und die betriebliche Altersversorgung mit der Angelegenheit befasst, ruht das Verfahren bei der Gruppenaufsichtsbehörde, bis die Europäische Aufsichtsbehörde für das Versicherungswesen und die betriebliche Altersversorgung

gemäß Artikel 19 Absatz 3 der Verordnung entscheidet. [2]Die Gruppenaufsichtsbehörde trifft ihre Entscheidung im Einklang mit der Entscheidung der Europäischen Aufsichtsbehörde für das Versicherungswesen und die betriebliche Altersversorgung. [3]Die Entscheidung der Gruppenaufsichtsbehörde wird von den betroffenen Aufsichtsbehörden als verbindlich anerkannt und umgesetzt.

(6) Die Europäische Aufsichtsbehörde für das Versicherungswesen und die betriebliche Altersversorgung wird nicht mit der Angelegenheit befasst, wenn eine gemeinsame Entscheidung erzielt wurde oder die Sechsmonatsfrist verstrichen ist.

(7) [1]Lehnt die Europäische Aufsichtsbehörde für das Versicherungswesen und die betriebliche Altersversorgung die gemäß Artikel 41 Absatz 3 sowie Artikel 44 Absatz 1 der Verordnung (EU) Nr. 1094/2010 vom Gremium vorgeschlagene Entscheidung ab, trifft die Gruppenaufsichtsbehörde die Entscheidung. [2]Diese wird von den betroffenen Aufsichtsbehörden als verbindlich anerkannt und umgesetzt. [3]Die Sechsmonatsfrist des Absatzes 2 gilt als Frist für die Beilegung der Meinungsverschiedenheiten im Sinne von Artikel 19 Absatz 2 der Verordnung (EU) Nr. 1094/2010.

§ 263 Kapitalaufschlag für ein Gruppenunternehmen. (1) [1]Wenn ein Versicherungsunternehmen seine Solvabilitätskapitalanforderung auf Grundlage eines auf Gruppenebene genehmigten internen Modells berechnet und das Risikoprofil dieses Unternehmens nach Auffassung der Aufsichtsbehörde erheblich von den Annahmen abweicht, die diesem internen Modell zugrunde liegen, kann die Aufsichtsbehörde gemäß § 301 einen Kapitalaufschlag auf die anhand des internen Modells ermittelte Solvabilitätskapitalanforderung festsetzen. [2]Der Kapitalaufschlag wird aufgehoben, sobald das betroffene Versicherungsunternehmen die Bedenken der Aufsichtsbehörde ausgeräumt hat.

(2) [1]Ist ein Kapitalaufschlag nach Absatz 1 ausnahmsweise nicht angemessen, kann die Aufsichtsbehörde von dem betreffenden Unternehmen verlangen, dessen Solvabilitätskapitalanforderung nach der Standardformel zu berechnen. [2]Unter den in § 301 Absatz 1 Nummer 1 oder 3 genannten Voraussetzungen kann die Aufsichtsbehörde zusätzlich einen Kapitalaufschlag auf die anhand der Standardformel ermittelte Solvabilitätskapitalanforderung festsetzen. [3]Die Aufsichtsbehörde begründet jede nach Absatz 1 und den Sätzen 1 und 2 getroffene Entscheidung sowohl gegenüber dem Versicherungsunternehmen als auch gegenüber den anderen Mitgliedern des Aufsichtskollegiums.

§ 264 Kapitalaufschlag für die Gruppe. (1) [1]Die Gruppenaufsichtsbehörde kann einen Kapitalaufschlag auf die konsolidierte Solvabilitätskapitalanforderung für die Gruppe festsetzen, wenn die konsolidierte Solvabilitätskapitalanforderung das Risikoprofil der Gruppe nicht angemessen abbildet. [2]Dies ist insbesondere der Fall, wenn

1. ein auf Gruppenebene spezifisches Risiko wegen seiner schweren Quantifizierbarkeit durch die Standardformel oder das verwendete interne Modell nicht hinreichend abgedeckt werden kann oder
2. Kapitalaufschläge für die verbundenen Versicherungsunternehmen nach den §§ 301 und 263 vorgeschrieben werden.

(2) § 301 und die zu Artikel 37 der Richtlinie 2009/138/EG erlassenen delegierten Rechtsakte sind entsprechend anzuwenden.

§ 265 Abzugs- und Aggregationsmethode. (1) Nach der Abzugs- und Aggregationsmethode ist die Gruppensolvabilität des beteiligten Versicherungsunternehmens die Differenz zwischen

1. den aggregierten anrechnungsfähigen Eigenmitteln der Gruppe gemäß Absatz 2 und
2. dem Wert des verbundenen Versicherungsunternehmens beim beteiligten Versicherungsunternehmen zuzüglich der aggregierten Solvabilitätskapitalanforderung der Gruppe gemäß Absatz 3.

(2) Die aggregierten anrechnungsfähigen Eigenmittel der Gruppe setzen sich zusammen aus

1. den auf die Solvabilitätskapitalanforderung des beteiligten Versicherungsunternehmens anrechnungsfähigen Eigenmitteln und
2. den verhältnismäßigen Anteilen des beteiligten Versicherungsunternehmens an den auf die Solvabilitätskapitalanforderungen der verbundenen Versicherungsunternehmen anrechnungsfähigen Eigenmitteln.

(3) Die aggregierte Solvabilitätskapitalanforderung der Gruppe setzt sich zusammen aus

1. der Solvabilitätskapitalanforderung des beteiligten Versicherungsunternehmens und
2. den verhältnismäßigen Anteilen an den Solvabilitätskapitalanforderungen der verbundenen Versicherungsunternehmen.

(4) [1] Im Fall einer teilweisen oder vollständigen indirekten Beteiligung wird der Wert der indirekten Beteiligung durch Ermittlung des durchgerechneten Anteils zugrunde gelegt. [2] Die in Absatz 2 Nummer 2 und Absatz 3 Nummer 2 genannten Anteile werden entsprechend ermittelt.

(5) Auf den Antrag, die Solvabilitätskapitalanforderung für die Versicherungsunternehmen der Gruppe anhand eines internen Modells zu berechnen, sind die §§ 262 und 263 entsprechend anzuwenden.

(6) [1] Die aggregierte Solvabilitätskapitalanforderung der Gruppe muss das Risikoprofil der Gruppe angemessen abbilden. [2] Dabei müssen insbesondere auf Gruppenebene spezifische Risiken, die schwer quantifizierbar sind, angemessen berücksichtigt werden. [3] Weicht das Risikoprofil der Gruppe erheblich von den Annahmen für die aggregierte Solvabilitätskapitalanforderung der Gruppe ab, kann die Gruppenaufsichtsbehörde einen Kapitalaufschlag auf die aggregierte Solvabilitätskapitalanforderung für die Gruppe vorschreiben. [4] § 301 und die zu Artikel 37 der Richtlinie 2009/138/EG erlassenen delegierten Rechtsakte sind entsprechend anzuwenden.

§ 266 Gruppensolvabilität bei einer Versicherungs-Holdinggesellschaft oder einer gemischten Finanzholding-Gesellschaft. [1] Sind Versicherungsunternehmen Tochterunternehmen einer Versicherungs-Holdinggesellschaft oder einer gemischten Finanzholding-Gesellschaft, ist die Solvabilität der Gruppe gemäß § 250 Absatz 1 Satz 2 und den §§ 252 bis 265 auf Ebene der Versicherungs-Holdinggesellschaft oder der gemischten Finanzholding-Gesellschaft zu berechnen. [2] Für diese Berechnung wird die Versicherungs-Holdinggesellschaft oder die gemischte Finanzholding-Gesellschaft wie ein Versicherungsunternehmen behandelt. [3] Ihre Solvabilitätskapitalanforderung muss gemäß Teil 2 Kapitel 2 Abschnitt 2 Unterabschnitt 2 und 3 und unter der

Annahme ermittelt werden, dass sie in Bezug auf die anrechnungsfähigen Eigenmittel den in Teil 2 Kapitel 2 Abschnitt 2 Unterabschnitt 1 festgelegten Bestimmungen unterliegt.

§ 267 Bedingungen für Tochterunternehmen eines Versicherungsunternehmens. Die Bestimmungen der §§ 269 und 270 gelten für jedes Versicherungsunternehmen, das Tochterunternehmen eines Versicherungsunternehmens ist, wenn

1. das Tochterunternehmen in die Gruppenaufsicht auf Ebene des Mutterunternehmens einbezogen ist,
2. das Risikomanagement und die internen Kontrollmechanismen des Mutterunternehmens das Tochterunternehmen einschließen und das Mutterunternehmen die betroffenen Aufsichtsbehörden von der umsichtigen Führung des Tochterunternehmens überzeugt hat,
3. das Mutterunternehmen die Zustimmung gemäß § 275 Absatz 4 erhalten hat,
4. das Mutterunternehmen die Zustimmung gemäß § 277 Absatz 2 erhalten hat und
5. das Mutterunternehmen die Inanspruchnahme der Bestimmungen der §§ 269 und 270 beantragt hat und dieser Antrag gemäß § 268 genehmigt worden ist.

§ 268 Beaufsichtigung bei zentralisiertem Risikomanagement.

(1) [1] Bei der Entscheidung über die Genehmigung eines Antrags auf Beaufsichtigung der Solvabilität einer Gruppe mit zentralisiertem Risikomanagement gemäß den Bestimmungen der §§ 269 und 270 und bei der Entscheidung über etwaige Bedingungen, unter denen die Genehmigung erteilt wird, arbeiten alle betroffenen Aufsichtsbehörden im Aufsichtskollegium (§ 283) zusammen. [2] Der Antrag ist an die für das Tochterunternehmen zuständige Aufsichtsbehörde zu richten. [3] Diese unterrichtet hiervon unverzüglich die anderen Aufsichtsbehörden im Aufsichtskollegium und leitet den vollständigen Antrag an diese weiter.

(2) Die betroffenen Aufsichtsbehörden sollen über den Antrag innerhalb von drei Monaten nach Eingang des vollständigen Antrags bei allen Aufsichtsbehörden einvernehmlich entscheiden.

(3) Sind die Aufsichtsbehörden zu einer einvernehmlichen Entscheidung im Sinne des Absatzes 2 gelangt, übermittelt die für das Tochterunternehmen zuständige Aufsichtsbehörde dem Antragsteller den Bescheid.

(4) [1] Wird innerhalb von drei Monaten nach Eingang des vollständigen Antrags der Gruppe keine einvernehmliche Entscheidung erzielt, entscheidet die Gruppenaufsichtsbehörde über den Antrag. [2] Die Gruppenaufsichtsbehörde trägt allen Auffassungen und Vorbehalten, die die anderen im Aufsichtskollegium vertretenen Aufsichtsbehörden innerhalb der Dreimonatsfrist geäußert haben, angemessen Rechnung. [3] Die Gruppenaufsichtsbehörde erteilt dem Antragsteller den Bescheid und übermittelt diesen den anderen betroffenen Aufsichtsbehörden. [4] Die Entscheidung der Gruppenaufsichtsbehörde wird von den betroffenen Aufsichtsbehörden als verbindlich anerkannt und umgesetzt.

(5) [1] Hat vor Ablauf der in Absatz 2 genannten Dreimonatsfrist eine der betroffenen Aufsichtsbehörden gemäß Artikel 19 der Verordnung (EU) Nr. 1094/2010 die Europäische Aufsichtsbehörde für das Versicherungswesen und die betriebliche Altersversorgung mit der Angelegenheit befasst, wartet die

Gruppenaufsichtsbehörde deren Entscheidung ab. [2] Die Gruppenaufsichtsbehörde ist bei ihrer Entscheidung inhaltlich an die Entscheidung der Europäischen Aufsichtsbehörde für das Versicherungswesen und die betriebliche Altersversorgung gebunden. [3] Die Entscheidung der Gruppenaufsichtsbehörde wird von den betroffenen Aufsichtsbehörden als verbindlich anerkannt und umgesetzt.

(6) Die Europäische Aufsichtsbehörde für das Versicherungswesen und die betriebliche Altersversorgung wird nicht mit der Angelegenheit befasst, wenn eine gemeinsame Entscheidung erzielt wurde oder die Dreimonatsfrist verstrichen ist.

(7) [1] Lehnt die Europäische Aufsichtsbehörde für das Versicherungswesen und die betriebliche Altersversorgung die gemäß Artikel 41 Absatz 3 sowie Artikel 44 Absatz 1 der Verordnung (EU) Nr. 1094/2010 vom Gremium vorgeschlagene Entscheidung ab, trifft die Gruppenaufsichtsbehörde die Entscheidung. [2] Die Entscheidung der Gruppenaufsichtsbehörde wird von den betroffenen Aufsichtsbehörden als verbindlich anerkannt und umgesetzt.

§ 269 Bestimmung der Solvabilitätskapitalanforderung des Tochterunternehmens. (1) [1] Die Solvabilitätskapitalanforderung eines Tochterunternehmens wird gemäß den Absätzen 2, 4 und 5 berechnet. [2] § 262 bleibt unberührt.

(2) [1] Wird die Solvabilitätskapitalanforderung des Tochterunternehmens mit einem auf Gruppenebene gemäß § 262 genehmigten internen Modell berechnet, kann die Aufsichtsbehörde einen Kapitalaufschlag auf die Solvabilitätskapitalanforderung dieses Unternehmens festsetzen, wenn sie der Auffassung ist, dass das Risikoprofil erheblich von dem internen Modell abweicht und die Voraussetzungen des § 301 erfüllt sind. [2] Ist ein Kapitalaufschlag im Einzelfall unangemessen, kann die Aufsichtsbehörde, die das Tochterunternehmen zugelassen hat, verlangen, dass das Unternehmen seine Solvabilitätskapitalanforderung mit der Standardformel berechnet. [3] Die Aufsichtsbehörde hört vor der Entscheidung sowohl das Tochterunternehmen als auch die anderen im Aufsichtskollegium nach § 283 vertretenen Aufsichtsbehörden an.

(3) [1] Wird die Solvabilitätskapitalanforderung des Tochterunternehmens mit der Standardformel berechnet und ist die Aufsichtsbehörde der Auffassung, dass das Risikoprofil des Unternehmens wesentlich von den Annahmen der Standardformel abweicht, so kann sie, solange ihre Bedenken nicht ausgeräumt sind, im Einzelfall verlangen, dass das Unternehmen eine Untergruppe der bei der Berechnung der Standardformel verwendeten Parameter durch unternehmensspezifische Parameter bei der Berechnung der versicherungstechnischen Risikomodule ersetzt oder einen Kapitalaufschlag in den in § 301 genannten Fällen festsetzen. [2] Vor der Entscheidung hört die Aufsichtsbehörde sowohl das Tochterunternehmen als auch die anderen im Aufsichtskollegium nach § 283 vertretenen Aufsichtsbehörden an.

(4) [1] Das Aufsichtskollegium unternimmt im Rahmen seiner Befugnisse alles, um eine Einigung über den Vorschlag der Aufsichtsbehörde, die das Tochterunternehmen zugelassen hat, oder über andere mögliche Maßnahmen zu erreichen. [2] Eine Entscheidung wird von den betroffenen Aufsichtsbehörden als verbindlich anerkannt und umgesetzt.

(5) [1] Gehen die Meinungen der Aufsichtsbehörde, die das Tochterunternehmen zugelassen hat, und der Gruppenaufsichtsbehörde auseinander, kann jede

der beiden Stellen innerhalb eines Monats nach dem Vorschlag der Aufsichtsbehörde gemäß Artikel 19 der Verordnung (EU) Nr. 1094/2010 die Europäische Aufsichtsbehörde für das Versicherungswesen und die betriebliche Altersversorgung mit der Angelegenheit befassen und um Unterstützung bitten. [2] Die Europäische Aufsichtsbehörde für das Versicherungswesen und die betriebliche Altersversorgung wird nicht mit der Angelegenheit befasst, wenn innerhalb des Aufsichtskollegiums eine einvernehmliche Entscheidung erzielt wurde oder die Einmonatsfrist verstrichen ist.

(6) [1] Die Aufsichtsbehörde, die das Tochterunternehmen zugelassen hat, wartet die Entscheidung der Europäischen Aufsichtsbehörde für das Versicherungswesen und die betriebliche Altersversorgung ab. [2] Sie trifft ihre Entscheidung im Einklang mit der Entscheidung der Europäischen Aufsichtsbehörde für das Versicherungswesen und die betriebliche Altersversorgung. [3] Die Aufsichtsbehörde erteilt dem Tochterunternehmen den Bescheid und übermittelt diesen dem Aufsichtskollegium. [4] Die Entscheidung der Aufsichtsbehörde wird von den betroffenen Aufsichtsbehörden als verbindlich anerkannt und umgesetzt.

§ 270 Nichtbedeckung der Kapitalanforderungen des Tochterunternehmens. (1) [1] Innerhalb von sechs Monaten nach Feststellung der Nichtbedeckung der Solvabilitätskapitalanforderung hat das Tochterunternehmen die anrechnungsfähigen Eigenmittel aufzustocken oder seine Risiken so zu reduzieren, dass die Solvabilitätskapitalanforderung wieder bedeckt ist. [2] Die Aufsichtsbehörde, die das Tochterunternehmen zugelassen hat, übermittelt allen Aufsichtsbehörden im Aufsichtskollegium unverzüglich den vom Tochterunternehmen vorgelegten Sanierungsplan. [3] Die Aufsichtsbehörden im Aufsichtskollegium entscheiden einvernehmlich innerhalb von vier Monaten nach Feststellung der Nichteinhaltung der Solvabilitätskapitalanforderung über die Genehmigung des Sanierungsplans. [4] Können sich die Aufsichtsbehörden innerhalb dieser Frist nicht einigen, entscheidet die Aufsichtsbehörde unter Berücksichtigung der Auffassungen der anderen Aufsichtsbehörden über die Genehmigung des Sanierungsplans.

(2) [1] Stellt die Aufsichtsbehörde eine Verschlechterung der finanziellen Lage des Tochterunternehmens gemäß § 132 Absatz 2 fest, teilt sie den Aufsichtsbehörden im Aufsichtskollegium unverzüglich mit, welche Maßnahmen ihrer Ansicht nach zu ergreifen sind. [2] Handelt es sich nicht um eine Krisensituation, werden die vorgeschlagenen Maßnahmen im Aufsichtskollegium erörtert. [3] Das Kollegium der Aufsichtsbehörden unternimmt im Rahmen seiner Befugnisse alles, um eine Einigung über die vorgeschlagenen zu ergreifenden Maßnahmen zu erzielen. [4] Können sich die Aufsichtsbehörden innerhalb eines Monats nach der Mitteilung nach Satz 1 nicht einigen, entscheidet die Aufsichtsbehörde, die das Tochterunternehmen zugelassen hat, unter gebührender Berücksichtigung der Auffassungen der anderen Aufsichtsbehörden im Aufsichtskollegium über die Maßnahmen.

(3) [1] Bei Nichtbedeckung der Mindestkapitalanforderung übermittelt die Aufsichtsbehörde dem Aufsichtskollegium unverzüglich den vom Tochterunternehmen vorgelegten kurzfristigen Finanzierungsplan, damit innerhalb von drei Monaten nach der Feststellung der Nichtbedeckung der Mindestkapitalanforderung die anrechnungsfähigen Eigenmittel aufgestockt werden oder das Risikoprofil so gesenkt wird, dass die Mindestkapitalanforderung wieder bedeckt ist. [2] Die Aufsichtsbehörde informiert das Aufsichtskollegium auch über

die Maßnahmen, die sie eingeleitet hat, um die Einhaltung der Mindestkapitalanforderung durchzusetzen.

(4) Wenn die Aufsichtsbehörde, die das Tochterunternehmen zugelassen hat, und die Gruppenaufsichtsbehörde uneinig sind hinsichtlich

1. der Genehmigung des Sanierungsplans, einschließlich einer etwaigen Verlängerung der Frist für die Wiederherstellung, innerhalb der in Absatz 1 genannten Viermonatsfrist oder
2. der Genehmigung der vorgeschlagenen Maßnahmen innerhalb der in Absatz 2 genannten Einmonatsfrist,

können sie die Europäische Aufsichtsbehörde für das Versicherungswesen und die betriebliche Altersversorgung mit der Angelegenheit befassen und um ihre Unterstützung gemäß Artikel 19 der Verordnung (EU) Nr. 1094/2010 ersuchen.

(5) Die Europäische Aufsichtsbehörde für das Versicherungswesen und die betriebliche Altersversorgung wird nicht mit der Angelegenheit befasst, wenn

1. innerhalb des Aufsichtskollegiums eine Einigung über die Genehmigung des Sanierungsplans gemäß Absatz 1 oder über die vorgeschlagene Maßnahme gemäß Absatz 2 erzielt wurde,
2. die in Absatz 4 genannten Fristen verstrichen sind oder
3. eine Krisensituation gemäß Absatz 2 Satz 2 eingetreten ist.

(6) [1] Die Aufsichtsbehörde, die das Tochterunternehmen zugelassen hat, wartet die Entscheidung der Europäischen Aufsichtsbehörde für das Versicherungswesen und die betriebliche Altersversorgung ab. [2] Sie trifft ihre Entscheidung im Einklang mit der Entscheidung der Europäischen Aufsichtsbehörde für das Versicherungswesen und die betriebliche Altersversorgung. [3] Die Aufsichtsbehörde erteilt dem Tochterunternehmen den Bescheid und übermittelt diesen dem Aufsichtskollegium. [4] Die Entscheidung der Aufsichtsbehörde wird von den betroffenen Aufsichtsbehörden als verbindlich anerkannt und umgesetzt.

§ 271 Ende der Ausnahmeregelung für ein Tochterunternehmen.

(1) [1] Die in den §§ 269 und 270 vorgesehenen Regelungen sind nicht anwendbar, wenn

1. die in § 267 Nummer 1 genannte Bedingung nicht mehr erfüllt ist,
2. die in § 267 Nummer 2 genannte Bedingung nicht mehr erfüllt ist und die Gruppe nicht innerhalb einer angemessenen Frist für erneute Einhaltung sorgt oder
3. die in § 267 Nummer 3 und 4 genannten Bedingungen nicht mehr erfüllt sind.

[2] Entscheidet die Gruppenaufsichtsbehörde in dem in Satz 1 Nummer 1 genannten Fall nach Anhörung des Aufsichtskollegiums, das Tochterunternehmen nicht mehr in die Gruppenaufsicht einzubeziehen, teilt sie dies der für das Tochterunternehmen zuständigen Aufsichtsbehörde und dem Mutterunternehmen unverzüglich mit.

(2) [1] Das Mutterunternehmen ist dafür verantwortlich, dass die in § 267 Nummer 2, 3 und 4 genannten Bedingungen jederzeit erfüllt werden. [2] Ist eine Bedingung nicht erfüllt, teilt das Mutterunternehmen dies der Gruppenaufsichtsbehörde sowie der für die Beaufsichtigung des betreffenden Tochterunter-

nehmens zuständigen Aufsichtsbehörde unverzüglich mit. [3]Das Mutterunternehmen hat einen Plan vorzulegen, um innerhalb einer angemessenen Frist für die erneute Einhaltung der Bedingungen zu sorgen. [4]Die Gruppenaufsichtsbehörde überprüft mindestens einmal jährlich, ob die Bedingungen nach wie vor erfüllt sind. [5]Eine solche Überprüfung nimmt sie auch auf Antrag der betroffenen Aufsichtsbehörde vor, wenn diese erhebliche Zweifel an der kontinuierlichen Erfüllung dieser Bedingungen hat. [6]Werden bei dieser Überprüfung Schwächen oder Mängel festgestellt, verlangt die Gruppenaufsichtsbehörde von dem Mutterunternehmen einen Plan, der die Beseitigung dieser Schwächen oder Mängel innerhalb einer angemessenen Frist vorsieht. [7]Stellt die Gruppenaufsichtsbehörde nach Anhörung des Aufsichtskollegiums fest, dass der in den Sätzen 3 und 6 genannte Plan unzureichend ist oder nicht fristgerecht umgesetzt wird, gelten die in § 267 Nummer 2 bis 4 genannten Bedingungen als nicht mehr erfüllt. [8]Die Gruppenaufsichtsbehörde teilt dies unverzüglich der betroffenen Aufsichtsbehörde mit.

(3) Stellt das Mutterunternehmen einen neuen Antrag und wird dieser genehmigt, richtet sich das Verfahren erneut nach den §§ 269 und 270.

§ 272 Tochterunternehmen einer Versicherungs-Holdinggesellschaft oder gemischten Finanzholding-Gesellschaft. Für Versicherungsunternehmen, die Tochterunternehmen einer Versicherungs-Holdinggesellschaft oder einer gemischten Finanzholding-Gesellschaft sind, gelten die §§ 267 bis 271 entsprechend.

Abschnitt 2. Risikokonzentration und gruppeninterne Transaktionen

§ 273 Überwachung der Risikokonzentration. (1) Der Gruppenaufsichtsbehörde sind mindestens einmal jährlich alle wesentlichen Risikokonzentrationen auf Gruppenebene zu melden.

(2) [1]Sofern das oberste beteiligte Unternehmen ein Versicherungsunternehmen ist, meldet dieses die Informationen der Gruppenaufsichtsbehörde. [2]Sofern das oberste beteiligte Unternehmen eine Versicherungs-Holdinggesellschaft oder eine gemischte Finanzholding-Gesellschaft ist, meldet diese die Informationen, sofern nicht die Aufsichtsbehörde nach Anhörung der anderen betroffenen Aufsichtsbehörden und der Gruppe ein Versicherungsunternehmen als zur Meldung verpflichtetes Unternehmen bestimmt hat.

(3) [1]Nach Anhörung der anderen betroffenen Aufsichtsbehörden und der Gruppe bestimmt die Gruppenaufsichtsbehörde

1. die Arten von Risiken, über die Versicherungsunternehmen einer bestimmten Gruppe auf jeden Fall berichten müssen, sowie
2. angemessene Schwellenwerte für Berichtspflichten über wesentliche Risikokonzentrationen.

[2]Bei der Bestimmung der Risiken ist der individuellen Struktur der Gruppe und der Struktur ihres Risikomanagements Rechnung zu tragen. [3]Die Schwellenwerte orientieren sich an den Solvabilitätskapitalanforderungen, den versicherungstechnischen Rückstellungen oder beiden Größen.

(4) Bei der Beaufsichtigung der Risikokonzentrationen überwacht die Gruppenaufsichtsbehörde Höhe und Eintrittswahrscheinlichkeit der Risiken, insbesondere das mögliche Ansteckungsrisiko innerhalb der Gruppe und das Risiko eines Interessenkonflikts.

§ 274 Überwachung gruppeninterner Transaktionen. (1) [1]Der Gruppenaufsichtsbehörde ist mindestens einmal jährlich über alle wesentlichen gruppeninternen Transaktionen der Versicherungsunternehmen der Gruppe zu berichten, einschließlich der Transaktionen mit natürlichen Personen, die zu einem Unternehmen der Gruppe enge Verbindungen unterhalten. [2]Die Gruppenaufsichtsbehörde kann einen unterjährigen Berichtsturnus festlegen, um die Überwachung der gruppeninternen Transaktionen zu erleichtern.

(2) [1]Sofern das oberste beteiligte Unternehmen ein Versicherungsunternehmen ist, meldet dieses die wesentlichen gruppeninternen Transaktionen der Gruppenaufsichtsbehörde. [2]Sofern das oberste beteiligte Unternehmen eine Versicherungs-Holdinggesellschaft oder eine gemischte Finanzholding-Gesellschaft ist, meldet diese die Informationen, sofern nicht die Gruppenaufsichtsbehörde nach Anhörung der anderen betroffenen Aufsichtsbehörden und der Gruppe ein Versicherungsunternehmen als zur Meldung verpflichtetes Unternehmen bestimmt hat.

(3) Über besonders wesentliche Transaktionen nach Absatz 1 hat das zur Meldung verpflichtete Unternehmen der Gruppenaufsichtsbehörde unverzüglich Bericht zu erstatten.

(4) [1]Die Gruppenaufsichtsbehörde bestimmt nach Anhörung der Gruppe und der anderen betroffenen Aufsichtsbehörden, über welche Arten von gruppeninternen Transaktionen die Versicherungsunternehmen der Gruppe auf jeden Fall berichten müssen. [2]Bei grenzüberschreitend tätigen Gruppen erfolgt diese Festlegung nach Konsultation der anderen betroffenen Aufsichtsbehörden. [3]§ 273 Absatz 3 Satz 2 und 3, Absatz 4 ist entsprechend anzuwenden.

Abschnitt 3. Geschäftsorganisation, Berichtspflichten

§ 275 Überwachung des Governance-Systems. (1) [1]Teil 2 Kapitel 1 Abschnitt 3 und § 47 Nummer 1, 2, 8 und 9 gelten auf Gruppenebene entsprechend. [2]Dessen ungeachtet sind das Risikomanagementsystem und das interne Kontrollsystem sowie das Berichtswesen aller in die Gruppenaufsicht nach § 245 Absatz 2 Nummer 1 und 2 einbezogenen Unternehmen so umzusetzen, dass diese Systeme und das Berichtswesen auf der Ebene der Gruppe gesteuert und kontrolliert werden können.

(2) Unbeschadet des Absatzes 1 umfassen die internen Kontrollmechanismen zumindest

1. angemessene Mechanismen in Bezug auf die Gruppensolvabilität, die eine Identifizierung und Messung aller wesentlichen Risiken sowie deren Bedeckung mit anrechnungsfähigen Eigenmitteln ermöglichen, und
2. ein ordnungsgemäßes Berichtswesen und ordnungsgemäße Rechnungslegungsverfahren zur Überwachung und Steuerung der gruppeninternen Transaktionen und der Risikokonzentration.

(3) [1]Das beteiligte Versicherungsunternehmen oder die Versicherungs-Holdinggesellschaft oder die gemischte Finanzholding-Gesellschaft muss auf Gruppenebene eine Risiko- und Solvabilitätsbeurteilung entsprechend § 27 vornehmen. [2]Bei einer Berechnung der Gruppensolvabilität nach der Konsolidierungsmethode muss das beteiligte Versicherungsunternehmen oder die Versicherungs-Holdinggesellschaft oder die gemischte Finanzholding-Gesellschaft der Gruppenaufsichtsbehörde die Differenz zwischen der Summe der Solvabilitätskapitalanforderungen aller verbundenen Versicherungsunternehmen der

Gruppe und der konsolidierten Solvabilitätskapitalanforderung der Gruppe nachvollziehbar darlegen.

(4) [1] Mit Zustimmung der Gruppenaufsichtsbehörde kann das beteiligte Versicherungsunternehmen oder die Versicherungs-Holdinggesellschaft oder die gemischte Finanzholding-Gesellschaft die Risiko- und Solvabilitätsbeurteilung auf Gruppenebene und auf Ebene der Tochterunternehmen zeitgleich vornehmen und die Ergebnisse für die Berichterstattung gegenüber den Aufsichtsbehörden in einem Bericht darstellen. [2] In diesem Fall übermittelt das beteiligte Versicherungsunternehmen oder die Versicherungs-Holdinggesellschaft oder die gemischte Finanzholding-Gesellschaft den Bericht allen betroffenen Aufsichtsbehörden gleichzeitig. [3] Die Verpflichtung der Tochterunternehmen, für die Einhaltung der Anforderungen des § 27 zu sorgen, bleibt unberührt. [4] Vor Erteilung der Zustimmung nach Satz 1 konsultiert die Aufsichtsbehörde die Mitglieder des Aufsichtskollegiums und trägt deren Auffassungen angemessen Rechnung.

§ 276 Gegenseitiger Informationsaustausch. (1) Die in die Gruppenaufsicht einbezogenen natürlichen und juristischen Personen einschließlich ihrer verbundenen und beteiligten Unternehmen sind befugt, alle Informationen auszutauschen, die für die Anwendung der Vorschriften dieses Teils notwendig sind.

(2) Das oberste beteiligte Unternehmen kann von jedem anderen Unternehmen der Gruppe alle Aufklärungen und Nachweise verlangen, welche es zur Erfüllung seiner Pflichten nach diesem Kapitel benötigt.

(3) Die allgemeinen datenschutzrechtlichen Vorschriften bleiben unberührt.

§ 277 Bericht über Solvabilität und Finanzlage der Gruppe. (1) [1] Das oberste Mutterunternehmen auf Ebene der Mitglied- oder Vertragsstaaten im Sinne des § 247 hat jährlich einen Solvabilitäts- und Finanzbericht auf Gruppenebene zu veröffentlichen. [2] § 29 Absatz 3 und die §§ 40 bis 42 sind entsprechend anzuwenden.

(2) [1] Mit Genehmigung der Gruppenaufsichtsbehörde ist dieses Unternehmen berechtigt, für die gesamte Gruppe nur einen einzigen Solvabilitäts- und Finanzbericht zu veröffentlichen, der neben den nach Absatz 1 zu veröffentlichenden Informationen auf Gruppenebene auch die nach den §§ 40 bis 42 für jedes Tochterunternehmen der Gruppe zu veröffentlichenden Informationen, die einzeln identifizierbar sein müssen, enthält. [2] In diesem Fall entfallen die Verpflichtungen aus den vorgenannten Vorschriften für die einzelnen Tochterunternehmen.

(3) Vor Erteilung der Genehmigung nach Absatz 2 hört die Gruppenaufsichtsbehörde die Aufsichtsbehörden des Aufsichtskollegiums an und trägt deren Auffassungen angemessen Rechnung.

(4) Ist die Aufsichtsbehörde für ein Tochterunternehmen der Gruppe zuständig und fehlen in dem nach Maßgabe des Absatzes 2 erstellten Solvabilitäts- und Finanzbericht wesentliche Informationen hinsichtlich dieses Tochterunternehmens, kann sie das Tochterunternehmen zur Offenlegung der erforderlichen Zusatzinformationen verpflichten.

§ 278 Gruppenstruktur. Versicherungsunternehmen, Versicherungs-Holdinggesellschaften und gemischte Finanzholding-Gesellschaften veröffentlichen jährlich die rechtliche Struktur und die Governance- und Organisationsstruktur auf Gruppenebene einschließlich einer Beschreibung der zu der Gruppe gehörenden Tochtergesellschaften, wichtigen verbundenen Unternehmen und bedeutenden Zweigniederlassungen.

Kapitel 3. Maßnahmen zur Erleichterung der Gruppenaufsicht

§ 279 Zuständigkeit für die Gruppenaufsicht. (1) [1] Zuständig für die Koordinierung und Wahrnehmung der Gruppenaufsicht ist die Gruppenaufsichtsbehörde. [2] Gruppenaufsichtsbehörde ist die Aufsichtsbehörde der betroffenen Mitglied- oder Vertragsstaaten, die die in Absatz 2 genannten Kriterien erfüllt, sofern nicht nach § 280 eine abweichende Bestimmung erfolgt.

(2) [1] Fallen alle Versicherungsunternehmen einer Gruppe in den Zuständigkeitsbereich einer Aufsichtsbehörde, so ist diese die Gruppenaufsichtsbehörde. [2] In allen anderen Fällen ist Gruppenaufsichtsbehörde,

1. wenn an der Spitze der Gruppe ein Versicherungsunternehmen steht, die Aufsichtsbehörde, die für dieses Unternehmen zuständig ist,
2. wenn an der Spitze der Gruppe kein Versicherungsunternehmen steht,
   a) wenn das Mutterunternehmen eines Versicherungsunternehmens eine Versicherungs-Holdinggesellschaft oder eine gemischte Finanzholding-Gesellschaft ist, die Aufsichtsbehörde, die für dieses Versicherungsunternehmen zuständig ist,
   b) wenn mindestens zwei Versicherungsunternehmen mit Sitz in einem Mitglied- oder Vertragsstaat als Mutterunternehmen ein und dieselbe Versicherungs-Holdinggesellschaft oder gemischte Finanzholding-Gesellschaft haben und eines dieser Unternehmen in dem Mitglied- oder Vertragsstaat zugelassen wurde, in dem die Versicherungs-Holdinggesellschaft oder gemischte Finanzholding-Gesellschaft ihren Sitz hat, die Aufsichtsbehörde des in diesem Mitglied- oder Vertragsstaat zugelassenen Versicherungsunternehmens,
   c) wenn an der Spitze der Gruppe mindestens zwei Versicherungs-Holdinggesellschaften oder gemischte Finanzholding-Gesellschaften mit Sitz in unterschiedlichen Mitglied- oder Vertragsstaaten stehen und sich in jedem dieser Mitglied- oder Vertragsstaaten ein Versicherungsunternehmen befindet, die für das Versicherungsunternehmen mit der höchsten Bilanzsumme zuständige Aufsichtsbehörde,
   d) wenn mindestens zwei Versicherungsunternehmen mit Sitz in einem Mitglied- oder Vertragsstaat als Mutterunternehmen ein und dieselbe Versicherungs-Holdinggesellschaft oder gemischte Finanzholding-Gesellschaft haben und keines dieser Unternehmen in dem Mitglied- oder Vertragsstaat zugelassen wurde, in dem die Versicherungs-Holdinggesellschaft ihren Sitz hat, die Aufsichtsbehörde, die für das Versicherungsunternehmen mit der höchsten Bilanzsumme zuständig ist, und
   e) wenn die Gruppe kein Mutterunternehmen hat oder ein anderer nicht in den Buchstaben a bis d genannter Fall vorliegt, die Aufsichtsbehörde, die das Versicherungsunternehmen mit der höchsten Bilanzsumme zugelassen hat.

§ 280 Bestimmung der Gruppenaufsichtsbehörde. (1) [1] Wäre die Anwendung der in § 279 Absatz 2 genannten Kriterien auf Grund der Struktur der Gruppe und der relativen Bedeutung der Geschäfte des Versicherungsunternehmens in den verschiedenen Mitglied- oder Vertragsstaaten unangemessen, können die betroffenen Aufsichtsbehörden in besonderen Fällen gemeinsam eine andere Aufsichtsbehörde zur Gruppenaufsichtsbehörde bestimmen. [2]Die Gruppenaufsichtsbehörde soll nicht häufiger als einmal jährlich bestimmt werden.

(2) [1]Die Bestimmung nach Absatz 1 erfolgt auf Antrag einer der betroffenen Aufsichtsbehörden nach Anhörung der betroffenen Gruppe im Einvernehmen aller betroffenen Aufsichtsbehörden innerhalb von drei Monaten nach Antragstellung. [2]Die betroffenen Aufsichtsbehörden unternehmen im Rahmen ihrer Befugnisse alles, um innerhalb von drei Monaten nach Antragstellung zu einer gemeinsamen Entscheidung über die Gruppenaufsichtsbehörde zu gelangen. [3]Vor ihrer Entscheidung geben die betroffenen Aufsichtsbehörden der Gruppe Gelegenheit zur Stellungnahme. [4]Die designierte Gruppenaufsichtsbehörde erteilt der Gruppe einen Bescheid über die gemeinsame Entscheidung.

(3) [1]Hat vor Ablauf der in Absatz 2 genannten Dreimonatsfrist eine der betroffenen Aufsichtsbehörden gemäß Artikel 19 der Verordnung (EU) Nr. 1094/2010 die Europäische Aufsichtsbehörde für das Versicherungswesen und die betriebliche Altersversorgung mit der Angelegenheit befasst, ruht das Verfahren, bis die Europäische Aufsichtsbehörde für das Versicherungswesen und die betriebliche Altersversorgung gemäß Artikel 19 Absatz 3 der Verordnung entscheidet. [2]Die betroffenen Aufsichtsbehörden treffen ihre Entscheidung gemeinsam im Einklang mit der Entscheidung der Europäischen Aufsichtsbehörde für das Versicherungswesen und die betriebliche Altersversorgung. [3]Die gemeinsame Entscheidung wird von den betroffenen Aufsichtsbehörden als verbindlich anerkannt und umgesetzt. [4]Die designierte Gruppenaufsichtsbehörde erteilt der Gruppe einen Bescheid über die gemeinsame Entscheidung und informiert das Aufsichtskollegium.

(4) Nach Ablauf der Dreimonatsfrist oder nach Einigung auf eine gemeinsame Entscheidung wird die Europäische Aufsichtsbehörde für das Versicherungswesen und die betriebliche Altersversorgung nicht befasst.

(5) Wird keine gemeinsame Entscheidung nach Absatz 2 oder 3 erzielt, wird die Aufgabe der Gruppenaufsichtsbehörde von der gemäß § 279 Absatz 2 ermittelten Aufsichtsbehörde wahrgenommen.

§ 281 Aufgaben und Befugnisse der Gruppenaufsichtsbehörde.

(1) Die Aufgaben und Befugnisse der Gruppenaufsichtsbehörde umfassen

1. die Überprüfung und Beurteilung der Finanzlage der Gruppe,
2. die Beurteilung der Einhaltung der Vorschriften über die Gruppensolvabilität, über Risikokonzentrationen und über gruppeninterne Transaktionen,
3. die aufsichtsbehördliche Überprüfung des in § 275 genannten Risikomanagement- und des internen Kontrollsystems sowie des Berichtswesens,
4. die Beurteilung der Geschäftsorganisation und der Qualifikation der Geschäftsleiter von beteiligten Unternehmen nach den §§ 275, 24 und 293,
5. die aufsichtsbehördliche Überprüfung der auf Gruppenebene durchgeführten unternehmenseigenen Risiko- und Solvabilitätsbeurteilung nach § 27,
6. die Koordinierung des Informationsaustausches zwischen den betroffenen Aufsichtsbehörden im Rahmen der laufenden Aufsicht und in Krisensitua-

tionen in Bezug auf sachdienliche, notwendige und für die Erfüllung von Aufsichtspflichten wichtige Informationen,

7. die Planung und Koordinierung der Aufsichtstätigkeiten bei der laufenden Beaufsichtigung sowie in Krisensituationen in Zusammenarbeit mit den betroffenen Aufsichtsbehörden, die in Form mindestens einmal jährlich abzuhaltender Sitzungen oder auf einem anderen angemessenen Weg erfolgt,
8. die Federführung bei der Validierung interner Modelle oder Partialmodelle auf Gruppenebene,
9. die Federführung bei der Entscheidung über den Antrag auf Anwendung der Bestimmungen zum zentralisierten Risikomanagement und
10. den Vorsitz im Aufsichtskollegium.

(2) [1] Für Informationen, die die Gruppenaufsichtsbehörde zur Erfüllung ihrer Aufgaben benötigt, gelten die §§ 43, 44 und 305 entsprechend. [2] Benötigt die Gruppenaufsichtsbehörde die in § 305 Absatz 1 Nummer 1 genannten Informationen und wurden diese bereits einer anderen Aufsichtsbehörde erteilt, wendet die Gruppenaufsichtsbehörde sich, soweit dies möglich ist, an die andere Aufsichtsbehörde, um eine mehrfache Übermittlung zu vermeiden.

(3) Nimmt die Gruppenaufsichtsbehörde die in Absatz 1 genannten Aufgaben nicht wahr oder arbeiten die Mitglieder des Aufsichtskollegiums nicht in dem gemäß Absatz 1 erforderlichen Umfang zusammen, kann die Aufsichtsbehörde gemäß Artikel 19 der Verordnung (EU) Nr. 1094/2010 die Europäische Aufsichtsbehörde für das Versicherungswesen und die betriebliche Altersversorgung mit der Angelegenheit befassen und um Unterstützung bitten.

§ 282 Befreiung von der Berichterstattung auf Gruppenebene.

(1) Sind die Intervalle für die regelmäßige aufsichtliche Berichterstattung kürzer als ein Jahr, kann die Gruppenaufsichtsbehörde die Häufigkeit der Berichterstattung auf Gruppenebene begrenzen, sofern alle Versicherungsunternehmen der Gruppe von dieser Begrenzung gemäß § 45 Absatz 1 profitieren, wobei der Wesensart, dem Umfang und der Komplexität der mit der Geschäftstätigkeit der Gruppe verbundenen Risiken Rechnung zu tragen ist.

(2) Die Gruppenaufsichtsbehörde kann auf Gruppenebene von der Einzelpostenberichterstattung befreien, sofern alle Versicherungsunternehmen der Gruppe von der Freistellung gemäß § 45 Absatz 2 profitieren, wobei der Wesensart, dem Umfang und der Komplexität der mit der Geschäftstätigkeit der Gruppe verbundenen Risiken und dem Ziel der finanziellen Stabilität Rechnung zu tragen ist.

§ 283 Aufsichtskollegium. (1) [1] In Bezug auf Gruppen, die nicht ausschließlich im Inland tätig sind, ist die Aufsichtsbehörde Mitglied eines Aufsichtskollegiums unter dem Vorsitz der Gruppenaufsichtsbehörde. [2] Mitglieder des Aufsichtskollegiums sind die Gruppenaufsichtsbehörde, die Aufsichtsbehörden aller Mitgliedstaaten, in denen Tochterunternehmen ihren Sitz haben, und gemäß Artikel 21 der Verordnung (EU) Nr. 1094/2010 die Europäische Aufsichtsbehörde für das Versicherungswesen und die betriebliche Altersversorgung. [3] Die Aufsichtsbehörden von bedeutenden Zweigniederlassungen und verbundenen Unternehmen dürfen im Aufsichtskollegium mitwirken. [4] Ihre

Teilnahme ist jedoch darauf beschränkt, einen effizienten Informationsaustausch zu gewährleisten.

(2) Aufgabe des Aufsichtskollegiums ist es sicherzustellen, dass die Verfahren für die Zusammenarbeit, den Informationsaustausch und die Konsultation zwischen den dem Aufsichtskollegium angehörenden Aufsichtsbehörden wirksam angewendet werden, um die Konvergenz ihrer Maßnahmen und Entscheidungen zu fördern.

(3) Um eine wirksame Funktionsweise des Aufsichtskollegiums sicherzustellen, kann dieses festlegen, dass bestimmte Tätigkeiten von einer verringerten Anzahl der Mitglieder des Aufsichtskollegiums ausgeführt werden.

(4) Die Errichtung und die Funktionsweise des Aufsichtskollegiums werden durch Koordinierungsvereinbarungen zwischen der Gruppenaufsichtsbehörde und den anderen betroffenen Aufsichtsbehörden geregelt.

(5) [1] Bei Meinungsverschiedenheiten über Koordinierungsvereinbarungen entscheidet die Gruppenaufsichtsbehörde. [2] Jedes Mitglied des Aufsichtskollegiums kann gemäß Artikel 19 der Verordnung (EU) Nr. 1094/2010 die Europäische Aufsichtsbehörde für das Versicherungswesen und die betriebliche Altersversorgung mit der Angelegenheit befassen und um Unterstützung bitten. [3] Die Gruppenaufsichtsbehörde trifft ihre Entscheidung im Einklang mit der Entscheidung der Europäischen Aufsichtsbehörde für das Versicherungswesen und die betriebliche Altersversorgung. [4] Die Gruppenaufsichtsbehörde übermittelt den anderen zuständigen Aufsichtsbehörden ihre Entscheidung.

(6) In den Koordinierungsvereinbarungen nach Absatz 4 sind Verfahren festzulegen für

1. die Entscheidungsfindung zwischen den betroffenen Aufsichtsbehörden nach den §§ 262 bis 264 und den §§ 279 und 280 sowie
2. die Konsultation gemäß Absatz 5 und § 284 Absatz 4.

(7) Zusätzlich können die Koordinierungsvereinbarungen Verfahren zur Anhörung der betroffenen Aufsichtsbehörden insbesondere gemäß den §§ 245 bis 249, 251 bis 253, 258, 273 bis 275, 277, 285, 288 und 290 sowie die Zusammenarbeit mit anderen Aufsichtsbehörden festlegen.

(8) In den Koordinierungsvereinbarungen können der Gruppenaufsichtsbehörde, den übrigen betroffenen Aufsichtsbehörden oder der Europäischen Aufsichtsbehörde für das Versicherungswesen und die betriebliche Altersversorgung zusätzliche Aufgaben übertragen werden, sofern dadurch die Aufsicht über eine Gruppe effizienter gestaltet wird und die Aufsichtstätigkeiten der Mitglieder des Aufsichtskollegiums im Hinblick auf ihre individuellen Zuständigkeiten nicht beeinträchtigt werden.

§ 284 Zusammenarbeit bei der Gruppenaufsicht. (1) [1] Die für die Beaufsichtigung der Versicherungsunternehmen einer Gruppe zuständigen Aufsichtsbehörden und die Gruppenaufsichtsbehörde arbeiten eng zusammen, insbesondere in Fällen, in denen sich ein Versicherungsunternehmen in finanziellen Schwierigkeiten befindet. [2] Ist ein Versicherungsunternehmen direkt oder indirekt mit einem Kreditinstitut oder einem Wertpapierhandelsunternehmen verbunden oder haben diese Unternehmen ein gemeinsames beteiligtes Unternehmen, so arbeiten die Aufsichtsbehörden im Sinne des Satzes 1 und die für die Beaufsichtigung dieser anderen Unternehmen zuständigen Behörden eng zusammen.

(2) [1] Die Aufsichtsbehörden übermitteln sich untereinander unverzüglich alle Informationen, die ihnen die Erfüllung ihrer Aufsichtspflichten im Rahmen der Richtlinie 2009/138/EG erleichtern. [2] Die Gruppenaufsichtsbehörde übermittelt den betroffenen Aufsichtsbehörden und der Europäischen Aufsichtsbehörde für das Versicherungswesen und die betriebliche Altersversorgung alle Informationen gemäß § 11 Absatz 2, den §§ 40, 47 Nummer 6 und § 282 Absatz 2 hinsichtlich der Gruppe, insbesondere hinsichtlich der Rechts-, Governance- und Organisationsstruktur der Gruppe.

(3) Hat eine Aufsichtsbehörde relevante Informationen nicht übermittelt, ein Ersuchen um Zusammenarbeit abgelehnt oder innerhalb von zwei Wochen nicht reagiert, können die betroffenen Aufsichtsbehörden die Europäische Aufsichtsbehörde für das Versicherungswesen und die betriebliche Altersversorgung mit der Angelegenheit befassen.

(4) Hat ein beteiligtes Unternehmen gemäß § 250 Absatz 4 der Gruppenaufsichtsbehörde mitgeteilt, dass die Solvabilitätskapitalanforderung der Gruppe nicht mehr bedeckt ist oder die Gefahr besteht, dass dieser Fall innerhalb der nächsten drei Monate eintritt, informiert die Gruppenaufsichtsbehörde die übrigen Aufsichtsbehörden des Aufsichtskollegiums.

(5) Treten außergewöhnliche Umstände ein oder sind sie bereits eingetreten, beruft die Aufsichtsbehörde als für die Beaufsichtigung eines einzelnen Versicherungsunternehmens einer Gruppe zuständige Aufsichtsbehörde oder als Gruppenaufsichtsbehörde unverzüglich eine Sitzung aller Aufsichtsbehörden im Sinne des Absatzes 1 Satz 1 ein, insbesondere, wenn sie

1. einen wesentlichen Verstoß gegen die Solvabilitätskapitalanforderung oder einen Verstoß gegen die Mindestkapitalanforderung eines Versicherungsunternehmens feststellt oder
2. einen wesentlichen Verstoß gegen die Solvabilitätskapitalanforderung der Gruppe feststellt.

§ 285 Gegenseitige Konsultation der Aufsichtsbehörden. (1) [1] Vor jeder Entscheidung, die für die Aufsichtstätigkeit anderer Aufsichtsbehörden von Bedeutung ist, hört die Aufsichtsbehörde im Rahmen des Aufsichtskollegiums die anderen betroffenen Aufsichtsbehörden an über

1. die Genehmigung von Veränderungen in der Aktionärs-, Organisations- oder Leitungsstruktur eines Versicherungsunternehmens der Gruppe;
2. die Entscheidung über die Verlängerung der Frist für die Sanierung nach § 134 Absatz 3 bis 6;
3. bedeutende Sanktionen oder außergewöhnliche aufsichtsbehördliche Maßnahmen hinsichtlich eines Versicherungsunternehmens der Gruppe.

[2] Als außergewöhnliche Maßnahmen im Sinne des Satzes 1 Nummer 3 sind insbesondere die Festsetzung eines Kapitalaufschlags auf die Solvabilitätskapitalanforderung und eine Beschränkung der Verwendung des internen Modells anzusehen.

(2) [1] Für die Zwecke des Absatzes 1 Satz 1 Nummer 2 und 3 wird stets die Gruppenaufsichtsbehörde angehört. [2] Beruht eine Entscheidung auf Informationen, die von anderen Aufsichtsbehörden übermittelt wurden, so hören die betroffenen Aufsichtsbehörden einander ebenfalls vor dieser Entscheidung an.

(3) [1] Die Aufsichtsbehörde kann von der Anhörung anderer Aufsichtsbehörden absehen, wenn Eile geboten ist oder eine solche Anhörung die Wirksamkeit der Entscheidung beeinträchtigen könnte. [2] In diesem Fall setzt die Aufsichtsbehörde die anderen betroffenen Aufsichtsbehörden unverzüglich von ihrer Entscheidung in Kenntnis.

§ 286 Zusammenarbeit bei verbundenen Unternehmen. (1) [1] Ist ein Versicherungsunternehmen mit Sitz im Inland mit einem Versicherungsunternehmen, einem Kreditinstitut im Sinne der Richtlinie 2006/48/EG oder einer Wertpapierfirma im Sinne der Richtlinie 2004/39/EG in einem anderen Mitglied- oder Vertragsstaat unmittelbar oder mittelbar verbunden oder hat es mit einem solchen Unternehmen ein gemeinsames beteiligtes Unternehmen, übermittelt die Aufsichtsbehörde der Aufsichtsbehörde des anderen Mitglied- oder Vertragsstaats unverzüglich die Informationen, die dieser die Erfüllung der Aufsichtspflichten im Rahmen der Richtlinie 2009/138/EG ermöglichen oder erleichtern. [2] Zu den Informationen nach Satz 1 gehören insbesondere Informationen über Maßnahmen der Gruppe und der Aufsichtsbehörden sowie Informationen, die von der Gruppe bereitgestellt werden. [3] Auf Anfrage der Aufsichtsbehörde des anderen Mitglied- oder Vertragsstaats übermittelt die Aufsichtsbehörde darüber hinaus Informationen, die geeignet sind, die Beaufsichtigung nach den Richtlinien 2009/138/EG und 2002/87/EG zu ermöglichen oder zu erleichtern. [4] Die Aufsichtsbehörde übermittelt außerdem Informationen, soweit dies in delegierten Rechtsakten der Europäischen Kommission gemäß Artikel 249 Absatz 3 der Richtlinie 2009/138/EG verlangt wird.

(2) Hat das Mutterunternehmen einer Gruppe seinen Sitz in Deutschland und ist die Aufsichtsbehörde nicht die Gruppenaufsichtsbehörde, so ist die Aufsichtsbehörde auf Ersuchen der Gruppenaufsichtsbehörde hin befugt, von dem Mutterunternehmen Auskünfte über alle Geschäftsangelegenheiten der Gruppe sowie Vorlage und Übersendung aller die Gruppe betreffenden Geschäftsunterlagen, die für die Wahrnehmung der in § 281 genannten Aufgaben und Befugnisse der Gruppenaufsichtsbehörde zweckdienlich sind, zu verlangen und an die Gruppenaufsichtsbehörde weiterzuleiten.

(3) Die Aufsichtsbehörde erkennt Entscheidungen gemäß Artikel 231 Absatz 3 oder 6 und gemäß Artikel 237 Absatz 3 der Richtlinie 2009/138/EG einer Aufsichtsbehörde eines anderen Mitglied- oder Vertragsstaats als Gruppenaufsichtsbehörde an und wendet diese an.

§ 287 Zwangsmaßnahmen. (1) [1] Erfüllt ein Versicherungsunternehmen einer Gruppe die Anforderungen der §§ 250 bis 272 an die Solvabilität der Gruppe nicht oder ist die Solvabilität der Gruppe gefährdet, obwohl es die Anforderungen einhält, oder gefährden gruppeninterne Transaktionen oder Risikokonzentrationen die Finanzlage des Versicherungsunternehmens, fordert die Aufsichtsbehörde das Versicherungsunternehmen auf, Maßnahmen zur unverzüglichen Bereinigung der Situation zu ergreifen. [2] Gleichzeitig verlangt die Gruppenaufsichtsbehörde entsprechende Maßnahmen von der Versicherungs-Holdinggesellschaft oder der gemischten Finanzholding-Gesellschaft.

(2) Ist die Aufsichtsbehörde Gruppenaufsichtsbehörde und befindet sich der Sitz der Versicherungs-Holdinggesellschaft, der gemischten Finanzholding-Gesellschaft oder des Versicherungsunternehmens in einem anderen Mitglied-

oder Vertragsstaat, teilt sie der Aufsichtsbehörde des anderen Staats ihre Erkenntnisse mit, damit diese die notwendigen Maßnahmen einleiten kann.

(3) [1] Die Aufsichtsbehörde koordiniert ihre Zwangsmaßnahmen mit den anderen betroffenen Aufsichtsbehörden und der Gruppenaufsichtsbehörde, insbesondere in Fällen, in denen sich die Hauptverwaltung oder Hauptniederlassung einer Versicherungs-Holdinggesellschaft oder einer gemischten Finanzholding-Gesellschaft nicht am Ort ihres Sitzes befindet. [2] Dies gilt auch, wenn die Aufsichtsbehörde Gruppenaufsichtsbehörde ist.

Kapitel 4. Drittstaaten

§ 288 Mutterunternehmen mit Sitz in einem Drittstaat. (1) [1] Für ein Versicherungsunternehmen einer Gruppe, dessen Mutterunternehmen eine Versicherungs-Holdinggesellschaft, eine gemischte Finanzholding-Gesellschaft oder ein Versicherungsunternehmen mit Sitz in einem Drittstaat ist, muss festgestellt werden, ob es von der Aufsichtsbehörde des betreffenden Drittstaats in einer der Gruppenaufsicht in den Mitglied- oder Vertragsstaaten gleichwertigen Weise beaufsichtigt wird. [2] Die Feststellung erfolgt von Amts wegen oder auf Antrag eines der betroffenen Unternehmen. [3] Hat die Europäische Kommission einen delegierten Rechtsakt nach Artikel 260 Absatz 3 der Richtlinie 2009/138/EG in Bezug auf einen Drittstaat erlassen, wird dieser als verbindlich anerkannt.

(2) [1] Hat die Europäische Kommission keinen delegierten Rechtsakt über die Gleichwertigkeit des Aufsichtssystems des betreffenden Drittstaats erlassen, so trifft die Aufsichtsbehörde, wenn sie bei Anwendung der in § 279 Absatz 2 genannten Kriterien für die Gruppenaufsicht zuständig wäre, die Feststellung im Sinne des Absatzes 1. [2] Sie hat vor ihrer Entscheidung die anderen betroffenen Aufsichtsbehörden und die Europäische Aufsichtsbehörde für das Versicherungswesen und die betriebliche Altersversorgung zu beteiligen.

(3) [1] Die Feststellung wird anhand der durch die Europäische Kommission nach Artikel 260 Absatz 2 der Richtlinie 2009/138/EG festgelegten Kriterien getroffen. [2] Die Gruppenaufsichtsbehörde ist an eine zuvor gegenüber einem Drittstaat getroffene Feststellung gebunden. [3] Dies gilt nicht, wenn eine erneute Prüfung erforderlich ist, weil sich das in Titel I Kapitel VI der Richtlinie 2009/138/EG beschriebene Aufsichtssystem oder das Aufsichtssystem des Drittstaats erheblich geändert hat.

(4) Ist die Aufsichtsbehörde betroffene Aufsichtsbehörde und ist sie mit der Feststellung nicht einverstanden, kann sie gemäß Artikel 19 der Verordnung (EU) Nr. 1094/2010 innerhalb von drei Monaten nach Mitteilung der Entscheidung durch die als Gruppenaufsichtsbehörde handelnde Behörde die Europäische Aufsichtsbehörde für das Versicherungswesen und die betriebliche Altersversorgung mit der Angelegenheit befassen und um Unterstützung bitten.

(5) [1] Wenn die Europäische Kommission in einem delegierten Rechtsakt nach Artikel 260 Absatz 5 der Richtlinie 2009/138/EG festgestellt hat, dass die Aufsichtsvorschriften eines Drittstaats vorläufig als gleichwertig gelten, ist während des in dem Rechtsakt genannten Zeitraums § 289 anzuwenden. [2] Dies gilt nicht, wenn ein Versicherungsunternehmen mit Sitz im Inland eine Bilanzsumme aufweist, die über der Bilanzsumme des Mutterunternehmens mit Sitz

in einem Drittstaat liegt. [3] In diesem Fall übernimmt die als Gruppenaufsichtsbehörde handelnde Behörde die Aufgabe der Gruppenaufsichtsbehörde.

§ 289 Gleichwertigkeit. (1) Ist im Überprüfungsverfahren nach § 288 die gleichwertige Beaufsichtigung festgestellt worden, erkennt die Aufsichtsbehörde die im Drittstaat durchgeführte Gruppenaufsicht als verbindlich an.

(2) Die §§ 279 bis 287, 293 Absatz 1, § 298 Absatz 1, § 305 Absatz 1 Nummer 1, § 306 Absatz 1 Nummer 1 und § 309 gelten bei der Zusammenarbeit mit den Aufsichtsbehörden des Drittstaats entsprechend.

§ 290 Fehlende Gleichwertigkeit. (1) [1] Findet keine gleichwertige Beaufsichtigung im Sinne des § 288 statt, sind die §§ 250 bis 265 und 271 bis 285 sowie 309 entsprechend anzuwenden; Absatz 4 bleibt unberührt. [2] Die in den §§ 250 bis 265 und 271 bis 285 festgelegten allgemeinen Grundsätze und Berechnungsmethoden sind auf der Ebene der Versicherungs-Holdinggesellschaft, der gemischten Finanzholding-Gesellschaft oder des Drittstaats-Versicherungsunternehmens anzuwenden.

(2) [1] Handelt es sich bei dem Mutterunternehmen um eine Versicherungs-Holdinggesellschaft oder eine gemischte Finanzholding-Gesellschaft, wird diese ausschließlich für die Berechnung der Solvabilität der Gruppe wie ein Versicherungsunternehmen behandelt. [2] Die Solvabilitätskapitalanforderung wird nach Maßgabe des § 257 berechnet; die Eigenmittel, die zur Einhaltung der Solvabilitätskapitalanforderung herangezogen werden können, werden gemäß Teil 2 Kapitel 2 Abschnitt 2 Unterabschnitt 1 bestimmt.

(3) [1] Handelt es sich bei dem Mutterunternehmen um ein Versicherungsunternehmen eines Drittstaats, wird dieses ausschließlich für die Berechnung der Solvabilität der Gruppe wie ein Versicherungsunternehmen behandelt. [2] Die Solvabilitätskapitalanforderung wird nach Maßgabe des § 258 berechnet; die Eigenmittel, die zur Einhaltung der Solvabilitätskapitalanforderung herangezogen werden können, werden gemäß Teil 2 Kapitel 2 Abschnitt 2 Unterabschnitt 1 bestimmt.

(4) [1] Die Aufsichtsbehörde kann nach Konsultation der anderen betroffenen Aufsichtsbehörden mit Zustimmung der Gruppenaufsichtsbehörde andere Methoden als die in den §§ 250 bis 265 und 271 bis 285 geregelten verwenden, wenn diese eine angemessene Beaufsichtigung der Versicherungsunternehmen der Gruppe gewährleisten. [2] Sie kann insbesondere die Gründung einer Versicherungs-Holdinggesellschaft oder einer gemischten Finanzholding-Gesellschaft mit Sitz in der Europäischen Gemeinschaft verlangen und die Vorschriften über die Beaufsichtigung von Gruppen auf die Versicherungsunternehmen der Gruppe anwenden, an deren Spitze diese Versicherungs-Holdinggesellschaft oder gemischte Finanzholding-Gesellschaft steht. [3] Es können nur Methoden gewählt werden, die der Erreichung der Ziele der Gruppenaufsicht dienlich sind. [4] Die Aufsichtsbehörde hat die anderen betroffenen Aufsichtsbehörden und die Europäische Kommission über die gewählten Methoden zu unterrichten.

(5) Für die Zusammenarbeit mit den Aufsichtsbehörden des Drittstaats gilt § 289 Absatz 2.

§ 291 Ebene der Beaufsichtigung. (1) Ist ein Mutterunternehmen mit Sitz in einem Drittstaat selbst Tochterunternehmen einer Versicherungs-Holdinggesellschaft oder gemischten Finanzholding-Gesellschaft mit Sitz außerhalb des Europäischen Wirtschaftsraums oder eines Drittstaats-Versicherungsunternehmens, wird die in § 288 genannte Überprüfung nur auf der Ebene des obersten Mutterunternehmens, das eine Drittstaats-Versicherungs-Holdinggesellschaft, eine gemischte Drittstaats-Finanzholding-Gesellschaft oder ein Drittstaats-Versicherungsunternehmen ist, vorgenommen.

(2) [1] Die Aufsichtsbehörde kann bei fehlender gleichwertiger Beaufsichtigung auf einer niedrigeren Ebene bei einem Mutterunternehmen von Versicherungsunternehmen eine erneute Überprüfung vornehmen, unabhängig davon, ob es sich dabei um eine Drittstaats-Versicherungs-Holdinggesellschaft, eine gemischte Drittstaats-Finanzholding-Gesellschaft oder ein Drittstaats-Versicherungsunternehmen handelt. [2] In diesem Fall erläutert die in § 288 Absatz 2 genannte Aufsichtsbehörde der Gruppe die Entscheidung. [3] § 290 ist entsprechend anzuwenden.

Kapitel 5. Versicherungs-Holdinggesellschaften und gemischte Finanzholding-Gesellschaften

§ 292 Gruppeninterne Transaktionen. [1] Haben ein oder mehrere Versicherungsunternehmen eine gemischte Versicherungs-Holdinggesellschaft als Mutterunternehmen, unterliegen die gruppeninternen Transaktionen zwischen diesen Versicherungsunternehmen und der gemischten Versicherungs-Holdinggesellschaft der allgemeinen Aufsicht. [2] Die §§ 274, 284 bis 287, § 298 Absatz 1, § 305 Absatz 1 Nummer 1 und § 328 sind entsprechend anzuwenden.

§ 293 Aufsicht. (1) [1] Für Versicherungs-Holdinggesellschaften und gemischte Finanzholding-Gesellschaften gelten neben dem Absatz 3 die §§ 4, 16 bis 26, 29, 30, 32, 47 Nummer 1, 2 und 5 bis 7 sowie die §§ 303, 305, 306, 310 und 333 entsprechend; § 299 bleibt unberührt. [2] Für Unternehmen, die auch das Erst- oder Rückversicherungsgeschäft betreiben, gelten neben Absatz 2 nur die Vorschriften über die Beaufsichtigung von Erst- oder Rückversicherungsunternehmen.

(2) In den Fällen des § 287 kann die Aufsichtsbehörde die erforderlichen Maßnahmen auch gegenüber der jeweiligen Versicherungs-Holdinggesellschaft oder gemischten Finanzholding-Gesellschaft anordnen.

(3) [1] Die Aufsichtsbehörde kann Befugnisse, die Organen einer Versicherungs-Holdinggesellschaft oder gemischten Finanzholding-Gesellschaft nach Gesetz, Satzung oder Geschäftsordnung zustehen, ganz oder teilweise auf einen Sonderbeauftragten übertragen, wenn

1. Tatsachen vorliegen, aus denen sich ergibt, dass ein oder mehrere Geschäftsleiter oder ein oder mehrere Aufsichtsratsmitglieder die Voraussetzungen des § 24 nicht erfüllen, oder
2. die Versicherungs-Holdinggesellschaft oder gemischte Finanzholding-Gesellschaft nachhaltig gegen Bestimmungen dieses Gesetzes, des Versicherungsvertragsgesetzes[1)], des Geldwäschegesetzes, der Verordnung (EU) Nr. 648/2012 oder gegen die zur Durchführung dieses Gesetzes erlassenen Rechtsverordnungen, die zur Durchführung der Verordnung (EU) Nr. 648/2012

[1)] Nr. **6**.

oder der Richtlinie 2009/138/EG erlassenen Rechtsakte oder gegen Anordnungen der Aufsichtsbehörde verstoßen hat.

[2] § 307 Absatz 1 Satz 2 und 3, Absatz 2 bis 4 ist entsprechend anzuwenden.

(4) Für Unternehmen mit Sitz im Inland, deren Haupttätigkeit der Erwerb und das Halten unmittelbarer oder mittelbarer Beteiligungen an Erst- oder Rückversicherungsunternehmen oder Pensionsfonds ist und die nicht bereits der Aufsicht nach diesem Gesetz unterliegen, gelten die Absätze 1 bis 3 entsprechend.

Teil 6. Aufsicht: Aufgaben und allgemeine Befugnisse, Organisation

Kapitel 1. Aufgaben und allgemeine Vorschriften

§ 294 Aufgaben. (1) Hauptziel der Beaufsichtigung ist der Schutz der Versicherungsnehmer und der Begünstigten von Versicherungsleistungen.

(2) [1] Die Aufsichtsbehörde überwacht den gesamten Geschäftsbetrieb der Versicherungsunternehmen im Rahmen einer rechtlichen Aufsicht im Allgemeinen und einer Finanzaufsicht im Besonderen. [2] Sie achtet dabei auf die Einhaltung der Gesetze, die für den Betrieb des Versicherungsgeschäfts gelten, und bei Erstversicherungsunternehmen zusätzlich auf die ausreichende Wahrung der Belange der Versicherten. [3] Dabei berücksichtigt sie in angemessener Weise die möglichen Auswirkungen ihrer Entscheidungen auf die Stabilität des Finanzsystems in den jeweils betroffenen Staaten des Europäischen Wirtschaftsraums. [4] Im Fall außergewöhnlicher Bewegungen an den Finanzmärkten berücksichtigt sie die potenziellen prozyklischen Effekte ihrer Maßnahmen.

(3) [1] Gegenstand der rechtlichen Aufsicht ist die ordnungsgemäße Durchführung des Geschäftsbetriebs einschließlich der Einhaltung der aufsichtsrechtlichen, der das Versicherungsverhältnis betreffenden und aller sonstigen die Versicherten betreffenden Vorschriften sowie der rechtlichen Grundlagen des Geschäftsplans. [2] Die rechtliche Aufsicht erstreckt sich auch auf die Einhaltung der im Bereich der betrieblichen Altersversorgung von Pensionskassen zu beachtenden arbeits- und sozialrechtlichen Vorschriften.

(4) Im Rahmen der Finanzaufsicht hat die Aufsichtsbehörde für die gesamte Geschäftstätigkeit auf die dauernde Erfüllbarkeit der Verpflichtungen aus den Versicherungen und hierbei insbesondere auf die Solvabilität sowie die langfristige Risikotragfähigkeit des Versicherungsunternehmens, die Bildung ausreichender versicherungstechnischer Rückstellungen, die Anlage in entsprechenden geeigneten Vermögenswerten und die Einhaltung der kaufmännischen Grundsätze einschließlich einer ordnungsgemäßen Geschäftsorganisation und die Einhaltung der übrigen finanziellen Grundlagen des Geschäftsbetriebs zu achten.

(5) [1] Die Aufsichtsbehörde prüft und beurteilt regelmäßig die Strategien, Prozesse und Meldeverfahren, die ein Versicherungsunternehmen festgelegt hat, um die gemäß der Richtlinie 2009/138/EG oder gemäß der Richtlinie (EU) 2016/2341 erlassenen Rechts- und Verwaltungsvorschriften einzuhalten (aufsichtliches Überprüfungsverfahren). [2] Das aufsichtliche Überprüfungsverfahren umfasst die Bewertung

1. der qualitativen Anforderungen hinsichtlich der Geschäftsorganisation,

2. der Risiken, denen das Unternehmen ausgesetzt ist oder sein könnte, und
3. der Fähigkeit des Unternehmens, diese Risiken unter Berücksichtigung des jeweiligen Geschäftsumfelds zu beurteilen und ihnen standzuhalten.

[3] Die Aufsichtsbehörde legt die Mindesthäufigkeit und den Anwendungsbereich dieser Überprüfungen, Beurteilungen und Bewertungen unter Berücksichtigung von Art, Umfang und Komplexität der Tätigkeiten des betreffenden Versicherungsunternehmens fest. [4] Bei Pensionskassen berücksichtigt sie auch die Größenordnung der Tätigkeiten.

(6) [1] Die Aufsicht erstreckt sich über das Inland hinaus auf die in anderen Mitglied- oder Vertragsstaaten über Niederlassungen oder im Dienstleistungsverkehr ausgeübte Geschäftstätigkeit. [2] Dabei wird die Finanzaufsicht in alleiniger Zuständigkeit, die Aufsicht im Übrigen im Zusammenwirken mit der Aufsichtsbehörde des anderen Mitglied- oder Vertragsstaats wahrgenommen.

(7) Die Aufsicht hat sich auch auf die Liquidation eines Unternehmens und auf die Abwicklung der bestehenden Versicherungen zu erstrecken, wenn der Geschäftsbetrieb untersagt oder freiwillig eingestellt oder die Erlaubnis zum Geschäftsbetrieb widerrufen wird.

(8) Die *Aufsichtsbehörden*[1)] nimmt ihre Aufgaben und Befugnisse nur im öffentlichen Interesse wahr.

§ 295 Zuständige Behörde in Bezug auf EU-Verordnungen. (1) Die nach diesem Gesetz zuständige Aufsichtsbehörde ist für die der Aufsicht nach diesem Gesetz unterliegenden Unternehmen auch

1. sektoral zuständige Behörde im Sinne der Verordnung (EG) Nr. 1060/2009, in der jeweils geltenden Fassung, für die in den Geltungsbereich der Verordnung (EG) Nr. 1060/2009 einbezogenen Unternehmen,
2. zuständige Behörde im Sinne der Verordnung (EU) Nr. 1286/2014, in der jeweils geltenden Fassung, für die in den Geltungsbereich der Verordnung (EU) Nr. 1286/2014 einbezogenen Unternehmen,
3. zuständige Behörde im Sinne der Verordnung (EU) 2016/1011 in der jeweils geltenden Fassung, für die in den Geltungsbereich der Verordnung (EU) 2016/1011 einbezogenen Unternehmen,
4. zuständige Behörde im Sinne des Artikels 29 Absatz 4 und 5 der Verordnung (EU) 2017/2402 für die in den Geltungsbereich der Verordnung (EU) 2017/2402 einbezogenen Unternehmen.

(2) Die Aufsichtsbehörde ist zuständige Stelle nach Artikel 5 Absatz 1 der Richtlinie 2014/17/EU des Europäischen Parlaments und des Rates vom 4. Februar 2014 über Wohnimmobilienkreditverträge für Verbraucher und zur Änderung der Richtlinien 2008/48/EG und 2013/36/EU und der Verordnung (EU) Nr. 1093/2010 (ABl. L 60 vom 28.2.2014, S. 34; L 47 vom 20.2.2015, S. 34; L 246 vom 23.9.2015, S. 11) für die von ihr beaufsichtigten Unternehmen.

§ 296 Grundsatz der Verhältnismäßigkeit. (1) [1] Auf Versicherungsunternehmen, die keine Pensionskassen sind, wendet die Aufsichtsbehörde die Vorschriften dieses Gesetzes in einer Art und Weise an, die der Art, dem Umfang und der Komplexität der Risiken angemessen ist, die mit der Tätigkeit des

[1)] Richtig wohl: „Aufsichtsbehörde".

jeweiligen Versicherungsunternehmens einhergehen. [2]Auf Pensionskassen wendet die Aufsichtsbehörde die Vorschriften dieses Gesetzes in einer Art und Weise an, die der Größenordnung, der Art, dem Umfang und der Komplexität der Tätigkeiten der jeweiligen Pensionskasse angemessen ist.

(2) Absatz 1 gilt für den Verordnungsgeber entsprechend, soweit dieses Gesetz zum Erlass von Rechtsverordnungen ermächtigt.

§ 297 Ermessen. (1) Die Aufsichtsbehörde trifft ihre Maßnahmen nach pflichtgemäßem Ermessen.

(2) [1]Kommen zur Abwehr einer Gefahr mehrere Mittel in Betracht, so genügt es, wenn eines davon bestimmt wird. [2]Dem Betroffenen ist auf Antrag zu gestatten, ein anderes ebenso wirksames Mittel anzuwenden, sofern die Belange der Versicherten dadurch nicht stärker beeinträchtigt werden.

§ 298 Allgemeine Aufsichtsbefugnisse. (1) [1]Gegenüber Erstversicherungsunternehmen, den Mitgliedern ihres Vorstands sowie sonstigen Geschäftsleitern und den die Erstversicherungsunternehmen kontrollierenden Personen kann die Aufsichtsbehörde alle Maßnahmen ergreifen, die geeignet und erforderlich sind, um Missstände zu vermeiden oder zu beseitigen. [2]Ein Missstand ist jedes Verhalten eines Versicherungsunternehmens, das den Aufsichtszielen des § 294 Absatz 2 widerspricht. [3]Missstände sind auch Schwächen oder Mängel, die die Aufsichtsbehörde im Rahmen des aufsichtlichen Überprüfungsverfahrens festgestellt hat.

(2) Gegenüber Rückversicherungsunternehmen, den Mitgliedern ihres Vorstands sowie sonstigen Geschäftsleitern oder den die Rückversicherungsunternehmen kontrollierenden Personen kann die Aufsichtsbehörde alle Maßnahmen ergreifen, die geeignet und erforderlich sind, um sicherzustellen, dass

1. die Gesetze, die für den Betrieb des Rückversicherungsgeschäfts gelten, und die aufsichtsbehördlichen Anordnungen eingehalten werden,
2. insbesondere die Rückversicherungsunternehmen jederzeit in der Lage sind, ihre Verpflichtungen aus den Rückversicherungsverhältnissen zu erfüllen, und
3. Schwächen oder Mängel beseitigt werden, die die Aufsichtsbehörde im Rahmen des aufsichtlichen Überprüfungsverfahrens festgestellt hat.

(3) Die Aufsichtsbehörde darf einen Rückversicherungs- oder Retrozessionsvertrag, den ein Versicherungsunternehmen mit einem Rückversicherungsunternehmen oder einem nach Artikel 14 der Richtlinie 2009/138/EG zugelassenen Erstversicherungsunternehmen geschlossen hat, nur aus Gründen zurückweisen, die sich nicht unmittelbar auf die finanzielle Solidität des anderen Unternehmens beziehen.

§ 299 Erweiterung der Aufsichtsbefugnisse. Die Aufsichtsbehörde kann Maßnahmen nach § 298 Absatz 1 oder 2 auch unmittelbar ergreifen gegenüber

1. anderen Unternehmen, auf die ein Versicherungsunternehmen Tätigkeiten ausgegliedert hat, und
2. Versicherungs-Holdinggesellschaften im Sinne des § 7 Nummer 31, gemischten Versicherungs-Holdinggesellschaften im Sinne des § 7 Nummer 11 und gemischten Finanzholding-Gesellschaften im Sinne des § 7 Nummer 10

sowie gegenüber den Personen, die die Geschäfte dieser Holdinggesellschaften tatsächlich führen.

§ 300 Änderung des Geschäftsplans. [1] Die Aufsichtsbehörde kann verlangen, dass ein Geschäftsplan vor Abschluss neuer Versicherungsverträge geändert wird. [2] Wenn es zur Wahrung der Belange der Versicherten notwendig erscheint, kann die Aufsichtsbehörde einen Geschäftsplan mit Wirkung für bestehende sowie für noch nicht abgewickelte Versicherungsverhältnisse ändern oder aufheben. [3] Die Sätze 1 und 2 gelten nicht für Rückversicherungsunternehmen.

§ 301 Kapitalaufschlag. (1) Die Aufsichtsbehörde kann einen Kapitalaufschlag auf die Solvabilitätskapitalanforderung für ein Versicherungsunternehmen nur festsetzen, wenn

1. das Risikoprofil des Versicherungsunternehmens erheblich von den Annahmen abweicht, die der Solvabilitätskapitalanforderung zugrunde liegen, die unter Verwendung der Standardformel berechnet wurde, und wenn die Forderung gemäß § 96 Absatz 2, ein internes Modell zu verwenden, unangemessen ist oder erfolglos war oder ein gemäß § 96 Absatz 2 gefordertes internes Voll- oder Partialmodell noch entwickelt wird,
2. das Risikoprofil des Versicherungsunternehmens erheblich von den Annahmen abweicht, die der Solvabilitätskapitalanforderung zugrunde liegen, die gemäß einem als Voll- oder Partialmodell verwendeten internen Modell berechnet wurde, weil bestimmte quantifizierbare Risiken nur unzureichend erfasst wurden und die Anpassung des Modells zwecks einer besseren Abbildung des tatsächlichen Risikoprofils innerhalb eines angemessenen Zeitrahmens fehlgeschlagen ist,
3. die Geschäftsorganisation eines Versicherungsunternehmens erheblich von den in Teil 2 Kapitel 1 Abschnitt 3 festgelegten Standards abweicht und wenn
   a) diese Abweichungen das Unternehmen daran hindern, die Risiken, denen es ausgesetzt ist oder ausgesetzt sein könnte, angemessen zu erkennen, zu messen, zu überwachen, zu steuern und über sie Bericht zu erstatten, und
   b) die Anwendung anderer Maßnahmen die Mängel wahrscheinlich nicht innerhalb eines angemessenen Zeitrahmens ausreichend beheben wird

   oder
4. das Versicherungsunternehmen die Matching-Anpassung gemäß § 80, die Volatilitätsanpassung gemäß § 82 oder die Übergangsmaßnahmen gemäß § 351 oder § 352 anwendet und die Aufsichtsbehörde zu dem Schluss gelangt, dass das Risikoprofil dieses Unternehmens erheblich von den Annahmen abweicht, die dieser Anpassung oder Übergangsmaßnahme zugrunde liegen.

(2) [1] In den in Absatz 1 Nummer 1 und 2 genannten Fällen wird der Kapitalaufschlag so berechnet, dass die Erfüllung der Anforderungen des § 97 Absatz 2 durch das Unternehmen sichergestellt ist. [2] In den in Absatz 1 Nummer 3 genannten Fällen muss der Kapitalaufschlag proportional zu den wesentlichen Risiken sein, die mit den Mängeln einhergehen und die zu der Entscheidung der Aufsichtsbehörde geführt haben, den Kapitalaufschlag festzusetzen. [3] In den in Absatz 1 Nummer 4 genannten Fällen muss der Kapitalaufschlag propor-

tional zu den wesentlichen Risiken sein, die sich aus den dort bezeichneten Abweichungen ergeben.

(3) Die Festsetzung eines Kapitalaufschlags entbindet in den in Absatz 1 Nummer 2 und 3 genannten Fällen das Versicherungsunternehmen nicht davon, die festgestellten Mängel zu beheben; die Aufsichtsbehörde ergreift, soweit erforderlich, weitere Maßnahmen zur Beseitigung des Missstands.

(4) Der Kapitalaufschlag wird von der Aufsichtsbehörde mindestens einmal jährlich überprüft; er wird aufgehoben, sobald das Unternehmen die ihm zugrunde liegenden Mängel beseitigt hat.

(5) [1] Die Solvabilitätskapitalanforderung einschließlich des vorgeschriebenen Kapitalaufschlags ersetzt die unzureichende Solvabilitätskapitalanforderung. [2] Bei der Berechnung der Risikomarge nach § 78 bleibt ein gemäß Absatz 1 Nummer 3 festgesetzter Kapitalaufschlag außer Betracht.

§ 302 Untersagung einer Beteiligung. (1) [1] Ist ein Erstversicherungsunternehmen an einem anderen Unternehmen, das nicht der Aufsicht unterliegt, beteiligt und ist die Beteiligung nach ihrer Art oder ihrem Umfang geeignet, das Versicherungsunternehmen zu gefährden, so kann die Aufsichtsbehörde dem Versicherungsunternehmen die Fortsetzung der Beteiligung untersagen oder nur unter der Bedingung gestatten, dass sich das Unternehmen nach § 341k des Handelsgesetzbuchs[1)] sowie nach den §§ 35 und 36 dieses Gesetzes auf seine Kosten oder auf Kosten des Versicherungsunternehmens prüfen lässt. [2] Verweigert das Unternehmen dies oder ergeben sich bei der Prüfung Bedenken gegen die Beteiligung, so hat die Aufsichtsbehörde dem Versicherungsunternehmen die Fortsetzung zu untersagen.

(2) Als Beteiligung im Sinne des Absatzes 1 gilt es auch, wenn ein Vorstands- oder Aufsichtsratsmitglied des Versicherungsunternehmens auf die Geschäftsführung eines anderen Unternehmens maßgebenden Einfluss ausübt oder auszuüben in der Lage ist.

§ 303 Abberufung von Personen mit Schlüsselaufgaben, Verwarnung. (1) [1] Die Aufsichtsbehörde kann eine Person, die ein Versicherungsunternehmen tatsächlich leitet oder für andere Schlüsselaufgaben in einem Versicherungsunternehmen verantwortlich ist, verwarnen, wenn das Versicherungsunternehmen gegen Bestimmungen dieses Gesetzes, des Versicherungsvertragsgesetzes[2)], des Geldwäschegesetzes, der Verordnung (EU) Nr. 648/2012, gegen Artikel 4 Absatz 1 bis 5 oder Artikel 15 der Verordnung (EU) 2015/2365, gegen Artikel 16 Absatz 1 bis 4, Artikel 23 Absatz 3 Satz 1, Absatz 5, 6 oder 10, Artikel 28 Absatz 2 oder Artikel 29 der Verordnung (EU) 2016/1011, gegen die Artikel 6, 7, 9, 18 bis 26 oder 27 Absatz 1 oder 4 der Verordnung (EU) 2017/2402, gegen die zur Durchführung dieses Gesetzes erlassenen Rechtsverordnungen, die zur Durchführung der Verordnung (EU) Nr. 648/2012, des Artikels 4 Absatz 1 bis 5 der Verordnungen (EU) 2015/2365, (EU) 2016/1011, (EU) 2017/2402 oder der Richtlinie 2009/138/EG erlassenen Rechtsakte oder gegen Anordnungen der Aufsichtsbehörde verstößt. [2] Gegenstand der Verwarnung ist die Feststellung des entscheidungsrelevanten Sachverhalts und des hierdurch begründeten Verstoßes.

---

1) Nr. **16**.
2) Nr. **6**.

(2) Die Aufsichtsbehörde kann die Abberufung einer Person, die ein Versicherungsunternehmen tatsächlich leitet oder für andere Schlüsselaufgaben in einem Versicherungsunternehmen verantwortlich ist, verlangen und dieser Person die Ausübung ihrer Tätigkeit untersagen, wenn

1. Tatsachen vorliegen, aus denen sich ergibt, dass die Person die Voraussetzungen des § 24 nicht erfüllt,
2. die Person als Geschäftsleiter vorsätzlich oder leichtfertig gegen die Bestimmungen dieses Gesetzes, mit Ausnahme der Vorschriften des Teils 2 Kapitel 1 Abschnitt 6, des Versicherungsvertragsgesetzes, der Verordnung (EU) Nr. 648/2012, gegen Artikel 4 Absatz 1 bis 5 oder Artikel 15 der Verordnung (EU) 2015/2365, gegen Artikel 16 Absatz 1 bis 4, Artikel 23 Absatz 3 Satz 1, Absatz 5, 6 oder 10, Artikel 28 Absatz 2 oder Artikel 29 der Verordnung (EU) 2016/1011, gegen die Artikel 6, 7, 9, 18 bis 26 oder 27 Absatz 1 oder 4 der Verordnung (EU) 2017/2402, gegen die zur Durchführung dieses Gesetzes erlassenen Rechtsverordnungen, die zur Durchführung der Verordnung (EU) Nr. 648/2012, des Artikels 4 Absatz 1 bis 5 der Verordnungen (EU) 2015/2365, (EU) 2016/1011, (EU) 2017/2402 oder der Richtlinie 2009/138/EG erlassenen Rechtsakte oder gegen Anordnungen der Aufsichtsbehörde verstoßen hat und sie trotz Verwarnung durch die Aufsichtsbehörde dieses Verhalten fortsetzt,
3. der Person als Aufsichtsratsmitglied wesentliche Verstöße des Unternehmens gegen die Grundsätze einer ordnungsgemäßen Geschäftsführung wegen sorgfaltswidriger Ausübung ihrer Überwachungs- und Kontrollfunktion verborgen geblieben sind oder sie nicht alles Erforderliche zur Beseitigung festgestellter Verstöße veranlasst hat und sie dieses Verhalten trotz Verwarnung durch die Aufsichtsbehörde fortsetzt oder
4. die Person vorsätzlich oder fahrlässig gegen die Bestimmungen des Teils 2 Kapitel 1 Abschnitt 6 dieses Gesetzes, gegen das Geldwäschegesetz oder gegen die zur Durchführung dieser Vorschriften erlassenen Verordnungen oder vollziehbaren Anordnungen verstoßen hat, sofern die Verstöße schwerwiegend, wiederholt oder systematisch sind.

(3) Wenn das Gericht auf Antrag des Aufsichtsrats ein Aufsichtsratsmitglied abzuberufen hat, kann dieser Antrag bei Vorliegen der Voraussetzungen nach Absatz 2 Nummer 1 oder 2 auch von der Aufsichtsbehörde gestellt werden, wenn der Aufsichtsrat dem Abberufungsverlangen der Aufsichtsbehörde nicht nachgekommen ist.

§ 303a Tätigkeitsverbot für natürliche Personen. In den Fällen des § 304 Absatz 3 Nummer 3 oder des § 308c Absatz 1 kann die Aufsichtsbehörde auch einer für den Verstoß verantwortlichen natürlichen Person, die zum Zeitpunkt des Verstoßes nicht Geschäftsleiter ist, vorübergehend für einen Zeitraum von bis zu zwei Jahren eine künftige Tätigkeit als Geschäftsleiter bei Versicherungsunternehmen und Pensionsfonds untersagen.

§ 304 Widerruf der Erlaubnis. (1) [1]Die Erlaubnis zum Geschäftsbetrieb ist zu widerrufen,

1. soweit das Versicherungsunternehmen ausdrücklich auf sie verzichtet,
2. wenn das Versicherungsunternehmen die Mindestkapitalanforderung nicht erfüllt und die Aufsichtsbehörde der Auffassung ist, dass der vorgelegte

Finanzierungsplan offensichtlich unzureichend ist oder es dem Unternehmen nicht gelingt, innerhalb von drei Monaten nach Feststellung der Nichtbedeckung der Mindestkapitalanforderung den genehmigten Finanzierungsplan zu erfüllen,
3. wenn das Versicherungsunternehmen gemäß § 229 von dem Sicherungsfonds ausgeschlossen wurde oder
4. wenn das Insolvenzverfahren eröffnet ist.

[2]Der Widerruf der Erlaubnis steht den im Rahmen des Insolvenzverfahrens erforderlichen Rechtshandlungen des Versicherungsunternehmens nicht entgegen.

(2) Die Erlaubnis soll widerrufen werden, wenn das Versicherungsunternehmen seit der Erteilung innerhalb von zwölf Monaten von ihr keinen Gebrauch gemacht hat oder seit mehr als sechs Monaten den Geschäftsbetrieb eingestellt hat.

(3) Die Aufsichtsbehörde kann die Erlaubnis ganz oder teilweise widerrufen, wenn
1. das Unternehmen die Voraussetzungen für die Erteilung der Erlaubnis nicht mehr erfüllt,
2. das Unternehmen in schwerwiegender Weise Verpflichtungen verletzt, die ihm nach dem Gesetz, mit Ausnahme der Vorschriften des Teils 2 Kapitel 1 Abschnitt 6, oder dem Geschäftsplan obliegen,
3. das Unternehmen nachhaltig gegen Artikel 4 oder Artikel 15 der Verordnung (EU) 2015/2365 oder sich auf diese Bestimmungen beziehende Anordnungen der Aufsichtsbehörde verstößt oder
4. das Unternehmen schwerwiegend, wiederholt oder systematisch gegen die Bestimmungen des Teils 2 Kapitel 1 Abschnitt 6 dieses Gesetzes oder gegen das Geldwäschegesetz oder gegen die zur Durchführung dieser Vorschriften erlassenen Verordnungen oder vollziehbaren Anordnungen der Aufsichtsbehörde verstößt.

(4) [1]Die Aufsichtsbehörde unterrichtet die Aufsichtsbehörden aller übrigen Mitglied- oder Vertragsstaaten, in denen das Unternehmen seine Geschäftstätigkeit ausübt, und die Europäische Aufsichtsbehörde für das Versicherungswesen und die betriebliche Altersversorgung über den Widerruf der Erlaubnis. [2]Allein oder zusammen mit diesen Behörden trifft sie alle Maßnahmen, die geeignet sind, die Belange der Versicherten eines Erstversicherungsunternehmens oder die Interessen der Vorversicherer eines Rückversicherungsunternehmens zu wahren. [3]Insbesondere kann sie die freie Verfügung über die Vermögensgegenstände des Unternehmens einschränken oder untersagen sowie die Vermögensverwaltung geeigneten Personen übertragen.

(5) Nach dem Widerruf der Erlaubnis dürfen keine neuen Versicherungsverträge mehr abgeschlossen und früher abgeschlossene weder erhöht noch verlängert werden.

(6) [1]Bei Versicherungsvereinen auf Gegenseitigkeit wirkt der Widerruf der Erlaubnis für den gesamten Geschäftsbetrieb wie ein Auflösungsbeschluss. [2]Auf Anzeige der Aufsichtsbehörde wird der Widerruf in das Handelsregister eingetragen.

(7) § 48 Absatz 4 Satz 1 und § 49 Absatz 2 Satz 2 des Verwaltungsverfahrensgesetzes über die Jahresfrist sind nicht anzuwenden.

§ 305 Befragung, Auskunftspflicht. (1) Die Aufsichtsbehörde ist befugt,

1. von den Versicherungsunternehmen, den Mitgliedern ihrer Organe, ihren Beschäftigten sowie den die Unternehmen kontrollierenden Personen Auskünfte über alle Geschäftsangelegenheiten sowie Vorlage oder Übersendung aller Geschäftsunterlagen, im Einzelfall insbesondere der allgemeinen Versicherungsbedingungen, der Tarife, der Formblätter und sonstigen Druckstücke, die das Versicherungsunternehmen im Verkehr mit den Versicherungsnehmern oder den abgebenden Versicherungsunternehmen (Vorversicherern) verwendet, sowie der Unternehmensverträge und der Verträge über Ausgliederungen zu verlangen und
2. von einem in die Gruppenaufsicht nach Teil 5 einbezogenen Versicherungsunternehmen und den in Nummer 1 genannten Personen Auskünfte und die Vorlage von Unterlagen über die Geschäftsangelegenheiten zu verlangen, die der Gruppenaufsicht dienlich sind; übermittelt das Versicherungsunternehmen diese Informationen trotz Aufforderung nicht innerhalb einer angemessenen Frist, so kann die Aufsichtsbehörde auch von allen anderen der Gruppe angehörigen Unternehmen die Auskünfte sowie Übersendung oder Vorlage der Unterlagen verlangen.

(2) Die Aufsichtsbehörde hat die Rechte nach Absatz 1 Nummer 1 auch gegenüber

1. Personen und Unternehmen, die als Versicherungsvertreter oder Versicherungsmakler an ein Versicherungsunternehmen Versicherungsverträge vermitteln oder vermittelt haben, soweit es für die Beurteilung des Geschäftsbetriebs und der Vermögenslage des Versicherungsunternehmens oder der Erfüllung der Pflichten nach den §§ 53 bis 56 oder den Vorschriften des Geldwäschegesetzes durch ein Versicherungsunternehmen im Sinne des § 52 bedeutsam ist;
2. Personen und Unternehmen, auf die ein Versicherungsunternehmen Funktionen oder Tätigkeiten ausgegliedert hat sowie seinen Abschlussprüfern und unabhängigen Treuhändern im Sinne dieses Gesetzes oder des Versicherungsvertragsgesetzes[1]; die Auskunftspflicht der Abschlussprüfer beschränkt sich auf Tatsachen, die ihnen im Rahmen der Abschlussprüfung bekannt geworden sind;
3. Personen und Unternehmen, die eine Beteiligungsabsicht nach § 17 Absatz 1 Nummer 1 angezeigt haben oder die im Rahmen eines Erlaubnisantrags nach § 9 als Inhaber bedeutender Beteiligungen angegeben werden;
4. den Inhabern einer bedeutenden Beteiligung an einem Versicherungsunternehmen und den von ihnen kontrollierten Unternehmen;
5. Personen und Unternehmen, bei denen Tatsachen die Annahme rechtfertigen, dass es sich um Personen oder Unternehmen im Sinne der Nummer 4 handelt, und
6. Personen und Unternehmen, die mit einer Person oder einem Unternehmen im Sinne der Nummern 3 bis 5 nach § 15 des Aktiengesetzes verbunden sind.

(3) [1]Ein Unternehmen, bei dem feststeht oder Tatsachen die Annahme rechtfertigen, dass es unerlaubte Versicherungsgeschäfte (§ 308 Absatz 1 Satz 1)

[1] Nr. **6**.

betreibt oder dass es in die Anbahnung, den Abschluss oder die Abwicklung unerlaubter Versicherungsgeschäfte einbezogen ist oder war, sowie die Mitglieder der Organe und die Gesellschafter und Beschäftigten eines solchen Unternehmens haben der Aufsichtsbehörde auf Verlangen Auskünfte über alle Geschäftsangelegenheiten zu erteilen und Unterlagen vorzulegen. [7] Mitglieder eines Organs, Gesellschafter sowie Beschäftigte haben auf Verlangen auch nach Ausscheiden aus dem Organ oder dem Unternehmen Auskunft zu erteilen und Unterlagen vorzulegen.

(4) Absatz 3 ist entsprechend anzuwenden, soweit

1. feststeht oder Tatsachen die Annahme rechtfertigen, dass Unternehmen oder Personen in die Anbahnung, den Abschluss oder die Abwicklung von Versicherungsgeschäften einbezogen sind, die in einem anderen Mitglied- oder Vertragsstaat oder in einem Drittstaat entgegen einem entsprechenden Verbot in diesem Staat erbracht werden, und
2. die zuständige Behörde des anderen Staats ein entsprechendes Ersuchen an die Aufsichtsbehörde stellt.

(5) Wer nach den Absätzen 1 bis 3 zur Erteilung einer Auskunft verpflichtet ist, kann die Auskunft auf solche Fragen verweigern, deren Beantwortung ihn selbst oder einen der in § 383 Absatz 1 Nummer 1 bis 3 der Zivilprozessordnung bezeichneten Angehörigen der Gefahr strafrechtlicher Verfolgung oder eines Verfahrens nach dem Gesetz über Ordnungswidrigkeiten aussetzen würde.

(6) [1] Die Aufsichtsbehörde darf einzelne Daten aus der Datei nach § 24c Absatz 1 Satz 1 des Kreditwesengesetzes abrufen, soweit dies zur Erfüllung ihrer aufsichtlichen Aufgaben nach diesem Gesetz, insbesondere im Hinblick auf unerlaubt betriebene Versicherungsgeschäfte, erforderlich ist und besondere Eilbedürftigkeit im Einzelfall vorliegt. [2] § 24c Absatz 4 des Kreditwesengesetzes ist entsprechend anzuwenden.

(7) [1] Soweit es zur Erteilung von Auskünften und zur Vorlage von Unterlagen erforderlich ist, dürfen die gemäß den Absätzen 1 bis 3 auskunfts- und vorlagepflichtigen Personen und Unternehmen Gesundheitsdaten im Sinne des Artikels 4 Nummer 15 der Verordnung (EU) 2016/679 verarbeiten. [2] Die allgemeinen datenschutzrechtlichen Vorschriften bleiben unberührt. [3] § 22 Absatz 2 des Bundesdatenschutzgesetzes gilt entsprechend.

§ 305a Befugnisse und Maßnahmen gegen beaufsichtigte Kontributoren und Verwender von Indizes im Sinne der Verordnung (EU) 2016/1011. (1) [1] Die Aufsichtsbehörde kann Personen, die an der Bereitstellung eines Referenzwerts im Sinne der Verordnung (EU) 2016/1011 beteiligt sind oder dazu beitragen, laden und vernehmen, soweit dies auf Grund von Anhaltspunkten für die Überwachung der Einhaltung eines Verbots oder Gebots der Verordnung (EU) 2016/1011 erforderlich ist. [2] Gesetzliche Auskunfts- oder Aussageverweigerungsrechte sowie gesetzliche Verschwiegenheitspflichten bleiben unberührt.

(2) [1] Die Aufsichtsbehörde kann von beaufsichtigten Unternehmen im Sinne des Artikels 3 Absatz 1 Nummer 17 der Verordnung (EU) 2016/1011 die Herausgabe von in deren Besitz befindlichen, bereits existierenden

1. Aufzeichnungen von Telefongesprächen,
2. elektronischen Mitteilungen oder

3. Verkehrsdaten im Sinne des § 3 Nummer 30 des Telekommunikationsgesetzes

verlangen, soweit dies auf Grund von Anhaltspunkten für die Überwachung der Einhaltung eines Verbots oder Gebots nach Artikel 16 Absatz 1 bis 4, Artikel 23 Absatz 3 Satz 1, Absatz 5, 6 und 10, Artikel 28 Absatz 2 und Artikel 29 der Verordnung (EU) 2016/1011 erforderlich ist. [2] Das Briefgeheimnis sowie das Post- und Fernmeldegeheimnis nach Artikel 10 des Grundgesetzes werden insoweit eingeschränkt.

(3) Im Falle eines Verstoßes gegen Vorschriften der Verordnung (EU) 2016/1011 sowie gegen auf deren Grundlage erlassene delegierte Rechtsakte und Durchführungsrechtsakte der Europäischen Kommission kann die Aufsichtsbehörde zur Verhinderung weiterer Verstöße für einen Zeitraum von bis zu zwei Jahren die Einstellung der den Verstoß begründenden Handlungen oder Verhaltensweisen verlangen.

(4) [1] Die Aufsichtsbehörde kann die Beschlagnahme von Vermögenswerten beantragen, soweit dies zur Durchsetzung der Verbote und Gebote der Verordnung (EU) 2016/1011 geboten ist. [2] Maßnahmen nach Satz 1 sind durch den Richter anzuordnen. [3] Zuständig ist das Amtsgericht Frankfurt am Main. [4] Gegen eine richterliche Entscheidung ist die Beschwerde zulässig; die §§ 306 bis 310 und 311a der Strafprozessordnung gelten entsprechend.

(5) [1] Die Aufsichtsbehörde kann Anordnungen treffen, die zur Durchsetzung der Verbote und Gebote der Verordnung (EU) 2016/1011 sowie der auf deren Grundlage erlassenen delegierten Rechtsakte und Durchführungsrechtakte der Europäischen Kommission geeignet und erforderlich sind. [2] Insbesondere kann sie

1. von Kontributoren, die an Spotmärkten tätig sind und dabei Daten zur Erstellung eines Rohstoff-Referenzwertes bereitstellen, Auskünfte und die Meldung von Geschäften verlangen, soweit dies zur Überwachung der Einhaltung der Gebote und Verbote der Verordnung (EU) 2016/1011 in Bezug auf diese Rohstoff-Referenzwerte erforderlich ist;
2. bei einem Verstoß gegen die Artikel 16, 23 Absatz 3 Satz 1, Absatz 5, 6 und 10, Artikel 28 Absatz 2 und Artikel 29 der Verordnung (EU) 2016/1011 oder gegen eine Anordnung der Aufsichtsbehörde, die im Zusammenhang mit einer Untersuchung betreffend die Einhaltung der Pflichten nach dieser Verordnung gemäß Absatz 1 oder 2 ergangen und vollziehbar ist,
   a) von einem beaufsichtigten Unternehmen im Sinne des Artikels 3 Absatz 1 Nummer 17 dieser Verordnung eine dauerhafte Einstellung der den Verstoß begründenden Handlungen oder Verhaltensweisen sowie eine Verhinderung von deren Wiederholung verlangen;
   b) bezüglich eines beaufsichtigten Unternehmens im Sinne des Artikels 3 Absatz 1 Nummer 17 dieser Verordnung eine Warnung unter Nennung der natürlichen oder juristischen Person oder der Personenvereinigung, die den Verstoß begangen hat, sowie der Art des Verstoßes veröffentlichen; § 319a Absatz 3 und 5 gilt entsprechend;
   c) einer Person für einen Zeitraum von bis zu zwei Jahren die Wahrnehmung von Führungsaufgaben bei einem Administrator oder beaufsichtigten Kontributor untersagen, wenn diese den Verstoß vorsätzlich begangen hat und das Verhalten trotz Verwarnung durch die Aufsichtsbehörde fortsetzt.

§ 306 Betreten und Durchsuchen von Räumen; Beschlagnahme.

(1) [1] Die Aufsichtsbehörde ist befugt,

1. auch ohne besonderen Anlass in den Geschäftsräumen der Versicherungsunternehmen Prüfungen des Geschäftsbetriebs vorzunehmen; dabei darf sie im Rahmen der Gruppenaufsicht nach Teil 5 Prüfungen der Informationen nach § 305 Absatz 1 Nummer 2 und § 284 auch bei dem Versicherungsunternehmen, das der Gruppenaufsicht unterliegt, bei verbundenen Unternehmen dieses Versicherungsunternehmens, bei Mutterunternehmen dieses Versicherungsunternehmens und bei verbundenen Unternehmen eines Mutterunternehmens dieses Versicherungsunternehmens vornehmen;
2. Prüfungen auch so vorzunehmen, dass sie an einer von dem Versicherungsunternehmen nach § 341k des Handelsgesetzbuchs[1)] veranlassten Prüfung teilnimmt und selbst die Feststellungen trifft, die sie für nötig hält; dies gilt nicht für Versicherungsunternehmen, die als kleinere Vereine anerkannt sind;
3. an von ihr durchgeführten Prüfungen nach den Nummern 1 und 2 Personen zu beteiligen, die nach § 341k in Verbindung mit § 319 des Handelsgesetzbuchs zu Abschlussprüfern bestimmt werden können, oder diese Personen mit der Durchführung von Prüfungen nach den Nummern 1 und 2 zu beauftragen; für diese Personen gilt die Bestimmung des § 323 des Handelsgesetzbuchs für Abschlussprüfer sinngemäß;
4. zu Sitzungen des Aufsichtsrats und Tagungen der Hauptversammlung oder der obersten Vertretung Vertreter zu entsenden, denen auf Verlangen das Wort zu erteilen ist und
5. die Einberufung der in Nummer 4 bezeichneten Sitzungen und Tagungen sowie die Ankündigung von Gegenständen zur Beschlussfassung zu verlangen.

[2] Im Hinblick auf eine Angleichung der bewährten Aufsichtspraktiken haben die Mitarbeiter der Europäischen Aufsichtsbehörde für das Versicherungswesen und die betriebliche Altersversorgung gemäß Artikel 21 Absatz 1 der Verordnung (EU) Nr. 1094/2010 des Europäischen Parlaments und des Rates vom 24. November 2010 zur Errichtung einer Europäischen Aufsichtsbehörde (Europäische Aufsichtsbehörde für das Versicherungswesen und die betriebliche Altersversorgung), zur Änderung des Beschlusses Nr. 716/2009/EG und zur Aufhebung des Beschlusses 2009/79/EG der Kommission (ABl. L 331 vom 15.12.2010, S. 48) das Recht, sich an Prüfungen der in der Richtlinie 2009/138/EG genannten Aufsichtskollegien in den Geschäftsräumen der Versicherungsunternehmen zu beteiligen, die gemeinsam von der Aufsichtsbehörde und mindestens einer zuständigen Behörde eines anderen Mitglied- oder Vertragsstaats durchgeführt werden.

(2) [1] Die Aufsichtsbehörde hat die Rechte nach Absatz 1 Satz 1 Nummer 1 und 3 auch gegenüber

1. Personen und Unternehmen, die als Versicherungsvertreter oder Versicherungsmakler an ein Versicherungsunternehmen Versicherungsverträge vermitteln oder vermittelt haben,
2. Personen und Unternehmen, auf die ein Versicherungsunternehmen Funktionen oder Tätigkeiten ausgegliedert hat,

---

1) Nr. **16**.

3. Personen und Unternehmen, die eine Beteiligungsabsicht nach § 17 Absatz 1 Nummer 1 angezeigt haben oder die im Rahmen eines Erlaubnisantrags nach § 9 als Inhaber bedeutender Beteiligungen angegeben werden,
4. den Inhabern einer bedeutenden Beteiligung an einem Versicherungsunternehmen und den von ihnen kontrollierten Unternehmen,
5. Personen und Unternehmen, bei denen Tatsachen die Annahme rechtfertigen, dass es sich um Personen oder Unternehmen im Sinne der Nummer 4 handelt, und
6. Personen und Unternehmen, die mit einer Person oder einem Unternehmen im Sinne der Nummern 3 bis 5 nach § 15 des Aktiengesetzes verbunden sind.

[2] Für die Fälle des Satzes 1 Nummer 1 gilt dies nur insoweit, als es für die Beurteilung des Geschäftsbetriebs und der Vermögenslage des Versicherungsunternehmens oder der Erfüllung der Pflichten nach den §§ 53 bis 56 oder den Vorschriften des Geldwäschegesetzes durch ein Versicherungsunternehmen im Sinne des § 52 bedeutsam ist. [3] Gegenüber den in Satz 1 Nummer 3 bis 6 genannten Personen und Unternehmen kann die Aufsichtsbehörde Maßnahmen nach Absatz 1 Satz 1 Nummer 4 und 5 ergreifen, wenn Anhaltspunkte für einen Untersagungsgrund nach § 18 Absatz 1 Nummer 1 bis 6 und Absatz 2 vorliegen.

(3) [1] Beabsichtigt die Aufsichtsbehörde in Wahrnehmung der Finanzaufsicht in den Geschäftsräumen einer Niederlassung nach § 58, einer Niederlassung eines Rückversicherungsunternehmens oder in den Geschäftsräumen eines Dienstleisters, auf den ein Versicherungsunternehmen Tätigkeiten ausgegliedert hat, durch eigenes Personal oder durch Beauftragte Prüfungen vorzunehmen, so unterrichtet sie hiervon die Aufsichtsbehörde des anderen Mitglied- oder Vertragsstaats. [2] Wird der Aufsichtsbehörde untersagt, ihr Recht auf Durchführung dieser Prüfungen vor Ort wahrzunehmen oder ist es ihr tatsächlich nicht möglich, an der Prüfung teilzunehmen, kann sie gemäß Artikel 19 der Verordnung (EU) Nr. 1094/2010 die Europäische Aufsichtsbehörde für das Versicherungswesen und die betriebliche Altersversorgung mit der Angelegenheit befassen und um Unterstützung bitten. [3] Die Aufsichtsbehörde kann die Prüfung eines Dienstleisters an die Aufsichtsbehörde des Mitglied- oder Vertragsstaats delegieren, in dem der Dienstleister ansässig ist.

(4) Soweit es zur Feststellung der Art oder des Umfangs der Geschäfte oder Tätigkeiten erforderlich ist, darf die Aufsichtsbehörde Prüfungen in den Räumen der gemäß § 305 Absatz 3 und 4 auskunfts- und vorlagepflichtigen Personen und Unternehmen vornehmen.

(5) [1] Die Bediensteten der Aufsichtsbehörde und die nach Absatz 1 Satz 1 Nummer 3 beteiligten oder beauftragten Personen dürfen für Prüfungen nach Absatz 1 Satz 1 Nummer 1 und 2 in den Fällen des Absatzes 1 Satz 1 Nummer 4 und des Absatzes 4 die Geschäftsräume des geprüften Unternehmens innerhalb der üblichen Betriebs- und Geschäftszeiten betreten und besichtigen, im Fall des Absatzes 4 auch durchsuchen. [2] Zur Verhütung dringender Gefahren für die öffentliche Sicherheit und Ordnung dürfen sie diese Räume auch außerhalb der üblichen Betriebs- und Geschäftszeiten betreten und besichtigen; unter dieser Voraussetzung dürfen sie auch Räume betreten und besichtigen, die zugleich als Wohnung dienen.

(6) [1] Durchsuchungen

1. von Geschäftsräumen, außer bei Gefahr im Verzug, und
2. von Räumen, die zugleich als Wohnung dienen,

sind durch den Richter anzuordnen. [2] Zuständig ist das Amtsgericht, in dessen Bezirk sich die Räume befinden. [3] Gegen die richterliche Entscheidung ist die Beschwerde zulässig; die §§ 306 bis 310 und 311a der Strafprozessordnung sind entsprechend anzuwenden. [4] Über die Durchsuchung ist eine Niederschrift zu fertigen. [5] Sie muss die verantwortliche Dienststelle, den Grund, die Zeit und den Ort der Durchsuchung und ihr Ergebnis sowie, falls keine richterliche Anordnung ergangen ist, auch die Tatsachen enthalten, welche die Annahme einer Gefahr im Verzug begründet haben.

(7) Die Bediensteten der Aufsichtsbehörde können Gegenstände beschlagnahmen, die als Beweismittel für die Ermittlung des Sachverhalts von Bedeutung sein können.

(8) [1] Die Betroffenen haben Maßnahmen nach Absatz 1 Satz 1 Nummer 1 bis 3, Satz 2 sowie nach den Absätzen 2, 4, 5 und 7 zu dulden. [2] Das Grundrecht auf Unverletzlichkeit der Wohnung (Artikel 13 Absatz 1 des Grundgesetzes) wird insoweit eingeschränkt.

§ 307 Sonderbeauftragter. (1) [1] Die Aufsichtsbehörde kann Befugnisse eines Organs ganz oder teilweise auf einen Sonderbeauftragten übertragen. [2] Sie bestimmt, in welchem Umfang der Sonderbeauftragte anstelle der Organe des beaufsichtigten Unternehmens handeln darf. [3] Der Sonderbeauftragte muss unabhängig, zuverlässig und fachlich geeignet sein.

(2) [1] Der Sonderbeauftragte ist im Rahmen seiner Aufgaben berechtigt, von den Mitgliedern der Organe und den Beschäftigten des Unternehmens Auskünfte und die Vorlage von Unterlagen zu verlangen, an allen Sitzungen und Versammlungen der Organe und sonstiger Gremien des Unternehmens in beratender Funktion teilzunehmen, die Geschäftsräume des Unternehmens zu betreten, Einsicht in dessen Geschäftspapiere und Bücher zu nehmen und Nachforschungen anzustellen. [2] Die Organe und Organmitglieder haben den Sonderbeauftragten bei der Wahrnehmung seiner Aufgaben zu unterstützen. [3] Er ist gegenüber der Aufsichtsbehörde zur Auskunft über alle Erkenntnisse im Rahmen seiner Tätigkeit verpflichtet.

(3) [1] Die durch die Bestellung des Sonderbeauftragten entstehenden Kosten einschließlich der diesem zu gewährenden angemessenen Auslagen und der Vergütung trägt das beaufsichtigte Unternehmen. [2] Die Höhe der Vergütung setzt die Aufsichtsbehörde fest. [3] Die Aufsichtsbehörde schießt die Auslagen und die Vergütung auf Antrag des Sonderbeauftragten vor.

(4) [1] Bei fahrlässigem Handeln beschränkt sich die Ersatzpflicht des Sonderbeauftragten auf 1 Million Euro für eine Tätigkeit bei einem Versicherungsunternehmen. [2] Handelt es sich um eine Aktiengesellschaft, deren Aktien zum Handel im regulierten Markt zugelassen sind, beschränkt sich die Ersatzpflicht im Sinne des Satzes 1 auf 4 Millionen Euro. [3] Die Beschränkungen nach den Sätzen 1 und 2 gelten auch, wenn dem Sonderbeauftragten die Befugnisse mehrerer Organe übertragen worden sind oder er mehrere zum Ersatz verpflichtende Handlungen begangen hat.

§ 308 Unerlaubte Versicherungsgeschäfte. (1) [1]Werden ohne die nach § 8 Absatz 1 erforderliche Erlaubnis Versicherungsgeschäfte betrieben, wird die Geschäftstätigkeit entgegen § 61 Absatz 1 oder § 67 Absatz 1 aufgenommen oder entgegen § 62 Absatz 3 Satz 2 oder 3 oder § 169 Absatz 3 Satz 2 fortgeführt (unerlaubte Versicherungsgeschäfte), kann die Aufsichtsbehörde die sofortige Einstellung des Geschäftsbetriebs und die unverzügliche Abwicklung dieser Geschäfte gegenüber dem Unternehmen anordnen. [2]Sie kann für die Abwicklung Weisungen erlassen und eine geeignete Person als Abwickler bestellen.

(2) Die Aufsichtsbehörde kann ihre Maßnahmen nach Absatz 1 veröffentlichen, sofern diese unanfechtbar oder sofort vollziehbar sind; personenbezogene Daten dürfen nur veröffentlicht werden, soweit dies zur Gefahrenabwehr erforderlich ist.

(2a) [1]Ordnet die Bundesanstalt die Einstellung des Geschäftsbetriebs oder die Abwicklung der unerlaubten Geschäfte an, so stehen ihr bei juristischen Personen und Personenhandelsgesellschaften die in § 38 Absatz 1 und 2 des Kreditwesengesetzes genannten Rechte entsprechend zu. [2]Absatz 2 gilt entsprechend.

(3) Die Absätze 1 und 2 sind für Maßnahmen gegenüber den Mitgliedern der Organe und den Gesellschaftern des Unternehmens entsprechend anzuwenden.

(4) Die Befugnisse der Aufsichtsbehörde nach den Absätzen 1 bis 3 bestehen auch gegenüber dem Unternehmen und den in Absatz 3 genannten Personen, bei dem oder denen feststeht oder Tatsachen die Annahme rechtfertigen, dass das Unternehmen oder die Personen in die Anbahnung, den Abschluss oder die Abwicklung dieser Geschäfte einbezogen ist oder sind; dies gilt insbesondere gegenüber

1. Unternehmen, die für ein Unternehmen im Sinne des Absatzes 1 Verträge abschließen oder vermitteln, und
2. Unternehmen, die für ein solches Unternehmen Funktionen oder Tätigkeiten wahrnehmen.

(5) Der Abwickler ist zum Antrag auf Eröffnung eines Insolvenzverfahrens über das Vermögen des Unternehmens berechtigt.

(6) [1]Der Abwickler, den die Bundesanstalt bestellt, erhält von dieser eine angemessene Vergütung und Ersatz seiner Aufwendungen. [2]Die gezahlten Beträge sind der Bundesanstalt von dem betroffenen Unternehmen gesondert zu erstatten und auf Verlangen der Bundesanstalt vorzuschießen. [3]Die Bundesanstalt kann das betroffene Unternehmen anweisen, den von der Bundesanstalt festgesetzten Betrag im Namen der Bundesanstalt unmittelbar an den Abwickler zu leisten, wenn dadurch keine Beeinflussung der Unabhängigkeit des Abwicklers zu besorgen ist.

(7) [1]Soweit und solange Tatsachen die Annahme rechtfertigen, dass ein Unternehmen unerlaubte Versicherungsgeschäfte betreibt, kann die Aufsichtsbehörde die Öffentlichkeit unter Nennung des Namens oder der Firma des Unternehmens über den Verdacht informieren. [2]Satz 1 ist entsprechend anzuwenden, wenn ein Unternehmen unerlaubte Versicherungsgeschäfte zwar nicht betreibt, aber in der Öffentlichkeit einen entsprechenden Anschein erweckt. [3]Vor der Entscheidung über die Veröffentlichung der Information ist das Unternehmen anzuhören. [4]Stellen sich die von der Aufsichtsbehörde ver-

öffentlichten Informationen als falsch oder die zugrunde liegenden Umstände als unrichtig wiedergegeben heraus, so informiert die Aufsichtsbehörde die Öffentlichkeit hierüber in der gleichen Art und Weise, in der sie die betreffende Information zuvor bekannt gegeben hat.

§ 308a Maßnahmen gegenüber PRIIP-Herstellern und PRIIP-Verkäufern. [1]Die Aufsichtsbehörde kann gegenüber jedem Versicherungsunternehmen, das über ein PRIIP im Sinne des Artikels 4 Nummer 3 der Verordnung (EU) Nr. 1286/2014 berät oder es verkauft oder das Hersteller von PRIIP im Sinne des Artikels 4 Nummer 4 der Verordnung (EU) Nr. 1286/2014 ist, alle Maßnahmen treffen, die geeignet und erforderlich sind, um die Einhaltung der Anforderungen der Verordnung (EU) Nr. 1286/2014 und der auf Grundlage dieser Verordnung erlassenen delegierten Rechtsakte der Europäischen Kommission und technischen Regulierungsstandards zu überwachen. [2]Insbesondere kann sie

1. bei einem Verstoß gegen Artikel 5 Absatz 1, die Artikel 6, 7 und 8 Absatz 1 bis 3, die Artikel 9, 10 Absatz 1, Artikel 13 Absatz 1, 3 und 4, die Artikel 14 und 19 der Verordnung (EU) Nr. 1286/2014 die Vermarktung, den Vertrieb oder den Verkauf des PRIIP vorübergehend oder dauerhaft untersagen,
2. die Bereitstellung eines Basisinformationsblattes untersagen, das nicht den Anforderungen der Artikel 6 bis 8 oder 10 der Verordnung (EU) Nr. 1286/2014 genügt, und
3. den Hersteller von PRIIP verpflichten, eine neue Fassung des Basisinformationsblattes zu veröffentlichen, sofern die veröffentlichte Fassung nicht den Anforderungen der Artikel 6 bis 8 oder 10 der Verordnung (EU) Nr. 1286/2014 genügt, und
4. bei einem Verstoß gegen eine der in Nummer 1 genannten Vorschriften auf ihrer Internetseite eine Warnung unter Nennung des verantwortlichen Versicherungsunternehmens sowie der Art des Verstoßes veröffentlichen.

§ 308b Maßnahmen hinsichtlich der Vergabe von Wohnimmobilien-Darlehen; Verordnungsermächtigung. [1]Die Aufsichtsbehörde kann nach Anhörung der Spitzenverbände der Unternehmen im Wege der Allgemeinverfügung Beschränkungen bei der Vergabe von Darlehen zum Bau oder zum Erwerb von im Inland belegenen Wohnimmobilien festlegen, wenn und soweit dies erforderlich ist, um einer Störung der Funktionsfähigkeit des inländischen Finanzsystems oder einer Gefährdung der Finanzstabilität im Inland entgegenzuwirken. [2]§ 48u Absatz 1 Satz 2 bis 5 und Absatz 2 bis 4 des Kreditwesengesetzes gilt entsprechend. [3]Das Bundesministerium der Finanzen wird ermächtigt, für Unternehmen, die nicht der Aufsicht durch die Aufsichtsbehörden der Länder unterliegen, nach Anhörung der Spitzenverbände der Unternehmen durch Rechtsverordnung, die nicht der Zustimmung des Bundesrates bedarf, nähere Regelungen nach Maßgabe des entsprechend anzuwendenden § 48u Absatz 5 Nummer 1 bis 5 des Kreditwesengesetzes zu erlassen.

§ 308c Maßnahmen bei Verstößen gegen die Verordnung (EU) 2017/2402. (1) Verstößt ein nach diesem Gesetz beaufsichtigtes Unternehmen als Originator oder ursprünglicher Kreditgeber gegen die Anforderungen der Artikel 6, 7, 9, 18 bis 26 oder 27 Absatz 1 oder 4 der Verordnung (EU) 2017/2402, kann die Aufsichtsbehörde anordnen, dass die den Verstoß begründenden

Handlungen oder Verhaltensweisen dauerhaft eingestellt werden, sowie verlangen, dass deren Wiederholung verhindert wird.

(2) Wird eine Verbriefung als STS-Verbriefung im Sinne des Artikels 18 der Verordnung (EU) 2017/2402 bezeichnet und hat ein Originator, Sponsor oder eine Verbriefungszweckgesellschaft gegen eine der Anforderungen der Artikel 19 bis 26 der Verordnung (EU) 2017/2402 verstoßen oder macht ein Originator eine irreführende Meldung nach Artikel 27 Absatz 1 dieser Verordnung, kann die Aufsichtsbehörde vorübergehend verbieten, dass ein beaufsichtigtes Unternehmen als Originator gemäß Artikel 27 Absatz 1 dieser Verordnung meldet, dass seine Verbriefungen die Anforderungen der Artikel 19 bis 22 oder der Artikel 23 bis 26 dieser Verordnung erfüllen.

§ 309 Verschwiegenheitspflicht. (1) [1] Die bei den Versicherungsaufsichtsbehörden beschäftigten oder von ihnen beauftragten Personen sowie die Mitglieder des Versicherungsbeirats dürfen bei ihrer Tätigkeit erhaltene vertrauliche Informationen an keine andere Person oder Behörde weitergeben. [2] Dies gilt auch für andere Personen, die durch dienstliche Berichterstattung Kenntnis von den in Satz 1 genannten Informationen erhalten. [3] Die Sätze 1 und 2 gelten nicht für die Weitergabe von Informationen in zusammengefasster oder allgemeiner Form, bei der die einzelnen Versicherungsunternehmen nicht zu erkennen sind.

(2) [1] Die Schweigepflicht nach Absatz 1 Satz 1 verbietet nicht den Informationsaustausch mit den zuständigen Behörden anderer Mitglied- oder Vertragsstaaten. [2] Für die dabei erhaltenen Informationen gilt die Schweigepflicht nach Absatz 1 Satz 1.

(3) [1] Ein Austausch von Informationen mit zuständigen Behörden von Drittstaaten ist nur zulässig, wenn der Schutz der mitzuteilenden Informationen durch das Berufsgeheimnis mindestens ebenso gewährleistet ist wie nach dieser Vorschrift. [2] Dieser Informationsaustausch muss der Erfüllung der aufsichtsrechtlichen Aufgaben dieser Behörden dienen. [3] Wenn die Informationen, die ein Mitgliedstaat einem Drittstaat mitzuteilen hat, aus einem anderen Mitgliedstaat stammen, dürfen sie nur mit ausdrücklicher Zustimmung der Aufsichtsbehörde dieses Mitgliedstaats und dann nur für die Zwecke weitergegeben werden, denen diese Behörde zugestimmt hat.

(4) Die Aufsichtsbehörden dürfen Informationen, die sie auf Grund der Absätze 1 und 2 erhalten, nur verwenden

1. zur Prüfung des Antrags eines Versicherungsunternehmens auf Erteilung der Erlaubnis,
2. zur Überwachung der Tätigkeit eines Versicherungsunternehmens, einer Gruppe oder eines Finanzkonglomerats,
3. für Anordnungen der Aufsichtsbehörde sowie zur Verfolgung und Ahndung von Ordnungswidrigkeiten durch die Aufsichtsbehörde,
4. im Rahmen eines Verwaltungsverfahrens über Rechtsbehelfe gegen eine Entscheidung der Aufsichtsbehörde und
5. im Rahmen von Verfahren vor Verwaltungsgerichten, Insolvenzgerichten, Strafverfolgungsbehörden oder für Straf- und Bußgeldsachen zuständigen Gerichten.

(5) Die Schweigepflicht nach Absatz 1 Satz 1 verbietet insbesondere nicht die Weitergabe von Informationen an

1. Strafverfolgungsbehörden oder für Straf- und Bußgeldsachen zuständige Gerichte,
2. kraft Gesetzes oder im öffentlichen Auftrag mit der Überwachung von Versicherungsunternehmen, Versicherungsvermittlern, Kreditinstituten, Kapitalverwaltungsgesellschaften, extern verwalteten Investmentgesellschaften, EU-Verwaltungsgesellschaften oder ausländischen AIF-Verwaltungsgesellschaften, Finanzunternehmen, der Finanzmärkte oder des Zahlungsverkehrs oder mit der Geldwäscheprävention betraute Stellen sowie von diesen beauftragte Personen,
3. mit der Liquidation oder Insolvenz eines Versicherungsunternehmens, eines Kreditinstituts, eines Finanzdienstleistungsinstituts, einer Investmentgesellschaft oder eines anderen Finanzinstituts befasste Stellen,
4. mit der gesetzlichen Prüfung der Rechnungslegung von Versicherungsunternehmen, Kreditinstituten, Kapitalverwaltungsgesellschaften, extern verwalteten Investmentgesellschaften, EU-Verwaltungsgesellschaften oder ausländischen AIF-Verwaltungsgesellschaften oder Finanzunternehmen betraute Personen sowie Stellen, welche die vorgenannten Personen beaufsichtigen,
5. Zentralbanken,
6. die Europäische Zentralbank, die Zentralbanken des Europäischen Systems der Zentralbanken und andere Stellen mit einer ähnlichen Funktion in ihrer Eigenschaft als Währungsinstitutionen, die Europäische Aufsichtsbehörde für das Versicherungswesen und die betriebliche Altersversorgung, die Europäische Bankenaufsichtsbehörde, die Europäische Wertpapier- und Marktaufsichtsbehörde, den Gemeinsamen Ausschuss der Europäischen Aufsichtsbehörden, den Europäischen Ausschuss für Systemrisiken oder die Europäische Kommission,
7. Behörden, die für die Aufsicht über Zahlungs- und Abwicklungssysteme zuständig sind,
8. Einrichtungen zur Verwaltung von Sicherungsfonds,
9. parlamentarische Untersuchungsausschüsse nach § 1 des Untersuchungsausschussgesetzes auf Grund einer Entscheidung über ein Ersuchen nach § 18 Absatz 2 des Untersuchungsausschussgesetzes,
10. das Bundesverfassungsgericht,
11. den Bundesrechnungshof, sofern sich sein Untersuchungsauftrag auf die Entscheidungen und sonstigen Tätigkeiten der Bundesanstalt nach diesem Gesetz oder delegierten Rechtsakten auf Grund der Richtlinie 2009/138/EG bezieht,
12. Verwaltungsgerichte in verwaltungsrechtlichen Streitigkeiten, in denen die Bundesanstalt Beklagte ist, mit Ausnahme von Klagen nach dem Informationsfreiheitsgesetz,

soweit diese Stellen die Informationen zur Erfüllung ihrer Aufgaben benötigen.

(6) In einer Krisensituation, insbesondere einer Krisensituation, wie sie in Artikel 18 der Verordnung (EU) Nr. 1094/2010 beschrieben ist, können Informationen unverzüglich an die Europäische Zentralbank, an die Zentralbanken des Europäischen Systems der Zentralbanken und an den Europäischen Ausschuss für Systemrisiken weitergegeben werden, soweit diese Stellen die Informationen zur Erfüllung ihrer Aufgaben benötigen.

(7) Die Schweigepflicht nach Absatz 1 Satz 1 verbietet nicht den Informationsaustausch mit allen Unternehmen, die einer Gruppe im Sinne des § 7 Nummer 13 angehören, auch wenn es sich um Informationen von anderen gruppenangehörigen Unternehmen handelt.

(8) [1] Für die bei den in Absatz 5 Nummer 1 bis 8 und 10 bis 12 genannten Stellen beschäftigten Personen, die von diesen Stellen beauftragten Personen und die Mitglieder der in Absatz 5 Nummer 9 genannten Ausschüsse gilt die Schweigepflicht nach Absatz 1 Satz 1 entsprechend. [2] Befindet sich eine in Absatz 5 Nummer 1 bis 8 und 12 genannte Stelle in einem anderen Staat, so dürfen die Informationen nur weitergegeben werden, wenn die bei dieser Stelle beschäftigten und von dieser Stelle beauftragten Personen einer dem Absatz 1 Satz 1 entsprechenden Schweigepflicht unterliegen. [3] Die Stelle eines Drittstaats ist darauf hinzuweisen, dass die übermittelten Informationen zu keinem anderen Zweck verwendet werden dürfen. [4] Informationen, die aus einem anderen Staat stammen, dürfen nur mit ausdrücklicher Zustimmung der zuständigen Stellen, die diese Informationen mitgeteilt haben, und nur für solche Zwecke weitergegeben werden, denen diese Stellen zugestimmt haben.

(9) [1] Die §§ 93, 97, 105 Absatz 1, § 111 Absatz 5 in Verbindung mit § 105 Absatz 1 sowie § 116 Absatz 1 der Abgabenordnung gelten nicht für die in Absatz 1 bezeichneten Personen, soweit diese zur Durchführung dieses Gesetzes tätig werden. [2] Dies gilt nicht, soweit die Finanzbehörden die Kenntnisse für die Durchführung eines Verfahrens wegen einer Straftat sowie eines damit zusammenhängenden Besteuerungsverfahrens benötigen.

(10) [1] Vertrauliche Informationen, die die Aufsichtsbehörde von den in Absatz 2 Satz 1 und Absatz 5 Nummer 2 bis 7 genannten Stellen erhalten hat, dürfen im Wege der dienstlichen Berichterstattung nach Absatz 1 Satz 2 nur dann weitergegeben werden, wenn das Einverständnis der zuständigen Behörde vorliegt, die die Informationen erteilt hat. [2] Gleiches gilt für Informationen, die bei der Durchführung einer örtlichen Prüfung einer Niederlassung in einem anderen Mitglied- oder Vertragsstaat erlangt wurden; in diesem Fall ist das Einverständnis der zuständigen Behörde des Mitglied- oder Vertragsstaats, in dem die örtliche Prüfung durchgeführt wurde, erforderlich.

(11) Die allgemeinen datenschutzrechtlichen Vorschriften bleiben unberührt.

§ 310 Nebenbestimmungen; Ausschluss der aufschiebenden Wirkung. (1) Verwaltungsakte nach diesem Gesetz oder nach einer auf Grund dieses Gesetzes erlassenen Rechtsverordnung können mit Nebenbestimmungen versehen werden.

(2) Widerspruch und Anfechtungsklage gegen Maßnahmen und Entscheidungen der Aufsichtsbehörde einschließlich der Androhung und Festsetzung von Zwangsmitteln nach § 18 Absatz 1 und 2, den §§ 20, 36, 66a, 134 Absatz 7, § 135 Absatz 3 sowie den §§ 264 und 298 in Verbindung mit den §§ 15, 294 Absatz 6 und § 295 sowie den §§ 301, 305 Absatz 3 und 6, § 306 Absatz 4, 5 und 7, den §§ 308, 312 sowie 314 haben keine aufschiebende Wirkung.

Kapitel 2. Sichernde Maßnahmen

§ 311 Anzeige der Zahlungsunfähigkeit. (1) [1] Sobald das Versicherungsunternehmen zahlungsunfähig wird, hat sein Vorstand dies der Aufsichtsbehörde anzuzeigen. [2]Dies gilt sinngemäß, wenn das Vermögen des Versicherungsunternehmens nicht mehr die Schulden deckt. [3]Diese Anzeigepflicht tritt an die Stelle der dem Vorstand durch andere gesetzliche Vorschriften auferlegten Pflicht, bei Zahlungsunfähigkeit oder Überschuldung die Eröffnung des Insolvenzverfahrens zu beantragen.

(2) [1]Bleiben bei Versicherungsvereinen auf Gegenseitigkeit und nach dem Gegenseitigkeitsgrundsatz arbeitenden öffentlich-rechtlichen Versicherungsunternehmen, bei denen Nachschüsse oder Umlagen zu leisten sind, ausgeschriebene Nachschüsse oder Umlagen fünf Monate über die Fälligkeit rückständig, so hat der Vorstand zu prüfen, ob sich, wenn die nicht bar eingegangenen Nachschüsse oder Umlagen außer Betracht bleiben, Überschuldung ergibt; ist dies der Fall, so hat er dies innerhalb eines Monats nach Ablauf der bezeichneten Frist der Aufsichtsbehörde anzuzeigen. [2]Die gleichen Pflichten haben die Liquidatoren.

§ 312 Eröffnung des Insolvenzverfahrens. (1) [1]Der Antrag auf Eröffnung des Insolvenzverfahrens über das Vermögen eines Versicherungsunternehmens kann nur von der Aufsichtsbehörde gestellt werden. [2]Die Antragsrechte nach § 3a Absatz 1, § 3d Absatz 2 und § 269d Absatz 2 der Insolvenzordnung stehen ausschließlich der Aufsichtsbehörde zu. [3]Die Einleitung eines Koordinationsverfahrens (§§ 269d bis 269i der Insolvenzordnung) entfaltet für die gruppenangehörigen Versicherungsunternehmen nur dann Wirkung, wenn die Aufsichtsbehörde sie beantragt oder ihr zugestimmt hat.

(2) [1]Zuständig für die Eröffnung eines Insolvenzverfahrens über das Vermögen eines Versicherungsunternehmens sind im Bereich des Europäischen Wirtschaftsraums allein die jeweiligen Behörden des Herkunftsstaats. [2]Wird in einem Mitglied- oder Vertragsstaat ein Insolvenzverfahren über das Vermögen eines Versicherungsunternehmens eröffnet, so wird das Verfahren ohne Rücksicht auf die Voraussetzungen des § 343 Absatz 1 der Insolvenzordnung anerkannt.

(3) [1]Sekundärinsolvenzverfahren oder sonstige Partikularverfahren bezüglich der Versicherungsunternehmen, die ihren Sitz in einem anderen Mitglied- oder Vertragsstaat haben, sind nicht zulässig. [2]Dies gilt nicht in den Fällen des § 65 und nicht hinsichtlich der Niederlassungen von Versicherungsunternehmen eines Drittstaats gemäß § 68.

(4) [1]Das Insolvenzgericht hat den Eröffnungsbeschluss unverzüglich der Aufsichtsbehörde zu übermitteln, die unverzüglich die Aufsichtsbehörden der anderen Mitglied- oder Vertragsstaaten unterrichtet. [2]Erhält die Aufsichtsbehörde eine entsprechende Mitteilung der Aufsichtsbehörden eines Mitglied- oder Vertragsstaats, kann sie diese Entscheidung bekannt machen. [3]Unbeschadet der in § 30 der Insolvenzordnung vorgesehenen Bekanntmachung hat das Insolvenzgericht den Eröffnungsbeschluss auszugsweise im Amtsblatt der Europäischen Union zu veröffentlichen. [4]In den Bekanntmachungen gemäß § 30 der Insolvenzordnung und in der Veröffentlichung im Amtsblatt der Europäischen Union sind das zuständige Gericht, das maßgebliche Recht und der bestellte Insolvenzverwalter anzugeben.

(5) [1]Die Aufsichtsbehörde kann jederzeit vom Insolvenzgericht und vom Insolvenzverwalter Auskünfte über den Stand des Verfahrens verlangen. [2]Die Aufsichtsbehörde ist verpflichtet, die Aufsichtsbehörde eines anderen Mitglied-

oder Vertragsstaats auf deren Verlangen über den Stand des Insolvenzverfahrens zu informieren.

(6) [1] Stellt die Aufsichtsbehörde den Antrag auf Eröffnung eines Insolvenzverfahrens über das Vermögen der Niederlassung eines Versicherungsunternehmens eines Drittstaats, so unterrichtet sie unverzüglich die Aufsichtsbehörden der Mitglied- oder Vertragsstaaten, in denen das Versicherungsunternehmen auch eine Niederlassung hat. [2] Die beteiligten Personen und Stellen bemühen sich um ein abgestimmtes Vorgehen.

§ 313 Unterrichtung der Gläubiger. (1) [1] Mit dem Eröffnungsbeschluss ist den Gläubigern ein Formblatt zu übersenden, das mit den Worten „Aufforderung zur Anmeldung und Erläuterung einer Forderung. Fristen beachten!" und den entsprechenden Übersetzungen in sämtlichen Amtssprachen der Mitglied- oder Vertragsstaaten überschrieben ist. [2] Das Formblatt wird vom Bundesministerium der Justiz und für Verbraucherschutz im Bundesanzeiger veröffentlicht und enthält insbesondere folgende Angaben:

1. welche Fristen einzuhalten sind und welche Folgen deren Versäumung hat;
2. wer für die Entgegennahme der Anmeldung und Erläuterung einer Forderung zuständig ist;
3. welche weiteren Maßnahmen vorgeschrieben sind;
4. welche Bedeutung die Anmeldung der Forderung für bevorrechtigte oder dinglich gesicherte Gläubiger hat und inwieweit diese ihre Forderungen anmelden müssen;
5. die allgemeinen Wirkungen des Insolvenzverfahrens auf die Versicherungsverträge;
6. den Zeitpunkt, ab dem Versicherungsverträge oder -geschäfte keine Rechtswirkung mehr entfalten, und
7. die Rechte und Pflichten der Versicherten in Bezug auf den betreffenden Vertrag oder das entsprechende Geschäft.

(2) Ist ein bekannter Gläubiger mit gewöhnlichem Aufenthalt, Wohnsitz oder Sitz in einem anderen Mitglied- oder Vertragsstaat Inhaber einer Forderung als Versicherungsnehmer, Versicherter, Begünstigter oder geschädigter Dritter mit Direktanspruch gegen den Versicherer, so ist er in einer Amtssprache des Mitglied- oder Vertragsstaats zu unterrichten, in dem er seinen gewöhnlichen Aufenthalt oder seinen Wohnsitz oder Sitz hat.

(3) [1] Gläubiger mit gewöhnlichem Aufenthalt, Wohnsitz oder Sitz in einem anderen Mitglied- oder Vertragsstaat können ihre Forderung in einer Amtssprache dieses anderen Staats anmelden. [2] In diesem Fall muss die Anmeldung in deutscher Sprache mit den Worten „Anmeldung und Erläuterung einer Forderung" überschrieben sein.

(4) Der Insolvenzverwalter hat die Gläubiger regelmäßig in geeigneter Form über den Fortgang des Insolvenzverfahrens zu unterrichten.

§ 314 Zahlungsverbot; Herabsetzung von Leistungen. (1) [1] Ergibt sich bei der Prüfung der Geschäftsführung und der Vermögenslage eines Unternehmens, dass dieses dauerhaft nicht mehr imstande ist, seine Verpflichtungen zu erfüllen, die Vermeidung des Insolvenzverfahrens aber zum Besten der Versicherten geboten erscheint, so kann die Aufsichtsbehörde das hierzu Erforderliche anordnen, auch die Vertreter des Unternehmens auffordern, innerhalb bestimmter Fristen eine Änderung der Geschäftsgrundlagen oder sonst die Beseitigung der Mängel herbeizuführen. [2] Alle Arten von Zahlungen, besonders Versicherungsleistungen, Gewinnverteilungen und bei Lebensversicherungen der Rückkauf oder die Beleihung des Versicherungsscheins sowie Vorauszahlungen darauf, können zeitweilig verboten werden. [3] Die Vorschriften der Insolvenzordnung zum Schutz von Zahlungsabrechnungssystemen, Wertpapierliefersystemen und Wertpapierabrechnungssystemen sowie von dinglichen Sicherheiten der Zentralbanken und von Finanzsicherheiten sind entsprechend anzuwenden.

(2) [1] Unter der Voraussetzung nach Absatz 1 Satz 1 kann die Aufsichtsbehörde, wenn nötig, die Verpflichtungen eines Lebensversicherungsunternehmens aus seinen Versicherungen dem Vermögensstand entsprechend herabsetzen. [2] Dabei kann die Aufsichtsbehörde ungleichmäßig verfahren, wenn besondere Umstände dies rechtfertigen, insbesondere, wenn bei mehreren Gruppen von Versicherungen die Notlage des Unternehmens mehr in einer Gruppe als in einer anderen Gruppe begründet ist. [3] Bei der Herabsetzung werden, soweit Deckungsrückstellungen der einzelnen Versicherungsverträge bestehen, zunächst die Deckungsrückstellungen herabgesetzt und danach die Versicherungssummen neu festgestellt; ist dies nicht möglich, werden die Versicherungssummen unmittelbar herabgesetzt. [4] Die Pflicht der Versicherungsnehmer, die Versicherungsentgelte in der bisherigen Höhe weiterzuzahlen, wird durch die Herabsetzung nicht berührt.

(3) Die Maßnahmen nach den Absätzen 1 und 2 können auf eine selbständige Abteilung des Sicherungsvermögens (§ 125 Absatz 6) beschränkt werden.

§ 315 Behandlung von Versicherungsforderungen. (1) [1] Bei Befriedigung aus den Werten des Sicherungsvermögens nach § 126 Absatz 1 bis 3 haben

1. die Forderungen der Versicherten, Begünstigten oder geschädigten Dritten, die einen Direktanspruch gegen das Versicherungsunternehmen haben, und
2. Prämienrückzahlungsansprüche, wenn der Versicherungsvertrag vor der Eröffnung des Insolvenzverfahrens nicht zustande gekommen ist oder aufgehoben wurde,

in Höhe des Anteils am Sicherungsvermögen gemäß § 125 Absatz 2 Vorrang vor den Forderungen aller übrigen Insolvenzgläubiger. [2] Dabei sind die Bestände des Sicherungsvermögens nur so weit zu berücksichtigen, wie für sie die Zuführung zum Sicherungsvermögen nach § 125 Absatz 1 und 2, § 126 Absatz 3 sowie § 127 vorgeschrieben ist.

(2) Untereinander haben die gemäß Absatz 1 bevorrechtigten Forderungen denselben Rang.

§ 316 Erlöschen bestimmter Versicherungsverträge. [1] Durch die Eröffnung des Insolvenzverfahrens erlöschen

1. Lebensversicherungen,
2. Krankenversicherungen der in § 146 genannten Art,
3. private Pflegepflichtversicherungen nach § 148,
4. Unfallversicherungen der in § 161 genannten Art und
5. Rentenansprüche aus den in § 162 genannten Versicherungen.

[2] Die Anspruchsberechtigten können den auf sie zum Zeitpunkt der Eröffnung des Insolvenzverfahrens entfallenden Anteil an dem Mindestumfang des Sicherungsvermögens nach § 125 Absatz 2 fordern. [3] § 315 Absatz 1 Satz 2 und Absatz 2 ist entsprechend anzuwenden.

§ 317 Pfleger im Insolvenzfall. (1) [1] Das Insolvenzgericht hat den Versicherten zur Wahrung ihrer Rechte nach den §§ 315 und 316 einen Pfleger zu bestellen. [2] Für die Pflegschaft tritt an die Stelle des Betreuungsgerichts das Insolvenzgericht.

(2) Der Pfleger hat den Umfang des vorhandenen Sicherungsvermögens festzustellen sowie die Ansprüche der Versicherten zu ermitteln und anzumelden.

(3) [1] Der Pfleger hat die Versicherten, soweit möglich, vor der Anmeldung anzuhören, sie nach der Anmeldung von dieser zu benachrichtigen und ihnen auf Verlangen auch sonst Auskunft über die Tatsachen zu geben, die für ihre Ansprüche erheblich sind. [2] Das Recht des einzelnen Versicherten, seinen Anspruch selbst anzumelden, bleibt unberührt. [3] Soweit die Anmeldung des Versicherten von der des Pflegers abweicht, gilt, bis die Abweichung beseitigt ist, die Anmeldung, die für den Versicherten günstiger ist.

(4) Der Insolvenzverwalter hat dem Pfleger die Einsicht in alle Bücher und Schriften des Schuldners zu gestatten und ihm auf Verlangen den Bestand des Sicherungsvermögens nachzuweisen.

(5) [1] Der Pfleger kann für die Führung seines Amts eine angemessene Vergütung verlangen. [2] Die ihm zu erstattenden Auslagen und die Vergütung fallen dem Sicherungsvermögen zur Last.

(6) Vor Bestellung des Pflegers und vor Festsetzung der Vergütung ist die Aufsichtsbehörde anzuhören.

Kapitel 3. Veröffentlichungen

§ 318 Veröffentlichungen. (1) Die Bundesanstalt veröffentlicht jährlich Mitteilungen über den Stand der ihrer Aufsicht unterstellten Versicherungsunternehmen sowie über ihre Wahrnehmungen auf dem Gebiet des Versicherungswesens.

(2) [1] Ebenso veröffentlicht sie

1. die Texte der Rechts- und Verwaltungsvorschriften auf dem Gebiet der Versicherungsaufsicht;
2. ihre Rechts- und Verwaltungsgrundsätze, insbesondere die Kriterien und Methoden des aufsichtlichen Überprüfungsverfahrens gemäß § 294 Absatz 5 und der Prognoserechnungen gemäß § 44;
3. die Art und Weise der Ausübung der in der Richtlinie 2009/138/EG vorgesehenen Optionen sowie
4. die Ziele der Beaufsichtigung und ihre Hauptfunktionen und -tätigkeiten.

[2] Die Angaben müssen ausreichend sein, um einen Vergleich der von den Aufsichtsbehörden in den verschiedenen Mitglied- oder Vertragsstaaten gewählten Aufsichtsansätze zu ermöglichen.

(3) Die Veröffentlichungen nach den Absätzen 1 und 2 müssen unter einer einzigen elektronischen Adresse abrufbar sein.

§ 319 Bekanntmachung von Maßnahmen. (1) [1]Die Bundesanstalt soll jede gegen ein ihrer Aufsicht unterstehendes Unternehmen oder gegen einen Geschäftsleiter eines Unternehmens verhängte und bestandskräftig gewordene Maßnahme, die sie wegen eines Verstoßes gegen dieses Gesetz oder den dazu erlassenen Rechtsverordnungen verhängt hat, und jede unanfechtbar gewordene Bußgeldentscheidung nach Maßgabe der Absätze 2 und 3 unverzüglich auf ihren Internetseiten öffentlich bekannt machen und dabei auch Informationen zu Art und Charakter des Verstoßes mitteilen, soweit dies unter Abwägung der betroffenen Interessen zur Beseitigung oder Verhinderung von Missständen geboten ist. [2]Die Rechte der Bundesanstalt nach § 308 Absatz 2 bleiben unberührt.

(2) [1]Die Bundesanstalt hat eine bestandskräftig gewordene Maßnahme oder eine unanfechtbar gewordene Bußgeldentscheidung auf anonymer Basis bekannt zu machen, wenn eine Bekanntmachung nach Absatz 1

1. das Persönlichkeitsrecht natürlicher Personen verletzt oder eine Bekanntmachung personenbezogener Daten aus sonstigen Gründen unverhältnismäßig wäre,
2. die Stabilität der Finanzmärkte der Bundesrepublik Deutschland oder eines oder mehrerer Mitgliedstaaten des Europäischen Wirtschaftsraums oder den Fortgang einer strafrechtlichen Ermittlung erheblich gefährden würde oder
3. den beteiligten Unternehmen oder natürlichen Personen einen unverhältnismäßig großen Schaden zufügen würde.

[2]Abweichend von Satz 1 kann die Bundesanstalt in den Fällen von Satz 1 Nummer 2 und 3 so lange von der Bekanntmachung nach Absatz 1 absehen, bis die Gründe für eine Bekanntmachung auf anonymer Basis weggefallen sind. [3]Eine Bekanntmachung darf nicht erfolgen, wenn die Maßnahmen nach Satz 1 nicht ausreichend sind, um eine Gefährdung der Finanzmarktstabilität auszuschließen oder um die Verhältnismäßigkeit der Bekanntmachung sicherzustellen.

(3) [1]Eine Bekanntmachung soll fünf Jahre auf der Internetseite der Bundesanstalt veröffentlicht bleiben. [2]Abweichend von Satz 1 sind personenbezogene Daten zu löschen, sobald die Bekanntmachung nicht mehr erforderlich ist.

§ 319a Bekanntmachung von Maßnahmen und Sanktionen wegen Verstößen gegen die Verordnung (EU) 2015/2365, die Verordnung (EU) 2016/1011 oder die Verordnung (EU) 2017/2402. (1) Die Aufsichtsbehörde macht Entscheidungen über Maßnahmen und Sanktionen, die wegen Verstößen gegen die Verordnung (EU) 2015/2365 oder die Verordnung (EU) 2016/1011 oder auf diesen Verordnungen basierende delegierte Rechtsakte erlassen wurden, auf ihrer Internetseite unverzüglich nach Unterrichtung der natürlichen oder juristischen Person, gegen die die Maßnahme oder Sanktion verhängt wurde, bekannt.

(2) In der Bekanntmachung benennt die Aufsichtsbehörde die Vorschrift, gegen die verstoßen wurde, und die für den Verstoß verantwortliche natürliche oder juristische Person oder Personenvereinigung.

(3) Ist die Bekanntmachung der Identität einer von der Entscheidung betroffenen juristischen Person oder der personenbezogenen Daten einer natürlichen Person unverhältnismäßig oder würde die Bekanntmachung laufende Ermittlungen oder die Stabilität der Finanzmärkte gefährden, so

1. schiebt die Aufsichtsbehörde die Bekanntmachung der Entscheidung auf, bis die Gründe für das Aufschieben weggefallen sind,
2. macht die Aufsichtsbehörde die Entscheidung ohne Nennung der Identität oder der personenbezogenen Daten bekannt, wenn hierdurch ein wirksamer Schutz der Identität oder der betreffenden personenbezogenen Daten gewährleistet ist, oder
3. macht die Aufsichtsbehörde die Entscheidung nicht bekannt, wenn eine Bekanntmachung gemäß den Nummern 1 und 2 nicht ausreichend wäre, um sicherzustellen, dass
   a) die Stabilität der Finanzmärkte nicht gefährdet wird oder
   b) die Verhältnismäßigkeit der Bekanntmachung gewahrt bleibt.

(4) [1] Bei nicht bestands- oder nicht rechtskräftigen Entscheidungen fügt die Aufsichtsbehörde einen entsprechenden Hinweis hinzu. [2] Wird gegen die bekannt zu machende Entscheidung ein Rechtsbehelf eingelegt, so ergänzt die Aufsichtsbehörde die Bekanntmachung unverzüglich um einen Hinweis auf den Rechtsbehelf sowie um alle weiteren Informationen über das Ergebnis des Rechtsbehelfsverfahrens.

(5) [1] Eine Bekanntmachung nach Absatz 1 ist fünf Jahre nach ihrer Bekanntmachung zu löschen. [2] Abweichend von Satz 1 sind personenbezogene Daten zu löschen, sobald ihre Bekanntmachung nicht mehr erforderlich ist.

(6) Bei bestandskräftigen Maßnahmen und unanfechtbar gewordenen Bußgeldentscheidungen, die wegen eines Verstoßes gegen die Artikel 6, 7, 9 oder 27 Absatz 1 der Verordnung (EU) 2017/2402 erlassen wurden, gelten die Absätze 1 bis 3 und 5 mit der Maßgabe entsprechend, dass die Bekanntmachung auch die verhängten Maßnahmen und Bußgeldentscheidungen umfasst und in der Verhältnismäßigkeitsprüfung nach Absatz 3 geprüft wird, ob die Bekanntmachung den beteiligten Personen einen unverhältnismäßigen Schaden zufügen würde.

Kapitel 4. Zuständigkeit

Abschnitt 1. Bundesaufsicht

§ 320 Bundesanstalt für Finanzdienstleistungsaufsicht. (1) Die Bundesanstalt beaufsichtigt

1. die privaten Versicherungsunternehmen und Pensionsfonds, die im Inland ihren Sitz oder eine Niederlassung haben oder auf andere Weise das Versicherungs- oder das Pensionsfondsgeschäft betreiben,
2. die Versicherungs-Holdinggesellschaften im Sinne des § 7 Nummer 31, die Versicherungs-Zweckgesellschaften im Sinne des § 168 und die Sicherungsfonds im Sinne des § 223 sowie
3. die öffentlich-rechtlichen Wettbewerbs-Versicherungsunternehmen, die über das Gebiet eines Landes hinaus tätig sind.

(2) [1] Gehört ein unter Aufsicht eines Landes stehendes Erstversicherungsunternehmen einem Finanzkonglomerat im Sinne des § 1 Absatz 2 des Finanzkonglomerate-Aufsichtsgesetzes an, geht mit Eintritt der Bestandskraft der Feststellung nach § 11 Absatz 1 Satz 1 des Finanzkonglomerate-Aufsichtsgesetzes, dass die Unternehmensgruppe, der dieses Erstversicherungsunternehmen angehört, ein Finanzkonglomerat ist, die Aufsicht über dieses Erstversicherungs-

unternehmen auf die Bundesanstalt über; die zuständige Landesbehörde ist rechtzeitig über die Feststellung zu unterrichten. [2] Hebt die Bundesanstalt die Feststellung auf oder gehört das betreffende Erstversicherungsunternehmen dem Finanzkonglomerat nicht mehr an, kann die Bundesanstalt die Aufsicht über dieses Erstversicherungsunternehmen mit Zustimmung der zuständigen Landesbehörde wieder auf diese übertragen.

(3) Die Bundesanstalt führt die Fachaufsicht über die Einrichtungen der in § 140 Absatz 1 des Siebten Buches Sozialgesetzbuch genannten Art, wenn diese Einrichtungen über das Gebiet eines Landes hinaus tätig sind.

§ 321 Übertragung der Aufsicht auf eine Landesaufsichtsbehörde.
(1) Das Bundesministerium der Finanzen kann auf Antrag der Bundesanstalt die Aufsicht über private Versicherungsunternehmen von geringerer wirtschaftlicher Bedeutung, über Pensionsfonds und über öffentlich-rechtliche Wettbewerbs-Versicherungsunternehmen mit Zustimmung der zuständigen Landesaufsichtsbehörde auf diese übertragen.

(2) Auch nach Übertragung der Aufsicht kann das Bundesministerium der Finanzen die Aufsicht über Unternehmen im Sinne des Absatzes 1 wieder der Bundesanstalt übertragen, insbesondere, wenn die Unternehmen größere wirtschaftliche Bedeutung erlangt haben.

§ 322 Übertragung der Aufsicht auf die Bundesanstalt. (1) Die Fachaufsicht über ein öffentlich-rechtliches Wettbewerbs-Versicherungsunternehmen, dessen Tätigkeit sich auf das Gebiet eines Landes beschränkt, kann auf Antrag der zuständigen Landesbehörden von der Bundesanstalt übernommen werden.

(2) Bei anderen öffentlich-rechtlichen Versicherungsunternehmen, die nicht Wettbewerbs-Versicherungsunternehmen sind, kann die Bundesanstalt die Aufsicht übernehmen, wenn die beteiligten Landesregierungen dies beantragen.

§ 323 Verfahren. (1) Ein nach § 322 Absatz 1 gestellter Antrag kann jederzeit von der früher aufsichtsführenden Landesbehörde zum 1. Januar mit Wirkung zum 1. Januar des folgenden Jahres zurückgenommen werden.

(2) Hat die Bundesanstalt die Aufsicht gemäß § 322 Absatz 2 übernommen, so kann der Antrag mit der Wirkung nach Absatz 1 nur von allen beteiligten Landesregierungen gemeinsam zurückgenommen werden.

(3) Bei dem Übergang von Aufsichtsbefugnissen nach den §§ 321 und 322 hat die Bundesanstalt den Zeitpunkt der Übernahme oder der Übertragung der Aufsicht im Bundesanzeiger mindestens zwei Wochen vorher bekannt zu geben.

§ 324 Zusammenarbeit der Aufsichtsbehörden. (1) [1] Die Bundesanstalt und die aufsichtsführenden Landesbehörden sind verpflichtet, einander ihre Rechts- und Verwaltungsgrundsätze mitzuteilen. [2] Dies gilt auch für die Grundsätze, die die Landesbehörden bei der Beaufsichtigung der öffentlich-rechtlichen Versicherungsunternehmen aufstellen sowie die Entwürfe von Rechtsverordnungen, Allgemeinverfügungen und Richtlinien, wenn Belange der anderen Aufsichtsbehörden berührt sein können.

(2) Die Landesaufsichtsbehörden arbeiten mit der Bundesanstalt zusammen, wann immer dies erforderlich ist, um ihre Aufgaben gemäß der Richtlinie

2014/17/EU wahrzunehmen, einschließlich für die Zwecke der Zusammenarbeit mit der Europäischen Bankenaufsichtsbehörde gemäß dieser Richtlinie.

§ 325 Versicherungsbeirat. (1) Zur Mitwirkung bei der Aufsicht besteht bei der Bundesanstalt ein Beirat aus Sachverständigen des Versicherungswesens.

(2) [1] Der Versicherungsbeirat besteht aus acht die verschiedenen Versicherungszweige ausgeglichen repräsentierenden Vertretern der Versicherungswirtschaft, davon zwei des Versicherungsvertriebs, aus acht Vertretern der Versicherungsnehmer und aus acht Vertretern der Versicherungswissenschaft sowie fachwissenschaftlicher Vereinigungen. [2] Die Vertreter der Versicherungsnehmer setzen sich zusammen aus vier Vertretern von Verbraucherschutzorganisationen sowie je einem Vertreter der Versicherungsmakler, der Industrie, der mittelständischen Vereinigungen und der Gewerkschaften.

(3) [1] Die Mitglieder des Beirats werden für die Dauer von fünf Jahren berufen. [2] Eine einmalige Wiederbestellung ist zulässig.

(4) Die Mitglieder verwalten ihr Amt als unentgeltliches Ehrenamt; für ihre Teilnahme an Sitzungen erhalten sie Tagegeld und die Vergütung der Reisekosten.

Abschnitt 2. Aufsicht im Europäischen Wirtschaftsraum

§ 326 Allgemeine Grundsätze für die Zusammenarbeit der Aufsichtsbehörden. (1) Die Aufsichtsbehörde arbeitet mit der Europäischen Kommission und den Aufsichtsbehörden der Mitglied- oder Vertragsstaaten eng zusammen, um die Aufsicht auf Gemeinschaftsebene zu erleichtern.

(2) Ersucht die Aufsichtsbehörde eines anderen Mitglied- oder Vertragsstaats um Zusammenarbeit bei der Ausübung der Aufsicht, so trifft die Bundesanstalt die zweckdienlichen Maßnahmen unter Anwendung der §§ 298, 305, 306 und 309 und unterrichtet davon die ersuchende Behörde.

(3) Erlässt die Aufsichtsbehörde des Herkunftsstaats gegenüber einem Unternehmen Verfügungsbeschränkungen gemäß Artikel 137 oder 138 Absatz 5, Artikel 139 Absatz 3 oder Artikel 144 Absatz 2 Unterabsatz 2 der Richtlinie 2009/138/EG, so trifft die Bundesanstalt auf Ersuchen dieser Behörde hinsichtlich der im Inland belegenen und in dem Ersuchen bezeichneten Vermögenswerte des Unternehmens in dem Umfang, wie es in dem Ersuchen bezeichnet ist, die gleichen Maßnahmen.

(4) [1] Die Bundesanstalt arbeitet mit den Aufsichtsbehörden des Herkunftsmitgliedstaates zusammen, wann immer dies erforderlich ist, um ihre Aufgaben gemäß der Richtlinie 2014/17/EU auszuüben. [2] Zu diesem Zweck kann die Bundesanstalt Aufgaben und Zuständigkeiten an die Aufsichtsbehörde des Herkunftsmitgliedstaates übertragen und Aufgaben und Zuständigkeiten der Aufsichtsbehörde des Herkunftsmitgliedstaates übernehmen, die Dienstleistungen im Sinne dieser Richtlinie im Inland betreffen. [3] Bei Meinungsverschiedenheiten zwischen den Aufsichtsbehörden bei der Zusammenarbeit nach Satz 1 gilt Artikel 19 der Verordnung (EU) Nr. 1093/2010 des Europäischen Parlaments und des Rates vom 24. November 2010 zur Errichtung einer Europäischen Aufsichtsbehörde (Europäische Bankenaufsichtsbehörde), zur Änderung des Beschlusses Nr. 716/2009/EG und zur Aufhebung des Beschlusses 2009/78/EG der Kommission (ABl. L 331 vom 15.12.2010, S. 12), die zuletzt durch die

Richtlinie 2014/17/EU (ABl. L 60 vom 28.2.2014, S. 34) geändert worden ist, entsprechend.

§ 327 Zusammenarbeit bei örtlichen Prüfungen. (1) [1] Soweit es zur Ausübung der Finanzaufsicht nach § 62 Absatz 1 oder § 169 Absatz 1 oder zur Prüfung eines im Inland ansässigen Dienstleisters erforderlich ist, ist die Aufsichtsbehörde des Herkunftsstaats in Begleitung der mit der Aufsicht beauftragten Bediensteten der Aufsichtsbehörde befugt, in den Geschäftsräumen der Niederlassung durch eigenes Personal oder durch Beauftragte Prüfungen des Geschäftsbetriebs vorzunehmen; § 305 Absatz 5 und § 306 Absatz 5 sind entsprechend anzuwenden. [2] Die Bundesanstalt leistet auf Verlangen Amtshilfe. [3] Die Bediensteten der Aufsichtsbehörde und von ihr entsprechend § 306 Absatz 1 Nummer 3 an der Prüfung beteiligte Personen dürfen die Geschäftsräume des Versicherungsunternehmens betreten. [4] Das Grundrecht auf Unverletzlichkeit der Wohnung (Artikel 13 Absatz 1 des Grundgesetzes) wird insoweit eingeschränkt.

(2) Die Aufsichtsbehörde kann die Aufsichtsbehörden eines anderen Mitgliedstaats der Europäischen Union ersuchen, Informationen über ein beaufsichtigtes Gruppenunternehmen oder ein nicht der Aufsicht unterliegendes Unternehmen aus dem anderen Mitgliedstaat zu überprüfen.

(3) [1] Stellt im Rahmen der Zusammenarbeit bei der Gruppenaufsicht (§ 284) die zuständige Behörde eines anderen Mitglied- oder Vertragsstaats (ersuchende Behörde) ein Prüfungsersuchen im Sinne des Absatzes 2 für ein entsprechendes Unternehmen mit Sitz im Inland, so leistet die Aufsichtsbehörde Amtshilfe. [2] Wenn die Aufsichtsbehörde die Prüfung selbst vornimmt, kann sich die ersuchende Behörde an der Prüfung beteiligen oder dabei zugegen sein. [3] § 305 Absatz 5 und § 306 Absatz 5 sind entsprechend anzuwenden. [4] Die Aufsichtsbehörde unterrichtet die Gruppenaufsichtsbehörde über die getroffenen Maßnahmen.

§ 328 Zustellungen. [1] Will die Aufsichtsbehörde eines anderen Mitglied- oder Vertragsstaats in einem Verfahren nach dessen Vorschriften über die Versicherungsaufsicht einem dort tätigen Versicherungsunternehmen mit Sitz im Inland ein Schriftstück übermitteln, ist die unmittelbare Übermittlung durch die Post nach den für den Postverkehr mit diesem anderen Mitglied- oder Vertragsstaat geltenden Vorschriften zulässig. [2] Zum Nachweis der Zustellung genügt die Versendung des Schriftstücks als eingeschriebener Brief mit den besonderen Versendungsformen „eigenhändig“ und „Rückschein“. [3] Kann eine Zustellung nicht unmittelbar durch die Post bewirkt werden oder ist dies nach Art oder Inhalt des Schriftstücks nicht zweckmäßig, wird die Zustellung durch die Bundesanstalt bewirkt.

§ 329 Zusammenarbeit mit der Europäischen Aufsichtsbehörde für das Versicherungswesen und die betriebliche Altersversorgung.

(1) [1] Die Aufsichtsbehörde arbeitet gemäß der Verordnung (EU) Nr. 1094/2010 für die Zwecke der Richtlinien 2009/138/EG und 2003/41/EG mit der Europäischen Aufsichtsbehörde für das Versicherungswesen und die betriebliche Altersversorgung zusammen. [2] Sie berücksichtigt so weit wie möglich deren Leitlinien und Empfehlungen und begründet eventuelle Abweichungen.

(2) Die Aufsichtsbehörde übermittelt jährlich folgende Angaben an die Europäische Aufsichtsbehörde für das Versicherungswesen und die betriebliche Altersversorgung:

1. den durchschnittlichen Kapitalaufschlag je Unternehmen und die Verteilung der von der Aufsichtsbehörde während des Vorjahres festgesetzten Kapitalaufschläge, gemessen in Prozent der Solvabilitätskapitalanforderung und wie folgt gesondert ausgewiesen:
   a) für alle Versicherungsunternehmen,
   b) für Lebensversicherungsunternehmen,
   c) für Nichtlebensversicherungsunternehmen,
   d) für Versicherungsunternehmen, die sowohl in der Lebensversicherung als auch in der Nichtlebensversicherung tätig sind, und
   e) für Rückversicherungsunternehmen;
2. für jede Mitteilung im Sinne der Nummer 1 den Anteil der Kapitalaufschläge, die jeweils nach § 301 Absatz 1 Nummer 1, 2 und 3 festgesetzt wurden;
3. die Zahl der Versicherungsunternehmen, die teilweise von der regelmäßigen aufsichtlichen Berichterstattung befreit sind, und die Zahl der Versicherungsunternehmen, die ganz oder teilweise von der Einzelpostenberichterstattung befreit sind, zusammen mit dem Volumen ihrer Kapitalanforderungen, Beiträge, versicherungstechnischen Rückstellungen und Vermögenswerte, jeweils gemessen als prozentualer Anteil am Gesamtvolumen der Kapitalanforderungen, Beiträge, versicherungstechnischen Rückstellungen und Vermögenswerte der Versicherungsunternehmen, und
4. die Zahl der Gruppen, die teilweise von der regelmäßigen Berichterstattung befreit sind, und die Zahl der Gruppen, die ganz oder teilweise von der Einzelpostenberichterstattung befreit sind, zusammen mit dem Volumen ihrer Kapitalanforderungen, Beiträge, versicherungstechnischen Rückstellungen und Vermögenswerte, jeweils gemessen als prozentualer Anteil am Gesamtvolumen der Kapitalanforderungen, Beiträge, versicherungstechnischen Rückstellungen und Vermögenswerte aller Gruppen.

(3) [1] Die Aufsichtsbehörde unterrichtet die Europäische Aufsichtsbehörde für das Versicherungswesen und die betriebliche Altersversorgung über nationale Aufsichtsvorschriften, die für den Bereich der betrieblichen Altersversorgungssysteme relevant sind, soweit es sich nicht um nationale sozial- oder arbeitsrechtliche Vorschriften handelt. [2] Änderungen des Inhalts von Angaben, die gemäß Satz 1 übermittelt werden, teilt die Aufsichtsbehörde regelmäßig, mindestens alle zwei Jahre, der Behörde mit.

(4) Die Aufsichtsbehörde stellt der Europäischen Aufsichtsbehörde für das Versicherungswesen und die betriebliche Altersversorgung gemäß Artikel 35 der Verordnung (EU) Nr. 1094/2010 auf Verlangen unverzüglich alle für die Erfüllung ihrer Aufgaben auf Grund der Richtlinie 2003/41/EG und der Verordnung (EU) Nr. 1094/2010 erforderlichen Informationen zur Verfügung.

(5) Die Aufsichtsbehörde unterrichtet die Europäische Aufsichtsbehörde für das Versicherungswesen und die betriebliche Altersversorgung über alle Verwaltungssanktionen und andere Maßnahmen nach Maßgabe von Artikel 32 Absatz 3 und Artikel 36 der Richtlinie (EU) 2016/97.

§ 330 Meldungen an die Europäische Kommission. (1) Die Aufsichtsbehörde meldet der Europäischen Kommission

1. die Erteilung einer Erlaubnis nach § 8 Absatz 1 an ein Unternehmen, das Tochterunternehmen eines Mutterunternehmens mit Sitz in einem Drittstaat ist; die Struktur des Konzerns ist in der Mitteilung anzugeben;
2. den Erwerb einer Beteiligung an einem Versicherungsunternehmen, durch den das Versicherungsunternehmen zu einem Tochterunternehmen eines Mutterunternehmens mit Sitz in einem Drittstaat wird;
3. die Anzahl und die Art der Fälle, in denen die Errichtung einer Niederlassung oder der Betrieb des Erstversicherungsgeschäfts im Dienstleistungsverkehr in einem anderen Mitglied- oder Vertragsstaat nicht zustande gekommen ist, weil die Aufsichtsbehörde die Unterlagen nach § 58 Absatz 1 Satz 2 oder § 59 Absatz 1 Satz 2 und 3 nicht an die Aufsichtsbehörde des anderen Mitglied- oder Vertragsstaats weitergeleitet hat;
4. die Anzahl und die Art der Fälle, in denen Maßnahmen nach § 62 Absatz 3 Satz 2 und 3 ergriffen wurden;
5. allgemeine Schwierigkeiten, die Versicherungsunternehmen bei der Errichtung von Niederlassungen, der Gründung von Tochterunternehmen oder in sonstiger Weise beim Betrieb von Versicherungsgeschäften in einem Drittstaat haben;
6. auf Verlangen der Kommission den Erlaubnisantrag eines Unternehmens, das Tochterunternehmen eines Mutterunternehmens mit Sitz in einem Drittstaat ist;
7. auf Verlangen der Kommission die nach § 17 gemeldete Absicht des Erwerbs einer Beteiligung an einem Versicherungsunternehmen, durch den das Versicherungsunternehmen Tochterunternehmen eines Unternehmens mit Sitz in einem Drittstaat wird;
8. die gewählte Vorgehensweise in den Fällen des § 288;
9. die in § 309 Absatz 5 Nummer 3 und 4 genannten Personen und Stellen;
10. die nach § 170 Absatz 1 erlassenen Vorschriften;
11. die für Versicherungs-Zweckgesellschaften im Sinne des § 168 geltenden Vorschriften und
12. eine Liste aller Rückversicherungsunternehmen, die den Abschluss neuer Rückversicherungsverträge bis zum 10. Dezember 2007 eingestellt haben und ausschließlich ihr Portfolio mit dem Ziel verwalten, ihre Tätigkeit einzustellen.

(2) [1]Die Meldepflichten nach Absatz 1 Nummer 6 und 7 bestehen nur, wenn die Europäische Kommission feststellt, dass in dem Drittstaat Versicherungsunternehmen mit Sitz in einem Mitglied- oder Vertragsstaat kein effektiver Marktzugang gestattet wird, der demjenigen vergleichbar ist, den die Europäische Union den Unternehmen dieses Staats gewährt, oder wenn die Kommission feststellt, dass die Versicherungsunternehmen mit Sitz in einem Mitglied- oder Vertragsstaat in diesem Staat keine Inländerbehandlung erfahren. [2]Die Meldepflichten nach Absatz 1 Nummer 6 und 7 in Verbindung mit Satz 1 bestehen nicht mehr, wenn mit dem Staat ein Abkommen über den effektiven Marktzugang und die Inländerbehandlung der Versicherungsunternehmen mit Sitz in einem Mitglied- oder Vertragsstaat abgeschlossen worden ist.

(3) Die Meldepflichten nach Absatz 1 Nummer 1, 2 und 10 bestehen auch gegenüber den zuständigen Behörden der anderen Mitglied- oder Vertragsstaaten.

(4) Die Meldepflichten nach Absatz 1 Nummer 1, 2, 3 und 5 bestehen auch gegenüber der Europäischen Aufsichtsbehörde für das Versicherungswesen und die betriebliche Altersversorgung.

Teil 7. Straf- und Bußgeldvorschriften

§ 331 Strafvorschriften. (1) Mit Freiheitsstrafe bis zu fünf Jahren oder mit Geldstrafe wird bestraft, wer

1. ohne Erlaubnis nach § 8 Absatz 1, § 65 Absatz 1 Satz 1, § 67 Absatz 1 Satz 1, § 168 Absatz 1 Satz 3 oder § 236 Absatz 4 ein Erst- oder Rückversicherungsgeschäft oder einen Pensionsfonds betreibt oder einen dort genannten Geschäftsbetrieb aufnimmt oder
2. entgegen § 61 Absatz 2 Satz 2 oder Satz 5, Absatz 3 oder Absatz 4 eine dort genannte Geschäftstätigkeit aufnimmt, erweitert oder ändert oder eine Krankenversicherung oder eine Pflichtversicherung betreibt.

(2) Mit Freiheitsstrafe bis zu drei Jahren oder mit Geldstrafe wird bestraft, wer

1. einer vollziehbaren Anordnung nach § 62 Absatz 3 Satz 2 zuwiderhandelt,
2. entgegen
   a) § 128 Absatz 5 oder
   b) § 141 Absatz 5 Satz 1 Nummer 2 erster Halbsatz, auch in Verbindung mit § 161 Absatz 1 oder § 162,

   eine dort genannte Bestätigung nicht richtig abgibt oder
3. entgegen § 311 Absatz 1 Satz 1, auch in Verbindung mit Satz 2 oder Absatz 2 Satz 1 zweiter Halbsatz, auch in Verbindung mit Satz 2, eine Anzeige nicht, nicht richtig oder nicht rechtzeitig erstattet.

(2a) Mit Freiheitsstrafe bis zu einem Jahr oder mit Geldstrafe wird bestraft, wer als Mitglied des Aufsichtsrats im Sinne des § 189 oder als Mitglied eines nach § 189 Absatz 3 Satz 1 in Verbindung mit § 107 Absatz 3 Satz 2 des Aktiengesetzes bestellten Prüfungsausschusses eines Versicherungsvereins auf Gegenseitigkeit, der Versicherungsunternehmen ist im Sinne des Artikels 2 Absatz 1 der Richtlinie 91/674/EWG des Rates vom 19. Dezember 1991 über den Jahresabschluß und den konsolidierten Abschluß von Versicherungsunternehmen (ABl. L 374 vom 31.12.1991, S. 7), die zuletzt durch die Richtlinie 2006/46/EG (ABl. L 224 vom 16.8.2006, S. 1) geändert worden ist,

1. eine in § 332 Absatz 4a bezeichnete Handlung begeht und dafür einen Vermögensvorteil erhält oder sich versprechen lässt oder
2. eine in § 332 Absatz 4a bezeichnete Handlung beharrlich wiederholt.

(3) Handelt der Täter fahrlässig, so ist die Strafe in den Fällen des Absatzes 1 Freiheitsstrafe bis zu drei Jahren oder Geldstrafe und in den Fällen des Absatzes 2 Freiheitsstrafe bis zu einem Jahr oder Geldstrafe.

§ 332 Bußgeldvorschriften. (1) Ordnungswidrig handelt, wer

1. ohne Genehmigung nach § 12 Absatz 1 Satz 1, auch in Verbindung mit Satz 2, jeweils auch in Verbindung mit § 212 Absatz 3 Nummer 4 oder § 237 Absatz 1 Satz 1 eine dort genannte Änderung, eine dort genannte Erweiterung oder einen dort genannten Unternehmensvertrag, dessen Änderung, Aufhebung, Kündigung oder Beendigung in Kraft setzt oder den Geschäftsbetrieb eines Rückversicherungsunternehmens ausdehnt,
2. einer vollziehbaren Anordnung nach
   a) § 43a Absatz 1, § 44 Satz 1, § 293 Absatz 2 oder § 306 Absatz 1 Satz 1 Nummer 4 oder Nummer 5 oder
   b) § 303 Absatz 2 Nummer 2 oder Nummer 3

   zuwiderhandelt,

2a. entgegen § 48b Absatz 1 Satz 1 oder 2 eine Sondervergütung gewährt oder verspricht,

2b. entgegen § 48c Absatz 1 Satz 1 die Auskehrung einer Zuwendung nicht, nicht vollständig oder nicht rechtzeitig veranlasst,

3. entgegen § 125 Absatz 1 Satz 2 einen Vermögenswert nicht, nicht richtig oder nicht rechtzeitig dem Sicherungsvermögen zuführt,
4. entgegen § 126 Absatz 1 Satz 1 nicht dafür sorgt, dass die Bestände des Sicherungsvermögens in ein Vermögensverzeichnis einzeln eingetragen werden,
5. entgegen § 130 Absatz 1 einen Betrag aus dem Sicherungsvermögen entnimmt,
6. entgegen § 134 Absatz 1 eine Unterrichtung nicht, nicht richtig, nicht vollständig oder nicht rechtzeitig vornimmt,
7. entgegen § 164 Absatz 3 Satz 2 zugleich für ein Versicherungsunternehmen tätig wird,
8. entgegen § 164 Absatz 3 Satz 3 eine vergleichbare Tätigkeit für ein Versicherungsunternehmen ausübt,
9. entgegen
   a) § 215 Absatz 2 Satz 1, auch in Verbindung mit einer Rechtsverordnung nach § 217 Satz 1 Nummer 6, oder
   b) § 234j Absatz 1 Satz 1, auch in Verbindung mit einer Rechtsverordnung nach § 235 Absatz 1 Nummer 10,

   ein Sicherungsvermögen anlegt,
10. entgegen § 239 Absatz 1 Satz 2 nicht dafür sorgt, dass die Bestände der Sicherungsvermögen in der dort genannten Weise angelegt werden oder
11. einer Rechtsverordnung nach § 240 Satz 1 Nummer 8 erster Halbsatz oder einer vollziehbaren Anordnung auf Grund einer solchen Rechtsverordnung zuwiderhandelt, soweit die Rechtsverordnung für einen bestimmten Tatbestand auf diese Bußgeldvorschrift verweist.

(2) Ordnungswidrig handelt, wer vorsätzlich oder leichtfertig

1. entgegen § 37 Absatz 1 oder § 227 Absatz 2 Satz 1 ein dort genanntes Dokument nicht oder nicht rechtzeitig einreicht,
2. einer Rechtsverordnung nach § 39 Absatz 1 Satz 1, auch in Verbindung mit § 68 Absatz 1 Satz 4, oder einer vollziehbaren Anordnung auf Grund einer

solchen Rechtsverordnung zuwiderhandelt, soweit die Rechtsverordnung für einen bestimmten Tatbestand auf diese Bußgeldvorschrift verweist,

3. entgegen § 40 Absatz 1 Satz 1 eine Veröffentlichung nicht, nicht richtig, nicht vollständig oder nicht rechtzeitig vornimmt oder

4. einer Rechtsverordnung nach § 43a Absatz 2 Satz 1 oder 2 oder einer vollziehbaren Anordnung auf Grund einer solchen Rechtsverordnung zuwiderhandelt, soweit die Rechtsverordnung für einen bestimmten Tatbestand auf diese Bußgeldvorschrift verweist.

(3) Ordnungswidrig handelt, wer vorsätzlich oder fahrlässig

1. entgegen § 17 Absatz 1 oder Absatz 2, § 36 Absatz 1 Satz 1 oder § 59 Absatz 1, auch in Verbindung mit Absatz 4, eine Anzeige nicht, nicht richtig, nicht vollständig, nicht in der vorgeschriebenen Weise *oder oder nicht*[1] rechtzeitig erstattet,

2. einer vollziehbaren Anordnung nach
   a) § 18 Absatz 1, 2 erster Halbsatz oder Absatz 3 Satz 4, § 19 Absatz 1, § 133 Absatz 1, § 134 Absatz 7 erster Halbsatz, § 135 Absatz 3 erster Halbsatz oder § 305 Absatz 3, auch in Verbindung mit Absatz 4, oder
   b) § 305 Absatz 1, auch in Verbindung mit Absatz 2, § 308 Absatz 4 Nummer 1, auch in Verbindung mit § 62 Absatz 1 Nummer 6, oder § 314 Absatz 1 Satz 1 oder Satz 2

   zuwiderhandelt,

3. entgegen § 48 Absatz 1 oder Absatz 2 Satz 2 mit einem Versicherungsvermittler zusammenarbeitet,

3a. entgegen § 1a Absatz 3 des Versicherungsvertragsgesetzes[2] Informationen an Versicherungsnehmer oder potentielle Versicherungsnehmer richtet,

3b. bei der Vermittlung eines Versicherungsanlageproduktes im Sinne von Artikel 2 Absatz 1 Nummer 17 der Richtlinie (EU) 2016/97 des Europäischen Parlaments und des Rates vom 20. Januar 2016 über Versicherungsvertrieb (Neufassung) (ABl. L 26 vom 2.2.2016, S. 19; L 222 vom 17.8.2016, S. 114)
   a) entgegen § 7b Absatz 1 Satz 1 des Versicherungsvertragsgesetzes angemessene Informationen nicht rechtzeitig vor Abschluss des Vertrags zur Verfügung stellt,
   b) entgegen § 7c Absatz 1 Satz 1 des Versicherungsvertragsgesetzes eine Information nicht, nicht richtig, nicht vollständig oder nicht rechtzeitig erfragt,
   c) entgegen § 7c Absatz 1 Satz 2 des Versicherungsvertragsgesetzes ein Versicherungsanlageprodukt empfiehlt oder
   d) entgegen § 7c Absatz 5 Satz 3 des Versicherungsvertragsgesetzes eine Erklärung vor Vertragsabschluss nicht zur Verfügung stellt,

3c. entgegen § 7c Absatz 4 Satz 1 des Versicherungsvertragsgesetzes eine Aufzeichnung nicht erstellt,

4. entgegen § 135 Absatz 1 eine Unterrichtung nicht, nicht richtig, nicht vollständig oder nicht rechtzeitig vornimmt,

---

[1] Richtig wohl: „oder nicht".
[2] Nr. **6**.

5. einer Rechtsverordnung nach § 160 Satz 1 oder einer vollziehbaren Anordnung auf Grund einer solchen Rechtsverordnung zuwiderhandelt, soweit die Rechtsverordnung für einen bestimmten Tatbestand auf diese Bußgeldvorschrift verweist,
6. entgegen § 306 Absatz 8 Satz 1 eine Maßnahme nicht duldet oder
7. einer vollziehbaren Anordnung nach § 308b Satz 1 zuwiderhandelt.

(4) Ordnungswidrig handelt, wer als Person, die für ein Unternehmen handelt, das der Aufsicht nach diesem Gesetz unterliegt, gegen die Verordnung (EG) Nr. 1060/2009 des Europäischen Parlaments und des Rates vom 16. September 2009 über Ratingagenturen (ABl. L 302 vom 17.11.2009, S. 1), die zuletzt durch die Richtlinie 2014/51/EU (ABl. L 153 vom 22.5.2014, S. 1) geändert worden ist, verstößt, indem sie vorsätzlich oder leichtfertig

1. entgegen Artikel 4 Absatz 1 Unterabsatz 1 ein Rating verwendet,
2. entgegen Artikel 5a Absatz 1 nicht dafür Sorge trägt, dass ein Unternehmen, das der Aufsicht nach diesem Gesetz unterliegt, eigene Kreditrisikobewertungen vornimmt,
3. entgegen Artikel 8c Absatz 1 einen Auftrag nicht richtig erteilt,
4. entgegen Artikel 8c Absatz 2 nicht dafür Sorge trägt, dass eine beauftragte Ratingagentur eine dort genannte Voraussetzung erfüllt, oder
5. entgegen Artikel 8d Absatz 1 Satz 2 die dort genannte Dokumentation nicht richtig vornimmt.

(4a) Ordnungswidrig handelt, wer als Mitglied des Aufsichtsrats im Sinne des § 189 oder als Mitglied eines nach § 189 Absatz 3 Satz 1 in Verbindung mit § 107 Absatz 3 Satz 2 des Aktiengesetzes bestellten Prüfungsausschusses eines Versicherungsvereins auf Gegenseitigkeit, der Versicherungsunternehmen ist im Sinne des Artikels 2 Absatz 1 der Richtlinie 91/674/EWG des Rates vom 19. Dezember 1991 über den Jahresabschluß und den konsolidierten Abschluß von Versicherungsunternehmen (ABl. L 374 vom 31.12.1991, S. 7), die zuletzt durch die Richtlinie 2006/46/EG (ABl. L 224 vom 16.8.2006, S. 1) geändert worden ist,

1. die Unabhängigkeit des Abschlussprüfers oder der Prüfungsgesellschaft nicht nach Maßgabe des Artikels 4 Absatz 3 Unterabsatz 2, des Artikels 5 Absatz 4 Unterabsatz 1 Satz 1 oder des Artikels 6 Absatz 2 der Verordnung (EU) Nr. 537/2014 des Europäischen Parlaments und des Rates vom 16. April 2014 über spezifische Anforderungen an die Abschlussprüfung bei Unternehmen von öffentlichem Interesse und zur Aufhebung des Beschlusses 2005/909/EG der Kommission (ABl. L 158 vom 27.5.2014, S. 77, L 170 vom 11.6.2014, S. 66) überwacht oder
2. eine Empfehlung für die Bestellung eines Abschlussprüfers oder einer Prüfungsgesellschaft vorlegt, die nicht auf einem Verlangen der Aufsichtsbehörde nach § 36 Absatz 1 Satz 2 beruht und
   a) die den Anforderungen nach Artikel 16 Absatz 2 Unterabsatz 2 oder 3 der Verordnung (EU) Nr. 537/2014 nicht entspricht oder
   b) der ein Auswahlverfahren nach Artikel 16 Absatz 3 Unterabsatz 1 der Verordnung (EU) Nr. 537/2014 nicht vorangegangen ist.

(4b), (4c) *(aufgehoben)*

(4d) Ordnungswidrig handelt, wer gegen die Verordnung (EU) Nr. 1286/2014 des Europäischen Parlaments und des Rates vom 26. November 2014 über Basisinformationsblätter für verpackte Anlageprodukte für Kleinanleger und Versicherungsanlageprodukte (PRIIP) (ABl. L 352 vom 9.12.2014, S. 1, L 358 vom 13.12.2014, S. 50) verstößt, indem er vorsätzlich oder leichtfertig

1. entgegen
   a) Artikel 5 Absatz 1,
   b) Artikel 5 Absatz 1 in Verbindung mit Artikel 6,
   c) Artikel 5 Absatz 1 in Verbindung mit Artikel 7 Absatz 2,
   d) Artikel 5 Absatz 1 in Verbindung mit Artikel 8 Absatz 1 bis 3

   ein Basisinformationsblatt nicht, nicht richtig, nicht vollständig, nicht rechtzeitig oder nicht in der vorgeschriebenen Weise abfasst oder veröffentlicht,
2. entgegen Artikel 5 Absatz 1 in Verbindung mit Artikel 7 Absatz 1 ein Basisinformationsblatt nicht in der vorgeschriebenen Weise abfasst oder übersetzt,
3. entgegen Artikel 10 Absatz 1 Satz 1 ein Basisinformationsblatt nicht oder nicht rechtzeitig überprüft,
4. entgegen Artikel 10 Absatz 1 Satz 1 ein Basisinformationsblatt nicht oder nicht vollständig überarbeitet,
5. entgegen Artikel 10 Absatz 1 Satz 2 ein Basisinformationsblatt nicht oder nicht rechtzeitig zur Verfügung stellt,
6. entgegen Artikel 9 Satz 1 in Werbematerialien Aussagen trifft, die im Widerspruch zu den Informationen des Basisinformationsblattes stehen oder dessen Bedeutung herabstufen,
7. entgegen Artikel 9 Satz 2 die erforderlichen Hinweise in Werbematerialien nicht, nicht richtig oder nicht vollständig aufnimmt,
8. entgegen Artikel 13 Absatz 1, 3 und 4 oder Artikel 14 ein Basisinformationsblatt nicht oder nicht rechtzeitig oder nicht in der vorgeschriebenen Weise zur Verfügung stellt,
9. entgegen Artikel 19 Buchstabe a und b nicht, nicht richtig oder nicht in der vorgeschriebenen Weise geeignete Verfahren und Vorkehrungen zur Einreichung und Beantwortung von Beschwerden vorsieht,
10. entgegen Artikel 19 Buchstabe c nicht, nicht richtig oder nicht in der vorgeschriebenen Weise geeignete Verfahren und Vorkehrungen vorsieht, durch die gewährleistet wird, dass Kleinanlegern wirksame Beschwerdeverfahren im Fall von grenzüberschreitenden Streitigkeiten zur Verfügung stehen.

(4e) Ordnungswidrig handelt, wer gegen die Verordnung (EU) 2015/2365 des Europäischen Parlaments und des Rates vom 25. November 2015 über die Transparenz von Wertpapierfinanzierungsgeschäften und der Weiterverwendung sowie zur Änderung der Verordnung (EU) Nr. 648/2012 (ABl. L 337 vom 23.12.2015, S. 1) verstößt, indem er vorsätzlich oder leichtfertig

1. entgegen Artikel 4 Absatz 1 eine Meldung nicht, nicht richtig, nicht vollständig, nicht in der vorgeschriebenen Weise oder nicht rechtzeitig vornimmt,
2. entgegen Artikel 4 Absatz 4 Aufzeichnungen nicht, nicht vollständig oder nicht mindestens für die vorgeschriebene Dauer aufbewahrt,

3. entgegen Artikel 15 Absatz 1 Finanzinstrumente weiterverwendet, ohne dass die dort genannten Voraussetzungen erfüllt sind, oder
4. entgegen Artikel 15 Absatz 2 ein Recht auf Weiterverwendung ausübt, ohne dass die dort genannten Voraussetzungen erfüllt sind.

(4f) Ordnungswidrig handelt, wer vorsätzlich oder leichtfertig

1. entgegen § 54 Absatz 1 Satz 1 die Identität eines vom Versicherungsnehmer abweichenden Bezugsberechtigten nicht oder nicht richtig feststellt,
2. entgegen § 54 Absatz 1 Satz 2 keine ausreichenden Informationen über die von Versicherungsnehmern abweichenden Bezugsberechtigten einholt,
3. entgegen § 54 Absatz 1 Satz 3 den wirtschaftlich Berechtigten nicht identifiziert,
4. entgegen § 54 Absatz 2 Satz 1 in Verbindung mit § 10 Absatz 1 Nummer 4 des Geldwäschegesetzes nicht abklärt, ob es sich bei einem vom Versicherungsnehmer abweichenden Bezugsberechtigten und gegebenenfalls bei dessen wirtschaftlich Berechtigtem um eine politisch exponierte Person, um deren Familienangehörigen oder um eine dieser bekanntermaßen nahestehende Person handelt,
5. entgegen § 54 Absatz 2 Satz 2 die Identität des Dritten und die seines wirtschaftlich Berechtigten nicht feststellt,
6. entgegen § 54 Absatz 2 Satz 3 die Überprüfung der Identität nicht oder nicht rechtzeitig vornimmt,
7. entgegen § 55 Nummer 1 vor einer Auszahlung ein Mitglied der Führungsebene nicht informiert.

(4g) Ordnungswidrig handelt, wer gegen die Verordnung (EU) 2016/1011 des Europäischen Parlaments und des Rates vom 8. Juni 2016 über Indizes, die bei Finanzinstrumenten und Finanzkontrakten als Referenzwert oder zur Messung der Wertentwicklung eines Investmentfonds verwendet werden, und zur Änderung der Richtlinien 2008/48/EG und 2014/17/EU sowie der Verordnung (EU) Nr. 596/2014 (ABl. L 171 vom 29.6.2016, S. 1; L 306 vom 15.11. 2016, S. 43) verstößt, indem er vorsätzlich oder leichtfertig

1. entgegen Artikel 16 Absatz 1 als beaufsichtigter Kontributor die dort genannten Anforderungen an die Unternehmensführung und Kontrolle nicht erfüllt,
2. entgegen Artikel 16 Absatz 2 oder Absatz 3 als beaufsichtigter Kontributor nicht über wirksame Systeme, Kontrollen und Strategien zur Wahrung der Integrität und Zuverlässigkeit aller Beiträge von Eingabedaten oder Expertenschätzungen nach Absatz 3 für den Administrator verfügt,
3. entgegen Artikel 16 Absatz 3 Satz 1 als beaufsichtigter Kontributor Aufzeichnungen nicht, nicht richtig, nicht vollständig oder nicht für die vorgeschriebene Dauer aufbewahrt,
4. entgegen Artikel 16 Absatz 4 als beaufsichtigter Kontributor bei der Prüfung und Beaufsichtigung der Bereitstellung eines Referenzwertes Informationen oder Aufzeichnungen nicht, nicht richtig oder nicht vollständig zur Verfügung stellt oder nicht uneingeschränkt mit dem Administrator und der Aufsichtsbehörde zusammenarbeitet,
5. entgegen Artikel 23 Absatz 3 Satz 1 als beaufsichtigter Kontributor eine Benachrichtigung nicht, nicht richtig, nicht in der vorgeschriebenen Weise oder nicht rechtzeitig dem Administrator mitteilt,

6. einer ergangenen und vollziehbaren Anordnung der Aufsichtsbehörde als Kontributor nach Artikel 23 Absatz 5, als beaufsichtigtes Unternehmen nach Artikel 23 Absatz 6 oder als beaufsichtigter Kontributor nach Artikel 23 Absatz 10 zuwiderhandelt,
7. entgegen Artikel 28 Absatz 2 als beaufsichtigtes Unternehmen einen den dort genannten Anforderungen genügenden Plan nicht, nicht richtig, nicht vollständig oder nicht in der vorgeschriebenen Weise aufstellt, nicht aktualisiert, der Aufsichtsbehörde nicht, nicht vollständig oder nicht rechtzeitig vorlegt oder sich daran nicht orientiert,
8. entgegen Artikel 29 Absatz 1 als beaufsichtigtes Unternehmen einen Referenzwert verwendet, der die dort genannten Anforderungen nicht erfüllt, oder
9. entgegen Artikel 29 Absatz 2 nicht sicherstellt, dass ein Prospekt die dort genannten Informationen enthält.

(4h) Ordnungswidrig handelt, wer im Anwendungsbereich dieses Gesetzes entgegen Artikel 6 Absatz 2 Satz 1 der Verordnung (EU) 2017/2402 des Europäischen Parlaments und des Rates vom 12. Dezember 2017 zur Festlegung eines allgemeinen Rahmens für Verbriefungen und zur Schaffung eines spezifischen Rahmens für einfache, transparente und standardisierte Verbriefung und zur Änderung der Richtlinien 2009/65/EG, 2009/138/EG, 2011/61/EU und der Verordnungen (EG) Nr. 1060/2009 und (EU) Nr. 648/2012 (ABl. L 347 vom 28.12.2017, S. 35) Vermögenswerte auswählt.

(4i) Ordnungswidrig handelt, wer im Anwendungsbereich dieses Gesetzes gegen die Verordnung (EU) 2017/2402 verstößt, indem er vorsätzlich oder fahrlässig

1. entgegen Artikel 6 Absatz 1 Satz 1 einen dort genannten Anteil nicht hält,
2. entgegen Artikel 7 Absatz 1 Unterabsatz 1 bis 4 oder 5 eine Information nicht, nicht richtig, nicht vollständig, nicht in der vorgeschriebenen Weise oder nicht rechtzeitig zur Verfügung stellt,
3. entgegen Artikel 9 Absatz 1 Satz 1 oder 2 ein anderes Kriterium oder Verfahren anwendet,
4. entgegen Artikel 18 Satz 1 eine dort genannte Bezeichnung verwendet oder
5. entgegen Artikel 27 Absatz 4 die Europäische Wertpapier- und Marktaufsichtsbehörde nicht, nicht richtig, nicht vollständig oder nicht rechtzeitig unterrichtet oder die Aufsichtsbehörde nicht, nicht richtig, nicht vollständig oder nicht rechtzeitig benachrichtigt.

(4j) Ordnungswidrig handelt, wer im Anwendungsbereich dieses Gesetzes vorsätzlich oder fahrlässig

1. nicht sicherstellt, dass er über ein wirksames System nach Artikel 9 Absatz 1 Satz 3 der Verordnung (EU) 2017/2402 verfügt,
2. eine in Artikel 9 Absatz 3 der Verordnung (EU) 2017/2402 genannte Risikoposition verbrieft, ohne eine dort genannte Prüfung vorgenommen zu haben, oder
3. eine Meldung nach Artikel 27 Absatz 1 Unterabsatz 1, 2 oder 3 Satz 2 der Verordnung (EU) 2017/2402 mit irreführendem Inhalt macht.

(5) [1] Die Ordnungswidrigkeit kann in den Fällen der Absätze 4e, 4h, 4i und 4j mit einer Geldbuße bis zu fünf Millionen Euro, in den Fällen des

Absatzes 4d mit einer Geldbuße bis zu siebenhunderttausend Euro, in den Fällen des Absatzes 1 Nummer 2 Buchstabe b, des Absatzes 2 Nummer 3 und des Absatzes 3 Nummer 3, 3a, 3b und 3c und des Absatzes 4g mit einer Geldbuße bis zu fünfhunderttausend Euro, in den Fällen des Absatzes 2 Nummer 2, des Absatzes 3 Nummer 2 Buchstabe a, der Absätze 4 und 4f mit einer Geldbuße bis zu zweihunderttausend Euro, in den Fällen des Absatzes 3 Nummer 7 mit einer Geldbuße bis zu hunderttausend Euro, in den übrigen Fällen mit einer Geldbuße bis zu fünfzigtausend Euro geahndet werden. [2] In den Fällen des Absatzes 3 Nummer 3 kann gegenüber einer juristischen Person oder Personenvereinigung über Satz 1 hinaus eine höhere Geldbuße von bis zu fünf Millionen Euro verhängt werden.

(6) Gegenüber einer juristischen Person oder einer Personenvereinigung kann in den Fällen des Absatzes 4d über Absatz 5 hinaus eine höhere Geldbuße verhängt werden; diese darf den höheren der Beträge von fünf Millionen Euro oder 3 Prozent des Gesamtumsatzes, den die juristische Person oder die Personenvereinigung im der Behördenentscheidung vorausgegangenen Geschäftsjahr erzielt hat, nicht übersteigen.

(6a) Gegenüber einer juristischen Person oder Personenvereinigung kann in den Fällen der Absätze 4e, 4h, 4i und 4j über Absatz 5 hinaus eine höhere Geldbuße verhängt werden; diese darf

1. in den Fällen des Absatzes 4e Nummer 1 und 2 und der Absätze 4h, 4i und 4j den höheren der Beträge von fünf Millionen Euro und 10 Prozent des Gesamtumsatzes, den die juristische Person oder Personenvereinigung im der Behördenentscheidung vorausgegangenen Geschäftsjahr erzielt hat,
2. in den Fällen des Absatzes 4e Nummer 3 den höheren der Beträge von fünfzehn Millionen Euro und 10 Prozent des Gesamtumsatzes, den die juristische Person oder Personenvereinigung im der Behördenentscheidung vorangegangenen Geschäftsjahr erzielt hat,

nicht überschreiten.

(6b) Gegenüber einer juristischen Person oder einer Personenvereinigung kann in den Fällen des Absatzes 4f, sofern es sich um schwerwiegende, wiederholte oder systematische Verstöße handelt, über Absatz 5 hinaus eine höhere Geldbuße verhängt werden; diese darf den höheren der Beträge von fünf Millionen Euro oder 10 Prozent des Gesamtumsatzes, den die juristische Person oder Personenvereinigung im der Behördenentscheidung vorausgegangenen Geschäftsjahr erzielt hat, nicht übersteigen.

(6c) Gegenüber einer juristischen Person oder Personenvereinigung kann in den Fällen des Absatzes 4g über Absatz 5 hinaus eine höhere Geldbuße verhängt werden; diese darf den höheren der Beträge von einer Million Euro und 10 Prozent des Gesamtumsatzes, den die juristische Person oder Personenvereinigung im der Behördenentscheidung vorausgegangenen Geschäftsjahr erzielt hat, nicht überschreiten.

(6d) Gegenüber einer juristischen Person oder Personenvereinigung kann in den Fällen des Absatzes 3 Nummer 3, 3a, 3b und 3c über Absatz 5 hinaus eine höhere Geldbuße verhängt werden; diese darf den höheren der Beträge von fünf Millionen Euro oder 5 Prozent des Gesamtumsatzes, den die juristische Person oder Personenvereinigung im der Behördenentscheidung vorausgegangenen Geschäftsjahr erzielt hat, nicht übersteigen.

(7) [1] Über die in den Absätzen 5, 6, 6a, 6b, 6c und 6d genannten Beträge hinaus kann die Ordnungswidrigkeit in den Fällen des Absatzes 3 Nummer 3, 3a, 3b, 3c, 4d, 4f, 4h, 4i und 4j mit einer Geldbuße bis zum Zweifachen, in den Fällen des Absatzes 4e und 4g mit einer Geldbuße bis zum Dreifachen des aus dem Verstoß gezogenen wirtschaftlichen Vorteils geahndet werden. [2] Der wirtschaftliche Vorteil umfasst erzielte Gewinne und vermiedene Verluste und kann geschätzt werden.

(8) [1] Gesamtumsatz im Sinne der Absätze 6, 6a, 6b, 6c und 6d ist

1. im Falle von Versicherungsunternehmen der sich aus dem auf das Versicherungsunternehmen anwendbaren nationalen Recht im Einklang mit Artikel 63 der Richtlinie 91/674/EWG des Rates vom 19. Dezember 1991 über den Jahresabschluss und den konsolidierten Abschluss von Versicherungsunternehmen (ABl. L 374 vom 31.12.1991, S. 7), die zuletzt durch die Richtlinie 2006/46/EG (ABl. L 224 vom 16.8.2006, S. 1) geändert worden ist, ergebende Gesamtbetrag abzüglich der Umsatzsteuer und sonstiger direkt auf diese Erträge erhobener Steuern,
2. im Übrigen der Betrag der Nettoumsätze nach Maßgabe des auf das Unternehmen anwendbaren nationalen Rechts im Einklang mit Artikel 2 Nummer 5 der Richtlinie 2013/34/EU des Europäischen Parlaments und des Rates vom 26. Juni 2013 über den Jahresabschluss, den konsolidierten Abschluss und damit verbundene Berichte von Unternehmen bestimmter Rechtsformen und zur Änderung der Richtlinie 2006/43/EG des Europäischen Parlaments und des Rates und zur Aufhebung der Richtlinien 78/660/EWG und 83/349/EWG des Rates (ABl. L 182 vom 29.6.2013, S. 19, L 369 vom 24.12.2014, S. 79), die zuletzt durch die Richtlinie 2014/102/EU (ABl. L 334 vom 21.11.2014, S. 86) geändert worden ist.

[2] Handelt es sich bei der juristischen Person oder der Personenvereinigung um das Mutterunternehmen oder um eine Tochtergesellschaft, so ist anstelle des Gesamtumsatzes der juristischen Person oder der Personenvereinigung der jeweilige Gesamtbetrag in dem Konzernabschluss des Mutterunternehmens maßgeblich, der für den größten Kreis von Unternehmen aufgestellt wird. [3] Wird der Konzernabschluss für den größten Kreis von Unternehmen nicht nach den in Satz 1 genannten Vorschriften aufgestellt, ist der Gesamtumsatz nach Maßgabe der den in Satz 1 Nummer 1 und 2 vergleichbaren Posten des Konzernabschlusses zu ermitteln. [4] Ist ein Jahresabschluss oder Konzernabschluss für das maßgebliche Geschäftsjahr nicht verfügbar, ist der Jahres- oder Konzernabschluss für das unmittelbar vorangegangene Geschäftsjahr maßgeblich; ist auch dieser nicht verfügbar, kann der Gesamtumsatz geschätzt werden.

(9) [1] § 17 Absatz 2 des Gesetzes über Ordnungswidrigkeiten ist nicht anzuwenden bei Verstößen gegen Gebote und Verbote, die in Absatz 3 Nummer 3, 3a, 3b, 3c und den Absätzen 4d, 4e, 4f, 4g, 4h, 4i und 4j in Bezug genommen werden. [2] § 30 des Gesetzes über Ordnungswidrigkeiten gilt auch für juristische Personen oder für Personenvereinigungen, die über eine Niederlassung oder im Wege des grenzüberschreitenden Dienstleistungsverkehrs im Inland tätig sind. [3] Die Verfolgung der Ordnungswidrigkeiten nach Absatz 3 Nummer 3, 3a, 3b, 3c und den Absätzen 4d, 4e, 4f, 4g, 4h, 4i und 4j verjährt in drei Jahren.

§ 333 Zuständige Verwaltungsbehörde. Verwaltungsbehörde im Sinne des § 36 Absatz 1 Nummer 1 des Gesetzes über Ordnungswidrigkeiten ist die Bundesanstalt, soweit die Aufsicht über Versicherungsunternehmen der Bundesanstalt zusteht.

§ 334 Beteiligung der Aufsichtsbehörde und Mitteilungen in Strafsachen. (1) [1]Das Gericht, die Strafverfolgungs- oder die Strafvollstreckungsbehörde übermittelt der Bundesanstalt in Strafverfahren gegen Geschäftsleiter von Versicherungsunternehmen oder Pensionsfonds, Mitglieder der Verwaltungs- oder Aufsichtsorgane von Versicherungsunternehmen oder Pensionsfonds sowie gegen Inhaber bedeutender Beteiligungen an Versicherungsunternehmen oder Pensionsfonds oder deren gesetzliche Vertreter oder persönlich haftende Gesellschafter wegen Verletzung ihrer Berufspflichten oder anderer Straftaten bei oder im Zusammenhang mit der Ausübung eines Gewerbes oder dem Betrieb einer sonstigen wirtschaftlichen Unternehmung, ferner in Strafverfahren, die Straftaten nach § 331 zum Gegenstand haben, im Fall der Erhebung der öffentlichen Klage

1. die Anklageschrift oder eine an ihre Stelle tretende Antragsschrift,
2. den Antrag auf Erlass eines Strafbefehls, wenn diesem nicht umgehend entsprochen wird, und
3. die das Verfahren abschließende Entscheidung mit Begründung.

[2]Ist gegen die Entscheidung ein Rechtsmittel eingelegt worden, so ist die Entscheidung unter Hinweis auf das eingelegte Rechtsmittel zu übermitteln. [3]In Verfahren wegen fahrlässig begangener Straftaten werden die in Satz 1 Nummer 1 und 2 bestimmten Übermittlungen nur vorgenommen, wenn aus der Sicht der übermittelnden Stelle unverzüglich Entscheidungen oder andere Maßnahmen der Bundesanstalt geboten sind.

(2) [1]In Strafverfahren, die Straftaten nach § 331 Absatz 1 und 2 Nummer 1 zum Gegenstand haben, hat die Staatsanwaltschaft die Aufsichtsbehörde bereits über die Einleitung des Ermittlungsverfahrens zu unterrichten, soweit dadurch eine Gefährdung des Ermittlungszwecks nicht zu erwarten ist. [2]Erwägt die Staatsanwaltschaft das Verfahren einzustellen, so hat sie die Aufsichtsbehörde zu hören.

(2a) [1]In Strafverfahren, die eine Straftat nach § 331 Absatz 2a zum Gegenstand haben, übermittelt die Staatsanwaltschaft im Falle der Erhebung der öffentlichen Klage der Abschlussprüferaufsichtsstelle beim Bundesamt für Wirtschaft und Ausfuhrkontrolle die das Verfahren abschließende Entscheidung. [2]Ist gegen die Entscheidung ein Rechtsmittel eingelegt worden, ist die Entscheidung unter Hinweis auf das eingelegte Rechtsmittel zu übermitteln.

(3) [1]Werden sonst in einem Strafverfahren Tatsachen bekannt, die auf Missstände in dem Geschäftsbetrieb eines Versicherungsunternehmens oder eines Pensionsfonds einschließlich des Außendienstes hindeuten und ist deren Kenntnis aus der Sicht der übermittelnden Stelle für Maßnahmen der Versicherungsaufsicht erforderlich, so soll das Gericht, die Strafverfolgungs- oder die Strafvollstreckungsbehörde diese Tatsachen ebenfalls mitteilen, soweit nicht für die übermittelnde Stelle erkennbar ist, dass schutzwürdige Interessen des Betroffenen überwiegen. [2]Dabei ist zu berücksichtigen, wie gesichert die zu übermittelnden Erkenntnisse sind. [3]Tatsachen, die auf die Unzuverlässigkeit eines Aufsichtsratsmitglieds, eines Geschäftsleiters, eines Verantwortlichen Aktuars

oder eines Inhabers einer bedeutenden Beteiligung schließen lassen, deuten in der Regel auf Missstände im Geschäftsbetrieb hin.

(3a) Die nach § 333 zuständige Verwaltungsbehörde übermittelt der Abschlussprüferaufsichtsstelle beim Bundesamt für Wirtschaft und Ausfuhrkontrolle alle Bußgeldentscheidungen nach § 332 Absatz 4a.

(4) Betrifft eine Mitteilung nach Absatz 1 oder 2 ein Versicherungsunternehmen oder einen Pensionsfonds, über das oder den die Aufsicht nach diesem Gesetz durch eine Landesbehörde ausgeübt wird, leitet die Bundesanstalt die Mitteilung unverzüglich an diese Behörde weiter.

Teil 8. Übergangs- und Schlussbestimmungen

§ 335 Fortsetzung des Geschäftsbetriebs. Die Versicherungsunternehmen, die am 1. Januar 1902 in einem oder in mehreren Ländern landesgesetzlich zum Geschäftsbetrieb befugt gewesen sind, bedürfen keiner Erlaubnis nach diesem Gesetz, wenn sie ihren Geschäftsbetrieb in den Grenzen fortsetzen, die sie bis zum 1. Januar 1902 eingehalten haben oder die ihnen, wenn ihre Befugnis zum Geschäftsbetrieb auf besonderer Erlaubnis beruht hat, durch die Erlaubnis gezogen waren.

§ 336 Weitergeltung genehmigter Geschäftspläne in der Lebensversicherung. [1] Für die vor dem 29. Juli 1994 abgeschlossenen Lebensversicherungsverträge (Altbestand) gilt der von der Aufsichtsbehörde bis zu diesem Zeitpunkt genehmigte Geschäftsplan in vollem Umfang weiter. [2] Auf Änderungen dieses Geschäftsplans findet § 12 Absatz 1 Anwendung. [3] Von den Bestimmungen des § 141 sind die Absätze 1, 2, 3 und 6 entsprechend sowie Absatz 5 mit der Maßgabe anzuwenden, dass die Deckungsrückstellung nach dem geltenden Geschäftsplan zu berechnen ist.

§ 337 Treuhänder in der Krankenversicherung. Soweit bei der nach Art der Lebensversicherung betriebenen Krankenversicherung die Prämien für die vor dem 29. Juli 1994 abgeschlossenen Versicherungsverträge auf Grund einer Anpassungsklausel mit Genehmigung der Aufsichtsbehörde geändert werden dürfen, tritt an die Stelle der Genehmigung der Aufsichtsbehörde die Zustimmung des Treuhänders (§ 155 Absatz 1 und 2).

§ 338 Zuschlag in der Krankenversicherung. Ist ein Vertrag über eine substitutive Krankenversicherung vor dem 1. Januar 2000 geschlossen, gilt § 149 mit der Maßgabe, dass

1. der Zuschlag erstmals am 1. Januar des Kalenderjahres, das dem 1. Januar 2000 folgt, zu erheben ist,
2. der Zuschlag im ersten Jahr 2 Prozent der Bruttoprämie beträgt und an jedem 1. Januar der darauf folgenden Jahre um 2 Prozent, jedoch auf nicht mehr als 10 Prozent der Bruttoprämie, steigt, soweit er nicht wegen Vollendung des 60. Lebensjahres entfällt,
3. das Versicherungsunternehmen verpflichtet ist, dem Versicherungsnehmer rechtzeitig vor der erstmaligen Erhebung des Zuschlags dessen Höhe und die jährlichen Steigerungen mitzuteilen, und

4. der Zuschlag nur zu erheben ist, wenn der Versicherungsnehmer nicht innerhalb von drei Monaten nach dem Zugang der Mitteilung nach Nummer 3 schriftlich oder elektronisch widerspricht.

§ 339 Teilbestandsvorschriften in der Unfallversicherung. [1] Unternehmen, die im Rahmen eines einheitlichen Vertrags Risiken decken, die den in der Anlage 1 Nummer 1 und 19 genannten Versicherungssparten zuzuordnen sind, dürfen den Unfallversicherungsteil dieser Verträge auf ein anderes Unternehmen übertragen. [2] § 13 ist entsprechend anzuwenden.

§ 340 Bestandsschutz für Rückversicherungsunternehmen. (1) [1] Für Unternehmen, die ausschließlich die Rückversicherung betreiben, dieses Geschäft bereits vor dem 21. Dezember 2004 ausgeübt haben und als Rückversicherungsunternehmen bei der Aufsichtsbehörde registriert sind, gilt die Erlaubnis nach § 8 Absatz 1 im Umfang des bisherigen Geschäftsbetriebs als erteilt. [2] Diese Unternehmen unterliegen jedoch ohne Einschränkung der laufenden Aufsicht.

(2) [1] Für Rückversicherungsunternehmen eines Drittstaats, die bestehende Zweigniederlassungen fortführen und dies der Bundesanstalt bis zum 31. Dezember 2007 angezeigt haben, gilt die notwendige Erlaubnis im Umfang des angezeigten Geschäftsbetriebs als erteilt, soweit sie befugt sind, in ihrem Sitzland Rückversicherungsgeschäfte zu betreiben, dort ihre Hauptverwaltung haben, dort nach international anerkannten Grundsätzen beaufsichtigt werden und eine befriedigende Zusammenarbeit der zuständigen Behörden des Sitzlandes mit der Bundesanstalt gewährleistet ist. [2] Diese Unternehmen unterliegen jedoch ohne Einschränkung der laufenden Aufsicht.

§ 341 Bericht über die Solvabilität und die Finanzlage. [1] Versicherungsunternehmen, für die ein Kapitalaufschlag festgesetzt wurde oder die unternehmensspezifische Parameter bei der Berechnung der Solvabilitätskapitalanforderung zu verwenden haben, müssen bis zum 31. Dezember 2020 nur den Gesamtbetrag der Solvabilitätskapitalanforderung ohne gesonderte Nennung des Betrags des Kapitalaufschlags und der quantitativen Auswirkungen der unternehmensspezifischen Parameter veröffentlichen. [2] Die Verpflichtung, die aufsichtsrechtliche Maßnahme und ihre Hintergründe dem Grunde nach offenzulegen, bleibt unberührt.

§ 342 Einhaltung der Mindestkapitalanforderung. (1) Versicherungsunternehmen, die die am 31. Dezember 2015 geltenden Solvabilitätsanforderungen erfüllen, deren anrechnungsfähige Basiseigenmittel aber nicht zur Bedeckung der Mindestkapitalanforderung ausreichen, müssen spätestens am 31. Dezember 2016 über anrechnungsfähige Basiseigenmittel in Höhe der Mindestkapitalanforderung verfügen.

(2) Verfügt ein unter Absatz 1 fallendes Versicherungsunternehmen am 31. Dezember 2016 nicht über anrechnungsfähige Eigenmittel in Höhe der Mindestkapitalanforderung, wird ihm die Erlaubnis zum Geschäftsbetrieb entzogen.

(3) Bis zum 31. Dezember 2017 kann die Aufsichtsbehörde von einem Versicherungsunternehmen, für das ein Kapitalaufschlag festgelegt wurde, verlangen, die in Artikel 129 Absatz 3 Satz 1 der Richtlinie 2009/138/EG genannten

Prozentsätze ausschließlich auf die ohne den Kapitalaufschlag berechnete Solvabilitätskapitalanforderung anzuwenden.

§ 343 Einstellung des Geschäftsbetriebs. (1) Unbeschadet des § 165 Absatz 1 gilt, dass für Versicherungsunternehmen, die den Abschluss neuer Versicherungsverträge bis zum 1. Januar 2016 einstellen und ihren Versicherungsbestand ausschließlich mit dem Ziel verwalten, ihre Tätigkeit einzustellen, bis zu den in Absatz 2 genannten Zeitpunkten auf Antrag die für kleine Versicherungsunternehmen im Sinne des § 211 geltenden Vorschriften dieses Gesetzes Anwendung finden, wenn

1. das Unternehmen gegenüber der Aufsichtsbehörde nachweisen konnte, dass es seine Tätigkeit vor dem 1. Januar 2019 einstellen wird, oder
2. das Unternehmen Sanierungsmaßnahmen nach den §§ 312 und 313 durchläuft und ein Verwalter ernannt wurde.

(2) [1] Für Versicherungsunternehmen, die unter

1. Absatz 1 Nummer 1 fallen, gilt ab dem 1. Januar 2019 Absatz 1 nicht mehr,
2. Absatz 1 Nummer 2 fallen, gilt ab dem 1. Januar 2021 Absatz 1 nicht mehr.

[2] Die Aufsichtsbehörde kann in den Fällen des Satzes 1 einen früheren Zeitpunkt bestimmen, wenn voraussichtlich die Tätigkeit des Versicherungsunternehmens nicht zu den in Satz 1 genannten Zeitpunkten eingestellt sein wird.

(3) Versicherungsunternehmen unterliegen den Absätzen 1 und 2 nur unter den folgenden Bedingungen:

1. das Unternehmen gehört nicht zu einer Gruppe oder es gehört zu einer Gruppe, deren sämtliche Unternehmen den Abschluss neuer Versicherungsverträge einstellen, und
2. das Unternehmen legt der zuständigen Aufsichtsbehörde jährlich einen Bericht über die Fortschritte im Hinblick auf die Einstellung seiner Tätigkeit vor.

(4) Die Aufsichtsbehörde hat eine Liste der betroffenen Versicherungsunternehmen den Aufsichtsbehörden aller Mitglied- oder Vertragsstaaten zu übermitteln.

§ 344 Fristen für Berichts- und Offenlegungspflichten. (1) [1] Die Frist, in der Versicherungsunternehmen die Informationen nach Artikel 304 Absatz 1 der Delegierten Verordnung (EU) 2015/35 der Kommission vom 10. Oktober 2014 zur Ergänzung der Richtlinie 2009/138/EG des Europäischen Parlaments und des Rates betreffend die Aufnahme und Ausübung der Versicherungs- und der Rückversicherungstätigkeit (Solvabilität II) (ABl. L 12 vom 17.1.2015, S. 1), die durch die Delegierte Verordnung (EU) 2016/467 (ABl. L 85 vom 1.4.2016, S. 6) geändert worden ist, jährlich einzureichen haben, beträgt

1. für das am oder nach dem 30. Juni 2016, aber vor dem 1. Januar 2017 endende Geschäftsjahr 20 Wochen nach dem Ende des Geschäftsjahres des Unternehmens,
2. für das am oder nach dem 30. Juni 2017, aber vor dem 1. Januar 2018 endende Geschäftsjahr 18 Wochen nach dem Ende des Geschäftsjahres des Unternehmens,

3. für das am oder nach dem 30. Juni 2018, aber vor dem 1. Januar 2019 endende Geschäftsjahr 16 Wochen nach dem Ende des Geschäftsjahres des Unternehmens und
4. für das am oder nach dem 30. Juni 2019, aber vor dem 1. Januar 2020 endende Geschäftsjahr 14 Wochen nach dem Ende des Geschäftsjahres des Unternehmens.

[2] Für Versicherungsunternehmen, deren Geschäftsjahr am oder nach dem 1. Januar 2016, aber vor dem 1. Juli 2017 endet, beträgt die Frist 20 Wochen nach dem Ende des Geschäftsjahres. [3] In diesem Fall verkürzt sich die Frist in den folgenden drei Geschäftsjahren jeweils um zwei Wochen. [4] Für Informationen, die halbjährlich einzureichen sind, gelten die Sätze 1 bis 3 entsprechend.

(2) [1] Die Frist, in der Versicherungsunternehmen die Informationen nach Artikel 304 Absatz 1 der Delegierten Verordnung (EU) 2015/35 vierteljährlich einzureichen haben, beträgt

1. für das am oder nach dem 30. Juni 2016, aber vor dem 1. Januar 2017 endende Geschäftsjahr 8 Wochen nach dem Ende des Quartals des Geschäftsjahres,
2. für das am oder nach dem 30. Juni 2017, aber vor dem 1. Januar 2018 endende Geschäftsjahr 7 Wochen nach dem Ende des Quartals des Geschäftsjahres,
3. für das am oder nach dem 30. Juni 2018, aber vor dem 1. Januar 2019 endende Geschäftsjahr 6 Wochen nach dem Ende des Quartals des Geschäftsjahres und
4. für das am oder nach dem 30. Juni 2019, aber vor dem 1. Januar 2020 endende Geschäftsjahr 5 Wochen nach dem Ende des Quartals des Geschäftsjahres.

[2] Für Versicherungsunternehmen, deren Geschäftsjahr am oder nach dem 1. Januar 2016, aber vor dem 1. Juli 2017 endet, beträgt die Frist acht Wochen nach dem Ende des Quartals des Geschäftsjahres. [3] Die Frist verkürzt sich in den folgenden drei Geschäftsjahren jeweils um eine Woche.

(3) [1] Die Frist, in der Versicherungsunternehmen den Solvabilitäts- und Finanzbericht nach § 40 zu veröffentlichen haben, beträgt

1. für das am oder nach dem 30. Juni 2016, aber vor dem 1. Januar 2017 endende Geschäftsjahr 20 Wochen nach dem Ende des Geschäftsjahres des Unternehmens,
2. für das am oder nach dem 30. Juni 2017, aber vor dem 1. Januar 2018 endende Geschäftsjahr 18 Wochen nach dem Ende des Geschäftsjahres des Unternehmens,
3. für das am oder nach dem 30. Juni 2018, aber vor dem 1. Januar 2019 endende Geschäftsjahr 16 Wochen nach dem Ende des Geschäftsjahres des Unternehmens und
4. für das am oder nach dem 30. Juni 2019, aber vor dem 1. Januar 2020 endende Geschäftsjahr 14 Wochen nach dem Ende des Geschäftsjahres des Unternehmens.

[2] Für Versicherungsunternehmen, deren Geschäftsjahr am oder nach dem 1. Januar 2016, aber vor dem 1. Juli 2017 endet, beträgt die Frist 20 Wochen nach

dem Ende des Geschäftsjahres. [3]Die Frist verkürzt sich in den folgenden drei Geschäftsjahren jeweils um zwei Wochen.

(4) Die Absätze 1 bis 3 sind in Verbindung mit den §§ 276 und 277 auf Gruppenebene entsprechend für beteiligte Versicherungsunternehmen, Versicherungs-Holdinggesellschaften, gemischte Versicherungs-Holdinggesellschaften und gemischte Finanzholding-Gesellschaften anzuwenden, wobei sich die genannten Fristen jeweils um sechs Wochen verlängern.

§ 345 Eigenmittel. (1) [1]Unbeschadet des § 92 dürfen Basiseigenmittelbestandteile für bis zu zehn Jahre nach dem 1. Januar 2016 als Eigenmittel der Qualitätsklasse 1 angesetzt werden. [2]Dies setzt voraus, dass diese Bestandteile

1. vor dem 1. Januar 2016 und vor dem Inkrafttreten des delegierten Rechtsakts nach Artikel 97 der Richtlinie 2009/138/EG ausgegeben wurden,
2. am 31. Dezember 2015 gemäß § 53c des Versicherungsaufsichtsgesetzes in der am 31. Dezember 2015 geltenden Fassung auch in Verbindung mit § 121a Absatz 1 Satz 2 des Versicherungsaufsichtsgesetzes in der am 31. Dezember 2015 geltenden Fassung verwendet werden konnten, um als Eigenmittel bis zu höchstens 50 Prozent auf die geforderte Solvabilitätsspanne angerechnet zu werden, und
3. andernfalls nicht als Eigenmittel der Qualitätsklasse 1 oder 2 gemäß § 92 eingestuft würden.

(2) [1]Unbeschadet des § 92 dürfen Basiseigenmittelbestandteile für bis zu zehn Jahre nach dem 1. Januar 2016 als Basiseigenmittel der Qualitätsklasse 2 angesetzt werden. [2]Dies setzt voraus, dass diese Bestandteile

1. vor dem 1. Januar 2016 und vor dem Inkrafttreten des delegierten Rechtsakts nach Artikel 97 der Richtlinie 2009/138/EG ausgegeben wurden und
2. am 31. Dezember 2015 gemäß § 53c des Versicherungsaufsichtsgesetzes in der am 31. Dezember 2015 geltenden Fassung auch in Verbindung mit § 121a Absatz 1 Satz 2 des Versicherungsaufsichtsgesetzes in der am 31. Dezember 2015 geltenden Fassung verwendet werden konnten, um als Eigenmittel bis zu höchstens 25 Prozent auf die geforderte Solvabilitätsspanne angerechnet zu werden.

§ 346 Anlagen in Kreditverbriefungen. Für Versicherungsunternehmen, die in handelbare Wertpapiere oder andere Finanzinstrumente auf der Grundlage von neu gebündelten, verbrieften und vor dem 1. Januar 2011 ausgegebenen Krediten investieren, gelten die in von der Kommission nach Artikel 135 Absatz 2 der Richtlinie 2009/138/EG erlassenen delegierten Rechtsakten genannten Anforderungen nur, wenn nach dem 31. Dezember 2014 zugrunde liegende Forderungen neu hinzugefügt oder ersetzt werden.

§ 347 Standardparameter. (1) Unbeschadet von § 89 Absatz 1 Satz 1, § 96 Absatz 1, § 97 Absatz 3 und der §§ 100, 109 Absatz 2 gilt im Hinblick auf die zu verwendenden Standardparameter Folgendes:

1. bis zum 31. Dezember 2017 werden bei der Berechnung der Untermodule für das Konzentrationsrisiko und das Spread-Risiko nach der Standardformel für Forderungen an die Mitglied- oder Vertragsstaaten oder deren Zentralbanken, die auf die Landeswährung eines anderen Mitglied- oder Vertragsstaats lauten und in dieser Währung refinanziert sind, dieselben Standardpara-

meter verwendet wie für Forderungen, die auf die eigene Landeswährung lauten und in dieser Währung refinanziert sind;

2. 2018 werden die Standardparameter, die bei der Berechnung der Untermodule für das Konzentrationsrisiko und das Spread-Risiko nach der Standardformel verwendet werden, gegenüber Forderungen an die Mitglied- oder Vertragsstaaten oder deren Zentralbanken, die auf die Landeswährung eines anderen Mitglied- oder Vertragsstaats lauten und in dieser Währung refinanziert sind, um 80 Prozent gesenkt;
3. 2019 werden die Standardparameter, die bei der Berechnung der Untermodule für das Konzentrationsrisiko und das Spread-Risiko nach der Standardformel verwendet werden, gegenüber Forderungen an die Mitglied- oder Vertragsstaaten oder deren Zentralbanken, die auf die Landeswährung eines anderen Mitglied- oder Vertragsstaats lauten und in dieser Währung refinanziert sind, um 50 Prozent gesenkt;
4. ab dem 1. Januar 2020 werden die Standardparameter, die bei der Berechnung der Untermodule für das Konzentrationsrisiko und das Spread-Risiko nach der Standardformel verwendet werden, nicht mehr gegenüber Forderungen an die Mitglied- oder Vertragsstaaten oder deren Zentralbanken, die auf die Landeswährung eines anderen Mitglied- oder Vertragsstaats lauten und in dieser Währung refinanziert sind, gesenkt.

(2) [1] Für Aktien, die das Unternehmen am oder vor dem 1. Januar 2016 erworben hat, werden unbeschadet von § 89 Absatz 1 Satz 1, § 97 Absatz 3, § 98 Absatz 1 und der §§ 100, 109 Absatz 2 die Standardparameter, die bei der Berechnung des Aktienrisiko-Untermoduls gemäß der Standardformel zu verwenden sind, als gewichtete Mittelwerte berechnet, und zwar aus

1. dem Standardparameter, der bei der Berechnung des Aktienrisiko-Untermoduls gemäß Artikel 304 der Richtlinie 2009/138/EG zu verwenden ist, und
2. dem Standardparameter, der bei der Berechnung des Aktienrisiko-Untermoduls gemäß § 106 zu verwenden ist.

[2] Das Gewicht des in Satz 1 Nummer 2 genannten Parameters steigt zumindest linear am Ende jedes Jahres von 0 Prozent während des am 1. Januar 2016 beginnenden Jahres auf 100 Prozent am 1. Januar 2023.

§ 348 Solvabilitätskapitalanforderung. (1) Erfüllt ein Versicherungsunternehmen abweichend von § 134 die Solvabiltätskapitalanforderung im Jahr 2016 nicht, hätte aber die geforderte Solvabilitätsspanne nach dem bis zum 31. Dezember 2015 geltenden Recht erfüllt, gewährt die Aufsichtsbehörde auf Antrag eine Fristverlängerung für die Erfüllung der Solvabilitätskapitalanforderungen bis zum 31. Dezember 2017, wenn das Versicherungsunternehmen sich verpflichtet,

1. Maßnahmen zu treffen, die zur Aufbringung der anrechnungsfähigen Eigenmittel oder zur Senkung des Risikoprofils notwendig sind, sodass die Einhaltung der Solvabilitätskapitalanforderung bis zum 31. Dezember 2017 sichergestellt ist, und
2. der Aufsichtsbehörde alle drei Monate einen Fortschrittsbericht einzureichen, in dem die getroffenen Maßnahmen sowie der bei der Herstellung der Einhaltung der Solvabilitätskapitalanforderung erzielte Fortschritt dargestellt werden.

(2) Die Fristverlängerung nach Absatz 1 ist zu widerrufen, wenn aus dem Fortschrittsbericht hervorgeht, dass zwischen dem Zeitpunkt der Feststellung der Nichtbedeckung der Solvabilitätskapitalanforderung und dem der Übermittlung des Fortschrittsberichts kein wesentlicher Fortschritt bei der Herstellung der Einhaltung der Solvabilitätskapitalanforderung stattgefunden hat.

§ 349 Internes Teilgruppenmodell. [1] Auf Antrag kann die Aufsichtsbehörde dem obersten beteiligten Versicherungsunternehmen die Verwendung eines nur auf einen Teil der Gruppe anwendbaren internen Gruppenmodells genehmigen. [2] Dies setzt voraus, dass sowohl das oberste beteiligte Versicherungsunternehmen als auch das oberste beteiligte Versicherungsunternehmen der Teilgruppe, im Inland ansässig sind und die Teilgruppe einen abgrenzbaren Teil bildet, dessen Risikoprofil sich deutlich von dem der übrigen Gruppe unterscheidet. [3] Die Genehmigung darf nur befristet erteilt werden; die Befristung endet spätestens am 31. März 2022.

§ 350 Gruppenvorschriften. [1] Unbeschadet des § 250 sind auf Gruppenebene die §§ 345 bis 347 und 351 und 352 entsprechend anzuwenden. [2] Wenn das oberste beteiligte Versicherungsunternehmen die für die bereinigte Solvabilität nach Artikel 9 der Richtlinie 98/78/EG des Europäischen Parlaments und des Rates vom 27. Oktober 1998 über die zusätzliche Beaufsichtigung von Versicherungs- und Rückversicherungsunternehmen in einer Versicherungs- oder Rückversicherungsgruppe (ABl. L 330 vom 5.12.1998, S. 1), die zuletzt durch die Richtlinie 2011/89/EU (ABl. L 326 vom 8.12.2011, S. 113) geändert worden ist, geltenden Bestimmungen erfüllt, das beteiligte Versicherungsunternehmen, die beteiligte Versicherungs-Holdinggesellschaft, die beteiligte gemischte Versicherungs-Holdinggesellschaft oder die beteiligte gemischte Finanzholding-Gesellschaft, aber nicht die Solvabilitätskapitalanforderung für die Gruppe, ist unbeschadet des § 250 der § 348 entsprechend anzuwenden.

§ 351 Risikofreie Zinssätze. (1) Versicherungsunternehmen dürfen mit Genehmigung der Aufsichtsbehörde unter Berücksichtigung der zulässigen Versicherungsverpflichtungen eine vorübergehende Anpassung der maßgeblichen risikofreien Zinskurve vornehmen.

(2) [1] Die Anpassung wird für jede Währung berechnet als Anteil der Differenz zwischen

1. dem Zinssatz, der vom Versicherungsunternehmen im Einklang mit § 65 des Versicherungsaufsichtsgesetzes und der dazu erlassenen Rechtsverordnung in den jeweils maßgeblichen bis zum 31. Dezember 2015 geltenden Fassungen festgelegt wurde, und
2. dem effektiven Jahreszinssatz, der als derjenige konstante Abzinsungssatz berechnet wird, der im Fall einer Anwendung auf die Zahlungsströme des Portfolios zulässiger Versicherungsverpflichtungen zu einem Wert führt, der dem besten Schätzwert des Portfolios zulässiger Versicherungs- oder Rückversicherungsverpflichtungen entspricht, wenn der Zeitwert unter Verwendung der maßgeblichen risikofreien Zinskurve nach § 77 Absatz 1 berücksichtigt wird.

[2] Der in Satz 1 genannte Anteil sinkt am Ende jedes Kalenderjahres linear von 100 Prozent ab 2016 auf 0 Prozent am 1. Januar 2032. [3] Wenn Versicherungsunternehmen die Volatilitätsanpassung nach § 82 anwenden, muss die maß-

gebliche risikofreie Zinskurve nach Satz 1 Nummer 2 die Volatilitätsanpassung nach § 82 enthalten.

(3) Als zulässige Versicherungsverpflichtungen im Sinne des Absatzes 1 gelten nur die Versicherungsverpflichtungen, die den folgenden Anforderungen entsprechen:

1. die Verträge, aus denen sich die Versicherungsverpflichtungen ergeben, wurden vor dem 1. Januar 2016 geschlossen, Vertragsverlängerungen dieser Verträge zu oder nach diesem Zeitpunkt führen nicht zu zulässigen Versicherungsverpflichtungen,
2. die versicherungstechnischen Rückstellungen wurden für die Versicherungsverpflichtungen entsprechend § 65 des Versicherungsaufsichtsgesetzes und der dazu erlassenen Rechtsverordnung in den jeweils maßgeblichen bis zum 31. Dezember 2015 geltenden Fassungen festgelegt und
3. für die Versicherungsverpflichtungen erfolgt keine Matching-Anpassung nach § 80.

(4) Wenn Versicherungsunternehmen Absatz 1 anwenden, gilt, dass sie

1. die zulässigen Versicherungsverpflichtungen nicht in die Berechnung der Volatilitätsanpassung nach § 82 einfließen lassen dürfen,
2. § 352 nicht anwenden dürfen,
3. im Rahmen ihres Solvabilitäts- und Finanzberichts nach § 40 offenlegen müssen, dass sie eine vorübergehende Anpassung der maßgeblichen risikofreien Zinskurve vornehmen und die Folgen der Nichtanwendung dieser Übergangsmaßnahme für ihre Finanzlage quantifizieren müssen.

§ 352 Versicherungstechnische Rückstellungen. (1) [1] Versicherungsunternehmen dürfen mit Genehmigung der Aufsichtsbehörde bei versicherungstechnischen Rückstellungen vorübergehend einen Abzug im Sinne des Absatzes 2 geltend machen. [2] Der Abzug kann auf der Ebene homogener Risikogruppen nach § 75 Absatz 3 zur Anwendung kommen.

(2) [1] Der vorübergehende Abzug entspricht einem Anteil der Differenz zwischen den beiden folgenden Beträgen:

1. den versicherungstechnischen Rückstellungen nach Abzug der einforderbaren Beträge aus Rückversicherungsverträgen und gegenüber Zweckgesellschaften, die nach § 75 zum 1. Januar 2016 berechnet wurden;
2. den versicherungstechnischen Rückstellungen nach Abzug der einforderbaren Beträge aus Rückversicherungsverträgen, die nach den Rechts- und Verwaltungsvorschriften berechnet wurden, die nach den §§ 341e bis 341h des Handelsgesetzbuchs[1] und § 65 des Versicherungsaufsichtsgesetzes in den jeweils bis zum 31. Dezember 2015 geltenden Fassungen sowie den gemäß § 330 des Handelsgesetzbuchs[1] und § 65 des Versicherungsaufsichtsgesetzes erlassenen Rechtsverordnungen in den jeweils bis zum 31. Dezember 2015 geltenden Fassungen gebildet wurden.

[2] Der maximal abzugsfähige Anteil sinkt am Ende jedes Kalenderjahres linear von 100 Prozent während des Jahres ab 2016 auf 0 Prozent am 1. Januar 2032. [3] Wenn Versicherungsunternehmen die Volatilitätsanpassung nach § 82 am

[1] Nr. **16**.

1. Januar 2016 anwenden, wird der in Nummer 1 genannte Betrag mit der an diesem Tag geltenden Volatilitätsanpassung berechnet.

(3) Die Beträge der versicherungstechnischen Rückstellungen sowie gegebenenfalls der Betrag der Volatilitätsanpassung, die zur Berechnung des vorübergehenden Abzugs nach Absatz 2 Satz 1 Nummer 1 und 2 verwendet werden, dürfen mit Genehmigung oder müssen auf Verlangen der Aufsichtsbehörde alle 24 Monate oder, wenn sich das Risikoprofil des Unternehmens wesentlich verändert, häufiger neu berechnet werden.

(4) Der Abzug nach Absatz 2 kann von der Aufsichtsbehörde begrenzt werden, wenn seine Anwendung dazu führen könnte, dass die für das Unternehmen geltenden Finanzmittelanforderungen im Vergleich zu den Anforderungen sinken, die gemäß dem Handelsgesetzbuch, dem Versicherungsaufsichtsgesetz und den dazu erlassenen Rechtsverordnungen in den jeweils bis zum 31. Dezember 2015 geltenden Fassungen berechnet wurden.

(5) Wenn Versicherungsunternehmen Absatz 1 anwenden, dürfen sie § 351 nicht anwenden und müssen

1. wenn sie die Solvabilitätskapitalanforderung nur bei Anwendung des vorübergehenden Abzugs erfüllen können, der zuständigen Aufsichtsbehörde jährlich einen Bericht vorlegen, in dem die Maßnahmen, die zur Aufbringung der anrechnungsfähigen Eigenmittel oder zur Senkung des Risikoprofils notwendig sind, sodass die Einhaltung der Solvabilitätskapitalanforderung hergestellt ist, sowie der hierbei erzielte Fortschritt dargestellt werden, und
2. im Rahmen ihres Solvabilitäts- und Finanzberichts offenlegen, dass sie den vorübergehenden Abzug im Sinne des Absatzes 2 auf die versicherungstechnischen Rückstellungen anwenden, und die Folgen einer Nichtanwendung dieses vorübergehenden Abzugs für ihre Finanzlage quantifizieren.

§ 353 Plan betreffend die schrittweise Einführung von Übergangsmaßnahmen für risikofreie Zinssätze und versicherungstechnische Rückstellungen. (1) [1] Versicherungsunternehmen, die die Übergangsmaßnahmen nach § 351 oder § 352 anwenden, melden der Aufsichtsbehörde unverzüglich, wenn sie feststellen, dass der Fall einzutreten droht, dass die Solvabilitätskapitalanforderung am Ende des Übergangszeitraums ohne diese Übergangsmaßnahmen nicht mehr bedeckt sein würde. [2] Die Aufsichtsbehörde verpflichtet das betroffene Versicherungsunternehmen in diesem Fall, Maßnahmen zu treffen, die zur Einhaltung der Solvabilitätskapitalanforderung am Ende des Übergangszeitraums notwendig und geeignet sind.

(2) [1] Stellt ein Versicherungsunternehmen fest, dass es die Solvabilitätskapitalanforderung ohne die Übergangsmaßnahmen nach § 351 oder § 352 nicht einhalten würde, so legt es innerhalb von zwei Monaten nach dieser Feststellung der Aufsichtsbehörde einen Plan vor, in dem die schrittweise Einführung der Maßnahmen dargelegt wird, die zur Aufbringung der anrechnungsfähigen Eigenmittel oder zur Senkung des Risikoprofils geplant sind, sodass die Einhaltung der Solvabilitätskapitalanforderung am Ende des Übergangszeitraums wiederhergestellt ist. [2] Das betroffene Versicherungsunternehmen kann diesen Plan während des Übergangszeitraums aktualisieren.

(3) [1] Das betroffene Versicherungsunternehmen legt der Aufsichtsbehörde alle zwölf Monate einen Bericht vor, in dem die Maßnahmen zur Einhaltung der Solvabilitätskapitalanforderung am Ende des Übergangszeitraums sowie der

hierbei erzielte Fortschritt dargestellt sind. [2]Wenn aus dem Fortschrittsbericht deutlich wird, dass eine erneute Einhaltung der Solvabilitätskapitalanforderung am Ende des Übergangszeitraums unrealistisch ist, widerruft die Aufsichtsbehörde die Genehmigung für die Anwendung der Übergangsmaßnahme nach § 351 oder § 352.

§ 354 Überprüfung der langfristigen Garantien und der Maßnahmen gegen Aktienrisiken. Die Bundesanstalt informiert die Europäische Aufsichtsbehörde für das Versicherungswesen und die betriebliche Altersversorgung bis zum 1. Januar 2021 jedes Jahr über Folgendes:

1. die Verfügbarkeit von langfristigen Garantien bei Versicherungsverträgen auf ihren Binnenmärkten und das Verhalten von Versicherungsunternehmen als langfristige Investoren;
2. die Zahl der Versicherungsunternehmen, welche die Matching-Anpassung, die Volatilitätsanpassung, die Verlängerung der Frist für die Wiederherstellung gesunder Finanzverhältnisse nach § 134 Absatz 4, das durationsbasierte Untermodul „Aktienrisiko" und die Übergangsmaßnahmen nach den §§ 351 und 352 anwenden;
3. die Auswirkungen der Matching-Anpassung, der Volatilitätsanpassung, der symmetrischen Anpassung der Kapitalanforderung für Aktienanlagen gemäß § 106 Absatz 1, des durationsbasierten Untermoduls „Aktienrisiko" und der Übergangsmaßnahmen nach den §§ 351 und 352 auf die Finanzlage der Versicherungsunternehmen auf nationaler Ebene und anonymisiert für jedes Unternehmen;
4. die Auswirkungen der Matching-Anpassung, der Volatilitätsanpassung, der symmetrischen Anpassung der Kapitalanforderungen für Aktienanlagen gemäß § 106 Absatz 1 und des durationsbasierten Untermoduls „Aktienrisiko" auf das Investitionsverhalten von Versicherungsunternehmen und darauf, ob dies zu einer unangemessenen Kapitalentlastung führt;
5. die Auswirkungen einer Verlängerung der Frist für die Wiederherstellung gesunder Finanzverhältnisse nach § 134 Absatz 4 auf die Bemühungen der Versicherungsunternehmen zur Aufbringung der anrechnungsfähigen Eigenmittel oder zur Senkung des Risikoprofils zur Einhaltung der Solvabilitätskapitalanforderung;
6. die Erfüllung oder Nichterfüllung der Pläne betreffend Übergangsmaßnahmen nach § 353 durch Versicherungsunternehmen, die diese Übergangsmaßnahmen nach den §§ 351 und 352 anwenden und die Wahrscheinlichkeit einer geringeren Abhängigkeit von diesen Übergangsmaßnahmen, einschließlich Maßnahmen, die von den Unternehmen und den Aufsichtsbehörden ergriffen wurden oder voraussichtlich ergriffen werden, wobei dem anwendbaren Regelungsumfeld Rechnung zu tragen ist.

§ 355[1] Entscheidungen der Aufsichtsbehörde aus Anlass des Inkrafttretens dieses Gesetzes. (1) Ab dem 11. April 2015 ist die Aufsichtsbehörde befugt, zu entscheiden über die Genehmigung

1. ergänzender Eigenmittel gemäß § 90,
2. der Einstufung von Eigenmittelbestandteilen nach § 91 Absatz 5,

---

[1] § 355 ist bereits am 11.4.2015 in Kraft getreten.

3. von unternehmensspezifischen Parametern gemäß § 109 Absatz 2,
4. von internen Voll- oder Partialmodellen gemäß den §§ 111 und 112,
5. ergänzender Eigenmittel einer zwischengeschalteten Versicherungs-Holdinggesellschaft oder einer zwischengeschalteten gemischten Finanzholding-Gesellschaft gemäß § 257 Absatz 2,
6. eines internen Modells für die Gruppe gemäß den §§ 261 und 262 sowie 265 Absatz 5,
7. der Verwendung der Matching-Anpassung für die maßgebliche risikofreie Zinskurve gemäß den §§ 80 und 81,
8. der Verwendung der Volatilitätsanpassung für die maßgebliche risikofreie Zinskurve gemäß § 82,
9. der Anwendung der Übergangsmaßnahme bei risikofreien Zinssätzen nach § 351,
10. der Anwendung der Übergangsmaßnahme bei versicherungstechnischen Rückstellungen nach § 352.

(2) Ab dem 1. April 2015 ist die Aufsichtsbehörde befugt,

1. die Ebene und den Umfang der Gruppenaufsicht gemäß den §§ 245 bis 249 festzulegen,
2. die für die Gruppenaufsicht zuständige Behörde gemäß den §§ 279 und 280 festzulegen,
3. ein Aufsichtskollegium gemäß § 283 einzusetzen.

(3) Ab dem 1. Juli 2015 ist die Aufsichtsbehörde befugt,

1. über den Abzug einer Beteiligung gemäß § 259 Absatz 2 zu entscheiden,
2. die Methode zur Berechnung der Solvabilität der Gruppe gemäß § 252 auszuwählen,
3. im Einklang mit den §§ 258 und 288 über die Gleichwertigkeit zu entscheiden,
4. zu gestatten, dass Versicherungsunternehmen gemäß § 268 unter die §§ 269 und 270 fallen,
5. die Festlegungen gemäß den §§ 289 und 290 zu treffen,
6. zu entscheiden, dass Übergangsmaßnahmen nach den §§ 343 bis 350 zur Anwendung kommen.

(4) Entscheidungen nach den Absätzen 1 bis 3 werden zum 1. Januar 2016 wirksam, wenn in der Entscheidung kein späteres Datum genannt wird.

§ 356 Übergangsvorschrift zu § 35 Absatz 1 Satz 1 Nummer 5 bis 8.

[1] § 35 Absatz 1 Satz 1 Nummer 5, 6 und 7 ist erstmals auf die Abschlussprüfung des Jahresabschlusses für das Geschäftsjahr anzuwenden, das nach dem 31. Dezember 2017 beginnt. [2] § 35 Absatz 1 Satz 1 Nummer 8 ist erstmals auf die Abschlussprüfung des Jahresabschlusses für das Geschäftsjahr anzuwenden, das nach dem 31. Dezember 2018 beginnt.

Anlage 1

Einteilung der Risiken nach Sparten

1. Unfall
   a) Summenversicherung
   b) Kostenversicherung
   c) kombinierte Leistungen
   d) Personenbeförderung
2. Krankheit
   a) Tagegeld
   b) Kostenversicherung
   c) kombinierte Leistungen
3. Landfahrzeug-Kasko (ohne Schienenfahrzeuge)
   Sämtliche Schäden an:
   a) Kraftfahrzeugen
   b) Landfahrzeugen ohne eigenen Antrieb
4. Schienenfahrzeug-Kasko
   Sämtliche Schäden an Schienenfahrzeugen
5. Luftfahrzeug-Kasko
   Sämtliche Schäden an Luftfahrzeugen
6. See-, Binnensee- und Flussschifffahrts-Kasko
   Sämtliche Schäden an:
   a) Flussschiffen
   b) Binnenseeschiffen
   c) Seeschiffen
7. Transportgüter
   Sämtliche Schäden an transportierten Gütern, unabhängig von dem jeweils verwendeten Transportmittel
8. Feuer- und Elementarschäden
   Sämtliche Sachschäden (soweit sie nicht unter die Nummern 3 bis 7 fallen), die verursacht werden durch:
   a) Feuer
   b) Explosion
   c) Sturm
   d) andere Elementarschäden außer Sturm
   e) Kernenergie
   f) Bodensenkungen und Erdrutsch
9. Hagel-, Frost- und sonstige Sachschäden
   Sämtliche Sachschäden (soweit sie nicht unter die Nummern 3 bis 7 fallen), die außer durch Hagel oder Frost durch Ursachen aller Art (wie beispielsweise Diebstahl) hervorgerufen werden, soweit diese Ursachen nicht von Nummer 8 erfasst sind
10. Haftpflicht für Landfahrzeuge mit eigenem Antrieb
    a) Kraftfahrzeughaftpflicht
    b) Haftpflicht aus Landtransporten
    c) sonstige
11. Luftfahrzeughaftpflicht
    Haftpflicht aller Art (einschließlich derjenigen des Frachtführers), die sich aus der Verwendung von Luftfahrzeugen ergibt
12. See-, Binnensee- und Flussschifffahrtshaftpflicht
    Haftpflicht aller Art (einschließlich derjenigen des Frachtführers), die sich aus der Verwendung von Flussschiffen, Binnenseeschiffen und Seeschiffen ergibt
13. Allgemeine Haftpflicht
    Alle sonstigen Haftpflichtfälle, die nicht unter die Nummern 10 bis 12 fallen

14. Kredit
    a) allgemeine Zahlungsunfähigkeit
    b) Ausfuhrkredit
    c) Abzahlungsgeschäfte
    d) Hypothekendarlehen
    e) landwirtschaftliche Darlehen
15. Kaution
16. Verschiedene finanzielle Verluste
    a) Berufsrisiken
    b) ungenügende Einkommen (allgemein)
    c) Schlechtwetter
    d) Gewinnausfall
    e) laufende Unkosten allgemeiner Art
    f) unvorhergesehene Geschäftsunkosten
    g) Wertverluste
    h) Miet- oder Einkommensausfall
    i) indirekte kommerzielle Verluste außer den bereits erwähnten
    j) nichtkommerzielle Geldverluste
    k) sonstige finanzielle Verluste
17. Rechtsschutz
18. Beistandsleistungen zugunsten von Personen, die sich in Schwierigkeiten befinden
    a) auf Reisen oder während der Abwesenheit von ihrem Wohnsitz oder ständigem Aufenthaltsort
    b) unter anderen Bedingungen, sofern die Risiken nicht unter andere Versicherungssparten fallen
19. Leben
    (soweit nicht unter den Nummern 20 bis 24 aufgeführt)
20. Heirats- und Geburtenversicherung
21. Fondsgebundene Lebensversicherung
22. Tontinengeschäfte
23. Kapitalisierungsgeschäfte
24. Geschäfte der Verwaltung von Versorgungseinrichtungen
25. Pensionsfondsgeschäfte

Anlage 2

Bezeichnung der Zulassung, die gleichzeitig für mehrere Sparten erteilt wird

Umfasst die Zulassung zugleich

1. Nummer 1 Buchstabe d, die Nummern 3, 7 und 10 Buchstabe a, so wird sie unter der Bezeichnung „Kraftfahrtversicherung" erteilt;
2. Nummer 1 Buchstabe d, die Nummern 4, 6, 7 und 12, so wird sie unter der Bezeichnung „See- und Transportversicherung" erteilt;
3. Nummer 1 Buchstabe d, die Nummern 5, 7 und 11, so wird sie unter der Bezeichnung „Luftfahrtversicherung" erteilt;
4. die Nummern 8 und 9, so wird sie unter der Bezeichnung „Feuer- und andere Sachschäden" erteilt;
5. die Nummern 10 bis 13, so wird sie unter der Bezeichnung „Haftpflicht" erteilt;
6. die Nummern 14 und 15, so wird sie unter der Bezeichnung „Kredit und Kaution" erteilt;
7. die Nummern 1, 3 bis 13 und 16, so wird sie unter der Bezeichnung „Schaden- und Unfallversicherung" erteilt.

Anlage 3

Standardformel zur Berechnung der Solvabilitätskapitalanforderung (SCR)

1. Berechnung der Basissolvabilitätskapitalanforderung (BSCR)

Die in § 100 dargelegte Basissolvabilitätskapitalanforderung wird wie folgt ermittelt:

$$\text{Basis SCR} = \sqrt{\sum_{i,j} Corr_{i,j} \times SCR_i \times SCR_j}$$

wobei SCR_i das Risikomodul i und SCR_j das Risikomodul j bezeichnet; „i, j" bedeutet, dass in der Summe alle möglichen Kombinationen von i und j erfasst sein sollten. Bei der Berechnung treten an die Stelle von SCR_i und SCR_j:

$SCR_{Nichtleben}$: Nichtlebensversicherungstechnisches Risikomodul;

SCR_{Leben}: Lebensversicherungstechnisches Risikomodul;

$SCR_{Kranken}$: Krankenversicherungstechnisches Risikomodul;

SCR_{Markt}: Risikomodul Marktrisiken;

$SCR_{Ausfall}$: Risikomodul Gegenparteiausfall.

Der Faktor „Corr i, j" steht für die Angaben in Zeile i und Spalte j der folgenden Korrelationsmatrix:

i \ j	Markt	Gegenpartei-ausfall	Lebensversi-cherung	Krankenversi-cherung	Nicht-Le-bensversiche-rung
Markt	1	0.25	0.25	0.25	0.25
Gegenparteiausfall	0.25	1	0.25	0.25	0.5
Lebensversicherung	0.25	0.25	1	0.25	0
Krankenversicherung	0.25	0.25	0.25	1	0
Nicht-Lebensversiche-rung	0.25	0.5	0	0	1

2. Berechnung des nichtlebensversicherungstechnischen Risikomoduls

Das in § 101 genannte nichtlebensversicherungstechnische Risikomodul errechnet sich wie folgt:

$$SCR_{Nichtleben} = \sqrt{\sum_{i,j} Corr_{i,j} \times SCR_i \times SCR_j}$$

wobei SCR_i das Untermodul i und SCR_j das Untermodul j bezeichnet; „i, j" bedeutet, dass in der Summe alle möglichen Kombinationen von i und j erfasst sein sollten. Bei der Berechnung treten an die Stelle von SCR_i und SCR_j:

$SCR_{NL\text{-}Prämien/Rückstellung}$: Untermodul Nichtlebensversicherungprämien- und -reserverisiko;

$SCR_{NL\text{-}Katastrophen}$: Untermodul Nichtlebenskatastrophenrisiko.

3. Berechnung des lebensversicherungstechnischen Risikomoduls

Das in § 102 genannte lebensversicherungstechnische Risikomodul errechnet sich wie folgt:

$$SCR_{Leben} = \sqrt{\sum_{i,j} Corr_{i,j} \times SCR_i \times SCR_j}$$

wobei SCR_i das Untermodul i und SCR_j das Untermodul j bezeichnet; „i, j" bedeutet, dass in der Summe alle möglichen Kombinationen von i und j erfasst sein sollten. Bei der Berechnung treten an die Stelle von SCR_i und SCR_j:

$SCR_{Sterblichkeit}$: Untermodul Sterblichkeitsrisiko;

$SCR_{Langlebigkeit}$: Untermodul Langlebigkeitsrisiko;

$SCR_{Invalidität}$: Untermodul Invaliditäts-/Morbiditätsrisiko;

$SCR_{LV\text{-}Kosten}$: Untermodul Lebensversicherungskostenrisiko;

$SCR_{Revision}$: Untermodul Revisionsrisiko;

SCR_{Storno}: Untermodul Stornorisiko;

$SCR_{LV\text{-}Katastrophen}$: Untermodul Lebensversicherungskatastrophenrisiko.

4. Berechnung des Risikomoduls Marktrisiken

Struktur des Risikomoduls Marktrisiken

Das in § 104 genannte Marktrisikomodul errechnet sich wie folgt:

$$SCR_{Markt} = \sqrt{\sum_{i,j} Corr_{i,j} \times SCR_i \times SCR_j}$$

wobei SCR_i das Untermodul i und SCR_j das Untermodul j bezeichnet; „i, j" bedeutet, dass in der Summe alle möglichen Kombinationen von i und j erfasst sein sollten. Bei der Berechnung treten an die Stelle von SCR_i und

SCR_j:

SCR_{Zins}: Untermodul Zinsänderungsrisiko;

SCR_{Aktien}: Untermodul Aktienrisiko;

$SCR_{Immobilien}$: Untermodul Immobilienrisiko;

SCR_{Spread}: Untermodul Spread-Risiko;

$SCR_{Konzentration}$: Untermodul Marktrisikokonzentrationen;

$SCR_{Wechselkurs}$: Untermodul Wechselkursrisiko.

2. Gesetz über die Bundesanstalt für Finanzdienstleistungsaufsicht (Finanzdienstleistungsaufsichtsgesetz – FinDAG) [1)2)]

Vom 22. April 2002
(BGBl. I S. 1310)

FNA 7610-15

zuletzt geänd. durch Art. 4 Abs. 8 Gesetz v. 10.7.2020 (BGBl. I S. 1633)

Inhaltsübersicht

---

1) Verkündet als Art. 1 G über die integrierte Finanzdienstleistungsaufsicht v. 22.4.2002 (BGBl. I S. 1310); Inkrafttreten gem. Art. 22 dieses G am 26.4.2002.

2) Die Änderungen durch Art. 4 Abs. 76 G v. 18.7.2016 (BGBl. I S. 1666) treten erst **mWv 1.10. 2021** in Kraft und sind im Text noch nicht berücksichtigt.

Erster Abschnitt. Errichtung, Aufsicht, Aufgaben

§ 1 Errichtung. (1) [1]Im Geschäftsbereich des Bundesministeriums der Finanzen wird durch Zusammenlegung des Bundesaufsichtsamtes für das Kreditwesen, des Bundesaufsichtsamtes für das Versicherungswesen und des Bundesaufsichtsamtes für den Wertpapierhandel eine bundesunmittelbare, rechtsfähige Anstalt des öffentlichen Rechts zum 1. Mai 2002 errichtet. [2]Sie trägt die Bezeichnung „Bundesanstalt für Finanzdienstleistungsaufsicht" (Bundesanstalt).

(2) Die Bundesanstalt hat ihren Sitz in Bonn und in Frankfurt am Main.

(3) [1]Für Klagen gegen die Bundesanstalt gilt Frankfurt am Main als Sitz der Behörde. [2]In Verfahren nach dem Gesetz über Ordnungswidrigkeiten gilt Frankfurt am Main als Sitz der Verwaltungsbehörde. [3]Satz 1 ist auf Klagen aus dem Beamtenverhältnis und auf Rechtsstreitigkeiten, für die die Gerichte für Arbeitssachen zuständig sind, nicht anzuwenden.

(4) Die Bundesanstalt ist in Verfahren vor den ordentlichen Gerichten von der Zahlung der Gerichtskosten befreit.

§ 2 Rechts- und Fachaufsicht. Die Bundesanstalt untersteht der Rechts- und Fachaufsicht des Bundesministeriums der Finanzen (Bundesministerium).

§ 3 *(aufgehoben)*

§ 4 Aufgaben und Zusammenarbeit. (1) [1]Die Bundesanstalt übernimmt die dem Bundesaufsichtsamt für das Kreditwesen, dem Bundesaufsichtsamt für das Versicherungswesen und dem Bundesaufsichtsamt für den Wertpapierhandel übertragenen Aufgaben. [2]Sie nimmt darüber hinaus die ihr nach anderen

Bestimmungen übertragenen Aufgaben einschließlich der Beratungstätigkeit im Zusammenhang mit dem Aufbau und der Unterstützung ausländischer Aufsichtssysteme wahr. [3] Die Bundesanstalt wird im Wege der Organleihe für das Bundesministerium der Finanzen im Rahmen der ihm nach den Vorschriften der Anstaltssatzung obliegenden Aufsicht über die Versorgungsanstalt des Bundes und der Länder tätig. [4] Das Nähere einschließlich des Beginns der Organleihe wird im Einvernehmen mit dem Bundesministerium des Innern, für Bau und Heimat in einer Verwaltungsvereinbarung zwischen dem Bundesministerium der Finanzen und der Bundesanstalt geregelt. [5] Die Bundesanstalt nimmt außerdem die Aufgaben der Abwicklungsbehörde nach § 3 Absatz 1 des Sanierungs- und Abwicklungsgesetzes sowie die ihr auf Grundlage des Restrukturierungsfondsgesetzes übertragenen Aufgaben wahr.

(1a) [1] Die Bundesanstalt ist innerhalb ihres gesetzlichen Auftrags auch dem Schutz der kollektiven Verbraucherinteressen verpflichtet. [2] Unbeschadet weiterer Befugnisse nach anderen Gesetzen kann die Bundesanstalt gegenüber den Instituten und anderen Unternehmen, die nach dem Kreditwesengesetz, dem Zahlungsdiensteaufsichtsgesetz, dem Versicherungsaufsichtsgesetz[1)], dem Wertpapierhandelsgesetz, dem Kapitalanlagegesetzbuch sowie nach anderen Gesetzen beaufsichtigt werden, alle Anordnungen treffen, die geeignet und erforderlich sind, um verbraucherschutzrelevante Missstände zu verhindern oder zu beseitigen, wenn eine generelle Klärung im Interesse des Verbraucherschutzes geboten erscheint. [3] Ein Missstand im Sinne des Satzes 2 ist ein erheblicher, dauerhafter oder wiederholter Verstoß gegen ein Verbraucherschutzgesetz, der nach seiner Art oder seinem Umfang die Interessen nicht nur einzelner Verbraucherinnen oder Verbraucher gefährden kann oder beeinträchtigt.

(2) Die Bundesanstalt arbeitet mit anderen Stellen und Personen im In- und Ausland nach Maßgabe der in Absatz 1 genannten Gesetze und Bestimmungen sowie nach Maßgabe

1. der Verordnung (EU) Nr. 1092/2010 des Europäischen Parlaments und des Rates vom 24. November 2010 über die Finanzaufsicht der Europäischen Union auf Makroebene und zur Errichtung eines Europäischen Ausschusses für Systemrisiken (ABl. L 331 vom 15.12.2010, S. 1),
2. der Verordnung (EU) Nr. 1093/2010 des Europäischen Parlaments und des Rates vom 24. November 2010 zur Errichtung einer Europäischen Aufsichtsbehörde (Europäische Bankenaufsichtsbehörde), zur Änderung des Beschlusses Nr. 716/2009/EG und zur Aufhebung des Beschlusses 2009/78/EG der Kommission (ABl. L 331 vom 15.12.2010, S. 12),
3. der Verordnung (EU) Nr. 1094/2010 des Europäischen Parlaments und des Rates vom 24. November 2010 zur Errichtung einer Europäischen Aufsichtsbehörde (Europäische Aufsichtsbehörde für das Versicherungswesen und die betriebliche Altersversorgung), zur Änderung des Beschlusses Nr. 716/2009/EG und zur Aufhebung des Beschlusses 2009/79/EG der Kommission (ABl. L 331 vom 15.12.2010, S. 48) und
4. der Verordnung (EU) Nr. 1095/2010 des Europäischen Parlaments und des Rates vom 24. November 2010 zur Errichtung einer Europäischen Aufsichtsbehörde (Europäische Wertpapier- und Marktaufsichtsbehörde), zur

[1)] Nr. **1**.

Änderung des Beschlusses Nr. 716/2009/EG und zur Aufhebung des Beschlusses 2009/77/EG der Kommission (ABl. L 331 vom 15.12.2010, S. 84)

zusammen.

(3) Bei der Durchführung ihrer Aufgaben kann sich die Bundesanstalt anderer Personen und Einrichtungen bedienen.

(4) Die Bundesanstalt nimmt ihre Aufgaben und Befugnisse nur im öffentlichen Interesse wahr.

§ 4a Meinungsverschiedenheiten bei der laufenden Überwachung. [1] Meinungsverschiedenheiten von erheblicher Bedeutung zwischen der Bundesanstalt und der Deutschen Bundesbank im Rahmen der laufenden Überwachung nach dem Kreditwesengesetz und dem Zahlungsdiensteaufsichtsgesetz sollen einvernehmlich beigelegt werden. [2] Kann ein Einvernehmen nicht hergestellt werden, entscheidet das Bundesministerium im Benehmen mit der Deutschen Bundesbank.

§ 4b Beschwerden. (1) Kunden von solchen Instituten und Unternehmen, die der Aufsicht der Bundesanstalt unterliegen, und qualifizierte Einrichtungen nach § 3 Absatz 1 Satz 1 Nummer 1 des Unterlassungsklagengesetzes können wegen behaupteter Verstöße gegen Bestimmungen, deren Einhaltung die Bundesanstalt überwacht, Beschwerde bei der Bundesanstalt einlegen, sofern im jeweiligen Aufsichtsgesetz kein spezielles Beschwerdeverfahren vorgesehen ist.

(2) Die Beschwerden sind in Schrift- oder Textform bei der Bundesanstalt einzulegen und sollen den Sachverhalt sowie den Beschwerdegrund enthalten.

(3) [1] Die Bundesanstalt hat gegenüber dem Beschwerdeführer in angemessener Frist zu der Beschwerde unter Beachtung des § 11 Stellung zu nehmen. [2] Bei geeigneten Beschwerden kann die Bundesanstalt auf Möglichkeiten zur außergerichtlichen Streitbeilegung hinweisen.

(4) Die Bundesanstalt kann bei Beschwerden im Rahmen der bestehenden aufsichtsrechtlichen Auskunftsansprüche das von der Beschwerde betroffene Institut oder Unternehmen zur Stellungnahme auffordern und dieses um Mitteilung bitten, ob es mit der Übermittlung der Stellungnahme oder von Teilen der Stellungnahme an den Beschwerdeführer einverstanden ist.

§ 4c Aktenvorlage und Auskunftspflicht in verwaltungsgerichtlichen Verfahren. Für die Vorlage von Urkunden oder Akten, die Übermittlung elektronischer Dokumente oder die Erteilung von Auskünften durch die Bundesanstalt in verwaltungsgerichtlichen Verfahren ist § 99 der Verwaltungsgerichtsordnung mit der Maßgabe anzuwenden, dass an die Stelle der obersten Aufsichtsbehörde die Bundesanstalt tritt.

§ 4d Meldung von Verstößen; Verordnungsermächtigung. (1) [1] Die Bundesanstalt errichtet ein System zur Annahme von Meldungen über potentielle oder tatsächliche Verstöße gegen Gesetze, Rechtsverordnungen, Allgemeinverfügungen und sonstige Vorschriften sowie Verordnungen und Richtlinien der Europäischen Union, bei denen es die Aufgabe der Bundesanstalt ist, deren Einhaltung durch die von ihr beaufsichtigten Unternehmen und Personen sicherzustellen oder Verstöße dagegen zu ahnden. [2] Die Meldungen können auch anonym abgegeben werden.

(2) *(aufgehoben)*

(3) [1]Die Bundesanstalt macht die Identität einer Person, die eine Meldung erstattet hat, nicht bekannt, ohne zuvor die ausdrückliche Einwilligung dieser Person eingeholt zu haben. [2]Ferner gibt die Bundesanstalt die Identität einer Person, die Gegenstand einer Meldung ist, nicht preis. [3]Die Sätze 1 und 2 gelten nicht, wenn eine Weitergabe der Information im Kontext weiterer Ermittlungen oder nachfolgender Verwaltungs- oder Gerichtsverfahren auf Grund eines Gesetzes erforderlich ist oder wenn die Offenlegung durch einen Gerichtsbeschluss oder in einem Gerichtsverfahren angeordnet wird.

(4) [1]Die Bundesanstalt berichtet in ihrem Jahresbericht in abgekürzter oder zusammengefasster Form über die eingegangenen Meldungen. [2]Der Bericht lässt keine Rückschlüsse auf die beteiligten Personen oder Unternehmen zu.

(5) Das Informationsfreiheitsgesetz findet auf die Vorgänge nach dem Hinweisgeberverfahren keine Anwendung.

(6) Mitarbeiter, die bei Unternehmen und Personen beschäftigt sind, die von der Bundesanstalt beaufsichtigt werden, oder bei anderen Unternehmen oder Personen beschäftigt sind, auf die Tätigkeiten von beaufsichtigten Unternehmen oder Personen ausgelagert wurden, und die eine Meldung nach Absatz 1 abgeben, dürfen wegen dieser Meldung weder nach arbeitsrechtlichen oder strafrechtlichen Vorschriften verantwortlich gemacht noch zum Ersatz von Schäden herangezogen werden, es sei denn, die Meldung ist vorsätzlich oder grob fahrlässig unwahr abgegeben worden.

(7) [1]Die Berechtigung zur Abgabe von Meldungen nach Absatz 1 durch Mitarbeiter, die bei Unternehmen und Personen beschäftigt sind, die von der Bundesanstalt beaufsichtigt werden oder bei anderen Unternehmen oder Personen beschäftigt sind, auf die Tätigkeiten von beaufsichtigten Unternehmen oder Personen ausgelagert wurden, darf vertraglich nicht eingeschränkt werden. [2]Entgegenstehende Vereinbarungen sind unwirksam.

(8) Die Rechte einer Person, die Gegenstand einer Meldung ist, insbesondere die Rechte nach den §§ 28 und 29 des Verwaltungsverfahrensgesetzes, nach den §§ 68 bis 71 der Verwaltungsgerichtsordnung und nach den §§ 137, 140, 141 und 147 der Strafprozessordnung werden durch die Einrichtung des Systems zur Meldung von Verstößen nach Absatz 1 nicht eingeschränkt.

(9) [1]Das Bundesministerium der Finanzen kann durch Rechtsverordnung, die nicht der Zustimmung des Bundesrates bedarf, nähere Bestimmungen über Inhalt, Art, Umfang und Form der Meldung von Verstößen gegen Vorschriften der Verordnung (EU) Nr. 596/2014 des Europäischen Parlaments und des Rates vom 16. April 2014 über Marktmissbrauch (Marktmissbrauchsverordnung) und zur Aufhebung der Richtlinie 2003/6/EG des Europäischen Parlaments und des Rates und der Richtlinien 2003/124/EG, 2003/125/EG und 2004/72/EG der Kommission (ABl. L 173 vom 12.6.2014, S. 1) sowie gegen sonstige Gesetze, Rechtsverordnungen, Allgemeinverfügungen und sonstige Vorschriften sowie Verordnungen und Richtlinien der Europäischen Union nach Absatz 1, zur Konkretisierung des auf Grundlage von Artikel 32 Absatz 5 der Verordnung (EU) Nr. 596/2014 erlassenen Durchführungsrechtsakts der Europäischen Kommission erlassen. [2]Das Bundesministerium der Finanzen kann die Ermächtigung durch Rechtsverordnung auf die Bundesanstalt übertragen.

§ 4e Vorschriften über die Verarbeitung personenbezogener Daten.
(1) [1] Die Bundesanstalt ist befugt, personenbezogene Daten zu verarbeiteten, soweit dies zur Erfüllung ihrer gesetzlichen Aufgaben erforderlich ist. [2] Verarbeitet die Bundesanstalt im Zuge einer aufsichtsrechtlichen Maßnahme im Rahmen ihrer gesetzlichen Zuständigkeit nach den maßgeblichen Aufsichtsgesetzen personenbezogene Daten, stehen den betroffenen Personen die Rechte nach den Artikeln 15 bis 18 und 20 bis 22 der Verordnung (EU) 2016/679 des Europäischen Parlaments und des Rates vom 27. April 2016 zum Schutz natürlicher Personen bei der Verarbeitung personenbezogener Daten, zum freien Datenverkehr und zur Aufhebung der Richtlinie 95/46/EG (Datenschutz-Grundverordnung) (ABl. L 119 vom 4.5.2016, S. 1; L 314 vom 22.11. 2016, S. 72; L 127 vom 23.5.2018, S. 2) in der jeweils geltenden Fassung nicht zu, soweit die Erfüllung dieser Rechte der betroffenen Personen Folgendes gefährden würde:

1. die Stabilität und Integrität der Finanzmärkte der Bundesrepublik Deutschland oder eines oder mehrerer Mitgliedstaaten des Europäischen Wirtschaftsraums,
2. den Zweck der Maßnahme,
3. ein sonstiges wichtiges Ziel des allgemeinen öffentlichen Interesses der Bundesrepublik Deutschland oder eines oder mehrerer Mitgliedstaaten des Europäischen Wirtschaftsraums, insbesondere ein wichtiges wirtschaftliches oder finanzielles Interesse, oder
4. die Verhütung, Ermittlung, Aufdeckung oder Verfolgung von Straftaten oder die Strafvollstreckung, einschließlich des Schutzes vor und der Abwehr von Gefahren für die öffentliche Sicherheit.

[3] Unter diesen Voraussetzungen ist die Bundesanstalt auch von den Pflichten nach den Artikeln 5, 12 bis 14, 19 und 34 der Verordnung (EU) 2016/679 befreit. [4] Die Sätze 2 und 3 gelten entsprechend für Personen und Einrichtungen, derer sich die Bundesanstalt bei der Durchführung ihrer Aufgaben bedient, sowie für die Deutsche Bundesbank. [5] § 4 Absatz 3 bis 5 des Sanierungs- und Abwicklungsgesetzes bleibt unberührt.

(2) Die jeweils betroffene Person ist über das Ende der Beschränkung in geeigneter Form zu unterrichten, sofern dies nicht dem Zweck der Beschränkung abträglich ist.

(3) [1] Wird der betroffenen Person in den Fällen des Absatzes 1 Satz 2 bis 4 keine Auskunft erteilt, so ist auf ihr Verlangen dem Bundesbeauftragten für den Datenschutz und die Informationsfreiheit die Auskunft zu erteilen, soweit nicht im Einzelfall festgestellt wird, dass dadurch die öffentliche Sicherheit des Bundes oder eines Landes oder die Stabilität und Integrität der Finanzmärkte gefährdet würde. [2] Die Mitteilung der oder des Bundesbeauftragen an die betroffene Person über das Ergebnis der datenschutzrechtlichen Prüfung darf keine Rückschlüsse auf den Erkenntnisstand der Bundesanstalt, der Personen und Einrichtungen, deren sich die Bundesanstalt bei der Durchführung ihrer Aufgaben bedient, sowie der Deutschen Bundesbank zulassen, sofern diese nicht einer weitergehenden Auskunft zustimmen.

(4) Soweit Personen, Institute und Unternehmen personenbezogene Daten für aufsichtsrechtliche Zwecke an die Bundesanstalt, die Personen und Einrichtungen, deren sich die Bundesanstalt bei der Durchführung ihrer Aufgaben bedient, oder die Deutsche Bundesbank übermitteln oder diese von dort von

Personen, Instituten und Unternehmen erhoben werden, bestehen die Pflichten dieser Personen, Institute und Unternehmen zur Information der betroffenen Person nach Artikel 13 Absatz 3 und Artikel 14 Absatz 4 der Verordnung (EU) 2016/679 und das Recht auf Auskunft der betroffenen Person nach Artikel 15 der Verordnung (EU) 2016/679 nicht.

Zweiter Abschnitt. Organisation

§ 5 Organe, Satzung. (1) Organe der Bundesanstalt sind das Direktorium, der Präsident oder die Präsidentin und der Verwaltungsrat.

(2) Aufgaben und Befugnisse der Organe bestimmt die Satzung der Bundesanstalt, soweit sie nicht durch dieses Gesetz geregelt sind.

(3) [1] Das Bundesministerium wird ermächtigt, die Satzung der Bundesanstalt durch Rechtsverordnung zu erlassen. [2] Die Satzung kann vom Bundesministerium durch Rechtsverordnung im Benehmen mit dem Verwaltungsrat geändert werden. [3] In die Satzung sind insbesondere Bestimmungen aufzunehmen über

1. den Aufbau und die Organisation der Bundesanstalt,
2. die Rechte und Pflichten der Organe der Bundesanstalt,
3. die Einzelheiten der Bestellung und Abberufung der Mitglieder des Verwaltungsrats und des Anhörungsrechts der Verbände der Kredit- und Versicherungswirtschaft sowie der Kapitalverwaltungsgesellschaften,
4. die Einzelheiten der Bestellung und Abberufung der Mitglieder des Fachbeirats und des Verbraucherbeirats,
5. die Haushaltsführung sowie die Rechnungslegung der Bundesanstalt.

§ 6 Leitung. (1) [1] Die Bundesanstalt wird durch das Direktorium gesamtverantwortlich geleitet und verwaltet. [2] Das Direktorium besteht aus einem Präsidenten oder einer Präsidentin sowie fünf Exekutivdirektoren oder Exekutivdirektorinnen, von denen einer oder eine als Vizepräsident oder Vizepräsidentin ständiger Vertreter oder ständige Vertreterin des Präsidenten oder der Präsidentin ist. [3] Das Direktorium beschließt einstimmig ein Organisationsstatut, welches die Zuständigkeiten und Aufgaben innerhalb des Direktoriums festlegt. [4] Das Organisationsstatut sowie deren Änderungen sind dem Bundesministerium zur Genehmigung vorzulegen.

(2) [1] Das Direktorium berät unter dem Vorsitz des Präsidenten oder der Präsidentin. [2] Es fasst seine Beschlüsse – auch im Falle von Meinungsverschiedenheiten – mit einfacher Mehrheit der abgegebenen Stimmen. [3] Bei Stimmengleichheit gibt die Stimme des Präsidenten oder der Präsidentin den Ausschlag. [4] Das Direktorium regelt die innere Organisation der Bundesanstalt durch eine Geschäftsordnung. [5] Über die Geschäftsordnung und deren Änderungen, die der Genehmigung des Bundesministeriums bedürfen, beschließt das Direktorium einstimmig.

(3) [1] Der Präsident oder die Präsidentin bestimmt die strategische Ausrichtung der Bundesanstalt als Allfinanzaufsicht national und international. [2] Im Rahmen dieser Vorgaben obliegt den Exekutivdirektoren und Exekutivdirektorinnen die Verantwortung für ihren Geschäftsbereich.

(4) Zur Wahrnehmung der gesetzlichen Aufgaben der Bundesanstalt werden fünf Geschäftsbereiche eingerichtet: Innere Verwaltung und Recht, Banken-

aufsicht, Versicherungs- und Pensionsfondsaufsicht, Wertpapieraufsicht/Asset-Management sowie Abwicklung.

(5) Der Präsident oder die Präsidentin vertritt die Bundesanstalt gerichtlich und außergerichtlich.

§ 7 Verwaltungsrat. (1) [1] Bei der Bundesanstalt wird ein Verwaltungsrat gebildet. [2] Der Verwaltungsrat überwacht die Geschäftsführung der Bundesanstalt und unterstützt diese bei der Erfüllung ihrer Aufgaben. [3] Der Präsident oder die Präsidentin hat den Verwaltungsrat regelmäßig über die Geschäftsführung der Bundesanstalt zu unterrichten. [4] Die Exekutivdirektoren und Exekutivdirektorinnen haben über ihre Aufgabenbereiche zu berichten.

(2) Der Verwaltungsrat gibt sich eine Geschäftsordnung.

(3) [1] Der Verwaltungsrat besteht aus

1. dem Vorsitzenden, seinem Stellvertreter und einem weiteren Mitglied, die vom Bundesministerium der Finanzen entsandt werden, und
2. folgenden 14 weiteren Mitgliedern:
   a) einem Vertreter des Bundesministeriums für Wirtschaft und Energie,
   b) zwei Vertretern des Bundesministeriums der Justiz und für Verbraucherschutz,
   c) fünf Mitgliedern des Deutschen Bundestages und
   d) sechs Personen mit beruflicher Erfahrung oder besonderen Kenntnissen auf dem Gebiet des Kredit-, Finanzdienstleistungs-, Zahlungsdienste-, Investment-, Versicherungs-, Wertpapier- oder Bilanzwesens, die jedoch nicht der Bundesanstalt angehören dürfen.

[2] Die Deutsche Bundesbank kann mit einem Vertreter ohne Stimmrecht an den Sitzungen des Verwaltungsrats teilnehmen. [3] Das gleiche Teilnahmerecht haben der Vorsitz des Personalrats der Bundesanstalt und seine Stellvertreter.

(4) [1] Die Beschlüsse des Verwaltungsrats erfolgen mit einfacher Mehrheit. [2] Bei Stimmengleichheit entscheidet die Stimme des Vorsitzenden.

(5) [1] Die Mitglieder des Verwaltungsrats werden durch das Bundesministerium bestellt. [2] Für den Fall der Verhinderung des Vorsitzenden, seines Stellvertreters oder des weiteren Mitglieds des Verwaltungsrats nach Absatz 3 Satz 1 Nummer 1 bestellt das Bundesministerium der Finanzen zwei weitere stellvertretende Mitglieder des Verwaltungsrats. [3] Für jedes Mitglied des Verwaltungsrats nach Absatz 3 Satz 1 Nummer 2 Buchstabe a bis c ist für den Fall seiner Verhinderung ein Stellvertreter zu benennen und durch das Bundesministerium zu bestellen. [4] Die Mitglieder des Verwaltungsrats müssen die Voraussetzungen für die Wählbarkeit zum Deutschen Bundestag erfüllen. [5] Vor Bestellung der Mitglieder nach Absatz 3 Satz 1 Nummer 2 Buchstabe d sind die Verbände der Kredit- und Versicherungswirtschaft sowie der Kapitalverwaltungsgesellschaften anzuhören. [6] Für drei dieser Mitglieder können die Verbände namentliche Vorschläge unterbreiten, die die Voraussetzungen des Absatzes 3 Satz 1 Nummer 2 Buchstabe d erfüllen müssen.

(6) [1] Die Abgeordneten des Deutschen Bundestages werden vom Deutschen Bundestag vorgeschlagen und für die Dauer der Wahlperiode des Deutschen Bundestages berufen. [2] Sie bleiben nach Beendigung der Wahlperiode noch so lange im Amt, bis die neuen Mitglieder ernannt worden sind.

(7) [1]Die Wiederberufung ist möglich. [2]Die Mitglieder können durch schriftliche Erklärung gegenüber der Bundesregierung auf ihre Mitgliedschaft verzichten und ihr Amt niederlegen. [3]Eine Abberufung erfolgt, wenn die Voraussetzungen der Berufung nicht mehr gegeben sind oder sonst ein wichtiger Grund in der Person des Mitglieds vorliegt, in diesem Fall jedoch nur nach Anhörung der entsendenden Institution.

(8) [1]Scheidet ein Mitglied aus, so ist unverzüglich an seine Stelle ein neues Mitglied zu berufen. [2]Bis zur Ernennung eines neuen Mitglieds und bei einer vorübergehenden Verhinderung des Mitglieds übernimmt der ernannte Stellvertreter die Aufgaben. [3]Die Absätze 1 bis 8 finden auf die stellvertretenden Mitglieder entsprechende Anwendung.

§ 8 Fachbeirat. (1) [1]Bei der Bundesanstalt wird ein Fachbeirat gebildet. [2]Er berät die Bundesanstalt bei der Erfüllung ihrer Aufgaben. [3]Er kann auch Empfehlungen zur allgemeinen Weiterentwicklung der Aufsichtspraxis einbringen.

(2) [1]Der Fachbeirat besteht aus 24 Mitgliedern. [2]Die Mitglieder des Fachbeirats werden durch das Bundesministerium bestellt. [3]Im Fachbeirat sollen die Finanzwissenschaft, die Kredit- und Versicherungswirtschaft, die Deutsche Bundesbank und die Verbraucherschutzvereinigungen angemessen vertreten sein.

(3) [1]Der Fachbeirat wählt aus seinem Kreis einen Vorsitzenden. [2]Der Fachbeirat gibt sich eine Geschäftsordnung.

§ 8a Verbraucherbeirat. (1) [1]Bei der Bundesanstalt wird ein Verbraucherbeirat gebildet. [2]Er berät die Bundesanstalt aus Verbrauchersicht bei der Erfüllung ihrer Aufsichtsaufgaben.

(2) [1]Der Verbraucherbeirat besteht aus zwölf Mitgliedern. [2]Die Mitglieder des Verbraucherbeirats werden durch das Bundesministerium bestellt. [3]Im Verbraucherbeirat sollen die Wissenschaft, Verbraucher- und Anlegerschutzorganisationen, Mitarbeiter außergerichtlicher Streitschlichtungssysteme sowie das Bundesministerium der Justiz und für Verbraucherschutz angemessen vertreten sein.

(3) [1]Der Verbraucherbeirat wählt aus seinem Kreis einen Vorsitzenden. [2]Der Verbraucherbeirat gibt sich eine Geschäftsordnung.

Dritter Abschnitt. Personal

§ 9 Rechtsstellung der Mitglieder des Direktoriums. (1) [1]Die Mitglieder des Direktoriums stehen in einem öffentlich-rechtlichen Amtsverhältnis zum Bund. [2]Sie müssen besondere fachliche Eignung besitzen und werden auf Vorschlag der Bundesregierung durch den Bundespräsidenten ernannt. [3]Die Mitglieder des Direktoriums werden für acht Jahre, ausnahmsweise auch für kürzere Zeit, mindestens jedoch für fünf Jahre bestellt. [4]Wiederbestellung ist zulässig.

(2) [1]Das Amtsverhältnis der Mitglieder des Direktoriums beginnt mit der Aushändigung der Ernennungsurkunde, wenn nicht in der Urkunde ein späterer Tag bestimmt ist. [2]Es endet mit Ablauf der Amtszeit oder mit der Entlassung. [3]Der Bundespräsident entlässt ein Mitglied des Direktoriums auf dessen Verlangen oder auf Beschluss der Bundesregierung aus wichtigem Grund. [4]Vor der Beschlussfassung der Bundesregierung ist dem Mitglied des Direktoriums

Gelegenheit zur Stellungnahme zu geben. [5] Im Falle der Beendigung des Amtsverhältnisses erhält das Mitglied des Direktoriums eine von dem Bundespräsidenten vollzogene Urkunde. [6] Die Entlassung auf Verlangen wird mit der Aushändigung der Urkunde wirksam, wenn in ihr nicht ausdrücklich ein späterer Tag bestimmt ist. [7] Die Entlassung aus wichtigem Grund wird mit dem Vollzug des Beschlusses der Bundesregierung wirksam, wenn sie sie nicht ausdrücklich für einen späteren Tag beschließt.

(3) [1] Die Mitglieder des Direktoriums leisten vor dem Bundesminister der Finanzen folgenden Eid: „Ich schwöre, das Grundgesetz für die Bundesrepublik Deutschland und alle in der Bundesrepublik Deutschland geltenden Gesetze zu wahren und meine Amtspflichten gewissenhaft zu erfüllen, so wahr mir Gott helfe." [2] Der Eid kann auch ohne religiöse Beteuerung geleistet werden.

(4) [1] Die Mitglieder des Direktoriums dürfen ohne Zustimmung des Bundesministeriums der Finanzen neben ihrem Amt kein anderes besoldetes Amt, kein Gewerbe und keinen Beruf ausüben und weder der Leitung eines auf Erwerb gerichteten Unternehmens noch einem Aufsichtsrat, Verwaltungsrat, Beirat oder einem anderen Gremium eines öffentlichen oder privaten Unternehmens, noch einer Regierung oder einer gesetzgebenden Körperschaft des Bundes oder eines Landes angehören. [2] Sie dürfen ohne Zustimmung des Bundesministeriums der Finanzen nicht gegen Entgelt außergerichtliche Gutachten erstellen. [3] Die Zustimmung des Bundesministeriums der Finanzen ist unter den in § 99 Absatz 2 des Bundesbeamtengesetzes genannten Voraussetzungen zu versagen.

(5) [1] Die §§ 67 bis 69 und 71 des Bundesbeamtengesetzes gelten entsprechend. [2] An die Stelle der obersten Dienstbehörde tritt das Bundesministerium der Finanzen.

(6) [1] Im Übrigen werden die Rechtsverhältnisse der Mitglieder des Direktoriums durch Verträge geregelt, die das Bundesministerium der Finanzen mit den Mitgliedern des Direktoriums schließt. [2] Die Verträge bedürfen der Zustimmung der Bundesregierung.

(7) [1] Wird ein Bundesbeamter zum Mitglied des Direktoriums ernannt, scheidet er mit Beginn des Amtsverhältnisses aus dem bisherigen Amt aus. [2] Für die Dauer des Amtsverhältnisses ruhen die Rechte und Pflichten aus dem Beamtenverhältnis. [3] Dies gilt nicht für die Pflicht zur Amtsverschwiegenheit und das Verbot der Annahme von Belohnungen oder Geschenken. [4] Satz 2 gilt längstens bis zum Eintritt oder bis zur Versetzung in den Ruhestand.

(8) [1] Endet das Amtsverhältnis nach Absatz 1 Satz 1 und wird die oder der Betroffene nicht anschließend in ein anderes öffentlich-rechtliches Amtsverhältnis zum Bund berufen, treten Beamtinnen und Beamte, wenn ihnen nicht innerhalb von drei Monaten unter den Voraussetzungen des § 28 Absatz 2 des Bundesbeamtengesetzes oder vergleichbarer landesgesetzlicher Regelungen ein anderes Amt übertragen wird, mit Ablauf dieser Frist aus ihrem Dienstverhältnis als Beamte in den einstweiligen Ruhestand, sofern sie zu diesem Zeitpunkt noch nicht die gesetzliche Altersgrenze erreicht haben. [2] Im Übrigen gelten die Vorschriften des Bundesbeamtengesetzes zum einstweiligen Ruhestand. [3] Sie erhalten ein Ruhegehalt, das sie in ihrem früheren Amt unter Hinzurechnung der Zeit des Amtsverhältnisses nach Absatz 1 Satz 1 erdient hätten. [4] Die Zeit des Amtsverhältnisses nach Absatz 1 Satz 1 ist auch ruhegehaltfähig, wenn der Beamtin oder dem Beamten nach Satz 1 ein anderes Amt in einem Beamten-

verhältnis zum Bund übertragen wird. [5]Für die beamteten Mitglieder des Direktoriums gilt § 107b des Beamtenversorgungsgesetzes entsprechend. [6]Eine vertragliche Versorgungsregelung nach Absatz 6 bleibt unberührt. [7]Die Ruhens- und Anrechnungsvorschriften des Beamtenversorgungsgesetzes sind sinngemäß anzuwenden.

(9) Die Absätze 7 und 8 gelten für Richter oder Richterinnen und für Berufssoldaten oder Berufssoldatinnen entsprechend.

§ 9a Beamte. (1) Der Bundesanstalt wird das Recht verliehen, Beamte zu haben.

(2) [1]Der Präsident ernennt die Beamten der Besoldungsgruppen A 2 bis A 16 der Besoldungsordnung A. [2]Der Bundespräsident ernennt die übrigen Beamten.

(3) [1]Für die Beamten ist oberste Dienstbehörde der Präsident oder die Präsidentin. [2]Der Präsident oder die Präsidentin kann seine oder ihre Befugnisse nach diesem Absatz auf ein oder mehrere Mitglieder des Direktoriums übertragen.

§ 10 Angestellte, Arbeiter und Auszubildende. (1) Auf die Angestellten, Arbeiter und Auszubildenden der Bundesanstalt sind die für Arbeitnehmer und Auszubildende des Bundes jeweils geltenden Tarifverträge und sonstigen Bestimmungen anzuwenden.

(2) [1]Angestellte können mit Zustimmung des Verwaltungsrats auch oberhalb der höchsten tarifvertraglichen Vergütungsgruppe in einem außertariflichen Angestelltenverhältnis beschäftigt werden, soweit dies für die Durchführung der Aufgaben erforderlich ist. [2]Satz 1 gilt für die sonstige Gewährung von über- oder außertariflichen Leistungen entsprechend.

§ 10a Stellenzulage. (1) Die bei der Bundesanstalt verwendeten Beamten erhalten eine nicht ruhegehaltfähige Stellenzulage in Höhe von 80 Prozent der Zulage nach Vorbemerkung Nummer 7 der Anlage I (Bundesbesoldungsordnungen A und B) des Bundesbesoldungsgesetzes.

(2) Die Bundesanstalt kann den Tarifbeschäftigten der Bundesanstalt mit Zustimmung des Bundesministeriums der Finanzen und des Bundesministeriums des Innern, für Bau und Heimat außertariflich eine entsprechende Zulage gewähren.

§ 10b Personalgewinnungszuschlag. Die Bundesanstalt kann durch Beschluss des Direktoriums mit Zustimmung des Verwaltungsrats von § 43 Absatz 11 des Bundesbesoldungsgesetzes abweichen.

§ 11 Verschwiegenheitspflicht. [1]Die Verschwiegenheitspflicht der Beschäftigten der Bundesanstalt in Bezug auf Tatsachen, die ihnen bei ihrer Tätigkeit bekannt geworden sind, bestimmt sich nach den aufsichtsrechtlichen Bestimmungen, auf Grund deren der einzelne Beschäftigte tätig geworden ist. [2]Satz 1 gilt für die Mitglieder des Verwaltungsrats und der Beiräte hinsichtlich der ihnen bei Wahrnehmung ihrer Aufgaben bekannt gewordenen Tatsachen entsprechend.

Vierter Abschnitt. Haushaltsplan, Rechnungslegung, Deckung des Verwaltungsaufwands

§ 12 Haushaltsplan, Rechnungslegung. (1) [1]Die Bundesanstalt weist die in ihrem Verwaltungsbereich voraussichtlich zu erwartenden Einnahmen und zu leistenden Ausgaben in einem Haushaltsplan einschließlich eines Stellenplans aus. [2]Haushaltsjahr ist das Kalenderjahr. [3]Auf Zahlungen, die Buchführung und die Rechnungslegung sind die für die bundesunmittelbaren juristischen Personen geltenden Bestimmungen der Bundeshaushaltsordnung anzuwenden.

(1a) [1]Bei der Aufstellung des Haushaltsplans beachtet die Bundesanstalt insbesondere in Bezug auf den Stellenplan im besonderen Maße die Grundsätze der Wirtschaftlichkeit und Sparsamkeit. [2]Die Erforderlichkeit der im Haushaltsplan ausgebrachten Planstellen und sonstigen Stellen ist bei gegebenem Anlass, im Übrigen regelmäßig zu überprüfen. [3]Dabei sind insbesondere Art und Umfang der Aufgabenerledigung zu überprüfen.

(2) [1]Der Haushaltsplan wird vom Direktorium aufgestellt. [2]Das Direktorium hat dem Verwaltungsrat den Entwurf des Haushaltsplans unverzüglich vorzulegen. [3]Der Haushaltsplan wird durch den Verwaltungsrat festgestellt.

(3) [1]Nach Ende des Haushaltsjahres hat das Direktorium eine Rechnung über die Einnahmen und Ausgaben der Bundesanstalt aufzustellen. [2]Die Entlastung erteilt der Verwaltungsrat mit Zustimmung des Bundesministeriums.

(4) [1]Ergibt die Rechnung einen Überschuss, kann dieser mit Zustimmung des Verwaltungsrats auf das folgende Haushaltsjahr übertragen werden. [2]Anstelle der Übertragung kann in Höhe des Überschusses eine Rücklage für zukünftige Investitionsvorhaben gebildet werden. [3]Die Bildung der Rücklage bedarf zu ihrer Wirksamkeit der Zustimmung des Verwaltungsrats.

(5) [1]Die Prüfung der Rechnung und der Haushalts- und Wirtschaftsführung ist unbeschadet einer Prüfung des Bundesrechnungshofs nach § 111 der Bundeshaushaltsordnung von der in der Satzung bestimmten Stelle vorzunehmen. [2]Die Ergebnisse der Prüfung sind dem Direktorium, dem Verwaltungsrat und dem Bundesministerium sowie dem Bundesrechnungshof zuzuleiten.

§ 13 Deckung der Kosten der Aufsicht. (1) [1]Die Bundesanstalt deckt ihre Kosten, einschließlich der Kosten, mit denen die Deutsche Bundesbank die Bundesanstalt nach § 15 Abs. 2 belastet, aus eigenen Einnahmen nach Maßgabe der §§ 14 bis 16 und den sonstigen eigenen Einnahmen, soweit in den §§ 17a bis 17d nichts anderes bestimmt ist. [2]Bußgelder bleiben unberücksichtigt.

(2) [1]Der Bund leistet die zur Aufrechterhaltung einer ordnungsgemäßen Kassenwirtschaft notwendigen Liquiditätshilfen als verzinsliches Darlehen nach Maßgabe des Haushaltsgesetzes. [2]Die Höhe des Zinssatzes wird durch Vereinbarung zwischen dem Bund und der Bundesanstalt festgelegt. [3]Das Darlehen ist so bald wie möglich zurückzuzahlen, spätestens jedoch mit dem Ende des Haushaltsjahres.

Fünfter Abschnitt. Gebühren und Umlage, Zwangsmittel, Bekanntgabe von Allgemeinverfügungen

§ 14 Gebühren für individuell zurechenbare öffentliche Leistungen. (1) Die Bundesanstalt kann für individuell zurechenbare öffentliche Leistungen im Rahmen der ihr zugewiesenen Aufgaben Gebühren in Höhe von bis zu 500 000 Euro erheben, soweit nicht die für die Bundesanstalt geltenden Gesetze besondere Gebührenregelungen enthalten, nach § 15 eine gesonderte Erstattung von Kosten vorgesehen ist oder eine gesonderte Finanzierung nach Maßgabe der §§ 17a bis 17d stattfindet.

(2) [1] Das Bundesministerium wird ermächtigt, durch Rechtsverordnung die gebührenpflichtigen Tatbestände und die Gebühren nach Maßgabe des Absatzes 1 durch feste Sätze oder Rahmensätze und durch Regelungen über Erhöhungen, Ermäßigungen und Befreiungen für bestimmte Arten von individuell zurechenbaren öffentlichen Leistungen näher zu bestimmen. [2] Dabei kann von § 23 Absatz 5 Satz 1 und 2 des Bundesgebührengesetzes abgewichen werden. [3] Die Gebührensätze sind so zu bemessen, dass zwischen der den Verwaltungsaufwand berücksichtigenden Höhe und der Bedeutung, dem wirtschaftlichen Wert oder dem sonstigen Nutzen der individuell zurechenbaren öffentlichen Leistung ein angemessenes Verhältnis besteht. [4] Das Bundesministerium kann die Ermächtigung zum Erlass der Rechtsverordnung nach Satz 1 durch Rechtsverordnung auf die Bundesanstalt übertragen.

(3) In der Rechtsverordnung nach Absatz 2 kann bestimmt werden, dass sie auch auf die bei ihrem Inkrafttreten anhängigen Verwaltungsverfahren anzuwenden ist, soweit in diesem Zeitpunkt die Gebühr nicht bereits festgesetzt ist.

§ 15 Gesonderte Erstattung; Verordnungsermächtigung. (1) [1] Die Kosten, die der Bundesanstalt entstehen

1. durch die Bestellung eines Abwicklers nach § 37 Abs. 1 Satz 2, § 38 Abs. 2 Satz 2 oder 4 des Kreditwesengesetzes oder einer Aufsichtsperson nach § 46 Abs. 1 Satz 2 des Kreditwesengesetzes, durch eine Bekanntmachung nach § 32 Abs. 4, § 37 Abs. 1 Satz 3 oder § 38 Abs. 3 des Kreditwesengesetzes, durch eine auf Grund des § 44 Abs. 1 oder 2, § 44b Abs. 2 oder § 44c Abs. 2 auch in Verbindung mit Maßnahmen nach § 44c Abs. 3 oder 4 des Kreditwesengesetzes vorgenommene Prüfung,

1a. durch eine auf Grund des § 4 Nummer 3 der KfW-Verordnung in Verbindung mit § 44 Absatz 1 oder Absatz 2 des Kreditwesengesetzes vorgenommene Prüfung,

1b. durch vor Ort im Auftrag der Europäischen Zentralbank nach Artikel 12 der Verordnung (EU) Nr. 1024/13 vorgenommene Prüfungshandlungen, soweit diese Kosten nicht durch die Europäische Zentralbank abgerechnet werden,

2. durch eine auf Grund des § 88 Absatz 1 oder § 89 Absatz 5 des Wertpapierhandelsgesetzes vorgenommene Prüfung,

3. auf Grund einer nach § 44 Abs. 3 des Kreditwesengesetzes vorgenommenen Prüfung der Richtigkeit der für die Zusammenfassung nach § 10a Absatz 4 und 5 und § 25 Abs. 2 des Kreditwesengesetzes sowie nach Artikel 11 der Verordnung (EU) Nr. 575/2013 des Europäischen Parlaments und des

Rates vom 26. Juni 2013 über Aufsichtsanforderungen an Kreditinstitute und Wertpapierfirmen und zur Änderung der Verordnung (EU) Nr. 646/2012 (ABl. L 176 vom 27.6.2013, S. 1) übermittelten Daten,

4. durch die Bestellung eines Abwicklers nach § 308 Absatz 1 Satz 2, durch eine auf Grund des § 306 Absatz 1 Nummer 1, 2 oder 3, auch in Verbindung mit § 306 Absatz 2, oder des § 306 Absatz 4 auch in Verbindung mit Maßnahmen nach § 306 Absatz 5 und 6 jeweils auch in Verbindung mit § 1 Absatz 3 und 4 Satz 1, § 65 Absatz 2 und 3, § 67 Absatz 2, § 225 Satz 3 oder § 237 Absatz 1 des Versicherungsaufsichtsgesetzes vorgenommene Prüfung,
5. durch die Bestellung oder Abberufung eines Verwalters nach § 22e des Kreditwesengesetzes,
6. durch die Beantragung der Bestellung oder Abberufung eines Sachwalters nach § 22l oder § 22o des Kreditwesengesetzes,
7. durch
   a) die Bestellung eines Abwicklers nach § 39 Absatz 4 des Kapitalanlagegesetzbuchs in Verbindung mit § 38 Absatz 2 Satz 2 oder 3 des Kreditwesengesetzes,
   b) eine Bekanntmachung nach § 21 Absatz 4 oder § 22 Absatz 5 oder § 39 Absatz 4 des Kapitalanlagegesetzbuchs in Verbindung mit § 38 Absatz 3 des Kreditwesengesetzes,
   c) die Bestellung eines Abwicklers nach § 15 des Kapitalanlagegesetzbuchs,
   d) eine Prüfung, die auf Grund des § 14 des Kapitalanlagegesetzbuchs in Verbindung mit § 44 Absatz 1 oder § 44b Absatz 2 des Kreditwesengesetzes vorgenommen wird,
8. durch eine auf Grund des § 50 des Einlagensicherungsgesetzes oder des § 7 Absatz 3 Satz 4 des Anlegerentschädigungsgesetzes in Verbindung mit § 44 Absatz 1 des Kreditwesengesetzes, auch in Verbindung mit § 6 Absatz 3 Satz 3 des Anlegerentschädigungsgesetzes vorgenommene Prüfung,
9. *(aufgehoben)*
10. durch
    a) die Bestellung eines Abwicklers nach § 7 Absatz 1 Satz 2 des Zahlungsdiensteaufsichtsgesetzes, nach § 13 Absatz 3 Satz 1 des Zahlungsdiensteaufsichtsgesetzes in Verbindung mit § 38 Abs. 2 Satz 2 oder 4 des Kreditwesengesetzes, nach *§ 26 Abs. 3 oder 4*[1], jeweils in Verbindung mit § 7 Absatz 1 Satz 2 des Zahlungsdiensteaufsichtsgesetzes, oder einer Aufsichtsperson nach § 21 Absatz 2 Satz 2 Nummer 3 des Zahlungsdiensteaufsichtsgesetzes,
    b) eine Bekanntmachung nach § 7 Absatz 1 Satz 3, nach § 39 Absatz 3 oder 4, jeweils in Verbindung mit § 7 Absatz 1 Satz 3 oder eine Bekanntmachung nach § 13 Absatz 4 des Zahlungsdiensteaufsichtsgesetzes,
    c) eine Prüfung, die vorgenommen wurde auf Grund
       aa) des § 8 Absatz 2, auch in Verbindung mit Maßnahmen nach Abs. 3 oder 4 oder des § 19 Absatz 1 Satz 2 des Zahlungsdiensteaufsichtsgesetzes,

---

[1] Amtliche Anpassung durch G v. 17.7.2017 (BGBl. I S. 2446) wohl übersehen: „§ 39 Absatz 3 oder 4".

bb) des § 39 Absatz 3 oder 4, jeweils in Verbindung mit § 8 Absatz 2, 3 oder 4 oder § 19 Absatz 1 Satz 2 des Zahlungsdiensteaufsichtsgesetzes,

11. durch Maßnahmen nach dem Sanierungs- und Abwicklungsgesetz, dem Restrukturierungsfondsgesetz oder der Verordnung (EU) Nr. 806/2014 des Europäischen Parlaments und des Rates vom 15. Juli 2014 zur Festlegung einheitlicher Vorschriften und eines einheitlichen Verfahrens für die Abwicklung von Kreditinstituten und bestimmten Wertpapierfirmen im Rahmen eines einheitlichen Abwicklungsmechanismus und eines einheitlichen Abwicklungsfonds sowie zur Änderung der Verordnung (EU) Nr. 1093/2010 (ABl. L 225 vom 30.7.2014, S. 1, L 101 vom 18.4.2015, S. 62)

sind in den Fällen der Nummern 1, 1b, 2, 4, 7 und 9 bis 11 von dem betroffenen Unternehmen, im Fall der Nummer 1a von der Kreditanstalt für Wiederaufbau, in den Fällen der Nummer 3 von dem zur Zusammenfassung verpflichteten Unternehmen, in den Fällen der Nummer 5 von dem registerführenden Unternehmen, in den Fällen der Nummer 6 von den in § 22n Abs. 4 Satz 2 und 3 des Kreditwesengesetzes genannten Unternehmen und in den Fällen der Nummer 8 von den betroffenen Einrichtungen der Bundesanstalt gesondert zu erstatten. [2] Zu den Kosten nach Satz 1 gehören auch die Kosten, mit denen die Bundesanstalt von der Deutschen Bundesbank und anderen Behörden, die im Rahmen solcher Maßnahmen für die Bundesanstalt oder im Rahmen des einheitlichen Aufsichtsmechanismus im Sinne des Artikels 2 Nummer 9 der Verordnung (EU) Nr. 1024/2013 im Auftrag der Europäischen Zentralbank tätig werden, belastet wird, sowie die Kosten für den Einsatz eigener Mitarbeiter.

(2) [1] Die Bundesanstalt hat der Deutschen Bundesbank und den anderen Behörden, die im Rahmen des Absatzes 1 für sie oder im Rahmen des einheitlichen Aufsichtsmechanismus im Sinne des Artikels 2 Nummer 9 der Verordnung (EU) Nr. 1024/2013 im Auftrag der Europäischen Zentralbank tätig werden, den Personal- und Sachaufwand zu ersetzen. [2] Die Höhe des Erstattungsbetrags, insbesondere die Stundensätze für den Einsatz von Mitarbeitern dieser Behörden, bestimmen sich nach Erstattungsrichtlinien, die das Bundesministerium erlässt.

(3) Für die Festsetzung der Kostenerstattung, die Verpflichtung zur Erstattung der Kostenschuld, die Entstehung der Pflicht zur Kostenerstattung, ihre Fälligkeit sowie die Vorschusszahlung und Sicherheitsleistung gelten die §§ 4, 6, 13 Absatz 1 sowie die §§ 14 und 15 des Bundesgebührengesetzes vorbehaltlich der Absätze 4 und 5 entsprechend.

(4) [1] Abweichend von § 4 des Bundesgebührengesetzes entsteht die Pflicht zur Kostenerstattung in den Fällen des Absatzes 1 Satz 1 Nummer 11 bei laufenden Überwachungs- und sonstigen laufenden Maßnahmen, die sich voraussichtlich über einen längeren Zeitraum als ein Jahr erstrecken, jährlich bis zum 31. März des Kalenderjahres, es sei denn, die Bundesanstalt legt einen anderen Zeitpunkt fest. [2] Abweichend von § 6 des Bundesgebührengesetzes ist zur Erstattung von Kosten in den Fällen des Absatzes 1 Satz 1 Nummer 11 auch derjenige verpflichtet, für den eine Verpflichtung zur Kostenerstattung gesetzlich oder hoheitlich angeordnet ist.

(5) [1] Abweichend von § 15 Absatz 1 des Bundesgebührengesetzes kann die Bundesanstalt von einem Kostenschuldner in den Fällen des Absatzes 1 Satz 1

die Zahlung eines Vorschusses oder die Leistung einer Sicherheit bis zur Höhe der voraussichtlich zu erstattenden Kosten auch bei solchen Maßnahmen verlangen, die nicht auf Antrag vorgenommen werden. [2] In den Fällen des Absatzes 1 Satz 1 Nummer 11 können bei Maßnahmen, die sich über einen längeren Zeitraum erstrecken, auch mehrfach Vorschüsse oder Sicherheitsleistungen verlangt werden.

(6) Zu den zu erstattenden Kosten gehören auch solche Kosten, die in Vorbereitung oder während der Laufzeit einer Maßnahme oder anlässlich ihrer Beendigung entstehen.

(7) [1] Die Bundesanstalt kann in den Fällen des Absatzes 1 Satz 1 Nummer 11 die Erstattung von Kosten ebenfalls von demjenigen verlangen, der die Pflicht zur Kostenerstattung durch Verpflichtungserklärung oder Vertrag übernommen hat. [2] In diesen Fällen bestimmen sich das Verlangen der Kostenerstattung, die Entstehung der Pflicht zur Kostenerstattung, die Fälligkeit der Kostenerstattung und die Pflicht zur Zahlung eines Vorschusses oder zur Leistung einer Sicherheit nach dieser Verpflichtungserklärung oder diesem Vertrag.

(8) [1] Die zu erstattenden Kosten nach Absatz 1 Satz 1 Nummer 11 können in Form von Kostenpauschalen berechnet werden. [2] Das Nähere regelt die Rechtsverordnung nach Absatz 9.

(9) [1] Das Bundesministerium wird ermächtigt, Einzelheiten der gesonderten Erstattung durch eine Rechtsverordnung zu bestimmen. [2] Soweit die Rechtsverordnung Regelungen zu den Kostenpauschalen nach Absatz 8 enthält, ist zwischen einzelnen Maßnahmen und Tätigkeiten zu unterscheiden.

§ 16 Umlage. Soweit die Kosten der Bundesanstalt nicht durch Gebühren, gesonderte Erstattungen nach § 15 oder sonstige Einnahmen gedeckt werden, sind sie unter Berücksichtigung von Fehlbeträgen, nicht eingegangenen Beträgen und Überschüssen der Vorjahre anteilig auf die Kreditinstitute, Finanzdienstleistungs-, Zahlungs- und E-Geld-Institute, die Kreditanstalt für Wiederaufbau, die Kapitalverwaltungsgesellschaften, extern verwalteten OGAW-Investmentaktiengesellschaften, Versicherungsunternehmen, Wertpapierdienstleistungsunternehmen und Emittenten mit Sitz im Inland, deren Wertpapiere an einer inländischen Börse zum Handel zugelassen oder in den Freiverkehr einbezogen sind, sowie die Abwicklungsanstalten nach Maßgabe der §§ 16a bis 16r umzulegen.

§ 16a Umlagefähige Kosten; Umlagejahr. (1) [1] Die Bundesanstalt hat als Kosten im Sinne des § 16 die Ausgaben eines Haushaltsjahres zu ermitteln. [2] Zu den Kosten gehören auch die Zuführungen zu einer Investitionsrücklage gemäß § 12 Absatz 4 Satz 2 und die Zuführungen zu der Pensionsrücklage nach § 19 Absatz 2.

(2) [1] Von diesen Kosten sind diejenigen Kosten umlagefähig, die nach Abzug der Einnahmen und Berücksichtigung der Fehlbeträge, nicht eingegangenen Beträge und Überschüsse der Vorjahre verbleiben. [2] Zu den Einnahmen gehören auch Entnahmen aus der Pensionsrücklage sowie Entnahmen aus einer Investitionsrücklage. [3] Bußgelder bleiben unberücksichtigt.

(3) Das Haushaltsjahr ist das Umlagejahr im Sinne dieses Gesetzes.

§ 16b Kostenermittlung nach Aufgabenbereichen und Gruppen.

(1) [1]Die Kosten sind für die folgenden Aufgabenbereiche, die jeweils nach den maßgeblichen Aufsichtsgesetzen in die Zuständigkeit der Bundesanstalt fallen, getrennt zu ermitteln:

1. Kredit-, Finanzdienstleistungs-, Zahlungsdienste- und inländisches Investmentwesen (Aufgabenbereich Banken und sonstige Finanzdienstleistungen),
2. Versicherungswesen (Aufgabenbereich Versicherungen),
3. Wertpapierhandel (Aufgabenbereich Wertpapierhandel),
4. Aufgaben der Bundesanstalt als Abwicklungsbehörde nach § 3 Absatz 1 des Sanierungs- und Abwicklungsgesetzes sowie Aufgaben der Bundesanstalt nach dem Restrukturierungsfondsgesetz und der Verordnung (EU) Nr. 806/2014 (Aufgabenbereich Abwicklung).

[2]Innerhalb des Aufgabenbereichs Banken und sonstige Finanzdienstleistungen sowie des Aufgabenbereichs Wertpapierhandel hat eine gesonderte Ermittlung nach Gruppen gemäß den §§ 16e und 16i zu erfolgen.

(2) [1]Kosten, die zwei oder drei Aufgabenbereichen nach Absatz 1 Satz 1 gemeinsam zugerechnet werden können, sind jeweils gesondert zu erfassen. [2]Sie sind auf die betroffenen Aufgabenbereiche entsprechend dem Verhältnis aufzuteilen, das zwischen den Kosten besteht, die den Aufgabenbereichen unmittelbar zuzurechnen sind. [3]Die so ermittelten Kostenanteile sind jeweils den Kosten hinzuzurechnen, die auf die Aufgabenbereiche unmittelbar entfallen.

(3) [1]Die übrigen Kosten, die weder einem Aufgabenbereich nach Absatz 1 Satz 1 unmittelbar noch nach Absatz 2 zwei oder drei Aufgabenbereichen gemeinsam zugeordnet werden können (Gemeinkosten), sind ebenfalls gesondert zu erfassen. [2]Sie sind auf alle Aufgabenbereiche entsprechend dem Verhältnis aufzuteilen, das zwischen den Kosten besteht, die den Aufgabenbereichen nach Durchführung der in Absatz 2 vorgegebenen Verteilung zuzurechnen sind.

(4) [1]Die Einnahmen im Sinne des § 16 sind von den Kosten des Aufgabenbereichs abzusetzen, dem sie jeweils unmittelbar zuzurechnen sind. [2]Einnahmen, die zwei oder drei Aufgabenbereichen gemeinsam zugerechnet werden können, sind entsprechend dem Verhältnis der Kosten, die den Aufgabenbereichen unmittelbar zuzurechnen sind, abzuziehen. [3]Einnahmen, die keinem Aufgabenbereich unmittelbar zugerechnet werden können, sind vor Verteilung der Gemeinkosten nach Absatz 3 von diesen abzuziehen.

§ 16c Fehlbeträge, nicht eingegangene Beträge und Überschüsse der Vorjahre. (1) [1]Nach Ermittlung und Verteilung der Kosten für das Umlagejahr nach Maßgabe des § 16b sind die zu berücksichtigenden Fehlbeträge, nicht eingegangenen Beträge und Überschüsse, die dem Umlagejahr 2009 und späteren Umlagejahren zuzuordnen sind, den Aufgabenbereichen zuzuordnen. [2]Den Kosten der Aufgabenbereiche sind die Fehlbeträge und nicht eingegangenen Beträge jeweils entsprechend ihrer Zuordnung nach Satz 1 hinzuzurechnen; Überschüsse sind jeweils entsprechend ihrer Zuordnung nach Satz 1 von diesen Kosten abzuziehen. [3]Stichtag für die Berücksichtigung der in den Sätzen 1 und 2 genannten Beträge und Überschüsse ist der 30. Juni des Jahres, das dem Umlagejahr folgt, für das die Kosten ermittelt wurden. [4]Nach diesem Stichtag anfallende Fehlbeträge, nicht eingegangene Beträge und Überschüsse werden als Fehlbeträge, nicht eingegangene Beträge und Überschüsse bei der Festsetzung der Umlagebeträge in den nächstfolgenden Jahren berücksichtigt.

(2) [1] Fehlbeträge und nicht eingegangene Beträge, die den Umlagejahren 2002 bis 2008 zuzuordnen sind und nicht nach § 16 Absatz 1 in der bis zum 25. März 2009 geltenden Fassung umgelegt wurden oder werden, sind mit den Überschüssen, die den Umlagejahren 2002 bis 2008 zuzuordnen sind und nicht nach § 6 Absatz 1 Satz 6 der Verordnung über die Erhebung von Gebühren und die Umlegung von Kosten nach dem Finanzdienstleistungsaufsichtsgesetz in der bis zum 25. März 2009 geltenden Fassung umgelegt wurden oder werden, zu verrechnen. [2] Übersteigen die nach Satz 1 zu verrechnenden Überschüsse die zu verrechnenden Fehlbeträge und nicht eingegangenen Beträge, ist der übersteigende Betrag bei der Festsetzung der Umlage für das Umlagejahr 2009 oder für spätere Umlagejahre vor Verteilung der Gemeinkosten von diesen abzuziehen. [3] Übersteigen die nach Satz 1 zu verrechnenden Fehlbeträge und nicht eingegangenen Beträge die zu verrechnenden Überschüsse, ist der übersteigende Betrag bei der Festsetzung der Umlage für das Umlagejahr 2013 oder für spätere Umlagejahre vor Verteilung der Gemeinkosten zu diesen hinzuzurechnen.

§ 16d Umlagebetrag, Umlagepflicht und Verteilungsschlüssel. [1] Umlagebetrag ist der Anteil an den umlagefähigen Kosten, der innerhalb eines Aufgabenbereichs oder einer Gruppe für einen Umlagepflichtigen ermittelt wird. [2] Ein Umlagepflichtiger kann mehreren Aufgabenbereichen oder Gruppen innerhalb eines Aufgabenbereichs zugeordnet sein. [3] Die Umlagepflicht und die Verteilung der Kosten innerhalb eines Aufgabenbereichs bestimmen sich nach Maßgabe der §§ 16e bis 16k.

§ 16e Kostenermittlung und Umlagepflicht im Aufgabenbereich Banken und sonstige Finanzdienstleistungen. (1) [1] Innerhalb des Aufgabenbereichs Banken und sonstige Finanzdienstleistungen hat eine gesonderte Ermittlung der Kosten nach folgenden Gruppen zu erfolgen:

1. Gruppe Kredit- und Finanzdienstleistungsinstitute: Kreditinstitute, Finanzdienstleistungsinstitute mit einer Erlaubnis nach § 1 Absatz 1a Satz 2 Nummer 1 bis 7 und 9 bis 11 des Kreditwesengesetzes und die nach § 53 Absatz 1 Satz 1 des Kreditwesengesetzes tätigen Unternehmen, soweit die Finanzdienstleistungsinstitute und Unternehmen nicht ausschließlich Finanzdienstleistungen nach § 1 Absatz 1a Satz 2 Nummer 9 oder 10 des Kreditwesengesetzes erbringen, Institute im Sinne des § 1 Absatz 3 des Zahlungsdiensteaufsichtsgesetzes und die nach § 42 des Zahlungsdiensteaufsichtsgesetzes tätigen Unternehmen sowie die Kreditanstalt für Wiederaufbau, wobei
   a) Kreditinstitute und entsprechend nach § 53 des Kreditwesengesetzes tätige Unternehmen, die Bankgeschäfte betreiben und gleichzeitig das E-Geld-Geschäft betreiben oder Zahlungsdienste erbringen, ausschließlich als Kreditinstitute und
   b) Finanzdienstleistungsinstitute und entsprechend nach § 53 des Kreditwesengesetzes tätige Unternehmen, die Finanzdienstleistungen erbringen und gleichzeitig das E-Geld-Geschäft betreiben oder Zahlungsdienste erbringen, ausschließlich als Finanzdienstleistungsinstitute

   im Sinne der nachfolgenden Vorschriften gelten,

2. Gruppe Factoring- und Finanzierungsleasingunternehmen: Finanzdienstleistungsinstitute mit einer Erlaubnis nach § 1 Absatz 1a Satz 2 Nummer 9 oder 10 des Kreditwesengesetzes sowie die nach § 53 Absatz 1 Satz 1 des Kreditwesengesetzes tätigen Unternehmen, soweit sie nicht unter Nummer 1 fallen,
3. Gruppe Abwicklungsanstalten: Abwicklungsanstalten im Sinne des § 8a Absatz 1 Satz 1 oder des § 8b Absatz 1 des Stabilisierungsfondsgesetzes,
4. Gruppe Kapitalverwaltungsgesellschaften und extern verwaltete OGAW-Investmentaktiengesellschaften: Kapitalverwaltungsgesellschaften im Sinne des § 17 Absatz 1 des Kapitalanlagegesetzbuchs und extern verwaltete OGAW-Investmentaktiengesellschaften im Sinne des § 113 des Kapitalanlagegesetzbuchs,
5. Gruppe Datenbereitstellungsdienstleister: Betreiber von Datenbereitstellungsdiensten mit einer Erlaubnis zum Erbringen von Datenbereitstellungsdiensten nach § 32 Absatz 1f des Kreditwesengesetzes, soweit ihnen keine Erlaubnis zum Betreiben von Bankgeschäften oder zur Erbringung von Finanzdienstleistungen erteilt ist und sie nach dem Kreditwesengesetz beaufsichtigt werden.

[2] Die Kosten des Aufgabenbereichs Banken und sonstige Finanzdienstleistungen, die keiner Gruppe nach Satz 1 unmittelbar zugeordnet werden können, sind gesondert zu erfassen. [3] Sie sind auf die Gruppen entsprechend dem Verhältnis aufzuteilen, das zwischen den Kosten besteht, die den Gruppen unmittelbar zuzurechnen sind. [4] Im Übrigen sind § 16b Absatz 4 Satz 1 und 3 sowie § 16c entsprechend anzuwenden.

(2) Umlagepflichtig für den Aufgabenbereich Banken und sonstige Finanzdienstleistungen ist vorbehaltlich des Absatzes 3, wer einer der in Absatz 1 genannten Gruppen angehört.

(3) Ausgenommen von der Umlagepflicht nach Absatz 2 sind

1. vorbehaltlich des § 2 Absatz 3 des Kreditwesengesetzes die nach § 2 Absatz 1 Nummer 1 bis 1b, 3 und 3a, 3c bis 7 und 9 bis 14 des Kreditwesengesetzes nicht als Kreditinstitute geltenden Einrichtungen und Unternehmen,
2. vorbehaltlich des § 2 Absatz 6 Satz 2 des Kreditwesengesetzes die nach § 2 Absatz 6 Satz 1 Nummer 1, 1a, 3 bis 5, 5b bis 8, 10, 12, 15 bis 22 und Absatz 10 des Kreditwesengesetzes nicht als Finanzdienstleistungsinstitute geltenden Einrichtungen und Unternehmen,
3. Institute oder Unternehmen, welche die Bundesanstalt nach § 2 Absatz 4 und 5 des Kreditwesengesetzes freigestellt hat,
4. AIF-Kapitalverwaltungsgesellschaften mit einer Registrierung nach § 44 des Kapitalanlagegesetzbuchs.

(4) [1] Die Umlagepflicht nach Absatz 2 entsteht mit Erteilung oder der Fiktion der Erlaubnis oder im Fall einer Abwicklungsanstalt mit deren Errichtung. [2] Sie endet in dem Jahr des Erlöschens der Erlaubnis oder der Auflösung der Abwicklungsanstalt. [3] Ändert sich im Laufe eines Umlagejahres der Erlaubnisumfang oder wird von der Aufsichtsbehörde im Sinne des § 1 Absatz 5 des Kreditwesengesetzes eine Erlaubnis zum Betreiben eines anderen Geschäfts erteilt, wird der Umlagepflichtige nach Maßgabe der Regelungen zur Umlage herangezogen, die für das Geschäft gelten, auf das sich die zuletzt im Umlagejahr bestehende Erlaubnis bezieht. [4] Die Umlagepflicht der Kreditanstalt für

Wiederaufbau beginnt am 1. Januar 2015 und endet mit Ende der Beaufsichtigung durch die Bundesanstalt.

§ 16f Bemessungsgrundlagen der Umlage im Aufgabenbereich Banken und sonstige Finanzdienstleistungen. (1) Der Umlagebetrag für die Umlagepflichtigen im Aufgabenbereich Banken und sonstige Finanzdienstleistungen ist zu bemessen:

1. in den Gruppen Kredit- und Finanzdienstleistungsinstitute, Factoring- und Finanzierungsleasingunternehmen sowie Abwicklungsanstalten vorbehaltlich des Absatzes 2 und des § 16g jeweils nach dem Verhältnis der Bilanzsumme des einzelnen Umlagepflichtigen zum Gesamtbetrag der Bilanzsummen aller Umlagepflichtigen der Gruppe. Maßgebend ist die auf der Grundlage der jeweils anzuwendenden Rechnungslegungsvorschriften aufgestellte und festgestellte Bilanz für das Geschäftsjahr, das dem Umlagejahr vorausgeht; bei den Abwicklungsanstalten ist die Bilanz für das im Umlagejahr endende Geschäftsjahr maßgebend;
2. in der Gruppe Kapitalverwaltungsgesellschaften und extern verwaltete OGAW-Investmentaktiengesellschaften nach dem Wert der von den Kapitalverwaltungsgesellschaften verwalteten Investmentvermögen und den von extern verwalteten OGAW-Investmentaktiengesellschaften zur gemeinschaftlichen Kapitalanlage verwalteten und angelegten Mitteln. Dabei ist die Summe der Werte aller von einem Umlagepflichtigen verwalteten Investmentvermögen oder zur gemeinschaftlichen Kapitalanlage verwalteten oder angelegten Mittel in das Verhältnis zu dem Gesamtbetrag des Wertes zu setzen, den die Investmentvermögen und zur gemeinschaftlichen Kapitalanlage verwalteten oder angelegten Mittel aller Umlagepflichtigen haben. Maßgebend ist jeweils der Wert, der nach § 101 Absatz 1 Satz 3 Nummer 1 Satz 6 oder nach § 120 Absatz 2 und 5, § 135 Absatz 3 und 5, § 148 oder § 158 jeweils in Verbindung mit § 101 Absatz 1 Satz 3 Nummer 1 Satz 6 des Kapitalanlagegesetzbuchs in dem Jahresbericht für das Geschäftsjahr angegeben wird, das dem Umlagejahr vorausgeht. Investmentvermögen, die keine Spezial-AIF im Sinne des § 1 Absatz 6 Satz 1 des Kapitalanlagegesetzbuchs sind, oder Mittel von OGAW-Investmentaktiengesellschaften werden bei der Berechnung nach Satz 2 doppelt gewichtet;
3. in der Gruppe Datenbereitstellungsdienstleister nach dem Verhältnis zwischen der Anzahl der angefangenen Monate, in denen der einzelne Umlagepflichtige umlagepflichtig war, zur Gesamtzahl der angefangenen Monate eines jeden Umlagepflichtigen der Gruppe, in denen dieser jeweils im Umlagejahr umlagepflichtig war.

(2) [1] Abweichend von Absatz 1 Nummer 1 gilt als Bilanzsumme:

1. für Umlagepflichtige der Gruppe Kredit- und Finanzdienstleistungsinstitute,
   a) die in ihrer Bilanz auf der Aktivseite zu mehr als einem Fünftel Treuhandgeschäfte im Sinne des § 6 Absatz 1 und 2 der Kreditinstituts-Rechnungslegungsverordnung ausweisen, die um die Beträge dieser Geschäfte gekürzte Bilanzsumme,
   b) deren erlaubnispflichtige Tätigkeit sich nach § 2 Absatz 3 oder Absatz 6 Satz 2 des Kreditwesengesetzes beurteilt, der dem Verhältnis der von ihnen betriebenen, ihnen nicht eigentümlichen Bankgeschäfte oder Finanz-

dienstleistungen zum Gesamtgeschäft entsprechende Bruchteil der Bilanzsumme,

c) die zu mehr als einem Fünftel bank-, finanz- oder zahlungsdienstfremde Geschäfte betreiben, der dem Verhältnis der erlaubnispflichtigen Geschäfte oder Finanzdienstleistungen zum Gesamtgeschäft entsprechende Bruchteil der Bilanzsumme,

d) die in der Rechtsform des Einzelkaufmanns tätig sind, die um ein fiktives Geschäftsführergehalt, das auf die Höhe des Jahresüberschusses und die Höhe der Bilanzsumme begrenzt ist, verminderte Bilanzsumme,

2. für Umlagepflichtige der Gruppen Kredit- und Finanzdienstleistungsinstitute sowie Factoring- und Finanzierungsleasingunternehmen, die ihre Geschäftstätigkeit im Umlagejahr erst aufnehmen, die in der Planbilanz für das erste Geschäftsjahr gemäß § 32 Absatz 1 Satz 2 Nummer 5 und Satz 3 des Kreditwesengesetzes in Verbindung mit § 14 Absatz 7 Nummer 1 der Anzeigenverordnung oder nach § 10 Absatz 2 Satz 1 Nummer 2 des Zahlungsdiensteaufsichtsgesetzes ausgewiesene Bilanzsumme,

3. für Umlagepflichtige der Gruppen Kredit- und Finanzdienstleistungsinstitute, Factoring- und Finanzierungsleasingunternehmen sowie Abwicklungsanstalten, die nicht das ganze Jahr umlagepflichtig waren, ein Bruchteil der nach Absatz 1 Nummer 1, auch in Verbindung mit den Nummern 1 und 2 dieses Satzes ermittelten Bilanzsumme, wobei der Bruchteil dem Verhältnis der Anzahl der angefangenen Monate, in denen die Umlagepflicht bestand, zur Anzahl der Monate des Umlagejahres entspricht.

[2] Satz 1 Nummer 1 Buchstabe c gilt für die von der Bundesanstalt beaufsichtigten Geschäfte der Kreditanstalt für Wiederaufbau entsprechend. [3] Die abweichenden Bilanzsummen nach Satz 1 Nummer 1 sind von der Bundesanstalt nur zu berücksichtigten, wenn der Umlagepflichtige dies vor dem 1. Juni des auf das Umlagejahr folgenden Kalenderjahres beantragt und das Vorliegen der Voraussetzungen durch Vorlage geeigneter Unterlagen nachgewiesen hat; Tatsachen, die verspätet vorgetragen oder nachgewiesen werden, bleiben unberücksichtigt. [4] Die Höhe des fiktiven Geschäftsführergehalts im Sinne des Satzes 1 Nummer 1 Buchstabe d ist durch eine Bescheinigung eines Wirtschaftsprüfers, einer Wirtschaftsprüfungsgesellschaft, eines vereidigten Buchprüfers oder einer Buchprüfungsgesellschaft zu belegen.

(3) Für Umlagepflichtige der Gruppe Kapitalverwaltungsgesellschaften und extern verwaltete OGAW-Investmentaktiengesellschaften, die nicht das ganze Jahr umlagepflichtig waren, ist abweichend von Absatz 1 Nummer 2 der Bruchteil der jeweiligen Bemessungsgrundlage maßgeblich, der dem Verhältnis der Anzahl der angefangenen Monate, in denen die Umlagepflicht bestand, zur Anzahl der Monate des Umlagejahres entspricht.

(4) [1] In den Gruppen Kredit- und Finanzdienstleistungsinstitute, Factoring- und Finanzierungsleasingunternehmen sowie Abwicklungsanstalten haben die Umlagepflichtigen bis spätestens zum 30. Juni des dem Umlagejahr folgenden Kalenderjahres die für die Bemessung des Umlagebetrages notwendigen, von einem Wirtschaftsprüfer oder einer Wirtschaftsprüfungsgesellschaft bestätigten Daten mitzuteilen, sofern bis zu diesem Zeitpunkt noch keine festgestellte und geprüfte Bilanz für das letzte Geschäftsjahr bei der Bundesanstalt eingereicht worden ist oder die eingereichte Bilanz nicht den Anforderungen der §§ 340 bis 340k des Handelsgesetzbuchs und der Kreditinstituts-Rechnungslegungs-

verordnung genügt. [2]Bei Finanzdienstleistungsinstituten, deren Bilanzsumme des letzten Geschäftsjahres 150 Millionen Euro nicht übersteigt, können die Bestätigungen nach Satz 1 auch durch vereidigte Buchprüfer oder Buchprüfungsgesellschaften vorgenommen werden.

(5) [1]Liegen die Bilanz oder die Daten nach Absatz 4 am 1. Juli nicht vor, schätzt die Bundesanstalt die Bilanzsumme und setzt den Umlagebetrag anhand der geschätzten Daten fest. [2]Die Bundesanstalt kann auf Antrag eine angemessene Nachfrist von bis zu einem Monat zur Einreichung der in Absatz 4 genannten Unterlagen gewähren. [3]Bei der Schätzung hat die Bundesanstalt im Regelfall die Bilanzdaten des Umlagepflichtigen aus vorangegangenen Geschäftsjahren zugrunde zu legen. [4]Liegen keinerlei Daten im Sinne des Satzes 3 und auch keine entsprechenden Daten für die nachfolgenden Geschäftsjahre vor, hat die Schätzung auf der Grundlage des arithmetischen Mittels der vorliegenden Bilanzdaten der anderen Umlagepflichtigen derselben nach § 16g Absatz 1 Nummer 1 Buchstabe a bis d oder Nummer 2 bestimmten Gruppe zu erfolgen.

§ 16g Mindestumlagebeträge im Aufgabenbereich Banken und sonstige Finanzdienstleistungen. (1) Der von jedem Umlagepflichtigen des Aufgabenbereichs Banken und sonstige Finanzdienstleistungen zu entrichtende Umlagebetrag beträgt

1. in der Gruppe Kredit- und Finanzdienstleistungsinstitute mindestens
   a) 4 000 Euro für Kreditinstitute mit Ausnahme der Wertpapierhandelsbanken und für die Kreditanstalt für Wiederaufbau, bei einer nach § 16f ermittelten Bilanzsumme von 100 Millionen Euro oder weniger jedoch nur 3 500 Euro und für Wohnungsunternehmen mit Spareinrichtung nur 2 500 Euro,
   b) 3 500 Euro für Wertpapierhandelsbanken und für Finanzdienstleistungsinstitute mit einer Erlaubnis
      aa) nach § 1 Absatz 1a Satz 2 Nummer 1, 1c, 2, 3, 6 oder 11 des Kreditwesengesetzes, wenn die Erlaubnis in diesen Fällen die Befugnis umfasst, sich Eigentum oder Besitz an Geldern, Wertpapieren oder Kryptowerten von Kunden zu verschaffen,
      bb) nach § 1 Absatz 1a Satz 2 Nummer 1b, 1d oder 4 des Kreditwesengesetzes oder
      cc) nach § 1 Absatz 1a Satz 2 Nummer 11 des Kreditwesengesetzes, wenn die Erlaubnis in diesen Fällen die Befugnis umfasst, auf eigene Rechnung zu handeln,
   c) 2 500 Euro für Finanzdienstleistungsinstitute mit einer Erlaubnis
      aa) nach § 1 Absatz 1a Satz 2 Nummer 1, 1c, 2, 3, 6 oder 11 des Kreditwesengesetzes, wenn die Erlaubnis nicht die Befugnis umfasst, sich Eigentum oder Besitz an Geldern, Wertpapieren oder Kryptowerten von Kunden zu verschaffen, oder
      bb) nach § 1 Absatz 1a Satz 2 Nummer 1a des Kreditwesengesetzes,
   d) 1 300 Euro für Finanzdienstleistungsinstitute mit einer Erlaubnis nach § 1 Absatz 1a Satz 2 Nummer 5 oder 7 des Kreditwesengesetzes und für Institute im Sinne des § 1 Absatz 3 des Zahlungsdiensteaufsichtsgesetzes,

e) die Hälfte des Mindestbetrages der Buchstaben b bis d für die dort genannten Unternehmen, soweit deren Bilanzsumme den Betrag von 100 000 Euro unterschreitet,

2. in der Gruppe Factoring- und Finanzierungsleasingunternehmen mindestens 1 300 Euro,
3. in der Gruppe Kapitalverwaltungsgesellschaften und extern verwaltete OGAW-Investmentaktiengesellschaften mindestens 7 500 Euro.

(2) Die Mindestumlagebeträge nach Absatz 1 Nummer 1 Buchstabe b bis d erhöhen sich

1. ab einer Bilanzsumme von 750 000 Euro auf 4 500 Euro,
2. ab einer Bilanzsumme von 1 Million Euro auf 5 150 Euro,
3. ab einer Bilanzsumme von 1,5 Millionen Euro auf 5 800 Euro,
4. ab einer Bilanzsumme von 2 Millionen Euro auf 8 500 Euro,
5. ab einer Bilanzsumme von 3 Millionen Euro auf 10 500 Euro,
6. ab einer Bilanzsumme von 5 Millionen Euro auf 14 500 Euro,
7. ab einer Bilanzsumme von 7,5 Millionen Euro auf 19 500 Euro,
8. ab einer Bilanzsumme von 12,5 Millionen Euro auf 27 000 Euro,
9. ab einer Bilanzsumme von 20 Millionen Euro auf 36 000 Euro,
10. ab einer Bilanzsumme von 30 Millionen Euro auf 44 000 Euro,
11. ab einer Bilanzsumme von 50 Millionen Euro auf 54 000 Euro,
12. ab einer Bilanzsumme von 100 Millionen Euro auf 100 000 Euro.

§ 16h Aufgabenbereich Versicherungen. (1) [1] Umlagepflichtig im Aufgabenbereich Versicherungen ist die Gesamtheit der inländischen Versicherungsunternehmen und Pensionsfonds sowie der inländischen Niederlassungen ausländischer Versicherungsunternehmen und Pensionsfonds, welche ihren Sitz außerhalb der Mitgliedstaaten der Europäischen Union oder eines anderen Vertragsstaates des Abkommens über den Europäischen Wirtschaftsraum haben. [2] § 16e Absatz 4 Satz 1 und 2 gilt entsprechend.

(2) [1] Der Umlagebetrag bemisst sich vorbehaltlich des Satzes 2 nach dem Verhältnis der verdienten Brutto-Beitragseinnahmen des einzelnen Umlagepflichtigen zum Gesamtbetrag der Brutto-Beitragseinnahmen, die allen Umlagepflichtigen des Aufgabenbereichs Versicherungen in dem Geschäftsjahr erwachsen sind, das dem Umlagejahr vorausgeht. [2] Von den Brutto-Beitragseinnahmen sind die an die Versicherungsnehmer zurückgewährten Überschüsse oder Gewinnanteile in voller Höhe und die Provisionsaufwendungen aus der aktiven Rückversicherung zu 50 Prozent abzuziehen. [3] Für Pensionsfonds gilt dies entsprechend bezogen auf die Pensionsfondsbeiträge und die Versorgungsberechtigten.

(3) Für Umlagepflichtige, die nicht das ganze Jahr umlagepflichtig waren, ist abweichend von Absatz 2 der Bruchteil der Bemessungsgrundlage maßgeblich, der dem Verhältnis der Anzahl der angefangenen Monate, in denen die Umlagepflicht bestand, zur Anzahl der Monate des Umlagejahres entspricht.

(4) Der von jedem Umlagepflichtigen des Aufgabenbereichs Versicherungen zu entrichtende Umlagebetrag beträgt mindestens 250 Euro.

§ 16i Kostenermittlung und Umlagepflicht im Aufgabenbereich Wertpapierhandel. (1) [1]Innerhalb des Aufgabenbereichs Wertpapierhandel hat eine gesonderte Ermittlung der Kosten nach folgenden Gruppen zu erfolgen:

1. Gruppe Wertpapierdienstleistungsunternehmen und Anlageverwalter: Wertpapierdienstleistungsunternehmen im Sinne des § 2 Absatz 10 des Wertpapierhandelsgesetzes und Institute und Unternehmen, auf die § 2 Absatz 8 Satz 7 des Wertpapierhandelsgesetzes anzuwenden ist,
2. Gruppe Emittenten: Emittenten mit Sitz im Inland, deren Wertpapiere an einer inländischen Börse zum Handel zugelassen oder in den Freiverkehr einbezogen sind,
3. Gruppe Datenbereitstellungsdienstleister: Betreiber von Datenbereitstellungsdiensten mit einer Erlaubnis oder einer Fiktion der Erlaubnis zum Erbringen von Datenbereitstellungsdiensten nach § 32 Absatz 1f des Kreditwesengesetzes, soweit sie nach dem Wertpapierhandelsgesetz beaufsichtigt werden.

[2]Der Bund und die Länder sind keine Emittenten im Sinne von Satz 1 Nummer 2. [3]Die Kosten des Aufgabenbereichs Wertpapierhandel, die einer Gruppe nach Satz 1 nicht unmittelbar zugeordnet werden können, sind gesondert zu erfassen. [4]Sie sind auf die Gruppen entsprechend dem Verhältnis aufzuteilen, das zwischen den Kosten besteht, die den Gruppen unmittelbar zuzurechnen sind. [5]§ 16b Absatz 4 Satz 1 und 3 ist entsprechend anzuwenden. [6]§ 16c ist mit der Maßgabe entsprechend anzuwenden, dass Fehlbeträge, nicht eingegangene Beträge und Überschüsse erst nach der Aufteilung der Kosten nach Satz 1 gruppenbezogen zu berücksichtigen sind.

(2) [1]Umlagepflichtig für den Aufgabenbereich Wertpapierhandel ist, wer den in Absatz 1 genannten Gruppen angehört. [2]Die Umlagepflicht in den Gruppen Wertpapierdienstleistungsunternehmen und Anlageverwalter sowie Datenbereitstellungsdienstleister besteht mit Erteilung oder Fiktion der Erlaubnis zum Erbringen einer oder mehrerer Wertpapierdienstleistungen, mit Erteilung der Erlaubnis zum Erbringen der Dienstleistung Anlageverwaltung oder mit Erteilung oder Fiktion der Erlaubnis zum Erbringen von Datenbereitstellungsdiensten. [3]Sie endet in dem Jahr des Erlöschens der Erlaubnis. [4]Die Umlagepflicht besteht auch dann, wenn die Voraussetzungen nicht das ganze Jahr vorliegen. [5]Die Umlagepflicht in der Gruppe der Emittenten erstreckt sich auf die Umlagejahre, in denen ein Emittent die in Absatz 1 Satz 1 Nummer 2 genannten Voraussetzungen erfüllt.

(3) Fehlbeträge, nicht eingegangene Beträge und Überschüsse der Umlageabrechnungen für die Jahre 2009 bis 2012 in den in § 6 Absatz 2 Satz 1 Nummer 3 Buchstabe a bis c der Verordnung über die Erhebung von Gebühren und die Umlegung von Kosten nach dem Finanzdienstleistungsaufsichtsgesetz in der bis zum 31. Dezember 2012 geltenden Fassung genannten Gruppen des Aufgabenbereichs Wertpapierhandel gelten ab der Abrechnung für das Umlagejahr 2013 als Fehlbeträge, nicht eingegangene Beträge und Überschüsse der Gruppe Wertpapierdienstleistungsunternehmen und Anlageverwalter.

§ 16j Bemessungsgrundlagen der Umlage im Aufgabenbereich Wertpapierhandel. (1) [1]Für die Umlagepflichtigen in der Gruppe Wertpapierdienstleistungsunternehmen und Anlageverwalter ist der Umlagebetrag nach dem Verhältnis der Nettoerträge des einzelnen Umlagepflichtigen zum Gesamtbetrag der Nettoerträge aller Umlagepflichtigen der Gruppe zu bemessen, wobei sich die Nettoerträge aus folgenden Positionen der Anlagen 1 und 4 der Prüfungsberichtsverordnung (SON01 und SON04) zusammensetzen:

1. bei Kreditinstituten mit Ausnahme der Wertpapierhandelsbanken aus
   a) dem Provisionsergebnis (Position 033 der Anlage SON01), wenn der Betrag positiv oder null ist,
   b) zuzüglich des Nettoergebnisses des Handelsbestandes aus Geschäften mit Wertpapieren des Handelsbestandes (Position 034 der Anlage SON01), wenn der Saldo positiv ist,
   c) zuzüglich des Nettoergebnisses des Handelsbestandes aus Geschäften mit Devisen und Edelmetallen (Position 035 der Anlage SON01), wenn der Saldo positiv ist, und
   d) zuzüglich des Nettoergebnisses des Handelsbestandes aus Geschäften mit Derivaten (Position 036 der Anlage SON01), wenn der Saldo positiv ist,
2. bei Finanzdienstleistungsinstituten, die mit Finanzinstrumenten auf eigene Rechnung handeln oder die Befugnis haben, sich Eigentum oder Besitz an Geldern oder Wertpapieren von Kunden zu verschaffen, und bei Wertpapierhandelsbanken aus
   a) dem Saldo aus den Erträgen aus Geschäften mit Wertpapieren des Handelsbestandes (Position 316 der Anlage SON01) und Aufwendungen aus Geschäften mit Wertpapieren des Handelsbestandes (Position 315 der Anlage SON01), wenn der Saldo positiv ist,
   b) zuzüglich des Saldos aus Erträgen aus Geschäften mit Devisen und Edelmetallen (Position 318 der Anlage SON01) und den Aufwendungen aus Geschäften mit Devisen und Edelmetallen (Position 317 der Anlage SON01), wenn der Saldo positiv ist,
   c) zuzüglich des Saldos aus Erträgen aus Geschäften mit Derivaten (Position 320 der Anlage SON01) und den Aufwendungen aus Geschäften mit Derivaten (Position 319 der Anlage SON01), wenn der Saldo positiv ist,
3. bei allen übrigen Wertpapierdienstleistungsunternehmen, die nicht auf eigene Rechnung mit Finanzinstrumenten handeln und die nicht befugt sind, sich bei der Erbringung von Finanzdienstleistungen Eigentum oder Besitz an Geldern oder Wertpapieren von Kunden zu verschaffen, aus den Provisionserträgen (Position 313 der Anlage SON04) abzüglich der Provisionsaufwendungen (Position 314 der Anlage SON04).

[2] Zugrunde zu legen sind die Ertragsdaten des dem Umlagejahr vorausgehenden Kalenderjahres.

(2) [1] Für die Umlagepflichtigen der Gruppe Wertpapierdienstleistungsunternehmen und Anlageverwalter sind bei der Ermittlung der umlagerelevanten Ergebnisse nach Absatz 1 auf Antrag von dem Provisionsergebnis abzuziehen

1. Nettoerträge aus dem Zahlungsverkehr,
2. Nettoerträge aus dem Außenhandelsgeschäft,
3. Nettoerträge aus dem Reisezahlungsmittelgeschäft,
4. Nettoerträge für Treuhandkredite und Verwaltungskredite,
5. Nettoerträge aus der Vermittlung von Kredit-, Spar-, Bauspar- und Versicherungsverträgen,

6. Nettoerträge aus der Kreditbearbeitung und dem Avalgeschäft,
7. Nettoerträge aus von ausländischen Tochterunternehmen für Einlagengeschäfte erhaltenen Vergütungen,
8. Nettoerträge aus Nachlassbearbeitungen,
9. Nettoerträge für Electronic Banking Services,
10. Nettoerträge aus Gutachtertätigkeiten und
11. Nettoerträge aus sonstigen Bearbeitungsentgelten.

[2]Die Abzugsposten nach Satz 1 sind von der Bundesanstalt nur zu berücksichtigen, wenn sie in der Summe mehr als ein Fünftel des gesamten Provisionsergebnisses betragen und der Umlagepflichtige die Nichtberücksichtigung vor dem 1. Februar des auf das Umlagejahr folgenden Kalenderjahres beantragt sowie das Vorliegen der Voraussetzungen durch Vorlage geeigneter Unterlagen nachgewiesen hat; Tatsachen, die verspätet vorgetragen oder nachgewiesen werden, bleiben unberücksichtigt. [3]Die Beträge der Abzugsposten sind durch eine Bestätigung eines Wirtschaftsprüfers, einer Wirtschaftsprüfungsgesellschaft, eines vereidigten Buchprüfers, einer Buchprüfungsgesellschaft, eines genossenschaftlichen Prüfungsverbandes oder einer Prüfungsstelle der Sparkassen- und Giroverbände nachzuweisen.

(3) Für Umlagepflichtige der Gruppe Wertpapierdienstleistungsunternehmen und Anlageverwalter, die nicht das ganze Jahr umlagepflichtig waren, ist abweichend von den Absätzen 1 und 2 der Bruchteil der ermittelten Erträge maßgeblich, der dem Verhältnis der Anzahl der angefangenen Monate, in denen die Umlagepflicht bestand, zur Anzahl der Monate des Umlagejahres entspricht.

(4) [1]In der Gruppe Wertpapierdienstleistungsunternehmen und Anlageverwalter haben die Unternehmen bis spätestens zum 30. Juni des dem Umlagejahr folgenden Kalenderjahres die für die Bemessung des Umlagebetrages notwendigen, von einem Wirtschaftsprüfer, einer Wirtschaftsprüfungsgesellschaft, einem genossenschaftlichen Prüfungsverband oder einer Prüfungsstelle der Sparkassen- und Giroverbände bestätigten Daten mitzuteilen, sofern bis zu diesem Zeitpunkt noch kein Prüfungsbericht über den Jahresabschluss für das letzte Geschäftsjahr bei der Bundesanstalt eingereicht worden ist. [2]Bei Finanzdienstleistungsinstituten, deren Bilanzsumme des letzten Geschäftsjahres 150 Millionen Euro nicht übersteigt, können die Bestätigungen nach Satz 1 auch durch vereidigte Buchprüfer oder Buchprüfungsgesellschaften vorgenommen werden. [3]Liegen die Daten nach Satz 1 am 1. Juli nicht vor, schätzt die Bundesanstalt die Erträge und setzt den Umlagebetrag anhand der geschätzten Daten fest. [4]Die Bundesanstalt kann auf Antrag eine angemessene Nachfrist von bis zu einem Monat zur Einreichung der in Satz 1 genannten Daten gewähren. [5]Bei der Schätzung hat die Bundesanstalt im Regelfall Ertragsdaten des Umlagepflichtigen aus vorangegangenen Geschäftsjahren zugrunde zu legen. [6]Liegen keinerlei Daten im Sinne des Satzes 5 und auch keine entsprechenden Daten für die nachfolgenden Geschäftsjahre vor, sind die Daten von Unternehmen der Umlagegruppe mit vergleichbarer Größe entsprechend heranzuziehen. [7]Bei Unternehmen, denen im Umlagejahr erstmals die Erlaubnis erteilt wurde oder die ihre erste erlaubnispflichtige Geschäftstätigkeit aufgenommen haben, entspricht der Umlagebetrag dem Mindestumlagebetrag nach Absatz 6.

(5) [1]Für Umlagepflichtige der Gruppe Emittenten ist der Umlagebetrag nach den Umsätzen von Wertpapieren der Umlagepflichtigen zu bemessen, die

an den inländischen Handelsplätzen im Sinne von § 2 Absatz 22 des Wertpapierhandelsgesetzes in einem Umlagejahr angefallen sind. [2] Wertpapiere im Sinne von Satz 1 sind Wertpapiere im Sinne von § 2 Absatz 1 des Wertpapierhandelsgesetzes, die an einer inländischen Börse zum Handel zugelassen oder in den Freiverkehr einbezogen sind. [3] Bei der Bemessung des Umlagebetrages ist vorbehaltlich der Regelungen des Absatzes 6 die Höhe der von den inländischen Handelsplätzen nach Satz 4 an die Bundesanstalt gemeldeten Umsätze für den einzelnen Umlagepflichtigen in das Verhältnis zum Gesamtbetrag der für alle Umlagepflichtigen gemeldeten Umsätze zu setzen. [4] Die Handelsplätze haben der Bundesanstalt zur Festsetzung der Umlage und der Umlagevorauszahlung über die Umsätze nach Satz 1 Auskunft zu erteilen und Unterlagen vorzulegen. [5] Die Bundesanstalt kann von den Emittenten Auskunft und die Vorlage von Unterlagen verlangen, soweit dies zur Festsetzung der Umlage und der Umlagevorauszahlung erforderlich ist.

(5a) Auf die Bemessung der Umlagebeträge in der Gruppe Datenbereitstellungsdienstleister ist § 16f Absatz 1 Nummer 3 entsprechend anzuwenden.

(6) Der von jedem Umlagepflichtigen der Gruppe Wertpapierdienstleistungsunternehmen und Anlageverwaltung sowie der Gruppe Emittenten zu entrichtende Umlagebetrag beträgt in jeder Gruppe mindestens 250 Euro.

(7) [1] Das Bundesministerium der Finanzen wird ermächtigt, durch Rechtsverordnung ohne Zustimmung des Bundesrates näher zu bestimmen, auf welchem Wege und in welcher Form der Antrag und die Nachweise nach Absatz 2 sowie die Umsätze nach Absatz 5 der Bundesanstalt zu übermitteln sind und wie sich die Umsätze nach Absatz 5 bestimmen. [2] Das Bundesministerium kann die Ermächtigung zum Erlass der Rechtsverordnung nach Satz 1 auf die Bundesanstalt übertragen.

§ 16k Aufgabenbereich Abwicklung. (1) Die Umlagepflicht besteht für Institute im Sinne des § 2 des Restrukturierungsfondsgesetzes ab dem Zeitpunkt der Erteilung oder der Fiktion der Erlaubnis nach dem Kreditwesengesetz und endet, wenn die Erlaubnis des Instituts erlischt oder aufgehoben wird.

(2) [1] Umlagepflichtige Institute, bei denen die Berechnung der Jahresbeiträge gemäß § 12 Absatz 2 des Restrukturierungsfondsgesetzes für das Umlagejahr unter Berücksichtigung des Artikels 10 der Delegierten Verordnung (EU) 2015/63 erfolgte sowie die in § 1 Absatz 1 und 2 der Restrukturierungsfondsverordnung genannten Institute zahlen einen Pauschalbetrag in Höhe von 250 Euro. [2] Für die übrigen umlagepflichtigen Institute wird der Umlagebetrag nach einem jährlich zu ermittelnden Verteilungsschlüssel bemessen. [3] Der Verteilungsschlüssel in einem Umlagejahr bestimmt sich für diese Institute nach dem Verhältnis der Höhe der Bilanzsumme, die in entsprechender Anwendung der Bestimmungen des Artikels 5 der Delegierten Verordnung (EU) 2015/63 angepasst wurde, zur Gesamtsumme der Bilanzsummen, die in entsprechender Anwendung der Bestimmungen des Artikels 5 der Delegierten Verordnung (EU) 2015/63 angepasst wurden, aller übrigen umlagepflichtigen Institute. [4] Maßgebend für die Berechnung des Verteilungsschlüssels ist jeweils die in entsprechender Anwendung des Artikels 5 der Delegierten Verordnung (EU) 2015/63 angepasste Bilanzsumme, die im Umlagejahr der Berechnung der Jahresbeiträge nach § 12 Absatz 2 des Restrukturierungsfondsgesetzes zugrunde lag. [5] Soweit für ein umlagepflichtiges Institut im Umlagejahr keine Jahresbeiträge nach § 12 Absatz 2 des Restrukturierungsfondsgesetzes zu berechnen

waren und die Daten zur Berechnung der Bilanzsumme, die in entsprechender Anwendung der Bestimmung des Artikels 5 der Delegierten Verordnung (EU) 2015/63 angepasst wurde, nicht vorliegen, wird für das jeweilige Institut ein Pauschalbetrag in Höhe von 250 Euro erhoben. [6] § 16f Absatz 1 Nummer 1 Satz 2, Absatz 2, 4 und 5 ist entsprechend anzuwenden. [7] Der Umlagebetrag für jedes umlagepflichtige Institut beträgt mindestens 250 Euro.

§ 16l Entstehung der Umlageforderung, Festsetzung des Umlagebetrages und Fälligkeit. (1) Die Umlageforderung entsteht mit Ablauf des Umlagejahres, für das die Umlagepflicht besteht.

(2) Nach Feststellung der Jahresrechnung über die Einnahmen und Ausgaben des jeweiligen Umlagejahres durch den Verwaltungsrat hat die Bundesanstalt für jeden Umlagepflichtigen den von diesem zu entrichtenden Umlagebetrag zu ermitteln.

(3) [1] Die Bundesanstalt hat den Umlagebetrag schriftlich oder elektronisch festzusetzen, sobald er nach Absatz 2 abschließend ermittelt worden ist. [2] Der Umlagebetrag ist kaufmännisch auf volle Euro zu runden. [3] Eine vorherige Anhörung der Umlagepflichtigen ist nicht erforderlich.

(4) Die Umlageforderung wird mit der Bekanntgabe ihrer Festsetzung an den Umlagepflichtigen fällig, wenn nicht die Bundesanstalt im Einzelfall einen späteren Zeitpunkt bestimmt.

(5) [1] Die Bundesanstalt kann zulassen, dass ein Verband die Umlagebeträge der ihm angehörenden Umlagepflichtigen für diese Umlagepflichtigen in einer Summe entrichtet, wenn er sich hierzu in Schriftform gegenüber der Bundesanstalt verpflichtet hat. [2] In diesem Fall werden die Festsetzungen gegenüber den verbandsangehörigen Umlagepflichtigen diesen über den Verband bekannt gegeben, soweit sich die Umlagepflichtigen damit einverstanden erklärt haben oder der Verband erklärt hat, zum Empfang der Festsetzungen ermächtigt zu sein. [3] Eine gesonderte Bekanntgabe der Festsetzung an den einzelnen verbandsangehörigen Umlagepflichtigen ist insoweit entbehrlich.

§ 16m Festsetzung und Fälligkeit von Umlagevorauszahlungen.

(1) [1] Die Bundesanstalt hat eine Vorauszahlung auf den Umlagebetrag eines Umlagejahres festzusetzen, sobald der für dieses Umlagejahr festgestellte Haushaltsplan vom Bundesministerium der Finanzen genehmigt ist. [2] Der Festsetzung sind die Ausgaben zugrunde zu legen, die in dem Haushaltsplan für dieses Umlagejahr veranschlagt sind. [3] § 16l Absatz 3 und 5 gilt entsprechend.

(2) [1] Vorauszahlungspflichtig ist, wer im letzten abgerechneten Umlagejahr umlagepflichtig war und im Jahr der Festsetzung der Vorauszahlung umlagepflichtig ist, es sei denn, er weist im Jahr der Vorauszahlungsfestsetzung vor dem 1. Dezember nach, dass er im darauf folgenden Jahr nicht mehr umlagepflichtig sein wird. [2] Wird der Nachweis nach Satz 1 nicht fristgerecht erbracht, hat der Vorauszahlungspflichtige den Vorauszahlungsbetrag auch dann für das volle Umlagejahr zu leisten, wenn er in diesem Jahr teilweise oder überhaupt nicht mehr umlagepflichtig sein wird. [3] Eine anteilige Ermittlung der Vorauszahlung ist ausgeschlossen.

(3) [1] Die Verteilung der voraussichtlichen Kosten, die auf die Vorauszahlungspflichtigen umzulegen sind, ist auf der Grundlage der Verhältnisse des letzten abgerechneten Umlagejahres nach Maßgabe der §§ 16e bis 16k zu ermitteln. [2] Verhältnisse im Sinne des Satzes 1 sind die Verteilungsverhältnisse

zwischen den Aufgabenbereichen und Gruppen sowie die Bemessungsgrundlagen für die einzelnen Umlagepflichtigen.

(4) [1] Die nach Absatz 1 festgesetzte Umlagevorauszahlung wird vorbehaltlich des Satzes 2 nach der Bekanntgabe der Festsetzung jeweils zu gleichen Teilen am 15. Januar und am 15. Juli fällig, wenn nicht die Bundesanstalt im Einzelfall einen anderen Zeitpunkt bestimmt. [2] Auf Vorauszahlungspflichtige des Aufgabenbereichs Abwicklung ist Satz 1 mit der Maßgabe anzuwenden, dass die festgesetzte Umlagevorauszahlung am 15. Januar des Umlagejahres fällig wird.

(5) [1] Soweit der Umlagebetrag die Vorauszahlung voraussichtlich übersteigen wird, kann die Bundesanstalt für das laufende Umlagejahr eine weitere Umlagevorauszahlung festsetzen. [2] Die Vorauszahlungspflicht bestimmt sich nach Absatz 2. [3] Die umzulegenden Kosten sind nach Maßgabe des Absatzes 3 zu verteilen. [4] Für den nach Satz 1 festgesetzten Vorauszahlungsbetrag hat die Bundesanstalt den Zeitpunkt der Fälligkeit zu bestimmen.

§ 16n Differenz zwischen Umlagebetrag und Vorauszahlung.

(1) Entsteht nach der Anrechnung des gezahlten Umlagevorauszahlungsbetrages auf den festgesetzten Umlagebetrag ein Fehlbetrag, ist dieser innerhalb eines Monats nach Bekanntgabe des festgesetzten Umlagebetrages zu entrichten.

(2) Übersteigt der gezahlte Vorauszahlungsbetrag den festgesetzten Umlagebetrag oder ist die Vorauszahlung von einem endgültig nicht Umlagepflichtigen geleistet worden, ist die Überzahlung zu erstatten.

(3) Ansprüche auf Erstattung von Überzahlungen im Sinne des Absatzes 2 erlöschen durch Verjährung, wenn sie nicht bis zum Ablauf des fünften Kalenderjahres nach dem Kalenderjahr geltend gemacht werden, in dem die Festsetzung des Umlagebetrages oder die Aufhebung des Vorauszahlungsbescheides unanfechtbar geworden ist.

§ 16o Säumniszuschläge; Beitreibung. (1) [1] Werden die Umlagebeträge und Umlagevorauszahlungsbeträge nicht bis zum Ablauf des Fälligkeitstages entrichtet, ist für jeden angefangenen Monat der Säumnis ein Säumniszuschlag von 1 Prozent des abgerundeten rückständigen Betrages zu entrichten. [2] Der Säumniszuschlag wird nur erhoben, wenn der rückständige Betrag 50 Euro übersteigt und die Säumnis länger als drei Tage beträgt. [3] Wird die Festsetzung einer Umlage aufgehoben oder geändert, bleiben die bis dahin verwirkten Säumniszuschläge unberührt.

(2) Für die Berechnung des Säumniszuschlages ist der rückständige Betrag auf volle 50 Euro abzurunden.

(3) Ein wirksam geleisteter Umlagebetrag oder Umlagevorauszahlungsbetrag gilt als entrichtet

1. bei Übergabe oder Übersendung von Zahlungsmitteln am Tag des Eingangs bei der für die Bundesanstalt zuständigen Kasse (Bundeskasse oder Zahlstelle); bei Hingabe oder Übersendung von Schecks jedoch drei Tage nach dem Tag des Eingangs des Schecks bei der zuständigen Kasse,
2. bei Überweisung oder Einzahlung auf ein Konto der zuständigen Kasse und bei Einzahlung mit Zahlschein oder Postanweisung an dem Tag, an dem der Betrag der Kasse gutgeschrieben wird, oder
3. bei Vorliegen einer Einzugsermächtigung am Fälligkeitstag.

(4) [1] In den Fällen der Gesamtschuld entstehen Säumniszuschläge gegenüber jedem säumigen Gesamtschuldner. [2] Insgesamt ist jedoch kein höherer Säumniszuschlag zu entrichten, als verwirkt worden wäre, wenn die Säumnis nur bei einem Gesamtschuldner eingetreten wäre.

(5) [1] Nicht fristgerecht entrichtete Umlage- und Umlagevorauszahlungsbeträge werden nach den Vorschriften des Verwaltungs-Vollstreckungsgesetzes durch die Bundesanstalt beigetrieben. [2] Vollstreckungsbehörde ist das für den Sitz oder die Niederlassung des Vollstreckungsschuldners zuständige Hauptzollamt.

§ 16p Festsetzungsverjährung. (1) [1] Die Festsetzung des Umlagebetrages ist nicht mehr zulässig, wenn die Festsetzungsfrist abgelaufen ist (Festsetzungsverjährung). [2] Die Festsetzungsfrist beträgt vier Jahre; sie beginnt mit Ablauf des Umlagejahres.

(2) Die Festsetzungsfrist läuft nicht ab, solange die Festsetzung wegen höherer Gewalt innerhalb der letzten sechs Monate des Fristablaufs nicht erfolgen kann.

(3) [1] Wird die Festsetzung angefochten, läuft die Festsetzungsfrist erst sechs Monate nach dem Zeitpunkt ab, an dem die Festsetzung unanfechtbar geworden ist; dies gilt auch, wenn der Rechtsbehelf erst nach Ablauf der Festsetzungsfrist eingelegt wird. [2] Der Ablauf der Festsetzungsfrist ist hinsichtlich des gesamten Anspruchs gehemmt. [3] Satz 1 gilt entsprechend für vor Ablauf der Festsetzungsfrist gestellte Anträge auf Aufhebung oder Änderung der Festsetzung.

§ 16q Zahlungsverjährung. (1) [1] Der Anspruch auf Zahlung des festgesetzten Umlagebetrages verjährt nach fünf Jahren (Zahlungsverjährung). [2] Die Verjährungsfrist beginnt mit dem Ablauf des Kalenderjahres, in dem der Anspruch erstmals fällig geworden ist.

(2) Die Zahlungsverjährung ist gehemmt, solange der Anspruch wegen höherer Gewalt innerhalb der letzten sechs Monate der Verjährungsfrist nicht verfolgt werden kann.

(3) Die Zahlungsverjährung wird unterbrochen durch

1. schriftliche Geltendmachung des Anspruchs,
2. Zahlungsaufschub,
3. Stundung,
4. Eintritt der aufschiebenden Wirkung,
5. Aussetzung der Vollziehung,
6. Sicherheitsleistung,
7. Vollstreckungsaufschub,
8. eine Vollstreckungsmaßnahme,
9. Anmeldung im Insolvenzverfahren,
10. Aufnahme in einen Insolvenzplan oder gerichtlichen Schuldenbereinigungsplan,
11. Einbeziehung in ein Verfahren, das die Restschuldbefreiung für den Umlageschuldner zum Ziel hat, oder
12. Ermittlungen der Bundesanstalt nach dem Wohnsitz oder dem Aufenthaltsort des Umlagepflichtigen.

(4) Die Unterbrechung der Zahlungsverjährung durch eine der in Absatz 3 genannten Maßnahmen dauert fort, bis

1. der Zahlungsaufschub, die Stundung, die aufschiebende Wirkung, die Aussetzung der Vollziehung oder der Vollstreckungsaufschub beendet ist,
2. bei Sicherheitsleistung, Pfändungspfandrecht, Zwangshypothek oder einem sonstigen Vorzugsrecht auf Befriedigung das entsprechende Recht erloschen ist,
3. das Insolvenzverfahren beendet ist,
4. der Insolvenzplan oder der gerichtliche Schuldenbereinigungsplan erfüllt ist oder hinfällig wird,
5. die Restschuldbefreiung erteilt oder versagt wird oder das Verfahren, das die Restschuldbefreiung zum Ziel hat, vorzeitig beendet wird, oder
6. die Ermittlung der Bundesanstalt nach dem Wohnsitz oder dem Aufenthalt des Umlagepflichtigen beendet ist.

(5) [1]Die Zahlungsverjährung wird nur in Höhe des Betrages unterbrochen, auf den sich die Unterbrechungshandlung bezieht. [2]Mit Ablauf des Kalenderjahres, in dem die Unterbrechung geendet hat, beginnt eine neue Verjährungsfrist.

(6) [1]Wird die Festsetzung des Umlagebetrages angefochten, erlöschen die Zahlungsansprüche aus ihr nicht vor Ablauf von sechs Monaten, nachdem die Festsetzung unanfechtbar geworden ist oder sich das Verfahren auf andere Weise erledigt hat. [2]Die Frist nach Satz 1 kann durch verjährungsunterbrechende Maßnahmen nach Absatz 3 unterbrochen werden.

§ 16r Erstattung überzahlter Umlagebeträge. (1) Zu Unrecht erhobene Umlagebeträge und sonstige Überzahlungen auf Umlagebeträge, die nicht auf der Erhebung einer Vorauszahlung beruhen, sind nach Kenntniserlangung durch die Bundesanstalt zu erstatten.

(2) Ansprüche auf Erstattung von zu Unrecht erhobenen Umlagebeträgen entstehen mit Unanfechtbarkeit der Feststellung der Rechtswidrigkeit; Ansprüche auf Erstattung von sonstigen Überzahlungen im Sinne des Absatzes 1 entstehen mit Zahlungseingang bei der Bundesanstalt.

(3) Ansprüche auf Erstattung von zu Unrecht erhobenen Umlagebeträgen und von sonstigen Überzahlungen im Sinne des Absatzes 1 erlöschen durch Verjährung, wenn sie nicht bis zum Ablauf des fünften Kalenderjahres geltend gemacht werden, das auf die Entstehung des Anspruchs folgt.

§ 17 Zwangsmittel; Bekanntgabe von Allgemeinverfügungen.

(1) [1]Die Bundesanstalt kann ihre Verfügungen, die sie innerhalb ihrer gesetzlichen Befugnisse trifft, mit Zwangsmitteln nach den Bestimmungen des Verwaltungs-Vollstreckungsgesetzes durchsetzen. [2]Dabei kann sie die Zwangsmittel für jeden Fall der Nichtbefolgung androhen. [3]Sie kann auch Zwangsmittel gegen juristische Personen des öffentlichen Rechts anwenden. [4]Die Höhe des Zwangsgelds beträgt bis zu 2 500 000 Euro.

(2) [1]Die Bundesanstalt gibt Allgemeinverfügungen öffentlich bekannt. [2]Die öffentliche Bekanntgabe gemäß § 41 Absatz 4 Satz 1 des Verwaltungsverfahrensgesetzes erfolgt durch elektronische Bekanntmachung auf der Internetseite der Bundesanstalt. [3]Dabei sind der Bekanntmachungszeitpunkt sowie der Bekanntgabezeitpunkt anzugeben. [4]Abweichend von § 41 Absatz 4 Satz 4 des

Verwaltungsverfahrensgesetzes kann in besonders begründeten Fällen der Bekanntmachungszeitpunkt als Bekanntgabezeitpunkt bestimmt werden. [5] Ein besonders begründeter Fall im Sinne des Satzes 4 kann insbesondere vorliegen bei Allgemeinverfügungen der Bundesanstalt zur

1. Beseitigung oder Verhinderung von Nachteilen für die Stabilität der Finanzmärkte, von Zuständen, die das Vertrauen in die Funktionsfähigkeit der Finanzmärkte erschüttern können, oder von sonstigen erheblichen Nachteilen für den Finanz- oder Wertpapiermarkt oder
2. Sicherung der Liquidität oder Solvenz von beaufsichtigten Unternehmen oder bedeutender Vermögenswerte von Kunden oder Anlegern.

[6] Ein besonders begründeter Fall im Sinne des Satzes 4 kann darüber hinaus insbesondere auch vorliegen, wenn

1. bei späterer Bekanntgabe der Allgemeinverfügung deren Umgehung durch die Adressaten zu befürchten ist,
2. abgestimmte Maßnahmen mehrerer europäischer Aufsichtsbehörden erforderlich sind und eine frühere Bekanntgabe vereinbart wurde oder
3. eine frühere Bekanntgabe auf Grund europäischer Rechtsvorschriften erforderlich ist.

(3) Falls die für eine elektronische Bekanntmachung notwendigen Systeme nicht verfügbar sein sollten, erfolgt die öffentliche Bekanntgabe abweichend von Absatz 2 Satz 2 durch die Bekanntmachung an der hierfür durch die Bundesanstalt bestimmten allgemein zugänglichen Stelle; Absatz 2 Satz 3 bis 6 gilt entsprechend.

Sechster Abschnitt. Finanzierung gesonderter Aufgaben

§ 17a Finanzierung gesonderter Aufgaben. [1] Die Bundesanstalt weist die in ihrem Verwaltungsbereich voraussichtlich zu erwartenden Einnahmen und zu leistenden Ausgaben für Aufgaben nach Abschnitt 16 des Wertpapierhandelsgesetzes und nach diesem Abschnitt in einem gesonderten Teil des Haushaltsplans einschließlich eines gesonderten Stellenplans aus. [2] Die Summe der Einnahmen und Ausgaben der Prüfstelle sind in diesem Teil des Haushaltsplans zu berücksichtigen und ebenfalls gesondert auszuweisen. [3] Dieser Teil des Haushaltsplans wird unter Berücksichtigung des nach § 342d Satz 2 des Handelsgesetzbuchs genehmigten Wirtschaftsplans der Prüfstelle vom Verwaltungsrat gesondert festgestellt. [4] Die Kosten für die in Satz 1 genannten Aufgaben werden entsprechend gesondert erfasst und einem eigenen Buchungskreislauf zugeordnet. [5] Im Übrigen sind § 12 Abs. 1, 3 bis 5 und § 13 Abs. 2 Satz 1 und 2 entsprechend anzuwenden.

§ 17b Gebühren für gesonderte individuell zurechenbare öffentliche Leistungen. (1) [1] Die Bundesanstalt kann für individuell zurechenbare öffentliche Leistungen im Rahmen der ihr zugewiesenen Aufgaben nach Abschnitt 16 des Wertpapierhandelsgesetzes Gebühren in Höhe von bis zu 500 000 Euro erheben, soweit nicht nach § 17c eine gesonderte Erstattung von Kosten vorgesehen ist. [2] Ergibt die Prüfung durch die Bundesanstalt, dass die Rechnungslegung nicht fehlerhaft ist, sieht sie von der Erhebung der Gebühr ab.

(2) [1] Das Bundesministerium wird ermächtigt, durch Rechtsverordnung die gebührenpflichtigen Tatbestände und die Gebühren nach Maßgabe des Absat-

zes 1 durch feste Sätze oder Rahmensätze oder durch Regelungen über Erhöhungen, Ermäßigungen und Befreiungen für bestimmte Arten von individuell zurechenbaren öffentlichen Leistungen näher zu bestimmen. [2]§ 14 Abs. 2 Satz 2, 3 und Abs. 3 ist entsprechend anzuwenden. [3]Das Bundesministerium kann die Ermächtigung durch Rechtsverordnung auf die Bundesanstalt übertragen.

§ 17c Gesonderte Erstattung bei gesonderten Prüfungen. [1]Die Kosten, die der Bundesanstalt durch die Wahrnehmung der Aufgaben nach § 108 Absatz 1 Satz 2 Nummer 1 des Wertpapierhandelsgesetzes entstehen, sind ihr von den Unternehmen im Sinne des § 106 des Wertpapierhandelsgesetzes gesondert zu erstatten und ihr auf Verlangen vorzuschießen. [2]Eine gesonderte Erstattung von Kosten, die durch die Wahrnehmung der Aufgaben nach § 108 Absatz 1 Satz 2 Nummer 1 des Wertpapierhandelsgesetzes entstehen, findet nicht statt, wenn das Prüfungsergebnis der Bundesanstalt vom Prüfungsergebnis der Prüfstelle zu Gunsten des betroffenen Unternehmens abweicht. [3]Zu den Kosten nach Satz 1 gehören auch die Kosten, mit denen die Bundesanstalt von der Prüfstelle im Rahmen ihrer Tätigkeit nach § 107 Absatz 4 des Wertpapierhandelsgesetzes oder von anderen Stellen, die im Rahmen solcher Maßnahmen für die Bundesanstalt tätig werden, belastet wird, sowie die Kosten für den Einsatz eigener Mitarbeiter. [4]Das Bundesministerium wird ermächtigt, Einzelheiten der gesonderten Erstattung durch eine Rechtsverordnung zu bestimmen. [5]Das Bundesministerium kann die Ermächtigung durch Rechtsverordnung auf die Bundesanstalt übertragen.

§ 17d Gesonderte Umlage. (1) [1]Soweit die nach § 17a Satz 4 gesondert erfassten Kosten und die Kosten, die zur Erfüllung der Aufgaben der Prüfstelle nach § 342b des Handelsgesetzbuchs erforderlich waren, nicht durch Gebühren, gesonderte Erstattung oder sonstige Einnahmen gedeckt werden, sind sie von der Bundesanstalt einschließlich der Fehlbeträge und der nicht eingegangenen Beträge des Vorjahres auf die zum Stichtag nach Satz 2 umlagepflichtigen Unternehmen nach einem geeigneten Verteilungsschlüssel unter Zugrundelegung ihrer inländischen Börsenumsätze anteilig umzulegen und nach den Vorschriften des Verwaltungs-Vollstreckungsgesetzes beizutreiben. [2]Umlagepflichtige Unternehmen im Sinne des Satzes 1 sind Emittenten von zugelassenen Wertpapieren im Sinne des § 2 Absatz 1 des Wertpapierhandelsgesetzes, für die die Bundesrepublik Deutschland nach § 2 Absatz 13 des Wertpapierhandelsgesetzes der Herkunftsstaat ist; unberücksichtigt bleiben hierbei Anteile und Aktien an offenen Investmentvermögen im Sinne des § 1 Absatz 4 des Kapitalanlagegesetzbuchs. [3]Für die Umlage können Mindest- und Höchstbeträge festgelegt werden. [4]Im Hinblick auf die Umlage nach Satz 1 kann die Bundesanstalt Vorauszahlungen auf der Grundlage der Kosten festsetzen, die nach dem Haushaltsplan voraussichtlich für das Umlagejahr zu erwarten sind.

(2) [1]Die inländischen Börsen haben der Bundesanstalt zur Festsetzung der Umlage und der Umlagevorauszahlung über die Börsenumsätze Auskünfte zu erteilen und Unterlagen vorzulegen. [2]Die Bundesanstalt kann von den Unternehmen Auskünfte und die Vorlage von Unterlagen verlangen, soweit dies zur Festsetzung der Umlage und der Umlagevorauszahlung erforderlich ist.

(2a) Auf die Erstattung von Überzahlungen und die Verjährung sind § 16m Absatz 2 und 3 sowie die §§ 16o, 16p und 16q entsprechend anzuwenden.

(3) [1] Das Nähere über die Erhebung der Umlage und der Umlagevorauszahlung, insbesondere über die Kostenermittlung und den Verteilungsschlüssel, den Stichtag, die Mindest- und Höchstveranlagung, das Umlageverfahren einschließlich eines geeigneten Schätzverfahrens bei nicht zweifelsfreier Datenlage, die Ausschlussfristen für die Erbringung von Nachweisen, Zahlungsfristen, die Höhe der Säumniszuschläge und die Beitreibung sowie den Differenzausgleich zwischen Umlagevorauszahlung und Umlagefestsetzung, auch in Bezug auf Vorschusszahlungen gemäß § 342d Abs. 1 Satz 3 des Handelsgesetzbuchs, bestimmt das Bundesministerium einvernehmlich mit dem Bundesministerium der Justiz und für Verbraucherschutz durch Rechtsverordnung. [2] Die Rechtsverordnung kann auch Regelungen über die vorläufige Festsetzung des Umlagebetrags vorsehen. [3] Das Bundesministerium kann die Ermächtigung mit Zustimmung des Bundesministeriums der Justiz und für Verbraucherschutz durch Rechtsverordnung auf die Bundesanstalt übertragen.

(4) Bei erstmaliger Erhebung der Umlage sind auch die Kosten zu berücksichtigen, die zur Errichtung der Prüfstelle erforderlich waren, auch wenn sie bereits vor Anerkennung der Prüfstelle nach § 342b des Handelsgesetzbuchs entstanden sind.

Siebenter Abschnitt. Übergangs- und Schlussbestimmungen

§ 18 Übergangsbestimmungen. (1) [1] Bei dem Bundesaufsichtsamt für das Kreditwesen, dem Bundesaufsichtsamt für das Versicherungswesen und dem Bundesaufsichtsamt für den Wertpapierhandel anhängige Verwaltungsverfahren werden ab dem 1. Mai 2002 von der Bundesanstalt fortgeführt. [2] In anhängigen Gerichtsverfahren, in denen die Bundesrepublik Deutschland, vertreten durch den Präsidenten des jeweiligen Bundesaufsichtsamtes, Partei oder Beteiligte ist, ist die Bundesanstalt mit Inkrafttreten dieses Gesetzes Partei oder Beteiligte.

(2) [1] Für Gerichtsverfahren, die gemäß § 10a des Gesetzes über die Errichtung eines Bundesaufsichtsamtes für das Versicherungswesen anhängig sind, bleibt das Bundesverwaltungsgericht zuständig. [2] Der Lauf von Fristen wird nicht unterbrochen.

(3), (4) *(aufgehoben)*

(5) Auf die am 30. April 2002 im Amt befindlichen Präsidenten und Vizepräsidenten der Bundesaufsichtsämter für das Versicherungswesen, für das Kreditwesen und den Wertpapierhandel sind die Vorschriften des Bundesbesoldungsgesetzes in der vor Inkrafttreten des Artikels 14 des Gesetzes über die integrierte Finanzdienstleistungsaufsicht vom 22. April 2002 (BGBl. I S. 1310) geltenden Fassung bis zur Übertragung eines anderen Amtes anzuwenden.

(6) [1] Die von den beaufsichtigten Unternehmen zu erstattenden Kosten des Bundesaufsichtsamtes für das Kreditwesen, des Bundesaufsichtsamtes für das Versicherungswesen und des Bundesaufsichtsamtes für den Wertpapierhandel für das Jahr 2002 bis zum 30. April 2002 und für die Vorjahre, soweit sie noch nicht erstattet wurden, sind an die Bundesanstalt zu entrichten. [2] Die Bundesanstalt führt diese Beträge an den Bund ab.

(7) [1] Die am 9. Dezember 2011 im Amt befindlichen Mitglieder des Direktoriums verbleiben im Amt. [2] Auf diese sind bis zu einer Berufung in ein öffentlich-rechtliches Amtsverhältnis die Vorschriften des § 9 in der vor dem 9. Dezember 2011 geltenden Fassung weiter anzuwenden. [3] Weiterhin sind auf

diese die Vorschriften der Anlage I des Bundesbesoldungsgesetzes in der vor dem 9. Dezember 2011 geltenden Fassung bis zur Übertragung eines anderen Amtes anzuwenden.

§ 18a Teilintegration der Bundesanstalt für Finanzmarktstabilisierung; Rechtsnachfolge; Verordnungsermächtigung. (1) [1]Die Bundesanstalt übernimmt zum 1. Januar 2018 alle Rechte und Pflichten, Verträge und sonstigen Rechtsverhältnisse der Bundesanstalt für Finanzmarktstabilisierung, soweit diese die auf die Bundesanstalt nach § 4 Absatz 1 Satz 5 oder nach anderen Bestimmungen zum 1. Januar 2018 übergegangenen Aufgaben betreffen, und tritt hinsichtlich der übergehenden Rechte und Pflichten in allen Verwaltungs- und Gerichtsverfahren, an denen die Bundesanstalt für Finanzmarktstabilisierung beteiligt ist, an deren Stelle. [2]Die Regelungen der Absätze 2 bis 7 bleiben unberührt.

(2) Die Bundesanstalt tritt zum 1. Januar 2018 nach Maßgabe der folgenden Absätze in die Rechte und Pflichten aus den Arbeitsverhältnissen mit übergehenden Beschäftigten ein.

(3) [1]Als übergehende Beschäftigte im Sinne des Absatzes 2 gelten Arbeitnehmerinnen und Arbeitnehmer, denen bei der Bundesanstalt für Finanzmarktstabilisierung Tätigkeiten zur Erfüllung der nach § 4 Absatz 1 Satz 5 auf die Bundesanstalt übergehenden Aufgaben übertragen sind. [2]Die übergehenden Beschäftigten bestimmen sich im Zweifel anhand der Organisationsstruktur der Bundesanstalt für Finanzmarktstabilisierung zum 31. August 2017.

(4) Für übergehende Beschäftigte im Sinne des Absatzes 2, die außertariflich beschäftigt sind, gelten die bisherigen Arbeitsverträge fort.

(5) Für die sonstigen übergehenden Beschäftigten im Sinne des Absatzes 2 bestimmt sich ab dem 1. Januar 2018 das Arbeitsverhältnis nach § 10 Absatz 1 sowie nach den bei der Bundesanstalt geltenden Dienstvereinbarungen in der jeweils geltenden Fassung mit folgenden Maßgaben:

1. Die Überleitung der übergehenden Beschäftigten erfolgt in eine Entgeltgruppe des Tarifvertrags über die Entgeltordnung des Bundes vom 5. September 2013 in der für den Bereich des Bundes jeweils geltenden Fassung nach Maßgabe des § 12 des Tarifvertrags für den öffentlichen Dienst vom 13. September 2005 in der für den Bereich des Bundes jeweils geltenden Fassung.
2. Die Zuordnung zu den Stufen der Entgelttabelle des Tarifvertrags für den öffentlichen Dienst erfolgt entsprechend § 16 des Tarifvertrags für den öffentlichen Dienst in der für den Bereich des Bundes jeweils geltenden Fassung. Bei der Berechnung tarifrechtlich maßgebender Zeiten nach § 16 des Tarifvertrags für den öffentlichen Dienst werden die bei der Bundesanstalt für Finanzmarktstabilisierung am 31. Dezember 2017 erreichten Zeiten unbeschadet der übrigen Voraussetzungen so berücksichtigt, wie wenn sie bei der Bundesanstalt zurückgelegt worden wären. Restzeiten, die nach der Zuordnung zu einer Stufe verbleiben, werden auf die Stufenlaufzeit zum Erreichen der jeweils nächsten Stufe bei der Bundesanstalt angerechnet.
3. Die bei der Bundesanstalt für Finanzmarktstabilisierung am 31. Dezember 2017 erreichte Beschäftigungszeit wird als Beschäftigungszeit im Sinne des § 34 Absatz 3 Satz 1 und 2 des Tarifvertrags für den öffentlichen Dienst fortgeführt.

4. Weicht die Summe aus dem Tabellenentgelt nach § 15 des Tarifvertrags für den öffentlichen Dienst und der Finanzmarktzulage zum Stichtag 1. Januar 2018 von der Summe aus dem Tabellenentgelt nach dem Tarifvertrag der Deutschen Bundesbank, der Bundesbankzulage sowie einer etwaigen Einstellungszulage zum Stichtag 31. Dezember 2017 zu Ungunsten eines übergehenden Beschäftigten ab, wird diesem eine persönliche Zulage gewährt. Einzelheiten der Ausgestaltung, Berechnung und grundsätzlichen Abschmelzung dieser übertariflichen Zulage werden in einer gesonderten Regelung des Bundesministeriums der Finanzen, die der Einwilligung des Bundesministeriums des Innern, für Bau und Heimat bedarf, festgelegt. Im Falle einer Berufung in das Beamtenverhältnis entfällt der Anspruch eines Beschäftigten auf Gewährung der Zulage.

(6) [1] Die Bundesanstalt für Finanzmarktstabilisierung unterrichtet die übergehenden Beschäftigten bis zum 31. Oktober 2017 schriftlich über die rechtlichen, wirtschaftlichen und sozialen Folgen des Übergangs. [2] Übergehende Beschäftigte im Sinne des Absatzes 2, die unter Absatz 5 fallen, können dem Übergang ihrer Arbeitsverhältnisse widersprechen. [3] Der Widerspruch kann gegenüber der Bundesanstalt für Finanzmarktstabilisierung oder der Bundesanstalt innerhalb eines Monats nach dem Zugang der Unterrichtung schriftlich erklärt werden. [4] Ein Widerspruchsrecht der übergehenden Beschäftigten im Sinne des Absatzes 2, die unter Absatz 4 fallen, gegen den Übergang ihrer Arbeitsverhältnisse besteht nicht.

(7) Das Bundesministerium wird ermächtigt, durch Rechtsverordnung nähere Bestimmungen zu den Einzelheiten der Rechtsnachfolge zu erlassen.

§ 19 Überleitung/Übernahme von Beschäftigten. (1) [1] Die Beamten der Bundesaufsichtsämter für das Kreditwesen, für das Versicherungswesen und für den Wertpapierhandel sind mit Wirkung zum 1. Mai 2002 Beamte der Bundesanstalt. [2] § 130 Abs. 1 des Beamtenrechtsrahmengesetzes in der Fassung der Bekanntmachung vom 31. März 1999 (BGBl. I S. 654) findet entsprechend Anwendung.

(2) [1] Soweit die Versorgungslast für die Beamten der Bundesanstalt nicht nach § 20 vom Bund zu tragen ist, sind bei der Bundesanstalt Pensionsrücklagen zu bilden. [2] Satz 1 gilt entsprechend für Versorgungsansprüche der Mitglieder des Direktoriums.

(3) [1] Die bei den in Absatz 1 genannten Bundesaufsichtsämtern beschäftigten Angestellten, Arbeiter und Auszubildenden sind mit Wirkung zum 1. Mai 2002 in den Dienst der Bundesanstalt übernommen. [2] Die Bundesanstalt tritt unbeschadet des § 10 Abs. 1 in die Rechte und Pflichten aus den im Zeitpunkt der Übernahme bestehenden Arbeits- und Ausbildungsverhältnisse ein.

§ 20 Verteilung der Versorgungskosten. (1) Die Bundesanstalt trägt die Versorgungsbezüge für die bei ihr zurückgelegten Dienstzeiten der übernommenen Beamten der Bundesaufsichtsämter für das Kreditwesen, für das Versicherungswesen und für den Wertpapierhandel.

(2) [1] Der Bund trägt die Versorgungsbezüge für die Dienstzeiten der Beamten nach ihrer Anstellung bei den Bundesaufsichtsämtern für das Kreditwesen, für das Versicherungswesen und für den Wertpapierhandel bis zu ihrer Übernahme in die Bundesanstalt. [2] Im Übrigen gilt § 107b des Beamtenversorgungsgesetzes entsprechend.

(3) Für die vorhandenen Versorgungsempfänger der Bundesaufsichtsämter für das Kreditwesen, für das Versicherungswesen und für den Wertpapierhandel werden die Versorgungsbezüge vom Bund getragen.

§ 21 Übergang von Rechten und Pflichten. (1) Rechte und Pflichten, die die Bundesaufsichtsämter für das Kreditwesen, für das Versicherungswesen und für den Wertpapierhandel mit Wirkung für und gegen die Bundesrepublik Deutschland begründet haben, gehen auf die Bundesanstalt über.

(2) Das von den Bundesaufsichtsämtern zum Zeitpunkt der Errichtung der Bundesanstalt genutzte bewegliche Verwaltungsvermögen der Bundesrepublik Deutschland wird der Bundesanstalt zur unentgeltlichen Nutzung überlassen.

§ 22 Übergangsvorschriften zum Gesetz zur Stärkung der deutschen Finanzaufsicht. (1) § 4c gilt nicht in Verwaltungsgerichtsverfahren, die vor dem 1. Januar 2013 anhängig geworden sind oder für die die Klagefrist vor diesem Tag begonnen hat, sowie nicht in Verfahren über Rechtsmittel gegen gerichtliche Entscheidungen, die vor dem 1. Januar 2013 bekannt gegeben oder verkündet oder von Amts wegen anstelle einer Verkündung zugestellt worden sind.

(2) Die Amtszeit der Mitglieder des Verwaltungsrats nach § 7 Absatz 3 Satz 1 Nummer 2 Buchstabe e bis g in der bis zum 28. Februar 2013 geltenden Fassung und ihrer Stellvertreter endet am 1. März 2013.

(3) § 10a Absatz 1 ist erstmals anzuwenden auf die laufenden Dienstbezüge, die für einen nach dem 31. Dezember 2012 endenden Zahlungszeitraum gezahlt werden.

§ 23 Übergangsbestimmungen zur Umlageerhebung. (1) [1]Die §§ 16 bis 16k und 16m bis 16q in der ab dem 1. Januar 2013 geltenden Fassung sind erstmals auf die Umlageerhebung für das Umlagejahr 2013 anzuwenden. [2]Auf die Erhebung der Vorauszahlung für das Umlagejahr 2013, auf die Umlageerhebung für das Umlagejahr 2012 und die Abrechnung früherer Umlagejahre sind § 16, die auf der Grundlage des § 16 Absatz 2 erlassene Rechtsverordnung sowie die §§ 5, 6, 8 und 13 der Verordnung über die Erhebung von Gebühren und die Umlegung von Kosten nach dem Finanzdienstleistungsaufsichtsgesetz und § 8a Absatz 6 und § 8b Absatz 2 Satz 1 des Stabilisierungsfondsgesetzes jeweils in der bis zum 31. Dezember 2012 geltenden Fassung weiter anzuwenden.

(2) [1]§ 16l in der ab dem 1. Januar 2013 geltenden Fassung ist erstmals auf die Erhebung der Vorauszahlungen für das Umlagejahr 2014 anzuwenden. [2]Hinsichtlich der Vorauszahlungen für das Umlagejahr 2014 im Aufgabenbereich Wertpapierhandel gilt § 16l jedoch mit folgenden Maßgaben:

1. Von den im Aufgabenbereich zu tragenden Vorauszahlungsbeträgen hat die Gruppe der Wertpapierdienstleistungsunternehmen und Anlageverwalter 46 Prozent und die Gruppe der Emittenten 54 Prozent zu tragen.
2. In der Gruppe der Wertpapierdienstleistungsunternehmen und Anlageverwalter ist vorauszahlungspflichtig, wer im Jahr der Vorauszahlungsfestsetzung die Voraussetzungen des § 16i Absatz 1 Satz 1 Nummer 1 erfüllt, es sei denn, er weist im Jahr der Vorauszahlungsfestsetzung vor dem 1. Dezember nach, dass er im darauf folgenden Jahr nicht mehr umlagepflichtig sein wird.

3. In der Gruppe der Wertpapierdienstleistungsunternehmen und Anlageverwalter bemisst sich die Vorauszahlung für das Jahr 2014 auf der Grundlage von Daten aus dem Jahr 2011.
4. Auf die Bemessung der Vorauszahlungsbeträge ist § 16j Absatz 2 und 4 nicht anzuwenden.
5. Soweit bei Wertpapierdienstleistungsunternehmen und Anlageverwaltern keine Daten für die Bemessungsgrundlage des Vorauszahlungsbetrages vorliegen, ist ein Bemessungsbetrag von null Euro anzusetzen; der Vorauszahlungsbetrag entspricht in diesem Fall dem Mindestumlagebetrag nach § 16j Absatz 6.

(3) Die §§ 16e und 16f sind ab dem 22. Juli 2013 mit folgenden Maßgaben anzuwenden:

1. Umlagepflichtig in der Gruppe Kapitalverwaltungsgesellschaften und extern verwaltete OGAW-Investmentaktiengesellschaften sind auch solche Kapitalverwaltungsgesellschaften, die eine Erlaubnis nach § 7 oder § 97 Absatz 1 des Investmentgesetzes in der bis zum 21. Juli 2013 geltenden Fassung erhalten haben, die für den in § 345 Absatz 2 Satz 1, Absatz 3 Satz 2, in Verbindung mit Absatz 2 Satz 1, oder Absatz 4 Satz 1 des Kapitalanlagegesetzbuchs vorgesehenen Zeitraum noch fortbesteht.
2. Auf für das Umlagejahr 2013 Umlagepflichtige in der Gruppe Kapitalverwaltungsgesellschaften und extern verwaltete OGAW-Investmentaktiengesellschaften ist bei der Bemessung der Umlagebeträge für dieses Umlagejahr § 16f Absatz 1 Nummer 2 in der bis zum 21. Juli 2013 geltenden Fassung entsprechend anzuwenden.
3. Sofern auf Umlagepflichtige in der Gruppe Kapitalverwaltungsgesellschaften und extern verwaltete OGAW-Investmentaktiengesellschaften auch nach dem Umlagejahr 2013 das Investmentgesetz in der bis zum 21. Juli 2013 geltenden Fassung anzuwenden ist, sind die von ihnen auf der Grundlage des Investmentgesetzes verwalteten Sondervermögen und zur gemeinschaftlichen Kapitalanlage verwalteten und angelegten Mittel in die Bemessung der Umlagebeträge des jeweiligen Umlagejahres in entsprechender Anwendung des § 16f Absatz 1 Nummer 2 einzubeziehen. Als Wert im Sinne des Satzes 3 gilt dabei jeweils der Wert, der nach § 44 Absatz 1 Satz 3 Nummer 1 Satz 6 oder nach § 99 Absatz 3 in Verbindung mit § 44 Absatz 1 Satz 3 Nummer 1 Satz 6 des Investmentgesetzes in der bis zum 21. Juli 2013 geltenden Fassung in dem Jahresbericht für das Geschäftsjahr angegeben wird, das dem Umlagejahr vorausgeht.

(4) Für die Umlagejahre 2014 und 2015 ist § 16k Absatz 2 in Verbindung mit § 16e mit folgenden Maßgaben anzuwenden:

1. Die Kosten, die der Bundesanstalt durch die Inanspruchnahme von Beratungs-, Management- oder Unterstützungsleistungen in Ausführung von Artikel 1 des Beschlusses der Europäischen Zentralbank vom 4. Februar 2014 (EZB/2014/3) in Verbindung mit Artikel 33 Absatz 4 der Verordnung (EU) Nr. 1024/2013 des Rates vom 15. Oktober 2013 zur Übertragung besonderer Aufgaben im Zusammenhang mit der Aufsicht über Kreditinstitute auf die Europäische Zentralbank (ABl. L 287 vom 29.10.2013, S. 63) entstehen, werden innerhalb der Gruppe Kredit- und Finanzdienstleistungsinstitute gesondert ermittelt und nach Maßgabe des § 16f Absatz 1 Nummer 1, Absatz 2, 4 und 5 auf diejenigen Umlagepflichtigen dieser Gruppe verteilt, die

a) nach vorgenanntem Beschluss geprüft oder in eine Prüfung einbezogen werden und,

b) den im Anhang des Beschlusses der Europäischen Zentralbank aufgeführten deutschen Unternehmen zuzurechnen sind oder auf die Artikel 1 Absatz 3 des Beschlusses anzuwenden ist.

2. Der nach Nummer 1 ermittelte Betrag ist dem Betrag hinzuzurechnen, der nach § 16k Absatz 2 in Verbindung mit § 16e ohne die in Nummer 1 genannten Kosten ermittelt wird.

(5) Die §§ 16, 16e, 16f und 16g in der ab dem 10. Juli 2015 geltenden Fassung sind erstmals auf die Umlageerhebung für das Umlagejahr 2015 anzuwenden.

(6) § 17d Absatz 1 in der ab dem 26. November 2015 geltenden Fassung ist erstmals auf die Umlageerhebung für das Umlagejahr 2016 anzuwenden.

(7) [1] Für das Umlagejahr 2017 hat die Bundesanstalt zusätzlich zu der ihr nach diesem Gesetz zugewiesenen Erhebung von Umlagen auch die Umlage für den Aufgabenbereich Abwicklungsbehörde der Bundesanstalt für Finanzmarktstabilisierung im Sinne des § 6 Absatz 1 Nummer 1 der FMSA-Kostenverordnung in der am 31. Dezember 2017 geltenden Fassung zu erheben. [2] Sie hat dabei die §§ 3f bis 3h und 3j des Stabilisierungsfondsgesetzes in der bis zum 31. Dezember 2017 geltenden Fassung sowie die §§ 6, 7 und 9 bis 14 der FMSA-Kostenverordnung in der am 31. Dezember 2017 geltenden Fassung entsprechend anzuwenden. [3] Die Bundesanstalt hat in entsprechender Anwendung des § 3h Absatz 2 des Stabilisierungsfondsgesetzes in der bis zum 31. Dezember 2017 geltenden Fassung für jedes umlagepflichtige Institut den von diesem zu entrichtenden Umlagebetrag auf der Grundlage der Haushaltsrechnung zu ermitteln, die vom Leitungsausschuss der Bundesanstalt für Finanzmarktstabilisierung für das Umlagejahr 2017 aufgestellt wurde. [4] Die für das Umlagejahr 2017 geleistete Umlagevorauszahlung ist in entsprechender Anwendung des § 3j Absatz 1 des Stabilisierungsfondsgesetzes in der bis zum 31. Dezember 2017 geltenden Fassung bei der Festsetzung des jeweiligen Umlagebetrages für das Umlagejahr 2017 anzurechnen. [5] Übersteigen die für den Aufgabenbereich Abwicklungsbehörde nach Satz 4 geleisteten Umlagevorauszahlungen die nach Satz 1 festgesetzten Umlagebeträge, so hat die Bundesanstalt für Finanzmarktstabilisierung an die Bundesanstalt die zur Erstattung der überzahlten Umlagevorauszahlungsbeträge erforderlichen Mittel zu leisten. [6] Übersteigen die für den Aufgabenbereich Abwicklungsbehörde festgesetzten Umlagebeträge nach Satz 1 die nach Satz 4 geleisteten Umlagevorauszahlungen im Sinne von § 3j Absatz 1 des Stabilisierungsfondsgesetzes in der bis zum 31. Dezember 2017 geltenden Fassung, so hat die Bundesanstalt die Fehlbeträge im Sinne von § 3j Absatz 2 Satz 1 des Finanzmarktstabilisierungsfondsgesetzes, die von den Umlagepflichtigen an die Bundesanstalt entrichtet wurden, an die Bundesanstalt für Finanzmarktstabilisierung zu leisten. [7] Gleicht die Bundesanstalt in der Zeit zwischen dem 1. Januar und dem 30. Juni 2018 aus ihrem Haushalt Fehlbeträge aus, die in entsprechender Anwendung des § 7 Absatz 1, 2 und 4 der FMSA-Kostenverordnung in der am 31. Dezember 2017 geltenden Fassung dem Umlagejahr 2017 der Bundesanstalt für Finanzmarktstabilisierung zuzurechnen sind, so sind diese von den Leistungen nach Satz 6 abzuziehen. [8] Fließen dem Haushalt der Bundesanstalt in der Zeit zwischen dem 1. Januar und dem 30. Juni 2018 Überschüsse zu, die in entsprechender Anwendung des

§ 7 Absatz 1, 2 und 4 der FMSA-Kostenverordnung in der am 31. Dezember 2017 geltenden Fassung dem Umlagejahr 2017 der Bundesanstalt für Finanzmarktstabilisierung zuzurechnen sind, so sind diese den Leistungen nach Satz 6 hinzuzurechnen. [9] Auf Umlagebeträge des Aufgabenbereichs Abwicklungsbehörde der Bundesanstalt für Finanzmarktstabilisierung, die Umlagejahre betreffen, welche dem Umlagejahr 2017 vorausgehen, hat die Bundesanstalt die §§ 3f bis 3h und 3j des Stabilisierungsfondsgesetzes in der bis zum 31. Dezember 2017 geltenden Fassung sowie die §§ 6, 7 und 9 bis 14 der FMSA-Kostenverordnung in der am 31. Dezember 2017 geltenden Fassung entsprechend anzuwenden.

(8) [1] Die §§ 16 bis 16l und 16n bis 16r in der ab dem 1. Januar 2018 geltenden Fassung sind erstmals auf das Umlagejahr 2018 anzuwenden. [2] Fehlbeträge, nicht eingegangene Beträge und Überschüsse, die nach dem 30. Juni 2018 entstehen und die dem Aufgabenbereich Abwicklungsbehörde der Bundesanstalt für Finanzmarktstabilisierung für das Umlagejahr 2017 und frühere Umlagejahre nach § 7 Absatz 1, 2 und 4 der FMSA-Kostenverordnung in der am 31. Dezember 2017 geltenden Fassung zuzuordnen gewesen wären, gelten als Fehlbeträge, nicht eingegangene Beträge und Überschüsse im Sinne von § 16c Absatz 1 in der ab dem 1. Januar 2018 geltenden Fassung. [3] Sie sind dem Aufgabenbereich Abwicklung der Bundesanstalt zuzuordnen.

(9) [1] Die Bundesanstalt für Finanzmarktstabilisierung setzt die Vorauszahlung für den Aufgabenbereich Abwicklung der Bundesanstalt für das Umlagejahr 2018 in entsprechender Anwendung des § 3i desStabilisierungsfondsgesetzes in der bis zum 31. Dezember 2017 geltenden Fassung fest. [2] Die auf der Grundlage von Satz 1 gezahlte Vorauszahlung ist von der Bundesanstalt nach § 16n Absatz 1 oder 2 in der ab dem 1. Januar 2018 geltenden Fassung auf den für das Umlagejahr 2018 festgesetzten Umlagebetrag anzurechnen. [3] Die Bundesanstalt erhebt die Vorauszahlung für das Jahr 2018 nach § 16l in der bis zum 31. Dezember 2017 geltenden Fassung mit der Maßgabe, dass der Festsetzung nach § 16l Absatz 1 Satz 2 in der bis zum 31. Dezember 2017 geltenden Fassung nur die Ausgaben des Haushaltsplans zugrunde zu legen sind, die sich nach Abzug des Betrages ergeben, den die Bundesanstalt für Finanzmarktstabilisierung als Vorauszahlung nach Satz 1 festgesetzt hat. [4] § 16m in der ab dem 1. Januar 2018 geltenden Fassung ist erstmals auf die Erhebung der Vorauszahlung für das Umlagejahr 2020 anzuwenden. [5] Für das Umlagejahr 2019 ist Satz 4 mit der Maßgabe anzuwenden, dass in die Verteilungsverhältnisse im Sinne des § 16m Absatz 3 Satz 2 in der ab dem 1. Januar 2018 geltenden Fassung der Teil des abgerechneten Umlagejahres 2017 der Bundesanstalt für Finanzmarktstabilisierung einzubeziehen ist, der sich auf den Aufgabenbereich Abwicklungsbehörde bezieht.

(10) § 16e Absatz 1 und 3, § 16f Absatz 1, § 16g Absatz 1, § 16i Absatz 1 und 2, § 16j Absatz 5 bis 7 sind erstmals auf das Umlagejahr 2018 anzuwenden.

(11) § 16e Absatz 1 Satz 1 Nummer 1 und § 16g Absatz 1 Satz 1 Nummer 1 Buchstabe b Doppelbuchstabe aa und Buchstabe c Doppelbuchstabe aa in der ab dem 1. Januar 2020 geltenden Fassung sind erstmals auf die Umlageerhebung für das Umlagejahr 2020 anzuwenden.

3. Gesetz über die Zertifizierung von Altersvorsorge- und Basisrentenverträgen (Altersvorsorgeverträge-Zertifizierungsgesetz – AltZertG)[1)]

Vom 26. Juni 2001
(BGBl. I S. 1310)

FNA 860-6-20

zuletzt geänd. durch Art. 13 Gesetz v. 22.11.2019 (BGBl. I S. 1746)

Nichtamtliche Inhaltsübersicht

§ 1 Begriffsbestimmungen zum Altersvorsorgevertrag. (1) [1] Ein Altersvorsorgevertrag im Sinne dieses Gesetzes liegt vor, wenn zwischen dem Anbieter und einer natürlichen Person (Vertragspartner) eine Vereinbarung in deutscher Sprache geschlossen wird,

1. *(aufgehoben)*
2. die für den Vertragspartner eine lebenslange und unabhängig vom Geschlecht berechnete Altersversorgung vorsieht, die nicht vor Vollendung des 62. Lebensjahres oder einer vor Vollendung des 62. Lebensjahres beginnenden Leistung aus einem gesetzlichen Alterssicherungssystem des Vertragspartners (Beginn der Auszahlungsphase) gezahlt werden darf; Leistungen aus einer ergänzenden Absicherung der verminderten Erwerbsfähigkeit oder Dienstunfähigkeit und einer zusätzlichen Absicherung der Hinterbliebenen können vereinbart werden; Hinterbliebene in diesem Sinne sind der Ehegatte, der Lebenspartner und die Kinder, für

---

[1)] Verkündet als Art. 7 Altersvermögensgesetz v. 26.6.2001 (BGBl. I S. 1310); Inkrafttreten gem. Art. 35 Abs. 5 dieses G am 1.8.2001, mit Ausnahme der Ermächtigungen zum Erlass von Rechtsvorschriften, die gem. Art. 35 Abs. 5 Satz 2 am 30.6.2001 in Kraft getreten sind.

die dem Vertragspartner zum Zeitpunkt des Eintritts des Versorgungsfalles ein Anspruch auf Kindergeld oder ein Freibetrag nach § 32 Abs. 6 des Einkommensteuergesetzes zugestanden hätte; der Anspruch auf Waisenrente oder Waisengeld darf längstens für den Zeitraum bestehen, in dem der Rentenberechtigte die Voraussetzungen für die Berücksichtigung als Kind im Sinne des § 32 des Einkommensteuergesetzes erfüllt;

3. in welcher der Anbieter zusagt, dass zu Beginn der Auszahlungsphase zumindest die eingezahlten Altersvorsorgebeiträge für die Auszahlungsphase zur Verfügung stehen und für die Leistungserbringung genutzt werden; sofern Beitragsanteile zur Absicherung der verminderten Erwerbsfähigkeit oder Dienstunfähigkeit oder zur Hinterbliebenenabsicherung verwendet werden, sind bis zu 20 Prozent der Gesamtbeiträge in diesem Zusammenhang nicht zu berücksichtigen; das gilt auch für den Fall, dass das gebildete Kapital zu Beginn der Auszahlungsphase nach Nummer 10 Buchstabe b auf einen anderen Altersvorsorgevertrag übertragen wird;

4. die monatliche Leistungen für den Vertragspartner in Form einer

   a) lebenslangen Leibrente oder Ratenzahlungen im Rahmen eines Auszahlungsplans mit einer anschließenden Teilkapitalverrentung ab spätestens dem 85. Lebensjahr vorsieht; die Leistungen müssen während der gesamten Auszahlungsphase gleich bleiben oder steigen; Anbieter und Vertragspartner können vereinbaren, dass bis zu zwölf Monatsleistungen in einer Auszahlung zusammengefasst werden oder eine Kleinbetragsrente nach § 93 Abs. 3 des Einkommensteuergesetzes abgefunden wird, wenn die Vereinbarungen vorsehen, dass der Vertragspartner bis vier Wochen nach der Mitteilung des Anbieters darüber, dass die Auszahlung in Form einer Kleinbetragsrentenabfindung erfolgen wird, den Beginn der Auszahlungsphase auf den 1. Januar des darauffolgenden Jahres verschieben kann; bis zu 30 Prozent des zu Beginn der Auszahlungsphase zur Verfügung stehenden Kapitals kann an den Vertragspartner außerhalb der monatlichen Leistungen ausgezahlt werden; die gesonderte Auszahlung der in der Auszahlungsphase anfallenden Zinsen und Erträge ist zulässig;

   b) lebenslangen Verminderung des monatlichen Nutzungsentgelts für eine vom Vertragspartner selbst genutzte Genossenschaftswohnung vorsieht oder eine zeitlich befristete Verminderung mit einer anschließenden Teilkapitalverrentung ab spätestens dem 85. Lebensjahr vorsieht; die Leistungen müssen während der gesamten Auszahlungsphase gleich bleiben oder steigen; die Ansparleistung muss in diesem Fall durch die Einzahlung auf weitere Geschäftsanteile an einer eingetragenen Genossenschaft erfolgen; die weiteren Geschäftsanteile gelten mit Beginn der Auszahlungsphase als gekündigt; Buchstabe a Teilsatz 3 bis 5 gilt entsprechend;

5. die einen Erwerb weiterer Geschäftsanteile an einer eingetragenen Genossenschaft nur zulässt, wenn der Vertragspartner im Zeitpunkt des Abschlusses des Altersvorsorgevertrags sowie in den neun Monaten davor eine Genossenschaftswohnung des Anbieters durchgehend selbst genutzt hat und bei Erwerb weiterer Geschäftsanteile an einer eingetragenen Genossenschaft vorsieht, dass

a) im Fall der Aufgabe der Selbstnutzung der Genossenschaftswohnung, des Ausschlusses, des Ausscheidens des Mitglieds oder der Auflösung der Genossenschaft die Möglichkeit eingeräumt wird, dass mindestens die eingezahlten Altersvorsorgebeiträge und die gutgeschriebenen Erträge auf einen vom Vertragspartner zu bestimmenden Altersvorsorgevertrag übertragen werden, und

b) die auf die weiteren Geschäftsanteile entfallenden Erträge nicht ausgezahlt, sondern für den Erwerb weiterer Geschäftsanteile verwendet werden;

6., 7. *(aufgehoben)*

8. die vorsieht, dass die angesetzten Abschluss- und Vertriebskosten gleichmäßig mindestens auf die ersten fünf Vertragsjahre verteilt werden, soweit sie nicht als Prozentsatz von den Altersvorsorgebeiträgen abgezogen werden;

9. *(aufgehoben)*

10. die dem Vertragspartner bis zum Beginn der Auszahlungsphase einen Anspruch gewährt,

a) den Vertrag ruhen zu lassen,

b) den Vertrag mit einer Frist von drei Monaten zum Ende eines Kalendervierteljahres oder zum Beginn der Auszahlungsphase zu kündigen, um das gebildete Kapital auf einen anderen auf seinen Namen lautenden Altersvorsorgevertrag mit einer Vertragsgestaltung nach diesem Absatz desselben oder eines anderen Anbieters übertragen zu lassen, oder

c) mit einer Frist von drei Monaten zum Ende eines Kalendervierteljahres eine Auszahlung des gebildeten Kapitals für eine Verwendung im Sinne des § 92a des Einkommensteuergesetzes zu verlangen;

soweit es sich um den Erwerb weiterer Geschäftsanteile an einer Genossenschaft handelt, gilt der erste Halbsatz mit der Maßgabe, dass die weiteren Geschäftsanteile mit einer Frist von drei Monaten zum Ende des Geschäftsjahres gekündigt werden können und die Auszahlung des auf die weiteren Geschäftsanteile entfallenden Geschäftsguthabens binnen sechs Monaten nach Wirksamwerden der Kündigung verlangt werden kann;

11. die im Fall der Verminderung des monatlichen Nutzungsentgelts für eine vom Vertragspartner selbst genutzte Genossenschaftswohnung dem Vertragspartner bei Aufgabe der Selbstnutzung der Genossenschaftswohnung in der Auszahlungsphase einen Anspruch gewährt, den Vertrag mit einer Frist von nicht mehr als drei Monaten zum Ende des Geschäftsjahres zu kündigen, um spätestens binnen sechs Monaten nach Wirksamwerden der Kündigung das noch nicht verbrauchte Kapital auf einen anderen auf seinen Namen lautenden Altersvorsorgevertrag desselben oder eines anderen Anbieters übertragen zu lassen.

[2] Ein Altersvorsorgevertrag im Sinne dieses Gesetzes kann zwischen dem Anbieter und dem Vertragspartner auch auf Grundlage einer rahmenvertraglichen Vereinbarung mit einer Vereinigung geschlossen werden, wenn der begünstigte Personenkreis die Voraussetzungen des § 10a des Einkommensteuergesetzes erfüllt. [3] Bei einer Übertragung des nach Satz 1 Nummer 10 Buchstabe b gekündigten Kapitals ist es unzulässig, dass der Anbieter des bisherigen Altersvorsorgevertrags dem Vertragspartner Kosten in Höhe von mehr als 150 Euro

in Rechnung stellt. [4]Bei der Berechnung der Abschluss- und Vertriebskosten sind vom Anbieter des neuen Altersvorsorgevertrags maximal 50 Prozent des übertragenen, im Zeitpunkt der Übertragung nach § 10a oder Abschnitt XI des Einkommensteuergesetzes geförderten Kapitals zu berücksichtigen.

(1a) [1]Als Altersvorsorgevertrag gilt auch ein Vertrag,

1. der für den Vertragspartner einen Rechtsanspruch auf Gewährung eines Darlehens vorsieht,
2. der dem Vertragspartner einen Rechtsanspruch auf Gewährung eines Darlehens einräumt, sowie der darauf beruhende Darlehensvertrag; der Vertrag kann auch mit einer Vertragsgestaltung nach Absatz 1 zu einem einheitlichen Vertrag zusammengefasst werden,
3. der dem Vertragspartner einen Rechtsanspruch auf Gewährung eines Darlehens einräumt und bei dem unwiderruflich vereinbart wird, dass dieses Darlehen durch Altersvorsorgevermögen getilgt wird, welches in einem Altersvorsorgevertrag nach Absatz 1 oder Nummer 2 gebildet wird; beide Vertragsbestandteile (Darlehensvertrag und Altersvorsorgevertrag nach Absatz 1 oder Nummer 2) gelten als einheitlicher Vertrag.

[2]Das Darlehen ist für eine wohnungswirtschaftliche Verwendung im Sinne des § 92a Abs. 1 Satz 1 des Einkommensteuergesetzes einzusetzen und ist spätestens bis zur Vollendung des 68. Lebensjahres des Vertragspartners zu tilgen. [3]Absatz 1 Satz 1 Nr. 8 gilt entsprechend.

(2) [1]Anbieter eines Altersvorsorgevertrages im Sinne dieses Gesetzes sind

1. mit Sitz im Inland:
   a) Lebensversicherungsunternehmen, soweit ihnen hierfür eine Erlaubnis nach dem Versicherungsaufsichtsgesetz[1)] vom 1. April 2015 (BGBl. I S. 434), in der jeweils geltenden Fassung erteilt worden ist,
   b) Kreditinstitute, die eine Erlaubnis zum Betreiben des Einlagengeschäfts im Sinne des § 1 Abs. 1 Satz 2 Nr. 1 des Kreditwesengesetzes haben,
   c) Bausparkassen im Sinne des Gesetzes über Bausparkassen in der Fassung der Bekanntmachung vom 15. Februar 1991 (BGBl. I S. 454), zuletzt geändert durch Artikel 13a Nr. 3 des Gesetzes vom 16. Juli 2007 (BGBl. I S. 1330), in der jeweils geltenden Fassung,
   d) externe Kapitalverwaltungsgesellschaften im Sinne des § 17 Absatz 2 Nummer 1 des Kapitalanlagegesetzbuchs;
2. mit Sitz in einem anderen Staat des Europäischen Wirtschaftsraums:
   a) Lebensversicherungsunternehmen im Sinne der Richtlinie 2009/138/EG des Europäischen Parlaments und des Rates vom 25. November 2009 betreffend die Aufnahme und Ausübung der Versicherungs- und der Rückversicherungstätigkeit (Solvabilität II) (ABl. L 335 vom 17.12.2009, S. 1), die zuletzt durch die Richtlinie 2014/51/EU (ABl. L 153 vom 22.5. 2014, S. 1) geändert worden ist, in der jeweils geltenden Fassung, soweit sie nach § 61 Absatz 2 und 3 des Versicherungsaufsichtsgesetzes entsprechende Geschäfte im Inland betreiben dürfen,
   b) Kreditinstitute im Sinne der Richtlinie 2006/48/EG des Europäischen Parlaments und des Rates vom 14. Juni 2006 über die Aufnahme und Ausübung der Tätigkeit der Kreditinstitute (ABl. EU Nr. L 177 S. 1),

[1)] Nr. **1**.

zuletzt geändert durch die Richtlinie 2007/64/EG des Europäischen Parlaments und des Rates vom 13. November 2007 (ABl. EU Nr. L 319 S. 1), soweit sie nach § 53b Abs. 1 Satz 1 des Kreditwesengesetzes entsprechende Geschäfte im Inland betreiben dürfen,

c) Verwaltungs- oder Investmentgesellschaften im Sinne der Richtlinie 85/611/EWG des Rates vom 20. Dezember 1985 zur Koordinierung der Rechts- und Verwaltungsvorschriften betreffend bestimmte Organismen für gemeinsame Anlagen in Wertpapieren (OGAW) (ABl. EG Nr. L 375 S. 3), zuletzt geändert durch die Richtlinie 2005/1/EG des Europäischen Parlaments und des Rates vom 9. März 2005 (ABl. EU Nr. L 79 S. 9);

3. mit Sitz außerhalb des Europäischen Wirtschaftsraums, soweit die Zweigstellen die Voraussetzungen des § 67 des Versicherungsaufsichtsgesetzes oder des § 53, auch in Verbindung mit § 53c, des Kreditwesengesetzes erfüllen, inländische Zweigstellen von Lebensversicherungsunternehmen oder Kreditinstituten, die eine Erlaubnis zum Betreiben des Einlagengeschäfts im Sinne von § 1 Abs. 1 Satz 2 Nr. 1 des Kreditwesengesetzes haben;

4. in das Genossenschaftsregister eingetragene Genossenschaften,

a) bei denen nach einer gutachterlichen Äußerung des Prüfungsverbands, von dem die Genossenschaft geprüft wird, keine Feststellungen zur Einschränkung der Ordnungsmäßigkeit der Geschäftsführung zu treffen sind, keine Tatsachen vorliegen, die den Bestand der Genossenschaft gefährden oder ihre Entwicklung wesentlich beeinträchtigen könnten und keine Anhaltspunkte dafür vorliegen, dass die von der Genossenschaft abgeschlossenen Altersvorsorgeverträge nicht ordnungsgemäß erfüllt werden,

b) die entweder eine Erlaubnis nach dem Kreditwesengesetz besitzen oder wenn sie Leistungen nach Absatz 1 Satz 1 Nr. 4 Buchstabe b anbieten, deren Satzungszweck ist, ihren Mitgliedern Wohnraum zur Verfügung zu stellen, und die Erfüllung der Verpflichtungen nach Absatz 1 Satz 1 Nr. 3 und 10 durch eine Versicherung bei einem im Geltungsbereich dieses Gesetzes zum Geschäftsbetrieb befugten Versicherungsunternehmen oder durch ein Zahlungsversprechen eines im Geltungsbereich dieses Gesetzes zum Geschäftsbetrieb befugten Kreditinstituts oder durch eine Sicherung nach § 7d Satz 5 gesichert ist; die Sicherung kann auf 20 000 Euro pro Vertrag begrenzt werden; und

c) deren Satzung zum einen eine Beteiligung mit mehreren Geschäftsanteilen erlaubt und zum anderen für Mitglieder, die weitere Geschäftsanteile zum Zwecke der Durchführung eines Altersvorsorgevertrages angeschafft haben, hinsichtlich dieser weiteren Geschäftsanteile keine Verpflichtung zu Nachschüssen zur Insolvenzmasse oder zu weiteren Einzahlungen nach § 87a Abs. 2 des Genossenschaftsgesetzes oder zur Verlustzuschreibung im Sinne des § 19 Absatz 1 des Genossenschaftsgesetzes sowie keine längere Kündigungsfrist als die des § 65 Abs. 2 Satz 1 des Genossenschaftsgesetzes und keine abweichenden Regelungen für die Auszahlung des Auseinandersetzungsguthabens im Sinne des § 73 Abs. 4 des Genossenschaftsgesetzes vorsieht; das Vorliegen dieser Voraussetzungen ist durch den Prüfungsverband, von dem die Genossenschaft geprüft wird, zu bestätigen.

[2] Finanzdienstleistungsinstitute sowie Kreditinstitute mit Sitz im Inland, die keine Erlaubnis zum Betreiben des Einlagengeschäfts im Sinne des § 1 Abs. 1 Satz 2 Nr. 1 des Kreditwesengesetzes haben, und Wertpapierdienstleistungs-

unternehmen im Sinne der Richtlinie 2004/39/EG des Europäischen Parlaments und des Rates vom 21. April 2004 über Märkte für Finanzinstrumente, zur Änderung der Richtlinien 85/611/EWG und 93/6/EWG des Rates und der Richtlinie 2000/12/EG des Europäischen Parlaments und des Rates und zur Aufhebung der Richtlinie 93/22/EWG des Rates (ABl. EU Nr. L 145 S. 1, 2005 Nr. L 45 S. 18), zuletzt geändert durch die Richtlinie 2007/44/EG des Europäischen Parlaments und des Rates vom 5. September 2007 (ABl. EU Nr. L 247 S. 1), mit Sitz in einem anderen Staat des Europäischen Wirtschaftsraums können Anbieter sein, wenn sie

1. nach ihrem Erlaubnisumfang nicht unter die Ausnahmeregelungen nach § 2 Abs. 7, 7a oder Abs. 8 des Kreditwesengesetzes fallen oder im Fall von Wertpapierdienstleistungsunternehmen vergleichbaren Einschränkungen der Solvenzaufsicht in dem anderen Staat des Europäischen Wirtschaftsraums unterliegen,
2. ein Anfangskapital im Sinne des Artikels 4 Absatz 1 Nummer 51 der Verordnung (EU) Nr. 575/2013 des Europäischen Parlaments und des Rates vom 26. Juni 2013 über Aufsichtsanforderungen an Kreditinstitute und Wertpapierfirmen und zur Änderung der Verordnung (EU) Nr. 646/2012 (ABl. L 176 vom 27.6.2013, S. 1) (Anfangskapital) in Höhe von mindestens 730 000 Euro nachweisen und
3. nach den Bedingungen des Altersvorsorgevertrages die Gelder nur anlegen bei Kreditinstituten im Sinne des Satzes 1.

(3) [1] Die Zertifizierung eines Altersvorsorgevertrages nach diesem Gesetz ist die Feststellung, dass die Vertragsbedingungen des Altersvorsorgevertrages dem Absatz 1, 1a oder beiden Absätzen sowie dem § 2a entsprechen und der Anbieter den Anforderungen des Absatzes 2 entspricht. [2] Eine Zertifizierung im Sinne des § 4 Abs. 2 Satz 1 stellt ausschließlich die Übereinstimmung des Vertrages mit den Anforderungen des Absatzes 1 oder 1a oder beiden sowie des § 2a fest.

(4) *(aufgehoben)*

(5) [1] Gebildetes Kapital im Sinne dieses Gesetzes ist

a) bei Versicherungsverträgen das nach den anerkannten Regeln der Versicherungsmathematik mit den Rechnungsgrundlagen der Beitragskalkulation berechnete Deckungskapital der Versicherung zuzüglich bereits zugeteilter Überschussanteile, des übertragungsfähigen Werts aus Schlussüberschussanteilen sowie der nach § 153 Abs. 1 und 3 des Versicherungsvertragsgesetzes[1)] zuzuteilenden Bewertungsreserven, § 169 Abs. 6 des Versicherungsvertragsgesetzes gilt entsprechend; bei fondsgebundenen Versicherungen und anderen Versicherungen, die Leistungen der in § 124 Absatz 2 des Versicherungsaufsichtsgesetzes bezeichneten Art vorsehen, abweichend hiervon die Summe aus dem vorhandenen Wert der Anteilseinheiten und der im sonstigen Vermögen angelegten verzinsten Beitrags- und Zulagenteile, abzüglich der tariflichen Kosten, zuzüglich zugeteilter Überschussanteile, des übertragungsfähigen Werts aus Schlussüberschussanteilen und der nach § 153 Abs. 1 und 3 des Versicherungsvertragsgesetzes zuzuteilenden Bewertungsreserven,
b) bei Investmentsparverträgen der Wert der Fondsanteile zum Stichtag,

---

[1)] Nr. **6**.

c) bei Sparverträgen der Wert des Guthabens einschließlich der bis zum Stichtag entstandenen, aber noch nicht fälligen Zinsen,

d) bei Geschäftsanteilen an einer Genossenschaft der jeweilige Anschaffungspreis; bei Verträgen nach Absatz 1a Satz 1 Nummer 3 jeweils abzüglich des Darlehens, soweit es noch nicht getilgt ist.

[2] Abzüge, soweit sie nicht in diesem Gesetz vorgesehen sind, sind nicht zulässig. [3] In Bezug auf § 2a Satz 1 Nummer 1 Buchstabe b ist nur das für die Leistungserbringung unwiderruflich zugeteilte Kapital zu berücksichtigen.

§ 2 Begriffsbestimmungen zum Basisrentenvertrag. (1) [1] Ein Basisrentenvertrag im Sinne dieses Gesetzes liegt vor, wenn zwischen dem Anbieter und einer natürlichen Person (Vertragspartner) eine Vereinbarung in deutscher Sprache geschlossen wird, die die Voraussetzungen des § 10 Absatz 1 Nummer 2 Buchstabe b Doppelbuchstabe aa des Einkommensteuergesetzes erfüllt. [2] Dies gilt entsprechend, wenn zum Aufbau einer kapitalgedeckten betrieblichen Altersversorgung eine Vereinbarung, die die Anforderungen des § 10 Absatz 1 Nummer 2 Buchstabe b Doppelbuchstabe aa des Einkommensteuergesetzes erfüllt, zwischen dem Anbieter und dem Arbeitgeber zugunsten des Arbeitnehmers geschlossen wird.

(1a) Ein Basisrentenvertrag im Sinne dieses Gesetzes liegt auch vor, wenn zwischen dem Anbieter und einer natürlichen Person (Vertragspartner) eine Vereinbarung in deutscher Sprache geschlossen wird, die die Voraussetzungen des § 10 Absatz 1 Nummer 2 Buchstabe b Doppelbuchstabe bb des Einkommensteuergesetzes erfüllt und bei der vorgesehen ist, dass der Anbieter

1. eine teilweise Erwerbsminderung anerkennt, wenn ärztlich prognostiziert wird, dass der Vertragspartner wegen Krankheit, Körperverletzung oder Behinderung voraussichtlich für mindestens zwölf Monate außerstande ist, unter den üblichen Bedingungen des allgemeinen Arbeitsmarktes mindestens sechs Stunden täglich erwerbstätig zu sein oder eine volle Erwerbsminderung anerkennt, wenn ärztlich prognostiziert wird, dass der Vertragspartner wegen Krankheit, Körperverletzung oder Behinderung voraussichtlich für mindestens zwölf Monate außerstande ist, unter den üblichen Bedingungen des allgemeinen Arbeitsmarktes mindestens drei Stunden täglich erwerbstätig zu sein; die versicherte Leistung ist bei einer teilweisen Erwerbsminderung mindestens zur Hälfte und bei voller Erwerbsminderung in voller Höhe zu erbringen;
2. von dem Kalendermonat an leistet, zu dessen Beginn die teilweise oder volle Erwerbsminderung eingetreten ist, wenn die Leistung bis zum Ende des 36. Kalendermonats nach Ablauf des Monats des Eintritts der teilweisen oder vollen Erwerbsminderung beantragt wird; wird der Antrag zu einem späteren Zeitpunkt gestellt, ist die Leistung ab dem Kalendermonat zu gewähren, der 36 Monate vor dem Monat der Beantragung liegt;
3. auf Antrag des Vertragspartners die Beiträge für die Absicherung der teilweisen oder vollen Erwerbsminderung ab dem Zeitpunkt der Geltendmachung der Ansprüche auf eine teilweise oder volle Erwerbsminderung bis zur endgültigen Entscheidung über die Leistungspflicht zinslos und ohne andere Auflagen stundet;
4. für die Absicherung der teilweisen oder vollen Erwerbsminderung auf das Kündigungsrecht nach § 19 Absatz 3 Satz 2 und das Abänderungsrecht nach

§ 19 Absatz 4 des Versicherungsvertragsgesetzes[1] verzichtet, wenn der Vertragspartner seine Anzeigepflicht schuldlos verletzt hat; und
5. die medizinische Mitwirkungspflicht des Vertragspartners zur Feststellung und nach der Feststellung der teilweisen oder vollen Erwerbsminderung auf zumutbare und medizinisch indizierte ärztliche Untersuchungs- und Behandlungsleistungen beschränkt.

(2) Anbieter eines Basisrentenvertrags im Sinne dieses Gesetzes sind die Anbieter im Sinne des § 1 Abs. 2, einschließlich der Pensionskassen im Sinne des § 232 des Versicherungsaufsichtsgesetzes[2], sowie der Pensionsfonds im Sinne des § 236 des Versicherungsaufsichtsgesetzes.

(3) [1] Die Zertifizierung eines Basisrentenvertrages nach diesem Gesetz ist die Feststellung, dass die Vertragsbedingungen des Basisrentenvertrages dem Absatz 1 oder dem Absatz 1a sowie dem § 2a entsprechen und der Anbieter den Anforderungen des § 2 Abs. 2 entspricht. [2] Eine Zertifizierung im Sinne des § 4 Abs. 2 Satz 1 stellt ausschließlich die Übereinstimmung des Vertrages mit den Anforderungen des Absatzes 1 oder des Absatzes 1a sowie dem § 2a fest.

§ 2a Kostenstruktur. [1] Ein Altersvorsorgevertrag oder ein Basisrentenvertrag darf ausschließlich die nachfolgend genannten Kostenarten vorsehen:

1. Abschluss- und Vertriebskosten sowie Verwaltungskosten nebeneinander in den folgenden Formen:
   a) als jährlich oder monatlich anfallende Kosten in Euro;
   b) als Prozentsatz des gebildeten Kapitals;
   c) als Prozentsatz der vereinbarten Bausparsumme oder des vereinbarten Darlehensbetrags;
   d) als Prozentsatz der eingezahlten oder vereinbarten Beiträge oder Tilgungsleistungen;
   e) als Prozentsatz des Stands des Wohnförderkontos;
   f) ab Beginn der Auszahlungsphase als Prozentsatz der gezahlten Leistung;
2. folgende anlassbezogene Kosten:
   a) für eine Vertragskündigung mit Vertragswechsel oder Auszahlung;
   b) für eine Verwendung des gebildeten Kapitals im Sinne des § 92a des Einkommensteuergesetzes;
   c) für Aufgaben im Zusammenhang mit dem Versorgungsausgleich des Vertragspartners.

[2] Von Satz 1 bleiben unberührt

1. gesetzliche Schadenersatzansprüche,
2. bei Altersvorsorgeverträgen in Form eines Darlehens und bei Altersvorsorgeverträgen im Sinne des § 1 Absatz 1a Satz 1 Nummer 3 die Kosten und die Gebühren nach § 6 Absatz 4 der Preisangabenverordnung sowie
3. Steuern, die der Anbieter für den Anleger einzubehalten und abzuführen hat.

[3] § 125 des Investmentgesetzes ist für Altersvorsorgeverträge nicht anzuwenden.

---

[1] Nr. **6**.
[2] Nr. **1**.

§ 3 Zertifizierungsstelle, Aufgaben. (1) Zertifizierungsstelle ist das Bundeszentralamt für Steuern.

(2) [1]Die Zertifizierungsstelle entscheidet durch Verwaltungsakt über die Zertifizierung sowie über die Rücknahme und den Widerruf der Zertifizierung. [2]Sie legt ein Simulationsverfahren fest, das für einen Altersvorsorgevertrag oder einen Basisrentenvertrag festlegt, in welche Chancen-Risiko-Klasse dieser einzuordnen ist. [3]Auf Antrag eines Anbieters führt sie Berechnungen dieses Verfahrens bezogen auf Tarife eines Altersvorsorge- oder Basisrentenvertrags durch.

(3) Die Zertifizierungsstelle prüft nicht, ob ein Altersvorsorge- oder ein Basisrentenvertrag wirtschaftlich tragfähig und die Zusage des Anbieters erfüllbar ist und ob die Vertragsbedingungen zivilrechtlich wirksam sind.

(4) Die Zertifizierungsstelle nimmt die ihr nach diesem Gesetz zugewiesenen Aufgaben nur im öffentlichen Interesse wahr.

§ 3a Produktinformationsstelle Altersvorsorge. (1) [1]Das Bundesministerium der Finanzen wird ermächtigt, die Aufgaben nach § 3 Absatz 2 Satz 2 und 3 einer juristischen Person des Privatrechts (Produktinformationsstelle Altersvorsorge) im Wege der Beleihung ganz oder teilweise zu übertragen. [2]Sie untersteht nicht den Weisungen des Bundesministeriums der Finanzen. [3]Verletzt sie in Ausübung der ihr auf Grund dieses Gesetzes übertragenen Aufgaben Pflichten, die ihr einem Dritten gegenüber obliegen, so haftet allein sie. [4]Die Produktinformationsstelle Altersvorsorge haftet nur für Vorsatz oder grobe Fahrlässigkeit. [5]§ 9 gilt entsprechend.

(2) [1]Die Produktinformationsstelle Altersvorsorge darf nicht mit Gewinnerzielungsabsicht tätig werden und muss die Gewähr für die Erfüllung der ihr auf Grund dieses Gesetzes übertragenen Aufgaben bieten. [2]Sie ist von der Körperschaftsteuer und Gewerbesteuer befreit. [3]Satzung oder Gesellschaftsvertrag der Produktinformationsstelle Altersvorsorge sowie deren Änderungen bedürfen der Genehmigung durch das Bundesministerium der Finanzen. [4]Die Personen, die nach Gesetz oder Satzung zur Geschäftsführung und Vertretung der Produktinformationsstelle Altersvorsorge bestellt sind, müssen zuverlässig und zur Wahrnehmung ihrer Aufgaben fachlich geeignet sein.

(3) [1]Die Produktinformationsstelle Altersvorsorge darf Gebühren auf der Grundlage einer Gebührensatzung erheben, um die ihr entstehenden Verwaltungskosten zu decken. [2]Die Gebührensatzung bedarf der Genehmigung des Bundesministeriums der Finanzen.

§ 4 Antrag, Ergänzungsanforderungen, Ergänzungsanzeigen, Ausschlussfristen. (1) [1]Die Zertifizierung erfolgt auf Antrag des Anbieters. [2]Mit dem Antrag sind vorzulegen:

1. Unterlagen, die belegen, dass die Vertragsbedingungen nach § 1 Abs. 3 oder § 2 Abs. 3 zertifizierbar sind;
2. eine Bescheinigung der zuständigen Aufsichtsbehörde über den Umfang der Erlaubnis und bei Unternehmen im Sinne des § 1 Absatz 2 Satz 2 zusätzlich über den Umfang der Aufsicht und die Höhe des Anfangskapitals (§ 1 Absatz 2 Satz 2 Nr. 1 und 2); bei einem Anbieter im Sinne des § 1 Abs. 2 Satz 1 Nr. 4 sind anstelle der Bescheinigung ein Registerauszug, die Satzung und die gutachterliche Äußerung des Prüfungsverbands nach § 1 Abs. 2 Satz 1 Nr. 4 beizufügen.

(2) [1] Auf Antrag eines Spitzenverbandes der in § 1 Abs. 2 genannten Anbieter kann die Zertifizierung eines ausschließlich als Muster verwendbaren Vertrages erfolgen. [2] Mit dem Antrag sind die Unterlagen vorzulegen, die belegen, dass die Vertragsbedingungen des Mustervertrags nach § 1 Abs. 3 oder § 2 Abs. 3 zertifizierbar sind.

(3) [1] Ein Spitzenverband der in § 1 Abs. 2 genannten Anbieter kann als Bevollmächtigter seiner Mitgliedsunternehmen für diese die Anträge nach Absatz 1 stellen. [2] Von der Vorlage der Unterlagen nach

1. Absatz 1 Satz 2 Nr. 1 kann abgesehen werden, wenn es sich bei dem Vertrag um einen bereits zertifizierten Mustervertrag nach Absatz 2 handelt;
2. Absatz 1 Satz 2 Nr. 2 kann abgesehen werden, wenn der Spitzenverband schriftlich versichert, dass ihm für sein Mitgliedsunternehmen die dort genannte Bescheinigung vorliegt.

[3] Der Bevollmächtigte hat auf Verlangen der Zertifizierungsstelle seine Vollmacht schriftlich nachzuweisen sowie die Unterlagen nach Absatz 1 Satz 2 Nr. 1 und 2 vorzulegen.

(4) Die Gebühr nach § 12 ist bei Stellung des Antrags zu entrichten.

(5) [1] Fehlende Angaben oder Unterlagen fordert die Zertifizierungsstelle innerhalb von drei Monaten als Ergänzungsanzeige an (Ergänzungsanforderung). [2] Innerhalb von drei Monaten nach Zugang der Ergänzungsanforderung ist die Ergänzungsanzeige der Zertifizierungsstelle zu erstatten; andernfalls lehnt die Zertifizierungsstelle den Zertifizierungsantrag ab. [3] Die Frist nach Satz 2 ist eine Ausschlussfrist.

§ 5 Zertifizierung von Altersvorsorgeverträgen. Die Zertifizierungsstelle erteilt die Zertifizierung nach § 1 Abs. 3, wenn ihr die nach diesem Gesetz erforderlichen Angaben und Unterlagen vorliegen sowie die Vertragsbedingungen des Altersvorsorgevertrags dem § 1 Absatz 1, 1a oder beiden Absätzen sowie dem § 2a entsprechen und der Anbieter den Anforderungen des § 1 Absatz 2 entspricht.

§ 5a Zertifizierung von Basisrentenverträgen. Die Zertifizierungsstelle erteilt die Zertifizierung nach § 2 Abs. 3, wenn ihr die nach diesem Gesetz erforderlichen Angaben und Unterlagen vorliegen sowie die Vertragsbedingungen des Basisrentenvertrags dem § 2 Absatz 1 oder Absatz 1a sowie dem § 2a entsprechen und der Anbieter den Anforderungen des § 2 Absatz 2 entspricht.

§ 6 Rechtsverordnung. [1] Zum Schutz der Verbraucher, insbesondere zur besseren Vergleichbarkeit der Produkte sowie zur Vereinheitlichung des Verfahrens, kann das Bundesministerium der Finanzen im Einvernehmen mit dem Bundesministerium für Arbeit und Soziales und dem Bundesministerium für Justiz und für Verbraucherschutz durch Rechtsverordnung, die nicht der Zustimmung des Bundesrates bedarf, nähere Bestimmungen über das Zertifizierungsverfahren und zu Art, Inhalt, Umfang und Darstellung von Produktinformationsblättern und Informationspflichten gemäß den §§ 7 bis 7c treffen. [2] Das Bundesministerium der Finanzen kann die Ermächtigung durch Rechtsverordnung, die nicht der Zustimmung des Bundesrates bedarf, auf das Bundeszentralamt für Steuern übertragen.

§ 7 Informationspflichten im Produktinformationsblatt. (1) [1]Der Anbieter eines Altersvorsorge- oder Basisrentenvertrags hat den Vertragspartner rechtzeitig durch ein individuelles Produktinformationsblatt zu informieren, spätestens jedoch, bevor dieser seine Vertragserklärung abgibt. [2]Das individuelle Produktinformationsblatt muss folgende Angaben enthalten:

1. die Produktbezeichnung;
2. die Benennung des Produkttyps und eine kurze Produktbeschreibung;
3. die Zertifizierungsnummer;
4. bei Altersvorsorgeverträgen die Empfehlung, vor Abschluss des Vertrags die Förderberechtigung zu prüfen;
5. den vollständigen Namen des Anbieters nach § 1 Absatz 2 oder § 2 Absatz 2;
6. die wesentlichen Bestandteile des Vertrags;
7. die auf Wahrscheinlichkeitsrechnungen beruhende Einordnung in Chancen-Risiko-Klassen;
8. bei Altersvorsorgeverträgen in Form eines Darlehens und bei Altersvorsorgeverträgen im Sinne des § 1 Absatz 1a Nummer 3 die Angabe des Nettodarlehensbetrags, der Gesamtkosten, ausgedrückt als jährlicher Prozentsatz des Nettodarlehensbetrags nach § 6 Absatz 1 der Preisangabenverordnung, und des Gesamtdarlehensbetrags;
9. eine Aufstellung der Kosten nach § 2a Satz 1 Nummer 1 Buchstabe a bis f sowie § 2a Satz 1 Nummer 2 Buchstabe a bis c, getrennt für jeden Gliederungspunkt; soweit die Angaben zu § 2a Satz 1 Nummer 1 Buchstabe f noch nicht feststehen, muss ein Hinweis hierauf erfolgen. Auf Kosten nach § 2a Satz 2, die vertragstypisch sind, muss hingewiesen werden. Kosten nach § 2a Satz 1, die im individuellen Produktinformationsblatt nicht ausgewiesen sind oder auf die nicht hingewiesen wurde, sind vom Vertragspartner nicht geschuldet;
10. Angaben zum Preis-Leistungs-Verhältnis;
11. bei Basisrentenverträgen nach § 10 Absatz 1 Nummer 2 Buchstabe b Doppelbuchstabe bb des Einkommensteuergesetzes die garantierte monatliche Leistung;
12. einen Hinweis auf die einschlägige Einrichtung der Insolvenzsicherung und den Umfang des insoweit gewährten Schutzes;
13 Informationen zum Anbieterwechsel und zur Kündigung des Vertrags;
14. Hinweise zu den Möglichkeiten und Folgen einer Beitragsfreistellung oder Tilgungsaussetzung und
15. den Stand des Produktinformationsblatts.

[3]Sieht der Vertrag eine ergänzende Absicherung der Berufsunfähigkeit, der verminderten Erwerbsfähigkeit oder Dienstunfähigkeit oder eine zusätzliche Absicherung von Hinterbliebenen vor, muss das individuelle Produktinformationsblatt zusätzlich folgende Angaben enthalten:

1. den Beginn, das Ende und den Umfang der ergänzenden Absicherung;
2. Hinweise zu den Folgen unterbliebener oder verspäteter Beitragszahlungen und
3. Angaben zu Leistungsausschlüssen und zu Obliegenheiten.

[4]Satz 2 Nummer 7 und 10 bis 13 gilt nicht für

1. Altersvorsorgeverträge in Form eines Darlehens oder für Altersvorsorgeverträge im Sinne des § 1 Absatz 1a Nummer 3 und
2. die Darlehenskomponente eines Altersvorsorgevertrags nach § 1 Absatz 1a Satz 1 Nummer 2.

[5] Satz 2 Nummer 7, 8, 10 und 13 gilt nicht für Basisrentenverträge nach § 10 Absatz 1 Nummer 2 Buchstabe b Doppelbuchstabe bb des Einkommensteuergesetzes. [6] Die nach diesem Absatz notwendigen Kostenangaben treten bei Versicherungsverträgen an die Stelle der Kostenangaben gemäß § 2 Absatz 1 Nummer 1 und 2 der VVG-Informationspflichtenverordnung[1)]. [7] Erfolgt der Vertragsabschluss nicht zeitnah zur Information durch das individuelle Produktinformationsblatt, muss der Anbieter den Vertragspartner nur auf dessen Antrag oder bei einer zwischenzeitlichen Änderung der im Produktinformationsblatt ausgewiesenen Kosten durch ein neues individuelles Produktinformationsblatt informieren.

(2) [1] Das individuelle Produktinformationsblatt ersetzt das Produktinformationsblatt nach § 4 der VVG-Informationspflichtenverordnung in der jeweils geltenden Fassung. [2] Eine Modellrechnung nach § 154 des Versicherungsvertragsgesetzes[2)] ist für zertifizierte Altersvorsorgeverträge und für zertifizierte Basisrentenverträge nicht durchzuführen. [3] Diese darf dem individuellen Produktinformationsblatt auch nicht zusätzlich beigefügt werden. [4] Der rechtzeitige Zugang des individuellen Produktinformationsblatts muss nachgewiesen werden können. [5] Das Produktinformationsblatt ist dem Vertragspartner kostenlos bereitzustellen.

(3) [1] Erfüllt der Anbieter seine Verpflichtungen nach Absatz 1 nicht, nicht richtig, nicht vollständig, nicht in der vorgeschriebenen Weise oder nicht rechtzeitig, kann der Vertragspartner innerhalb von zwei Jahren nach der Abgabe der Vertragserklärung vom Vertrag zurücktreten. [2] Der Rücktritt ist innerhalb von drei Monaten ab Erlangung der Kenntnis vom Rücktrittsgrund zu erklären. [3] Der Anbieter hat dem Vertragspartner bei einem Rücktritt mindestens einen Geldbetrag in Höhe der auf den Vertrag eingezahlten Beiträge und Altersvorsorgezulagen zu zahlen. [4] Auf die Beiträge und Altersvorsorgezulagen hat der Anbieter dem Vertragspartner Zinsen in Höhe des gesetzlichen Zinssatzes nach § 246 des Bürgerlichen Gesetzbuchs zu zahlen. [5] Die Verzinsung beginnt an dem Tag, an dem die Beiträge oder die Zulagen dem Anbieter zufließen. [6] § 8 des Versicherungsvertragsgesetzes bleibt unberührt.

(4) [1] Der Anbieter hat für jeden auf der Basis eines zertifizierten Altersvorsorge- oder Basisrentenvertragsmusters vertriebenen Tarif vor dem erstmaligen Vertrieb eines darauf beruhenden Altersvorsorge- oder Basisrentenvertrags für unterstellte Vertragslaufzeiten von 12, 20, 30 und 40 Jahren, soweit es die vertraglich vorgesehene Mindestlaufzeit zulässt, jeweils ein Muster-Produktinformationsblatt nach Satz 2 zu erstellen. [2] Dieses Muster-Produktinformationsblatt hat nach Art, Inhalt, Umfang und Darstellung dem individuellen Produktinformationsblatt nach Absatz 1 mit der Maßgabe zu entsprechen, dass den Informationen statt der individuellen Werte Musterdaten zugrunde zu legen sind. [3] Entspricht ein Muster-Produktinformationsblatt nicht mehr den gesetzlichen Vorgaben, muss es geändert werden. [4] Ein Muster-Produktinformations-

[1)] Nr. **8**.
[2)] Nr. **6**.

blatt ist erst mit der öffentlichen Zugänglichmachung auf der Internetseite des Anbieters erstellt oder geändert. [5]Die öffentliche Zugänglichmachung ist der Zertifizierungsstelle formlos anzuzeigen. [6]Die Einzelheiten der Veröffentlichung regelt ein Schreiben des Bundesministeriums der Finanzen, das im Bundessteuerblatt veröffentlicht wird.

(5) Die §§ 297 bis 299, 301 und 303 des Kapitalanlagegesetzbuches bleiben unberührt.

(6) [1]Die Absätze 1 bis 4 gelten nicht für Verträge, deren Auszahlungsphase unmittelbar nach der Einzahlung eines Einmalbetrags beginnt. [2]Sie gelten auch nicht für Altersvorsorge- und Basisrentenverträge, die abgeschlossen werden, um Anrechte auf Grund einer internen Teilung nach § 10 des Versorgungsausgleichsgesetzes zu übertragen.

§ 7a Jährliche Informationspflicht. (1) [1]Der Anbieter eines Altersvorsorge- oder Basisrentenvertrags ist verpflichtet, den Vertragspartner jährlich bis zum Ablauf des auf das Beitragsjahr folgenden Jahres schriftlich über folgende Punkte zu informieren:

1. die Verwendung der eingezahlten Beiträge;
2. die Höhe des gebildeten Kapitals;
3. die im abgelaufenen Beitragsjahr angefallenen tatsächlichen Kosten;
4. die erwirtschafteten Erträge;
5. bis zum Beginn der Auszahlungsphase das nach Abzug der Kosten zu Beginn der Auszahlungsphase voraussichtlich zur Verfügung stehende Kapital; für die Berechnung sind die in der Vergangenheit tatsächlich gezahlten Beiträge und die in dem vor Vertragsabschluss zur Verfügung gestellten individuellen Produktinformationsblatt genannten Wertentwicklungen nach § 7 Absatz 1 Satz 2 Nummer 10 zugrunde zu legen; bei Altersvorsorge- und Basisrentenverträgen, die abgeschlossen wurden, um Anrechte auf Grund einer internen Teilung nach § 10 des Versorgungsausgleichsgesetzes zu übertragen, sind die in dem vor Vertragsabschluss zur Verfügung gestellten individuellen Produktinformationsblatt der ausgleichspflichtigen Person genannten Wertentwicklungen nach § 7 Absatz 1 Satz 2 Nummer 10 zugrunde zu legen.

[2]Im Rahmen der jährlichen Informationspflicht muss der Anbieter eines Altersvorsorge- oder Basisrentenvertrags auch darüber schriftlich informieren, ob und wie ethische, soziale und ökologische Belange bei der Verwendung der eingezahlten Beiträge berücksichtigt werden. [3]Der Anbieter kann dem Vertragspartner mit dessen Einverständnis die Informationen nach den Sätzen 1 und 2 elektronisch bereitstellen.

(2) [1]Absatz 1 Nummer 2, 4 und 5 gilt nicht

1. für Basisrentenverträge nach § 10 Absatz 1 Nummer 2 Buchstabe b Doppelbuchstabe bb des Einkommensteuergesetzes,
2. für Altersvorsorgeverträge in Form eines Darlehens,
3. für Altersvorsorgeverträge im Sinne des § 1 Absatz 1a Nummer 3 oder,
4. sofern bereits eine Zuteilung des Bausparvertrags erfolgt ist.

[2]Absatz 1 Satz 1 Nummer 5 gilt nicht für Verträge, die vor dem in § 14 Absatz 6 Satz 2 genannten Anwendungszeitpunkt abgeschlossen wurden.

§ 7b Information vor der Auszahlungsphase des Altersvorsorgevertrags. (1) [1] Sind aus einem Altersvorsorgevertrag Leistungen nach § 1 Absatz 1 Satz 1 Nummer 4 zu erbringen, hat ein Anbieter von Altersvorsorgeverträgen den Vertragspartner frühestens zwei Jahre vor Beginn der vertraglich vereinbarten Auszahlungsphase schriftlich über folgende Punkte zu informieren:

1. die Form und Höhe der vorgesehenen Auszahlungen einschließlich Aussagen zu einer Dynamisierung der monatlichen Leistungen sowie
2. die in der Auszahlungsphase anfallenden Kosten; Kosten nach § 2a Satz 1, die im Rahmen dieser Information nicht ausgewiesen sind oder auf die nicht hingewiesen wurde, sind vom Vertragspartner nicht geschuldet.

[2] Ist kein Beginn der Auszahlungsphase vereinbart, so gilt für Altersvorsorgeverträge, die nach dem 31. Dezember 2011 abgeschlossen wurden, die Vollendung des 62. Lebensjahres als Beginn der Auszahlungsphase, im Übrigen die Vollendung des 60. Lebensjahres. [3] Der Vertragspartner ist dann vom Anbieter im Rahmen der Mitteilung nach Satz 1 darüber zu informieren, dass ein tatsächlicher Beginn der Auszahlungsphase nicht vereinbart wurde. [4] Sofern ein Anbieter von Altersvorsorgeverträgen bereit ist, nach § 1 Absatz 1 Satz 1 Nummer 10 Buchstabe b übertragenes Altersvorsorgevermögen anzunehmen, muss er dem Anleger auf Verlangen die Information nach Satz 1 und gegebenenfalls Satz 3 zur Verfügung stellen, wenn bis zum Beginn der Auszahlungsphase weniger als zwei Jahre verbleiben. [5] Dieser Information sind der vom Anleger angegebene Übertragungswert und Übertragungszeitpunkt zugrunde zu legen. [6] Der Anbieter kann dem Vertragspartner mit dessen Einverständnis die Informationen nach den Sätzen 1 und 3 elektronisch bereitstellen.

(2) [1] Die Information durch den Anbieter muss spätestens drei Monate vor Beginn der vertraglich vereinbarten Auszahlungsphase erfolgen. [2] Sofern ein Anbieter von Altersvorsorgeverträgen den Vertragspartner nicht spätestens neun Monate vor Beginn der vertraglich vereinbarten Auszahlungsphase gemäß Absatz 1 informiert, hat der Vertragspartner das Recht, den Altersvorsorgevertrag zum Beginn der Auszahlungsphase bis spätestens drei Monate vor dem Beginn zu kündigen, um das gebildete Kapital nach § 1 Absatz 1 Satz 1 Nummer 10 Buchstabe b übertragen zu lassen. [3] Erfolgt sie später als sechs Monate vor Beginn der Auszahlungsphase, hat der Vertragspartner das Recht, den Altersvorsorgevertrag zum Beginn der Auszahlungsphase mit einer Frist von 14 Tagen zu kündigen, um das gebildete Kapital nach § 1 Absatz 1 Satz 1 Nummer 10 Buchstabe b übertragen zu lassen. [4] Absatz 1 Satz 2 und 3 gilt entsprechend. [5] Abweichend von den Sätzen 1 bis 4 muss die Information für Verträge, die längstens drei Monate vor Beginn der vertraglich vereinbarten Auszahlungsphase beginnen, spätestens zu Beginn der vertraglich vereinbarten Auszahlungsphase erfolgen. [6] Die vertraglich vereinbarten Kündigungsfristen bleiben in diesen Fällen unberührt.

(3) [1] Erfüllt ein Anbieter seine Verpflichtungen nach Absatz 1 oder 2 nicht, nicht richtig, nicht vollständig, nicht in der vorgeschriebenen Weise oder nicht rechtzeitig, kann der Vertragspartner innerhalb eines Jahres nach Beginn der Auszahlungsphase vom Anbieter verlangen, unter Anrechnung der an ihn schon geleisteten Zahlungen so gestellt zu werden, wie er zu Beginn der Auszahlungsphase gestanden hat. [2] Er kann die Übertragung des so errechneten Kapitals nach § 1 Absatz 1 Satz 1 Nummer 10 Buchstabe b verlangen. [3] Der Anbieter des bisherigen Altersvorsorgevertrags darf dann vom Vertragspartner

keine Kosten für die Übertragung des Kapitals verlangen. [4]Das nach Satz 1 errechnete Kapital ist ab Beginn der Auszahlungsphase bis zu dessen Übertragung auf den anderen Altersvorsorgevertrag in Höhe des gesetzlichen Zinssatzes nach § 246 des Bürgerlichen Gesetzbuchs zu verzinsen.

§ 7c Kostenänderung. [1]Ein Anbieter hat dem Vertragspartner eine Änderung der Kosten, die im individuellen Produktinformationsblatt nach § 7 Absatz 1 Satz 1 ausgewiesen sind, nach Maßgabe der Sätze 2 bis 7 anzuzeigen; nicht angezeigte Kosten nach § 2a Satz 1 sind vom Vertragspartner nicht geschuldet. [2]Die Anzeige einer Kostenänderung hat mit einer Frist von vier Monaten zum Ende eines Kalendervierteljahres, bevor die Kostenänderung wirksam werden soll, zu erfolgen. [3]Bei einer Kostenänderung vor Beginn der Auszahlungsphase hat der Anbieter dazu dem Vertragspartner ein angepasstes individuelles Produktinformationsblatt oder ein Blatt, das mindestens die Angaben nach § 7 Absatz 1 Satz 2 Nummer 1, 9, 10 und 13 enthält, zur Verfügung zu stellen. [4]Den Berechnungen für die Angaben nach § 7 Absatz 1 Satz 2 Nummer 10 und 13 sind die Wertentwicklungen zugrunde zu legen, die den Berechnungen im vor Vertragsabschluss zur Verfügung gestellten individuellen Produktinformationsblatt zugrunde gelegen haben; bei Altersvorsorge- und Basisrentenverträgen, die abgeschlossen wurden, um Anrechte auf Grund einer internen Teilung nach § 10 des Versorgungsausgleichsgesetzes zu übertragen, sind die Wertentwicklungen zugrunde zu legen, die den Berechnungen im vor Vertragsabschluss zur Verfügung gestellten individuellen Produktinformationsblatt der ausgleichspflichtigen Person zugrunde gelegen haben. [5]Bei Altersvorsorgeverträgen in Form eines Darlehens oder Altersvorsorgeverträgen im Sinne des § 1 Absatz 1a Nummer 3 treten an die Stelle der verkürzten Angaben nach Satz 2 zweite Alternative die Angaben nach § 7 Absatz 1 Satz 2 Nummer 1, 8 und 9. [6]Bei Basisrentenverträgen nach § 10 Absatz 1 Nummer 2 Buchstabe b Doppelbuchstabe bb des Einkommensteuergesetzes treten an die Stelle der verkürzten Angaben nach Satz 2 zweite Alternative die Angaben nach § 7 Absatz 1 Satz 2 Nummer 1, 9 und 11. [7]Ab dem Beginn der Auszahlungsphase sind dem Vertragspartner Kostenänderungen auf einem gesonderten Blatt auszuweisen.

§ 7d Sicherung bei Genossenschaften. [1]Zur Erfüllung ihrer Verpflichtung aus § 1 Absatz 2 Satz 1 Nummer 4 Buchstabe b hat die Genossenschaft dem Vertragspartner einen unmittelbaren Anspruch gegen den Sicherungsgeber zu verschaffen und durch Übergabe einer von diesem oder auf dessen Veranlassung ausgestellten Bestätigung (Sicherungsschein) nachzuweisen. [2]Auf eine betragsmäßige Begrenzung der Sicherung ist in hervorgehobener Weise hinzuweisen. [3]Der Sicherungsgeber kann sich gegenüber einem Vertragspartner, dem ein Sicherungsschein ausgehändigt worden ist, weder auf Einwendungen aus dem Sicherungsvertrag noch darauf berufen, dass der Sicherungsschein erst nach Beendigung des Sicherungsvertrags ausgestellt worden ist. [4]Bei Aushändigung eines Sicherungsscheins nach Satz 3 geht der Anspruch des Vertragspartners gegen die Genossenschaft auf den Sicherungsgeber über, soweit dieser den Forderungen des Vertragspartners nachkommt. [5]Die Sicherung kann auch in anderer Weise erfolgen, wenn dadurch ein vergleichbares Sicherungsniveau erreicht wird.

§ 7e Widerrufsrecht. [1] Dem Vertragspartner steht bei einem nach diesem Gesetz zertifizierten Vertrag, unbeschadet anderer Regelungen, ein Widerrufsrecht nach § 355 des Bürgerlichen Gesetzbuchs[1)] zu. [2] Steht dem Verbraucher zugleich nach Maßgabe anderer Vorschriften ein Widerrufsrecht nach § 355 des Bürgerlichen Gesetzbuchs[1)] oder nach anderen Vorschriften zu, ist das Widerrufsrecht nach Satz 1 ausgeschlossen.

§ 7f Prüfkompetenz. Die Zertifizierungsstelle kann anlassunabhängig prüfen, ob der Anbieter eines Altersvorsorgevertrags oder eines Basisrentenvertrags seine Pflichten nach § 7 erfüllt hat.

§ 8 Rücknahme, Widerruf und Verzicht. (1) [1] Die Zertifizierungsstelle kann den Antrag auf Zertifizierung eines Altersvorsorgevertrages ablehnen oder die Zertifizierung eines Altersvorsorgevertrages gegenüber dem Anbieter widerrufen, wenn Tatsachen die Annahme rechtfertigen, dass der Anbieter die für die Beachtung der Vorschriften dieses Gesetzes sowie der §§ 10a, 22 Nr. 5, § 22a und des Abschnitts XI des Einkommensteuergesetzes erforderliche Zuverlässigkeit nicht besitzt. [2] Die Zertifizierungsstelle kann den Antrag auf Zertifizierung eines Basisrentenvertrages ablehnen oder die Zertifizierung eines Basisrentenvertrages gegenüber dem Anbieter widerrufen, wenn Tatsachen die Annahme rechtfertigen, dass der Anbieter die für die Beachtung der Vorschriften dieses Gesetzes sowie der §§ 10 und 22a des Einkommensteuergesetzes erforderliche Zuverlässigkeit nicht besitzt. [3] Die Zertifizierungsstelle hat die Zertifizierung gegenüber dem Anbieter zu widerrufen, wenn der Anbieter die Voraussetzungen des § 1 Absatz 2 oder des § 236 des Versicherungsaufsichtsgesetzes[2)] nicht mehr erfüllt. [4] Die Aufhebung der Zertifizierung nach den allgemeinen Verfahrensvorschriften der Abgabenordnung bleibt unberührt. [5] Bei einem Anbieter im Sinne des § 1 Abs. 2 Satz 1 Nr. 4 (Genossenschaften) ist der Prüfungsverband, von dem die Genossenschaft geprüft wird, verpflichtet, die Zertifizierungsstelle zu unterrichten, soweit er im Rahmen einer Prüfung nach § 53 Abs. 1 des Genossenschaftsgesetzes Tatsachen im Sinne des Satzes 1 oder einen Widerrufsgrund im Sinne des Satzes 2 feststellt oder dem Prüfungsverband anderweitig bekannt werden oder ihm bekannt wird, dass die Satzung der Genossenschaft in der Weise geändert werden soll oder geändert wurde, dass die Voraussetzungen des § 1 Absatz 2 Satz 1 Nummer 4 Buchstabe b nicht mehr erfüllt werden. [6] Satz 4 gilt entsprechend für die nach § 81 des Genossenschaftsgesetzes zuständige oberste Landesbehörde.

(2) Der Anbieter kann auf die Zertifizierung unbeschadet seiner vertraglichen Verpflichtungen für die Zukunft durch schriftliche Erklärung gegenüber der Zertifizierungsstelle verzichten.

(3) Der Anbieter ist verpflichtet, den Vertragspartner, mit dem er einen Altersvorsorgevertrag oder einen Basisrentenvertrag abgeschlossen hat, über Rücknahme oder Widerruf der Zertifizierung unverzüglich zu unterrichten.

(4) [1] Die Zertifizierungsbehörde unterrichtet die zentrale Stelle im Sinne des § 81 des Einkommensteuergesetzes unverzüglich über Rücknahme oder Widerruf der Zertifizierung eines Altersvorsorgevertrages oder über den Verzicht auf die Zertifizierung eines Altersvorsorgevertrages. [2] Die Zertifizierungsstelle

---

1) Nr. **13**.
2) Nr. **1**.

unterrichtet die obersten Finanzbehörden der Länder unverzüglich über Rücknahme oder Widerruf der Zertifizierung eines Basisrentenvertrages oder über den Verzicht auf die Zertifizierung eines Basisrentenvertrages. [3] Dabei ist auch mitzuteilen, ab welchem Zeitpunkt Rücknahme, Widerruf oder Verzicht wirksam sind. [4] Im Fall einer Antragsablehnung oder eines Widerrufs nach Absatz 1 Satz 1 ist die für den Anbieter zuständige Aufsichtsbehörde sowie bei einem Anbieter im Sinne des § 1 Abs. 2 Satz 1 Nr. 4 der Prüfungsverband, von dem die Genossenschaft geprüft wird, zu unterrichten. [5] Ein Anbieter im Sinne des § 1 Abs. 2 Satz 1 Nr. 4 muss die Zertifizierungsstelle unterrichten, wenn in Zukunft ein anderer als der bisherige Prüfungsverband die Prüfung nach § 53 Abs. 1 des Genossenschaftsgesetzes vornehmen wird.

§ 9 Rechtsbehelf und sofortige Vollziehung. [1] Einspruch und Klage richten sich nach den Vorschriften der Abgabenordnung und der Finanzgerichtsordnung. [2] Sie haben keine aufschiebende Wirkung.

§ 10 Veröffentlichung. [1] Die Zertifizierungsstelle macht die Zertifizierung sowie den Widerruf, die Rücknahme oder den Verzicht durch eine Veröffentlichung des Namens und der Anschrift des Anbieters und dessen Zertifizierungsnummer im Bundessteuerblatt bekannt. [2] Das Gleiche gilt sinngemäß für die Zertifizierung von Verträgen im Sinne des § 4 Abs. 2 Satz 1.

§ 11 Verschwiegenheitspflicht und Datenschutz. (1) [1] Die bei der Zertifizierungsbehörde beschäftigten oder von ihr beauftragten Personen dürfen bei ihrer Tätigkeit erhaltene vertrauliche Informationen nicht unbefugt offenbaren oder verwerten, auch wenn sie nicht mehr im Dienst sind oder ihre Tätigkeit beendet ist (Schweigepflicht). [2] Dies gilt auch für andere Personen, die durch dienstliche Berichterstattung Kenntnis von den in Satz 1 bezeichneten Tatsachen erhalten.

(2) [1] Ein unbefugtes Offenbaren oder Verwerten im Sinne des Absatzes 1 liegt insbesondere nicht vor, wenn Tatsachen weitergegeben werden an

1. kraft Gesetzes oder im öffentlichen Auftrag mit der Überwachung oder Prüfung von Versicherungsunternehmen, Kreditinstituten, Finanzdienstleistungsinstituten, Investmentgesellschaften, Genossenschaften oder Bausparkassen betraute Stellen sowie von diesen beauftragte Personen,
2. andere Finanzbehörden oder
3. den Prüfungsverband, der die Genossenschaft prüft, bei einem Anbieter im Sinne des § 1 Abs. 2 Satz 1 Nr. 4,

soweit diese Stellen die Informationen zur Erfüllung ihrer Aufgaben benötigen. [2] Für die bei diesen Stellen beschäftigten Personen gilt die Verschwiegenheitspflicht nach Absatz 1 Satz 1 entsprechend.

(3) *(aufgehoben)*

(4) Sofern personenbezogene Daten verarbeitet werden, gelten vorbehaltlich des Rechts der Europäischen Union, insbesondere der Verordnung (EU) 2016/679 des Europäischen Parlaments und des Rates vom 27. April 2016 zum Schutz natürlicher Personen bei der Verarbeitung personenbezogener Daten, zum freien Datenverkehr und zur Aufhebung der Richtlinie 95/46/EG (Datenschutz-Grundverordnung) (ABl. L 119 vom 4.5.2016, S. 1; L 314 vom 22.11.2016, S. 72; L 127 vom 23.5.2018, S. 2) in der jeweils geltenden Fassung, die Vorschriften der Abgabenordnung.

§ 12 Gebühren. (1) [1]Die Zertifizierungsstelle erhebt für die Bearbeitung eines Antrags, einen Altersvorsorgevertrag oder einen Basisrentenvertrag zu zertifizieren, Gebühren in Höhe von 5 000 Euro. [2]Für Anbieter, die ihrem Antrag nach § 4 Absatz 1 einen zertifizierten Vertrag eines Spitzenverbands zugrunde legen, beträgt die Gebühr 500 Euro, wenn

1. der Vertrag des Anbieters hinsichtlich der Anforderungen des § 1 Absatz 1 oder Absatz 1a oder des § 2 Absatz 1 oder Absatz 1a sowie des § 2a von dem zertifizierten Muster in Reihenfolge und Inhalt nicht abweicht und
2. der Anbieter bei seinem Antrag zusätzlich die Zertifizierungsstelle mit ihrer Postanschrift, die Zertifizierungsnummer und das Datum, zu dem die Zertifizierung wirksam geworden ist, mitteilt.

[3]Für Anträge nach § 4 Abs. 3 Satz 1 und 2 beträgt die Gebühr 250 Euro.

(2) [1]Die Gebühr ist durch schriftlichen Bescheid gegenüber dem Antragsteller festzusetzen; Bekanntgabevollmachten sind zu beachten. [2]Der Antragsteller hat die Gebühr innerhalb eines Monats nach Bekanntgabe dieses Bescheides zu entrichten. [3]Auf die Gebühr sind die Vorschriften der Abgabenordnung sinngemäß anzuwenden. [4]Die Gebührenfestsetzung kann nach den §§ 129 bis 131 der Abgabenordnung korrigiert werden. [5]Gegen die Gebührenfestsetzung ist der Einspruch gegeben.

§ 13 Bußgeldvorschriften. (1) Ordnungswidrig handelt, wer vorsätzlich oder fahrlässig

1. entgegen § 7 Absatz 1 Satz 1, § 7a Absatz 1 oder § 7b Absatz 1 Satz 1, jeweils auch in Verbindung mit einer Rechtsverordnung nach § 6 Satz 1, eine Information nicht, nicht richtig, nicht vollständig, nicht in der vorgeschriebenen Weise oder nicht rechtzeitig gibt,
2. entgegen § 7 Absatz 4 Satz 1, auch in Verbindung mit einer Rechtsverordnung nach § 6 Satz 1, ein Muster-Produktinformationsblatt nicht, nicht richtig, nicht vollständig, nicht in der vorgeschriebenen Weise oder nicht rechtzeitig erstellt oder
3. entgegen § 7c Satz 1 erster Halbsatz, auch in Verbindung mit einer Rechtsverordnung nach § 6 Satz 1, eine Anzeige nicht, nicht richtig, nicht vollständig, nicht in der vorgeschriebenen Weise oder nicht rechtzeitig erstattet.

(2) Die Ordnungswidrigkeit kann in den Fällen des Absatzes 1 Nummer 2 mit einer Geldbuße bis zu zehntausend Euro und in den übrigen Fällen mit einer Geldbuße bis zu fünftausend Euro geahndet werden.

(3) Verwaltungsbehörde im Sinne des § 36 Abs. 1 Nr. 1 des Gesetzes über Ordnungswidrigkeiten ist die Zertifizierungsstelle.

§ 14 Übergangsvorschrift. (1) [1]Für Verträge, die nach § 5 in der am 31. Dezember 2004 geltenden Fassung zertifiziert wurden und die alle die in Artikel 7 Nr. 1 des Gesetzes vom 5. Juli 2004 (BGBl. I S. 1427) enthaltenen Änderungen insgesamt bis zum 31. Dezember 2005 nachvollziehen, ist eine erneute Zertifizierung des Vertrags nicht erforderlich. [2]Satz 1 gilt ohne zeitliche Beschränkung entsprechend, soweit der Anbieter unter Beibehaltung der vertraglichen Ausgestaltung nach § 1 Abs. 1 Satz 1 Nr. 8 in der bis 31. Dezember 2004 geltenden Fassung mit seinen Bestandskunden die einvernehmliche Übernahme der in Artikel 7 Nr. 1 Buchstabe a Doppelbuchstabe aa bis cc und ee des Gesetzes vom 5. Juli 2004 (BGBl. I S. 1427) enthaltenen Änderungen ganz oder teilweise vereinbart. [3] Die Änderung des Vertrags ist der Zertifizierungsstelle gegenüber schriftlich anzuzeigen.

(2) [1] Für Altersvorsorgeverträge, die vor dem 1. Januar 2012 abgeschlossen worden sind, ist § 1 Absatz 1 Satz 1 Nummer 2 mit der Maßgabe anzuwenden, dass die Vereinbarung für den Vertragspartner eine lebenslange und unabhängig vom Geschlecht berechnete Altersversorgung vorsieht, die nicht vor Vollendung des 60. Lebensjahres oder einer vor Vollendung des 60. Lebensjahres beginnenden Leistung aus einem gesetzlichen Alterssicherungssystem des Vertragspartners (Beginn der Auszahlungsphase) gezahlt werden darf. [2] Die übrigen in § 1 Absatz 1 Satz 1 genannten Voraussetzungen bleiben unberührt. [3] Für Verträge, die nach § 5 in der am 31. Dezember 2011 geltenden Fassung zertifiziert wurden und die die Anhebung der Altersgrenze vom 60. auf das 62. Lebensjahr bis zum 31. Dezember 2012 nachvollziehen, ist eine erneute Zertifizierung des Vertrags nicht erforderlich. [4] Satz 3 gilt entsprechend, soweit die Anhebung der Altersgrenze vom 60. auf das 62. Lebensjahr einzelvertraglich oder durch Vertragsänderung mit dem Kunden vereinbart wird. [5] Absatz 1 Satz 3 gilt entsprechend.

(2a) [1] Für Verträge, die nach den §§ 5 oder 5a in der am 31. Dezember 2012 geltenden Fassung zertifiziert wurden und in denen allein die Änderungen der Zertifizierungsvoraussetzungen durch Artikel 2 des Gesetzes vom 24. Juni 2013 (BGBl. I S. 1667) nachvollzogen werden, ist keine erneute Zertifizierung erforderlich. [2] Absatz 1 Satz 3 gilt entsprechend. [3] Geht bis zum Ablauf des Tages vor dem in Absatz 6 Satz 2 genannten Anwendungszeitpunkt keine Änderungsanzeige bei der Zertifizierungsstelle ein, gilt dies als Verzicht des Anbieters auf die Zertifizierung im Sinne des § 8 Absatz 2 ab dem in Absatz 6 Satz 2 genannten Anwendungszeitpunkt.

(2b) [1] Für Verträge, die nach § 5 oder § 5a bis zum 23. Juli 2014 zertifiziert wurden und in denen allein die Änderungen durch Artikel 1 des Gesetzes vom 15. Juli 2013 (BGBl. I S. 2397) und durch Artikel 5 Nummer 1 des Gesetzes vom 18. Juli 2014 (BGBl. I S. 1042) aufgenommen werden, ist keine erneute Zertifizierung erforderlich. [2] Absatz 1 Satz 3 gilt entsprechend.

(2c) [1] Für Verträge, die nach § 5 in der am 31. Dezember 2017 geltenden Fassung zertifiziert wurden und in denen allein die Änderungen nach Artikel 14 Nummer 1 Buchstabe a des Gesetzes vom 17. August 2017 (BGBl. I S. 3214) nachvollzogen werden, ist keine erneute Zertifizierung erforderlich. [2] Absatz 1 Satz 3 gilt entsprechend.

(3) [1] Die Zertifizierung für Verträge, deren Vertragsgestaltung sich auf die in Artikel 2 Nr. 1 Buchstabe a bis c des Gesetzes vom 29. Juli 2008 (BGBl. I S. 1509) vorgenommenen Änderungen beziehen, kann frühestens zum 1. November 2008 erteilt werden. [2] Bis zu dem Zeitpunkt, der sich aus Satz 1 ergibt, können Zertifizierungen auf Grundlage des bis zum 31. Dezember 2007 geltenden Rechts erteilt werden. [3] Verträge, die nach § 4 Abs. 1, 2 oder Abs. 3 in Verbindung mit § 5 in der am 31. Dezember 2007 geltenden Fassung zertifiziert wurden, können um die Regelungen in Artikel 2 Nr. 1 Buchstabe b des Gesetzes vom 29. Juli 2008 (BGBl. I S. 1509) ergänzt werden. [4] Die Gebühren für die Zertifizierung nach Satz 3 richten sich nach § 12 Satz 3. [5] Die durch Artikel 2 Nr. 4 Buchstabe d des Gesetzes vom 29. Juli 2008 (BGBl. I S. 1509) geänderten jährlichen Informationspflichten sind erstmals für nach dem 31. Dezember 2008 beginnende Beitragsjahre anzuwenden.

(4) Für Altersvorsorgeverträge, die bis zum 31. Dezember 2009 nach § 4 Abs. 1 zertifiziert werden, gilt § 1 Abs. 1 Satz 1 Nr. 10 Buchstabe b und c mit der Maßgabe, dass Bausparkassen im Sinne des Gesetzes über Bausparkassen jeweils eine Frist von nicht mehr als sechs Monaten zum Monatsende vereinbaren können.

(5) [1] Bis zum 30. Juni 2010 ist abweichend von § 3 Abs. 1 Zertifizierungsstelle die Bundesanstalt für Finanzdienstleistungsaufsicht. [2] Ab dem 1. Juli 2010 sind auf Verwaltungsverfahren nach diesem Gesetz die Vorschriften der Abgabenordnung anzuwenden. [3] Auf am 30. Juni 2010 anhängige Verfahren bleiben weiterhin die Vorschriften des Verwaltungsverfahrensgesetzes anwendbar. [4] Dies gilt auch für zu diesem Zeitpunkt anhängige Rechtsbehelfe.

(6) [1] Die Änderungen des Artikels 2 Nummer 1 bis 3, 6 und 7, 11 bis 13 Buchstabe a und b des Gesetzes vom 24. Juni 2013 (BGBl. I S. 1667) sind erstmals am 1. Januar 2014 anzuwenden. [2] Die Änderungen des Artikels 2 Nummer 9 und 10 des Gesetzes vom 24. Juni 2013 (BGBl. I S. 1667) sind erstmals am ersten Tag des 18. auf die Verkündung einer Verordnung im Sinne des § 6 Satz 1 folgenden Kalendermonats anzuwenden. [3] § 7 Absatz 1 Satz 2 Nummer 9 und § 7c gelten nicht für Verträge, die vor dem in Satz 2 genannten Anwendungszeitpunkt abgeschlossen wurden.

4. Delegierte Verordnung (EU) 2015/35 der Kommission vom 10. Oktober 2014 zur Ergänzung der Richtlinie 2009/138/EG des Europäischen Parlaments und des Rates betreffend die Aufnahme und Ausübung der Versicherungs- und der Rückversicherungstätigkeit (Solvabilität II)

(Text von Bedeutung für den EWR)

(ABl. 2015 L 12 S. 1, ber. 2018 L 195 S. 27 und 2020 L 191 S. 6)

Celex-Nr. 3 2015 R 0035

zuletzt geänd. durch Art. 1 Verordnung v. 12.3.2020 (ABl. L 221 S. 3)

– Auszug –

Nichtamtliche Inhaltsübersicht

Titel I. Bewertung und Risikosensitive Eigenkapitalanforderungen (Säule I), Verbesserte Governance (Säule II) und Erhöhte Transparenz (Säule III)

Kapitel IX. Governance-System

Abschnitt 1. Bestandteile des Governance-Systems

Art. 258 Allgemeine Governance-Anforderungen. 1. Versicherungs- und Rückversicherungsunternehmen erfüllen alle folgenden Anforderungen:

(a) Schaffung, Umsetzung und dauerhafte Gewährleistung einer wirksamen Zusammenarbeit, internen Berichterstattung und Weitergabe von Informationen auf allen relevanten Ebenen des Unternehmens;

(b) Schaffung, Umsetzung und dauerhafte Gewährleistung wirksamer Entscheidungsprozesse sowie einer Organisationsstruktur, die die Berichtslinien klar definiert, Aufgaben und Zuständigkeiten zuweist und Art, Umfang und

Komplexität der mit den Geschäftstätigkeiten des Unternehmens verbundenen Risiken berücksichtigt;

(c) Gewährleistung, dass die Mitglieder des Verwaltungs-, Management- oder Aufsichtsorgans in ihrer Gesamtheit über die Qualifikationen, Kompetenzen, Fähigkeiten und Berufserfahrung in den relevanten Geschäftsbereichen verfügen, die erforderlich sind, um das Unternehmen effektiv und professionell zu leiten und zu überwachen;

(d) Gewährleistung, dass jedes einzelne Mitglied des Verwaltungs-, Management- oder Aufsichtsorgans über die Qualifikationen, Kompetenzen, Fähigkeiten und Berufserfahrung verfügt, die es zur Erfüllung der ihm übertragenen Aufgaben benötigt;

(e) Beschäftigung von Mitarbeitern, die über die Fähigkeiten, Kenntnisse und Fachkunde verfügen, die zur ordnungsgemäßen Erfüllung der ihnen übertragenen Aufgaben erforderlich sind;

(f) Gewährleistung, dass allen Mitarbeitern die Verfahren für die ordnungsgemäße Erfüllung ihrer Aufgaben bekannt sind;

(g) Gewährleistung, dass die Zuweisung mehrerer Aufgaben an Einzelpersonen und Organisationseinheiten die betreffenden Mitarbeiter nicht daran hindert oder zu hindern droht, eine bestimmte Funktion auf verlässliche, redliche und objektive Weise auszuüben;

(h) Einrichtung von Informationssystemen, die vollständige, zuverlässige, klare, kohärente, zeitnahe und relevante Informationen über die Geschäftstätigkeiten, die eingegangenen Verpflichtungen und die Risiken, denen das Unternehmen ausgesetzt ist, liefern;

(i) Führen angemessener, ordnungsgemäßer Aufzeichnungen über Geschäftstätigkeiten und interne Organisation des Unternehmens;

(j) Gewährleistung der Sicherheit, Integrität und Vertraulichkeit von Informationen unter Berücksichtigung der Art der betreffenden Informationen;

(k) Einführung klarer Berichtslinien, die die unmittelbare Weitergabe von Informationen an alle Personen, die sie benötigen, gewährleisten, und zwar auf eine Art und Weise, die es ihnen ermöglicht, die Bedeutung der Informationen im Hinblick auf ihre jeweiligen Zuständigkeitsbereiche zu erkennen;

(l) Einführung schriftlich fixierter Vergütungsleitlinien.

2. Leitlinien in den Bereichen Risikomanagement, interne Kontrolle, interne Revision und gegebenenfalls Outsourcing müssen die jeweiligen Zuständigkeiten, Ziele, Prozesse und Berichtsverfahren klar darlegen, die allesamt mit der allgemeinen Geschäftsstrategie des Unternehmens in Einklang stehen müssen.

3. Versicherungs- und Rückversicherungsunternehmen sorgen für die Schaffung, Umsetzung und dauerhafte Gewährleistung einer Notfallplanung, die bei einer Störung ihrer Systeme und Verfahren sicherstellen soll, dass wesentliche Daten und Funktionen erhalten bleiben und Versicherungs- und Rückversicherungstätigkeiten fortgeführt werden oder – sollte dies nicht möglich sein – die entsprechenden Daten und Funktionen zeitnah wiederhergestellt und die Versicherungs- und Rückversicherungstätigkeiten wiederaufgenommen werden.

4. Versicherungs- und Rückversicherungsunternehmen gewährleisten, dass die tatsächliche Leitung des Unternehmens mindestens zwei Personen obliegt.

5. Versicherungs- und Rückversicherungsunternehmen sorgen dafür, das wirksame Prozesse und Verfahren zur Vermeidung von Interessenkonflikten zur Verfügung stehen und dass potenzielle Quellen von Interessenkonflikten ermittelt und Verfahren eingeführt werden, um sicherzustellen, dass die an der Umsetzung der Unternehmensstrategien und -politiken beteiligten Personen erkennen, wo Interessenkonflikte entstehen könnten und wie im Falle solcher Konflikte vorzugehen ist.

6. Versicherungs- und Rückversicherungsunternehmen überwachen die Angemessenheit und Wirksamkeit ihres Governance-Systems, unterziehen das System regelmäßig einer Bewertung und treffen geeignete Maßnahmen zur Behebung etwaiger Mängel.

Art. 259 Risikomanagementsystem. 1. Versicherungs- und Rückversicherungsunternehmen sorgen für die Schaffung, Umsetzung und dauerhafte Gewährleistung eines Risikomanagementsystems, das Folgendes umfasst:

(a) eine klar definierte Risikomanagementstrategie, die im Einklang mit der allgemeinen Geschäftsstrategie des Unternehmens steht; Ziele und Hauptgrundsätze der Strategie, die genehmigten Risikotoleranzschwellen und die Zuweisung von Zuständigkeiten in allen Tätigkeitsbereichen des Unternehmens werden dokumentiert;

(b) ein klar definiertes Verfahren für Entscheidungsprozesse;

(c) schriftlich fixierte Leitlinien, die effektiv gewährleisten, dass die wesentlichen Risiken, denen das Unternehmen ausgesetzt ist, definiert und nach Art des Risikos kategorisiert werden, sowie die genehmigten Risikotoleranzschwellen für jede einzelne Risikoart; mit den betreffenden Maßnahmen sollen die Risikostrategie des Unternehmens umgesetzt und Kontrollmechanismen gefördert werden unter Berücksichtigung von Art, Umfang und Zeiträumen der Geschäftstätigkeiten sowie der damit verbundenen Risiken;

(d) Berichtsverfahren und Prozesse, die gewährleisten, dass Informationen über die wesentlichen Risiken, denen das Unternehmen ausgesetzt ist, und die Wirksamkeit des Risikomanagementsystems aktiv überwacht und analysiert werden und dass gegebenenfalls erforderliche Änderungen des Systems vorgenommen werden.

2. Versicherungs- und Rückversicherungsunternehmen stellen sicher, dass diejenigen Personen, die das Unternehmen tatsächlich leiten oder andere Schlüsselfunktionen innehaben, in ihren Entscheidungsprozessen den im Rahmen des Risikomanagementsystems übermittelten Informationen Rechnung tragen.

3. Gegebenenfalls beziehen die Versicherungs- und Rückversicherungsunternehmen in ihr Risikomanagementsystem die Ergebnisse von Stresstests und Szenarioanalysen für alle relevanten Risiken des Unternehmens ein.

4. [1] Zusätzlich zu den Anforderungen von Artikel 44 Absatz 4a der Richtlinie 2009/138/EG gilt für die Zwecke der Berechnung der versicherungstechnischen Rückstellungen und der Solvenzkapitalanforderung, dass die internen Risikomanagementmethoden sich nicht ausschließlich oder automatisch auf externe Ratings stützen dürfen. [2] Basiert die Berechnung der versicherungstechnischen Rückstellungen oder der Solvenzkapitalanforderung auf externen Ratings durch eine ECAI oder rührt sie daher, dass eine Risikoexponierung

nicht bewertet wurde, enthebt dies das Versicherungs- oder Rückversicherungsunternehmen nicht der Verpflichtung, zusätzlich andere relevante Informationen heranzuziehen.

Art. 260 Risikomanagementbereiche. 1. Zu den in Artikel 44 Absatz 2 der Richtlinie 2009/138/EG genannten Bereichen zählen alle folgenden:

(a) Risikoübernahme und Rückstellungsbildung:

i) vom Versicherungs- oder Rückversicherungsunternehmen zu treffende Maßnahmen zur Bewertung und zum Management des Risikos eines Verlustes oder einer nachteiligen Veränderung des Wertes von Versicherungs- oder Rückversicherungsverbindlichkeiten, das sich aus unangemessenen Annahmen in Bezug auf Preisfestlegung und Rückstellungsbildung ergibt;

ii) Hinlänglichkeit und Qualität der relevanten Daten, die im Zuge der Risikoübernahme und Rückstellungsbildung gemäß Artikel 19 zu berücksichtigen sind, und Erfüllung der für Hinlänglichkeit und Qualität geltenden Standards;

iii) Angemessenheit der Schadensregulierungsverfahren, unter anderem des Umfangs, in dem sie den gesamten Zyklus der Schadensregulierung abdecken;

(b) Aktiv-Passiv-Management:

i) strukturelle Inkongruenz zwischen Vermögenswerten und Verbindlichkeiten, insbesondere Inkongruenz von deren Laufzeiten;

ii) etwaige Abhängigkeiten zwischen den Risiken unterschiedlicher Klassen von Vermögenswerten und Verbindlichkeiten;

iii) etwaige Abhängigkeiten zwischen den Risiken unterschiedlicher Versicherungs- oder Rückversicherungsverpflichtungen;

iv) etwaige außerbilanzielle Risikopositionen des Unternehmens;

v) Auswirkungen einschlägiger Risikominderungstechniken auf das Aktiv-Passiv-Management;

(c) Anlagerisikomanagement:

i) vom Versicherungs- oder Rückversicherungsunternehmen zu treffende Maßnahmen, mit denen sichergestellt wird, dass die Anlagen des Unternehmens mit dem in Artikel 132 der Richtlinie 2009/138/EG festgelegten Grundsatz der unternehmerischen Vorsicht in Einklang stehen;

ii) vom Versicherungs- oder Rückversicherungsunternehmen zu treffende Maßnahmen, mit denen sichergestellt wird, dass die Anlagen des Unternehmens der Art seines Geschäfts, seinen genehmigten Risikotoleranzschwellen, seiner Solvabilität und seiner langfristigen Risikoexponierung Rechnung tragen;

iii) vom Versicherungs- oder Rückversicherungsunternehmen vorgenommene eigene interne Bewertung des Kreditrisikos von Gegenparteien bei Anlagegeschäften, auch in Fällen, in denen es sich bei den Gegenparteien um Zentralstaaten handelt;

iv) sofern das Versicherungs- oder Rückversicherungsunternehmen Derivate oder andere Finanzinstrumente mit ähnlichen Merkmalen oder ähnlichen Auswirkungen verwendet, Ziele und Strategie, die der Verwendung solcher Instrumente zugrunde liegen, und Angaben dazu, auf welche Weise sie zur Erleichterung einer effizienten Portfolioverwaltung oder zur Verringerung von Risiken beitragen, sowie Verfahren zur Bewertung der mit solchen Instrumenten verbundenen Risiken und der auf sie anzuwendenden Risikomanagementgrundsätze;

v) soweit zur Gewährleistung eines wirksamen Risikomanagements angezeigt, interne quantitative Beschränkungen für Vermögenswerte und Riskoexponierungen, einschließlich außerbilanzieller Positionen;

(d) Liquiditätsrisikomanagement:

i) vom Versicherungs- oder Rückversicherungsunternehmen zu treffende Maßnahmen zur Berücksichtigung sowohl kurzfristiger als auch langfristiger Liquiditätsrisiken;

ii) Angemessenheit der Zusammensetzung der Vermögenswerte hinsichtlich Art, Laufzeit und Liquidität mit Blick auf die Erfüllung der Verpflichtungen des Unternehmens bei Fälligkeit;

iii) Plan zur Handhabung von Änderungen bei den erwarteten ein- und ausgehenden Zahlungsströmen;

(e) Konzentrationsrisikomanagement: vom Versicherungs- oder Rückversicherungsunternehmen zu treffende Maßnahmen, die darauf abzielen, relevante Quellen von Konzentrationsrisiken zu identifizieren und sicherzustellen, dass sich Risikokonzentrationen innerhalb festgelegter Grenzen bewegen, sowie Maßnahmen zur Analyse möglicher Gefahren einer Ansteckung zwischen konzentrierten Risiken;

(f) Management des operationellen Risikos: vom Versicherungs- oder Rückversicherungsunternehmen zu treffende Maßnahmen, durch die eine Zuweisung klarer Zuständigkeiten für die regelmäßige Ermittlung, Dokumentation und Überwachung relevanter Exponierungen gegenüber operationellen Risiken erfolgt;

(g) Rückversicherung und andere Techniken zur Minderung von Versicherungsrisiken:

i) vom Versicherungs- oder Rückversicherungsunternehmen zu treffende Maßnahmen, um die Auswahl geeigneter Rückversicherungen und anderer Risikominderungstechniken sicherzustellen;

ii) vom Versicherungs- oder Rückversicherungsunternehmen zu treffende Maßnahmen, die darauf abzielen, zu bewerten, welche Arten von Risikominderungstechniken angesichts der Art der angenommenen Risiken geeignet sind und inwieweit das Unternehmen in der Lage ist, die mit diesen Techniken verbundenen Risiken zu managen und zu steuern;

iii) vom Versicherungs- oder Rückversicherungsunternehmen vorgenommene eigene Bewertung des mit den Risikominderungstechniken verbundenen Kreditrisikos;

(h) Latente Steuern:

i) Maßnahmen im Zusammenhang mit den Methoden und Annahmen, die das Versicherungs- oder Rückversicherungsunternehmen zum Nachweis der Höhe und der Einforderbarkeit der Verlustausgleichsfähigkeit latenter Steuern ausgewählt hat;

ii) Einbindung der relevanten Schlüsselfunktionen in die Auswahl und Bewertung von Methoden und Annahmen zum Nachweis der Höhe und der Einforderbarkeit der Verlustausgleichsfähigkeit latenter Steuern, in die Art und Weise, wie das Ergebnis dieser Bewertung dem Verwaltungs-, Management- oder Aufsichtsorgan übermittelt wird, einschließlich der Bewertung der Annahmen, die zur Prognose künftiger steuerpflichtiger Gewinne für die Zwecke der Artikel 15 und 207 zugrunde gelegt werden, und Erläuterung etwaiger Bedenken hinsichtlich dieser Annahmen, die in jedem Fall entweder von der versicherungsmathematischen Funktion oder der Risikomanagementfunktion übernommen wird;

iii) Risiken, denen das Versicherungs- oder Rückversicherungsunternehmen unter Berücksichtigung möglicher, durch seine Geschäftsstrategie oder das wirtschaftliche und finanzielle Umfeld bedingter künftiger Änderungen seines Risikoprofils ausgesetzt ist oder ausgesetzt sein könnte, einschließlich operationeller Risiken und potenzieller Veränderungen bei der Verlustausgleichsfähigkeit latenter Steuern. Hierbei ist zu beurteilen, in welchem Umfang sich Solvabilität und Finanzlage insgesamt auf latente Steuern stützen und ob dies mit der Risikomanagementstrategie vereinbar ist.

2. Der erwartete Gewinn aus künftigen Prämien entspricht der Differenz zwischen den versicherungstechnischen Rückstellungen ohne Risikomarge, berechnet gemäß Artikel 77 der Richtlinie, und einer Berechnung der versicherungstechnischen Rückstellungen ohne Risikomarge unter der Annahme, dass die für die Zukunft erwarteten Prämien für bestehende Versicherungs- und Rückversicherungsverträge ungeachtet der gesetzlichen oder vertraglichen Rechte des Versicherungsnehmers auf Beendigung des Vertrags aus einem anderen Grund als dem Eintritt des versicherten Ereignisses nicht gezahlt werden.

3. Die Berechnung des bei künftigen Prämien einkalkulierten erwarteten Gewinns wird für die bei der Berechnung der versicherungstechnischen Rückstellungen zugrunde gelegten homogenen Risikogruppen getrennt vorgenommen, vorausgesetzt, dass die Versicherungs- und Rückversicherungsverpflichtungen in Bezug auf den bei künftigen Prämien einkalkulierten erwarteten Gewinn ebenfalls homogen sind.

4. Verlustträchtige Verträge und gewinnträchtige Verträge können nur innerhalb einer homogenen Risikogruppe gegeneinander aufgerechnet werden.

Art. 261 Risikomanagement in Unternehmen, die Darlehen und/ oder Hypothekenversicherungen oder -rückversicherungen bereitstellen. 1. Wenn Versicherungs- und Rückversicherungsunternehmen im Bereich der Kreditvergabe tätig werden, verfügen sie über schriftlich fixierte Leitlinien, die alles Folgende gewährleisten:

(a) Die Kreditvergabe erfolgt nach soliden, klar definierten Kriterien und das Verfahren für die Genehmigung, Änderung, Verlängerung und Refinanzierung von Krediten ist klar geregelt.

(b) Die betreffenden Unternehmen verfügen über interne Methoden, die sie in die Lage versetzen, das Kreditrisiko von Exponierungen gegenüber Einzelschuldnern und auf Ebene des Portfolios zu bewerten.

(c) Die laufende Verwaltung und Überwachung der Kreditportfolios, einschließlich Identifizierung und Verwaltung von Problemkrediten und angemessener Wertberichtigungen, erfolgt im Rahmen wirksamer Systeme.

(d) Die Diversifizierung der Kreditportfolios ist in Anbetracht der Zielmärkte und der allgemeinen Anlagestrategie des Unternehmens angemessen.

2. Werden Versicherungs- und Rückversicherungsunternehmen im Bereich Hypothekenversicherung oder -rückversicherung tätig, stützen sie sich bei der Übernahme von Risiken auf solide, klar definierte Kriterien und kommen in Bezug auf die ihren Versicherungs- und Rückversicherungsverpflichtungen zugrunde liegenden Hypothekendarlehen den in Absatz 1 Buchstaben b, c und d festgelegten Anforderungen nach.

Art. 261a Risikomanagement für qualifizierte Infrastrukturinvestitionen oder qualifizierte Investitionen in Infrastrukturunternehmen.

(1) Versicherungs- und Rückversicherungsunternehmen führen, bevor sie eine qualifizierte Infrastrukturinvestition oder eine qualifizierte Investition in ein Infrastrukturunternehmen tätigen, angemessene Due-Diligence-Prüfungen durch, die alles Folgende beinhalten:

a) eine dokumentierte Bewertung, inwieweit die Infrastrukturgesellschaft die Kriterien in Artikel 164a oder Artikel 164b erfüllt; diese Bewertung ist Gegenstand eines Validierungsprozesses, der von Personen durchgeführt wird, die nicht dem Einfluss der für die Beurteilung der Kriterien verantwortlichen Personen unterliegen und keine potenziellen Interessenkonflikte mit diesen Personen haben;

b) eine Bestätigung, dass ein etwaiges Finanzmodell für die Cashflows der Infrastrukturgesellschaft Gegenstand eines Validierungsprozesses ist, der von Personen durchgeführt wird, die nicht dem Einfluss der für die Entwicklung des Finanzmodells verantwortlichen Personen unterliegen und keine potenziellen Interessenkonflikte mit diesen Personen haben.

(2) Versicherungs- und Rückversicherungsunternehmen, die qualifizierte Infrastrukturinvestitionen oder qualifizierte Investitionen in Infrastrukturunternehmen halten, unterziehen die Cashflows und die Sicherheiten, mit denen die Infrastrukturgesellschaft unterlegt ist, einer regelmäßigen Überwachung und führen einschlägige Stresstests durch. Die Stresstests sind der Art, dem Umfang und der Komplexität des dem Infrastrukturprojekt inhärenten Risikos angemessen.

(3) Bei den Stresstests werden die aus Nicht-Infrastrukturtätigkeiten erwachsenden Risiken berücksichtigt, jedoch finden die durch diese Tätigkeiten erzielten Einnahmen bei der Feststellung, ob die Infrastrukturgesellschaft ihren finanziellen Verpflichtungen nachkommen kann, keine Berücksichtigung.

(4) Halten Versicherungs- oder Rückversicherungsunternehmen wesentliche qualifizierte Infrastrukturinvestitionen oder qualifizierte Investitionen in Infrastrukturunternehmen, so nehmen sie in die schriftlich festgelegten Leitlinien nach Artikel 41 Absatz 3 der Richtlinie 2009/138/EG Bestimmungen auf, die eine aktive Überwachung dieser Investitionen während der Bauphase und eine Maximierung des im Falle einer Abwicklung aus diesen Investitionen wiedergewonnenen Betrags vorsehen.

(5) Versicherungs- oder Rückversicherungsunternehmen, die qualifizierte Infrastrukturinvestitionen oder qualifizierte Investitionen in Infrastrukturunternehmen in Anleihen oder Darlehen halten, gestalten ihr Aktiv-Passiv-Management in einer Weise, die dauerhaft gewährleistet, dass sie die Investition bis zur Fälligkeit halten können.

Art. 262 Gesamtsolvabilitätsbedarf. 1. Die Bewertung des Gesamtsolvabilitätsbedarfs eines Versicherungs- oder Rückversicherungsunternehmens gemäß Artikel 45 Absatz 1 Buchstabe a der Richtlinie 2009/138/EG ist vorausschauend und enthält alle folgenden Elemente:

(a) Risiken, denen das Unternehmen ausgesetzt ist oder ausgesetzt werden könnte, unter Berücksichtigung möglicher künftiger Änderungen seines Risikoprofils, die ihren Grund in der Geschäftsstrategie des Unternehmens oder im wirtschaftlichen und finanziellen Umfeld haben, einschließlich operationeller Risiken;

(b) Art und Qualität der Eigenmittelbestandteile oder anderer zur Deckung der gemäß Buchstabe a ermittelten Risiken geeigneter Ressourcen.

2. Bei den in Absatz 1 genannten Elementen ist Folgendes zu berücksichtigen:

(a) die Zeiträume, die im Hinblick auf die Berücksichtigung der für das Unternehmen langfristig bestehenden Risiken relevant sind;

(b) die dem Geschäfts- und Risikoprofil des Unternehmens angemessenen Bewertungs- und Erfassungsgrundlagen;

(c) die internen Kontroll- und Risikomanagementsysteme des Unternehmens und die genehmigten Risikotoleranzschwellen.

Art. 263 Alternative Bewertungsmethoden. Wenn alternative Bewertungsmethoden gemäß Artikel 10 Absatz 5 angewandt werden, müssen die Versicherungs- und Rückversicherungsunternehmen

(a) die Vermögenswerte und Verbindlichkeiten bestimmen, auf die der Bewertungsansatz Anwendung findet;

(b) die Anwendung des betreffenden Bewertungsansatzes auf die Vermögenswerte und Verbindlichkeiten gemäß Buchstabe a begründen;

(c) die dem Bewertungsansatz zugrunde liegenden Annahmen dokumentieren;

(d) die Unsicherheiten in der Bewertung der Vermögenswerte und Verbindlichkeiten gemäß Buchstabe a einschätzen;

(e) die Angemessenheit der Bewertung der Vermögenswerte und Verbindlichkeiten gemäß Buchstabe a einer regelmäßigen Überprüfung vor dem Hintergrund der gewonnenen Erfahrungen unterziehen.

Art. 264 Bewertung der versicherungstechnischen Rückstellungen – Validierung. 1. [1] Die Versicherungs- und Rückversicherungsunternehmen validieren die Berechnung der technischen Rückstellungen, insbesondere im Wege eines Vergleichs mit Erfahrungsdaten gemäß Artikel 83 der Richtlinie 2009/138/EG, mindestens einmal jährlich sowie in Fällen, in denen Anhaltspunkte dafür vorliegen, dass die bei der Berechnung zugrunde gelegten Daten, Annahmen oder Methoden oder die Höhe der versicherungstechnischen Rückstellungen nicht mehr angemessen sind. [2] Die Validierung deckt folgende Aspekte ab:

(a) Angemessenheit, Vollständigkeit und Exaktheit der bei der Berechnung der versicherungstechnischen Rückstellungen gemäß Artikel 19 verwendeten Daten;

(b) Angemessenheit einer Gruppierung von Verträgen gemäß Artikel 34;

(c) Maßnahmen, um einer Datenunzulänglichkeit im Sinne von Artikel 20 zu begegnen;

(d) Angemessenheit von zur Berechnung des besten Schätzwerts verwendeten Näherungswerten gemäß Artikel 21;

(e) Angemessenheit und Plausibilität der Annahmen, die bei der Berechnung der versicherungstechnischen Rückstellungen zur Erfüllung der Anforderungen der Artikel 22 bis 26 zugrunde gelegt werden;

(f) Angemessenheit, Eignung und Relevanz der bei der Berechnung der versicherungstechnischen Rückstellungen angewandten versicherungsmathematischen und statistischen Methoden;

(g) Angemessenheit der Höhe der versicherungstechnischen Rückstellungen gemäß Artikel 84 der Richtlinie 2009/138/EG, die zur Erfüllung der Anforderungen von Artikel 76 der Richtlinie zu bilden sind.

2. [1] Für die Zwecke von Absatz 1 Buchstabe d beurteilen die Versicherungs- und Rückversicherungsunternehmen, wie sich Änderungen bei den Annahmen über künftige Maßnahmen des Managements auf die Bewertung der versicherungstechnischen Rückstellungen auswirken. [2] Haben Änderungen bezüglich einer Annahme über eine künftige Maßnahme des Managements signifikante Auswirkungen auf die versicherungstechnischen Rückstellungen, müssen die Versicherungs- und Rückversicherungsunternehmen in der Lage sein, die Gründe dafür zu erläutern und darzulegen, wie sie diesem Umstand in ihrem Entscheidungsprozess Rechnung tragen.

3. [1] Die Validierung wird getrennt für homogene Risikogruppen vorgenommen. [2] Sie wird getrennt vorgenommen für den besten Schätzwert, die Risikomarge und versicherungstechnische Rückstellungen, die anhand des Marktpreises von Finanzinstrumenten berechnet werden, welche im Einklang mit Artikel 40 künftige Zahlungsströme verlässlich nachbilden. [3] Sie wird getrennt vorgenommen für versicherungstechnische Rückstellungen, wenn eine Matching-Anpassung gemäß Artikel 77b der Richtlinie 2009/138/EG erfolgt. [4] Hinsichtlich des besten Schätzwerts wird die Validierung getrennt vorgenommen für den brutto berechneten besten Schätzwert einerseits und für einforderbare Beträge aus Rückversicherungsverträgen und gegenüber Zweckgesellschaften andererseits. [5] Bei Nichtlebensversicherungsverpflichtungen wird sie getrennt für Prämienrückstellungen einerseits und Schadenrückstellungen andererseits vorgenommen.

Art. 265 Bewertung der versicherungstechnischen Rückstellungen – Dokumentation. 1. Versicherungs- und Rückversicherungsunternehmen dokumentieren folgende Prozesse:

(a) Erhebung von Daten und Analyse ihrer Qualität sowie anderer Informationen im Zusammenhang mit der Berechnung der versicherungstechnischen Rückstellungen;

(b) Wahl der bei der Berechnung der versicherungstechnischen Rückstellungen zugrunde gelegten Annahmen, insbesondere Wahl der relevanten Annahmen in Bezug auf die Zuweisung der Ausgaben;

(c) Auswahl und Anwendung versicherungsmathematischer und statistischer Methoden zur Berechnung der versicherungstechnischen Rückstellungen;

(d) Validierung der versicherungstechnischen Rückstellungen.

2. Für die Zwecke von Absatz 1 Buchstabe a enthält die Dokumentation Folgendes:

(a) ein Verzeichnis der bei der Berechnung der versicherungstechnischen Rückstellungen verwendeten Daten unter Angabe ihrer Quelle, ihrer Merkmale und ihrer Anwendung;

(b) die Spezifikationen für die Erhebung, Verarbeitung und Anwendung der Daten gemäß Artikel 19 Absatz 3 Buchstabe e;

(c) falls Daten bei der Berechnung der versicherungstechnischen Rückstellungen im Zeitverlauf nicht einheitlich verwendet werden, Erläuterungen zu ihrer uneinheitlichen Verwendung unter Angabe der Gründe.

3. Für die Zwecke von Absatz 1 Buchstabe b enthält die Dokumentation Folgendes:

(a) ein Verzeichnis aller relevanten Annahmen, auf denen die Berechnung der versicherungstechnischen Rückstellungen basiert; dies schließt Annahmen über künftige Maßnahmen des Managements ein;

(b) eine Begründung der Wahl der Annahmen gemäß Kapitel III Abschnitt 3 Unterabschnitt 1;

(c) eine Beschreibung der Inputs, auf denen die Wahl basiert;

(d) die Zielsetzungen, an denen sich die Wahl der Annahmen ausrichtet, und die Kriterien, die bei der Bewertung der Angemessenheit der getroffenen Wahl zugrunde gelegt werden;

(e) etwaige wesentliche Beschränkungen bei der getroffenen Wahl;

(f) eine Beschreibung der bestehenden Verfahren zur Überprüfung der Wahl der Annahmen;

(g) eine Begründung der Änderung von Annahmen von einem Zeitraum zum anderen und eine Schätzung der Auswirkungen wesentlicher Änderungen;

(h) die maßgeblichen Abweichungen gemäß Artikel 23 Absatz 2.

Art. 266 Internes Kontrollsystem. Das interne Kontrollsystem gewährleistet die Einhaltung der geltenden Rechts- und Verwaltungsvorschriften durch das Versicherungs- und Rückversicherungsunternehmen, die Wirksamkeit und Effizienz der Geschäftstätigkeit des Unternehmens im Hinblick auf seine Ziele sowie die Verfügbarkeit und Verlässlichkeit finanzieller und nichtfinanzieller Informationen.

Art. 267 Interne Kontrolle der Bewertung von Vermögenswerten und Verbindlichkeiten. 1. Versicherungs- und Rückversicherungsunternehmen verfügen über wirksame Systeme und Kontrollen, um sicherzustellen, dass die bei der Bewertung ihrer Vermögenswerte und Verbindlichkeiten vorgenommenen Schätzungen zuverlässig und im Hinblick auf die Einhaltung der Anforderungen von Artikel 75 der Richtlinie 2009/138/EG angemessen sind, sowie über ein Verfahren zur regelmäßigen Überprüfung der Angemessenheit und Zuverlässigkeit der Marktpreise oder der Inputs für das Bewertungsmodell.

2. Versicherungs- und Rückversicherungsunternehmen sorgen für die Schaffung, Umsetzung, dauerhafte Gewährleistung und Dokumentation klar definierter Leitlinien und Verfahren für den Bewertungsprozess, einschließlich einer Beschreibung und Definition der Aufgaben und Zuständigkeiten der in

die Bewertung einbezogenen Mitarbeiter, der relevanten Modelle und der zu nutzenden Informationsquellen.

3. Auf Verlangen der Aufsichtsbehörden nehmen die Versicherungs- und Rückversicherungsunternehmen eine externe, unabhängige Bewertung oder Überprüfung des Werts wesentlicher Vermögenswerte und Verbindlichkeiten vor.

4. Versicherungs- und Rückversicherungsunternehmen erfüllen alle folgenden Anforderungen:

(a) Sie stellen sowohl qualitativ als auch quantitativ ausreichende Ressourcen bereit, um die für Solvabilitätszwecke verwendeten Bewertungsansätze zu entwickeln, zu kalibrieren, zu genehmigen und zu überprüfen.

(b) Sie führen interne Kontrollverfahren ein, die alles Folgende umfassen:

i) eine regelmäßige unabhängige Überprüfung und Verifizierung der im Rahmen des Bewertungsansatzes zugrunde gelegten Informationen, Daten und Annahmen, der Ergebnisse und der Eignung des Bewertungsansatzes für die Bewertung der in Artikel 263 Buchstabe a genannten Elemente;

ii) Überwachung – durch die das Unternehmen tatsächlich leitenden Personen – der internen Prozesse zur Genehmigung der Bewertungen sowie des bestehenden Prozesses zur Einbeziehung etwaiger externer, unabhängiger Bewertungen oder Überprüfungen des Werts wesentlicher Vermögenswerte oder Verbindlichkeiten.

Abschnitt 2. Funktionen

Art. 268 Besondere Bestimmungen. 1. [1] Versicherungs- und Rückversicherungsunternehmen integrieren die Funktionen und die entsprechenden Berichtslinien in die Organisationsstruktur, und zwar auf eine Weise, die sicherstellt, dass jede Funktion frei von Einflüssen ist, die sie daran hindern könnten, ihre Aufgaben objektiv, fair und unabhängig wahrzunehmen. [2] Jede Funktion untersteht letztlich der Verantwortung des Verwaltungs-, Management- oder Aufsichtsorgans, ist diesem gegenüber berichtspflichtig und arbeitet bei der Erfüllung ihrer Aufgaben gegebenenfalls mit anderen Funktionen zusammen.

2. Die Personen, die eine der Funktionen wahrnehmen, können aus eigener Initiative mit jedem Personalangehörigen kommunizieren und verfügen über die Autorität, die Ressourcen und die Fachkunde, die hierfür erforderlich sind, sowie über einen uneingeschränkten Zugang zu allen für die Ausübung ihrer Zuständigkeiten benötigten einschlägigen Informationen.

3. Die Personen, die eine der Funktionen wahrnehmen, berichten dem Verwaltungs-, Management- oder Aufsichtsorgan unverzüglich über jedes in ihrem Zuständigkeitsbereich auftretende größere Problem.

Art. 269 Risikomanagement-Funktion. 1. Die Risikomanagement-Funktion umfasst alle folgenden Aufgaben:

(a) Unterstützung des Verwaltungs-, Management- oder Aufsichtsorgans und anderer Funktionen bei der effektiven Handhabung des Risikomanagementsystems;

(b) Überwachung des Risikomanagementsystems;

(c) Überwachung des allgemeinen Risikoprofils des Unternehmens als Ganzes;

(d) detaillierte Berichterstattung über Risikoexponierungen und Beratung des Verwaltungs-, Management- oder Aufsichtsorgans in Fragen des Risikomanagements, unter anderem in strategischen Belangen, die die Unternehmensstrategie, Fusionen und Übernahmen oder größere Projekte und Investitionen betreffen;

(e) Ermittlung und Bewertung sich abzeichnender Risiken.

2. Die Risikomanagement-Funktion erfüllt alle folgenden Anforderungen:

(a) die Anforderungen gemäß Artikel 44 Absatz 5 der Richtlinie 2009/138/EG;

(b) enge Zusammenarbeit mit den Nutzern der Ergebnisse des internen Modells;

(c) enge Zusammenarbeit mit der versicherungsmathematischen Funktion.

Art. 270 Compliance-Funktion. 1. [1] Die Compliance-Funktion von Versicherungs- und Rückversicherungsunternehmen arbeitet Compliance- Leitlinien und einen Compliance-Plan aus. [2] Im Rahmen der Compliance-Leitlinien werden Zuständigkeiten, Befugnisse und Berichtspflichten der Compliance-Funktion festgelegt. [3] Im Compliance-Plan werden die geplanten Tätigkeiten der Compliance-Funktion dargelegt, wobei alle relevanten Tätigkeitsbereiche der Versicherungs- und Rückversicherungsunternehmen sowie ihr Compliance-Risiko berücksichtigt werden.

2. Zu den Pflichten der Compliance-Funktion zählen die Bewertung der Angemessenheit der vom Versicherungs- oder Rückversicherungsunternehmen getroffenen Maßnahmen zur Verhinderung einer Non-Compliance.

Art. 271 Funktion der internen Revision. 1. Die Personen, die die Funktion der internen Revision wahrnehmen, sind in keiner Weise für eine der anderen Funktionen zuständig.

2. Unbeschadet des Absatzes 1 und insbesondere unter Wahrung des in Artikel 29 Absätze 3 und 4 der Richtlinie 2009/138/EG festgelegten Grundsatzes der Verhältnismäßigkeit können Personen, die die Funktion der internen Revision wahrnehmen, darüber hinaus auch andere Schlüsselfunktionen innehaben, sofern alle folgenden Bedingungen erfüllt sind:

(a) Dies ist im Hinblick auf Art, Umfang und Komplexität der den Geschäftstätigkeiten des Unternehmens inhärenten Risiken angemessen.

(b) Die die Funktion der internen Revision wahrnehmenden Personen geraten nicht in einen Interessenkonflikt.

(c) Durch die Übertragung der Funktion der internen Revision an Personen, die keine anderen Schlüsselfunktionen innehaben, würden dem Unternehmen Kosten entstehen, die gemessen an seinen Verwaltungsaufwendungen insgesamt unverhältnismäßig wären.

3. Die Funktion der internen Revision umfasst alle folgenden Aufgaben:

(a) Schaffung, Umsetzung und dauerhafte Gewährleistung eines Revisionsprogramms, in dem die in den kommenden Jahren durchzuführenden Revisionsarbeiten unter Berücksichtigung sämtlicher Tätigkeiten und des gesamten Governance-Systems des Versicherungs- oder Rückversicherungsunternehmens festgelegt werden;

(b) Zugrundelegung eines risikobasierten Ansatzes bei der Festlegung ihrer Prioritäten;

(c) Übermittlung des Revisionsplans an das Verwaltungs-, Management- oder Aufsichtsorgan;

(d) Formulierung von Empfehlungen auf der Grundlage der Ergebnisse der gemäß Buchstabe a durchgeführten Arbeiten und mindestens einmal jährlich Übermittlung eines die Ergebnisse und Empfehlungen enthaltenden schriftlichen Berichts an das Verwaltungs-, Management- oder Aufsichtsorgan;

(e) Überprüfung, ob die vom Verwaltungs-, Management- oder Aufsichtsorgan auf der Grundlage der unter Buchstabe d genannten Empfehlungen getroffenen Entscheidungen befolgt werden.

Soweit erforderlich, kann die Funktion der internen Revision Prüfungen durchführen, die nicht im Revisionsplan vorgesehen sind.

Art. 272 Versicherungsmathematische Funktion. 1. Die versicherungsmathematische Funktion koordiniert die Berechnung der versicherungstechnischen Rückstellungen und nimmt in diesem Rahmen alle folgenden Aufgaben wahr:

(a) Sie wendet Methoden und Verfahren an, die dazu dienen, die Hinlänglichkeit der versicherungstechnischen Rückstellungen zu bewerten und zu gewährleisten, dass deren Berechnung im Einklang mit den Anforderungen der Artikel 75 bis 86 der Richtlinie 2009/138/EG erfolgt.

(b) Sie bewertet die Unsicherheiten, mit denen die bei der Berechnung der versicherungstechnischen Rückstellungen vorgenommenen Schätzungen behaftet sind.

(c) Sie gewährleistet, dass etwaigen Unzulänglichkeiten der zur Berechnung der versicherungstechnischen Rückstellungen verwendeten Daten auf angemessene Weise Rechnung getragen wird.

(d) Sie stellt sicher, dass in den in Artikel 82 der Richtlinie 2009/138/EG genannten Fällen für die Berechnung des besten Schätzwerts die am besten geeigneten Näherungswerte verwendet werden.

(e) Sie stellt sicher, dass im Hinblick auf eine angemessene Bewertung der zugrunde liegenden Risiken homogene Risikogruppen von Versicherungs- und Rückversicherungsverpflichtungen bestimmt werden.

(f) Sie berücksichtigt relevante von den Finanzmärkten bereitgestellte Informationen sowie allgemein verfügbare Daten über versicherungstechnische Risiken und gewährleistet, dass diese bei der Bewertung der versicherungstechnischen Rückstellungen berücksichtigt werden.

(g) Sie vergleicht die Berechnung der versicherungstechnischen Rückstellungen in verschiedenen Jahren und begründet etwaige wesentliche Unterschiede bei der Berechnung.

(h) Sie gewährleistet eine angemessene Bewertung der in Versicherungs- und Rückversicherungsverträgen enthaltenen Optionen und Garantien.

2. Die versicherungsmathematische Funktion bewertet, ob die bei der Berechnung der versicherungstechnischen Rückstellungen zugrunde gelegten Methoden und Annahmen im Lichte der verfügbaren Daten für die jeweiligen

Geschäftsbereiche des Unternehmens und angesichts der Art und Weise, wie das Unternehmen geführt wird, angemessen sind.

3. Die versicherungsmathematische Funktion bewertet, ob die bei der Berechnung der versicherungstechnischen Rückstellungen verwendeten Informationstechnologiesysteme die versicherungsmathematischen und statistischen Verfahren ausreichend unterstützen.

4. [1] Beim Vergleich der besten Schätzwerte mit Erfahrungswerten überprüft die versicherungsmathematische Funktion die Qualität früherer bester Schätzwerte und nutzt die bei dieser Bewertung gewonnenen Erkenntnisse im Sinne einer Verbesserung der Qualität der laufenden Berechnungen. [2] Der Vergleich der besten Schätzwerte mit Erfahrungsdaten beinhaltet Vergleiche zwischen beobachteten Werten und den der Berechnung der besten Schätzwerte zugrunde liegenden Werten, so dass Schlussfolgerungen gezogen werden können zur Angemessenheit, Exaktheit und Vollständigkeit der zugrunde gelegten Daten und Annahmen sowie zu den bei ihrer Berechnung angewandten Methoden.

5. [1] Die dem Verwaltungs-, Management- oder Aufsichtsorgan vorgelegten Informationen über die Berechnung der versicherungstechnischen Rückstellungen enthalten mindestens eine begründete Analyse zur Verlässlichkeit und Angemessenheit ihrer Berechnung sowie zu den Quellen und zum Grad der Unsicherheit, mit denen die Schätzung der versicherungstechnischen Rückstellungen behaftet ist. [2] Die begründete Analyse wird durch eine Sensitivitätsanalyse untermauert, in der die Sensitivität der versicherungstechnischen Rückstellungen gegenüber jedem einzelnen der größeren Risiken untersucht wird, die den von den versicherungstechnischen Rückstellungen abgedeckten Verpflichtungen zugrunde liegen. [3] Die versicherungsmathematische Funktion äußert und erläutert klar und deutlich etwaige Bedenken hinsichtlich der Angemessenheit der versicherungstechnischen Rückstellungen.

6. Was die Zeichnungspolitik anbelangt, so enthält die gemäß Artikel 48 Absatz 1 Buchstabe g der Richtlinie 2009/138/EG zu formulierende Stellungnahme der versicherungsmathematischen Funktion zumindest Schlussfolgerungen zu folgenden Aspekten:

(a) Hinlänglichkeit der zu verdienenden Prämien für die Bedeckung künftiger Ansprüche und Aufwendungen, insbesondere unter Berücksichtigung der zugrunde liegenden Risiken (einschließlich versicherungstechnischer Risiken) und Auswirkungen der in Versicherungs- und Rückversicherungsverträgen vorgesehenen Optionen und Garantien auf die Hinlänglichkeit der Prämien;

(b) Auswirkungen von Inflation, rechtlichen Risiken, Veränderungen der Zusammensetzung des Unternehmensportfolios und Systemen zur Anpassung der von Versicherungsnehmern zu zahlenden Prämien nach oben oder nach unten je nach Schadensverlauf (Bonus-/Malus-Systeme) oder ähnlichen Systemen, die für spezifische homogene Risikogruppen eingeführt werden;

(c) zunehmende Tendenz eines Portfolios von Versicherungsverträgen, Versicherte mit höherem Risikoprofil zu gewinnen bzw. zu halten (Anti-Selektion).

7. Was die Rückversicherungsvereinbarungen insgesamt anbelangt, so enthält die gemäß Artikel 48 Absatz 1 Buchstabe h der Richtlinie 2009/138/EG zu formulierende Stellungnahme der versicherungsmathematischen Funktion eine Analyse der Angemessenheit von Folgendem:

(a) Risikoprofil und Zeichnungspolitik des Unternehmens;

(b) Rückversicherungsanbieter unter Berücksichtigung ihrer Bonität;

(c) erwartete Bedeckung in Stressszenarien in Bezug auf die Zeichnungspolitik;

(d) Berechnung der einforderbaren Beträge aus Rückversicherungsverträgen und gegenüber Zweckgesellschaften.

8. [1] Die versicherungsmathematische Funktion erstellt mindestens einmal jährlich einen schriftlichen Bericht, der dem Verwaltungs-, Management- oder Aufsichtsorgan vorzulegen ist. [2] Der Bericht dokumentiert alle von der versicherungsmathematischen Funktion wahrgenommenen Aufgaben sowie die erzielten Ergebnisse, benennt klar und deutlich etwaige Mängel und enthält Empfehlungen zur Behebung solcher Mängel.

Abschnitt 3. Anforderungen an die fachliche Qualifikation und die persönliche Zuverlässigkeit

Art. 273 [Anforderungen an die fachliche Qualifikation und die persönliche Zuverlässigkeit] 1. Versicherungs- und Rückversicherungsunternehmen sorgen für die Schaffung, Umsetzung und dauerhafte Gewährleistung dokumentierter Leitlinien und angemessener Verfahren, um zu gewährleisten, dass alle Personen, die das Unternehmen tatsächlich leiten oder andere Schlüsselfunktionen innehaben, jederzeit die hierzu notwendige fachliche Qualifikation und persönliche Zuverlässigkeit im Sinne von Artikel 42 der Richtlinie 2009/138/EG besitzen.

2. Die Beurteilung, ob eine Person fachlich qualifiziert ist, umfasst eine Bewertung ihrer beruflichen und formalen Qualifikationen, Kenntnisse und einschlägigen Erfahrung im Versicherungssektor, anderen Finanzsektoren oder anderen Unternehmen, wobei die der betreffenden Person jeweils übertragenen Aufgaben und, soweit relevant, die Qualifikationen der Person auf den Gebieten Versicherung, Finanzen, Rechnungslegung, Versicherungsmathematik und Management zu berücksichtigen sind.

3. Bei der Beurteilung, ob Mitglieder des Verwaltungs-, Management- oder Aufsichtsorgans fachlich qualifiziert sind, werden die den einzelnen Mitgliedern jeweils übertragenen Aufgaben berücksichtigt, um eine angemessene Vielfalt der Qualifikationen, Kenntnisse und einschlägigen Erfahrung zu gewährleisten und sicherzustellen, dass das Unternehmen professionell geführt und überwacht wird.

4. Die Beurteilung, ob eine Person zuverlässig ist, umfasst eine Bewertung ihrer Redlichkeit sowie der Solidität ihrer finanziellen Verhältnisse auf der Grundlage von Nachweisen, die ihren Charakter, ihr persönliches Verhalten und ihr Geschäftsgebaren betreffen, einschließlich etwaiger strafrechtlicher, finanzieller und aufsichtlicher Aspekte, die für die Zwecke der Bewertung relevant sind.

Abschnitt 4. Outsourcing

Art. 274 [Outsourcing] 1. [1] Ein Versicherungs- oder Rückversicherungsunternehmen, das Funktionen oder Versicherungs- oder Rückversicherungstätigkeiten an einen Dienstleister auslagert oder auszulagern beabsichtigt, legt eine schriftlich fixierte Outsourcing-Politik, die den Auswirkungen des Outsourcing auf seine Geschäftstätigkeit Rechnung trägt, sowie die im Falle eines

Outsourcings einzuführenden Berichts- und Überwachungsmechanismen fest. [2]Das Unternehmen gewährleistet, dass die Bedingungen der Outsourcing-Vereinbarung mit den in Artikel 49 der Richtlinie 2009/138/EG vorgesehenen Verpflichtungen in Einklang stehen.

2. Gehören das Versicherungs- oder Rückversicherungsunternehmen und der Dienstleister derselben Gruppe an, trägt das Unternehmen, wenn es kritische oder wichtige operative Funktionen oder Tätigkeiten auslagert, dem Umfang Rechnung, in dem das Unternehmen den Dienstleister kontrolliert oder die Möglichkeit hat, Einfluss auf dessen Handeln zu nehmen.

3. Bei der Auswahl des in Absatz 1 genannten Dienstleisters, dem kritische oder wichtige operative Funktionen oder Tätigkeiten übertragen werden sollen, stellt das Verwaltungs-, Management- oder Aufsichtsorgan sicher,

(a) dass eine genaue Prüfung vorgenommen wird, um zu gewährleisten, dass der in Betracht gezogene Dienstleister über die Fähigkeiten, Kapazitäten und gegebenenfalls gesetzlich geforderten Genehmigungen verfügt, um die ihm zu übertragenden Funktionen oder Tätigkeiten unter Berücksichtigung der Ziele und des Bedarfs des Unternehmens in zufriedenstellender Weise auszuüben;

(b) dass der Dienstleister alles unternimmt, um sicherzustellen, dass die Befriedigung des Bedarfs des auslagernden Unternehmens nicht durch explizite oder potenzielle Interessenkonflikte gefährdet wird;

(c) dass zwischen dem Versicherungs- oder Rückversicherungsunternehmen und dem Dienstleister eine schriftliche Vereinbarung geschlossen wird, in der die jeweiligen Rechte und Pflichten des Unternehmens und des Dienstleisters klar festgelegt sind;

(d) dass die allgemeinen Bedingungen der Outsourcing-Vereinbarung dem Verwaltungs-, Management- oder Aufsichtsorgan klar dargelegt und von ihm gebilligt werden;

(e) dass infolge des Outsourcings keine gesetzlichen Vorschriften, insbesondere keine Datenschutzvorschriften, verletzt werden;

(f) dass der Dienstleister hinsichtlich Sicherheit und Vertraulichkeit der das Versicherungs- oder Rückversicherungsunternehmen oder seine Versicherten oder Anspruchsberechtigten betreffenden Informationen denselben Vorschriften unterliegt wie das Versicherungs- oder Rückversicherungsunternehmen selbst.

4. In der zwischen dem Versicherungs- oder Rückversicherungsunternehmen und dem Dienstleister gemäß Absatz 3 Buchstabe c zu schließenden schriftlichen Vereinbarung wird insbesondere alles Folgende klar festgelegt:

(a) die Pflichten und Zuständigkeiten beider beteiligter Parteien;

(b) die Verpflichtung des Dienstleisters, alle geltenden Rechts- und Verwaltungsvorschriften und Leitlinien sowie die vom Versicherungs- oder Rückversicherungsunternehmen festgelegten Strategien einzuhalten und in Bezug auf die ausgelagerte Funktion oder Tätigkeit mit der für das Unternehmen zuständigen Aufsichtsbehörde zusammenzuarbeiten;

(c) die Verpflichtung des Dienstleisters, jede Entwicklung offenzulegen, die seine Fähigkeit, die ausgelagerten Funktionen und Tätigkeiten effektiv und unter Einhaltung der geltenden Rechts- und Verwaltungsvorschriften auszuführen, wesentlich beeinträchtigen könnte;

(d) die bei Beendigung des Vertrags durch den Dienstleister geltende Kündigungsfrist, die lang genug sein muss, um es dem Versicherungs- oder Rückversicherungsunternehmen zu ermöglichen, eine alternative Lösung zu finden;

(e) dass das Versicherungs- oder Rückversicherungsunternehmen die Outsourcing-Vereinbarung erforderlichenfalls beenden kann, ohne dass dies zu Lasten der Kontinuität und Qualität der Dienstleistungen für die Versicherungsnehmer geht;

(f) dass sich das Versicherungs- oder Rückversicherungsunternehmen das Recht vorbehält, über die ausgelagerten Funktionen und Tätigkeiten und deren Ausübung durch den Dienstleister unterrichtet zu werden, sowie das Recht, an den Dienstleister allgemeine Leitlinien und Einzelanweisungen zu den bei der Ausübung der ausgelagerten Funktionen und Tätigkeiten zu berücksichtigenden Aspekten zu richten;

(g) die Verpflichtung des Dienstleisters, alle vertraulichen Informationen zu schützen, die das Versicherungs- oder Rückversicherungsunternehmen und seine Versicherungsnehmer, Anspruchsberechtigten, Mitarbeiter, Vertragspartner sowie alle sonstigen Personen betreffen;

(h) dass das Versicherungs- oder Rückversicherungsunternehmen, sein externer Abschlussprüfer und die Aufsichtsbehörde effektiven Zugang zu allen Informationen über die ausgelagerten Funktionen und Tätigkeiten haben und dass unter anderem Vor-Ort-Kontrollen in den Geschäftsräumen des Dienstleisters vorgenommen werden können;

(i) dass, soweit angemessen und für Aufsichtszwecke erforderlich, die Aufsichtsbehörde direkt Fragen an den Dienstleister richten kann, die von diesem zu beantworten sind;

(j) dass das Versicherungs- oder Rückversicherungsunternehmen Informationen über die ausgelagerten Tätigkeiten erhalten und Weisungen betreffend die ausgelagerten Tätigkeiten und Funktionen erteilen kann;

(k) gegebenenfalls die Bedingungen, unter denen der Dienstleister die ausgelagerten Funktionen und Tätigkeiten seinerseits auslagern kann;

(l) dass die Pflichten und Zuständigkeiten des Dienstleisters, die sich aus der mit dem Versicherungs- oder Rückversicherungsunternehmen geschlossenen Vereinbarung ergeben, von einer Weiterauslagerung gemäß Buchstabe k unberührt bleiben.

5. Ein Versicherung- oder Rückversicherungsunternehmen, das kritische oder wichtige operative Funktionen oder Tätigkeiten auslagert, erfüllt alle folgenden Anforderungen:

(a) Es stellt sicher, dass relevante Elemente des Risikomanagementsystems und des internen Kontrollsystems des Dienstleisters angemessen sind, um die Einhaltung von Artikel 49 Absatz 2 Buchstaben a und b der Richtlinie 2009/138/EG zu gewährleisten.

(b) Es trägt den ausgelagerten Tätigkeiten in seinem Risikomanagementsystem und seinem internen Kontrollsystem angemessen Rechnung, um die Einhaltung von Artikel 49 Absatz 2 Buchstaben a und b der Richtlinie 2009/138/EG zu gewährleisten.

(c) Es überprüft, dass der Dienstleister über die erforderlichen finanziellen Mittel verfügt, um die zusätzlichen Aufgaben auf angemessene und zuverlässige Weise zu erfüllen, und dass alle Mitarbeiter des Dienstleisters, die an der Ausübung der ausgelagerten Funktionen und Tätigkeiten mitwirken werden, ausreichend qualifiziert und zuverlässig sind.

(d) Es stellt sicher, dass der Dienstleister über angemessene Notfallpläne für den Umgang mit kritischen Situationen oder Unterbrechungen des Geschäftsbetriebs verfügt und, soweit erforderlich, in regelmäßigen Abständen Backup-Möglichkeiten – unter Berücksichtigung der ausgelagerten Funktionen und Tätigkeiten – testet.

Abschnitt 5. Vergütungsleitlinien

Art. 275 [Vergütungsleitlinien] 1. Bei der Festlegung und Anwendung der Vergütungsleitlinien gemäß Artikel 258 Absatz 1 Buchstabe l befolgen Versicherungs- und Rückversicherungsunternehmen alle folgenden Grundsätze:

(a) Die Vergütungsleitlinien und -praktiken werden im Einklang mit der Geschäfts- und Risikomanagementstrategie des Unternehmens, seinem Risikoprofil, seinen Zielen, seinen Risikomanagementpraktiken sowie den langfristigen Interessen und der langfristigen Leistung des Unternehmens als Ganzes geschaffen, umgesetzt und dauerhaft gewährleistet und sehen Maßnahmen zur Vermeidung von Interessenkonflikten vor.

(b) Die Vergütungsleitlinien fördern ein solides und wirksames Risikomanagement und ermutigen nicht zur Übernahme von Risiken, die die Risikotoleranzschwellen des Unternehmens übersteigen.

(c) Die Vergütungsleitlinien gelten für das Unternehmen als Ganzes und sehen spezifische Vereinbarungen vor, die den Aufgaben und der Leistung des Verwaltungs-, Management- oder Aufsichtsorgans, der Personen, die das Unternehmen tatsächlich leiten oder andere Schlüsselfunktionen innehaben, sowie anderer Mitarbeiterkategorien, deren Tätigkeiten das Risikoprofil des Unternehmens maßgeblich beeinflussen, Rechnung tragen.

(d) Das Verwaltungs-, Management- oder Aufsichtsorgan des Unternehmens, das die allgemeinen Grundsätze der Vergütungsleitlinien für diejenigen Mitarbeiterkategorien festlegt, deren Tätigkeiten das Risikoprofil des Unternehmens maßgeblich beeinflussen, ist für die Überwachung der Umsetzung der Vergütungsleitlinien verantwortlich.

(e) Es bedarf einer klaren, transparenten und wirksamen Governance in Bezug auf die Vergütung, einschließlich einer Überwachung der Vergütungsleitlinien.

(f) Soweit es aufgrund der Bedeutung des Versicherungs- oder Rückversicherungsunternehmens hinsichtlich Größe und interner Organisation angezeigt erscheint, wird ein unabhängiger Vergütungsausschuss eingesetzt, der dem Verwaltungs-, Management- oder Aufsichtsorgan regelmäßig Unterstützung bei der Überwachung der Vergütungsleitlinien und -praktiken sowie ihrer Umsetzung und Funktionsweise leistet.

(g) Die Vergütungsleitlinien werden allen Personalangehörigen des Unternehmens offengelegt.

2. Die spezifischen Vereinbarungen gemäß Absatz 1c Buchstabe c entsprechen folgenden Grundsätzen:

(a) Sehen Vergütungssysteme sowohl feste als auch variable Vergütungsbestandteile vor, müssen diese in einem ausgewogenen Verhältnis zueinander stehen, so dass der feste bzw. garantierte Bestandteil einen ausreichend hohen Anteil der Gesamtvergütung ausmacht und auf diese Weise vermieden wird, dass Mitarbeiter zu sehr auf die variablen Vergütungsbestandteile angewiesen sind, und es dem Unternehmen ermöglicht wird, eine völlig flexible Bonuspolitik anzuwenden, einschließlich der Möglichkeit, überhaupt keine variablen Vergütungsbestandteile zu zahlen.

(b) Ist eine variable Vergütung leistungsbezogen, so basiert der Gesamtbetrag der variablen Vergütung auf einer Kombination aus der Bewertung der Leistungen des Einzelnen sowie des betreffenden Geschäftsbereichs einerseits und dem Gesamtergebnis des Unternehmens oder der Gruppe, der das Unternehmen angehört, andererseits.

(c) Die Zahlung eines wesentlichen Teils des variablen Vergütungsbestandteils – unabhängig von der Form, in der dieser zu zahlen ist – muss eine flexible, aufgeschobene Komponente enthalten, die der Art und dem Zeithorizont der Geschäftstätigkeiten des Unternehmens Rechnung trägt; der Zeitaufschub muss mindestens drei Jahre betragen, und der Zeitraum muss ordnungsgemäß auf die Art des Geschäfts, die Risiken und die Tätigkeiten der betreffenden Mitarbeiter abgestimmt sein.

(d) Bei der Bewertung der Leistung des Einzelnen sind sowohl finanzielle als auch nichtfinanzielle Kriterien heranzuziehen.

(e) Bei der Messung der Leistung, die die Grundlage der variablen Vergütung bildet, ist – unter Berücksichtigung des Risikoprofils des Unternehmens und der Kapitalkosten – eine Abwärtskorrektur für Exponierungen gegenüber aktuellen und künftigen Risiken vorzusehen.

(f) Abfindungszahlungen müssen der während des gesamten Tätigkeitszeitraums erbrachten Leistung entsprechen und so ausgestaltet sein, dass Versagen nicht belohnt wird.

(g) Die den Vergütungsleitlinien unterliegenden Personen verpflichten sich, keine persönlichen Hedging-Strategien zu verfolgen und nicht auf vergütungs- und haftungsbezogene Versicherungen zurückzugreifen, die die in ihren Vergütungsregelungen verankerten Risikoanpassungseffekte unterlaufen würden.

(h) Der variable Teil der Vergütung der in den Funktionen gemäß den Artikeln 269 bis 272 tätigen Mitarbeiter ist unabhängig von der Leistung der ihrer Kontrolle unterstehenden operativen Einheiten und Bereiche.

3. Die Vergütungsleitlinien sind so ausgestaltet, dass der internen Organisation des Versicherungs- oder Rückversicherungsunternehmens sowie Art, Umfang und Komplexität der seinen Geschäftstätigkeiten inhärenten Risiken Rechnung getragen wird.

Kapitel X. Kapitalaufschläge

Abschnitt 1. Bedingungen für die Festsetzung eines Kapitalaufschlags

Art. 277 Bewertung einer erheblichen Abweichung in Bezug auf die Governance. Gelangt die Aufsichtsbehörde gemäß Artikel 37 Absatz 1 Buchstabe c der Richtlinie 2009/138/EG zu dem Schluss, dass das Governance-System eines Versicherungs- oder Rückversicherungsunternehmens erheblich von den in Titel I Kapitel IV Abschnitt 2 der Richtlinie festgelegten Standards abweicht, berücksichtigt sie alle relevanten Faktoren, einschließlich aller im Folgenden genannten:

(a) Auswirkungen der Abweichung von den in Titel I Kapitel IV Abschnitt 2 der Richtlinie 2009/138/EG festgelegten Governance-Standards auf das solide und umsichtige Management des Unternehmens und ob die Abweichung aus einer unzureichenden Umsetzung einer Anforderung an das Governance-System oder aus der Nichtumsetzung einer solchen Anforderung resultiert;

(b) Wahrscheinlichkeit und Schwere etwaiger negativer Auswirkungen für Versicherungsnehmer und Anspruchsberechtigte;

(c) die verschiedenen Möglichkeiten zur Organisation eines wirksamen Governance-Systems, das der Art, dem Umfang und der Komplexität der den Geschäftstätigkeiten des Unternehmens inhärenten Risiken angemessen ist;

(d) mögliche finanzielle Verluste, die dem Unternehmen infolge der Abweichung entstehen könnten;

(e) voraussichtliche Dauer der Abweichung.

Abschnitt 2. Methoden zur Berechnung von Kapitalaufschlägen

Art. 286 Berechnung von Kapitalaufschlägen bei Abweichungen von den Governance-Standards. Bei der Berechnung von Kapitalaufschlägen gemäß Artikel 37 Absatz 1 Buchstabe c der Richtlinie 2009/138/EG berücksichtigen die Aufsichtsbehörden alle relevanten Faktoren, einschließlich aller im Folgenden genannten:

(a) gegebenenfalls die in Artikel 277 genannten Faktoren;

(b) gegebenenfalls Kapitalaufschläge, die zuvor bei vergleichbaren Abweichungen anderer Versicherungs- oder Rückversicherungsunternehmen mit ähnlichen Risikoprofilen festgelegt wurden, sofern die Aufsichtsbehörden sicherstellen, dass im Einklang mit Artikel 37 Absatz 1 der Richtlinie 2009/138/EG die Gründe für ihre Entscheidung, einen Kapitalaufschlag festzusetzen, angegeben werden und dass dies in Einklang mit den Bestimmungen zur Wahrung des Berufsgeheimnisses gemäß Artikel 64 der Richtlinie geschieht.

Kapitel XII. Veröffentlichung

Abschnitt 1. Bericht über Solvabilität und Finanzlage: Aufbau und Inhalt

Art. 294 Governance-System. 1. Der Bericht über Solvabilität und Finanzlage enthält alle folgenden Informationen über das Governance-System des Versicherungs- oder Rückversicherungsunternehmens:

(a) Struktur des Verwaltungs-, Management- oder Aufsichtsorgans des Unternehmens mit einer Beschreibung seiner Hauptaufgaben und -zuständigkeiten, einer Kurzdarstellung der Abgrenzung der Zuständigkeiten innerhalb dieser Organe, insbesondere Angaben dazu, ob innerhalb der Organe einschlägige Ausschüsse bestehen, sowie einer Beschreibung der Hauptaufgaben und -zuständigkeiten der Schlüsselfunktionen;

(b) alle wesentlichen Änderungen des Governance-Systems im Berichtszeitraum;

(c) Angaben zu Vergütungsleitlinien und -praktiken in Bezug auf das Verwaltungs-, Management- oder Aufsichtsorgan und – soweit nicht anders angegeben – die Beschäftigten, einschließlich
   i) der Grundsätze der Vergütungsleitlinien mit einer Erläuterung der relativen Bedeutung fester und variabler Vergütungsbestandteile;
   ii) Informationen über individuelle und kollektive Erfolgskriterien, an die etwaige Ansprüche auf Aktienoptionen, Aktien und variable Vergütungsbestandteile geknüpft sind;
   iii) einer Beschreibung der Hauptcharakteristika von Zusatzrenten- oder Vorruhestandsregelungen für die Mitglieder des Verwaltungs-, Management- oder Aufsichtsorgans und anderer Inhaber von Schlüsselfunktionen;

(d) Informationen über wesentliche Transaktionen im Berichtszeitraum mit Anteilseignern, Personen, die maßgeblichen Einfluss auf das Unternehmen ausüben, und Mitgliedern des Verwaltungs-, Management- oder Aufsichtsorgans.

2. Der Bericht über Solvabilität und Finanzlage enthält alle folgenden Informationen über die Leitlinien des Versicherungs- oder Rückversicherungsunternehmens in Bezug auf fachliche Qualifikation und persönliche Zuverlässigkeit:

(a) eine Beschreibung der spezifischen Anforderungen des Unternehmens an Fähigkeiten, Kenntnisse und Fachkunde der Personen, die das Unternehmen tatsächlich leiten oder andere Schlüsselfunktionen innehaben;

(b) eine Beschreibung der Vorgehensweise des Unternehmens bei der Bewertung der fachlichen Qualifikation und persönlichen Zuverlässigkeit der Personen, die das Unternehmen tatsächlich leiten oder andere Schlüsselfunktionen innehaben.

3. Der Bericht über Solvabilität und Finanzlage enthält alle folgenden Informationen über das Risikomanagementsystem des Versicherungs- oder Rückversicherungsunternehmens:

(a) eine Beschreibung des Risikomanagementsystems, einschließlich Strategien, Prozessen und Berichtsverfahren, sowie der Art und Weise, wie das Unternehmen die Risiken, denen es ausgesetzt ist oder ausgesetzt sein könnte, kontinuierlich und effektiv auf Einzelebene und auf aggregierter Ebene ermittelt, misst, überwacht, managt und darüber Bericht erstattet;

(b) eine Beschreibung, wie das Risikomanagementsystem, einschließlich der Risikomanagementfunktion, umgesetzt und in Organisationsstruktur und Entscheidungsprozesse des Unternehmens integriert wird.

4. Der Bericht über Solvabilität und Finanzlage enthält alle folgenden Informationen über das Verfahren, das das Versicherungs- oder Rückversicherungsunternehmen eingeführt hat, um seiner Verpflichtung zur Vornahme einer unternehmenseigenen Risiko- und Solvabilitätsbeurteilung nachzukommen:

(a) eine Beschreibung des Verfahrens, das das Unternehmen durchführt, um seiner Verpflichtung nachzukommen, im Rahmen seines Risikomanagementsystems eine unternehmenseigene Risiko- und Solvabilitätsbeurteilung vorzunehmen, einschließlich Angaben dazu, wie die unternehmenseigene Risiko- und Solvabilitätsbeurteilung in Organisationsstruktur und Entscheidungsprozesse des Unternehmens integriert wird;

(b) eine Erklärung darüber, in welchen Intervallen die unternehmenseigene Risiko- und Solvabilitätsbeurteilung überprüft und vom Verwaltungs-, Management- oder Aufsichtsorgan gebilligt wird;

(c) eine Erklärung darüber, wie das Unternehmen vor dem Hintergrund seines Risikoprofils seinen eigenen Sovabilitätsbedarf bestimmt und wie sich die Interaktion zwischen seinem Kapitalmanagement und seinem Risikomanagementsystem gestaltet.

5. Der Bericht über Solvabilität und Finanzlage enthält alle folgenden Informationen über das interne Kontrollsystem des Versicherungs- oder Rückversicherungsunternehmens:

(a) eine Beschreibung des internen Kontrollsystems des Unternehmens;

(b) eine Beschreibung, wie die Compliance-Funktion umgesetzt wird.

6. Der Bericht über Solvabilität und Finanzlage enthält alle folgenden Informationen über die Funktion der internen Revision des Versicherungs- oder Rückversicherungsunternehmens:

(a) eine Beschreibung, wie die Funktion der internen Revision innerhalb des Unternehmens umgesetzt wird;

(b) eine Beschreibung, wie gewährleistet wird, dass die Funktion der internen Revision des Unternehmens ihre Objektivität und ihre Unabhängigkeit von den Tätigkeiten gewährleistet, deren Überprüfung ihr obliegt.

7. Der Bericht über Solvabilität und Finanzlage enthält eine Beschreibung, wie die versicherungsmathematische Funktion des Versicherungs- oder Rückversicherungsunternehmens umgesetzt wird.

8. Der Bericht über Solvabilität und Finanzlage enthält eine Darstellung der Outsourcing-Politik des Versicherungs- oder Rückversicherungsunternehmens, der Auslagerung kritischer bzw. wichtiger operativer Funktionen oder Tätigkeiten des Unternehmens sowie des Rechtsraums, in dem die Dienstleister, die die betreffenden Funktionen oder Tätigkeiten ausüben, ansässig sind.

9. Der Bericht über Solvabilität und Finanzlage enthält eine Bewertung der Angemessenheit des Governance-Systems des Versicherungs- oder Rückversicherungsunternehmens vor dem Hintergrund von Art, Umfang und Komplexität der seinen Geschäftstätigkeiten inhärenten Risiken.

10. Der Bericht über Solvabilität und Finanzlage enthält in einem separaten Abschnitt alle anderen wesentlichen Informationen über das Governance-System des Versicherungs- oder Rückversicherungsunternehmens.

Kapitel XIII. Regelmässige Aufsichtliche Berichterstattung

Abschnitt 1. Elemente und Inhalte

Art. 308 Governance-System. 1. Der regelmäßige aufsichtliche Bericht enthält folgende Informationen über das Governance-System des Versicherungs- oder Rückversicherungsunternehmens:

(a) Angaben, die den Aufsichtsbehörden ein gutes Verständnis des Governance-Systems im Unternehmen vermitteln und sie in die Lage versetzen, dessen Eignung für die Geschäftsstrategie und -tätigkeit des Unternehmens zu bewerten;

(b) Angaben zur Übertragung von Aufgaben, zu Berichtslinien und zur Zuweisung von Funktionen;

(c) Angaben zu Vergütungsansprüchen der Mitglieder der Verwaltungs-, Management- und Aufsichtsorgane im Berichtszeitraum, Vergleich mit den im vorangegangenen Berichtszeitraum gemeldeten Informationen und Gründe für etwaige wesentliche Veränderungen.

2. Der regelmäßige aufsichtliche Bericht enthält folgende Informationen über die Einhaltung der Anforderungen an die fachliche Qualifikation und persönliche Zuverlässigkeit im Versicherungs- oder Rückversicherungsunternehmen:

(a) im Einklang mit den Anforderungen von Artikel 42 der Richtlinie 2009/138/EG ein Verzeichnis der Personen mit Schlüsselfunktionen;

(b) Angaben zu den Strategien und Verfahren des Unternehmens zur Gewährleistung der fachlichen Qualifikation und persönlichen Zuverlässigkeit dieser Personen.

3. Der regelmäßige aufsichtliche Bericht enthält folgende Informationen über das Risikomanagementsystem des Versicherungs- oder Rückversicherungsunternehmens:

(a) Angaben zu den im Rahmen des Risikomanagements vorgesehenen Strategien, Zielen, Prozessen und Meldeverfahren für jede Risikokategorie;

(b) Angaben zu signifikanten Risiken, denen das Unternehmen während der Laufzeit seiner Versicherungs- und Rückversicherungsverpflichtungen ausgesetzt ist, und deren Berücksichtigung im Gesamtsolvabilitätsbedarf;

(c) Angaben zu wesentlichen vom Unternehmen festgestellten Risiken, die bei der Berechnung der Solvenzkapitalanforderung gemäß Artikel 101 Absatz 4 der Richtlinie 2009/138/EG nicht vollständig erfasst werden;

(d) Angaben zur Erfüllung der Verpflichtung, die gesamten Vermögenswerte im Einklang mit dem „Grundsatz der unternehmerischen Vorsicht" nach Artikel 132 der Richtlinie 2009/138/EG anzulegen;

(e) Angaben zur Prüfung der Eignung von Ratings externer Ratingagenturen einschließlich Angaben zu Art und Umfang des Rückgriffs auf Ratings externer Ratingagenturen;

(f) Angaben zu den Ergebnissen der Bewertungen in Bezug auf die Extrapolation des risikolosen Zinssatzes, der Matching-Anpassung und der Volatilitätsanpassung nach Artikel 44 Absatz 2 Buchstabe a der Richtlinie 2009/138/EG.

4. Der regelmäßige aufsichtliche Bericht umfasst folgende Informationen in Bezug auf die im Berichtszeitraum von den Versicherungs- oder Rückversicherungsunternehmen vorgenommenen unternehmenseigenen Risiko- und Solvabilitätsbeurteilungen:

(a) eine Beschreibung der Durchführung, internen Dokumentation und Überprüfung der unternehmenseigenen Risiko- und Solvabilitätsbeurteilung;

(b) eine Beschreibung der Art und Weise, wie die unternehmenseigene Risiko- und Solvabilitätsbeurteilung in Unternehmensführung und Entscheidungsprozesse einbezogen wird.

5. Der regelmäßige aufsichtliche Bericht enthält folgende Informationen über das interne Kontrollsystem des Versicherungs- oder Rückversicherungsunternehmens:

(a) Angaben zu den wichtigsten Verfahren des internen Kontrollsystems;

(b) Angaben zu den Tätigkeiten, die während des Berichtszeitraums im Einklang mit Artikel 46 Absatz 2 der Richtlinie 2009/138/EG durchgeführt wurden;

(c) Angaben zu den gemäß Artikel 270 entwickelten Compliance-Leitlinien, dem Verfahren zur Überprüfung dieser Leitlinien, der Häufigkeit der Überprüfung und allen etwaigen signifikanten Veränderungen dieser Leitlinien im Berichtszeitraum.

6. Der regelmäßige aufsichtliche Bericht enthält folgende Informationen über die Funktion der internen Revision des Versicherungs- oder Rückversicherungsunternehmens:

(a) Beschreibung der im Berichtszeitraum durchgeführten internen Revisionen mit einer Zusammenfassung der wesentlichen Ergebnisse und Empfehlungen an das Verwaltungs-, Management- oder Aufsichtsorgan des Unternehmens und Angabe der in Folge davon getroffenen Maßnahmen;

(b) Beschreibung der Politik des Unternehmens für die interne Revision, Verfahren zur Überarbeitung dieser Politik, Häufigkeit der Überprüfung und Angaben zu während des Berichtszeitraums eingetretenen signifikanten Veränderungen;

(c) Beschreibung des Audit-Plans des Unternehmens, einschließlich künftiger interner Revisionen und deren Begründung;

(d) im Falle, dass die für die Funktion der internen Revision zuständigen Personen weitere Schlüsselfunktionen gemäß Artikel 271 Absatz 2 wahrnehmen, eine qualitative und quantitative Bewertung der in Artikel 271 Absatz 2 Buchstaben a und b genannten Kriterien.

7. In Bezug auf die versicherungsmathematische Funktion enthält der regelmäßige aufsichtliche Bericht einen Überblick über die Maßnahmen, die diese im Berichtszeitraum in jedem ihrer Zuständigkeitsbereiche ergriffen hat, und eine Beschreibung des Beitrags der versicherungsmathematischen Funktion zur wirksamen Umsetzung des Risikomanagementsystems des Unternehmens.

8. Der regelmäßige aufsichtliche Bericht enthält folgende Informationen über Outsourcing:

(a) bei Outsourcing kritischer oder wichtiger operativer Funktionen oder Tätigkeiten Angabe der Gründe für das Outsourcing und Nachweis geeigneter Überwachungs- und Sicherheitsvorkehrungen;

(b) Angaben zu Dienstleistern, an die kritische oder wichtige operative Funktionen oder Tätigkeiten ausgelagert wurden, und Beschreibung der Mechanismen, anhand der das Unternehmen sicherstellt, dass die Dienstleister die Bestimmungen von Artikel 274 Absatz 3 Buchstabe a erfüllen;

(c) eine Liste der Personen, die beim Dienstleister für die ausgelagerten Schlüsselfunktionen zuständig sind.

9. Der regelmäßige aufsichtliche Bericht enthält zudem alle anderen wesentlichen Informationen über das Governance-System des Versicherungs- oder Rückversicherungsunternehmens.

Kapitel XV. Zweckgesellschaften

Abschnitt 3. Governance-System

Art. 322 Anforderungen an die fachliche Qualifikation und persönliche Zuverlässigkeit von Personen, die die Zweckgesellschaft tatsächlich leiten. 1. Personen, die eine Zweckgesellschaft tatsächlich leiten, müssen jederzeit die Anforderungen von Artikel 42 Absatz 1 der Richtlinie 2009/138/EG erfüllen.

2. Die Zweckgesellschaften teilen den Aufsichtsbehörden die Identität der Personen mit, die die Zweckgesellschaft tatsächlich leiten, und liefern den Aufsichtsbehörden den Nachweis, dass diese Personen die Anforderungen von Artikel 42 Absatz 1 der Richtlinie 2009/138/EG erfüllen.

3. Die Zweckgesellschaften melden den Aufsichtsbehörden jegliche Änderung bezüglich der Identität der Personen, die die Zweckgesellschaft tatsächlich leiten, und liefern den Aufsichtsbehörden alle Informationen, die diese benötigen, um feststellen zu können, ob zur Leitung der Zweckgesellschaft benannte neue Personen über die erforderliche fachliche Qualifikation und persönliche Zuverlässigkeit gemäß Artikel 42 Absatz 1 der Richtlinie 2009/138/EG verfügen.

4. Die Zweckgesellschaften teilen den Aufsichtsbehörden mit, ob Personen, die die Zweckgesellschaft tatsächlich leiten, ersetzt wurden, weil sie die Anforderungen von Artikel 42 Absatz 1 der Richtlinie 2009/138/EG nicht mehr erfüllen.

Art. 323 Anforderungen an die fachliche Qualifikation und persönliche Zuverlässigkeit von Aktionären oder Gesellschaftern mit qualifizierter Beteiligung. 1. Die Frage, ob Aktionäre oder Gesellschafter, die in einer Zweckgesellschaft eine qualifizierte Beteiligung im Sinne von Artikel 13 Absatz 21 der Richtlinie 2009/138/EG halten, über die erforderliche fachliche Qualifikation und persönliche Zuverlässigkeit verfügen, wird anhand folgender Kriterien beurteilt:

(a) Zuverlässigkeit und Integrität der Aktionäre oder Gesellschafter mit qualifizierter Beteiligung an der Zweckgesellschaft;

(b) finanzielle Solidität der Aktionäre oder Gesellschafter mit qualifizierter Beteiligung an der Zweckgesellschaft;

(c) Grad des Einflusses des Aktionärs oder Gesellschafters mit qualifizierter Beteiligung an der Zweckgesellschaft auf die Zweckgesellschaft;

(d) Vorliegen eines hinreichenden Verdachts, dass im Zusammenhang mit der qualifizierten Beteiligung des Aktionärs oder Gesellschafters mit qualifizierter Beteiligung an der Zweckgesellschaft Geldwäsche oder Terrorismusfinanzierung im Sinne von Artikel 1 der Richtlinie 2005/60/EG des Europäischen Parlaments und des Rates stattfinden, stattgefunden haben oder ob diese Straftaten versucht wurden bzw. ob die qualifizierte Beteiligung das Risiko eines solchen Verhaltens erhöhen könnte.[1)]

[1)] **Amtl. Anm.:** Richtlinie 2005/60/EG des Europäischen Parlaments und des Rates vom 26. Oktober 2005 zur Verhinderung der Nutzung des Finanzsystems zum Zwecke der Geldwäsche und der Terrorismusfinanzierung (ABl. L 309 vom 25.11.2005, S. 15).

2. Die Zweckgesellschaften teilen den Aufsichtsbehörden die Identität der Aktionäre oder Gesellschafter mit qualifizierter Beteiligung an der Zweckgesellschaft mit.

Art. 324 Zuverlässige Verwaltungs- und Rechnungslegungsverfahren, angemessene interne Kontrollmechanismen und Anforderungen an das Risikomanagement. 1. Zweckgesellschaften müssen über ein wirksames Governance-System verfügen, das eine solide und vorsichtige Führung der Zweckgesellschaft ermöglicht und Art, Umfang und Komplexität der übernommenen Risiken sowie den zugelassenen Verwendungszwecken der Gesellschaft angemessen ist.

2. Das Governance-System der Zweckgesellschaft umfasst folgende Elemente:

(a) schriftlich festgelegte Leitlinien, die zumindest das Risikomanagement, die interne Kontrolle, Verwaltungs- und Rechnungslegungsverfahren sowie gegebenenfalls das Outsourcing betreffen und Strategien für die in Artikel 44 Absatz 2 Buchstaben a bis f der Richtlinie 2009/138/EG beschriebenen Bereiche festlegen, soweit diese angesichts des Einsatzzwecks der Gesellschaft relevant sind;

(b) wirksame interne Kontrollen, die gewährleisten, dass die Pflichtklauseln gemäß Abschnitt 2 und die Anforderungen gemäß Abschnitt 5 kontinuierlich erfüllt sind;

(c) ein wirksames Risikomanagementsystem, das Prozesse und Meldeverfahren umfasst, die erforderlich sind, um potenzielle Risiken der Zweckgesellschaft kontinuierlich zu ermitteln, zu messen, zu überwachen, zu managen und zu melden.

3. Die Zweckgesellschaften tragen dafür Sorge, dass die in Absatz 2 Buchstabe a beschriebenen Maßnahmen effektiv umgesetzt werden.

5. Verordnung über die aufsichtsrechtlichen Anforderungen an Vergütungssysteme im Versicherungsbereich (Versicherungs-Vergütungsverordnung – VersVergV)

Vom 18. April 2016
(BGBl. I S. 763)

FNA 7631-11-4

zuletzt geänd. durch Art. 4 Gesetz v. 19.12.2018 (BGBl. I S. 2672)

Auf Grund des § 34 Absatz 2 Satz 1 in Verbindung mit Satz 6 des Versicherungsaufsichtsgesetzes[1] vom 1. April 2015 (BGBl. I S. 434) verordnet das Bundesministerium der Finanzen:

§ 1 Geltungsbereich. (1) Diese Verordnung gilt für die folgenden Unternehmen:

1. Erst- und Rückversicherungsunternehmen sowie Pensionsfonds mit Sitz im Inland,
2. Versicherungs-Holdinggesellschaften im Sinne des § 7 Nummer 31 sowie Unternehmen im Sinne des § 293 Absatz 4 des Versicherungsaufsichtsgesetzes mit Sitz im Inland,
3. Versicherungs-Zweckgesellschaften mit Sitz im Inland,
4. gemischte Finanzholding-Gesellschaften mit Sitz im Inland,
5. übergeordnete Unternehmen eines Finanzkonglomerats mit Sitz im Inland, es sei denn, es handelt sich um Institute im Sinne des § 1 Absatz 1b des Kreditwesengesetzes,
6. im Inland erlaubnispflichtige Erst- und Rückversicherungsunternehmen sowie Einrichtungen der betrieblichen Altersversorgung mit Sitz in einem Drittstaat und
7. im Inland erlaubnispflichtige Erstversicherungsunternehmen mit Sitz in einem anderen Mitgliedstaat der Europäischen Union oder einem anderen Vertragsstaat des Abkommens über den Europäischen Wirtschaftsraum, die nicht den Versicherungsrichtlinien unterfallen.

(2) [1]Die §§ 3, 4 und 6 sind nicht auf Unternehmen anzuwenden, für die Artikel 275 der Delegierten Verordnung (EU) 2015/35[2] der Kommission vom 10. Oktober 2014 zur Ergänzung der Richtlinie 2009/138/EG des Europäischen Parlaments und des Rates betreffend die Aufnahme und Ausübung der Versicherungs- und der Rückversicherungstätigkeit (Solvabilität II) (ABl. L 12 vom 17.1.2015, S. 1) gilt oder die freiwillig Artikel 275 der Delegierten Verordnung (EU) 2015/35[2] anwenden. [2]Im Übrigen ist § 4 nur anzuwenden, wenn das Unternehmen bedeutend im Sinne des Absatzes 3 ist.

(3) [1]Unternehmen mit einer Bilanzsumme von mindestens 45 Milliarden Euro und Unternehmen, die einer Versicherungsgruppe oder einem nach § 11 des Finanzkonglomerate-Aufsichtsgesetzes festgestellten Finanzkonglomerat

---

[1] Nr. **1**.
[2] Nr. **4**.

mit einer Bilanzsumme von mindestens 45 Milliarden Euro angehören, haben auf der Grundlage einer Risikoanalyse eigenverantwortlich festzustellen, ob sie bedeutend sind. [2] Bei der Risikoanalyse sind insbesondere die Größe und Vergütungsstruktur sowie Art, Umfang, Komplexität, Risikogehalt und Internationalität der Geschäftstätigkeit zu beachten. [3] Unternehmen, die einer Versicherungsgruppe oder einem nach § 11 des Finanzkonglomerate-Aufsichtsgesetzes festgestellten Finanzkonglomerat angehören, haben bei der Analyse auch die Größe sowie Art, Umfang, Komplexität, Risikogehalt und Internationalität der Geschäftstätigkeit der Gruppe oder des Konglomerats zu beachten. [4] Die Feststellung und die Analyse sind schriftlich zu dokumentieren. [5] Die Analyse muss plausibel, umfassend und für Dritte nachvollziehbar sein. [6] Unternehmen mit einer Bilanzsumme von mindestens 90 Milliarden Euro und Unternehmen, die einer Versicherungsgruppe oder einem nach § 11 des Finanzkonglomerate-Aufsichtsgesetzes festgestellten Finanzkonglomerat mit einer Bilanzsumme von mindestens 90 Milliarden Euro angehören, sind in der Regel als bedeutend anzusehen. [7] Unternehmen mit einer Bilanzsumme von weniger als 45 Milliarden Euro und Unternehmen, die einer Versicherungsgruppe oder einem nach § 11 des Finanzkonglomerate-Aufsichtsgesetzes festgestellten Finanzkonglomerat mit einer Bilanzsumme von weniger als 45 Milliarden Euro angehören, gelten als nicht bedeutend.

(4) Diese Verordnung ist auf Vergütungen, die durch Tarifvertrag oder in seinem Geltungsbereich durch Vereinbarung der Arbeitsvertragsparteien über die Anwendung der tarifvertraglichen Regelungen oder auf Grund eines Tarifvertrages in einer Betriebs- oder Dienstvereinbarung vereinbart sind, nicht anzuwenden.

§ 2 Begriffsbestimmungen. Im Sinne dieser Verordnung ist oder sind:

1. „Unternehmen“: alle in § 1 Absatz 1 genannten Unternehmen;
2. „Vergütung“: sämtliche finanziellen Leistungen und Sachbezüge, gleich welcher Art, sowie Leistungen von Dritten, die ein Geschäftsleiter oder eine Geschäftsleiterin oder ein Mitarbeiter oder eine Mitarbeiterin im Hinblick auf seine oder ihre berufliche Tätigkeit bei dem Unternehmen erhält; nicht als Vergütung gelten finanzielle Leistungen oder Sachbezüge, die von dem Unternehmen kraft einer allgemeinen, ermessensunabhängigen Regelung gewährt werden und keine Anreizwirkung zur Eingehung von Risiken entfalten, insbesondere Rabatte, betriebliche Versicherungs- und Sozialleistungen sowie bei Mitarbeitern und Mitarbeiterinnen die Beiträge zur gesetzlichen Rentenversicherung im Sinne des Sechsten Buches Sozialgesetzbuch und die Beiträge zur betrieblichen Altersversorgung im Sinne des Betriebsrentengesetzes;
3. „Vergütungssysteme“: alle unternehmensinternen Regelungen zur Vergütung sowie deren tatsächliche Umsetzung und Anwendung durch die Unternehmen;
4. „variable Vergütung“: der Teil der Vergütung, dessen Gewährung oder Höhe im Ermessen des Unternehmens steht oder vom Eintritt vereinbarter Bedingungen abhängt, und zwar einschließlich der ermessensabhängigen Leistungen zur Altersversorgung;
5. „ermessensabhängige Leistungen zur Altersversorgung“: der Teil der variablen Vergütung, der zum Zwecke der Altersversorgung im Hinblick auf

eine konkret bevorstehende Beendigung des Beschäftigungsverhältnisses beim Unternehmen vereinbart wird;

6. „fixe Vergütung“: der Teil der Vergütung, der nicht variabel ist;
7. „Mitarbeiter“ und „Mitarbeiterinnen“: alle natürlichen Personen, derer sich das Unternehmen beim Geschäftsbetrieb, insbesondere auf Grund eines Arbeits-, Geschäftsbesorgungs- oder Dienstverhältnisses bedient, und alle natürlichen Personen, die im Rahmen der Ausgliederung wichtiger Funktionen oder Versicherungstätigkeiten mit einer gruppenangehörigen Gesellschaft, für die die Institutsvergütungsverordnung nicht gilt, unmittelbar an Dienstleistungen für das Unternehmen beteiligt sind; dies gilt nicht im Fall der Ausgliederung wichtiger Funktionen oder Versicherungstätigkeiten von Pensionskassen oder Pensionsfonds, die über keine eigenen Mitarbeiter und Mitarbeiterinnen verfügen, für Trägerunternehmen oder für deren Spezialdienstleistungsunternehmen; Geschäftsleiter und Geschäftsleiterinnen und Handelsvertreter im Sinne des § 84 Absatz 1 des Handelsgesetzbuchs[1)] gelten nicht als Mitarbeiter und Mitarbeiterinnen;
8. „Vergütungsparameter“: die quantitativen und qualitativen Bestimmungsfaktoren, anhand derer die Leistung und der Erfolg eines Geschäftsleiters oder einer Geschäftsleiterin, eines Mitarbeiters oder einer Mitarbeiterin oder einer unternehmensinternen Organisationseinheit gemessen wird;
9. „Erfolgsbeiträge“: die auf der Grundlage von Vergütungsparametern ermittelten tatsächlichen Leistungen und Erfolge von Geschäftsleitern oder Geschäftsleiterinnen, Mitarbeitern oder Mitarbeiterinnen oder unternehmensinternen Organisationseinheiten, die in die Ermittlung der Höhe der variablen Vergütungsbestandteile einfließen; Erfolgsbeiträge können positiv oder negativ sein;
10. „Kontrolleinheiten“: die unternehmensinternen Organisationseinheiten, die die geschäftsinitiierenden Organisationseinheiten überwachen, einschließlich der internen Revision.

§ 3 Allgemeine Anforderungen. (1) [1]Die Unternehmen müssen Grundsätze zu den Vergütungssystemen für Geschäftsleiter und Geschäftsleiterinnen sowie für Mitarbeiter und Mitarbeiterinnen festlegen. [2]Die Vergütungssysteme sind zumindest einmal jährlich auf ihre Angemessenheit zu überprüfen und gegebenenfalls anzupassen. [3]Die Geschäftsleiter und Geschäftsleiterinnen sind für die angemessene Ausgestaltung der Vergütungssysteme der Mitarbeiter und Mitarbeiterinnen verantwortlich. [4]Für die angemessene Ausgestaltung der Vergütungssysteme der Geschäftsleiter und Geschäftsleiterinnen ist der Aufsichtsrat verantwortlich. [5]Ist für die angemessene Ausgestaltung der Vergütungssysteme der Geschäftsleiter und Geschäftsleiterinnen öffentlich-rechtlicher Pensionskassen, die der Landesaufsicht unterliegen, im Landesrecht eine verantwortliche Stelle festgelegt, tritt diese an die Stelle des Aufsichtsrats.

(1a) Versicherungsunternehmen, die keine Pensionskassen sind, müssen die Vergütungssysteme so ausgestalten, dass

1. sie auf die Erreichung der in den Strategien des Unternehmens niedergelegten Ziele ausgerichtet sind; im Fall von Strategieänderungen ist die Aus-

[1)] Nr. **16**.

gestaltung der Vergütungssysteme zu überprüfen und erforderlichenfalls anzupassen;
2. sie negative Anreize vermeiden, insbesondere Interessenkonflikte und das Eingehen unverhältnismäßig hoher Risiken, und sie nicht der Überwachungsfunktion der Kontrolleinheiten zuwiderlaufen;
3. bei Geschäftsleitern und Geschäftsleiterinnen der variable Teil eine Vergütung für den aus der Tätigkeit sich ergebenden nachhaltigen Erfolg des Unternehmens darstellt; die variable Vergütung darf insbesondere nicht maßgeblich von der Gesamtbeitragseinnahme, vom Neugeschäft oder von der Vermittlung einzelner Versicherungsverträge abhängig sein;
4. sie die wesentlichen Risiken und deren Zeithorizont angemessen berücksichtigen;
5. bezüglich einzelner Organisationseinheiten auch der gesamte Erfolg des Unternehmens angemessen berücksichtigt wird; dies schließt jedoch die Zahlung von Provisionen im Bereich des angestellten Außendienstes nicht aus, und
6. eine qualitativ und quantitativ angemessene Personalausstattung der Kontrolleinheiten ermöglicht wird.

(1b) [1] Pensionskassen und Pensionsfonds müssen für Personen, die das Unternehmen tatsächlich leiten oder für eine Schlüsselfunktion verantwortlich sind, und für andere Gruppen von Personen, deren Tätigkeiten das Risikoprofil des Unternehmens wesentlich beeinflussen, die Vergütungssysteme so ausgestalten, dass
1. sie im Einklang mit den Tätigkeiten, dem Risikoprofil, den Zielen und mit dem langfristigen Interesse, der finanziellen Stabilität und der Leistung der Pensionskasse oder des Pensionsfonds insgesamt entworfen, umgesetzt und fortgeführt werden;
2. sie zu einem soliden, vorsichtigen und effizienten Management beitragen;
3. sie mit den langfristigen Interessen der Versorgungsanwärter und Versorgungsempfänger der von ihnen betriebenen Altersversorgungssysteme im Einklang stehen;
4. sie Maßnahmen zur Vermeidung von Interessenkonflikten umfassen;
5. sie mit einem soliden und wirksamen Risikomanagement vereinbar sind und nicht zur Übernahme von Risiken, die unvereinbar sind mit dem Risikoprofil und Vorschriften der Pensionskasse oder des Pensionsfonds, ermutigen;
6. sie und ihre Überwachung klaren, transparenten und effizienten Regeln unterliegen.

[2] Die Vergütungssysteme gelten für die Pensionskassen und Pensionsfonds sowie für die Dienstleister und Subdienstleister im Sinne des § 32 des Versicherungsaufsichtsgesetzes[1)], die nicht in den Anwendungsbereich der folgenden Richtlinien fallen:
1. Richtlinie 2009/65/EG des Europäischen Parlaments und des Rates vom 13. Juli 2009 zur Koordinierung der Rechts- und Verwaltungsvorschriften betreffend bestimmte Organismen für gemeinsame Anlagen in Wertpapieren (OGAW) (Neufassung) (ABl. L 302 vom 17.11.2009, S. 32), die zuletzt

[1)] Nr. **1**.

durch die Verordnung (EU) 2017/2402 (ABl. L 347 vom 28.12.2017, S. 35) geändert worden ist;
2. Richtlinie 2009/138/EG des Europäischen Parlaments und des Rates vom 25. November 2009 betreffend die Aufnahme und Ausübung der Versicherungs- und der Rückversicherungstätigkeit (Solvabilität II) (ABl. L 335 vom 17.12.2009, S. 1), die zuletzt durch die Richtlinie (EU) 2018/843 (ABl. L 156 vom 19.6.2018, S. 43) geändert worden ist;
3. Richtlinie 2011/61/EU des Europäischen Parlaments und des Rates vom 8. Juni 2011 über die Verwalter alternativer Investmentfonds und zur Änderung der Richtlinien 2003/41/EG und 2009/65/EG und der Verordnungen (EG) Nr. 1060/2009 und (EU) Nr. 1095/2010 (ABl. L 174 vom 1.7.2011, S. 1), die zuletzt durch die Verordnung (EU) 2017/2402 (ABl. L 347 vom 28.12.2017, S. 35) geändert worden ist;
4. Richtlinie 2013/36/EU des Europäischen Parlaments und des Rates vom 26. Juni 2013 über den Zugang zur Tätigkeit von Kreditinstituten und die Beaufsichtigung von Kreditinstituten und Wertpapierfirmen, zur Änderung der Richtlinie 2002/87/EG und zur Aufhebung der Richtlinien 2006/48/EG und 2006/49/EG (ABl. L 176 vom 27.6.2013, S. 338), die zuletzt durch die Richtlinie (EU) 2018/843 (ABl. L 156 vom 19.6.2018, S. 43) geändert worden ist;
5. Richtlinie 2014/65/EU des Europäischen Parlaments und des Rates vom 15. Mai 2014 über Märkte für Finanzinstrumente sowie zur Änderung der Richtlinien 2002/92/EG und 2011/61/EU (ABl. L 173 vom 12.6.2014, S. 349), die zuletzt durch die Delegierte Verordnung (EU) 2017/1946 (ABl. L 276 vom 26.10.2017, S. 32) geändert worden ist.

[3] Sofern die Verordnung (EU) 2016/679 des Europäischen Parlaments und des Rates vom 27. April 2016 zum Schutz natürlicher Personen bei der Verarbeitung personenbezogener Daten, zum freien Datenverkehr und zur Aufhebung der Richtlinie 95/46/EG (Datenschutz-Grundverordnung) (ABl. L 119 vom 4.5.2016, S. 1) nicht etwas anderes vorsieht, veröffentlichen Pensionskassen und Pensionsfonds in regelmäßigen Abständen Informationen zu ihrer Vergütungspolitik.

(2) [1] Der Aufsichtsrat oder die verantwortliche Stelle nach Absatz 1 Satz 5 hat bei der Festsetzung der Vergütung des einzelnen Geschäftsleiters oder der einzelnen Geschäftsleiterin dafür zu sorgen, dass die Vergütung
1. in einem angemessenen Verhältnis zu den Aufgaben und Leistungen des Geschäftsleiters oder der Geschäftsleiterin steht,
2. in einem angemessenen Verhältnis zur Lage des Unternehmens steht und
3. die übliche Vergütung nicht ohne besondere Gründe übersteigt.

[2] Variable Vergütungen sollen daher eine mehrjährige Bemessungsgrundlage haben; für außerordentliche Entwicklungen soll der Aufsichtsrat eine Begrenzungsmöglichkeit vereinbaren. [3] Andere einschlägige bundes- oder landesgesetzliche Regelungen zur Vergütung von Geschäftsleitern und Geschäftsleiterinnen bleiben von den Sätzen 1 und 2 unberührt. [4] Satz 2 gilt nicht für kleinere Vereine im Sinne des § 210 des Versicherungsaufsichtsgesetzes.

(3) [1] Die Vergütung, die Geschäftsleiter und Geschäftsleiterinnen für ihre berufliche Tätigkeit bei dem Unternehmen erhalten, muss abschließend im Anstellungsvertrag festgelegt werden. [2] Der Anstellungsvertrag und Änderungen

des Anstellungsvertrags bedürfen der Schriftform. [3]Die Vergütung für die Tätigkeit als Aufsichtsratsmitglied muss abschließend durch Satzung oder durch Beschluss der Hauptversammlung oder der obersten Vertretung festgelegt sein.

(4) [1]Die Geschäftsleiter und Geschäftsleiterinnen sowie die Mitarbeiter und Mitarbeiterinnen müssen über die Ausgestaltung und Änderungen der für sie maßgeblichen Vergütungsparameter schriftlich informiert werden. [2]Die Schriftform ist auch bei einer elektronischen Übermittlung gewahrt.

(5) [1]Die Geschäftsleiter und Geschäftsleiterinnen haben den Aufsichtsrat mindestens einmal jährlich über die Ausgestaltung der Vergütungssysteme des Unternehmens zu informieren. [2]Die Unternehmen haben dem oder der Vorsitzenden des Aufsichtsrats ein entsprechendes Auskunftsrecht gegenüber den Geschäftsleitern und Geschäftsleiterinnen einzuräumen.

(6) [1]Die Unternehmen dürfen ihren Geschäftsleitern und Geschäftsleiterinnen sowie ihren Aufsichtsratsmitgliedern in der Regel keine Vergütung im Zusammenhang mit der Vermittlung von Versicherungsverträgen gewähren. [2]Entsprechendes gilt für die Vergütung der Aufsichtsratstätigkeit von Aufsichtsratsmitgliedern, die zugleich Geschäftsleiter oder Geschäftsleiterinnen oder Generalbevollmächtigte von Versicherungsvermittlungsunternehmen sind, die in erheblichem Umfang Versicherungsverträge für das Unternehmen vermitteln.

(7) Diese Verordnung steht der Vergütung der Aufsichtsratstätigkeit von angestellten Arbeitnehmervertretern und Arbeitnehmervertreterinnen, die Arbeitsentgelt erhalten, nicht entgegen.

§ 4 Besondere Anforderungen. (1) [1]Die besonderen Anforderungen gelten nur für Geschäftsleiter und Geschäftsleiterinnen bedeutender Unternehmen im Sinne des § 1 Absatz 3 sowie auf solche Mitarbeiter und Mitarbeiterinnen dieser Unternehmen, deren Tätigkeiten einen wesentlichen Einfluss auf das Gesamtrisikoprofil haben. [2]Das Unternehmen hat auf der Grundlage einer Risikoanalyse eigenverantwortlich festzustellen, ob es Mitarbeiter und Mitarbeiterinnen hat, deren Tätigkeiten einen wesentlichen Einfluss auf das Gesamtrisikoprofil haben, und diese Feststellung sowie die Analyse schriftlich zu dokumentieren. [3]Für die Risikoanalyse können unter anderem die Größe, die Art der Geschäftstätigkeit, das Geschäftsvolumen, die Höhe der Risiken und die Erträge einer Organisationseinheit als Kriterien herangezogen werden. [4]Auch die Tätigkeit, die Stellung, die Höhe der bisherigen Vergütung sowie eine ausgeprägte Wettbewerbssituation auf dem Arbeitsmarkt kommen als Kriterien in Frage. [5]Die Analyse muss plausibel, umfassend und für Dritte nachvollziehbar sein.

(2) [1]Die fixe und die variable Vergütung müssen in einem angemessenen Verhältnis zueinander stehen. [2]Das Verhältnis ist angemessen, wenn einerseits keine signifikante Abhängigkeit von der variablen Vergütung besteht, die variable Vergütung aber andererseits einen wirksamen Verhaltensanreiz setzen kann. [3]Eine garantierte variable Vergütung ist in der Regel nur im Rahmen der Aufnahme eines Dienst- oder Arbeitsverhältnisses und längstens für ein Jahr zulässig.

(3) Bei der variablen Vergütung

1. ist neben dem Gesamterfolg des Unternehmens oder der Gruppe und dem Erfolgsbeitrag der Organisationseinheit auch der individuelle Erfolgsbeitrag

zu berücksichtigen, soweit er mit vertretbarem Aufwand bestimmt werden kann; im Rahmen des individuellen Erfolgsbeitrags können auch nichtfinanzielle Parameter herangezogen werden wie zum Beispiel die Beachtung der unternehmensinternen Regelwerke und Strategien, die Kundenzufriedenheit und erlangte Qualifikationen;

2. sind für die Ermittlung des Gesamterfolgs des Unternehmens, des Erfolgsbeitrags der jeweiligen Organisationseinheit und des individuellen Erfolgsbeitrags insbesondere solche Vergütungsparameter zu verwenden, die dem Ziel eines nachhaltigen Erfolgs Rechnung tragen; dabei sind insbesondere eingegangene Risiken und Kapitalkosten zu berücksichtigen;
3. ist sicherzustellen, dass mindestens 40 Prozent der variablen Vergütung nicht vor dem Ablauf eines angemessenen Zurückbehaltungszeitraums unter Berücksichtigung des geschäftlichen Erfolgs ausbezahlt werden; in der Regel ist ein Zeitraum von drei Jahren angemessen; die Auszahlung von mindestens 50 Prozent der zurückbehaltenen Beträge der variablen Vergütung soll von einer nachhaltigen Wertentwicklung des Unternehmens abhängig sein;
4. muss sich die Höhe der variablen Vergütung einschließlich der zurückbehaltenen Beträge nach Nummer 3 verringern durch
   a) negative individuelle Erfolgsbeiträge des Geschäftsleiters oder der Geschäftsleiterin oder des Mitarbeiters oder der Mitarbeiterin,
   b) negative Erfolgsbeiträge der jeweiligen Organisationseinheit sowie
   c) einen negativen Gesamterfolg des Unternehmens oder der Gruppe.

(4) [1] Die Risikoorientierung der Vergütung darf nicht durch Absicherungs- oder sonstige Gegenmaßnahmen aufgehoben oder eingeschränkt werden. [2] Die Unternehmen haben angemessene Compliance-Strukturen zur Unterbindung solcher Maßnahmen zu implementieren. [3] Angemessene Compliance-Strukturen können insbesondere in einer vertraglichen Verpflichtung der Geschäftsleiter und Geschäftsleiterinnen sowie der Mitarbeiter und Mitarbeiterinnen bestehen, keine persönlichen Absicherungs- oder sonstigen Gegenmaßnahmen zu treffen, um die Risikoorientierung ihrer Vergütung einzuschränken oder aufzuheben.

(5) Ermessensabhängige Leistungen zur Altersversorgung, die anlässlich einer nicht ruhestandsbedingten Beendigung des Arbeits-, Geschäftsbesorgungs- oder Dienstverhältnisses von Geschäftsleitern und Geschäftsleiterinnen sowie von Mitarbeitern und Mitarbeiterinnen geleistet werden, müssen

1. von einer nachhaltigen Wertentwicklung des Unternehmens abhängen,
2. über einen Zurückbehaltungszeitraum von mindestens fünf Jahren gestreckt werden, wobei während des Zurückbehaltungszeitraums lediglich ein Anspruch auf fehlerfreie Ermittlung dieser ermessensabhängigen Leistungen zur Altersversorgung besteht, nicht aber auf die ermessensabhängigen Leistungen zur Altersversorgung selbst, und
3. für den Fall verringert werden, dass sich die für die ermessensabhängigen Leistungen zur Altersversorgung maßgeblichen Erfolgsbeiträge des Geschäftsleiters oder der Geschäftsleiterin, des Mitarbeiters oder der Mitarbeiterin, seiner oder ihrer Organisationseinheit oder der Gesamterfolg des Unternehmens oder der Gruppe nicht als nachhaltig erweisen.

(6) Ermessensabhängige Leistungen zur Altersversorgung, die anlässlich einer ruhestandsbedingten Beendigung des Arbeits-, Geschäftsbesorgungs- oder

Dienstverhältnisses von Geschäftsleitern und Geschäftsleiterinnen sowie von Mitarbeitern und Mitarbeiterinnen geleistet werden, müssen

1. von einer nachhaltigen Wertentwicklung des Unternehmens abhängen und
2. mit einer Frist von mindestens fünf Jahren versehen werden, nach deren Verstreichen frühestens über die ermessensabhängigen Leistungen zur Altersversorgung verfügt werden darf.

(7) [1] Für die Ausgestaltung, Überprüfung und Weiterentwicklung der Vergütungssysteme soll ein Ausschuss eingerichtet werden (Vergütungsausschuss). [2] Der Vergütungsausschuss hat mindestens einmal jährlich einen Bericht mit den Ergebnissen seiner Überprüfung und mit Vorschlägen zur Weiterentwicklung der Vergütungssysteme vorzulegen. [3] Das Unternehmen hat dem oder der Vorsitzenden des Aufsichtsrats ein direktes Auskunftsrecht gegenüber dem Vergütungsausschuss einzuräumen.

(8) Die Unternehmen haben in geeigneter Form einen jährlichen Vergütungsbericht zu veröffentlichen, der insbesondere Angaben zur Vergütungspolitik und zu den Vergütungsstrukturen einschließlich des Anteils der variablen Vergütung enthält.

§ 5 Anforderungen auf Versicherungsgruppen- und Finanzkonglomeratsebene. (1) Übergeordnete Unternehmen einer Versicherungsgruppe im Sinne des § 25 Absatz 3 des Versicherungsaufsichtsgesetzes[1)] und übergeordnete Unternehmen eines Finanzkonglomerats haben sicherzustellen, dass die Vergütungssysteme für Geschäftsleiter und Geschäftsleiterinnen, für Mitarbeiter und Mitarbeiterinnen sowie für Aufsichtsratsmitglieder innerhalb der gesamten Gruppe oder des gesamten Konglomerats angemessen, transparent und auf eine nachhaltige Entwicklung ausgerichtet sind.

(2) Die in Absatz 1 genannten Unternehmen haben auf der Grundlage einer Risikoanalyse eigenverantwortlich festzustellen, auf welche Unternehmen der Gruppe oder des Konglomerats, für die weder § 25a des Kreditwesengesetzes in Verbindung mit der Institutsvergütungsverordnung noch § 25 des Versicherungsaufsichtsgesetzes in Verbindung mit dieser Verordnung, noch Artikel 275 der Delegierten Verordnung (EU) 2015/35[2)] gelten, die Anforderungen der §§ 3 und 4 oder des Artikels 275 der Delegierten Verordnung (EU) 2015/35[2)] anzuwenden sind.

(3) [1] Bei der Risikoanalyse sind insbesondere die Bedeutung der betreffenden Unternehmen für die Risikosituation der Gruppe oder des Konglomerats, die Höhe der Beitragseinnahmen, das Kapitalanlagevolumen, die Bilanzsumme und die Marktstellung des Unternehmens zu beachten. [2] Die Feststellung und die Risikoanalyse sind schriftlich zu dokumentieren. [3] Die Risikoanalyse muss plausibel, umfassend und für Dritte nachvollziehbar sein.

(4) [1] Sofern es unter Berücksichtigung der Größe und Komplexität der Geschäftstätigkeit der Versicherungsgruppe oder des Finanzkonglomerats risikoadäquat erscheint, können einzelne Anforderungen dieser Verordnung zentral innerhalb der Gruppe oder des Konglomerats erfüllt werden. [2] Das übergeordnete Unternehmen hat die Einschätzung hierüber schriftlich zu dokumentieren.

---

1) Nr. **1**.
2) Nr. **4**.

§ 6 Anpassung bestehender Vereinbarungen. (1) Die Unternehmen haben darauf hinzuwirken, dass, soweit rechtlich zulässig, folgende Vereinbarungen angepasst werden:

1. die mit Geschäftsleitern und Geschäftsleiterinnen, mit Mitarbeitern und Mitarbeiterinnen sowie mit Aufsichtsratsmitgliedern bestehenden Verträge, die mit dieser Verordnung nicht vereinbar sind, und
2. betriebliche Übungen sowie bestehende Satzungen und Beschlüsse, die mit dieser Verordnung nicht vereinbar sind.

(2) Bei der Anpassung ist eine für Dritte nachvollziehbare fundierte juristische Begutachtung der Rechtslage zugrunde zu legen, wobei die konkreten Erfolgsaussichten zu berücksichtigen sind.

§ 7 Inkrafttreten. Diese Verordnung tritt am Tag nach der Verkündung[1] in Kraft.

---

[1] Verkündet am 21.4.2016.

6. Gesetz über den Versicherungsvertrag (Versicherungsvertragsgesetz – VVG)[1]

Vom 23. November 2007
(BGBl. I S. 2631)

FNA 7632-6

zuletzt geänd. durch Art. 2 Gesetz v. 10.7.2020 (BGBl. I S. 1653)

Inhaltsübersicht

---

[1] Verkündet als Art. 1 G zur Reform des Versicherungsvertragsrechts v. 23.11.2007 (BGBl. I S. 2631); Inkrafttreten gem. Art. 12 dieses G am 1.1.2008, mit Ausnahme des § 7 Abs. 2 und 3, der bereits am 30.11.2007 in Kraft getreten ist.

Teil 1. Allgemeiner Teil

Kapitel 1. Vorschriften für alle Versicherungszweige

Abschnitt 1. Allgemeine Vorschriften

§ 1 Vertragstypische Pflichten. [1] Der Versicherer verpflichtet sich mit dem Versicherungsvertrag, ein bestimmtes Risiko des Versicherungsnehmers oder eines Dritten durch eine Leistung abzusichern, die er bei Eintritt des vereinbarten Versicherungsfalles zu erbringen hat. [2] Der Versicherungsnehmer ist verpflichtet, an den Versicherer die vereinbarte Zahlung (Prämie) zu leisten.

§ 1a Vertriebstätigkeit des Versicherers. (1) [1] Der Versicherer muss bei seiner Vertriebstätigkeit gegenüber Versicherungsnehmern stets ehrlich, redlich und professionell in deren bestmöglichem Interesse handeln. [2] Zur Vertriebstätigkeit gehören

1. Beratung,
2. Vorbereitung von Versicherungsverträgen einschließlich Vertragsvorschlägen,
3. Abschluss von Versicherungsverträgen,
4. Mitwirken bei Verwaltung und Erfüllung von Versicherungsverträgen, insbesondere im Schadensfall.

(2) Absatz 1 gilt auch für die Bereitstellung von Informationen über einen oder mehrere Versicherungsverträge auf Grund von Kriterien, die ein Ver-

sicherungsnehmer über eine Website oder andere Medien wählt, ferner für die Erstellung einer Rangliste von Versicherungsprodukten, einschließlich eines Preis- und Produktvergleichs oder eines Rabatts auf den Preis eines Versicherungsvertrags, wenn der Versicherungsnehmer einen Versicherungsvertrag direkt oder indirekt über eine Website oder ein anderes Medium abschließen kann.

(3) [1] Alle Informationen im Zusammenhang mit der Vertriebstätigkeit einschließlich Werbemitteilungen, die der Versicherer an Versicherungsnehmer oder potenzielle Versicherungsnehmer richtet, müssen redlich und eindeutig sein und dürfen nicht irreführend sein. [2] Werbemitteilungen müssen stets eindeutig als solche erkennbar sein.

§ 2 Rückwärtsversicherung. (1) Der Versicherungsvertrag kann vorsehen, dass der Versicherungsschutz vor dem Zeitpunkt des Vertragsschlusses beginnt (Rückwärtsversicherung).

(2) [1] Hat der Versicherer bei Abgabe seiner Vertragserklärung davon Kenntnis, dass der Eintritt eines Versicherungsfalles ausgeschlossen ist, steht ihm ein Anspruch auf die Prämie nicht zu. [2] Hat der Versicherungsnehmer bei Abgabe seiner Vertragserklärung davon Kenntnis, dass ein Versicherungsfall schon eingetreten ist, ist der Versicherer nicht zur Leistung verpflichtet.

(3) Wird der Vertrag von einem Vertreter geschlossen, ist in den Fällen des Absatzes 2 sowohl die Kenntnis des Vertreters als auch die Kenntnis des Vertretenen zu berücksichtigen.

(4) § 37 Abs. 2 ist auf die Rückwärtsversicherung nicht anzuwenden.

§ 3 Versicherungsschein. (1) Der Versicherer hat dem Versicherungsnehmer einen Versicherungsschein in Textform, auf dessen Verlangen als Urkunde, zu übermitteln.

(2) Wird der Vertrag nicht durch eine Niederlassung des Versicherers im Inland geschlossen, ist im Versicherungsschein die Anschrift des Versicherers und der Niederlassung, über die der Vertrag geschlossen worden ist, anzugeben.

(3) [1] Ist ein Versicherungsschein abhandengekommen oder vernichtet, kann der Versicherungsnehmer vom Versicherer die Ausstellung eines neuen Versicherungsscheins verlangen. [2] Unterliegt der Versicherungsschein der Kraftloserklärung, ist der Versicherer erst nach der Kraftloserklärung zur Ausstellung verpflichtet.

(4) [1] Der Versicherungsnehmer kann jederzeit vom Versicherer Abschriften der Erklärungen verlangen, die er mit Bezug auf den Vertrag abgegeben hat. [2] Benötigt der Versicherungsnehmer die Abschriften für die Vornahme von Handlungen gegenüber dem Versicherer, die an eine bestimmte Frist gebunden sind, und sind sie ihm nicht schon früher vom Versicherer übermittelt worden, ist der Lauf der Frist vom Zugang des Verlangens beim Versicherer bis zum Eingang der Abschriften beim Versicherungsnehmer gehemmt.

(5) Die Kosten für die Erteilung eines neuen Versicherungsscheins nach Absatz 3 und der Abschriften nach Absatz 4 hat der Versicherungsnehmer zu tragen und auf Verlangen vorzuschießen.

§ 4 Versicherungsschein auf den Inhaber. (1) Auf einen als Urkunde auf den Inhaber ausgestellten Versicherungsschein ist § 808 des Bürgerlichen Gesetzbuchs anzuwenden.

(2) [1] Ist im Vertrag bestimmt, dass der Versicherer nur gegen Rückgabe eines als Urkunde ausgestellten Versicherungsscheins zu leisten hat, genügt, wenn der Versicherungsnehmer erklärt, zur Rückgabe außerstande zu sein, das öffentlich beglaubigte Anerkenntnis, dass die Schuld erloschen sei. [2] Satz 1 ist nicht anzuwenden, wenn der Versicherungsschein der Kraftloserklärung unterliegt.

§ 5 Abweichender Versicherungsschein. (1) Weicht der Inhalt des Versicherungsscheins von dem Antrag des Versicherungsnehmers oder den getroffenen Vereinbarungen ab, gilt die Abweichung als genehmigt, wenn die Voraussetzungen des Absatzes 2 erfüllt sind und der Versicherungsnehmer nicht innerhalb eines Monats nach Zugang des Versicherungsscheins in Textform widerspricht.

(2) [1] Der Versicherer hat den Versicherungsnehmer bei Übermittlung des Versicherungsscheins darauf hinzuweisen, dass Abweichungen als genehmigt gelten, wenn der Versicherungsnehmer nicht innerhalb eines Monats nach Zugang des Versicherungsscheins in Textform widerspricht. [2] Auf jede Abweichung und die hiermit verbundenen Rechtsfolgen ist der Versicherungsnehmer durch einen auffälligen Hinweis im Versicherungsschein aufmerksam zu machen.

(3) Hat der Versicherer die Verpflichtungen nach Absatz 2 nicht erfüllt, gilt der Vertrag als mit dem Inhalt des Antrags des Versicherungsnehmers geschlossen.

(4) Eine Vereinbarung, durch die der Versicherungsnehmer darauf verzichtet, den Vertrag wegen Irrtums anzufechten, ist unwirksam.

§ 6 Beratung des Versicherungsnehmers. (1) [1] Der Versicherer hat den Versicherungsnehmer, soweit nach der Schwierigkeit, die angebotene Versicherung zu beurteilen, oder der Person des Versicherungsnehmers und dessen Situation hierfür Anlass besteht, nach seinen Wünschen und Bedürfnissen zu befragen und, auch unter Berücksichtigung eines angemessenen Verhältnisses zwischen Beratungsaufwand und der vom Versicherungsnehmer zu zahlenden Prämien, zu beraten sowie die Gründe für jeden zu einer bestimmten Versicherung erteilten Rat anzugeben. [2] Er hat dies unter Berücksichtigung der Komplexität des angebotenen Versicherungsvertrags zu dokumentieren.

(2) Für die Übermittlung des erteilten Rats und der Gründe hierfür gilt § 6a.

(3) [1] Der Versicherungsnehmer kann auf die Beratung und Dokumentation nach den Absätzen 1 und 2 durch eine gesonderte schriftliche Erklärung verzichten, in der er vom Versicherer ausdrücklich darauf hingewiesen wird, dass sich ein Verzicht nachteilig auf seine Möglichkeit auswirken kann, gegen den Versicherer einen Schadensersatzanspruch nach Absatz 5 geltend zu machen. [2] Handelt es sich um einen Vertrag im Fernabsatz im Sinn des § 312c des Bürgerlichen Gesetzbuchs[1)], kann der Versicherungsnehmer in Textform verzichten.

(4) [1] Die Verpflichtung nach Absatz 1 Satz 1 besteht auch nach Vertragsschluss während der Dauer des Versicherungsverhältnisses, soweit für den Versicherer ein Anlass für eine Nachfrage und Beratung des Versicherungsnehmers erkennbar ist; Absatz 3 Satz 2 gilt entsprechend. [2] Der Versicherungsnehmer kann im Einzelfall auf eine Beratung durch schriftliche Erklärung verzichten.

[1)] Nr. **13**.

(5) [1] Verletzt der Versicherer eine Verpflichtung nach Absatz 1, 2 oder 4, ist er dem Versicherungsnehmer zum Ersatz des hierdurch entstehenden Schadens verpflichtet. [2] Dies gilt nicht, wenn der Versicherer die Pflichtverletzung nicht zu vertreten hat.

(6) Die Absätze 1 bis 5 sind auf Versicherungsverträge über ein Großrisiko im Sinn des § 210 Absatz 2 nicht anzuwenden, ferner dann nicht, wenn der Vertrag mit dem Versicherungsnehmer von einem Versicherungsmakler vermittelt wird.

§ 6a Einzelheiten der Auskunftserteilung. (1) Der nach § 6 zu erteilende Rat und die Gründe hierfür sind dem Versicherungsnehmer wie folgt zu übermitteln:

1. auf Papier;
2. in klarer, genauer und für den Versicherungsnehmer verständlicher Weise;
3. in einer Amtssprache des Mitgliedstaats, in dem das Risiko belegen ist oder in dem die Verpflichtung eingegangen wird, oder in jeder anderen von den Parteien vereinbarten Sprache und
4. unentgeltlich.

(2) Abweichend von Absatz 1 Nummer 1 dürfen die Auskünfte dem Versicherungsnehmer auch über eines der folgenden Medien erteilt werden:

1. über einen anderen dauerhaften Datenträger als Papier, wenn die Nutzung des dauerhaften Datenträgers im Rahmen des getätigten Geschäfts angemessen ist und der Versicherungsnehmer die Wahl zwischen einer Auskunftserteilung auf Papier oder auf einem dauerhaften Datenträger hatte und sich für diesen Datenträger entschieden hat oder
2. über eine Website, wenn der Zugang für den Versicherungsnehmer personalisiert wird oder wenn folgende Voraussetzungen erfüllt sind:
   a) die Erteilung dieser Auskünfte über eine Website ist im Rahmen des getätigten Geschäfts angemessen;
   b) der Versicherungsnehmer hat der Auskunftserteilung über eine Website zugestimmt;
   c) dem Versicherungsnehmer wurden die Adresse der Website und die dortige Fundstelle der Auskünfte elektronisch mitgeteilt;
   d) es ist gewährleistet, dass diese Auskünfte auf der Website so lange verfügbar bleiben, wie sie für den Versicherungsnehmer vernünftigerweise abrufbar sein müssen.

(3) [1] Die Auskunftserteilung mittels eines anderen dauerhaften Datenträgers als Papier oder über eine Website im Rahmen eines getätigten Geschäfts wird als angemessen erachtet, wenn der Versicherungsnehmer nachweislich regelmäßig Internetzugang hat. [2] Die Mitteilung einer E-Mail-Adresse seitens des Versicherungsnehmers für die Zwecke dieses Geschäfts gilt als solcher Nachweis.

(4) Handelt es sich um einen telefonischen Kontakt, werden, selbst wenn sich der Versicherungsnehmer dafür entschieden hat, die Auskünfte gemäß Absatz 2 auf einem anderen dauerhaften Datenträger als Papier zu erhalten, die Auskünfte dem Versicherungsnehmer gemäß Absatz 1 oder Absatz 2 unmittelbar nach Abschluss des Versicherungsvertrags erteilt.

§ 7 Information des Versicherungsnehmers. (1) [1]Der Versicherer hat dem Versicherungsnehmer rechtzeitig vor Abgabe von dessen Vertragserklärung seine Vertragsbestimmungen einschließlich der Allgemeinen Versicherungsbedingungen sowie die in einer Rechtsverordnung nach Absatz 2 bestimmten Informationen in Textform mitzuteilen. [2]Die Mitteilungen sind in einer dem eingesetzten Kommunikationsmittel entsprechenden Weise klar und verständlich zu übermitteln. [3]Wird der Vertrag auf Verlangen des Versicherungsnehmers telefonisch oder unter Verwendung eines anderen Kommunikationsmittels geschlossen, das die Information in Textform vor der Vertragserklärung des Versicherungsnehmers nicht gestattet, muss die Information unverzüglich nach Vertragsschluss nachgeholt werden; dies gilt auch, wenn der Versicherungsnehmer durch eine gesonderte schriftliche Erklärung auf eine Information vor Abgabe seiner Vertragserklärung ausdrücklich verzichtet.

(2) [1]Das Bundesministerium der Justiz und für Verbraucherschutz wird ermächtigt, im Einvernehmen mit dem Bundesministerium der Finanzen und durch Rechtsverordnung ohne Zustimmung des Bundesrates zum Zweck einer umfassenden Information des Versicherungsnehmers festzulegen,

1. welche Einzelheiten des Vertrags, insbesondere zum Versicherer, zur angebotenen Leistung und zu den Allgemeinen Versicherungsbedingungen sowie zum Bestehen eines Widerrufsrechts, dem Versicherungsnehmer mitzuteilen sind,
2. welche weiteren Informationen dem Versicherungsnehmer bei der Lebensversicherung, insbesondere über die zu erwartenden Leistungen, ihre Ermittlung und Berechnung, über eine Modellrechnung sowie über die Abschluss- und Vertriebskosten und die Verwaltungskosten, soweit eine Verrechnung mit Prämien erfolgt, und über sonstige Kosten mitzuteilen sind,
3. welche weiteren Informationen bei der Krankenversicherung, insbesondere über die Prämienentwicklung und -gestaltung sowie die Abschluss- und Vertriebskosten und die Verwaltungskosten, mitzuteilen sind,
4. was dem Versicherungsnehmer mitzuteilen ist, wenn der Versicherer mit ihm telefonisch Kontakt aufgenommen hat und
5. in welcher Art und Weise die Informationen zu erteilen sind.

[2]Bei der Festlegung der Mitteilungen nach Satz 1 sind die vorgeschriebenen Angaben nach der Richtlinie 92/49/EWG des Rates vom 18. Juni 1992 zur Koordinierung der Rechts- und Verwaltungsvorschriften für die Direktversicherung (mit Ausnahme der Lebensversicherung) sowie zur Änderung der Richtlinien 73/239/EWG und 88/357/EWG (Dritte Richtlinie Schadenversicherung) (ABl. L 228 vom 11.8.1992, S. 1) und der Richtlinie 2002/65/EG des Europäischen Parlaments und des Rates vom 23. September 2002 über den Fernabsatz von Finanzdienstleistungen an Verbraucher und zur Änderung der Richtlinie 90/619/EWG des Rates und der Richtlinien 97/7/EG und 98/27/EG (ABl. L 271 vom 9.10.2002, S. 16) zu beachten. [3]Bei der Festlegung der Mitteilungen nach Satz 1 sind ferner zu beachten:

1. die technischen Durchführungsstandards, die die Europäische Aufsichtsbehörde für das Versicherungswesen und die betriebliche Altersversorgung nach der Richtlinie (EU) 2016/97 des Europäischen Parlaments und des Rates vom 20. Januar 2016 über Versicherungsvertrieb (Neufassung) (ABl. L 26 vom 2.2.2016, S. 19; L 222 vom 17.8.2016, S. 114) erarbeitet und die von der Kommission der Europäischen Union nach Artikel 15 der Verordnung

(EU) Nr. 1094/2010 des Europäischen Parlaments und des Rates vom 24. November 2010 zur Errichtung einer Europäischen Aufsichtsbehörde (Europäische Aufsichtsbehörde für das Versicherungswesen und die betriebliche Altersversorgung), zur Änderung des Beschlusses Nr. 716/2009/EG und zur Aufhebung des Beschlusses 2009/79/EG der Kommission (ABl. L 331 vom 15.12.2010, S. 48), die zuletzt durch die Verordnung (EU) Nr. 258/2014 (ABl. L 105 vom 8.4.2014, S. 1) geändert worden ist, erlassen worden sind,

2. die delegierten Rechtsakte, die von der Kommission nach Artikel 29 Absatz 4 Buchstabe b und Artikel 30 Absatz 6 der Richtlinie (EU) 2016/97, jeweils in Verbindung mit Artikel 38 der Richtlinie (EU) 2016/97, erlassen worden sind.

(3) In der Rechtsverordnung nach Absatz 2 ist ferner zu bestimmen, was der Versicherer während der Laufzeit des Vertrags in Textform mitteilen muss; dies gilt insbesondere bei Änderungen früherer Informationen, ferner bei der Krankenversicherung bei Prämienerhöhungen und hinsichtlich der Möglichkeit eines Tarifwechsels sowie bei der Lebensversicherung mit Überschussbeteiligung hinsichtlich der Entwicklung der Ansprüche des Versicherungsnehmers.

(4) Der Versicherungsnehmer kann während der Laufzeit des Vertrags jederzeit vom Versicherer verlangen, dass ihm dieser die Vertragsbestimmungen einschließlich der Allgemeinen Versicherungsbedingungen in einer Urkunde übermittelt; die Kosten für die erste Übermittlung hat der Versicherer zu tragen.

(5) [1] Die Absätze 1 bis 4 sind auf Versicherungsverträge über ein Großrisiko im Sinn des § 210 Absatz 2 nicht anzuwenden. [2] Ist bei einem solchen Vertrag der Versicherungsnehmer eine natürliche Person, hat ihm der Versicherer vor Vertragsschluss das anwendbare Recht und die zuständige Aufsichtsbehörde in Textform mitzuteilen.

§ 7a Querverkäufe. (1) Wird ein Versicherungsprodukt zusammen mit einem Nebenprodukt oder einer Nebendienstleistung, das oder die keine Versicherung ist, als Paket oder als Teil eines Pakets oder derselben Vereinbarung angeboten, hat der Versicherer den Versicherungsnehmer darüber zu informieren, ob die Bestandteile getrennt voneinander gekauft werden können; ist dies der Fall, stellt er eine Beschreibung der Bestandteile der Vereinbarung oder des Pakets zur Verfügung und erbringt für jeden Bestandteil einen gesonderten Nachweis über Kosten und Gebühren.

(2) Wird ein Paket angeboten, dessen Versicherungsdeckung sich von der Versicherungsdeckung beim getrennten Erwerb seiner Bestandteile unterscheidet, stellt der Versicherer dem Versicherungsnehmer eine Beschreibung der Bestandteile des Pakets und der Art und Weise zur Verfügung, wie ihre Wechselwirkung die Versicherungsdeckung ändert.

(3) [1] Ergänzt ein Versicherungsprodukt eine Dienstleistung, die keine Versicherung ist, oder eine Ware als Teil eines Pakets oder derselben Vereinbarung, bietet der Versicherer dem Versicherungsnehmer die Möglichkeit, die Ware oder die Dienstleistung gesondert zu kaufen. [2] Dies gilt nicht, wenn das Versicherungsprodukt Folgendes ergänzt:

1. eine Wertpapierdienstleistung oder Anlagetätigkeit im Sinne des Artikels 4 Absatz 1 Nummer 2 der Richtlinie 2014/65/EU des Europäischen Parlaments und des Rates,
2. einen Kreditvertrag im Sinne des Artikels 4 Nummer 3 der Richtlinie 2014/17/EU des Europäischen Parlaments und des Rates oder
3. ein Zahlungskonto im Sinne des Artikels 2 Nummer 3 der Richtlinie 2014/92/EU des Europäischen Parlaments und des Rates.

(4) Versicherer haben in den Fällen der Absätze 1 bis 3 die Wünsche und Bedürfnisse des Versicherungsnehmers im Zusammenhang mit den Versicherungsprodukten, die Teil des Pakets oder derselben Vereinbarung sind, zu ermitteln.

(5) [1] Wird eine Restschuldversicherung als Nebenprodukt oder als Teil eines Pakets oder derselben Vereinbarung angeboten, ist der Versicherungsnehmer eine Woche nach Abgabe seiner Vertragserklärung für das Versicherungsprodukt erneut in Textform über sein Widerrufsrecht zu belehren. [2] Das Produktinformationsblatt ist dem Versicherungsnehmer mit dieser Belehrung erneut zur Verfügung zu stellen. [3] Die Widerrufsfrist beginnt nicht vor Zugang dieser Unterlagen.

§ 7b Information bei Versicherungsanlageprodukten. (1) [1] Bei Produkten, die Versicherungsanlageprodukte im Sinne von Artikel 2 Absatz 1 Nummer 17 der Richtlinie (EU) 2016/97 sind, sind dem Versicherungsnehmer angemessene Informationen über den Vertrieb von Versicherungsanlageprodukten und sämtliche Kosten und Gebühren rechtzeitig vor Abschluss des Vertrags zur Verfügung zu stellen. [2] Diese Informationen enthalten mindestens das Folgende:

1. wenn eine Beratung erfolgt, die Information darüber, ob dem Versicherungsnehmer eine regelmäßige Beurteilung der Eignung des Versicherungsanlageprodukts, das diesem Versicherungsnehmer empfohlen wird, gemäß § 7c geboten wird;
2. geeignete Leitlinien und Warnhinweise zu den mit Versicherungsanlageprodukten oder mit bestimmten vorgeschlagenen Anlagestrategien verbundenen Risiken;
3. Informationen über den Vertrieb des Versicherungsanlageprodukts, einschließlich der Beratungskosten und der Kosten des dem Versicherungsnehmer empfohlenen Versicherungsanlageprodukts;
4. wie der Versicherungsnehmer Zahlungen leisten kann, einschließlich Zahlungen Dritter.

(2) [1] Die Informationen über alle Kosten und Gebühren, einschließlich Kosten und Gebühren im Zusammenhang mit dem Vertrieb des Versicherungsanlageprodukts, die nicht durch das zugrunde liegende Marktrisiko verursacht werden, sind in zusammengefasster Form zu erteilen; die Gesamtkosten sowie die kumulative Wirkung auf die Anlagerendite müssen verständlich sein; ferner ist dem Versicherungsnehmer auf sein Verlangen eine Aufstellung der Kosten und Gebühren zur Verfügung zu stellen. [2] Diese Informationen werden dem Versicherungsnehmer während der Laufzeit der Anlage regelmäßig, mindestens aber jährlich, zur Verfügung gestellt.

§ 7c Beurteilung von Versicherungsanlageprodukten; Berichtspflicht.

(1) [1] Bei einer Beratung zu einem Versicherungsanlageprodukt hat der Versicherer zu erfragen:

1. Kenntnisse und Erfahrungen des Versicherungsnehmers im Anlagebereich in Bezug auf den speziellen Produkttyp oder den speziellen Typ der Dienstleistung,
2. die finanziellen Verhältnisse des Versicherungsnehmers, einschließlich der Fähigkeit des Versicherungsnehmers, Verluste zu tragen, und
3. die Anlageziele, einschließlich der Risikotoleranz des Versicherungsnehmers.

[2] Der Versicherer darf dem Versicherungsnehmer nur Versicherungsanlageprodukte empfehlen, die für diesen geeignet sind und insbesondere dessen Risikotoleranz und dessen Fähigkeit, Verluste zu ertragen, entsprechen. [3] Ein Paket von Dienstleistungen oder Produkten, die gemäß § 7a gebündelt sind, darf der Versicherer bei einer Anlageberatung nur empfehlen, wenn das gesamte Paket für den Kunden geeignet ist.

(2) [1] Der Versicherer hat stets zu prüfen, ob das Versicherungsprodukt für den Versicherungsnehmer angemessen ist. [2] Zur Beurteilung der Zweckmäßigkeit muss der Versicherer von dem Versicherungsnehmer Informationen über seine Kenntnisse und Erfahrung im Anlagebereich in Bezug auf den speziellen Produkttyp oder den speziellen Typ der Dienstleistung erfragen. [3] Wird ein Paket entsprechend § 7a angeboten, hat der Versicherer zu berücksichtigen, ob das Paket angemessen ist. [4] Ist der Versicherer der Auffassung, dass das Produkt für den Versicherungsnehmer unangemessen ist, warnt er den Versicherungsnehmer. [5] Macht der Versicherungsnehmer die in Absatz 1 Satz 1 genannten Angaben nicht oder macht er unzureichende Angaben zu seinen Kenntnissen und seiner Erfahrung, warnt ihn der Versicherer, dass er wegen unzureichender Angaben nicht beurteilen kann, ob das in Betracht gezogene Produkt für ihn angemessen ist. [6] Diese Warnungen können in einem standardisierten Format erfolgen.

(3) Versicherer können, wenn sie keine Beratung gemäß Absatz 1 leisten, Versicherungsanlageprodukte ohne die in Absatz 2 vorgesehene Prüfung vertreiben, wenn die folgenden Bedingungen erfüllt sind:

1. die Tätigkeiten beziehen sich auf eines der folgenden Versicherungsprodukte:
   a) Verträge, die ausschließlich Anlagerisiken aus Finanzinstrumenten mit sich bringen, die nicht als komplexe Finanzinstrumente im Sinne der Richtlinie 2014/65/EU gelten und keine Struktur aufweisen, die es dem Versicherungsnehmer erschwert, die mit der Anlage einhergehenden Risiken zu verstehen, oder
   b) andere nicht komplexe Versicherungsanlagen;
2. die Vertriebstätigkeit erfolgt auf Veranlassung des Versicherungsnehmers;
3. der Versicherungsnehmer wurde eindeutig darüber informiert, dass der Versicherer bei der Erbringung der Vertriebstätigkeit die Angemessenheit der angebotenen Versicherungsanlageprodukte nicht geprüft hat; eine derartige Warnung kann in standardisierter Form erfolgen;
4. der Versicherer kommt seinen Pflichten zur Vermeidung von Interessenkonflikten nach.

(4) [1] Der Versicherer erstellt eine Aufzeichnung der Vereinbarungen mit dem Versicherungsnehmer über die Rechte und Pflichten der Parteien sowie die Bedingungen, zu denen das Versicherungsunternehmen Dienstleistungen für den Versicherungsnehmer erbringt. [2] Die Rechte und Pflichten der Vertragsparteien können durch einen Verweis auf andere Dokumente oder Rechtstexte geregelt werden.

(5) [1] Der Versicherer muss dem Versicherungsnehmer angemessene Berichte über die erbrachten Dienstleistungen auf einem dauerhaften Datenträger zur Verfügung stellen. [2] Diese Berichte enthalten regelmäßige Mitteilungen an den Versicherungsnehmer, die die Art und die Komplexität der jeweiligen Versicherungsanlageprodukte sowie die Art der für den Versicherungsnehmer erbrachten Dienstleistung berücksichtigen, und gegebenenfalls die Kosten, die mit den getätigten Geschäften und den erbrachten Dienstleistungen verbunden sind. [3] Erbringt der Versicherer eine Beratungsleistung zu einem Versicherungsanlageprodukt, stellt er dem Versicherungsnehmer vor Vertragsabschluss auf einem dauerhaften Datenträger eine Erklärung zur Verfügung, in der die erbrachte Beratungsleistung und die dabei berücksichtigten Präferenzen, Ziele und anderen kundenspezifischen Merkmale aufgeführt sind. [4] § 6a findet Anwendung; über eine Website kann die Erklärung jedoch nicht erbracht werden. [5] Wenn der Versicherungsvertrag unter Verwendung eines Fernkommunikationsmittels abgeschlossen wird und die vorherige Aushändigung der Angemessenheitserklärung nicht möglich ist, kann der Versicherer dem Versicherungsnehmer die Angemessenheitserklärung auf einem dauerhaften Datenträger unverzüglich nach Abschluss des Versicherungsvertrags zur Verfügung stellen, sofern die folgenden Bedingungen erfüllt sind:

1. der Versicherungsnehmer hat dieser Vorgehensweise zugestimmt und
2. der Versicherer hat dem Versicherungsnehmer angeboten, den Zeitpunkt des Vertragsabschlusses zu verschieben, damit der Versicherungsnehmer die Angemessenheitserklärung vorher erhalten kann.

[6] Hat der Versicherer dem Versicherungsnehmer mitgeteilt, dass er eine regelmäßige Beurteilung der Eignung vornehmen werde, muss der regelmäßige Bericht jeweils eine aktualisierte Erklärung dazu enthalten, inwieweit das Versicherungsanlageprodukt den Präferenzen, Zielen und anderen kundenspezifischen Merkmalen des Versicherungsnehmers entspricht.

§ 7d Beratung, Information und Widerruf bei bestimmten Gruppenversicherungen. [1] Der Versicherungsnehmer eines Gruppenversicherungsvertrags für Restschuldversicherungen hat gegenüber der versicherten Person die Beratungs- und Informationspflichten eines Versicherers. [2] Die versicherte Person hat die Rechte eines Versicherungsnehmers, insbesondere das Widerrufsrecht. [3] Über dieses Widerrufsrecht ist eine Woche nach Abgabe der Vertragserklärung erneut in Textform zu belehren. [4] Das Produktinformationsblatt ist mit dieser Belehrung erneut zur Verfügung zu stellen. [5] Die Widerrufsfrist beginnt nicht vor Zugang dieser Unterlagen.

§ 8 Widerrufsrecht des Versicherungsnehmers. (1) [1] Der Versicherungsnehmer kann seine Vertragserklärung innerhalb von 14 Tagen widerrufen. [2] Der Widerruf ist in Textform gegenüber dem Versicherer zu erklären und muss keine Begründung enthalten; zur Fristwahrung genügt die rechtzeitige Absendung.

(2) [1]Die Widerrufsfrist beginnt zu dem Zeitpunkt, zu dem folgende Unterlagen dem Versicherungsnehmer in Textform zugegangen sind:

1. der Versicherungsschein und die Vertragsbestimmungen einschließlich der Allgemeinen Versicherungsbedingungen sowie die weiteren Informationen nach § 7 Abs. 1 und 2 und
2. eine deutlich gestaltete Belehrung über das Widerrufsrecht und über die Rechtsfolgen des Widerrufs, die dem Versicherungsnehmer seine Rechte entsprechend den Erfordernissen des eingesetzten Kommunikationsmittels deutlich macht und die den Namen und die ladungsfähige Anschrift desjenigen, gegenüber dem der Widerruf zu erklären ist, sowie einen Hinweis auf den Fristbeginn und auf die Regelungen des Absatzes 1 Satz 2 enthält.

[2]Der Nachweis über den Zugang der Unterlagen nach Satz 1 obliegt dem Versicherer.

(3) [1]Das Widerrufsrecht besteht nicht

1. bei Versicherungsverträgen mit einer Laufzeit von weniger als einem Monat,
2. bei Versicherungsverträgen über vorläufige Deckung, es sei denn, es handelt sich um einen Fernabsatzvertrag im Sinn des § 312c des Bürgerlichen Gesetzbuchs[1)],
3. bei Versicherungsverträgen bei Pensionskassen, die auf arbeitsvertraglichen Regelungen beruhen, es sei denn, es handelt sich um einen Fernabsatzvertrag im Sinn des § 312c des Bürgerlichen Gesetzbuchs,
4. bei Versicherungsverträgen über ein Großrisiko im Sinn des § 210 Absatz 2.

[2]Das Widerrufsrecht erlischt, wenn der Vertrag von beiden Seiten auf ausdrücklichen Wunsch des Versicherungsnehmers vollständig erfüllt ist, bevor der Versicherungsnehmer sein Widerrufsrecht ausgeübt hat.

(4) Im elektronischen Geschäftsverkehr beginnt die Widerrufsfrist abweichend von Absatz 2 Satz 1 nicht vor Erfüllung auch der in § 312i Absatz 1 Satz 1 des Bürgerlichen Gesetzbuchs[1)] geregelten Pflichten.

(5) [1]Die nach Absatz 2 Satz 1 Nr. 2 zu erteilende Belehrung genügt den dort genannten Anforderungen, wenn das Muster der Anlage zu diesem Gesetz in Textform verwendet wird. [2]Der Versicherer darf unter Beachtung von Absatz 2 Satz 1 Nr. 2 in Format und Schriftgröße von dem Muster abweichen und Zusätze wie die Firma oder ein Kennzeichen des Versicherers anbringen.

§ 9 Rechtsfolgen des Widerrufs. (1) [1]Übt der Versicherungsnehmer das Widerrufsrecht nach § 8 Abs. 1 aus, hat der Versicherer nur den auf die Zeit nach Zugang des Widerrufs entfallenden Teil der Prämien zu erstatten, wenn der Versicherungsnehmer in der Belehrung nach § 8 Abs. 2 Satz 1 Nr. 2 auf sein Widerrufsrecht, die Rechtsfolgen des Widerrufs und den zu zahlenden Betrag hingewiesen worden ist und zugestimmt hat, dass der Versicherungsschutz vor Ende der Widerrufsfrist beginnt; die Erstattungspflicht ist unverzüglich, spätestens 30 Tage nach Zugang des Widerrufs zu erfüllen. [2]Ist der in Satz 1 genannte Hinweis unterblieben, hat der Versicherer zusätzlich die für das erste Jahr des Versicherungsschutzes gezahlten Prämien zu erstatten; dies gilt nicht, wenn der Versicherungsnehmer Leistungen aus dem Versicherungsvertrag in Anspruch genommen hat.

[1)] Nr. **13**.

(2) [1] Hat der Versicherungsnehmer sein Widerrufsrecht nach § 8 wirksam ausgeübt, ist er auch an einen mit dem Versicherungsvertrag zusammenhängenden Vertrag nicht mehr gebunden. [2] Ein zusammenhängender Vertrag liegt vor, wenn er einen Bezug zu dem widerrufenen Vertrag aufweist und eine Dienstleistung des Versicherers oder eines Dritten auf der Grundlage einer Vereinbarung zwischen dem Dritten und dem Versicherer betrifft. [3] Eine Vertragsstrafe darf weder vereinbart noch verlangt werden.

§ 10 Beginn und Ende der Versicherung. Ist die Dauer der Versicherung nach Tagen, Wochen, Monaten oder einem mehrere Monate umfassenden Zeitraum bestimmt, beginnt die Versicherung mit Beginn des Tages, an dem der Vertrag geschlossen wird; er endet mit Ablauf des letzten Tages der Vertragszeit.

§ 11 Verlängerung, Kündigung. (1) Wird bei einem auf eine bestimmte Zeit eingegangenen Versicherungsverhältnis im Voraus eine Verlängerung für den Fall vereinbart, dass das Versicherungsverhältnis nicht vor Ablauf der Vertragszeit gekündigt wird, ist die Verlängerung unwirksam, soweit sie sich jeweils auf mehr als ein Jahr erstreckt.

(2) [1] Ist ein Versicherungsverhältnis auf unbestimmte Zeit eingegangen, kann es von beiden Vertragsparteien nur für den Schluss der laufenden Versicherungsperiode gekündigt werden. [2] Auf das Kündigungsrecht können sie einvernehmlich bis zur Dauer von zwei Jahren verzichten.

(3) Die Kündigungsfrist muss für beide Vertragsparteien gleich sein; sie darf nicht weniger als einen Monat und nicht mehr als drei Monate betragen.

(4) Ein Versicherungsvertrag, der für die Dauer von mehr als drei Jahren geschlossen worden ist, kann vom Versicherungsnehmer zum Schluss des dritten oder jedes darauf folgenden Jahres unter Einhaltung einer Frist von drei Monaten gekündigt werden.

§ 12 Versicherungsperiode. Als Versicherungsperiode gilt, falls nicht die Prämie nach kürzeren Zeitabschnitten bemessen ist, der Zeitraum eines Jahres.

§ 13 Änderung von Anschrift und Name. (1) [1] Hat der Versicherungsnehmer eine Änderung seiner Anschrift dem Versicherer nicht mitgeteilt, genügt für eine dem Versicherungsnehmer gegenüber abzugebende Willenserklärung die Absendung eines eingeschriebenen Briefes an die letzte dem Versicherer bekannte Anschrift des Versicherungsnehmers. [2] Die Erklärung gilt drei Tage nach der Absendung des Briefes als zugegangen. [3] Die Sätze 1 und 2 sind im Fall einer Namensänderung des Versicherungsnehmers entsprechend anzuwenden.

(2) Hat der Versicherungsnehmer die Versicherung in seinem Gewerbebetrieb genommen, ist bei einer Verlegung der gewerblichen Niederlassung Absatz 1 Satz 1 und 2 entsprechend anzuwenden.

§ 14 Fälligkeit der Geldleistung. (1) Geldleistungen des Versicherers sind fällig mit der Beendigung der zur Feststellung des Versicherungsfalles und des Umfanges der Leistung des Versicherers notwendigen Erhebungen.

(2) [1] Sind diese Erhebungen nicht bis zum Ablauf eines Monats seit der Anzeige des Versicherungsfalles beendet, kann der Versicherungsnehmer Abschlagszahlungen in Höhe des Betrags verlangen, den der Versicherer voraus-

sichtlich mindestens zu zahlen hat. [2]Der Lauf der Frist ist gehemmt, solange die Erhebungen infolge eines Verschuldens des Versicherungsnehmers nicht beendet werden können.

(3) Eine Vereinbarung, durch die der Versicherer von der Verpflichtung zur Zahlung von Verzugszinsen befreit wird, ist unwirksam.

§ 15 Hemmung der Verjährung. Ist ein Anspruch aus dem Versicherungsvertrag beim Versicherer angemeldet worden, ist die Verjährung bis zu dem Zeitpunkt gehemmt, zu dem die Entscheidung des Versicherers dem Anspruchsteller in Textform zugeht.

§ 16 Insolvenz des Versicherers. (1) Wird über das Vermögen des Versicherers das Insolvenzverfahren eröffnet, endet das Versicherungsverhältnis mit Ablauf eines Monats seit der Eröffnung; bis zu diesem Zeitpunkt bleibt es der Insolvenzmasse gegenüber wirksam.

(2) Die Vorschriften des Versicherungsaufsichtsgesetzes über die Wirkungen der Insolvenzeröffnung bleiben unberührt.

§ 17 Abtretungsverbot bei unpfändbaren Sachen. Soweit sich die Versicherung auf unpfändbare Sachen bezieht, kann eine Forderung aus der Versicherung nur auf solche Gläubiger des Versicherungsnehmers übertragen werden, die diesem zum Ersatz der zerstörten oder beschädigten Sachen andere Sachen geliefert haben.

§ 18 Abweichende Vereinbarungen. Von § 3 Abs. 1 bis 4, § 5 Abs. 1 bis 3, den §§ 6 bis 9 und 11 Abs. 2 bis 4, § 14 Abs. 2 Satz 1 und § 15 kann nicht zum Nachteil des Versicherungsnehmers abgewichen werden.

Abschnitt 2. Anzeigepflicht, Gefahrerhöhung, andere Obliegenheiten

§ 19 Anzeigepflicht. (1) [1]Der Versicherungsnehmer hat bis zur Abgabe seiner Vertragserklärung die ihm bekannten Gefahrumstände, die für den Entschluss des Versicherers, den Vertrag mit dem vereinbarten Inhalt zu schließen, erheblich sind und nach denen der Versicherer in Textform gefragt hat, dem Versicherer anzuzeigen. [2]Stellt der Versicherer nach der Vertragserklärung des Versicherungsnehmers, aber vor Vertragsannahme Fragen im Sinn des Satzes 1, ist der Versicherungsnehmer auch insoweit zur Anzeige verpflichtet.

(2) Verletzt der Versicherungsnehmer seine Anzeigepflicht nach Absatz 1, kann der Versicherer vom Vertrag zurücktreten.

(3) [1]Das Rücktrittsrecht des Versicherers ist ausgeschlossen, wenn der Versicherungsnehmer die Anzeigepflicht weder vorsätzlich noch grob fahrlässig verletzt hat. [2]In diesem Fall hat der Versicherer das Recht, den Vertrag unter Einhaltung einer Frist von einem Monat zu kündigen.

(4) [1]Das Rücktrittsrecht des Versicherers wegen grob fahrlässiger Verletzung der Anzeigepflicht und sein Kündigungsrecht nach Absatz 3 Satz 2 sind ausgeschlossen, wenn er den Vertrag auch bei Kenntnis der nicht angezeigten Umstände, wenn auch zu anderen Bedingungen, geschlossen hätte. [2]Die anderen Bedingungen werden auf Verlangen des Versicherers rückwirkend, bei einer vom Versicherungsnehmer nicht zu vertretenden Pflichtverletzung ab der laufenden Versicherungsperiode Vertragsbestandteil.

(5) [1]Dem Versicherer stehen die Rechte nach den Absätzen 2 bis 4 nur zu, wenn er den Versicherungsnehmer durch gesonderte Mitteilung in Textform auf die Folgen einer Anzeigepflichtverletzung hingewiesen hat. [2]Die Rechte sind ausgeschlossen, wenn der Versicherer den nicht angezeigten Gefahrumstand oder die Unrichtigkeit der Anzeige kannte.

(6) [1]Erhöht sich im Fall des Absatzes 4 Satz 2 durch eine Vertragsänderung die Prämie um mehr als 10 Prozent oder schließt der Versicherer die Gefahrabsicherung für den nicht angezeigten Umstand aus, kann der Versicherungsnehmer den Vertrag innerhalb eines Monats nach Zugang der Mitteilung des Versicherers ohne Einhaltung einer Frist kündigen. [2]Der Versicherer hat den Versicherungsnehmer in der Mitteilung auf dieses Recht hinzuweisen.

§ 20 Vertreter des Versicherungsnehmers. [1]Wird der Vertrag von einem Vertreter des Versicherungsnehmers geschlossen, sind bei der Anwendung des § 19 Abs. 1 bis 4 und des § 21 Abs. 2 Satz 2 sowie Abs. 3 Satz 2 sowohl die Kenntnis und die Arglist des Vertreters als auch die Kenntnis und die Arglist des Versicherungsnehmers zu berücksichtigen. [2]Der Versicherungsnehmer kann sich darauf, dass die Anzeigepflicht nicht vorsätzlich oder grob fahrlässig verletzt worden ist, nur berufen, wenn weder dem Vertreter noch dem Versicherungsnehmer Vorsatz oder grobe Fahrlässigkeit zur Last fällt.

§ 21 Ausübung der Rechte des Versicherers. (1) [1]Der Versicherer muss die ihm nach § 19 Abs. 2 bis 4 zustehenden Rechte innerhalb eines Monats schriftlich geltend machen. [2]Die Frist beginnt mit dem Zeitpunkt, zu dem der Versicherer von der Verletzung der Anzeigepflicht, die das von ihm geltend gemachte Recht begründet, Kenntnis erlangt. [3]Der Versicherer hat bei der Ausübung seiner Rechte die Umstände anzugeben, auf die er seine Erklärung stützt; er darf nachträglich weitere Umstände zur Begründung seiner Erklärung angeben, wenn für diese die Frist nach Satz 1 nicht verstrichen ist.

(2) [1]Im Fall eines Rücktrittes nach § 19 Abs. 2 nach Eintritt des Versicherungsfalles ist der Versicherer nicht zur Leistung verpflichtet, es sei denn, die Verletzung der Anzeigepflicht bezieht sich auf einen Umstand, der weder für den Eintritt oder die Feststellung des Versicherungsfalles noch für die Feststellung oder den Umfang der Leistungspflicht des Versicherers ursächlich ist. [2]Hat der Versicherungsnehmer die Anzeigepflicht arglistig verletzt, ist der Versicherer nicht zur Leistung verpflichtet.

(3) [1]Die Rechte des Versicherers nach § 19 Abs. 2 bis 4 erlöschen nach Ablauf von fünf Jahren nach Vertragsschluss; dies gilt nicht für Versicherungsfälle, die vor Ablauf dieser Frist eingetreten sind. [2]Hat der Versicherungsnehmer die Anzeigepflicht vorsätzlich oder arglistig verletzt, beläuft sich die Frist auf zehn Jahre.

§ 22 Arglistige Täuschung. Das Recht des Versicherers, den Vertrag wegen arglistiger Täuschung anzufechten, bleibt unberührt.

§ 23 Gefahrerhöhung. (1) Der Versicherungsnehmer darf nach Abgabe seiner Vertragserklärung ohne Einwilligung des Versicherers keine Gefahrerhöhung vornehmen oder deren Vornahme durch einen Dritten gestatten.

(2) Erkennt der Versicherungsnehmer nachträglich, dass er ohne Einwilligung des Versicherers eine Gefahrerhöhung vorgenommen oder gestattet hat, hat er die Gefahrerhöhung dem Versicherer unverzüglich anzuzeigen.

(3) Tritt nach Abgabe der Vertragserklärung des Versicherungsnehmers eine Gefahrerhöhung unabhängig von seinem Willen ein, hat er die Gefahrerhöhung, nachdem er von ihr Kenntnis erlangt hat, dem Versicherer unverzüglich anzuzeigen.

§ 24 Kündigung wegen Gefahrerhöhung. (1) [1] Verletzt der Versicherungsnehmer seine Verpflichtung nach § 23 Abs. 1, kann der Versicherer den Vertrag ohne Einhaltung einer Frist kündigen, es sei denn, der Versicherungsnehmer hat die Verpflichtung weder vorsätzlich noch grob fahrlässig verletzt. [2] Beruht die Verletzung auf einfacher Fahrlässigkeit, kann der Versicherer unter Einhaltung einer Frist von einem Monat kündigen.

(2) In den Fällen einer Gefahrerhöhung nach § 23 Abs. 2 und 3 kann der Versicherer den Vertrag unter Einhaltung einer Frist von einem Monat kündigen.

(3) Das Kündigungsrecht nach den Absätzen 1 und 2 erlischt, wenn es nicht innerhalb eines Monats ab der Kenntnis des Versicherers von der Erhöhung der Gefahr ausgeübt wird oder wenn der Zustand wiederhergestellt ist, der vor der Gefahrerhöhung bestanden hat.

§ 25 Prämienerhöhung wegen Gefahrerhöhung. (1) [1] Der Versicherer kann an Stelle einer Kündigung ab dem Zeitpunkt der Gefahrerhöhung eine seinen Geschäftsgrundsätzen für diese höhere Gefahr entsprechende Prämie verlangen oder die Absicherung der höheren Gefahr ausschließen. [2] Für das Erlöschen dieses Rechtes gilt § 24 Abs. 3 entsprechend.

(2) [1] Erhöht sich die Prämie als Folge der Gefahrerhöhung um mehr als 10 Prozent oder schließt der Versicherer die Absicherung der höheren Gefahr aus, kann der Versicherungsnehmer den Vertrag innerhalb eines Monats nach Zugang der Mitteilung des Versicherers ohne Einhaltung einer Frist kündigen. [2] Der Versicherer hat den Versicherungsnehmer in der Mitteilung auf dieses Recht hinzuweisen.

§ 26 Leistungsfreiheit wegen Gefahrerhöhung. (1) [1] Tritt der Versicherungsfall nach einer Gefahrerhöhung ein, ist der Versicherer nicht zur Leistung verpflichtet, wenn der Versicherungsnehmer seine Verpflichtung nach § 23 Abs. 1 vorsätzlich verletzt hat. [2] Im Fall einer grob fahrlässigen Verletzung ist der Versicherer berechtigt, seine Leistung in einem der Schwere des Verschuldens des Versicherungsnehmers entsprechenden Verhältnis zu kürzen; die Beweislast für das Nichtvorliegen einer groben Fahrlässigkeit trägt der Versicherungsnehmer.

(2) [1] In den Fällen einer Gefahrerhöhung nach § 23 Abs. 2 und 3 ist der Versicherer nicht zur Leistung verpflichtet, wenn der Versicherungsfall später als einen Monat nach dem Zeitpunkt eintritt, zu dem die Anzeige dem Versicherer hätte zugegangen sein müssen, es sei denn, dem Versicherer war die Gefahrerhöhung zu diesem Zeitpunkt bekannt. [2] Er ist zur Leistung verpflichtet, wenn die Verletzung der Anzeigepflicht nach § 23 Abs. 2 und 3 nicht auf Vorsatz beruht; im Fall einer grob fahrlässigen Verletzung gilt Absatz 1 Satz 2.

(3) Abweichend von den Absätzen 1 und 2 Satz 1 ist der Versicherer zur Leistung verpflichtet,

1. soweit die Gefahrerhöhung nicht ursächlich für den Eintritt des Versicherungsfalles oder den Umfang der Leistungspflicht war oder

2. wenn zur Zeit des Eintrittes des Versicherungsfalles die Frist für die Kündigung des Versicherers abgelaufen und eine Kündigung nicht erfolgt war.

§ 27 Unerhebliche Gefahrerhöhung. Die §§ 23 bis 26 sind nicht anzuwenden, wenn nur eine unerhebliche Erhöhung der Gefahr vorliegt oder wenn nach den Umständen als vereinbart anzusehen ist, dass die Gefahrerhöhung mitversichert sein soll.

§ 28 Verletzung einer vertraglichen Obliegenheit. (1) Bei Verletzung einer vertraglichen Obliegenheit, die vom Versicherungsnehmer vor Eintritt des Versicherungsfalles gegenüber dem Versicherer zu erfüllen ist, kann der Versicherer den Vertrag innerhalb eines Monats, nachdem er von der Verletzung Kenntnis erlangt hat, ohne Einhaltung einer Frist kündigen, es sei denn, die Verletzung beruht nicht auf Vorsatz oder auf grober Fahrlässigkeit.

(2) [1] Bestimmt der Vertrag, dass der Versicherer bei Verletzung einer vom Versicherungsnehmer zu erfüllenden vertraglichen Obliegenheit nicht zur Leistung verpflichtet ist, ist er leistungsfrei, wenn der Versicherungsnehmer die Obliegenheit vorsätzlich verletzt hat. [2] Im Fall einer grob fahrlässigen Verletzung der Obliegenheit ist der Versicherer berechtigt, seine Leistung in einem der Schwere des Verschuldens des Versicherungsnehmers entsprechenden Verhältnis zu kürzen; die Beweislast für das Nichtvorliegen einer groben Fahrlässigkeit trägt der Versicherungsnehmer.

(3) [1] Abweichend von Absatz 2 ist der Versicherer zur Leistung verpflichtet, soweit die Verletzung der Obliegenheit weder für den Eintritt oder die Feststellung des Versicherungsfalles noch für die Feststellung oder den Umfang der Leistungspflicht des Versicherers ursächlich ist. [2] Satz 1 gilt nicht, wenn der Versicherungsnehmer die Obliegenheit arglistig verletzt hat.

(4) Die vollständige oder teilweise Leistungsfreiheit des Versicherers nach Absatz 2 hat bei Verletzung einer nach Eintritt des Versicherungsfalles bestehenden Auskunfts- oder Aufklärungsobliegenheit zur Voraussetzung, dass der Versicherer den Versicherungsnehmer durch gesonderte Mitteilung in Textform auf diese Rechtsfolge hingewiesen hat.

(5) Eine Vereinbarung, nach welcher der Versicherer bei Verletzung einer vertraglichen Obliegenheit zum Rücktritt berechtigt ist, ist unwirksam.

§ 29 Teilrücktritt, Teilkündigung, teilweise Leistungsfreiheit. (1) Liegen die Voraussetzungen, unter denen der Versicherer nach den Vorschriften dieses Abschnittes zum Rücktritt oder zur Kündigung berechtigt ist, nur bezüglich eines Teils der Gegenstände oder Personen vor, auf die sich die Versicherung bezieht, steht dem Versicherer das Recht zum Rücktritt oder zur Kündigung für den übrigen Teil nur zu, wenn anzunehmen ist, dass für diesen allein der Versicherer den Vertrag unter den gleichen Bedingungen nicht geschlossen hätte.

(2) [1] Macht der Versicherer von dem Recht zum Rücktritt oder zur Kündigung bezüglich eines Teils der Gegenstände oder Personen Gebrauch, ist der Versicherungsnehmer berechtigt, das Versicherungsverhältnis bezüglich des übrigen Teils zu kündigen. [2] Die Kündigung muss spätestens zum Schluss der Versicherungsperiode erklärt werden, in welcher der Rücktritt oder die Kündigung des Versicherers wirksam wird.

(3) Liegen die Voraussetzungen, unter denen der Versicherer wegen einer Verletzung der Vorschriften über die Gefahrerhöhung ganz oder teilweise leistungsfrei ist, nur bezüglich eines Teils der Gegenstände oder Personen vor, auf die sich die Versicherung bezieht, ist auf die Leistungsfreiheit Absatz 1 entsprechend anzuwenden.

§ 30 Anzeige des Versicherungsfalles. (1) [1]Der Versicherungsnehmer hat den Eintritt des Versicherungsfalles, nachdem er von ihm Kenntnis erlangt hat, dem Versicherer unverzüglich anzuzeigen. [2]Steht das Recht auf die vertragliche Leistung des Versicherers einem Dritten zu, ist auch dieser zur Anzeige verpflichtet.

(2) Auf eine Vereinbarung, nach welcher der Versicherer im Fall der Verletzung der Anzeigepflicht nach Absatz 1 Satz 1 nicht zur Leistung verpflichtet ist, kann sich der Versicherer nicht berufen, wenn er auf andere Weise vom Eintritt des Versicherungsfalles rechtzeitig Kenntnis erlangt hat.

§ 31 Auskunftspflicht des Versicherungsnehmers. (1) [1]Der Versicherer kann nach dem Eintritt des Versicherungsfalles verlangen, dass der Versicherungsnehmer jede Auskunft erteilt, die zur Feststellung des Versicherungsfalles oder des Umfanges der Leistungspflicht des Versicherers erforderlich ist. [2]Belege kann der Versicherer insoweit verlangen, als deren Beschaffung dem Versicherungsnehmer billigerweise zugemutet werden kann.

(2) Steht das Recht auf die vertragliche Leistung des Versicherers einem Dritten zu, hat auch dieser die Pflichten nach Absatz 1 zu erfüllen.

§ 32 Abweichende Vereinbarungen. [1]Von den §§ 19 bis 28 Abs. 4 und § 31 Abs. 1 Satz 2 kann nicht zum Nachteil des Versicherungsnehmers abgewichen werden. [2]Für Anzeigen nach diesem Abschnitt, zu denen der Versicherungsnehmer verpflichtet ist, kann jedoch die Schrift- oder die Textform vereinbart werden.

Abschnitt 3. Prämie

§ 33 Fälligkeit. (1) Der Versicherungsnehmer hat eine einmalige Prämie oder, wenn laufende Prämien vereinbart sind, die erste Prämie unverzüglich nach Ablauf von 14 Tagen nach Zugang des Versicherungsscheins zu zahlen.

(2) Ist die Prämie zuletzt vom Versicherer eingezogen worden, ist der Versicherungsnehmer zur Übermittlung der Prämie erst verpflichtet, wenn er vom Versicherer hierzu in Textform aufgefordert worden ist.

§ 34 Zahlung durch Dritte. (1) Der Versicherer muss fällige Prämien oder sonstige ihm auf Grund des Vertrags zustehende Zahlungen vom Versicherten bei einer Versicherung für fremde Rechnung, von einem Bezugsberechtigten, der ein Recht auf die Leistung des Versicherers erworben hat, sowie von einem Pfandgläubiger auch dann annehmen, wenn er die Zahlung nach den Vorschriften des Bürgerlichen Gesetzbuchs zurückweisen könnte.

(2) Ein Pfandrecht an der Versicherungsforderung kann auch wegen der Beträge einschließlich ihrer Zinsen geltend gemacht werden, die der Pfandgläubiger zur Zahlung von Prämien oder zu sonstigen dem Versicherer auf Grund des Vertrags zustehenden Zahlungen verwendet hat.

§ 35 Aufrechnung durch den Versicherer. Der Versicherer kann eine fällige Prämienforderung oder eine andere ihm aus dem Vertrag zustehende fällige Forderung gegen eine Forderung aus der Versicherung auch dann aufrechnen, wenn diese Forderung nicht dem Versicherungsnehmer, sondern einem Dritten zusteht.

§ 36 Leistungsort. (1) [1]Leistungsort für die Zahlung der Prämie ist der jeweilige Wohnsitz des Versicherungsnehmers. [2]Der Versicherungsnehmer hat jedoch auf seine Gefahr und seine Kosten die Prämie dem Versicherer zu übermitteln.

(2) Hat der Versicherungsnehmer die Versicherung in seinem Gewerbebetrieb genommen, tritt, wenn er seine gewerbliche Niederlassung an einem anderen Ort hat, der Ort der Niederlassung an die Stelle des Wohnsitzes.

§ 37 Zahlungsverzug bei Erstprämie. (1) Wird die einmalige oder die erste Prämie nicht rechtzeitig gezahlt, ist der Versicherer, solange die Zahlung nicht bewirkt ist, zum Rücktritt vom Vertrag berechtigt, es sei denn, der Versicherungsnehmer hat die Nichtzahlung nicht zu vertreten.

(2) [1]Ist die einmalige oder die erste Prämie bei Eintritt des Versicherungsfalles nicht gezahlt, ist der Versicherer nicht zur Leistung verpflichtet, es sei denn, der Versicherungsnehmer hat die Nichtzahlung nicht zu vertreten. [2]Der Versicherer ist nur leistungsfrei, wenn er den Versicherungsnehmer durch gesonderte Mitteilung in Textform oder durch einen auffälligen Hinweis im Versicherungsschein auf diese Rechtsfolge der Nichtzahlung der Prämie aufmerksam gemacht hat.

§ 38 Zahlungsverzug bei Folgeprämie. (1) [1]Wird eine Folgeprämie nicht rechtzeitig gezahlt, kann der Versicherer dem Versicherungsnehmer auf dessen Kosten in Textform eine Zahlungsfrist bestimmen, die mindestens zwei Wochen betragen muss. [2]Die Bestimmung ist nur wirksam, wenn sie die rückständigen Beträge der Prämie, Zinsen und Kosten im Einzelnen beziffert und die Rechtsfolgen angibt, die nach den Absätzen 2 und 3 mit dem Fristablauf verbunden sind; bei zusammengefassten Verträgen sind die Beträge jeweils getrennt anzugeben.

(2) Tritt der Versicherungsfall nach Fristablauf ein und ist der Versicherungsnehmer bei Eintritt mit der Zahlung der Prämie oder der Zinsen oder Kosten in Verzug, ist der Versicherer nicht zur Leistung verpflichtet.

(3) [1]Der Versicherer kann nach Fristablauf den Vertrag ohne Einhaltung einer Frist kündigen, sofern der Versicherungsnehmer mit der Zahlung der geschuldeten Beträge in Verzug ist. [2]Die Kündigung kann mit der Bestimmung der Zahlungsfrist so verbunden werden, dass sie mit Fristablauf wirksam wird, wenn der Versicherungsnehmer zu diesem Zeitpunkt mit der Zahlung in Verzug ist; hierauf ist der Versicherungsnehmer bei der Kündigung ausdrücklich hinzuweisen. [3]Die Kündigung wird unwirksam, wenn der Versicherungsnehmer innerhalb eines Monats nach der Kündigung oder, wenn sie mit der Fristbestimmung verbunden worden ist, innerhalb eines Monats nach Fristablauf die Zahlung leistet; Absatz 2 bleibt unberührt.

§ 39 Vorzeitige Vertragsbeendigung. (1) [1]Im Fall der Beendigung des Versicherungsverhältnisses vor Ablauf der Versicherungsperiode steht dem Versicherer für diese Versicherungsperiode nur derjenige Teil der Prämie zu, der dem Zeitraum entspricht, in dem Versicherungsschutz bestanden hat. [2] Wird das Versicherungsverhältnis durch Rücktritt auf Grund des § 19 Abs. 2 oder durch Anfechtung des Versicherers wegen arglistiger Täuschung beendet, steht dem Versicherer die Prämie bis zum Wirksamwerden der Rücktritts- oder Anfechtungserklärung zu. [3] Tritt der Versicherer nach § 37 Abs. 1 zurück, kann er eine angemessene Geschäftsgebühr verlangen.

(2) Endet das Versicherungsverhältnis nach § 16, kann der Versicherungsnehmer den auf die Zeit nach der Beendigung des Versicherungsverhältnisses entfallenden Teil der Prämie unter Abzug der für diese Zeit aufgewendeten Kosten zurückfordern.

§ 40 Kündigung bei Prämienerhöhung. (1) [1] Erhöht der Versicherer auf Grund einer Anpassungsklausel die Prämie, ohne dass sich der Umfang des Versicherungsschutzes entsprechend ändert, kann der Versicherungsnehmer den Vertrag innerhalb eines Monats nach Zugang der Mitteilung des Versicherers mit sofortiger Wirkung, frühestens jedoch zum Zeitpunkt des Wirksamwerdens der Erhöhung, kündigen. [2] Der Versicherer hat den Versicherungsnehmer in der Mitteilung auf das Kündigungsrecht hinzuweisen. [3] Die Mitteilung muss dem Versicherungsnehmer spätestens einen Monat vor dem Wirksamwerden der Erhöhung der Prämie zugehen.

(2) Absatz 1 gilt entsprechend, wenn der Versicherer auf Grund einer Anpassungsklausel den Umfang des Versicherungsschutzes vermindert, ohne die Prämie entsprechend herabzusetzen.

§ 41 Herabsetzung der Prämie. [1] Ist wegen bestimmter gefahrerhöhender Umstände eine höhere Prämie vereinbart und sind diese Umstände nach Antragstellung des Versicherungsnehmers oder nach Vertragsschluss weggefallen oder bedeutungslos geworden, kann der Versicherungsnehmer verlangen, dass die Prämie ab Zugang des Verlangens beim Versicherer angemessen herabgesetzt wird. [2] Dies gilt auch, wenn die Bemessung der höheren Prämie durch unrichtige, auf einem Irrtum des Versicherungsnehmers beruhende Angaben über einen solchen Umstand veranlasst worden ist.

§ 42 Abweichende Vereinbarungen. Von § 33 Abs. 2 und den §§ 37 bis 41 kann nicht zum Nachteil des Versicherungsnehmers abgewichen werden.

Abschnitt 4. Versicherung für fremde Rechnung

§ 43 Begriffsbestimmung. (1) Der Versicherungsnehmer kann den Versicherungsvertrag im eigenen Namen für einen anderen, mit oder ohne Benennung der Person des Versicherten, schließen (Versicherung für fremde Rechnung).

(2) Wird der Versicherungsvertrag für einen anderen geschlossen, ist, auch wenn dieser benannt wird, im Zweifel anzunehmen, dass der Versicherungsnehmer nicht als Vertreter, sondern im eigenen Namen für fremde Rechnung handelt.

(3) Ergibt sich aus den Umständen nicht, dass der Versicherungsvertrag für einen anderen geschlossen werden soll, gilt er als für eigene Rechnung geschlossen.

§ 44 Rechte des Versicherten. (1) [1] Bei der Versicherung für fremde Rechnung stehen die Rechte aus dem Versicherungsvertrag dem Versicherten zu. [2] Die Übermittlung des Versicherungsscheins kann jedoch nur der Versicherungsnehmer verlangen.

(2) Der Versicherte kann ohne Zustimmung des Versicherungsnehmers nur dann über seine Rechte verfügen und diese Rechte gerichtlich geltend machen, wenn er im Besitz des Versicherungsscheins ist.

§ 45 Rechte des Versicherungsnehmers. (1) Der Versicherungsnehmer kann über die Rechte, die dem Versicherten aus dem Versicherungsvertrag zustehen, im eigenen Namen verfügen.

(2) Ist ein Versicherungsschein ausgestellt, ist der Versicherungsnehmer ohne Zustimmung des Versicherten zur Annahme der Leistung des Versicherers und zur Übertragung der Rechte des Versicherten nur befugt, wenn er im Besitz des Versicherungsscheins ist.

(3) Der Versicherer ist zur Leistung an den Versicherungsnehmer nur verpflichtet, wenn der Versicherte seine Zustimmung zu der Versicherung erteilt hat.

§ 46 Rechte zwischen Versicherungsnehmer und Versichertem. [1] Der Versicherungsnehmer ist nicht verpflichtet, dem Versicherten oder, falls über dessen Vermögen das Insolvenzverfahren eröffnet ist, der Insolvenzmasse den Versicherungsschein auszuliefern, bevor er wegen seiner Ansprüche gegen den Versicherten in Bezug auf die versicherte Sache befriedigt ist. [2] Er kann sich für diese Ansprüche aus der Entschädigungsforderung gegen den Versicherer und nach deren Einziehung aus der Entschädigungssumme vor dem Versicherten und dessen Gläubigern befriedigen.

§ 47 Kenntnis und Verhalten des Versicherten. (1) Soweit die Kenntnis und das Verhalten des Versicherungsnehmers von rechtlicher Bedeutung sind, sind bei der Versicherung für fremde Rechnung auch die Kenntnis und das Verhalten des Versicherten zu berücksichtigen.

(2) [1] Die Kenntnis des Versicherten ist nicht zu berücksichtigen, wenn der Vertrag ohne sein Wissen geschlossen worden ist oder ihm eine rechtzeitige Benachrichtigung des Versicherungsnehmers nicht möglich oder nicht zumutbar war. [2] Der Versicherer braucht den Einwand, dass der Vertrag ohne Wissen des Versicherten geschlossen worden ist, nicht gegen sich gelten zu lassen, wenn der Versicherungsnehmer den Vertrag ohne Auftrag des Versicherten geschlossen und bei Vertragsschluss dem Versicherer nicht angezeigt hat, dass er den Vertrag ohne Auftrag des Versicherten schließt.

§ 48 Versicherung für Rechnung „wen es angeht". Ist die Versicherung für Rechnung „wen es angeht" genommen oder ist dem Vertrag in sonstiger Weise zu entnehmen, dass unbestimmt bleiben soll, ob eigenes oder fremdes Interesse versichert ist, sind die §§ 43 bis 47 anzuwenden, wenn sich aus den Umständen ergibt, dass fremdes Interesse versichert ist.

Abschnitt 5. Vorläufige Deckung

§ 49 Inhalt des Vertrags. (1) [1] Bei einem Versicherungsvertrag, dessen wesentlicher Inhalt die Gewährung einer vorläufigen Deckung durch den Versicherer ist, kann vereinbart werden, dass dem Versicherungsnehmer die Vertragsbestimmungen und die Informationen nach § 7 Abs. 1 in Verbindung mit einer Rechtsverordnung nach § 7 Abs. 2 nur auf Anforderung und spätestens mit dem Versicherungsschein vom Versicherer zu übermitteln sind. [2] Auf einen Fernabsatzvertrag im Sinn des § 312c des Bürgerlichen Gesetzbuchs[1)] ist Satz 1 nicht anzuwenden.

(2) [1] Werden die Allgemeinen Versicherungsbedingungen dem Versicherungsnehmer bei Vertragsschluss nicht übermittelt, werden die vom Versicherer zu diesem Zeitpunkt für den vorläufigen Versicherungsschutz üblicherweise verwendeten Bedingungen, bei Fehlen solcher Bedingungen die für den Hauptvertrag vom Versicherer verwendeten Bedingungen auch ohne ausdrücklichen Hinweis hierauf Vertragsbestandteil. [2] Bestehen Zweifel, welche Bedingungen für den Vertrag gelten sollen, werden die zum Zeitpunkt des Vertragsschlusses vom Versicherer verwendeten Bedingungen, die für den Versicherungsnehmer am günstigsten sind, Vertragsbestandteil.

§ 50 Nichtzustandekommen des Hauptvertrags. Ist der Versicherungsnehmer verpflichtet, im Fall des Nichtzustandekommens des Hauptvertrags eine Prämie für die vorläufige Deckung zu zahlen, steht dem Versicherer ein Anspruch auf einen der Laufzeit der vorläufigen Deckung entsprechenden Teil der Prämie zu, die beim Zustandekommen des Hauptvertrags für diesen zu zahlen wäre.

§ 51 Prämienzahlung. (1) Der Beginn des Versicherungsschutzes kann von der Zahlung der Prämie abhängig gemacht werden, sofern der Versicherer den Versicherungsnehmer durch gesonderte Mitteilung in Textform oder durch einen auffälligen Hinweis im Versicherungsschein auf diese Voraussetzung aufmerksam gemacht hat.

(2) Von Absatz 1 kann nicht zum Nachteil des Versicherungsnehmers abgewichen werden.

§ 52 Beendigung des Vertrags. (1) [1] Der Vertrag über vorläufige Deckung endet spätestens zu dem Zeitpunkt, zu dem nach einem vom Versicherungsnehmer geschlossenen Hauptvertrag oder einem weiteren Vertrag über vorläufige Deckung ein gleichartiger Versicherungsschutz beginnt. [2] Ist der Beginn des Versicherungsschutzes nach dem Hauptvertrag oder dem weiteren Vertrag über vorläufige Deckung von der Zahlung der Prämie durch den Versicherungsnehmer abhängig, endet der Vertrag über vorläufige Deckung bei Nichtzahlung oder verspäteter Zahlung der Prämie abweichend von Satz 1 spätestens zu dem Zeitpunkt, zu dem der Versicherungsnehmer mit der Prämienzahlung in Verzug ist, vorausgesetzt, dass der Versicherer den Versicherungsnehmer durch gesonderte Mitteilung in Textform oder durch einen auffälligen Hinweis im Versicherungsschein auf diese Rechtsfolge aufmerksam gemacht hat.

(2) [1] Absatz 1 ist auch anzuwenden, wenn der Versicherungsnehmer den Hauptvertrag oder den weiteren Vertrag über vorläufige Deckung mit einem anderen Versicherer schließt. [2] Der Versicherungsnehmer hat dem bisherigen Versicherer den Vertragsschluss unverzüglich mitzuteilen.

[1)] Nr. **13**.

(3) Kommt der Hauptvertrag mit dem Versicherer, mit dem der Vertrag über vorläufige Deckung besteht, nicht zustande, weil der Versicherungsnehmer seine Vertragserklärung nach § 8 widerruft oder nach § 5 Abs. 1 und 2 einen Widerspruch erklärt, endet der Vertrag über vorläufige Deckung spätestens mit dem Zugang des Widerrufs oder des Widerspruchs beim Versicherer.

(4) [1] Ist das Vertragsverhältnis auf unbestimmte Zeit eingegangen, kann jede Vertragspartei den Vertrag ohne Einhaltung einer Frist kündigen. [2] Die Kündigung des Versicherers wird jedoch erst nach Ablauf von zwei Wochen nach Zugang wirksam.

(5) Von den Absätzen 1 bis 4 kann nicht zum Nachteil des Versicherungsnehmers abgewichen werden.

Abschnitt 6. Laufende Versicherung

§ 53 Anmeldepflicht. Wird ein Vertrag in der Weise geschlossen, dass das versicherte Interesse bei Vertragsschluss nur der Gattung nach bezeichnet und erst nach seiner Entstehung dem Versicherer einzeln aufgegeben wird (laufende Versicherung), ist der Versicherungsnehmer verpflichtet, entweder die versicherten Risiken einzeln oder, wenn der Versicherer darauf verzichtet hat, die vereinbarte Prämiengrundlage unverzüglich anzumelden oder, wenn dies vereinbart ist, jeweils Deckungszusage zu beantragen.

§ 54 Verletzung der Anmeldepflicht. (1) [1] Hat der Versicherungsnehmer die Anmeldung eines versicherten Risikos oder der vereinbarten Prämiengrundlage oder die Beantragung der Deckungszusage unterlassen oder fehlerhaft vorgenommen, ist der Versicherer nicht zur Leistung verpflichtet. [2] Dies gilt nicht, wenn der Versicherungsnehmer die Anmelde- oder Antragspflicht weder vorsätzlich noch grob fahrlässig verletzt hat und die Anmeldung oder den Antrag unverzüglich nach Kenntniserlangung von dem Fehler nachholt oder berichtigt.

(2) [1] Verletzt der Versicherungsnehmer die Anmelde- oder Antragspflicht vorsätzlich, kann der Versicherer den Vertrag fristlos kündigen. [2] Die Versicherung von Einzelrisiken, für die der Versicherungsschutz begonnen hat, bleibt, wenn anderes nicht vereinbart ist, über das Ende der laufenden Versicherung hinaus bis zu dem Zeitpunkt bestehen, zu dem die vereinbarte Dauer der Versicherung dieser Einzelrisiken endet. [3] Der Versicherer kann ferner die Prämie verlangen, die bis zum Wirksamwerden der Kündigung zu zahlen gewesen wäre, wenn der Versicherungsnehmer die Anmeldepflicht erfüllt hätte.

§ 55 Einzelpolice. (1) [1] Ist bei einer laufenden Versicherung ein Versicherungsschein für ein einzelnes Risiko (Einzelpolice) oder ein Versicherungszertifikat ausgestellt worden, ist der Versicherer nur gegen Vorlage der Urkunde zur Leistung verpflichtet. [2] Durch die Leistung an den Inhaber der Urkunde wird er befreit.

(2) [1] Ist die Urkunde abhandengekommen oder vernichtet, ist der Versicherer zur Leistung erst verpflichtet, wenn die Urkunde für kraftlos erklärt oder Sicherheit geleistet ist; eine Sicherheitsleistung durch Bürgen ist ausgeschlossen. [2] Dies gilt auch für die Verpflichtung des Versicherers zur Ausstellung einer Ersatzurkunde.

(3) [1] Der Inhalt der Einzelpolice oder eines Versicherungszertifikats gilt abweichend von § 5 als vom Versicherungsnehmer genehmigt, wenn dieser nicht

unverzüglich nach der Übermittlung widerspricht. [2]Das Recht des Versicherungsnehmers, die Genehmigung wegen Irrtums anzufechten, bleibt unberührt.

§ 56 Verletzung der Anzeigepflicht. (1) [1]Abweichend von § 19 Abs. 2 ist bei Verletzung der Anzeigepflicht der Rücktritt des Versicherers ausgeschlossen; der Versicherer kann innerhalb eines Monats von dem Zeitpunkt an, zu dem er Kenntnis von dem nicht oder unrichtig angezeigten Umstand erlangt hat, den Vertrag kündigen und die Leistung verweigern. [2]Der Versicherer bleibt zur Leistung verpflichtet, soweit der nicht oder unrichtig angezeigte Umstand nicht ursächlich für den Eintritt des Versicherungsfalles oder den Umfang der Leistungspflicht war.

(2) [1]Verweigert der Versicherer die Leistung, kann der Versicherungsnehmer den Vertrag kündigen. [2]Das Kündigungsrecht erlischt, wenn es nicht innerhalb eines Monats von dem Zeitpunkt an ausgeübt wird, zu welchem dem Versicherungsnehmer die Entscheidung des Versicherers, die Leistung zu verweigern, zugeht.

§ 57 Gefahränderung. (1) Der Versicherungsnehmer hat dem Versicherer eine Änderung der Gefahr unverzüglich anzuzeigen.

(2) [1]Hat der Versicherungsnehmer eine Gefahrerhöhung nicht angezeigt, ist der Versicherer nicht zur Leistung verpflichtet, wenn der Versicherungsfall nach dem Zeitpunkt eintritt, zu dem die Anzeige dem Versicherer hätte zugehen müssen. [2]Er ist zur Leistung verpflichtet,

1. wenn ihm die Gefahrerhöhung zu dem Zeitpunkt bekannt war, zu dem ihm die Anzeige hätte zugehen müssen,
2. wenn die Anzeigepflicht weder vorsätzlich noch grob fahrlässig verletzt worden ist oder
3. soweit die Gefahrerhöhung nicht ursächlich für den Eintritt des Versicherungsfalles oder den Umfang der Leistungspflicht war.

(3) Der Versicherer ist abweichend von § 24 nicht berechtigt, den Vertrag wegen einer Gefahrerhöhung zu kündigen.

§ 58 Obliegenheitsverletzung. (1) Verletzt der Versicherungsnehmer bei einer laufenden Versicherung schuldhaft eine vor Eintritt des Versicherungsfalles zu erfüllende Obliegenheit, ist der Versicherer in Bezug auf ein versichertes Einzelrisiko, für das die verletzte Obliegenheit gilt, nicht zur Leistung verpflichtet.

(2) Bei schuldhafter Verletzung einer Obliegenheit kann der Versicherer den Vertrag innerhalb eines Monats, nachdem er Kenntnis von der Verletzung erlangt hat, mit einer Frist von einem Monat kündigen.

Abschnitt 7. Versicherungsvermittler, Versicherungsberater

Unterabschnitt 1. Mitteilungs- und Beratungspflichten

§ 59 Begriffsbestimmungen. (1) [1]Versicherungsvermittler im Sinn dieses Gesetzes sind Versicherungsvertreter und Versicherungsmakler. [2]Die §§ 1a, 6a, 7a, 7b und 7c gelten für Versicherungsvermittler entsprechend. [3]Versicherungsvermittler ist auch, wer eine Vertriebstätigkeit im Sinne von § 1a Absatz 2 ausführt, ohne dass die Voraussetzungen des nachfolgenden Absatzes 2 oder 3 vorliegen.

(2) Versicherungsvertreter im Sinn dieses Gesetzes ist, wer von einem Versicherer oder einem Versicherungsvertreter damit betraut ist, gewerbsmäßig Versicherungsverträge zu vermitteln oder abzuschließen.

(3) [1] Versicherungsmakler im Sinn dieses Gesetzes ist, wer gewerbsmäßig für den Auftraggeber die Vermittlung oder den Abschluss von Versicherungsverträgen übernimmt, ohne von einem Versicherer oder von einem Versicherungsvertreter damit betraut zu sein. [2] Als Versicherungsmakler gilt, wer gegenüber dem Versicherungsnehmer den Anschein erweckt, er erbringe seine Leistungen als Versicherungsmakler nach Satz 1.

(4) [1] Versicherungsberater im Sinn dieses Gesetzes ist, wer gewerbsmäßig Dritte bei der Vereinbarung, Änderung oder Prüfung von Versicherungsverträgen oder bei der Wahrnehmung von Ansprüchen aus Versicherungsverträgen im Versicherungsfall berät oder gegenüber dem Versicherer außergerichtlich vertritt, ohne von einem Versicherer einen wirtschaftlichen Vorteil zu erhalten oder in anderer Weise von ihm abhängig zu sein. [2] Die §§ 1a, 6a, 7a, 7b und 7c gelten für Versicherungsberater entsprechend.

§ 60 Beratungsgrundlage des Versicherungsvermittlers. (1) [1] Der Versicherungsmakler ist verpflichtet, seinem Rat eine hinreichende Zahl von auf dem Markt angebotenen Versicherungsverträgen und von Versicherern zu Grunde zu legen, so dass er nach fachlichen Kriterien eine Empfehlung dahin abgeben kann, welcher Versicherungsvertrag geeignet ist, die Bedürfnisse des Versicherungsnehmers zu erfüllen. [2] Dies gilt nicht, soweit er im Einzelfall vor Abgabe der Vertragserklärung des Versicherungsnehmers diesen ausdrücklich auf eine eingeschränkte Versicherer- und Vertragsauswahl hinweist.

(2) [1] Der Versicherungsmakler, der nach Absatz 1 Satz 2 auf eine eingeschränkte Auswahl hinweist, und der Versicherungsvertreter haben dem Versicherungsnehmer mitzuteilen, auf welcher Markt- und Informationsgrundlage sie ihre Leistung erbringen, und die Namen der ihrem Rat zu Grunde gelegten Versicherer anzugeben. [2] Der Versicherungsvertreter hat außerdem mitzuteilen, für welche Versicherer er seine Tätigkeit ausübt und ob er für diese ausschließlich tätig ist.

(3) Der Versicherungsnehmer kann auf die Mitteilungen und Angaben nach Absatz 2 durch eine gesonderte schriftliche Erklärung verzichten.

§ 61 Beratungs- und Dokumentationspflichten des Versicherungsvermittlers. (1) [1] Der Versicherungsvermittler hat den Versicherungsnehmer, soweit nach der Schwierigkeit, die angebotene Versicherung zu beurteilen, oder der Person des Versicherungsnehmers und dessen Situation hierfür Anlass besteht, nach seinen Wünschen und Bedürfnissen zu befragen und, auch unter Berücksichtigung eines angemessenen Verhältnisses zwischen Beratungsaufwand und der vom Versicherungsnehmer zu zahlenden Prämien, zu beraten sowie die Gründe für jeden zu einer bestimmten Versicherung erteilten Rat anzugeben. [2] Er hat dies unter Berücksichtigung der Komplexität des angebotenen Versicherungsvertrags nach § 62 zu dokumentieren.

(2) [1] Der Versicherungsnehmer kann auf die Beratung oder die Dokumentation nach Absatz 1 durch eine gesonderte schriftliche Erklärung verzichten, in der er vom Versicherungsvermittler ausdrücklich darauf hingewiesen wird, dass

sich ein Verzicht nachteilig auf die Möglichkeit des Versicherungsnehmers auswirken kann, gegen den Versicherungsvermittler einen Schadensersatzanspruch nach § 63 geltend zu machen. [2] Handelt es sich um einen Vertrag im Fernabsatz im Sinn des § 312c des Bürgerlichen Gesetzbuchs, kann der Versicherungsnehmer in Textform verzichten.

§ 62 Zeitpunkt und Form der Information. (1) Dem Versicherungsnehmer sind die Informationen nach § 60 Abs. 2 vor Abgabe seiner Vertragserklärung, die Informationen nach § 61 Abs. 1 vor dem Abschluss des Vertrags klar und verständlich in Textform zu übermitteln.

(2) [1] Die Informationen nach Absatz 1 dürfen mündlich übermittelt werden, wenn der Versicherungsnehmer dies wünscht oder wenn und soweit der Versicherer vorläufige Deckung gewährt. [2] In diesen Fällen sind die Informationen unverzüglich nach Vertragsschluss, spätestens mit dem Versicherungsschein dem Versicherungsnehmer in Textform zu übermitteln; dies gilt nicht für Verträge über vorläufige Deckung bei Pflichtversicherungen.

§ 63 Schadensersatzpflicht. [1] Der Versicherungsvermittler ist zum Ersatz des Schadens verpflichtet, der dem Versicherungsnehmer durch die Verletzung einer Pflicht nach § 60 oder § 61 entsteht. [2] Dies gilt nicht, wenn der Versicherungsvermittler die Pflichtverletzung nicht zu vertreten hat.

§ 64 Zahlungssicherung zugunsten des Versicherungsnehmers. Eine Bevollmächtigung des Versicherungsvermittlers durch den Versicherungsnehmer zur Annahme von Leistungen des Versicherers, die dieser auf Grund eines Versicherungsvertrags an den Versicherungsnehmer zu erbringen hat, bedarf einer gesonderten schriftlichen Erklärung des Versicherungsnehmers.

§ 65 Großrisiken. Die §§ 60 bis 63 gelten nicht für die Vermittlung von Versicherungsverträgen über Großrisiken im Sinn des § 210 Absatz 2.

§ 66 Sonstige Ausnahmen. [1] § 1a Absatz 2, die §§ 6a, 7b, 7c, 60 bis 64, 69 Absatz 2 und § 214 gelten nicht für Versicherungsvermittler in Nebentätigkeit nach § 34d Absatz 8 Nummer 1 der Gewerbeordnung[1)]. [2] Versicherungsvermittler in Nebentätigkeit haben dem Versicherungsnehmer vor Abschluss eines Versicherungsvertrags Informationen über ihre Identität und ihre Anschrift sowie über die Verfahren, nach denen die Versicherungsnehmer und andere interessierte Parteien Beschwerden einlegen können, zur Verfügung zu stellen. [3] Das Informationsblatt zu Versicherungsprodukten haben sie dem Versicherungsnehmer vor Abschluss des Vertrags auszuhändigen.

§ 67 Abweichende Vereinbarungen. Von den §§ 60 bis 66 kann nicht zum Nachteil des Versicherungsnehmers abgewichen werden.

§ 68 Versicherungsberater. [1] Die für Versicherungsmakler geltenden Vorschriften des § 60 Abs. 1 Satz 1, des § 61 Abs. 1 und der §§ 62 bis 65 und 67 sind auf Versicherungsberater entsprechend anzuwenden. [2] Weitergehende Pflichten des Versicherungsberaters aus dem Auftragsverhältnis bleiben unberührt.

[1)] Nr. **17**.

Unterabschnitt 2. Vertretungsmacht

§ 69 Gesetzliche Vollmacht. (1) Der Versicherungsvertreter gilt als bevollmächtigt,

1. Anträge, die auf den Abschluss eines Versicherungsvertrags gerichtet sind, und deren Widerruf sowie die vor Vertragsschluss abzugebenden Anzeigen und sonstigen Erklärungen vom Versicherungsnehmer entgegenzunehmen,
2. Anträge auf Verlängerung oder Änderung eines Versicherungsvertrags und deren Widerruf, die Kündigung, den Rücktritt und sonstige das Versicherungsverhältnis betreffende Erklärungen sowie die während der Dauer des Versicherungsverhältnisses zu erstattenden Anzeigen vom Versicherungsnehmer entgegenzunehmen und
3. die vom Versicherer ausgefertigten Versicherungsscheine oder Verlängerungsscheine dem Versicherungsnehmer zu übermitteln.

(2) [1] Der Versicherungsvertreter gilt als bevollmächtigt, Zahlungen, die der Versicherungsnehmer im Zusammenhang mit der Vermittlung oder dem Abschluss eines Versicherungsvertrags an ihn leistet, anzunehmen. [2] Eine Beschränkung dieser Vollmacht muss der Versicherungsnehmer nur gegen sich gelten lassen, wenn er die Beschränkung bei der Vornahme der Zahlung kannte oder infolge grober Fahrlässigkeit nicht kannte.

(3) [1] Der Versicherungsnehmer trägt die Beweislast für die Abgabe oder den Inhalt eines Antrags oder einer sonstigen Willenserklärung nach Absatz 1 Nr. 1 und 2. [2] Die Beweislast für die Verletzung der Anzeigepflicht oder einer Obliegenheit durch den Versicherungsnehmer trägt der Versicherer.

§ 70 Kenntnis des Versicherungsvertreters. [1] Soweit nach diesem Gesetz die Kenntnis des Versicherers erheblich ist, steht die Kenntnis des Versicherungsvertreters der Kenntnis des Versicherers gleich. [2] Dies gilt nicht für die Kenntnis des Versicherungsvertreters, die er außerhalb seiner Tätigkeit als Vertreter und ohne Zusammenhang mit dem betreffenden Versicherungsvertrag erlangt hat.

§ 71 Abschlussvollmacht. Ist der Versicherungsvertreter zum Abschluss von Versicherungsverträgen bevollmächtigt, ist er auch befugt, die Änderung oder Verlängerung solcher Verträge zu vereinbaren sowie Kündigungs- und Rücktrittserklärungen abzugeben.

§ 72 Beschränkung der Vertretungsmacht. Eine Beschränkung der dem Versicherungsvertreter nach den §§ 69 und 71 zustehenden Vertretungsmacht durch Allgemeine Versicherungsbedingungen ist gegenüber dem Versicherungsnehmer und Dritten unwirksam.

§ 73 Angestellte und nicht gewerbsmäßig tätige Vermittler. Die §§ 69 bis 72 sind auf Angestellte eines Versicherers, die mit der Vermittlung oder dem Abschluss von Versicherungsverträgen betraut sind, und auf Personen, die als Vertreter selbständig Versicherungsverträge vermitteln oder abschließen, ohne gewerbsmäßig tätig zu sein, entsprechend anzuwenden.

Kapitel 2. Schadensversicherung

Abschnitt 1. Allgemeine Vorschriften

§ 74 Überversicherung. (1) Übersteigt die Versicherungssumme den Wert des versicherten Interesses (Versicherungswert) erheblich, kann jede Vertragspartei verlangen, dass die Versicherungssumme zur Beseitigung der Überversicherung unter verhältnismäßiger Minderung der Prämie mit sofortiger Wirkung herabgesetzt wird.

(2) Schließt der Versicherungsnehmer den Vertrag in der Absicht, sich aus der Überversicherung einen rechtswidrigen Vermögensvorteil zu verschaffen, ist der Vertrag nichtig; dem Versicherer steht die Prämie bis zu dem Zeitpunkt zu, zu dem er von den die Nichtigkeit begründenden Umständen Kenntnis erlangt.

§ 75 Unterversicherung. Ist die Versicherungssumme erheblich niedriger als der Versicherungswert zur Zeit des Eintrittes des Versicherungsfalles, ist der Versicherer nur verpflichtet, die Leistung nach dem Verhältnis der Versicherungssumme zu diesem Wert zu erbringen.

§ 76 Taxe. [1] Der Versicherungswert kann durch Vereinbarung auf einen bestimmten Betrag (Taxe) festgesetzt werden. [2] Die Taxe gilt auch als der Wert, den das versicherte Interesse bei Eintritt des Versicherungsfalles hat, es sei denn, sie übersteigt den wirklichen Versicherungswert zu diesem Zeitpunkt erheblich. [3] Ist die Versicherungssumme niedriger als die Taxe, hat der Versicherer, auch wenn die Taxe erheblich übersetzt ist, den Schaden nur nach dem Verhältnis der Versicherungssumme zur Taxe zu ersetzen.

§ 77 Mehrere Versicherer. (1) [1] Wer bei mehreren Versicherern ein Interesse gegen dieselbe Gefahr versichert, ist verpflichtet, jedem Versicherer die andere Versicherung unverzüglich mitzuteilen. [2] In der Mitteilung sind der andere Versicherer und die Versicherungssumme anzugeben.

(2) Wird bezüglich desselben Interesses bei einem Versicherer der entgehende Gewinn, bei einem anderen Versicherer der sonstige Schaden versichert, ist Absatz 1 entsprechend anzuwenden.

§ 78 Haftung bei Mehrfachversicherung. (1) Ist bei mehreren Versicherern ein Interesse gegen dieselbe Gefahr versichert und übersteigen die Versicherungssummen zusammen den Versicherungswert oder übersteigt aus anderen Gründen die Summe der Entschädigungen, die von jedem Versicherer ohne Bestehen der anderen Versicherung zu zahlen wären, den Gesamtschaden (Mehrfachversicherung), haften die Versicherer in der Weise als Gesamtschuldner, dass jeder Versicherer den von ihm nach dem Vertrag zu leistenden Betrag zu zahlen hat, der Versicherungsnehmer aber insgesamt nicht mehr als den Betrag des Schadens verlangen kann.

(2) [1] Die Versicherer sind im Verhältnis zueinander zu Anteilen nach Maßgabe der Beträge verpflichtet, die sie dem Versicherungsnehmer nach dem jeweiligen Vertrag zu zahlen haben. [2] Ist auf eine der Versicherungen ausländisches Recht anzuwenden, kann der Versicherer, für den das ausländische Recht gilt, gegen den anderen Versicherer einen Anspruch auf Ausgleichung nur geltend machen, wenn er selbst nach dem für ihn maßgeblichen Recht zur Ausgleichung verpflichtet ist.

(3) In der Haftpflichtversicherung von Gespannen sind bei einer Mehrfachversicherung die Versicherer im Verhältnis zueinander zu Anteilen entsprechend der Regelung in § 19 Absatz 4 des Straßenverkehrsgesetzes verpflichtet.

(4) Hat der Versicherungsnehmer eine Mehrfachversicherung in der Absicht vereinbart, sich dadurch einen rechtswidrigen Vermögensvorteil zu verschaffen, ist jeder in dieser Absicht geschlossene Vertrag nichtig; dem Versicherer steht die Prämie bis zu dem Zeitpunkt zu, zu dem er von den die Nichtigkeit begründenden Umständen Kenntnis erlangt.

§ 79 Beseitigung der Mehrfachversicherung. (1) Hat der Versicherungsnehmer den Vertrag, durch den die Mehrfachversicherung entstanden ist, ohne Kenntnis von dem Entstehen der Mehrfachversicherung geschlossen, kann er verlangen, dass der später geschlossene Vertrag aufgehoben oder die Versicherungssumme unter verhältnismäßiger Minderung der Prämie auf den Teilbetrag herabgesetzt wird, der durch die frühere Versicherung nicht gedeckt ist.

(2) [1] Absatz 1 ist auch anzuwenden, wenn die Mehrfachversicherung dadurch entstanden ist, dass nach Abschluss der mehreren Versicherungsverträge der Versicherungswert gesunken ist. [2] Sind in diesem Fall die mehreren Versicherungsverträge gleichzeitig oder im Einvernehmen der Versicherer geschlossen worden, kann der Versicherungsnehmer nur die verhältnismäßige Herabsetzung der Versicherungssummen und der Prämien verlangen.

§ 80 Fehlendes versichertes Interesse. (1) [1] Der Versicherungsnehmer ist nicht zur Zahlung der Prämie verpflichtet, wenn das versicherte Interesse bei Beginn der Versicherung nicht besteht; dies gilt auch, wenn das Interesse bei einer Versicherung, die für ein künftiges Unternehmen oder für ein anderes künftiges Interesse genommen ist, nicht entsteht. [2] Der Versicherer kann jedoch eine angemessene Geschäftsgebühr verlangen.

(2) Fällt das versicherte Interesse nach dem Beginn der Versicherung weg, steht dem Versicherer die Prämie zu, die er hätte beanspruchen können, wenn die Versicherung nur bis zu dem Zeitpunkt beantragt worden wäre, zu dem der Versicherer vom Wegfall des Interesses Kenntnis erlangt hat.

(3) Hat der Versicherungsnehmer ein nicht bestehendes Interesse in der Absicht versichert, sich dadurch einen rechtswidrigen Vermögensvorteil zu verschaffen, ist der Vertrag nichtig; dem Versicherer steht die Prämie bis zu dem Zeitpunkt zu, zu dem er von den die Nichtigkeit begründenden Umständen Kenntnis erlangt.

§ 81 Herbeiführung des Versicherungsfalles. (1) Der Versicherer ist nicht zur Leistung verpflichtet, wenn der Versicherungsnehmer vorsätzlich den Versicherungsfall herbeiführt.

(2) Führt der Versicherungsnehmer den Versicherungsfall grob fahrlässig herbei, ist der Versicherer berechtigt, seine Leistung in einem der Schwere des Verschuldens des Versicherungsnehmers entsprechenden Verhältnis zu kürzen.

§ 82 Abwendung und Minderung des Schadens. (1) Der Versicherungsnehmer hat bei Eintritt des Versicherungsfalles nach Möglichkeit für die Abwendung und Minderung des Schadens zu sorgen.

(2) [1] Der Versicherungsnehmer hat Weisungen des Versicherers, soweit für ihn zumutbar, zu befolgen sowie Weisungen einzuholen, wenn die Umstände

dies gestatten. [2] Erteilen mehrere an dem Versicherungsvertrag beteiligte Versicherer unterschiedliche Weisungen, hat der Versicherungsnehmer nach pflichtgemäßem Ermessen zu handeln.

(3) [1] Bei Verletzung einer Obliegenheit nach den Absätzen 1 und 2 ist der Versicherer nicht zur Leistung verpflichtet, wenn der Versicherungsnehmer die Obliegenheit vorsätzlich verletzt hat. [2] Im Fall einer grob fahrlässigen Verletzung ist der Versicherer berechtigt, seine Leistung in einem der Schwere des Verschuldens des Versicherungsnehmers entsprechenden Verhältnis zu kürzen; die Beweislast für das Nichtvorliegen einer groben Fahrlässigkeit trägt der Versicherungsnehmer.

(4) [1] Abweichend von Absatz 3 ist der Versicherer zur Leistung verpflichtet, soweit die Verletzung der Obliegenheit weder für die Feststellung des Versicherungsfalles noch für die Feststellung oder den Umfang der Leistungspflicht ursächlich ist. [2] Satz 1 gilt nicht, wenn der Versicherungsnehmer die Obliegenheit arglistig verletzt hat.

§ 83 Aufwendungsersatz. (1) [1] Der Versicherer hat Aufwendungen des Versicherungsnehmers nach § 82 Abs. 1 und 2, auch wenn sie erfolglos bleiben, insoweit zu erstatten, als der Versicherungsnehmer sie den Umständen nach für geboten halten durfte. [2] Der Versicherer hat den für die Aufwendungen erforderlichen Betrag auf Verlangen des Versicherungsnehmers vorzuschießen.

(2) Ist der Versicherer berechtigt, seine Leistung zu kürzen, kann er auch den Aufwendungsersatz nach Absatz 1 entsprechend kürzen.

(3) Aufwendungen des Versicherungsnehmers, die er gemäß den Weisungen des Versicherers macht, sind auch insoweit zu erstatten, als sie zusammen mit der sonstigen Entschädigung die Versicherungssumme übersteigen.

(4) Bei der Tierversicherung gehören die Kosten der Fütterung und der Pflege sowie die Kosten der tierärztlichen Untersuchung und Behandlung nicht zu den vom Versicherer nach den Absätzen 1 bis 3 zu erstattenden Aufwendungen.

§ 84 Sachverständigenverfahren. (1) [1] Sollen nach dem Vertrag einzelne Voraussetzungen des Anspruchs aus der Versicherung oder die Höhe des Schadens durch Sachverständige festgestellt werden, ist die getroffene Feststellung nicht verbindlich, wenn sie offenbar von der wirklichen Sachlage erheblich abweicht. [2] Die Feststellung erfolgt in diesem Fall durch gerichtliche Entscheidung. [3] Dies gilt auch, wenn die Sachverständigen die Feststellung nicht treffen können oder wollen oder sie verzögern.

(2) [1] Sind nach dem Vertrag die Sachverständigen durch das Gericht zu ernennen, ist für die Ernennung das Amtsgericht zuständig, in dessen Bezirk der Schaden entstanden ist. [2] Durch eine ausdrückliche Vereinbarung der Beteiligten kann die Zuständigkeit eines anderen Amtsgerichts begründet werden. [3] Die Verfügung, durch die dem Antrag auf Ernennung der Sachverständigen stattgegeben wird, ist nicht anfechtbar.

§ 85 Schadensermittlungskosten. (1) [1] Der Versicherer hat dem Versicherungsnehmer die Kosten, die durch die Ermittlung und Feststellung des von ihm zu ersetzenden Schadens entstehen, insoweit zu erstatten, als ihre Aufwendung den Umständen nach geboten war. [2] Diese Kosten sind auch insoweit zu erstatten, als sie zusammen mit der sonstigen Entschädigung die Versicherungssumme übersteigen.

(2) Kosten, die dem Versicherungsnehmer durch die Zuziehung eines Sachverständigen oder eines Beistandes entstehen, hat der Versicherer nicht zu erstatten, es sei denn, der Versicherungsnehmer ist zu der Zuziehung vertraglich verpflichtet oder vom Versicherer aufgefordert worden.

(3) Ist der Versicherer berechtigt, seine Leistung zu kürzen, kann er auch den Kostenersatz entsprechend kürzen.

§ 86 Übergang von Ersatzansprüchen. (1) [1] Steht dem Versicherungsnehmer ein Ersatzanspruch gegen einen Dritten zu, geht dieser Anspruch auf den Versicherer über, soweit der Versicherer den Schaden ersetzt. [2] Der Übergang kann nicht zum Nachteil des Versicherungsnehmers geltend gemacht werden.

(2) [1] Der Versicherungsnehmer hat seinen Ersatzanspruch oder ein zur Sicherung dieses Anspruchs dienendes Recht unter Beachtung der geltenden Form- und Fristvorschriften zu wahren und bei dessen Durchsetzung durch den Versicherer soweit erforderlich mitzuwirken. [2] Verletzt der Versicherungsnehmer diese Obliegenheit vorsätzlich, ist der Versicherer zur Leistung insoweit nicht verpflichtet, als er infolgedessen keinen Ersatz von dem Dritten erlangen kann. [3] Im Fall einer grob fahrlässigen Verletzung der Obliegenheit ist der Versicherer berechtigt, seine Leistung in einem der Schwere des Verschuldens des Versicherungsnehmers entsprechenden Verhältnis zu kürzen; die Beweislast für das Nichtvorliegen einer groben Fahrlässigkeit trägt der Versicherungsnehmer.

(3) Richtet sich der Ersatzanspruch des Versicherungsnehmers gegen eine Person, mit der er bei Eintritt des Schadens in häuslicher Gemeinschaft lebt, kann der Übergang nach Absatz 1 nicht geltend gemacht werden, es sei denn, diese Person hat den Schaden vorsätzlich verursacht.

§ 87 Abweichende Vereinbarungen. Von den §§ 74, 78 Absatz 4, den §§ 80, 82 bis 84 Abs. 1 Satz 1 und § 86 kann nicht zum Nachteil des Versicherungsnehmers abgewichen werden.

Abschnitt 2. Sachversicherung

§ 88 Versicherungswert. Soweit nichts anderes vereinbart ist, gilt als Versicherungswert, wenn sich die Versicherung auf eine Sache oder einen Inbegriff von Sachen bezieht, der Betrag, den der Versicherungsnehmer zur Zeit des Eintrittes des Versicherungsfalles für die Wiederbeschaffung oder Wiederherstellung der versicherten Sache in neuwertigem Zustand unter Abzug des sich aus dem Unterschied zwischen alt und neu ergebenden Minderwertes aufzuwenden hat.

§ 89 Versicherung für Inbegriff von Sachen. (1) Eine Versicherung, die für einen Inbegriff von Sachen genommen ist, umfasst die jeweils dem Inbegriff zugehörigen Sachen.

(2) [1] Ist die Versicherung für einen Inbegriff von Sachen genommen, erstreckt sie sich auf die Sachen der Personen, mit denen der Versicherungsnehmer bei Eintritt des Schadens in häuslicher Gemeinschaft lebt oder die zu diesem Zeitpunkt in einem Dienstverhältnis zum Versicherungsnehmer stehen und ihre Tätigkeit an dem Ort ausüben, für den die Versicherung gilt. [2] Die Versicherung gilt insoweit als für fremde Rechnung genommen.

§ 90 Erweiterter Aufwendungsersatz. Macht der Versicherungsnehmer Aufwendungen, um einen unmittelbar bevorstehenden Versicherungsfall abzuwenden oder in seinen Auswirkungen zu mindern, ist § 83 Abs. 1 Satz 1, Abs. 2 und 3 entsprechend anzuwenden.

§ 91 Verzinsung der Entschädigung. [1]Die vom Versicherer zu zahlende Entschädigung ist nach Ablauf eines Monats seit der Anzeige des Versicherungsfalles für das Jahr mit 4 Prozent zu verzinsen, soweit nicht aus einem anderen Rechtsgrund höhere Zinsen verlangt werden können. [2]Der Lauf der Frist ist gehemmt, solange der Schaden infolge eines Verschuldens des Versicherungsnehmers nicht festgestellt werden kann.

§ 92 Kündigung nach Versicherungsfall. (1) Nach dem Eintritt des Versicherungsfalles kann jede Vertragspartei das Versicherungsverhältnis kündigen.

(2) [1]Die Kündigung ist nur bis zum Ablauf eines Monats seit dem Abschluss der Verhandlungen über die Entschädigung zulässig. [2]Der Versicherer hat eine Kündigungsfrist von einem Monat einzuhalten. [3]Der Versicherungsnehmer kann nicht für einen späteren Zeitpunkt als den Schluss der laufenden Versicherungsperiode kündigen.

(3) [1]Bei der Hagelversicherung kann der Versicherer nur für den Schluss der Versicherungsperiode kündigen, in welcher der Versicherungsfall eingetreten ist. [2]Kündigt der Versicherungsnehmer für einen früheren Zeitpunkt als den Schluss dieser Versicherungsperiode, steht dem Versicherer gleichwohl die Prämie für die laufende Versicherungsperiode zu.

§ 93 Wiederherstellungsklausel. [1]Ist der Versicherer nach dem Vertrag verpflichtet, einen Teil der Entschädigung nur bei Wiederherstellung oder Wiederbeschaffung der versicherten Sache zu zahlen, kann der Versicherungsnehmer die Zahlung eines über den Versicherungswert hinausgehenden Betrags erst verlangen, wenn die Wiederherstellung oder Wiederbeschaffung gesichert ist. [2]Der Versicherungsnehmer ist zur Rückzahlung der vom Versicherer geleisteten Entschädigung abzüglich des Versicherungswertes der Sache verpflichtet, wenn die Sache infolge eines Verschuldens des Versicherungsnehmers nicht innerhalb einer angemessenen Frist wiederhergestellt oder wiederbeschafft worden ist.

§ 94 Wirksamkeit der Zahlung gegenüber Hypothekengläubigern.

(1) Im Fall des § 93 Satz 1 ist eine Zahlung, die ohne die Sicherung der Wiederherstellung oder Wiederbeschaffung geleistet wird, einem Hypothekengläubiger gegenüber nur wirksam, wenn ihm der Versicherer oder der Versicherungsnehmer mitgeteilt hat, dass ohne die Sicherung geleistet werden soll und seit dem Zugang der Mitteilung mindestens ein Monat verstrichen ist.

(2) Soweit die Entschädigungssumme nicht zu einer den Vertragsbestimmungen entsprechenden Wiederherstellung oder Wiederbeschaffung verwendet werden soll, kann der Versicherer mit Wirkung gegen einen Hypothekengläubiger erst zahlen, wenn er oder der Versicherungsnehmer diese Absicht dem Hypothekengläubiger mitgeteilt hat und seit dem Zugang der Mitteilung mindestens ein Monat verstrichen ist.

(3) [1]Der Hypothekengläubiger kann bis zum Ablauf der Frist von einem Monat dem Versicherer gegenüber der Zahlung widersprechen. [2]Die Mitteilungen nach den Absätzen 1 und 2 dürfen unterbleiben, wenn sie einen un-

angemessenen Aufwand erfordern würden; in diesem Fall läuft die Frist ab dem Zeitpunkt der Fälligkeit der Entschädigungssumme.

(4) Hat der Hypothekengläubiger seine Hypothek dem Versicherer angemeldet, ist eine Zahlung, die ohne die Sicherung der Wiederherstellung oder Wiederbeschaffung geleistet wird, dem Hypothekengläubiger gegenüber nur wirksam, wenn dieser in Textform der Zahlung zugestimmt hat.

(5) Die Absätze 1 bis 4 sind entsprechend anzuwenden, wenn das Grundstück mit einer Grundschuld, Rentenschuld oder Reallast belastet ist.

§ 95 Veräußerung der versicherten Sache. (1) Wird die versicherte Sache vom Versicherungsnehmer veräußert, tritt an dessen Stelle der Erwerber in die während der Dauer seines Eigentums aus dem Versicherungsverhältnis sich ergebenden Rechte und Pflichten des Versicherungsnehmers ein.

(2) Der Veräußerer und der Erwerber haften für die Prämie, die auf die zur Zeit des Eintrittes des Erwerbers laufende Versicherungsperiode entfällt, als Gesamtschuldner.

(3) Der Versicherer muss den Eintritt des Erwerbers erst gegen sich gelten lassen, wenn er hiervon Kenntnis erlangt hat.

§ 96 Kündigung nach Veräußerung. (1) [1]Der Versicherer ist berechtigt, dem Erwerber einer versicherten Sache das Versicherungsverhältnis unter Einhaltung einer Frist von einem Monat zu kündigen. [2]Das Kündigungsrecht erlischt, wenn es nicht innerhalb eines Monats ab der Kenntnis des Versicherers von der Veräußerung ausgeübt wird.

(2) [1]Der Erwerber ist berechtigt, das Versicherungsverhältnis mit sofortiger Wirkung oder für den Schluss der laufenden Versicherungsperiode zu kündigen. [2]Das Kündigungsrecht erlischt, wenn es nicht innerhalb eines Monats nach dem Erwerb, bei fehlender Kenntnis des Erwerbers vom Bestehen der Versicherung innerhalb eines Monats ab Erlangung der Kenntnis, ausgeübt wird.

(3) Im Fall der Kündigung des Versicherungsverhältnisses nach Absatz 1 oder Absatz 2 ist der Veräußerer zur Zahlung der Prämie verpflichtet; eine Haftung des Erwerbers für die Prämie besteht nicht.

§ 97 Anzeige der Veräußerung. (1) [1]Die Veräußerung ist dem Versicherer vom Veräußerer oder Erwerber unverzüglich anzuzeigen. [2]Ist die Anzeige unterblieben, ist der Versicherer nicht zur Leistung verpflichtet, wenn der Versicherungsfall später als einen Monat nach dem Zeitpunkt eintritt, zu dem die Anzeige dem Versicherer hätte zugehen müssen, und der Versicherer den mit dem Veräußerer bestehenden Vertrag mit dem Erwerber nicht geschlossen hätte.

(2) Abweichend von Absatz 1 Satz 2 ist der Versicherer zur Leistung verpflichtet, wenn ihm die Veräußerung zu dem Zeitpunkt bekannt war, zu dem ihm die Anzeige hätte zugehen müssen, oder wenn zur Zeit des Eintrittes des Versicherungsfalles die Frist für die Kündigung des Versicherers abgelaufen war und er nicht gekündigt hat.

§ 98 Schutz des Erwerbers. [1]Der Versicherer kann sich auf eine Bestimmung des Versicherungsvertrags, durch die von den §§ 95 bis 97 zum Nachteil des Erwerbers abgewichen wird, nicht berufen. [2]Jedoch kann für die Kündigung des Erwerbers nach § 96 Abs. 2 und die Anzeige der Veräußerung die Schriftform oder die Textform bestimmt werden.

§ 99 Zwangsversteigerung, Erwerb des Nutzungsrechts. Geht das Eigentum an der versicherten Sache im Wege der Zwangsversteigerung über oder erwirbt ein Dritter auf Grund eines Nießbrauchs, eines Pachtvertrags oder eines ähnlichen Verhältnisses die Berechtigung, versicherte Bodenerzeugnisse zu beziehen, sind die §§ 95 bis 98 entsprechend anzuwenden.

Teil 2. Einzelne Versicherungszweige

Kapitel 1. Haftpflichtversicherung

Abschnitt 1. Allgemeine Vorschriften

§ 100 Leistung des Versicherers. Bei der Haftpflichtversicherung ist der Versicherer verpflichtet, den Versicherungsnehmer von Ansprüchen freizustellen, die von einem Dritten auf Grund der Verantwortlichkeit des Versicherungsnehmers für eine während der Versicherungszeit eintretende Tatsache geltend gemacht werden, und unbegründete Ansprüche abzuwehren.

§ 101 Kosten des Rechtsschutzes. (1) [1] Die Versicherung umfasst auch die gerichtlichen und außergerichtlichen Kosten, die durch die Abwehr der von einem Dritten geltend gemachten Ansprüche entstehen, soweit die Aufwendung der Kosten den Umständen nach geboten ist. [2] Die Versicherung umfasst ferner die auf Weisung des Versicherers aufgewendeten Kosten der Verteidigung in einem Strafverfahren, das wegen einer Tat eingeleitet wurde, welche die Verantwortlichkeit des Versicherungsnehmers gegenüber einem Dritten zur Folge haben könnte. [3] Der Versicherer hat die Kosten auf Verlangen des Versicherungsnehmers vorzuschießen.

(2) [1] Ist eine Versicherungssumme bestimmt, hat der Versicherer die Kosten eines auf seine Veranlassung geführten Rechtsstreits und die Kosten der Verteidigung nach Absatz 1 Satz 2 auch insoweit zu ersetzen, als sie zusammen mit den Aufwendungen des Versicherers zur Freistellung des Versicherungsnehmers die Versicherungssumme übersteigen. [2] Dies gilt auch für Zinsen, die der Versicherungsnehmer infolge einer vom Versicherer veranlassten Verzögerung der Befriedigung des Dritten diesem schuldet.

(3) [1] Ist dem Versicherungsnehmer nachgelassen, die Vollstreckung einer gerichtlichen Entscheidung durch Sicherheitsleistung oder Hinterlegung abzuwenden, hat der Versicherer die Sicherheitsleistung oder Hinterlegung zu bewirken. [2] Diese Verpflichtung besteht nur bis zum Betrag der Versicherungssumme; ist der Versicherer nach Absatz 2 über diesen Betrag hinaus verpflichtet, tritt der Versicherungssumme der Mehrbetrag hinzu. [3] Der Versicherer ist von der Verpflichtung nach Satz 1 frei, wenn er den Anspruch des Dritten dem Versicherungsnehmer gegenüber als begründet anerkennt.

§ 102 Betriebshaftpflichtversicherung. (1) [1] Besteht die Versicherung für ein Unternehmen, erstreckt sie sich auf die Haftpflicht der zur Vertretung des Unternehmens befugten Personen sowie der Personen, die in einem Dienstverhältnis zu dem Unternehmen stehen. [2] Die Versicherung gilt insoweit als für fremde Rechnung genommen.

(2) [1] Wird das Unternehmen an einen Dritten veräußert oder auf Grund eines Nießbrauchs, eines Pachtvertrags oder eines ähnlichen Verhältnisses von einem Dritten übernommen, tritt der Dritte an Stelle des Versicherungsnehmers in die während der Dauer seiner Berechtigung sich aus dem Versicherungsverhältnis ergebenden Rechte und Pflichten ein. [2] § 95 Abs. 2 und 3 sowie die §§ 96 und 97 sind entsprechend anzuwenden.

§ 103 Herbeiführung des Versicherungsfalles. Der Versicherer ist nicht zur Leistung verpflichtet, wenn der Versicherungsnehmer vorsätzlich und widerrechtlich den bei dem Dritten eingetretenen Schaden herbeigeführt hat.

§ 104 Anzeigepflicht des Versicherungsnehmers. (1) [1] Der Versicherungsnehmer hat dem Versicherer innerhalb einer Woche die Tatsachen anzuzeigen, die seine Verantwortlichkeit gegenüber einem Dritten zur Folge haben könnten. [2] Macht der Dritte seinen Anspruch gegenüber dem Versicherungsnehmer geltend, ist der Versicherungsnehmer zur Anzeige innerhalb einer Woche nach der Geltendmachung verpflichtet.

(2) [1] Wird gegen den Versicherungsnehmer ein Anspruch gerichtlich geltend gemacht, Prozesskostenhilfe beantragt oder wird ihm gerichtlich der Streit verkündet, hat er dies dem Versicherer unverzüglich anzuzeigen. [2] Dies gilt auch, wenn gegen den Versicherungsnehmer wegen des den Anspruch begründenden Schadensereignisses ein Ermittlungsverfahren eingeleitet wird.

(3) [1] Zur Wahrung der Fristen nach den Absätzen 1 und 2 genügt die rechtzeitige Absendung der Anzeige. [2] § 30 Abs. 2 ist entsprechend anzuwenden.

§ 105 Anerkenntnis des Versicherungsnehmers. Eine Vereinbarung, nach welcher der Versicherer nicht zur Leistung verpflichtet ist, wenn ohne seine Einwilligung der Versicherungsnehmer den Dritten befriedigt oder dessen Anspruch anerkennt, ist unwirksam.

§ 106 Fälligkeit der Versicherungsleistung. [1] Der Versicherer hat den Versicherungsnehmer innerhalb von zwei Wochen von dem Zeitpunkt an, zu dem der Anspruch des Dritten mit bindender Wirkung für den Versicherer durch rechtskräftiges Urteil, Anerkenntnis oder Vergleich festgestellt worden ist, vom Anspruch des Dritten freizustellen. [2] Ist der Dritte von dem Versicherungsnehmer mit bindender Wirkung für den Versicherer befriedigt worden, hat der Versicherer die Entschädigung innerhalb von zwei Wochen nach der Befriedigung des Dritten an den Versicherungsnehmer zu zahlen. [3] Kosten, die nach § 101 zu ersetzen sind, hat der Versicherer innerhalb von zwei Wochen nach der Mitteilung der Berechnung zu zahlen.

§ 107 Rentenanspruch. (1) Ist der Versicherungsnehmer dem Dritten zur Zahlung einer Rente verpflichtet, ist der Versicherer, wenn die Versicherungssumme den Kapitalwert der Rente nicht erreicht, nur zur Zahlung eines verhältnismäßigen Teils der Rente verpflichtet.

(2) [1] Hat der Versicherungsnehmer für die von ihm geschuldete Rente dem Dritten kraft Gesetzes Sicherheit zu leisten, erstreckt sich die Verpflichtung des Versicherers auf die Leistung der Sicherheit. [2] Absatz 1 gilt entsprechend.

§ 108 Verfügung über den Freistellungsanspruch. (1) [1] Verfügungen des Versicherungsnehmers über den Freistellungsanspruch gegen den Versicherer sind dem Dritten gegenüber unwirksam. [2] Der rechtsgeschäftlichen Verfügung steht eine Verfügung im Wege der Zwangsvollstreckung oder Arrestvollziehung gleich.

(2) Die Abtretung des Freistellungsanspruchs an den Dritten kann nicht durch Allgemeine Versicherungsbedingungen ausgeschlossen werden.

§ 109 Mehrere Geschädigte. [1] Ist der Versicherungsnehmer gegenüber mehreren Dritten verantwortlich und übersteigen deren Ansprüche die Versicherungssumme, hat der Versicherer diese Ansprüche nach dem Verhältnis ihrer Beträge zu erfüllen. [2] Ist hierbei die Versicherungssumme erschöpft, kann sich ein bei der Verteilung nicht berücksichtigter Dritter nachträglich auf § 108 Abs. 1 nicht berufen, wenn der Versicherer mit der Geltendmachung dieser Ansprüche nicht gerechnet hat und auch nicht rechnen musste.

§ 110 Insolvenz des Versicherungsnehmers. Ist über das Vermögen des Versicherungsnehmers das Insolvenzverfahren eröffnet, kann der Dritte wegen des ihm gegen den Versicherungsnehmer zustehenden Anspruchs abgesonderte Befriedigung aus dem Freistellungsanspruch des Versicherungsnehmers verlangen.

§ 111 Kündigung nach Versicherungsfall. (1) [1] Hat der Versicherer nach dem Eintritt des Versicherungsfalles den Anspruch des Versicherungsnehmers auf Freistellung anerkannt oder zu Unrecht abgelehnt, kann jede Vertragspartei das Versicherungsverhältnis kündigen. [2] Dies gilt auch, wenn der Versicherer dem Versicherungsnehmer die Weisung erteilt, es zum Rechtsstreit über den Anspruch des Dritten kommen zu lassen.

(2) [1] Die Kündigung ist nur innerhalb eines Monats seit der Anerkennung oder Ablehnung des Freistellungsanspruchs oder seit der Rechtskraft des im Rechtsstreit mit dem Dritten ergangenen Urteils zulässig. [2] § 92 Abs. 2 Satz 2 und 3 ist anzuwenden.

§ 112 Abweichende Vereinbarungen. Von den §§ 104 und 106 kann nicht zum Nachteil des Versicherungsnehmers abgewichen werden.

Abschnitt 2. Pflichtversicherung

§ 113 Pflichtversicherung. (1) Eine Haftpflichtversicherung, zu deren Abschluss eine Verpflichtung durch Rechtsvorschrift besteht (Pflichtversicherung), ist mit einem im Inland zum Geschäftsbetrieb befugten Versicherungsunternehmen abzuschließen.

(2) Der Versicherer hat dem Versicherungsnehmer unter Angabe der Versicherungssumme zu bescheinigen, dass eine der zu bezeichnenden Rechtsvorschrift entsprechende Pflichtversicherung besteht.

(3) Die Vorschriften dieses Abschnittes sind auch insoweit anzuwenden, als der Versicherungsvertrag eine über die vorgeschriebenen Mindestanforderungen hinausgehende Deckung gewährt.

§ 114 Umfang des Versicherungsschutzes. (1) Die Mindestversicherungssumme beträgt bei einer Pflichtversicherung, soweit durch Rechtsvorschrift nichts anderes bestimmt ist, 250 000 Euro je Versicherungsfall und eine Million Euro für alle Versicherungsfälle eines Versicherungsjahres.

(2) [1]Der Versicherungsvertrag kann Inhalt und Umfang der Pflichtversicherung näher bestimmen, soweit dadurch die Erreichung des jeweiligen Zwecks der Pflichtversicherung nicht gefährdet wird und durch Rechtsvorschrift nicht ausdrücklich etwas anderes bestimmt ist. [2]Ein Selbstbehalt des Versicherungsnehmers kann dem Dritten nicht entgegengehalten und gegenüber einer mitversicherten Person nicht geltend gemacht werden.

§ 115 Direktanspruch. (1) [1]Der Dritte kann seinen Anspruch auf Schadensersatz auch gegen den Versicherer geltend machen,

1. wenn es sich um eine Haftpflichtversicherung zur Erfüllung einer nach dem Pflichtversicherungsgesetz bestehenden Versicherungspflicht handelt oder
2. wenn über das Vermögen des Versicherungsnehmers das Insolvenzverfahren eröffnet oder der Eröffnungsantrag mangels Masse abgewiesen worden ist oder ein vorläufiger Insolvenzverwalter bestellt worden ist oder
3. wenn der Aufenthalt des Versicherungsnehmers unbekannt ist.

[2]Der Anspruch besteht im Rahmen der Leistungspflicht des Versicherers aus dem Versicherungsverhältnis und, soweit eine Leistungspflicht nicht besteht, im Rahmen des § 117 Abs. 1 bis 4. [3]Der Versicherer hat den Schadensersatz in Geld zu leisten. [4]Der Versicherer und der ersatzpflichtige Versicherungsnehmer haften als Gesamtschuldner.

(2) [1]Der Anspruch nach Absatz 1 unterliegt der gleichen Verjährung wie der Schadensersatzanspruch gegen den ersatzpflichtigen Versicherungsnehmer. [2]Die Verjährung beginnt mit dem Zeitpunkt, zu dem die Verjährung des Schadensersatzanspruchs gegen den ersatzpflichtigen Versicherungsnehmer beginnt; sie endet jedoch spätestens nach zehn Jahren von dem Eintritt des Schadens an. [3]Ist der Anspruch des Dritten bei dem Versicherer angemeldet worden, ist die Verjährung bis zu dem Zeitpunkt gehemmt, zu dem die Entscheidung des Versicherers dem Anspruchsteller in Textform zugeht. [4]Die Hemmung, die Ablaufhemmung und der Neubeginn der Verjährung des Anspruchs gegen den Versicherer wirken auch gegenüber dem ersatzpflichtigen Versicherungsnehmer und umgekehrt.

§ 116 Gesamtschuldner. (1) [1]Im Verhältnis der Gesamtschuldner nach § 115 Abs. 1 Satz 4 zueinander ist der Versicherer allein verpflichtet, soweit er dem Versicherungsnehmer aus dem Versicherungsverhältnis zur Leistung verpflichtet ist. [2]Soweit eine solche Verpflichtung nicht besteht, ist in ihrem Verhältnis zueinander der Versicherungsnehmer allein verpflichtet. [3]Der Versicherer kann Ersatz der Aufwendungen verlangen, die er den Umständen nach für erforderlich halten durfte.

(2) Die Verjährung der sich aus Absatz 1 ergebenden Ansprüche beginnt mit dem Schluss des Jahres, in dem der Anspruch des Dritten erfüllt wird.

§ 117 Leistungspflicht gegenüber Dritten. (1) Ist der Versicherer von der Verpflichtung zur Leistung dem Versicherungsnehmer gegenüber ganz oder teilweise frei, so bleibt gleichwohl seine Verpflichtung in Ansehung des Dritten bestehen.

(2) [1]Ein Umstand, der das Nichtbestehen oder die Beendigung des Versicherungsverhältnisses zur Folge hat, wirkt in Ansehung des Dritten erst mit dem Ablauf eines Monats, nachdem der Versicherer diesen Umstand der hierfür zuständigen Stelle angezeigt hat. [2]Dies gilt auch, wenn das Versicherungsver-

hältnis durch Zeitablauf endet. [3] Der Lauf der Frist beginnt nicht vor Beendigung des Versicherungsverhältnisses. [4] Ein in den Sätzen 1 und 2 bezeichneter Umstand kann dem Dritten auch dann entgegengehalten werden, wenn vor dem Zeitpunkt des Schadensereignisses der hierfür zuständigen Stelle die Bestätigung einer entsprechend den Rechtsvorschriften abgeschlossenen neuen Versicherung zugegangen ist. [5] Die vorstehenden Vorschriften dieses Absatzes gelten nicht, wenn eine zur Entgegennahme der Anzeige nach Satz 1 zuständige Stelle nicht bestimmt ist.

(3) [1] In den Fällen der Absätze 1 und 2 ist der Versicherer nur im Rahmen der vorgeschriebenen Mindestversicherungssumme und der von ihm übernommenen Gefahr zur Leistung verpflichtet. [2] Er ist leistungsfrei, soweit der Dritte Ersatz seines Schadens von einem anderen Schadensversicherer oder von einem Sozialversicherungsträger erlangen kann.

(4) [1] Trifft die Leistungspflicht des Versicherers nach Absatz 1 oder Absatz 2 mit einer Ersatzpflicht auf Grund fahrlässiger Amtspflichtverletzung zusammen, wird die Ersatzpflicht nach § 839 Abs. 1 des Bürgerlichen Gesetzbuchs im Verhältnis zum Versicherer nicht dadurch ausgeschlossen, dass die Voraussetzungen für die Leistungspflicht des Versicherers vorliegen. [2] Satz 1 gilt nicht, wenn der Beamte nach § 839 des Bürgerlichen Gesetzbuchs[1)] persönlich haftet.

(5) [1] Soweit der Versicherer den Dritten nach den Absätzen 1 bis 4 befriedigt und ein Fall des § 116 nicht vorliegt, geht die Forderung des Dritten gegen den Versicherungsnehmer auf ihn über. [2] Der Übergang kann nicht zum Nachteil des Dritten geltend gemacht werden.

(6) [1] Wird über das Vermögen des Versicherers das Insolvenzverfahren eröffnet, endet das Versicherungsverhältnis abweichend von § 16 erst mit dem Ablauf eines Monats, nachdem der Insolvenzverwalter diesen Umstand der hierfür zuständigen Stelle angezeigt hat; bis zu diesem Zeitpunkt bleibt es der Insolvenzmasse gegenüber wirksam. [2] Ist eine zur Entgegennahme der Anzeige nach Satz 1 zuständige Stelle nicht bestimmt, endet das Versicherungsverhältnis einen Monat nach der Benachrichtigung des Versicherungsnehmers von der Eröffnung des Insolvenzverfahrens; die Benachrichtigung bedarf der Textform.

§ 118 Rangfolge mehrerer Ansprüche. (1) Übersteigen die Ansprüche auf Entschädigung, die auf Grund desselben Schadensereignisses zu leisten ist, die Versicherungssumme, wird die Versicherungssumme nach folgender Rangfolge, bei gleichem Rang nach dem Verhältnis ihrer Beträge, an die Ersatzberechtigten ausgezahlt:

1. für Ansprüche wegen Personenschäden, soweit die Geschädigten nicht vom Schädiger, von einem anderen Versicherer als dessen Haftpflichtversicherer, einem Sozialversicherungsträger oder einem sonstigen Dritten Ersatz ihrer Schäden erlangen können;
2. für Ansprüche wegen sonstiger Schäden natürlicher und juristischer Personen des Privatrechts, soweit die Geschädigten nicht vom Schädiger, einem anderen Versicherer als dessen Haftpflichtversicherer oder einem Dritten Ersatz ihrer Schäden erlangen können;
3. für Ansprüche, die nach Privatrecht auf Versicherer oder sonstige Dritte wegen Personen- und sonstiger Schäden übergegangen sind;

[1)] Nr. **13**.

4. für Ansprüche, die auf Sozialversicherungsträger übergegangen sind;
5. für alle sonstigen Ansprüche.

(2) Ist die Versicherungssumme unter Berücksichtigung nachrangiger Ansprüche erschöpft, kann sich ein vorrangig zu befriedigender Anspruchsberechtigter, der bei der Verteilung nicht berücksichtigt worden ist, nachträglich auf Absatz 1 nicht berufen, wenn der Versicherer mit der Geltendmachung dieses Anspruchs nicht gerechnet hat und auch nicht rechnen musste.

§ 119 Obliegenheiten des Dritten. (1) Der Dritte hat ein Schadensereignis, aus dem er einen Anspruch gegen den Versicherungsnehmer oder nach § 115 Abs. 1 gegen den Versicherer herleiten will, dem Versicherer innerhalb von zwei Wochen, nachdem er von dem Schadensereignis Kenntnis erlangt hat, in Textform anzuzeigen; zur Fristwahrung genügt die rechtzeitige Absendung.

(2) Macht der Dritte den Anspruch gegen den Versicherungsnehmer gerichtlich geltend, hat er dies dem Versicherer unverzüglich in Textform anzuzeigen.

(3) [1] Der Versicherer kann von dem Dritten Auskunft verlangen, soweit sie zur Feststellung des Schadensereignisses und der Höhe des Schadens erforderlich ist. [2] Belege kann der Versicherer insoweit verlangen, als deren Beschaffung dem Dritten billigerweise zugemutet werden kann.

§ 120 Obliegenheitsverletzung des Dritten. Verletzt der Dritte schuldhaft die Obliegenheit nach § 119 Abs. 2 oder 3, beschränkt sich die Haftung des Versicherers nach den §§ 115 und 117 auf den Betrag, den er auch bei gehöriger Erfüllung der Obliegenheit zu leisten gehabt hätte, sofern der Dritte vorher ausdrücklich und in Textform auf die Folgen der Verletzung hingewiesen worden ist.

§ 121 Aufrechnung gegenüber Dritten. § 35 ist gegenüber Dritten nicht anzuwenden.

§ 122 Veräußerung der von der Versicherung erfassten Sache. Die §§ 95 bis 98 über die Veräußerung der versicherten Sache sind entsprechend anzuwenden.

§ 123 Rückgriff bei mehreren Versicherten. (1) Ist bei einer Versicherung für fremde Rechnung der Versicherer dem Versicherungsnehmer gegenüber nicht zur Leistung verpflichtet, kann er dies einem Versicherten, der zur selbständigen Geltendmachung seiner Rechte aus dem Versicherungsvertrag befugt ist, nur entgegenhalten, wenn die der Leistungsfreiheit zu Grunde liegenden Umstände in der Person dieses Versicherten vorliegen oder wenn diese Umstände dem Versicherten bekannt oder infolge grober Fahrlässigkeit nicht bekannt waren.

(2) [1] Der Umfang der Leistungspflicht nach Absatz 1 bestimmt sich nach § 117 Abs. 3 Satz 1; § 117 Abs. 3 Satz 2 ist nicht anzuwenden. [2] § 117 Abs. 4 ist entsprechend anzuwenden.

(3) Soweit der Versicherer nach Absatz 1 leistet, kann er beim Versicherungsnehmer Rückgriff nehmen.

(4) Die Absätze 1 bis 3 sind entsprechend anzuwenden, wenn die Frist nach § 117 Abs. 2 Satz 1 und 2 noch nicht abgelaufen ist oder der Versicherer die

Beendigung des Versicherungsverhältnisses der hierfür zuständigen Stelle nicht angezeigt hat.

§ 124 Rechtskrafterstreckung. (1) Soweit durch rechtskräftiges Urteil festgestellt wird, dass dem Dritten ein Anspruch auf Ersatz des Schadens nicht zusteht, wirkt das Urteil, wenn es zwischen dem Dritten und dem Versicherer ergeht, auch zugunsten des Versicherungsnehmers, wenn es zwischen dem Dritten und dem Versicherungsnehmer ergeht, auch zugunsten des Versicherers.

(2) Ist der Anspruch des Dritten gegenüber dem Versicherer durch rechtskräftiges Urteil, Anerkenntnis oder Vergleich festgestellt worden, muss der Versicherungsnehmer, gegen den von dem Versicherer Ansprüche auf Grund des § 116 Abs. 1 Satz 2 geltend gemacht werden, diese Feststellung gegen sich gelten lassen, es sei denn, der Versicherer hat die Pflicht zur Abwehr unbegründeter Entschädigungsansprüche sowie zur Minderung oder zur sachgemäßen Feststellung des Schadens schuldhaft verletzt.

(3) Die Absätze 1 und 2 sind nicht anzuwenden, soweit der Dritte seinen Anspruch auf Schadensersatz nicht nach § 115 Abs. 1 gegen den Versicherer geltend machen kann.

Kapitel 2. Rechtsschutzversicherung

§ 125 Leistung des Versicherers. Bei der Rechtsschutzversicherung ist der Versicherer verpflichtet, die für die Wahrnehmung der rechtlichen Interessen des Versicherungsnehmers oder des Versicherten erforderlichen Leistungen im vereinbarten Umfang zu erbringen.

§ 126 Schadensabwicklungsunternehmen. (1) [1] Werden Gefahren aus dem Bereich der Rechtsschutzversicherung neben anderen Gefahren versichert, müssen im Versicherungsschein der Umfang der Deckung in der Rechtsschutzversicherung und die hierfür zu entrichtende Prämie gesondert ausgewiesen werden. [2] Beauftragt der Versicherer mit der Leistungsbearbeitung ein selbständiges Schadensabwicklungsunternehmen, ist dieses im Versicherungsschein zu bezeichnen.

(2) [1] Ansprüche auf die Versicherungsleistung aus einem Vertrag über eine Rechtsschutzversicherung können, wenn ein selbständiges Schadensabwicklungsunternehmen mit der Leistungsbearbeitung beauftragt ist, nur gegen dieses geltend gemacht werden. [2] Der Titel wirkt für und gegen den Rechtsschutzversicherer. [3] § 727 der Zivilprozessordnung ist entsprechend anzuwenden.

§ 127 Freie Anwaltswahl. (1) [1] Der Versicherungsnehmer ist berechtigt, zu seiner Vertretung in Gerichts- und Verwaltungsverfahren den Rechtsanwalt, der seine Interessen wahrnehmen soll, aus dem Kreis der Rechtsanwälte, deren Vergütung der Versicherer nach dem Versicherungsvertrag trägt, frei zu wählen. [2] Dies gilt auch, wenn der Versicherungsnehmer Rechtsschutz für die sonstige Wahrnehmung rechtlicher Interessen in Anspruch nehmen kann.

(2) Rechtsanwalt ist auch, wer berechtigt ist, unter einer der in der Anlage zu § 1 des Gesetzes über die Tätigkeit europäischer Rechtsanwälte in Deutschland vom 9. März 2000 (BGBl. I S. 182, 1349), das zuletzt durch Artikel 1 des Gesetzes vom 26. Oktober 2003 (BGBl. I S. 2074) geändert worden ist, in der jeweils geltenden Fassung genannten Bezeichnungen beruflich tätig zu werden.

§ 128 Gutachterverfahren. [1] Für den Fall, dass der Versicherer seine Leistungspflicht verneint, weil die Wahrnehmung der rechtlichen Interessen keine hinreichende Aussicht auf Erfolg biete oder mutwillig sei, hat der Versicherungsvertrag ein Gutachterverfahren oder ein anderes Verfahren mit vergleichbaren Garantien für die Unparteilichkeit vorzusehen, in dem Meinungsverschiedenheiten zwischen den Vertragsparteien über die Erfolgsaussichten oder die Mutwilligkeit einer Rechtsverfolgung entschieden werden. [2] Der Versicherer hat den Versicherungsnehmer bei Verneinung seiner Leistungspflicht hierauf hinzuweisen. [3] Sieht der Versicherungsvertrag kein derartiges Verfahren vor oder unterlässt der Versicherer den Hinweis, gilt das Rechtsschutzbedürfnis des Versicherungsnehmers im Einzelfall als anerkannt.

§ 129 Abweichende Vereinbarungen. Von den §§ 126 bis 128 kann nicht zum Nachteil des Versicherungsnehmers abgewichen werden.

Kapitel 3. Transportversicherung

§ 130 Umfang der Gefahrtragung. (1) Bei der Versicherung von Gütern gegen die Gefahren der Beförderung zu Lande oder auf Binnengewässern sowie der damit verbundenen Lagerung trägt der Versicherer alle Gefahren, denen die Güter während der Dauer der Versicherung ausgesetzt sind.

(2) [1] Bei der Versicherung eines Schiffes gegen die Gefahren der Binnenschifffahrt trägt der Versicherer alle Gefahren, denen das Schiff während der Dauer der Versicherung ausgesetzt ist. [2] Der Versicherer haftet auch für den Schaden, den der Versicherungsnehmer infolge eines Zusammenstoßes von Schiffen oder eines Schiffes mit festen oder schwimmenden Gegenständen dadurch erleidet, dass er den einem Dritten zugefügten Schaden zu ersetzen hat.

(3) Die Versicherung gegen die Gefahren der Binnenschifffahrt umfasst die Beiträge zur großen Haverei, soweit durch die Haverei-Maßnahme ein vom Versicherer zu ersetzender Schaden abgewendet werden sollte.

§ 131 Verletzung der Anzeigepflicht. (1) [1] Abweichend von § 19 Abs. 2 ist bei Verletzung der Anzeigepflicht der Rücktritt des Versicherers ausgeschlossen; der Versicherer kann innerhalb eines Monats von dem Zeitpunkt an, zu dem er Kenntnis von dem nicht oder unrichtig angezeigten Umstand erlangt hat, den Vertrag kündigen und die Leistung verweigern. [2] Der Versicherer bleibt zur Leistung verpflichtet, soweit der nicht oder unrichtig angezeigte Umstand nicht ursächlich für den Eintritt des Versicherungsfalles oder den Umfang der Leistungspflicht war.

(2) [1] Verweigert der Versicherer die Leistung, kann der Versicherungsnehmer den Vertrag kündigen. [2] Das Kündigungsrecht erlischt, wenn es nicht innerhalb eines Monats von dem Zeitpunkt an ausgeübt wird, zu welchem dem Versicherungsnehmer die Entscheidung des Versicherers, die Leistung zu verweigern, zugeht.

§ 132 Gefahränderung. (1) [1] Der Versicherungsnehmer darf abweichend von § 23 die Gefahr erhöhen oder in anderer Weise ändern und die Änderung durch einen Dritten gestatten. [2] Die Änderung hat er dem Versicherer unverzüglich anzuzeigen.

(2) [1] Hat der Versicherungsnehmer eine Gefahrerhöhung nicht angezeigt, ist der Versicherer nicht zur Leistung verpflichtet, wenn der Versicherungsfall nach dem Zeitpunkt eintritt, zu dem die Anzeige dem Versicherer hätte zugehen müssen. [2] Er ist zur Leistung verpflichtet,

1. wenn ihm die Gefahrerhöhung zu dem Zeitpunkt bekannt war, zu dem ihm die Anzeige hätte zugehen müssen,
2. wenn die Anzeigepflicht weder vorsätzlich noch grob fahrlässig verletzt worden ist oder
3. soweit die Gefahrerhöhung nicht ursächlich für den Eintritt des Versicherungsfalles oder den Umfang der Leistungspflicht war.

(3) Der Versicherer ist abweichend von § 24 nicht berechtigt, den Vertrag wegen einer Gefahrerhöhung zu kündigen.

§ 133 Vertragswidrige Beförderung. (1) [1] Werden die Güter mit einem Beförderungsmittel anderer Art befördert als vereinbart oder werden sie umgeladen, obwohl direkter Transport vereinbart ist, ist der Versicherer nicht zur Leistung verpflichtet. [2] Dies gilt auch, wenn ausschließlich ein bestimmtes Beförderungsmittel oder ein bestimmter Transportweg vereinbart ist.

(2) [1] Der Versicherer bleibt zur Leistung verpflichtet, wenn nach Beginn der Versicherung die Beförderung ohne Zustimmung des Versicherungsnehmers oder infolge eines versicherten Ereignisses geändert oder aufgegeben wird. [2] § 132 ist anzuwenden.

(3) Die Versicherung umfasst in den Fällen des Absatzes 2 die Kosten der Umladung oder der einstweiligen Lagerung sowie die Mehrkosten der Weiterbeförderung.

§ 134 Ungeeignete Beförderungsmittel. (1) Ist für die Beförderung der Güter kein bestimmtes Beförderungsmittel vereinbart, ist der Versicherungsnehmer, soweit er auf dessen Auswahl Einfluss hat, verpflichtet, Beförderungsmittel einzusetzen, die für die Aufnahme und Beförderung der Güter geeignet sind.

(2) Verletzt der Versicherungsnehmer diese Obliegenheit vorsätzlich oder grob fahrlässig, ist der Versicherer nicht zur Leistung verpflichtet, es sei denn, die Verletzung war nicht ursächlich für den Eintritt des Versicherungsfalles oder den Umfang der Leistungspflicht.

(3) [1] Erlangt der Versicherungsnehmer Kenntnis von der mangelnden Eignung des Beförderungsmittels, hat er diesen Umstand dem Versicherer unverzüglich anzuzeigen. [2] § 132 ist anzuwenden.

§ 135 Aufwendungsersatz. (1) Aufwendungen, die dem Versicherungsnehmer zur Abwendung oder Minderung des Schadens entstehen, sowie die Kosten für die Ermittlung und Feststellung des Schadens hat der Versicherer auch insoweit zu erstatten, als sie zusammen mit der übrigen Entschädigung die Versicherungssumme übersteigen.

(2) Sind Aufwendungen zur Abwendung oder Minderung oder zur Ermittlung und Feststellung des Schadens oder zur Wiederherstellung oder Ausbesserung der durch einen Versicherungsfall beschädigten Sache gemacht oder Beiträge zur großen Haverei geleistet oder ist eine persönliche Verpflichtung des Versicherungsnehmers zur Entrichtung solcher Beiträge entstanden, hat der

Versicherer den Schaden, der durch einen späteren Versicherungsfall verursacht wird, ohne Rücksicht auf die von ihm zu erstattenden früheren Aufwendungen und Beiträge zu ersetzen.

§ 136 Versicherungswert. (1) Als Versicherungswert der Güter gilt der gemeine Handelswert und in dessen Ermangelung der gemeine Wert, den die Güter am Ort der Absendung bei Beginn der Versicherung haben, zuzüglich der Versicherungskosten, der Kosten, die bis zur Annahme der Güter durch den Beförderer entstehen, und der endgültig bezahlten Fracht.

(2) Der sich nach Absatz 1 ergebende Wert gilt auch bei Eintritt des Versicherungsfalles als Versicherungswert.

(3) [1] Bei Gütern, die beschädigt am Ablieferungsort ankommen, ist der Wert, den sie dort in beschädigtem Zustand haben, von dem Wert abzuziehen, den sie an diesem Ort in unbeschädigtem Zustand hätten. [2] Der dem Verhältnis der Wertminderung zu ihrem Wert in unbeschädigtem Zustand entsprechende Bruchteil des Versicherungswertes gilt als Betrag des Schadens.

§ 137 Herbeiführung des Versicherungsfalles. (1) Der Versicherer ist nicht zur Leistung verpflichtet, wenn der Versicherungsnehmer vorsätzlich oder grob fahrlässig den Versicherungsfall herbeiführt.

(2) Der Versicherungsnehmer hat das Verhalten der Schiffsbesatzung bei der Führung des Schiffes nicht zu vertreten.

§ 138 Haftungsausschluss bei Schiffen. [1] Bei der Versicherung eines Schiffes ist der Versicherer nicht zum Ersatz eines Schadens verpflichtet, der daraus entsteht, dass das Schiff in einem nicht fahrtüchtigen Zustand oder nicht ausreichend ausgerüstet oder personell ausgestattet die Reise antritt. [2] Dies gilt auch für einen Schaden, der nur eine Folge der Abnutzung des Schiffes in gewöhnlichem Gebrauch ist.

§ 139 Veräußerung der versicherten Sache oder Güter. (1) [1] Ist eine versicherte Sache, für die eine Einzelpolice oder ein Versicherungszertifikat ausgestellt worden ist, veräußert worden, haftet der Erwerber abweichend von § 95 nicht für die Prämie. [2] Der Versicherer kann sich gegenüber dem Erwerber nicht auf Leistungsfreiheit wegen Nichtzahlung der Prämie oder wegen Nichtleistung einer Sicherheit berufen, es sei denn, der Erwerber kannte den Grund für die Leistungsfreiheit oder hätte ihn kennen müssen.

(2) Der Versicherer ist abweichend von § 96 nicht berechtigt, das Versicherungsverhältnis wegen Veräußerung der versicherten Güter zu kündigen.

(3) Der Versicherungsnehmer ist abweichend von § 97 nicht verpflichtet, dem Versicherer die Veräußerung anzuzeigen.

§ 140 Veräußerung des versicherten Schiffes. Wird ein versichertes Schiff veräußert, endet abweichend von § 95 die Versicherung mit der Übergabe des Schiffes an den Erwerber, für unterwegs befindliche Schiffe mit der Übergabe an den Erwerber im Bestimmungshafen.

§ 141 Befreiung durch Zahlung der Versicherungssumme. (1) [1] Der Versicherer ist nach Eintritt des Versicherungsfalles berechtigt, sich durch Zahlung der Versicherungssumme von allen weiteren Verbindlichkeiten zu befreien. [2] Der Versicherer bleibt zum Ersatz der Kosten verpflichtet, die zur

Abwendung oder Minderung des Schadens oder zur Wiederherstellung oder Ausbesserung der versicherten Sache aufgewendet worden sind, bevor seine Erklärung, dass er sich durch Zahlung der Versicherungssumme befreien wolle, dem Versicherungsnehmer zugegangen ist.

(2) Das Recht des Versicherers, sich durch Zahlung der Versicherungssumme zu befreien, erlischt, wenn die Erklärung dem Versicherungsnehmer nicht innerhalb einer Woche nach dem Zeitpunkt, zu dem der Versicherer Kenntnis von dem Versicherungsfall und seinen unmittelbaren Folgen erlangt hat, zugeht.

Kapitel 4. Gebäudefeuerversicherung

§ 142 Anzeigen an Hypothekengläubiger. (1) [1] Bei der Gebäudefeuerversicherung hat der Versicherer einem Hypothekengläubiger, der seine Hypothek angemeldet hat, unverzüglich in Textform anzuzeigen, wenn die einmalige oder die erste Prämie nicht rechtzeitig gezahlt oder wenn dem Versicherungsnehmer für die Zahlung einer Folgeprämie eine Frist bestimmt wird. [2] Dies gilt auch, wenn das Versicherungsverhältnis nach Ablauf der Frist wegen unterbliebener Zahlung der Folgeprämie gekündigt wird.

(2) Der Versicherer hat den Eintritt des Versicherungsfalles innerhalb einer Woche, nachdem er von ihm Kenntnis erlangt hat, einem Hypothekengläubiger, der seine Hypothek angemeldet hat, in Textform anzuzeigen, es sei denn, der Schaden ist unbedeutend.

§ 143 Fortdauer der Leistungspflicht gegenüber Hypothekengläubigern. (1) Bei nicht rechtzeitiger Zahlung einer Folgeprämie bleibt der Versicherer gegenüber einem Hypothekengläubiger, der seine Hypothek angemeldet hat, bis zum Ablauf eines Monats ab dem Zeitpunkt zur Leistung verpflichtet, zu welchem dem Hypothekengläubiger die Bestimmung der Zahlungsfrist oder, wenn diese Mitteilung unterblieben ist, die Kündigung mitgeteilt worden ist.

(2) [1] Die Beendigung des Versicherungsverhältnisses wird gegenüber einem Hypothekengläubiger, der seine Hypothek angemeldet hat, erst mit dem Ablauf von zwei Monaten wirksam, nachdem ihm die Beendigung und, sofern diese noch nicht eingetreten war, der Zeitpunkt der Beendigung durch den Versicherer mitgeteilt worden ist oder er auf andere Weise hiervon Kenntnis erlangt hat. [2] Satz 1 gilt nicht, wenn das Versicherungsverhältnis wegen unterbliebener Prämienzahlung durch Rücktritt oder Kündigung des Versicherers oder durch Kündigung des Versicherungsnehmers, welcher der Hypothekengläubiger zugestimmt hat, beendet wird.

(3) Absatz 2 Satz 1 gilt entsprechend für die Wirksamkeit einer Vereinbarung zwischen dem Versicherer und dem Versicherungsnehmer, durch die der Umfang des Versicherungsschutzes gemindert wird oder nach welcher der Versicherer nur verpflichtet ist, die Entschädigung zur Wiederherstellung des versicherten Gebäudes zu zahlen.

(4) [1] Die Nichtigkeit des Versicherungsvertrags kann gegenüber einem Hypothekengläubiger, der seine Hypothek angemeldet hat, nicht geltend gemacht werden. [2] Das Versicherungsverhältnis endet jedoch ihm gegenüber nach Ablauf von zwei Monaten, nachdem ihm die Nichtigkeit durch den Versicherer mit-

geteilt worden ist oder er auf andere Weise von der Nichtigkeit Kenntnis erlangt hat.

§ 144 Kündigung des Versicherungsnehmers. [1]Hat ein Hypothekengläubiger seine Hypothek angemeldet, ist eine Kündigung des Versicherungsverhältnisses durch den Versicherungsnehmer unbeschadet des § 92 Abs. 1 und des § 96 Abs. 2 nur wirksam, wenn der Versicherungsnehmer mindestens einen Monat vor Ablauf des Versicherungsvertrags nachgewiesen hat, dass zu dem Zeitpunkt, zu dem die Kündigung spätestens zulässig war, das Grundstück nicht mit der Hypothek belastet war oder dass der Hypothekengläubiger der Kündigung zugestimmt hat. [2]Die Zustimmung darf nicht ohne ausreichenden Grund verweigert werden.

§ 145 Übergang der Hypothek. [1]Soweit der Versicherer den Hypothekengläubiger nach § 143 befriedigt, geht die Hypothek auf ihn über. [2]Der Übergang kann nicht zum Nachteil eines gleich- oder nachstehenden Hypothekengläubigers geltend gemacht werden, dem gegenüber die Leistungspflicht des Versicherers bestehen geblieben ist.

§ 146 Bestätigungs- und Auskunftspflicht des Versicherers. Der Versicherer ist verpflichtet, einem Hypothekengläubiger, der seine Hypothek angemeldet hat, die Anmeldung zu bestätigen und auf Verlangen Auskunft über das Bestehen von Versicherungsschutz sowie über die Höhe der Versicherungssumme zu erteilen.

§ 147 Änderung von Anschrift und Name des Hypothekengläubigers.

Hat der Hypothekengläubiger dem Versicherer eine Änderung seiner Anschrift oder seines Namens nicht mitgeteilt, ist § 13 Abs. 1 auf die Anzeigen und Mitteilungen des Versicherers nach den §§ 142 und 143 entsprechend anzuwenden.

§ 148 Andere Grundpfandrechte. Ist das Grundstück mit einer Grundschuld, Rentenschuld oder Reallast belastet, sind die §§ 142 bis 147 entsprechend anzuwenden.

§ 149 Eigentümergrundpfandrechte. Die durch die §§ 142 bis 148 begründeten Rechte können nicht zugunsten von Hypotheken, Grundschulden oder Rentenschulden, die dem Versicherungsnehmer zustehen, geltend gemacht werden.

Kapitel 5. Lebensversicherung

§ 150 Versicherte Person. (1) Die Lebensversicherung kann auf die Person des Versicherungsnehmers oder eines anderen genommen werden.

(2) [1]Wird die Versicherung für den Fall des Todes eines anderen genommen und übersteigt die vereinbarte Leistung den Betrag der gewöhnlichen Beerdigungskosten, ist zur Wirksamkeit des Vertrags die schriftliche Einwilligung des anderen erforderlich; dies gilt nicht bei Lebensversicherungen im Bereich der betrieblichen Altersversorgung. [2]Ist der andere geschäftsunfähig oder in der Geschäftsfähigkeit beschränkt oder ist für ihn ein Betreuer bestellt und steht die Vertretung in den seine Person betreffenden Angelegenheiten dem Versiche-

rungsnehmer zu, kann dieser den anderen bei der Erteilung der Einwilligung nicht vertreten.

(3) Nimmt ein Elternteil die Versicherung auf die Person eines minderjährigen Kindes, bedarf es der Einwilligung des Kindes nur, wenn nach dem Vertrag der Versicherer auch bei Eintritt des Todes vor der Vollendung des siebenten Lebensjahres zur Leistung verpflichtet sein soll und die für diesen Fall vereinbarte Leistung den Betrag der gewöhnlichen Beerdigungskosten übersteigt.

(4) Soweit die Aufsichtsbehörde einen bestimmten Höchstbetrag für die gewöhnlichen Beerdigungskosten festgesetzt hat, ist dieser maßgebend.

§ 151 Ärztliche Untersuchung. Durch die Vereinbarung einer ärztlichen Untersuchung der versicherten Person wird ein Recht des Versicherers, die Vornahme der Untersuchung zu verlangen, nicht begründet.

§ 152 Widerruf des Versicherungsnehmers. (1) Abweichend von § 8 Abs. 1 Satz 1 beträgt die Widerrufsfrist 30 Tage.

(2) [1] Der Versicherer hat abweichend von § 9 Satz 1 auch den Rückkaufswert einschließlich der Überschussanteile nach § 169 zu zahlen. [2] Im Fall des § 9 Satz 2 hat der Versicherer den Rückkaufswert einschließlich der Überschussanteile oder, wenn dies für den Versicherungsnehmer günstiger ist, die für das erste Jahr gezahlten Prämien zu erstatten.

(3) Abweichend von § 33 Abs. 1 ist die einmalige oder die erste Prämie unverzüglich nach Ablauf von 30 Tagen nach Zugang des Versicherungsscheins zu zahlen.

§ 153 Überschussbeteiligung. (1) Dem Versicherungsnehmer steht eine Beteiligung an dem Überschuss und an den Bewertungsreserven (Überschussbeteiligung) zu, es sei denn, die Überschussbeteiligung ist durch ausdrückliche Vereinbarung ausgeschlossen; die Überschussbeteiligung kann nur insgesamt ausgeschlossen werden.

(2) [1] Der Versicherer hat die Beteiligung an dem Überschuss nach einem verursachungsorientierten Verfahren durchzuführen; andere vergleichbare angemessene Verteilungsgrundsätze können vereinbart werden. [2] Die Beträge im Sinn des § 268 Abs. 8 des Handelsgesetzbuchs bleiben unberücksichtigt.

(3) [1] Der Versicherer hat die Bewertungsreserven jährlich neu zu ermitteln und nach einem verursachungsorientierten Verfahren rechnerisch zuzuordnen. [2] Bei der Beendigung des Vertrags wird der für diesen Zeitpunkt zu ermittelnde Betrag zur Hälfte zugeteilt und an den Versicherungsnehmer ausgezahlt; eine frühere Zuteilung kann vereinbart werden. [3] Aufsichtsrechtliche Regelungen zur Sicherstellung der dauernden Erfüllbarkeit der Verpflichtungen aus den Versicherungen, insbesondere die §§ 89, 124 Absatz 1, § 139 Absatz 3 und 4 und die §§ 140 sowie 214 des Versicherungsaufsichtsgesetzes[1)] bleiben unberührt.

(4) Bei Rentenversicherungen ist die Beendigung der Ansparphase der nach Absatz 3 Satz 2 maßgebliche Zeitpunkt.

[1)] Nr. **1**.

§ 154 Modellrechnung. (1) [1] Macht der Versicherer im Zusammenhang mit dem Angebot oder dem Abschluss einer Lebensversicherung bezifferte Angaben zur Höhe von möglichen Leistungen über die vertraglich garantierten Leistungen hinaus, hat er dem Versicherungsnehmer eine Modellrechnung zu übermitteln, bei der die mögliche Ablaufleistung unter Zugrundelegung der Rechnungsgrundlagen für die Prämienkalkulation mit drei verschiedenen Zinssätzen dargestellt wird. [2] Dies gilt nicht für Risikoversicherungen und Verträge, die Leistungen der in § 124 Absatz 2 Satz 2 des Versicherungsaufsichtsgesetzes[1)] bezeichneten Art vorsehen.

(2) Der Versicherer hat den Versicherungsnehmer klar und verständlich darauf hinzuweisen, dass es sich bei der Modellrechnung nur um ein Rechenmodell handelt, dem fiktive Annahmen zu Grunde liegen, und dass der Versicherungsnehmer aus der Modellrechnung keine vertraglichen Ansprüche gegen den Versicherer ableiten kann.

§ 155 Standmitteilung. (1) [1] Bei Versicherungen mit Überschussbeteiligung hat der Versicherer den Versicherungsnehmer jährlich in Textform über den aktuellen Stand seiner Ansprüche unter Einbeziehung der Überschussbeteiligung zu unterrichten. [2] Dabei hat er mitzuteilen, inwieweit diese Überschussbeteiligung garantiert ist. [3] Im Einzelnen hat der Versicherer Folgendes anzugeben:

1. die vereinbarte Leistung bei Eintritt eines Versicherungsfalles zuzüglich Überschussbeteiligung zu dem in der Standmitteilung bezeichneten maßgeblichen Zeitpunkt,
2. die vereinbarte Leistung zuzüglich garantierter Überschussbeteiligung bei Ablauf des Vertrags oder bei Rentenbeginn unter der Voraussetzung einer unveränderten Vertragsfortführung,
3. die vereinbarte Leistung zuzüglich garantierter Überschussbeteiligung zum Ablauf des Vertrags oder zum Rentenbeginn unter der Voraussetzung einer prämienfreien Versicherung,
4. den Auszahlungsbetrag bei Kündigung des Versicherungsnehmers,
5. die Summe der gezahlten Prämien bei Verträgen, die ab dem 1. Juli 2018 abgeschlossen werden; im Übrigen kann über die Summe der gezahlten Prämien in Textform Auskunft verlangt werden.

(2) [1] Weitere Angaben bleiben dem Versicherer unbenommen. [2] Die Standmitteilung kann mit anderen jährlich zu machenden Mitteilungen verbunden werden.

(3) Hat der Versicherer bezifferte Angaben zur möglichen zukünftigen Entwicklung der Überschussbeteiligung gemacht, so hat er den Versicherungsnehmer auf Abweichungen der tatsächlichen Entwicklung von den anfänglichen Angaben hinzuweisen.

§ 156 Kenntnis und Verhalten der versicherten Person. Soweit nach diesem Gesetz die Kenntnis und das Verhalten des Versicherungsnehmers von rechtlicher Bedeutung sind, ist bei der Versicherung auf die Person eines anderen auch deren Kenntnis und Verhalten zu berücksichtigen.

[1)] Nr. **1**.

§ 157 Unrichtige Altersangabe. [1] Ist das Alter der versicherten Person unrichtig angegeben worden, verändert sich die Leistung des Versicherers nach dem Verhältnis, in welchem die dem wirklichen Alter entsprechende Prämie zu der vereinbarten Prämie steht. [2] Das Recht, wegen der Verletzung der Anzeigepflicht von dem Vertrag zurückzutreten, steht dem Versicherer abweichend von § 19 Abs. 2 nur zu, wenn er den Vertrag bei richtiger Altersangabe nicht geschlossen hätte.

§ 158 Gefahränderung. (1) Als Erhöhung der Gefahr gilt nur eine solche Änderung der Gefahrumstände, die nach ausdrücklicher Vereinbarung als Gefahrerhöhung angesehen werden soll; die Vereinbarung bedarf der Textform.

(2) [1] Eine Erhöhung der Gefahr kann der Versicherer nicht mehr geltend machen, wenn seit der Erhöhung fünf Jahre verstrichen sind. [2] Hat der Versicherungsnehmer seine Verpflichtung nach § 23 vorsätzlich oder arglistig verletzt, beläuft sich die Frist auf zehn Jahre.

(3) § 41 ist mit der Maßgabe anzuwenden, dass eine Herabsetzung der Prämie nur wegen einer solchen Minderung der Gefahrumstände verlangt werden kann, die nach ausdrücklicher Vereinbarung als Gefahrminderung angesehen werden soll.

§ 159 Bezugsberechtigung. (1) Der Versicherungsnehmer ist im Zweifel berechtigt, ohne Zustimmung des Versicherers einen Dritten als Bezugsberechtigten zu bezeichnen sowie an die Stelle des so bezeichneten Dritten einen anderen zu setzen.

(2) Ein widerruflich als bezugsberechtigt bezeichneter Dritter erwirbt das Recht auf die Leistung des Versicherers erst mit dem Eintritt des Versicherungsfalles.

(3) Ein unwiderruflich als bezugsberechtigt bezeichneter Dritter erwirbt das Recht auf die Leistung des Versicherers bereits mit der Bezeichnung als Bezugsberechtigter.

§ 160 Auslegung der Bezugsberechtigung. (1) [1] Sind mehrere Personen ohne Bestimmung ihrer Anteile als Bezugsberechtigte bezeichnet, sind sie zu gleichen Teilen bezugsberechtigt. [2] Der von einem Bezugsberechtigten nicht erworbene Anteil wächst den übrigen Bezugsberechtigten zu.

(2) [1] Soll die Leistung des Versicherers nach dem Tod des Versicherungsnehmers an dessen Erben erfolgen, sind im Zweifel diejenigen, welche zur Zeit des Todes als Erben berufen sind, nach dem Verhältnis ihrer Erbteile bezugsberechtigt. [2] Eine Ausschlagung der Erbschaft hat auf die Berechtigung keinen Einfluss.

(3) Wird das Recht auf die Leistung des Versicherers von dem bezugsberechtigten Dritten nicht erworben, steht es dem Versicherungsnehmer zu.

(4) Ist der Fiskus als Erbe berufen, steht ihm ein Bezugsrecht im Sinn des Absatzes 2 Satz 1 nicht zu.

§ 161 Selbsttötung. (1) [1] Bei einer Versicherung für den Todesfall ist der Versicherer nicht zur Leistung verpflichtet, wenn die versicherte Person sich vor Ablauf von drei Jahren nach Abschluss des Versicherungsvertrags vorsätzlich selbst getötet hat. [2] Dies gilt nicht, wenn die Tat in einem die freie Willensbestimmung ausschließenden Zustand krankhafter Störung der Geistestätigkeit begangen worden ist.

(2) Die Frist nach Absatz 1 Satz 1 kann durch Einzelvereinbarung erhöht werden.

(3) Ist der Versicherer nicht zur Leistung verpflichtet, hat er den Rückkaufswert einschließlich der Überschussanteile nach § 169 zu zahlen.

§ 162 Tötung durch Leistungsberechtigten. (1) Ist die Versicherung für den Fall des Todes eines anderen als des Versicherungsnehmers genommen, ist der Versicherer nicht zur Leistung verpflichtet, wenn der Versicherungsnehmer vorsätzlich durch eine widerrechtliche Handlung den Tod des anderen herbeiführt.

(2) Ist ein Dritter als Bezugsberechtigter bezeichnet, gilt die Bezeichnung als nicht erfolgt, wenn der Dritte vorsätzlich durch eine widerrechtliche Handlung den Tod der versicherten Person herbeiführt.

§ 163 Prämien- und Leistungsänderung. (1) [1]Der Versicherer ist zu einer Neufestsetzung der vereinbarten Prämie berechtigt, wenn

1. sich der Leistungsbedarf nicht nur vorübergehend und nicht voraussehbar gegenüber den Rechnungsgrundlagen der vereinbarten Prämie geändert hat,
2. die nach den berichtigten Rechnungsgrundlagen neu festgesetzte Prämie angemessen und erforderlich ist, um die dauernde Erfüllbarkeit der Versicherungsleistung zu gewährleisten, und
3. ein unabhängiger Treuhänder die Rechnungsgrundlagen und die Voraussetzungen der Nummern 1 und 2 überprüft und bestätigt hat.

[2]Eine Neufestsetzung der Prämie ist insoweit ausgeschlossen, als die Versicherungsleistungen zum Zeitpunkt der Erst- oder Neukalkulation unzureichend kalkuliert waren und ein ordentlicher und gewissenhafter Aktuar dies insbesondere anhand der zu diesem Zeitpunkt verfügbaren statistischen Kalkulationsgrundlagen hätte erkennen müssen.

(2) [1]Der Versicherungsnehmer kann verlangen, dass an Stelle einer Erhöhung der Prämie nach Absatz 1 die Versicherungsleistung entsprechend herabgesetzt wird. [2]Bei einer prämienfreien Versicherung ist der Versicherer unter den Voraussetzungen des Absatzes 1 zur Herabsetzung der Versicherungsleistung berechtigt.

(3) Die Neufestsetzung der Prämie und die Herabsetzung der Versicherungsleistung werden zu Beginn des zweiten Monats wirksam, der auf die Mitteilung der Neufestsetzung oder der Herabsetzung und der hierfür maßgeblichen Gründe an den Versicherungsnehmer folgt.

(4) Die Mitwirkung des Treuhänders nach Absatz 1 Satz 1 Nr. 3 entfällt, wenn die Neufestsetzung oder die Herabsetzung der Versicherungsleistung der Genehmigung der Aufsichtsbehörde bedarf.

§ 164 Bedingungsanpassung. (1) [1]Ist eine Bestimmung in Allgemeinen Versicherungsbedingungen des Versicherers durch höchstrichterliche Entscheidung oder durch bestandskräftigen Verwaltungsakt für unwirksam erklärt worden, kann sie der Versicherer durch eine neue Regelung ersetzen, wenn dies zur Fortführung des Vertrags notwendig ist oder wenn das Festhalten an dem Vertrag ohne neue Regelung für eine Vertragspartei auch unter Berücksichtigung der Interessen der anderen Vertragspartei eine unzumutbare Härte darstellen würde. [2]Die neue Regelung ist nur wirksam, wenn sie unter Wahrung des Vertragsziels die Belange der Versicherungsnehmer angemessen berücksichtigt.

(2) Die neue Regelung nach Absatz 1 wird zwei Wochen, nachdem die neue Regelung und die hierfür maßgeblichen Gründe dem Versicherungsnehmer mitgeteilt worden sind, Vertragsbestandteil.

§ 165 Prämienfreie Versicherung. (1) [1]Der Versicherungsnehmer kann jederzeit für den Schluss der laufenden Versicherungsperiode die Umwandlung der Versicherung in eine prämienfreie Versicherung verlangen, sofern die dafür vereinbarte Mindestversicherungsleistung erreicht wird. [2]Wird diese nicht erreicht, hat der Versicherer den auf die Versicherung entfallenden Rückkaufswert einschließlich der Überschussanteile nach § 169 zu zahlen.

(2) Die prämienfreie Leistung ist nach anerkannten Regeln der Versicherungsmathematik mit den Rechnungsgrundlagen der Prämienkalkulation unter Zugrundelegung des Rückkaufswertes nach § 169 Abs. 3 bis 5 zu berechnen und im Vertrag für jedes Versicherungsjahr anzugeben.

(3) [1]Die prämienfreie Leistung ist für den Schluss der laufenden Versicherungsperiode unter Berücksichtigung von Prämienrückständen zu berechnen. [2]Die Ansprüche des Versicherungsnehmers aus der Überschussbeteiligung bleiben unberührt.

§ 166 Kündigung des Versicherers. (1) [1]Kündigt der Versicherer das Versicherungsverhältnis, wandelt sich mit der Kündigung die Versicherung in eine prämienfreie Versicherung um. [2]Auf die Umwandlung ist § 165 anzuwenden.

(2) Im Fall des § 38 Abs. 2 ist der Versicherer zu der Leistung verpflichtet, die er erbringen müsste, wenn sich mit dem Eintritt des Versicherungsfalles die Versicherung in eine prämienfreie Versicherung umgewandelt hätte.

(3) Bei der Bestimmung einer Zahlungsfrist nach § 38 Abs. 1 hat der Versicherer auf die eintretende Umwandlung der Versicherung hinzuweisen.

(4) Bei einer Lebensversicherung, die vom Arbeitgeber zugunsten seiner Arbeitnehmerinnen und Arbeitnehmer abgeschlossen worden ist, hat der Versicherer die versicherte Person über die Bestimmung der Zahlungsfrist nach § 38 Abs. 1 und die eintretende Umwandlung der Versicherung in Textform zu informieren und ihnen eine Zahlungsfrist von mindestens zwei Monaten einzuräumen.

§ 167 Umwandlung zur Erlangung eines Pfändungsschutzes. [1]Der Versicherungsnehmer einer Lebensversicherung kann jederzeit für den Schluss der laufenden Versicherungsperiode die Umwandlung der Versicherung in eine Versicherung verlangen, die den Anforderungen des § 851c Abs. 1 der Zivilprozessordnung entspricht. [2]Die Kosten der Umwandlung hat der Versicherungsnehmer zu tragen.

§ 168 Kündigung des Versicherungsnehmers. (1) Sind laufende Prämien zu zahlen, kann der Versicherungsnehmer das Versicherungsverhältnis jederzeit für den Schluss der laufenden Versicherungsperiode kündigen.

(2) Bei einer Versicherung, die Versicherungsschutz für ein Risiko bietet, bei dem der Eintritt der Verpflichtung des Versicherers gewiss ist, steht das Kündi-

gungsrecht dem Versicherungsnehmer auch dann zu, wenn die Prämie in einer einmaligen Zahlung besteht.

(3) [1]Die Absätze 1 und 2 sind nicht auf einen für die Altersvorsorge bestimmten Versicherungsvertrag anzuwenden, bei dem der Versicherungsnehmer mit dem Versicherer eine Verwertung vor dem Eintritt in den Ruhestand unwiderruflich ausgeschlossen hat; der Wert der vom Ausschluss der Verwertbarkeit betroffenen Ansprüche darf die in § 12 Abs. 2 Nr. 3 des Zweiten Buches Sozialgesetzbuch bestimmten Beträge nicht übersteigen. [2]Entsprechendes gilt, soweit die Ansprüche nach § 851c oder § 851d der Zivilprozessordnung nicht gepfändet werden dürfen.

§ 169 Rückkaufswert. (1) Wird eine Versicherung, die Versicherungsschutz für ein Risiko bietet, bei dem der Eintritt der Verpflichtung des Versicherers gewiss ist, durch Kündigung des Versicherungsnehmers oder durch Rücktritt oder Anfechtung des Versicherers aufgehoben, hat der Versicherer den Rückkaufswert zu zahlen.

(2) [1]Der Rückkaufswert ist nur insoweit zu zahlen, als dieser die Leistung bei einem Versicherungsfall zum Zeitpunkt der Kündigung nicht übersteigt. [2]Der danach nicht gezahlte Teil des Rückkaufswertes ist für eine prämienfreie Versicherung zu verwenden. [3]Im Fall des Rücktrittes oder der Anfechtung ist der volle Rückkaufswert zu zahlen.

(3) [1]Der Rückkaufswert ist das nach anerkannten Regeln der Versicherungsmathematik mit den Rechnungsgrundlagen der Prämienkalkulation zum Schluss der laufenden Versicherungsperiode berechnete Deckungskapital der Versicherung, bei einer Kündigung des Versicherungsverhältnisses jedoch mindestens der Betrag des Deckungskapitals, das sich bei gleichmäßiger Verteilung der angesetzten Abschluss- und Vertriebskosten auf die ersten fünf Vertragsjahre ergibt; die aufsichtsrechtlichen Regelungen über Höchstzillmersätze bleiben unberührt. [2]Der Rückkaufswert und das Ausmaß, in dem er garantiert ist, sind dem Versicherungsnehmer vor Abgabe von dessen Vertragserklärung mitzuteilen; das Nähere regelt die Rechtsverordnung nach § 7 Abs. 2. Hat der Versicherer seinen Sitz in einem anderen Mitgliedstaat der Europäischen Union oder einem anderen Vertragsstaat des Abkommens über den Europäischen Wirtschaftsraum, kann er für die Berechnung des Rückkaufswertes an Stelle des Deckungskapitals den in diesem Staat vergleichbaren anderen Bezugswert zu Grunde legen.

(4) [1]Bei fondsgebundenen Versicherungen und anderen Versicherungen, die Leistungen der in § 124 Absatz 2 Satz 2 des Versicherungsaufsichtsgesetzes[1)] bezeichneten Art vorsehen, ist der Rückkaufswert nach anerkannten Regeln der Versicherungsmathematik als Zeitwert der Versicherung zu berechnen, soweit nicht der Versicherer eine bestimmte Leistung garantiert; im Übrigen gilt Absatz 3. [2]Die Grundsätze der Berechnung sind im Vertrag anzugeben.

(5) [1]Der Versicherer ist zu einem Abzug von dem nach Absatz 3 oder 4 berechneten Betrag nur berechtigt, wenn er vereinbart, beziffert und angemessen ist. [2]Die Vereinbarung eines Abzugs für noch nicht getilgte Abschluss- und Vertriebskosten ist unwirksam.

[1)] Nr. **1**.

(6) [1] Der Versicherer kann den nach Absatz 3 berechneten Betrag angemessen herabsetzen, soweit dies erforderlich ist, um eine Gefährdung der Belange der Versicherungsnehmer, insbesondere durch eine Gefährdung der dauernden Erfüllbarkeit der sich aus den Versicherungsverträgen ergebenden Verpflichtungen, auszuschließen. [2] Die Herabsetzung ist jeweils auf ein Jahr befristet.

(7) Der Versicherer hat dem Versicherungsnehmer zusätzlich zu dem nach den Absätzen 3 bis 6 berechneten Betrag die diesem bereits zugeteilten Überschussanteile, soweit sie nicht bereits in dem Betrag nach den Absätzen 3 bis 6 enthalten sind, sowie den nach den jeweiligen Allgemeinen Versicherungsbedingungen für den Fall der Kündigung vorgesehenen Schlussüberschussanteil zu zahlen; § 153 Abs. 3 Satz 2 bleibt unberührt.

§ 170 Eintrittsrecht. (1) [1] Wird in die Versicherungsforderung ein Arrest vollzogen oder eine Zwangsvollstreckung vorgenommen oder wird das Insolvenzverfahren über das Vermögen des Versicherungsnehmers eröffnet, kann der namentlich bezeichnete Bezugsberechtigte mit Zustimmung des Versicherungsnehmers an seiner Stelle in den Versicherungsvertrag eintreten. [2] Tritt der Bezugsberechtigte ein, hat er die Forderungen der betreibenden Gläubiger oder der Insolvenzmasse bis zur Höhe des Betrags zu befriedigen, dessen Zahlung der Versicherungsnehmer im Fall der Kündigung des Versicherungsverhältnisses vom Versicherer verlangen könnte.

(2) Ist ein Bezugsberechtigter nicht oder nicht namentlich bezeichnet, steht das gleiche Recht dem Ehegatten oder Lebenspartner und den Kindern des Versicherungsnehmers zu.

(3) [1] Der Eintritt erfolgt durch Anzeige an den Versicherer. [2] Die Anzeige kann nur innerhalb eines Monats erfolgen, nachdem der Eintrittsberechtigte von der Pfändung Kenntnis erlangt hat oder das Insolvenzverfahren eröffnet worden ist.

§ 171 Abweichende Vereinbarungen. [1] Von § 152 Abs. 1 und 2 und den §§ 153 bis 155, 157, 158, 161 und 163 bis 170 kann nicht zum Nachteil des Versicherungsnehmers, der versicherten Person oder des Eintrittsberechtigten abgewichen werden. [2] Für das Verlangen des Versicherungsnehmers auf Umwandlung nach § 165 und für seine Kündigung nach § 168 kann die Schrift- oder die Textform vereinbart werden.

Kapitel 6. Berufsunfähigkeitsversicherung

§ 172 Leistung des Versicherers. (1) Bei der Berufsunfähigkeitsversicherung ist der Versicherer verpflichtet, für eine nach Beginn der Versicherung eingetretene Berufsunfähigkeit die vereinbarten Leistungen zu erbringen.

(2) Berufsunfähig ist, wer seinen zuletzt ausgeübten Beruf, so wie er ohne gesundheitliche Beeinträchtigung ausgestaltet war, infolge Krankheit, Körperverletzung oder mehr als altersentsprechendem Kräfteverfall ganz oder teilweise voraussichtlich auf Dauer nicht mehr ausüben kann.

(3) Als weitere Voraussetzung einer Leistungspflicht des Versicherers kann vereinbart werden, dass die versicherte Person auch keine andere Tätigkeit ausübt oder ausüben kann, die zu übernehmen sie auf Grund ihrer Ausbildung und Fähigkeiten in der Lage ist und die ihrer bisherigen Lebensstellung entspricht.

§ 173 Anerkenntnis. (1) Der Versicherer hat nach einem Leistungsantrag bei Fälligkeit in Textform zu erklären, ob er seine Leistungspflicht anerkennt.

(2) [1] Das Anerkenntnis darf nur einmal zeitlich begrenzt werden. [2] Es ist bis zum Ablauf der Frist bindend.

§ 174 Leistungsfreiheit. (1) Stellt der Versicherer fest, dass die Voraussetzungen der Leistungspflicht entfallen sind, wird er nur leistungsfrei, wenn er dem Versicherungsnehmer diese Veränderung in Textform dargelegt hat.

(2) Der Versicherer wird frühestens mit dem Ablauf des dritten Monats nach Zugang der Erklärung nach Absatz 1 beim Versicherungsnehmer leistungsfrei.

§ 175 Abweichende Vereinbarungen. Von den §§ 173 und 174 kann nicht zum Nachteil des Versicherungsnehmers abgewichen werden.

§ 176 Anzuwendende Vorschriften. Die §§ 150 bis 170 sind auf die Berufsunfähigkeitsversicherung entsprechend anzuwenden, soweit die Besonderheiten dieser Versicherung nicht entgegenstehen.

§ 177 Ähnliche Versicherungsverträge. (1) Die §§ 173 bis 176 sind auf alle Versicherungsverträge, bei denen der Versicherer für eine dauerhafte Beeinträchtigung der Arbeitsfähigkeit eine Leistung verspricht, entsprechend anzuwenden.

(2) Auf die Unfallversicherung sowie auf Krankenversicherungsverträge, die das Risiko der Beeinträchtigung der Arbeitsfähigkeit zum Gegenstand haben, ist Absatz 1 nicht anzuwenden.

Kapitel 7. Unfallversicherung

§ 178 Leistung des Versicherers. (1) Bei der Unfallversicherung ist der Versicherer verpflichtet, bei einem Unfall der versicherten Person oder einem vertraglich dem Unfall gleichgestellten Ereignis die vereinbarten Leistungen zu erbringen.

(2) [1] Ein Unfall liegt vor, wenn die versicherte Person durch ein plötzlich von außen auf ihren Körper wirkendes Ereignis unfreiwillig eine Gesundheitsschädigung erleidet. [2] Die Unfreiwilligkeit wird bis zum Beweis des Gegenteils vermutet.

§ 179 Versicherte Person. (1) [1] Die Unfallversicherung kann für den Eintritt eines Unfalles des Versicherungsnehmers oder eines anderen genommen werden. [2] Eine Versicherung gegen Unfälle eines anderen gilt im Zweifel als für Rechnung des anderen genommen.

(2) [1] Wird die Versicherung gegen Unfälle eines anderen von dem Versicherungsnehmer für eigene Rechnung genommen, ist zur Wirksamkeit des Vertrags die schriftliche Einwilligung des anderen erforderlich. [2] Ist der andere geschäftsunfähig oder in der Geschäftsfähigkeit beschränkt oder ist für ihn ein Betreuer bestellt und steht die Vertretung in den seine Person betreffenden Angelegenheiten dem Versicherungsnehmer zu, kann dieser den anderen bei der Erteilung der Einwilligung nicht vertreten.

(3) Soweit im Fall des Absatzes 2 nach diesem Gesetz die Kenntnis und das Verhalten des Versicherungsnehmers von rechtlicher Bedeutung sind, sind auch die Kenntnis und das Verhalten des anderen zu berücksichtigen.

§ 180 Invalidität. [1] Der Versicherer schuldet die für den Fall der Invalidität versprochenen Leistungen im vereinbarten Umfang, wenn die körperliche oder geistige Leistungsfähigkeit der versicherten Person unfallbedingt dauerhaft beeinträchtigt ist. [2] Eine Beeinträchtigung ist dauerhaft, wenn sie voraussichtlich länger als drei Jahre bestehen wird und eine Änderung dieses Zustandes nicht erwartet werden kann.

§ 181 Gefahrerhöhung. (1) Als Erhöhung der Gefahr gilt nur eine solche Änderung der Umstände, die nach ausdrücklicher Vereinbarung als Gefahrerhöhung angesehen werden soll; die Vereinbarung bedarf der Textform.

(2) [1] Ergeben sich im Fall einer erhöhten Gefahr nach dem geltenden Tarif des Versicherers bei unveränderter Prämie niedrigere Versicherungsleistungen, gelten diese mit Ablauf eines Monats nach Eintritt der Gefahrerhöhung als vereinbart. [2] Weitergehende Rechte kann der Versicherer nur geltend machen, wenn der Versicherungsnehmer die Gefahrerhöhung arglistig nicht angezeigt hat.

§ 182 Mitwirkende Ursachen. Ist vereinbart, dass der Anspruch auf die vereinbarten Leistungen entfällt oder sich mindert, wenn Krankheiten oder Gebrechen bei der durch den Versicherungsfall verursachten Gesundheitsschädigung oder deren Folgen mitgewirkt haben, hat der Versicherer die Voraussetzungen des Wegfalles oder der Minderung des Anspruchs nachzuweisen.

§ 183 Herbeiführung des Versicherungsfalles. (1) Der Versicherer ist nicht zur Leistung verpflichtet, wenn im Fall des § 179 Abs. 2 der Versicherungsnehmer vorsätzlich durch eine widerrechtliche Handlung den Versicherungsfall herbeiführt.

(2) Ist ein Dritter als Bezugsberechtigter bezeichnet, gilt die Bezeichnung als nicht erfolgt, wenn der Dritte vorsätzlich durch eine widerrechtliche Handlung den Versicherungsfall herbeiführt.

§ 184 Abwendung und Minderung des Schadens. Die §§ 82 und 83 sind auf die Unfallversicherung nicht anzuwenden.

§ 185 Bezugsberechtigung. Ist als Leistung des Versicherers die Zahlung eines Kapitals vereinbart, sind die §§ 159 und 160 entsprechend anzuwenden.

§ 186 Hinweispflicht des Versicherers. [1] Zeigt der Versicherungsnehmer einen Versicherungsfall an, hat der Versicherer ihn auf vertragliche Anspruchs- und Fälligkeitsvoraussetzungen sowie einzuhaltende Fristen in Textform hinzuweisen. [2] Unterbleibt dieser Hinweis, kann sich der Versicherer auf Fristversäumnis nicht berufen.

§ 187 Anerkenntnis. (1) [1] Der Versicherer hat nach einem Leistungsantrag innerhalb eines Monats nach Vorlage der zu dessen Beurteilung erforderlichen Unterlagen in Textform zu erklären, ob und in welchem Umfang er seine Leistungspflicht anerkennt. [2] Wird eine Invaliditätsleistung beantragt, beträgt die Frist drei Monate.

(2) [1] Erkennt der Versicherer den Anspruch an oder haben sich Versicherungsnehmer und Versicherer über Grund und Höhe des Anspruchs geeinigt, wird die Leistung innerhalb von zwei Wochen fällig. [2] Steht die Leistungspflicht

nur dem Grunde nach fest, hat der Versicherer auf Verlangen des Versicherungsnehmers einen angemessenen Vorschuss zu leisten.

§ 188 Neubemessung der Invalidität. (1) [1] Sind Leistungen für den Fall der Invalidität vereinbart, ist jede Vertragspartei berechtigt, den Grad der Invalidität jährlich, längstens bis zu drei Jahre nach Eintritt des Unfalles, neu bemessen zu lassen. [2] In der Kinderunfallversicherung kann die Frist, innerhalb derer eine Neubemessung verlangt werden kann, verlängert werden.

(2) [1] Mit der Erklärung des Versicherers über die Leistungspflicht ist der Versicherungsnehmer über sein Recht zu unterrichten, den Grad der Invalidität neu bemessen zu lassen. [2] Unterbleibt diese Unterrichtung, kann sich der Versicherer auf eine Verspätung des Verlangens des Versicherungsnehmers, den Grad der Invalidität neu zu bemessen, nicht berufen.

§ 189 Sachverständigenverfahren, Schadensermittlungskosten. Die §§ 84 und 85 Abs. 1 und 3 sind entsprechend anzuwenden.

§ 190 Pflichtversicherung. Besteht für den Abschluss einer Unfallversicherung eine Verpflichtung durch Rechtsvorschrift, hat der Versicherer dem Versicherungsnehmer unter Angabe der Versicherungssumme zu bescheinigen, dass eine der zu bezeichnenden Rechtsvorschrift entsprechende Unfallversicherung besteht.

§ 191 Abweichende Vereinbarungen. Von § 178 Abs. 2 Satz 2 und den §§ 181, 186 bis 188 kann nicht zum Nachteil des Versicherungsnehmers oder der versicherten Person abgewichen werden.

Kapitel 8. Krankenversicherung

§ 192 Vertragstypische Leistungen des Versicherers. (1) Bei der Krankheitskostenversicherung ist der Versicherer verpflichtet, im vereinbarten Umfang die Aufwendungen für medizinisch notwendige Heilbehandlung wegen Krankheit oder Unfallfolgen und für sonstige vereinbarte Leistungen einschließlich solcher bei Schwangerschaft und Entbindung sowie für ambulante Vorsorgeuntersuchungen zur Früherkennung von Krankheiten nach gesetzlich eingeführten Programmen zu erstatten.

(2) Der Versicherer ist zur Leistung nach Absatz 1 insoweit nicht verpflichtet, als die Aufwendungen für die Heilbehandlung oder sonstigen Leistungen in einem auffälligen Missverhältnis zu den erbrachten Leistungen stehen.

(3) Als Inhalt der Krankheitskostenversicherung können zusätzliche Dienstleistungen, die in unmittelbarem Zusammenhang mit Leistungen nach Absatz 1 stehen, vereinbart werden, insbesondere

1. die Beratung über Leistungen nach Absatz 1 sowie über die Anbieter solcher Leistungen;
2. die Beratung über die Berechtigung von Entgeltansprüchen der Erbringer von Leistungen nach Absatz 1;
3. die Abwehr unberechtigter Entgeltansprüche der Erbringer von Leistungen nach Absatz 1;
4. die Unterstützung der versicherten Personen bei der Durchsetzung von Ansprüchen wegen fehlerhafter Erbringung der Leistungen nach Absatz 1 und der sich hieraus ergebenden Folgen;

5. die unmittelbare Abrechnung der Leistungen nach Absatz 1 mit deren Erbringern.

(4) Bei der Krankenhaustagegeldversicherung ist der Versicherer verpflichtet, bei medizinisch notwendiger stationärer Heilbehandlung das vereinbarte Krankenhaustagegeld zu leisten.

(5) [1] Bei der Krankentagegeldversicherung ist der Versicherer verpflichtet, den als Folge von Krankheit oder Unfall durch Arbeitsunfähigkeit verursachten Verdienstausfall durch das vereinbarte Krankentagegeld zu ersetzen. [2] Er ist außerdem verpflichtet, den Verdienstausfall, der während der Schutzfristen nach § 3 Absatz 1 und 2 des Mutterschutzgesetzes sowie am Entbindungstag entsteht, durch das vereinbarte Krankentagegeld zu ersetzen, soweit der versicherten Person kein anderweitiger angemessener Ersatz für den während dieser Zeit verursachten Verdienstausfall zusteht.

(6) [1] Bei der Pflegekrankenversicherung ist der Versicherer verpflichtet, im Fall der Pflegebedürftigkeit im vereinbarten Umfang die Aufwendungen für die Pflege der versicherten Person zu erstatten (Pflegekostenversicherung) oder das vereinbarte Tagegeld zu leisten (Pflegetagegeldversicherung). [2] Absatz 2 gilt für die Pflegekostenversicherung entsprechend. [3] Die Regelungen des Elften Buches Sozialgesetzbuch über die private Pflegeversicherung bleiben unberührt.

(7) [1] Bei der Krankheitskostenversicherung im Basistarif nach § 152 des Versicherungsaufsichtsgesetzes[1)] kann der Leistungserbringer seinen Anspruch auf Leistungserstattung auch gegen den Versicherer geltend machen, soweit der Versicherer aus dem Versicherungsverhältnis zur Leistung verpflichtet ist. [2] Im Rahmen der Leistungspflicht des Versicherers aus dem Versicherungsverhältnis haften Versicherer und Versicherungsnehmer gesamtschuldnerisch.

(8) [1] Der Versicherungsnehmer kann vor Beginn einer Heilbehandlung, deren Kosten voraussichtlich 2 000 Euro überschreiten werden, in Textform vom Versicherer Auskunft über den Umfang des Versicherungsschutzes für die beabsichtigte Heilbehandlung verlangen. [2] Ist die Durchführung der Heilbehandlung dringlich, hat der Versicherer eine mit Gründen versehene Auskunft unverzüglich, spätestens nach zwei Wochen, zu erteilen, ansonsten nach vier Wochen; auf einen vom Versicherungsnehmer vorgelegten Kostenvoranschlag und andere Unterlagen ist dabei einzugehen. [3] Die Frist beginnt mit Eingang des Auskunftsverlangens beim Versicherer. [4] Ist die Auskunft innerhalb der Frist nicht erteilt, wird bis zum Beweis des Gegenteils durch den Versicherer vermutet, dass die beabsichtigte medizinische Heilbehandlung notwendig ist.

§ 193 Versicherte Person; Versicherungspflicht. (1) [1] Die Krankenversicherung kann auf die Person des Versicherungsnehmers oder eines anderen genommen werden. [2] Versicherte Person ist die Person, auf welche die Versicherung genommen wird.

(2) Soweit nach diesem Gesetz die Kenntnis und das Verhalten des Versicherungsnehmers von rechtlicher Bedeutung sind, ist bei der Versicherung auf die Person eines anderen auch deren Kenntnis und Verhalten zu berücksichtigen.

(3) [1] Jede Person mit Wohnsitz im Inland ist verpflichtet, bei einem in Deutschland zum Geschäftsbetrieb zugelassenen Versicherungsunternehmen

---

[1)] Nr. **1**.

für sich selbst und für die von ihr gesetzlich vertretenen Personen, soweit diese nicht selbst Verträge abschließen können, eine Krankheitskostenversicherung, die mindestens eine Kostenerstattung für ambulante und stationäre Heilbehandlung umfasst und bei der die für tariflich vorgesehene Leistungen vereinbarten absoluten und prozentualen Selbstbehalte für ambulante und stationäre Heilbehandlung für jede zu versichernde Person auf eine betragsmäßige Auswirkung von kalenderjährlich 5 000 Euro begrenzt ist, abzuschließen und aufrechtzuerhalten; für Beihilfeberechtigte ergeben sich die möglichen Selbstbehalte durch eine sinngemäße Anwendung des durch den Beihilfesatz nicht gedeckten Vom-Hundert-Anteils auf den Höchstbetrag von 5 000 Euro. [2]Die Pflicht nach Satz 1 besteht nicht für Personen, die

1. in der gesetzlichen Krankenversicherung versichert oder versicherungspflichtig sind oder
2. Anspruch auf freie Heilfürsorge haben, beihilfeberechtigt sind oder vergleichbare Ansprüche haben im Umfang der jeweiligen Berechtigung oder
3. Anspruch auf Leistungen nach dem Asylbewerberleistungsgesetz haben oder
4. Empfänger laufender Leistungen nach dem Dritten, Vierten und Siebten Kapitel des Zwölften Buches Sozialgesetzbuch und Empfänger von Leistungen nach Teil 2 des Neunten Buches Sozialgesetzbuch sind für die Dauer dieses Leistungsbezugs und während Zeiten einer Unterbrechung des Leistungsbezugs von weniger als einem Monat, wenn der Leistungsbezug vor dem 1. Januar 2009 begonnen hat.

[3]Ein vor dem 1. April 2007 vereinbarter Krankheitskostenversicherungsvertrag genügt den Anforderungen des Satzes 1.

(4) [1]Wird der Vertragsabschluss später als einen Monat nach Entstehen der Pflicht nach Absatz 3 Satz 1 beantragt, ist ein Prämienzuschlag zu entrichten. [2]Dieser beträgt einen Monatsbeitrag für jeden weiteren angefangenen Monat der Nichtversicherung, ab dem sechsten Monat der Nichtversicherung für jeden weiteren angefangenen Monat der Nichtversicherung ein Sechstel eines Monatsbeitrags. [3]Kann die Dauer der Nichtversicherung nicht ermittelt werden, ist davon auszugehen, dass der Versicherte mindestens fünf Jahre nicht versichert war. [4]Der Prämienzuschlag ist einmalig zusätzlich zur laufenden Prämie zu entrichten. [5]Der Versicherungsnehmer kann vom Versicherer die Stundung des Prämienzuschlages verlangen, wenn den Interessen des Versicherers durch die Vereinbarung einer angemessenen Ratenzahlung Rechnung getragen werden kann. [6]Der gestundete Betrag ist zu verzinsen. [7]Wird der Vertragsabschluss bis zum 31. Dezember 2013 beantragt, ist kein Prämienzuschlag zu entrichten. [8]Dies gilt für bis zum 31. Juli 2013 abgeschlossene Verträge für noch ausstehende Prämienzuschläge nach Satz 1 entsprechend.

(5) [1]Der Versicherer ist verpflichtet,

1. allen freiwillig in der gesetzlichen Krankenversicherung Versicherten
   a) innerhalb von sechs Monaten nach Einführung des Basistarifes,
   b) innerhalb von sechs Monaten nach Beginn der im Fünften Buch Sozialgesetzbuch vorgesehenen Wechselmöglichkeit im Rahmen ihres freiwilligen Versicherungsverhältnisses,
2. allen Personen mit Wohnsitz in Deutschland, die nicht in der gesetzlichen Krankenversicherung versicherungspflichtig sind, nicht zum Personenkreis nach Nummer 1 oder Absatz 3 Satz 2 Nr. 3 und 4 gehören und die nicht

bereits eine private Krankheitskostenversicherung mit einem in Deutschland zum Geschäftsbetrieb zugelassenen Versicherungsunternehmen vereinbart haben, die der Pflicht nach Absatz 3 genügt,

3. Personen, die beihilfeberechtigt sind oder vergleichbare Ansprüche haben, soweit sie zur Erfüllung der Pflicht nach Absatz 3 Satz 1 ergänzenden Versicherungsschutz benötigen,

4. allen Personen mit Wohnsitz in Deutschland, die eine private Krankheitskostenversicherung im Sinn des Absatzes 3 mit einem in Deutschland zum Geschäftsbetrieb zugelassenen Versicherungsunternehmen vereinbart haben und deren Vertrag nach dem 31. Dezember 2008 abgeschlossen wird,

Versicherung im Basistarif nach § 152 des Versicherungsaufsichtsgesetzes[1] zu gewähren.[2] [2]Ist der private Krankheitskostenversicherungsvertrag vor dem 1. Januar 2009 abgeschlossen, kann bei Wechsel oder Kündigung des Vertrags der Abschluss eines Vertrags im Basistarif beim eigenen oder einem anderen Versicherungsunternehmen unter Mitnahme der Alterungsrückstellungen gemäß § 204 Abs. 1 nur bis zum 30. Juni 2009 verlangt werden. [3]Der Antrag muss bereits dann angenommen werden, wenn bei einer Kündigung eines Vertrags bei einem anderen Versicherer die Kündigung nach § 205 Abs. 1 Satz 1 noch nicht wirksam geworden ist. [4]Der Antrag darf nur abgelehnt werden, wenn der Antragsteller bereits bei dem Versicherer versichert war und der Versicherer

1. den Versicherungsvertrag wegen Drohung oder arglistiger Täuschung angefochten hat oder

2. vom Versicherungsvertrag wegen einer vorsätzlichen Verletzung der vorvertraglichen Anzeigepflicht zurückgetreten ist.

(6) [1]Ist der Versicherungsnehmer in einer der Pflicht nach Absatz 3 genügenden Versicherung mit einem Betrag in Höhe von Prämienanteilen für zwei Monate im Rückstand, hat ihn der Versicherer zu mahnen. [2]Der Versicherungsnehmer hat für jeden angefangenen Monat eines Prämienrückstandes an Stelle von Verzugszinsen einen Säumniszuschlag in Höhe von 1 Prozent des Prämienrückstandes zu entrichten. [3]Ist der Prämienrückstand einschließlich der Säumniszuschläge zwei Monate nach Zugang der Mahnung höher als der Prämienanteil für einen Monat, mahnt der Versicherer ein zweites Mal und weist auf die Folgen nach Satz 4 hin. [4]Ist der Prämienrückstand einschließlich der Säumniszuschläge einen Monat nach Zugang der zweiten Mahnung höher als der Prämienanteil für einen Monat, ruht der Vertrag ab dem ersten Tag des nachfolgenden Monats. [5]Das Ruhen des Vertrages tritt nicht ein oder endet, wenn der Versicherungsnehmer oder die versicherte Person hilfebedürftig im Sinne des Zweiten oder Zwölften Buches Sozialgesetzbuch ist oder wird; die Hilfebedürftigkeit ist auf Antrag des Versicherungsnehmers vom zuständigen Träger nach dem Zweiten oder dem Zwölften Buch Sozialgesetzbuch zu bescheinigen.

(7) [1]Solange der Vertrag ruht, gilt der Versicherungsnehmer als im Notlagentarif nach § 153 des Versicherungsaufsichtsgesetzes versichert. [2]Risiko-

---

[1] Nr. **1**.

[2] § 193 Abs. 5 Satz 1 VVG ist nach dem Beschl. des BVerfG v. 10.6.2009 (BGBl. I S. 2127) nur in verfassungskonformer Auslegung nach Maßgabe der Entscheidungsgründe mit Art. 9 Abs. 1 GG vereinbar.

zuschläge, Leistungsausschlüsse und Selbstbehalte entfallen während dieser Zeit. [3]Der Versicherer kann verlangen, dass Zusatzversicherungen ruhen, solange die Versicherung nach § 153 des Versicherungsaufsichtsgesetzes besteht. [4]Ein Wechsel in den oder aus dem Notlagentarif nach § 153 des Versicherungsaufsichtsgesetzes ist ausgeschlossen. [5]Ein Versicherungsnehmer, dessen Vertrag nur die Erstattung eines Prozentsatzes der entstandenen Aufwendungen vorsieht, gilt als in einer Variante des Notlagentarifs nach § 153 des Versicherungsaufsichtsgesetzes versichert, die Leistungen in Höhe von 20, 30 oder 50 Prozent der versicherten Behandlungskosten vorsieht, abhängig davon, welcher Prozentsatz dem Grad der vereinbarten Erstattung am nächsten ist.

(8) [1]Der Versicherer übersendet dem Versicherungsnehmer in Textform eine Mitteilung über die Fortsetzung des Vertrages im Notlagentarif nach § 153 des Versicherungsaufsichtsgesetzes und über die zu zahlende Prämie. [2]Dabei ist der Versicherungsnehmer in herausgehobener Form auf die Folgen der Anrechnung der Alterungsrückstellung nach § 153 Absatz 2 Satz 6 des Versicherungsaufsichtsgesetzes für die Höhe der künftig zu zahlenden Prämie hinzuweisen. [3]Angaben zur Versicherung im Notlagentarif nach § 153 des Versicherungsaufsichtsgesetzes kann der Versicherer auf einer elektronischen Gesundheitskarte nach § 291a Absatz 1a des Fünften Buches Sozialgesetzbuch vermerken.

(9) [1]Sind alle rückständigen Prämienanteile einschließlich der Säumniszuschläge und der Beitreibungskosten gezahlt, wird der Vertrag ab dem ersten Tag des übernächsten Monats in dem Tarif fortgesetzt, in dem der Versicherungsnehmer vor Eintritt des Ruhens versichert war. [2]Dabei ist der Versicherungsnehmer so zu stellen, wie er vor der Versicherung im Notlagentarif nach § 153 des Versicherungsaufsichtsgesetzes stand, abgesehen von den während der Ruhenszeit verbrauchten Anteilen der Alterungsrückstellung. [3]Während der Ruhenszeit vorgenommene Prämienanpassungen und Änderungen der Allgemeinen Versicherungsbedingungen gelten ab dem Tag der Fortsetzung.

(10) Hat der Versicherungsnehmer die Krankenversicherung auf die Person eines anderen genommen, gelten die Absätze 6 bis 9 für die versicherte Person entsprechend.

(11) Bei einer Versicherung im Basistarif nach § 152 des Versicherungsaufsichtsgesetzes kann das Versicherungsunternehmen verlangen, dass Zusatzversicherungen ruhen, wenn und solange ein Versicherter auf die Halbierung des Beitrags nach § 152 Absatz 4 des Versicherungsaufsichtsgesetzes angewiesen ist.

§ 194 Anzuwendende Vorschriften. (1) [1]Soweit der Versicherungsschutz nach den Grundsätzen der Schadensversicherung gewährt wird, sind die §§ 74 bis 80 und 82 bis 87 anzuwenden. [2]Die §§ 23 bis 27 und 29 sind auf die Krankenversicherung nicht anzuwenden. [3]§ 19 Abs. 4 ist auf die Krankenversicherung nicht anzuwenden, wenn der Versicherungsnehmer die Verletzung der Anzeigepflicht nicht zu vertreten hat. [4]Abweichend von § 21 Abs. 3 Satz 1 beläuft sich die Frist für die Geltendmachung der Rechte des Versicherers auf drei Jahre.

(2) Steht dem Versicherungsnehmer oder einer versicherten Person ein Anspruch auf Rückzahlung ohne rechtlichen Grund gezahlter Entgelte gegen den Erbringer von Leistungen zu, für die der Versicherer auf Grund des Versicherungsvertrags Erstattungsleistungen erbracht hat, ist § 86 Abs. 1 und 2 entsprechend anzuwenden.

(3) [1] Die §§ 43 bis 48 sind auf die Krankenversicherung mit der Maßgabe anzuwenden, dass ausschließlich die versicherte Person die Versicherungsleistung verlangen kann, wenn der Versicherungsnehmer sie gegenüber dem Versicherer in Textform als Empfangsberechtigten der Versicherungsleistung benannt hat; die Benennung kann widerruflich oder unwiderruflich erfolgen. [2] Liegt diese Voraussetzung nicht vor, kann nur der Versicherungsnehmer die Versicherungsleistung verlangen. [3] Einer Vorlage des Versicherungsscheins bedarf es nicht.

§ 195 Versicherungsdauer. (1) [1] Die Krankenversicherung, die ganz oder teilweise den im gesetzlichen Sozialversicherungssystem vorgesehenen Kranken- oder Pflegeversicherungsschutz ersetzen kann (substitutive Krankenversicherung), ist vorbehaltlich der Absätze 2 und 3 und der §§ 196 und 199 unbefristet. [2] Wird die nicht substitutive Krankenversicherung nach Art der Lebensversicherung betrieben, gilt Satz 1 entsprechend.

(2) Bei Ausbildungs-, Auslands-, Reise- und Restschuldkrankenversicherungen können Vertragslaufzeiten vereinbart werden.

(3) [1] Bei der Krankenversicherung einer Person mit befristetem Aufenthaltstitel für das Inland kann vereinbart werden, dass sie spätestens nach fünf Jahren endet. [2] Ist eine kürzere Laufzeit vereinbart, kann ein gleichartiger neuer Vertrag nur mit einer Höchstlaufzeit geschlossen werden, die unter Einschluss der Laufzeit des abgelaufenen Vertrags fünf Jahre nicht überschreitet; dies gilt auch, wenn der neue Vertrag mit einem anderen Versicherer geschlossen wird.

§ 196 Befristung der Krankentagegeldversicherung. (1) [1] Bei der Krankentagegeldversicherung kann vereinbart werden, dass die Versicherung mit Vollendung des 65. Lebensjahres der versicherten Person endet. [2] Der Versicherungsnehmer kann in diesem Fall vom Versicherer verlangen, dass dieser den Antrag auf Abschluss einer mit Vollendung des 65. Lebensjahres beginnenden neuen Krankentagegeldversicherung annimmt, die spätestens mit Vollendung des 70. Lebensjahres endet. [3] Auf dieses Recht hat der Versicherer ihn frühestens sechs Monate vor dem Ende der Versicherung unter Beifügung des Wortlauts dieser Vorschrift in Textform hinzuweisen. [4] Wird der Antrag bis zum Ablauf von zwei Monaten nach Vollendung des 65. Lebensjahres gestellt, hat der Versicherer den Versicherungsschutz ohne Risikoprüfung oder Wartezeiten zu gewähren, soweit der Versicherungsschutz nicht höher oder umfassender ist als im bisherigen Tarif.

(2) [1] Hat der Versicherer den Versicherungsnehmer nicht nach Absatz 1 Satz 3 auf das Ende der Versicherung hingewiesen und wird der Antrag vor Vollendung des 66. Lebensjahres gestellt, gilt Absatz 1 Satz 4 entsprechend, wobei die Versicherung mit Zugang des Antrags beim Versicherer beginnt. [2] Ist der Versicherungsfall schon vor Zugang des Antrags eingetreten, ist der Versicherer nicht zur Leistung verpflichtet.

(3) Absatz 1 Satz 2 und 4 gilt entsprechend, wenn in unmittelbarem Anschluss an eine Versicherung nach Absatz 1 Satz 4 oder Absatz 2 Satz 1 eine neue Krankentagegeldversicherung beantragt wird, die spätestens mit Vollendung des 75. Lebensjahres endet.

(4) Die Vertragsparteien können ein späteres Lebensjahr als in den vorstehenden Absätzen festgelegt vereinbaren.

§ 197 Wartezeiten. (1) [1]Soweit Wartezeiten vereinbart werden, dürfen diese in der Krankheitskosten-, Krankenhaustagegeld- und Krankentagegeldversicherung als allgemeine Wartezeit drei Monate und als besondere Wartezeit für Entbindung, Krankentagegeld nach § 192 Absatz 5 Satz 2, Psychotherapie, Zahnbehandlung, Zahnersatz und Kieferorthopädie acht Monate nicht überschreiten. [2]Bei der Pflegekrankenversicherung darf die Wartezeit drei Jahre nicht überschreiten.

(2) [1]Personen, die aus der gesetzlichen Krankenversicherung ausscheiden oder die aus einem anderen Vertrag über eine Krankheitskostenversicherung ausgeschieden sind, ist die dort ununterbrochen zurückgelegte Versicherungszeit auf die Wartezeit anzurechnen, sofern die Versicherung spätestens zwei Monate nach Beendigung der Vorversicherung zum unmittelbaren Anschluss daran beantragt wird. [2]Dies gilt auch für Personen, die aus einem öffentlichen Dienstverhältnis mit Anspruch auf Heilfürsorge ausscheiden.

§ 198 Kindernachversicherung. (1) [1]Besteht am Tag der Geburt für mindestens einen Elternteil eine Krankenversicherung, ist der Versicherer verpflichtet, dessen neugeborenes Kind ab Vollendung der Geburt ohne Risikozuschläge und Wartezeiten zu versichern, wenn die Anmeldung zur Versicherung spätestens zwei Monate nach dem Tag der Geburt rückwirkend erfolgt. [2]Diese Verpflichtung besteht nur insoweit, als der beantragte Versicherungsschutz des Neugeborenen nicht höher und nicht umfassender als der des versicherten Elternteils ist.

(2) [1]Der Geburt eines Kindes steht die Adoption gleich, sofern das Kind im Zeitpunkt der Adoption noch minderjährig ist. [2]Besteht eine höhere Gefahr, ist die Vereinbarung eines Risikozuschlags höchstens bis zur einfachen Prämienhöhe zulässig.

(3) [1]Als Voraussetzung für die Versicherung des Neugeborenen oder des Adoptivkindes kann eine Mindestversicherungsdauer des Elternteils vereinbart werden. [2]Diese darf drei Monate nicht übersteigen.

(4) Die Absätze 1 bis 3 gelten für die Auslands- und die Reisekrankenversicherung nicht, soweit für das Neugeborene oder für das Adoptivkind anderweitiger privater oder gesetzlicher Krankenversicherungsschutz im Inland oder Ausland besteht.

§ 199 Beihilfeempfänger. (1) Bei der Krankheitskostenversicherung einer versicherten Person mit Anspruch auf Beihilfe nach den Grundsätzen des öffentlichen Dienstes kann vereinbart werden, dass sie mit der Versetzung der versicherten Person in den Ruhestand im Umfang der Erhöhung des Beihilfebemessungssatzes endet.

(2) [1]Ändert sich bei einer versicherten Person mit Anspruch auf Beihilfe nach den Grundsätzen des öffentlichen Dienstes der Beihilfebemessungssatz oder entfällt der Beihilfeanspruch, hat der Versicherungsnehmer Anspruch darauf, dass der Versicherer den Versicherungsschutz im Rahmen der bestehenden Krankheitskostentarife so anpasst, dass dadurch der veränderte Beihilfebemessungssatz oder der weggefallene Beihilfeanspruch ausgeglichen wird. [2]Wird der Antrag innerhalb von sechs Monaten nach der Änderung gestellt, hat der Versicherer den angepassten Versicherungsschutz ohne Risikoprüfung oder Wartezeiten zu gewähren.

(3) Absatz 2 gilt nicht bei Gewährung von Versicherung im Basistarif.

§ 200 Bereicherungsverbot. Hat die versicherte Person wegen desselben Versicherungsfalles einen Anspruch gegen mehrere Erstattungsverpflichtete, darf die Gesamterstattung die Gesamtaufwendungen nicht übersteigen.

§ 201 Herbeiführung des Versicherungsfalles. Der Versicherer ist nicht zur Leistung verpflichtet, wenn der Versicherungsnehmer oder die versicherte Person vorsätzlich die Krankheit oder den Unfall bei sich selbst herbeiführt.

§ 202 Auskunftspflicht des Versicherers; Schadensermittlungskosten. [1] Der Versicherer ist verpflichtet, auf Verlangen des Versicherungsnehmers oder der versicherten Person Auskunft über und Einsicht in Gutachten oder Stellungnahmen zu geben, die er bei der Prüfung seiner Leistungspflicht über die Notwendigkeit einer medizinischen Behandlung eingeholt hat. [2] Wenn der Auskunft an oder der Einsicht durch den Versicherungsnehmer oder die versicherte Person erhebliche therapeutische Gründe oder sonstige erhebliche Gründe entgegenstehen, kann nur verlangt werden, einem benannten Arzt oder Rechtsanwalt Auskunft oder Einsicht zu geben. [3] Der Anspruch kann nur von der jeweils betroffenen Person oder ihrem gesetzlichen Vertreter geltend gemacht werden. [4] Hat der Versicherungsnehmer das Gutachten oder die Stellungnahme auf Veranlassung des Versicherers eingeholt, hat der Versicherer die entstandenen Kosten zu erstatten.

§ 203 Prämien- und Bedingungsanpassung. (1) [1] Bei einer Krankenversicherung, bei der die Prämie nach Art der Lebensversicherung berechnet wird, kann der Versicherer nur die entsprechend den technischen Berechnungsgrundlagen nach den §§ 146, 149, 150 in Verbindung mit § 160 des Versicherungsaufsichtsgesetzes[1)] zu berechnende Prämie verlangen. [2] Außer bei Verträgen im Basistarif nach § 152 des Versicherungsaufsichtsgesetzes kann der Versicherer mit Rücksicht auf ein erhöhtes Risiko einen angemessenen Risikozuschlag oder einen Leistungsausschluss vereinbaren. [3] Im Basistarif ist eine Risikoprüfung nur zulässig, soweit sie für Zwecke des Risikoausgleichs nach § 154 des Versicherungsaufsichtsgesetzes oder für spätere Tarifwechsel erforderlich ist.

(2) [1] Ist bei einer Krankenversicherung das ordentliche Kündigungsrecht des Versicherers gesetzlich oder vertraglich ausgeschlossen, ist der Versicherer bei einer nicht nur als vorübergehend anzusehenden Veränderung einer für die Prämienkalkulation maßgeblichen Rechnungsgrundlage berechtigt, die Prämie entsprechend den berichtigten Rechnungsgrundlagen auch für bestehende Versicherungsverhältnisse neu festzusetzen, sofern ein unabhängiger Treuhänder die technischen Berechnungsgrundlagen überprüft und der Prämienanpassung zugestimmt hat. [2] Dabei dürfen auch ein betragsmäßig festgelegter Selbstbehalt angepasst und ein vereinbarter Risikozuschlag entsprechend geändert werden, soweit dies vereinbart ist. [3] Maßgebliche Rechnungsgrundlagen im Sinn der Sätze 1 und 2 sind die Versicherungsleistungen und die Sterbewahrscheinlichkeiten. [4] Für die Änderung der Prämien, Prämienzuschläge und Selbstbehalte sowie ihre Überprüfung und Zustimmung durch den Treuhänder gilt § 155 in Verbindung mit einer auf Grund des § 160 des Versicherungsaufsichtsgesetzes erlassenen Rechtsverordnung.

[1)] Nr. **1**.

(3) Ist bei einer Krankenversicherung im Sinn des Absatzes 1 Satz 1 das ordentliche Kündigungsrecht des Versicherers gesetzlich oder vertraglich ausgeschlossen, ist der Versicherer bei einer nicht nur als vorübergehend anzusehenden Veränderung der Verhältnisse des Gesundheitswesens berechtigt, die Allgemeinen Versicherungsbedingungen und die Tarifbestimmungen den veränderten Verhältnissen anzupassen, wenn die Änderungen zur hinreichenden Wahrung der Belange der Versicherungsnehmer erforderlich erscheinen und ein unabhängiger Treuhänder die Voraussetzungen für die Änderungen überprüft und ihre Angemessenheit bestätigt hat.

(4) Ist eine Bestimmung in Allgemeinen Versicherungsbedingungen des Versicherers durch höchstrichterliche Entscheidung oder durch einen bestandskräftigen Verwaltungsakt für unwirksam erklärt worden, ist § 164 anzuwenden.

(5) Die Neufestsetzung der Prämie und die Änderungen nach den Absätzen 2 und 3 werden zu Beginn des zweiten Monats wirksam, der auf die Mitteilung der Neufestsetzung oder der Änderungen und der hierfür maßgeblichen Gründe an den Versicherungsnehmer folgt.

§ 204 Tarifwechsel. (1) [1] Bei bestehendem Versicherungsverhältnis kann der Versicherungsnehmer vom Versicherer verlangen, dass dieser

1. Anträge auf Wechsel in andere Tarife mit gleichartigem Versicherungsschutz unter Anrechnung der aus dem Vertrag erworbenen Rechte und der Alterungsrückstellung annimmt; soweit die Leistungen in dem Tarif, in den der Versicherungsnehmer wechseln will, höher oder umfassender sind als in dem bisherigen Tarif, kann der Versicherer für die Mehrleistung einen Leistungsausschluss oder einen angemessenen Risikozuschlag und insoweit auch eine Wartezeit verlangen; der Versicherungsnehmer kann die Vereinbarung eines Risikozuschlages und einer Wartezeit dadurch abwenden, dass er hinsichtlich der Mehrleistung einen Leistungsausschluss vereinbart; bei einem Wechsel aus dem Basistarif in einen anderen Tarif kann der Versicherer auch den bei Vertragsschluss ermittelten Risikozuschlag verlangen; der Wechsel in den Basistarif des Versicherers unter Anrechnung der aus dem Vertrag erworbenen Rechte und der Alterungsrückstellung ist nur möglich, wenn
   a) die bestehende Krankheitskostenversicherung nach dem 1. Januar 2009 abgeschlossen wurde oder
   b) der Versicherungsnehmer das 55. Lebensjahr vollendet hat oder das 55. Lebensjahr noch nicht vollendet hat, aber die Voraussetzungen für den Anspruch auf eine Rente der gesetzlichen Rentenversicherung erfüllt und diese Rente beantragt hat oder ein Ruhegehalt nach beamtenrechtlichen oder vergleichbaren Vorschriften bezieht oder hilfebedürftig nach dem Zweiten oder Zwölften Buch Sozialgesetzbuch ist oder
   c) die bestehende Krankheitskostenversicherung vor dem 1. Januar 2009 abgeschlossen wurde und der Wechsel in den Basistarif vor dem 1. Juli 2009 beantragt wurde;

   ein Wechsel aus einem Tarif, bei dem die Prämien geschlechtsunabhängig kalkuliert werden, in einen Tarif, bei dem dies nicht der Fall ist, ist ausgeschlossen;
2. bei einer Kündigung des Vertrags und dem gleichzeitigen Abschluss eines neuen Vertrags, der ganz oder teilweise den im gesetzlichen Sozialversiche-

rungssystem vorgesehenen Krankenversicherungsschutz ersetzen kann, bei einem anderen Krankenversicherer

a) die kalkulierte Alterungsrückstellung des Teils der Versicherung, dessen Leistungen dem Basistarif entsprechen, an den neuen Versicherer überträgt, sofern die gekündigte Krankheitskostenversicherung nach dem 1. Januar 2009 abgeschlossen wurde;

b) bei einem Abschluss eines Vertrags im Basistarif die kalkulierte Alterungsrückstellung des Teils der Versicherung, dessen Leistungen dem Basistarif entsprechen, an den neuen Versicherer überträgt, sofern die gekündigte Krankheitskostenversicherung vor dem 1. Januar 2009 abgeschlossen wurde und die Kündigung vor dem 1. Juli 2009 erfolgte.

[2] Soweit die Leistungen in dem Tarif, aus dem der Versicherungsnehmer wechseln will, höher oder umfassender sind als im Basistarif, kann der Versicherungsnehmer vom bisherigen Versicherer die Vereinbarung eines Zusatztarifes verlangen, in dem die über den Basistarif hinausgehende Alterungsrückstellung anzurechnen ist. [3] Auf die Ansprüche nach den Sätzen 1 und 2 kann nicht verzichtet werden.

(2) [1] Ist der Versicherungsnehmer auf Grund bestehender Hilfebedürftigkeit im Sinne des Zweiten oder des Zwölften Buches Sozialgesetzbuch nach dem 15. März 2020 in den Basistarif nach § 152 des Versicherungsaufsichtsgesetzes[1)] gewechselt und endet die Hilfebedürftigkeit des Versicherungsnehmers innerhalb von zwei Jahren nach dem Wechsel, kann er innerhalb von drei Monaten nach Beendigung der Hilfebedürftigkeit in Textform vom Versicherer verlangen, den Vertrag ab dem ersten Tag des übernächsten Monats in dem Tarif fortzusetzen, in dem der Versicherungsnehmer vor dem Wechsel in den Basistarif versichert war. [2] Eintritt und Beendigung der Hilfebedürftigkeit hat der Versicherungsnehmer auf Verlangen des Versicherers durch geeignete Unterlagen nachzuweisen; die Bescheinigung des zuständigen Trägers nach dem Zweiten oder dem Zwölften Buches Sozialgesetzbuch gilt als Nachweis. [3] Beim Wechsel ist der Versicherungsnehmer so zu stellen, wie er vor der Versicherung im Basistarif stand; die im Basistarif erworbenen Rechte und Alterungsrückstellungen sind zu berücksichtigen. [4] Prämienanpassungen und Änderungen der Allgemeinen Versicherungsbedingungen in dem Tarif, in dem der Versicherungsnehmer vor dem Wechsel in den Basistarif versichert war, gelten ab dem Tag der Fortsetzung des Vertrages in diesem Tarif. [5] Die Sätze 1 bis 4 gelten entsprechend für Versicherungsnehmer, bei denen allein durch die Zahlung des Beitrags Hilfebedürftigkeit im Sinne des Zweiten oder des Zwölften Buches Sozialgesetzbuch entstehen würde. [6] Absatz 1 Satz 1 Nummer 1 letzter Teilsatz gilt nicht.

(3) [1] Im Falle der Kündigung des Vertrags zur privaten Pflege-Pflichtversicherung und dem gleichzeitigen Abschluss eines neuen Vertrags bei einem anderen Versicherer kann der Versicherungsnehmer vom bisherigen Versicherer verlangen, dass dieser die für ihn kalkulierte Alterungsrückstellung an den neuen Versicherer überträgt. [2] Auf diesen Anspruch kann nicht verzichtet werden.

[1)] Nr. **1**.

(4) [1] Absatz 1 gilt nicht für befristete Versicherungsverhältnisse. [2] Handelt es sich um eine Befristung nach § 196, besteht das Tarifwechselrecht nach Absatz 1 Nummer 1.

(5) Soweit die Krankenversicherung nach Art der Lebensversicherung betrieben wird, haben die Versicherungsnehmer und die versicherte Person das Recht, einen gekündigten Versicherungsvertrag in Form einer Anwartschaftsversicherung fortzuführen.

§ 205 Kündigung des Versicherungsnehmers. (1) [1] Vorbehaltlich einer vereinbarten Mindestversicherungsdauer bei der Krankheitskosten- und bei der Krankenhaustagegeldversicherung kann der Versicherungsnehmer ein Krankenversicherungsverhältnis, das für die Dauer von mehr als einem Jahr eingegangen ist, zum Ende des ersten Jahres oder jedes darauf folgenden Jahres unter Einhaltung einer Frist von drei Monaten kündigen. [2] Die Kündigung kann auf einzelne versicherte Personen oder Tarife beschränkt werden.

(2) [1] Wird eine versicherte Person kraft Gesetzes kranken- oder pflegeversicherungspflichtig, kann der Versicherungsnehmer binnen drei Monaten nach Eintritt der Versicherungspflicht eine Krankheitskosten-, eine Krankentagegeld- oder eine Pflegekrankenversicherung sowie eine für diese Versicherungen bestehende Anwartschaftsversicherung rückwirkend zum Eintritt der Versicherungspflicht kündigen. [2] Die Kündigung ist unwirksam, wenn der Versicherungsnehmer dem Versicherer den Eintritt der Versicherungspflicht nicht innerhalb von zwei Monaten nachweist, nachdem der Versicherer ihn hierzu in Textform aufgefordert hat, es sei denn, der Versicherungsnehmer hat die Versäumung dieser Frist nicht zu vertreten. [3] Macht der Versicherungsnehmer von seinem Kündigungsrecht Gebrauch, steht dem Versicherer die Prämie nur bis zu diesem Zeitpunkt zu. [4] Später kann der Versicherungsnehmer das Versicherungsverhältnis zum Ende des Monats kündigen, in dem er den Eintritt der Versicherungspflicht nachweist. [5] Der Versicherungspflicht steht der gesetzliche Anspruch auf Familienversicherung oder der nicht nur vorübergehende Anspruch auf Heilfürsorge aus einem beamtenrechtlichen oder ähnlichen Dienstverhältnis gleich.

(3) Ergibt sich aus dem Versicherungsvertrag, dass bei Erreichen eines bestimmten Lebensalters oder bei Eintreten anderer dort genannter Voraussetzungen die Prämie für ein anderes Lebensalter oder eine andere Altersgruppe gilt oder die Prämie unter Berücksichtigung einer Alterungsrückstellung berechnet wird, kann der Versicherungsnehmer das Versicherungsverhältnis hinsichtlich der betroffenen versicherten Person binnen zwei Monaten nach der Änderung zum Zeitpunkt ihres Wirksamwerdens kündigen, wenn sich die Prämie durch die Änderung erhöht.

(4) Erhöht der Versicherer auf Grund einer Anpassungsklausel die Prämie oder vermindert er die Leistung, kann der Versicherungsnehmer hinsichtlich der betroffenen versicherten Person innerhalb von zwei Monaten nach Zugang der Änderungsmitteilung mit Wirkung für den Zeitpunkt kündigen, zu dem die Prämienerhöhung oder die Leistungsminderung wirksam werden soll.

(5) [1] Hat sich der Versicherer vorbehalten, die Kündigung auf einzelne versicherte Personen oder Tarife zu beschränken, und macht er von dieser Möglichkeit Gebrauch, kann der Versicherungsnehmer innerhalb von zwei Wochen nach Zugang der Kündigung die Aufhebung des übrigen Teils der Versicherung zu dem Zeitpunkt verlangen, zu dem die Kündigung wirksam wird. [2] Satz 1 gilt

entsprechend, wenn der Versicherer die Anfechtung oder den Rücktritt nur für einzelne versicherte Personen oder Tarife erklärt. [3] In diesen Fällen kann der Versicherungsnehmer die Aufhebung zum Ende des Monats verlangen, in dem ihm die Erklärung des Versicherers zugegangen ist.

(6) [1] Abweichend von den Absätzen 1 bis 5 kann der Versicherungsnehmer eine Versicherung, die eine Pflicht aus § 193 Abs. 3 Satz 1 erfüllt, nur dann kündigen, wenn er bei einem anderen Versicherer für die versicherte Person einen neuen Vertrag abschließt, der dieser Pflicht genügt. [2] Die Kündigung wird nur wirksam, wenn der Versicherungsnehmer innerhalb von zwei Monaten nach der Kündigungserklärung nachweist, dass die versicherte Person bei einem neuen Versicherer ohne Unterbrechung versichert ist; liegt der Termin, zu dem die Kündigung ausgesprochen wurde, mehr als zwei Monate nach der Kündigungserklärung, muss der Nachweis bis zu diesem Termin erbracht werden.

§ 206 Kündigung des Versicherers. (1) [1] Jede Kündigung einer Krankheitskostenversicherung, die eine Pflicht nach § 193 Abs. 3 Satz 1 erfüllt, ist durch den Versicherer ausgeschlossen. [2] Darüber hinaus ist die ordentliche Kündigung einer Krankheitskosten-, Krankentagegeld- und einer Pflegekrankenversicherung durch den Versicherer ausgeschlossen, wenn die Versicherung ganz oder teilweise den im gesetzlichen Sozialversicherungssystem vorgesehenen Kranken- oder Pflegeversicherungsschutz ersetzen kann. [3] Sie ist weiterhin ausgeschlossen für eine Krankenhaustagegeld-Versicherung, die neben einer Krankheitskostenvollversicherung besteht. [4] Eine Krankentagegeldversicherung, für die kein gesetzlicher Anspruch auf einen Beitragszuschuss des Arbeitgebers besteht, kann der Versicherer abweichend von Satz 2 in den ersten drei Jahren unter Einhaltung einer Frist von drei Monaten zum Ende eines jeden Versicherungsjahres kündigen.

(2) [1] Liegen bei einer Krankenhaustagegeldversicherung oder einer Krankheitskostenteilversicherung die Voraussetzungen nach Absatz 1 nicht vor, kann der Versicherer das Versicherungsverhältnis nur innerhalb der ersten drei Versicherungsjahre zum Ende eines Versicherungsjahres kündigen. [2] Die Kündigungsfrist beträgt drei Monate.

(3) [1] Wird eine Krankheitskostenversicherung oder eine Pflegekrankenversicherung vom Versicherer wegen Zahlungsverzugs des Versicherungsnehmers wirksam gekündigt, sind die versicherten Personen berechtigt, die Fortsetzung des Versicherungsverhältnisses unter Benennung des künftigen Versicherungsnehmers zu erklären; die Prämie ist ab Fortsetzung des Versicherungsverhältnisses zu leisten. [2] Die versicherten Personen sind vom Versicherer über die Kündigung und das Recht nach Satz 1 in Textform zu informieren. [3] Dieses Recht endet zwei Monate nach dem Zeitpunkt, zu dem die versicherte Person Kenntnis von diesem Recht erlangt hat.

(4) [1] Die ordentliche Kündigung eines Gruppenversicherungsvertrags, der Schutz gegen das Risiko Krankheit enthält, durch den Versicherer ist zulässig, wenn die versicherten Personen die Krankenversicherung unter Anrechnung der aus dem Vertrag erworbenen Rechte und der Alterungsrückstellung, soweit eine solche gebildet wird, zu den Bedingungen der Einzelversicherung fortsetzen können. [2] Absatz 3 Satz 2 und 3 ist entsprechend anzuwenden.

§ 207 Fortsetzung des Versicherungsverhältnisses. (1) Endet das Versicherungsverhältnis durch den Tod des Versicherungsnehmers, sind die versicherten Personen berechtigt, binnen zwei Monaten nach dem Tod des Versicherungsnehmers die Fortsetzung des Versicherungsverhältnisses unter Benennung des künftigen Versicherungsnehmers zu erklären.

(2) [1] Kündigt der Versicherungsnehmer das Versicherungsverhältnis insgesamt oder für einzelne versicherte Personen, gilt Absatz 1 entsprechend. [2] Die Kündigung ist nur wirksam, wenn die versicherte Person von der Kündigungserklärung Kenntnis erlangt hat. [3] Handelt es sich bei dem gekündigten Vertrag um einen Gruppenversicherungsvertrag und wird kein neuer Versicherungsnehmer benannt, sind die versicherten Personen berechtigt, das Versicherungsverhältnis unter Anrechnung der aus dem Vertrag erworbenen Rechte und der Alterungsrückstellung, soweit eine solche gebildet wird, zu den Bedingungen der Einzelversicherung fortzusetzen. [4] Das Recht nach Satz 3 endet zwei Monate nach dem Zeitpunkt, zu dem die versicherte Person von diesem Recht Kenntnis erlangt hat.

(3) Verlegt eine versicherte Person ihren gewöhnlichen Aufenthalt in einen anderen Mitgliedstaat der Europäischen Union oder einen anderen Vertragsstaat des Abkommens über den Europäischen Wirtschaftsraum, setzt sich das Versicherungsverhältnis mit der Maßgabe fort, dass der Versicherer höchstens zu denjenigen Leistungen verpflichtet bleibt, die er bei einem Aufenthalt im Inland zu erbringen hätte.

§ 208 Abweichende Vereinbarungen. [1] Von § 192 Absatz 5 Satz 2 und den §§ 194 bis 199 und 201 bis 207 kann nicht zum Nachteil des Versicherungsnehmers oder der versicherten Person abgewichen werden. [2] Für die Kündigung des Versicherungsnehmers nach § 205 kann die Schrift- oder die Textform vereinbart werden.

Teil 3. Schlussvorschriften

§ 209 Rückversicherung, Seeversicherung. Die Vorschriften dieses Gesetzes sind auf die Rückversicherung und die Versicherung gegen die Gefahren der Seeschifffahrt (Seeversicherung) nicht anzuwenden.

§ 210 Großrisiken, laufende Versicherung. (1) Die Beschränkungen der Vertragsfreiheit nach diesem Gesetz sind auf Großrisiken und auf laufende Versicherungen nicht anzuwenden.

(2) [1] Großrisiken im Sinne dieser Vorschrift sind:

1. Risiken der unter den Nummern 4 bis 7, 10 Buchstabe b sowie den Nummern 11 und 12 der Anlage 1 zum Versicherungsaufsichtsgesetz[1)] erfassten Transport- und Haftpflichtversicherungen,
2. Risiken der unter den Nummern 14 und 15 der Anlage 1 zum Versicherungsaufsichtsgesetz erfassten Kredit- und Kautionsversicherungen bei Versicherungsnehmern, die eine gewerbliche, bergbauliche oder freiberufliche Tätigkeit ausüben, wenn die Risiken damit in Zusammenhang stehen, oder
3. Risiken der unter den Nummern 3, 8, 9, 10, 13 und 16 der Anlage 1 zum Versicherungsaufsichtsgesetz erfassten Sach-, Haftpflicht- und sonstigen

---

1) Nr. 1.

Schadensversicherungen bei Versicherungsnehmern, die mindestens zwei der folgenden drei Merkmale überschreiten:

a) 6 200 000 Euro Bilanzsumme,

b) 12 800 000 Euro Nettoumsatzerlöse,

c) im Durchschnitt 250 Arbeitnehmer pro Wirtschaftsjahr.

[2] Gehört der Versicherungsnehmer zu einem Konzern, der nach § 290 des Handelsgesetzbuchs, nach § 11 des Publizitätsgesetzes vom 15. August 1969 (BGBl. I S. 1189) in der jeweils gültigen Fassung oder nach dem mit den Anforderungen der Richtlinie 2013/34/EU des Europäischen Parlaments und des Rates vom 26. Juni 2013 über den Jahresabschluss, den konsolidierten Abschluss und damit verbundene Berichte von Unternehmen bestimmter Rechtsformen und zur Änderung der Richtlinie 2006/43/EG des Europäischen Parlaments und des Rates und zur Aufhebung der Richtlinien 78/660/EWG und 83/349/EWG des Rates (ABl. L 182 vom 29.6.2013, S. 19) übereinstimmenden Recht eines anderen Mitgliedstaats der Europäischen Gemeinschaft oder eines anderen Vertragsstaats des Abkommens über den Europäischen Wirtschaftsraum einen Konzernabschluss aufzustellen hat, so sind für die Feststellung der Unternehmensgröße die Zahlen des Konzernabschlusses maßgebend.

§ 211 Pensionskassen, kleinere Versicherungsvereine, Versicherungen mit kleineren Beträgen. (1) Die §§ 37, 38, 165, 166, 168 und 169 sind, soweit mit Genehmigung der Aufsichtsbehörde in den Allgemeinen Versicherungsbedingungen abweichende Bestimmungen getroffen sind, nicht anzuwenden auf

1. Versicherungen bei Pensionskassen im Sinn des § 233 Absatz 1 und 2 des Versicherungsaufsichtsgesetzes[1)],
2. Versicherungen, die bei einem Verein genommen werden, der als kleinerer Verein im Sinn des Versicherungsaufsichtsgesetzes anerkannt ist,
3. Lebensversicherungen mit kleineren Beträgen und
4. Unfallversicherungen mit kleineren Beträgen.

(2) Auf die in Absatz 1 Nr. 1 genannten Pensionskassen sind ferner nicht anzuwenden

1. die §§ 6 bis 9, 11, 150 Abs. 2 bis 4 und § 152 Abs. 1 und 2; für die §§ 7 bis 9 und 152 Abs. 1 und 2 gilt dies nicht für Fernabsatzverträge im Sinn des § 312c des Bürgerlichen Gesetzbuchs[2)];
2. § 153, soweit mit Genehmigung der Aufsichtsbehörde in den Allgemeinen Versicherungsbedingungen abweichende Bestimmungen getroffen sind; § 153 Abs. 3 Satz 1 ist ferner nicht auf Sterbekassen anzuwenden.

(3) Sind für Versicherungen mit kleineren Beträgen im Sinn von Absatz 1 Nr. 3 und 4 abweichende Bestimmungen getroffen, kann deren Wirksamkeit nicht unter Berufung darauf angefochten werden, dass es sich nicht um Versicherungen mit kleineren Beträgen handele.

[1)] Nr. **1**.
[2)] Nr. **13**.

§ 212 Fortsetzung der Lebensversicherung nach der Elternzeit. Besteht während einer Elternzeit ein Arbeitsverhältnis ohne Entgelt gemäß § 1a Abs. 4 des Betriebsrentengesetzes fort und wird eine vom Arbeitgeber zugunsten der Arbeitnehmerin oder des Arbeitnehmers abgeschlossene Lebensversicherung wegen Nichtzahlung der während der Elternzeit fälligen Prämien in eine prämienfreie Versicherung umgewandelt, kann die Arbeitnehmerin oder der Arbeitnehmer innerhalb von drei Monaten nach der Beendigung der Elternzeit verlangen, dass die Versicherung zu den vor der Umwandlung vereinbarten Bedingungen fortgesetzt wird.

§ 213 Erhebung personenbezogener Gesundheitsdaten bei Dritten.

(1) Die Erhebung personenbezogener Gesundheitsdaten durch den Versicherer darf nur bei Ärzten, Krankenhäusern und sonstigen Krankenanstalten, Pflegeheimen und Pflegepersonen, anderen Personenversicherern und gesetzlichen Krankenkassen sowie Berufsgenossenschaften und Behörden erfolgen; sie ist nur zulässig, soweit die Kenntnis der Daten für die Beurteilung des zu versichernden Risikos oder der Leistungspflicht erforderlich ist und die betroffene Person eine Einwilligung erteilt hat.

(2) [1] Die nach Absatz 1 erforderliche Einwilligung kann vor Abgabe der Vertragserklärung erteilt werden. [2] Die betroffene Person ist vor einer Erhebung nach Absatz 1 zu unterrichten; sie kann der Erhebung widersprechen.

(3) Die betroffene Person kann jederzeit verlangen, dass eine Erhebung von Daten nur erfolgt, wenn jeweils in die einzelne Erhebung eingewilligt worden ist.

(4) Die betroffene Person ist auf diese Rechte hinzuweisen, auf das Widerspruchsrecht nach Absatz 2 bei der Unterrichtung.

§ 214 Schlichtungsstelle. (1) [1] Das Bundesamt für Justiz kann privatrechtlich organisierte Einrichtungen als Schlichtungsstelle zur außergerichtlichen Beilegung von Streitigkeiten

1. bei Versicherungsverträgen mit Verbrauchern im Sinne des § 13 des Bürgerlichen Gesetzbuchs[1)] anerkennen,
2. zwischen Versicherungsvermittlern oder Versicherungsberatern und Versicherungsnehmern im Zusammenhang mit der Vermittlung von Versicherungsverträgen anerkennen.

[2] Die Beteiligten können diese Schlichtungsstelle anrufen; das Recht, die Gerichte anzurufen, bleibt unberührt.

(2) [1] Eine privatrechtlich organisierte Einrichtung kann als Schlichtungsstelle anerkannt werden, wenn sie die Voraussetzungen für eine Anerkennung als Verbraucherschlichtungsstelle nach § 24 des Verbraucherstreitbeilegungsgesetzes vom 19. Februar 2016 (BGBl. I S. 254) erfüllt. [2] Eine anerkannte Schlichtungsstelle ist Verbraucherschlichtungsstelle nach dem Verbraucherstreitbeilegungsgesetz. [3] Das Bundesamt für Justiz nimmt die Verbraucherschlichtungsstellen nach Absatz 1 in die Liste nach § 33 Absatz 1 des Verbraucherstreitbeilegungsgesetzes auf und macht die Anerkennung und den Widerruf oder die Rücknahme der Anerkennung im Bundesanzeiger bekannt.

[1)] Nr. **13**.

(3) Die anerkannten Schlichtungsstellen sind verpflichtet, jede Beschwerde über einen Versicherer oder einen Versicherungsvermittler, Vermittler nach § 66 und Versicherungsberater zu beantworten.

(4) [1] Die anerkannten Schlichtungsstellen können von dem Versicherungsvermittler, Vermittler nach § 66 oder Versicherungsberater ein Entgelt erheben. [2] Bei offensichtlich missbräuchlichen Beschwerden kann auch von dem Versicherungsnehmer ein geringes Entgelt verlangt werden. [3] Die Höhe des Entgeltes muss im Verhältnis zum Aufwand der anerkannten Schlichtungsstelle angemessen sein.

(5) Nach Absatz 1 anerkannte Schlichtungsstellen haben die Bundesanstalt für Finanzdienstleistungsaufsicht über die ihnen bei ihrer Schlichtungstätigkeit bekannt gewordenen Geschäftspraktiken von Unternehmern zu unterrichten, wenn die Geschäftspraktiken die Interessen einer Vielzahl von Verbrauchern erheblich beeinträchtigen können.

(6) [1] Soweit keine privatrechtlich organisierte Einrichtung als Schlichtungsstelle anerkannt wird, weist das Bundesministerium der Justiz und für Verbraucherschutz im Einvernehmen mit dem Bundesministerium der Finanzen und dem Bundesministerium für Wirtschaft und Energie die Aufgaben der Schlichtungsstelle durch Rechtsverordnung ohne Zustimmung des Bundesrates einer Bundesoberbehörde oder Bundesanstalt zu und regelt deren Verfahren sowie die Erhebung von Gebühren und Auslagen. [2] § 31 des Verbraucherstreitbeilegungsgesetzes ist entsprechend anzuwenden. [3] Die Schlichtungsstelle ist Verbraucherschlichtungsstelle nach dem Verbraucherstreitbeilegungsgesetz und muss die Anforderungen nach dem Verbraucherstreitbeilegungsgesetz erfüllen.

§ 215 Gerichtsstand. (1) [1] Für Klagen aus dem Versicherungsvertrag oder der Versicherungsvermittlung ist auch das Gericht örtlich zuständig, in dessen Bezirk der Versicherungsnehmer zur Zeit der Klageerhebung seinen Wohnsitz, in Ermangelung eines solchen seinen gewöhnlichen Aufenthalt hat. [2] Für Klagen gegen den Versicherungsnehmer ist dieses Gericht ausschließlich zuständig.

(2) § 33 Abs. 2 der Zivilprozessordnung ist auf Widerklagen der anderen Partei nicht anzuwenden.

(3) Eine von Absatz 1 abweichende Vereinbarung ist zulässig für den Fall, dass der Versicherungsnehmer nach Vertragsschluss seinen Wohnsitz oder gewöhnlichen Aufenthalt aus dem Geltungsbereich dieses Gesetzes verlegt oder sein Wohnsitz oder gewöhnlicher Aufenthalt im Zeitpunkt der Klageerhebung nicht bekannt ist.

§ 216 Prozessstandschaft bei Versicherermehrheit. Ist ein Versicherungsvertrag mit den bei Lloyd's vereinigten Einzelversicherern nicht über eine Niederlassung im Geltungsbereich dieses Gesetzes abgeschlossen worden und ist ein inländischer Gerichtsstand gegeben, so können Ansprüche daraus gegen den bevollmächtigten Unterzeichner des im Versicherungsschein an erster Stelle aufgeführten Syndikats oder einen von diesem benannten Versicherer geltend gemacht werden; ein darüber erzielter Titel wirkt für und gegen alle an dem Versicherungsvertrag beteiligten Versicherer.

Anlage
(zu § 8 Abs. 5 Satz 1)

Muster für die Widerrufsbelehrung

Widerrufsbelehrung

Widerrufsrecht

Sie können Ihre Vertragserklärung innerhalb von [14] [1] Tagen ohne Angabe von Gründen in Textform (z.B. Brief, Fax, E-Mail) widerrufen. Die Frist beginnt, nachdem Sie den Versicherungsschein, die Vertragsbestimmungen einschließlich der Allgemeinen Versicherungsbedingungen, die weiteren Informationen nach § 7 Abs. 1 und 2 des Versicherungsvertragsgesetzes in Verbindung mit den §§ 1 bis 4 der VVG-Informationspflichtenverordnung[1)] und diese Belehrung jeweils in Textform erhalten haben [2]. Zur Wahrung der Widerrufsfrist genügt die rechtzeitige Absendung des Widerrufs. Der Widerruf ist zu richten an: [3]

Widerrufsfolgen

Im Falle eines wirksamen Widerrufs endet der Versicherungsschutz, und wir erstatten Ihnen den auf die Zeit nach Zugang des Widerrufs entfallenden Teil der Prämien, wenn Sie zugestimmt haben, dass der Versicherungsschutz vor dem Ende der Widerrufsfrist beginnt. Den Teil der Prämie, der auf die Zeit bis zum Zugang des Widerrufs entfällt, dürfen wir in diesem Fall einbehalten; dabei handelt es sich um [einen Betrag in Höhe von …] [4]. [5] Die Erstattung zurückzuzahlender Beträge erfolgt unverzüglich, spätestens 30 Tage nach Zugang des Widerrufs. Beginnt der Versicherungsschutz nicht vor dem Ende der Widerrufsfrist, hat der wirksame Widerruf zur Folge, dass empfangene Leistungen zurückzugewähren und gezogene Nutzungen (z.B. Zinsen) herauszugeben sind. [6][2)]

Besondere Hinweise

Ihr Widerrufsrecht erlischt, wenn der Vertrag auf Ihren ausdrücklichen Wunsch sowohl von Ihnen als auch von uns vollständig erfüllt ist, bevor Sie Ihr Widerrufsrecht ausgeübt haben.

(Ort), (Datum), (Unterschrift des Versicherungsnehmers) [7]

Gestaltungshinweise:

[1] Für die Lebensversicherung lautet der Klammerzusatz: „30".

[2] Bei Verträgen im elektronischen Geschäftsverkehr (§ 312i Absatz 1 Satz 1 des Bürgerlichen Gesetzbuchs[3)]) ist vor dem Punkt am Satzende Folgendes einzufügen: „ , jedoch nicht vor Erfüllung unserer Pflichten gemäß § 312i Absatz 1 Satz 1 des Bürgerlichen Gesetzbuchs[3)] in Verbindung mit Artikel 246c des Einführungsgesetzes zum Bürgerlichen Gesetzbuche".

[3] Hier sind einzusetzen: Name/Firma und ladungsfähige Anschrift des Widerrufsadressaten. Zusätzlich können angegeben werden: Telefaxnummer, E-Mail-Adresse und/oder, wenn der Versicherungsnehmer eine Bestätigung seiner Widerrufserklärung an den Versicherer erhält, auch eine Internet-Adresse.

[4] Der Betrag kann auch in anderen Unterlagen, z.B. im Antrag, ausgewiesen sein; dann lautet der Klammerzusatz je nach Ausgestaltung: „den im Antrag/im … auf Seite …/unter Ziffer … ausgewiesenen Betrag".

---

1) Nr. **8**.
2) Gestaltungshinweis [6] ist mWv 1.9.2013 durch G v. 24.4.2013 eingefügt worden. Dabei hat es der Gesetzgeber unterlassen, in der Änderungsanweisung diejenige Stelle zu bezeichnen, an der die Ziffer des Gestaltungshinweises [6] in die Widerrufsbelehrung eingefügt werden soll.
3) Nr. **13**.

[5] Bei der Lebensversicherung ist ggf. folgender Satz einzufügen: „Den Rückkaufswert einschließlich der Überschussanteile nach § 169 des Versicherungsvertragsgesetzes zahlen wir Ihnen aus."

[6] Wird der Versicherungsvertrag mit einem zusammenhängenden Vertrag abgeschlossen, ist am Ende des Absatzes zu „Widerrufsfolgen" folgender Satz anzufügen:
„Haben Sie Ihr Widerrufsrecht nach § 8 des Versicherungsvertragsgesetzes wirksam ausgeübt, sind Sie auch an einen mit dem Versicherungsvertrag zusammenhängenden Vertrag nicht mehr gebunden. Ein zusammenhängender Vertrag liegt vor, wenn er einen Bezug zu dem widerrufenen Vertrag aufweist und eine Dienstleistung des Versicherers oder eines Dritten auf der Grundlage einer Vereinbarung zwischen dem Dritten und dem Versicherer betrifft. Eine Vertragsstrafe darf weder vereinbart noch verlangt werden."[1)]

[7] Ort, Datum und Unterschriftsleiste können entfallen. In diesem Falle sind diese Angaben entweder durch die Wörter „Ende der Widerrufsbelehrung" oder durch die Wörter „Ihr(e) [einsetzen: Firma des Versicherers]" zu ersetzen.

[1)] Gestaltungshinweis [6] ist mWv 1.9.2013 durch G v. 24.4.2013 eingefügt worden. Dabei hat es der Gesetzgeber unterlassen, in der Änderungsanweisung diejenige Stelle zu bezeichnen, an der die Ziffer des Gestaltungshinweises [6] in die Widerrufsbelehrung eingefügt werden soll.

7. Einführungsgesetz zum Versicherungsvertragsgesetz

Vom 30. Mai 1908
(RGBl. S. 305)

BGBl. III/FNA 7632-2

zuletzt geänd. durch Art. 2 Abs. 51 Gesetz v. 1.4.2015 (BGBl. I S. 434)

Art. 1 Altverträge, Allgemeine Versicherungsbedingungen. (1) Auf Versicherungsverhältnisse, die bis zum Inkrafttreten des Versicherungsvertragsgesetzes[1] vom 23. November 2007 (BGBl. I S. 2631) am 1. Januar 2008 entstanden sind (Altverträge), ist das Gesetz über den Versicherungsvertrag in der bis dahin geltenden Fassung bis zum 31. Dezember 2008 anzuwenden, soweit in Absatz 2 und den Artikeln 2 bis 6 nichts anderes bestimmt ist.

(2) Ist bei Altverträgen ein Versicherungsfall bis zum 31. Dezember 2008 eingetreten, ist insoweit das Gesetz über den Versicherungsvertrag in der bis zum 31. Dezember 2007 geltenden Fassung weiter anzuwenden.

(3) Der Versicherer kann bis zum 1. Januar 2009 seine Allgemeinen Versicherungsbedingungen für Altverträge mit Wirkung zum 1. Januar 2009 ändern, soweit sie von den Vorschriften des Versicherungsvertragsgesetzes abweichen, und er dem Versicherungsnehmer die geänderten Versicherungsbedingungen unter Kenntlichmachung der Unterschiede spätestens einen Monat vor diesem Zeitpunkt in Textform mitteilt.

(4) Auf Fristen nach § 12 Abs. 3 des Gesetzes über den Versicherungsvertrag, die vor dem 1. Januar 2008 begonnen haben, ist § 12 Abs. 3 des Gesetzes über den Versicherungsvertrag auch nach dem 1. Januar 2008 anzuwenden.

Art. 2 Vollmacht des Versicherungsvertreters, Krankenversicherung. Auf Altverträge sind die folgenden Vorschriften des Versicherungsvertragsgesetzes[1] bereits ab 1. Januar 2008 anzuwenden:

1. die §§ 69 bis 73 über die Vertretungsmacht des Versicherungsvertreters und der in § 73 erfassten Vermittler;
2. die §§ 192 bis 208 für die Krankenversicherung, wenn der Versicherer dem Versicherungsnehmer die auf Grund dieser Vorschriften geänderten Allgemeinen Versicherungsbedingungen und Tarifbestimmungen unter Kenntlichmachung der Unterschiede spätestens einen Monat vor dem Zeitpunkt in Textform mitgeteilt hat, zu dem die Änderungen wirksam werden sollen.

Art. 3 Verjährung. (1) § 195 des Bürgerlichen Gesetzbuchs ist auf Ansprüche anzuwenden, die am 1. Januar 2008 noch nicht verjährt sind.

(2) Wenn die Verjährungsfrist nach § 195 des Bürgerlichen Gesetzbuchs länger ist als die Frist nach § 12 Abs. 1 des Gesetzes über den Versicherungsvertrag in der bis zum 31. Dezember 2007 geltenden Fassung, ist die Verjährung mit dem Ablauf der in § 12 Abs. 1 des Gesetzes über den Versicherungsvertrag in der bis zum 31. Dezember 2007 geltenden Fassung bestimmten Frist vollendet.

---

[1] Nr. **6**.

(3) [1]Wenn die Verjährungsfrist nach § 195 des Bürgerlichen Gesetzbuchs kürzer ist als die Frist nach § 12 Abs. 1 des Gesetzes über den Versicherungsvertrag in der bis zum 31. Dezember 2007 geltenden Fassung, wird die kürzere Frist vom 1. Januar 2008 an berechnet. [2]Läuft jedoch die längere Frist nach § 12 Abs. 1 des Gesetzes über den Versicherungsvertrag in der bis zum 31. Dezember 2007 geltenden Fassung früher als die Frist nach § 195 des Bürgerlichen Gesetzbuchs ab, ist die Verjährung mit dem Ablauf der längeren Frist vollendet.

(4) Die Absätze 1 bis 3 sind entsprechend auf Fristen anzuwenden, die für die Geltendmachung oder den Erwerb oder Verlust eines Rechtes maßgebend sind.

Art. 4 Lebensversicherung, Berufsunfähigkeitsversicherung. (1) [1]§ 153 des Versicherungsvertragsgesetzes[1)] ist auf Altverträge nicht anzuwenden, wenn eine Überschussbeteiligung nicht vereinbart worden ist. [2]Ist eine Überschussbeteiligung vereinbart, ist § 153 des Versicherungsvertragsgesetzes ab dem 1. Januar 2008 auf Altverträge anzuwenden; vereinbarte Verteilungsgrundsätze gelten als angemessen.

(2) Auf Altverträge ist anstatt des § 169 des Versicherungsvertragsgesetzes, auch soweit auf ihn verwiesen wird, § 176 des Gesetzes über den Versicherungsvertrag in der bis zum 31. Dezember 2007 geltenden Fassung weiter anzuwenden.

(3) Auf Altverträge über eine Berufsunfähigkeitsversicherung sind die §§ 172, 174 bis 177 des Versicherungsvertragsgesetzes nicht anzuwenden.

Art. 5 Rechte der Gläubiger von Grundpfandrechten. (1) [1]Rechte, die Gläubigern von Grundpfandrechten gegenüber dem Versicherer nach den §§ 99 bis 107c des Gesetzes über den Versicherungsvertrag in der bis zum 31. Dezember 2007 geltenden Fassung zustehen, bestimmen sich auch nach dem 31. Dezember 2008 nach diesen Vorschriften. [2]Die Anmeldung eines Grundpfandrechts beim Versicherer kann nur bis zum 31. Dezember 2008 erklärt werden.

(2) [1]Hypotheken, Grundschulden, Rentenschulden und Reallasten,

1. die in der Zeit vom 1. Januar 1943 bis zum 30. Juni 1994 zu Lasten von Grundstücken begründet worden sind,
2. für die eine Gebäudeversicherung bei einer öffentlichen Anstalt unmittelbar kraft Gesetzes oder infolge eines gesetzlichen Zwanges bei einer solchen Anstalt genommen worden ist und
3. die nach der Verordnung zur Ergänzung und Änderung des Gesetzes über den Versicherungsvertrag in der im Bundesgesetzblatt Teil III, Gliederungsnummer 7632-1-1, veröffentlichten bereinigten Fassung als angemeldet im Sinn der §§ 99 bis 106 des Gesetzes über den Versicherungsvertrag gelten,

sind, wenn das Versicherungsverhältnis nach Überleitung in ein vertragliches Versicherungsverhältnis auf Grund des Gesetzes zur Überleitung landesrechtlicher Gebäudeversicherungsverhältnisse vom 22. Juli 1993 (BGBl. I S. 1282, 1286) fortbesteht, zur Erhaltung der durch die Fiktion begründeten Rechte bis spätestens 31. Dezember 2008 beim Versicherer anzumelden. [2]Die durch die

[1)] Nr. **6**.

Verordnung zur Ergänzung und Änderung des Gesetzes über den Versicherungsvertrag begründete Fiktion erlischt mit Ablauf des 31. Dezember 2008.

Art. 6 Versicherungsverhältnisse nach § 190 des Gesetzes über den Versicherungsvertrag. Das Versicherungsvertragsgesetz gilt nicht für die in § 190 des Gesetzes über den Versicherungsvertrag[1] in der bis zum 31. Dezember 2007 geltenden Fassung bezeichneten Altverträge.

Art. 7 Krankenversicherung, Versicherungsverhältnisse nach § 193 Absatz 6 des Versicherungsvertragsgesetzes. [1] Versicherungsnehmer, für die am 1. August 2013 das Ruhen der Leistungen gemäß § 193 Absatz 6 des Versicherungsvertragsgesetzes festgestellt ist, gelten ab diesem Zeitpunkt als im Notlagentarif *§ 153 des Versicherungsaufsichtsgesetzes*[2)3)] versichert. [2] Versicherungsnehmer gelten rückwirkend ab dem Zeitpunkt, zu dem die Leistungen aus dem Vertrag ruhend gestellt worden sind, als im Notlagentarif versichert, wenn die monatliche Prämie des Notlagentarifs niedriger ist als die in diesem Zeitpunkt geschuldete Prämie. [3] Dies gilt unter der Maßgabe, dass die zum Zeitpunkt des Ruhendstellens aus dem Vertrag erworbenen Rechte und Alterungsrückstellungen erhalten bleiben und in Anspruch genommene Ruhensleistungen im Verhältnis zum Versicherungsnehmer als solche des Notlagentarifs gelten. [4] Eine Anrechnung gebildeter Alterungsrückstellungen nach § 153 Absatz 2 Satz 6 des Versicherungsaufsichtsgesetzes auf die zu zahlende Prämie findet rückwirkend nicht statt. [5] Der Versicherungsnehmer kann der rückwirkenden Versicherung nach Satz 2 widersprechen. [6] Die Versicherer haben auf die Versicherung im Notlagentarif innerhalb von drei Monaten nach dem 1. August 2013 hinzuweisen und hierbei den Versicherungsnehmer über sein Widerspruchsrecht nach Satz 5 unter Hinweis auf die mit der rückwirkenden Versicherung verbundenen Folgen zu informieren; der Widerspruch muss innerhalb von sechs Monaten nach Zugang des Hinweises beim Versicherer eingehen.

---

1) Nr. **6**.
2) Nr. **1**.
3) Richtig wohl: „gemäß § 153 des Versicherungsaufsichtsgesetzes".

8. Verordnung über Informationspflichten bei Versicherungsverträgen (VVG-Informationspflichtenverordnung – VVG-InfoV)[1)]

Vom 18. Dezember 2007
(BGBl. I S. 3004)

FNA 7632-6-1

zuletzt geänd. durch Art. 1 Verordnung v. 5.3.2020 (BGBl. I S. 484)

Auf Grund des § 7 Abs. 2 und 3 des Versicherungsvertragsgesetzes[2)] vom 23. November 2007 (BGBl. I S. 2631) verordnet das Bundesministerium der Justiz im Einvernehmen mit dem Bundesministerium der Finanzen und im Benehmen mit dem Bundesministerium für Ernährung, Landwirtschaft und Verbraucherschutz:

§ 1 Informationspflichten bei allen Versicherungszweigen. (1) Der Versicherer hat dem Versicherungsnehmer gemäß § 7 Abs. 1 Satz 1 des Versicherungsvertragsgesetzes[2)] folgende Informationen zur Verfügung zu stellen:

1. die Identität des Versicherers und der etwaigen Niederlassung, über die der Vertrag abgeschlossen werden soll; anzugeben ist auch das Handelsregister, bei dem der Rechtsträger eingetragen ist, und die zugehörige Registernummer;
2. die Identität eines Vertreters des Versicherers in dem Mitgliedstaat der Europäischen Union, in dem der Versicherungsnehmer seinen Wohnsitz hat, wenn es einen solchen Vertreter gibt, oder die Identität einer anderen gewerblich tätigen Person als dem Anbieter, wenn der Versicherungsnehmer mit dieser geschäftlich zu tun hat, und die Eigenschaft, in der diese Person gegenüber dem Versicherungsnehmer tätig wird;
3. die ladungsfähige Anschrift des Versicherers und jede andere Anschrift, die für die Geschäftsbeziehung zwischen dem Versicherer, seinem Vertreter oder einer anderen gewerblich tätigen Person gemäß Nummer 2 und dem Versicherungsnehmer maßgeblich ist, bei juristischen Personen, Personenvereinigungen oder -gruppen auch den Namen eines Vertretungsberechtigten;
4. die Hauptgeschäftstätigkeit des Versicherers;
5. Angaben über das Bestehen eines Garantiefonds oder anderer Entschädigungsregelungen, die nicht unter die Richtlinie 94/19/EG des Europäischen Parlaments und des Rates vom 30. Mai 1994 über Einlagensicherungssysteme (ABl. EG Nr. L 135 S. 5) und die Richtlinie 97/9/EG des

---

[1)] **Amtl. Anm.:** Die Verordnung dient der Umsetzung der Richtlinie 92/49/EWG des Rates vom 18. Juni 1992 zur Koordinierung der Rechts- und Verwaltungsvorschriften für die Direktversicherung (mit Ausnahme der Lebensversicherung) sowie zur Änderung der Richtlinien 73/239/EWG (ABl. EG Nr. L 228 S. 1), der Richtlinie 2002/65/EG des Europäischen Parlaments und des Rates vom 23. September 2002 über den Fernabsatz von Finanzdienstleistungen an Verbraucher und zur Änderung der Richtlinie 90/619/EWG des Rates und der Richtlinien 97/7/EG und 98/27/EG (ABl. EG Nr. L 271 S. 16) sowie der Richtlinie 2002/83/EG des Europäischen Parlaments und des Rates vom 5. November 2002 über Lebensversicherungen (ABl. EG Nr. L 345 S. 1).

[2)] Nr. **6**.

Europäischen Parlaments und des Rates vom 3. März 1997 über Systeme für die Entschädigung der Anleger (ABl. EG Nr. L 84 S. 22) fallen; Name und Anschrift des Garantiefonds sind anzugeben;

6. a) die für das Versicherungsverhältnis geltenden Allgemeinen Versicherungsbedingungen einschließlich der Tarifbestimmungen;
   b) die wesentlichen Merkmale der Versicherungsleistung, insbesondere Angaben über Art, Umfang und Fälligkeit der Leistung des Versicherers;
7. den Gesamtpreis der Versicherung einschließlich aller Steuern und sonstigen Preisbestandteile, wobei die Prämien einzeln auszuweisen sind, wenn das Versicherungsverhältnis mehrere selbständige Versicherungsverträge umfassen soll, oder, wenn ein genauer Preis nicht angegeben werden kann, Angaben zu den Grundlagen seiner Berechnung, die dem Versicherungsnehmer eine Überprüfung des Preises ermöglichen;
8. gegebenenfalls zusätzlich anfallende Kosten unter Angabe des insgesamt zu zahlenden Betrages sowie mögliche weitere Steuern, Gebühren oder Kosten, die nicht über den Versicherer abgeführt oder von ihm in Rechnung gestellt werden; anzugeben sind auch alle Kosten, die dem Versicherungsnehmer für die Benutzung von Fernkommunikationsmitteln entstehen, wenn solche zusätzlichen Kosten in Rechnung gestellt werden;
9. Einzelheiten hinsichtlich der Zahlung und der Erfüllung, insbesondere zur Zahlungsweise der Prämien;
10. die Befristung der Gültigkeitsdauer der zur Verfügung gestellten Informationen, beispielsweise die Gültigkeitsdauer befristeter Angebote, insbesondere hinsichtlich des Preises;
11. gegebenenfalls den Hinweis, dass sich die Finanzdienstleistung auf Finanzinstrumente bezieht, die wegen ihrer spezifischen Merkmale oder der durchzuführenden Vorgänge mit speziellen Risiken behaftet sind, oder deren Preis Schwankungen auf dem Finanzmarkt unterliegt, auf die der Versicherer keinen Einfluss hat, und dass in der Vergangenheit erwirtschaftete Beträge kein Indikator für künftige Erträge sind; die jeweiligen Umstände und Risiken sind zu bezeichnen;
12. Angaben darüber, wie der Vertrag zustande kommt, insbesondere über den Beginn der Versicherung und des Versicherungsschutzes sowie die Dauer der Frist, während der der Antragsteller an den Antrag gebunden sein soll;
13. das Bestehen oder Nichtbestehen eines Widerrufsrechts sowie die Bedingungen, Einzelheiten der Ausübung, insbesondere Namen und Anschrift derjenigen Person, gegenüber der der Widerruf zu erklären ist, und die Rechtsfolgen des Widerrufs einschließlich Informationen über den Betrag, den der Versicherungsnehmer im Falle des Widerrufs gegebenenfalls zu zahlen hat;
14. Angaben zur Laufzeit und gegebenenfalls zur Mindestlaufzeit des Vertrages;
15. Angaben zur Beendigung des Vertrages, insbesondere zu den vertraglichen Kündigungsbedingungen einschließlich etwaiger Vertragsstrafen;
16. die Mitgliedstaaten der Europäischen Union, deren Recht der Versicherer der Aufnahme von Beziehungen zum Versicherungsnehmer vor Abschluss des Versicherungsvertrages zugrunde legt;
17. das auf den Vertrag anwendbare Recht, eine Vertragsklausel über das auf den Vertrag anwendbare Recht oder über das zuständige Gericht;

18. die Sprachen, in welchen die Vertragsbedingungen und die in dieser Vorschrift genannten Vorabinformationen mitgeteilt werden, sowie die Sprachen, in welchen sich der Versicherer verpflichtet, mit Zustimmung des Versicherungsnehmers die Kommunikation während der Laufzeit dieses Vertrages zu führen;
19. einen möglichen Zugang des Versicherungsnehmers zu einem außergerichtlichen Beschwerde- und Rechtsbehelfsverfahren und gegebenenfalls die Voraussetzungen für diesen Zugang; dabei ist ausdrücklich darauf hinzuweisen, dass die Möglichkeit für den Versicherungsnehmer, den Rechtsweg zu beschreiten, hiervon unberührt bleibt;
20. Name und Anschrift der zuständigen Aufsichtsbehörde sowie die Möglichkeit einer Beschwerde bei dieser Aufsichtsbehörde.

(2) Soweit die Mitteilung durch Übermittlung der Vertragsbestimmungen einschließlich der Allgemeinen Versicherungsbedingungen erfolgt, bedürfen die Informationen nach Absatz 1 Nr. 3, 13 und 15 einer hervorgehobenen und deutlich gestalteten Form.

§ 2 Informationspflichten bei der Lebensversicherung, der Berufsunfähigkeitsversicherung und der Unfallversicherung mit Prämienrückgewähr. (1) Bei der Lebensversicherung hat der Versicherer dem Versicherungsnehmer gemäß § 7 Abs. 1 Satz 1 des Versicherungsvertragsgesetzes[1)] zusätzlich zu den in § 1 Abs. 1 genannten Informationen die folgenden Informationen zur Verfügung zu stellen:

1. Angaben zur Höhe der in die Prämie einkalkulierten Kosten; dabei sind die einkalkulierten Abschlusskosten als einheitlicher Gesamtbetrag und die übrigen einkalkulierten Kosten als Anteil der Jahresprämie unter Angabe der jeweiligen Laufzeit auszuweisen; bei den übrigen einkalkulierten Kosten sind die einkalkulierten Verwaltungskosten zusätzlich gesondert als Anteil der Jahresprämie unter Angabe der jeweiligen Laufzeit auszuweisen;
2. Angaben zu möglichen sonstigen Kosten, insbesondere zu Kosten, die einmalig oder aus besonderem Anlass entstehen können;
3. Angaben über die für die Überschussermittlung und Überschussbeteiligung geltenden Berechnungsgrundsätze und Maßstäbe;
4. Angabe der in Betracht kommenden Rückkaufswerte;
5. Angaben über den Mindestversicherungsbetrag für eine Umwandlung in eine prämienfreie oder eine prämienreduzierte Versicherung und über die Leistungen aus einer prämienfreien oder prämienreduzierten Versicherung;
6. das Ausmaß, in dem die Leistungen nach den Nummern 4 und 5 garantiert sind;
7. bei fondsgebundenen Versicherungen Angaben über die der Versicherung zugrunde liegenden Fonds und die Art der darin enthaltenen Vermögenswerte;
8. allgemeine Angaben über die für diese Versicherungsart geltende Steuerregelung,
9. bei Lebensversicherungsverträgen, die Versicherungsschutz für ein Risiko bieten, bei dem der Eintritt der Verpflichtung des Versicherers gewiss ist, die

---

1) Nr. **6**.

Minderung der Wertentwicklung durch Kosten in Prozentpunkten (Effektivkosten) bis zum Beginn der Auszahlungsphase.

(2) [1]Die Angaben nach Absatz 1 Nr. 1, 2, 4 und 5 haben in Euro zu erfolgen. [2]Bei Absatz 1 Nr. 6 gilt Satz 1 mit der Maßgabe, dass das Ausmaß der Garantie in Euro anzugeben ist.

(3) Die vom Versicherer zu übermittelnde Modellrechnung im Sinne von § 154 Abs. 1 des Versicherungsvertragsgesetzes ist mit folgenden Zinssätzen darzustellen:

1. dem Höchstrechnungszinssatz, multipliziert mit 1,67,
2. dem Zinssatz nach Nummer 1 zuzüglich eines Prozentpunktes und
3. dem Zinssatz nach Nummer 1 abzüglich eines Prozentpunktes.

(4) [1]Auf die Berufsunfähigkeitsversicherung sind die Absätze 1 und 2 entsprechend anzuwenden. [2]Darüber hinaus ist darauf hinzuweisen, dass der in den Versicherungsbedingungen verwendete Begriff der Berufsunfähigkeit nicht mit dem Begriff der Berufsunfähigkeit oder der Erwerbsminderung im sozialrechtlichen Sinne oder dem Begriff der Berufsunfähigkeit im Sinne der Versicherungsbedingungen in der Krankentagegeldversicherung übereinstimmt.

(5) Auf die Unfallversicherung mit Prämienrückgewähr sind Absatz 1 Nr. 3 bis 8 und Absatz 2 entsprechend anzuwenden.

[Abs. 6 ab 1.1.2021:]

(6) [1]Die Effektivkosten gemäß Absatz 1 Nummer 9 werden berechnet wie der Gesamtkostenindikator nach Anhang VI der Delegierten Verordnung (EU) 2017/653 der Kommission vom 8. März 2017 zur Ergänzung der Verordnung (EU) Nr. 1286/2014 des Europäischen Parlaments und des Rates über Basisinformationsblätter für verpackte Anlageprodukte für Kleinanleger und Versicherungsanlageprodukte (PRIIP) durch technische Regulierungsstandards in Bezug auf die Darstellung, den Inhalt, die Überprüfung und die Überarbeitung dieser Basisinformationsblätter sowie die Bedingungen für die Erfüllung der Verpflichtung zu ihrer Bereitstellung (ABl. L 100 vom 12.4. 2017, S. 1; L 120 vom 11.5.2017, S. 31; L 186 vom 19.7.2017, S. 17; L 210 vom 15.8.2017, S. 16), die durch die Delegierte Verordnung (EU) 2019/1866 (ABl. L 289 vom 8.11.2019, S. 4) geändert worden ist. [2]Dabei sind die Parameter des angebotenen Vertrags einzusetzen; abweichend davon ist unabhängig von den Parametern des angebotenen Vertrags

1. *stets die jährliche Wertentwicklung vor Kosten zugrunde zu legen, die bei der Berechnung des Gesamtkostenindikators nach Anhang VI der Delegierten Verordnung (EU) 2017/653 verwendet würde, und*
2. *die in diesem Gesamtkostenindikator enthaltene Kostenkomponente für das biometrische Risiko zu übernehmen, wenn das zugrunde liegende Produkt eine zumindest 90-prozentige Beteiligung an Risikoüberschüssen gewährleistet.*

[3]Die jährliche Wertentwicklung vor Kosten kann durch einen angemessenen Schätzwert ersetzt werden, wenn der in Satz 2 genannte Gesamtkostenindikator nicht zu berechnen ist. [4]Die Sätze 1 bis 3 sind nicht anzuwenden auf Altersvorsorgeverträge und Basisrentenverträge im Sinne der §§ 1 und 2 des Altersvorsorgeverträge-Zertifizierungsgesetzes[1)].

---

1) Nr. **3**.

§ 3 Informationspflichten bei der Krankenversicherung. (1) Bei der substitutiven Krankenversicherung (§ 146 Absatz 1 des Versicherungsaufsichtsgesetzes[1]) hat der Versicherer dem Versicherungsnehmer gemäß § 7 Abs. 1 Satz 1 des Versicherungsvertragsgesetzes zusätzlich zu den in § 1 Abs. 1 genannten Informationen folgende Informationen zur Verfügung zu stellen:

1\.
2. Angaben zu möglichen sonstigen Kosten, insbesondere zu Kosten, die einmalig oder aus besonderem Anlass entstehen können;
3. Angaben über die Auswirkungen steigender Krankheitskosten auf die zukünftige Beitragsentwicklung;
4. Hinweise auf die Möglichkeiten zur Beitragsbegrenzung im Alter, insbesondere auf die Möglichkeiten eines Wechsels in den Standardtarif oder Basistarif oder in andere Tarife gemäß § 204 des Versicherungsvertragsgesetzes und der Vereinbarung von Leistungsausschlüssen, sowie auf die Möglichkeit einer Prämienminderung gemäß § 152 Absatz 3 und 4 des Versicherungsaufsichtsgesetzes;
5. einen Hinweis, dass ein Wechsel von der privaten in die gesetzliche Krankenversicherung in fortgeschrittenem Alter in der Regel ausgeschlossen ist;
6. einen Hinweis, dass ein Wechsel innerhalb der privaten Krankenversicherung in fortgeschrittenem Alter mit höheren Beiträgen verbunden sein kann und gegebenenfalls auf einen Wechsel in den Standardtarif oder Basistarif beschränkt ist;
7. eine Übersicht über die Beitragsentwicklung im Zeitraum der dem Angebot vorangehenden zehn Jahre; anzugeben ist, welcher monatliche Beitrag in den dem Angebot vorangehenden zehn Jahren jeweils zu entrichten gewesen wäre, wenn der Versicherungsvertrag zum damaligen Zeitpunkt von einer Person gleichen Geschlechts wie der Antragsteller mit Eintrittsalter von 35 Jahren abgeschlossen worden wäre; besteht der angebotene Tarif noch nicht seit zehn Jahren, so ist auf den Zeitpunkt der Einführung des Tarifs abzustellen, und es ist darauf hinzuweisen, dass die Aussagekraft der Übersicht wegen der kurzen Zeit, die seit der Einführung des Tarifs vergangen ist, begrenzt ist; ergänzend ist die Entwicklung eines vergleichbaren Tarifs, der bereits seit zehn Jahren besteht, darzustellen.

(2) Die Angaben zu Absatz 1 Nr. 1, 2 und 7 haben in Euro zu erfolgen.

§ 4 Produktinformationsblatt. (1) Ist der Versicherungsnehmer ein Verbraucher, so hat der Versicherer ihm ein Produktinformationsblatt zur Verfügung zu stellen.

(2) [1]Das Produktinformationsblatt ist nach der Durchführungsverordnung (EU) 2017/1469[2] der Kommission vom 11. August 2017 zur Festlegung eines Standardformats für das Informationsblatt zu Versicherungsprodukten (ABl. L 209 vom 12.8.2017, S. 19) in ihrer jeweils geltenden Fassung zu erstellen; unter den Überschriften, die nach Artikel 4 Absatz 1 in Verbindung mit dem Anhang oder nach Absatz 4 der Durchführungsverordnung zu verwenden sind, sind die entsprechenden Informationen zu geben. [2]Zusätzlich sind bei Versicherungsprodukten, die kein Versicherungsprodukt im Sinne des Anhangs I der Richt-

[1] Nr. **1**.
[2] Nr. **9**.

linie 2009/138/EG des Europäischen Parlaments und des Rates vom 25. November 2009 betreffend die Aufnahme und Ausübung der Versicherungs- und der Rückversicherungstätigkeit (Solvabilität II) (ABl. L 335 vom 17.12.2009, S. 1) sind, die Prämie, die Abschluss- und Vertriebskosten und die Verwaltungskosten (§ 2 Absatz 1 Nummer 1) sowie die sonstigen Kosten (§ 2 Absatz 1 Nummer 2) jeweils in Euro gesondert auszuweisen; die Information ist unter der Überschrift „Prämie; Kosten" als letzte Information zu geben.

(3) Diese Regelung gilt nicht für Versicherungsanlageprodukte im Sinne der Verordnung (EU) Nr. 1286/2014 des Europäischen Parlaments und des Rates vom 26. November 2014 über Basisinformationsblätter für verpackte Anlageprodukte für Kleinanleger und Versicherungsanlageprodukte (PRIIP) (ABl. L 352 vom 9.12.2014, S. 1; L 358 vom 13.12.2014, S. 50), die durch die Verordnung (EU) 2016/2340 (ABl. L 354 vom 23.12.2016, S. 35) geändert worden ist.

§ 5 Informationspflichten bei Telefongesprächen. (1) Nimmt der Versicherer mit dem Versicherungsnehmer telefonischen Kontakt auf, muss er seine Identität und den geschäftlichen Zweck des Kontakts bereits zu Beginn eines jeden Gesprächs ausdrücklich offenlegen.

(2) [1] Bei Telefongesprächen hat der Versicherer dem Versicherungsnehmer aus diesem Anlass nur die Informationen nach § 1 Abs. 1 Nr. 1 bis 3, 6 Buchstabe b, Nr. 7 bis 10 und 12 bis 14 mitzuteilen. [2] Satz 1 gilt nur, wenn der Versicherer den Versicherungsnehmer darüber informiert hat, dass auf Wunsch weitere Informationen mitgeteilt werden können und welcher Art diese Informationen sind, und der Versicherungsnehmer ausdrücklich auf die Mitteilung der weiteren Informationen zu diesem Zeitpunkt verzichtet.

(3) Die in §§ 1 bis 4 vorgesehenen Informationspflichten bleiben unberührt.

§ 6 Informationspflichten während der Laufzeit des Vertrages.

(1) Der Versicherer hat dem Versicherungsnehmer während der Laufzeit des Versicherungsvertrages folgende Informationen mitzuteilen:

1. jede Änderung der Identität oder der ladungsfähigen Anschrift des Versicherers und der etwaigen Niederlassung, über die der Vertrag abgeschlossen worden ist;
2. Änderungen bei den Angaben nach § 1 Abs. 1 Nr. 6 Buchstabe b, Nr. 7 bis 9 und 14 sowie nach § 2 Abs. 1 Nr. 3 bis 7, sofern sie sich aus Änderungen von Rechtsvorschriften ergeben;
3. soweit nach dem Vertrag eine Überschussbeteiligung vorgesehen ist, alljährlich eine Information über den Stand der Überschussbeteiligung sowie Informationen darüber, inwieweit diese Überschussbeteiligung garantiert ist; dies gilt nicht für die Krankenversicherung.

(2) [1] Bei der substitutiven Krankenversicherung nach § 146 Absatz 1 des Versicherungsaufsichtsgesetzes[1)] hat der Versicherer bei jeder Prämienerhöhung unter Beifügung des Textes der gesetzlichen Regelung auf die Möglichkeit des Tarifwechsels (Umstufung) gemäß § 204 des Versicherungsvertragsgesetzes hinzuweisen. [2] Bei Versicherten, die das 60. Lebensjahr vollendet haben, ist der Versicherungsnehmer auf Tarife, die einen gleichartigen Versicherungsschutz

---

[1)] Nr. **1**.

wie die bisher vereinbarten Tarife bieten und bei denen eine Umstufung zu einer Prämienreduzierung führen würde, hinzuweisen. [3] Der Hinweis muss solche Tarife enthalten, die bei verständiger Würdigung der Interessen des Versicherungsnehmers für eine Umstufung besonders in Betracht kommen. [4] Zu den in Satz 2 genannten Tarifen zählen jedenfalls diejenigen Tarife mit Ausnahme des Basistarifs, die jeweils im abgelaufenen Geschäftsjahr den höchsten Neuzugang, gemessen an der Zahl der versicherten Personen, zu verzeichnen hatten. [5] Insgesamt dürfen nicht mehr als zehn Tarife genannt werden. [6] Dabei ist jeweils anzugeben, welche Prämien für die versicherten Personen im Falle eines Wechsels in den jeweiligen Tarif zu zahlen wären. [7] Darüber hinaus ist auf die Möglichkeit eines Wechsels in den Standardtarif oder Basistarif hinzuweisen. [8] Dabei sind die Voraussetzungen des Wechsels in den Standardtarif oder Basistarif, die in diesem Falle zu entrichtende Prämie sowie die Möglichkeit einer Prämienminderung im Basistarif gemäß § 152 Absatz 4 des Versicherungsaufsichtsgesetzes mitzuteilen. [9] Auf Anfrage ist dem Versicherungsnehmer der Übertragungswert gemäß § 146 Absatz 1 Nummer 5 des Versicherungsaufsichtsgesetzes anzugeben; ab dem 1. Januar 2013 ist der Übertragungswert jährlich mitzuteilen.

§ 7 Übergangsvorschrift. Für Versicherungsprodukte, die weder Versicherungsanlageprodukt im Sinne der Verordnung (EU) Nr. 1286/2014 noch Versicherungsprodukt im Sinne des Anhangs I der Richtlinie 2009/138/EG sind, kann der Versicherer bis einschließlich 31. Dezember 2018 das Produktinformationsblatt nach § 4 in seiner bis 13. März 2018 geltenden Fassung gestalten.

9. Durchführungsverordnung (EU) 2017/1469 der Kommission vom 11. August 2017 zur Festlegung eines Standardformats für das Informationsblatt zu Versicherungsprodukten

(Text von Bedeutung für den EWR)

(ABl. L 209 S. 19)

Celex-Nr. 3 2017 R 1469

DIE EUROPÄISCHE KOMMISSION –

gestützt auf den Vertrag über die Arbeitsweise der Europäischen Union,

gestützt auf die Richtlinie (EU) 2016/97 des Europäischen Parlaments und des Rates vom 20. Januar 2016 über Versicherungsvertrieb[1], insbesondere auf Artikel 20 Absatz 9,

in Erwägung nachstehender Gründe:

(1) Nach der Richtlinie (EU) 2016/97 sind Hersteller von Nichtlebensversicherungsprodukten im Sinne des Anhangs I der Richtlinie 2009/138/EG des Europäischen Parlaments und des Rates[2] verpflichtet, ein standardisiertes Informationsblatt zu Versicherungsprodukten zu erstellen, damit Kunden über die notwendigen Angaben zu den Nichtlebensversicherungsprodukten im Sinne des Anhangs I der Richtlinie 2009/138/EG verfügen und eine Entscheidung in voller Kenntnis der Sachlage treffen können.

(2) Artikel 20 Absatz 8 der Richtlinie (EU) 2016/97 schreibt vor, welche Angaben das Informationsblatt zu Versicherungsprodukten enthalten soll.

(3) Damit die Produktangaben für Kunden leicht lesbar, verständlich und vergleichbar sind, sollte bei der Darstellung der in Artikel 20 Absatz 8 der Richtlinie (EU) 2016/97 genannten Angaben im standardisierten Informationsblatt zu Versicherungsprodukten nach Artikel 20 Absatz 5 der Richtlinie ein einheitliches Design und Format sowie eine einheitliche Struktur auch unter Einsatz von Bildzeichen oder Symbolen verwendet werden. Ebenso sollten den Angaben zu etwaigen Zusatzversicherungen und optionalen Versicherungen keine Häkchen, Kreuze oder Ausrufezeichen vorangestellt werden, und die Angaben auf dem Informationsblatt zu Versicherungsprodukten sollten in der Regel auf zwei Seiten eines A4-Blattes dargestellt werden und in keinem Fall drei A4-Seiten überschreiten.

(4) Diese Verordnung stützt sich auf den Entwurf technischer Durchführungsstandards, der der Kommission von der Europäischen Aufsichtsbehörde für das Versicherungswesen und die betriebliche Altersversorgung (EIOPA) vorgelegt wurde.

---

[1] **Amtl. Anm.:** ABl. L 26 vom 2.2.2016, S. 19.

[2] **Amtl. Anm.:** Richtlinie 2009/138/EG des Europäischen Parlaments und des Rates vom 25. November 2009 betreffend die Aufnahme und Ausübung der Versicherungs- und der Rückversicherungstätigkeit (Solvabilität II) (ABl. L 335 vom 17.12.2009, S. 1).

(5) Im Einklang mit Artikel 20 Absatz 9 der Richtlinie (EU) 2016/97 hat die EIOPA Verbrauchertests zum standardisierten Informationsblatt zu Versicherungsprodukten durchgeführt und die nationalen Behörden gehört. Ferner hat die EIOPA zum Entwurf technischer Durchführungsstandards offene öffentliche Konsultationen durchgeführt, die damit verbundenen potenziellen Kosten- und Nutzeneffekte analysiert und die Stellungnahme der nach Artikel 37 der Verordnung (EU) Nr. 1094/2010 des Europäischen Parlament und des Rates[1)] eingesetzten Interessengruppe Versicherung und Rückversicherung eingeholt –

HAT FOLGENDE VERORDNUNG ERLASSEN:

Art. 1 Name und Unternehmenslogo des Herstellers. (1) Auf die Überschrift „Informationsblatt zu Versicherungsprodukten" oben auf der ersten Seite folgen unmittelbar der Name des Herstellers des Nichtlebensversicherungsprodukts, der Mitgliedstaat, in dem der Hersteller registriert ist, der Rechtsstatus des Herstellers und gegebenenfalls dessen Genehmigungsnummer.

(2) Der Hersteller kann sein Unternehmenslogo rechts neben der Überschrift einfügen.

Art. 2 Hinweis auf vollständige vorvertragliche und vertragliche Informationen. [1]Das Informationsblatt zu Versicherungsprodukten enthält einen deutlich sichtbaren Hinweis darauf, dass dem Kunden die vollständigen vorvertraglichen und vertraglichen Informationen über das Nichtlebensversicherungsprodukt in anderen Dokumenten erteilt werden. [2]Dieser Hinweis ist unmittelbar unter dem Namen des Herstellers des Nichtlebensversicherungsprodukts einzufügen.

Art. 3 Länge. [1]Das Informationsblatt zu Versicherungsprodukten umfasst ausgedruckt zwei Seiten im A4-Format. [2]Wird mehr Platz benötigt, darf das Informationsblatt zu Versicherungsprodukten in Ausnahmefällen ausgedruckt bis zu maximal drei Seiten im A4-Format umfassen. [3]Nutzt ein Hersteller drei Seiten im A4-Format, muss er auf Verlangen der zuständigen Behörde nachweisen können, dass mehr Platz nötig war.

Art. 4 Darstellung und inhaltliche Reihenfolge. (1) Das in Artikel 20 Absatz 8 der Richtlinie (EU) 2016/97 genannte Informationsblatt zu Versicherungsprodukten ist in unterschiedliche Rubriken eingeteilt und entspricht in Bezug auf Struktur, Anordnung, Überschriften und Reihenfolge dem im Anhang dieser Verordnung beschriebenen Standardformat, wobei eine Schriftgröße mit einer x-Höhe von mindestens 1,2 mm zu verwenden ist.

(2) [1]Die Länge der Rubriken hängt von der in den einzelnen Rubriken enthaltenen Menge an Informationen ab und kann daher unterschiedlich ausfallen. [2]Den Angaben zu etwaigen Zusatzversicherungen und optionalen

---

[1)] **Amtl. Anm.:** Verordnung (EU) Nr. 1094/2010 des Europäischen Parlaments und des Rates vom 24. November 2010 zur Errichtung einer Europäischen Aufsichtsbehörde (Europäische Aufsichtsbehörde für das Versicherungswesen und die betriebliche Altersversorgung), zur Änderung des Beschlusses Nr. 716/2009/EG und zur Aufhebung des Beschlusses 2009/79/EG der Kommission (ABl. L 331 vom 15.12.2010, S. 48).

Versicherungen werden keine Häkchen, Kreuze oder Ausrufezeichen vorangestellt.

(3) Wird das Informationsblatt zu Versicherungsprodukten auf einem anderen dauerhaften Datenträger als Papier abgebildet, darf die Größe der angeordneten Komponenten geändert werden, sofern Anordnung, Überschriften und Reihenfolge des Standardformats sowie die Verhältnismäßigkeit bei der Hervorhebung und Größe der einzelnen Elemente beibehalten werden.

(4) Lässt der andere dauerhafte Datenträger als Papier aufgrund seiner Dimensionen keine Anordnung in zwei Spalten zu, darf eine Darstellung in einer einzigen Spalte erfolgen, sofern die Rubriken in folgender Reihenfolge abgebildet sind:

a) „Um welche Art von Versicherung handelt es sich?“
b) „Was ist versichert?“
c) „Was ist nicht versichert?“
d) „Gibt es Deckungsbeschränkungen?“
e) „Wo bin ich versichert?“
f) „Welche Verpflichtungen habe ich?“
g) „Wann und wie zahle ich?“
h) „Wann beginnt und endet die Deckung?“
i) „Wie kann ich den Vertrag kündigen?“

(5) Die Verwendung digitaler Instrumente, einschließlich Layer und Pop-ups, ist gestattet, sofern alle in Artikel 20 Absatz 8 der Richtlinie (EU) 2016/97 genannten Informationen im Hauptteil des Informationsblatts zu Versicherungsprodukten enthalten sind und die Verwendung solcher Instrumente den Kunden nicht vom Inhalt des Hauptdokuments ablenkt.

Informationen, die mittels Layer oder Pop-ups dargestellt werden, dürfen kein Marketing- oder Werbematerial umfassen.

Art. 5 Einfache Sprache. [1] Das Informationsblatt zu Versicherungsprodukten wird in einfacher Sprache verfasst, sodass der Inhalt des Dokuments für den Kunden besser verständlich ist, und es enthält die wichtigsten Informationen, damit der Kunde eine Entscheidung in voller Kenntnis der Sachlage treffen kann. [2] Fachjargon ist zu vermeiden.

Art. 6 Überschriften und darunter folgende Informationen. (1) Die Rubriken des Informationsblatts zu Versicherungsprodukten haben folgende Überschriften mit folgenden Angaben:

a) Angaben zu der in Artikel 20 Absatz 8 Buchstabe a der Richtlinie (EU) 2016/97 genannten Art der Versicherung sind unter der Überschrift „Um welche Art von Versicherung handelt es sich?“ oben im Dokument aufgeführt;
b) Angaben zu den in Artikel 20 Absatz 8 Buchstabe b der Richtlinie (EU) 2016/97 genannten Hauptrisiken sind unter der Überschrift „Was ist versichert?“ aufgeführt. Jeder in dieser Rubrik aufgeführten Einzelangabe ist ein grünes „Häkchen“ vorangestellt;
c) Angaben zu der in Artikel 20 Absatz 8 Buchstabe b der Richtlinie (EU) 2016/97 genannten Versicherungssumme sind unter der Überschrift „Was ist versichert?“ aufgeführt;

d) etwaige Angaben zu dem in Artikel 20 Absatz 8 Buchstabe b der Richtlinie (EU) 2016/97 genannten geografischen Geltungsbereich sind unter der Überschrift „Wo bin ich versichert?" aufgeführt. Jeder in dieser Rubrik aufgeführten Einzelangabe ist ein blaues „Häkchen" vorangestellt;
e) Angaben zu der in Artikel 20 Absatz 8 Buchstabe b der Richtlinie (EU) 2016/97 genannten Zusammenfassung der ausgeschlossenen Risiken sind unter der Überschrift „Was ist nicht versichert?" aufgeführt. Jeder Angabe in dieser Rubrik ist ein rotes „X" vorangestellt;
f) Angabe zu den in Artikel 20 Absatz 8 Buchstabe d der Richtlinie (EU) 2016/97 genannten wichtigsten Ausschlüssen sind unter der Überschrift „Gibt es Deckungsbeschränkungen?" aufgeführt. Jeder in dieser Rubrik aufgeführten Einzelangabe ist ein orangefarbenes Ausrufezeichen vorangestellt;
g) Angaben zu den in Artikel 20 Absatz 8 Buchstaben e, f und g der Richtlinie (EU) 2016/97 genannten einschlägigen Verpflichtungen sind unter der Überschrift „Welche Verpflichtungen habe ich?" aufgeführt;
h) Angaben zu der in Artikel 20 Absatz 8 Buchstabe c der Richtlinie (EU) 2016/97 genannten Prämienzahlungsweise und Prämienzahlungsdauer sind unter der Überschrift „Wann und wie zahle ich?" aufgeführt;
i) Angaben zu der in Artikel 20 Absatz 8 Buchstabe h der Richtlinie (EU) 2016/97 genannten Laufzeit des Vertrags sind unter der Überschrift „Wann beginnt und endet die Deckung?" aufgeführt;
j) Angaben zu der in Artikel 20 Absatz 8 Buchstabe i der Richtlinie (EU) 2016/97 genannten Vertragsbeendigung sind unter der Überschrift „Wie kann ich den Vertrag kündigen?" aufgeführt.

(2) Bei Bedarf dürfen Unterüberschriften verwendet werden.

Art. 7 Verwendung von Bildzeichen. (1) Jede Rubrik wird außerdem mit folgenden Bildzeichen eingeleitet, die visuell den Inhalt der jeweiligen Rubrik wiedergeben:

a) Angaben zu den in Artikel 20 Absatz 8 Buchstabe b der Richtlinie (EU) 2016/97 genannten Hauptrisiken werden durch das Bildzeichen eines weißen Regenschirms auf grünem Hintergrund oder eines grünen Regenschirms auf weißem Hintergrund eingeleitet;
b) Angaben zu dem in Artikel 20 Absatz 8 Buchstabe b der Richtlinie (EU) 2016/97 genannten geografischen Geltungsbereich der Versicherungsdeckung werden durch das Bildzeichen eines weißen Globus auf blauem Hintergrund oder eines blauen Globus auf weißem Hintergrund eingeleitet;
c) Angaben zu den in Artikel 20 Absatz 8 Buchstabe b der Richtlinie (EU) 2016/97 genannten ausgeschlossenen Risiken werden durch das Bildzeichen eines „X" in einem weißen Dreieck auf rotem Hintergrund oder in einem roten Dreieck auf weißem Hintergrund eingeleitet;
d) Angaben zu den in Artikel 20 Absatz 8 Buchstabe d der Richtlinie (EU) 2016/97 genannten wichtigsten Ausschlüssen werden durch ein Ausrufezeichen („!") in einem weißen Dreieck auf orangefarbenem Hintergrund oder in einem orangefarbenen Dreieck auf weißem Hintergrund eingeleitet;

e) Angaben zu den in Artikel 20 Absatz 8 Buchstaben e, f und g der Richtlinie (EU) 2016/97 genannten Verpflichtungen zu Vertragsbeginn, während der Laufzeit des Vertrags und bei der Erhebung eines Anspruchs werden jeweils durch das Bildzeichen eines weißen Händedrucks auf grünem Hintergrund oder eines grünen Händedrucks auf weißem Hintergrund eingeleitet;

f) Angaben zu der in Artikel 20 Absatz 8 Buchstabe c der Richtlinie (EU) 2016/97 genannten Prämienzahlungsweise und Prämienzahlungsdauer werden durch das Bildzeichen weißer Münzen auf gelbem Hintergrund oder gelber Münzen auf weißem Hintergrund eingeleitet;

g) Angaben zu der in Artikel 20 Absatz 8 Buchstabe h der Richtlinie (EU) 2016/97 genannten Laufzeit des Vertrags werden durch das Bildzeichen einer weißen Sanduhr auf blauem Hintergrund oder einer blauen Sanduhr auf weißem Hintergrund eingeleitet;

h) Angaben zu der in Artikel 20 Absatz 8 Buchstabe i der Richtlinie (EU) 2016/97 genannten Vertragsbeendigung werden durch das Bildzeichen einer in einem weißen Schutzschild auf schwarzem Hintergrund oder in einem schwarzen Schutzschild auf weißem Hintergrund abgebildeten geöffneten Handfläche eingeleitet.

(2) Sämtliche Bildzeichen werden im Einklang mit dem im Anhang beschriebenen Standardformat abgebildet.

(3) Wird das Informationsblatt zu Versicherungsprodukten in Schwarz und Weiß ausgedruckt oder fotokopiert, können die in den Absätzen 1 und 2 genannten Bildzeichen auch in Schwarz und Weiß dargestellt werden.

Art. 8 Inkrafttreten. Diese Verordnung tritt am zwanzigsten Tag nach ihrer Veröffentlichung[1] im *Amtsblatt der Europäischen Union* in Kraft.

[1] Veröffentlicht am 12.8.2017.

Anhang

Xxxxx-Versicherung

Informationsblatt zu Versicherungsprodukten

Unternehmen: Versicherungsunternehmen <Name> Produkt: Police <Bezeichnung>

[Hinweis darauf, dass die vollständigen vorvertraglichen und vertraglichen Informationen über das Nichtlebensversicherungsprodukt in anderen Dokumenten erteilt werden]

Um welche Art von Versicherung handelt es sich?

[Beschreibung der Versicherung]

Was ist versichert?

- ✓ Xxxxx
- ✓ Xxxxx
- ✓ Xxxxx
- ✓ Xxxxx
- ✓ Xxxxx
- ✓ Xxxxx
- ✓ Xxxxx
- ✓ Xxxxx
- ✓ Xxxxx
- ✓ Xxxxx
- ✓ Xxxxx
- ✓ Xxxxx
- ✓ Xxxxx

Was ist nicht versichert?

- ✗ Xxxxx
- ✗ Xxxxx
- ✗ Xxxxx
- ✗ Xxxxx
- ✗ Xxxxx

Gibt es Deckungsbeschränkungen?

- ! Xxxxx
- ! Xxxxx
- ! Xxxxx
- ! Xxxxx
- ! Xxxxx

Wo bin ich versichert?

- ✓ Xxxxxx

Welche Verpflichtungen habe ich?

- — Xxxxxx
- — Xxxxxx
- — Xxxxxx
- — Xxxxxx

Wann und wie zahle ich?

Xxxxxx

Wann beginnt und endet die Deckung?

Xxxxxx

Wie kann ich den Vertrag kündigen?

10. Verordnung über die Schlichtungsstelle für die Beilegung von Verbraucherstreitigkeiten bei Fernabsatzverträgen über Versicherungen (VVG-Schlichtungsstellenverordnung – SStellV-VVG)

Vom 16. Februar 2005

(BGBl. I S. 257)

FNA 7610-15-4

Auf Grund des § 48e Abs. 2 Satz 1 des Versicherungsvertragsgesetzes[1], der durch Artikel 6 Nr. 3 des Gesetzes vom 2. Dezember 2004 (BGBl. I S. 3102) eingefügt worden ist, verordnet das Bundesministerium der Justiz im Einvernehmen mit dem Bundesministerium der Finanzen:

§ 1 [Schlichtungsstelle] Die Schlichtung von Verbraucherstreitigkeiten bei Fernabsatzverträgen über Versicherungen wird für die private Kranken- und Pflegeversicherung auf den „Ombudsmann für die private Kranken- und Pflegeversicherung" und im Übrigen auf den „Versicherungsombudsmann e.V." übertragen.

§ 2 [Grundlage für die Tätigkeit der Ombudsleute] Die Ombudsleute werden auf der Grundlage ihrer Verfahrensordnungen und Satzungen tätig.

§ 3 [Inkrafttreten] Diese Verordnung tritt am Tage nach der Verkündung[2] in Kraft.

---

[1] Nr. **6**.

[2] Verkündet am 24.2.2005.

11. Gesetz über die Pflichtversicherung für Kraftfahrzeughalter (Pflichtversicherungsgesetz)[1]

In der Fassung der Bekanntmachung vom 5. April 1965[2]
(BGBl. I S. 213)

FNA 925-1

zuletzt geänd. durch Art. 1 Verordnung v. 6.2.2017 (BGBl. I S. 147)

Nichtamtliche Inhaltsübersicht

Erster Abschnitt. Pflichtversicherung

§ 1 [Versicherungspflicht] Der Halter eines Kraftfahrzeugs oder Anhängers mit regelmäßigem Standort im Inland ist verpflichtet, für sich, den Eigentümer und den -Fahrer eine Haftpflichtversicherung zur Deckung der durch den

---

[1] Verkündet als Art. 1 G zur Änderung von Vorschriften über die Pflichtversicherung für Kraftfahrzeughalter v. 5.4.1965 (BGBl. I S. 213).

[2] Neubekanntmachung des G v. 7.11.1939 (RGBl. I S. 2223) in der ab 1.10.1965 geltenden Fassung.

Gebrauch des Fahrzeugs verursachten Personenschäden, Sachschäden und sonstigen Vermögensschäden nach den folgenden Vorschriften abzuschließen und aufrechtzuerhalten, wenn das Fahrzeug auf öffentlichen Wegen oder Plätzen (§ 1 des Straßenverkehrsgesetzes) verwendet wird.

§ 2 [Befreiung von der Versicherungspflicht] (1) § 1 gilt nicht für
1. die Bundesrepublik Deutschland,
2. die Länder,
3. die Gemeinden mit mehr als einhunderttausend Einwohnern,
4. die Gemeindeverbände sowie Zweckverbände, denen ausschließlich Körperschaften des öffentlichen Rechts angehören,
5. juristische Personen, die von einem nach § 3 Absatz 1 Nummer 4 des Versicherungsaufsichtsgesetzes[1] von der Versicherungsaufsicht freigestellten Haftpflichtschadenausgleich Deckung erhalten,
6. Halter von
   a) Kraftfahrzeugen, deren durch die Bauart bestimmte Höchstgeschwindigkeit sechs Kilometer je Stunde nicht übersteigt,
   b) selbstfahrenden Arbeitsmaschinen und Staplern im Sinne des § 3 Abs. 2 Satz 1 Nr. 1 Buchstabe a der Fahrzeug-Zulassungsverordnung, deren Höchstgeschwindigkeit 20 Kilometer je Stunde nicht übersteigt, wenn sie den Vorschriften über das Zulassungsverfahren nicht unterliegen,
   c) Anhängern, die den Vorschriften über das Zulassungsverfahren nicht unterliegen.

(2) [1]Die nach Absatz 1 Nrn. 1 bis 5 von der Versicherungspflicht befreiten Fahrzeughalter haben, sofern nicht auf Grund einer von ihnen abgeschlossenen und den Vorschriften dieses Gesetzes entsprechenden Versicherung Haftpflichtversicherungsschutz gewährt wird, bei Schäden der in § 1 bezeichneten Art für den Fahrer und die übrigen Personen, die durch eine auf Grund dieses Gesetzes abgeschlossene Haftpflichtversicherung Deckung erhalten würden, in gleicher Weise und in gleichem Umfang einzutreten wie ein Versicherer bei Bestehen einer solchen Haftpflichtversicherung. [2]Die Verpflichtung beschränkt sich auf den Betrag der festgesetzten Mindestversicherungssummen. [3]Wird ein Personen- oder Sachschaden verursacht, haftet der Fahrzeughalter im Verhältnis zu einem Dritten auch, wenn der Fahrer den Eintritt der Tatsache, für die er dem Dritten verantwortlich ist, vorsätzlich und widerrechtlich herbeigeführt hat. [4]§ 12 Abs. 1 Satz 2 bis 5 gilt entsprechend. [5]Die Vorschriften der §§ 100 bis 124 des Versicherungsvertragsgesetzes[2] sowie der §§ 3 und 3b sowie die Kraftfahrzeug-Pflichtversicherungsverordnung[3] sind sinngemäß anzuwenden. [6]Erfüllt der Fahrzeughalter Verpflichtungen nach Satz 1, so kann er in sinngemäßer Anwendung der §§ 116 und 124 des Versicherungsvertragsgesetzes Ersatz der aufgewendeten Beträge verlangen, wenn bei Bestehen einer Versicherung der Versicherer gegenüber dem Fahrer oder der sonstigen mitversicherten Person leistungsfrei gewesen wäre; im übrigen ist der Rückgriff des Halters gegenüber diesen Personen ausgeschlossen.

---

[1] Nr. **1**.
[2] Nr. **6**.
[3] Nr. **12**.

§ 3 [Einschränkung der Leistungspflicht beim Direktanspruch] [1] Ist der Versicherer gegenüber dem Versicherungsnehmer nicht zur Leistung verpflichtet, weil das Fahrzeug den Bau- und Betriebsvorschriften der Straßenverkehrs-Zulassungs-Ordnung nicht entsprach oder von einem unberechtigten Fahrer oder von einem Fahrer ohne die vorgeschriebene Fahrerlaubnis geführt wurde, kann der Versicherer den Dritten abweichend von § 117 Abs. 3 Satz 2 des Versicherungsvertragsgesetzes[1)] nicht auf die Möglichkeit verweisen, Ersatz seines Schadens von einem anderen Schadensversicherer oder von einem Sozialversicherungsträger zu erlangen. [2] Soweit der Dritte jedoch von einem nach § 2 Abs. 1 Nr. 1 bis 5 von der Versicherungspflicht befreiten Fahrzeughalter Ersatz seines Schadens erlangen kann, entfällt die Leistungspflicht des Versicherers.

§ 3a [Schadensersatzangebot] (1) Macht der Dritte den Anspruch nach § 115 Abs. 1 des Versicherungsvertragsgesetzes[1)] geltend, gelten darüber hinaus die folgenden Vorschriften:

1. Der Versicherer oder der Schadenregulierungsbeauftragte haben dem Dritten unverzüglich, spätestens innerhalb von drei Monaten, ein mit Gründen versehenes Schadenersatzangebot vorzulegen, wenn die Eintrittspflicht unstreitig ist und der Schaden beziffert wurde, oder eine mit Gründen versehene Antwort auf die in dem Antrag enthaltenen Darlegungen zu erteilen, sofern die Eintrittspflicht bestritten wird oder nicht eindeutig feststeht oder der Schaden nicht vollständig beziffert worden ist. Die Frist beginnt mit Zugang des Antrags bei dem Versicherer oder dem Schadenregulierungsbeauftragten.
2. Wird das Angebot nicht binnen drei Monaten vorgelegt, ist der Anspruch des Dritten mit dem sich nach § 288 Abs. 1 Satz 2 des Bürgerlichen Gesetzbuchs ergebenden Zinssatz zu verzinsen. Weitergehende Ansprüche des Dritten bleiben unberührt.

(2) Soweit die Schadenregulierung über das deutsche Büro des Systems der Grünen Internationalen Versicherungskarte oder den Entschädigungsfonds nach § 12 erfolgt, ist Absatz 1 entsprechend anzuwenden.

§ 3b [Veräußerung des Fahrzeugs] Schließt der Erwerber eines veräußerten Fahrzeugs eine neue Kraftfahrzeug-Haftpflichtversicherung, ohne das auf ihn übergegangene Versicherungsverhältnis zu kündigen, gilt dieses mit Beginn des neuen Versicherungsverhältnisses als gekündigt.

§ 4 [Allgemeine Versicherungsbedingungen; Mindestversicherungssummen] (1) [1] Um einen dem Zweck dieses Gesetzes gerecht werdenden Schutz sicherzustellen, bestimmt das Bundesministerium der Justiz und für Verbraucherschutz unter Beachtung gemeinschaftsrechtlicher Verpflichtungen sowie des Europäischen Übereinkommens vom 20. April 1959 über die obligatorische Haftpflichtversicherung für Kraftfahrzeuge (BGBl. 1965 II S. 281) im Einvernehmen mit dem Bundesministerium der Finanzen und dem Bundesministerium Verkehr und digitale Infrastruktur durch Rechtsverordnung ohne Zustimmung des Bundesrates den Umfang des notwendigen Versicherungsschutzes, den der Versicherungsvertrag zu gewähren hat. [2] Das gilt auch für den Fall, daß durch Gesetz oder gemeinschaftsrechtliche Verpflichtung eine Ver-

[1)] Nr. 6.

sicherungspflicht zur Deckung der beim Transport gefährlicher Güter durch Kraftfahrzeuge verursachten Schäden begründet wird.

(2) [1] Die Mindesthöhen der Versicherungssummen ergeben sich aus der Anlage. [2] Das Bundesministerium der Justiz und für Verbraucherschutz wird ermächtigt, im Einvernehmen mit dem Bundesministerium für Verkehr und digitale Infrastruktur und dem Bundesministerium für Wirtschaft und Energie durch Rechtsverordnung ohne Zustimmung des Bundesrates die in der Anlage getroffenen Regelungen zu ändern, wenn dies erforderlich ist, um

1. bei einer Änderung der wirtschaftlichen Verhältnisse oder der verkehrstechnischen Umstände einen hinreichenden Schutz der Geschädigten sicherzustellen oder
2. die Mindesthöhen der Versicherungssummen an die nach Artikel 9 Absatz 2 der Richtlinie 2009/103/EG des Europäischen Parlaments und des Rates vom 16. September 2009 über die Kraftfahrzeug-Haftpflichtversicherung und die Kontrolle der entsprechenden Versicherungspflicht (ABl. L 263 vom 7.10.2009, S. 11) erhöhten Beträge anzupassen.

[3] Ergeben sich auf Grund der Platzzahl des Personenfahrzeugs, auf das sich die Versicherung bezieht, erhöhte Mindestversicherungssummen, so haftet der Versicherer in den Fällen des § 117 Abs. 1 und 2 des Versicherungsvertragsgesetzes[1)] für den einer einzelnen Person zugefügten Schaden nur im Rahmen der nicht erhöhten Mindestversicherungssummen.

§ 5 [Kontrahierungszwang der Versicherungsunternehmen] (1) Die Versicherung kann nur bei einem im Inland zum Betrieb der Kraftfahrzeug-Haftpflichtversicherung befugten Versicherungsunternehmen genommen werden.

(2) [1] Die im Inland zum Betrieb der Kraftfahrzeug-Haftpflichtversicherung befugten Versicherungsunternehmen sind verpflichtet, den in § 1 genannten Personen nach den gesetzlichen Vorschriften Versicherung gegen Haftpflicht zu gewähren. [2] Diese Verpflichtung besteht auch, wenn das zu versichernde Risiko nach § 57 Absatz 3 Satz 2 Nummer 2 Halbsatz 2 des Versicherungsaufsichtsgesetzes[2)] im Inland belegen ist.

(3) [1] Der Antrag auf Abschluß eines Haftpflichtversicherungsvertrages für Zweiräder, Personen- und Kombinationskraftwagen bis zu 1 t Nutzlast gilt zu den für den Geschäftsbetrieb des Versicherungsunternehmens maßgebenden Grundsätzen und zum allgemeinen Unternehmenstarif als angenommen, wenn der Versicherer ihn nicht innerhalb einer Frist von zwei Wochen vom Eingang des Antrags an schriftlich ablehnt oder wegen einer nachweisbaren höheren Gefahr ein vom allgemeinen Unternehmenstarif abweichendes schriftliches Angebot unterbreitet. [2] Durch die Absendung der Ablehnungserklärung oder des Angebots wird die Frist gewahrt. [3] Satz 1 gilt nicht für die Versicherung von Taxen, Personenmietwagen und Selbstfahrervermietfahrzeugen.

(4) Der Antrag darf nur abgelehnt werden, wenn sachliche oder örtliche Beschränkungen im Geschäftsplan des Versicherungsunternehmens dem Abschluß des Vertrags entgegenstehen oder wenn der Antragsteller bereits bei dem Versicherungsunternehmen versichert war und das Versicherungsunternehmen

---

[1)] Nr. **6**.
[2)] Nr. **1**.

1. den Versicherungsvertrag wegen Drohung oder arglistiger Täuschung angefochten hat,
2. vom Versicherungsvertrag wegen Verletzung der vorvertraglichen Anzeigepflicht oder wegen Nichtzahlung der ersten Prämie zurückgetreten ist oder
3. den Versicherungsvertrag wegen Prämienverzugs oder nach Eintritt eines Versicherungsfalls gekündigt hat.

(5) [1] Das Versicherungsverhältnis endet spätestens,

1. wenn es am ersten Tag eines Monats begonnen hat, ein Jahr nach diesem Zeitpunkt,
2. wenn es zu einem anderen Zeitpunkt begonnen hat, an dem nach Ablauf eines Jahres folgenden Monatsersten.

[2] Es verlängert sich um jeweils ein Jahr, wenn es nicht spätestens einen Monat vor Ablauf schriftlich gekündigt wird. [3] Gleiches gilt, wenn die Vertragslaufzeit nur deshalb weniger als ein Jahr beträgt, weil als Beginn der nächsten Versicherungsperiode ein vor Ablauf eines Jahres nach Versicherungsbeginn liegender Zeitpunkt vereinbart worden ist. [4] Ist in anderen Fällen eine kürzere Vertragslaufzeit als ein Jahr vereinbart, so bedarf es zur Beendigung des Versicherungsverhältnisses keiner Kündigung.

(6) [1] Das Versicherungsunternehmen hat dem Versicherungsnehmer bei Beginn des Versicherungsschutzes eine Versicherungsbestätigung auszuhändigen. [2] Die Aushändigung kann von der Zahlung der ersten Prämie abhängig gemacht werden.

(7) [1] Das Versicherungsunternehmen hat dem Versicherungsnehmer bei Beendigung des Versicherungsverhältnisses eine Bescheinigung über dessen Dauer, die Anzahl und Daten während der Vertragslaufzeit gemeldeter Schäden, die zu einer Schadenzahlung oder noch wirksamen Schadenrückstellung geführt haben, auszustellen; ist die Rückstellung innerhalb einer Frist von drei Jahren nach ihrer Bildung aufgelöst worden, ohne daß daraus Leistungen erbracht wurden, so hat der Versicherer auch hierüber eine Bescheinigung zu erteilen. [2] Während des Versicherungsverhältnisses hat das Versicherungsunternehmen dem Versicherungsnehmer jederzeit eine Bescheinigung nach Satz 1 innerhalb von 15 Tagen ab Zugang des entsprechenden Verlangens bei dem Versicherungsunternehmen zu erteilen.

(8) Ist die Versicherung mit einem Versicherungsunternehmen ohne Sitz im Inland im Dienstleistungsverkehr abgeschlossen, so haben der Versicherungsschein und die Versicherungsbestätigung auch Angaben über den Namen und die Anschrift des gemäß § 8 Abs. 2 Satz 1 bestellten Vertreters zu enthalten.

§ 6 [Strafvorschriften] (1) Wer ein Fahrzeug auf öffentlichen Wegen oder Plätzen gebraucht oder den Gebrauch gestattet, obwohl für das Fahrzeug der nach § 1 erforderliche Haftpflichtversicherungsvertrag nicht oder nicht mehr besteht, wird mit Freiheitsstrafe bis zu einem Jahr oder mit Geldstrafe bestraft.

(2) Handelt der Täter fahrlässig, so ist die Strafe Freiheitsstrafe bis zu sechs Monaten oder Geldstrafe bis zu einhundertachtzig Tagessätzen.

(3) Ist die Tat vorsätzlich begangen worden, so kann das Fahrzeug eingezogen werden, wenn es dem Täter oder Teilnehmer zur Zeit der Entscheidung gehört.

§ 7 [Durchführungsvorschriften] Das Bundesministerium für Verkehr und digitale Infrastruktur wird ermächtigt, zur Durchführung des Ersten Abschnitts dieses Gesetzes im Einvernehmen mit dem Bundesministerium der Justiz und für Verbraucherschutz und dem Bundesministerium für Wirtschaft und Energie durch Rechtsverordnung mit Zustimmung des Bundesrates Vorschriften zu erlassen über

1. die Form des Versicherungsnachweises;
2. die Prüfung der Versicherungsnachweise durch die Zulassungsstellen;
3. die Erstattung der Anzeige des Versicherungsunternehmens gegenüber der zuständigen Zulassungsbehörde zur Beendigung seiner Haftung nach § 117 Absatz 2 des Versicherungsvertragsgesetzes[1];
4. Maßnahmen der Verkehrsbehörden, durch welche der Gebrauch nicht oder nicht ausreichend versicherter Fahrzeuge im Straßenverkehr verhindert werden soll.

Zweiter Abschnitt. Pflichten der Kraftfahrzeug-Haftpflichtversicherer, Auskunftsstelle und Statistik

§ 8 [Leistungen und Beiträge an Versicherungsbüro und Entschädigungsfonds; Bestellung eines Vertreters im Dienstleistungsverkehr]

(1) [1] Versicherungsunternehmen, die zum Betrieb der Kraftfahrzeug-Haftpflichtversicherung für Kraftfahrzeuge und Anhänger mit regelmäßigem Standort im Inland befugt sind, sind verpflichtet, die satzungsmäßigen Leistungen und Beiträge an das mit der Durchführung des Abkommens über die internationale Versicherungskarte beauftragte deutsche Versicherungsbüro sowie an den nach § 13 dieses Gesetzes errichteten Entschädigungsfonds oder an eine andere mit der Erfüllung dieser Aufgaben betraute juristische Person und an die nach § 13a errichtete oder anerkannte Entschädigungsstelle zu erbringen. [2] Sie teilen hierzu dem deutschen Versicherungsbüro, dem Entschädigungsfonds und der Entschädigungsstelle bezüglich der von ihnen in der Bundesrepublik Deutschland nach diesem Gesetz getätigten Kraftfahrzeug-Haftpflichtversicherungen die gebuchten Prämienbeträge oder die Anzahl der versicherten Risiken mit.

(2) [1] Versicherungsunternehmen, die im Dienstleistungsverkehr die Kraftfahrzeug-Haftpflichtversicherung für Kraftfahrzeuge und Anhänger mit regelmäßigem Standort im Inland betreiben, sind verpflichtet, einen im Inland ansässigen oder niedergelassenen Vertreter zu bestellen, der den Anforderungen nach § 59 des Versicherungsaufsichtsgesetzes[2] zu genügen hat. [2] Ansprüche aus Kraftfahrzeug-Haftpflichtfällen gegen das Versicherungsunternehmen können auch gegen den nach Satz 1 bestellten Vertreter gerichtlich und außergerichtlich mit Wirkung für und gegen das Versicherungsunternehmen geltend gemacht werden. [3] Der nach Satz 1 bestellte Vertreter ist auch verpflichtet, Auskunft über das Bestehen oder die Gültigkeit von diesem Gesetz unterliegenden Haftpflichtversicherungsverträgen bei dem Versicherungsunternehmen zu erteilen.

---

[1] Nr. **6**.
[2] Nr. **1**.

§ 8a [Auskunftsstelle] (1) [1] Es wird eine Auskunftsstelle eingerichtet, die Geschädigten, deren Versicherern, dem deutschen Büro des Systems der Grünen Internationalen Versicherungskarte und dem Entschädigungsfonds nach § 12 unter den Voraussetzungen des Satzes 2 auf Anforderung folgende Angaben übermittelt, soweit dies zur Geltendmachung von Schadenersatzansprüchen im Zusammenhang mit der Teilnahme am Straßenverkehr erforderlich ist:

1. Namen und Anschrift des Versicherers des schädigenden Fahrzeugs sowie dessen in der Bundesrepublik Deutschland benannten Schadenregulierungsbeauftragten,
2. die Nummer der Versicherungspolice und das Datum der Beendigung des Versicherungsschutzes, sofern dieser abgelaufen ist,
3. bei Fahrzeugen, die nach Artikel 5 Absatz 1 der Richtlinie 2009/103/EG von der Versicherungspflicht befreit sind, den Namen der Stelle oder Einrichtung, die dem Geschädigten nach geltendem Recht ersatzpflichtig ist,
4. Namen und Anschrift des eingetragenen Fahrzeughalters oder, soweit die Auskunftsstelle diese Informationen nach Absatz 2 erlangen kann, des Fahrzeugeigentümers oder des gewöhnlichen Fahrers; § 39 Abs. 1 des Straßenverkehrsgesetzes gilt entsprechend.

[2] Geschädigte sind berechtigt, sich an die Auskunftsstelle zu wenden, wenn sie ihren Wohnsitz in der Bundesrepublik Deutschland haben, wenn das Fahrzeug, das den Unfall verursacht haben soll, seinen gewöhnlichen Standort in der Bundesrepublik Deutschland hat oder wenn sich der Unfall in der Bundesrepublik Deutschland ereignet hat.

(2) [1] Die Auskunftsstelle ersucht die Zulassungsbehörden oder das Kraftfahrt-Bundesamt sowie die in den anderen Mitgliedstaaten der Europäischen Union und in den anderen Vertragsstaaten des Abkommens über den Europäischen Wirtschaftsraum nach Artikel 23 Absatz 1 der Richtlinie 2009/103/EG errichteten oder anerkannten Auskunftsstellen im Einzelfall um Übermittlung der Informationen nach Absatz 1 Satz 1. [2] Sie übermittelt den in diesen Staaten nach Artikel 23 Absatz 1 der Richtlinie 2009/103/EG errichteten oder anerkannten Auskunftsstellen auf Ersuchen die Informationen nach Absatz 1 Satz 1, soweit dies zur Erteilung von Auskünften an Geschädigte erforderlich ist.

(3) [1] Die Aufgaben und Befugnisse der Auskunftsstelle nach den Absätzen 1 und 2 werden von der GDV Dienstleistungs-GmbH & Co. KG – „Zentralruf der Autoversicherer" – in Hamburg wahrgenommen, sobald und soweit diese schriftlich gegenüber dem Bundesministerium der Justiz und für Verbraucherschutz ihre Bereitschaft dazu erklärt hat.[1)] [2] Das Bundesministerium der Justiz und für Verbraucherschutz gibt die Erklärung und den Zeitpunkt, ab dem die betroffenen Aufgaben von dem Zentralruf der Autoversicherer wahrgenommen werden, im Bundesanzeiger bekannt. [3] Der Zentralruf der Autoversicherer untersteht, soweit er die übertragenen Aufgaben wahrnimmt, der Aufsicht des Bundesministeriums der Justiz und für Verbraucherschutz. [4] Das Bundesministerium der Justiz und für Verbraucherschutz wird ermächtigt, durch Rechtsverordnung ohne Zustimmung des Bundesrates die Aufgaben und Befugnisse der Auskunftsstelle nach den Absätzen 1 und 2 der in § 13 genannten Anstalt zu übertragen, soweit die Wahrnehmung der Aufgaben durch den Zentralruf der

---

1) Die Erklärung wurde abgegeben (BaFin 2002, Teil A, S. 97).

Autoversicherer nicht gewährleistet ist oder dieser nicht mehr zur Wahrnehmung der Aufgaben bereit ist.

(4) Versicherungsunternehmen, denen im Inland die Erlaubnis zum Betrieb der Kraftfahrzeug-Haftpflichtversicherung für Kraftfahrzeuge und Anhänger erteilt ist, haben der Auskunftsstelle nach Absatz 3 sowie den in den anderen Mitgliedstaaten der Europäischen Union und den Vertragsstaaten des Abkommens über den Europäischen Wirtschaftsraum nach Artikel 23 Absatz 1 der Richtlinie 2009/103/EG errichteten oder anerkannten Auskunftsstellen die Namen und Anschriften der nach § 163 des Versicherungsaufsichtsgesetzes[1)] bestellten Schadenregulierungsbeauftragten sowie jede Änderung dieser Angaben mitzuteilen.

§ 9 [Jährliche Gemeinschaftsstatistik] (1) [1] Es wird eine jährliche Gemeinschaftsstatistik über den Schadenverlauf in der Kraftfahrzeug-Haftpflichtversicherung geführt. [2] Sie muß Angaben enthalten über die Art und Anzahl der versicherten Risiken, die Anzahl der gemeldeten Schäden, die Erstattungsleistungen und Rückstellungen (Schadenaufwand), die Schadenhäufigkeit, den Schadendurchschnitt und den Schadenbedarf.

(2) Sofern die Träger der Kraftfahrzeug-Haftpflichtversicherung und ihre Verbände keine den Anforderungen des Absatzes 1 genügende Gemeinschaftsstatistik zur Verfügung stellen, wird die Statistik von der Bundesanstalt für Finanzdienstleistungsaufsicht geführt.

(3) Die Ergebnisse der Statistik sind von der Bundesanstalt für Finanzdienstleistungsaufsicht jährlich zu veröffentlichen.

§ 10 [Mitteilung der erforderlichen Daten] (1) Versicherungsunternehmen mit Sitz im Inland, die die Kraftfahrzeug-Haftpflichtversicherung nach diesem Gesetz betreiben, übermitteln der Aufsichtsbehörde die für die Führung der Statistik nach § 9 erforderlichen Daten.

(2) Soweit Versicherungsunternehmen mit Sitz im Inland außerhalb des Geltungsbereichs dieses Gesetzes in einem Mitgliedstaat der Europäischen Gemeinschaft oder in einem anderen Vertragsstaat des Abkommens über den Europäischen Wirtschaftsraum die Kraftfahrzeug-Haftpflichtversicherung betreiben, sind der Aufsichtsbehörde die in § 9 Abs. 1 Satz 2 genannten Angaben für jeden Mitgliedstaat gesondert mitzuteilen.

§ 11 [Ermächtigungsgrundlage] Das Bundesministerium der Finanzen wird ermächtigt, im Einvernehmen mit dem Bundesministerium der Justiz und für Verbraucherschutz und dem Bundesministerium für Wirtschaft und Energie durch Rechtsverordnung Vorschriften zu erlassen über den Inhalt, die Form und die Gliederung der nach § 9 zu führenden Kraftfahrzeug-Haftpflichtversicherungsstatistik sowie über die Fristen, den Inhalt, die Form und die Stückzahl der von den Versicherungsunternehmen einzureichenden Mitteilungen.

[1)] Nr. 1.

Dritter Abschnitt. Entschädigungsfonds für Schäden aus Kraftfahrzeugunfällen[1)] und Entschädigungsstelle für Auslandsunfälle

§ 12 [Entschädigungsfonds] (1) [1] Wird durch den Gebrauch eines Kraftfahrzeugs oder eines Anhängers im Geltungsbereich dieses Gesetzes ein Personen- oder Sachschaden verursacht, so kann derjenige, dem wegen dieser Schäden Ersatzansprüche gegen den Halter, den Eigentümer oder den Fahrer des Fahrzeugs zustehen, diese Ersatzansprüche auch gegen den „Entschädigungsfonds für Schäden aus Kraftfahrzeugunfällen" (Entschädigungsfonds) geltend machen,

1. wenn das Fahrzeug, durch dessen Gebrauch der Schaden verursacht worden ist, nicht ermittelt werden kann,
2. wenn die auf Grund eines Gesetzes erforderliche Haftpflichtversicherung zugunsten des Halters, des Eigentümers und des Fahrers des Fahrzeugs nicht besteht,

2a. wenn der Halter des Fahrzeugs nach § 2 Abs. 1 Nr. 6 oder nach einer in Umsetzung des Artikels 5 Absatz 2 der Richtlinie 2009/103/EG erlassenen Bestimmung eines anderen Mitgliedstaats der Europäischen Union von der Versicherungspflicht befreit ist,

3. wenn für den Schaden, der durch den Gebrauch des ermittelten oder nicht ermittelten Fahrzeugs verursacht worden ist, eine Haftpflichtversicherung deswegen keine Deckung gewährt oder gewähren würde, weil der Ersatzpflichtige den Eintritt der Tatsache, für die er dem Ersatzberechtigten verantwortlich ist, vorsätzlich und widerrechtlich herbeigeführt hat,
4. wenn die Versicherungsaufsichtsbehörde den Antrag auf Eröffnung eines Insolvenzverfahrens über das Vermögen des leistungspflichtigen Versicherers stellt oder, sofern der Versicherer seinen Sitz in einem anderen Mitgliedstaat der Europäischen Union oder einem Vertragsstaat des Abkommens über den Europäischen Wirtschaftsraum hat, von der zuständigen Aufsichtsbehörde eine vergleichbare Maßnahme ergriffen wird.

[2] Das gilt nur, soweit der Ersatzberechtigte in den Fällen der Nummern 1 bis 3 glaubhaft macht, dass er weder von dem Halter, dem Eigentümer oder dem Fahrer des Fahrzeugs noch in allen Fällen nach Satz 1 von einem Schadensversicherer oder einem Verband von im Inland zum Geschäftsbetrieb befugten Haftpflichtversicherern Ersatz seines Schadens zu erlangen vermag. [3] Die Leistungspflicht des Entschädigungsfonds entfällt, soweit der Ersatzberechtigte in der Lage ist, Ersatz seines Schadens nach den Vorschriften über die Amtspflichtverletzung zu erlangen, oder soweit der Schaden durch Leistungen eines Sozialversicherungsträgers, durch Fortzahlung von Dienst- oder Amtsbezügen, Vergütung oder Lohn oder durch Gewährung von Versorgungsbezügen ausgeglichen wird. [4] Im Falle einer fahrlässigen Amtspflichtverletzung geht abweichend von § 839 Abs. 1 Satz 2 des Bürgerlichen Gesetzbuches[2)] die Ersatzpflicht auf Grund der Vorschriften über die Amtspflichtverletzung der Leistungspflicht des

---

[1)] Die Stellung des Entschädigungsfonds wurde durch die VO über den Entschädigungsfonds für Schäden aus Kraftfahrzeugunfällen vom 14.12.1965 (BGBl. I S. 2093) dem rechtsfähigen Verein „Verkehrsopferhilfe e.V." zugewiesen.

[2)] Nr. 13

Entschädigungsfonds vor. [5]Die Leistungspflicht des Entschädigungsfonds entfällt ferner bei Ansprüchen wegen der Beschädigung von Einrichtungen des Bahn-, Luft- und Straßenverkehrs sowie des Verkehrs auf Binnenwasserstraßen einschließlich der mit diesen Einrichtungen verbundenen Sachen, sowie wegen der Beschädigung von Einrichtungen der Energieversorgung oder der Telekommunikation.

(2) [1]In den Fällen des Absatzes 1 Nr. 1 können gegen den Entschädigungsfonds Ansprüche nach § 253 Abs. 2 des Bürgerlichen Gesetzbuches nur geltend gemacht werden, wenn und soweit die Leistung einer Entschädigung wegen der besonderen Schwere der Verletzung zur Vermeidung einer groben Unbilligkeit erforderlich ist. [2]Für Sachschäden beschränkt sich in den Fällen des Absatzes 1 Satz 1 Nr. 1 die Leistungspflicht des Entschädigungsfonds auf den Betrag, der 500 Euro übersteigt. [3]Ansprüche auf Ersatz von Sachschäden am Fahrzeug des Ersatzberechtigten können darüber hinaus in den Fällen des Absatzes 1 Satz 1 Nr. 1 nur geltend gemacht werden, wenn der Entschädigungsfonds auf Grund desselben Ereignisses zur Leistung einer Entschädigung wegen der Tötung einer Person oder der erheblichen Verletzung des Körpers oder der Gesundheit des Ersatzberechtigten oder eines Fahrzeuginsassen des Fahrzeugs verpflichtet ist.

(3) [1]Der Anspruch des Ersatzberechtigten gegen den Entschädigungsfonds verjährt in drei Jahren. [2]Die Verjährung beginnt mit dem Zeitpunkt, in dem der Ersatzberechtigte von dem Schaden und von den Umständen Kenntnis erlangt, aus denen sich ergibt, daß er seinen Ersatzanspruch gegen den Entschädigungsfonds geltend machen kann. [3]Ist der Anspruch des Ersatzberechtigten bei dem Entschädigungsfonds angemeldet worden, so ist die Verjährung bis zum Eingang der schriftlichen Entscheidung des Entschädigungsfonds und, wenn die Schiedsstelle (§ 14 Nr. 3) angerufen worden ist, des Einigungsvorschlags der Schiedsstelle gehemmt. [4]Im Fall des Absatzes 1 Satz 1 Nr. 4 wird die gegenüber dem leistungspflichtigen Versicherer verstrichene Verjährungsfrist eingerechnet.

(4) [1]Im übrigen bestimmen sich Voraussetzungen und Umfang der Leistungspflicht des Entschädigungsfonds sowie die Pflichten des Ersatzberechtigten gegenüber dem Entschädigungsfonds nach den Vorschriften, die bei Bestehen einer auf Grund dieses Gesetzes abgeschlossenen Haftpflichtversicherung für das Verhältnis zwischen dem Versicherer und dem Dritten in dem Falle gelten, daß der Versicherer dem Versicherungsnehmer gegenüber von der Verpflichtung zur Leistung frei ist. [2]In den Fällen des Absatzes 1 Satz 1 Nummer 4 bestimmt sich die Leistungspflicht des Entschädigungsfonds nach der vereinbarten Versicherungssumme; sie beträgt maximal das Dreifache der gesetzlichen Mindestversicherungssumme. [3]In den Fällen des Absatzes 1 Nr. 2 und 3 haben der Halter, der Eigentümer und der Fahrer des Fahrzeugs gegenüber dem Entschädigungsfonds die einen Versicherungsnehmer nach Eintritt des Versicherungsfalles gegenüber dem Versicherer treffenden Verpflichtungen zu erfüllen.

(5) Der Entschädigungsfonds kann von den Personen, für deren Schadensersatzverpflichtungen er nach Absatz 1 einzutreten hat, wie ein Beauftragter Ersatz seiner Aufwendungen verlangen.

(6) [1]Der Ersatzanspruch des Ersatzberechtigten gegen den Halter, den Eigentümer und den Fahrer des Fahrzeugs sowie ein Ersatzanspruch, der dem Ersatzberechtigten oder dem Halter, dem Eigentümer oder dem Fahrer des

Fahrzeugs gegen einen sonstigen Ersatzpflichtigen zusteht, gehen auf den Entschädigungsfonds über, soweit dieser dem Ersatzberechtigten den Schaden ersetzt. [2]Der Übergang kann nicht zum Nachteil des Ersatzberechtigten geltend gemacht werden. [3]Gibt der Ersatzberechtigte seinen Ersatzanspruch oder ein zur Sicherung des Anspruchs dienendes Recht auf, so entfällt die Leistungspflicht des Entschädigungsfonds insoweit, als er aus dem Anspruch oder dem Recht hätte Ersatz erlangen können. [4]Soweit der Entschädigungsfonds Ersatzansprüche nach Absatz 1 Nr. 4 befriedigt, sind dessen Ersatzansprüche gegenüber dem Versicherungsnehmer und mitversicherten Personen auf je 2 500 Euro beschränkt. [5]Die Beschränkung der Ersatzansprüche gilt in den Fällen des Absatzes 1 Satz 1 Nummer 4 auch für diejenigen Ansprüche gegen den Versicherungsnehmer und die mitversicherte Person, soweit eine Leistungspflicht des Entschädigungsfonds nach Absatz 1 Satz 2 und 3 entfällt. [6]Machen mehrere Berechtigte Ersatzansprüche geltend, sind diese Ersatzansprüche gegenüber dem Versicherungsnehmer auf insgesamt 2 500 Euro und gegenüber mitversicherten Personen ebenfalls auf insgesamt 2 500 Euro beschränkt; die Auszahlung erfolgt nach dem Verhältnis der Beträge.

(7) Im Fall des Absatzes 1 Satz 1 Nr. 4 sind der Versicherer und sein nach § 8 Abs. 2 Satz 1 bestellter Vertreter, der vorläufige Insolvenzverwalter ebenso wie der Insolvenzverwalter (§ 22 Abs. 1 Satz 1, § 56 der Insolvenzordnung), der von der Aufsichtsbehörde bestellte Sonderbeauftragte sowie alle Personen, die mit der Verwaltung der Kraftfahrzeug-Haftpflichtversicherungsverträge einschließlich der Regulierung der diesen Verträgen zuzurechnenden Schadensfälle betraut sind, verpflichtet, dem Entschädigungsfonds die für die Erfüllung seiner Aufgaben erforderlichen Auskünfte zu erteilen, die benötigten Unterlagen zu überlassen und ihn bei der Abwicklung zu unterstützen.

§ 12a [Entschädigungsstelle] (1) [1]Wird durch den Gebrauch eines Kraftfahrzeugs oder eines Anhängers im Ausland nach dem 31. Dezember 2002 ein Personen- oder Sachschaden verursacht, so kann derjenige, der seinen Wohnsitz in der Bundesrepublik Deutschland hat und dem wegen dieser Schäden Ersatzansprüche gegen den Haftpflichtversicherer des schädigenden Fahrzeugs zustehen, diese vorbehaltlich des Absatzes 4 gegen die „Entschädigungsstelle für Schäden aus Auslandsunfällen" (Entschädigungsstelle) geltend machen,

1. wenn das Versicherungsunternehmen oder sein Schadenregulierungsbeauftragter binnen drei Monaten nach der Geltendmachung des Entschädigungsanspruchs beim Versicherungsunternehmen des Fahrzeugs, durch dessen Nutzung der Unfall verursacht wurde, oder beim Schadenregulierungsbeauftragten keine mit Gründen versehene Antwort auf die im Schadenersatzantrag enthaltenen Darlegungen erteilt hat oder
2. wenn das Versicherungsunternehmen entgegen Artikel 21 Absatz 1 der Richtlinie 2009/103/EG in der Bundesrepublik Deutschland keinen Schadenregulierungsbeauftragten bestellt hat, es sei denn, dass der Geschädigte einen Antrag auf Erstattung direkt beim Versicherungsunternehmen eingereicht hat und von diesem innerhalb von drei Monaten eine mit Gründen versehene Antwort auf das Schadenersatzbegehren erteilt oder ein begründetes Angebot vorgelegt worden ist oder
3. wenn das Fahrzeug nicht oder das Versicherungsunternehmen nicht innerhalb von zwei Monaten nach dem Unfall ermittelt werden kann.

[2] Ein Antrag auf Erstattung ist nicht zulässig, wenn der Geschädigte unmittelbar gegen das Versicherungsunternehmen gerichtliche Schritte eingeleitet hat.

(2) Die Entschädigungsstelle unterrichtet unverzüglich

1. das Versicherungsunternehmen des Fahrzeugs, das den Unfall verursacht haben soll, oder dessen in der Bundesrepublik Deutschland bestellten Schadenregulierungsbeauftragten,
2. die Entschädigungsstelle in dem Mitgliedstaat der Europäischen Union oder dem Vertragsstaat des Abkommens über den Europäischen Wirtschaftsraum, in dem die Niederlassung des Versicherungsunternehmens ihren Sitz hat, die die Versicherungspolice ausgestellt hat,
3. die Person, die den Unfall verursacht haben soll, sofern sie bekannt ist,
4. das deutsche Büro des Systems der Grünen Internationalen Versicherungskarte und das Grüne-Karte-Büro des Landes, in dem sich der Unfall ereignet hat, wenn das schadenstiftende Fahrzeug seinen gewöhnlichen Aufenthaltsort nicht in diesem Land hat,
5. in den Fällen des Absatzes 1 Nr. 3 den Garantiefonds im Sinne von Artikel 10 Absatz 1 der Richtlinie 2009/103/EG des Staates, in dem das Fahrzeug seinen gewöhnlichen Standort hat, sofern das Versicherungsunternehmen nicht ermittelt werden kann, oder, wenn das Fahrzeug nicht ermittelt werden kann, den Garantiefonds des Staates, in dem sich der Unfall ereignet hat,

darüber, dass ein Antrag auf Entschädigung bei ihr eingegangen ist und dass sie binnen zwei Monaten auf diesen Antrag eingehen wird.

(3) [1] Die Entschädigungsstelle wird binnen zwei Monaten nach Eingang eines Schadenersatzantrages des Geschädigten tätig, schließt den Vorgang jedoch ab, wenn das Versicherungsunternehmen oder dessen Schadenregulierungsbeauftragter in dieser Zeit eine mit Gründen versehene Antwort auf das Schadenersatzbegehren erteilt oder ein begründetes Angebot vorlegt. [2] Geschieht dies nicht, reguliert sie den geltend gemachten Anspruch unter Berücksichtigung des Sachverhalts nach Maßgabe des anzuwendenden Rechts. [3] Sie kann sich hierzu anderer Personen oder Einrichtungen, insbesondere eines zur Übernahme der Regulierung bereiten Versicherungsunternehmens oder Schadenabwicklungsunternehmens, bedienen. [4] Im Übrigen bestimmt sich das Verfahren nach dem Abkommen der Entschädigungsstellen nach Artikel 24 Absatz 3 der Richtlinie 2009/103/EG.

(4) Hat sich der Unfall in einem Staat ereignet, der nicht Mitgliedstaat der Europäischen Union oder Vertragsstaat des Abkommens über den Europäischen Wirtschaftsraum ist, so kann der Geschädigte unter den Voraussetzungen des Absatzes 1 einen Antrag auf Erstattung an die Entschädigungsstelle richten, wenn der Unfall durch die Nutzung eines Fahrzeugs verursacht wurde, das in einem Mitgliedstaat der Europäischen Union oder Vertragsstaat des Abkommens über den Europäischen Wirtschaftsraum versichert ist und dort seinen gewöhnlichen Standort hat und wenn das nationale Versicherungsbüro (Artikel 1 Nummer 3 der Richtlinie 2009/103/EG) des Staates, in dem sich der Unfall ereignet hat, dem System der Grünen Karte beigetreten ist.

§ 12b [Übergang der Ersatzansprüche] [1] Soweit die Entschädigungsstelle nach § 12a dem Ersatzberechtigten den Schaden ersetzt, geht der Anspruch des Ersatzberechtigten gegen den Halter, den Eigentümer, den Fahrer und einen sonstigen Ersatzpflichtigen auf die Entschädigungsstelle über. [2] Der Übergang kann nicht zum Nachteil des Ersatzberechtigten geltend gemacht werden. [3] Soweit eine Entschädigungsstelle im Sinne des Artikels 24 der Richtlinie 2009/103/EG einer anderen Entschädigungsstelle einen als Entschädigung gezahlten Betrag erstattet, gehen die auf die zuletzt genannte Entschädigungsstelle übergegangenen Ansprüche des Geschädigten gegen den Halter, den Eigentümer, den Fahrer und einen sonstigen Ersatzpflichtigen auf die zuerst genannte Entschädigungsstelle über.

§ 12c [Erstattungspflicht] (1) Der Entschädigungsfonds nach § 12 ist verpflichtet, einem Entschädigungsfonds im Sinne des Artikels 10 Absatz 1 der Richtlinie 2009/103/EG eines anderen Mitgliedstaats der Europäischen Union den Betrag zu erstatten, den dieser als Entschädigung wegen eines Personen- oder Sachschadens zahlt, der auf dem Gebiet dieses Mitgliedstaats durch ein Fahrzeug verursacht wurde, dessen Halter nach § 2 Abs. 1 Nr. 6 von der Versicherungspflicht befreit ist.

(2) Soweit der Entschädigungsfonds nach § 12 einen Betrag nach Absatz 1 erstattet, gehen die auf den Entschädigungsfonds des anderen Mitgliedstaats der Europäischen Union übergegangenen Ansprüche des Geschädigten gegen den Halter, den Eigentümer, den Fahrer und einen sonstigen Ersatzpflichtigen auf den Entschädigungsfonds nach § 12 über.

§ 13 [Anstalt des öffentlichen Rechts; Beiträge; Beginn der Leistungspflicht] (1) [1] Zur Wahrnehmung der Aufgaben des Entschädigungsfonds wird eine rechtsfähige Anstalt des öffentlichen Rechts errichtet, die mit dem Inkrafttreten dieses Gesetzes als entstanden gilt. [2] Organe der Anstalt sind der Vorstand und der Verwaltungsrat. [3] Die Anstalt untersteht der Aufsicht des Bundesministeriums der Justiz und für Verbraucherschutz. [4] Das Nähere über die Anstalt bestimmt die Satzung, die von der Bundesregierung durch Rechtsverordnung ohne Zustimmung des Bundesrates aufgestellt wird. [5] Die im Geltungsbereich dieses Gesetzes zum Betrieb der Kraftfahrzeug-Haftpflichtversicherung befugten Versicherungsunternehmen und die Haftpflichtschadenausgleiche im Sinne von § 3 Absatz 1 Nummer 4 des Versicherungsaufsichtsgesetzes[1)] sowie die nach § 2 Nrn. 1 bis 4 von der Versicherungspflicht befreiten Halter nichtversicherter Fahrzeuge sind verpflichtet, unter Berücksichtigung ihres Anteils am Gesamtbestand der Fahrzeuge und der Art dieser Fahrzeuge an die Anstalt Beiträge zur Deckung der Entschädigungsleistungen und der Verwaltungskosten zu leisten. [6] Das Nähere über die Beitragspflicht bestimmt das Bundesministerium der Justiz und für Verbraucherschutz im Einvernehmen mit dem Bundesministerium für Verkehr und digitale Infrastruktur, dem Bundesministerium für Wirtschaft und Energie und dem Bundesministerium der Finanzen durch Rechtsverordnung mit Zustimmung des Bundesrates.

(2) [1] Das Bundesministerium der Justiz und für Verbraucherschutz wird ermächtigt, im Einvernehmen mit dem Bundesministerium für Verkehr und digitale Infrastruktur, dem Bundesministerium für Wirtschaft und Energie und dem Bundesministerium der Finanzen durch Rechtsverordnung ohne Zustimmung des Bundesrates die Stellung des Entschädigungsfonds einer anderen bestehenden juristischen Person zuzuweisen, wenn diese bereit ist, die Aufgaben des Entschädigungsfonds zu übernehmen, und wenn sie hinreichende

---

[1)] Nr. **1**.

Gewähr für die Erfüllung der Ansprüche der Ersatzberechtigten bietet. [2]Durch die Rechtsverordnung kann sich das Bundesministerium der Justiz und für Verbraucherschutz die Genehmigung der Satzung dieser juristischen Person vorbehalten und die Aufsicht über die juristische Person regeln.

(3) [1]Das Bundesministerium der Justiz und für Verbraucherschutz wird ferner ermächtigt, im Einvernehmen mit den in Absatz 2 genannten Bundesministerien durch Rechtsverordnung ohne Zustimmung des Bundesrates zu bestimmen, von welchem Zeitpunkt ab die Anstalt (Absatz 1) oder die durch Rechtsverordnung (Absatz 2) bezeichnete juristische Person von Ersatzberechtigten in Anspruch genommen werden kann, und zu bestimmen, daß eine Leistungspflicht nur besteht, wenn das schädigende Ereignis nach einem in der Verordnung festzusetzenden Zeitpunkt eingetreten ist. [2]Die Anstalt kann jedoch spätestens zwei Jahre nach dem Inkrafttreten dieses Gesetzes wegen der Schäden, die sich nach diesem Zeitpunkt ereignen, in Anspruch genommen werden, sofern nicht bis zu diesem Zeitpunkt den Ersatzberechtigten durch Rechtsverordnung die Möglichkeit gegeben worden ist, eine andere juristische Person in Anspruch zu nehmen.

(4) Der Entschädigungsfonds ist von der Körperschaftsteuer, der Gewerbesteuer und der Vermögensteuer befreit.

(5) Die vom Entschädigungsfonds zur Befriedigung von Ansprüchen nach § 12 Abs. 1 Nr. 4 in einem Kalenderjahr zu erbringenden Aufwendungen sind auf 0,5 vom Hundert des Gesamtprämienaufkommens der Kraftfahrzeug-Haftpflichtversicherung des vorangegangenen Kalenderjahres begrenzt.

§ 13a [Wahrnehmung der Aufgaben und Befugnisse der Entschädigungsstelle] (1) [1]Die Aufgaben und Befugnisse der Entschädigungsstelle nach § 12a werden von dem rechtsfähigen Verein „Verkehrsopferhilfe eingetragener Verein“ in Hamburg (Verkehrsopferhilfe) wahrgenommen, sobald und soweit dieser schriftlich gegenüber dem Bundesministerium der Justiz und für Verbraucherschutz seine Bereitschaft dazu erklärt hat.[1)] [2]Das Bundesministerium der Justiz und für Verbraucherschutz gibt die Erklärung und den Zeitpunkt, ab dem die betroffenen Aufgaben von der Verkehrsopferhilfe wahrgenommen werden, im Bundesanzeiger bekannt. [3]Die Verkehrsopferhilfe untersteht, soweit sie die übertragenen Aufgaben wahrnimmt, der Aufsicht des Bundesministeriums der Justiz und für Verbraucherschutz. [4]Das Bundesministerium der Justiz und für Verbraucherschutz wird ermächtigt, durch Rechtsverordnung ohne Zustimmung des Bundesrates die Aufgaben und Befugnisse der Entschädigungsstelle nach § 12a der in § 13 genannten Anstalt zu übertragen, soweit die Wahrnehmung der Aufgaben durch die Verkehrsopferhilfe nicht gewährleistet ist oder diese nicht mehr zur Wahrnehmung der Aufgaben bereit ist.

(2) Die Entschädigungsstelle ist von der Körperschaftsteuer, der Gewerbesteuer und der Vermögensteuer befreit.

§ 14 [Auslands- und Ausländerschäden; Schiedsstelle] Das Bundesministerium der Justiz und für Verbraucherschutz wird ermächtigt, im Einvernehmen mit dem Bundesministerium für Verkehr und digitale Infrastruktur, dem Bundesministerium für Wirtschaft und Energie und dem Bundesministe-

---

[1)] Die Erklärung wurde abgegeben (BaFin 2002, Teil A, S. 97).

rium der Finanzen durch Rechtsverordnung[1] ohne Zustimmung des Bundesrates

1. zu bestimmen, daß der Entschädigungsfonds in den Fällen des § 12 Abs. 1 Nr. 1 auch für Schäden einzutreten hat, die einem Deutschen außerhalb des Geltungsbereichs dieses Gesetzes entstehen und nicht von einer Stelle in dem Staat ersetzt werden, in dem sich der Unfall zugetragen hat, wenn dies erforderlich ist, um eine Schlechterstellung des Deutschen gegenüber den Angehörigen dieses Staates auszugleichen;
2. zu bestimmen, daß der Entschädigungsfonds Leistungen an ausländische Staatsangehörige ohne festen Wohnsitz im Inland nur bei Vorliegen der Gegenseitigkeit erbringt, soweit nicht völkerrechtliche Verträge der Bundesrepublik Deutschland dem entgegenstehen;
3. zu bestimmen,
   a) daß beim Entschädigungsfonds eine Schiedsstelle gebildet wird, die in Streitfällen zwischen dem Ersatzberechtigten und dem Entschädigungsfonds auf eine gütliche Einigung hinzuwirken und den Beteiligten erforderlichenfalls einen begründeten Einigungsvorschlag zu machen hat,
   b) wie die Mitglieder der Schiedsstelle, die aus einem die Befähigung zum Richteramt besitzenden, sachkundigen und unabhängigen Vorsitzenden sowie einem von der Versicherungswirtschaft benannten und einem dem Bereich der Ersatzberechtigten zuzurechnenden Beisitzer besteht, zu bestellen sind und wie das Verfahren der Schiedsstelle einschließlich der Kosten zu regeln ist,
   c) daß Ansprüche gegen den Entschädigungsfonds im Wege der Klage erst geltend gemacht werden können, nachdem ein Verfahren vor der Schiedsstelle vorausgegangen ist, sofern nicht seit der Anrufung der Schiedsstelle mehr als drei Monate verstrichen sind.

Vierter Abschnitt. Übergangs- und Schlußvorschriften

§ 15 [Anwendung des Tarifs und der AVB eines übernehmenden Versicherers] Wird zur Vermeidung einer Insolvenz ein Bestand an Kraftfahrzeug-Haftpflichtversicherungsverträgen mit Genehmigung der Aufsichtsbehörden auf einen anderen Versicherer übertragen, so kann der übernehmende Versicherer die Anwendung des für sein Unternehmen geltenden Tarifs (Prämie und Tarifbestimmungen) und seiner Versicherungsbedingungen vom Beginn der nächsten Versicherungsperiode an erklären, wenn er dem Versicherungsnehmer die Tarifänderung unter Kenntlichmachung der Unterschiede des alten und neuen Tarifs spätestens einen Monat vor Inkrafttreten der Änderung mitteilt und ihn schriftlich über sein Kündigungsrecht belehrt.

§ 16 [Altansprüche] § 12 Absatz 4 Satz 2 und Absatz 6 Satz 5 und 6 gilt nicht für Ansprüche, die vor dem 1. Mai 2013 entstanden sind.

[1] Siehe die VO über den Entschädigungsfonds für Schäden aus Kraftfahrzeugunfällen v. 14.12.1965 (BGBl. I S. 2093), zuletzt geänd. durch VO v. 31.8.2015 (BGBl. I S. 1474).

Anlage
(zu § 4 Abs. 2)

Mindestversicherungssummen

1. Die Mindesthöhe der Versicherungssumme beträgt bei Kraftfahrzeugen einschließlich der Anhänger je Schadensfall
   a) für Personenschäden siebeneinhalb Millionen Euro,
   b) für Sachschäden 1 220 000 Euro,
   c) für die weder mittelbar noch unmittelbar mit einem Personen- oder Sachschaden zusammenhängenden Vermögensschäden (reine Vermögensschäden) 50 000 Euro.
2. Bei Kraftfahrzeugen, die der Beförderung von Personen dienen und mehr als neun Plätze (ohne den Fahrersitz) aufweisen, erhöhen sich diese Beträge für das Kraftfahrzeug unter Ausschluss der Anhänger
   a) für den 10. und jeden weiteren Platz um
      aa) 50 000 Euro für Personenschäden,
      bb) 500 Euro für reine Vermögensschäden,
   b) vom 81. Platz ab für jeden weiteren Platz um
      aa) 25 000 Euro für Personenschäden,
      bb) 250 Euro für reine Vermögensschäden.

   Dies gilt nicht für Kraftomnibusse, die ausschließlich zu Lehr- und Prüfungszwecken verwendet werden.
3. Bei Anhängern entspricht die Mindesthöhe der Versicherungssumme für Schäden, die nicht mit dem Betrieb des Kraftfahrzeugs im Sinne des § 7 des Straßenverkehrsgesetzes im Zusammenhang stehen, und für die den Insassen des Anhängers zugefügten Schäden den in Nummer 1, bei Personenanhängern mit mehr als neun Plätzen den in Nummern 1 und 2 genannten Beträgen.
4. Zu welcher dieser Gruppen das Fahrzeug gehört, richtet sich nach der Eintragung im Kraftfahrzeug- oder Anhängerbrief.

Anhang. Verzeichnis der in der Bundesrepublik Deutschland zum Geschäftsbetrieb zugelassenen Kraftfahrt-Haftpflichtversicherer

(hier nicht wiedergegeben)

12. Verordnung über den Versicherungsschutz in der Kraftfahrzeug-Haftpflichtversicherung (Kraftfahrzeug-Pflichtversicherungsverordnung – KfzPflVV)

Vom 29. Juli 1994
(BGBl. I S. 1837)

FNA 925-1-5

zuletzt geänd. durch Art. 5 Verordnung v. 13.1.2012 (BGBl. I S. 103)

Nichtamtliche Inhaltsübersicht

Auf Grund des § 4 Abs. 1 des Pflichtversicherungsgesetzes[1] vom 5. April 1965 (BGBl. I S. 213), der durch Artikel 5 Nr. 1 des Gesetzes vom 21. Juli 1994 (BGBl. I S. 1630) neu gefaßt worden ist, verordnet das Bundesministerium der Justiz im Einvernehmen mit dem Bundesministerium der Finanzen und dem Bundesministerium für Verkehr:

§ 1 [Räumlicher und zeitlicher Geltungsbereich] (1) [1]Die Kraftfahrzeug-Haftpflichtversicherung hat Versicherungsschutz in Europa sowie in den außereuropäischen Gebieten, die zum Geltungsbereich des Vertrages über die Europäische Wirtschaftsgemeinschaft gehören, in der Höhe zu gewähren, die in dem jeweiligen Land gesetzlich vorgeschrieben ist, mindestens jedoch in der in Deutschland vorgeschriebenen Höhe. [2]Wird eine Erweiterung des räumlichen Geltungsbereichs des Versicherungsschutzes vereinbart, gilt Satz 1 entsprechend.

(2) Beginn und Ende des Versicherungsschutzes bestimmen sich nach den §§ 187 und 188 des Bürgerlichen Gesetzbuchs.

§ 2 [Sachlicher Deckungsumfang] (1) Die Versicherung hat die Befriedigung begründeter und die Abwehr unbegründeter Schadensersatzansprüche zu umfassen, die auf Grund gesetzlicher Haftpflichtbestimmungen privatrechtlichen Inhalts gegen den Versicherungsnehmer oder mitversicherte Personen erhoben werden, wenn durch den Gebrauch des versicherten Fahrzeugs

1. Personen verletzt oder getötet worden sind,
2. Sachen beschädigt oder zerstört worden oder abhanden gekommen sind oder

[1] Nr. **11**.

3. Vermögensschäden herbeigeführt worden sind, die weder mit einem Personen- noch mit einem Sachschaden mittelbar oder unmittelbar zusammenhängen.

(2) Mitversicherte Personen sind

1. der Halter,
2. der Eigentümer,
3. der Fahrer,
4. Beifahrer, das heißt Personen, die im Rahmen ihres Arbeitsverhältnisses zum Versicherungsnehmer oder Halter den berechtigten Fahrer zu seiner Ablösung oder zur Vornahme von Lade- und Hilfsarbeiten nicht nur gelegentlich begleiten,
5. Omnibusschaffner, soweit sie im Rahmen ihres Arbeitsverhältnisses zum Versicherungsnehmer oder Halter tätig werden,
6. Arbeitgeber oder öffentlicher Dienstherr des Versicherungsnehmers, wenn das versicherte Fahrzeug mit Zustimmung des Versicherungsnehmers für dienstliche Zwecke gebraucht wird.

(3) Mitversicherten Personen ist das Recht auf selbständige Geltendmachung ihrer Ansprüche einzuräumen.

§ 3 [Versicherung von Anhängern] (1) [1] Die Versicherung eines Kraftfahrzeugs hat auch die Haftung für Schäden zu umfassen, die durch einen Anhänger oder Auflieger verursacht werden, der mit dem Kraftfahrzeug verbunden ist oder sich während des Gebrauchs von diesem löst und sich noch in Bewegung befindet. [2] Das Gleiche gilt für die Haftung für Schäden, die verursacht werden durch geschleppte und abgeschleppte Fahrzeuge, für die kein Haftpflichtversicherungsschutz besteht.

(2) *(aufgehoben)*

§ 4 [Zulässige Ausschlüsse] Von der Versicherung kann die Haftung nur ausgeschlossen werden

1. für Ersatzansprüche des Versicherungsnehmers, Halters oder Eigentümers gegen mitversicherte Personen wegen Sach- oder Vermögensschäden;
2. für Ersatzansprüche wegen Beschädigung, Zerstörung oder Abhandenkommens des versicherten Fahrzeugs mit Ausnahme der Beschädigung betriebsunfähiger Fahrzeuge beim nicht gewerbsmäßigen Abschleppen im Rahmen üblicher Hilfeleistung;
3. für Ersatzansprüche wegen Beschädigung, Zerstörung oder Abhandenkommens von mit dem versicherten Fahrzeug beförderten Sachen mit Ausnahme jener, die mit Willen des Halters beförderte Personen üblicherweise mit sich führen oder, sofern die Fahrt überwiegend der Personenbeförderung dient, als Gegenstände des persönlichen Bedarfs mit sich führen;
4. für Ersatzansprüche aus der Verwendung des Fahrzeugs bei behördlich genehmigten kraftfahrt-sportlichen Veranstaltungen, bei denen es auf die Erzielung einer Höchstgeschwindigkeit ankommt oder den dazugehörigen Übungsfahrten;
5. für Ersatzansprüche wegen Vermögensschäden durch die Nichteinhaltung von Liefer- und Beförderungsfristen;
6. für Ersatzansprüche wegen Schäden durch Kernenergie.

§ 5 [Obliegenheiten vor Eintritt des Versicherungsfalles] (1) Als Obliegenheiten vor Eintritt des Versicherungsfalls können nur vereinbart werden die Verpflichtung,

1. das Fahrzeug zu keinem anderen als dem im Versicherungsvertrag angegebenen Zweck zu verwenden;
2. das Fahrzeug nicht zu behördlich nicht genehmigten Fahrveranstaltungen zu verwenden, bei denen es auf die Erzielung einer Höchstgeschwindigkeit ankommt;
3. das Fahrzeug nicht unberechtigt zu gebrauchen oder wissentlich gebrauchen zu lassen;
4. das Fahrzeug nicht auf öffentlichen Wegen und Plätzen zu benutzen oder benutzen zu lassen, wenn der Fahrer nicht die vorgeschriebene Fahrerlaubnis hat;
5. das Fahrzeug nicht zu führen oder führen zu lassen, wenn der Fahrer infolge des Genusses alkoholischer Getränke oder anderer berauschender Mittel dazu nicht sicher in der Lage ist;
6. ein mit einem Wechselkennzeichen zugelassenes Fahrzeug nicht auf öffentlichen Wegen oder Plätzen zu benutzen oder benutzen zu lassen, wenn es das nach § 8 Absatz 1a der Fahrzeug-Zulassungsverordnung vorgeschriebene Wechselkennzeichen nicht vollständig trägt.

(2) [1] Gegenüber dem Versicherungsnehmer, dem Halter oder Eigentümer befreit eine Obliegenheitsverletzung nach Absatz 1 Nr. 3 bis 5 den Versicherer nur dann von der Leistungspflicht, wenn der Versicherungsnehmer, der Halter oder der Eigentümer die Obliegenheitsverletzung selbst begangen oder schuldhaft ermöglicht hat. [2] Eine Obliegenheitsverletzung nach Absatz 1 Nr. 5 befreit den Versicherer nicht von der Leistungspflicht, soweit der Versicherungsnehmer, Halter oder Eigentümer durch den Versicherungsfall als Fahrzeuginsasse, der das Fahrzeug nicht geführt hat, geschädigt wurde.

(3) [1] Bei Verletzung einer nach Absatz 1 vereinbarten Obliegenheit oder wegen Gefahrerhöhung ist die Leistungsfreiheit des Versicherers gegenüber dem Versicherungsnehmer und den mitversicherten Personen auf den Betrag von höchstens je 5 000 Euro beschränkt. [2] Satz 1 gilt nicht gegenüber einem Fahrer, der das Fahrzeug durch eine strafbare Handlung erlangt hat.

§ 6 [Obliegenheiten nach Eintritt des Versicherungsfalles] (1) Wegen einer nach Eintritt des Versicherungsfalls vorsätzlich oder grob fahrlässig begangenen Obliegenheitsverletzung ist die Leistungsfreiheit des Versicherers dem Versicherungsnehmer gegenüber vorbehaltlich der Absätze 2 und 3 auf einen Betrag von höchstens 2 500 Euro beschränkt; die Beweislast für das Nichtvorliegen einer groben Fahrlässigkeit trägt der Versicherungsnehmer.

(2) Soweit eine grob fahrlässig begangene Obliegenheitsverletzung weder Einfluß auf die Feststellung des Versicherungsfalles noch auf die Feststellung oder den Umfang der dem Versicherer obliegenden Leistung gehabt hat, bleibt der Versicherer zur Leistung verpflichtet.

(3) Bei besonders schwerwiegender vorsätzlich begangener Verletzung der Aufklärungs- oder Schadensminderungspflichten ist die Leistungsfreiheit des Versicherers auf höchstens 5 000 Euro beschränkt.

§ 7 [Betrügerisches Verhalten] [1] Wird eine Obliegenheitsverletzung in der Absicht begangen, sich oder einem Dritten dadurch einen rechtswidrigen Vermögensvorteil zu verschaffen, ist die Leistungsfreiheit hinsichtlich des erlangten rechtswidrigen Vermögensvorteils unbeschränkt. [2] Gleiches gilt hinsichtlich des Mehrbetrages, wenn der Versicherungsnehmer vorsätzlich oder grob fahrlässig einen Anspruch ganz oder teilweise unberechtigt anerkennt oder befriedigt, eine Anzeigepflicht verletzt oder bei einem Rechtsstreit dem Versicherer nicht dessen Führung überläßt.

§ 8 [Rentenberechnungsgrundlagen] (1) [1] Hat der Versicherungsnehmer an den Geschädigten Rentenzahlungen zu leisten und übersteigt der Kapitalwert der Rente die Versicherungssumme oder den nach Abzug etwaiger sonstiger Leistungen aus dem Versicherungsfall noch verbleibenden Restbetrag der Versicherungssumme, so muß die zu leistende Rente nur im Verhältnis der Versicherungssumme oder ihres Restbetrages zum Kapitalwert der Rente erstattet werden. [2] Der Rentenwert ist auf Grund einer von der Versicherungsaufsichtsbehörde entwickelten oder anerkannten Sterbetafel und unter Zugrundelegung des Rechnungszinses, der die tatsächlichen Kapitalmarktzinsen in der Bundesrepublik Deutschland berücksichtigt, zu berechnen. [3] Hierbei ist der arithmetische Mittelwert über die jeweils letzten zehn Jahre der Umlaufrenditen der öffentlichen Hand, wie sie von der Deutschen Bundesbank veröffentlicht werden, zugrunde zu legen. [4] Nachträgliche Erhöhungen oder Ermäßigungen der Rente sind zum Zeitpunkt des ursprünglichen Rentenbeginns mit dem Barwert einer aufgeschobenen Rente nach der genannten Rechnungsgrundlage zu berechnen.

(2) Für die Berechnung von Waisenrenten kann das 18. Lebensjahr als frühestes Endalter vereinbart werden.

(3) Für die Berechnung von Geschädigtenrenten kann bei unselbständig Tätigen das vollendete 65. Lebensjahr als Endalter vereinbart werden, sofern nicht durch Urteil, Vergleich oder eine andere Festlegung etwas anderes bestimmt ist oder sich die der Festlegung zugrunde gelegten Umstände ändern.

(4) Bei der Berechnung des Betrages, mit dem sich der Versicherungsnehmer an laufenden Rentenzahlungen beteiligen muß, wenn der Kapitalwert der Rente die Versicherungssumme oder die nach Abzug sonstiger Leistungen verbleibende Restversicherungssumme übersteigt, können die sonstigen Leistungen mit ihrem vollen Betrag von der Versicherungssumme abgesetzt werden.

§ 9 [Vorläufiger Deckungsschutz] [1] Sagt der Versicherer durch Aushändigung der zur behördlichen Zulassung notwendigen Versicherungsbestätigung vorläufigen Deckungsschutz zu, so ist vorläufiger Deckungsschutz vom Zeitpunkt der behördlichen Zulassung des Fahrzeuges oder bei einem zugelassenen Fahrzeug vom Zeitpunkt der Einreichung der Versicherungsbestätigung bei der Zulassungsstelle an bis zur Einlösung des Versicherungsscheins zu gewähren. [2] Sofern er den Versicherungsnehmer schriftlich darüber belehrt, kann sich der Versicherer vorbehalten, daß die vorläufige Deckung rückwirkend außer Kraft tritt, wenn bei einem unverändert angenommenen Versicherungsantrag der Versicherungsschein nicht binnen einer im Versicherungsvertrag bestimmten, mindestens zweiwöchigen Frist eingelöst wird und der Versicherungsnehmer die Verspätung zu vertreten hat.

§ 10 [Änderungen] Änderungen dieser Verordnung und Änderungen der Mindesthöhe der Versicherungssumme finden auf bestehende Versicherungsverhältnisse von dem Zeitpunkt an Anwendung, zu dem die Änderungen in Kraft treten.

§ 11 [Inkrafttreten] Diese Verordnung tritt am Tage nach der Verkündung[1] in Kraft.

---

[1] Verkündet am 3.8.1994.

13. Bürgerliches Gesetzbuch (BGB)

In der Fassung der Bekanntmachung vom 2. Januar 2002[1)]
(BGBl. I S. 42, ber. S. 2909 und 2003 I S. 738)

FNA 400-2

zuletzt geänd. durch Art. 2 Gesetz v. 16.10.2020 (BGBl. I S. 2187)

– Auszug –

Nichtamtliche Inhaltsübersicht

[1)] Neubekanntmachung des BGB v. 18.8.1896 (RGBl. S. 195) in der ab 1.1.2002 geltenden Fassung.

Buch 1. Allgemeiner Teil

Abschnitt 1. Personen

Titel 1. Natürliche Personen, Verbraucher, Unternehmer

§ 2 Eintritt der Volljährigkeit. Die Volljährigkeit tritt mit der Vollendung des 18. Lebensjahres ein.

§ 13 Verbraucher. Verbraucher ist jede natürliche Person, die ein Rechtsgeschäft zu Zwecken abschließt, die überwiegend weder ihrer gewerblichen noch ihrer selbständigen beruflichen Tätigkeit zugerechnet werden können.

§ 14 Unternehmer. (1) Unternehmer ist eine natürliche oder juristische Person oder eine rechtsfähige Personengesellschaft, die bei Abschluss eines Rechtsgeschäfts in Ausübung ihrer gewerblichen oder selbständigen beruflichen Tätigkeit handelt.

(2) Eine rechtsfähige Personengesellschaft ist eine Personengesellschaft, die mit der Fähigkeit ausgestattet ist, Rechte zu erwerben und Verbindlichkeiten einzugehen.

Abschnitt 3. Rechtsgeschäfte

Titel 1. Geschäftsfähigkeit

§ 104 Geschäftsunfähigkeit. Geschäftsunfähig ist:

1. wer nicht das siebente Lebensjahr vollendet hat,
2. wer sich in einem die freie Willensbestimmung ausschließenden Zustand krankhafter Störung der Geistestätigkeit befindet, sofern nicht der Zustand seiner Natur nach ein vorübergehender ist.

§ 105 Nichtigkeit der Willenserklärung. (1) Die Willenserklärung eines Geschäftsunfähigen ist nichtig.

(2) Nichtig ist auch eine Willenserklärung, die im Zustand der Bewusstlosigkeit oder vorübergehender Störung der Geistestätigkeit abgegeben wird.

§ 105a Geschäfte des täglichen Lebens. [1] Tätigt ein volljähriger Geschäftsunfähiger ein Geschäft des täglichen Lebens, das mit geringwertigen Mitteln bewirkt werden kann, so gilt der von ihm geschlossene Vertrag in Ansehung von Leistung und, soweit vereinbart, Gegenleistung als wirksam, sobald Leistung und Gegenleistung bewirkt sind. [2] Satz 1 gilt nicht bei einer erheblichen Gefahr für die Person oder das Vermögen des Geschäftsunfähigen.

§ 106 Beschränkte Geschäftsfähigkeit Minderjähriger. Ein Minderjähriger, der das siebente Lebensjahr vollendet hat, ist nach Maßgabe der §§ 107 bis 113 in der Geschäftsfähigkeit beschränkt.

§ 107 Einwilligung des gesetzlichen Vertreters. Der Minderjährige bedarf zu einer Willenserklärung, durch die er nicht lediglich einen rechtlichen Vorteil erlangt, der Einwilligung seines gesetzlichen Vertreters.

§ 108 Vertragsschluss ohne Einwilligung. (1) Schließt der Minderjährige einen Vertrag ohne die erforderliche Einwilligung des gesetzlichen Vertreters, so hängt die Wirksamkeit des Vertrags von der Genehmigung des Vertreters ab.

(2) [1] Fordert der andere Teil den Vertreter zur Erklärung über die Genehmigung auf, so kann die Erklärung nur ihm gegenüber erfolgen; eine vor der Aufforderung dem Minderjährigen gegenüber erklärte Genehmigung oder Verweigerung der Genehmigung wird unwirksam. [2] Die Genehmigung kann nur bis zum Ablauf von zwei Wochen nach dem Empfang der Aufforderung erklärt werden; wird sie nicht erklärt, so gilt sie als verweigert.

(3) Ist der Minderjährige unbeschränkt geschäftsfähig geworden, so tritt seine Genehmigung an die Stelle der Genehmigung des Vertreters.

§ 109 Widerrufsrecht des anderen Teils. (1) [1] Bis zur Genehmigung des Vertrags ist der andere Teil zum Widerruf berechtigt. [2] Der Widerruf kann auch dem Minderjährigen gegenüber erklärt werden.

(2) Hat der andere Teil die Minderjährigkeit gekannt, so kann er nur widerrufen, wenn der Minderjährige der Wahrheit zuwider die Einwilligung des Vertreters behauptet hat; er kann auch in diesem Falle nicht widerrufen, wenn ihm das Fehlen der Einwilligung bei dem Abschluss des Vertrags bekannt war.

§ 110 Bewirken der Leistung mit eigenen Mitteln. Ein von dem Minderjährigen ohne Zustimmung des gesetzlichen Vertreters geschlossener Vertrag gilt als von Anfang an wirksam, wenn der Minderjährige die vertragsmäßige Leistung mit Mitteln bewirkt, die ihm zu diesem Zweck oder zu freier Verfügung von dem Vertreter oder mit dessen Zustimmung von einem Dritten überlassen worden sind.

§ 111 Einseitige Rechtsgeschäfte. [1] Ein einseitiges Rechtsgeschäft, das der Minderjährige ohne die erforderliche Einwilligung des gesetzlichen Vertreters vornimmt, ist unwirksam. [2] Nimmt der Minderjährige mit dieser Einwilligung ein solches Rechtsgeschäft einem anderen gegenüber vor, so ist das Rechtsgeschäft unwirksam, wenn der Minderjährige die Einwilligung nicht in schriftlicher Form vorlegt und der andere das Rechtsgeschäft aus diesem Grunde unverzüglich zurückweist. [3] Die Zurückweisung ist ausgeschlossen, wenn der Vertreter den anderen von der Einwilligung in Kenntnis gesetzt hatte.

§ 112 Selbständiger Betrieb eines Erwerbsgeschäfts. (1) [1] Ermächtigt der gesetzliche Vertreter mit Genehmigung des Familiengerichts den Minderjährigen zum selbständigen Betrieb eines Erwerbsgeschäfts, so ist der Minderjährige für solche Rechtsgeschäfte unbeschränkt geschäftsfähig, welche der Geschäftsbetrieb mit sich bringt. [2] Ausgenommen sind Rechtsgeschäfte, zu denen der Vertreter der Genehmigung des Familiengerichts bedarf.

(2) Die Ermächtigung kann von dem Vertreter nur mit Genehmigung des Familiengerichts zurückgenommen werden.

§ 113 Dienst- oder Arbeitsverhältnis. (1) [1] Ermächtigt der gesetzliche Vertreter den Minderjährigen, in Dienst oder in Arbeit zu treten, so ist der

Minderjährige für solche Rechtsgeschäfte unbeschränkt geschäftsfähig, welche die Eingehung oder Aufhebung eines Dienst- oder Arbeitsverhältnisses der gestatteten Art oder die Erfüllung der sich aus einem solchen Verhältnis ergebenden Verpflichtungen betreffen. [2] Ausgenommen sind Verträge, zu denen der Vertreter der Genehmigung des Familiengerichts bedarf.

(2) Die Ermächtigung kann von dem Vertreter zurückgenommen oder eingeschränkt werden.

(3) [1] Ist der gesetzliche Vertreter ein Vormund, so kann die Ermächtigung, wenn sie von ihm verweigert wird, auf Antrag des Minderjährigen durch das Familiengericht ersetzt werden. [2] Das Familiengericht hat die Ermächtigung zu ersetzen, wenn sie im Interesse des Mündels liegt.

(4) Die für einen einzelnen Fall erteilte Ermächtigung gilt im Zweifel als allgemeine Ermächtigung zur Eingehung von Verhältnissen derselben Art.

Titel 2. Willenserklärung

§ 116 Geheimer Vorbehalt. [1] Eine Willenserklärung ist nicht deshalb nichtig, weil sich der Erklärende insgeheim vorbehält, das Erklärte nicht zu wollen. [2] Die Erklärung ist nichtig, wenn sie einem anderen gegenüber abzugeben ist und dieser den Vorbehalt kennt.

§ 117 Scheingeschäft. (1) Wird eine Willenserklärung, die einem anderen gegenüber abzugeben ist, mit dessen Einverständnis nur zum Schein abgegeben, so ist sie nichtig.

(2) Wird durch ein Scheingeschäft ein anderes Rechtsgeschäft verdeckt, so finden die für das verdeckte Rechtsgeschäft geltenden Vorschriften Anwendung.

§ 118 Mangel der Ernstlichkeit. Eine nicht ernstlich gemeinte Willenserklärung, die in der Erwartung abgegeben wird, der Mangel der Ernstlichkeit werde nicht verkannt werden, ist nichtig.

§ 119 Anfechtbarkeit wegen Irrtums. (1) Wer bei der Abgabe einer Willenserklärung über deren Inhalt im Irrtum war oder eine Erklärung dieses Inhalts überhaupt nicht abgeben wollte, kann die Erklärung anfechten, wenn anzunehmen ist, dass er sie bei Kenntnis der Sachlage und bei verständiger Würdigung des Falles nicht abgegeben haben würde.

(2) Als Irrtum über den Inhalt der Erklärung gilt auch der Irrtum über solche Eigenschaften der Person oder der Sache, die im Verkehr als wesentlich angesehen werden.

§ 120 Anfechtbarkeit wegen falscher Übermittlung. Eine Willenserklärung, welche durch die zur Übermittlung verwendete Person oder Einrichtung unrichtig übermittelt worden ist, kann unter der gleichen Voraussetzung angefochten werden wie nach § 119 eine irrtümlich abgegebene Willenserklärung.

§ 121 Anfechtungsfrist. (1) [1] Die Anfechtung muss in den Fällen der §§ 119, 120 ohne schuldhaftes Zögern (unverzüglich) erfolgen, nachdem der Anfechtungsberechtigte von dem Anfechtungsgrund Kenntnis erlangt hat. [2] Die einem Abwesenden gegenüber erfolgte Anfechtung gilt als rechtzeitig erfolgt, wenn die Anfechtungserklärung unverzüglich abgesendet worden ist.

(2) Die Anfechtung ist ausgeschlossen, wenn seit der Abgabe der Willenserklärung zehn Jahre verstrichen sind.

§ 122 Schadensersatzpflicht des Anfechtenden. (1) Ist eine Willenserklärung nach § 118 nichtig oder auf Grund der §§ 119, 120 angefochten, so hat der Erklärende, wenn die Erklärung einem anderen gegenüber abzugeben war, diesem, andernfalls jedem Dritten den Schaden zu ersetzen, den der andere oder der Dritte dadurch erleidet, dass er auf die Gültigkeit der Erklärung vertraut, jedoch nicht über den Betrag des Interesses hinaus, welches der andere oder der Dritte an der Gültigkeit der Erklärung hat.

(2) Die Schadensersatzpflicht tritt nicht ein, wenn der Beschädigte den Grund der Nichtigkeit oder der Anfechtbarkeit kannte oder infolge von Fahrlässigkeit nicht kannte (kennen musste).

§ 123 Anfechtbarkeit wegen Täuschung oder Drohung. (1) Wer zur Abgabe einer Willenserklärung durch arglistige Täuschung oder widerrechtlich durch Drohung bestimmt worden ist, kann die Erklärung anfechten.

(2) [1] Hat ein Dritter die Täuschung verübt, so ist eine Erklärung, die einem anderen gegenüber abzugeben war, nur dann anfechtbar, wenn dieser die Täuschung kannte oder kennen musste. [2] Soweit ein anderer als derjenige, welchem gegenüber die Erklärung abzugeben war, aus der Erklärung unmittelbar ein Recht erworben hat, ist die Erklärung ihm gegenüber anfechtbar, wenn er die Täuschung kannte oder kennen musste.

§ 124 Anfechtungsfrist. (1) Die Anfechtung einer nach § 123 anfechtbaren Willenserklärung kann nur binnen Jahresfrist erfolgen.

(2) [1] Die Frist beginnt im Falle der arglistigen Täuschung mit dem Zeitpunkt, in welchem der Anfechtungsberechtigte die Täuschung entdeckt, im Falle der Drohung mit dem Zeitpunkt, in welchem die Zwangslage aufhört. [2] Auf den Lauf der Frist finden die für die Verjährung geltenden Vorschriften der §§ 206, 210 und 211 entsprechende Anwendung.

(3) Die Anfechtung ist ausgeschlossen, wenn seit der Abgabe der Willenserklärung zehn Jahre verstrichen sind.

§ 125 Nichtigkeit wegen Formmangels. [1] Ein Rechtsgeschäft, welches der durch Gesetz vorgeschriebenen Form ermangelt, ist nichtig. [2] Der Mangel der durch Rechtsgeschäft bestimmten Form hat im Zweifel gleichfalls Nichtigkeit zur Folge.

§ 126 Schriftform. (1) Ist durch Gesetz schriftliche Form vorgeschrieben, so muss die Urkunde von dem Aussteller eigenhändig durch Namensunterschrift oder mittels notariell beglaubigten Handzeichens unterzeichnet werden.

(2) [1] Bei einem Vertrag muss die Unterzeichnung der Parteien auf derselben Urkunde erfolgen. [2] Werden über den Vertrag mehrere gleichlautende Urkunden aufgenommen, so genügt es, wenn jede Partei die für die andere Partei bestimmte Urkunde unterzeichnet.

(3) Die schriftliche Form kann durch die elektronische Form ersetzt werden, wenn sich nicht aus dem Gesetz ein anderes ergibt.

(4) Die schriftliche Form wird durch die notarielle Beurkundung ersetzt.

§ 126a Elektronische Form. (1) Soll die gesetzlich vorgeschriebene schriftliche Form durch die elektronische Form ersetzt werden, so muss der Aussteller der Erklärung dieser seinen Namen hinzufügen und das elektronische Dokument mit einer qualifizierten elektronischen Signatur versehen.

(2) Bei einem Vertrag müssen die Parteien jeweils ein gleichlautendes Dokument in der in Absatz 1 bezeichneten Weise elektronisch signieren.

§ 126b Textform. [1] Ist durch Gesetz Textform vorgeschrieben, so muss eine lesbare Erklärung, in der die Person des Erklärenden genannt ist, auf einem dauerhaften Datenträger abgegeben werden. [2] Ein dauerhafter Datenträger ist jedes Medium, das

1. es dem Empfänger ermöglicht, eine auf dem Datenträger befindliche, an ihn persönlich gerichtete Erklärung so aufzubewahren oder zu speichern, dass sie ihm während eines für ihren Zweck angemessenen Zeitraums zugänglich ist, und
2. geeignet ist, die Erklärung unverändert wiederzugeben.

§ 127 Vereinbarte Form. (1) Die Vorschriften des § 126, des § 126a oder des § 126b gelten im Zweifel auch für die durch Rechtsgeschäft bestimmte Form.

(2) [1] Zur Wahrung der durch Rechtsgeschäft bestimmten schriftlichen Form genügt, soweit nicht ein anderer Wille anzunehmen ist, die telekommunikative Übermittlung und bei einem Vertrag der Briefwechsel. [2] Wird eine solche Form gewählt, so kann nachträglich eine dem § 126 entsprechende Beurkundung verlangt werden.

(3) [1] Zur Wahrung der durch Rechtsgeschäft bestimmten elektronischen Form genügt, soweit nicht ein anderer Wille anzunehmen ist, auch eine andere als die in § 126a bestimmte elektronische Signatur und bei einem Vertrag der Austausch von Angebots- und Annahmeerklärung, die jeweils mit einer elektronischen Signatur versehen sind. [2] Wird eine solche Form gewählt, so kann nachträglich eine dem § 126a entsprechende elektronische Signierung oder, wenn diese einer der Parteien nicht möglich ist, eine dem § 126 entsprechende Beurkundung verlangt werden.

§ 127a Gerichtlicher Vergleich. Die notarielle Beurkundung wird bei einem gerichtlichen Vergleich durch die Aufnahme der Erklärungen in ein nach den Vorschriften der Zivilprozessordnung errichtetes Protokoll ersetzt.

§ 128 Notarielle Beurkundung. Ist durch Gesetz notarielle Beurkundung eines Vertrags vorgeschrieben, so genügt es, wenn zunächst der Antrag und sodann die Annahme des Antrags von einem Notar beurkundet wird.

§ 129 Öffentliche Beglaubigung. (1) [1] Ist durch Gesetz für eine Erklärung öffentliche Beglaubigung vorgeschrieben, so muss die Erklärung schriftlich abgefasst und die Unterschrift des Erklärenden von einem Notar beglaubigt werden. [2] Wird die Erklärung von dem Aussteller mittels Handzeichens unterzeichnet, so ist die in § 126 Abs. 1 vorgeschriebene Beglaubigung des Handzeichens erforderlich und genügend.

(2) Die öffentliche Beglaubigung wird durch die notarielle Beurkundung der Erklärung ersetzt.

§ 130 Wirksamwerden der Willenserklärung gegenüber Abwesenden.

(1) [1]Eine Willenserklärung, die einem anderen gegenüber abzugeben ist, wird, wenn sie in dessen Abwesenheit abgegeben wird, in dem Zeitpunkt wirksam, in welchem sie ihm zugeht. [2]Sie wird nicht wirksam, wenn dem anderen vorher oder gleichzeitig ein Widerruf zugeht.

(2) Auf die Wirksamkeit der Willenserklärung ist es ohne Einfluss, wenn der Erklärende nach der Abgabe stirbt oder geschäftsunfähig wird.

(3) Diese Vorschriften finden auch dann Anwendung, wenn die Willenserklärung einer Behörde gegenüber abzugeben ist.

§ 131 Wirksamwerden gegenüber nicht voll Geschäftsfähigen.

(1) Wird die Willenserklärung einem Geschäftsunfähigen gegenüber abgegeben, so wird sie nicht wirksam, bevor sie dem gesetzlichen Vertreter zugeht.

(2) [1]Das Gleiche gilt, wenn die Willenserklärung einer in der Geschäftsfähigkeit beschränkten Person gegenüber abgegeben wird. [2]Bringt die Erklärung jedoch der in der Geschäftsfähigkeit beschränkten Person lediglich einen rechtlichen Vorteil oder hat der gesetzliche Vertreter seine Einwilligung erteilt, so wird die Erklärung in dem Zeitpunkt wirksam, in welchem sie ihr zugeht.

§ 132 Ersatz des Zugehens durch Zustellung. (1) [1]Eine Willenserklärung gilt auch dann als zugegangen, wenn sie durch Vermittlung eines Gerichtsvollziehers zugestellt worden ist. [2]Die Zustellung erfolgt nach den Vorschriften der Zivilprozessordnung.

(2) [1]Befindet sich der Erklärende über die Person desjenigen, welchem gegenüber die Erklärung abzugeben ist, in einer nicht auf Fahrlässigkeit beruhenden Unkenntnis oder ist der Aufenthalt dieser Person unbekannt, so kann die Zustellung nach den für die öffentliche Zustellung geltenden Vorschriften der Zivilprozessordnung erfolgen. [2]Zuständig für die Bewilligung ist im ersteren Falle das Amtsgericht, in dessen Bezirk der Erklärende seinen Wohnsitz oder in Ermangelung eines inländischen Wohnsitzes seinen Aufenthalt hat, im letzteren Falle das Amtsgericht, in dessen Bezirk die Person, welcher zuzustellen ist, den letzten Wohnsitz oder in Ermangelung eines inländischen Wohnsitzes den letzten Aufenthalt hatte.

§ 133 Auslegung einer Willenserklärung. Bei der Auslegung einer Willenserklärung ist der wirkliche Wille zu erforschen und nicht an dem buchstäblichen Sinne des Ausdrucks zu haften.

§ 134 Gesetzliches Verbot. Ein Rechtsgeschäft, das gegen ein gesetzliches Verbot verstößt, ist nichtig, wenn sich nicht aus dem Gesetz ein anderes ergibt.

§ 135 Gesetzliches Veräußerungsverbot. (1) [1]Verstößt die Verfügung über einen Gegenstand gegen ein gesetzliches Veräußerungsverbot, das nur den Schutz bestimmter Personen bezweckt, so ist sie nur diesen Personen gegenüber unwirksam. [2]Der rechtsgeschäftlichen Verfügung steht eine Verfügung gleich, die im Wege der Zwangsvollstreckung oder der Arrestvollziehung erfolgt.

(2) Die Vorschriften zugunsten derjenigen, welche Rechte von einem Nichtberechtigten herleiten, finden entsprechende Anwendung.

§ 136 Behördliches Veräußerungsverbot. Ein Veräußerungsverbot, das von einem Gericht oder von einer anderen Behörde innerhalb ihrer Zuständigkeit erlassen wird, steht einem gesetzlichen Veräußerungsverbot der in § 135 bezeichneten Art gleich.

§ 137 Rechtsgeschäftliches Verfügungsverbot. [1]Die Befugnis zur Verfügung über ein veräußerliches Recht kann nicht durch Rechtsgeschäft ausgeschlossen oder beschränkt werden. [2]Die Wirksamkeit einer Verpflichtung, über ein solches Recht nicht zu verfügen, wird durch diese Vorschrift nicht berührt.

§ 138 Sittenwidriges Rechtsgeschäft; Wucher. (1) Ein Rechtsgeschäft, das gegen die guten Sitten verstößt, ist nichtig.

(2) Nichtig ist insbesondere ein Rechtsgeschäft, durch das jemand unter Ausbeutung der Zwangslage, der Unerfahrenheit, des Mangels an Urteilsvermögen oder der erheblichen Willensschwäche eines anderen sich oder einem Dritten für eine Leistung Vermögensvorteile versprechen oder gewähren lässt, die in einem auffälligen Missverhältnis zu der Leistung stehen.

§ 139 Teilnichtigkeit. Ist ein Teil eines Rechtsgeschäfts nichtig, so ist das ganze Rechtsgeschäft nichtig, wenn nicht anzunehmen ist, dass es auch ohne den nichtigen Teil vorgenommen sein würde.

§ 140 Umdeutung. Entspricht ein nichtiges Rechtsgeschäft den Erfordernissen eines anderen Rechtsgeschäfts, so gilt das letztere, wenn anzunehmen ist, dass dessen Geltung bei Kenntnis der Nichtigkeit gewollt sein würde.

§ 141 Bestätigung des nichtigen Rechtsgeschäfts. (1) Wird ein nichtiges Rechtsgeschäft von demjenigen, welcher es vorgenommen hat, bestätigt, so ist die Bestätigung als erneute Vornahme zu beurteilen.

(2) Wird ein nichtiger Vertrag von den Parteien bestätigt, so sind diese im Zweifel verpflichtet, einander zu gewähren, was sie haben würden, wenn der Vertrag von Anfang an gültig gewesen wäre.

§ 142 Wirkung der Anfechtung. (1) Wird ein anfechtbares Rechtsgeschäft angefochten, so ist es als von Anfang an nichtig anzusehen.

(2) Wer die Anfechtbarkeit kannte oder kennen musste, wird, wenn die Anfechtung erfolgt, so behandelt, wie wenn er die Nichtigkeit des Rechtsgeschäfts gekannt hätte oder hätte kennen müssen.

§ 143 Anfechtungserklärung. (1) Die Anfechtung erfolgt durch Erklärung gegenüber dem Anfechtungsgegner.

(2) Anfechtungsgegner ist bei einem Vertrag der andere Teil, im Falle des § 123 Abs. 2 Satz 2 derjenige, welcher aus dem Vertrag unmittelbar ein Recht erworben hat.

(3) [1]Bei einem einseitigen Rechtsgeschäft, das einem anderen gegenüber vorzunehmen war, ist der andere der Anfechtungsgegner. [2]Das Gleiche gilt bei einem Rechtsgeschäft, das einem anderen oder einer Behörde gegenüber vorzunehmen war, auch dann, wenn das Rechtsgeschäft der Behörde gegenüber vorgenommen worden ist.

(4) [1]Bei einem einseitigen Rechtsgeschäft anderer Art ist Anfechtungsgegner jeder, der auf Grund des Rechtsgeschäfts unmittelbar einen rechtlichen Vorteil erlangt hat. [2]Die Anfechtung kann jedoch, wenn die Willenserklärung einer

Behörde gegenüber abzugeben war, durch Erklärung gegenüber der Behörde erfolgen; die Behörde soll die Anfechtung demjenigen mitteilen, welcher durch das Rechtsgeschäft unmittelbar betroffen worden ist.

§ 144 Bestätigung des anfechtbaren Rechtsgeschäfts. (1) Die Anfechtung ist ausgeschlossen, wenn das anfechtbare Rechtsgeschäft von dem Anfechtungsberechtigten bestätigt wird.

(2) Die Bestätigung bedarf nicht der für das Rechtsgeschäft bestimmten Form.

Titel 3. Vertrag

§ 145 Bindung an den Antrag. Wer einem anderen die Schließung eines Vertrags anträgt, ist an den Antrag gebunden, es sei denn, dass er die Gebundenheit ausgeschlossen hat.

§ 146 Erlöschen des Antrags. Der Antrag erlischt, wenn er dem Antragenden gegenüber abgelehnt oder wenn er nicht diesem gegenüber nach den §§ 147 bis 149 rechtzeitig angenommen wird.

§ 147 Annahmefrist. (1) [1] Der einem Anwesenden gemachte Antrag kann nur sofort angenommen werden. [2] Dies gilt auch von einem mittels Fernsprechers oder einer sonstigen technischen Einrichtung von Person zu Person gemachten Antrag.

(2) Der einem Abwesenden gemachte Antrag kann nur bis zu dem Zeitpunkt angenommen werden, in welchem der Antragende den Eingang der Antwort unter regelmäßigen Umständen erwarten darf.

§ 148 Bestimmung einer Annahmefrist. Hat der Antragende für die Annahme des Antrags eine Frist bestimmt, so kann die Annahme nur innerhalb der Frist erfolgen.

§ 149 Verspätet zugegangene Annahmeerklärung. [1] Ist eine dem Antragenden verspätet zugegangene Annahmeerklärung dergestalt abgesendet worden, dass sie bei regelmäßiger Beförderung ihm rechtzeitig zugegangen sein würde, und musste der Antragende dies erkennen, so hat er die Verspätung dem Annehmenden unverzüglich nach dem Empfang der Erklärung anzuzeigen, sofern es nicht schon vorher geschehen ist. [2] Verzögert er die Absendung der Anzeige, so gilt die Annahme als nicht verspätet.

§ 150 Verspätete und abändernde Annahme. (1) Die verspätete Annahme eines Antrags gilt als neuer Antrag.

(2) Eine Annahme unter Erweiterungen, Einschränkungen oder sonstigen Änderungen gilt als Ablehnung verbunden mit einem neuen Antrag.

§ 151 Annahme ohne Erklärung gegenüber dem Antragenden. [1] Der Vertrag kommt durch die Annahme des Antrags zustande, ohne dass die Annahme dem Antragenden gegenüber erklärt zu werden braucht, wenn eine solche Erklärung nach der Verkehrssitte nicht zu erwarten ist oder der Antragende auf sie verzichtet hat. [2] Der Zeitpunkt, in welchem der Antrag erlischt, bestimmt sich nach dem aus dem Antrag oder den Umständen zu entnehmenden Willen des Antragenden.

§ 152 Annahme bei notarieller Beurkundung. [1] Wird ein Vertrag notariell beurkundet, ohne dass beide Teile gleichzeitig anwesend sind, so kommt der Vertrag mit der nach § 128 erfolgten Beurkundung der Annahme zustande, wenn nicht ein anderes bestimmt ist. [2] Die Vorschrift des § 151 Satz 2 findet Anwendung.

§ 153 Tod oder Geschäftsunfähigkeit des Antragenden. Das Zustandekommen des Vertrags wird nicht dadurch gehindert, dass der Antragende vor der Annahme stirbt oder geschäftsunfähig wird, es sei denn, dass ein anderer Wille des Antragenden anzunehmen ist.

§ 154 Offener Einigungsmangel; fehlende Beurkundung. (1) [1] Solange nicht die Parteien sich über alle Punkte eines Vertrags geeinigt haben, über die nach der Erklärung auch nur einer Partei eine Vereinbarung getroffen werden soll, ist im Zweifel der Vertrag nicht geschlossen. [2] Die Verständigung über einzelne Punkte ist auch dann nicht bindend, wenn eine Aufzeichnung stattgefunden hat.

(2) Ist eine Beurkundung des beabsichtigten Vertrags verabredet worden, so ist im Zweifel der Vertrag nicht geschlossen, bis die Beurkundung erfolgt ist.

§ 155 Versteckter Einigungsmangel. Haben sich die Parteien bei einem Vertrag, den sie als geschlossen ansehen, über einen Punkt, über den eine Vereinbarung getroffen werden sollte, in Wirklichkeit nicht geeinigt, so gilt das Vereinbarte, sofern anzunehmen ist, dass der Vertrag auch ohne eine Bestimmung über diesen Punkt geschlossen sein würde.

§ 156 Vertragsschluss bei Versteigerung. [1] Bei einer Versteigerung kommt der Vertrag erst durch den Zuschlag zustande. [2] Ein Gebot erlischt, wenn ein Übergebot abgegeben oder die Versteigerung ohne Erteilung des Zuschlags geschlossen wird.

§ 157 Auslegung von Verträgen. Verträge sind so auszulegen, wie Treu und Glauben mit Rücksicht auf die Verkehrssitte es erfordern.

Titel 5. Vertretung und Vollmacht

§ 164 Wirkung der Erklärung des Vertreters. (1) [1] Eine Willenserklärung, die jemand innerhalb der ihm zustehenden Vertretungsmacht im Namen des Vertretenen abgibt, wirkt unmittelbar für und gegen den Vertretenen. [2] Es macht keinen Unterschied, ob die Erklärung ausdrücklich im Namen des Vertretenen erfolgt oder ob die Umstände ergeben, dass sie in dessen Namen erfolgen soll.

(2) Tritt der Wille, in fremdem Namen zu handeln, nicht erkennbar hervor, so kommt der Mangel des Willens, im eigenen Namen zu handeln, nicht in Betracht.

(3) Die Vorschriften des Absatzes 1 finden entsprechende Anwendung, wenn eine gegenüber einem anderen abzugebende Willenserklärung dessen Vertreter gegenüber erfolgt.

§ 165 Beschränkt geschäftsfähiger Vertreter. Die Wirksamkeit einer von oder gegenüber einem Vertreter abgegebenen Willenserklärung wird nicht dadurch beeinträchtigt, dass der Vertreter in der Geschäftsfähigkeit beschränkt ist.

§ 166 Willensmängel; Wissenszurechnung. (1) Soweit die rechtlichen Folgen einer Willenserklärung durch Willensmängel oder durch die Kenntnis oder das Kennenmüssen gewisser Umstände beeinflusst werden, kommt nicht die Person des Vertretenen, sondern die des Vertreters in Betracht.

(2) [1] Hat im Falle einer durch Rechtsgeschäft erteilten Vertretungsmacht (Vollmacht) der Vertreter nach bestimmten Weisungen des Vollmachtgebers gehandelt, so kann sich dieser in Ansehung solcher Umstände, die er selbst kannte, nicht auf die Unkenntnis des Vertreters berufen. [2] Dasselbe gilt von Umständen, die der Vollmachtgeber kennen musste, sofern das Kennenmüssen der Kenntnis gleichsteht.

§ 167 Erteilung der Vollmacht. (1) Die Erteilung der Vollmacht erfolgt durch Erklärung gegenüber dem zu Bevollmächtigenden oder dem Dritten, dem gegenüber die Vertretung stattfinden soll.

(2) Die Erklärung bedarf nicht der Form, welche für das Rechtsgeschäft bestimmt ist, auf das sich die Vollmacht bezieht.

§ 168 Erlöschen der Vollmacht. [1] Das Erlöschen der Vollmacht bestimmt sich nach dem ihrer Erteilung zugrunde liegenden Rechtsverhältnis. [2] Die Vollmacht ist auch bei dem Fortbestehen des Rechtsverhältnisses widerruflich, sofern sich nicht aus diesem ein anderes ergibt. [3] Auf die Erklärung des Widerrufs findet die Vorschrift des § 167 Abs. 1 entsprechende Anwendung.

§ 169 Vollmacht des Beauftragten und des geschäftsführenden Gesellschafters. Soweit nach den §§ 674, 729 die erloschene Vollmacht eines Beauftragten oder eines geschäftsführenden Gesellschafters als fortbestehend gilt, wirkt sie nicht zugunsten eines Dritten, der bei der Vornahme eines Rechtsgeschäfts das Erlöschen kennt oder kennen muss.

§ 170 Wirkungsdauer der Vollmacht. Wird die Vollmacht durch Erklärung gegenüber einem Dritten erteilt, so bleibt sie diesem gegenüber in Kraft, bis ihm das Erlöschen von dem Vollmachtgeber angezeigt wird.

§ 171 Wirkungsdauer bei Kundgebung. (1) Hat jemand durch besondere Mitteilung an einen Dritten oder durch öffentliche Bekanntmachung kundgegeben, dass er einen anderen bevollmächtigt habe, so ist dieser auf Grund der Kundgebung im ersteren Falle dem Dritten gegenüber, im letzteren Falle jedem Dritten gegenüber zur Vertretung befugt.

(2) Die Vertretungsmacht bleibt bestehen, bis die Kundgebung in derselben Weise, wie sie erfolgt ist, widerrufen wird.

§ 172 Vollmachtsurkunde. (1) Der besonderen Mitteilung einer Bevollmächtigung durch den Vollmachtgeber steht es gleich, wenn dieser dem Vertreter eine Vollmachtsurkunde ausgehändigt hat und der Vertreter sie dem Dritten vorlegt.

(2) Die Vertretungsmacht bleibt bestehen, bis die Vollmachtsurkunde dem Vollmachtgeber zurückgegeben oder für kraftlos erklärt wird.

§ 173 Wirkungsdauer bei Kenntnis und fahrlässiger Unkenntnis.

Die Vorschriften des § 170, des § 171 Abs. 2 und des § 172 Abs. 2 finden keine Anwendung, wenn der Dritte das Erlöschen der Vertretungsmacht bei der Vornahme des Rechtsgeschäfts kennt oder kennen muss.

§ 174 Einseitiges Rechtsgeschäft eines Bevollmächtigten. [1] Ein einseitiges Rechtsgeschäft, das ein Bevollmächtigter einem anderen gegenüber vornimmt, ist unwirksam, wenn der Bevollmächtigte eine Vollmachtsurkunde nicht vorlegt und der andere das Rechtsgeschäft aus diesem Grunde unverzüglich zurückweist. [2] Die Zurückweisung ist ausgeschlossen, wenn der Vollmachtgeber den anderen von der Bevollmächtigung in Kenntnis gesetzt hatte.

§ 175 Rückgabe der Vollmachtsurkunde. Nach dem Erlöschen der Vollmacht hat der Bevollmächtigte die Vollmachtsurkunde dem Vollmachtgeber zurückzugeben; ein Zurückbehaltungsrecht steht ihm nicht zu.

§ 176 Kraftloserklärung der Vollmachtsurkunde. (1) [1] Der Vollmachtgeber kann die Vollmachtsurkunde durch eine öffentliche Bekanntmachung für kraftlos erklären; die Kraftloserklärung muss nach den für die öffentliche Zustellung einer Ladung geltenden Vorschriften der Zivilprozessordnung veröffentlicht werden. [2] Mit dem Ablauf eines Monats nach der letzten Einrückung in die öffentlichen Blätter wird die Kraftloserklärung wirksam.

(2) Zuständig für die Bewilligung der Veröffentlichung ist sowohl das Amtsgericht, in dessen Bezirk der Vollmachtgeber seinen allgemeinen Gerichtsstand hat, als das Amtsgericht, welches für die Klage auf Rückgabe der Urkunde, abgesehen von dem Wert des Streitgegenstands, zuständig sein würde.

(3) Die Kraftloserklärung ist unwirksam, wenn der Vollmachtgeber die Vollmacht nicht widerrufen kann.

§ 177 Vertragsschluss durch Vertreter ohne Vertretungsmacht.

(1) Schließt jemand ohne Vertretungsmacht im Namen eines anderen einen Vertrag, so hängt die Wirksamkeit des Vertrags für und gegen den Vertretenen von dessen Genehmigung ab.

(2) [1] Fordert der andere Teil den Vertretenen zur Erklärung über die Genehmigung auf, so kann die Erklärung nur ihm gegenüber erfolgen; eine vor der Aufforderung dem Vertreter gegenüber erklärte Genehmigung oder Verweigerung der Genehmigung wird unwirksam. [2] Die Genehmigung kann nur bis zum Ablauf von zwei Wochen nach dem Empfang der Aufforderung erklärt werden; wird sie nicht erklärt, so gilt sie als verweigert.

§ 178 Widerrufsrecht des anderen Teils. [1] Bis zur Genehmigung des Vertrags ist der andere Teil zum Widerruf berechtigt, es sei denn, dass er den Mangel der Vertretungsmacht bei dem Abschluss des Vertrags gekannt hat. [2] Der Widerruf kann auch dem Vertreter gegenüber erklärt werden.

§ 179 Haftung des Vertreters ohne Vertretungsmacht. (1) Wer als Vertreter einen Vertrag geschlossen hat, ist, sofern er nicht seine Vertretungsmacht nachweist, dem anderen Teil nach dessen Wahl zur Erfüllung oder zum Schadensersatz verpflichtet, wenn der Vertretene die Genehmigung des Vertrags verweigert.

(2) Hat der Vertreter den Mangel der Vertretungsmacht nicht gekannt, so ist er nur zum Ersatz desjenigen Schadens verpflichtet, welchen der andere Teil dadurch erleidet, dass er auf die Vertretungsmacht vertraut, jedoch nicht über den Betrag des Interesses hinaus, welches der andere Teil an der Wirksamkeit des Vertrags hat.

(3) [1] Der Vertreter haftet nicht, wenn der andere Teil den Mangel der Vertretungsmacht kannte oder kennen musste. [2] Der Vertreter haftet auch dann nicht, wenn er in der Geschäftsfähigkeit beschränkt war, es sei denn, dass er mit Zustimmung seines gesetzlichen Vertreters gehandelt hat.

§ 180 Einseitiges Rechtsgeschäft. [1] Bei einem einseitigen Rechtsgeschäft ist Vertretung ohne Vertretungsmacht unzulässig. [2] Hat jedoch derjenige, welchem gegenüber ein solches Rechtsgeschäft vorzunehmen war, die von dem Vertreter behauptete Vertretungsmacht bei der Vornahme des Rechtsgeschäfts nicht beanstandet oder ist er damit einverstanden gewesen, dass der Vertreter ohne Vertretungsmacht handele, so finden die Vorschriften über Verträge entsprechende Anwendung. [3] Das Gleiche gilt, wenn ein einseitiges Rechtsgeschäft gegenüber einem Vertreter ohne Vertretungsmacht mit dessen Einverständnis vorgenommen wird.

§ 181 Insichgeschäft. Ein Vertreter kann, soweit nicht ein anderes ihm gestattet ist, im Namen des Vertretenen mit sich im eigenen Namen oder als Vertreter eines Dritten ein Rechtsgeschäft nicht vornehmen, es sei denn, dass das Rechtsgeschäft ausschließlich in der Erfüllung einer Verbindlichkeit besteht.

Buch 2. Recht der Schuldverhältnisse

Abschnitt 1. Inhalt der Schuldverhältnisse

Titel 1. Verpflichtung zur Leistung

§ 241 Pflichten aus dem Schuldverhältnis. (1) [1] Kraft des Schuldverhältnisses ist der Gläubiger berechtigt, von dem Schuldner eine Leistung zu fordern. [2] Die Leistung kann auch in einem Unterlassen bestehen.

(2) Das Schuldverhältnis kann nach seinem Inhalt jeden Teil zur Rücksicht auf die Rechte, Rechtsgüter und Interessen des anderen Teils verpflichten.

§ 249 Art und Umfang des Schadensersatzes. (1) Wer zum Schadensersatz verpflichtet ist, hat den Zustand herzustellen, der bestehen würde, wenn der zum Ersatz verpflichtende Umstand nicht eingetreten wäre.

(2) [1] Ist wegen Verletzung einer Person oder wegen Beschädigung einer Sache Schadensersatz zu leisten, so kann der Gläubiger statt der Herstellung den dazu erforderlichen Geldbetrag verlangen. [2] Bei der Beschädigung einer Sache schließt der nach Satz 1 erforderliche Geldbetrag die Umsatzsteuer nur mit ein, wenn und soweit sie tatsächlich angefallen ist.

§ 250 Schadensersatz in Geld nach Fristsetzung. [1] Der Gläubiger kann dem Ersatzpflichtigen zur Herstellung eine angemessene Frist mit der Erklärung bestimmen, dass er die Herstellung nach dem Ablauf der Frist ablehne. [2] Nach dem Ablauf der Frist kann der Gläubiger den Ersatz in Geld verlangen, wenn nicht die Herstellung rechtzeitig erfolgt; der Anspruch auf die Herstellung ist ausgeschlossen.

§ 251 Schadensersatz in Geld ohne Fristsetzung. (1) Soweit die Herstellung nicht möglich oder zur Entschädigung des Gläubigers nicht genügend ist, hat der Ersatzpflichtige den Gläubiger in Geld zu entschädigen.

(2) [1] Der Ersatzpflichtige kann den Gläubiger in Geld entschädigen, wenn die Herstellung nur mit unverhältnismäßigen Aufwendungen möglich ist. [2] Die aus der Heilbehandlung eines verletzten Tieres entstandenen Aufwendungen sind nicht bereits dann unverhältnismäßig, wenn sie dessen Wert erheblich übersteigen.

§ 252 Entgangener Gewinn. [1] Der zu ersetzende Schaden umfasst auch den entgangenen Gewinn. [2] Als entgangen gilt der Gewinn, welcher nach dem gewöhnlichen Lauf der Dinge oder nach den besonderen Umständen, insbesondere nach den getroffenen Anstalten und Vorkehrungen, mit Wahrscheinlichkeit erwartet werden konnte.

§ 253 Immaterieller Schaden. (1) Wegen eines Schadens, der nicht Vermögensschaden ist, kann Entschädigung in Geld nur in den durch das Gesetz bestimmten Fällen gefordert werden.

(2) Ist wegen einer Verletzung des Körpers, der Gesundheit, der Freiheit oder der sexuellen Selbstbestimmung Schadensersatz zu leisten, kann auch wegen des Schadens, der nicht Vermögensschaden ist, eine billige Entschädigung in Geld gefordert werden.

§ 254 Mitverschulden. (1) Hat bei der Entstehung des Schadens ein Verschulden des Beschädigten mitgewirkt, so hängt die Verpflichtung zum Ersatz sowie der Umfang des zu leistenden Ersatzes von den Umständen, insbesondere davon ab, inwieweit der Schaden vorwiegend von dem einen oder dem anderen Teil verursacht worden ist.

(2) [1] Dies gilt auch dann, wenn sich das Verschulden des Beschädigten darauf beschränkt, dass er unterlassen hat, den Schuldner auf die Gefahr eines ungewöhnlich hohen Schadens aufmerksam zu machen, die der Schuldner weder kannte noch kennen musste, oder dass er unterlassen hat, den Schaden abzuwenden oder zu mindern. [2] Die Vorschrift des § 278 findet entsprechende Anwendung.

§ 255 Abtretung der Ersatzansprüche. Wer für den Verlust einer Sache oder eines Rechts Schadensersatz zu leisten hat, ist zum Ersatz nur gegen Abtretung der Ansprüche verpflichtet, die dem Ersatzberechtigten auf Grund des Eigentums an der Sache oder auf Grund des Rechts gegen Dritte zustehen.

§ 276 Verantwortlichkeit des Schuldners. (1) [1] Der Schuldner hat Vorsatz und Fahrlässigkeit zu vertreten, wenn eine strengere oder mildere Haftung weder bestimmt noch aus dem sonstigen Inhalt des Schuldverhältnisses, insbesondere aus der Übernahme einer Garantie oder eines Beschaffungsrisikos, zu entnehmen ist. [2] Die Vorschriften der §§ 827 und 828 finden entsprechende Anwendung.

(2) Fahrlässig handelt, wer die im Verkehr erforderliche Sorgfalt außer Acht lässt.

(3) Die Haftung wegen Vorsatzes kann dem Schuldner nicht im Voraus erlassen werden.

§ 277 Sorgfalt in eigenen Angelegenheiten. Wer nur für diejenige Sorgfalt einzustehen hat, welche er in eigenen Angelegenheiten anzuwenden pflegt, ist von der Haftung wegen grober Fahrlässigkeit nicht befreit.

§ 278 Verantwortlichkeit des Schuldners für Dritte. [1]Der Schuldner hat ein Verschulden seines gesetzlichen Vertreters und der Personen, deren er sich zur Erfüllung seiner Verbindlichkeit bedient, in gleichem Umfang zu vertreten wie eigenes Verschulden. [2]Die Vorschrift des § 276 Abs. 3 findet keine Anwendung.

§ 280 Schadensersatz wegen Pflichtverletzung. (1) [1]Verletzt der Schuldner eine Pflicht aus dem Schuldverhältnis, so kann der Gläubiger Ersatz des hierdurch entstehenden Schadens verlangen. [2]Dies gilt nicht, wenn der Schuldner die Pflichtverletzung nicht zu vertreten hat.

(2) Schadensersatz wegen Verzögerung der Leistung kann der Gläubiger nur unter der zusätzlichen Voraussetzung des § 286 verlangen.

(3) Schadensersatz statt der Leistung kann der Gläubiger nur unter den zusätzlichen Voraussetzungen des § 281, des § 282 oder des § 283 verlangen.

Abschnitt 2. Gestaltung rechtsgeschäftlicher Schuldverhältnisse durch Allgemeine Geschäftsbedingungen

§ 305 Einbeziehung Allgemeiner Geschäftsbedingungen in den Vertrag. (1) [1]Allgemeine Geschäftsbedingungen sind alle für eine Vielzahl von Verträgen vorformulierten Vertragsbedingungen, die eine Vertragspartei (Verwender) der anderen Vertragspartei bei Abschluss eines Vertrags stellt. [2]Gleichgültig ist, ob die Bestimmungen einen äußerlich gesonderten Bestandteil des Vertrags bilden oder in die Vertragsurkunde selbst aufgenommen werden, welchen Umfang sie haben, in welcher Schriftart sie verfasst sind und welche Form der Vertrag hat. [3]Allgemeine Geschäftsbedingungen liegen nicht vor, soweit die Vertragsbedingungen zwischen den Vertragsparteien im Einzelnen ausgehandelt sind.

(2) Allgemeine Geschäftsbedingungen werden nur dann Bestandteil eines Vertrags, wenn der Verwender bei Vertragsschluss

1. die andere Vertragspartei ausdrücklich oder, wenn ein ausdrücklicher Hinweis wegen der Art des Vertragsschlusses nur unter unverhältnismäßigen Schwierigkeiten möglich ist, durch deutlich sichtbaren Aushang am Orte des Vertragsschlusses auf sie hinweist und
2. der anderen Vertragspartei die Möglichkeit verschafft, in zumutbarer Weise, die auch eine für den Verwender erkennbare körperliche Behinderung der anderen Vertragspartei angemessen berücksichtigt, von ihrem Inhalt Kenntnis zu nehmen,

und wenn die andere Vertragspartei mit ihrer Geltung einverstanden ist.

(3) Die Vertragsparteien können für eine bestimmte Art von Rechtsgeschäften die Geltung bestimmter Allgemeiner Geschäftsbedingungen unter Beachtung der in Absatz 2 bezeichneten Erfordernisse im Voraus vereinbaren.

§ 305a Einbeziehung in besonderen Fällen. Auch ohne Einhaltung der in § 305 Abs. 2 Nr. 1 und 2 bezeichneten Erfordernisse werden einbezogen, wenn die andere Vertragspartei mit ihrer Geltung einverstanden ist,

1. die mit Genehmigung der zuständigen Verkehrsbehörde oder auf Grund von internationalen Übereinkommen erlassenen Tarife und Ausführungsbestimmungen der Eisenbahnen und die nach Maßgabe des Personenbeförderungsgesetzes genehmigten Beförderungsbedingungen der Straßenbahnen, Obusse und Kraftfahrzeuge im Linienverkehr in den Beförderungsvertrag,
2. die im Amtsblatt der Bundesnetzagentur für Elektrizität, Gas, Telekommunikation, Post und Eisenbahnen veröffentlichten und in den Geschäftsstellen des Verwenders bereitgehaltenen Allgemeinen Geschäftsbedingungen
   a) in Beförderungsverträge, die außerhalb von Geschäftsräumen durch den Einwurf von Postsendungen in Briefkästen abgeschlossen werden,
   b) in Verträge über Telekommunikations-, Informations- und andere Dienstleistungen, die unmittelbar durch Einsatz von Fernkommunikationsmitteln und während der Erbringung einer Telekommunikationsdienstleistung in einem Mal erbracht werden, wenn die Allgemeinen Geschäftsbedingungen der anderen Vertragspartei nur unter unverhältnismäßigen Schwierigkeiten vor dem Vertragsschluss zugänglich gemacht werden können.

§ 305b Vorrang der Individualabrede. Individuelle Vertragsabreden haben Vorrang vor Allgemeinen Geschäftsbedingungen.

§ 305c Überraschende und mehrdeutige Klauseln. (1) Bestimmungen in Allgemeinen Geschäftsbedingungen, die nach den Umständen, insbesondere nach dem äußeren Erscheinungsbild des Vertrags, so ungewöhnlich sind, dass der Vertragspartner des Verwenders mit ihnen nicht zu rechnen braucht, werden nicht Vertragsbestandteil.

(2) Zweifel bei der Auslegung Allgemeiner Geschäftsbedingungen gehen zu Lasten des Verwenders.

§ 306 Rechtsfolgen bei Nichteinbeziehung und Unwirksamkeit.

(1) Sind Allgemeine Geschäftsbedingungen ganz oder teilweise nicht Vertragsbestandteil geworden oder unwirksam, so bleibt der Vertrag im Übrigen wirksam.

(2) Soweit die Bestimmungen nicht Vertragsbestandteil geworden oder unwirksam sind, richtet sich der Inhalt des Vertrags nach den gesetzlichen Vorschriften.

(3) Der Vertrag ist unwirksam, wenn das Festhalten an ihm auch unter Berücksichtigung der nach Absatz 2 vorgesehenen Änderung eine unzumutbare Härte für eine Vertragspartei darstellen würde.

§ 306a Umgehungsverbot. Die Vorschriften dieses Abschnitts finden auch Anwendung, wenn sie durch anderweitige Gestaltungen umgangen werden.

§ 307 Inhaltskontrolle. (1) [1] Bestimmungen in Allgemeinen Geschäftsbedingungen sind unwirksam, wenn sie den Vertragspartner des Verwenders entgegen den Geboten von Treu und Glauben unangemessen benachteiligen.

[2] Eine unangemessene Benachteiligung kann sich auch daraus ergeben, dass die Bestimmung nicht klar und verständlich ist.

(2) Eine unangemessene Benachteiligung ist im Zweifel anzunehmen, wenn eine Bestimmung

1. mit wesentlichen Grundgedanken der gesetzlichen Regelung, von der abgewichen wird, nicht zu vereinbaren ist oder
2. wesentliche Rechte oder Pflichten, die sich aus der Natur des Vertrags ergeben, so einschränkt, dass die Erreichung des Vertragszwecks gefährdet ist.

(3) [1] Die Absätze 1 und 2 sowie die §§ 308 und 309 gelten nur für Bestimmungen in Allgemeinen Geschäftsbedingungen, durch die von Rechtsvorschriften abweichende oder diese ergänzende Regelungen vereinbart werden. [2] Andere Bestimmungen können nach Absatz 1 Satz 2 in Verbindung mit Absatz 1 Satz 1 unwirksam sein.

§ 308 Klauselverbote mit Wertungsmöglichkeit. In Allgemeinen Geschäftsbedingungen ist insbesondere unwirksam

1. (Annahme- und Leistungsfrist)
eine Bestimmung, durch die sich der Verwender unangemessen lange oder nicht hinreichend bestimmte Fristen für die Annahme oder Ablehnung eines Angebots oder die Erbringung einer Leistung vorbehält; ausgenommen hiervon ist der Vorbehalt, erst nach Ablauf der Widerrufsfrist nach § 355 Absatz 1 und 2 zu leisten;

1a. (Zahlungsfrist)
eine Bestimmung, durch die sich der Verwender eine unangemessen lange Zeit für die Erfüllung einer Entgeltforderung des Vertragspartners vorbehält; ist der Verwender kein Verbraucher, ist im Zweifel anzunehmen, dass eine Zeit von mehr als 30 Tagen nach Empfang der Gegenleistung oder, wenn dem Schuldner nach Empfang der Gegenleistung eine Rechnung oder gleichwertige Zahlungsaufstellung zugeht, von mehr als 30 Tagen nach Zugang dieser Rechnung oder Zahlungsaufstellung unangemessen lang ist;

1b. (Überprüfungs- und Abnahmefrist)
eine Bestimmung, durch die sich der Verwender vorbehält, eine Entgeltforderung des Vertragspartners erst nach unangemessen langer Zeit für die Überprüfung oder Abnahme der Gegenleistung zu erfüllen; ist der Verwender kein Verbraucher, ist im Zweifel anzunehmen, dass eine Zeit von mehr als 15 Tagen nach Empfang der Gegenleistung unangemessen lang ist;

2. (Nachfrist)
eine Bestimmung, durch die sich der Verwender für die von ihm zu bewirkende Leistung abweichend von Rechtsvorschriften eine unangemessen lange oder nicht hinreichend bestimmte Nachfrist vorbehält;

3. (Rücktrittsvorbehalt)
die Vereinbarung eines Rechts des Verwenders, sich ohne sachlich gerechtfertigten und im Vertrag angegebenen Grund von seiner Leistungspflicht zu lösen; dies gilt nicht für Dauerschuldverhältnisse;

4. (Änderungsvorbehalt)
die Vereinbarung eines Rechts des Verwenders, die versprochene Leistung zu ändern oder von ihr abzuweichen, wenn nicht die Vereinbarung der Änderung oder Abweichung unter Berücksichtigung der Interessen des Verwenders für den anderen Vertragsteil zumutbar ist;

5. (Fingierte Erklärungen)
eine Bestimmung, wonach eine Erklärung des Vertragspartners des Verwenders bei Vornahme oder Unterlassung einer bestimmten Handlung als von ihm abgegeben oder nicht abgegeben gilt, es sei denn, dass
   a) dem Vertragspartner eine angemessene Frist zur Abgabe einer ausdrücklichen Erklärung eingeräumt ist und
   b) der Verwender sich verpflichtet, den Vertragspartner bei Beginn der Frist auf die vorgesehene Bedeutung seines Verhaltens besonders hinzuweisen;
6. (Fiktion des Zugangs)
eine Bestimmung, die vorsieht, dass eine Erklärung des Verwenders von besonderer Bedeutung dem anderen Vertragsteil als zugegangen gilt;
7. (Abwicklung von Verträgen)
eine Bestimmung, nach der der Verwender für den Fall, dass eine Vertragspartei vom Vertrag zurücktritt oder den Vertrag kündigt,
   a) eine unangemessen hohe Vergütung für die Nutzung oder den Gebrauch einer Sache oder eines Rechts oder für erbrachte Leistungen oder
   b) einen unangemessen hohen Ersatz von Aufwendungen verlangen kann;
8. (Nichtverfügbarkeit der Leistung)
die nach Nummer 3 zulässige Vereinbarung eines Vorbehalts des Verwenders, sich von der Verpflichtung zur Erfüllung des Vertrags bei Nichtverfügbarkeit der Leistung zu lösen, wenn sich der Verwender nicht verpflichtet,
   a) den Vertragspartner unverzüglich über die Nichtverfügbarkeit zu informieren und
   b) Gegenleistungen des Vertragspartners unverzüglich zu erstatten.

§ 309 Klauselverbote ohne Wertungsmöglichkeit. Auch soweit eine Abweichung von den gesetzlichen Vorschriften zulässig ist, ist in Allgemeinen Geschäftsbedingungen unwirksam

1. (Kurzfristige Preiserhöhungen)
eine Bestimmung, welche die Erhöhung des Entgelts für Waren oder Leistungen vorsieht, die innerhalb von vier Monaten nach Vertragsschluss geliefert oder erbracht werden sollen; dies gilt nicht bei Waren oder Leistungen, die im Rahmen von Dauerschuldverhältnissen geliefert oder erbracht werden;
2. (Leistungsverweigerungsrechte)
eine Bestimmung, durch die
   a) das Leistungsverweigerungsrecht, das dem Vertragspartner des Verwenders nach § 320 zusteht, ausgeschlossen oder eingeschränkt wird oder
   b) ein dem Vertragspartner des Verwenders zustehendes Zurückbehaltungsrecht, soweit es auf demselben Vertragsverhältnis beruht, ausgeschlossen oder eingeschränkt, insbesondere von der Anerkennung von Mängeln durch den Verwender abhängig gemacht wird;
3. (Aufrechnungsverbot)
eine Bestimmung, durch die dem Vertragspartner des Verwenders die Befugnis genommen wird, mit einer unbestrittenen oder rechtskräftig festgestellten Forderung aufzurechnen;

4. (Mahnung, Fristsetzung)
   eine Bestimmung, durch die der Verwender von der gesetzlichen Obliegenheit freigestellt wird, den anderen Vertragsteil zu mahnen oder ihm eine Frist für die Leistung oder Nacherfüllung zu setzen;
5. (Pauschalierung von Schadensersatzansprüchen)
   die Vereinbarung eines pauschalierten Anspruchs des Verwenders auf Schadensersatz oder Ersatz einer Wertminderung, wenn
   a) die Pauschale den in den geregelten Fällen nach dem gewöhnlichen Lauf der Dinge zu erwartenden Schaden oder die gewöhnlich eintretende Wertminderung übersteigt oder
   b) dem anderen Vertragsteil nicht ausdrücklich der Nachweis gestattet wird, ein Schaden oder eine Wertminderung sei überhaupt nicht entstanden oder wesentlich niedriger als die Pauschale;
6. (Vertragsstrafe)
   eine Bestimmung, durch die dem Verwender für den Fall der Nichtabnahme oder verspäteten Abnahme der Leistung, des Zahlungsverzugs oder für den Fall, dass der andere Vertragsteil sich vom Vertrag löst, Zahlung einer Vertragsstrafe versprochen wird;
7. (Haftungsausschluss bei Verletzung von Leben, Körper, Gesundheit und bei grobem Verschulden)
   a) (Verletzung von Leben, Körper, Gesundheit)
      ein Ausschluss oder eine Begrenzung der Haftung für Schäden aus der Verletzung des Lebens, des Körpers oder der Gesundheit, die auf einer fahrlässigen Pflichtverletzung des Verwenders oder einer vorsätzlichen oder fahrlässigen Pflichtverletzung eines gesetzlichen Vertreters oder Erfüllungsgehilfen des Verwenders beruhen;
   b) (Grobes Verschulden)
      ein Ausschluss oder eine Begrenzung der Haftung für sonstige Schäden, die auf einer grob fahrlässigen Pflichtverletzung des Verwenders oder auf einer vorsätzlichen oder grob fahrlässigen Pflichtverletzung eines gesetzlichen Vertreters oder Erfüllungsgehilfen des Verwenders beruhen;

   die Buchstaben a und b gelten nicht für Haftungsbeschränkungen in den nach Maßgabe des Personenbeförderungsgesetzes genehmigten Beförderungsbedingungen und Tarifvorschriften der Straßenbahnen, Obusse und Kraftfahrzeuge im Linienverkehr, soweit sie nicht zum Nachteil des Fahrgasts von der Verordnung über die Allgemeinen Beförderungsbedingungen für den Straßenbahn- und Obusverkehr sowie den Linienverkehr mit Kraftfahrzeugen vom 27. Februar 1970 abweichen; Buchstabe b gilt nicht für Haftungsbeschränkungen für staatlich genehmigte Lotterie- oder Ausspielverträge;
8. (Sonstige Haftungsausschlüsse bei Pflichtverletzung)
   a) (Ausschluss des Rechts, sich vom Vertrag zu lösen)
      eine Bestimmung, die bei einer vom Verwender zu vertretenden, nicht in einem Mangel der Kaufsache oder des Werkes bestehenden Pflichtverletzung das Recht des anderen Vertragsteils, sich vom Vertrag zu lösen, ausschließt oder einschränkt; dies gilt nicht für die in der Nummer 7 bezeichneten Beförderungsbedingungen und Tarifvorschriften unter den dort genannten Voraussetzungen;

b) (Mängel)
eine Bestimmung, durch die bei Verträgen über Lieferungen neu hergestellter Sachen und über Werkleistungen

aa) (Ausschluss und Verweisung auf Dritte)
die Ansprüche gegen den Verwender wegen eines Mangels insgesamt oder bezüglich einzelner Teile ausgeschlossen, auf die Einräumung von Ansprüchen gegen Dritte beschränkt oder von der vorherigen gerichtlichen Inanspruchnahme Dritter abhängig gemacht werden;

bb) (Beschränkung auf Nacherfüllung)
die Ansprüche gegen den Verwender insgesamt oder bezüglich einzelner Teile auf ein Recht auf Nacherfüllung beschränkt werden, sofern dem anderen Vertragsteil nicht ausdrücklich das Recht vorbehalten wird, bei Fehlschlagen der Nacherfüllung zu mindern oder, wenn nicht eine Bauleistung Gegenstand der Mängelhaftung ist, nach seiner Wahl vom Vertrag zurückzutreten;

cc) (Aufwendungen bei Nacherfüllung)
die Verpflichtung des Verwenders ausgeschlossen oder beschränkt wird, die zum Zweck der Nacherfüllung erforderlichen Aufwendungen nach § 439 Absatz 2 und 3 oder § 635 Absatz 2 zu tragen oder zu ersetzen;

dd) (Vorenthalten der Nacherfüllung)
der Verwender die Nacherfüllung von der vorherigen Zahlung des vollständigen Entgelts oder eines unter Berücksichtigung des Mangels unverhältnismäßig hohen Teils des Entgelts abhängig macht;

ee) (Ausschlussfrist für Mängelanzeige)
der Verwender dem anderen Vertragsteil für die Anzeige nicht offensichtlicher Mängel eine Ausschlussfrist setzt, die kürzer ist als die nach dem Doppelbuchstaben ff zulässige Frist;

ff) (Erleichterung der Verjährung)
die Verjährung von Ansprüchen gegen den Verwender wegen eines Mangels in den Fällen des § 438 Abs. 1 Nr. 2 und des § 634a Abs. 1 Nr. 2 erleichtert oder in den sonstigen Fällen eine weniger als ein Jahr betragende Verjährungsfrist ab dem gesetzlichen Verjährungsbeginn erreicht wird;

9. (Laufzeit bei Dauerschuldverhältnissen)
bei einem Vertragsverhältnis, das die regelmäßige Lieferung von Waren oder die regelmäßige Erbringung von Dienst- oder Werkleistungen durch den Verwender zum Gegenstand hat,

a) eine den anderen Vertragsteil länger als zwei Jahre bindende Laufzeit des Vertrags,

b) eine den anderen Vertragsteil bindende stillschweigende Verlängerung des Vertragsverhältnisses um jeweils mehr als ein Jahr oder

c) zu Lasten des anderen Vertragsteils eine längere Kündigungsfrist als drei Monate vor Ablauf der zunächst vorgesehenen oder stillschweigend verlängerten Vertragsdauer;

dies gilt nicht für Verträge über die Lieferung als zusammengehörig verkaufter Sachen sowie für Versicherungsverträge;

10. (Wechsel des Vertragspartners)
eine Bestimmung, wonach bei Kauf-, Darlehens-, Dienst- oder Werkverträgen ein Dritter anstelle des Verwenders in die sich aus dem Vertrag ergebenden Rechte und Pflichten eintritt oder eintreten kann, es sei denn, in der Bestimmung wird
a) der Dritte namentlich bezeichnet oder
b) dem anderen Vertragsteil das Recht eingeräumt, sich vom Vertrag zu lösen;
11. (Haftung des Abschlussvertreters)
eine Bestimmung, durch die der Verwender einem Vertreter, der den Vertrag für den anderen Vertragsteil abschließt,
a) ohne hierauf gerichtete ausdrückliche und gesonderte Erklärung eine eigene Haftung oder Einstandspflicht oder
b) im Falle vollmachtsloser Vertretung eine über § 179 hinausgehende Haftung
auferlegt;
12. (Beweislast)
eine Bestimmung, durch die der Verwender die Beweislast zum Nachteil des anderen Vertragsteils ändert, insbesondere indem er
a) diesem die Beweislast für Umstände auferlegt, die im Verantwortungsbereich des Verwenders liegen, oder
b) den anderen Vertragsteil bestimmte Tatsachen bestätigen lässt;
Buchstabe b gilt nicht für Empfangsbekenntnisse, die gesondert unterschrieben oder mit einer gesonderten qualifizierten elektronischen Signatur versehen sind;
13. (Form von Anzeigen und Erklärungen)
eine Bestimmung, durch die Anzeigen oder Erklärungen, die dem Verwender oder einem Dritten gegenüber abzugeben sind, gebunden werden
a) an eine strengere Form als die schriftliche Form in einem Vertrag, für den durch Gesetz notarielle Beurkundung vorgeschrieben ist oder
b) an eine strengere Form als die Textform in anderen als den in Buchstabe a genannten Verträgen oder
c) an besondere Zugangserfordernisse;
14. (Klageverzicht)
eine Bestimmung, wonach der andere Vertragsteil seine Ansprüche gegen den Verwender gerichtlich nur geltend machen darf, nachdem er eine gütliche Einigung in einem Verfahren zur außergerichtlichen Streitbeilegung versucht hat;
15. (Abschlagszahlungen und Sicherheitsleistung)
eine Bestimmung, nach der der Verwender bei einem Werkvertrag
a) für Teilleistungen Abschlagszahlungen vom anderen Vertragsteil verlangen kann, die wesentlich höher sind als die nach § 632a Absatz 1 und § 650m Absatz 1 zu leistenden Abschlagszahlungen, oder
b) die Sicherheitsleistung nach § 650m Absatz 2 nicht oder nur in geringerer Höhe leisten muss.

§ 310 Anwendungsbereich. (1) [1] § 305 Absatz 2 und 3, § 308 Nummer 1, 2 bis 8 und § 309 finden keine Anwendung auf Allgemeine Geschäftsbedingungen, die gegenüber einem Unternehmer, einer juristischen Person des öffentlichen Rechts oder einem öffentlich-rechtlichen Sondervermögen verwendet werden. [2] § 307 Abs. 1 und 2 findet in den Fällen des Satzes 1 auch insoweit Anwendung, als dies zur Unwirksamkeit von in § 308 Nummer 1, 2 bis 8 und § 309 genannten Vertragsbestimmungen führt; auf die im Handelsverkehr geltenden Gewohnheiten und Gebräuche ist angemessen Rücksicht zu nehmen. [3] In den Fällen des Satzes 1 finden § 307 Absatz 1 und 2 sowie § 308 Nummer 1a und 1b auf Verträge, in die die Vergabe- und Vertragsordnung für Bauleistungen Teil B (VOB/B) in der jeweils zum Zeitpunkt des Vertragsschlusses geltenden Fassung ohne inhaltliche Abweichungen insgesamt einbezogen ist, in Bezug auf eine Inhaltskontrolle einzelner Bestimmungen keine Anwendung.

(2) [1] Die §§ 308 und 309 finden keine Anwendung auf Verträge der Elektrizitäts-, Gas-, Fernwärme- und Wasserversorgungsunternehmen über die Versorgung von Sonderabnehmern mit elektrischer Energie, Gas, Fernwärme und Wasser aus dem Versorgungsnetz, soweit die Versorgungsbedingungen nicht zum Nachteil der Abnehmer von Verordnungen über Allgemeine Bedingungen für die Versorgung von Tarifkunden mit elektrischer Energie, Gas, Fernwärme und Wasser abweichen. [2] Satz 1 gilt entsprechend für Verträge über die Entsorgung von Abwasser.

(3) Bei Verträgen zwischen einem Unternehmer und einem Verbraucher (Verbraucherverträge) finden die Vorschriften dieses Abschnitts mit folgenden Maßgaben Anwendung:

1. Allgemeine Geschäftsbedingungen gelten als vom Unternehmer gestellt, es sei denn, dass sie durch den Verbraucher in den Vertrag eingeführt wurden;
2. § 305c Abs. 2 und die §§ 306 und 307 bis 309 dieses Gesetzes sowie Artikel 46b des Einführungsgesetzes zum Bürgerlichen Gesetzbuche finden auf vorformulierte Vertragsbedingungen auch dann Anwendung, wenn diese nur zur einmaligen Verwendung bestimmt sind und soweit der Verbraucher auf Grund der Vorformulierung auf ihren Inhalt keinen Einfluss nehmen konnte;
3. bei der Beurteilung der unangemessenen Benachteiligung nach § 307 Abs. 1 und 2 sind auch die den Vertragsschluss begleitenden Umstände zu berücksichtigen.

(4) [1] Dieser Abschnitt findet keine Anwendung bei Verträgen auf dem Gebiet des Erb-, Familien- und Gesellschaftsrechts sowie auf Tarifverträge, Betriebs- und Dienstvereinbarungen. [2] Bei der Anwendung auf Arbeitsverträge sind die im Arbeitsrecht geltenden Besonderheiten angemessen zu berücksichtigen; § 305 Abs. 2 und 3 ist nicht anzuwenden. [3] Tarifverträge, Betriebs- und Dienstvereinbarungen stehen Rechtsvorschriften im Sinne von § 307 Abs. 3 gleich.

Abschnitt 3. Schuldverhältnisse aus Verträgen

Titel 1. Begründung, Inhalt und Beendigung

Untertitel 1. Begründung

§ 311 Rechtsgeschäftliche und rechtsgeschäftsähnliche Schuldverhältnisse. (1) Zur Begründung eines Schuldverhältnisses durch Rechtsgeschäft sowie zur Änderung des Inhalts eines Schuldverhältnisses ist ein Vertrag zwischen den Beteiligten erforderlich, soweit nicht das Gesetz ein anderes vorschreibt.

(2) Ein Schuldverhältnis mit Pflichten nach § 241 Abs. 2 entsteht auch durch

1. die Aufnahme von Vertragsverhandlungen,
2. die Anbahnung eines Vertrags, bei welcher der eine Teil im Hinblick auf eine etwaige rechtsgeschäftliche Beziehung dem anderen Teil die Möglichkeit zur Einwirkung auf seine Rechte, Rechtsgüter und Interessen gewährt oder ihm diese anvertraut, oder
3. ähnliche geschäftliche Kontakte.

(3) [1] Ein Schuldverhältnis mit Pflichten nach § 241 Abs. 2 kann auch zu Personen entstehen, die nicht selbst Vertragspartei werden sollen. [2] Ein solches Schuldverhältnis entsteht insbesondere, wenn der Dritte in besonderem Maße Vertrauen für sich in Anspruch nimmt und dadurch die Vertragsverhandlungen oder den Vertragsschluss erheblich beeinflusst.

Untertitel 2. Grundsätze bei Verbraucherverträgen und besondere Vertriebsformen

Kapitel 2. Außerhalb von Geschäftsräumen geschlossene Verträge und Fernabsatzverträge

§ 312c Fernabsatzverträge. (1) Fernabsatzverträge sind Verträge, bei denen der Unternehmer oder eine in seinem Namen oder Auftrag handelnde Person und der Verbraucher für die Vertragsverhandlungen und den Vertragsschluss ausschließlich Fernkommunikationsmittel verwenden, es sei denn, dass der Vertragsschluss nicht im Rahmen eines für den Fernabsatz organisierten Vertriebs- oder Dienstleistungssystems erfolgt.

(2) Fernkommunikationsmittel im Sinne dieses Gesetzes sind alle Kommunikationsmittel, die zur Anbahnung oder zum Abschluss eines Vertrags eingesetzt werden können, ohne dass die Vertragsparteien gleichzeitig körperlich anwesend sind, wie Briefe, Kataloge, Telefonanrufe, Telekopien, E-Mails, über den Mobilfunkdienst versendete Nachrichten (SMS) sowie Rundfunk und Telemedien.

Kapitel 3. Verträge im elektronischen Geschäftsverkehr

§ 312i Allgemeine Pflichten im elektronischen Geschäftsverkehr.

(1) [1] Bedient sich ein Unternehmer zum Zwecke des Abschlusses eines Vertrags über die Lieferung von Waren oder über die Erbringung von Dienstleistungen der Telemedien (Vertrag im elektronischen Geschäftsverkehr), hat er dem Kunden

1. angemessene, wirksame und zugängliche technische Mittel zur Verfügung zu stellen, mit deren Hilfe der Kunde Eingabefehler vor Abgabe seiner Bestellung erkennen und berichtigen kann,
2. die in Artikel 246c des Einführungsgesetzes zum Bürgerlichen Gesetzbuche bestimmten Informationen rechtzeitig vor Abgabe von dessen Bestellung klar und verständlich mitzuteilen,
3. den Zugang von dessen Bestellung unverzüglich auf elektronischem Wege zu bestätigen und

4. die Möglichkeit zu verschaffen, die Vertragsbestimmungen einschließlich der Allgemeinen Geschäftsbedingungen bei Vertragsschluss abzurufen und in wiedergabefähiger Form zu speichern.

[2] Bestellung und Empfangsbestätigung im Sinne von Satz 1 Nummer 3 gelten als zugegangen, wenn die Parteien, für die sie bestimmt sind, sie unter gewöhnlichen Umständen abrufen können.

(2) [1] Absatz 1 Satz 1 Nummer 1 bis 3 ist nicht anzuwenden, wenn der Vertrag ausschließlich durch individuelle Kommunikation geschlossen wird. [2] Absatz 1 Satz 1 Nummer 1 bis 3 und Satz 2 ist nicht anzuwenden, wenn zwischen Vertragsparteien, die nicht Verbraucher sind, etwas anderes vereinbart wird.

(3) Weitergehende Informationspflichten auf Grund anderer Vorschriften bleiben unberührt.

§ 312j Besondere Pflichten im elektronischen Geschäftsverkehr gegenüber Verbrauchern. (1) Auf Webseiten für den elektronischen Geschäftsverkehr mit Verbrauchern hat der Unternehmer zusätzlich zu den Angaben nach § 312i Absatz 1 spätestens bei Beginn des Bestellvorgangs klar und deutlich anzugeben, ob Lieferbeschränkungen bestehen und welche Zahlungsmittel akzeptiert werden.

(2) Bei einem Verbrauchervertrag im elektronischen Geschäftsverkehr, der eine entgeltliche Leistung des Unternehmers zum Gegenstand hat, muss der Unternehmer dem Verbraucher die Informationen gemäß Artikel 246a § 1 Absatz 1 Satz 1 Nummer 1, 4, 5, 11 und 12 des Einführungsgesetzes zum Bürgerlichen Gesetzbuche, unmittelbar bevor der Verbraucher seine Bestellung abgibt, klar und verständlich in hervorgehobener Weise zur Verfügung stellen.

(3) [1] Der Unternehmer hat die Bestellsituation bei einem Vertrag nach Absatz 2 so zu gestalten, dass der Verbraucher mit seiner Bestellung ausdrücklich bestätigt, dass er sich zu einer Zahlung verpflichtet. [2] Erfolgt die Bestellung über eine Schaltfläche, ist die Pflicht des Unternehmers aus Satz 1 nur erfüllt, wenn diese Schaltfläche gut lesbar mit nichts anderem als den Wörtern „zahlungspflichtig bestellen" oder mit einer entsprechenden eindeutigen Formulierung beschriftet ist.

(4) Ein Vertrag nach Absatz 2 kommt nur zustande, wenn der Unternehmer seine Pflicht aus Absatz 3 erfüllt.

(5) [1] Die Absätze 2 bis 4 sind nicht anzuwenden, wenn der Vertrag ausschließlich durch individuelle Kommunikation geschlossen wird. [2] Die Pflichten aus den Absätzen 1 und 2 gelten weder für Webseiten, die Finanzdienstleistungen betreffen, noch für Verträge über Finanzdienstleistungen.

Titel 3. Versprechen der Leistung an einen Dritten

§ 330 Auslegungsregel bei Leibrentenvertrag. [1] Wird in einem Leibrentenvertrag die Zahlung der Leibrente an einen Dritten vereinbart, ist im Zweifel anzunehmen, dass der Dritte unmittelbar das Recht erwerben soll, die Leistung zu fordern. [2] Das Gleiche gilt, wenn bei einer unentgeltlichen Zuwendung dem Bedachten eine Leistung an einen Dritten auferlegt oder bei einer Vermögens- oder Gutsübernahme von dem Übernehmer eine Leistung an einen Dritten zum Zwecke der Abfindung versprochen wird.

§ 331 Leistung nach Todesfall. (1) Soll die Leistung an den Dritten nach dem Tode desjenigen erfolgen, welchem sie versprochen wird, so erwirbt der Dritte das Recht auf die Leistung im Zweifel mit dem Tode des Versprechensempfängers.

(2) Stirbt der Versprechensempfänger vor der Geburt des Dritten, so kann das Versprechen, an den Dritten zu leisten, nur dann noch aufgehoben oder geändert werden, wenn die Befugnis dazu vorbehalten worden ist.

§ 332 Änderung durch Verfügung von Todes wegen bei Vorbehalt.

Hat sich der Versprechensempfänger die Befugnis vorbehalten, ohne Zustimmung des Versprechenden an die Stelle des in dem Vertrag bezeichneten Dritten einen anderen zu setzen, so kann dies im Zweifel auch in einer Verfügung von Todes wegen geschehen.

Titel 5. Rücktritt; Widerrufsrecht bei Verbraucherverträgen

Untertitel 1. Rücktritt

§ 346 Wirkungen des Rücktritts. (1) Hat sich eine Vertragspartei vertraglich den Rücktritt vorbehalten oder steht ihr ein gesetzliches Rücktrittsrecht zu, so sind im Falle des Rücktritts die empfangenen Leistungen zurückzugewähren und die gezogenen Nutzungen herauszugeben.

(2) [1] Statt der Rückgewähr oder Herausgabe hat der Schuldner Wertersatz zu leisten, soweit

1. die Rückgewähr oder die Herausgabe nach der Natur des Erlangten ausgeschlossen ist,
2. er den empfangenen Gegenstand verbraucht, veräußert, belastet, verarbeitet oder umgestaltet hat,
3. der empfangene Gegenstand sich verschlechtert hat oder untergegangen ist; jedoch bleibt die durch die bestimmungsgemäße Ingebrauchnahme entstandene Verschlechterung außer Betracht.

[2] Ist im Vertrag eine Gegenleistung bestimmt, ist sie bei der Berechnung des Wertersatzes zugrunde zu legen; ist Wertersatz für den Gebrauchsvorteil eines Darlehens zu leisten, kann nachgewiesen werden, dass der Wert des Gebrauchsvorteils niedriger war.

(3) [1] Die Pflicht zum Wertersatz entfällt,

1. wenn sich der zum Rücktritt berechtigende Mangel erst während der Verarbeitung oder Umgestaltung des Gegenstandes gezeigt hat,
2. soweit der Gläubiger die Verschlechterung oder den Untergang zu vertreten hat oder der Schaden bei ihm gleichfalls eingetreten wäre,
3. wenn im Falle eines gesetzlichen Rücktrittsrechts die Verschlechterung oder der Untergang beim Berechtigten eingetreten ist, obwohl dieser diejenige Sorgfalt beobachtet hat, die er in eigenen Angelegenheiten anzuwenden pflegt.

[2] Eine verbleibende Bereicherung ist herauszugeben.

(4) Der Gläubiger kann wegen Verletzung einer Pflicht aus Absatz 1 nach Maßgabe der §§ 280 bis 283 Schadensersatz verlangen.

§ 348 Erfüllung Zug-um-Zug. [1]Die sich aus dem Rücktritt ergebenden Verpflichtungen der Parteien sind Zug um Zug zu erfüllen. [2]Die Vorschriften der §§ 320, 322 finden entsprechende Anwendung.

§ 349 Erklärung des Rücktritts. Der Rücktritt erfolgt durch Erklärung gegenüber dem anderen Teil.

Untertitel 2. Widerrufsrecht bei Verbraucherverträgen

§ 355 Widerrufsrecht bei Verbraucherverträgen. (1) [1]Wird einem Verbraucher durch Gesetz ein Widerrufsrecht nach dieser Vorschrift eingeräumt, so sind der Verbraucher und der Unternehmer an ihre auf den Abschluss des Vertrags gerichteten Willenserklärungen nicht mehr gebunden, wenn der Verbraucher seine Willenserklärung fristgerecht widerrufen hat. [2]Der Widerruf erfolgt durch Erklärung gegenüber dem Unternehmer. [3]Aus der Erklärung muss der Entschluss des Verbrauchers zum Widerruf des Vertrags eindeutig hervorgehen. [4]Der Widerruf muss keine Begründung enthalten. [5]Zur Fristwahrung genügt die rechtzeitige Absendung des Widerrufs.

(2) [1]Die Widerrufsfrist beträgt 14 Tage. [2]Sie beginnt mit Vertragsschluss, soweit nichts anderes bestimmt ist.

(3) [1]Im Falle des Widerrufs sind die empfangenen Leistungen unverzüglich zurückzugewähren. [2]Bestimmt das Gesetz eine Höchstfrist für die Rückgewähr, so beginnt diese für den Unternehmer mit dem Zugang und für den Verbraucher mit der Abgabe der Widerrufserklärung. [3]Ein Verbraucher wahrt diese Frist durch die rechtzeitige Absendung der Waren. [4]Der Unternehmer trägt bei Widerruf die Gefahr der Rücksendung der Waren.

§ 357 Rechtsfolgen des Widerrufs von außerhalb von Geschäftsräumen geschlossenen Verträgen und Fernabsatzverträgen mit Ausnahme von Verträgen über Finanzdienstleistungen. (1) Die empfangenen Leistungen sind spätestens nach 14 Tagen zurückzugewähren.

(2) [1]Der Unternehmer muss auch etwaige Zahlungen des Verbrauchers für die Lieferung zurückgewähren. [2]Dies gilt nicht, soweit dem Verbraucher zusätzliche Kosten entstanden sind, weil er sich für eine andere Art der Lieferung als die vom Unternehmer angebotene günstigste Standardlieferung entschieden hat.

(3) [1]Für die Rückzahlung muss der Unternehmer dasselbe Zahlungsmittel verwenden, das der Verbraucher bei der Zahlung verwendet hat. [2]Satz 1 gilt nicht, wenn ausdrücklich etwas anderes vereinbart worden ist und dem Verbraucher dadurch keine Kosten entstehen.

(4) [1]Bei einem Verbrauchsgüterkauf kann der Unternehmer die Rückzahlung verweigern, bis er die Waren zurückerhalten hat oder der Verbraucher den Nachweis erbracht hat, dass er die Waren abgesandt hat. [2]Dies gilt nicht, wenn der Unternehmer angeboten hat, die Waren abzuholen.

(5) Der Verbraucher ist nicht verpflichtet, die empfangenen Waren zurückzusenden, wenn der Unternehmer angeboten hat, die Waren abzuholen.

(6) [1]Der Verbraucher trägt die unmittelbaren Kosten der Rücksendung der Waren, wenn der Unternehmer den Verbraucher nach Artikel 246a § 1 Absatz 2 Satz 1 Nummer 2 des Einführungsgesetzes zum Bürgerlichen Gesetzbuche von dieser Pflicht unterrichtet hat. [2]Satz 1 gilt nicht, wenn der Unternehmer sich bereit erklärt hat, diese Kosten zu tragen. [3]Bei außerhalb von Geschäftsräumen

geschlossenen Verträgen, bei denen die Waren zum Zeitpunkt des Vertragsschlusses zur Wohnung des Verbrauchers geliefert worden sind, ist der Unternehmer verpflichtet, die Waren auf eigene Kosten abzuholen, wenn die Waren so beschaffen sind, dass sie nicht per Post zurückgesandt werden können.

(7) Der Verbraucher hat Wertersatz für einen Wertverlust der Ware zu leisten, wenn

1. der Wertverlust auf einen Umgang mit den Waren zurückzuführen ist, der zur Prüfung der Beschaffenheit, der Eigenschaften und der Funktionsweise der Waren nicht notwendig war, und
2. der Unternehmer den Verbraucher nach Artikel 246a § 1 Absatz 2 Satz 1 Nummer 1 des Einführungsgesetzes zum Bürgerlichen Gesetzbuche über sein Widerrufsrecht unterrichtet hat.

(8) [1] Widerruft der Verbraucher einen Vertrag über die Erbringung von Dienstleistungen oder über die Lieferung von Wasser, Gas oder Strom in nicht bestimmten Mengen oder nicht begrenztem Volumen oder über die Lieferung von Fernwärme, so schuldet der Verbraucher dem Unternehmer Wertersatz für die bis zum Widerruf erbrachte Leistung, wenn der Verbraucher von dem Unternehmer ausdrücklich verlangt hat, dass dieser mit der Leistung vor Ablauf der Widerrufsfrist beginnt. [2] Der Anspruch aus Satz 1 besteht nur, wenn der Unternehmer den Verbraucher nach Artikel 246a § 1 Absatz 2 Satz 1 Nummer 1 und 3 des Einführungsgesetzes zum Bürgerlichen Gesetzbuche ordnungsgemäß informiert hat. [3] Bei außerhalb von Geschäftsräumen geschlossenen Verträgen besteht der Anspruch nach Satz 1 nur dann, wenn der Verbraucher sein Verlangen nach Satz 1 auf einem dauerhaften Datenträger übermittelt hat. [4] Bei der Berechnung des Wertersatzes ist der vereinbarte Gesamtpreis zu Grunde zu legen. [5] Ist der vereinbarte Gesamtpreis unverhältnismäßig hoch, ist der Wertersatz auf der Grundlage des Marktwerts der erbrachten Leistung zu berechnen.

(9) Widerruft der Verbraucher einen Vertrag über die Lieferung von nicht auf einem körperlichen Datenträger befindlichen digitalen Inhalten, so hat er keinen Wertersatz zu leisten.

Abschnitt 7. Mehrheit von Schuldnern und Gläubigern

§ 421 Gesamtschuldner. [1] Schulden mehrere eine Leistung in der Weise, dass jeder die ganze Leistung zu bewirken verpflichtet, der Gläubiger aber die Leistung nur einmal zu fordern berechtigt ist (Gesamtschuldner), so kann der Gläubiger die Leistung nach seinem Belieben von jedem der Schuldner ganz oder zu einem Teil fordern. [2] Bis zur Bewirkung der ganzen Leistung bleiben sämtliche Schuldner verpflichtet.

§ 426 Ausgleichungspflicht, Forderungsübergang. (1) [1] Die Gesamtschuldner sind im Verhältnis zueinander zu gleichen Anteilen verpflichtet, soweit nicht ein anderes bestimmt ist. [2] Kann von einem Gesamtschuldner der auf ihn entfallende Beitrag nicht erlangt werden, so ist der Ausfall von den übrigen zur Ausgleichung verpflichteten Schuldnern zu tragen.

(2) [1] Soweit ein Gesamtschuldner den Gläubiger befriedigt und von den übrigen Schuldnern Ausgleichung verlangen kann, geht die Forderung des Gläubigers gegen die übrigen Schuldner auf ihn über. [2] Der Übergang kann nicht zum Nachteil des Gläubigers geltend gemacht werden.

Abschnitt 8. Einzelne Schuldverhältnisse

Titel 9. Werkvertrag und ähnliche Verträge

Untertitel 4. Pauschalreisevertrag, Reisevermittlung und Vermittlung verbundener Reiseleistungen

§ 651r Insolvenzsicherung; Sicherungsschein. (1) [1] Der Reiseveranstalter hat sicherzustellen, dass dem Reisenden der gezahlte Reisepreis erstattet wird, soweit im Fall der Zahlungsunfähigkeit des Reiseveranstalters

1. Reiseleistungen ausfallen oder
2. der Reisende im Hinblick auf erbrachte Reiseleistungen Zahlungsaufforderungen von Leistungserbringern nachkommt, deren Entgeltforderungen der Reiseveranstalter nicht erfüllt hat.

[2] Umfasst der Vertrag auch die Beförderung des Reisenden, hat der Reiseveranstalter zudem die vereinbarte Rückbeförderung und die Beherbergung bis zum Zeitpunkt der Rückbeförderung sicherzustellen. [3] Der Zahlungsunfähigkeit stehen die Eröffnung des Insolvenzverfahrens über das Vermögen des Reiseveranstalters und die Abweisung eines Eröffnungsantrags mangels Masse gleich.

(2) [1] Die Verpflichtungen nach Absatz 1 kann der Reiseveranstalter nur erfüllen

1. durch eine Versicherung bei einem im Geltungsbereich dieses Gesetzes zum Geschäftsbetrieb befugten Versicherungsunternehmen oder
2. durch ein Zahlungsversprechen eines im Geltungsbereich dieses Gesetzes zum Geschäftsbetrieb befugten Kreditinstituts.

[2] Der Reiseveranstalter muss ohne Rücksicht auf den Wohnsitz des Reisenden, den Ort der Abreise und den Ort des Vertragsschlusses Sicherheit leisten.

(3) [1] Der Versicherer oder das Kreditinstitut (Kundengeldabsicherer) kann dem Reisenden die Fortsetzung der Pauschalreise anbieten. [2] Verlangt der Reisende eine Erstattung nach Absatz 1, hat der Kundengeldabsicherer den Anspruch unverzüglich zu erfüllen. [3] Er kann seine Haftung für die von ihm in einem Geschäftsjahr insgesamt nach diesem Gesetz zu erstattenden Beträge auf 110 Millionen Euro begrenzen. [4] Übersteigen die in einem Geschäftsjahr von einem Kundengeldabsicherer insgesamt nach diesem Gesetz zu erstattenden Beträge den in Satz 3 genannten Höchstbetrag, so verringern sich die einzelnen Erstattungsansprüche in dem Verhältnis, in dem ihr Gesamtbetrag zum Höchstbetrag steht.

(4) [1] Zur Erfüllung seiner Verpflichtungen nach Absatz 1 hat der Reiseveranstalter dem Reisenden einen unmittelbaren Anspruch gegen den Kundengeldabsicherer zu verschaffen und durch eine von diesem oder auf dessen Veranlassung gemäß Artikel 252 des Einführungsgesetzes zum Bürgerlichen Gesetzbuche ausgestellte Bestätigung (Sicherungsschein) nachzuweisen. [2] Der im Vertrag gemäß Artikel 250 § 6 Absatz 2 Nummer 3 des Einführungsgesetzes zum Bürgerlichen Gesetzbuche genannte Kundengeldabsicherer kann sich gegenüber dem Reisenden weder auf Einwendungen aus dem Kundengeldabsicherungsvertrag noch auf dessen Beendigung berufen, wenn die Beendigung nach Abschluss des Pauschalreisevertrags erfolgt ist. [3] In den Fällen des Satzes 2 geht der Anspruch des Reisenden gegen den Reiseveranstalter auf den Kundengeldabsicherer über, soweit dieser den Reisenden befriedigt.

Titel 26. Ungerechtfertigte Bereicherung

§ 812 Herausgabeanspruch. (1) [1]Wer durch die Leistung eines anderen oder in sonstiger Weise auf dessen Kosten etwas ohne rechtlichen Grund erlangt, ist ihm zur Herausgabe verpflichtet. [2]Diese Verpflichtung besteht auch dann, wenn der rechtliche Grund später wegfällt oder der mit einer Leistung nach dem Inhalt des Rechtsgeschäfts bezweckte Erfolg nicht eintritt.

(2) Als Leistung gilt auch die durch Vertrag erfolgte Anerkennung des Bestehens oder des Nichtbestehens eines Schuldverhältnisses.

§ 814 Kenntnis der Nichtschuld. Das zum Zwecke der Erfüllung einer Verbindlichkeit Geleistete kann nicht zurückgefordert werden, wenn der Leistende gewusst hat, dass er zur Leistung nicht verpflichtet war, oder wenn die Leistung einer sittlichen Pflicht oder einer auf den Anstand zu nehmenden Rücksicht entsprach.

Titel 27. Unerlaubte Handlungen

§ 823 Schadensersatzpflicht. (1) Wer vorsätzlich oder fahrlässig das Leben, den Körper, die Gesundheit, die Freiheit, das Eigentum oder ein sonstiges Recht eines anderen widerrechtlich verletzt, ist dem anderen zum Ersatz des daraus entstehenden Schadens verpflichtet.

(2) [1]Die gleiche Verpflichtung trifft denjenigen, welcher gegen ein den Schutz eines anderen bezweckendes Gesetz verstößt. [2]Ist nach dem Inhalt des Gesetzes ein Verstoß gegen dieses auch ohne Verschulden möglich, so tritt die Ersatzpflicht nur im Falle des Verschuldens ein.

§ 824 Kreditgefährdung. (1) Wer der Wahrheit zuwider eine Tatsache behauptet oder verbreitet, die geeignet ist, den Kredit eines anderen zu gefährden oder sonstige Nachteile für dessen Erwerb oder Fortkommen herbeizuführen, hat dem anderen den daraus entstehenden Schaden auch dann zu ersetzen, wenn er die Unwahrheit zwar nicht kennt, aber kennen muss.

(2) Durch eine Mitteilung, deren Unwahrheit dem Mitteilenden unbekannt ist, wird dieser nicht zum Schadensersatz verpflichtet, wenn er oder der Empfänger der Mitteilung an ihr ein berechtigtes Interesse hat.

§ 825 Bestimmung zu sexuellen Handlungen. Wer einen anderen durch Hinterlist, Drohung oder Missbrauch eines Abhängigkeitsverhältnisses zur Vornahme oder Duldung sexueller Handlungen bestimmt, ist ihm zum Ersatz des daraus entstehenden Schadens verpflichtet.

§ 826 Sittenwidrige vorsätzliche Schädigung. Wer in einer gegen die guten Sitten verstoßenden Weise einem anderen vorsätzlich Schaden zufügt, ist dem anderen zum Ersatz des Schadens verpflichtet.

§ 827 Ausschluss und Minderung der Verantwortlichkeit. [1]Wer im Zustand der Bewusstlosigkeit oder in einem die freie Willensbestimmung ausschließenden Zustand krankhafter Störung der Geistestätigkeit einem anderen Schaden zufügt, ist für den Schaden nicht verantwortlich. [2]Hat er sich durch geistige Getränke oder ähnliche Mittel in einen vorübergehenden Zustand dieser Art versetzt, so ist er für einen Schaden, den er in diesem Zustand widerrechtlich verursacht, in gleicher Weise verantwortlich, wie wenn ihm

Fahrlässigkeit zur Last fiele; die Verantwortlichkeit tritt nicht ein, wenn er ohne Verschulden in den Zustand geraten ist.

§ 828 Minderjährige. (1) Wer nicht das siebente Lebensjahr vollendet hat, ist für einen Schaden, den er einem anderen zufügt, nicht verantwortlich.

(2) [1] Wer das siebente, aber nicht das zehnte Lebensjahr vollendet hat, ist für den Schaden, den er bei einem Unfall mit einem Kraftfahrzeug, einer Schienenbahn oder einer Schwebebahn einem anderen zufügt, nicht verantwortlich. [2] Dies gilt nicht, wenn er die Verletzung vorsätzlich herbeigeführt hat.

(3) Wer das 18. Lebensjahr noch nicht vollendet hat, ist, sofern seine Verantwortlichkeit nicht nach Absatz 1 oder 2 ausgeschlossen ist, für den Schaden, den er einem anderen zufügt, nicht verantwortlich, wenn er bei der Begehung der schädigenden Handlung nicht die zur Erkenntnis der Verantwortlichkeit erforderliche Einsicht hat.

§ 829 Ersatzpflicht aus Billigkeitsgründen. Wer in einem der in den §§ 823 bis 826 bezeichneten Fälle für einen von ihm verursachten Schaden auf Grund der §§ 827, 828 nicht verantwortlich ist, hat gleichwohl, sofern der Ersatz des Schadens nicht von einem aufsichtspflichtigen Dritten erlangt werden kann, den Schaden insoweit zu ersetzen, als die Billigkeit nach den Umständen, insbesondere nach den Verhältnissen der Beteiligten, eine Schadloshaltung erfordert und ihm nicht die Mittel entzogen werden, deren er zum angemessenen Unterhalt sowie zur Erfüllung seiner gesetzlichen Unterhaltspflichten bedarf.

§ 830 Mittäter und Beteiligte. (1) [1] Haben mehrere durch eine gemeinschaftlich begangene unerlaubte Handlung einen Schaden verursacht, so ist jeder für den Schaden verantwortlich. [2] Das Gleiche gilt, wenn sich nicht ermitteln lässt, wer von mehreren Beteiligten den Schaden durch seine Handlung verursacht hat.

(2) Anstifter und Gehilfen stehen Mittätern gleich.

§ 831 Haftung für den Verrichtungsgehilfen. (1) [1] Wer einen anderen zu einer Verrichtung bestellt, ist zum Ersatz des Schadens verpflichtet, den der andere in Ausführung der Verrichtung einem Dritten widerrechtlich zufügt. [2] Die Ersatzpflicht tritt nicht ein, wenn der Geschäftsherr bei der Auswahl der bestellten Person und, sofern er Vorrichtungen oder Gerätschaften zu beschaffen oder die Ausführung der Verrichtung zu leiten hat, bei der Beschaffung oder der Leitung die im Verkehr erforderliche Sorgfalt beobachtet oder wenn der Schaden auch bei Anwendung dieser Sorgfalt entstanden sein würde.

(2) Die gleiche Verantwortlichkeit trifft denjenigen, welcher für den Geschäftsherrn die Besorgung eines der im Absatz 1 Satz 2 bezeichneten Geschäfte durch Vertrag übernimmt.

§ 832 Haftung des Aufsichtspflichtigen. (1) [1] Wer kraft Gesetzes zur Führung der Aufsicht über eine Person verpflichtet ist, die wegen Minderjährigkeit oder wegen ihres geistigen oder körperlichen Zustands der Beaufsichtigung bedarf, ist zum Ersatz des Schadens verpflichtet, den diese Person einem Dritten widerrechtlich zufügt. [2] Die Ersatzpflicht tritt nicht ein, wenn er seiner Aufsichtspflicht genügt oder wenn der Schaden auch bei gehöriger Aufsichtsführung entstanden sein würde.

(2) Die gleiche Verantwortlichkeit trifft denjenigen, welcher die Führung der Aufsicht durch Vertrag übernimmt.

§ 833 Haftung des Tierhalters. [1] Wird durch ein Tier ein Mensch getötet oder der Körper oder die Gesundheit eines Menschen verletzt oder eine Sache beschädigt, so ist derjenige, welcher das Tier hält, verpflichtet, dem Verletzten den daraus entstehenden Schaden zu ersetzen. [2] Die Ersatzpflicht tritt nicht ein, wenn der Schaden durch ein Haustier verursacht wird, das dem Beruf, der Erwerbstätigkeit oder dem Unterhalt des Tierhalters zu dienen bestimmt ist, und entweder der Tierhalter bei der Beaufsichtigung des Tieres die im Verkehr erforderliche Sorgfalt beobachtet oder der Schaden auch bei Anwendung dieser Sorgfalt entstanden sein würde.

§ 834 Haftung des Tieraufsehers. [1] Wer für denjenigen, welcher ein Tier hält, die Führung der Aufsicht über das Tier durch Vertrag übernimmt, ist für den Schaden verantwortlich, den das Tier einem Dritten in der im § 833 bezeichneten Weise zufügt. [2] Die Verantwortlichkeit tritt nicht ein, wenn er bei der Führung der Aufsicht die im Verkehr erforderliche Sorgfalt beobachtet oder wenn der Schaden auch bei Anwendung dieser Sorgfalt entstanden sein würde.

§ 836 Haftung des Grundstücksbesitzers. (1) [1] Wird durch den Einsturz eines Gebäudes oder eines anderen mit einem Grundstück verbundenen Werkes oder durch die Ablösung von Teilen des Gebäudes oder des Werkes ein Mensch getötet, der Körper oder die Gesundheit eines Menschen verletzt oder eine Sache beschädigt, so ist der Besitzer des Grundstücks, sofern der Einsturz oder die Ablösung die Folge fehlerhafter Errichtung oder mangelhafter Unterhaltung ist, verpflichtet, dem Verletzten den daraus entstehenden Schaden zu ersetzen. [2] Die Ersatzpflicht tritt nicht ein, wenn der Besitzer zum Zwecke der Abwendung der Gefahr die im Verkehr erforderliche Sorgfalt beobachtet hat.

(2) Ein früherer Besitzer des Grundstücks ist für den Schaden verantwortlich, wenn der Einsturz oder die Ablösung innerhalb eines Jahres nach der Beendigung seines Besitzes eintritt, es sei denn, dass er während seines Besitzes die im Verkehr erforderliche Sorgfalt beobachtet hat oder ein späterer Besitzer durch Beobachtung dieser Sorgfalt die Gefahr hätte abwenden können.

(3) Besitzer im Sinne dieser Vorschriften ist der Eigenbesitzer.

§ 837 Haftung des Gebäudebesitzers. Besitzt jemand auf einem fremden Grundstück in Ausübung eines Rechts ein Gebäude oder ein anderes Werk, so trifft ihn anstelle des Besitzers des Grundstücks die im § 836 bestimmte Verantwortlichkeit.

§ 838 Haftung des Gebäudeunterhaltungspflichtigen. Wer die Unterhaltung eines Gebäudes oder eines mit einem Grundstück verbundenen Werkes für den Besitzer übernimmt oder das Gebäude oder das Werk vermöge eines ihm zustehenden Nutzungsrechts zu unterhalten hat, ist für den durch den Einsturz oder die Ablösung von Teilen verursachten Schaden in gleicher Weise verantwortlich wie der Besitzer.

§ 839[1] Haftung bei Amtspflichtverletzung. (1) [1]Verletzt ein Beamter vorsätzlich oder fahrlässig die ihm einem Dritten gegenüber obliegende Amtspflicht, so hat er dem Dritten den daraus entstehenden Schaden zu ersetzen. [2]Fällt dem Beamten nur Fahrlässigkeit zur Last, so kann er nur dann in Anspruch genommen werden, wenn der Verletzte nicht auf andere Weise Ersatz zu erlangen vermag.

(2) [1]Verletzt ein Beamter bei dem Urteil in einer Rechtssache seine Amtspflicht, so ist er für den daraus entstehenden Schaden nur dann verantwortlich, wenn die Pflichtverletzung in einer Straftat besteht. [2]Auf eine pflichtwidrige Verweigerung oder Verzögerung der Ausübung des Amts findet diese Vorschrift keine Anwendung.

(3) Die Ersatzpflicht tritt nicht ein, wenn der Verletzte vorsätzlich oder fahrlässig unterlassen hat, den Schaden durch Gebrauch eines Rechtsmittels abzuwenden.

§ 839a Haftung des gerichtlichen Sachverständigen. (1) Erstattet ein vom Gericht ernannter Sachverständiger vorsätzlich oder grob fahrlässig ein unrichtiges Gutachten, so ist er zum Ersatz des Schadens verpflichtet, der einem Verfahrensbeteiligten durch eine gerichtliche Entscheidung entsteht, die auf diesem Gutachten beruht.

(2) § 839 Abs. 3 ist entsprechend anzuwenden.

§ 840 Haftung mehrerer. (1) Sind für den aus einer unerlaubten Handlung entstehenden Schaden mehrere nebeneinander verantwortlich, so haften sie als Gesamtschuldner.

(2) Ist neben demjenigen, welcher nach den §§ 831, 832 zum Ersatz des von einem anderen verursachten Schadens verpflichtet ist, auch der andere für den Schaden verantwortlich, so ist in ihrem Verhältnis zueinander der andere allein, im Falle des § 829 der Aufsichtspflichtige allein verpflichtet.

(3) Ist neben demjenigen, welcher nach den §§ 833 bis 838 zum Ersatz des Schadens verpflichtet ist, ein Dritter für den Schaden verantwortlich, so ist in ihrem Verhältnis zueinander der Dritte allein verpflichtet.

§ 841 Ausgleichung bei Beamtenhaftung. Ist ein Beamter, der vermöge seiner Amtspflicht einen anderen zur Geschäftsführung für einen Dritten zu bestellen oder eine solche Geschäftsführung zu beaufsichtigen oder durch Genehmigung von Rechtsgeschäften bei ihr mitzuwirken hat, wegen Verletzung dieser Pflichten neben dem anderen für den von diesem verursachten Schaden verantwortlich, so ist in ihrem Verhältnis zueinander der andere allein verpflichtet.

§ 842 Umfang der Ersatzpflicht bei Verletzung einer Person. Die Verpflichtung zum Schadensersatz wegen einer gegen die Person gerichteten un-

---

[1] Vgl. hierzu auch Art. 34 GG:

„**Art. 34** [1]Verletzt jemand in Ausübung eines ihm anvertrauten öffentlichen Amtes die ihm einem Dritten gegenüber obliegende Amtspflicht, so trifft die Verantwortlichkeit grundsätzlich den Staat oder die Körperschaft, in deren Dienst er steht.[2]Bei Vorsatz oder grober Fahrlässigkeit bleibt der Rückgriff vorbehalten. [3]Für den Anspruch auf Schadensersatz und für den Rückgriff darf der ordentliche Rechtsweg nicht ausgeschlossen werden."

erlaubten Handlung erstreckt sich auf die Nachteile, welche die Handlung für den Erwerb oder das Fortkommen des Verletzten herbeiführt.

§ 843 Geldrente oder Kapitalabfindung. (1) Wird infolge einer Verletzung des Körpers oder der Gesundheit die Erwerbsfähigkeit des Verletzten aufgehoben oder gemindert oder tritt eine Vermehrung seiner Bedürfnisse ein, so ist dem Verletzten durch Entrichtung einer Geldrente Schadensersatz zu leisten.

(2) [1] Auf die Rente findet die Vorschrift des § 760 Anwendung. [2] Ob, in welcher Art und für welchen Betrag der Ersatzpflichtige Sicherheit zu leisten hat, bestimmt sich nach den Umständen.

(3) Statt der Rente kann der Verletzte eine Abfindung in Kapital verlangen, wenn ein wichtiger Grund vorliegt.

(4) Der Anspruch wird nicht dadurch ausgeschlossen, dass ein anderer dem Verletzten Unterhalt zu gewähren hat.

§ 844 Ersatzansprüche Dritter bei Tötung. (1) Im Falle der Tötung hat der Ersatzpflichtige die Kosten der Beerdigung demjenigen zu ersetzen, welchem die Verpflichtung obliegt, diese Kosten zu tragen.

(2) [1] Stand der Getötete zur Zeit der Verletzung zu einem Dritten in einem Verhältnis, vermöge dessen er diesem gegenüber kraft Gesetzes unterhaltspflichtig war oder unterhaltspflichtig werden konnte, und ist dem Dritten infolge der Tötung das Recht auf den Unterhalt entzogen, so hat der Ersatzpflichtige dem Dritten durch Entrichtung einer Geldrente insoweit Schadensersatz zu leisten, als der Getötete während der mutmaßlichen Dauer seines Lebens zur Gewährung des Unterhalts verpflichtet gewesen sein würde; die Vorschrift des § 843 Abs. 2 bis 4 findet entsprechende Anwendung. [2] Die Ersatzpflicht tritt auch dann ein, wenn der Dritte zur Zeit der Verletzung gezeugt, aber noch nicht geboren war.

(3) [1] Der Ersatzpflichtige hat dem Hinterbliebenen, der zur Zeit der Verletzung zu dem Getöteten in einem besonderen persönlichen Näheverhältnis stand, für das dem Hinterbliebenen zugefügte seelische Leid eine angemessene Entschädigung in Geld zu leisten. [2] Ein besonderes persönliches Näheverhältnis wird vermutet, wenn der Hinterbliebene der Ehegatte, der Lebenspartner, ein Elternteil oder ein Kind des Getöteten war.

§ 845 Ersatzansprüche wegen entgangener Dienste. [1] Im Falle der Tötung, der Verletzung des Körpers oder der Gesundheit sowie im Falle der Freiheitsentziehung hat der Ersatzpflichtige, wenn der Verletzte kraft Gesetzes einem Dritten zur Leistung von Diensten in dessen Hauswesen oder Gewerbe verpflichtet war, dem Dritten für die entgehenden Dienste durch Entrichtung einer Geldrente Ersatz zu leisten. [2] Die Vorschrift des § 843 Abs. 2 bis 4 findet entsprechende Anwendung.

§ 846 Mitverschulden des Verletzten. Hat in den Fällen der §§ 844, 845 bei der Entstehung des Schadens, den der Dritte erleidet, ein Verschulden des Verletzten mitgewirkt, so findet auf den Anspruch des Dritten die Vorschrift des § 254 Anwendung.

§ 848 Haftung für Zufall bei Entziehung einer Sache. Wer zur Rückgabe einer Sache verpflichtet ist, die er einem anderen durch eine unerlaubte

Handlung entzogen hat, ist auch für den zufälligen Untergang, eine aus einem anderen Grunde eintretende zufällige Unmöglichkeit der Herausgabe oder eine zufällige Verschlechterung der Sache verantwortlich, es sei denn, dass der Untergang, die anderweitige Unmöglichkeit der Herausgabe oder die Verschlechterung auch ohne die Entziehung eingetreten sein würde.

§ 849 Verzinsung der Ersatzsumme. Ist wegen der Entziehung einer Sache der Wert oder wegen der Beschädigung einer Sache die Wertminderung zu ersetzen, so kann der Verletzte Zinsen des zu ersetzenden Betrags von dem Zeitpunkt an verlangen, welcher der Bestimmung des Wertes zugrunde gelegt wird.

§ 850 Ersatz von Verwendungen. Macht der zur Herausgabe einer entzogenen Sache Verpflichtete Verwendungen auf die Sache, so stehen ihm dem Verletzten gegenüber die Rechte zu, die der Besitzer dem Eigentümer gegenüber wegen Verwendungen hat.

§ 851 Ersatzleistung an Nichtberechtigten. Leistet der wegen der Entziehung oder Beschädigung einer beweglichen Sache zum Schadensersatz Verpflichtete den Ersatz an denjenigen, in dessen Besitz sich die Sache zur Zeit der Entziehung oder der Beschädigung befunden hat, so wird er durch die Leistung auch dann befreit, wenn ein Dritter Eigentümer der Sache war oder ein sonstiges Recht an der Sache hatte, es sei denn, dass ihm das Recht des Dritten bekannt oder infolge grober Fahrlässigkeit unbekannt ist.

§ 852 Herausgabeanspruch nach Eintritt der Verjährung. [1] Hat der Ersatzpflichtige durch eine unerlaubte Handlung auf Kosten des Verletzten etwas erlangt, so ist er auch nach Eintritt der Verjährung des Anspruchs auf Ersatz des aus einer unerlaubten Handlung entstandenen Schadens zur Herausgabe nach den Vorschriften über die Herausgabe einer ungerechtfertigten Bereicherung verpflichtet. [2] Dieser Anspruch verjährt in zehn Jahren von seiner Entstehung an, ohne Rücksicht auf die Entstehung in 30 Jahren von der Begehung der Verletzungshandlung oder dem sonstigen, den Schaden auslösenden Ereignis an.

§ 853 Arglisteinrede. Erlangt jemand durch eine von ihm begangene unerlaubte Handlung eine Forderung gegen den Verletzten, so kann der Verletzte die Erfüllung auch dann verweigern, wenn der Anspruch auf Aufhebung der Forderung verjährt ist.

Buch 3. Sachenrecht

Abschnitt 4. Dienstbarkeiten

Titel 2. Nießbrauch

Untertitel 1. Nießbrauch an Sachen

§ 1045 Versicherungspflicht des Nießbrauchers. (1) [1] Der Nießbraucher hat die Sache für die Dauer des Nießbrauchs gegen Brandschaden und sonstige Unfälle auf seine Kosten unter Versicherung zu bringen, wenn die Versicherung einer ordnungsmäßigen Wirtschaft entspricht. [2] Die Versicherung ist so zu nehmen, dass die Forderung gegen den Versicherer dem Eigentümer zusteht.

(2) Ist die Sache bereits versichert, so fallen die für die Versicherung zu leistenden Zahlungen dem Nießbraucher für die Dauer des Nießbrauchs zur Last, soweit er zur Versicherung verpflichtet sein würde.

§ 1046 Nießbrauch an der Versicherungsforderung. (1) An der Forderung gegen den Versicherer steht dem Nießbraucher der Nießbrauch nach den Vorschriften zu, die für den Nießbrauch an einer auf Zinsen ausstehenden Forderung gelten.

(2) [1] Tritt ein unter die Versicherung fallender Schaden ein, so kann sowohl der Eigentümer als der Nießbraucher verlangen, dass die Versicherungssumme zur Wiederherstellung der Sache oder zur Beschaffung eines Ersatzes insoweit verwendet wird, als es einer ordnungsmäßigen Wirtschaft entspricht. [2] Der Eigentümer kann die Verwendung selbst besorgen oder dem Nießbraucher überlassen.

Abschnitt 7. Hypothek, Grundschuld, Rentenschuld

Titel 1. Hypothek

§ 1127 Erstreckung auf die Versicherungsforderung. (1) Sind Gegenstände, die der Hypothek unterliegen, für den Eigentümer oder den Eigenbesitzer des Grundstücks unter Versicherung gebracht, so erstreckt sich die Hypothek auf die Forderung gegen den Versicherer.

(2) Die Haftung der Forderung gegen den Versicherer erlischt, wenn der versicherte Gegenstand wiederhergestellt oder Ersatz für ihn beschafft ist.

§ 1128 Gebäudeversicherung. (1) [1] Ist ein Gebäude versichert, so kann der Versicherer die Versicherungssumme mit Wirkung gegen den Hypothekengläubiger an den Versicherten erst zahlen, wenn er oder der Versicherte den Eintritt des Schadens dem Hypothekengläubiger angezeigt hat und seit dem Empfang der Anzeige ein Monat verstrichen ist. [2] Der Hypothekengläubiger kann bis zum Ablauf der Frist dem Versicherer gegenüber der Zahlung widersprechen. [3] Die Anzeige darf unterbleiben, wenn sie untunlich ist; in diesem Falle wird der Monat von dem Zeitpunkt an berechnet, in welchem die Versicherungssumme fällig wird.

(2) Hat der Hypothekengläubiger seine Hypothek dem Versicherer angemeldet, so kann der Versicherer mit Wirkung gegen den Hypothekengläubiger an den Versicherten nur zahlen, wenn der Hypothekengläubiger der Zahlung schriftlich zugestimmt hat.

(3) Im Übrigen finden die für eine verpfändete Forderung geltenden Vorschriften Anwendung; der Versicherer kann sich jedoch nicht darauf berufen, dass er eine aus dem Grundbuch ersichtliche Hypothek nicht gekannt habe.

§ 1129 Sonstige Schadensversicherung. Ist ein anderer Gegenstand als ein Gebäude versichert, so bestimmt sich die Haftung der Forderung gegen den Versicherer nach den Vorschriften des § 1123 Abs. 2 Satz 1 und des § 1124 Abs. 1, 3.

§ 1130 Wiederherstellungsklausel. Ist der Versicherer nach den Versicherungsbestimmungen nur verpflichtet, die Versicherungssumme zur Wiederherstellung des versicherten Gegenstands zu zahlen, so ist eine diesen Bestimmungen entsprechende Zahlung an den Versicherten dem Hypothekengläubiger gegenüber wirksam.

Buch 4. Familienrecht

Abschnitt 2. Verwandtschaft

Titel 5. Elterliche Sorge

§ 1629 Vertretung des Kindes. (1) [1]Die elterliche Sorge umfasst die Vertretung des Kindes. [2]Die Eltern vertreten das Kind gemeinschaftlich; ist eine Willenserklärung gegenüber dem Kind abzugeben, so genügt die Abgabe gegenüber einem Elternteil. [3]Ein Elternteil vertritt das Kind allein, soweit er die elterliche Sorge allein ausübt oder ihm die Entscheidung nach § 1628 übertragen ist. [4]Bei Gefahr im Verzug ist jeder Elternteil dazu berechtigt, alle Rechtshandlungen vorzunehmen, die zum Wohl des Kindes notwendig sind; der andere Elternteil ist unverzüglich zu unterrichten.

(2) [1]Der Vater und die Mutter können das Kind insoweit nicht vertreten, als nach § 1795 ein Vormund von der Vertretung des Kindes ausgeschlossen ist. [2]Steht die elterliche Sorge für ein Kind den Eltern gemeinsam zu, so kann der Elternteil, in dessen Obhut sich das Kind befindet, Unterhaltsansprüche des Kindes gegen den anderen Elternteil geltend machen. [3]Das Familiengericht kann dem Vater und der Mutter nach § 1796 die Vertretung entziehen; dies gilt nicht für die Feststellung der Vaterschaft.

(2a) Der Vater und die Mutter können das Kind in einem gerichtlichen Verfahren nach § 1598a Abs. 2 nicht vertreten.

(3) [1]Sind die Eltern des Kindes miteinander verheiratet oder besteht zwischen ihnen eine Lebenspartnerschaft, so kann ein Elternteil Unterhaltsansprüche des Kindes gegen den anderen Elternteil nur im eigenen Namen geltend machen, solange

1. die Eltern getrennt leben oder
2. eine Ehesache oder eine Lebenspartnerschaftssache im Sinne von § 269 Absatz 1 Nummer 1 oder 2 des Gesetzes über das Verfahren in Familiensachen und in den Angelegenheiten der freiwilligen Gerichtsbarkeit zwischen ihnen anhängig ist.

[2]Eine von einem Elternteil erwirkte gerichtliche Entscheidung und ein zwischen den Eltern geschlossener gerichtlicher Vergleich wirken auch für und gegen das Kind.

§ 1643 Genehmigungspflichtige Rechtsgeschäfte. (1) Zu Rechtsgeschäften für das Kind bedürfen die Eltern der Genehmigung des Familiengerichts in den Fällen, in denen nach § 1821 und nach § 1822 Nr. 1, 3, 5, 8 bis 11 ein Vormund der Genehmigung bedarf.

(2) [1]Das Gleiche gilt für die Ausschlagung einer Erbschaft oder eines Vermächtnisses sowie für den Verzicht auf einen Pflichtteil. [2]Tritt der Anfall an das Kind erst infolge der Ausschlagung eines Elternteils ein, der das Kind allein oder gemeinsam mit dem anderen Elternteil vertritt, so ist die Genehmigung nur erforderlich, wenn dieser neben dem Kind berufen war.

(3) Die Vorschriften der §§ 1825, 1828 bis 1831 sind entsprechend anzuwenden.

Abschnitt 3. Vormundschaft, Rechtliche Betreuung, Pflegschaft

Titel 1. Vormundschaft

Untertitel 2. Führung der Vormundschaft

§ 1822 Genehmigung für sonstige Geschäfte. Der Vormund bedarf der Genehmigung des Familiengerichts:

1.–4. *(hier nicht wiedergegeben)*

5. zu einem Miet- oder Pachtvertrag oder einem anderen Vertrag, durch den der Mündel zu wiederkehrenden Leistungen verpflichtet wird, wenn das Vertragsverhältnis länger als ein Jahr nach dem Eintritt der Volljährigkeit des Mündels fortdauern soll,

6., 7. *(hier nicht wiedergegeben)*

8. zur Aufnahme von Geld auf den Kredit des Mündels,

9. zur Ausstellung einer Schuldverschreibung auf den Inhaber oder zur Eingehung einer Verbindlichkeit aus einem Wechsel oder einem anderen Papier, das durch Indossament übertragen werden kann,

10.–13. *(hier nicht wiedergegeben)*

14. Einführungsgesetz zum Bürgerlichen Gesetzbuche

In der Fassung der Bekanntmachung vom 21. September 1994[1)]
(BGBl. I S. 2494, ber. 1997 I S. 1061)

FNA 400-1

zuletzt geänd. durch Art. 1 Gesetz v. 10.7.2020 (BGBl. I S. 1643 iVm Bek. v. 6.8.2020, BGBl. I S. 1870)

– Auszug –

Erster Teil. Allgemeine Vorschriften

Zweites Kapitel. Internationales Privatrecht

Siebter Abschnitt. Besondere Vorschriften zur Durchführung und Umsetzung international-privatrechtlicher Regelungen der Europäischen Union

Zweiter Unterabschnitt. Umsetzung international-privatrechtlicher Regelungen im Verbraucherschutz

Art. 46c Pauschalreisen und verbundene Reiseleistungen. (1) Hat der Reiseveranstalter im Zeitpunkt des Vertragsschlusses seine Niederlassung im Sinne des § 4 Absatz 3 der Gewerbeordnung weder in einem Mitgliedstaat der Europäischen Union noch in einem anderen Vertragsstaat des Abkommens über den Europäischen Wirtschaftsraum und

1. schließt der Reiseveranstalter in einem Mitgliedstaat der Europäischen Union oder einem anderen Vertragsstaat des Abkommens über den Europäischen Wirtschaftsraum Pauschalreiseverträge oder bietet er in einem dieser Staaten an, solche Verträge zu schließen, oder
2. richtet der Reiseveranstalter seine Tätigkeit im Sinne der Nummer 1 auf einen Mitgliedstaat der Europäischen Union oder einen anderen Vertragsstaat des Abkommens über den Europäischen Wirtschaftsraum aus,

so sind die sachrechtlichen Vorschriften anzuwenden, die der in Nummer 1 oder Nummer 2 genannte Staat zur Umsetzung des Artikels 17 der Richtlinie (EU) 2015/2302 des Europäischen Parlaments und des Rates vom 25. November 2015 über Pauschalreisen und verbundene Reiseleistungen, zur Änderung der Verordnung (EG) Nr. 2006/2004 und der Richtlinie 2011/83/EU des Europäischen Parlaments und des Rates sowie zur Aufhebung der Richtlinie 90/314/EWG des Rates (ABl. L 326 vom 11.12.2015, S. 1) erlassen hat, sofern der Vertrag in den Bereich dieser Tätigkeit fällt.

(2) Hat der Vermittler verbundener Reiseleistungen im Zeitpunkt des Vertragsschlusses seine Niederlassung im Sinne des § 4 Absatz 3 der Gewerbeordnung weder in einem Mitgliedstaat der Europäischen Union noch einem anderen Vertragsstaat des Abkommens über den Europäischen Wirtschaftsraum und

---

[1)] Neubekanntmachung des EGBGB v. 18.8.1896 (RGBl. S. 604) in der ab 1.10.1994 geltenden Fassung.

1. vermittelt er verbundene Reiseleistungen in einem Mitgliedstaat der Europäischen Union oder einem anderen Vertragsstaat des Abkommens über den Europäischen Wirtschaftsraum oder bietet er sie dort zur Vermittlung an oder
2. richtet er seine Vermittlungstätigkeit auf einen Mitgliedstaat der Europäischen Union oder einen anderen Vertragsstaat des Abkommens über den Europäischen Wirtschaftsraum aus,

so sind die sachrechtlichen Vorschriften anzuwenden, die der in Nummer 1 oder Nummer 2 genannte Staat zur Umsetzung des Artikels 19 Absatz 1 in Verbindung mit Artikel 17 und des Artikels 19 Absatz 3 der Richtlinie (EU) 2015/2302 erlassen hat, sofern der Vertrag in den Bereich dieser Tätigkeit fällt.

(3) Hat der Vermittler verbundener Reiseleistungen in dem nach Artikel 251 § 1 maßgeblichen Zeitpunkt seine Niederlassung im Sinne des § 4 Absatz 3 der Gewerbeordnung weder in einem Mitgliedstaat der Europäischen Union noch in einem anderen Vertragsstaat des Abkommens über den Europäischen Wirtschaftsraum und richtet er seine Vermittlungstätigkeit auf einen Mitgliedstaat der Europäischen Union oder einen anderen Vertragsstaat des Abkommens über den Europäischen Wirtschaftsraum aus, so sind die sachrechtlichen Vorschriften anzuwenden, die der Staat, auf den die Vermittlungstätigkeit ausgerichtet ist, zur Umsetzung des Artikels 19 Absatz 2 und 3 der Richtlinie (EU) 2015/2302 erlassen hat, sofern der in Aussicht genommene Vertrag in den Bereich dieser Tätigkeit fällt.

Dritter Unterabschnitt. Durchführung der Verordnung (EG) Nr. 593/2008[1]

Art. 46d Pflichtversicherungsverträge. (1) Ein Versicherungsvertrag über Risiken, für die ein Mitgliedstaat der Europäischen Union oder ein anderer Vertragsstaat des Abkommens über den Europäischen Wirtschaftsraum eine Versicherungspflicht vorschreibt, unterliegt dem Recht dieses Staates, sofern dieser dessen Anwendung vorschreibt.

(2) Ein über eine Pflichtversicherung abgeschlossener Vertrag unterliegt deutschem Recht, wenn die gesetzliche Verpflichtung zu seinem Abschluss auf deutschem Recht beruht.

Siebter Teil. Durchführung des Bürgerlichen Gesetzbuchs, Verordnungsermächtigungen, Länderöffnungsklauseln, Informationspflichten

Art. 246 Informationspflichten beim Verbrauchervertrag. (1) Der Unternehmer ist, sofern sich diese Informationen nicht aus den Umständen ergeben, nach § 312a Absatz 2 des Bürgerlichen Gesetzbuchs verpflichtet, dem Verbraucher vor Abgabe von dessen Vertragserklärung folgende Informationen in klarer und verständlicher Weise zur Verfügung zu stellen:

1. die wesentlichen Eigenschaften der Waren oder Dienstleistungen in dem für den Datenträger und die Waren oder Dienstleistungen angemessenen Umfang,
2. seine Identität, beispielsweise seinen Handelsnamen und die Anschrift des Ortes, an dem er niedergelassen ist, sowie seine Telefonnummer,

---

[1] Auszugsweise abgedruckt unter Nr. **15**.

3. den Gesamtpreis der Waren und Dienstleistungen einschließlich aller Steuern und Abgaben oder in den Fällen, in denen der Preis auf Grund der Beschaffenheit der Ware oder Dienstleistung vernünftigerweise nicht im Voraus berechnet werden kann, die Art der Preisberechnung sowie gegebenenfalls alle zusätzlichen Fracht-, Liefer- oder Versandkosten und alle sonstigen Kosten oder in den Fällen, in denen diese Kosten vernünftigerweise nicht im Voraus berechnet werden können, die Tatsache, dass solche zusätzlichen Kosten anfallen können,
4. gegebenenfalls die Zahlungs-, Liefer- und Leistungsbedingungen, den Termin, bis zu dem sich der Unternehmer verpflichtet hat, die Waren zu liefern oder die Dienstleistungen zu erbringen, sowie das Verfahren des Unternehmers zum Umgang mit Beschwerden,
5. das Bestehen eines gesetzlichen Mängelhaftungsrechts für die Waren und gegebenenfalls das Bestehen und die Bedingungen von Kundendienstleistungen und Garantien,
6. gegebenenfalls die Laufzeit des Vertrags oder die Bedingungen der Kündigung unbefristeter Verträge oder sich automatisch verlängernder Verträge,
7. gegebenenfalls die Funktionsweise digitaler Inhalte, einschließlich anwendbarer technischer Schutzmaßnahmen für solche Inhalte, und
8. gegebenenfalls, soweit wesentlich, Beschränkungen der Interoperabilität und der Kompatibilität digitaler Inhalte mit Hard- und Software, soweit diese Beschränkungen dem Unternehmer bekannt sind oder bekannt sein müssen.

(2) Absatz 1 ist nicht anzuwenden auf Verträge, die Geschäfte des täglichen Lebens zum Gegenstand haben und bei Vertragsschluss sofort erfüllt werden.

(3) [1] Steht dem Verbraucher ein Widerrufsrecht zu, ist der Unternehmer verpflichtet, den Verbraucher in Textform über sein Widerrufsrecht zu belehren. [2] Die Widerrufsbelehrung muss deutlich gestaltet sein und dem Verbraucher seine wesentlichen Rechte in einer dem benutzten Kommunikationsmittel angepassten Weise deutlich machen. [3] Sie muss Folgendes enthalten:

1. einen Hinweis auf das Recht zum Widerruf,
2. einen Hinweis darauf, dass der Widerruf durch Erklärung gegenüber dem Unternehmer erfolgt und keiner Begründung bedarf,
3. den Namen und die ladungsfähige Anschrift desjenigen, gegenüber dem der Widerruf zu erklären ist, und
4. einen Hinweis auf Dauer und Beginn der Widerrufsfrist sowie darauf, dass zur Fristwahrung die rechtzeitige Absendung der Widerrufserklärung genügt.

15. Verordnung (EG) Nr. 593/2008 des Europäischen Parlaments und des Rates vom 17. Juni 2008 über das auf vertragliche Schuldverhältnisse anzuwendende Recht (Rom I)

(ABl. L 177 S. 6, ber. 2009 L 309 S. 87)

Celex-Nr. 3 2008 R 0593

– Auszug –

Kapitel I. Anwendungsbereich

Art. 1 Anwendungsbereich. (1) Diese Verordnung gilt für vertragliche Schuldverhältnisse in Zivil- und Handelssachen, die eine Verbindung zum Recht verschiedener Staaten aufweisen.

Sie gilt insbesondere nicht für Steuer- und Zollsachen sowie verwaltungsrechtliche Angelegenheiten.

(2) Vom Anwendungsbereich dieser Verordnung ausgenommen sind:

a) der Personenstand sowie die Rechts-, Geschäfts- und Handlungsfähigkeit von natürlichen Personen, unbeschadet des Artikels 13;

b) Schuldverhältnisse aus einem Familienverhältnis oder aus Verhältnissen, die nach dem auf diese Verhältnisse anzuwendenden Recht vergleichbare Wirkungen entfalten, einschließlich der Unterhaltspflichten;

c) Schuldverhältnisse aus ehelichen Güterständen, aus Güterständen aufgrund von Verhältnissen, die nach dem auf diese Verhältnisse anzuwendenden Recht mit der Ehe vergleichbare Wirkungen entfalten, und aus Testamenten und Erbrecht;

d) Verpflichtungen aus Wechseln, Schecks, Eigenwechseln und anderen handelbaren Wertpapieren, soweit die Verpflichtungen aus diesen anderen Wertpapieren aus deren Handelbarkeit entstehen;

e) Schieds- und Gerichtsstandsvereinbarungen;

f) Fragen betreffend das Gesellschaftsrecht, das Vereinsrecht und das Recht der juristischen Personen, wie die Errichtung durch Eintragung oder auf andere Weise, die Rechts- und Handlungsfähigkeit, die innere Verfassung und die Auflösung von Gesellschaften, Vereinen und juristischen Personen sowie die persönliche Haftung der Gesellschafter und der Organe für die Verbindlichkeiten einer Gesellschaft, eines Vereins oder einer juristischen Person;

g) die Frage, ob ein Vertreter die Person, für deren Rechnung er zu handeln vorgibt, Dritten gegenüber verpflichten kann, oder ob ein Organ einer Gesellschaft, eines Vereins oder einer anderen juristischen Person diese Gesellschaft, diesen Verein oder diese juristische Person gegenüber Dritten verpflichten kann;

h) die Gründung von „Trusts" sowie die dadurch geschaffenen Rechtsbeziehungen zwischen den Verfügenden, den Treuhändern und den Begünstigten;

i) Schuldverhältnisse aus Verhandlungen vor Abschluss eines Vertrags;

j) Versicherungsverträge aus von anderen Einrichtungen als den in Artikel 2 der Richtlinie 2002/83/EG des Europäischen Parlaments und des Rates vom 5. November 2002 über Lebensversicherungen[1] genannten Unternehmen durchgeführten Geschäften, deren Zweck darin besteht, den unselbstständig oder selbstständig tätigen Arbeitskräften eines Unternehmens oder einer Unternehmensgruppe oder den Angehörigen eines Berufes oder einer Berufsgruppe im Todes- oder Erlebensfall oder bei Arbeitseinstellung oder bei Minderung der Erwerbstätigkeit oder bei arbeitsbedingter Krankheit oder Arbeitsunfällen Leistungen zu gewähren.

(3) Diese Verordnung gilt unbeschadet des Artikels 18 nicht für den Beweis und das Verfahren.

(4) [1] Im Sinne dieser Verordnung bezeichnet der Begriff „Mitgliedstaat“ die Mitgliedstaaten, auf die diese Verordnung anwendbar ist. [2] In Artikel 3 Absatz 4 und Artikel 7 bezeichnet der Begriff jedoch alle Mitgliedstaaten.

Kapitel II. Einheitliche Kollisionsnormen

Art. 3 Freie Rechtswahl. (1) [1] Der Vertrag unterliegt dem von den Parteien gewählten Recht. [2] Die Rechtswahl muss ausdrücklich erfolgen oder sich eindeutig aus den Bestimmungen des Vertrags oder aus den Umständen des Falles ergeben. [3] Die Parteien können die Rechtswahl für ihren ganzen Vertrag oder nur für einen Teil desselben treffen.

(2) [1] Die Parteien können jederzeit vereinbaren, dass der Vertrag nach einem anderen Recht zu beurteilen ist als dem, das zuvor entweder aufgrund einer früheren Rechtswahl nach diesem Artikel oder aufgrund anderer Vorschriften dieser Verordnung für ihn maßgebend war. [2] Die Formgültigkeit des Vertrags im Sinne des Artikels 11 und Rechte Dritter werden durch eine nach Vertragsschluss erfolgende Änderung der Bestimmung des anzuwendenden Rechts nicht berührt.

(3) Sind alle anderen Elemente des Sachverhalts zum Zeitpunkt der Rechtswahl in einem anderen als demjenigen Staat belegen, dessen Recht gewählt wurde, so berührt die Rechtswahl der Parteien nicht die Anwendung derjenigen Bestimmungen des Rechts dieses anderen Staates, von denen nicht durch Vereinbarung abgewichen werden kann.

(4) Sind alle anderen Elemente des Sachverhalts zum Zeitpunkt der Rechtswahl in einem oder mehreren Mitgliedstaaten belegen, so berührt die Wahl des Rechts eines Drittstaats durch die Parteien nicht die Anwendung der Bestimmungen des Gemeinschaftsrechts – gegebenenfalls in der von dem Mitgliedstaat des angerufenen Gerichts umgesetzten Form –, von denen nicht durch Vereinbarung abgewichen werden kann.

(5) Auf das Zustandekommen und die Wirksamkeit der Einigung der Parteien über das anzuwendende Recht finden die Artikel 10, 11 und 13 Anwendung.

---

[1] **Amtl. Anm.:** ABl. L 345 vom 19.12.2002, S. 1. Zuletzt geändert durch die Richtlinie 2008/19/EG (ABl. L 76 vom 19.3.2008, S. 44).

Art. 4 Mangels Rechtswahl anzuwendendes Recht. (1) Soweit die Parteien keine Rechtswahl gemäß Artikel 3 getroffen haben, bestimmt sich das auf den Vertrag anzuwendende Recht unbeschadet der Artikel 5 bis 8 wie folgt:

a) Kaufverträge über bewegliche Sachen unterliegen dem Recht des Staates, in dem der Verkäufer seinen gewöhnlichen Aufenthalt hat.

b) Dienstleistungsverträge unterliegen dem Recht des Staates, in dem der Dienstleister seinen gewöhnlichen Aufenthalt hat.

c) Verträge, die ein dingliches Recht an unbeweglichen Sachen sowie die Miete oder Pacht unbeweglicher Sachen zum Gegenstand haben, unterliegen dem Recht des Staates, in dem die unbewegliche Sache belegen ist.

d) Ungeachtet des Buchstabens c unterliegt die Miete oder Pacht unbeweglicher Sachen für höchstens sechs aufeinander folgende Monate zum vorübergehenden privaten Gebrauch dem Recht des Staates, in dem der Vermieter oder Verpächter seinen gewöhnlichen Aufenthalt hat, sofern der Mieter oder Pächter eine natürliche Person ist und seinen gewöhnlichen Aufenthalt in demselben Staat hat.

e) Franchiseverträge unterliegen dem Recht des Staates, in dem der Franchisenehmer seinen gewöhnlichen Aufenthalt hat.

f) Vertriebsverträge unterliegen dem Recht des Staates, in dem der Vertriebshändler seinen gewöhnlichen Aufenthalt hat.

g) Verträge über den Kauf beweglicher Sachen durch Versteigerung unterliegen dem Recht des Staates, in dem die Versteigerung abgehalten wird, sofern der Ort der Versteigerung bestimmt werden kann.

h) Verträge, die innerhalb eines multilateralen Systems geschlossen werden, das die Interessen einer Vielzahl Dritter am Kauf und Verkauf von Finanzinstrumenten im Sinne von Artikel 4 Absatz 1 Nummer 17 der Richtlinie 2004/39/EG nach nicht diskretionären Regeln und nach Maßgabe eines einzigen Rechts zusammenführt oder das Zusammenführen fördert, unterliegen diesem Recht.

(2) Fällt der Vertrag nicht unter Absatz 1 oder sind die Bestandteile des Vertrags durch mehr als einen der Buchstaben a bis h des Absatzes 1 abgedeckt, so unterliegt der Vertrag dem Recht des Staates, in dem die Partei, welche die für den Vertrag charakteristische Leistung zu erbringen hat, ihren gewöhnlichen Aufenthalt hat.

(3) Ergibt sich aus der Gesamtheit der Umstände, dass der Vertrag eine offensichtlich engere Verbindung zu einem anderen als dem nach Absatz 1 oder 2 bestimmten Staat aufweist, so ist das Recht dieses anderen Staates anzuwenden.

(4) Kann das anzuwendende Recht nicht nach Absatz 1 oder 2 bestimmt werden, so unterliegt der Vertrag dem Recht des Staates, zu dem er die engste Verbindung aufweist.

Art. 7 Versicherungsverträge. (1) [1] Dieser Artikel gilt für Verträge nach Absatz 2, unabhängig davon, ob das gedeckte Risiko in einem Mitgliedstaat belegen ist, und für alle anderen Versicherungsverträge, durch die Risiken gedeckt werden, die im Gebiet der Mitgliedstaaten belegen sind. [2] Er gilt nicht für Rückversicherungsverträge.

(2) Versicherungsverträge, die Großrisiken im Sinne von Artikel 5 Buchstabe d der Ersten Richtlinie 73/239/EWG des Rates vom 24. Juli 1973 zur Koordinierung der Rechts- und Verwaltungsvorschriften betreffend die Aufnahme und Ausübung der Tätigkeit der Direktversicherung (mit Ausnahme der Lebensversicherung)[1)] decken, unterliegen dem von den Parteien nach Artikel 3 der vorliegenden Verordnung gewählten Recht.

[1] Soweit die Parteien keine Rechtswahl getroffen haben, unterliegt der Versicherungsvertrag dem Recht des Staats, in dem der Versicherer seinen gewöhnlichen Aufenthalt hat. [2] Ergibt sich aus der Gesamtheit der Umstände, dass der Vertrag eine offensichtlich engere Verbindung zu einem anderen Staat aufweist, ist das Recht dieses anderen Staates anzuwenden.

(3) Für Versicherungsverträge, die nicht unter Absatz 2 fallen, dürfen die Parteien nur die folgenden Rechte im Einklang mit Artikel 3 wählen:

a) das Recht eines jeden Mitgliedstaats, in dem zum Zeitpunkt des Vertragsschlusses das Risiko belegen ist;

b) das Recht des Staates, in dem der Versicherungsnehmer seinen gewöhnlichen Aufenthalt hat;

c) bei Lebensversicherungen das Recht des Mitgliedstaats, dessen Staatsangehörigkeit der Versicherungsnehmer besitzt;

d) für Versicherungsverträge, bei denen sich die gedeckten Risiken auf Schadensfälle beschränken, die in einem anderen Mitgliedstaat als dem Mitgliedstaat, in dem das Risiko belegen ist, eintreten können, das Recht jenes Mitgliedstaats;

e) wenn der Versicherungsnehmer eines Vertrags im Sinne dieses Absatzes eine gewerbliche oder industrielle Tätigkeit ausübt oder freiberuflich tätig ist und der Versicherungsvertrag zwei oder mehr Risiken abdeckt, die mit dieser Tätigkeit in Zusammenhang stehen und in unterschiedlichen Mitgliedstaaten belegen sind, das Recht eines betroffenen Mitgliedstaats oder das Recht des Staates des gewöhnlichen Aufenthalts des Versicherungsnehmers.

Räumen in den Fällen nach den Buchstaben a, b oder e die betreffenden Mitgliedstaaten eine größere Wahlfreiheit bezüglich des auf den Versicherungsvertrag anwendbaren Rechts ein, so können die Parteien hiervon Gebrauch machen.

Soweit die Parteien keine Rechtswahl gemäß diesem Absatz getroffen haben unterliegt der Vertrag dem Recht des Mitgliedstaats, in dem zum Zeitpunkt des Vertragsschlusses das Risiko belegen ist.

(4) Die folgenden zusätzlichen Regelungen gelten für Versicherungsverträge über Risiken, für die ein Mitgliedstaat eine Versicherungspflicht vorschreibt:

a) Der Versicherungsvertrag genügt der Versicherungspflicht nur, wenn er den von dem die Versicherungspflicht auferlegenden Mitgliedstaat vorgeschriebenen besonderen Bestimmungen für diese Versicherung entspricht. Widerspricht sich das Recht des Mitgliedstaats, in dem das Risiko belegen ist, und dasjenige des Mitgliedstaats, der die Versicherungspflicht vorschreibt, so hat das letztere Vorrang.

[1)] **Amtl. Anm.:** ABl. L 228 vom 16.8.1973, S. 3. Zuletzt geändert durch die Richtlinie 2005/68/EG des Europäischen Parlaments und des Rates (ABl. L 323 vom 9.12.2006, S. 1).

b) Ein Mitgliedstaat kann abweichend von den Absätzen 2 und 3 vorschreiben, dass auf den Versicherungsvertrag das Recht des Mitgliedstaats anzuwenden ist, der die Versicherungspflicht vorschreibt.

(5) Deckt der Vertrag in mehr als einem Mitgliedstaat belegene Risiken, so ist für die Zwecke von Absatz 3 Unterabsatz 3 und Absatz 4 der Vertrag als aus mehreren Verträgen bestehend anzusehen, von denen sich jeder auf jeweils nur einen Mitgliedstaat bezieht.

(6) Für die Zwecke dieses Artikels bestimmt sich der Staat, in dem das Risiko belegen ist, nach Artikel 2 Buchstabe d der Zweiten Richtlinie 88/357/EWG des Rates vom 22. Juni 1988 zur Koordinierung der Rechts- und Verwaltungsvorschriften für die Direktversicherung (mit Ausnahme der Lebensversicherung) und zur Erleichterung der tatsächlichen Ausübung des freien Dienstleistungsverkehrs[1)], und bei Lebensversicherungen ist der Staat, in dem das Risiko belegen ist, der Staat der Verpflichtung im Sinne von Artikel 1 Absatz 1 Buchstabe g der Richtlinie 2002/83/EG.

Art. 9 Eingriffsnormen. (1) Eine Eingriffsnorm ist eine zwingende Vorschrift, deren Einhaltung von einem Staat als so entscheidend für die Wahrung seines öffentlichen Interesses, insbesondere seiner politischen, sozialen oder wirtschaftlichen Organisation, angesehen wird, dass sie ungeachtet des nach Maßgabe dieser Verordnung auf den Vertrag anzuwendenden Rechts auf alle Sachverhalte anzuwenden ist, die in ihren Anwendungsbereich fallen.

(2) Diese Verordnung berührt nicht die Anwendung der Eingriffsnormen des Rechts des angerufenen Gerichts.

(3) [1] Den Eingriffsnormen des Staates, in dem die durch den Vertrag begründeten Verpflichtungen erfüllt werden sollen oder erfüllt worden sind, kann Wirkung verliehen werden, soweit diese Eingriffsnormen die Erfüllung des Vertrags unrechtmäßig werden lassen. [2] Bei der Entscheidung, ob diesen Eingriffsnormen Wirkung zu verleihen ist, werden Art und Zweck dieser Normen sowie die Folgen berücksichtigt, die sich aus ihrer Anwendung oder Nichtanwendung ergeben würden.

Art. 14 Übertragung der Forderung. (1) Das Verhältnis zwischen Zedent und Zessionar aus der Übertragung einer Forderung gegen eine andere Person („Schuldner") unterliegt dem Recht, das nach dieser Verordnung auf den Vertrag zwischen Zedent und Zessionar anzuwenden ist.

(2) Das Recht, dem die übertragene Forderung unterliegt, bestimmt ihre Übertragbarkeit, das Verhältnis zwischen Zessionar und Schuldner, die Voraussetzungen, unter denen die Übertragung dem Schuldner entgegengehalten werden kann, und die befreiende Wirkung einer Leistung durch den Schuldner.

(3) Der Begriff „Übertragung" in diesem Artikel umfasst die vollkommene Übertragung von Forderungen, die Übertragung von Forderungen zu Sicherungszwecken sowie von Pfandrechten oder anderen Sicherungsrechten an Forderungen.

[1)] **Amtl. Anm.:** ABl. L 172 vom 4.7.1988, S. 1. Zuletzt geändert durch die Richtlinie 2005/14/EG des Europäischen Parlaments und des Rates (ABl. L 149 vom 11.6.2005, S. 14).

Art. 15 Gesetzlicher Forderungsübergang. Hat eine Person („Gläubiger") eine vertragliche Forderung gegen eine andere Person („Schuldner") und ist ein Dritter verpflichtet, den Gläubiger zu befriedigen, oder hat er den Gläubiger aufgrund dieser Verpflichtung befriedigt, so bestimmt das für die Verpflichtung des Dritten gegenüber dem Gläubiger maßgebende Recht, ob und in welchem Umfang der Dritte die Forderung des Gläubigers gegen den Schuldner nach dem für deren Beziehung maßgebenden Recht geltend zu machen berechtigt ist.

16. Handelsgesetzbuch

Vom 10. Mai 1897
(RGBl. S. 219)

BGBl. III/FNA 4100-1

zuletzt geänd. durch Art. 1 Gesetz v. 12.8.2020 (BGBl. I S. 1874)

– Auszug –

Nichtamtliche Inhaltsübersicht

Erstes Buch. Handelsstand

Erster Abschnitt. Kaufleute

§ 1 [Istkaufmann] (1) Kaufmann im Sinne dieses Gesetzbuchs ist, wer ein Handelsgewerbe betreibt.

(2) Handelsgewerbe ist jeder Gewerbebetrieb, es sei denn, daß das Unternehmen nach Art oder Umfang einen in kaufmännischer Weise eingerichteten Geschäftsbetrieb nicht erfordert.

§ 2 [Kannkaufmann] [1] Ein gewerbliches Unternehmen, dessen Gewerbebetrieb nicht schon nach § 1 Abs. 2 Handelsgewerbe ist, gilt als Handelsgewerbe im Sinne dieses Gesetzbuchs, wenn die Firma des Unternehmens in das Handelsregister eingetragen ist. [2] Der Unternehmer ist berechtigt, aber nicht verpflichtet, die Eintragung nach den für die Eintragung kaufmännischer Firmen geltenden Vorschriften herbeizuführen. [3] Ist die Eintragung erfolgt, so findet eine Löschung der Firma auch auf Antrag des Unternehmers statt, sofern nicht die Voraussetzung des § 1 Abs. 2 eingetreten ist.

Fünfter Abschnitt. Prokura und Handlungsvollmacht

§ 48 [Erteilung der Prokura; Gesamtprokura] (1) Die Prokura kann nur von dem Inhaber des Handelsgeschäfts oder seinem gesetzlichen Vertreter und nur mittels ausdrücklicher Erklärung erteilt werden.

(2) Die Erteilung kann an mehrere Personen gemeinschaftlich erfolgen (Gesamtprokura).

§ 54 [Handlungsvollmacht] (1) Ist jemand ohne Erteilung der Prokura zum Betrieb eines Handelsgewerbes oder zur Vornahme einer bestimmten zu einem Handelsgewerbe gehörigen Art von Geschäften oder zur Vornahme einzelner zu einem Handelsgewerbe gehöriger Geschäfte ermächtigt, so erstreckt sich die Vollmacht (Handlungsvollmacht) auf alle Geschäfte und Rechtshandlungen, die der Betrieb eines derartigen Handelsgewerbes oder die Vornahme derartiger Geschäfte gewöhnlich mit sich bringt.

(2) Zur Veräußerung oder Belastung von Grundstücken, zur Eingehung von Wechselverbindlichkeiten, zur Aufnahme von Darlehen und zur Prozeßführung ist der Handlungsbevollmächtigte nur ermächtigt, wenn ihm eine solche Befugnis besonders erteilt ist.

(3) Sonstige Beschränkungen der Handlungsvollmacht braucht ein Dritter nur dann gegen sich gelten zu lassen, wenn er sie kannte oder kennen mußte.

Sechster Abschnitt. Handlungsgehilfen und Handlungslehrlinge

§ 59 [Handlungsgehilfe] [1] Wer in einem Handelsgewerbe zur Leistung kaufmännischer Dienste gegen Entgelt angestellt ist (Handlungsgehilfe), hat, soweit nicht besondere Vereinbarungen über die Art und den Umfang seiner Dienstleistungen oder über die ihm zukommende Vergütung getroffen sind, die dem Ortsgebrauch entsprechenden Dienste zu leisten sowie die dem Ortsgebrauch entsprechende Vergütung zu beanspruchen. [2] In Ermangelung eines Ortsgebrauchs gelten die den Umständen nach angemessenen Leistungen als vereinbart.

§ 60 [Gesetzliches Wettbewerbsverbot] (1) Der Handlungsgehilfe darf ohne Einwilligung des Prinzipals weder ein Handelsgewerbe betreiben noch in dem Handelszweige des Prinzipals für eigene oder fremde Rechnung Geschäfte machen.

(2) Die Einwilligung zum Betrieb eines Handelsgewerbes gilt als erteilt, wenn dem Prinzipal bei der Anstellung des Gehilfen bekannt ist, daß er das Gewerbe betreibt, und der Prinzipal die Aufgabe des Betriebs nicht ausdrücklich vereinbart.

§ 61 [Verletzung des Wettbewerbsverbots] (1) Verletzt der Handlungsgehilfe die ihm nach § 60 obliegende Verpflichtung, so kann der Prinzipal Schadensersatz fordern; er kann statt dessen verlangen, daß der Handlungsgehilfe die für eigene Rechnung gemachten Geschäfte als für Rechnung des Prinzipals eingegangen gelten lasse und die aus Geschäften für fremde Rechnung bezogene Vergütung herausgebe oder seinen Anspruch auf die Vergütung abtrete.

(2) Die Ansprüche verjähren in drei Monaten von dem Zeitpunkt an, in welchem der Prinzipal Kenntnis von dem Abschluss des Geschäfts erlangt oder

ohne grobe Fahrlässigkeit erlangen müsste; sie verjähren ohne Rücksicht auf diese Kenntnis oder grob fahrlässige Unkenntnis in fünf Jahren von dem Abschluss des Geschäfts an.

§ 62 [Fürsorgepflicht des Arbeitgebers] (1) Der Prinzipal ist verpflichtet, die Geschäftsräume und die für den Geschäftsbetrieb bestimmten Vorrichtungen und Gerätschaften so einzurichten und zu unterhalten, auch den Geschäftsbetrieb und die Arbeitszeit so zu regeln, daß der Handlungsgehilfe gegen eine Gefährdung seiner Gesundheit, soweit die Natur des Betriebs es gestattet, geschützt und die Aufrechterhaltung der guten Sitten und des Anstandes gesichert ist.

(2) Ist der Handlungsgehilfe in die häusliche Gemeinschaft aufgenommen, so hat der Prinzipal in Ansehung des Wohn- und Schlafraums, der Verpflegung sowie der Arbeits- und Erholungszeit diejenigen Einrichtungen und Anordnungen zu treffen, welche mit Rücksicht auf die Gesundheit, die Sittlichkeit und die Religion des Handlungsgehilfen erforderlich sind.

(3) Erfüllt der Prinzipal die ihm in Ansehung des Lebens und der Gesundheit des Handlungsgehilfen obliegenden Verpflichtungen nicht, so finden auf seine Verpflichtung zum Schadensersatze die für unerlaubte Handlungen geltenden Vorschriften der §§ 842 bis 846 des Bürgerlichen Gesetzbuchs[1)] entsprechende Anwendung.

(4) Die dem Prinzipal hiernach obliegenden Verpflichtungen können nicht im voraus durch Vertrag aufgehoben oder beschränkt werden.

§ 64 [Gehaltszahlung] [1] Die Zahlung des dem Handlungsgehilfen zukommenden Gehalts hat am Schlusse jedes Monats zu erfolgen. [2] Eine Vereinbarung, nach der die Zahlung des Gehalts später erfolgen soll, ist nichtig.

§ 65 [Provision] Ist bedungen, daß der Handlungsgehilfe für Geschäfte, die von ihm geschlossen oder vermittelt werden, Provision erhalten solle, so sind die für die Handelsvertreter geltenden Vorschriften des § 87 Abs. 1 und 3 sowie der §§ 87a bis 87c anzuwenden.

Siebenter Abschnitt. Handelsvertreter

§ 84 [Begriff des Handelsvertreters] (1) [1] Handelsvertreter ist, wer als selbständiger Gewerbetreibender ständig damit betraut ist, für einen anderen Unternehmer (Unternehmer) Geschäfte zu vermitteln oder in dessen Namen abzuschließen. [2] Selbständig ist, wer im wesentlichen frei seine Tätigkeit gestalten und seine Arbeitszeit bestimmen kann.

(2) Wer, ohne selbständig im Sinne des Absatzes 1 zu sein, ständig damit betraut ist, für einen Unternehmer Geschäfte zu vermitteln oder in dessen Namen abzuschließen, gilt als Angestellter.

(3) Der Unternehmer kann auch ein Handelsvertreter sein.

(4) Die Vorschriften dieses Abschnittes finden auch Anwendung, wenn das Unternehmen des Handelsvertreters nach Art oder Umfang einen in kaufmännischer Weise eingerichteten Geschäftsbetrieb nicht erfordert.

[1)] Nr. **13**.

§ 85 [Vertragsurkunde] [1]Jeder Teil kann verlangen, daß der Inhalt des Vertrages sowie spätere Vereinbarungen zu dem Vertrag in eine vom anderen Teil unterzeichnete Urkunde aufgenommen werden. [2]Dieser Anspruch kann nicht ausgeschlossen werden.

§ 86 [Pflichten des Handelsvertreters] (1) Der Handelsvertreter hat sich um die Vermittlung oder den Abschluß von Geschäften zu bemühen; er hat hierbei das Interesse des Unternehmers wahrzunehmen.

(2) Er hat dem Unternehmer die erforderlichen Nachrichten zu geben, namentlich ihm von jeder Geschäftsvermittlung und von jedem Geschäftsabschluß unverzüglich Mitteilung zu machen.

(3) Er hat seine Pflichten mit der Sorgfalt eines ordentlichen Kaufmanns wahrzunehmen.

(4) Von den Absätzen 1 und 2 abweichende Vereinbarungen sind unwirksam.

§ 86a [Pflichten des Unternehmers] (1) Der Unternehmer hat dem Handelsvertreter die zur Ausübung seiner Tätigkeit erforderlichen Unterlagen, wie Muster, Zeichnungen, Preislisten, Werbedrucksachen, Geschäftsbedingungen, zur Verfügung zu stellen.

(2) [1]Der Unternehmer hat dem Handelsvertreter die erforderlichen Nachrichten zu geben. [2]Er hat ihm unverzüglich die Annahme oder Ablehnung eines vom Handelsvertreter vermittelten oder ohne Vertretungsmacht abgeschlossenen Geschäfts und die Nichtausführung eines von ihm vermittelten oder abgeschlossenen Geschäfts mitzuteilen. [3]Er hat ihn unverzüglich zu unterrichten, wenn er Geschäfte voraussichtlich nur in erheblich geringerem Umfange abschließen kann oder will, als der Handelsvertreter unter gewöhnlichen Umständen erwarten konnte.

(3) Von den Absätzen 1 und 2 abweichende Vereinbarungen sind unwirksam.

§ 86b [Delkredereprovision] (1) [1]Verpflichtet sich ein Handelsvertreter, für die Erfüllung der Verbindlichkeit aus einem Geschäft einzustehen, so kann er eine besondere Vergütung (Delkredereprovision) beanspruchen; der Anspruch kann im voraus nicht ausgeschlossen werden. [2]Die Verpflichtung kann nur für ein bestimmtes Geschäft oder für solche Geschäfte mit bestimmten Dritten übernommen werden, die der Handelsvertreter vermittelt oder abschließt. [3]Die Übernahme bedarf der Schriftform.

(2) Der Anspruch auf die Delkredereprovision entsteht mit dem Abschluß des Geschäfts.

(3) [1]Absatz 1 gilt nicht, wenn der Unternehmer oder der Dritte seine Niederlassung oder beim Fehlen einer solchen seinen Wohnsitz im Ausland hat. [2]Er gilt ferner nicht für Geschäfte, zu deren Abschluß und Ausführung der Handelsvertreter unbeschränkt bevollmächtigt ist.

§ 87 [Provisionspflichtige Geschäfte] (1) [1]Der Handelsvertreter hat Anspruch auf Provision für alle während des Vertragsverhältnisses abgeschlossenen Geschäfte, die auf seine Tätigkeit zurückzuführen sind oder mit Dritten abgeschlossen werden, die er als Kunden für Geschäfte der gleichen Art geworben hat. [2]Ein Anspruch auf Provision besteht für ihn nicht, wenn und soweit die Provision nach Absatz 3 dem ausgeschiedenen Handelsvertreter zusteht.

(2) [1]Ist dem Handelsvertreter ein bestimmter Bezirk oder ein bestimmter Kundenkreis zugewiesen, so hat er Anspruch auf Provision auch für die Geschäfte, die ohne seine Mitwirkung mit Personen seines Bezirkes oder seines Kundenkreises während des Vertragsverhältnisses abgeschlossen sind. [2]Dies gilt nicht, wenn und soweit die Provision nach Absatz 3 dem ausgeschiedenen Handelsvertreter zusteht.

(3) [1]Für ein Geschäft, das erst nach Beendigung des Vertragsverhältnisses abgeschlossen ist, hat der Handelsvertreter Anspruch auf Provision nur, wenn

1. er das Geschäft vermittelt hat oder es eingeleitet und so vorbereitet hat, daß der Abschluß überwiegend auf seine Tätigkeit zurückzuführen ist, und das Geschäft innerhalb einer angemessenen Frist nach Beendigung des Vertragsverhältnisses abgeschlossen worden ist oder
2. vor Beendigung des Vertragsverhältnisses das Angebot des Dritten zum Abschluß eines Geschäfts, für das der Handelsvertreter nach Absatz 1 Satz 1 oder Absatz 2 Satz 1 Anspruch auf Provision hat, dem Handelsvertreter oder dem Unternehmer zugegangen ist.

[2]Der Anspruch auf Provision nach Satz 1 steht dem nachfolgenden Handelsvertreter anteilig zu, wenn wegen besonderer Umstände eine Teilung der Provision der Billigkeit entspricht.

(4) Neben dem Anspruch auf Provision für abgeschlossene Geschäfte hat der Handelsvertreter Anspruch auf Inkassoprovision für die von ihm auftragsgemäß eingezogenen Beträge.

§ 87a [Fälligkeit der Provision] (1) [1]Der Handelsvertreter hat Anspruch auf Provision, sobald und soweit der Unternehmer das Geschäft ausgeführt hat. [2]Eine abweichende Vereinbarung kann getroffen werden, jedoch hat der Handelsvertreter mit der Ausführung des Geschäfts durch den Unternehmer Anspruch auf einen angemessenen Vorschuß, der spätestens am letzten Tag des folgenden Monats fällig ist. [3]Unabhängig von einer Vereinbarung hat jedoch der Handelsvertreter Anspruch auf Provision, sobald und soweit der Dritte das Geschäft ausgeführt hat.

(2) Steht fest, daß der Dritte nicht leistet, so entfällt der Anspruch auf Provision; bereits empfangene Beträge sind zurückzugewähren.

(3) [1]Der Handelsvertreter hat auch dann einen Anspruch auf Provision, wenn feststeht, daß der Unternehmer das Geschäft ganz oder teilweise nicht oder nicht so ausführt, wie es abgeschlossen worden ist. [2]Der Anspruch entfällt im Falle der Nichtausführung, wenn und soweit diese auf Umständen beruht, die vom Unternehmer nicht zu vertreten sind.

(4) Der Anspruch auf Provision wird am letzten Tag des Monats fällig, in dem nach § 87c Abs. 1 über den Anspruch abzurechnen ist.

(5) Von Absatz 2 erster Halbsatz, Absätze 3 und 4 abweichende, für den Handelsvertreter nachteilige Vereinbarungen sind unwirksam.

§ 87b [Höhe der Provision] (1) Ist die Höhe der Provision nicht bestimmt, so ist der übliche Satz als vereinbart anzusehen.

(2) [1]Die Provision ist von dem Entgelt zu berechnen, das der Dritte oder der Unternehmer zu leisten hat. [2]Nachlässe bei Barzahlung sind nicht abzuziehen;

dasselbe gilt für Nebenkosten, namentlich für Fracht, Verpackung, Zoll, Steuern, es sei denn, daß die Nebenkosten dem Dritten besonders in Rechnung gestellt sind. [3]Die Umsatzsteuer, die lediglich auf Grund der steuerrechtlichen Vorschriften in der Rechnung gesondert ausgewiesen ist, gilt nicht als besonders in Rechnung gestellt.

(3) [1]Bei Gebrauchsüberlassungs- und Nutzungsverträgen von bestimmter Dauer ist die Provision vom Entgelt für die Vertragsdauer zu berechnen. [2]Bei unbestimmter Dauer ist die Provision vom Entgelt bis zu dem Zeitpunkt zu berechnen, zu dem erstmals von dem Dritten gekündigt werden kann; der Handelsvertreter hat Anspruch auf weitere entsprechend berechnete Provisionen, wenn der Vertrag fortbesteht.

§ 87c [Abrechnung über die Provision] (1) [1]Der Unternehmer hat über die Provision, auf die der Handelsvertreter Anspruch hat, monatlich abzurechnen; der Abrechnungszeitraum kann auf höchstens drei Monate erstreckt werden. [2]Die Abrechnung hat unverzüglich, spätestens bis zum Ende des nächsten Monats, zu erfolgen.

(2) Der Handelsvertreter kann bei der Abrechnung einen Buchauszug über alle Geschäfte verlangen, für die ihm nach § 87 Provision gebührt.

(3) Der Handelsvertreter kann außerdem Mitteilung über alle Umstände verlangen, die für den Provisionsanspruch, seine Fälligkeit und seine Berechnung wesentlich sind.

(4) Wird der Buchauszug verweigert oder bestehen begründete Zweifel an der Richtigkeit oder Vollständigkeit der Abrechnung oder des Buchauszuges, so kann der Handelsvertreter verlangen, daß nach Wahl des Unternehmers entweder ihm oder einem von ihm zu bestimmenden Wirtschaftsprüfer oder vereidigten Buchsachverständigen Einsicht in die Geschäftsbücher oder die sonstigen Urkunden so weit gewährt wird, wie dies zur Feststellung der Richtigkeit oder Vollständigkeit der Abrechnung oder des Buchauszuges erforderlich ist.

(5) Diese Rechte des Handelsvertreters können nicht ausgeschlossen oder beschränkt werden.

§ 87d [Ersatz von Aufwendungen] Der Handelsvertreter kann den Ersatz seiner im regelmäßigen Geschäftsbetrieb entstandenen Aufwendungen nur verlangen, wenn dies handelsüblich ist.

§ 88a [Zurückbehaltungsrecht] (1) Der Handelsvertreter kann nicht im voraus auf gesetzliche Zurückbehaltungsrechte verzichten.

(2) Nach Beendigung des Vertragsverhältnisses hat der Handelsvertreter ein nach allgemeinen Vorschriften bestehendes Zurückbehaltungsrecht an ihm zur Verfügung gestellten Unterlagen (§ 86a Abs. 1) nur wegen seiner fälligen Ansprüche auf Provision und Ersatz von Aufwendungen.

§ 89 [Kündigung des Vertrages] (1) [1]Ist das Vertragsverhältnis auf unbestimmte Zeit eingegangen, so kann es im ersten Jahr der Vertragsdauer mit einer Frist von einem Monat, im zweiten Jahr mit einer Frist von zwei Monaten und im dritten bis fünften Jahr mit einer Frist von drei Monaten gekündigt werden. [2]Nach einer Vertragsdauer von fünf Jahren kann das Vertragsverhältnis mit einer Frist von sechs Monaten gekündigt werden. [3]Die

Kündigung ist nur für den Schluß eines Kalendermonats zulässig, sofern keine abweichende Vereinbarung getroffen ist.

(2) [1] Die Kündigungsfristen nach Absatz 1 Satz 1 und 2 können durch Vereinbarung verlängert werden; die Frist darf für den Unternehmer nicht kürzer sein als für den Handelsvertreter. [2] Bei Vereinbarung einer kürzeren Frist für den Unternehmer gilt die für den Handelsvertreter vereinbarte Frist.

(3) [1] Ein für eine bestimmte Zeit eingegangenes Vertragsverhältnis, das nach Ablauf der vereinbarten Laufzeit von beiden Teilen fortgesetzt wird, gilt als auf unbestimmte Zeit verlängert. [2] Für die Bestimmung der Kündigungsfristen nach Absatz 1 Satz 1 und 2 ist die Gesamtdauer des Vertragsverhältnisses maßgeblich.

§ 89a [Fristlose Kündigung] (1) [1] Das Vertragsverhältnis kann von jedem Teil aus wichtigem Grunde ohne Einhaltung einer Kündigungsfrist gekündigt werden. [2] Dieses Recht kann nicht ausgeschlossen oder beschränkt werden.

(2) Wird die Kündigung durch ein Verhalten veranlaßt, das der andere Teil zu vertreten hat, so ist dieser zum Ersatz des durch die Aufhebung des Vertragsverhältnisses entstehenden Schadens verpflichtet.

§ 89b [Ausgleichsanspruch] (1) [1] Der Handelsvertreter kann von dem Unternehmer nach Beendigung des Vertragsverhältnisses einen angemessenen Ausgleich verlangen, wenn und soweit

1. der Unternehmer aus der Geschäftsverbindung mit neuen Kunden, die der Handelsvertreter geworben hat, auch nach Beendigung des Vertragsverhältnisses erhebliche Vorteile hat und
2. die Zahlung eines Ausgleichs unter Berücksichtigung aller Umstände, insbesondere der dem Handelsvertreter aus Geschäften mit diesen Kunden entgehenden Provisionen, der Billigkeit entspricht.

[2] Der Werbung eines neuen Kunden steht es gleich, wenn der Handelsvertreter die Geschäftsverbindung mit einem Kunden so wesentlich erweitert hat, daß dies wirtschaftlich der Werbung eines neuen Kunden entspricht.

(2) Der Ausgleich beträgt höchstens eine nach dem Durchschnitt der letzten fünf Jahre der Tätigkeit des Handelsvertreters berechnete Jahresprovision oder sonstige Jahresvergütung; bei kürzerer Dauer des Vertragsverhältnisses ist der Durchschnitt während der Dauer der Tätigkeit maßgebend.

(3) Der Anspruch besteht nicht, wenn

1. der Handelsvertreter das Vertragsverhältnis gekündigt hat, es sei denn, daß ein Verhalten des Unternehmers hierzu begründeten Anlaß gegeben hat oder dem Handelsvertreter eine Fortsetzung seiner Tätigkeit wegen seines Alters oder wegen Krankheit nicht zugemutet werden kann, oder
2. der Unternehmer das Vertragsverhältnis gekündigt hat und für die Kündigung ein wichtiger Grund wegen schuldhaften Verhaltens des Handelsvertreters vorlag oder
3. auf Grund einer Vereinbarung zwischen dem Unternehmer und dem Handelsvertreter ein Dritter anstelle des Handelsvertreters in das Vertragsverhältnis eintritt; die Vereinbarung kann nicht vor Beendigung des Vertragsverhältnisses getroffen werden.

(4) [1] Der Anspruch kann im voraus nicht ausgeschlossen werden. [2] Er ist innerhalb eines Jahres nach Beendigung des Vertragsverhältnisses geltend zu machen.

(5) [1] Die Absätze 1, 3 und 4 gelten für Versicherungsvertreter mit der Maßgabe, daß an die Stelle der Geschäftsverbindung mit neuen Kunden, die der Handelsvertreter geworben hat, die Vermittlung neuer Versicherungsverträge durch den Versicherungsvertreter tritt und der Vermittlung eines Versicherungsvertrages es gleichsteht, wenn der Versicherungsvertreter einen bestehenden Versicherungsvertrag so wesentlich erweitert hat, daß dies wirtschaftlich der Vermittlung eines neuen Versicherungsvertrages entspricht. [2] Der Ausgleich des Versicherungsvertreters beträgt abweichend von Absatz 2 höchstens drei Jahresprovisionen oder Jahresvergütungen. [3] Die Vorschriften der Sätze 1 und 2 gelten sinngemäß für Bausparkassenvertreter.

§ 90 [Geschäfts- und Betriebsgeheimnisse] Der Handelsvertreter darf Geschäfts- und Betriebsgeheimnisse, die ihm anvertraut oder als solche durch seine Tätigkeit für den Unternehmer bekanntgeworden sind, auch nach Beendigung des Vertragsverhältnisses nicht verwerten oder anderen mitteilen, soweit dies nach den gesamten Umständen der Berufsauffassung eines ordentlichen Kaufmannes widersprechen würde.

§ 90a [Wettbewerbsabrede] (1) [1] Eine Vereinbarung, die den Handelsvertreter nach Beendigung des Vertragsverhältnisses in seiner gewerblichen Tätigkeit beschränkt (Wettbewerbsabrede), bedarf der Schriftform und der Aushändigung einer vom Unternehmer unterzeichneten, die vereinbarten Bestimmungen enthaltenden Urkunde an den Handelsvertreter. [2] Die Abrede kann nur für längstens zwei Jahre von der Beendigung des Vertragsverhältnisses an getroffen werden; sie darf sich nur auf den dem Handelsvertreter zugewiesenen Bezirk oder Kundenkreis und nur auf die Gegenstände erstrecken, hinsichtlich deren sich der Handelsvertreter um die Vermittlung oder den Abschluß von Geschäften für den Unternehmer zu bemühen hat. [3] Der Unternehmer ist verpflichtet, dem Handelsvertreter für die Dauer der Wettbewerbsbeschränkung eine angemessene Entschädigung zu zahlen.

(2) Der Unternehmer kann bis zum Ende des Vertragsverhältnisses schriftlich auf die Wettbewerbsbeschränkung mit der Wirkung verzichten, daß er mit dem Ablauf von sechs Monaten seit der Erklärung von der Verpflichtung zur Zahlung der Entschädigung frei wird.

(3) Kündigt ein Teil das Vertragsverhältnis aus wichtigem Grund wegen schuldhaften Verhaltens des anderen Teils, kann er sich durch schriftliche Erklärung binnen einem Monat nach der Kündigung von der Wettbewerbsabrede lossagen.

(4) Abweichende für den Handelsvertreter nachteilige Vereinbarungen können nicht getroffen werden.

§ 91 [Vollmachten des Handelsvertreters] (1) § 55 gilt auch für einen Handelsvertreter, der zum Abschluß von Geschäften von einem Unternehmer bevollmächtigt ist, der nicht Kaufmann ist.

(2) [1] Ein Handelsvertreter gilt, auch wenn ihm keine Vollmacht zum Abschluß von Geschäften erteilt ist, als ermächtigt, die Anzeige von Mängeln einer Ware, die Erklärung, daß eine Ware zur Verfügung gestellt werde, sowie ähn-

liche Erklärungen, durch die ein Dritter seine Rechte aus mangelhafter Leistung geltend macht oder sich vorbehält, entgegenzunehmen; er kann die dem Unternehmer zustehenden Rechte auf Sicherung des Beweises geltend machen. [2] Eine Beschränkung dieser Rechte braucht ein Dritter gegen sich nur gelten zu lassen, wenn er sie kannte oder kennen mußte.

§ 91a [Mangel der Vertretungsmacht] (1) Hat ein Handelsvertreter, der nur mit der Vermittlung von Geschäften betraut ist, ein Geschäft im Namen des Unternehmers abgeschlossen, und war dem Dritten der Mangel an Vertretungsmacht nicht bekannt, so gilt das Geschäft als von dem Unternehmer genehmigt, wenn dieser nicht unverzüglich, nachdem er von dem Handelsvertreter oder dem Dritten über Abschluß und wesentlichen Inhalt benachrichtigt worden ist, dem Dritten gegenüber das Geschäft ablehnt.

(2) Das gleiche gilt, wenn ein Handelsvertreter, der mit dem Abschluß von Geschäften betraut ist, ein Geschäft im Namen des Unternehmers abgeschlossen hat, zu dessen Abschluß er nicht bevollmächtigt ist.

§ 92 [Versicherungs- und Bausparkassenvertreter] (1) Versicherungsvertreter ist, wer als Handelsvertreter damit betraut ist, Versicherungsverträge zu vermitteln oder abzuschließen.

(2) Für das Vertragsverhältnis zwischen dem Versicherungsvertreter und dem Versicherer gelten die Vorschriften für das Vertragsverhältnis zwischen dem Handelsvertreter und dem Unternehmer vorbehaltlich der Absätze 3 und 4.

(3) [1] In Abweichung von § 87 Abs. 1 Satz 1 hat ein Versicherungsvertreter Anspruch auf Provision nur für Geschäfte, die auf seine Tätigkeit zurückzuführen sind. [2] § 87 Abs. 2 gilt nicht für Versicherungsvertreter.

(4) Der Versicherungsvertreter hat Anspruch auf Provision (§ 87a Abs. 1), sobald der Versicherungsnehmer die Prämie gezahlt hat, aus der sich die Provision nach dem Vertragsverhältnis berechnet.

(5) Die Vorschriften der Absätze 1 bis 4 gelten sinngemäß für Bausparkassenvertreter.

§ 92a [Mindestarbeitsbedingungen] (1) [1] Für das Vertragsverhältnis eines Handelsvertreters, der vertraglich nicht für weitere Unternehmer tätig werden darf oder dem dies nach Art und Umfang der von ihm verlangten Tätigkeit nicht möglich ist, kann das Bundesministerium der Justiz und für Verbraucherschutz im Einvernehmen mit dem Bundesministerium für Wirtschaft und Energie nach Anhörung von Verbänden der Handelsvertreter und der Unternehmer durch Rechtsverordnung, die nicht der Zustimmung des Bundesrates bedarf, die untere Grenze der vertraglichen Leistungen des Unternehmers festsetzen, um die notwendigen sozialen und wirtschaftlichen Bedürfnisse dieser Handelsvertreter oder einer bestimmten Gruppe von ihnen sicherzustellen. [2] Die festgesetzten Leistungen können vertraglich nicht ausgeschlossen oder beschränkt werden.

(2) [1] Absatz 1 gilt auch für das Vertragsverhältnis eines Versicherungsvertreters, der auf Grund eines Vertrages oder mehrerer Verträge damit betraut ist, Geschäfte für mehrere Versicherer zu vermitteln oder abzuschließen, die zu einem Versicherungskonzern oder zu einer zwischen ihnen bestehenden Organisationsgemeinschaft gehören, sofern die Beendigung des Vertragsverhältnisses mit einem dieser Versicherer im Zweifel auch die Beendigung des Vertrags-

verhältnisses mit den anderen Versicherern zur Folge haben würde. [2] In diesem Falle kann durch Rechtsverordnung, die nicht der Zustimmung des Bundesrates bedarf, außerdem bestimmt werden, ob die festgesetzten Leistungen von allen Versicherern als Gesamtschuldnern oder anteilig oder nur von einem der Versicherer geschuldet werden und wie der Ausgleich unter ihnen zu erfolgen hat.

§ 92b [Handelsvertreter im Nebenberuf] (1) [1] Auf einen Handelsvertreter im Nebenberuf sind §§ 89 und 89b nicht anzuwenden. [2] Ist das Vertragsverhältnis auf unbestimmte Zeit eingegangen, so kann es mit einer Frist von einem Monat für den Schluß eines Kalendermonats gekündigt werden; wird eine andere Kündigungsfrist vereinbart, so muß sie für beide Teile gleich sein. [3] Der Anspruch auf einen angemessenen Vorschuß nach § 87a Abs. 1 Satz 2 kann ausgeschlossen werden.

(2) Auf Absatz 1 kann sich nur der Unternehmer berufen, der den Handelsvertreter ausdrücklich als Handelsvertreter im Nebenberuf mit der Vermittlung oder dem Abschluß von Geschäften betraut hat.

(3) Ob ein Handelsvertreter nur als Handelsvertreter im Nebenberuf tätig ist, bestimmt sich nach der Verkehrsauffassung.

(4) Die Vorschriften der Absätze 1 bis 3 gelten sinngemäß für Versicherungsvertreter und für Bausparkassenvertreter.

§ 92c [Handelsvertreter außerhalb der EG; Schifffahrtsvertreter]

(1) Hat der Handelsvertreter seine Tätigkeit für den Unternehmer nach dem Vertrag nicht innerhalb des Gebietes der Europäischen Gemeinschaft oder der anderen Vertragsstaaten des Abkommens über den Europäischen Wirtschaftsraum auszuüben, so kann hinsichtlich aller Vorschriften dieses Abschnittes etwas anderes vereinbart werden.

(2) Das gleiche gilt, wenn der Handelsvertreter mit der Vermittlung oder dem Abschluß von Geschäften betraut wird, die die Befrachtung, Abfertigung oder Ausrüstung von Schiffen oder die Buchung von Passagen auf Schiffen zum Gegenstand haben.

Achter Abschnitt. Handelsmakler

§ 93 [Begriff] (1) Wer gewerbsmäßig für andere Personen, ohne von ihnen auf Grund eines Vertragsverhältnisses ständig damit betraut zu sein, die Vermittlung von Verträgen über Anschaffung oder Veräußerung von Waren oder Wertpapieren, über Versicherungen, Güterbeförderungen, Schiffsmiete oder sonstige Gegenstände des Handelsverkehrs übernimmt, hat die Rechte und Pflichten eines Handelsmaklers.

(2) Auf die Vermittlung anderer als der bezeichneten Geschäfte, insbesondere auf die Vermittlung von Geschäften über unbewegliche Sachen, finden, auch wenn die Vermittlung durch einen Handelsmakler erfolgt, die Vorschriften dieses Abschnitts keine Anwendung.

(3) Die Vorschriften dieses Abschnittes finden auch Anwendung, wenn das Unternehmen des Handelsmaklers nach Art oder Umfang einen in kaufmännischer Weise eingerichteten Geschäftsbetrieb nicht erfordert.

§ 94 [Schlussnote] (1) Der Handelsmakler hat, sofern nicht die Parteien ihm dies erlassen oder der Ortsgebrauch mit Rücksicht auf die Gattung der Ware davon entbindet, unverzüglich nach dem Abschlusse des Geschäfts jeder Partei eine von ihm unterzeichnete Schlußnote zuzustellen, welche die Parteien, den Gegenstand und die Bedingungen des Geschäfts, insbesondere bei Verkaufen von Waren oder Wertpapieren deren Gattung und Menge sowie den Preis und die Zeit der Lieferung, enthält.

(2) Bei Geschäften, die nicht sofort erfüllt werden sollen, ist die Schlußnote den Parteien zu ihrer Unterschrift zuzustellen und jeder Partei die von der anderen unterschriebene Schlußnote zu übersenden.

(3) Verweigert eine Partei die Annahme oder Unterschrift der Schlußnote, so hat der Handelsmakler davon der anderen Partei unverzüglich Anzeige zu machen.

§ 95 [Vorbehaltene Aufgabe] (1) Nimmt eine Partei eine Schlußnote an, in der sich der Handelsmakler die Bezeichnung der anderen Partei vorbehalten hat, so ist sie an das Geschäft mit der Partei, welche ihr nachträglich bezeichnet wird, gebunden, es sei denn, daß gegen diese begründete Einwendungen zu erheben sind.

(2) Die Bezeichnung der anderen Partei hat innerhalb der ortsüblichen Frist, in Ermangelung einer solchen innerhalb einer den Umständen nach angemessenen Frist zu erfolgen.

(3) [1] Unterbleibt die Bezeichnung oder sind gegen die bezeichnete Person oder Firma begründete Einwendungen zu erheben, so ist die Partei befugt, den Handelsmakler auf die Erfüllung des Geschäfts in Anspruch zu nehmen. [2] Der Anspruch ist ausgeschlossen, wenn sich die Partei auf die Aufforderung des Handelsmaklers nicht unverzüglich darüber erklärt, ob sie Erfüllung verlange.

§ 96 [Aufbewahrung von Proben] [1] Der Handelsmakler hat, sofern nicht die Parteien ihm dies erlassen oder der Ortsgebrauch mit Rücksicht auf die Gattung der Ware davon entbindet, von jeder durch seine Vermittlung nach Probe verkauften Ware die Probe, falls sie ihm übergeben ist, so lange aufzubewahren, bis die Ware ohne Einwendung gegen ihre Beschaffenheit angenommen oder das Geschäft in anderer Weise erledigt wird. [2] Er hat die Probe durch ein Zeichen kenntlich zu machen.

§ 97 [Keine Inkassovollmacht] Der Handelsmakler gilt nicht als ermächtigt, eine Zahlung oder eine andere im Vertrage bedungene Leistung in Empfang zu nehmen.

§ 98 [Haftung gegenüber beiden Parteien] Der Handelsmakler haftet jeder der beiden Parteien für den durch sein Verschulden entstehenden Schaden.

§ 99 [Lohnanspruch gegen beide Parteien] Ist unter den Parteien nichts darüber vereinbart, wer den Maklerlohn bezahlen soll, so ist er in Ermangelung eines abweichenden Ortsgebrauchs von jeder Partei zur Hälfte zu entrichten.

§ 100 [Tagebuch] (1) [1] Der Handelsmakler ist verpflichtet, ein Tagebuch zu führen und in dieses alle abgeschlossenen Geschäfte täglich einzutragen. [2] Die Eintragungen sind nach der Zeitfolge zu bewirken; sie haben die in § 94 Abs. 1

bezeichneten Angaben zu enthalten. [3]Das Eingetragene ist von dem Handelsmakler täglich zu unterzeichnen oder gemäß § 126a Abs. 1 des Bürgerlichen Gesetzbuchs[1)] elektronisch zu signieren.

(2) Die Vorschriften der §§ 239 und 257 über die Einrichtung und Aufbewahrung der Handelsbücher finden auf das Tagebuch des Handelsmaklers Anwendung.

§ 101 [Auszüge aus dem Tagebuch] Der Handelsmakler ist verpflichtet, den Parteien jederzeit auf Verlangen Auszüge aus dem Tagebuche zu geben, die von ihm unterzeichnet sind und alles enthalten, was von ihm in Ansehung des vermittelten Geschäfts eingetragen ist.

§ 102 [Vorlegung im Rechtsstreit] Im Laufe eines Rechtsstreits kann das Gericht auch ohne Antrag einer Partei die Vorlegung des Tagebuchs anordnen, um es mit der Schlußnote, den Auszügen oder anderen Beweismitteln zu vergleichen.

§ 103 [Ordnungswidrigkeiten] (1) Ordnungswidrig handelt, wer als Handelsmakler

1. vorsätzlich oder fahrlässig ein Tagebuch über die abgeschlossenen Geschäfte zu führen unterläßt oder das Tagebuch in einer Weise führt, die dem § 100 Abs. 1 widerspricht oder
2. ein solches Tagebuch vor Ablauf der gesetzlichen Aufbewahrungsfrist vernichtet.

(2) Die Ordnungswidrigkeit kann mit einer Geldbuße bis zu fünftausend Euro geahndet werden.

§ 104 [Krämermakler] [1]Auf Personen, welche die Vermittlung von Warengeschäften im Kleinverkehre besorgen, finden die Vorschriften über Schlußnoten und Tagebücher keine Anwendung. [2]Auf Personen, welche die Vermittlung von Versicherungs- oder Bausparverträgen übernehmen, sind die Vorschriften über Tagebücher nicht anzuwenden.

Drittes Buch. Handelsbücher

Zweiter Abschnitt. Ergänzende Vorschriften für Kapitalgesellschaften (Aktiengesellschaften, Kommanditgesellschaften auf Aktien und Gesellschaften mit beschränkter Haftung) sowie bestimmte Personenhandelsgesellschaften

Fünfter Unterabschnitt. Verordnungsermächtigung für Formblätter und andere Vorschriften

§ 330 [Verordnungsermächtigung für Formblätter und andere Vorschriften] (1) [1]Das Bundesministerium der Justiz und für Verbraucherschutz wird ermächtigt, im Einvernehmen mit dem Bundesministerium der Finanzen und dem Bundesministerium für Wirtschaft und Energie durch Rechtsverord-

[1)] Nr. 13.

nung[1]), die nicht der Zustimmung des Bundesrates bedarf, für Kapitalgesellschaften Formblätter vorzuschreiben oder andere Vorschriften für die Gliederung des Jahresabschlusses oder des Konzernabschlusses oder den Inhalt des Anhangs, des Konzernanhangs, des Lageberichts oder des Konzernlageberichts zu erlassen, wenn der Geschäftszweig eine von den §§ 266, 275 abweichende Gliederung des Jahresabschlusses oder des Konzernabschlusses oder von den Vorschriften des Ersten Abschnitts und des Ersten und Zweiten Unterabschnitts des Zweiten Abschnitts abweichende Regelungen erfordert. [2]Die sich aus den abweichenden Vorschriften ergebenden Anforderungen an die in Satz 1 bezeichneten Unterlagen sollen den Anforderungen gleichwertig sein, die sich für große Kapitalgesellschaften (§ 267 Abs. 3) aus den Vorschriften des Ersten Abschnitts und des Ersten und Zweiten Unterabschnitts des Zweiten Abschnitts sowie den für den Geschäftszweig geltenden Vorschriften ergeben. [3]Über das geltende Recht hinausgehende Anforderungen dürfen nur gestellt werden, soweit sie auf Rechtsakten des Rates der Europäischen Union beruhen. [4]Die Rechtsverordnung nach Satz 1 kann auch Abweichungen von der Kontoform nach § 266 Abs. 1 Satz 1 gestatten. [5]Satz 4 gilt auch in den Fällen, in denen ein Geschäftszweig eine von den §§ 266 und 275 abweichende Gliederung nicht erfordert.

(2) [1]Absatz 1 ist auf Kreditinstitute im Sinne des § 1 Abs. 1 des Gesetzes über das Kreditwesen, soweit sie nach dessen § 2 Abs. 1, 4 oder 5 von der Anwendung nicht ausgenommen sind, und auf Finanzdienstleistungsinstitute im Sinne des § 1 Abs. 1a des Gesetzes über das Kreditwesen, soweit sie nach dessen § 2 Abs. 6 oder 10 von der Anwendung nicht ausgenommen sind, sowie auf Institute im Sinne des § 1 Absatz 3 des Zahlungsdiensteaufsichtsgesetzes, nach Maßgabe der Sätze 3 und 4 ungeachtet ihrer Rechtsform anzuwenden. [2]Satz 1 ist auch auf Zweigstellen von Unternehmen mit Sitz in einem Staat anzuwenden, der nicht Mitglied der Europäischen Gemeinschaft und auch nicht Vertragsstaat des Abkommens über den Europäischen Wirtschaftsraum ist, sofern die Zweigstelle nach § 53 Abs. 1 des Gesetzes über das Kreditwesen als Kreditinstitut oder als Finanzinstitut gilt. [3]Die Rechtsverordnung bedarf nicht der Zustimmung des Bundesrates; sie ist im Einvernehmen mit dem Bundesministerium der Finanzen und im Benehmen mit der Deutschen Bundesbank zu erlassen. [4]In die Rechtsverordnung nach Satz 1 können auch nähere Bestimmungen über die Aufstellung des Jahresabschlusses und des Konzernabschlusses im Rahmen der vorgeschriebenen Formblätter für die Gliederung des Jahresabschlusses und des Konzernabschlusses sowie des Zwischenabschlusses gemäß § 340a Abs. 3 und des Konzernzwischenabschlusses gemäß § 340i Abs. 4 aufgenommen werden, soweit dies zur Erfüllung der Aufgaben der Bundesanstalt für Finanzdienstleistungsaufsicht oder der Deutschen Bundesbank erforderlich ist, insbesondere um einheitliche Unterlagen zur Beurteilung der von den Kreditinstituten und Finanzdienstleistungsinstituten durchgeführten Bankgeschäfte und erbrachten Finanzdienstleistungen zu erhalten.

(3) [1]Absatz 1 ist auf Versicherungsunternehmen nach Maßgabe der Sätze 3 und 4 ungeachtet ihrer Rechtsform anzuwenden. [2]Satz 1 ist auch auf Niederlassungen im Geltungsbereich dieses Gesetzes von Versicherungsunternehmen

---

[1]) Siehe die Versicherungsunternehmens-RechnungslegungsVO v. 8.11.1994 (BGBl. I S. 3378), zuletzt geänd. durch G v. 19.12.2018 (BGBl. I S. 2672), und die Pensionsfonds-RechnungslegungsVO v. 25.2.2003 (BGBl. I S. 246), zuletzt geänd. durch G v. 17.7.2015 (BGBl. I S. 1245)

mit Sitz in einem anderen Staat anzuwenden, wenn sie zum Betrieb des Direktversicherungsgeschäfts der Erlaubnis durch die deutsche Versicherungsaufsichtsbehörde bedürfen. [3] Die Rechtsverordnung bedarf der Zustimmung des Bundesrates und ist im Einvernehmen mit dem Bundesministerium der Finanzen zu erlassen. [4] In die Rechtsverordnung nach Satz 1 können auch nähere Bestimmungen über die Aufstellung des Jahresabschlusses und des Konzernabschlusses im Rahmen der vorgeschriebenen Formblätter für die Gliederung des Jahresabschlusses und des Konzernabschlusses sowie Vorschriften über den Ansatz und die Bewertung von versicherungstechnischen Rückstellungen, insbesondere die Näherungsverfahren, aufgenommen werden. [5] Die Zustimmung des Bundesrates ist nicht erforderlich, soweit die Verordnung ausschließlich dem Zweck dient, Abweichungen nach Absatz 1 Satz 4 und 5 zu gestatten.

(4) [1] In der Rechtsverordnung nach Absatz 1 in Verbindung mit Absatz 3 kann bestimmt werden, daß Versicherungsunternehmen, auf die die Richtlinie 91/674/EWG nach deren Artikel 2 in Verbindung mit den Artikeln 4, 7 und 9 Nummer 1 und 2 sowie Artikel 10 Nummer 1 der Richtlinie 2009/138/EG des Europäischen Parlaments und des Rates vom 25. November 2009 betreffend die Aufnahme und Ausübung der Versicherungs- und der Rückversicherungstätigkeit (Solvabilität II) (ABl. L 335 vom 17.12.2009, S. 1) nicht anzuwenden ist, von den Regelungen des Zweiten Unterabschnitts des Vierten Abschnitts ganz oder teilweise befreit werden, soweit dies erforderlich ist, um eine im Verhältnis zur Größe der Versicherungsunternehmen unangemessene Belastung zu vermeiden; Absatz 1 Satz 2 ist insoweit nicht anzuwenden. [2] In der Rechtsverordnung dürfen diesen Versicherungsunternehmen auch für die Gliederung des Jahresabschlusses und des Konzernabschlusses, für die Erstellung von Anhang und Lagebericht und Konzernanhang und Konzernlagebericht sowie für die Offenlegung ihrer Größe angemessene Vereinfachungen gewährt werden.

(5) Die Absätze 3 und 4 sind auf Pensionsfonds (§ 236 Absatz 1 des Versicherungsaufsichtsgesetzes) entsprechend anzuwenden.

Vierter Abschnitt. Ergänzende Vorschriften für Unternehmen bestimmter Geschäftszweige

Zweiter Unterabschnitt. Ergänzende Vorschriften für Versicherungsunternehmen und Pensionsfonds

Erster Titel. Anwendungsbereich

§ 341 [Anwendungsbereich] (1) [1] Dieser Unterabschnitt ist, soweit nichts anderes bestimmt ist, auf Unternehmen, die den Betrieb von Versicherungsgeschäften zum Gegenstand haben und nicht Träger der Sozialversicherung sind (Versicherungsunternehmen), anzuwenden. [2] Dies gilt nicht für solche Versicherungsunternehmen, die auf Grund von Gesetz, Tarifvertrag oder Satzung ausschließlich für ihre Mitglieder oder die durch Gesetz oder Satzung begünstigten Personen Leistungen erbringen oder als nicht rechtsfähige Einrichtungen ihre Aufwendungen im Umlageverfahren decken, es sei denn, sie sind Aktiengesellschaften, Versicherungsvereine auf Gegenseitigkeit oder rechtsfähige kommunale Schadenversicherungsunternehmen.

(2) [1] Versicherungsunternehmen im Sinne des Absatzes 1 sind auch Niederlassungen im Geltungsbereich dieses Gesetzes von Versicherungsunternehmen mit Sitz in einem anderen Staat, wenn sie zum Betrieb des Direktversiche-

rungsgeschäfts der Erlaubnis durch die deutsche Versicherungsaufsichtsbehörde bedürfen. [2] Niederlassungen von Versicherungsunternehmen mit Sitz in einem Mitgliedstaat der Europäischen Union oder einem anderen Vertragsstaat des Abkommens über den Europäischen Wirtschaftsraum, die keiner Erlaubnis zum Betrieb des Direktversicherungsgeschäfts durch die deutsche Versicherungsaufsichtsbehörde bedürfen, haben die ergänzenden Vorschriften über den Ansatz und die Bewertung von Vermögensgegenständen und Schulden des Ersten bis Vierten Titels dieses Unterabschnitts und der Versicherungsunternehmens-Rechnungslegungsverordnung in ihrer jeweils geltenden Fassung anzuwenden.

(3) Zusätzliche Anforderungen auf Grund von Vorschriften, die wegen der Rechtsform oder für Niederlassungen bestehen, bleiben unberührt.

(4) [1] Die Vorschriften des Ersten bis Siebenten Titels dieses Unterabschnitts sind mit Ausnahme von Absatz 1 Satz 2 auf Pensionsfonds (§ 236 Absatz 1 des Versicherungsaufsichtsgesetzes) entsprechend anzuwenden. [2] § 341d ist mit der Maßgabe anzuwenden, dass Kapitalanlagen für Rechnung und Risiko von Arbeitnehmern und Arbeitgebern mit dem Zeitwert unter Berücksichtigung des Grundsatzes der Vorsicht zu bewerten sind; §§ 341b, 341c sind insoweit nicht anzuwenden.

Zweiter Titel. Jahresabschluß, Lagebericht

§ 341a Anzuwendende Vorschriften. (1) [1] Versicherungsunternehmen haben einen Jahresabschluß und einen Lagebericht nach den für große Kapitalgesellschaften geltenden Vorschriften des Ersten Unterabschnitts des Zweiten Abschnitts in den ersten vier Monaten des Geschäftsjahres für das vergangene Geschäftsjahr aufzustellen und dem Abschlußprüfer zur Durchführung der Prüfung vorzulegen; die Frist des § 264 Abs. 1 Satz 3 gilt nicht. [2] Ist das Versicherungsunternehmen eine Kapitalgesellschaft im Sinn des § 325 Abs. 4 Satz 1 und nicht zugleich im Sinn des § 327a, beträgt die Frist nach Satz 1 vier Monate.

(1a) [1] Ein Versicherungsunternehmen hat seinen Lagebericht um eine nichtfinanzielle Erklärung zu erweitern, wenn es in entsprechender Anwendung des § 267 Absatz 3 Satz 1 und Absatz 4 bis 5 als groß gilt und im Jahresdurchschnitt mehr als 500 Arbeitnehmer beschäftigt. [2] Wenn die nichtfinanzielle Erklärung einen besonderen Abschnitt des Lageberichts bildet, darf das Versicherungsunternehmen auf die an anderer Stelle im Lagebericht enthaltenen nichtfinanziellen Angaben verweisen. [3] § 289b Absatz 2 bis 4 und die §§ 289c bis 289e sind entsprechend anzuwenden.

(1b) Ein Versicherungsunternehmen, das nach Absatz 1 in Verbindung mit § 289f Absatz 1 eine Erklärung zur Unternehmensführung zu erstellen hat, hat darin Angaben nach § 289f Absatz 2 Nummer 6 aufzunehmen, wenn es in entsprechender Anwendung des § 267 Absatz 3 Satz 1 und Absatz 4 bis 5 als groß gilt.

(2) [1] § 265 Abs. 6, §§ 267, 268 Abs. 4 Satz 1, Abs. 5 Satz 1 und 2, §§ 276, 277 Abs. 1 und 2, § 285 Nr. 8 Buchstabe a und § 288 sind nicht anzuwenden. [2] Anstelle von § 247 Abs. 1, §§ 251, 265 Abs. 7, §§ 266, 268 Absatz 7, §§ 275, 284 Absatz 3, § 285 Nummer 4 und 8 Buchstabe b sowie § 286 Abs. 2 sind die durch Rechtsverordnung erlassenen Formblätter und anderen Vorschriften anzuwenden. [3] § 246 Abs. 2 ist nicht anzuwenden, soweit abweichende Vor-

schriften bestehen. [4] § 264 Abs. 3 und § 264b sind mit der Maßgabe anzuwenden, daß das Versicherungsunternehmen unter den genannten Voraussetzungen die Vorschriften des Vierten Unterabschnitts des Zweiten Abschnitts nicht anzuwenden braucht. [5] § 285 Nr. 3a gilt mit der Maßgabe, daß die Angaben für solche finanzielle Verpflichtungen nicht zu machen sind, die im Rahmen des Versicherungsgeschäfts entstehen. [6] § 285 Nummer 31 ist nicht anzuwenden; unter den Posten „außerordentliche Erträge" und „außerordentliche Aufwendungen" sind Erträge und Aufwendungen auszuweisen, die außerhalb der gewöhnlichen Geschäftstätigkeit anfallen. [7] Im Anhang sind diese Posten hinsichtlich ihres Betrags und ihrer Art zu erläutern, soweit die ausgewiesenen Beträge für die Beurteilung der Ertragslage nicht von untergeordneter Bedeutung sind.

(3) Auf Krankenversicherungsunternehmen, die das Krankenversicherungsgeschäft ausschließlich oder überwiegend nach Art der Lebensversicherung betreiben, sind die für die Rechnungslegung der Lebensversicherungsunternehmen geltenden Vorschriften entsprechend anzuwenden.

(4) Auf Versicherungsunternehmen, die nicht Aktiengesellschaften, Kommanditgesellschaften auf Aktien oder kleinere Vereine sind, sind § 152 Abs. 2 und 3 sowie die §§ 170 bis 176 des Aktiengesetzes entsprechend anzuwenden.

(5) [1] Bei Versicherungsunternehmen, die ausschließlich die Rückversicherung betreiben oder deren Beiträge aus in Rückdeckung übernommenen Versicherungen die übrigen Beiträge übersteigen, verlängert sich die in Absatz 1 Satz 1 erster Halbsatz genannte Frist von vier Monaten auf zehn Monate, sofern das Geschäftsjahr mit dem Kalenderjahr übereinstimmt; die Hauptversammlung oder die Versammlung der obersten Vertretung, die den Jahresabschluß entgegennimmt oder festzustellen hat, muß abweichend von § 175 Abs. 1 Satz 2 des Aktiengesetzes spätestens 14 Monate nach dem Ende des vergangenen Geschäftsjahres stattfinden. [2] Die Frist von vier Monaten nach Absatz 1 Satz 2 verlängert sich in den Fällen des Satzes 1 nicht.

Dritter Titel. Bewertungsvorschriften

§ 341b Bewertung von Vermögensgegenständen. (1) [1] Versicherungsunternehmen haben immaterielle Vermögensgegenstände, soweit sie entgeltlich erworben wurden, Grundstücke, grundstücksgleiche Rechte und Bauten einschließlich der Bauten auf fremden Grundstücken, technische Anlagen und Maschinen, andere Anlagen, Betriebs- und Geschäftsausstattung, Anlagen im Bau und Vorräte nach den für das Anlagevermögen geltenden Vorschriften zu bewerten. [2] Satz 1 ist vorbehaltlich Absatz 2 und § 341c auch auf Kapitalanlagen anzuwenden, soweit es sich hierbei um Beteiligungen, Anteile an verbundenen Unternehmen, Ausleihungen an verbundene Unternehmen oder an Unternehmen, mit denen ein Beteiligungsverhältnis besteht, Namensschuldverschreibungen, Hypothekendarlehen und andere Forderungen und Rechte, sonstige Ausleihungen und Depotforderungen aus dem in Rückdeckung übernommenen Versicherungsgeschäft handelt. [3] § 253 Absatz 3 Satz 6 ist nur auf die in Satz 2 bezeichneten Vermögensgegenstände anzuwenden.

(2) Auf Kapitalanlagen, soweit es sich hierbei um Aktien einschließlich der eigenen Anteile, Anteile oder Aktien an Investmentvermögen sowie sonstige festverzinsliche und nicht festverzinsliche Wertpapiere handelt, sind die für das Umlaufvermögen geltenden § 253 Abs. 1 Satz 1, Abs. 4 und 5, § 256 anzuwenden, es sei denn, dass sie dazu bestimmt werden, dauernd dem Geschäfts-

betrieb zu dienen; in diesem Fall sind sie nach den für das Anlagevermögen geltenden Vorschriften zu bewerten.

(3) § 256 Satz 2 in Verbindung mit § 240 Abs. 3 über die Bewertung zum Festwert ist auf Grundstücke, Bauten und im Bau befindliche Anlagen nicht anzuwenden.

(4) Verträge, die von Pensionsfonds bei Lebensversicherungsunternehmen zur Deckung von Verpflichtungen gegenüber Versorgungsberechtigten eingegangen werden, sind mit dem Zeitwert unter Berücksichtigung des Grundsatzes der Vorsicht zu bewerten; die Absätze 1 bis 3 sind insoweit nicht anzuwenden.

§ 341c Namensschuldverschreibungen, Hypothekendarlehen und andere Forderungen. (1) Abweichend von § 253 Abs. 1 Satz 1 dürfen Namensschuldverschreibungen mit ihrem Nennbetrag angesetzt werden.

(2) [1] Ist der Nennbetrag höher als die Anschaffungskosten, so ist der Unterschiedsbetrag in den Rechnungsabgrenzungsposten auf der Passivseite aufzunehmen, planmäßig aufzulösen und in seiner jeweiligen Höhe in der Bilanz oder im Anhang gesondert anzugeben. [2] Ist der Nennbetrag niedriger als die Anschaffungskosten, darf der Unterschiedsbetrag in den Rechnungsabgrenzungsposten auf der Aktivseite aufgenommen werden; er ist planmäßig aufzulösen und in seiner jeweiligen Höhe in der Bilanz oder im Anhang gesondert anzugeben.

(3) Bei Hypothekendarlehen und anderen Forderungen dürfen die Anschaffungskosten zuzüglich oder abzüglich der kumulierten Amortisation einer Differenz zwischen den Anschaffungskosten und dem Rückzahlungsbetrag unter Anwendung der Effektivzinsmethode angesetzt werden.

§ 341d Anlagestock der fondsgebundenen Lebensversicherung. Kapitalanlagen für Rechnung und Risiko von Inhabern von Lebensversicherungsverträgen, bei denen das Anlagerisiko vom Versicherungsnehmer getragen wird, sind mit dem Zeitwert unter Berücksichtigung des Grundsatzes der Vorsicht zu bewerten; die §§ 341b, 341c sind nicht anzuwenden.

Vierter Titel. Versicherungstechnische Rückstellungen

§ 341e Allgemeine Bilanzierungsgrundsätze. (1) [1] Versicherungsunternehmen haben versicherungstechnische Rückstellungen auch insoweit zu bilden, wie dies nach vernünftiger kaufmännischer Beurteilung notwendig ist, um die dauernde Erfüllbarkeit der Verpflichtungen aus den Versicherungsverträgen sicherzustellen. [2] Dabei sind mit Ausnahme der Vorschriften der §§ 74 bis 87 des Versicherungsaufsichtsgesetzes die im Interesse der Versicherten erlassenen aufsichtsrechtlichen Vorschriften über die bei der Berechnung der Rückstellungen zu verwendenden Rechnungsgrundlagen einschließlich des dafür anzusetzenden Rechnungszinsfußes und über die Zuweisung bestimmter Kapitalerträge zu den Rückstellungen zu berücksichtigen. [3] Die Rückstellungen sind nach den Wertverhältnissen am Abschlussstichtag zu bewerten und nicht nach § 253 Abs. 2 abzuzinsen.

(2) Versicherungstechnische Rückstellungen sind außer in den Fällen der §§ 341f bis 341h insbesondere zu bilden

1. für den Teil der Beiträge, der Ertrag für eine bestimmte Zeit nach dem Abschlußstichtag darstellt (Beitragsüberträge);

2. für erfolgsabhängige und erfolgsunabhängige Beitragsrückerstattungen, soweit die ausschließliche Verwendung der Rückstellung zu diesem Zweck durch Gesetz, Satzung, geschäftsplanmäßige Erklärung oder vertragliche Vereinbarung gesichert ist (Rückstellung für Beitragsrückerstattung);
3. für Verluste, mit denen nach dem Abschlußstichtag aus bis zum Ende des Geschäftsjahres geschlossenen Verträgen zu rechnen ist (Rückstellung für drohende Verluste aus dem Versicherungsgeschäft).

(3) Soweit eine Bewertung nach § 252 Abs. 1 Nr. 3 oder § 240 Abs. 4 nicht möglich ist oder der damit verbundene Aufwand unverhältnismäßig wäre, können die Rückstellungen auf Grund von Näherungsverfahren geschätzt werden, wenn anzunehmen ist, daß diese zu annähernd gleichen Ergebnissen wie Einzelberechnungen führen.

§ 341f Deckungsrückstellung. (1) [1] Deckungsrückstellungen sind für die Verpflichtungen aus dem Lebensversicherungs- und dem nach Art der Lebensversicherung betriebenen Versicherungsgeschäft in Höhe ihres versicherungsmathematisch errechneten Wertes einschließlich bereits zugeteilter Überschußanteile mit Ausnahme der verzinslich angesammelten Überschußanteile und nach Abzug des versicherungsmathematisch ermittelten Barwerts der künftigen Beiträge zu bilden (prospektive Methode). [2] Ist eine Ermittlung des Wertes der künftigen Verpflichtungen und der künftigen Beiträge nicht möglich, hat die Berechnung auf Grund der aufgezinsten Einnahmen und Ausgaben der vorangegangenen Geschäftsjahre zu erfolgen (retrospektive Methode).

(2) Bei der Bildung der Deckungsrückstellung sind auch gegenüber den Versicherten eingegangene Zinssatzverpflichtungen zu berücksichtigen, sofern die derzeitigen oder zu erwartenden Erträge der Vermögenswerte des Unternehmens für die Deckung dieser Verpflichtungen nicht ausreichen.

(3) [1] In der Krankenversicherung, die nach Art der Lebensversicherung betrieben wird, ist als Deckungsrückstellung eine Alterungsrückstellung zu bilden; hierunter fallen auch der Rückstellung bereits zugeführte Beträge aus der Rückstellung für Beitragsrückerstattung sowie Zuschreibungen, die dem Aufbau einer Anwartschaft auf Beitragsermäßigung im Alter dienen. [2] Bei der Berechnung sind die für die Berechnung der Prämien geltenden aufsichtsrechtlichen Bestimmungen zu berücksichtigen.

§ 341g Rückstellung für noch nicht abgewickelte Versicherungsfälle.

(1) [1] Rückstellungen für noch nicht abgewickelte Versicherungsfälle sind für die Verpflichtungen aus den bis zum Ende des Geschäftsjahres eingetretenen, aber noch nicht abgewickelten Versicherungsfällen zu bilden. [2] Hierbei sind die gesamten Schadenregulierungsaufwendungen zu berücksichtigen.

(2) [1] Für bis zum Abschlußstichtag eingetretene, aber bis zur inventurmäßigen Erfassung noch nicht gemeldete Versicherungsfälle ist die Rückstellung pauschal zu bewerten. [2] Dabei sind die bisherigen Erfahrungen in bezug auf die Anzahl der nach dem Abschlußstichtag gemeldeten Versicherungsfälle und die Höhe der damit verbundenen Aufwendungen zu berücksichtigen.

(3) [1] Bei Krankenversicherungsunternehmen ist die Rückstellung anhand eines statistischen Näherungsverfahrens zu ermitteln. [2] Dabei ist von den in den ersten Monaten des nach dem Abschlußstichtag folgenden Geschäftsjahres erfolgten Zahlungen für die bis zum Abschlußstichtag eingetretenen Versicherungsfälle auszugehen.

(4) Bei Mitversicherungen muß die Rückstellung der Höhe nach anteilig zumindest derjenigen entsprechen, die der führende Versicherer nach den Vorschriften oder der Übung in dem Land bilden muß, von dem aus er tätig wird.

(5) Sind die Versicherungsleistungen auf Grund rechtskräftigen Urteils, Vergleichs oder Anerkenntnisses in Form einer Rente zu erbringen, so müssen die Rückstellungsbeträge nach anerkannten versicherungsmathematischen Methoden berechnet werden.

§ 341h Schwankungsrückstellung und ähnliche Rückstellungen.

(1) Schwankungsrückstellungen sind zum Ausgleich der Schwankungen im Schadenverlauf künftiger Jahre zu bilden, wenn insbesondere

1. nach den Erfahrungen in dem betreffenden Versicherungszweig mit erheblichen Schwankungen der jährlichen Aufwendungen für Versicherungsfälle zu rechnen ist,
2. die Schwankungen nicht jeweils durch Beiträge ausgeglichen werden und
3. die Schwankungen nicht durch Rückversicherungen gedeckt sind.

(2) Für Risiken gleicher Art, bei denen der Ausgleich von Leistung und Gegenleistung wegen des hohen Schadenrisikos im Einzelfall nach versicherungsmathematischen Grundsätzen nicht im Geschäftsjahr, sondern nur in einem am Abschlußstichtag nicht bestimmbaren Zeitraum gefunden werden kann, ist eine Rückstellung zu bilden und in der Bilanz als „ähnliche Rückstellung" unter den Schwankungsrückstellungen auszuweisen.

Fünfter Titel. Konzernabschluß, Konzernlagebericht

§ 341i Aufstellung, Fristen. (1) [1] Versicherungsunternehmen, auch wenn sie nicht in der Rechtsform einer Kapitalgesellschaft betrieben werden, haben unabhängig von ihrer Größe einen Konzernabschluß und einen Konzernlagebericht aufzustellen. [2] Zusätzliche Anforderungen auf Grund von Vorschriften, die wegen der Rechtsform bestehen, bleiben unberührt.

(2) Als Versicherungsunternehmen im Sinne dieses Titels gelten auch Mutterunternehmen, deren einziger oder hauptsächlicher Zweck darin besteht, Beteiligungen an Tochterunternehmen zu erwerben, diese Beteiligungen zu verwalten und rentabel zu machen, sofern diese Tochterunternehmen ausschließlich oder überwiegend Versicherungsunternehmen sind.

(3) [1] Die gesetzlichen Vertreter eines Mutterunternehmens haben den Konzernabschluß und den Konzernlagebericht abweichend von § 290 Abs. 1 innerhalb von zwei Monaten nach Ablauf der Aufstellungsfrist für den zuletzt aufzustellenden und in den Konzernabschluß einzubeziehenden Abschluß, spätestens jedoch innerhalb von zwölf Monaten nach dem Stichtag des Konzernabschlusses, für das vergangene Konzerngeschäftsjahr aufzustellen und dem Abschlußprüfer des Konzernabschlusses vorzulegen; ist das Mutterunternehmen eine Kapitalgesellschaft im Sinn des § 325 Abs. 4 Satz 1 und nicht zugleich im Sinn des § 327a, tritt an die Stelle der Frist von längstens zwölf eine Frist von längstens vier Monaten. [2] § 299 Abs. 2 Satz 2 ist mit der Maßgabe anzuwenden, daß der Stichtag des Jahresabschlusses eines Unternehmens nicht länger als sechs Monate vor dem Stichtag des Konzernabschlusses liegen darf.

(4) Der Konzernabschluß und der Konzernlagebericht sind abweichend von § 175 Abs. 1 Satz 1 des Aktiengesetzes spätestens der nächsten nach Ablauf der Aufstellungsfrist für den Konzernabschluß und Konzernlagebericht einzuberu-

fenden Hauptversammlung, die einen Jahresabschluß des Mutterunternehmens entgegennimmt oder festzustellen hat, vorzulegen.

§ 341j Anzuwendende Vorschriften. (1) [1]Auf den Konzernabschluß und den Konzernlagebericht sind die Vorschriften des Zweiten Unterabschnitts des Zweiten Abschnitts über den Konzernabschluß und den Konzernlagebericht und, soweit die Eigenart des Konzernabschlusses keine Abweichungen bedingt, die §§ 341a bis 341h über den Jahresabschluß sowie die für die Rechtsform und den Geschäftszweig der in den Konzernabschluß einbezogenen Unternehmen mit Sitz im Geltungsbereich dieses Gesetzes geltenden Vorschriften entsprechend anzuwenden, soweit sie für große Kapitalgesellschaften gelten. [2]Die §§ 293, 298 Absatz 1 sowie § 314 Absatz 1 Nummer 3 und 23 sind nicht anzuwenden. [3]§ 314 Abs. 1 Nr. 2a gilt mit der Maßgabe, daß die Angaben für solche finanzielle Verpflichtungen nicht zu machen sind, die im Rahmen des Versicherungsgeschäfts entstehen. [4]In den Fällen des § 315e Abs. 1 finden abweichend von Satz 1 nur die §§ 290 bis 292, 315e Anwendung; die Sätze 2 und 3 dieses Absatzes und Absatz 2, § 341i Abs. 3 Satz 2 sowie die Bestimmungen der Versicherungsunternehmens-Rechnungslegungsverordnung vom 8. November 1994 (BGBl. I S. 3378) und der Pensionsfonds-Rechnungslegungsverordnung vom 25. Februar 2003 (BGBl. I S. 246) in ihren jeweils geltenden Fassungen sind nicht anzuwenden.

(2) § 304 Abs. 1 braucht nicht angewendet zu werden, wenn die Lieferungen oder Leistungen zu üblichen Marktbedingungen vorgenommen worden sind und Rechtsansprüche der Versicherungsnehmer begründet haben.

(3) Auf Versicherungsunternehmen, die nicht Aktiengesellschaften, Kommanditgesellschaften auf Aktien oder kleinere Vereine sind, ist § 170 Abs. 1 und 3 des Aktiengesetzes entsprechend anzuwenden.

(4) [1]Ein Versicherungsunternehmen, das ein Mutterunternehmen (§ 290) ist, hat den Konzernlagebericht um eine nichtfinanzielle Konzernerklärung zu erweitern, wenn auf die in den Konzernabschluss einzubeziehenden Unternehmen die folgenden Merkmale zutreffen:

1. sie erfüllen die in § 293 Absatz 1 Satz 1 Nummer 1 oder 2 geregelten Voraussetzungen für eine größenabhängige Befreiung nicht und
2. bei ihnen sind insgesamt im Jahresdurchschnitt mehr als 500 Arbeitnehmer beschäftigt.

[2]§ 267 Absatz 4 bis 5, § 298 Absatz 2, § 315b Absatz 2 bis 4 und § 315c sind entsprechend anzuwenden. [3]Wenn die nichtfinanzielle Erklärung einen besonderen Abschnitt des Konzernlageberichts bildet, darf das Versicherungsunternehmen auf die an anderer Stelle im Konzernlagebericht enthaltenen nichtfinanziellen Angaben verweisen.

(5) Ein Versicherungsunternehmen, das nach Absatz 1 in Verbindung mit § 315d eine Konzernerklärung zur Unternehmensführung zu erstellen hat, hat darin Angaben nach § 315d in Verbindung mit § 289f Absatz 2 Nummer 6 aufzunehmen, wenn die in den Konzernabschluss einzubeziehenden Unternehmen die in § 293 Absatz 1 Satz 1 Nummer 1 oder 2 geregelten Voraussetzungen für eine Befreiung nicht erfüllen.

Sechster Titel. Prüfung

§ 341k [Prüfung] (1) [1] Versicherungsunternehmen haben unabhängig von ihrer Größe ihren Jahresabschluß und Lagebericht sowie ihren Konzernabschluß und Konzernlagebericht nach den Vorschriften des Dritten Unterabschnitts des Zweiten Abschnitts prüfen zu lassen. [2] § 318 Absatz 1a und § 319 Absatz 1 Satz 2 sind nicht anzuwenden. [3] Hat keine Prüfung stattgefunden, so kann der Jahresabschluß nicht festgestellt werden. [4] Auf Versicherungsunternehmen im Sinne des Artikels 2 Absatz 1 der Richtlinie 91/674/EWG sind die Vorschriften des Dritten Unterabschnitts des Zweiten Abschnitts nur insoweit anzuwenden, als nicht die Verordnung (EU) Nr. 537/2014 anzuwenden ist.

(2) [1] § 318 Abs. 1 Satz 1 ist mit der Maßgabe anzuwenden, daß der Abschlußprüfer des Jahresabschlusses und des Konzernabschlusses vom Aufsichtsrat bestimmt wird. [2] § 318 Abs. 1 Satz 3 und 4 gilt entsprechend.

(3) In den Fällen des § 321 Abs. 1 Satz 3 hat der Abschlußprüfer die Aufsichtsbehörde unverzüglich zu unterrichten.

(4) [1] Versicherungsunternehmen im Sinne des Artikels 2 Absatz 1 der Richtlinie 91/674/EWG haben, auch wenn sie nicht kapitalmarktorientiert im Sinne des § 264d sind, § 324 Absatz 1 und 2 anzuwenden, wenn sie keinen Aufsichts- oder Verwaltungsrat haben, der die Voraussetzungen des § 100 Absatz 5 des Aktiengesetzes erfüllen muss. [2] Dies gilt für landesrechtliche öffentlich-rechtliche Versicherungsunternehmen nur, soweit das Landesrecht nichts anderes vorsieht.

Siebenter Titel. Offenlegung

§ 341l [Offenlegung] (1) [1] Versicherungsunternehmen haben den Jahresabschluß und den Lagebericht sowie den Konzernabschluß und den Konzernlagebericht und die anderen in § 325 bezeichneten Unterlagen nach § 325 Abs. 2 bis 5, §§ 328, 329 Abs. 1 und 4 offenzulegen. [2] Von den in § 341a Abs. 5 genannten Versicherungsunternehmen ist § 325 Abs. 1 mit der Maßgabe anzuwenden, dass die Frist für die Einreichung der Unterlagen beim Betreiber des Bundesanzeigers 15 Monate, im Fall des § 325 Abs. 4 Satz 1 vier Monate beträgt; § 327a ist anzuwenden.

(2) Die gesetzlichen Vertreter eines Mutterunternehmens haben abweichend von § 325 Abs. 3 unverzüglich nach der Hauptversammlung oder der dieser entsprechenden Versammlung der obersten Vertretung, welcher der Konzernabschluß und der Konzernlagebericht vorzulegen sind, jedoch spätestens vor Ablauf des dieser Versammlung folgenden Monats den Konzernabschluß mit dem Bestätigungsvermerk oder dem Vermerk über dessen Versagung und den Konzernlagebericht mit Ausnahme der Aufstellung des Anteilsbesitzes beim Betreiber des Bundesanzeigers elektronisch einzureichen.

(3) Soweit Absatz 1 Satz 1 auf § 325 Abs. 2a Satz 3 und 5 verweist, gelten die folgenden Maßgaben und ergänzenden Bestimmungen:

1. Die in § 325 Abs. 2a Satz 3 genannten Vorschriften des Ersten Unterabschnitts des Zweiten Abschnitts des Dritten Buchs sind auch auf Versicherungsunternehmen anzuwenden, die nicht in der Rechtsform einer Kapitalgesellschaft betrieben werden.
2. An Stelle des § 285 Nr. 8 Buchstabe b gilt die Vorschrift des § 51 Abs. 5 in Verbindung mit Muster 2 der Versicherungsunternehmens-Rechnungs-

legungsverordnung vom 8. November 1994 (BGBl. I S. 3378) in der jeweils geltenden Fassung.

3. § 341a Abs. 4 ist anzuwenden, soweit er auf die Bestimmungen der §§ 170, 171 und 175 des Aktiengesetzes über den Einzelabschluss nach § 325 Abs. 2a dieses Gesetzes verweist.
4. Im Übrigen finden die Bestimmungen des Zweiten bis Vierten Titels dieses Unterabschnitts sowie der Versicherungsunternehmens-Rechnungslegungsverordnung keine Anwendung.

Achter Titel. Straf- und Bußgeldvorschriften, Ordnungsgelder

§ 341m Strafvorschriften. (1) [1]Die Strafvorschriften der §§ 331 bis 333 sind auch auf nicht in der Rechtsform einer Kapitalgesellschaft betriebene Versicherungsunternehmen und Pensionsfonds anzuwenden. [2]§ 331 ist darüber hinaus auch anzuwenden auf die Verletzung von Pflichten durch den Hauptbevollmächtigten (§ 68 Absatz 2 des Versicherungsaufsichtsgesetzes).

(2) Mit Freiheitsstrafe bis zu einem Jahr oder mit Geldstrafe wird bestraft, wer als Mitglied eines nach § 341k Absatz 4 Satz 1 in Verbindung mit § 324 Absatz 1 Satz 1 eingerichteten Prüfungsausschusses

1. eine in § 341n Absatz 2a bezeichnete Handlung begeht und dafür einen Vermögensvorteil erhält oder sich versprechen lässt oder
2. eine in § 341n Absatz 2a bezeichnete Handlung beharrlich wiederholt.

(3) § 335c Absatz 2 gilt in den Fällen des Absatzes 2 entsprechend.

§ 341n Bußgeldvorschriften. (1) Ordnungswidrig handelt, wer als Mitglied des vertretungsberechtigten Organs oder des Aufsichtsrats eines Versicherungsunternehmens oder eines Pensionsfonds oder als Hauptbevollmächtigter (§ 68 Absatz 2 des Versicherungsaufsichtsgesetzes)

1. bei der Aufstellung oder Feststellung des Jahresabschlusses einer Vorschrift
   a) des § 243 Abs. 1 oder 2, der §§ 244, 245, 246 Abs. 1 oder 2, dieser in Verbindung mit § 341a Abs. 2 Satz 3, des § 246 Abs. 3 Satz 1, des § 247 Abs. 3, der §§ 248, 249 Abs. 1 Satz 1 oder Abs. 2, des § 250 Abs. 1 oder Abs. 2, des § 264 Absatz 1a oder Absatz 2, des § 341e Abs. 1 oder 2 oder der §§ 341f, 341g oder 341h über Form oder Inhalt,
   b) des § 253 Abs. 1 Satz 1, 2, 3 oder Satz 4, Abs. 2 Satz 1, auch in Verbindung mit Satz 2, Absatz 3 Satz 1, 2, 3, 4 oder Satz 5, Abs. 4, 5, der §§ 254, 256a, 341b Abs. 1 Satz 1 oder des § 341d über die Bewertung,
   c) des § 265 Abs. 2, 3 oder 4, des § 268 Abs. 3 oder 6, der §§ 272, 274 oder des § 277 Abs. 3 Satz 2 über die Gliederung,
   d) der §§ 284, 285 Nr. 1, 2 oder Nr. 3, auch in Verbindung mit § 341a Abs. 2 Satz 5, oder des § 285 Nummer 3a, 7, 9 bis 14a, 15a, 16 bis 33 oder Nummer 34 über die im Anhang zu machenden Angaben,
2. bei der Aufstellung des Konzernabschlusses einer Vorschrift
   a) des § 294 Abs. 1 über den Konsolidierungskreis,
   b) des § 297 Absatz 1a, 2 oder Absatz 3 oder des § 341j Abs. 1 Satz 1 in Verbindung mit einer der in Nummer 1 Buchstabe a bezeichneten Vorschriften über Form oder Inhalt,
   c) des § 300 über die Konsolidierungsgrundsätze oder das Vollständigkeitsgebot,

d) des § 308 Abs. 1 Satz 1 in Verbindung mit den in Nummer 1 Buchstabe b bezeichneten Vorschriften, des § 308 Abs. 2 oder des § 308a über die Bewertung,

e) des § 311 Abs. 1 Satz 1 in Verbindung mit § 312 über die Behandlung assoziierter Unternehmen oder

f) des § 308 Abs. 1 Satz 3, des § 313 oder des § 314 in Verbindung mit § 341j Abs. 1 Satz 2 oder 3 über die im Konzernanhang zu machenden Angaben,

3. bei der Aufstellung des Lageberichts oder der Erstellung eines gesonderten nichtfinanziellen Berichts einer Vorschrift der §§ 289, 289a, 341a Absatz 1a, auch in Verbindung mit § 289b Absatz 2 oder 3 oder mit den §§ 289c, 289d oder § 289e Absatz 2, oder des § 341a Absatz 1b in Verbindung mit § 289f über den Inhalt des Lageberichts oder des gesonderten nichtfinanziellen Berichts,
4. bei der Aufstellung des Konzernlageberichts oder der Erstellung eines gesonderten nichtfinanziellen Konzernberichts einer Vorschrift der §§ 315, 315a, 341j Absatz 4, auch in Verbindung mit § 315b Absatz 2 oder 3 oder § 315c, oder des § 341j Absatz 5 in Verbindung mit § 315d über den Inhalt des Konzernlageberichts oder des gesonderten nichtfinanziellen Konzernberichts,
5. bei der Offenlegung, Veröffentlichung oder Vervielfältigung einer Vorschrift des § 328 über Form, Format oder Inhalt oder
6. einer auf Grund des § 330 Abs. 3 und 4 in Verbindung mit Abs. 1 Satz 1 erlassenen Rechtsverordnung, soweit sie für einen bestimmten Tatbestand auf diese Bußgeldvorschrift verweist,

zuwiderhandelt.

(2) Ordnungswidrig handelt, wer zu einem Jahresabschluss, zu einem Einzelabschluss nach § 325 Abs. 2a oder zu einem Konzernabschluss, der aufgrund gesetzlicher Vorschriften zu prüfen ist, einen Vermerk nach § 322 Abs. 1 erteilt, obwohl nach § 319 Abs. 2, 3, 5, § 319a Abs. 1 Satz 1, Abs. 2, § 319b Abs. 1 er oder nach § 319 Abs. 4, auch in Verbindung mit § 319a Abs. 1 Satz 2, oder § 319b Abs. 1 die Wirtschaftsprüfungsgesellschaft, für die er tätig wird, nicht Abschlussprüfer sein darf.

(2a) Ordnungswidrig handelt, wer als Mitglied eines nach § 341k Absatz 4 Satz 1 in Verbindung mit § 324 Absatz 1 Satz 1 eingerichteten Prüfungsausschusses

1. die Unabhängigkeit des Abschlussprüfers oder der Prüfungsgesellschaft nicht nach Maßgabe des Artikels 4 Absatz 3 Unterabsatz 2, des Artikels 5 Absatz 4 Unterabsatz 1 Satz 1 oder des Artikels 6 Absatz 2 der Verordnung (EU) Nr. 537/2014 des Europäischen Parlaments und des Rates vom 16. April 2014 über spezifische Anforderungen an die Abschlussprüfung bei Unternehmen von öffentlichem Interesse und zur Aufhebung des Beschlusses 2005/909/EG der Kommission (ABl. L 158 vom 27.5.2014, S. 77, L 170 vom 11.6.2014, S. 66) überwacht oder
2. eine Empfehlung für die Bestellung eines Abschlussprüfers oder einer Prüfungsgesellschaft vorlegt, die nicht auf einem Verlangen der Aufsichtsbehörde nach § 36 Absatz 1 Satz 2 des Versicherungsaufsichtsgesetzes[1] beruht und

[1] Nr. **1**.

a) die den Anforderungen nach Artikel 16 Absatz 2 Unterabsatz 2 oder 3 der Verordnung (EU) Nr. 537/2014 nicht entspricht oder

b) der ein Auswahlverfahren nach Artikel 16 Absatz 3 Unterabsatz 1 der Verordnung (EU) Nr. 537/2014 nicht vorangegangen ist.

(3) [1] Die Ordnungswidrigkeit kann mit einer Geldbuße bis zu fünfzigtausend Euro geahndet werden. [2] Ist das Versicherungsunternehmen kapitalmarktorientiert im Sinne des § 264d, beträgt die Geldbuße in den Fällen des Absatzes 1 höchstens den höheren der folgenden Beträge:

1. zwei Millionen Euro oder
2. das Zweifache des aus der Ordnungswidrigkeit gezogenen wirtschaftlichen Vorteils, wobei der wirtschaftliche Vorteil erzielte Gewinne und vermiedene Verluste umfasst und geschätzt werden kann.

(3a) Wird gegen ein Versicherungsunternehmen, das kapitalmarktorientiert im Sinne des § 264d ist, in den Fällen des Absatzes 1 eine Geldbuße nach § 30 des Gesetzes über Ordnungswidrigkeiten verhängt, beträgt diese Geldbuße höchstens den höchsten der folgenden Beträge:

1. zehn Millionen Euro,
2. 5 Prozent des jährlichen Gesamtumsatzes, den das Versicherungsunternehmen im der Behördenentscheidung vorausgegangenen Geschäftsjahr erzielt hat oder
3. das Zweifache des aus der Ordnungswidrigkeit gezogenen wirtschaftlichen Vorteils, wobei der wirtschaftliche Vorteil erzielte Gewinne und vermiedene Verluste umfasst und geschätzt werden kann.

(3b) [1] Als Gesamtumsatz ist anstelle des Betrags der Umsatzerlöse der sich aus dem auf das Versicherungsunternehmen anwendbaren nationalen Recht im Einklang mit Artikel 63 der Richtlinie 91/674/EWG des Rates vom 19. Dezember 1991 über den Jahresabschluss und den konsolidierten Abschluss von Versicherungsunternehmen (ABl. L 374 vom 31.12.1991, S. 7), die zuletzt durch die Richtlinie 2006/46/EG (ABl. L 224 vom 16.8.2006, S. 1) geändert worden ist, ergebende Gesamtbetrag, abzüglich der Umsatzsteuer und sonstiger direkt auf diese Erträge erhobener Steuern, maßgeblich. [2] Handelt es sich bei dem Versicherungsunternehmen um ein Mutterunternehmen oder um ein Tochterunternehmen im Sinne des § 290, ist anstelle des Gesamtumsatzes des Versicherungsunternehmens der jeweilige Gesamtbetrag im Konzernabschluss des Mutterunternehmens maßgeblich, der für den größten Kreis von Unternehmen aufgestellt wird. [3] Wird der Konzernabschluss für den größten Kreis von Unternehmen nicht nach der in Satz 1 genannten Vorschrift aufgestellt, ist der Gesamtumsatz nach Maßgabe der Posten des Konzernabschlusses zu ermitteln, die mit den von Satz 1 erfassten Posten vergleichbar sind. [4] Ist ein Jahres- oder Konzernabschluss für das maßgebliche Geschäftsjahr nicht verfügbar, ist der Jahres- oder Konzernabschluss für das unmittelbar vorausgehende Geschäftsjahr maßgeblich; ist auch dieser nicht verfügbar, kann der Gesamtumsatz geschätzt werden.

(4) [1] Verwaltungsbehörde im Sinne des § 36 Abs. 1 Nr. 1 des Gesetzes über Ordnungswidrigkeiten ist in den Fällen der Absätze 1 und 2a die Bundesanstalt für Finanzdienstleistungsaufsicht für die ihrer Aufsicht unterliegenden Versicherungsunternehmen und Pensionsfonds. [2] Unterliegt ein Versicherungsunternehmen und Pensionsfonds der Aufsicht einer Landesbehörde, so ist diese in den

Fällen der Absätze 1 und 2a zuständig. [3] In den Fällen des Absatzes 2 ist die Abschlussprüferaufsichtsstelle beim Bundesamt für Wirtschaft und Ausfuhrkontrolle zuständig.

(5) Die nach Absatz 4 Satz 1 oder 2 zuständige Verwaltungsbehörde übermittelt der Abschlussprüferaufsichtsstelle beim Bundesamt für Wirtschaft und Ausfuhrkontrolle alle Bußgeldentscheidungen nach Absatz 2a.

§ 341o Festsetzung von Ordnungsgeld. [1] Personen, die

1. als Mitglieder des vertretungsberechtigten Organs eines Versicherungsunternehmens oder eines Pensionsfonds § 341l in Verbindung mit § 325 über die Pflicht zur Offenlegung des Jahresabschlusses, des Lageberichts, des Konzernabschlusses, des Konzernlageberichts und anderer Unterlagen der Rechnungslegung oder
2. als Hauptbevollmächtigter (§ 68 Absatz 2 des Versicherungsaufsichtsgesetzes) § 341l Abs. 1 über die Offenlegung der Rechnungslegungsunterlagen

nicht befolgen, sind hierzu vom Bundesamt für Justiz durch Festsetzung von Ordnungsgeld anzuhalten. [2] Die §§ 335 bis 335b sind entsprechend anzuwenden.

§ 341p Anwendung der Straf- und Bußgeld- sowie der Ordnungsgeldvorschriften auf Pensionsfonds. Die Strafvorschriften des § 341m Absatz 1, die Bußgeldvorschrift des § 341n Absatz 1 und 2 sowie die Ordnungsgeldvorschrift des § 341o gelten auch für Pensionsfonds im Sinn des § 341 Abs. 4 Satz 1.

17. Gewerbeordnung

In der Fassung der Bekanntmachung vom 22. Februar 1999[1)]
(BGBl. I S. 202)

FNA 7100-1

zuletzt geänd. durch Art. 5 Gesetz v. 19.6.2020 (BGBl. I S. 1403)

– Auszug –

Titel I. Allgemeine Bestimmungen

§ 11a Vermittlerregister. (1) [1]Jede Industrie- und Handelskammer (Registerbehörde) führt ein Register der nach § 34d Absatz 10 Satz 1, § 34f Absatz 5, § 34h Absatz 1 Satz 4 und § 34i Absatz 8 Eintragungspflichtigen. [2]Die örtliche Zuständigkeit richtet sich nach dem Landesrecht. [3]Zweck des Registers ist es insbesondere, der Allgemeinheit, vor allem Anlegern und Versicherungsunternehmen sowie Darlehensnehmern und Darlehensgebern, die Überprüfung der Zulassung sowie des Umfangs der zugelassenen Tätigkeit der Eintragungspflichtigen zu ermöglichen. [4]Die Registerbehörden bedienen sich bei der Führung des Registers der in § 32 Abs. 2 des Umweltauditgesetzes bezeichneten gemeinsamen Stelle (gemeinsame Stelle). [5]Die Registerbehörde unterliegt der Aufsicht der obersten Landesbehörde.

(1a) [1]In das Register sind auch die Daten zu den nach § 34i Absatz 4 von der Erlaubnispflicht befreiten Gewerbetreibenden einzutragen, die von den zuständigen Behörden eines anderen Mitgliedstaates der Europäischen Union oder eines anderen Vertragsstaates des Abkommens über den Europäischen Wirtschaftsraum übermittelt werden. [2]Erhält die Registerbehörde die Mitteilung, dass ein nach § 34i Absatz 4 von der Erlaubnispflicht befreiter Gewerbetreibender nicht mehr im Anwendungsbereich dieser Vorschrift tätig ist oder nicht mehr im Besitz der Erlaubnis eines anderen Mitgliedstaates der Europäischen Union oder eines anderen Vertragsstaates des Abkommens über den Europäischen Wirtschaftsraum ist, so hat die Registerbehörde unverzüglich die gespeicherten Daten des Betroffenen zu löschen.

(2) [1]Auskünfte aus dem Register werden im Wege des automatisierten Abrufs über das Internet oder schriftlich erteilt. [2]Die Registerbehörden gewährleisten, dass eine gleichzeitige Abfrage bei allen Registern nach Absatz 1 Satz 1 möglich ist.

(3) [1]Die für eine Untersagung nach § 35 zuständige Behörde teilt der Registerbehörde eine Untersagung unverzüglich mit. [2]Bei Aufhebung der Erlaubnis nach § 34d Absatz 1 oder Absatz 2 oder der Erlaubnisbefreiung nach § 34d Absatz 6 oder einer Mitteilung nach Satz 1 oder § 48 Absatz 5 des Versicherungsaufsichtsgesetzes hat die Registerbehörde unverzüglich die zu der betroffenen Person gespeicherten Daten zu löschen. [3]Der Familienname, der Vorname, die Registrierungsnummer sowie der Tag der Löschung werden im Register in einem täglich aktualisierten Verzeichnis gespeichert. [4]Zugang zu

---

[1)] Neubekanntmachung der GewO idF der Bek. v. 1.1.1987 (BGBl. I S. 425) in der ab 1.1.1999 geltenden Fassung.

diesem Verzeichnis erhalten nur Versicherungsunternehmen. [5]Die Angaben werden einen Monat nach der Speicherung in diesem Verzeichnis gelöscht.

(3a) [1]Die für die Erlaubniserteilung nach § 34f Absatz 1 zuständige Behörde teilt der Registerbehörde unverzüglich die für die Eintragung nach § 34f Absatz 5 erforderlichen Angaben sowie die Aufhebung der Erlaubnis nach § 34f Absatz 1 mit. [2]Die für die Erlaubniserteilung nach § 34h Absatz 1 zuständige Behörde teilt der Registerbehörde unverzüglich die Angaben mit, die für die Eintragung nach § 34h Absatz 1 Satz 4 in Verbindung mit § 34f Absatz 5 erforderlich sind, sowie die Aufhebung der Erlaubnis nach § 34h Absatz 1. [3]Bei Erhalt der Mitteilung über die Aufhebung der Erlaubnis nach § 34f Absatz 1 und § 34h Absatz 1 hat die Registerbehörde unverzüglich die zu der betroffenen Person gespeicherten Daten zu löschen.

(3b) [1]Die für die Erlaubniserteilung nach § 34i Absatz 1 zuständige Behörde teilt der Registerbehörde unverzüglich die für die Eintragung nach § 34i Absatz 8 Nummer 1 erforderlichen Angaben, die Aufhebung der Erlaubnis nach § 34i Absatz 1 sowie die für die Eintragung nach § 34i Absatz 9 erforderlichen Angaben mit. [2]Bei Erhalt der Mitteilung über die Aufhebung der Erlaubnis nach § 34i Absatz 1 hat die Registerbehörde die gespeicherten Daten der betroffenen Person unverzüglich zu löschen. [3]Bei Erhalt der Mitteilung, dass die Bekanntmachung nach § 34i Absatz 9 nicht mehr erforderlich ist, hat die Registerbehörde die gespeicherten Daten unverzüglich zu löschen; unabhängig von dieser Mitteilung hat die Registerbehörde die Daten aber spätestens nach fünf Jahren zu löschen.

(4) Beabsichtigt ein nach § 34d Absatz 10 Satz 1 und nach § 34i Absatz 8 Nummer 1 Eintragungspflichtiger, in einem anderen Mitgliedstaat der Europäischen Union oder in einem anderen Vertragsstaat des Abkommens über den Europäischen Wirtschaftsraum tätig zu werden, hat er dies zuvor der Registerbehörde mitzuteilen.

(5) Das Bundesministerium für Wirtschaft und Energie kann durch Rechtsverordnung[1)] mit Zustimmung des Bundesrates Vorschriften erlassen über die Einzelheiten der Registerführung, insbesondere über

1. die in dem Register zu speichernden Angaben; gespeichert werden dürfen nur Angaben zur Identifizierung (insbesondere Familienname, Vorname, Geschäftsanschrift, Geburtstag und Registrierungsnummer), zur Zulassung und zum Umfang der zugelassenen Tätigkeit der Eintragungspflichtigen und der nach § 34i Absatz 4 von der Erlaubnispflicht befreiten Gewerbetreibenden sowie bekanntzumachende Angaben nach Maßgabe des § 34i Absatz 9; gespeichert werden dürfen auch Angaben zur Identifizierung des Kreditinstituts, in dessen Namen der nach § 34i Absatz 4 von der Erlaubnispflicht befreite Gewerbetreibende handelt,
2. Angaben, die nicht allgemein zugänglich sein sollen, sowie die Stellen, die Zugang zu diesen Angaben erhalten.

(6) [1]Die Zusammenarbeit der zuständigen Stellen mit den zuständigen Behörden der anderen Mitgliedstaaten der Europäischen Union sowie der anderen Vertragsstaaten des Abkommens über den Europäischen Wirtschaftsraum erfolgt nach folgenden Maßgaben:

[1)] Siehe die VersicherungsvermittlungsVO (Nr. **18**) und die FinanzanlagenvermittlungsVO v. 2.5. 2012 (BGBl. I S. 1006), zuletzt geänd. durch VO v. 9.10.2019 (BGBl. I S. 1434).

1. Auf Ersuchen der zuständigen Behörde eines anderen Mitglied- oder Vertragsstaates übermittelt die zuständige Registerbehörde Informationen einschließlich personenbezogener Daten, die zur Überprüfung der Einhaltung der Voraussetzungen für die Tätigkeit als Versicherungsvermittler, Versicherungsberater oder Immobiliardarlehensvermittler erforderlich sind, an die zuständige Behörde des anderen Mitglied- oder Vertragsstaates.
2. Die Registerbehörde darf ohne Ersuchen der zuständigen Behörde eines anderen Mitglied- oder Vertragsstaates Informationen einschließlich personenbezogener Daten übermitteln, wenn Anhaltspunkte dafür vorliegen, dass die Kenntnis dieser Informationen für die Überprüfung der Einhaltung der Voraussetzungen für die Tätigkeit als Versicherungsvermittler, Versicherungsberater oder Immobiliardarlehensvermittler erforderlich ist.
3. Die Registerbehörde teilt im Falle des Absatzes 4 die Absicht des nach § 34d Absatz 10, Eintragungspflichtigen der zuständigen Behörde des anderen Mitglied- oder Vertragsstaates mit und unterrichtet gleichzeitig den Eintragungspflichtigen über diese Mitteilung. Dieses Verfahren findet im Falle des Absatzes 4 auf die Absichtserklärung des nach § 34i Absatz 8 Nummer 1 Eintragungspflichtigen entsprechende Anwendung. Zum Zwecke der Überwachung darf die Registerbehörde der zuständigen Behörde des anderen Mitglied- oder Vertragsstaates die zu dem Eintragungspflichtigen im Register gespeicherten Angaben übermitteln. Die zuständige Behörde eines anderen Mitglied- oder Vertragsstaates ist über Änderungen übermittelter Angaben zu unterrichten.
4. Handelt es sich bei den nach den Absätzen 3 und 3b gelöschten Angaben um solche eines in einem anderen Mitglied- oder Vertragsstaat tätigen Gewerbetreibenden, so teilt die Registerbehörde der zuständigen Behörde des anderen Mitglied- oder Vertragsstaates die Löschung unverzüglich mit.

[2] Die Zusammenarbeit, insbesondere die Übermittlung von Informationen, erfolgt in Bezug auf die Tätigkeit von Versicherungsvermittlern und Versicherungsberatern jeweils über das Bundesministerium für Wirtschaft und Energie, das sich dabei der gemeinsamen Stelle bedient. [3] In Bezug auf die Tätigkeit von Immobiliardarlehensvermittlern erfolgt die Zusammenarbeit, insbesondere die Übermittlung von Informationen, jeweils über das Bundesamt für Wirtschaft und Ausfuhrkontrolle.

(7) [1] Die Registerbehörde, die Bundesanstalt für Finanzdienstleistungsaufsicht und die Behörden, die für die Erlaubniserteilung nach § 34d Absatz 1 Satz 1, Absatz 2 Satz 1, § 34f Absatz 1 Satz 1, auch in Verbindung mit § 34h Absatz 1 Satz 4, und nach § 34i Absatz 1 Satz 1, für die Untersagung nach § 35, für die Entgegennahme der Gewerbeanzeige nach § 14 oder für die Verfolgung von Ordnungswidrigkeiten zuständig sind, dürfen einander auch ohne Ersuchen Informationen einschließlich personenbezogener Daten übermitteln. [2] Die Registerbehörde richtet eine elektronische Zugriffsmöglichkeit für die Bundesanstalt für Finanzdienstleistungsaufsicht ein, die dieser eine unmittelbare Einsicht in die über Versicherungsvermittler gespeicherten Daten ermöglicht. [3] Satz 1 gilt nur, soweit dies zur Erfüllung der jeweiligen Aufgaben erforderlich ist, die jeweils mit der Tätigkeit von Versicherungsvermittlern, Versicherungsberatern, Finanzanlagenvermittlern, Honorar-Finanzanlagenberatern und Immobiliardarlehensvermittlern zusammenhängen. [4] Die in Satz 1 genannten Stellen stellen der Europäischen Aufsichtsbehörde für das Versicherungswesen und

die betriebliche Altersversorgung nach Maßgabe des Artikels 35 der Verordnung (EU) Nr. 1094/2010 des Europäischen Parlaments und des Rates vom 24. November 2010 zur Errichtung einer Europäischen Aufsichtsbehörde (Europäische Aufsichtsbehörde für das Versicherungswesen und die betriebliche Altersversorgung), zur Änderung des Beschlusses Nr. 716/2009/EG und zur Aufhebung des Beschlusses 2009/79/EG der Kommission (ABl. L 331 vom 15.12.2010, S. 48) auf Verlangen alle Informationen zur Verfügung, die zur Erfüllung von deren Aufgaben auf Grund der Verordnung (EU) Nr. 1094/2010 erforderlich sind.

(8) [1] In Bezug auf Versicherungsvermittler, Versicherungsberater, Finanzanlagenvermittler, Honorar-Finanzanlagenberater und Immobiliardarlehensvermittler unterliegen alle Personen, die im Rahmen des Registrierungsverfahrens oder im Rahmen der Überprüfung der Einhaltung der Voraussetzungen für die Tätigkeit zur Entgegennahme oder Erteilung von Informationen verpflichtet sind, dem Berufsgeheimnis. [2] § 309 des Versicherungsaufsichtsgesetzes[1)] gilt entsprechend.

Titel II. Stehendes Gewerbe

II. Erfordernis besonderer Überwachung oder Genehmigung

B. Gewerbetreibende, die einer besonderen Genehmigung bedürfen

§ 34d Versicherungsvermittler, Versicherungsberater. (1) [1] Wer gewerbsmäßig den Abschluss von Versicherungs- oder Rückversicherungsverträgen vermitteln will (Versicherungsvermittler), bedarf nach Maßgabe der folgenden Bestimmungen der Erlaubnis der zuständigen Industrie- und Handelskammer. [2] Versicherungsvermittler ist, wer

1. als Versicherungsvertreter eines oder mehrerer Versicherungsunternehmen oder eines Versicherungsvertreters damit betraut ist, Versicherungsverträge zu vermitteln oder abzuschließen oder
2. als Versicherungsmakler für den Auftraggeber die Vermittlung oder den Abschluss von Versicherungsverträgen übernimmt, ohne von einem Versicherungsunternehmen oder einem Versicherungsvertreter damit betraut zu sein.

[3] Als Versicherungsmakler gilt, wer gegenüber dem Versicherungsnehmer den Anschein erweckt, er erbringe seine Leistungen als Versicherungsmakler. [4] Die Tätigkeit als Versicherungsvermittler umfasst auch

1. das Mitwirken bei der Verwaltung und Erfüllung von Versicherungsverträgen, insbesondere im Schadensfall,
2. wenn der Versicherungsnehmer einen Versicherungsvertrag unmittelbar oder mittelbar über die Website oder das andere Medium abschließen kann,
   a) die Bereitstellung von Informationen über einen oder mehrere Versicherungsverträge auf Grund von Kriterien, die ein Versicherungsnehmer über eine Website oder andere Medien wählt, sowie
   b) die Erstellung einer Rangliste von Versicherungsprodukten, einschließlich eines Preis- und Produktvergleichs oder eines Rabatts auf den Preis eines Versicherungsvertrags.

[1)] Nr. 1.

[5]In der Erlaubnis nach Satz 1 ist anzugeben, ob sie einem Versicherungsvertreter oder einem Versicherungsmakler erteilt wird. [6]Einem Versicherungsvermittler ist es untersagt, Versicherungsnehmern, versicherten Personen oder Bezugsberechtigten aus einem Versicherungsvertrag Sondervergütungen zu gewähren oder zu versprechen. [7]§ 48b des Versicherungsaufsichtsgesetzes[1)] ist entsprechend anzuwenden. [8]Die einem Versicherungsmakler erteilte Erlaubnis umfasst die Befugnis, Dritte, die nicht Verbraucher sind, bei der Vereinbarung, Änderung oder Prüfung von Versicherungsverträgen gegen gesondertes Entgelt rechtlich zu beraten; diese Befugnis zur Beratung erstreckt sich auch auf Beschäftigte von Unternehmen in den Fällen, in denen der Versicherungsmakler das Unternehmen berät.

(2) [1]Wer gewerbsmäßig über Versicherungen oder Rückversicherungen beraten will (Versicherungsberater), bedarf nach Maßgabe der folgenden Bestimmungen der Erlaubnis der zuständigen Industrie- und Handelskammer. [2]Versicherungsberater ist, wer ohne von einem Versicherungsunternehmen einen wirtschaftlichen Vorteil zu erhalten oder in anderer Weise von ihm abhängig zu sein

1. den Auftraggeber bei der Vereinbarung, Änderung oder Prüfung von Versicherungsverträgen oder bei der Wahrnehmung von Ansprüchen aus Versicherungsverträgen im Versicherungsfall auch rechtlich berät,
2. den Auftraggeber gegenüber dem Versicherungsunternehmen außergerichtlich vertritt oder
3. für den Auftraggeber die Vermittlung oder den Abschluss von Versicherungsverträgen übernimmt.

[3]Der Versicherungsberater darf sich seine Tätigkeit nur durch den Auftraggeber vergüten lassen. [4]Zuwendungen eines Versicherungsunternehmens im Zusammenhang mit der Beratung, insbesondere auf Grund einer Vermittlung als Folge der Beratung, darf er nicht annehmen. [5]Sind mehrere Versicherungen für den Versicherungsnehmer in gleicher Weise geeignet, hat der Versicherungsberater dem Versicherungsnehmer vorrangig die Versicherung anzubieten, die ohne das Angebot einer Zuwendung seitens des Versicherungsunternehmens erhältlich ist. [6]Wenn der Versicherungsberater dem Versicherungsnehmer eine Versicherung vermittelt, deren Vertragsbestandteil auch Zuwendungen zugunsten desjenigen enthält, der die Versicherung vermittelt, hat er unverzüglich die Auskehrung der Zuwendungen durch das Versicherungsunternehmen an den Versicherungsnehmer nach § 48c Absatz 1 des Versicherungsaufsichtsgesetzes zu veranlassen.

(3) Gewerbetreibende nach Absatz 1 dürfen kein Gewerbe nach Absatz 2 und Gewerbetreibende nach Absatz 2 dürfen kein Gewerbe nach Absatz 1 ausüben.

(4) [1]Eine Erlaubnis nach den Absätzen 1 und 2 kann inhaltlich beschränkt und mit Nebenbestimmungen verbunden werden, soweit dies zum Schutz der Allgemeinheit oder der Versicherungsnehmer erforderlich ist; unter denselben Voraussetzungen sind auch die nachträgliche Aufnahme, Änderung und Ergänzung von Nebenbestimmungen zulässig. [2]Über den Erlaubnisantrag ist innerhalb einer Frist von drei Monaten zu entscheiden. [3]Bei der Wahrnehmung der

[1)] Nr. 1.

Aufgaben nach den Absätzen 1 und 2 unterliegt die Industrie- und Handelskammer der Aufsicht der jeweils zuständigen obersten Landesbehörde.

(5) [1] Eine Erlaubnis nach den Absätzen 1 und 2 ist zu versagen, wenn

1. Tatsachen die Annahme rechtfertigen, dass der Antragsteller die für den Gewerbebetrieb erforderliche Zuverlässigkeit nicht besitzt,
2. der Antragsteller in ungeordneten Vermögensverhältnissen lebt,
3. der Antragsteller den Nachweis einer Berufshaftpflichtversicherung oder einer gleichwertigen Garantie nicht erbringen kann oder
4. der Antragsteller nicht durch eine vor der Industrie- und Handelskammer erfolgreich abgelegte Prüfung nachweist, dass er die für die Versicherungsvermittlung oder Versicherungsberatung notwendige Sachkunde über die versicherungsfachlichen, insbesondere hinsichtlich Bedarf, Angebotsformen und Leistungsumfang, und die rechtlichen Grundlagen sowie die Kundenberatung besitzt.

[2] Die erforderliche Zuverlässigkeit nach Satz 1 Nummer 1 besitzt in der Regel nicht, wer in den letzten fünf Jahren vor Stellung des Antrages wegen eines Verbrechens oder wegen Diebstahls, Unterschlagung, Erpressung, Betruges, Untreue, Geldwäsche, Urkundenfälschung, Hehlerei, Wuchers oder einer Insolvenzstraftat rechtskräftig verurteilt worden ist. [3] Ungeordnete Vermögensverhältnisse im Sinne des Satzes 1 Nummer 2 liegen in der Regel vor, wenn über das Vermögen des Antragstellers das Insolvenzverfahren eröffnet worden oder er in das Schuldnerverzeichnis nach § 882b der Zivilprozessordnung eingetragen ist. [4] Im Fall des Satzes 1 Nummer 4 ist es ausreichend, wenn der Nachweis für eine im Hinblick auf eine ordnungsgemäße Wahrnehmung der erlaubnispflichtigen Tätigkeit angemessene Zahl von beim Antragsteller beschäftigten natürlichen Personen erbracht wird, denen die Aufsicht über die unmittelbar mit der Vermittlung von oder der Beratung über Versicherungen befassten Personen übertragen ist und die den Antragsteller vertreten dürfen. [5] Satz 4 ist nicht anzuwenden, wenn der Antragsteller eine natürliche Person ist und

1. selbst Versicherungen vermittelt oder über Versicherungen berät oder
2. für diese Tätigkeiten in der Leitung des Gewerbebetriebs verantwortlich ist.

(6) [1] Auf Antrag hat die zuständige Industrie- und Handelskammer einen Gewerbetreibenden, der die Versicherung als Ergänzung der im Rahmen seiner Haupttätigkeit gelieferten Waren oder Dienstleistungen vermittelt, von der Erlaubnispflicht nach Absatz 1 Satz 1 auszunehmen, wenn er nachweist, dass

1. er seine Tätigkeit als Versicherungsvermittler unmittelbar im Auftrag eines oder mehrerer Versicherungsvermittler, die Inhaber einer Erlaubnis nach Absatz 1 Satz 1 sind, oder eines oder mehrerer Versicherungsunternehmen ausübt,
2. für ihn eine Berufshaftpflichtversicherung oder eine gleichwertige Garantie nach Maßgabe des Absatzes 5 Satz 1 Nummer 3 besteht und
3. er zuverlässig sowie angemessen qualifiziert ist und nicht in ungeordneten Vermögensverhältnissen lebt.

[2] Im Fall des Satzes 1 Nummer 3 ist als Nachweis eine Erklärung der in Satz 1 Nummer 1 bezeichneten Auftraggeber ausreichend, mit dem Inhalt, dass sie sich verpflichten, die Anforderungen entsprechend § 48 Absatz 2 des Ver-

sicherungsaufsichtsgesetzes zu beachten und die für die Vermittlung der jeweiligen Versicherung angemessene Qualifikation des Antragstellers sicherzustellen, und dass ihnen derzeit nichts Gegenteiliges bekannt ist. [3]Absatz 4 Satz 1 ist entsprechend anzuwenden.

(7) [1]Abweichend von Absatz 1 bedarf ein Versicherungsvermittler keiner Erlaubnis, wenn er

1. seine Tätigkeit als Versicherungsvermittler ausschließlich im Auftrag eines oder, wenn die Versicherungsprodukte nicht in Konkurrenz stehen, mehrerer Versicherungsunternehmen ausübt, die im Inland zum Geschäftsbetrieb befugt sind, und durch das oder die Versicherungsunternehmen für ihn die uneingeschränkte Haftung aus seiner Vermittlertätigkeit übernommen wird oder
2. in einem anderen Mitgliedstaat der Europäischen Union oder in einem anderen Vertragsstaat des Abkommens über den Europäischen Wirtschaftsraum niedergelassen ist und die Eintragung in ein Register nach Artikel 3 der Richtlinie (EU) 2016/97 des Europäischen Parlaments und des Rates vom 20. Januar 2016 über Versicherungsvertrieb (ABl. L 26 vom 2.2.2016, S. 19) nachweisen kann.

[2]Satz 1 Nummer 2 ist für Versicherungsberater entsprechend anzuwenden.

(8) Keiner Erlaubnis bedarf ferner ein Gewerbetreibender,

1. wenn er als Versicherungsvermittler in Nebentätigkeit
   a) nicht hauptberuflich Versicherungen vermittelt,
   b) diese Versicherungen eine Zusatzleistung zur Lieferung einer Ware oder zur Erbringung einer Dienstleistung darstellen und
   c) diese Versicherungen das Risiko eines Defekts, eines Verlusts oder einer Beschädigung der Ware oder der Nichtinanspruchnahme der Dienstleistung oder die Beschädigung, den Verlust von Gepäck oder andere Risiken im Zusammenhang mit einer bei dem Gewerbetreibenden gebuchten Reise abdecken und
      aa) die Prämie bei zeitanteiliger Berechnung auf Jahresbasis einen Betrag von 600 Euro nicht übersteigt oder
      bb) die Prämie je Person abweichend von Doppelbuchstabe aa einen Betrag von 200 Euro nicht übersteigt, wenn die Versicherung eine Zusatzleistung zu einer einleitend genannten Dienstleistung mit einer Dauer von höchstens drei Monaten darstellt;
2. wenn er als Bausparkasse oder als von einer Bausparkasse beauftragter Vermittler für Bausparer Versicherungen im Rahmen eines Kollektivvertrages vermittelt, die Bestandteile der Bausparverträge sind, und die ausschließlich dazu bestimmt sind, die Rückzahlungsforderungen der Bausparkasse aus gewährten Darlehen abzusichern oder
3. wenn er als Zusatzleistung zur Lieferung einer Ware oder der Erbringung einer Dienstleistung im Zusammenhang mit Darlehens- und Leasingverträgen Restschuldversicherungen vermittelt, deren Jahresprämie einen Betrag von 500 Euro nicht übersteigt.

(9) [1]Gewerbetreibende nach den Absätzen 1, 2, 6 und 7 Satz 1 Nummer 1 dürfen unmittelbar bei der Vermittlung oder Beratung mitwirkende Personen nur beschäftigen, wenn sie deren Zuverlässigkeit geprüft haben und sicherstellen, dass diese Personen über die für die Vermittlung der jeweiligen Ver-

sicherung sachgerechte Qualifikation verfügen. [2]Gewerbetreibende nach Absatz 1 Satz 1 bis 4, Absatz 2 Satz 1 und 2 und Absatz 7 Satz 1 Nummer 1 und die unmittelbar bei der Vermittlung oder Beratung mitwirkenden Beschäftigten müssen sich in einem Umfang von 15 Stunden je Kalenderjahr nach Maßgabe einer Rechtsverordnung nach § 34e Absatz 1 Satz 1 Nummer 2 Buchstabe c weiterbilden. [3]Die Pflicht nach Satz 2 gilt nicht für Gewerbetreibende nach Absatz 7 Satz 1 Nummer 1 und deren bei der Vermittlung oder Beratung mitwirkende Beschäftigte, soweit sie lediglich Versicherungen vermitteln, die eine Zusatzleistung zur Lieferung einer Ware oder zur Erbringung einer Dienstleistung darstellen. [4]Im Falle des Satzes 2 ist es für den Gewerbetreibenden ausreichend, wenn der Weiterbildungsnachweis durch eine im Hinblick auf eine ordnungsgemäße Wahrnehmung der erlaubnispflichtigen Tätigkeit angemessene Zahl von beim Gewerbetreibenden beschäftigten natürlichen Personen erbracht wird, denen die Aufsicht über die direkt bei der Vermittlung oder Beratung mitwirkenden Personen übertragen ist und die den Gewerbetreibenden vertreten dürfen. [5]Satz 4 ist nicht anzuwenden, wenn der Gewerbetreibende eine natürliche Person ist und

1. selbst Versicherungen vermittelt oder über Versicherungen berät oder
2. in der Leitung des Gewerbebetriebs für diese Tätigkeiten verantwortlich ist.

[6]Die Beschäftigung einer unmittelbar bei der Vermittlung oder Beratung mitwirkenden Person kann dem Gewerbetreibenden untersagt werden, wenn Tatsachen die Annahme rechtfertigen, dass die Person die für ihre Tätigkeit erforderliche Sachkunde oder Zuverlässigkeit nicht besitzt.

(10) [1]Gewerbetreibende nach Absatz 1 Satz 2, Absatz 2 Satz 2, Absatz 6 Satz 1 und Absatz 7 Satz 1 Nummer 1 sind verpflichtet, sich und die Personen, die für die Vermittlung oder Beratung in leitender Position verantwortlich sind, unverzüglich nach Aufnahme ihrer Tätigkeit in das Register nach § 11a Absatz 1 Satz 1 nach Maßgabe einer Rechtsverordnung nach § 11a Absatz 5 eintragen zu lassen. [2]Änderungen der im Register gespeicherten Angaben sind der Registerbehörde unverzüglich mitzuteilen. [3]Im Falle des § 48 Absatz 4 des Versicherungsaufsichtsgesetzes wird mit der Mitteilung an die Registerbehörde zugleich die uneingeschränkte Haftung nach Absatz 7 Satz 1 Nummer 1 durch das Versicherungsunternehmen übernommen. [4]Diese Haftung besteht nicht für Vermittlertätigkeiten, wenn die Angaben zu dem Gewerbetreibenden aus dem Register gelöscht sind wegen einer Mitteilung nach § 48 Absatz 5 des Versicherungsaufsichtsgesetzes.

(11) [1]Die zuständige Behörde kann jede in das Gewerbezentralregister nach § 149 Absatz 2 einzutragende, nicht mehr anfechtbare Entscheidung wegen Verstoßes gegen Bestimmungen dieses Gesetzes oder einer Rechtsverordnung nach § 34e öffentlich bekannt machen. [2]Die Bekanntmachung erfolgt durch Eintragung in das Register nach § 11a Absatz 1. [3]Die zuständige Behörde kann von einer Bekanntmachung nach Satz 1 absehen, diese verschieben oder eine Bekanntmachung auf anonymer Basis vornehmen, wenn eine Bekanntmachung personenbezogener Daten unverhältnismäßig wäre oder die Bekanntmachung nach Satz 1 die Stabilität der Finanzmärkte oder laufende Ermittlungen gefährden würde. [4]Eine Bekanntmachung nach Satz 1 ist fünf Jahre nach ihrer Bekanntmachung zu löschen. [5]Abweichend von Satz 4 sind personenbezogene Daten zu löschen, sobald ihre Bekanntmachung nicht mehr erforderlich ist.

(12) [1] Die Industrie- und Handelskammern richten Verfahren ein zur Annahme von Meldungen über mögliche oder tatsächliche Verstöße gegen die zur Umsetzung der Richtlinie (EU) 2016/97 ergangenen Vorschriften, bei denen es ihre Aufgabe ist, deren Einhaltung zu überwachen. [2] Die Meldungen können auch anonym abgegeben werden. [3] § 4d Absatz 2, 3 und 5 bis 8 des Finanzdienstleistungsaufsichtsgesetzes[1)] vom 22. April 2002 (BGBl. I S. 1310), das zuletzt durch Artikel 4 Absatz 76 des Gesetzes vom 18. Juli 2016 (BGBl. I S. 1666) geändert worden ist, ist entsprechend anzuwenden.

§ 34e Verordnungsermächtigung. (1) [1] Das Bundesministerium für Wirtschaft und Energie kann im Einvernehmen mit dem Bundesministerium der Justiz und für Verbraucherschutz und dem Bundesministerium der Finanzen durch Rechtsverordnung[2)], die der Zustimmung des Bundesrates bedarf, zur Umsetzung der Richtlinie (EU) 2016/97, zur Umsetzung der Richtlinie 2005/36/EG des Europäischen Parlaments und des Rates vom 7. September 2005 über die Anerkennung von Berufsqualifikationen (ABl. L 255 vom 30.9.2005, S. 22; L 271 vom 16.10.2007, S. 18), die zuletzt durch die Verordnung (EG) Nr. 1430/2007 (ABl. L 320 vom 6.12.2007, S. 3) geändert worden ist, zur Umsetzung der Verordnung (EU) Nr. 1286/2014 des Europäischen Parlaments und des Rates vom 26. November 2014 über Basisinformationsblätter für verpackte Anlageprodukte für Kleinanleger und Versicherungsanlageprodukte (PRIIP) (ABl. L 352 vom 9.12.2014, S. 1; L 358 vom 13.12.2014, S. 50) oder zum Schutz der Allgemeinheit und der Versicherungsnehmer Vorschriften erlassen über

1. das Erlaubnisverfahren einschließlich der vom Antragsteller mitzuteilenden Angaben,
2. den Umfang der Verpflichtungen des Gewerbetreibenden bei der Ausübung des Gewerbes, insbesondere über
   a) die Informationspflichten gegenüber dem Versicherungsnehmer,
   b) die Verpflichtung, ausreichende Sicherheiten zu leisten oder eine zu diesem Zweck geeignete Versicherung abzuschließen, sofern der Versicherungsvermittler Vermögenswerte des Versicherungsnehmers oder für diesen bestimmte Vermögenswerte erhält oder verwendet,
   c) die Verpflichtung des Gewerbetreibenden und der beschäftigten Personen nach § 34d Absatz 9 Satz 2 zu einer regelmäßigen Weiterbildung, die Inhalte der Weiterbildung sowie die Überwachung der Weiterbildungsverpflichtung,
   d) allgemeine Anforderungen an die Geschäftsorganisation,
   e) die Verpflichtung, Bücher zu führen und die notwendigen Daten über einzelne Geschäftsvorgänge sowie über die Versicherungsnehmer aufzuzeichnen,
   f) die Verpflichtung, Beschwerden zu behandeln und an einem Verfahren zur unparteiischen und unabhängigen außergerichtlichen Beilegung von Streitigkeiten teilzunehmen,
   g) die Verpflichtung, Interessenkonflikte zu vermeiden und gegebenenfalls offenzulegen,

---

[1)] Nr. **2**.

[2)] Siehe die VersicherungsvermittlungsVO (Nr. **18**).

3. die wirtschaftliche Unabhängigkeit des Versicherungsberaters,
4. den Umfang und die inhaltlichen Anforderungen an die nach § 34d Absatz 5 Satz 1 Nummer 3 erforderliche Haftpflichtversicherung und die gleichwertige Garantie, insbesondere die Höhe der Mindestversicherungssummen, die Bestimmung der zuständigen Stelle im Sinne des § 117 Absatz 2 des Versicherungsvertragsgesetzes[1)], über den Nachweis des Bestehens einer Haftpflichtversicherung oder einer gleichwertigen Garantie sowie über die Anzeigepflichten des Versicherungsunternehmens gegenüber den Behörden und den Versicherungsnehmern,
5. die Inhalte und das Verfahren für eine Sachkundeprüfung nach § 34d Absatz 5 Satz 1 Nummer 4, die Ausnahmen von der Erforderlichkeit der Sachkundeprüfung sowie die Gleichstellung anderer Berufsqualifikationen mit der Sachkundeprüfung, die örtliche Zuständigkeit der Industrie- und Handelskammern, die Berufung eines Aufgabenauswahlausschusses,
6. die Anforderungen und Verfahren, die zur Durchführung der Richtlinie 2005/36/EG anzuwenden sind auf Inhaber von Berufsqualifikationen, die in einem Mitgliedstaat der Europäischen Union oder in einem Vertragsstaat des Abkommens über den Europäischen Wirtschaftsraum erworben wurden, und die im Inland vorübergehend oder dauerhaft als Versicherungsvermittler oder Versicherungsberater tätig werden wollen und die nicht die Voraussetzungen des § 34d Absatz 7 Satz 1 Nummer 2 erfüllen,
7. Sanktionen und Maßnahmen nach Artikel 24 Absatz 2 der Verordnung (EU) Nr. 1286/2014, einschließlich des Verfahrens, soweit es sich nicht um Straftaten oder Ordnungswidrigkeiten handelt.

[2] Die Rechtsverordnung nach Satz 1 ist dem Bundestag zuzuleiten. [3] Die Zuleitung erfolgt vor der Zuleitung an den Bundesrat. [4] Die Rechtsverordnung kann durch Beschluss des Bundestages geändert oder abgelehnt werden. [5] Der Beschluss des Bundestages wird der Bundesregierung zugeleitet. [6] Hat sich der Bundestag nach Ablauf von drei Sitzungswochen seit Eingang der Rechtsverordnung nicht mit ihr befasst, so wird die unveränderte Rechtsverordnung dem Bundesrat zugeleitet.

(2) [1] In der Rechtsverordnung nach Absatz 1 Satz 1 kann die Befugnis des Versicherungsvermittlers zur Entgegennahme und zur Verwendung von Vermögenswerten des Versicherungsnehmers oder für diesen bestimmten Vermögenswerten beschränkt werden, soweit dies zum Schutz des Versicherungsnehmers erforderlich ist. [2] In der Rechtsverordnung nach Absatz 1 Satz 1 kann ferner bestimmt werden, dass über die Erfüllung der Verpflichtungen im Sinne des Absatzes 1 Satz 1 Nummer 2 Buchstabe b Aufzeichnungen zu führen sind und die Einhaltung der Verpflichtungen im Sinne des Absatzes 1 Satz 1 Nummer 2 Buchstabe b auf Kosten des Versicherungsvermittlers regelmäßig oder aus besonderem Anlass zu überprüfen und der zuständigen Behörde der Prüfungsbericht vorzulegen ist, soweit es zur wirksamen Überwachung erforderlich ist; hierbei können die Einzelheiten der Prüfung, insbesondere deren Anlass, Zeitpunkt und Häufigkeit, die Auswahl, Bestellung und Abberufung der Prüfer, deren Rechte, Pflichten und Verantwortlichkeit, der Inhalt des Prüfberichts, die Verpflichtungen des Versicherungsvermittlers gegenüber dem Prüfer

---

[1)] Nr. **6**.

sowie das Verfahren bei Meinungsverschiedenheiten zwischen dem Prüfer und dem Versicherungsvermittler, geregelt werden.

(3) [1] In der Rechtsverordnung nach Absatz 1 Satz 1 kann ferner bestimmt werden, dass die Einhaltung der Vorschriften über die wirtschaftliche Unabhängigkeit des Versicherungsberaters auf seine Kosten regelmäßig oder aus besonderem Anlass zu überprüfen und der zuständigen Behörde der Prüfungsbericht vorzulegen ist, soweit es zur wirksamen Überwachung erforderlich ist; hierbei können die Einzelheiten der Prüfung, insbesondere deren Anlass, Zeitpunkt und Häufigkeit, die Auswahl, Bestellung und Abberufung der Prüfer, deren Rechte, Pflichten und Verantwortlichkeit, der Inhalt des Prüfberichts, die Verpflichtungen des Versicherungsberaters gegenüber dem Prüfer sowie das Verfahren bei Meinungsverschiedenheiten zwischen dem Prüfer und dem Versicherungsberater, geregelt werden. [2] Zur Überwachung der wirtschaftlichen Unabhängigkeit kann in der Rechtsverordnung bestimmt werden, dass der Versicherungsberater über die Einnahmen aus seiner Tätigkeit Aufzeichnungen zu führen hat.

Schlußbestimmungen

§ 156 Übergangsregelungen zu den §§ 34d und 34e. (1) [1] Eine vor dem 23. Februar 2018 erteilte Erlaubnis als Versicherungsberater nach § 34e Absatz 1 Satz 1 in der bis zum Ablauf des 22. Februar 2018 geltenden Fassung gilt als Erlaubnis als Versicherungsberater nach § 34d Absatz 2 Satz 1. [2] Die Bezeichnung der Erlaubnis im Register nach § 34d Absatz 10 Satz 1 in Verbindung mit § 11a Absatz 1 Satz 1 wird von der Registerbehörde aktualisiert.

(2) [1] Wird die Erlaubnis nach § 34d Absatz 2 Satz 1 unter Vorlage der Erlaubnisurkunde nach § 34d Absatz 1 Satz 1 in der bis zum Ablauf des 22. Februar 2018 geltenden Fassung beantragt, so erfolgt keine Prüfung der Zuverlässigkeit, der Vermögensverhältnisse und der Sachkunde. [2] Die Erlaubnis nach § 34d Absatz 1 Satz 1 in der bis zum Ablauf des 22. Februar 2018 geltenden Fassung erlischt mit Erteilung der Erlaubnis nach Satz 1.

(3) Versicherungsberater nach § 34d Absatz 2 Satz 1 dürfen abweichend von § 34d Absatz 2 Satz 4 Zuwendungen eines Versicherungsunternehmens auf Grund einer Vermittlung annehmen, die bis zur Erteilung der Erlaubnis nach § 34d Absatz 2 Satz 1 erfolgt ist.

18. Verordnung über die Versicherungsvermittlung und -beratung (Versicherungsvermittlungsverordnung – VersVermV)[1)]

Vom 17. Dezember 2018

(BGBl. I S. 2483, ber. 2019 S. 411)

FNA 7100-1-16

Inhaltsübersicht

[1)] Verkündet als Art. 1 VO v. 17.12.2018 (BGBl. I S. 2483); Inkrafttreten gem. Art. 4 Satz 1 dieser VO am 20.12.2018.

,schnitt 1. Erlaubnisverfahren, Sachkundenachweis, Weiterbildung

.isätzliche Angaben bei der Antragstellung (1) Mit einem Antrag teilung einer Erlaubnis nach § 34d Absatz 1 oder 2 der Gewerbeordnu. ,[1] hat der Antragsteller der zuständigen Industrie- und Handelskammer zum Zwecke der späteren Überwachung des Erlaubnisinhabers zusätzlich folgende Angaben zu übermitteln:

1. die natürlichen oder juristischen Personen, die eine unmittelbare oder mittelbare Beteiligung von über 10 Prozent an den Stimmrechten oder am Kapital des Antragstellers halten, sowie die jeweilige Höhe der Beteiligung,
2. die natürlichen oder juristischen Personen mit engen Verbindungen im Sinne des § 7 Nummer 7 des Versicherungsaufsichtsgesetzes[2] zum Antragsteller, die zu Interessenkonflikten führen können,
3. die Tatsachen, die ausschließen, dass die Beteiligungen im Sinne der Nummer 1 und die engen Verbindungen im Sinne der Nummer 2 die Überwachung durch die zuständige Industrie- und Handelskammer beeinträchtigen.

(2) Änderungen der Angaben nach Absatz 1, die nach Erteilung der Erlaubnis eintreten, hat der Antragsteller der zuständigen Industrie- und Handelskammer unverzüglich mitzuteilen.

§ 2 Sachkundeprüfung. (1) Gegenstand der Sachkundeprüfung nach § 34d Absatz 5 Satz 1 Nummer 4 der Gewerbeordnung[1] sind die erforderlichen Kenntnisse und Fähigkeiten auf folgenden Gebieten und deren praktische Anwendung:

1. fachliche Grundlagen:
   a) rechtliche Grundlagen für die Versicherungsvermittlung und -beratung,
   b) sozialversicherungsrechtliche Rahmenbedingungen, insbesondere gesetzliche Rentenversicherung, private Vorsorge durch Lebens-, Renten- und Berufsunfähigkeitsversicherung, Grundzüge der betrieblichen Altersversorgung, staatliche Förderung und steuerliche Behandlung der privaten Vorsorge und der durch Entgeltumwandlung finanzierten betrieblichen Altersversorgung,
   c) Unfallversicherung, Krankenversicherung und Pflegeversicherung,
   d) verbundene Hausratversicherung und verbundene Gebäudeversicherung,
   e) Haftpflichtversicherung, Kraftfahrtversicherung und Rechtsschutzversicherung;
2. Kundenberatung:
   a) Bedarfsermittlung,
   b) Lösungsmöglichkeiten,
   c) Produktdarstellung und Information.

(2) [1] Die Sachkundeprüfung umfasst zu den in Absatz 1 Nummer 1 genannten Grundlagen insbesondere den zielgruppenspezifischen Bedarf, die Ange-

---

[1] Nr. **17**.
[2] Nr. **1**.

botsformen, den Leistungsumfang, den Versicherungsfall sowie die rechtlichen Grundlagen und marktüblichen allgemeinen Versicherungsbedingungen. [2]Die inhaltlichen Anforderungen an die Sachkundeprüfung bestimmen sich nach der Anlage 1.

(3) [1]Personen, die seit dem 31. August 2000 selbständig oder unselbständig ununterbrochen als Versicherungsvermittler oder als Versicherungsberater tätig sind, bedürfen keiner Sachkundeprüfung. [2]Personen, die vor dem 1. Januar 2009 eine Erlaubnis nach § 34d Absatz 1 oder nach § 34e Absatz 1 der Gewerbeordnung[1)] in der zu dem vorstehend genannten Zeitpunkt geltenden Fassung beantragt haben, bedürfen auch im Falle einer nach der Antragstellung eingetretenen Unterbrechung ihrer Tätigkeit als Versicherungsvermittler oder Versicherungsberater keiner Sachkundeprüfung.

§ 3 Zuständige Stelle und Prüfungsausschuss. (1) Die Sachkundeprüfung kann bei jeder Industrie- und Handelskammer abgelegt werden.

(2) [1]Für die Abnahme der Prüfung errichten die Industrie- und Handelskammern Prüfungsausschüsse. [2]Sie berufen die Mitglieder dieser Ausschüsse. [3]Die Mitglieder müssen für die Prüfungsgebiete sachkundig, mit der aktuellen Praxis der Versicherungsvermittlung oder -beratung durch eigene Erfahrung vertraut und für die Mitwirkung im Prüfungswesen geeignet sein.

(3) Mehrere Industrie- und Handelskammern können im Rahmen des § 10 des Gesetzes zur vorläufigen Regelung des Rechts der Industrie- und Handelskammern Vereinbarungen zur gemeinsamen Durchführung der Sachkundeprüfung, insbesondere über einen gemeinsamen Prüfungsausschuss, schließen.

§ 4 Prüfung, Verfahren. (1) [1]Die Sachkundeprüfung besteht aus einem schriftlichen und einem praktischen Teil. [2]Die Teilnahme am praktischen Teil der Prüfung setzt das Bestehen des schriftlichen Teils voraus.

(2) [1]Der schriftliche Teil der Prüfung umfasst die in § 2 Absatz 1 Nummer 1 aufgeführten Sachgebiete. [2]Sie sind anhand praxisbezogener Aufgaben und in einem ausgewogenen Verhältnis zueinander zu prüfen. [3]Der schriftliche Teil der Prüfung kann mit Hilfe unterschiedlicher Medien durchgeführt werden.

(3) [1]Die Auswahl der Prüfungsaufgaben für den schriftlichen Teil der Prüfung trifft ein nach Maßgabe des § 32 Absatz 2 der Gewerbeordnung eingerichteter bundesweit einheitlich tätiger Aufgabenauswahlausschuss. [2]Der Aufgabenauswahlausschuss ist mit acht Mitgliedern und acht stellvertretenden Mitgliedern zu besetzen. [3]Die Berufung der Mitglieder und der Stellvertreter erfolgt nach Anhörung von Vertretern der Versicherungsunternehmen, der Versicherungsmakler, der Versicherungsberater, der Versicherungsvertreter und der Außendienstführungskräfte. [4]Es werden berufen:

1. zwei Mitglieder und zwei Stellvertreter aus den Reihen der Versicherungsunternehmen oder der Vertreter ihrer Interessen,
2. zwei Mitglieder und zwei Stellvertreter aus den Reihen der Versicherungsmakler oder der Versicherungsberater oder der Vertreter ihrer Interessen,
3. zwei Mitglieder und zwei Stellvertreter aus den Reihen der Versicherungsvertreter oder der Vertreter ihrer Interessen,

[1)] Nr. **17**.

4. ein Mitglied und ein Stellvertreter aus den Reihen der Außendienstführungskräfte oder der Vertreter ihrer Interessen sowie
5. ein Mitglied und ein Stellvertreter aus den Reihen der Industrie- und Handelskammern oder der Vertreter ihrer Interessen.

[5] Die Mitglieder des Ausschusses sowie ihre Stellvertreter müssen in der Lage sein, sachverständige Entscheidungen zur Aufgabenauswahl zu treffen. [6] Die Prüfungsaufgaben werden auch nach der Prüfung nicht veröffentlicht, sondern stehen den Prüflingen nur während der Prüfung zur Verfügung.

(4) [1] Im praktischen Teil der Prüfung wird jeweils ein Prüfling geprüft. [2] Dieser Prüfungsteil umfasst die Kundenberatung nach § 2 Absatz 1 Nummer 2 und wird als Simulation eines Kundenberatungsgesprächs durchgeführt. [3] Der Prüfling hat nachzuweisen, dass er über die Fähigkeiten verfügt, kundengerechte Lösungen zu entwickeln und anzubieten. [4] Dabei kann der Prüfling wählen zwischen den Sachgebieten

1. Vorsorge mit den Teilsachgebieten Lebensversicherung, private Rentenversicherung, Unfallversicherung, Berufsunfähigkeitsversicherung, Krankenversicherung und Pflegeversicherung oder
2. Sach- und Vermögensversicherung mit den Teilsachgebieten Haftpflichtversicherung, Kraftfahrtversicherung, Hausratversicherung, Gebäudeversicherung und Rechtsschutzversicherung.

[5] Die Prüfung ist auf der Grundlage einer Fallvorgabe durchzuführen, die eine Kundenberatungssituation entweder als Versicherungsvermittler oder als Versicherungsberater vorsieht.

(5) Der praktische Teil der Prüfung entfällt, wenn der Prüfling

1. eine Erlaubnis nach § 34f Absatz 1 Satz 1, § 34h Absatz 1 Satz 1 oder § 34i Absatz 1 Satz 1 der Gewerbeordnung hat, oder
2. einen Sachkundenachweis erlangt hat nach
   a) § 34f Absatz 2 Nummer 4 der Gewerbeordnung,
   b) § 34h Absatz 1 Satz 4 in Verbindung mit § 34f Absatz 2 Nummer 4 der Gewerbeordnung oder
   c) § 34i Absatz 2 Nummer 4.

(6) [1] Die Prüfung ist nicht öffentlich. [2] Es können jedoch folgende Personen anwesend sein:

1. Vertreter der Bundesanstalt für Finanzdienstleistungsaufsicht,
2. Mitglieder eines anderen Prüfungsausschusses,
3. Vertreter der Industrie- und Handelskammern,
4. Personen, die beauftragt sind, die Qualität der Prüfungen zu kontrollieren, oder
5. Personen, die dafür vorgesehen sind, in einen Prüfungsausschuss berufen zu werden.

[3] Diese Personen dürfen nicht in die laufende Prüfung eingreifen oder in die Beratung über das Prüfungsergebnis einbezogen werden.

(7) [1] Die Leistung des Prüflings ist von dem Prüfungsausschuss mit „bestanden" oder „nicht bestanden" zu bewerten. [2] Die Prüfung ist bestanden, wenn sowohl der schriftliche als auch der praktische Teil der Prüfung jeweils mit

„bestanden“ bewertet worden sind. [3]Der schriftliche Teil der Prüfung ist bestanden, wenn der Prüfling

1. in vier der in § 2 Absatz 1 Nummer 1 genannten Bereiche jeweils mindestens 50 Prozent und
2. in dem verbliebenen Bereich mindestens 30 Prozent

der erreichbaren Punkte erzielt. [4]Der praktische Teil der Prüfung ist bestanden, wenn der Prüfling mindestens 50 Prozent der erreichbaren Punkte erzielt.

(8) [1]Die Industrie- und Handelskammer stellt unverzüglich eine Bescheinigung nach Anlage 2 aus, wenn der Prüfling die Prüfung bestanden hat. [2]Wurde die Prüfung nicht erfolgreich bestanden, erhält der Prüfling darüber einen Bescheid, in dem er auf die Möglichkeit einer Wiederholung der Prüfung hinzuweisen ist.

(9) Die Einzelheiten des Prüfungsverfahrens regeln die Industrie- und Handelskammern nach Maßgabe des § 32 Absatz 1 Satz 2 der Gewerbeordnung durch Satzung.

§ 5 Gleichstellung anderer Berufsqualifikationen. (1) Folgende Berufsqualifikationen und deren Vorläufer sind der Sachkundeprüfung gleichgestellt:

1. eine mit Erfolg abgelegte Abschlussprüfung
   a) als Versicherungskaufmann oder Versicherungskauffrau,
   b) als Kaufmann für Versicherungen und Finanzen oder als Kauffrau für Versicherungen und Finanzen,
   c) als Geprüfter Fachwirt für Versicherungen und Finanzen oder als Geprüfte Fachwirtin für Versicherungen und Finanzen oder
   d) als Geprüfter Fachwirt für Finanzberatung oder als Geprüfte Fachwirtin für Finanzberatung;
2. ein Abschlusszeugnis
   a) eines betriebswirtschaftlichen Studiengangs der Fachrichtung Bank, Versicherungen oder Finanzdienstleistung mit einem Hochschulabschluss oder einem gleichwertigem Abschluss,
   b) als Geprüfter Fachberater für Finanzdienstleistungen oder Geprüfte Fachberaterin für Finanzdienstleistungen mit einer abgeschlossenen Ausbildung als Bank- oder Sparkassenkaufmann oder als Bank- oder Sparkassenkauffrau,
   c) als Geprüfter Fachberater für Finanzdienstleistungen oder Geprüfte Fachberaterin für Finanzdienstleistungen mit einer abgeschlossenen allgemeinen kaufmännischen Ausbildung oder
   d) als Geprüfter Finanzfachwirt oder Geprüfte Finanzfachwirtin mit einem abgeschlossenen weiterbildenden Zertifikatsstudium an einer Hochschule,

   wenn zusätzlich eine mindestens einjährige Berufserfahrung im Bereich der Versicherungsvermittlung oder der Versicherungsberatung nachgewiesen wird;
3. ein Abschlusszeugnis als
   a) Bank- oder Sparkassenkaufmann oder als Bank- oder Sparkassenkauffrau,
   b) Investmentfondskaufmann oder Investmentfondskauffrau oder
   c) Geprüfter Fachberater für Finanzdienstleistungen oder Geprüfte Fachberaterin für Finanzdienstleistungen,

wenn zusätzlich eine mindestens zweijährige Berufserfahrung im Bereich der Versicherungsvermittlung oder der Versicherungsberatung nachgewiesen wird.

(2) Der erfolgreiche Abschluss eines mathematischen, wirtschaftswissenschaftlichen oder rechtswissenschaftlichen Studiums an einer Hochschule oder Berufsakademie wird als Sachkundenachweis anerkannt, wenn in der Regel zusätzlich eine mindestens dreijährige Berufserfahrung im Bereich der Versicherungsvermittlung oder der Versicherungsberatung nachgewiesen wird.

§ 6 Anerkennung von ausländischen Befähigungsnachweisen im Rahmen der Niederlassungsfreiheit. Unterscheiden sich die nach § 13c der Gewerbeordnung vorgelegten Nachweise hinsichtlich der zugrunde liegenden Sachgebiete wesentlich von den Anforderungen der §§ 2 und 4 und gleichen die Kenntnisse, Fähigkeiten und Kompetenzen, die die antragstellende Person im Rahmen ihrer Berufspraxis oder durch sonstige einschlägige nachgewiesene Qualifikationen erworben hat, diesen wesentlichen Unterschied nicht aus, so ist die Erlaubnis zur Aufnahme der angestrebten Tätigkeit von der erfolgreichen Teilnahme an einer ergänzenden, diese Sachgebiete umfassenden Sachkundeprüfung (spezifische Sachkundeprüfung) abhängig.

§ 7 Weiterbildung. (1) [1] Durch die Weiterbildung erbringen die nach § 34d Absatz 9 Satz 2 der Gewerbeordnung[1)] zur Weiterbildung Verpflichteten den Nachweis, dass sie ihre berufliche Handlungsfähigkeit erhalten, anpassen oder erweitern. [2] Die Weiterbildung muss dabei mindestens den Anforderungen der ausgeübten Tätigkeiten des zur Weiterbildung Verpflichteten entsprechen und die Aufrechterhaltung seiner Fachkompetenz und seiner personalen Kompetenz gewährleisten. [3] Die Weiterbildung kann in Präsenzform, im Selbststudium, durch betriebsinterne Maßnahmen des Gewerbetreibenden oder in einer anderen geeigneten Form durchgeführt werden. [4] Bei Weiterbildungsmaßnahmen im Selbststudium ist eine nachweisbare Lernerfolgskontrolle durch den Anbieter der Weiterbildung erforderlich. [5] Der Anbieter muss sicherstellen, dass der Weiterbildungsmaßnahme eine Planung zugrunde liegt, sie systematisch organisiert ist und die Qualifikation derjenigen, die die Weiterbildung durchführen, gewährleistet wird. [6] Die Anforderungen an die Qualität der Weiterbildungsmaßnahme bestimmen sich nach der Anlage 3. [7] Der Erwerb einer der in § 5 aufgeführten Berufsqualifikationen gilt als Weiterbildung.

(2) [1] Die zur Weiterbildung verpflichteten Gewerbetreibenden nach § 34d Absatz 9 Satz 2 der Gewerbeordnung[1)] sind verpflichtet, nach Maßgabe des Satzes 2 Nachweise und Unterlagen zu sammeln über Weiterbildungsmaßnahmen, an denen sie und ihre zur Weiterbildung verpflichteten Beschäftigten teilgenommen haben. [2] Aus den Nachweisen und Unterlagen müssen mindestens ersichtlich sein

1. Name und Vorname des Gewerbetreibenden oder des jeweiligen Beschäftigten,
2. Datum, Umfang, Inhalt und Bezeichnung der Weiterbildungsmaßnahme,
3. Name und Vorname oder Firma sowie Adresse und Kontaktdaten des Weiterbildungsanbieters.

[1)] Nr. **17**.

[3] Die Nachweise und Unterlagen sind fünf Jahre auf einem dauerhaften Datenträger vorzuhalten und in den Geschäftsräumen aufzubewahren. [4] Die Aufbewahrungsfrist beginnt mit dem Ende des Kalenderjahres, in dem die Weiterbildungsmaßnahme durchgeführt wurde.

(3) [1] Die zuständige Industrie- und Handelskammer kann anordnen, dass der Gewerbetreibende ihr gegenüber eine unentgeltliche Erklärung mit dem Inhalt nach dem Muster der Anlage 4 über die Erfüllung der Weiterbildungspflicht im vorangegangenen Kalenderjahr durch ihn und seine zur Weiterbildung verpflichteten Beschäftigten abgibt. [2] Die Erklärung kann elektronisch erfolgen.

Abschnitt 2. Vermittlerregister

§ 8 Angaben zur Speicherung im Vermittlerregister. [1] Im Vermittlerregister nach § 11a der Gewerbeordnung[1)] werden folgende Angaben zu den Eintragungspflichtigen gespeichert:

1. der Name und der Vorname sowie die Firma der Personenhandelsgesellschaften, in denen der Eintragungspflichtige als geschäftsführender Gesellschafter tätig ist,
2. das Geburtsdatum,
3. die Angabe, ob der Eintragungspflichtige tätig wird
   a) als Versicherungsmakler
      aa) mit Erlaubnis nach § 34d Absatz 1 der Gewerbeordnung[1)],
      bb) mit Ausnahme von der Erlaubnispflicht nach § 34d Absatz 6 der Gewerbeordnung[1)] als produktakzessorischer Versicherungsmakler,
   b) als Versicherungsvertreter
      aa) mit Erlaubnis nach § 34d Absatz 1 der Gewerbeordnung[1)],
      bb) als gebundener Versicherungsvertreter nach § 34d Absatz 7 Satz 1 Nummer 1 der Gewerbeordnung[1)],
      cc) mit Ausnahme von der Erlaubnispflicht nach § 34d Absatz 6 der Gewerbeordnung[1)] als produktakzessorischer Versicherungsvertreter

      oder
   c) als Versicherungsberater mit Erlaubnis nach § 34d Absatz 2 der Gewerbeordnung[1)],
4. die Bezeichnung und die Anschrift der zuständigen Registerbehörde,
5. die Mitgliedstaaten der Europäischen Union und die anderen Vertragsstaaten des Abkommens über den Europäischen Wirtschaftsraum, in denen er beabsichtigt, tätig zu werden, sowie bei Bestehen einer Niederlassung die dortige Geschäftsanschrift und die gesetzlichen Vertreter dieser Niederlassung,
6. die betriebliche Anschrift,
7. die Registrierungsnummer nach § 9 Absatz 3,
8. bei einem Versicherungsvermittler, der nach § 34d Absatz 7 Satz 1 Nummer 1 der Gewerbeordnung[1)] keiner Erlaubnis bedarf, das oder die haftungsübernehmenden Versicherungsunternehmen,

---

[1)] Nr. **17**.

9. der Name und der Vorname der vom Eintragungspflichtigen beschäftigten Personen, die für die Vermittlung oder Beratung in leitender Position verantwortlich sind,
10. die Geburtsdaten der nach Nummer 9 eingetragenen Personen.

[2] Ist der Eintragungspflichtige eine juristische Person, so werden auch der Name und der Vorname der natürlichen Personen gespeichert, die innerhalb des für die Geschäftsführung verantwortlichen Organs für die Vermittlertätigkeiten zuständig sind.

§ 9 Mitteilungspflichten. (1) [1] Der Eintragungspflichtige hat der Registerbehörde die nach § 8 einzutragenden Angaben mitzuteilen. [2] Änderungen der Angaben nach § 8 hat der Eintragungspflichtige der Registerbehörde unverzüglich mitzuteilen.

(2) Bei Versicherungsvermittlern, die nach § 34d Absatz 7 Satz 1 Nummer 1 der Gewerbeordnung[1)] keiner Erlaubnis bedürfen, erfolgt die Übermittlung der einzutragenden Angaben abweichend von Absatz 1 ausschließlich nach § 48 Absatz 4 Satz 1 des Versicherungsaufsichtsgesetzes[2)].

(3) Die Registerbehörde erteilt dem Eintragungspflichtigen und im Falle des Absatzes 2 zusätzlich dem oder den mitteilenden Versicherungsunternehmen eine Eintragungsbestätigung mit der Registrierungsnummer, unter der der Eintragungspflichtige im Register geführt wird.

(4) Die Registerbehörde unterrichtet den Eintragungspflichtigen und im Falle des § 48 Absatz 5 des Versicherungsaufsichtsgesetzes zusätzlich das Versicherungsunternehmen unverzüglich über eine Datenlöschung nach § 11a Absatz 3 Satz 2 der Gewerbeordnung[1)].

§ 10 Zugang. [1] Die Angaben nach § 8 Satz 1 Nummer 2 und 8 dürfen nicht automatisiert abgerufen werden. [2] Die Registerbehörde darf zu diesen Angaben nur den in § 11a Absatz 7 der Gewerbeordnung[1)] genannten Behörden Auskunft erteilen.

Abschnitt 3. Anforderungen an die Berufshaftpflichtversicherung

§ 11 Geltungsbereich der Versicherung. Die Berufshaftpflichtversicherung nach § 34d Absatz 5 Satz 1 Nummer 3 der Gewerbeordnung[1)] muss für das gesamte Gebiet der Europäischen Union und der anderen Vertragsstaaten des Abkommens über den Europäischen Wirtschaftsraum gelten.

§ 12 Umfang der Versicherung. (1) Die Versicherung nach § 34d Absatz 5 Satz 1 Nummer 3 der Gewerbeordnung[1)] muss bei einem im Inland zum Geschäftsbetrieb zugelassenen Versicherungsunternehmen abgeschlossen werden.

(2) [1] Die Mindestversicherungssumme beträgt 1 276 000 Euro für jeden Versicherungsfall und 1 919 000 Euro für alle Versicherungsfälle eines Jahres. [2] Für die Anpassung dieser Mindestversicherungssummen ist der technische Regulierungsstandard gemäß Artikel 10 Absatz 7 der Richtlinie (EU) 2016/97 des Europäischen Parlaments und des Rates vom 20. Januar 2016 über Versiche-

---

1) Nr. **17**.
2) Nr. **1**.

rungsvertrieb (Neufassung) (ABl. L 26 vom 2.2.2016, S. 19; L 222 vom 17.8. 2016, S. 114) in der jeweils geltenden Fassung anzuwenden.

(3) [1] Der Versicherungsvertrag muss Deckung für die sich aus der gewerblichen Tätigkeit nach § 34d Absatz 1 Satz 1 oder Absatz 2 Satz 1 der Gewerbeordnung[1)] ergebenden Haftpflichtgefahren für Vermögensschäden gewähren. [2] Der Versicherungsvertrag muss sich auch auf solche Vermögensschäden erstrecken, für die der Versicherungspflichtige nach § 278 oder § 831 des Bürgerlichen Gesetzbuchs[2)] einzustehen hat, soweit Erfüllungsgehilfen oder Verrichtungsgehilfen nicht selbst zum Abschluss einer solchen Berufshaftpflichtversicherung verpflichtet sind. [3] Ist der Gewerbetreibende in einer oder mehreren Personenhandelsgesellschaften als geschäftsführender Gesellschafter tätig, so muss für die jeweilige Personenhandelsgesellschaft jeweils ein Versicherungsvertrag abgeschlossen werden; der Versicherungsvertrag kann auch die Tätigkeit des Gewerbetreibenden nach Satz 1 abdecken.

(4) [1] Der Versicherungsvertrag hat Versicherungsschutz für jede einzelne Pflichtverletzung zu gewähren, die gesetzliche Haftpflichtansprüche privatrechtlichen Inhalts gegen den Versicherungspflichtigen zur Folge haben könnte. [2] Dabei kann vereinbart werden, dass sämtliche Pflichtverletzungen bei Erledigung eines einheitlichen Geschäfts als ein Versicherungsfall gelten.

(5) [1] Von der Versicherung kann die Haftung für Ersatzansprüche wegen wissentlicher Pflichtverletzung ausgeschlossen werden. [2] Weitere Ausschlüsse sind nur insoweit zulässig, als sie marktüblich sind und dem Zweck der Berufshaftpflichtversicherung nicht zuwiderlaufen.

§ 13 Versicherungsbestätigung, Anzeigepflicht des Versicherungsunternehmens. (1) Die vom Versicherungsunternehmen erteilte Versicherungsbestätigung nach § 113 Absatz 2 des Versicherungsvertragsgesetzes[3)] darf zum Zeitpunkt der Antragstellung bei der Industrie- und Handelskammer, die für die Erlaubniserteilung nach § 34d Absatz 1 oder 2 der Gewerbeordnung[1)] oder für die Erlaubnisbefreiung nach § 34d Absatz 6 der Gewerbeordnung[1)] zuständig ist, nicht älter als drei Monate sein.

(2) [1] Das Versicherungsunternehmen ist verpflichtet, der für die Erlaubniserteilung oder der für die Erlaubnisbefreiung zuständigen Industrie- und Handelskammer unverzüglich Folgendes anzuzeigen:

1. die Beendigung des Versicherungsvertrags, insbesondere infolge einer wirksamen Kündigung,
2. das Ausscheiden eines Versicherungsnehmers aus einem Gruppenversicherungsvertrag sowie
3. jede Änderung des Versicherungsvertrags, die den vorgeschriebenen Versicherungsschutz im Verhältnis zu Dritten beeinträchtigen kann.

[2] Die zuständige Industrie- und Handelskammer hat dem Versicherungsunternehmen das Datum des Eingangs der Anzeige mitzuteilen.

(3) Zuständige Stelle im Sinne des § 117 Absatz 2 des Versicherungsvertragsgesetzes ist die für die Erlaubniserteilung oder die für die Erlaubnisbefreiung zuständige Industrie- und Handelskammer.

---

1) Nr. **17**.
2) Nr. **13**.
3) Nr. **6**.

Abschnitt 4. Anforderungen an die Geschäftsorganisation, Informationspflichten

§ 14 Anforderungen an die Geschäftsorganisation, Vergütung, Vermeidung von Interessenkonflikten. (1) [1]Der Gewerbetreibende muss über alle sachgerechten Informationen zu dem Versicherungsprodukt und dem Produktfreigabeverfahren einschließlich des bestimmten Zielmarkts des Versicherungsprodukts verfügen. [2]Satz 1 gilt nicht für Versicherungsverträge über Großrisiken nach § 210 Absatz 2 des Versicherungsvertragsgesetzes[1)].

(2) [1]Der Gewerbetreibende darf seine Beschäftigten nicht in einer Weise vergüten oder bewerten, die mit ihrer Pflicht, im bestmöglichen Interesse der Versicherungsnehmer zu handeln, kollidiert. [2]Der Gewerbetreibende darf keine Vorkehrungen durch die Vergütung, Verkaufsziele oder in anderer Weise treffen, durch die Anreize für ihn selbst oder seine Beschäftigten geschaffen werden könnten, einem Versicherungsnehmer ein bestimmtes Versicherungsprodukt zu empfehlen, obwohl er ein anderes, den Bedürfnissen des Versicherungsnehmers besser entsprechendes Versicherungsprodukt anbieten könnte.

§ 15 Information des Versicherungsnehmers. (1) Der Gewerbetreibende hat dem Versicherungsnehmer beim ersten Geschäftskontakt folgende Angaben nach Maßgabe des § 16 Absatz 1 mitzuteilen:

1. seinen Familiennamen und Vornamen sowie die Firmen der Personenhandelsgesellschaften, in denen der Eintragungspflichtige als geschäftsführender Gesellschafter tätig ist,
2. seine betriebliche Anschrift,
3. ob er
   a) als Versicherungsmakler
      aa) mit einer Erlaubnis nach § 34d Absatz 1 der Gewerbeordnung[2)],
      bb) mit Ausnahme von der Erlaubnispflicht nach § 34d Absatz 6 der Gewerbeordnung[2)] als produktakzessorischer Versicherungsmakler,
   b) als Versicherungsvertreter
      aa) mit einer Erlaubnis nach § 34d Absatz 1 der Gewerbeordnung[2)],
      bb) nach § 34d Absatz 7 Satz 1 Nummer 1 der Gewerbeordnung[2)] als gebundener Versicherungsvertreter,
      cc) mit Ausnahme von der Erlaubnispflicht nach § 34d Absatz 6 der Gewerbeordnung[2)] als produktakzessorischer Versicherungsvertreter
      oder
   c) als Versicherungsberater mit Erlaubnis nach § 34d Absatz 2 der Gewerbeordnung[2)]

   bei der zuständigen Behörde gemeldet und in das Vermittlerregister nach § 34d Absatz 10 der Gewerbeordnung[2)] eingetragen ist und wie sich diese Eintragung überprüfen lässt,
4. ob er eine Beratung anbietet,
5. die Art der Vergütung, die er im Zusammenhang mit der Vermittlung erhält,

---

[1)] Nr. **6**.
[2)] Nr. **17**.

6. ob die Vergütung direkt vom Kunden zu zahlen ist oder als Provision oder sonstige Vergütung in der Versicherungsprämie enthalten ist,
7. ob er als Vergütung andere Zuwendungen erhält,
8. ob seine Vergütung aus einer Verknüpfung der in den Nummern 6 und 7 genannten Vergütungen besteht,
9. Anschrift, Telefonnummer und die Internetadresse der gemeinsamen Stelle im Sinne des § 11a Absatz 1 der Gewerbeordnung[1] und die Registrierungsnummer, unter der er im Register eingetragen ist,
10. die unmittelbaren oder mittelbaren Beteiligungen von über 10 Prozent, die er an den Stimmrechten oder am Kapital eines Versicherungsunternehmens besitzt,
11. die Versicherungsunternehmen oder Mutterunternehmen eines Versicherungsunternehmens, die eine unmittelbare oder mittelbare Beteiligung von über 10 Prozent an den Stimmrechten oder am Kapital des Informationspflichtigen besitzen,
12. die Anschrift der Schlichtungsstelle, die bei Streitigkeiten zwischen Versicherungsvermittlern oder Versicherungsberatern und Versicherungsnehmern angerufen werden kann.

(2) Der Gewerbetreibende hat sicherzustellen, dass auch seine Beschäftigten die ihm über seine Person obliegenden Mitteilungspflichten nach Absatz 1 erfüllen.

(3) Die Absätze 1 und 2 gelten nicht für Tätigkeiten in Bezug auf Rückversicherungen und Versicherungsverträge über Großrisiken nach § 210 Absatz 2 des Versicherungsvertragsgesetzes[2].

§ 16 Einzelheiten der Mitteilung. (1) Die Mitteilung nach § 15 Absatz 1 hat wie folgt zu erfolgen:

1. auf Papier,
2. in klarer, genauer und für den Versicherungsnehmer verständlicher Weise,
3. in einer Amtssprache des Mitgliedstaats, in dem das Risiko belegen ist oder in dem die Verpflichtung eingegangen wird, oder in jeder anderen von den Parteien vereinbarten Sprache, und
4. unentgeltlich.

(2) Abweichend von Absatz 1 Nummer 1 darf die Mitteilung dem Versicherungsnehmer auch über eines der folgenden Medien erteilt werden:

1. über einen anderen dauerhaften Datenträger als Papier, wenn die Nutzung des dauerhaften Datenträgers im Rahmen des getätigten Geschäfts angemessen ist und der Versicherungsnehmer die Wahl zwischen einer Auskunftserteilung auf Papier oder auf einem dauerhaften Datenträger hatte und sich für diesen Datenträger entschieden hat, oder
2. über eine Website,

   a) wenn der Zugang für den Versicherungsnehmer personalisiert wird oder

[1] Nr. **17**.
[2] Nr. **6**.

b) wenn:

aa) die Erteilung dieser Auskünfte über eine Website im Rahmen des getätigten Geschäfts angemessen ist,

bb) der Versicherungsnehmer der Auskunftserteilung über eine Website zugestimmt hat,

cc) dem Versicherungsnehmer die Adresse der Website und die dortige Fundstelle der Auskünfte elektronisch mitgeteilt wurden und

dd) es gewährleistet ist, dass diese Auskünfte auf der Website so lange verfügbar bleiben, wie sie für den Versicherungsnehmer vernünftigerweise abrufbar sein müssen.

(3) Der Mitteilungsweg nach Absatz 2 ist insbesondere angemessen, wenn der Versicherungsnehmer eine E-Mail-Adresse für die Zwecke dieses Geschäfts mitteilt.

(4) Handelt es sich um einen telefonischen Kontakt, ist die Mitteilung dem Versicherungsnehmer nach Absatz 1 oder Absatz 2 unmittelbar nach dem ersten Geschäftskontakt zu erteilen.

§ 17 Behandlung von Beschwerden. (1) [1] Der Gewerbetreibende mit einer Erlaubnis nach § 34d Absatz 1 oder 2 der Gewerbeordnung[1)] muss über Leitlinien zur Beschwerdebearbeitung verfügen, die von ihm oder von der für die Leitung des Gewerbebetriebs verantwortlichen Person bestimmt wurden. [2] Der Gewerbetreibende oder die für die Leitung des Gewerbebetriebs verantwortliche Person ist verpflichtet, die Leitlinien umzusetzen und ihre Einhaltung zu überwachen. [3] Die Leitlinien sind den mit der Beschwerdebearbeitung befassten Beschäftigten des Gewerbetreibenden schriftlich zugänglich zu machen.

(2) [1] Der Gewerbetreibende hat

1. eine Beschwerdemanagementfunktion einzurichten, die Beschwerden untersucht und dabei mögliche Interessenkonflikte feststellt und vermeidet, soweit der Umfang des Gewerbebetriebs dies erfordert,
2. eine Beschwerde zu registrieren, der zuständigen Industrie- und Handelskammer jederzeit Einsicht in dieses Register zu gestatten und die Daten zur Beschwerdebearbeitung fortlaufend zu untersuchen und zu bewerten,
3. den Eingang einer Beschwerde zu bestätigen und den Beschwerdeführer über das Verfahren zur Beschwerdebearbeitung zu unterrichten,
4. eine Beschwerde an die zuständige Stelle weiterzuleiten und den Beschwerdeführer darüber zu unterrichten, sofern die Beschwerde einen Gegenstand betrifft, für den der Gewerbetreibende nicht zuständig ist,
5. Angaben über das Verfahren zur Beschwerdebearbeitung einschließlich der Angabe, wie eine Beschwerde einzureichen ist, in geeigneter Weise zu veröffentlichen und
6. eine Beschwerde umfassend zu prüfen und dem Beschwerdeführer unverzüglich in verständlicher Sprache zu antworten.

[2] Ist im Falle des Satzes 1 Nummer 6 eine unverzügliche Antwort nicht möglich, unterrichtet der Gewerbetreibende den Beschwerdeführer über die Gründe für die Verzögerung und darüber, wann die Prüfung voraussichtlich

---

1) Nr. **17**.

abgeschlossen sein wird. [3] Unterrichtungen nach den Sätzen 1 und 2 sind auf Wunsch des Beschwerdeführers schriftlich zu erteilen.

(3) Sofern der Gewerbetreibende der Beschwerde nicht oder nicht vollständig nachkommen kann, hat er dem Beschwerdeführer die Gründe dafür zu erläutern und ihn auf Möglichkeiten hinzuweisen, wie er sein Anliegen weiterverfolgen kann.

(4) Wenn der Versicherungsnehmer zur außergerichtlichen Beilegung einer Streitigkeit zwischen ihm und dem Gewerbetreibenden die Schlichtungsstelle nach § 214 Absatz 1 Satz 1 Nummer 2 des Versicherungsvertragsgesetzes[1)] anruft, ist der Gewerbetreibende verpflichtet, an dem Schlichtungsverfahren teilzunehmen.

Abschnitt 5. Ergänzende Vorschriften für die Vermittlung von Versicherungsanlageprodukten

§ 18 Vermeidung und Offenlegung von Interessenkonflikten. [1] Gewerbetreibende, die Versicherungsanlageprodukte im Sinne des Artikels 2 Absatz 1 Nummer 17 der Richtlinie (EU) 2016/97 vermitteln oder dazu beraten, müssen angemessene Maßnahmen treffen, um Interessenkonflikte zu erkennen und zu vermeiden, die zwischen ihnen, den bei der Vermittlung oder Beratung mitwirkenden oder in leitender Position verantwortlichen Personen oder anderen Personen, die mit ihnen unmittelbar oder mittelbar durch Kontrolle verbunden sind, und den Versicherungsnehmern oder zwischen den Versicherungsnehmern auftreten können. [2] § 48a Absatz 4 und 5 des Versicherungsaufsichtsgesetzes[2)] ist entsprechend anzuwenden.

§ 19 Vergütung. [1] Gewerbetreibende, die im Zusammenhang mit der Vermittlung eines Versicherungsanlageprodukts eine Zuwendung an Dritte zahlen oder eine Zuwendung von einem Dritten erhalten, der nicht Versicherungsnehmer oder eine Person ist, die im Auftrag des Versicherungsnehmers tätig wird, müssen dafür Sorge tragen, dass die Zuwendung sich nicht nachteilig auf die Qualität der Vermittlung auswirkt. [2] Die Zuwendung darf nicht die Verpflichtung des Gewerbetreibenden beeinträchtigen, im besten Interesse des Versicherungsnehmers ehrlich, redlich und professionell im Sinne des § 1a Absatz 1 Satz 1 des Versicherungsvertragsgesetzes[1)] zu handeln.

Abschnitt 6. Zahlungssicherung des Gewerbetreibenden zugunsten des Versicherungsnehmers

§ 20 Sicherheitsleistung, Versicherung. (1) [1] Der Gewerbetreibende darf für das Versicherungsunternehmen bestimmte Zahlungen, die der Versicherungsnehmer im Zusammenhang mit der Vermittlung oder dem Abschluss eines Versicherungsvertrags an ihn leistet, nur annehmen, wenn der Gewerbetreibende zuvor eine Sicherheit geleistet oder eine geeignete Versicherung abgeschlossen hat, die den Versicherungsnehmer dagegen schützt, dass der Gewerbetreibende die Zahlung nicht an das Versicherungsunternehmen weiterleiten kann. [2] Dies gilt nicht, soweit der Gewerbetreibende seitens des Ver-

---

1) Nr. **6**.
2) Nr. **1**.

sicherungsunternehmens zur Entgegennahme von Zahlungen des Versicherungsnehmers bevollmächtigt ist.

(2) [1]Wenn der Gewerbetreibende Leistungen des Versicherungsunternehmens annimmt, die dieses auf Grund eines Versicherungsvertrags an den Versicherungsnehmer zu erbringen hat, gilt Absatz 1 Satz 1 entsprechend. [2]Diese Verpflichtung besteht nicht, soweit der Gewerbetreibende seitens des Versicherungsnehmers zur Entgegennahme von Leistungen des Versicherungsunternehmens nach § 64 des Versicherungsvertragsgesetzes[1)] bevollmächtigt ist.

(3) [1]Die Sicherheit nach Absatz 1 Satz 1, auch in Verbindung mit Absatz 2 Satz 1, kann durch die Stellung einer Bürgschaft oder einer anderen vergleichbaren Verpflichtung geleistet werden. [2]Als Bürge können nur Körperschaften des öffentlichen Rechts mit Sitz im Inland, Kreditinstitute, die im Inland zum Geschäftsbetrieb befugt sind, sowie Versicherungsunternehmen bestellt werden, die zum Betrieb der Kautionsversicherung im Inland befugt sind. [3]Die Bürgschaft darf nicht vor dem Zeitpunkt ablaufen, der sich aus Absatz 6 ergibt.

(4) Versicherungen sind im Sinne des Absatzes 1 Satz 1 geeignet, wenn

1. das Versicherungsunternehmen zum Betrieb der Vertrauensschadenversicherung im Inland befugt ist und
2. die Allgemeinen Versicherungsbedingungen des Versicherungsunternehmens dem Schutzzweck des Absatzes 1 Satz 1 nicht zuwiderlaufen, insbesondere den Versicherungsnehmer aus dem Versicherungsvertrag auch in den Fällen der Insolvenz des Gewerbetreibenden unmittelbar berechtigen.

(5) [1]Sicherheiten und Versicherungen können nebeneinander geleistet und abgeschlossen werden. [2]Sie können für jedes einzelne Vermittlungsgeschäft oder für mehrere gemeinsam geleistet oder abgeschlossen werden. [3]Insgesamt hat die Mindestsicherungssumme 4 Prozent der jährlichen vom Gewerbetreibenden entgegengenommenen Prämieneinnahmen zu entsprechen, mindestens jedoch 19 200 Euro. [4]Für die Anpassung der Mindestsicherungssumme ist der technische Regulierungsstandard nach Artikel 10 Absatz 7 der Richtlinie (EU) 2016/97 anzuwenden.

(6) Der Gewerbetreibende hat die Sicherheiten und Versicherungen aufrechtzuerhalten, bis er die Vermögenswerte an das Versicherungsunternehmen weitergeleitet hat.

(7) Hat im Zeitpunkt einer Zahlungsannahme der Gewerbetreibende seine Hauptniederlassung in einem anderen Mitgliedstaat der Europäischen Union oder in einem anderen Vertragsstaat des Abkommens über den Europäischen Wirtschaftsraum, so genügt der Gewerbetreibende seiner Verpflichtung nach Absatz 1 auch dann, wenn der nach Artikel 10 Absatz 6 der Richtlinie (EU) 2016/97 notwendige Schutz des Versicherungsnehmers durch die Vorschriften des anderen Staates sichergestellt ist.

§ 21 Nachweis. Soweit der Gewerbetreibende nach § 20 Absatz 1 Satz 1 oder Absatz 2 Satz 1 Sicherheiten zu leisten oder Versicherungen abzuschließen hat, hat er diese dem Versicherungsnehmer auf Verlangen nachzuweisen.

§ 22 Aufzeichnungspflicht des Gewerbetreibenden. (1) [1]Der Gewerbetreibende hat nach Maßgabe des Satzes 2 und des Absatzes 2 die Pflicht,

---

[1)] Nr. **6**.

Aufzeichnungen zu machen sowie die dort genannten Belege übersichtlich zu sammeln. [2]Die Aufzeichnungen sind unverzüglich und in deutscher Sprache anzufertigen.

(2) [1]Aus den Aufzeichnungen und Belegen des Gewerbetreibenden müssen folgende Angaben ersichtlich sein, soweit sie im Einzelfall in Betracht kommen:

1. der Name und Vorname oder die Firma sowie die Anschrift des Versicherungsnehmers,
2. ob und inwieweit der Gewerbetreibende zur Entgegennahme von Zahlungen oder sonstigen Leistungen ermächtigt ist,
3. Art und Höhe der Vermögenswerte des Versicherungsnehmers, die der Gewerbetreibende zur Weiterleitung an ein Versicherungsunternehmen erhalten hat,
4. Art, Höhe und Umfang der vom Gewerbetreibenden für die Vermögenswerte zu leistenden Sicherheit und abzuschließenden Versicherung, Name oder Firma und Anschrift des Bürgen und der Versicherung,
5. die Verwendung der Vermögenswerte des Versicherungsnehmers.

[2]Mit den Aufzeichnungen sind als Beleg Kopien der Bürgschaftsurkunde und des Versicherungsscheins in den Unterlagen zu sammeln.

(3) Der Versicherungsberater hat darüber hinaus unverzüglich Aufzeichnungen über Art und Höhe der Einnahmen, die er für seine Tätigkeit erhalten hat, den Namen und Vornamen oder die Firma sowie die Anschrift des Leistenden anzufertigen und die Aufzeichnungen und Belege übersichtlich zu sammeln.

(4) Soweit sich aus handels- oder steuerrechtlichen Bestimmungen Pflichten zur Buchführung ergeben, die zugleich den Pflichten nach den Absätzen 1 bis 3 gerecht werden, kann der Aufzeichnungspflichtige auf diese Buchführung verweisen.

(5) [1]Die in Absatz 1 Satz 1 und Absatz 3 genannten Aufzeichnungen und Belege sind fünf Jahre auf einem dauerhaften Datenträger vorzuhalten und in den Geschäftsräumen aufzubewahren. [2]Die Aufbewahrungsfrist beginnt mit dem Ende des Kalenderjahres, in dem der letzte aufzeichnungspflichtige Vorgang für den jeweiligen Auftrag angefallen ist.

§ 23 Prüfungen. (1) [1]Die für die Erlaubniserteilung nach § 34d Absatz 1 oder Absatz 2 der Gewerbeordnung[1)] zuständige Industrie- und Handelskammer kann aus besonderem Anlass anordnen, dass der Gewerbetreibende sich im Rahmen einer außerordentlichen Prüfung durch einen geeigneten Prüfer auf die Einhaltung der sich aus den §§ 20 und 22 ergebenden Pflichten auf seine Kosten überprüfen lässt. [2]Der Prüfer wird von der nach Satz 1 zuständigen Behörde bestimmt. [3]Der Prüfungsbericht hat einen Vermerk darüber zu enthalten, ob und welche Verstöße des Gewerbetreibenden festgestellt worden sind. [4]Der Prüfer hat den Vermerk mit Angabe von Ort und Datum zu unterzeichnen, wobei die elektronische Namenswiedergabe genügt.

(2) [1]Für Versicherungsberater kann die für die Erteilung der Erlaubnis nach § 34d Absatz 2 der Gewerbeordnung[1)] zuständige Industrie- und Handelskammer darüber hinaus aus besonderem Anlass anordnen, dass der Versiche-

[1)] Nr. **17**.

rungsberater sich auf Einhaltung des sich aus § 34d Absatz 2 Satz 4 der Gewerbeordnung[1)] ergebenden Verbots überprüfen lässt. [2] Absatz 1 Satz 2 bis 4 gilt entsprechend.

(3) Geeignete Prüfer sind

1. Wirtschaftsprüfer, vereidigte Buchprüfer, Wirtschaftsprüfungs- und Buchprüfungsgesellschaften,
2. Prüfungsverbände, zu deren gesetzlichem oder satzungsmäßigem Zweck die regelmäßige und außerordentliche Prüfung ihrer Mitglieder gehört, sofern
   a) mindestens einer ihrer gesetzlichen Vertreter Wirtschaftsprüfer ist,
   b) sie die Voraussetzungen zur Zusammensetzung des Vorstandes nach § 63b Absatz 5 des Genossenschaftsgesetzes erfüllen oder
   c) sie sich für ihre Prüfungstätigkeit selbständiger Wirtschaftsprüfer oder vereidigter Buchprüfer oder einer Wirtschaftsprüfungs- oder Buchprüfungsgesellschaft bedienen.

(4) Geeignete Prüfer sind auch andere Personen, die öffentlich bestellt oder zugelassen worden sind und die auf Grund ihrer Vorbildung und Erfahrung in der Lage sind, eine ordnungsgemäße Prüfung in dem jeweiligen Gewerbebetrieb durchzuführen, sowie Zusammenschlüsse dieser Personen.

§ 24 Rechte und Pflichten der an der Prüfung Beteiligten. (1) [1] Der Gewerbetreibende hat dem Prüfer Einsicht in die Bücher, Aufzeichnungen und Unterlagen zu gestatten. [2] Er hat dem Prüfer alle Aufklärungen und Nachweise auf Verlangen zu geben, die der Prüfer für eine sorgfältige Prüfung benötigt.

(2) [1] Der Prüfer ist zur gewissenhaften und unparteilichen Prüfung und zur Verschwiegenheit verpflichtet. [2] Er darf nicht unbefugt Geschäfts- und Betriebsgeheimnisse verwerten, die er bei seiner Tätigkeit erfahren hat. [3] Ein Prüfer, der vorsätzlich oder fahrlässig seine Pflichten verletzt, ist dem Gewerbetreibenden zum Ersatz des daraus entstehenden Schadens verpflichtet. [4] Mehrere Personen haften als Gesamtschuldner.

§ 25 Rückversicherungen. Die §§ 20 bis 24 gelten nicht für die Vermittlung von und die Beratung über Rückversicherungen.

Abschnitt 7. Ordnungswidrigkeiten, Übergangsregelung

§ 26 Ordnungswidrigkeiten. (1) Ordnungswidrig im Sinne des § 144 Absatz 2 Nummer 1b der Gewerbeordnung handelt, wer vorsätzlich oder fahrlässig

1. entgegen § 7 Absatz 2 Satz 3 oder § 22 Absatz 5 Satz 1 einen Nachweis, eine Unterlage, eine Aufzeichnung oder einen Beleg nicht, nicht richtig, nicht vollständig, nicht in der vorgeschriebenen Weise oder nicht mindestens fünf Jahre aufbewahrt,
2. einer vollziehbaren Anordnung nach § 7 Absatz 3 Satz 1 zuwiderhandelt,
3. entgegen § 9 Absatz 1 Satz 2 oder § 15 Absatz 1 eine Mitteilung nicht, nicht richtig, nicht vollständig, nicht in der vorgeschriebenen Weise oder nicht rechtzeitig macht,

---

[1)] Nr. **17**.

4. entgegen § 20 Absatz 1 Satz 1 eine Zahlung annimmt,
5. entgegen § 20 Absatz 6 eine Sicherheit oder eine Versicherung nicht, nicht richtig oder nicht für die vorgeschriebene Dauer aufrechterhält,
6. entgegen § 21 einen Nachweis nicht, nicht richtig, nicht vollständig oder nicht rechtzeitig erbringt oder
7. entgegen § 22 Absatz 1 Satz 1 oder Absatz 3 eine Aufzeichnung nicht, nicht richtig, nicht vollständig, nicht in der vorgeschriebenen Weise oder nicht rechtzeitig fertigt.

(2) Ordnungswidrig im Sinne des § 145 Absatz 2 Nummer 8 der Gewerbeordnung handelt, wer vorsätzlich oder fahrlässig eine in Absatz 1 bezeichnete Handlung in Ausübung eines Reisegewerbes begeht.

(3) Ordnungswidrig im Sinne des § 146 Absatz 2 Nummer 11 der Gewerbeordnung handelt, wer vorsätzlich oder fahrlässig eine in Absatz 1 bezeichnete Handlung in Ausübung eines Messe-, Ausstellungs- oder Marktgewerbes begeht.

§ 27 Übergangsregelung. Ein vor dem 1. Januar 2009 erworbener Abschluss als Versicherungsfachmann oder Versicherungsfachfrau des Berufsbildungswerks der Deutschen Versicherungswirtschaft e.V. steht der erfolgreich abgelegten Sachkundeprüfung nach § 2 gleich.

Anlagen 1–4

(hier nicht wiedergegeben)

19. Versicherungsteuergesetz (VersStG 1996)

In der Fassung der Bekanntmachung vom 10. Januar 1996[1)]
(BGBl. I S. 22)

FNA 611-15

zuletzt geänd. durch Art. 12 Gesetz v. 19.3.2020 (BGBl. I S. 529)

Inhaltsübersicht

§ 1 Gegenstand der Steuer. (1) Der Steuer unterliegt die Zahlung des Versicherungsentgelts auf Grund eines durch Vertrag oder auf sonstige Weise entstandenen Versicherungsverhältnisses.

(2) [1] Besteht das Versicherungsverhältnis mit einem Versicherer, der im Gebiet der Mitgliedstaaten der Europäischen Union oder anderer Vertragsstaaten des Abkommens über den Europäischen Wirtschaftsraum niedergelassen ist, so ist die Steuerpflicht bei der Versicherung folgender Risiken gegeben:

1. Risiken mit Bezug auf unbewegliche Sachen, insbesondere Bauwerke und Anlagen, und auf darin befindliche Sachen mit Ausnahme von gewerblichem Durchfuhrgut, wenn sich die Gegenstände im Geltungsbereich dieses Gesetzes befinden;
2. Risiken mit Bezug auf im Geltungsbereich dieses Gesetzes in ein amtliches oder amtlich anerkanntes Register einzutragende oder eingetragene und mit einem Unterscheidungskennzeichen versehene Fahrzeuge aller Art;
3. Reise- oder Ferienrisiken auf Grund eines Versicherungsverhältnisses mit einer Laufzeit von nicht mehr als vier Monaten, wenn der Versicherungsnehmer die zur Entstehung des Versicherungsverhältnisses erforderlichen Rechtshandlungen im Geltungsbereich dieses Gesetzes vornimmt.

[2] Sind durch die Versicherung andere als die in Satz 1 genannten Risiken oder Gegenstände abgesichert, besteht die Steuerpflicht, wenn der Versicherungsnehmer

---

[1)] Neubekanntmachung des VersStG idF der Bek. v. 21.7.1959 (BGBl. I S. 539) in der ab 1.7.1995 geltenden Fassung.

1. eine natürliche Person ist und er bei Zahlung des Versicherungsentgelts seinen Wohnsitz oder gewöhnlichen Aufenthalt im Geltungsbereich dieses Gesetzes hat oder
2. keine natürliche Person ist und sich bei Zahlung des Versicherungsentgelts der Sitz des Unternehmens, die Betriebsstätte oder die entsprechende Einrichtung, auf die sich das Versicherungsverhältnis bezieht, im Geltungsbereich dieses Gesetzes befindet.

(3) Besteht das Versicherungsverhältnis mit einem Versicherer, der außerhalb des Gebietes der Mitgliedstaaten der Europäischen Union und des Europäischen Wirtschaftsraums niedergelassen ist, so entsteht die Steuerpflicht, wenn

1. der Versicherungsnehmer bei der Zahlung des Versicherungsentgelts seinen Wohnsitz oder gewöhnlichen Aufenthalt oder seinen Sitz im Geltungsbereich dieses Gesetzes hat oder
2. ein Gegenstand versichert ist, der sich zur Zeit der Begründung des Versicherungsverhältnisses im Geltungsbereich dieses Gesetzes befand, oder
3. sich dieses Versicherungsverhältnis auf ein Unternehmen, eine Betriebsstätte oder eine sonstige Einrichtung im Geltungsbereich dieses Gesetzes unmittelbar oder mittelbar bezieht; dies ist insbesondere der Fall bei der Betriebsstättenhaftpflichtversicherung oder der Berufshaftpflichtversicherung für Angehörige des Unternehmens, der Betriebsstätte oder der sonstigen Einrichtung.

(4) Zum Geltungsbereich dieses Gesetzes gehört auch die deutsche ausschließliche Wirtschaftszone.

§ 2 Versicherungsverträge. (1) Als Versicherungsvertrag im Sinne dieses Gesetzes gilt auch eine Vereinbarung zwischen mehreren Personen oder Personenvereinigungen, solche Verluste oder Schäden gemeinsam zu tragen, die den Gegenstand einer Versicherung bilden können.

(2) Als Versicherungsvertrag gilt nicht ein Vertrag, durch den der Versicherer sich verpflichtet, für den Versicherungsnehmer Bürgschaft oder sonstige Sicherheit zu leisten.

§ 3 Versicherungsentgelt. (1) [1] Versicherungsentgelt im Sinne dieses Gesetzes ist jede Leistung, die für die Begründung und zur Durchführung des Versicherungsverhältnisses an den Versicherer zu bewirken ist. [2] Hierunter fallen insbesondere

1. Prämien,
2. Beiträge,
3. Vorbeiträge,
4. Vorschüsse,
5. Nachschüsse,
6. Umlagen und
7. Gebühren für die Ausfertigung des Versicherungsscheins und sonstige Nebenkosten.

[3] Zum Versicherungsentgelt gehört nicht, was zur Abgeltung einer Sonderleistung des Versicherers oder aus einem sonstigen in der Person des einzelnen Versicherungsnehmers liegenden Grund gezahlt wird. [4] Hierzu zählen insbesondere Kosten für die Ausstellung einer Ersatzurkunde und die Mahnkosten.

(2) [1] Wird auf die Prämie ein Gewinnanteil verrechnet und nur der Unterschied zwischen Prämie und Gewinnanteil an den Versicherer gezahlt, so ist dieser Unterschiedsbetrag Versicherungsentgelt. [2] Das gleiche gilt, wenn eine Verrechnung zwischen Prämie und Gewinnanteil nicht möglich ist und die Gutschriftanzeige über den Gewinnanteil dem Versicherungsnehmer mit der Prämienrechnung vorgelegt wird.

§ 4 Ausnahmen von der Besteuerung. Von der Besteuerung ausgenommen ist die Zahlung des Versicherungsentgelts

1. für eine Rückversicherung;
2. für eine Versicherung, die bei Vereinigungen öffentlich-rechtlicher Körperschaften genommen wird, um Aufwendungen der öffentlich-rechtlichen Körperschaften für Ruhegehalt und Hinterbliebenenversorgung ihrer Mitglieder auszugleichen;
3. für eine Unfallversicherung nach dem Siebten Buch Sozialgesetzbuch, soweit sie nicht auf § 140 beruht;
4. für die Arbeitslosenversicherung nach dem Dritten Buch Sozialgesetzbuch sowie für eine Versicherung, die auf dem Aufwendungsausgleichsgesetz beruht; dies gilt auch für eine Versicherung, die bei einer Einrichtung im Sinne des § 12 Abs. 1 des Aufwendungsausgleichsgesetzes genommen wird;
5. für eine Versicherung, durch die Ansprüche auf Kapital-, Renten- oder sonstige Leistungen im Fall des Erlebens, der Krankheit, der Pflegebedürftigkeit, der Berufs- oder Erwerbsunfähigkeit oder der verminderten Erwerbsfähigkeit, des Alters oder des Todes begründet werden. [2] Dies gilt nicht für die Unfallversicherung, die Haftpflichtversicherung und sonstige Sachversicherungen. [3] Nummer 3 bleibt unberührt;

5a. für eine Versicherung, die auf dem Vierten Abschnitt des Ersten Teils des Gesetzes zur Verbesserung der betrieblichen Altersversorgung vom 19. Dezember 1974 (BGBl. I S. 3610) beruht;

6. für eine Versicherung bei einer Lohnausgleichskasse, die von Tarifvertragsparteien errichtet worden ist, um Arbeitnehmer bei Arbeitsausfällen zu unterstützen;
7. für eine Vereinbarung im Sinne des § 2 Abs. 1, soweit sie die Gewährung von Rechtsschutz oder von Unterstützungen bei Streik, Aussperrung oder Maßregelung durch einen Berufsverband zum Gegenstand hat;
8. für eine Versicherung, die von einem der nachstehend bezeichneten Versicherungsnehmer genommen wird:
   a) bei der Bundesrepublik Deutschland beglaubigte diplomatische Vertretungen außerdeutscher Staaten,
   b) Mitglieder der unter Buchstabe a bezeichneten diplomatischen Vertretungen und Personen, die zum Geschäftspersonal dieser Vertretungen gehören und der inländischen Gerichtsbarkeit nicht unterliegen,
   c) in der Bundesrepublik Deutschland zugelassene konsularische Vertretungen außerdeutscher Staaten, wenn der Leiter der Vertretung Angehöriger des Entsendestaates ist und außerhalb seines Amtes in der Bundesrepublik Deutschland keine Erwerbstätigkeit ausübt,
   d) in der Bundesrepublik Deutschland zugelassene Konsularvertreter (Generalkonsuln, Konsuln, Vizekonsuln, Konsularagenten) und Personen, die zum Geschäftspersonal dieser Konsularvertreter gehören, wenn sie

Angehörige des Entsendestaates sind und außerhalb ihres Amtes in der Bundesrepublik Deutschland keine Erwerbstätigkeit ausüben.

[2]Die Steuerbefreiung tritt nur ein, wenn Gegenseitigkeit gewährt wird;

9. für eine Versicherung von Vieh, wenn die Versicherungssumme 4 000 Euro nicht übersteigt. [2]Hat ein Versicherungsnehmer bei demselben Versicherer mehrere Viehversicherungen abgeschlossen, so gilt die Ausnahme von der Besteuerung nur, wenn die versicherten Beträge zusammen die Freigrenze nicht übersteigen;
10. für eine Versicherung beförderter Güter gegen Verlust oder Beschädigung als Transportgüterversicherung einschließlich Valorenversicherung und Kriegsrisikoversicherung, wenn sich die Versicherung auf Güter bezieht, die ausschließlich im Ausland oder im grenzüberschreitenden Verkehr einschließlich der Durchfuhr befördert werden; dies gilt nicht bei der Beförderung von Gütern zwischen inländischen Orten, bei der die Güter nur zur Durchfuhr in das Ausland gelangen. [2]Die Besteuerung der Zahlung des Versicherungsentgelts für eine Haftpflichtversicherung bleibt unberührt,
11. in Form von Umlagen, die von Beteiligten eines Erlöspools zum Zweck der Verteilung der gesamten dem jeweiligen Verteilungssystem unterliegenden, von den Mitgliedern im eigenen Namen und auf eigene Rechnung erzielten Nettoeinnahmen der Beteiligten nach einem vorbestimmten Schlüssel erhoben werden.[1)]
12. an Brandunterstützungsvereine, soweit die anlässlich eines einzelnen Schadensfalls erhobene Umlage den Betrag von 5 500 Euro nicht übersteigt.

§ 5 Steuerberechnung, Steuerentstehung, Steuerausweis. (1) [1]Die Steuer wird für die einzelnen Versicherungen berechnet, und zwar

1. regelmäßig vom Versicherungsentgelt,
2. bei der Versicherung von Schäden, die an den versicherten Bodenerzeugnissen durch die Einwirkung von den wetterbedingten Elementargefahren Hagelschlag, Sturm, Starkfrost, Dürre, Starkregen oder Überschwemmungen entstehen, und bei der im Betrieb der Landwirtschaft oder Gärtnerei genommenen Versicherung von Glasdeckungen über Bodenerzeugnissen gegen Schäden auf Grund von Hagelschlag, Sturm, Starkregen oder Überschwemmungen von der Versicherungssumme und für jedes Versicherungsjahr,
3. nur bei
   a) der Feuerversicherung und der Feuer-Betriebsunterbrechungsversicherung (§ 3 Absatz 1 Nummer 1 des Feuerschutzsteuergesetzes) von einem Anteil von 60 Prozent des Versicherungsentgelts,
   b) der Wohngebäudeversicherung (§ 3 Absatz 1 Nummer 2 des Feuerschutzsteuergesetzes) von einem Anteil von 86 Prozent des Versicherungsentgelts,
   c) der Hausratversicherung (§ 3 Absatz 1 Nummer 3 des Feuerschutzsteuergesetzes) von einem Anteil von 85 Prozent des Versicherungsentgelts.

[2]Das Bundeszentralamt für Steuern kann auf Antrag gestatten, dass die Steuer nicht nach der Isteinnahme (Istversteuerung), sondern nach dem im Anmeldungszeitraum gemäß § 8 Absatz 2 und 3 angeforderten Versicherungsentgelt

---

[1)] Zeichensetzung amtlich.

berechnet wird (Sollversteuerung). [3]Im Fall der Berechnung nach der Sollversteuerung ist die auf nicht vereinnahmte Versicherungsentgelte bereits entrichtete Steuer von der Steuer für den Anmeldungszeitraum abzuziehen, in dem der Versicherer die Versicherung ganz oder teilweise in Abgang gestellt hat.

(2) [1]Im Fall der Istversteuerung entsteht die Steuer mit der Zahlung des Versicherungsentgelts, wenn der Zahlende nach § 7 selbst entrichtungspflichtig ist, anderenfalls mit Entgegennahme des Versicherungsentgelts. [2]Im Fall der Sollversteuerung entsteht die Steuer mit Fälligkeit des Versicherungsentgelts. [3]Die Sätze 1 und 2 sind für anteilige Versicherungsentgelte entsprechend anzuwenden.

(3) [1]Werte in fremder Währung sind zur Berechnung der Steuer nach dem Umsatzsteuer-Umrechnungskurs in Euro umzurechnen, den das Bundesministerium der Finanzen als Durchschnittskurs für die jeweilige Währung für denjenigen Monat öffentlich bekannt gibt, in dem das Versicherungsentgelt gezahlt oder bei Sollversteuerung fällig wird. [2]Eine Umrechnung nach dem durch Bankmitteilung oder Kurszettel nachgewiesenen Tageskurs kann vom Bundeszentralamt für Steuern gestattet werden.

(4) [1]In der Rechnung über das Versicherungsentgelt ist der Steuerbetrag offen auszuweisen und der Steuersatz sowie die vom Bundeszentralamt für Steuern erteilte Versicherungsteuernummer, zu der die Steuer abgeführt wird, anzugeben. [2]Bei steuerfreien Versicherungsentgelten ist die zugrunde liegende Steuerbefreiungsvorschrift anzugeben. [3]Wird keine Rechnung über das Versicherungsentgelt ausgestellt, müssen sich die in den Sätzen 1 und 2 genannten Angaben aus anderen das Versicherungsverhältnis begründenden Unterlagen ergeben.

§ 6 Steuersatz. (1) Die Steuer beträgt vorbehaltlich des folgenden Absatzes 19 Prozent des Versicherungsentgelts ohne Versicherungsteuer.

(2) Die Steuer beträgt

1. bei der Feuerversicherung und bei der Feuer-Betriebsunterbrechungsversicherung 22 Prozent (§ 5 Absatz 1 Satz 1 Nummer 3 Buchstabe a);
2. bei der Wohngebäudeversicherung 19 Prozent (§ 5 Absatz 1 Satz 1 Nummer 3 Buchstabe b) und
3. bei der Hausratversicherung 19 Prozent (§ 5 Absatz 1 Satz 1 Nummer 3 Buchstabe c);
4. bei der Versicherung von Schäden, die an den versicherten Bodenerzeugnissen durch die Einwirkung von den wetterbedingten Elementargefahren Hagelschlag, Sturm, Starkfrost, Dürre, Starkregen oder Überschwemmungen entstehen, und bei der im Betrieb der Landwirtschaft oder der Gärtnerei genommenen Versicherung von Glasdeckungen über Bodenerzeugnissen gegen Hagelschlag, Sturm, Starkregen oder Überschwemmungen für jedes Versicherungsjahr 0,3 Promille der Versicherungssumme;
5. bei der Seeschiffskaskoversicherung 3 Prozent des Versicherungsentgelts unter der Voraussetzung, dass das Schiff in das deutsche Seeschiffsregister eingetragen ist, ausschließlich gewerblichen Zwecken dient und gegen die Gefahren der See versichert ist;
6. bei der Unfallversicherung mit Prämienrückgewähr 3,8 Prozent des Versicherungsentgelts.

§ 7 Steuerschuldner, Steuerentrichtungsschuldner, Haftende. (1) Steuerschuldner ist der Versicherungsnehmer.

(2) [1]Steuerentrichtungsschuldner ist der Versicherer, soweit in den Absätzen 3 bis 5 kein anderer zum Steuerentrichtungsschuldner bestimmt ist oder nach Absatz 6 der Versicherungsnehmer als Steuerschuldner die Steuer zu entrichten hat. [2]Der Steuerentrichtungsschuldner hat als eigenständige Schuld die Steuer für Rechnung des Versicherungsnehmers zu entrichten.

(3) Hat der Versicherer keinen Wohnsitz, keinen Sitz oder keine Betriebsstätte in der Europäischen Union oder im Europäischen Wirtschaftsraum, ist aber ein Bevollmächtigter mit Wohnsitz, Sitz oder Betriebsstätte in dem genannten Gebiet zur Entgegennahme des Versicherungsentgelts bestellt, so ist dieser Steuerentrichtungsschuldner.

(4) Haben mehrere Versicherer eine Versicherung für denselben Versicherungsnehmer in der Weise gemeinschaftlich übernommen, dass jeder von ihnen aus der Versicherung zu einem bestimmten Anteil berechtigt und verpflichtet ist, so darf einer der Versicherer mit Sitz oder Betriebsstätte in der Europäischen Union oder im Europäischen Wirtschaftsraum von den anderen Mitversicherern schriftlich bestimmt werden, die Steuer auch für die anderen Versicherer zu entrichten.

(5) Ist die Steuerentrichtung einem zur Entgegennahme des Versicherungsentgelts Bevollmächtigten mit Wohnsitz, Sitz oder Betriebsstätte in der Europäischen Union oder dem Europäischen Wirtschaftsraum schriftlich übertragen, so ist dieser Steuerentrichtungsschuldner.

(6) Hat weder der Versicherer noch ein zur Entgegennahme des Versicherungsentgelts Bevollmächtigter seinen Wohnsitz, seinen Sitz oder seine Betriebsstätte in der Europäischen Union oder im Europäischen Wirtschaftsraum, so hat der Versicherungsnehmer die Steuer zu entrichten.

(7) Für die Steuerentrichtung haftet, sofern die in den Nummern 1 bis 3 genannten Personen nicht selbst Steuerentrichtungsschuldner sind,

1. der Versicherer,
2. jede andere Person, die das Versicherungsentgelt entgegennimmt,
3. eine versicherte Person, die gegen Entgelt aus einer Versicherung für fremde Rechnung Versicherungsschutz erlangt. Die Haftung erstreckt sich auf die Steuer, die auf das Versicherungsentgelt entfällt, das zur Deckung des Risikos der versicherten Person an den Versicherer zu leisten ist; im Zweifel ist das von der versicherten Person gezahlte Entgelt zugrunde zu legen.

(8) [1]Der Steuerschuldner, der Steuerentrichtungsschuldner und jeder Haftende sind echte Gesamtschuldner. [2]Die Steuerentrichtungsschuld steht der Steuerschuld gleich; sie ist im Verhältnis zur Steuerschuld des Versicherungsnehmers nicht akzessorisch. [3]Die Inanspruchnahme eines Haftenden ist mittels Steuerbescheid oder mittels Haftungsbescheid zulässig. [4]Für die Bestimmung der Festsetzungsfrist nach den §§ 169 bis 171 der Abgabenordnung bei einem Steuerpflichtigen sind jeweils die Umstände maßgeblich, die in Bezug auf seine Person vorliegen; insbesondere ist für die Inanspruchnahme des Steuerentrichtungsschuldners der Ablauf der Festsetzungsfrist beim Versicherungsnehmer sowie für die Inanspruchnahme des Haftenden der Ablauf der Festsetzungsfrist beim Steuerentrichtungsschuldner unbeachtlich.

(9) Im Verhältnis zwischen dem Versicherer und dem Versicherungsnehmer gilt die Steuer als Teil des Versicherungsentgelts, soweit es sich um dessen Einziehung und Geltendmachung im Rechtsweg handelt.

§ 7a Zuständigkeit. Zuständig ist das Bundeszentralamt für Steuern.

§ 8 Anmeldung, Fälligkeit. (1) Der Steuerentrichtungsschuldner nach § 7 Absatz 2, 3, 4 oder Absatz 5 hat innerhalb von 15 Tagen nach Ablauf eines jeden Anmeldungszeitraums

1. eine eigenhändig unterschriebene oder im Wege eines Automationsverfahrens des Bundes übermittelte Steuererklärung abzugeben, in der er die im Anmeldungszeitraum entstandene Steuer selbst zu berechnen hat (Steueranmeldung), und
2. die im Anmeldungszeitraum entstandene Steuer zu entrichten.

(2) [1] Anmeldungszeitraum ist der Kalendermonat. [2] Hat die Steuer für das vorangegangene Kalenderjahr insgesamt nicht mehr als 6 000 Euro betragen, so ist Anmeldungszeitraum das Kalendervierteljahr. [3] Hat die Steuer für das vorangegangene Kalenderjahr nicht mehr als 1 000 Euro betragen, so ist Anmeldungszeitraum das Kalenderjahr.

(3) Hat der Versicherungsnehmer nach § 7 Absatz 6 die Steuer zu entrichten, so ist innerhalb von 15 Tagen nach Ablauf des Monats, in dem das Versicherungsentgelt gezahlt worden ist, eine Absatz 1 entsprechende Steueranmeldung abzugeben und die selbst berechnete Steuer zu entrichten.

(4) [1] Gibt der zur Steueranmeldung und Steuerentrichtung Verpflichtete bis zum Ablauf der Anmeldungsfrist die Steueranmeldung nicht ab, so setzt das Bundeszentralamt für Steuern die Steuer fest. [2] Als Zeitpunkt ihrer Fälligkeit gilt der 15. Tag nach Ablauf des Anmeldungszeitraums.

§ 9 Erstattung, Nachentrichtung der Steuer. (1) [1] Wird das Versicherungsentgelt ganz oder zum Teil zurückgezahlt, weil die Versicherung vorzeitig endet oder das Versicherungsentgelt oder die Versicherungssumme herabgesetzt worden ist, so wird die Steuer auf Antrag insoweit erstattet, als sie bei Berücksichtigung dieser Umstände nicht zu erheben gewesen wäre. [2] Die Steuer wird dem Steuerentrichtungsschuldner (§ 7 Absatz 2 bis 5) oder dem Haftenden (§ 7 Absatz 7) für Rechnung des Steuerschuldners und im Fall des § 7 Absatz 6 dem Versicherungsnehmer erstattet.

(2) Die Steuer wird nicht erstattet, wenn die Prämienrückgewähr ausdrücklich versichert war.

(3) Treten bei der Versicherung von Schiffen nach Zahlung des Versicherungsentgelts die übrigen Voraussetzungen für die Steuerbarkeit und Steuerpflicht ein, so ist für das zeitanteilige Versicherungsentgelt die Steuer nachzuentrichten.

§ 10 Aufzeichnungspflichten, Außenprüfung, Änderung nach Außenprüfung. (1) [1] Alle Gesamtschuldner im Sinne des § 7 Absatz 8 Satz 1, die nach der Abgabenordnung oder anderen Gesetzen aufzeichnungspflichtig sind, haben zur Feststellung der Steuer und der Grundlagen ihrer Berechnung Aufzeichnungen zu führen, die alle Angaben enthalten, die für die Besteuerung von Bedeutung sind. [2] Hierzu gehören insbesondere

1. der Name und die Anschrift des Versicherungsnehmers,

2. die Nummer des Versicherungsscheins; bei Bevollmächtigten diejenige des jeweiligen Versicherers,
3. die Versicherungssumme,
4. das Versicherungsentgelt, und zwar sowohl das steuerpflichtige als auch das steuerfreie,
5. der Steuerbetrag,
6. der Steuersatz,
7. die vom Lloyd's Register im Auftrag der Internationalen Seeschifffahrts-Organisation (International Maritime Organization) vergebene IMO-Schiffsidentifikationsnummer,
8. die schriftliche Bevollmächtigung im Sinne des § 7 Absatz 4 und 5.

[3] Wer nach § 7 Absatz 4 steuerentrichtungspflichtig ist, hat den Gesamtbetrag des Versicherungsentgelts sowie die Nummern der Versicherungsscheine aller beteiligten Versicherer in seinen Geschäftsbüchern zu vermerken. [4] Die die Steuerentrichtungspflicht übertragenden Versicherer haben in ihren Geschäftsbüchern anzugeben, wer die Steuer für sie entrichtet hat. [5] Ist das im Geltungsbereich dieses Gesetzes belegene Risiko von einem nicht in dessen Geltungsbereich niedergelassenen Versicherer gedeckt, so hat dieser dem Bundeszentralamt für Steuern auf Anforderung ein vollständiges Verzeichnis der sich auf diese Risiken beziehenden Versicherungsverhältnisse mit den in Satz 2 genannten Angaben schriftlich zu übermitteln. [6] Diese Verpflichtung besteht auch dann, wenn der Versicherer die Voraussetzungen für die Steuerpflicht oder für die Steuerentrichtung nicht für gegeben hält.

(2) Bei Personen und Personenvereinigungen, die Versicherungen vermitteln oder ermächtigt sind, für einen Versicherer Zahlungen entgegenzunehmen, ist zur Ermittlung oder Aufklärung von Vorgängen, die nach diesem Gesetz der Steuer unterliegen, eine Außenprüfung (§§ 193 bis 203 der Abgabenordnung) auch insoweit zulässig, als sie der Feststellung der steuerlichen Verhältnisse anderer Personen dient, die gemäß § 7 Steuerschuldner oder Steuerentrichtungsschuldner sind oder für die Steuerentrichtung haften.

(3) Eine Außenprüfung ist auch bei Personen und Personenvereinigungen zulässig, die eine Versicherung im Sinne des § 2 vereinbart haben oder die gemäß § 7 Steuerschuldner oder Steuerentrichtungsschuldner sind oder für die Steuerentrichtung haften.

(4) [1] Steuerbeträge, die auf Grund einer Außenprüfung nachzuentrichten oder zu erstatten sind, sind zusammen mit der Steuer für den letzten Monat, das letzte Quartal oder das letzte Kalenderjahr des Prüfungszeitraums festzusetzen. [2] Sie sind einen Monat nach Bekanntgabe der Festsetzung fällig.

§ 10a Mitteilungspflicht. (1) Die mit der Aufsicht über die Versicherungsunternehmen betrauten Behörden teilen dem Bundeszentralamt für Steuern die zu ihrer Kenntnis gelangenden Versicherer mit.

(2) Das Registergericht teilt Eintragungen von Vereinen oder Genossenschaften, die sich mit dem Abschluß von Versicherungen befassen, dem Bundeszentralamt für Steuern mit; das gilt auch dann, wenn die Vereine oder Genossenschaften ihre Leistungen als Unterstützungen ohne Rechtsanspruch bezeichnen.

§ 10b Anwendungsvorschriften. [1] Wird ein Steuersatz geändert oder die Zahlung des Versicherungsentgelts von der Steuer ausgenommen, ist der neue Steuersatz oder die neue Befreiungsvorschrift auf Versicherungsentgelte anzuwenden, die ab dem Inkrafttreten der Änderung des Steuersatzes oder der neuen Befreiungsvorschrift fällig werden. [2] Wird die Fälligkeit des Versicherungsentgelts für Zeitpunkte, ab denen ein höherer Steuersatz anzuwenden ist, geändert und würde die Änderung zur Anwendung eines niedrigeren Steuersatzes führen, ist die Änderung insoweit nicht zu berücksichtigen. [3] Dies gilt entsprechend, wenn ein Versicherungsvertrag zur Änderung der Fälligkeit des Versicherungsentgelts gekündigt und alsbald neu abgeschlossen oder wenn die Fälligkeit des Versicherungsentgelts für einen Zeitpunkt vor Abschluß des Versicherungsvertrags festgelegt wird. [4] Die Sätze 2 und 3 gelten für ab dem 29. Januar 1993 vorgenommene Änderungen der Fälligkeit des Versicherungsentgelts für Fälligkeitszeitpunkte ab dem 1. Juli 1993 und ab dem 1. Januar 1995.

§ 11 Ermächtigungen. (1) Das Bundesministerium der Finanzen wird ermächtigt, ohne Zustimmung des Bundesrates Rechtsverordnungen zu erlassen über:

1. die nähere Bestimmung der in diesem Gesetz verwendeten Begriffe,
2. die Abgrenzung der Steuerpflicht sowie den Umfang der Ausnahmen von der Besteuerung und der Steuerermäßigungen, soweit dies zur Wahrung der Gleichmäßigkeit der Besteuerung und zur Beseitigung von Unbilligkeiten in Härtefällen erforderlich ist,
3. den Umfang der Besteuerungsgrundlage,

4., 5. (weggefallen)

6. die Steuerberechnung bei Einrechnung der Steuer in das Versicherungsentgelt,
7. die Steuerberechnung nach der Versicherungsleistung,
8. die Festsetzung der Steuer in besonderen Fällen in Pauschbeträgen. Dies gilt insbesondere dann, wenn die Feststellung der Steuerbeträge mit Schwierigkeiten und Kosten verbunden wäre, die zur Höhe der Steuer in keinem angemessenen Verhältnis stehen würden,
9. die Erstattung der Steuer.

(2) Das Bundesministerium der Finanzen kann dieses Gesetz und die auf Grund dieses Gesetzes erlassenen Rechtsverordnungen in der jeweils geltenden Fassung mit neuem Datum und unter neuer Überschrift im Bundesgesetzblatt bekanntmachen.

§ 12 Übergangsvorschrift. (1) § 1 Absatz 4 ist anzuwenden für Versicherungsentgelte, die sich auf Versicherungszeiträume ab dem 1. Januar 2014 beziehen.

(2) § 5 Absatz 4 ist erstmals anzuwenden für Versicherungsentgelte, die nach dem 31. Dezember 2013 fällig werden.

20. Wettbewerbsrichtlinien der Versicherungswirtschaft

Vom 23. März 2006[1)]

Nichtamtliche Inhaltsübersicht

Die Verbände der Versicherungswirtschaft, nämlich der

– Gesamtverband der Deutschen Versicherungswirtschaft e.V. (GDV) und
– Verband der privaten Krankenversicherung e.V. (PKV)

haben mit den Verbänden des Versicherungsaußendienstes, nämlich dem

– Bundesverband der Assekuranzführungskräfte e.V. (VGA)
– Bundesverband Deutscher Versicherungskaufleute e.V. (BVK)

zur/zum

– Förderung der Sicherstellung des Leistungswettbewerbs zwischen den Versicherern und zwischen den Vermittlern
– Förderung und Sicherstellung eines lauteren Geschäftsgebarens
– Schutz des Verbrauchers vor unlauterem Wettbewerbsverhalten
– Gewährleistung der Qualität der Vermittlung und Beratung

die folgenden Richtlinien formuliert.

Diese Richtlinien beruhen auf den Anschauungen der beteiligten Wirtschaftskreise und geben darüber Auskunft, was im Vorsorge- und Versicherungsbereich als gute Sitten gilt. Sie konkretisieren somit das allgemeine Wettbewerbsrecht für Versicherungsunternehmen und Versicherungsvermittler.

Als Versicherungsvermittler gelten Versicherungsvertreter und Versicherungsmakler. Als Versicherungsvertreter gelten die selbstständigen Vertreter im Sinne

---

[1)] Bek. des Bundeskartellamts Nr. 12/2006 v. 23.3.2006 (BAnz. Nr. 67 S. 2480); anerkannt mit Vfg. des Bundeskartellamts v. 17.7.2006 (BAnz. Nr. 141 S. 5332).

der §§ 84, 92 des Handelsgesetzbuches (HGB)[1] und die Angestellten im Außendienst.

Allgemeiner Teil

A. Allgemeine Grundsätze des Wettbewerbs

1. Fairer Leistungswettbewerb/Datenschutz

Der Wettbewerb in der Versicherungswirtschaft beruht auf dem Leistungsprinzip und darf nur sachlich mit ehrlichen und anständigen Mitteln geführt werden.

Die datenschutzrechtlichen Bestimmungen sind einzuhalten.

2. Sicherung des Vertrauens in die Versicherungswirtschaft und Wahrung der guten kaufmännischen Sitten

Da die Versicherungswirtschaft auf Vertrauen angewiesen ist, muss im Wettbewerb alles vermieden werden, was geeignet sein könnte, dieses Vertrauen zu stören, insbesondere einen falschen Eindruck über Leistung und Gegenleistung hervorzurufen.

Die Versicherungsunternehmen und die Vermittler haben untereinander sowie gegenüber Dritten, insbesondere gegenüber dem Verbraucher, darauf zu achten, dass die guten kaufmännischen Sitten und damit das Ansehen der gesamten Versicherungswirtschaft und des einzelnen Berufsangehörigen gewahrt bleiben.

3. Verbot der Verunglimpfung

Im Wettbewerb haben unwahre oder herabsetzende Äußerungen über andere Versicherungsunternehmen, Versicherungsvermittler oder Konkurrenzprodukte zu unterbleiben.

Wer im Wettbewerb solche oder andere unrichtige Behauptungen, die Konkurrenzunternehmen oder -vermittler schädigen können, aufstellt oder verbreitet, kann sich nicht nur Unterlassungs- und Schadenersatzansprüchen aussetzen, sondern auch strafbar machen.

4. Verantwortlichkeit der Vorstände

Die Vorstände der Versicherungsunternehmen sind für die Führung des Wettbewerbs verantwortlich. Ihnen obliegt damit auch die Aufsicht über die Werbung der Vertreter, insbesondere über Inhalt und Gestaltung der Werbemittel.

B. Grundsätze für die Zusammenarbeit mit Versicherungsvermittlern

5. Gebot der Zuverlässigkeit, der Vertrauenswürdigkeit und der fachlichen Eignung

Versicherungsvermittler müssen die erforderliche Zuverlässigkeit, Vertrauenswürdigkeit und die notwendigen Fachkenntnisse besitzen. Hinsichtlich der Zuverlässigkeit wird insbesondere auf die jeweils gültigen Anordnungen der Aufsichtsbehörde sowie die Richtlinien der Auskunftsstelle über den Versicherungs-/Bausparkassenaußendienst und Versicherungsmakler in Deutschland e.V. (AVAD) verwiesen. Die notwendigen Fachkenntnisse können hauptberufliche Vermittler z.B. durch die Qualifikation zum „Versicherungsfachmann/

---

[1] Nr. **16**.

-fachfrau (BWV)" nachweisen. Darüber hinaus sind die weiteren rechtlichen Rahmenbedingungen zu beachten.

I. Pflichten bei der Anwerbung von Vermittlern

6. Anwerbung von Vertretern

Bei der Anwerbung von Vertretern dürfen keine irreführenden Angaben gemacht, insbesondere keine günstigeren Vertragsbedingungen, Verdienst- oder Aufstiegsmöglichkeiten vorgespiegelt werden als tatsächlich geboten werden oder geboten werden können. Die in Aussicht gestellten Möglichkeiten sollen jedem Bewerber bei normalen Leistungen, nicht nur in Einzelfällen unter besonders günstigen Voraussetzungen, erreichbar sein.

Bei der Anwerbung sind Aussagen wie „Fachkenntnisse nicht erforderlich" ohne Hinweis auf eine sorgfältige Einarbeitung unzulässig. Außerdem muss erkennbar sein, ob hauptberufliche oder nebenberufliche Vertreter gesucht werden.

Eine Anwerbung von Vertretern liegt auch vor, wenn dritte Personen um Bekanntgabe geeigneter Bewerber gebeten werden.

7. Nicht belegt

8. Abwerbung von Vertretern

Es ist unzulässig, Vertreter durch unlautere Mittel abzuwerben. Unlauter ist insbesondere:

- die Verleitung zu einer vertragswidrigen Übernahme einer zusätzlichen Vertretung;
- eine planmäßige Abwerbung, die eine nachhaltige Schädigung eines Mitbewerbers bezweckt oder eine Existenzgefährdung des Mitbewerbers billigend in Kauf nimmt;
- die Herabsetzung eines Mitbewerbers oder seiner Konkurrenzprodukte zum Zwecke der Abwerbung;
- die Abwerbung mit unwahren Äußerungen.

9. Auskunftserteilung und Führungszeugnis

Mit hauptberuflichen Vermittlern darf – vorbehaltlich weitergehender gesetzlicher Anforderungen – grundsätzlich erst zusammengearbeitet werden, wenn

a) eine Auskunft bei der AVAD eingeholt ist;

b) ein lückenloser Lebenslauf und ein Führungszeugnis neuen Datums im Original vorliegt;

c) ein Auszug aus dem Gewerbezentralregister neuen Datums im Original vorliegt;

d) sich hiernach unter Berücksichtigung der einschlägigen Bestimmungen der Aufsichtsbehörde und der Auskünfte der AVAD keine Bedenken gegen die Verpflichtung ergeben;

e) eine Registrierung erfolgt ist, sofern eine solche gesetzlich vorgeschrieben ist.

Das Gleiche gilt, wenn ein nebenberuflicher Vermittler künftig hauptberuflich tätig werden soll.

Soweit die angeforderten Nachweise auch nach Setzung einer Frist von sechs Wochen nicht vorgelegt werden, sollte eine bereits im Vertrauen auf die Vorlage eingegangene Zusammenarbeit beendet werden.

Bei mehrstufigen Vermittlungsverhältnissen haben die Versicherungsunternehmen mit den mit ihnen unmittelbar zusammenarbeitenden Vermittlern zu vereinbaren, dass diese die Zuverlässigkeit sämtlicher nachgeordneter Vertriebsmitarbeiter gemäß vorstehenden Anforderungen überprüfen.

Bei nebenberuflichen Vermittlern, deren Tätigkeit erheblich wird, ist nach pflichtgemäßem Ermessen zu prüfen, ob die Vorlage eines polizeilichen Führungszeugnisses verlangt werden soll.

10. Verbot des Abschlusses von Vertreterverträgen mit Mitgliedern der Vorstände der Versicherungsunternehmen

Es ist unzulässig, Vertreterverträge mit Mitgliedern des Vorstandes von Versicherungsunternehmen abzuschließen.

11. Verbot des Abschlusses von Vertreterverträgen mit Versicherungsmaklern

Die Verbindung der Tätigkeiten von Versicherungsmakler und Versicherungsvertreter bringt die Gefahr von Interessenkollisionen und einer Täuschung der Versicherungsnehmer mit sich. Die Tätigkeiten sind deshalb ihrer Aufgabenstellung nach miteinander unvereinbar. Dieser Unvereinbarkeit widerspricht es, Vertreterverträge mit Versicherungsmaklern oder mit juristischen Personen oder Personenvereinigungen abzuschließen, auf die Versicherungsmakler – unmittelbar oder mittelbar – einen maßgeblichen Einfluss ausüben.

12. Verbot des Abschlusses von Vertreterverträgen mit Angehörigen der rechts- und steuerberatenden Berufe

Rechtsanwälte, Notare, Patentanwälte, Rechtsbeistände, Wirtschaftsprüfer, Steuerberater, Steuerbevollmächtigte, vereidigte Buchprüfer, beratende Ingenieure, Lohnsteuerhilfevereine und andere Personen, bei denen ein rechtliches Hindernis der Übernahme der Vermittlertätigkeit entgegensteht, dürfen nicht als Vertreter verpflichtet oder als Gelegenheitsvermittler gewonnen werden; Provisionen dürfen ihnen nicht in Aussicht gestellt oder gezahlt werden. Dasselbe gilt für Maßnahmen, die lediglich eine Umgehung dieses Verbotes bewirken sollen, z.B. durch Verpflichtung der Ehegatten von Angehörigen der genannten Berufe.

13. Nicht belegt

14. Keine öffentlichen Provisionszusagen an Anschriftenvermittler

Es ist unzulässig, öffentlich für den Nachweis von Versicherungsinteressenten eine Vergütung zuzusagen. Den Versicherungsunternehmen ist jedoch das Ansprechen des eigenen Versicherungsnehmerkreises und die Zusage an die Mitglieder dieses Kreises, für den Anschriftennachweis bei Zustandekommen eines Versicherungsvertrages eine geringe Vergütung zu zahlen, gestattet.

15. Nicht belegt

16. Verpflichtung auf diese Wettbewerbsrichtlinien

Diese Richtlinien sind den Vermittlern in zweckentsprechender Form zur Kenntnis zu bringen. Die Vertreter sind zu verpflichten, sie in ihrer jeweiligen Fassung zu beachten.

II. Pflichten bei der Bewerbung eines hauptberuflichen Vermittlers

17. Angaben über persönliche und berufliche Verhältnisse

Wer sich um eine hauptberufliche Tätigkeit als Versicherungsvermittler bewirbt (Bewerber), muss über seine persönlichen und beruflichen Verhältnisse, soweit diese für das Vermittlungsverhältnis von Interesse sind, vollständige und wahre Angaben machen.

Juristische Personen oder Personengesellschaften sowie die nicht unter ihrem bürgerlichen Namen auftretenden Personen müssen bei der Bewerbung um eine Vermittlungstätigkeit sowohl die sämtlichen Firmeninhaber bzw. Gesellschafter als auch die sämtlichen mit der Geschäftsführung betrauten Personen namhaft machen und auch über deren persönliche und berufliche Verhältnisse, soweit diese für das Vermittlungsverhältnis von Interesse sind, vollständige und wahre Angaben machen.

18. Nachweis der beruflichen Tätigkeit

Die Bewerber müssen ihre bisherige berufliche Tätigkeit lückenlos nachweisen.

19. Anderweitige vertragliche Bindungen

Bewerber, die schon als selbstständige Vertreter eines oder mehrerer anderer Versicherungsunternehmen oder Vermittler tätig sind, müssen außerdem eine Erklärung darüber abgeben, für welche Versicherungsunternehmen sie bereits tätig sind und ob ihnen die Übernahme der erstrebten weiteren Vertretung vertraglich gestattet ist.

Bewerber, deren Familienangehörige für andere Versicherungsunternehmen oder Vermittler tätig sind und mit dem Bewerber in Wohn- oder Bürogemeinschaft leben, müssen dem Versicherungsunternehmen oder Vermittler hierüber unaufgefordert Auskunft geben.

20., 21. Nicht belegt

C. Grundsätze für das Verhalten im Wettbewerb

I. Wahrheit und Klarheit im Wettbewerb

22. Allgemeine Anforderungen an die Werbung

Die Werbung, insbesondere durch Werbeschriften, Werbeanzeigen oder sonstige Werbemittel, muss eindeutig, klar verständlich und wahrheitsgetreu sein; Übertreibungen sind zu vermeiden. Es ist unzulässig, etwas, das in der Versicherungswirtschaft selbstverständlich ist, als Besonderheit eines Unternehmens herauszustellen.

Dies gilt auch für die Angaben der Vermittler über ihre persönlichen und beruflichen Verhältnisse, insbesondere über die ihnen übertragenen Befugnisse.

In allen Werbemedien sollen Monat und Jahr des Erscheinens soweit möglich angegeben werden.

23. Täuschungsverbot

Es ist unzulässig, Versicherungsinteressenten, Versicherungsnehmer oder Versicherte über die Prämienverpflichtungen, Obliegenheiten, Leistungsansprüche oder andere wesentliche Bedingungen des Versicherungsvertrages zu täuschen oder in einem erkennbaren Irrtum zu halten. Insbesondere darf weder mündlich noch schriftlich behauptet oder der Anschein erweckt werden, dass ein uneingeschränkter Versicherungsschutz geboten wird, wenn die Versicherungsbedingungen oder Tarife Einschränkungen irgendwelcher Art vorsehen.

Tarifliche Höchstleistungen dürfen nur in Zusammenhang mit den in den Bedingungen festgelegten Voraussetzungen genannt werden.

Wer sich im Wettbewerb fremder Äußerungen (z.B. aus den Medien) bedient, macht sich diese zu eigen und ist für sie wie für eigene Äußerungen verantwortlich.

Die Versicherungsnehmer müssen auf alle Vertragsänderungen, die ihre Rechte und Pflichten berühren, in unmissverständlicher Form hingewiesen werden. Ihre Zustimmung darf nicht durch Täuschung oder Ausnutzung eines Irrtums erlangt werden.

Es ist unzulässig, mit Schlagworten wie „Konkurrenzlose Versicherung", „Versicherung zu Selbstkosten", „Versicherung unter Selbstkosten", „Kostenlose Versicherung" oder „Kostenlose Vermittlung" zu werben.

Vertreter dürfen nicht als Makler auftreten; Makler dürfen nicht als Vertreter auftreten.

24. Firmenwahrheit

Die Firmierung der Versicherungsunternehmen und der selbstständigen Vermittler soll den Geschäftsgegenstand klar, vollständig und richtig erkennen lassen. Die Firmierung von Einzelkaufleuten muss insbesondere einen Hinweis auf die Eintragung im Handelsregister als Kaufmann/-frau enthalten. Unzulässig ist eine Firmierung, die über die wirtschaftliche Funktion, insbesondere die Vermittlereigenschaft, täuschen kann.

Soweit Versicherungsvermittler z.B. Bezeichnungen wie „Versicherungsdienst", „Versicherungsstelle" bzw. „Versicherungskanzlei" führen, ist ein klar stellender Vermittlerzusatz erforderlich.

25. Anonymer Wettbewerb

Versicherungsvertragsunterlagen müssen die Firma und Anschrift des Versicherungsunternehmens (Risikoträger) durch den Druck oder in sonstiger Weise deutlich an leicht auffindbarer Stelle erkennen lassen. Hinweise auf die Konzernzugehörigkeit können zusätzlich aufgenommen werden.

Vertreter müssen die Firma des von ihnen vertretenen Versicherungsunternehmens nennen und sich jederzeit, z.B. durch einen Ausweis oder eine Visitenkarte, als Vertreter dieses Versicherungsunternehmens legitimieren können. Makler müssen im Wettbewerb bei der Vermittlung von konkreten Versicherungsangeboten den jeweiligen Risikoträger nennen.

Selbstständige Vermittler müssen im Schriftverkehr darüber hinaus ihre Firma bzw. ihren bürgerlichen Namen mit mindestens einem voll ausgeschriebenen Vornamen angeben. In Versicherungsvertragsunterlagen muss die Firma bzw. der Name der selbstständigen Vertreter gegenüber der Firma des vertretenen Versicherungsunternehmens untergeordnet werden. In Werbemedien darf der Name bzw. die Firma des Vertreters gegenüber dem Namen des Unternehmens nicht im Vordergrund stehen.

26. Titel und Berufsbezeichnung

Es ist unzulässig, Titel oder Berufsbezeichnungen zu verleihen oder zu führen, sofern hierdurch ein falscher Eindruck über die Aufgaben, Zuständigkeiten, Vollmachten oder fachliche Qualifikationen hervorgerufen werden könnte.

Die Vertreter dürfen im Geschäftsverkehr nur die ihnen aufgrund des Vertretungsverhältnisses ausdrücklich verliehenen Titel führen.

Titel und Amts- oder Berufsbezeichnungen aus einer früheren Tätigkeit dürfen im Geschäftsverkehr nur geführt werden, wenn sie als solche erkennbar sind und nicht in der Absicht gebraucht werden, sich hierdurch einen sachlich ungerechtfertigten Wettbewerbsvorteil zu verschaffen.

Vermittler, die irreführende Titel oder Bezeichnungen führen, und Versicherungsunternehmen, die ein solches Verhalten dulden, müssen den hierdurch erweckten falschen Anschein in seinen Folgen gegen sich gelten lassen.

27. Redaktionelle Werbung

Redaktionelle Werbung ist ohne Kennzeichnung als Anzeige unzulässig. Dies gilt auch für fachliche Veröffentlichungen, die zu Wettbewerbszwecken verwendet werden. Diese sind außerdem sachlich zu halten.

II. Belästigende/Bezug nehmende Werbung

28. Belästigende Werbung

Unlauter handelt, wer Versicherungsinteressenten oder Versicherungsnehmer unzumutbar belästigt.

29. Werbung mit der eigenen Leistung/Vergleichende Werbung

Die Werbung soll sich auf das Hervorkehren der eigenen Leistung in sachlicher und positiver Form beschränken.

Vergleichende Werbung ist darüber hinaus nur in den vom allgemeinen Wettbewerbsrecht gezogenen Grenzen zulässig. Sie muss wahr, sachlich und vollständig sein, darf für den Vergleich wesentliche Tatsachen nicht unterdrücken und hat Leistungs- und Beitragsunterschiede in sachlicher Form und Aufmachung anhand nachprüfbarer Tatsachen darzustellen.

Der Verbraucher darf durch die vergleichende Werbung nicht irregeführt werden. Die Möglichkeit einer solchen Irreführung besteht angesichts der sehr unterschiedlichen Produktgestaltung der einzelnen Unternehmen und damit verbundenen Bedingungs- und Tarifvielfalt in der Versicherungswirtschaft in besonderem Maße. Deshalb darf in der Werbung, insbesondere in Werbeschriften, Werbeanzeigen oder sonstigen Werbemedien, auf Tarife, Bedingungen oder Kosten von anderen Versicherungsunternehmen, auf Durchschnittsdaten der Versicherungswirtschaft und auf fremde Leistungs- und Beitragsvergleiche nur Bezug genommen werden, wenn die Voraussetzungen für einen echten Leistungs- bzw. Beitragsvergleich objektiv gegeben sind. Aus den gleichen Gründen ist bei Hinweisen auf die Rechtsform der Versicherungsunternehmen sowie auf deren Organisationsaufbau und dadurch bedingte Kosten besonders darauf zu achten, dass die vorgenannten Voraussetzungen erfüllt sind.

30. Nicht belegt

31. Hinweise auf versicherungsfremde Bindungen

Es ist unzulässig, sich Empfehlungen von Behörden, Körperschaften, Berufs- oder Wirtschaftsorganisationen oder sonstigen Stellen außerhalb der Versicherungswirtschaft durch Täuschung oder in einer sonst gegen die guten Sitten verstoßenden Weise zu beschaffen und sie zu verwenden, sich auf Empfehlungen mit irreführendem Inhalt zu berufen oder bei der Verwendung von

Empfehlungen den Eindruck zu erwecken, als bestehe eine Erwartung oder ein Zwang der empfehlenden Stelle zu einem Versicherungsabschluss. Der Hinweis auf versicherungsfremde Bindungen eines Versicherungsunternehmens politischer, berufsständischer, gewerkschaftlicher, religiöser oder ähnlicher Art ist nur zulässig, wenn die behauptete Bindung nachweisbar besteht.

III. Verbot der Ausnutzung fremden Ansehens

32. Keine Werbung mit Persönlichkeiten des politischen Lebens

Mit Persönlichkeiten aus dem politischen Leben sollte bei gleichzeitiger Ausnutzung staatlicher Autorität nicht geworben werden.

33. Veranlassung von Dank- und Empfehlungsschreiben

Unzulässig ist es, Versicherungsnehmer, Versicherte, Geschädigte oder deren Angehörige zu Danksagungen und Empfehlungsschreiben zu veranlassen.

34. Veröffentlichung von Gutachten

Gutachten, Zertifizierungen oder ähnliche Bewertungen sollen zu Werbezwecken nur veröffentlicht oder erwähnt werden, wenn sie von wissenschaftlich oder sachlich hierzu berufenen Personen erstellt worden sind. Gleichzeitig sind Name, Beruf und Anschrift des Sachverständigen oder des Verfassers bzw. die Quelle anzugeben.

35. Nicht belegt

36. Keine Werbung mit der Versicherungsaufsicht

Es ist unzulässig, mit dem Bestehen der Versicherungsaufsicht als Besonderheit eines Unternehmens zu werben.

IV. Versicherungsberatung

37. Zulässigkeitsvoraussetzungen

Die Vermittler dürfen in Versicherungsangelegenheiten nur dann beraten, wenn zwischen ihrer Beratung und der Versicherungsvermittlung ein unmittelbarer Zusammenhang besteht. Dieser ist nur gegeben, wenn die Vermittler die Versicherungsinteressenten, Versicherungsnehmer oder Versicherten im Rahmen ihrer Vermittlertätigkeit über den Abschluss eines neuen oder die Ausführung eines bestehenden Versicherungsvertrages beraten.

Soweit die Versicherungsberatung zulässig ist, muss für alle Beteiligten stets offenkundig sein, dass sie durch geschäftlich interessierte Vermittler namentlich genannter Versicherungsunternehmen erfolgt. Die Vermittler dürfen sich nicht „Versicherungsberater“ oder „Versicherungstreuhänder“ nennen oder ähnliche Bezeichnungen bzw. Abkürzungen verwenden. Auch Doppelbezeichnungen wie „Versicherungsberater und -vermittler“ sind nicht zulässig.

Die vorstehenden Grundsätze gelten entsprechend für die Beratung in Steuerangelegenheiten.

Versicherungsberater ist und darf sich nur nennen, wer nach Artikel 1 § 1 Abs. 1 des Rechtsberatungsgesetzes vom zuständigen Amtsgerichts- oder Landgerichtspräsidenten seines zuständigen Wohnsitzes als Versicherungsberater zugelassen ist. Ein zugelassener Versicherungsberater darf keine Versicherungsverträge vermitteln.

38. Werbung mit Hinweisen auf die Versicherungsberatung

Die Vertreter dürfen nicht mit besonderen Hinweisen auf die mit der Ausübung ihres Berufes naturgemäß verbundene Beratung werben. Hiermit würde nämlich die falsche Vorstellung erweckt, es werde mit der Beratung etwas Besonderes angeboten, was von anderen Vertretern nicht erwartet werden kann.

39. Beratung in Sozialversicherungsfragen

Im Bereich der Personenversicherung darf in sozialversicherungsrechtlichen Fragen nur beraten werden, wenn die Beratung mit einem angestrebten Versicherungsabschluss unmittelbar zusammenhängt. Bei werbenden Hinweisen auf eine sozialversicherungsrechtliche Beratung muss der unmittelbare Zusammenhang der angekündigten Beratung mit dem angestrebten Abschluss von Versicherungsverträgen deutlich werden. Es darf nicht der Eindruck erweckt werden, als werde die Beratung im Auftrag eines Sozialversicherungsträgers, einer berufsständischen Kammer oder einer sonstigen amtlichen oder halbamtlichen Stelle erteilt.

V. Besonderheiten und Verbote

40. Vergabe und Annahme von Zuwendungen

Mitarbeiter von Versicherungsunternehmen und Vermittler dürfen anderen Personen keine Zuwendungen, Geschenke oder sonstige Vorteile für diese oder für einen Dritten anbieten, versprechen oder gewähren, die geeignet sind, geschäftliche Entscheidungen in unlauterer Weise zu beeinflussen.

Mitarbeiter von Versicherungsunternehmen und Vermittler dürfen keine Zuwendungen, Geschenke oder sonstige Vorteile für sich oder für einen Dritten fordern, sich versprechen lassen oder annehmen, die geeignet sind, geschäftliche Entscheidungen in unlauterer Weise zu beeinflussen.

41. Verbot von Sondervergütungen (u.a. Provisionsabgabe) und Begünstigungsverträge

Auch nach Wegfall von Rabattgesetz und Zugabeverordnung am 25. Juli 2001 gelten die Anordnungen des Reichsaufsichtsamtes für das Versicherungswesen vom 8. März 1934 (Deutscher Reichsanzeiger Nr. 58) und 5. Juni 1934 (Deutscher Reichsanzeiger Nr. 129) sowie die Verordnung des Bundesaufsichtsamtes für das Versicherungswesen vom 17. August 1982 (BGBl. I S. 1243) über Sondervergütungen und Begünstigungsverträge weiter.

42. Gewährung von Darlehen

Bei der Gewährung von Darlehen durch Versicherungsunternehmen sind Versicherungsverträge zu beachten, die bei anderen Versicherungsunternehmen im Zeitpunkt der Darlehensgewährung bestehen. Mit diesem Grundsatz steht es nicht im Widerspruch, wenn das Darlehen gewährende oder ein ihm nahestehendes Versicherungsunternehmen im Darlehensvertrag verlangt, dass es an den bestehenden Versicherungsverträgen des Darlehensnehmers angemessen beteiligt wird. Unlauter ist es hingegen, wenn ein Darlehensnehmer gezwungen wird, von dem besitzenden Versicherungsunternehmen die vorzeitige Aufhebung eines noch auf längere Zeit bestehenden Versicherungsvertrages zu verlangen. Im Zusammenhang mit solchen Darlehensgeschäften sind keine Versicherungsabschlüsse mit Dritten (z.B. Mietern, Lieferanten, Abnehmern oder Arbeitnehmern) anzustreben. Dem Darlehen gewährenden Versicherungsunternehmen ist es nicht verwehrt, zu seiner Sicherheit einen vollen Versicherungsschutz zu verlangen.

Wird zur Sicherung eines Darlehens ein Lebensversicherungsvertrag geschlossen, so darf die Versicherungssumme das Darlehen nicht in sittenwidriger Weise übersteigen. Deshalb sollte die Versicherungssumme nicht höher als das Darlehen nebst Zinsen für ein Jahr sein. Unter dieses Verbot fallen nicht

a) langfristige, nach Geschäftsplänen der Lebensversicherungsunternehmen erfolgende Darlehensgeschäfte, bei denen entweder das Lebensversicherungsunternehmen selbst der Darlehensgeber ist oder bei denen aktuariell festgelegt ist, in welcher Weise das Darlehen beschafft und unter welchen Bedingungen es gegeben wird;
b) im Grundbuch gesicherte Darlehen an Versicherungsnehmer seitens ihres Lebensversicherungsunternehmens.

43. Unzulässigkeit der Ausspannung

Es ist unzulässig, in fremde Versicherungsbestände mit unlauteren Mitteln einzudringen.

44. Zeitschriftenversicherung

Die Vermittlung und der Abschluss von Versicherungsverträgen darf mit der Lieferung periodischer Druckschriften nur nach Maßgabe der aufsichtsbehördlichen Anordnungen verbunden werden.

45., 46. Nicht belegt

47. Erhebung von Nebenkosten

Versicherungsunternehmen und Vermittler dürfen nur die vertraglich vereinbarten Nebenkosten erheben.

Besonderer Teil

A. Lebensversicherung

I. Ausspannung von Versicherungen

48. Unzulässigkeit der Ausspannung

Eine Ausspannung liegt vor, wenn ein Versicherungsunternehmen oder der für das Unternehmen Handelnde in der Absicht, eine Versicherung abzuschließen oder zu vermitteln, vorsätzlich jemanden dazu veranlasst, ein anderwärts bestehendes Versicherungsverhältnis vorzeitig zu lösen. Da die Ausspannung in der Lebensversicherung für die versicherten Personen in der Regel mit Nachteilen verbunden ist, soll diese unterbleiben. Die Ausspannung mit unlauteren Mitteln oder auf unlautere Weise ist unzulässig. Eine unzulässige Ausspannung liegt insbesondere vor, wenn eine nach den Umständen erforderliche Aufklärung über die mit der Vertragsbeendigung verbundenen Nachteile unterblieben ist.

49., 50. Nicht belegt

51. Verfahren in Ausspannungsfällen

Behauptet ein Versicherungsunternehmen unter Darlegung eines bestimmten Sachverhalts eine unzulässige Ausspannung oder einen Ausspannungsversuch, soll das von dieser Behauptung betroffene Versicherungsunternehmen dazu binnen Monatsfrist nach Aufforderung eingehend Stellung nehmen. Einigen sich die Versicherungsunternehmen nicht, soll unter Einschaltung des GDV eine gütliche Beilegung versucht werden, bevor ein ordentliches Gericht angerufen wird.

52. Rückgängigmachung der Ausspannung

Ist eine unzulässige Ausspannung erfolgt, soll das zweite Versicherungsunternehmen dem Versicherungsnehmer unter Hinweis auf die Unzweckmäßigkeit der Aufgabe der Versicherung das Anerbieten machen, die neue Versicherung bis zur Höhe der ausgespannten Summe aufzuheben und den dafür gezahlten Beitrag abzüglich des geschäftsplanmäßigen Risikobeitrages zu erstatten.

II. Besondere Vorschriften für die Werbung

53. Angaben zur Überschussbeteiligung

Die Darstellung und Erläuterung zur Überschussbeteiligung muss im Einklang mit den aufsichtsbehördlichen Anordnungen und Verwaltungsgrundsätzen stehen.

54.–63. Nicht belegt

B. Krankenversicherung

I. Ausspannung von Versicherungen

64. Werbung von Versicherungsverträgen

Aufgabe der Werbung ist es in erster Linie, dafür zu sorgen, dass unversicherte oder nicht ausreichend versicherte Wagnisse Versicherungsschutz erhalten.

65. Unzulässigkeit der Ausspannung

Eine Ausspannung liegt vor, wenn ein Versicherungsunternehmen oder der für das Unternehmen Handelnde in der Absicht, eine Versicherung abzuschließen oder zu vermitteln, vorsätzlich jemanden dazu veranlasst, ein anderwärts bestehendes Versicherungsverhältnis vorzeitig zu lösen. Da die Ausspannung in der Krankenversicherung für die versicherten Personen in der Regel mit Nachteilen verbunden ist, soll diese unterbleiben.

Die Ausspannung mit unlauteren Mitteln oder auf unlautere Weise ist unzulässig. Eine unzulässige Ausspannung liegt insbesondere vor, wenn gegen nachstehende Bestimmungen verstoßen wird:

a) Aufklärung über die mit der Vertragsbeendigung verbundenen Nachteile

Beabsichtigt ein Versicherter, zu einem anderen Versicherungsunternehmen zu wechseln, so ist der Antragsteller auch auf mögliche Nachteile (insbesondere höheres Eintrittsalter, Wartezeiten, Risikozuschläge, Verlust von gesetzlichem Beitragszuschlag und Alterungsrückstellung) hinzuweisen. Außerdem wird auf die im Antrag enthaltene diesbezügliche Aufklärung verwiesen.

b) Verschweigen anzeigepflichtiger Tatbestände seitens des Vermittlers

Der Vermittler handelt unlauter, wenn er bei Ausfüllung des Antrages die ihm durch den Antragsteller mitgeteilten anzeigepflichtigen Umstände nicht vollständig angibt.

66., 67. Nicht belegt

II. Behandlung von Freigabeanträgen

68. Verpflichtung zur Freigabe

Wird eine Krankenversicherung beim ersten Versicherungsunternehmen gekündigt, um eine gleichartige bzw. gleichwertige Versicherung (vgl. Nummer 69 Abs. 1) bei einem zweiten Versicherungsunternehmen abzuschließen, so gilt Folgendes:

a) Hat die Versicherung beim ersten Versicherungsunternehmen zum Zeitpunkt des Ausscheidens des Versicherten noch nicht drei Jahre bestanden, so ist das zweite Versicherungsunternehmen zur Freigabe verpflichtet, wenn
   aa) der Versicherungsvertrag bei ihm unter Verletzung der Bestimmungen gegen den unlauteren Wettbewerb zustande gekommen ist und
   bb) ein schriftlicher Freigabeantrag des Versicherten vorgelegt wird, worin dieser das erste Versicherungsunternehmen mit der Führung von Freigabeverhandlungen beauftragt. Aus dem Freigabeantrag muss der Tatbestand eines Verstoßes gemäß Nummer 68 Abs. 1 Buchstabe a Doppelbuchstabe aa ersichtlich sein.
b) Hat die Versicherung beim ersten Versicherungsunternehmen zum Zeitpunkt des Ausscheidens des Versicherten mindestens drei Jahre bestanden, so ist das zweite Versicherungsunternehmen zur Freigabe unabhängig von der Sach- und Rechtslage verpflichtet, wenn der Versicherte im Freigabeantrag die schriftliche Erklärung abgibt, dass er seine bisherige Versicherung fortsetzen will.

Auf die Frist ist eine bei dem ersten Versicherungsunternehmen dem Versicherungsvertrag unmittelbar vorangegangene Versicherung im Vertrag eines anderen oder eine Anwartschaftsversicherung anzurechnen.

Diese Regelungen gelten für beim ersten Versicherungsunternehmen mitversicherte Personen auch, soweit eine Teilkündigung erfolgt ist.

Sie finden auf Kollektivrahmenverträge Anwendung, die nicht einem vorübergehenden Zweck dienen, wenn der Versicherte beim ersten Versicherungsunternehmen in einem Einzel- oder Kollektivrahmenvertrag versichert war. Dasselbe gilt für Sammelinkassoverträge.

69. Umfang der Freigabe

Nach der Freigabeverpflichtung gemäß Nummer 68 sind aufzuheben:

a) Krankheitskosten-Vollversicherungen,
b) Teilversicherungen, soweit beim ersten Versicherungsunternehmen ein gleichartiger bzw. bei der Krankenhaustagegeld- und/oder Krankentagegeldversicherung ein gleichwertiger Versicherungsschutz bestand. Als gleichartig gegenüber einer Krankenhauskostenversicherung gilt auch eine Krankenhaustagegeldversicherung.

70. Verfahren der Freigabe

Der Freigabeantrag muss innerhalb von vier Monaten nach Eingang der Kündigung beim ersten Versicherungsunternehmen dem zweiten Versicherungsunternehmen zugegangen sein. Um den Versicherten vor der Abgabe gegensätzlicher Erklärungen zu bewahren, ist es dem zweiten Versicherungsunternehmen nicht gestattet, ihn zur Rücknahme des Freigabeantrages zu veranlassen.

Das zweite Versicherungsunternehmen hat binnen eines Monats nach Zugang des Freigabeantrages seine Entscheidung bekannt zu geben. Liegen die Voraussetzungen zur Freigabe vor, so hat es innerhalb derselben Frist die Versicherung rückwirkend ab Beginn aufzuheben. Gezahlte Beiträge und Gebühren sind dem Versicherungsnehmer ohne Abzug – abgesehen von der Verrechnung gewährter Versicherungsleistungen – zurückzugewähren.

Das zweite Versicherungsunternehmen ist verpflichtet, ein etwa eingeleitetes Mahnverfahren sofort nach Eingang des Freigabeantrages bis zum Abschluss der Freigabeverhandlungen ruhen zu lassen.

Wird die Freigabe mit Recht verweigert, so muss das erste Versicherungsunternehmen eine form- und fristgerechte Kündigung des Versicherungsnehmers gegen sich gelten lassen, die vor Stellung des Freigabeantrages ausgesprochen worden ist.

Wird dem Freigabeantrag erst zu einem Zeitpunkt stattgegeben, nachdem der Vertrag mit dem ersten Versicherungsunternehmen infolge der Kündigung bereits beendet ist, so ist dieses verpflichtet, die bisherige Versicherung wiederherzustellen.

III. Aufgeschobener technischer Beginn

71. Verträge mit aufgeschobenem technischen Beginn

In der Krankenversicherung sind Verträge unzulässig, wenn die Versicherung erst später als sechs Monate nach Vertragsabschluss beginnen soll.

Schlussbestimmungen

72. Nicht belegt

73. Verfahren

Meinungsverschiedenheiten bei der Anwendung dieser Richtlinien sollen gütlich beigelegt werden. Soweit erforderlich, stellen die beteiligten Verbände ihre Dienste hierfür zur Verfügung.

74. Besonderheiten der Transportversicherung

Wegen der traditionellen Eigenarten in der Struktur des Transportversicherungsmarktes lassen sich einzelne Vorschriften der Richtlinien nicht ohne Berücksichtigung dieser Struktur praktizieren. Aus dem gleichen Grund wurde davon abgesehen, diesen allgemeinen Richtlinien spezielle Vorschriften für die Transportversicherung anzufügen.

75. Nicht belegt

76. Geltung

Diese Wettbewerbsrichtlinien gelten ab 1. September 2006.

21. Verfahrensordnung des Versicherungsombudsmanns (VomVO)

Vom 23. November 2016

Präambel

Der Versicherungsombudsmann e.V. ist eine anerkannte Verbraucherschlichtungsstelle, mit der die deutsche Versicherungswirtschaft die außergerichtliche Streitbeilegung fördert.

Redaktionelle Inhaltsübersicht

§ 1 Anwendungsbereich. [1]Die folgenden Vorschriften finden Anwendung bei einer Beschwerde gegen ein Mitgliedsunternehmen des Versicherungsombudsmann e.V. [2]Ergänzend gelten die Regelungen des Verbraucherstreitbeilegungsgesetzes (VSBG).

§ 2 Zulässigkeit der Beschwerde. (1) [1]Der Ombudsmann[1)] kann von Verbrauchern angerufen werden. [2]Ein Verbraucher ist nach dem Bürgerlichen Gesetzbuch (§ 13 BGB[2)]) jede natürliche Person, die ein Rechtsgeschäft zu Zwecken abschließt, die überwiegend weder ihrer gewerblichen noch ihrer selbständigen beruflichen Tätigkeit zugerechnet werden können. [3]Der Ombudsmann kann Beschwerden von anderen Personen behandeln, wenn sich diese in verbraucherähnlicher Lage befinden. [4]Hierfür sind die wirtschaftliche Tätigkeit (Art, Umfang und Ausstattung) sowie der Versicherungsvertrag und der geltend gemachte Anspruch maßgeblich.

(2) Die Durchführung des Verfahrens setzt voraus, dass die Beschwerde einen eigenen Anspruch aus

a) einem Versicherungsvertrag,

b) einem Vertrag, der in einem engen wirtschaftlichen Zusammenhang mit einem Versicherungsvertrag steht,

---

[1)] **Anm.:** Aus Gründen der Vereinfachung werden die männlichen Bezeichnungen verwendet; gemeint sind selbstverständlich ebenso weibliche Personen. Sollte eine weibliche Ombudsperson im Amt sein, handelt es sich um eine Ombudsfrau.

[2)] Nr. **13**.

c) einem Realkreditvertrag (§ 14 und § 16 Absatz 1 und 2 Pfandbriefgesetz),
d) der Vermittlung oder der Anbahnung eines solchen Vertrages

betrifft oder das Bestehen eines solchen Vertrages zum Gegenstand hat.

(3) [1] Der Ombudsmann lehnt die Durchführung des Verfahrens ab, wenn der Beschwerdeführer den Anspruch noch nicht beim Beschwerdegegner geltend gemacht hat. [2] Nach Geltendmachung kann der Beschwerdegegner die Aussetzung des Verfahrens beantragen, wenn seitdem noch nicht mehr als sechs Wochen vergangen sind und er den Anspruch zwischenzeitlich weder anerkannt noch abgelehnt hat.

(4) Ein Verfahren vor dem Ombudsmann findet nicht statt

a) bei Beschwerden, deren Wert 100 000 Euro überschreitet; für die Wertermittlung sind die Grundsätze der Zivilprozessordnung (ZPO) zum Streitwert heranzuziehen, bei einer offengelegten Teilbeschwerde ist der erkennbare Gesamtwert zu berücksichtigen,
b) bei Beschwerden, die Ansprüche aus einem Kranken- oder Pflegeversicherungsvertrag zum Gegenstand haben,
c) wenn eine Verbraucherschlichtungsstelle bereits ein Verfahren zur Beilegung der Streitigkeit durchgeführt hat oder die Streitigkeit bei einer anderen Verbraucherschlichtungsstelle anhängig ist,
d) wenn ein Gericht zu der Streitigkeit bereits eine Sachentscheidung getroffen hat oder die Streitigkeit bei einem Gericht anhängig ist, es sei denn, das Gericht ordnet nach § 278a Absatz 2 ZPO im Hinblick auf das Verfahren vor der Verbraucherschlichtungsstelle das Ruhen des Verfahrens an,
e) wenn die Beschwerde offensichtlich ohne Aussicht auf Erfolg ist oder mutwillig erscheint, insbesondere weil
   - der Anspruch bei Antragstellung bereits verjährt war und der Beschwerdegegner sich auf die Verjährung beruft,
   - die Streitigkeit bereits beigelegt ist oder
   - zu der Streitigkeit ein Antrag auf Prozesskostenhilfe bereits mit der Begründung zurückgewiesen worden ist, dass die beabsichtigte Rechtsverfolgung keine hinreichende Aussicht auf Erfolg bietet oder mutwillig erscheint.

§ 3 Einlegung der Beschwerde. (1) Verfahrenssprache ist Deutsch.

(2) [1] Das Verfahren beginnt mit Anrufung des Ombudsmanns. [2] Dies kann mündlich, schriftlich oder in jeder anderen geeigneten Form geschehen.

(3) Der Ombudsmann bestätigt den Eingang der Beschwerde und unterrichtet die Verfahrensbeteiligten nach § 16 VSBG.

(4) [1] Der Beschwerdeführer soll einen klaren und eindeutigen Antrag stellen und alle zur Beurteilung des Falles geeigneten und erforderlichen Tatsachen mitteilen sowie die erforderlichen Unterlagen beifügen. [2] Der Ombudsmann hilft dem Beschwerdeführer bei Bedarf, den Sachverhalt klar darzustellen, einen sachdienlichen Antrag zu stellen und die notwendigen Unterlagen einzureichen. [3] Er kann sich auch an den Beschwerdegegner wenden, um den Sachverhalt aufzuklären.

(5) [1] Wurden die Voraussetzungen gemäß Absatz 4 trotz der Ermittlungen nicht erfüllt, kann das Verfahren nicht durchgeführt werden. [2] Dies wird dem Beschwerdeführer mitgeteilt. [3] Das Verfahren endet damit.

§ 4 Vertretung. Die Verfahrensbeteiligten können sich in jeder Lage des Verfahrens auf eigene Kosten und im gesetzlich zulässigen Rahmen vertreten lassen.

§ 5 Prüfung der Zulässigkeit. (1) Der Ombudsmann berücksichtigt in jeder Lage des Verfahrens, ob es gemäß § 2 zulässig ist.

(2) [1] In Zweifelsfällen gibt der Ombudsmann den Verfahrensbeteiligten Gelegenheit zur Stellungnahme, bevor er über die Zulässigkeit entscheidet. [2] Er begründet seine Entscheidung.

§ 6 Grundsätze des Verfahrens. (1) Die Verfahrensbeteiligten erhalten rechtliches Gehör und können Tatsachen sowie Bewertungen vorbringen.

(2) Der Ombudsmann kann den Sachverhalt von Amts wegen ermitteln, soweit dies zur Entscheidungsfindung erforderlich ist.

(3) [1] Der Ombudsmann ist in seiner Beweiswürdigung frei. [2] Er erhebt keine Beweise, mit Ausnahme des Urkundenbeweises.

(4) [1] Entscheidungsgrundlage sind Recht und Gesetz. [2] Sofern es daneben allgemeine Grundsätze ordnungsgemäßer Versicherungs-, Kapitalanlage- und Vertriebspraxis (Wettbewerbsrichtlinien) gibt, die das Versicherungsgeschäft und seine Abwicklung beeinflussen, soll der Ombudsmann diese mitberücksichtigen.

(5) [1] Der Ombudsmann gewährleistet eine zügige Bearbeitung der Beschwerden. [2] Er bestimmt in der Geschäftsordnung interne Bearbeitungsfristen und überprüft deren Einhaltung.

§ 7 Ablauf des Verfahrens. (1) [1] Ist der Gegenstand der Beschwerde geklärt und die Beschwerde zulässig, fordert der Ombudsmann den Beschwerdegegner zu einer Stellungnahme auf und setzt ihm dafür eine Frist von drei Wochen. [2] Die Frist kann um bis zu einen Monat verlängert werden, wenn dies sachdienlich erscheint. [3] Der Beschwerdeführer ist hierüber zu informieren.

(2) Der Ombudsmann leitet die Beschwerde derjenigen Stelle des Beschwerdegegners zu, die dieser als Kontaktstelle für den Ombudsmann benannt hat.

(3) Von der Anforderung einer Stellungnahme kann der Ombudsmann absehen, wenn der geltend gemachte Anspruch anhand der vom Beschwerdeführer eingereichten Unterlagen beurteilt werden kann und offensichtlich unbegründet ist.

(4) [1] Hat der Beschwerdegegner innerhalb der gesetzten Frist keine oder eine offensichtlich zur Klärung des Sachverhalts ungeeignete Stellungnahme abgegeben, ist allein der Vortrag des Beschwerdeführers die Entscheidungsgrundlage. [2] Ist die Beschwerde auf der Grundlage des Vorbringens des Beschwerdeführers nicht entscheidungsreif, kann der Ombudsmann nach vorheriger Ankündigung mit Fristsetzung von mindestens zwei Wochen den Beschwerdegegner zur Zahlung eines Ordnungsgeldes von bis zu 500 Euro, im Wiederholungsfall bis zu 1 000 Euro, verpflichten. [3] Der Ombudsmann kann das Ordnungsgeld im jeweiligen Verfahren zur Beilegung des Streits einsetzen.

(5) [1] Unentschuldigt verspätete Einlassungen bleiben unberücksichtigt. [2] Wann eine verspätete Einlassung entschuldigt ist, entscheidet der Ombudsmann.

(6) [1]Das Verfahren ist binnen 90 Tagen zum Abschluss zu bringen. [2]Diese Frist beginnt mit Eingang der vollständigen Beschwerdeakte; dies ist in der Regel der Fall, wenn die Verfahrensbeteiligten Gelegenheit zur Stellungnahme hatten. [3]Die Frist kann bei besonders schwierigen Streitigkeiten oder mit Zustimmung der Verfahrensbeteiligten verlängert werden. [4]Über den Eingang der vollständigen Beschwerdeakte sowie über eine Verlängerung der 90-Tage-Frist werden die Verfahrensbeteiligten unterrichtet.

§ 8 Beschwerden im Zusammenhang mit mathematischen Berechnungen. [1]Bei Beschwerden, die im Zusammenhang mit versicherungstechnischen Berechnungen in der Lebensversicherung – einschließlich Pensions- und Sterbekassen – sowie in der Unfallversicherung mit Beitragsrückgewähr (UBR) stehen, sind die Berechnungen in nachprüfbarer Form mit allen erforderlichen Angaben (z.B. technische Vertragsdaten, Berechnungsformeln mit Zahlenwerten, jeweilige Überschussdeklarationen und Ansammlungszinssätze, gegebenenfalls Genehmigungsdaten des entsprechenden Geschäftsplans, Grundsätze für die Berechnung der Prämien- und Deckungsrückstellungen) in einer gesonderten, nur für den Ombudsmann bestimmten Anlage darzustellen. [2]Darüber hinaus sollen gegebenenfalls die dem Versicherungsschein beigegebene Garantiewerttabelle sowie die letzte Unterrichtung des Versicherungsnehmers über die Höhe des Überschussguthabens beigefügt werden. [3]Bei Beschwerden, die im Zusammenhang mit einem Realkreditvertrag stehen, sind die Berechnungen in nachprüfbarer Form mit allen erforderlichen Angaben (z.B. Kreditsumme, Beleihungswert, Zinssatz, effektiver Jahreszins, Laufzeit, Tilgungsverlauf) in einer gesonderten Anlage darzustellen.

§ 9 Ungeeignete Beschwerden. (1) Würde die Behandlung der Streitigkeit den effektiven Betrieb der Schlichtungsstelle ernsthaft beeinträchtigen, insbesondere weil

a) der Sachverhalt oder rechtliche Fragen sich nur mit einem unangemessenen Aufwand klären lassen oder
b) komplexe Tatsachenfeststellungen mit Beweisaufnahme erforderlich sind oder
c) eine grundsätzliche Rechtsfrage, die für die Bewertung der Streitigkeit erheblich ist, nicht geklärt ist,

kann der Ombudsmann die Durchführung oder Fortführung des Verfahrens ablehnen.

(2) Liegt die Voraussetzung nach Absatz 1 vor und erscheint es nach den Gesamtumständen sachgerecht, den Verfahrensbeteiligten einen Vorschlag zur gütlichen Einigung zu unterbreiten, kann der Ombudsmann unter Nennung seiner ihn leitenden Gründe damit das Verfahren beenden.

(3) [1]Der Beschwerdegegner kann in jeder Lage des Verfahrens beantragen, dass der Ombudsmann eine Beschwerde als Musterfall unbeschieden lässt, sofern er plausibel machen kann, dass es sich um eine Frage von rechtsgrundsätzlicher Bedeutung handelt. [2]Der Beschwerdegegner hat sich jedoch zu verpflichten, dem Beschwerdeführer die erstinstanzlichen Gerichts- und Anwaltskosten zu erstatten, und zwar auch, falls der Beschwerdegegner vor Gericht obsiegen sollte.

(4) Der Ombudsmann kann die Durchführung des Verfahrens ablehnen, wenn der Vertrag für die Klärung von Meinungsverschiedenheiten über den

Beschwerdegegenstand ein geeignetes Verfahren vorsieht und dieses noch nicht in Anspruch genommen wurde.

§ 10 Verfahrensbeendigung. (1) Unzulässige Beschwerden weist der Ombudsmann unter Angabe der Gründe ab.

(2) Nimmt der Antragsteller seinen Antrag zurück oder widerspricht er der weiteren Durchführung des Verfahrens, endet es mit Zugang der Erklärung beim Ombudsmann.

(3) [1] Eignet sich die Beschwerde nicht für einen Schlichtungsversuch, ist ein solcher erfolglos oder kann der Streit nicht anderweitig beigelegt werden, bescheidet der Ombudsmann die Beschwerde. [2] Bei einem Beschwerdewert von bis zu 10 000 Euro erlässt er eine Entscheidung und bei einem Beschwerdewert von mehr als 10 000 Euro bis zu 100 000 Euro eine Empfehlung.

(4) [1] Die Ablehnung der Durchführung, die Entscheidung und die Empfehlung ergehen schriftlich und sind mit Gründen zu versehen. [2] Vom Schriftformerfordernis kann mit Einverständnis der Verfahrensbeteiligten abgewichen werden.

(5) [1] Ist der Streit beigelegt (Abhilfe, Vergleich) oder endet das Verfahren durch Abweisung, Ablehnung der Durchführung oder Bescheidung der Beschwerde, teilt dies der Ombudsmann den Verfahrensbeteiligten mit. [2] Die Beendigungswirkung tritt jeweils ein mit Kenntnisnahme der abschließenden Mitteilung durch den Beschwerdeführer, spätestens drei Tage nach deren Versand.

(6) [1] Schlichtungsvorschläge sind den Verfahrensbeteiligten in Textform zu übermitteln. [2] Darin sind sie über die rechtlichen Folgen einer Annahme des Vorschlags und darüber zu unterrichten, dass der Vorschlag von dem Ergebnis eines gerichtlichen Verfahrens abweichen kann. [3] Auf die Möglichkeit, den Vorschlag nicht anzunehmen und die Gerichte anzurufen, ist hinzuweisen. [4] Der Vorschlag ist mit einer angemessenen Frist zur Annahme zu versehen. [5] Der Ombudsmann informiert über das Ergebnis. [6] Sind die Schlichtungsbemühungen nicht erfolgreich, bescheidet der Ombudsmann die Beschwerde. [7] Die Sätze 4 bis 6 finden im Fall von § 9 Absatz 2 keine Anwendung.

(7) Wird das Verfahren beendet, ohne dass es zu einer Einigung geführt hat, erfolgt die Mitteilung dieses Ergebnisses als Bescheinigung nach § 21 Absatz 2 VSBG.

(8) Ein beendetes Verfahren kann in begründeten Einzelfällen nach dem Ermessen des Ombudsmanns bei Vorliegen einer neuen Sach- oder Rechtslage wieder aufgenommen werden.

§ 11 Bindungswirkung des Bescheids. (1) [1] Die Entscheidung zu Lasten des Beschwerdegegners ist für diesen bindend. [2] Die Empfehlung ist für beide Verfahrensbeteiligten nicht bindend.

(2) [1] Dem Beschwerdeführer steht immer der Weg zu den ordentlichen Gerichten offen. [2] Dem Beschwerdegegner steht der Weg zu den ordentlichen Gerichten nur in dem Fall des Absatz 1 Satz 2 offen.

§ 12 Hemmung der Verjährung. (1) [1] Während der Dauer des gesamten Verfahrens gilt gegenüber dem Beschwerdegegner die Verjährung für streitbefangene Ansprüche des Beschwerdeführers als gehemmt. [2] Eröffnet der Ombudsmann das Verfahren, nachdem der Beschwerdeführer das Erfordernis nach

§ 2 Absatz 3 Satz 1 unverzüglich nachgeholt hat, gilt die Verjährung ab dem Zeitpunkt der ersten Beschwerdeeinlegung als gehemmt. [3] Gesetzliche Verjährungsregelungen bleiben unberührt.

(2) Sofern wegen des Anspruchs auf die Versicherungsprämie des Vertrags, der durch die Beschwerde betroffen ist, das Mahnverfahren eingeleitet wurde, wird das Versicherungsunternehmen auf Veranlassung des Ombudsmanns das Ruhen des Mahnverfahrens bewirken.

§ 13 Zinsen. Trifft der Ombudsmann eine Entscheidung oder Empfehlung, die dem Beschwerdeführer eine Geldsumme zuspricht, so bezieht er die gesetzlichen Zinsen (§ 288 BGB) ab dem Zeitpunkt ein, zu dem sich der Beschwerdeführer bei dem Ombudsmann beschwert hat.

§ 14 Kosten des Verfahrens. (1) Das Verfahren ist für den Beschwerdeführer kostenfrei.

(2) [1] Die Beteiligten des Verfahrens haben ihre eigenen Kosten selbst zu tragen. [2] Diese können nicht zum Gegenstand des Verfahrens gemacht werden.

§ 15 Besondere Verfahren. (1) [1] Bedient sich das Versicherungsunternehmen zur Erfüllung seiner vertraglichen Leistungen aus dem Versicherungsvertrag eines Dritten, beispielsweise eines Schadenabwicklungsunternehmens im Sinne von § 164 Versicherungsaufsichtsgesetz (VAG)[1)], hat das Versicherungsunternehmen sicherzustellen, dass der Dritte daran mitwirkt, die eingegangenen Verpflichtungen aus der Satzung und der Verfahrensordnung in den Beschwerdeverfahren zu erfüllen. [2] Dies gilt insbesondere für die Abgabe von Stellungnahmen, die Umsetzung von Entscheidungen und den Eintritt der Verjährungshemmung. Soweit das Versicherungsunternehmen keine Einzelfallweisung für den Beschwerdefall abgeben kann oder will, hat es durch eine allgemeine Weisung sicherzustellen, dass die Verpflichtungen erfüllt werden. [3] Der Ombudsmann wirkt im Beschwerdeverfahren daran mit, dass Trennungsgrundsätze, wie sie sich aus § 164 Absatz 4 Satz 2 VAG ergeben, beachtet werden.

(2) Bei unselbständigen Niederlassungen hat das Hauptunternehmen sicherzustellen, dass der Vertrag, der Gegenstand des Ombudsmannverfahrens ist, in den von der Niederlassung geführten Bestand sowie in den Kompetenzbereich des Ombudsmanns fällt.

§ 16 Verschwiegenheit. (1) Der Ombudsmann und die Mitarbeiter der Schlichtungsstelle sind zur Verschwiegenheit über alle die Verfahrensbeteiligten betreffenden Umstände verpflichtet, von denen sie im Rahmen eines Beschwerdeverfahrens Kenntnis erlangen.

(2) [1] Geschäftsgeheimnisse des Beschwerdegegners werden den Verfahrensbeteiligten gegenüber nicht offenbart. [2] Der Ombudsmann berücksichtigt die insoweit fehlende Verteidigungsmöglichkeit des Beschwerdegegners im Rahmen seiner Beweiswürdigung.

[1)] Nr. **1**.

22. Verfahrensordnung für Beschwerden im Zusammenhang mit der Vermittlung von Versicherungsverträgen (VermVO) im Sinne von § 214 Absatz 1 Nr. 2 VVG

Vom 23. November 2016

§ 1 Anwendungsbereich. (1) [1]Die folgenden Vorschriften finden Anwendung bei Streitigkeiten zwischen Versicherungsnehmern und Versicherungsvermittlern oder -beratern[1)] im Zusammenhang mit der Vermittlung von Versicherungsverträgen. [2]Kommt ein Versicherungsvertrag nicht zustande, wird der Versicherungsinteressent dem Versicherungsnehmer im Sinne dieses Verfahrens gleichgestellt. [3]Ergänzend gelten die Regelungen des Verbraucherstreitbeilegungsgesetzes (VSBG).

(2) Beschwerdebefugt sind auch Verbraucherschutzverbände.

§ 2 Ablehnungsgründe. (1) Der Ombudsmann lehnt die Durchführung eines Verfahrens ab, wenn

1. die Streitigkeit nicht in die Zuständigkeit nach dieser Verfahrensordnung fällt,
2. die Streitigkeit Ansprüche aus einem Kranken- oder Pflegeversicherungsvertrag zum Gegenstand hat,
3. der Beschwerdeführer den Anspruch noch nicht beim Beschwerdegegner geltend gemacht hat,
4. die Beschwerde offensichtlich ohne Aussicht auf Erfolg ist oder mutwillig erscheint, insbesondere weil
   a) der Anspruch bei Beschwerdeeinlegung bereits verjährt war und der Beschwerdegegner sich auf die Verjährung beruft,
   b) die Streitigkeit bereits beigelegt ist oder
   c) zu der Streitigkeit ein Antrag auf Prozesskostenhilfe bereits mit der Begründung zurückgewiesen worden ist, dass die beabsichtigte Rechtsverfolgung keine hinreichende Aussicht auf Erfolg bietet oder mutwillig erscheint,
5. eine Verbraucherschlichtungsstelle bereits ein Verfahren zur Beilegung der Streitigkeit durchgeführt hat oder die Streitigkeit bei einer anderen Verbraucherschlichtungsstelle anhängig ist,
6. ein Gericht zu der Streitigkeit bereits eine Sachentscheidung getroffen hat oder die Streitigkeit bei einem Gericht anhängig ist, es sei denn, das Gericht ordnet nach § 278a Absatz 2 der Zivilprozessordnung im Hinblick auf das Verfahren vor der Verbraucherschlichtungsstelle das Ruhen des Verfahrens an,
7. die Behandlung der Streitigkeit den effektiven Betrieb der Schlichtungsstelle ernsthaft beeinträchtigt, insbesondere weil

---

[1)] **Anm.:** Aus Gründen der Vereinfachung werden die männlichen Bezeichnungen verwendet; gemeint sind selbstverständlich ebenso weibliche Personen.

a) der Sachverhalt oder rechtliche Fragen sich nur mit einem unangemessenen Aufwand klären lassen oder
b) komplexe Tatsachenfeststellungen mit Beweisaufnahme erforderlich sind oder
c) eine grundsätzliche Rechtsfrage, die für die Bewertung der Streitigkeit erheblich ist, nicht geklärt ist.

(2) [1] Der Ombudsmann teilt dem Beschwerdeführer und, sofern die Beschwerde bereits an den Beschwerdegegner übermittelt worden ist, auch diesem die Ablehnung in Textform und unter Angabe der Gründe mit. [2] Der Ombudsmann übermittelt die Ablehnungsentscheidung innerhalb von drei Wochen nach Eingang der vollständigen Beschwerde.

(3) Der Ablehnungsgrund nach Absatz 1 Ziffer 3 greift nicht, wenn der Beschwerdegegner in die Durchführung des Verfahrens einwilligt oder eine Erklärung zur Sache abgibt.

(4) [1] Der Ombudsmann setzt das Verfahren aus, wenn der Beschwerdegegner einwendet, dass seit der Geltendmachung des streitigen Anspruchs durch den Beschwerdeführer gegenüber dem Beschwerdegegner nicht mehr als zwei Monate vergangen sind, und der Beschwerdegegner den streitigen Anspruch in dieser Zeit weder anerkannt noch abgelehnt hat. [2] Der Ombudsmann lehnt die weitere Durchführung des Verfahrens ab, wenn der Beschwerdegegner den streitigen Anspruch innerhalb von zwei Monaten seit dessen Geltendmachung vollständig anerkennt; Absatz 2 Satz 1 ist anzuwenden. [3] Erkennt der Beschwerdegegner den streitigen Anspruch nicht innerhalb von zwei Monaten seit dessen Geltendmachung vollständig an, so setzt der Ombudsmann das Verfahren nach Ablauf von zwei Monaten ab Geltendmachung des streitigen Anspruchs fort.

§ 3 Einlegung der Beschwerde. (1) Verfahrenssprache ist Deutsch.

(2) [1] Das Verfahren beginnt mit Anrufung des Ombudsmanns. [2] Dies kann mündlich, schriftlich oder in jeder anderen geeigneten Form geschehen.

(3) Der Ombudsmann bestätigt den Eingang der Beschwerde und unterrichtet die Verfahrensbeteiligten nach § 16 VSBG.

(4) [1] Der Beschwerdeführer soll einen klaren und eindeutigen Antrag stellen und alle zur Beurteilung des Falles geeigneten und erforderlichen Tatsachen mitteilen sowie die erforderlichen Unterlagen beifügen. [2] Der Ombudsmann hilft dem Beschwerdeführer bei Bedarf, den Sachverhalt klar darzustellen, einen sachdienlichen Antrag zu stellen und die notwendigen Unterlagen einzureichen. [3] Er kann sich auch an den Beschwerdegegner wenden, um den Sachverhalt aufzuklären.

(5) [1] Wurden die Voraussetzungen gemäß Absatz 4 trotz der Ermittlungen nicht erfüllt, kann das Verfahren nicht durchgeführt werden. [2] Dies wird dem Beschwerdeführer mitgeteilt. [3] Das Verfahren endet damit.

§ 4 Vertretung. Die Verfahrensbeteiligten können sich in jeder Lage des Verfahrens auf eigene Kosten und im zulässigen Rahmen vertreten lassen.

§ 5 Grundsätze des Verfahrens. (1) Der Ombudsmann antwortet auf jede Beschwerde.

(2) Der Ombudsmann kann den Sachverhalt von Amts wegen ermitteln, soweit dies zur Entscheidungsfindung erforderlich ist.

(3) [1] Der Ombudsmann ist in seiner Beweiswürdigung frei. [2] Er erhebt keine Beweise, mit Ausnahme des Urkundenbeweises.

(4) [1] Entscheidungsgrundlage sind Recht und Gesetz. [2] Sofern es daneben allgemeine Grundsätze ordnungsgemäßer Versicherungs-, Kapitalanlage- und Vertriebspraxis (Wettbewerbsrichtlinien) gibt, die das Versicherungsgeschäft und seine Abwicklung beeinflussen, soll der Ombudsmann diese mitberücksichtigen.

§ 6 Ablauf des Verfahrens. (1) [1] Ist der Gegenstand der Beschwerde geklärt und die Beschwerde zulässig, fordert der Ombudsmann den Beschwerdegegner zu einer Stellungnahme auf und setzt ihm dafür eine Frist von drei Wochen. [2] Die Frist kann auf Antrag verlängert werden, wenn dies sachdienlich erscheint. [3] Der Beschwerdeführer ist hierüber zu informieren.

(2) Hat der Beschwerdegegner innerhalb der gesetzten Frist keine oder eine offensichtlich zur Klärung des Sachverhalts ungeeignete Stellungnahme abgegeben, ist allein der Vortrag des Beschwerdeführers die Entscheidungsgrundlage.

(3) [1] Unentschuldigt verspätete Einlassungen bleiben unberücksichtigt. [2] Wann eine verspätete Einlassung entschuldigt ist, entscheidet der Ombudsmann.

(4) [1] Das Verfahren ist binnen 90 Tagen zum Abschluss zu bringen. [2] Diese Frist beginnt mit Eingang der vollständigen Beschwerdeakte; dies ist in der Regel der Fall, wenn die Verfahrensbeteiligten Gelegenheit zur Stellungnahme hatten. [3] Die Frist kann bei besonders schwierigen Streitigkeiten oder mit Zustimmung der Verfahrensbeteiligten verlängert werden. [4] Über den Eingang der vollständigen Beschwerdeakte sowie über eine Verlängerung der 90-Tage-Frist werden die Verfahrensbeteiligten unterrichtet.

§ 7 Verfahrensbeendigung. (1) Unzulässige Beschwerden weist der Ombudsmann nach § 2 Absatz 2 ab.

(2) Nimmt der Beschwerdeführer seine Beschwerde zurück oder widerspricht er der weiteren Durchführung des Verfahrens, endet es mit Zugang der Erklärung beim Ombudsmann.

(3) [1] Eignet sich die Beschwerde nicht für einen Schlichtungsversuch, ist ein solcher erfolglos oder kann der Streit nicht anderweitig beigelegt werden, bescheidet der Ombudsmann die Beschwerde. [2] Der Bescheid ergeht schriftlich und ist mit Gründen zu versehen.

(4) [1] Der Ombudsmann beendet das Verfahren im Fall der Abhilfe, des Vergleichs sowie durch Abweisung oder Bescheidung der Beschwerde. [2] Die Beendigungswirkung tritt jeweils ein mit Kenntnisnahme der abschließenden Mitteilung, spätestens drei Tage nach deren Versand.

(5) [1] Schlichtungsvorschläge sind den Verfahrensbeteiligten in Textform zu übermitteln. [2] Darin sind sie über die rechtlichen Folgen einer Annahme des Vorschlags und darüber zu unterrichten, dass der Vorschlag von dem Ergebnis eines gerichtlichen Verfahrens abweichen kann. [3] Auf die Möglichkeit, den Vorschlag nicht anzunehmen und die Gerichte anzurufen, ist hinzuweisen. [4] Der Vorschlag ist mit einer angemessenen Frist zur Annahme zu versehen. [5] Der Ombudsmann informiert über das Ergebnis. [6] Sind die Schlichtungsbemühungen nicht erfolgreich, bescheidet der Ombudsmann die Beschwerde.

(6) Wird das Verfahren beendet, ohne dass es zu einer Einigung geführt hat, erfolgt die Mitteilung dieses Ergebnisses als Bescheinigung nach § 21 Absatz 2 VSBG.

(7) Ein beendetes Verfahren kann in begründeten Einzelfällen nach dem Ermessen des Ombudsmanns bei Vorliegen einer neuen Sach- oder Rechtslage wieder aufgenommen werden.

§ 8 Kosten des Verfahrens. (1) [1] Das Verfahren ist für den Beschwerdeführer grundsätzlich kostenfrei, es sei denn, die Beschwerde ist offensichtlich missbräuchlich. [2] In diesem Fall beträgt das Entgelt höchstens 30 Euro.

(2) Der Ombudsmann kann von dem Versicherungsvermittler oder -berater, der zur Teilnahme an dem Verfahren bereit oder verpflichtet ist, ein angemessenes Entgelt verlangen.

(3) [1] Die Beteiligten des Verfahrens haben ihre eigenen Kosten selbst zu tragen. [2] Diese können nicht zum Gegenstand des Verfahrens gemacht werden.

§ 9 Verschwiegenheit. (1) Der Ombudsmann und die Mitarbeiter der Schlichtungsstelle sind zur Verschwiegenheit über alle die Verfahrensbeteiligten betreffenden Umstände verpflichtet, von denen sie im Rahmen eines Verfahrens Kenntnis erlangen.

(2) Das gilt auch für die Zeit nach Beendigung der Tätigkeit bei der Schlichtungsstelle.

23. Statut des Ombudsmanns Private Kranken- und Pflegeversicherung

Vom 22. Juni 2016

In Kraft getreten am 1. August 2016

Zur Schlichtung von Streitigkeiten zwischen Versicherungsunternehmen und ihren Versicherten hat der Verband der Privaten Krankenversicherung e.V. eine Ombudsmannstelle für Angelegenheiten der Privaten Krankenversicherung eingerichtet. Die Ombudsstelle ist auch für Beschwerden von Bürgern gegen Versicherungsvermittler zuständig, soweit es sich um die erfolgte oder versuchte Vermittlung von Privaten Kranken- und Pflegeversicherungen handelt, sowie für Streitigkeiten mit Versicherungsberatern im Zusammenhang mit dem Zustandekommen von Versicherungsverträgen. Für die Tätigkeit der Ombudsstelle gilt das folgende Statut.

Redaktionelle Inhaltsübersicht

§ 1 Berufung des Ombudsmanns. (1) [1] Es wird ein Ombudsmann für die Private Kranken- und Pflegeversicherung berufen, nachfolgend als „Ombudsmann"[1)] bezeichnet. [2] Der Ombudsmann wird vom Vorstand des Verbandes der Privaten Krankenversicherung e.V. auf Vorschlag der Verbandsgeschäftsführung berufen. [3] Er hat seinen Sitz in Berlin.

(2) [1] Als Ombudsmann soll eine Persönlichkeit berufen werden, die die Befähigung zum Richteramt besitzt oder zertifizierter Mediator ist sowie über die für die Ausübung des Amtes erforderliche Befähigung und über Erfahrungen sowie allgemeine Rechtskenntnisse im Bereich der Privaten Krankenversicherung und im Gesundheitswesen verfügt. [2] Der Ombudsmann darf in den letzten drei Jahren vor Amtsantritt nicht beim Verband der Privaten Krankenversicherung e.V., einem am Verfahren teilnehmenden Mitgliedsunternehmen oder für einen Verband, der die Interessen der Versicherten der Privaten Kranken- und Pflegeversicherung wahrnimmt, sowie in der Versicherungsvermittlungs- oder Versicherungsberaterbranche tätig gewesen sein. [3] Er darf weiterhin nicht in einem Beruf, der die Erbringung von Leistungen im Gesundheitswesen zum Gegenstand hat, arbeiten oder dort irgendeine Stellung bekleiden. [4] Über Ausnahmen im

---

1) **Anm.:** Als Ombudsmann kann auch eine Frau berufen werden (Ombudsfrau). Zur besseren Lesbarkeit wird nachfolgend allein die Bezeichnung Ombudsmann verwendet.

Einzelfall bezogen auf Tätigkeiten gemäß Satz 3 entscheidet der Vorstand des Verbandes der Privaten Krankenversicherung e.V. im Einvernehmen mit dem Ombudsmann.

(3) Vor der Berufung oder Abberufung des Ombudsmanns gibt der Verband der Privaten Krankenversicherung e. V. anerkannten Verbraucherschutzverbänden im Sinne des § 3 Abs. 1 Satz 1 Nr. 1 Unterlassungsklagengesetz, die die Interessen von Versicherten der Privaten Kranken- und Pflegeversicherung wahrnehmen, Gelegenheit, hierzu Stellung zu nehmen.

(4) [1] Die Berufung des Ombudsmanns erfolgt für einen Zeitraum von drei Jahren. [2] Eine bis zu zweimalige erneute Berufung für einen Zeitraum von drei Jahren ist möglich. [3] Eine Abberufung durch den Verband der Privaten Krankenversicherung e.V. kann nur aus wichtigem Grund erfolgen, insbesondere wenn Tatsachen vorliegen, die eine unabhängige und unparteiische Ausübung der Tätigkeit als Schlichter nicht mehr erwarten lassen oder wenn der Ombudsmann nicht nur vorübergehend an der Ausübung seines Amtes gehindert ist. [4] Der Ombudsmann soll gegenüber dem Verband der Privaten Krankenversicherung e.V. eine Kündigungsfrist von mindestens einem Monat einhalten.

(5) [1] Der Vorstand des Verbandes der Privaten Krankenversicherung e.V. beruft einen Stellvertreter. [2] Für diesen gelten die Absätze 2 bis 4 entsprechend.

(6) [1] Der Ombudsmann hat eine Geschäftsstelle. [2] Deren Besetzung regelt der in Abstimmung mit dem Verband der Privaten Krankenversicherung e.V.

§ 2 Unabhängige Amtsausübung. [1] Der Ombudsmann ist in seiner Amtsausübung unabhängig und an Weisungen nicht gebunden. [2] Er ist verpflichtet, Umstände, die seine Unabhängigkeit oder Unparteilichkeit beeinträchtigen können, dem Verband der Privaten Krankenversicherung e. V. unverzüglich offenzulegen. [3] Den Parteien hat der Ombudsmann alle Umstände offenzulegen, die seine Unabhängigkeit oder Unparteilichkeit beeinträchtigen können. [4] In einem solchen Fall darf der Ombudsmann nur dann tätig werden, wenn die Parteien seiner Schlichtungstätigkeit ausdrücklich zustimmen.

§ 3 Aufgabe und Zuständigkeit des Ombudsmannes. (1) [1] Der Ombudsmann hat die Aufgabe, im Fall von Beschwerden zwischen Versicherungsnehmern/Versicherten und Krankenversicherungsunternehmen als Schlichter zu vermitteln und möglichst eine Versöhnung der Parteien herbeizuführen. [2] Das gleiche gilt für Beschwerden gegen Versicherungsvermittler (Vermittlerbeschwerden) und Versicherungsberater (Beraterbeschwerden).

(2) [1] Voraussetzung für sein Tätigwerden ist, dass der Beschwerdegegenstand sich auf eine Private Kranken- oder Pflegeversicherung und die sich bei ihrer Durchführung ergebenden Fragen bezieht. [2] Private Kranken- oder Pflegeversicherungen in diesem Sinne sind insbesondere die Krankheitskostenversicherung, die Krankenhaustagegeldversicherung, die Krankentagegeldversicherung und die Pflegepflichtversicherung sowie die ergänzende Pflegeversicherung. [3] Das betreffende Krankenversicherungsunternehmen muss Mitglied im Verband der Privaten Krankenversicherung e.V. sein. [4] Der Ombudsmann kann in Abstimmung mit dem Verband der Privaten Krankenversicherung e. V. auch andere Beschwerden annehmen, es sei denn, einer der Beteiligten wünscht dies nicht. [5] Beschwerden gegen Vermittler werden be-handelt, wenn Beschwerdegegenstand eine erfolgte oder versuchte Vermittlung von privaten Kranken- oder Pflegeversicherungen ist. [6] Beschwerden gegen Versicherungsberater werden behandelt, wenn Beschwerde-

gegenstand eine Beratung im Zusammenhang mit einer privaten Kranken- und Pflegeversicherung ist. [7]Voraussetzung ist jeweils, dass das Krankenversicherungsunternehmen am Ombudsmannverfahren teilnimmt.

§ 4 Beschwerdeführer. (1) [1]Beschwerden können durch natürliche Personen, die einen Versicherungsvertrag bei einem Privaten Krankenversicherungsunternehmen unterhalten, das Mitglied im Verband der Privaten Krankenversicherung e.V. ist, in Bezug auf ein bestehendes oder beendetes Versicherungsverhältnis eingereicht werden. [2]Beschwerden können auch versicherte Personen in einer Gruppenversicherung in Bezug auf diese Versicherung einlegen.

(2) [1]Ein Privates Krankenversicherungsunternehmen kann den Ombudsmann im Streitfalle um Vermittlung bitten, wenn der Versicherungsnehmer dem zugestimmt hat. [2]§ 3 Abs. 2 gilt entsprechend.

§ 5 Ablehnung einer Beschwerde und Verfahrenseinstellung. (1) Der Ombudsmann lehnt die Durchführung eines Streitbeilegungsverfahrens ab, wenn

a) die Streitigkeit nicht in die Zuständigkeit des Ombudsmanns fällt;
b) der streitige Anspruch nicht zuvor gegenüber dem Beschwerdegegner geltend gemacht wurde;
c) der Beschwerdegegenstand bereits durch ein Gericht in der Sache entschieden wurde oder bei einem solchen anhängig ist, es sei denn, das Gericht hat zur Durchführung des Schlichtungsverfahrens beim Ombudsmann das Ruhen des Gerichtsverfahrens angeordnet;
d) ein Antrag auf Prozesskostenhilfe abgewiesen worden ist, weil die beabsichtigte Rechtsverfolgung keine Aussicht auf Erfolg bietet;
e) die Streitigkeit bereits beigelegt ist;
f) der Anspruch des Versicherten bei Einlegung der Beschwerde verjährt ist und der Beschwerdegegner sich auf die Verjährung beruft;
g) der Streitgegenstand eine Bagatellsache (Streitwert bis zu 50 Euro) darstellt;
h) die Angelegenheit bereits Gegenstand eines Verfahrens bei einer anderen Verbraucherschlichtungsstelle war oder ist.

(2) Der Ombudsmann informiert den Beschwerdeführer über die Ablehnung innerhalb von drei Wochen nach Eingang des Antrags und erläutert die Gründe.

(3) [1]Aus den in Absatz 1 genannten Gründen kann der Ombudsmann die weitere Bearbeitung ablehnen, wenn diese erst während des Verfahrens eintreten oder bekannt werden. [2]Absatz 2 gilt entsprechend. [3]Eine Ablehnung nach Absatz 1b) ist nicht möglich, wenn der Beschwerdegegner mit dem Verfahren einverstanden ist oder in der Sache eine Stellungnahme abgibt.

(4) [1]Der Ombudsmann setzt das Verfahren aus, wenn der Beschwerdegegner mitteilt, dass seit der Geltendmachung des streitigen Anspruchs ihm gegenüber nicht mehr als zwei Monate vergangen sind und der Anspruch weder anerkannt noch abgelehnt wurde. [2]Der Ombudsmann lehnt die weitere Bearbeitung ab, wenn der Beschwerdegegner den streitigen Anspruch innerhalb der zwei Monate seit Geltendmachung vollständig anerkennt. [3]Absatz 2 gilt entsprechend. [4]Erkennt der Beschwerdegegner den Anspruch nicht innerhalb der zwei Monate vollständig an, wird das Verfahren nach Ablauf der zwei Monate fortgeführt.

(5) [1]Auf den Antrag des Beschwerdeführers stellt der Ombudsmann das Verfahren ein. [2]Hierüber unterrichtet er die Parteien.

§ 6 Antragstellung – Form, Vertretung, Kosten. (1) [1] Die Beschwerde ist in Textform einzureichen. [2] Die Beschwerdeschrift soll eine kurze Schilderung des Sachverhalts und die für die Bearbeitung notwendigen ergänzenden Unterlagen enthalten. [3] Mündliche Beschwerden werden grundsätzlich nicht entgegen genommen. [4] Die Verfahrenssprache ist deutsch.

(2) Der Beschwerdeführer kann sich zu jedem Zeitpunkt des Beschwerdeverfahrens von einem Bevollmächtigten vertreten lassen; die ordnungsgemäße Bevollmächtigung ist auf Verlangen nachzuweisen.

(3) [1] Die Beschwerdebearbeitung durch den Ombudsmann ist für die Beteiligten kostenlos. [2] Kosten und Auslagen, die den Parteien im Rahmen des Beschwerdeverfahrens, z.B. durch Porto oder Beauftragung eines Bevollmächtigten entstehen, sind von ihnen selbst zu tragen.

§ 7 Verjährung. [1] Die Verjährung eines Anspruches ist vom Beginn des Tages, an dem die Beschwerde bei dem Ombudsmann eingeht, bis zum Ende des Tages, an dem die Mitteilung über die Beendigung oder Ablehnung des Beschwerdeverfahrens dem Beschwerdeführer zugeht, gehemmt. [2] Hierauf soll der Ombudsmann zu Beginn des Beschwerdeverfahrens hinweisen.

§ 8 Beteiligung der Parteien. (1) [1] Hat der Ombudsmann eine Beschwerde zur Bearbeitung angenommen, ermittelt er von Amts wegen den Sach- und Streitstand. [2] Er hat dabei auch die Parteien zu hören. [3] Der Ombudsmann ist in der Beweiswürdigung der ihm vorliegenden schriftlichen Unterlagen frei. [4] Die Verweigerung einer Auskunft kann bei der Beweiswürdigung berücksichtigt werden; der Ombudsmann führt keine Beweisaufnahme durch.

(2) [1] Auf den Antrag hin fordert der Ombudsmann das Unternehmen zu einer Stellungnahme auf und setzt ihm hierfür eine Frist von in der Regel drei Wochen. [2] In begründeten Ausnahmefällen kann diese Frist auf Antrag verlängert werden.

(3) Die Stellungnahme des Beschwerdegegners wird in der Regel an den Beschwerdeführer übermittelt, es sei denn, erhebliche Gründe sprechen dagegen.

§ 9 Verfahrensdauer. (1) [1] Der Ombudsmann benachrichtigt die Parteien, sobald die Beschwerdeakte vollständig ist. [2] Dies wird in der Regel angenommen, wenn die Parteien Gelegenheit zur Stellungnahme hatten.

(2) [1] Liegt die vollständige Beschwerdeakte vor, schließt der Ombudsmann das Verfahren innerhalb von 90 Tagen ab oder unterbreitet innerhalb dieser Frist einen Schlichtungsvorschlag. [2] Bei besonders schwierigen Streitigkeiten oder mit Zustimmung der Parteien kann der Ombudsmann diese Frist verlängern. [3] Hierüber sind die Parteien zu unterrichten.

§ 10 Verfahren. (1) [1] Für die Beurteilung einer Beschwerde durch den Ombudsmann sind der Inhalt des Versicherungsvertrages, das Gesetzesrecht sowie die dazu ergangene Rechtsprechung maßgeblich. [2] Der Ombudsmann soll zu jedem Zeitpunkt des Beschwerdeverfahrens eine gütliche Einigung der Parteien anstreben.

(2) Hilft der Beschwerdegegner der Beschwerde vollständig ab, beendet der Ombudsmann das Verfahren und übermittelt den Parteien die erforderlichen Erläuterungen in einem abschließenden Schreiben.

(3) [1] Hilft der Beschwerdegegner der Beschwerde nicht ab und hält der Ombudsmann die Beschwerde vollständig oder teilweise für begründet, unterbreitet

er einen Schlichtungsvorschlag. [2] Der Ombudsmann unterbreitet auch einen Schlichtungsvorschlag, wenn der Beschwerdegegner nur teilweise dem Beschwerdeanliegen abhilft. [3] Den Schlichtungsvorschlag einschließlich der Begründung übermittelt der Ombudsmann den Parteien in Textform. [4] Gleichzeitig unterrichtet der Ombudsmann die Parteien über die rechtlichen Folgen einer Annahme des Vorschlages und darüber, dass der Vorschlag von dem Ergebnis eines gerichtlichen Verfahrens abweichen kann. [5] Er weist auf die Möglichkeit hin, den Vorschlag nicht anzunehmen und die Gerichte anzurufen. [6] Zur Annahme des Vorschlags setzt der Ombudsmann den Parteien eine angemessene Frist. [7] Nehmen die Parteien den Schlichtungsvorschlag an, übermittelt der Ombudsmann ihnen das Ergebnis mit den erforderlichen Erläuterungen in Textform. [8] Für den Fall der Nichtannahme bezeichnet der Ombudsmann das verfahrensabschließende Schreiben zusätzlich als Bescheinigung über einen erfolglosen Einigungsversuch nach § 15a Absatz 3 Satz 3 des Gesetzes betreffend die Einführung der Zivilprozessordnung in der jeweils gültigen Fassung.

(4) [1] Hält der Ombudsmann die Beschwerde für unbegründet, teilt er dies den Beteiligten durch ein verfahrensabschließendes Schreiben mit. [2] Absatz 3 Satz 8 gilt entsprechend.

§ 11 Geheimhaltungspflicht und Datenschutz. (1) [1] Der Ombudsmann ist verpflichtet, die Identität Beteiligter am Beschwerdeverfahren gegenüber Dritten geheim zu halten, es sei denn, die Beteiligten haben ihn ausdrücklich von der Geheimhaltungspflicht entbunden oder die Preisgabe der Identität der Beteiligten ist für die Ausübung seiner Tätigkeit zwingend erforderlich. [2] Die Verpflichtung zur Geheimhaltung gilt in gleicher Weise auch für die Mitarbeiter der Geschäftsstelle.

(2) Eine Verarbeitung personenbezogener Daten durch den Ombudsmann erfolgt nur, soweit dies zur Ausübung seiner Tätigkeit erforderlich ist.

§ 12 Information der Öffentlichkeit. (1) Der Ombudsmann stellt dieses Statut auf Anfrage kostenlos zur Verfügung.

(2) [1] Der Ombudsmann berichtet jährlich schriftlich und in strukturierter Form über seine Tätigkeit im abgelaufenen Kalenderjahr und die dabei gewonnenen Erfahrungen. [2] Der Tätigkeitsbericht wird auf der Homepage veröffentlicht und auf Wunsch in Text oder Papierform zur Verfügung gestellt.

§ 13 Finanzierung. [1] Der Verband der Privaten Krankenversicherung e.V. trägt die Kosten, die bei der Durchführung dieser Statuten entstehen. [2] Er stellt dem Ombudsmann hierfür einen getrennten, zweckgebundenen und ausreichenden Haushalt zur Verfügung.

§ 14 Sonstiges. Im Falle einer Änderung dieses Statuts sowie der Zuständigkeit des Ombudsmanns gibt der Verband der Privaten Krankenversicherung e.V. anerkannten Verbraucherschutzverbänden im Sinne des § 3 Abs. 1 Nr. 1 Unterlassungsklagengesetz Gelegenheit, zu dieser Änderung Stellung zu nehmen.

24. Übersicht über weitere aufsichtsrechtliche Rechtsquellen

(Stand: Oktober 2020)

Die Übersicht wurde erstellt von Professorin Dr. Petra Pohlmann (Münster).

I. Europäische Rechtsquellen

1. Richtlinien

a) Solvabilität II-Richtlinie

Richtlinie 2009/138/EG vom 25.11.2009, zuletzt geänd. durch Richtlinie (EU) 2019/2177 vom 18.12.2019.

b) Versicherungsvertriebs-Richtlinie

Richtlinie (EU) 2016/97 vom 20.1.2016, zuletzt geänd. durch Delegierte Verordnung (EU) 2019/1935 vom 13.5.2019.

2. Delegierte Verordnungen

a) Zur Solvabilität II-Richtlinie

Delegierte Verordnung (EU) 2015/35 vom 10.10.2014, zuletzt geänd. durch Delegierte Verordnung (EU) 2020/988 vom 12.3.2020.

b) Zur Versicherungsvertriebs-Richtlinie

- Delegierte Verordnung (EU) 2017/2358 vom 21.9.2017, zuletzt geänd. durch Delegierte Verordnung (EU) 2018/541 vom 20.12.2017 (betr. Aufsichts- und Lenkungsanforderungen)
- Delegierte Verordnung (EU) 2017/2359 vom 21.9.2017, zuletzt geänd. durch Delegierte Verordnung (EU) 2018/541 vom 20.12.2017 (betr. Vertrieb von Versicherungsanlageprodukten).

3. PRIIP-Verordnung

Verordnung (EU) 1286/2014 vom 29.12.2014, zuletzt geänd. durch Verordnung (EU) 2019/1156 vom 20.6.2019.

4. EIOPA-Verordnung

Verordnung (EU) 1094/2010 vom 24.11.2010, zuletzt geänd. durch Verordnung (EU) 2019/2175 vom 18.12.2019.

5. PEPP-Verordnung

Verordnung (EU) 2019/1238 des Europäischen Parlaments und des Rates vom 20. Juni 2019 über ein Paneuropäisches Privates Pensionsprodukt (PEPP) vom 20.6.2019.

6. Technische Standards

Der aktuelle Stand hinsichtlich der Technischen Standards zur Solvabilität II-Richtlinie und zur Versicherungs-Vertriebsrichtlinie findet sich jeweils auf der Homepage der **BaFin** (https://www.bafin.de/DE/Aufsicht/VersichererPensionsfonds/Aufsichtsregime/RechtsgrundlagenLeitlinien/rechtsgrundlagen_node.htmlund_Q_and_A_der_ESAs_node.html [zuletzt abgerufen am 23.10.2020]) und der **Kommission** (https://ec.europa.eu/info/law/insurance-distribution-directive-2016-97-eu/amending-and-supplementary-acts/implementing-and-delegated-acts_en [zuletzt abgerufen am 23.10.2020]).

a) Technische Regulierungsstandards

Technische Regulierungsstandards („regulatory technical standards") erlässt die Kommission mittels delegierter Rechtsakte gem. Art. 290 AEUV aufgrund zahlreicher Ermächtigungen in der Solvabilität II-RL, wobei die EIOPA hier nach Art. 10 EIOPA-VO beteiligt ist. Bisher existiert jedoch nur eine solche Regelung:

Delegierte Verordnung (EU) C(2019) 3448 final vom 13.5.2019 (betr. technische Regulierungsstandards zur Anpassung der Euro-Grundbeträge für die Berufshaftpflichtversicherung und die finanzielle Leistungsfähigkeit von Versicherungs- und Rückversicherungsvermittlern).

b) Technische Durchführungsstandards

Technische Durchführungsstandards („implementing technical standards") werden von der Kommission als Durchführungsrechtsakte gem. Art. 291 AEUV iVm einer Rechtsgrundlage in der Solvabilität II-RL oder der Versicherungsvertriebs-RL erlassen, wobei die EIOPA hier nach Art. 15 EIOPA-VO beteiligt ist. Folgende Durchführungsverordnungen mit technischen Durchführungsstandards gibt es:

aa) Aufgrund der Solvabilität II-Richtlinie

DurchführungsVO	**Betreff**
(EU) 2015/460	Verfahren zur Genehmigung interner Modelle
(EU) 2015/461	Entscheidung über gruppeninterne Modelle – für Drittstaaten-Versicherer nicht einschlägig
(EU) 2015/462	Zweckgesellschaften – auf Drittstaaten-Unternehmen nicht anwendbar
(EU) 2015/498	Genehmigung der Verwendung unternehmensspezifischer Parameter
(EU) 2015/499	Genehmigung der Verwendung von Eigenmittelbestandteilen
(EU) 2015/500	Genehmigung der Anwendung einer Matching-Anpassung
(EU) 2015/2011	Verzeichnisse regionaler und lokaler Gebietskörperschaften, für die gem. der Solvabilität II-RL gilt, dass Risiken ihnen gegenüber als Risiken gegenüber dem Zentralstaat zu betrachten sind
(EU) 2015/2012	Verfahren für Beschlüsse zur Festsetzung, Berechnung und Aufhebung von Kapitalaufschlägen
(EU) 2015/2013	Standardabweichungen bei gesundheitsbasierten Risikoausgleichssystemen
(EU) 2015/2014	Verfahren und Muster für die Übermittlung der Informationen an die für die Gruppenaufsicht zuständige Behörde und für den Informationsaustausch zwischen den Aufsichtsbehörden
(EU) 2015/2015	Verfahren zur Bewertung externer Ratings
(EU) 2015/2016	Aktienindex für die symmetrische Anpassung der Standardkapitalanforderung für Aktienanlagen
(EU) 2015/2017	Angepasste Faktoren zur Berechnung der Kapitalanforderung für das Wechselkursrisiko für an den Euro gekoppelte Währungen
(EU) 2015/2450, zuletzt geänd. durch VO (EU) 2020/657	Meldebögen für die Übermittlung von Informationen an die Aufsichtsbehörde
(EU) 2015/2451	Meldebögen und Struktur für die von den Aufsichtsbehörden offenzulegenden Informationen

DurchführungsVO	**Betreff**
(EU) 2015/2452, zuletzt geänd. durch VO (EU) 2019/2102	Verfahren, Formate und Meldebögen für den Bericht über Solvabilität und Finanzlage
(EU) 2016/1630	Verfahren zur Anwendung der Übergangsmaßnahme für das Untermodul „Aktienrisiko"
(EU) 2016/1800, zuletzt geänd. durch VO (EU) 2020/744	Zuweisung der Ratings externer Ratingagenturen zu einer objektiven Skala von Bonitätsstufen

bb) Aufgrund der Versicherungsvertriebs-Richtlinie

DurchführungsVO	**Betreff**
(EU) 2017/1469	Festlegung eines Standardformats für das Informationsblatt zu Versicherungsprodukten (IPID)

7. Feststellung technischer Informationen

Diese werden mindestens einmal pro Quartal von der EIOPA beschlossen (Art. 77e Abs. 1 Solvabilität II-RL) und von der Kommission als Durchführungsrechtsakte („implementing technical information") erlassen (Art. 77e Abs. 2 Solvabilität II-RL). Sie legen technische Informationen für die einheitliche Berechnung von versicherungstechnischen Rückstellungen und Basiseigenmittel für jede maßgebliche Währung fest.

Eine Übersicht findet sich auf der Homepage der Kommission (siehe oben 6.).

8. Sonstige delegierte Rechtsakte

Delegierter Beschluss	**Betreff**
(EU) 2015/1602	Gleichwertigkeit der in der Schweiz geltenden Solvabilitäts- und Aufsichtssysteme für Versicherungs- und Rückversicherungsunternehmen
(EU) 2015/2290, zuletzt geänd. durch Beschl. (EU) 2016/309	Vorläufige Gleichwertigkeit der geltenden Solvabilitätssysteme in Australien, Bermuda, Brasilien, Kanada, Mexiko und den Vereinigten Staaten, die auf Versicherungs- und Rückversicherungsunternehmen mit Sitz in diesen Ländern anwendbar sind
(EU) 2016/309	Gleichwertigkeit des in Bermuda geltenden Aufsichtssystems für Versicherungs- und Rückversicherungsunternehmen
(EU) 2016/310	Gleichwertigkeit des japanischen Solvabilitätssystems für Versicherungs- und Rückversicherungsunternehmen

9. EIOPA-Leitlinien

Der aktuelle Stand hinsichtlich aller EIOPA-Leitlinien ist auf der Homepage der BaFin (https://www.bafin.de/DE/Aufsicht/VersichererPensionsfonds/Aufsichtsregime/RechtsgrundlagenLeitlinien/rechtsgrundlagen_node.html [zuletzt abgerufen am 23.10.2020]) einsehbar. Die EIOPA hat zusätzlich Erläuterungen zu einigen Leitlinien – sog. **Explanatory Texts** – erstellt, die mehrheitlich nur in englischer Sprache veröffentlicht werden. Die BaFin erstellt zT Übersetzungen. Die sog. **Final Reports** enthalten neben den Explanatory Texts noch zusätzliche Erläuterungen.

Weitere Anhaltspunkte für die Auslegung der Leitlinien bieten die **Questions & Answers,** die EIOPA auf ihrer Homepage veröffentlicht (https://www.eiopa.europa.eu/browse/qa-regulation_en [zuletzt abgerufen am 23.10.2020]).

a) Solvabilität II-Richtlinie: Säule I

Dokument	Titel	Explanatory Text
EIOPA-BoS-14/165	Leitlinien zu Vertragsgrenzen (2.2.2015)	Final Report on Public Consultation No. 14/036 on Guidelines on contract boundaries (27.11.2014), S. 12 ff.
EIOPA-BoS-14/166	Leitlinien zur Bewertung von versicherungstechnischen Rückstellungen (2.2.2015)	Final Report on Public Consultation No. 14/036 on Guidelines on valuation of technical provisions (27.11.2014), S. 48 ff.
EIOPA-BoS-14/167	Leitlinien zu ergänzenden Eigenmitteln (2.2.2015)	Final Report on Public Consultation No. 14/036 on Guidelines on ancillary own funds (27.11.2014), S. 15 ff.
EIOPA-BoS-14/168	Leitlinien zur Einstufung der Eigenmittel (2.2.2015)	Final Report on Public Consultation No. 14/036 on Guidelines on classification of own funds (27.11.2014), S. 31 ff.
EIOPA-BoS-14/169	Leitlinien zu Sonderverbänden (2.2.2015)	Final Report on Public Consultation No. 14/036 on Guidelines on ring-fenced funds (27.11.2014), S. 23 ff.
EIOPA-BoS-14/170	Leitlinien zur Behandlung von verbundenen Unternehmen, einschließlich Beteiligungen (2.2.2015)	Final Report on Public Consultation No. 14/036 on Guidelines on treatment of related undertakings, including participations (27.11.2014), S. 19 ff.
EIOPA-BoS-14/171	Leitlinien bezüglich des Look-Through-Ansatzes (2.2.2015)	Final Report on Public Consultation No. 14/036 on Guidelines on look-through approach (27.11.2014), S. 11 ff.
EIOPA-BoS-14/172	Leitlinien zum Basisrisiko (2.2.2015)	Final Report on Public Consultation No. 14/036 on Guidelines on basis risk (27.11.2014), S. 10
EIOPA-BoS-14/173	Leitlinie über die Berücksichtigung von Vereinbarungen über passive Rückversicherung im Untermodul Nichtlebenskatastrophenrisiko (2.2.2015)	Final Report on Public Consultation No. 14/036 on Guidelines on application of outwards reinsurance arrangements to the non-life underwriting risk sub-module (27.11.2014), S. 23 ff.
EIOPA-BoS-14/174	Leitlinien zum Umgang mit Markt- und Gegenparteirisikopositionen in der Standardformel (2.2.2015)	Final Report on Public Consultation No. 14/036 on Guidelines on the treatment of market and counterparty risk exposures in the standard formula (27.11.2014), S. 13 ff.
EIOPA-BoS-14/175	Leitlinien zur Anwendung des lebensversicherungstechnischen Risikomoduls (2.2.2015)	Final Report on Public Consultation No. 14/036 on Guidelines on application of the life underwriting risk module (27.11.2014), S. 10 ff.
EIOPA-BoS-14/176	Leitlinien zum Untermodul Krankenversicherungskatastrophenrisiko (2.2.2015)	Final Report on Public Consultation No. 14/036 on Guidelines on health catastrophe risk sub-module (27.11.2014), S. 13 ff.

Dokument	Titel	Explanatory Text
EIOPA-BoS-14/177	Leitlinien zu latenten Steuern (mit Zusätzen zur Verlustausgleichsfähigkeit der versicherungstechnischen Rückstellungen) (2.2.2015)	Final Report on Public Consultation No. 14/036 on Guidelines on the loss-absorbing capacity of technical provisions and deferred taxes (27.11.2014), S. 18 ff.
EIOPA-BoS-14/178	Leitlinien zu unternehmensspezifischen Parametern (mit zusätzlichen Erläuterungen und der zugrundliegenden Annahme der Standardformel für die Berechnung der Solvenzkapitalgrenze) (2.2.2015)	Final Report on Public Consultation No. 14/036 on Guidelines on undertaking-specific parameters (27.11.2014), S. 14 ff.
EIOPA-BoS-14/180	Leitlinien zur Verwendung interner Modelle (2.2.2015)	Final Report on Public Consultation No. 14/019 on Guidelines on the use of internal models (27.11.2014), S. 34 ff.
EIOPA-BoS-14/181	Leitlinien zur Gruppensolvabilität (2.2.2015)	Final Report on Public Consultation No. 14/036 on Guidelines on group solvency (27.11.2014), S. 24 ff.
EIOPA-BoS-15/111	Leitlinien für die Umsetzung von langfristigen Garantien (14.9.2015)	Final Report on Public Consultation No. 14/049 on Guidelines on the implementation of the long-term guarantee measures (30.6.2015), S. 13 ff.
EIOPA-BoS-15/113	Leitlinien für den Ansatz und die Bewertung von Vermögenswerten und Verbindlichkeiten, bei denen es sich nicht um versicherungstechnische Rückstellungen handelt (14.9.2015)	Final Report on Public Consultation No. 14/065 on Guidelines on recognition and valuation of assets and liabilities other than technical provisions (30.6.2015), S. 17 ff.

b) Solvabilität II-Richtlinie: Säule II

Dokument	Titel	Explanatory Text
EIOPA-BoS-14/253	Leitlinien zum Governance-System (14.9.2015)	Final report on Public Consultation No. 14/017 on Guidelines on system of governance (28.1.2015), S. 44 ff.
EIOPA-BoS-14/259	Leitlinien für die unternehmenseigene Risiko- und Solvabilitätsbeurteilung (14.9.2015)	Final Report on Public Consultation No. 14/017 on Guidelines on own risk and solvency assessment (28.1.2015), S. 15 ff.
EIOPA-BoS-15/108	Leitlinien für die Verlängerung der Frist für die Wiederherstellung gesunder Finanzverhältnisse im Falle außergewöhnlicher widriger Umstände (14.9.2015)	Final Report on Public Consultation No. 14/046 on Guidelines on the extension of the recovery period in exceptional adverse situations (30.6.2015), S. 17 ff.
EIOPA-BoS-20-002	Leitlinien zum Outsourcing an Cloud-Anbieter (6.2.2020)	
EIOPA-BoS-20/040	Opinion on the supervision of remuneration principles in the insurance and reinsurance sector (7.4.2020)	
EIOPA-BoS-20/600	Guidelines on information and communication technology security and governance (12.10.2020)	

c) Solvabilität II-Richtlinie: Säule III

Dokument	Titel	Explanatory Text
EIOPA-BoS-15/106	Leitlinien zu den Methoden für die Bestimmung von Marktanteilen für die Berichterstattung (14.9.2015)	Final Report on Public Consultation No. 14/044 on Guidelines on methods for determining the market shares for reporting (30.6.2015)
EIOPA-BoS-15/107	Leitlinien über die Berichterstattung zum Zwecke der finanziellen Stabilität (14.9.2015, zuletzt geänd. am 25.6.2018)	Final Report on Public Consultation No. 14/045 on Guidelines on reporting for financial stability purposes (30.6.2015)
EIOPA-BoS-15/109	Leitlinien über die Berichterstattung und die Veröffentlichung (14.9.2015)	Final Report on Public Consultation No. 14/047 on Guidelines on reporting and public disclosure (30.6.2015), S. 26 ff.
EIOPA-BoS-15/112	Leitlinien zum systematischen Informationsaustausch innerhalb von Kollegien (14.9.2015)	Final Report on Public Consultation No. 14/050 on Guidelines on exchange of information on a systematic basis within colleges (30.6.2015), S. 11 ff.
EIOPA-BoS-20/236	Empfehlungen zur aufsichtlichen Flexibilität in Bezug auf Fristen für die aufsichtliche Berichterstattung und Offenlegung – Coronavirus/COVID-19 (20.3.2020)	

d) Sonstige aufsichtsrechtliche Leitlinien

Dokument	Titel	Explanatory Text
EIOPA-BoS-12/069	Leitlinien für die Beschwerdebearbeitung durch Versicherungsunternehmen (1.11.2012)	
EIOPA-BoS-13/164	Leitlinien für die Beschwerdebearbeitung durch Versicherungsvermittler (3.12.2013)	Final Report on Public Consultation No. 13/006a on the Proposal for Guidelines on Complaints handling by insurance intermediaries (27.11.2013)
EIOPA-BoS-14-026	Leitlinien für die Verwendung der Legal Entity Identifier (LEI) (20.10.2014)	Final Report on Public Consultation No. 14-037 on the Proposal für Guidelines on the use of the Legal Entity Identifier (LEI) (11.9.2014), S. 6 ff.
JC/GL/2014/01	Gemeinsame Leitlinien von ESMA, EBA und EIOPA über die Angleichung der Aufsichtspraxis in Bezug auf die Einheitlichkeit von Kooperationsvereinbarungen für die Beaufsichtigung von Finanzkonglomeraten (mit Annex I, JC 2014)	
EIOPA-BoS-14/146	Leitlinien zur operativen Funktionsweise von Kollegien (2.2.2015)	Final Report on Public Consultation No. 14/010 on Guidelines on operational functioning of colleges (31.10.2014), S. 126 ff.
EIOPA-BoS-14/179	Leitlinien zum aufsichtlichen Überprüfungsverfahren (mit zusätzlichen Erläuterungen und dem Rahmen für das aufsichtliche Überprüfungsverfahren) (2.2.2015)	Final Report on Public Consultation No. 14/016 on Guidelines on supervisory review process (27.11.2014), S. 21 ff.

Dokument	Titel	Explanatory Text
EIOPA-BoS-14/182	Methodische Leitlinien für die Bewertung der Gleichwertigkeit durch nationale Aufsichtsbehörden gem. Solvabilität II (2.2.2015)	Final Report on Public Consultation No. 14/015 on Guidelines for methodology for equivalence assessments by national supervisory authorities under Solvency II (27.11.2014), S. 34 ff.
EIOPA-BoS-15/110	Leitlinien für die Beaufsichtigung von Zweigniederlassungen von Versicherungsunternehmen aus Drittländern (23.10.2015, zuletzt geänd. am 12.7.2018)	Final Report on Public Consultation No. 14/048 on Guidelines on the supervision of branches of third-country insurance undertakings (30.6.2015), S. 61 ff.
EIOPA-16/858	Leitlinien zur Förderung eines wirksamen Dialogs zwischen den für die Beaufsichtigung von Versicherungsunternehmen zuständigen Behörden und dem/den Abschlussprüfer(n) und der/den Prüfungsgesellschaft(en), die die Abschlussprüfung bei diesen Unternehmen durchführen (2.2.2017)	
JC/GL/2016/01	Gemeinsame Leitlinien zur aufsichtsrechtlichen Beurteilung des Erwerbs und der Erhöhung von qualifizierten Beteiligungen im Finanzsektor (5.4.2017)	
ESAs 2016 72	Gemeinsame Leitlinien zu den Merkmalen eines risikobasierten Aufsichtsansatzes bei der Bekämpfung der Geldwäsche und der Terrorismusfinanzierung und zu den Maßnahmen, die im Rahmen einer risikosensiblen Aufsicht zu ergreifen sind (7.4.2017)	
JC 2017 37	Gemeinsame Leitlinien zu Risikofaktoren (4.1.2018)	
JC/GL/2017/16	Gemeinsame Leitlinien zur Bekämpfung von Terrorismusfinanzierung und Geldwäsche bei Geldtransfers (16.1.2018)	
EIOPA-BoS-19/040	Empfehlungen für den Versicherungssektor im Hinblick auf den Austritt des Vereinigten Königreichs aus der Europäischen Union (14.6.2019)	

e) Versicherungsvertriebs-Richtlinie

Dokument	Titel	Explanatory Text
EIOPA-BoS-16/071	Vorbereitende Leitlinien zu den Aufsichts- und Lenkungsvorkehrungen seitens Versicherungsunternehmen und Versicherungsvertreibern (18.3.2016)	Final Report on Public Consultation on Preparatory Guidelines on product oversight and governance arrangements by insurance undertakings and insurance distributors (6.4.2016), S. 25 ff.

Dokument	Titel	Explanatory Text
EIOPA-17/651	Leitlinien gem. der Versicherungsvertriebsrichtlinie für Versicherungsanlageprodukte, die eine Struktur aufweisen, die es dem Kunden erschwert, die mit der Anlage einhergehenden Risiken zu verstehen (4.10.2017)	Final Report on Guidelines under the Insurance Distribution Directive on Insurance-based investment products that incorporate a structure which makes it difficult for the customer to understand the risks involved, EIOPA-BoS-17/204 (11.10.2017)

f) Sonstige Dokumente

EIOPA veröffentlicht auf ihrer offiziellen Website (https://www.eiopa.europa.eu/document-library_en [zuletzt abgerufen am 23.10.2020]) eine Vielzahl an Dokumenten, etwa Berichte und Analysen (reports) zu aktuellen Themen, Entscheidungen, Protokolle sowie Memoranda betreffend die behördliche Zusammenarbeit (protocols, decisions and memoranda), Empfehlungen (recommendations) und Stellungsnahmen (opinions). Außerdem werden regelmäßig Konsultationen durchgeführt, die auch auf der Homepage einzusehen sind.

II. Deutsche Rechtsquellen

1. Verordnungen

Die wichtigsten für die Versicherungsaufsicht, das Versicherungsvertragsrecht und das Versicherungsvertriebsrecht geltenden Rechtsverordnungen sind auf der Homepage der BaFin zusammengestellt (https://www.bafin.de/DE/RechtRegelungen/Rechtsgrundlagen/Verordnungen/verordnungen_node.html [zuletzt abgerufen am 23.10.2020]).

Bezeichnung	Rechtsgrundlage
Aktuarverordnung (AktuarV)	VAG
Anlageverordnung (AnlV)	VAG
Deckungsrückstellungsverordnung (DeckRV)	VAG
Finanzrückversicherungsverordnung (FinRVV)	VAG
Inhaberkontrollverordnung (InhKontrollV)	VAG
Kapitalausstattungs-Verordnung (KapAusstV)	VAG
Kraftfahrzeug-Pflichtversicherungsverordnung (KfzPflVV)	PflVG
Krankenversicherungsaufsichtsverordnung (KVAV)	VAG
Mindestzuführungsverordnung (MindZV)	VAG
Pensionsfonds-Aufsichtsverordnung (PFAV)	VAG
Pensionsfonds-Rechnungslegungsverordnung (RechPensV)	HGB
Prüfungsberichteverordnung (PrüfV)	VAG
Sachverständigenprüfverordnung (SachvPrüfV)	VAG
VAG-Informationspflichtenverordnung (VAG-InfoV)	VAG
Verordnung über die Anforderungen an die Sachkunde der mit der Vergabe von Immobiliar-Verbraucherdarlehen befassten internen und externen Mitarbeiter von Versicherungsunternehmen und Pensionsfonds (VersImmoDarlSachkV)	VAG
Verordnung über die Erhebung von Gebühren und die Umlegung von Kosten nach dem Finanzdienstleistungsaufsichtsgesetz (FinDAGKostV)	FinDAG
Verordnung über die Finanzierung des Sicherungsfonds für die Lebensversicherer (SichLVFinV)	VAG
Verordnung zur Bestimmung Kritischer Infrastrukturen nach dem BSI-Gesetz (BSI-KritisV)	BSIG
Versicherungsberichterstattungs-Verordnung (BerVersV)	VAG

Bezeichnung	Rechtsgrundlage
Versicherungs-Meldeverordnung (VersMeldeV)	VAG
Versicherungsunternehmens-Rechnungslegungsverordnung (RechVersV)	VAG
Versicherungs-Vergütungsverordnung (VersVergV)	VAG
Versicherungsvermittlungsverordnung (VersVermV)	GewO
VVG-Informationspflichtenverordnung (VVG-InfoV)	VVG
VVG-Schlichtungsstellenverordnung (SStellV-VVG)	VVG

2. Verwaltungspraxis der BaFin

Die folgende Zusammenstellung enthält zahlreiche Dokumente, die aufgrund der VAG-Novelle nicht mehr auf aktuellem Stand sind. Sie werden zum Teil derzeit von der BaFin überarbeitet. Dennoch kann die alte Fassung der Dokumente noch gültige oder hilfreiche Aussagen enthalten, weshalb hier alle noch nicht ausdrücklich aufgehobenen Dokumente aufgeführt sind.

Auf der Homepage der BaFin (https://www.bafin.de) sind unter „Recht und Regelungen" alle geltenden und alle aufgehobenen Dokumente einsehbar. Neben den unten aufgeführten Rundschreiben, Auslegungsentscheidungen und Merkblättern veröffentlicht die BaFin noch andere Dokumente, die ebenfalls Rückschlüsse auf ihre Aufsichtspraxis zulassen, so etwa FAQs zu bestimmten Themenbereichen, alle Verfügungen und aktuelle Meldungen. Hervorzuheben ist unter den Meldungen insbesondere die Bekanntmachung vom 15.2.2018, in der die BaFin erklärte, die Leitlinien von EIOPA grundsätzlich in die eigene Verwaltungspraxis zu übernehmen.

a) Rundschreiben

Datum	Dokument	Betreff
12.7.1983	R 4/1983	Verstöße gegen den Annahmezwang in der Kraftfahrzeug-Haftpflichtversicherung, insbesondere Diskriminierung von Ausländern
31.7.1990	R 3/1990	Grundsätze zur Verbindung von Waren- und Dienstleistungsgeschäften mit Versicherungsschutz
10.11.1994	R 3/1994	Hinweise zu Sondervergütungen und Begünstigungsverträgen in der Lebensversicherung
4.8.1995	R 3/1995	Voraussetzung für die Bestellung eines Verantwortlichen Aktuars
12.10.1995	R 6/1995	Verbot der Diskriminierung von Ausländern gem. § 81 Abs. 2 iVm § 81e VAG
28.4.1997	R 2/1997	Hinweise zu Sondervergütungen und Begünstigungsverträgen in der Krankenversicherung
11.3.1998	R 2/1998	Hinweise zur Jahresgemeinschaftsstatistik über den Schadenverlauf in der KH-Versicherung gem. §§ 9–11 PflVG
21.7.1998	R 3/1998	Hinweise des BAV zum Betrieb von Lösegeldversicherungen
10.10.2001	1/2001	Hinweise zur Unwirksamkeit von Allgemeinen Versicherungsbedingungen in der Lebensversicherung (teilweise aufgehoben)
17.2.2004	R 1/2004 (VA)	Durchführung von Stresstests
29.10.2004	R 9/2004 (VA)	Anordnung betreffend die nach dem 31. Dezember 2004 abgeschlossenen Rentenversicherungsverträge

Datum	Dokument	Betreff
23.8.2005, neu gef. am 1.12.2016 als R 7/2016 (VA)	R 12/2005 (VA)	Aufstellung und Führung des Vermögensverzeichnisses sowie Vorlage des Ausdrucks gem. § 66 Abs. 6 VAG; Aufbewahrung des Sicherungsvermögens gem. § 66 Abs. 5 VAG
23.3.2006	R 1/2006 (VA)	Hinweise zur Bearbeitung von Beschwerden
21.1.2008	R 1/2008 (VA)	Hinweise zur Beteiligung der Versicherten an Bewertungsreserven bei Sterbekassen
27.8.2008	R 9/2008 (VA)	Hinweise für die Aufstellung versicherungsmathematischer Gutachten bei Pensionskassen
25.9.2008	R 10/2008 (VA)	Neufassung des Musters eines Gesamtgeschäftsplans für die Überschussbeteiligung des Altbestands in der Lebensversicherung
10.11.2008	R 12/2008 (VA)	Hinweise für die Aufstellung versicherungsmathematischer Gutachten bei Sterbekassen
6.4.2009	R 8/2009 (VA)	Hinweise für die Aufstellung versicherungsmathematischer Gutachten bei Pensionsfonds
7.9.2010	R 8/2010 (VA)	Hinweise zu Lebensversicherungen gegen Einmalbeitrag und zu Kapitalisierungsgeschäften
20.9.2013	R 3/2013 (VA)	Mindestanforderungen an die Beschwerdebearbeitung durch Versicherungsunternehmen
8.1.2016	R 1/2016 (VA)	Neufassung des Informationsblattes Krankenversicherung der BaFin
25.5.2016, geänd. am 12.6.2019	R 3/2016 (VA)	Treuhänder zur Überwachung des Sicherungsvermögens
1.12.2016	R 7/2016 (VA)	Aufstellung und Führung des Vermögensverzeichnisses, Vorlage des Ausdrucks und Aufbewahrung des Sicherungsvermögens
25.1.2017	R 2/2017 (VA)	Mindestanforderungen an die Geschäftsorganisation von Versicherungsunternehmen (MaGo)
27.4.2017	R 4/2017	Hinweise zu Änderungen am internen Modell von Versicherungsunternehmen unter Aufsicht der BaFin
13.6.2017	R 6/2017 (VA)	Aufstellung und Führung eines Vermögensverzeichnisses
24.8.2017	R 7/2017 (VA)	Hinweise zur Unterrichtung der Aufsichtsbehörde über die Werte zur Berechnung der Mindestbeitragsrückerstattung
30.8.2017	R 8/2017 (VA)	Derivative Finanzinstrumente und strukturierte Produkte
12.12.2017	R 11/2017 (VA)	Hinweise zur Anlage des Sicherungsvermögens von Erstversicherungsunternehmen, auf welche die Vorschriften für kleine Versicherungsunternehmen (§§ 212 bis 217 VAG) Anwendung finden, sowie von inländischen Pensionskassen und Pensionsfonds (Kapitalanlagerundschreiben)
25.1.2018	R 2/2018	Hinweise für die Aufstellung versicherungsmathematischer Gutachten bei Pensionskassen
25.1.2018	R 3/2018	Hinweise für die Aufstellung versicherungsmathematischer Gutachten bei Pensionsfonds
20.2.2018	R 4/2018	Finanzkonglomerate-Solvabilität
2.7.2018, geänd. am 20.3.2019	R 10/2018	Versicherungsaufsichtsrechtliche Anforderungen an die IT (VAIT)
17.7.2018	R 11/2018	Zusammenarbeit mit Versicherungsvermittlern sowie Risikomanagement im Vertrieb
6.3.2020	R 01/2020 (VA)	Aufsichtsrechtliche Mindestanforderungen an die Geschäftsorganisation von kleinen Versicherungsunternehmen nach § 211 VAG (MaGo für kleine VU)

b) Auslegungsentscheidungen

Datum	Betreff
14.9.2005	Hinweise zur Werbung mit der BaFin
10.11.2006	Allgemeine Versicherungsbedingungen (AVB) und in diesem Zusammenhang auftretende Probleme bei der Überschussverwendung in der Rentenversicherung
4.6.2007	Rechnungsgrundlagen und Portabilität iSv § 4 Abs. 3 BetrAVG
26.9.2007	Bemessungsgrundlage für die Zillmerung
26.10.2007	Tarifkalkulation in der Restschuld-Lebensversicherung
28.5.2008	Hinweise zu einigen Auslegungsfragen zum Versicherungsvertragsgesetz (VVG)
4.11.2008	Hinweise zu Auslegungsfragen zur Verordnung über Informationspflichten bei Versicherungsverträgen (VVG-InfoV)
27.11.2008	Verlautbarung der BaFin zur Bilanzierung und Eigenmittelunterlegung bei fondsgebundener Lebensversicherung mit garantierter Mindestleistung
22.12.2009	Auslegungsentscheidung zur Mindestzuführung in der fondsgebundenen Lebensversicherung
17.8.2010	Hinweise zur Tätigkeitsbeschränkung von Vorstandsmitgliedern eines Rechtsschutzversicherungsunternehmens
17.11.2010	Versicherungsaufsicht: Hinweise zur Fremdmittelaufnahme
26.1.2011	Begrenzung der Rückstellung für Beitragsrückerstattung des Altbestandes von Lebensversicherungsunternehmen
28.2.2011	Berücksichtigung von Versicherungen in fortgeschrittenen Messansätzen
10.5. 2011	Rechnungszins bei genehmigungspflichtigen neuen Tarifen von Pensions- und Sterbekassen
25.7.2011	Rechnungszins bei der Umstellung auf Unisex-Kalkulation bei Pensions- und Sterbekassen
28.1.2013	Übergangsregelung zur Bedeckung der Rückstellung für Beitragsrückerstattung
9.7.2013	Kapitalanlage von Versicherungsunternehmen – Europäische Staatsanleihen und Darlehen ua an EWR-Staaten
23.10.2013, geänd. am 24.4.2014	Hinweise zur Verwendung externer Ratings und zur Durchführung eigener Kreditrisikobewertungen
1.1.2014	Verlautbarung zum Refinanzierungsregister
18.2.2014	Versicherungsaufsichtsrechtliche Einordnung der Delegation der Meldepflicht nach Art. 9 Abs. 1 EMIR

Datum	Betreff
18.2.2014, geänd. am 1.4.2014	European Market Infrastructure Regulation (EMIR) in der Versicherungsaufsicht
19.2.2014	Unverzügliche Zurückweisung einer unwirksamen Kündigung des Versicherungsnehmers durch das Versicherungsunternehmen
19.8.2015	Verfahren zur Feststellung von kleinen Versicherungsunternehmen im Sinne von § 211 VAG in der ab dem 1.1.2016 geltenden Fassung (VAG 2016)
2.11.2015	Auslegungs- und Anwendungshinweise des GDV zum Geldwäschegesetz sowie zu den geldwäscherechtlichen Bestimmungen im VAG
4.12.2015	Invaliditätsbegriff unter Solvency II sowie Zuordnung von Verpflichtungen aus Berufsunfähigkeitsversicherungen
4.12.2015	Methodenwahl und -anwendung für Gruppen mit horizontalen Verbindungen – VVaG und Gleichordnungskonzernen
4.12.2015	Projektion des Referenzzinses gem. § 5 Abs. 3 Deckungsrückstellungsverordnung (DeckRV)
4.12.2015	Wechselwirkungen zwischen Überschussbeteiligung und Neugeschäft
4.12.2015	Zuordnung von Produkten der Krankenversicherung zu den Geschäftsbereichen unter Solvency II
4.12.2015	Anwendung der Übergangsmaßnahmen bei risikofreien Zinssätzen und versicherungstechnischen Rückstellungen
4.12.2015	Überschussfonds nach Art. 91 der Solvabilität II-Richtlinie
4.12.2015	Behandlung der Unfallversicherung mit Prämienrückgewähr unter Solvency II
4.12.2015, geänd. am 1.1.2019	Bewertung der einforderbaren Beträge aus Rückversicherungsverträgen und gegenüber Zweckgesellschaften und Umgang mit Abrechnungsforderungen und -verbindlichkeiten sowie Depotforderungen und -verbindlichkeiten unter Solvency II
4.12.2015	Berechnung des NatCAT-Risikos für die Auto-Kaskoversicherung
4.12.2015	Bewertung von Vermögenswerten und Verbindlichkeiten außer vt. Rückstellungen – HGB vs. Solvency II
4.12.2015	Bei künftigen Prämien einkalkulierter erwarteter Gewinn
21.12.2015	Auslegungsentscheidung zum Grundsatz der unternehmerischen Vorsicht (Prudent Person Principle)
23.12.2015	Auslegungsentscheidungen: ORSA
22.2.2016	Latente Steuern auf versicherungstechnische Rückstellungen unter Solvency II
10.6.2016	Auslegungsentscheidung zum Ausweis der Beteiligung an den Bewertungsreserven in der Standmitteilung
21.6.2016	Rechnungszins bei Pensions- und Sterbekassen
4.7.2016	Bilanzierung latenter Steuern bei Vorliegen einer steuerlichen Organschaft in der Solvabilitätsübersicht sowie deren verlustmindernde Wirkung
27.7.2016	Auslegungsentscheidung zur Unterdeckung der Solvabilitätskapitalanforderung oder der Mindestkapitalanforderung
30.8.2016	Betrieb des Rückversicherungsgeschäfts im Inland durch Versicherer mit Sitz in Drittstaat
10.11.2016	Anforderungen an Kapitalmarktmodelle für die Bewertung der versicherungstechnischen Rückstellungen unter Solvency II
20.12.2016	Aspekte der Vergütung (Art. 275 Solvabilität II-VO)
7.4.2017	Behandlung von Staatenrisiken unter Solvency II im Rahmen des Grundsatzes der unternehmerischen Vorsicht, im ORSA und im Rahmen der eigenen Kreditrisikobeurteilung
19.4.2017	Auslegungsentscheidung zu vorhersehbaren Dividenden
14.7.2017	Verwendung von derivativen Finanzinstrumenten im Rahmen des Grundsatzes der unternehmerischen Vorsicht (§ 124 VAG)

Datum	Betreff
28.3.2018	Infrastrukturinvestitionen – Behandlung von Risiken im Rahmen des Grundsatzes der unternehmerischen Vorsicht
17.7.2018	Zulässigkeitsvoraussetzungen für den Betrieb des Rückversicherungsgeschäfts durch Erstversicherungsunternehmen in der EU und dem EWR sowie in Drittstaaten
15.11.2018	Auslegungsentscheidung zu Art. 56 DVO
1.1.2019	Bewertung der einforderbaren Beträge aus Rückversicherungsverträgen und gegenüber Zweckgesellschaften und Umgang mit Abrechnungsforderungen und -verbindlichkeiten sowie Depotforderungen und -verbindlichkeiten unter Solvency II
11.4.2019	Zusammenwirken von Mindestzuführung zur Rückstellung für Beitragsrückerstattung (RfB) und Teilkollektivierung
18.7.2019, geänd. am 27.8.2019	Abgrenzung der Finanzrückversicherung von der traditionellen Rückversicherung in Nichtleben
24.4.2020	Erklärung zu den Grundsätzen der Anlagepolitik gem. §§ 234i, 239 Abs. 2 VAG (EGA)
28.4.2020	§ 353 VAG: Maßnahmenpläne und Fortschrittsberichte
13.7.2020	Anlageentscheidungen im Interesse der Versicherungsnehmer und Anspruchsberechtigten und Umgang mit Interessenkonflikten im Rahmen des Grundsatzes der unternehmerischen Vorsicht (§ 124 Abs. 1 S. 2 Nr. 3 und 4 VAG)
22.10.2020	Auslegungsentscheidung zur Auswirkung von passiver Rückversicherung auf die Angemessenheit der Zuführung zur RfB

c) Merkblätter

Datum	Betreff
25.10.2003	Übersicht zu Pflicht-Haftpflichtversicherungen in Deutschland (Langfassung)
2.4.2006	Hinweise für die Zulassung von Versicherungsvereinen auf Gegenseitigkeit zum Betrieb der Krankenversicherung
29.5.2008, geänd. am 17.3.2020	Übersicht zu Pflicht-Haftpflichtversicherungen in Deutschland (Kurzfassung)
22.8.2008	Hinweise für die Zulassung von Versicherungsvereinen auf Gegenseitigkeit zum Betrieb der Schaden- und Unfallversicherung in der Bundesrepublik Deutschland
6.3.2009	Hinweise zu Kooperationen von Versicherungsunternehmen: Versicherungsvermittlung über Handelsketten
12.5.2010	Mustersatzung Sterbekassen
7.9.2010, geänd. am 12.4.2019	Firmierungen und Unternehmensgegenstände – Bezeichnungsschutz
15.11.2010, geänd. am 25.1.2016	Ausnahme für Versicherungsunternehmen
13.1.2011	Hinweise für die Erlaubnis inländischer Versicherungs-Aktiengesellschaften zum Betrieb der Lebensversicherung
8.2.2011, geänd. am 5.6.2020	Informationen über die sozial- und arbeitsrechtlichen Bestimmungen im Bereich der betrieblichen Altersversorgung
16.3.2011, geänd. am 15.6.2019	Vorschriften des Allgemeininteresses in Deutschland (General Good Requirements)
21.9.2012, geänd. am 31.10.2012	Hinweise für Registergerichte
18.3.2014, geänd. am 2.6.2014	Treuhänder zur Überwachung des Sicherungsvermögens
23.5.2014	Merkblatt der BaFin und der Deutschen Bundesbank zur Abgrenzung von Finanzkonglomeraten

Datum	Betreff
19.2.2015	Solvency II: Zugrunde liegende Annahmen der Standardformel für die Berechnung der Solvenzkapitalanforderung (SCR)
16.10.2015, geänd. am 14.12.2017	Hinweise zum Berichtswesen für Erst- und Rückversicherer und Versicherungsgruppen
27.11.2015	Merkblatt zur Inhaberkontrolle
8.3.2016, geänd. am 11.4.2017	Infoblatt MVP Portal – Fachverfahren Versicherungsaufsicht – Solvency II
23.11.2016, geänd. am 6.12.2018	Fachliche Eignung und Zuverlässigkeit von Personen, die für Schlüsselfunktionen verantwortlich oder für Schlüsselfunktionen tätig sind, gem. VAG
23.11.2016, geänd. am 6.12.2018	Fachliche Eignung und Zuverlässigkeit von Geschäftsleitern gem. VAG
23.11.2016, geänd. am 6.12.2018	Fachliche Eignung und Zuverlässigkeit von Mitgliedern von Verwaltungs- oder Aufsichtsorganen gem. VAG
15.12.2016	Zulassung von Versicherungs-Aktiengesellschaften zum Betrieb der Schaden- und Unfallversicherung
1.3.2017	Zulassung von Versicherungs-Aktiengesellschaften zum Betrieb der Rückversicherung
10.3.2017	Hinweise für die Zulassung von Versicherungs-Aktiengesellschaften zum Betrieb der Krankenversicherung
14.8.2017	Informationsblatt Erstattung von Umlagebeträgen
14.8.2017	Informationsblatt Umlageerstattung (Ausland)
11.12.2017	Hinweise für die Zulassung von Pensionsfonds
15.5.2018	Hinweise für die Tätigkeit in den EU-/EWR-Staaten
3.7.2019	The „general good" rules applicable to insurance distribution by insurance undertakings in Germany („General good" rules – Art. 11 IDD) (englische Übersetzung deutscher Normen)
18.9.2019	Betrieb von Rückversicherungsgeschäft seitens Rückversicherern aus den USA mit einem Erst- oder Rückversicherungsunternehmen in Deutschland
4.12.2019	Hinweise zum Solvency-II-Berichtswesen für Erst- und Rückversicherungsunternehmen sowie Versicherungsgruppen
20.12.2019, geänd. am 13.1.2020	Umgang mit Nachhaltigkeitsrisiken
21.10.2020	Merkblatt zur Auslegung des Sondervergütungsverbotes (§ 48b Versicherungsaufsichtsgesetz - VAG)

Sachregister

Fette Zahlen beziehen sich auf die Ordnungsnummern;
magere Zahlen verweisen auf Paragrafen, Artikel oder Nummern.

WettbR · Wettbewerbsrecht MarkenR/KartellR

Textausgabe

TOPTITEL NEU

41. Aufl. 2020. 623 S.

€ 14,90. dtv 5009

Neu im August 2020

AEU-Vertrag, FusionskontrollVO, Unionsmarkenverordnung, Vertikal-Gruppenfreistellungsverordnung, Kartellgesetz (GWB), Kartellverfahrensverordnung, Markengesetz, Markenverordnung, Markenrichtlinie, Preisangabenverordnung, RiLi Irreführende und vergleichende Werbung, RiLi Unlautere Geschäftspraktiken, Unlauterer Wettbewerb (UWG) mit schwarzer Liste und Geschäftsgeheimnisschutzgesetz (GeschGehG).

PatR · Patent- und Designrecht

Textausgabe

TOPTITEL NEU

15. Aufl. 2020. 907 S.

€ 15,90. dtv 5563

Neu im Juni 2020

Deutsches und europäisches Patentrecht, Arbeitnehmererfindungsrecht, Gebrauchsmusterrecht, Designrecht und Internationale Verträge.

InsO · Insolvenzordnung

Textausgabe

TOPTITEL NEU

21. Aufl. 2020. 307 S.

€ 11,90. dtv 5583

Neu im Juni 2020

Insolvenzordnung, EinführungsG zur InsO, VO (EU) 2015/848 über Insolvenzverfahren, Insolvenzrechtliche VergütungsVO, Internet-BekanntmachungsVO, VerbraucherinsolvenzformularVO, AnfechtungsG, InsolvenzstatistikG, SGB III (Auszug: Insolvenzgeld), StGB (Auszug: Insolvenzstraftaten) und COVID-19-InsAG.

UrhR · Urheber- und Verlagsrecht

Textausgabe

TOPTITEL

18. Aufl. 2019. 741 S.

€ 15,90. dtv 5538

UrheberrechtsG, VerlagsG, Recht der urheberrechtlichen Verwertungsgesellschaften, Internationales Urheberrecht, Recht der EU.

GewO · Gewerbeordnung

Textausgabe

TOPTITEL NEU

41. Aufl. 2020. 751 S.

€ 13,90. dtv 5004

Neu im Juni 2020

Mit sämtlichen DurchführungsVOen, HandwerksO, GaststättenG, ArbeitsschutzG, ArbeitsstättenVO, Bundes-ImmissionsschutzG, ArbeitszeitG, SchwarzarbeitsG u. a.